U0920601

2015
中国饲料工业年鉴

全国饲料工作办公室
中国饲料工业协会 编

中国农业出版社

《中国饲料工业年鉴》（2015）编辑委员会

2014年4月19日，2014中国饲料工业展览会暨畜牧业科技成果推介会在沈阳举行，农业部副部长于康震，全国政协委员、农业部原副部长、中国饲料工业协会会长高鸿宾，全国畜牧总站站长、中国饲料工业协会常务副会长兼秘书长李希荣，农业部畜牧业司副司长王宗礼，辽宁畜牧兽医局局长宋树才，法国驻沈阳总领事馆总领事Lsabelle Miscot（美屿）、法国饲料工业协会主席鲍熙（Boussit），全国畜牧总站副站长、中国饲料工业协会副秘书长沙玉圣、孔亮，全国畜牧总站总畜牧师石有龙，中国饲料工业协会副会长单位、部分省区市饲料协会负责人，法国驻华使馆、法国农业科学院代表以及组委会邀请的各界嘉宾等出席了开幕式。

2014年4月25日，农业部副部长于康震（左2）、农业部畜牧业司司长王智才（左4）、威海市副市长徐东升（左3）、山东省畜牧兽医局局长冯继康（左1）出席了新希望六和文登六和饲料公司“饲料质量安全管理规范示范企业”的揭牌仪式。

2014年4月18日，由中国饲料工业协会举办的2014饲料原料论坛在沈阳召开，对玉米、饼粕等大宗饲料原料供需形势进行研判，对饲料和养殖业的运行特点进行分析。国务院发展研究中心农村部部长叶兴庆，全国畜牧总站站长、中国饲料工业协会常务副会长兼秘书长李希荣，大连商品交易所副总经理高小真，国家统计局农村司农业处处长黄加才等领导、专家、企业家和国内外饲料行业近500位代表参加了论坛。

2014年4月19日，中国饲料工业协会和法国驻华使馆在2014中国饲料工业展览会暨畜牧业科技成果推介会期间，举办中法饲料行业庆祝两国建交50周年活动。法国驻沈阳总领事馆总领事Lsabelle Miscot（美屿），全国畜牧总站站长、中国饲料工业协会常务副会长兼秘书长李希荣，农业部畜牧业司副司长王宗礼，法国饲料工业协会主席鲍熙（Boussit），全国畜牧总站副站长、中国饲料工业协会副秘书长沙玉圣以及中法饲料行业近200位嘉宾、代表出席了活动。

2014年6月15 ~ 23日，农业部畜牧业司王宗礼副司长一行赴比利时、英国和荷兰进行饲料质量安全监管交流活动。学习考察了欧盟饲料法规体系、饲料安全风险评估、欧盟及其成员国对饲料企业的许可和监管情况等，图为交流考察人员一行在欧盟委员会健康与消费者保护总司。

2014年10月1 ~ 3日，中国饲料工业协会常务副会长兼秘书长李希荣参加了在意大利罗马联合国粮农组织总部召开的国际饲料联合会年会暨第27届会员代表大会。大会回顾并总结了全球饲料业发展情况和国际饲料联合会的工作；制定了下一年度国家饲料联合会工作计划并讨论了主要饲料生产国之间合作等事宜；讨论并通过第五届全球饲料及食品大会和第八届国际饲料监管者大会内容、日程及活动安排等项目。

2014年10月24日，农业部畜牧业司副司长王俊勋（左4）、中国饲料工业协会副秘书长沙玉圣（左6）一行到文登环山饲料有限公司指导工作，参观了检测中心、成品库、生产车间、原料库等作业现场，并颁发“饲料质量安全管理规范示范企业”荣誉牌匾。

2014年10月29～30日，全国《饲料质量安全管理规范》示范企业验收工作会在威海市文登六和饲料公司召开。农业部畜牧业司副司长王俊勋（左2），中国饲料工业协会副秘书长、全国畜牧总站副站长沙玉圣（左3）率农业部、中国饲料工业协会及各饲料质量监督检验中心、测试中心、专业认证中心、监察所、农业科学院的专家及著名院校的教授等30余人参加会议。

2014年4月20日，全国饲料评审委员会办公室在沈阳举办了进口饲料和饲料添加剂在华登记注册培训班，全国饲料评审会员会办公室王黎文处长，农业部畜牧业司（全国饲料工作办公室）李大鹏副处长，以及国内外饲料企业在华产品登记注册负责人员、新饲料和新饲料添加剂申报企业负责人等130余人参加了培训班。

2014年8月1～3日，国家饲料质量监督检验中心（北京）接受了由国家认证认可监督管理委员会（CNCA）和中国合格评定国家认可委员会（CNAS）联合组织的审查认可、计量认证、实验室认可的“三合一”现场评审安排，并顺利通过了实验室复评审与扩项评审，这是该“中心”自1988年以来接受的第七次国家级计量认证、国家级质检中心授权审查认可，以及自1999年以来的第五次国家实验室认可的现场评审。通过评审，最终确认“中心”具备了饲料和饲料添加剂、畜禽水产品和生物材料等3个领域、225种产品和694个技术参数的检测能力，其中包括二噁英在内的21个产品、87项参数的扩项申请获得通过。

2014年8月20日，由全国饲料评审委员会主办，农业部饲料效价与安全监督检验测试中心（北京）承办的“美国饲料评价技术交流会”在 中国农业大学召开。中美两国就饲料质量安全领域面临的挑战和未来研究方向进行了探讨，同时提出了进一步合作交流的意愿。今后将在饲料质量安全评价和控制技术研究、科研人员交流互访、联合举办国际学术会议和培训等方面开展深入合作。

2014年8月21日，美国食品药品监督管理局（FDA）和美国农业部（USDA）参观了农业部饲料效价与安全监督检验测试中心（北京），并与中心人员座谈。

2014年9月22日，第七届国际玉米产业大会在成都举行，大会以“市场结构调整与原料风险管理”为主题，来自玉米深加工、饲料和贸易产业链企业以及相关政府部门、行业协会、金融及信息机构等产业代表参加了会议。大会共设9个主题演讲和2场专题论坛，涵盖宏观经济、产业政策、玉米供需、贸易和深加工以及饲料养殖等内容，以风险管理为主线，突出饲料原料采购和管理。

2014年10月15日，农业部二噁英检测实验室建设项目顺利通过中国农业科学院基建局组织的竣工验收，标志着我国农业领域首个且实验环境及条件均达到世界一流、国内领先的二噁英检测专业实验室建成并投入使用。该项目拓展和完善了饲料及农产品质量安全检测与研究基础平台，将为政府主管部门对农业领域二噁英污染监管和决策提供有力的技术支撑；同时，将在饲料及农产品质量安全领域的技术开发、研究创新和人才培养等方面发挥重要作用。

2014年10月21 ~ 22日，国家饲料质量监督检验中心举办“2014年度饲料及畜产品质量安全学术报告会”。大会以“饲料及畜产品质量安全风险物质筛查与确证技术”为主题，邀请来自英国食品与环境研究院（FERA）、北京大学、国家食品安全风险评估中心等国内外知名高校和研究院所的9名专家就质谱筛查、生物传感、免疫速测、现代毒理和风险评估等内容做了精彩的学术报告。

2014年12月2日，由农业部畜牧业司(全国饲料工作办公室)主办，中国饲料工业协会信息中心承办的“2014年全国饲料工业统计培训班”在海南举办。来自各省市、自治区饲料工作（工业）办公室负责人、统计人员共80余人参加了培训班。

2014年12月16日，由中国饲料工业协会主办的饲料法规宣贯培训班在北京举行，饲料行业管理、执法、检测机构相关人员，新饲料和新饲料添加剂申报企业负责人员、国外饲料企业在华产品登记注册负责人员参加了培训班。

2014年12月22日，2014年全国饲料行业形势分析会暨饲料工业“十三五”规划座谈会在北京召开。农业部畜牧业司副司长王俊勋，全国畜牧总站副站长、中国饲料工业协会副秘书长郑友民，农业部畜牧业司饲料处处长王晓红、副处长李大鹏，农业部畜牧业司监测分析处处长辛国昌，全国畜牧总站、中国饲料工业协会信息中心主任闫奎友以及各省市、自治区饲料管理部门负责人出席了会议。会议分析了2014年全国饲料工业生产形势，探讨了“十三五”期间饲料工业发展规划及方向。

2014年1月24日，河南省饲料工业协会2013年年会在郑州召开，总结了2013年河南省饲料工业协会的工作，研判2014年饲料行业发展形势并安排部署下一步工作，共计60余人参加了会议。

2014年3月17～19日，2014’河北省饲料工业发展峰会在石家庄召开，河北省畜牧兽医局局长张强、农业部畜牧业司饲料处副处长魏宏阳等来自河北省内外近800家饲料企业和大型养殖企业的企业家、技术骨干、销售精英以及省市县（市）饲料办、行业组织、科研院所等方面1 000余人参加了会议。

2014年4月21日，河南省畜牧局召开了全省畜产品质量安全专项整治工作视频会议，总结回顾2013年畜产品质量安全专项整治工作，研究分析当前面临的形势和任务，安排部署2014年全省畜产品质量安全专项整治工作。河南省畜牧局政法处、质管处、饲料处等参加了会议。

2014年5月20日，广西饲料质量安全管理规范培训会在南宁举行，广西壮族自治区农业厅副厅长梁雨祥、广西壮族自治区水产畜牧兽医局畜牧处处长闭强出席了会议。

2014年6月13日，由黑龙江省畜牧兽医局主办的“2014年黑龙江省放心饲料兽药下乡进村暨质量安全宣传周”活动在肇东举行。黑龙江省畜牧兽医局副局长包艳明、黑龙江省饲料工业协会秘书长张昭良以及省市畜牧兽医局负责饲料兽药和畜产品安全监管部门的负责人和当地养殖场户的代表共140余人参加了活动。

2014年7月10日，河南省畜牧局组织召开了全省畜牧工作座谈会，总结了上半年的工作情况，安排部署了下半年的重点工作。河南省、市、直管县（市）畜牧局等主要负责同志参加了会议。

2014年8月5日，福建省饲料质量安全管理规范培训班在漳州举行，福建省农业厅总畜牧兽医师梁全顺、中国饲料工业协会饲料行业指导处处长胡广东，全省各市、县（区）饲料管理机构具体负责人、饲料质量安全管理规范指导专家组成员以及全省配合饲料、浓缩饲料、添加剂预混合饲料生产企业负责人和具体实施规范负责人共约750人参加了培训。

2014年8月12日，内蒙古自治区农牧业厅对12个盟市饲料管理部门和获证饲料生产企业以及正在申请办证饲料生产企业负责人等300余人进行《饲料质量安全管理规范》培训。图为在示范企业赤峰市大中高科技饲料有限公司培训班现场。

2014年9月18日，由河南省饲料工业协会、河南省饲料商会主办的河南省饲料工业发展论坛在郑东新区召开，来自河南省畜牧局的领导以及省内外的300余家企业负责人参加了论坛。

2014年1月15日，正邦集团召开“挺进千亿”誓师动员大会，农业部原副部长、中国饲料协会会长高鸿宾出席大会并致辞。

2014年1月26 ~ 27日，通威集团2013年工作总结暨2014年工作计划会在成都召开，通威集团董事局主席刘汉元、董事长管亚梅等近200人出席了会议，会议主要对2013年的工作进行了总结，并对2014年集团、股份经营工作作出了计划。

2014年2月19日，国家工信部总工程师朱宏任（左2）在百洋水产集团有限公司董事长孙忠义（左1）的陪同下参观百洋生产车间。

2014年2月26日，由中国畜牧业协会指导、中国农民大学主办、大北农集团支持协办的“养猪企业发展创新高峰论坛暨‘大北农杯’全国养猪创业大赛颁奖大会”在福建厦门举行。大会以“共同构建养猪产业链新生态 推进我国养猪行业全面升级”为主题，来自全国的知名学者、农牧企业家1 500余人参加了会议。

2014年4月15日，正昌集团第二届代理商及大客户联谊会在正昌集团举行，来自欧洲、中东、美洲等地区的22个国家的饲料机械行业客商走进正昌展厅，详细了解正昌的发展。

2014年4月19 ~ 20日，在2014中国饲料工业展览会暨畜牧业科技成果推介会上，长春大成实业集团有限公司向客户重点推广80%赖氨酸，对80%赖氨酸做进一步的技术指导及分析。

2014年4月19 ~ 20日，在2014中国饲料工业展览会暨畜牧科技成果推介会上，农业部副部长、国家首席兽医师于康震（左4）、农业部原副部长、中国饲料工业协会会长高鸿宾（左2）、全国畜牧总站站长、中国饲料工业协会秘书长李希荣（左1）参观唐人神集团展位，对集团的快速发展给予了高度评价，唐人神集团董事长陶一山（左3）陪同。

2014年4月22日，在2014饲料工业展览会暨畜牧业科技成果推介会上的广东海大集团展台。

2014年4月28日，“第四届通威科技大会”在成都举行，会议以“企业科技创新与行业发展”为主题，围绕当前养殖业的热点、焦点问题做专题研讨，共同搭建行业新信息沟通、新技术推广、新成果共享的交流平台，以推动行业可持续发展。全国畜牧总站副站长、中国饲料工业协会副秘书长沙玉圣，农业部渔业渔政局副局长李书民，通威集团董事局主席刘汉元以及国内外水产领域的专业人士、行业精英和各大科研院所、高等院校、行业协会、企业代表近800人参加了会议。

2014年7月4日，国家粮食局局长任正晓（左3）一行在江苏牧羊集团有限公司董事长李敏悦（左2）、总裁范天铭（左1）的陪同下考察了牧羊科技园，对牧羊的发展取得的进步表示肯定。

2014年7月9～11日，布勒（常州）机械有限公司在四川成都以“清洁、高效、创新”为主题，举办了2014清洁饲料加工新技术研讨会，来自新希望、通威、特驱、正大、雏鹰、安佑、正邦、伊利、帝斯曼等多家饲料集团的40余名专家出席了会议。

2014年7月17日，正虹集团收到了湖南省岳阳市政府下发的《关于成立正虹科技院士工作站的通知》，“正虹科技院士工作站”获准成立。

2014年8月8日，辽宁禾丰牧业股份有限公司董事长金卫东与上海证券交易所副总经理刘世安正式签署上市协议书，标志着禾丰集团在上海证券交易所正式挂牌交易。

2014年8月12日，上海新农饲料有限公司与荷兰皇家帝斯曼战略合作签约仪式在上海举行，上海新农饲料有限公司董事长杨瑞生（前排左1）代表公司签约。

2014年9月4日，广西壮族自治区副主席黄日波一行到百洋水产集团有限公司考察，董事长孙忠义汇报了公司近期发展情况。

2014年9月11日，中粮贸易饲料事业部副总经理解松嵩等在比利时Maldegem，与食品与饲料配方系统供应商Adifo公司CEO Adam Sneep（左2）讨论实验室信念管理系统（LIMS）与近红外数据平台的架设方案。

2014年9月17日，“中澳农业及食品安全百年合作计划”中方成立大会在北京举行，该合作计划是由新希望集团董事长刘永好（左6）与澳大利亚福特斯克矿业集团弗瑞斯特发起，旨在建立一个民间的、长期的、稳定的、制度化的中澳间农业领域交流、贸易、投资与合作平台，由中澳双方各30 ~ 50家大型农业产业化企业以及涉农金融机构参与。中国农业部部长韩长赋（左5），澳大利亚农业部部长巴纳比 · 乔伊斯（左4），中国农业部总经济师、办公厅主任毕美家（左9），澳大利亚驻华大使 Frances Adamson（左7），全国工商联副主席李路（左2），澳大利亚农业部常务副部长 Paul Grimes（左8），澳大利亚福特斯库金属集团（FMG）创始者兼总裁安德鲁 · 福利斯特（左3），新希望六和联席董事长刘畅（左1）出席了成立大会。

2014年9月19日，铁骑力士“龙头企业+家庭农场”1211代养模式推进会在四川梓潼县召开，该模式对避免效率低下的农村自繁自养的模式，提高了农民养殖水平。

2014年9月19日，嘉吉饲料（廊坊）有限公司年产24万t新工厂奠基仪式在河北廊坊广阳产业园区举行，占地4.3hm^2，设有年产12万t生产线2条，其中单胃动物生产线1条，反刍动物生产线1条。预计于2016年9月正式投入运行。

2014年9月20日，以“鸿图鼎立 领誉全球”为主题的通威国际中心落成暨管理总部乔迁盛典在成都举行，标志着通威集团再次迈上发展的新台阶，国际化战略、全球化布局正式启动。

2014年9月22日，大北农集团“3 000创业者9 800万股共同发展计划”启动仪式在北京举行，该计划体现了大北农致力于让尽可能多的优秀员工持有公司股份，最大程度增强大北农人的稳定性和凝聚力，激发大北农人永不止息的积极性、创造性与责任心，全力推动集团在新时期战略转型目标的实现。

2014年10月8日，辽宁禾丰牧业股份有限公司检测中心正式通过中国合格评定国家认可委员会（CNAS）认可评审，禾丰牧业检测中心检测、校准结果获得了41个国家和55个权威机构的承认，还可以作为第三方检测机构为国家相关管理部门以及同行企业、供应商、客户提供相关检测服务。

2014年10月22日，湖南省畜牧水产局副局长唐席珍（左1）在湖南省饲料办主任陈志军、湖南省畜牧饲料监察所所长欧阳龙等领导的陪同下一行到正虹集团调研，参观了正虹集团营田分公司和检测化验中心等，现场听取了集团董事长夏壮华（左2）介绍公司近期发展情况和正虹质量控制体系。

2014年11月2日，由铁骑力士集团圣迪乐村承接的年产1亿枚鸡蛋的“中华人民共和国对哈蛋鸡项目”在哈萨克斯坦东哈州政府签约，这是中国品牌鸡蛋首次走出国门，在国外建立基地。

2014年11月14日，天普阳光集团胶东片区在山东平度召开首届大型养殖技术论坛，来自胶东地区的规模猪场、天普阳光猪饲料用户、公司猪饲料营销经理、技术服务专家共计200余人参加了论坛。

2014年12月4～7日，由布勒（常州）机械有限公司和中粮集团联合举办的第三届饲料生产管理与工艺研修班暨猪饲料工艺研讨会在江苏溧阳召开，双方就最新猪料加工工艺、膨化加工工艺、粉碎制粒工艺以及相关发展趋势做了详细的探讨，并针对服务、配件、保养等内容进行了交流。

2014年12月5日，通威集团召开了以“科技引领 营销争锋”为主题的“2014通威股份科技·营销年会”。通威集团董事局主席刘汉元、集团总裁禚玉娇以及来自分（子）公司的800余名营销人员参加了年会。

2014年12月19日，“中美国际育种联盟第四届高峰论坛”在湖南株洲召开，唐人神、正大、温氏、雏鹰与美国华特希尔育种集团强强联合，成立美神国际育种中心，并与中国农业科学院、华南农业大学、华中农业大学、湖南省畜牧研究所等科研机构共同成立“大企业联合定向专业育种产学联盟”。

全国饲料工作办公室、全国畜牧总站/中国饲料工业协会

单位		电话	传真	地址	E－mail
全国饲料工作办公室	饲料处	（010）59192872 59193306 59193213 59192882	（010） 59192848	北京市朝阳区农展馆南里11号（100125）	xmjslch@agri.gov.cn
	综合处	（010）59193390 59193361	（010） 59192869		
全国畜牧总站/中国饲料工业协会	办公室	（010）59194778 59194608 59194609	（010） 59194611	北京市朝阳区麦子店街20号楼（100125）	
	人事处（党委办公室）	（010）59194589 59194597	（010） 59194611		
	财务处	（010）59194792 59194689 59194583	（010） 59194611		
	项目与资产管理处	（010）59194581 59194620 59195113	（010） 59194611		
	国际合作处	（010）59194595 59194753	（010） 59194611		
	行业统计分析处	（010）59194369 59194643 59194624	（010） 59194611		
	体系建设与推广处	（010）59194431 59194606 59194618	（010） 59194611		
	质量标准与认证处（无公害畜产品认证中心）	（010）59194779 59194646 59191485	（010） 59194779		

（续）

单　位		电　话	传　真	地　址	E－mail
全国畜牧总站/中国饲料工业协会	牧业发展处	（010）59194610 59194622	（010） 59194611	北京市朝阳区麦子店街 20 号楼（100125）	
	草业处（全国草品种审定委员会办公室）	（010）59194616 59194688 59194616	（010） 59194611		
	饲料行业指导处	（010）59194582 59194591 59194594	（010） 59194591		
	奶业与畜产品加工处	（010）59194419 59194420	（010） 59194611		
	协会工作处	（010）59194789 59194592 59194586	（010） 59194611		
	饲料评审处（全国饲料评审委员会办公室）	（010）59194650 59194438 59194584	（010） 59194584		
	畜禽资源处（国家畜禽遗传资源委员会办公室）	（010）59194754 59194625	（010） 59194375		
	信息中心	（010）62145459 62136584 62174303	（010） 62172155	北京市海淀区中关村南大街 12 号 101 信箱（100081）	
	农业部全国草产品质量监督检验测试中心	（010）60480233 60481123 60480226	（010） 60480301	北京市朝阳区麦子店街 20 号楼（100125）	
	农业部种畜品质监督检验测试中心	（010）62817223 62814021 60487810	（010） 62894803	北京市海淀区圆明园西路 2 号中国农科院畜牧所院内（100094）	

质量监督与检测机构

单　位	负责人	电　话	传　真	地　址	E - mail
国家饲料质量监督检验中心（北京）	苏晓鸥	（010）82106291	（010）68975906	北京市海淀区中关村南大街 12 号（100081）	feedgujun-hua@sina. com
农业部饲料质量监督检验测试中心（呼和浩特）	杨红东	（0471）4910905	（0471）4910905	内蒙古呼和浩特市赛罕区昭乌达路新希望街（010020）	hmhx100@163. com
农业部饲料质量监督检验测试中心（沈阳）	李延山	（024）24145538	（024）24145538	沈阳市沈河区小南街 281 号（110016）	—
农业部饲料质量监督检验测试中心（南京）	姜加华	（025）86263659	（025）86263656	南京市草场门大街 124 号江苏农业检测大楼（210036）	jsxcp@126. com
农业部饲料质量监督检验测试中心（南昌）	余祥健	（0791）8102073	（0791）81076711	南昌市南京东路 181－1号（330029）	jxsyjcs@163. com
农业部饲料质量监督检验测试中心（济南）	李祥明	（0531）87198033	（0531）87198033	济南市槐村街 68 号（250022）	lisdjs@163. com
农业部饲料质量监督检验测试中心（广州）	李小云	（020）34280305	（020）34280305	广州市万寿路 113 号（510230）	—
农业部饲料质量监督检验测试中心（南宁）	唐呈明	（0771）3121062	（0771）3942564	南宁市友爱北路 51 号（530001）	meidongxie @sina. com
农业部饲料质量监督检验测试中心（成都）	柏　凡	（028）85583643 85598229	（028）85548413	成都市武侯祠大街 3 号（610041）	liyun _ 1111 @163. com
农业部饲料质量监督检验测试中心（昆明）	张应国	（0871）63648224	（0871）63648224	昆明市华山东路 43 号（650021）	ynsysls@163. com
农业部饲料质量监督检验测试中心（西安）	西　学	（029）86254586	（029）86254586	西安市未央路 28 号（710016）	siliaosuo @ sina. com

科研与教育机构

单 位	负责人	电 话	传 真	地 址	网 址	E-mail
中国农业科学院饲料研究所	齐广海	(010) 82107317	(010) 82106054	北京市海淀区中关村南大街12号(100081)	www. caasfri. com. cn	zonghechu@caas. cn
农业部饲料工业中心	李德发	(010) 62733583	(010) 62733688	北京市海淀区圆明园西路2号(100094)	www. mafic. ac. cn	tuzh@mafic. ac. cr
国家饲料工程技术研究中心	李德发	(010) 62133466 62829803	(010) 62731456		www. nferc. org	nferc@nferc. org
中国农业科学院北京畜牧兽医研究所动物营养与饲料学科群	佟建明	(010) 62816061 62815851	(010) 62819257	北京市海淀区圆明园西路2号(100094)	—	tjm606@263. net

前 言

《中国饲料工业年鉴》客观记载了我国饲料工业发展的历史进程，展现了各地饲料工作取得的新成就、新经验、新亮点，搭建了权威的饲料工业信息和数据交流平台，为正确把握饲料工业发展规律，科学制定饲料工业发展规划和发展战略提供了详实资料，是一件非常有意义的工作。

2014年，受经济、政策和市场多重因素影响，饲料行业经受住各种阻力，努力克服困境，迎接挑战，挖潜机遇，积极开展调整结构、创新方式，产业整合、产业链延伸，促进了行业的规范发展，实现饲料产业由追求量到质的转变，2014年全国饲料产量同比增长2.0%。

2014年全国商品饲料总产量19 727万t，同比增长2.0%。其中，配合饲料产量为16 935万t，同比增长3.8%；浓缩饲料产量为2 151万t，同比下降10.3%；添加剂预混合饲料产量为641万t，同比增长1.1%。广东、山东、河北、河南、辽宁、湖南、广西、四川、江苏等9个省份饲料产量突破千万吨大关。以上9省产量达12 502万t，占全国总产量63.4%。

根据各省（自治区、直辖市）统计数据来看，2014年全国饲料工业总产值和总营业收入分别为7 603亿元、7 313亿元，同比分别增长3.0%、2.2%。其中，商品饲料工业总产值6 941亿元，同比增长2.3%；饲料添加剂总产值595亿元，同比增长11.2%；饲料机械设备总产值67亿元，同比增长8.1%。商品饲料工业总营业收入6 679亿元，同比增长1.4%；饲料添加剂总营业收入568亿元，同比增长12.0%；饲料机械设备总营业收入66亿元，同比增长3.1%。

《中国饲料工业年鉴（2015）》（以下简称《年鉴》）比较详实地记录了2014年我国饲料工业及其相关行业的发展情况。

《年鉴》主要包括六个部分，即综合篇、专题篇、地方篇、企业篇、统计资料、大事记。在正文之前以图文并茂的形式介绍了领导视察、行业发展、企业采风、政务联络等；综合篇主要包括2014年发布实施的政策法规、通知、领导讲话等；专题篇主要包括2014年饲料加工工业概况、主要饲料产品及原料工业情况、饲料添加剂工业、饲料机械制造工业、秸秆养畜、饲料工业许可证管理、饲料安全管理、饲料质量监督与检测、科技与推广、饲料行业职业技能鉴定、饲料工业标准化、饲料工业质量认证、饲料工业行业信息体系；地方篇包括了除香港、澳门、台湾以外的全国所有省（市、区）饲料工业概况；企业篇包括重点企业经验介绍和企业简介；统计资料包括全国饲料工业统计资料、主要饲料原料进出口情况；大事记主要包括全国饲料工作办公室、中国饲料工业协会以及各地饲料工作办公室、饲料工业协会在2014年的主要工作与取得的成绩；附录主要包括一些地方政策法规。

《年鉴》图片部分从不同侧面反映了行业的发展。本《年鉴》文字内容丰富，覆盖面广，史实性强，是饲料行业行政事业单位、检测机构、科研机构等单位所必备的工具书。《年鉴》的专题篇和地方篇撰稿人主要是各饲料行业主管部门和行业相关专家学者。

《年鉴》反映的各省（区、市）和有关企业等文字材料及图片部分，只要涉及排序，都按全国省份的行政区划顺序排列；全国饲料工作办公室、中国饲料工业协会和各省（区、市）提供的大事记，除上述相应的排序外，都按时间排序。

《中国饲料工业年鉴》编辑部

2015年10月9日

目 录

地 方 篇

企 业 篇

统计资料

大 事 记

综合篇

2014 年全国饲料工业生产形势简况

2014 年，受经济、政策和市场多重因素影响，饲料行业经受住各种阻力，努力克服困境，迎接挑战，挖潜机遇，积极开展调整结构、创新方式，产业整合、产业链延伸，促进了行业的规范发展，实现饲料产业由追求量到质的转变。2014 年全国饲料产量同比增长 2%。

一、商品饲料总产量增长

2014 年全国商品饲料总产量 19 727 万 t，同比增长 2.0%。其中，配合饲料产量为 16 935 万 t，同比增长 3.8%；浓缩饲料产量为 2 151 万 t，同比下降 10.3%；添加剂预混合饲料产量为 641 万 t，同比增长 1.1%。

配合饲料、浓缩饲料、添加剂预混合饲料产量占总产量比重分别为 85.8%、10.9%、3.2%，与上年比，配合饲料占总产量比重提高 1.5 个百分点，浓缩饲料下降 1.5 个百分点，添加剂预混合饲料下降 0.1 个百分点。配合饲料、浓缩饲料、添加剂预混合饲料三者比例为 26.4∶3.4∶1，上年度为 25.7∶3.9∶1。

二、饲料工业产值、营业收入增速放缓

2014 年全国饲料工业总产值和总营业收入分别为 7 603 亿元、7 313 亿元，同比分别增长 3.0%、2.2%；2013 年同比增长幅度分别为 4.4%和 4.2%；2012 年增长幅度分别为 11.4%和 11.9%。其中，商品饲料工业总产值 6 941 亿元，同比增长 2.3%；饲料添加剂总产值 595 亿元，同比增长 11.2%；饲料机械设备总产值 67 亿元，同比增长 8.1%。

商品饲料工业总营业收入 6 679 亿元，同比增长 1.4%；饲料添加剂总营业收入 568 亿元，同比增长 12.0%；饲料机械设备总营业收入 66 亿元，同比增长 3.1%。

三、饲料企业总数量继续减少

（一）2014 年全国各经济类型饲料企业总数为 9 584 家，同比减少 4 495 家，下降 31.9%。其中，国有企业 189 家，同比减少 5 家，下降 2.6%；集体企业 41 家，同比减少 33 家，下降 44.6%；私营企业 4 915 家，同比减少 2495 家，下降 33.7%；联营企业 102 家，同比减少 179 家，下降 63.7%；股份制企业 3 780 家，同比减少 1 685 家，下降 30.8%；港澳台企业 121 家，同比减少 15 家，下降 11.0%；外商企业 243 家，同比减少 29 家，下降 10.7%；其他企业 193 家，同比减少 55 家，下降 22.2%。

（二）2014 年按产品类型统计的企业总数量为 13 102 家。其中，饲料加工企业（包含精料补充料生产企业）数量 7 617 家，同比减少 2 496 家，下降 24.7%；预混合饲料 2 632 家，同比减少 339 家，下降 11.4% ；饲料添加剂 1 411 家，同比增加 34 家，增长 2.5%；单一饲料 1 378家，同比减少 563 家，下降 29.0%；饲料机械 64 家，同比增加 12 家，增长 23.1%。

四、猪饲料、反刍饲料持续增长

从产品结构看，配合饲料所占比重提高，浓缩饲料和添加剂预混合饲料所占比重均下降。从近 3 年的统计数据看，配合饲料延续了比重持续提高的势头。

（一）从品种总量看，2014 年，猪饲料产量 8 616 万 t，同比增长 2.4%；蛋禽饲料产量

2 902万 t，同比下降 4.4%；肉禽饲料产量 5 033 万 t，同比增长 1.7%；水产饲料产量 1 903 万 t，同比增长 2.1%；反刍动物饲料产量 876 万 t，同比增长 10.2%；其他饲料产量 397 万 t，同比增长 37.8%。

（二）从类别看，在配合饲料中，猪配合饲料总产量 6 945 万 t，同比增长 4.8%；蛋禽配合饲料 2 360 万 t，同比下降 2.7%；肉禽配合饲料 4 775 万 t，同比增长 3.4%；水产配合饲料 1 870 万 t，同比增长 2.0%；精料补充料 641 万 t，同比增长 14.7%；其他配合饲料 344 万 t，同比增长 41.6%。

在浓缩饲料中，猪浓缩饲料总产量 1 303 万 t，同比下降 7.4%；蛋禽浓缩饲料 398 万 t，同比下降 15.3%；肉禽浓缩饲料 208 万 t，同比下降 26.2%；水产浓缩饲料 4.2 万 t，同比下降 41.7%；反刍动物浓缩饲料 208 万 t，同比下降 1.0%；其他浓缩饲料 30 万 t，同比增长 36.4%。

在添加剂预混合饲料中，猪添加剂预混合饲料总产量 368 万 t，同比下降 1.9%；蛋禽添加剂预混合饲料 144 万 t，同比增长 3.6%；肉禽添加剂预混合饲料 49 万 t，同比增长 6.5%；水产添加剂预混合饲料 29 万 t，同比增长 20.8%；反刍动物添加剂预混合饲料 28 万 t，同比增长 7.7%；其他添加剂预混合饲料 23 万 t，同比增长 4.5%。

五、产业集中度越来越高

（一）2014 年，东部地区（北京、天津、河北、上海、江苏、浙江、福建、山东、广东、海南、辽宁）饲料总产量为 10 216 万 t，占全国饲料总产量的 51.8%；中部地区（山西、安徽、江西、河南、湖北、湖南、黑龙江、吉林）为 5 638 万 t，占全国饲料总产量的 28.6%；西部地区（内蒙古、广西、重庆、四川、贵州、云南、陕西、甘肃、青海、宁夏、新疆）为 3 873万 t，占全国饲料总产量的 19.6%；与 2013 年相比，东部地区增长 0.4%，中部地区下降 0.3%，西部地区下降 0.1%。

从增长幅度看，2014 年增长速度较快的省份是重庆、新疆、贵州、河北、江西，分别增长 16.9%、13.2%、13.0%、9.9%、8.5%；青海、宁夏、甘肃下降较快，分别下降 48.1%、47.4%、22.2%，天津、山西、浙江、北京、内蒙古、黑龙江、辽宁、河南、云南分别下降 12.6%、10.7%、9.6%、8.5%、6.7%、4.1%、3.6%、2.8%、0.9%，其余 13 省市均保持小幅增长。

（二）饲料产量大省情况。2014 年，我国超过千万吨的省份已达 9 个。分别为：广东（2 399万 t，同比增长 6.6%）、山东（2 159 万 t，同比增长 4.5 %）、河北（1 259 万 t，同比增长 10.0%）、河南（1252 万 t，同比下降 2.8%）、辽宁（1 239 万 t，同比下降 3.6%）、湖南（1 082 万 t，同比增长 0.6%）、广西（1 074 万 t，同比增长 5.7%）、四川（1 038 万 t，同比增长 1.0%）、江苏（1 000 万 t，同比增长 2.4%）。以上 9 省产量达 12 502 万 t，占全国总产量 63.4%。以上 9 省 2014 年同比平均增长幅度 2.7%，高于全国总体增长水平。

六、饲料添加剂产量小幅增长

2014 年，饲料添加剂产品总量 802.9 万 t，同比增长 0.5%。其中，原饲料添加剂Ⅰ型 744.5 万 t，同比下降 1.8%；Ⅱ型 38.7 万 t，同比增长 11.2%；混合型饲料添加剂 19.7 万 t，同比增长 251.8%。

氨基酸：2014 年总产量 125.6 万 t，同比减少 16.5%。原Ⅰ型 124.5 万 t，同比下降 16.9%；Ⅱ型 1.0 万 t，同比增长 42.7%；混合型 565.1t。其中，蛋氨酸 2014 年产量为 10.6 万 t，同比增长 125.5%；赖氨酸 2014 年产量为 91.8 万 t（含 65%赖氨酸），同比下降 15.4%；苏氨酸 2014 年国内产量为 24.5 万 t，同比增长 15.6%；色氨酸 2014 年国内产量为 0.5 万 t，同比下降 73.7%。

维生素：2014 年总产量 89.2 万 t，同比增长 20.7%。原Ⅰ型 72.3 万 t，同比增长 4.6%；Ⅱ型 16.4 万 t，同比增长 290.5%（河北增长 11.5 万 t）；混合型 0.5 万 t，同比下降 10.7%。

矿物元素及其络合物：2014 年总产量 467.7 万 t，同比增长 1.5%。其中原Ⅰ型 461.4 万 t，同比增长 2.8%；Ⅱ型 4.5 万 t，同比下降 61.2%；混合型 1.8 万 t。2014 年，磷酸氢钙（含磷酸二氢钙）产量为 359.4 万 t，同比下降 1.3%；硫酸铜 3.0 万 t，同比增长 11.1%；硫酸亚铁 17.6 万 t，同比增长 8.6%；硫酸锌 17.8 万 t，同比增长 20.3%；硫酸锰 9.3 万 t，同比增长 75.5%。

酶制剂：2014 年总产量 10.8 万 t，同比增长 18.7%。其中，原Ⅰ型 5.2 万 t，同比增长 4.0%；Ⅱ型 1.9 万 t，同比下降 40.6%；混合型 3.6 万 t。

抗氧化剂：2014 年总产量 4.0 万 t，同比下降 13.0%。其中，原Ⅰ型 1.6 万 t，同比下降 55.6%；Ⅱ型 1.0 万 t，同比持平；混合型 1.3 万 t。

防腐、防霉剂：2014 年总产量 27.1 万 t，同比增长 19.9%。其中，原Ⅰ型 23.7 万 t，同比增长 27.4%；Ⅱ型 2.7 万 t，同比下降 25.0%；混合型 0.7 万 t，同比增长 73.9%。

微生物：2014 年总产量 11.6 万 t，同比增长 7.4%。其中，原Ⅰ型 5.2 万 t，同比下降 21.2%；Ⅱ型 5.0 万 t，同比增长 257.1%；混合型 1.4 万 t，同比下降 50.4%。

其他类添加剂：2014 年总产量 66.9 万 t，同比增长 0.3%。其中，Ⅰ型 50.5 万 t，同比下降 11.2%；Ⅱ型 6.1 万 t，同比下降 33.7%；混合型 10.3 万 t。

七、大宗饲料原料消费总量增长

2014 年，大宗原料消费情况总计为 20 096 万 t，同比增长 7.4%。其中，玉米 10 013 万 t，同比增长 3.0%；小麦 1 878 万 t，同比下降 15.4%；豆粕 4 688 万 t，同比增长 35.3%；棉籽粕 624 万 t，同比下降 8.1%；菜籽粕 533 万 t，同比下降 9.8%；其他饼粕 468 万 t，同比下降 1.5%；磷酸氢钙 283 万 t，同比增长 1.8%；其他 1 609 万 t，同比增长 25.2%。

八、饲料机械设备生产总量增长

2014 年，饲料加工机械设备生产总量为 28 510 台套，同比增加 368 台套，增长 1.3%。其中，成套机组 1 710 台套，同比增加 74 台套，增长 4.5%；单机 26 800 台，同比增加 294 台，增长 1.1%。

在成套机组中，时产≥10t 设备 1 285 台套，时产<10t 设备 425 台套。

在单机设备中，粉碎机 8 873 台，同比增加 90 台，增长 1.0%；混合机 7 051 台，同比减少 417 台，下降 5.6%；制粒机 7 841 台，同比减少 239 台，下降 3.0%；单机其他 3 035 台，增加 860 台，增长 39.5%。

九、饲料行业从业人数继续下降

2014 年，饲料企业年末职工人数为 50.6 万人，同比下降 17.6%。大专以上学历的职工数为 19.0 万人，占职工总人数的 37.5%，其中，博士 1 758 人，同比下降 10.6%；硕士 7 906 人，同比下降 4.5%；大学本科 68 487 人，同比下降 14.1%；大学专科 111 720 人，同比下降 22.7%；其他学历 315 902 人，同比下降 16.8%。技术工种 47 467 人，同比下降 28.1%。

注：以上统计数据来源于各省（自治区、直辖市）统计数据。

（陆泳霖）

中华人民共和国农业部令

2014 年第 1 号

《饲料质量安全管理规范》于 2013 年 12 月 27 日农业部第 11 次常务会议审议通过，现予公布，自 2015 年 7 月 1 日起施行。

部长 韩长赋

2014 年 1 月 13 日

饲料质量安全管理规范

第一章 总 则

第一条 为规范饲料企业生产行为，保障饲料产品质量安全，根据《饲料和饲料添加剂管理条例》，制定本规范。

第二条 本规范适用于添加剂预混合饲料、浓缩饲料、配合饲料和精料补充料生产企业（以下简称企业）。

第三条 企业应当按照本规范的要求组织生产，实现从原料采购到产品销售的全程质量安全控制。

第四条 企业应当及时收集、整理、记录本规范执行情况和生产经营状况，认真履行年度备案和饲料统计义务。

有委托生产行为的，委托方和受托方应当分别向所在地省级人民政府饲料管理部门备案。

第五条 县级以上人民政府饲料管理部门应当制定年度监督检查计划，对企业实施本规范的情况进行监督检查。

第二章 原料采购与管理

第六条 企业应当加强对饲料原料、单一饲料、饲料添加剂、药物饲料添加剂、添加剂预混合饲料和浓缩饲料（以下简称原料）的采购管理，全面评估原料生产企业和经销商（以下简称供应商）的资质和产品质量保障能力，建立供应商评价和再评价制度，编制合格供应商名录，填写并保存供应商评价记录：

（一）供应商评价和再评价制度应当规定供应商评价及再评价流程、评价内容、评价标准、评价记录等内容；

（二）从原料生产企业采购的，供应商评价记录应当包括生产企业名称及生产地址、联系方式、许可证明文件编号（评价单一饲料、饲料添加剂、药物饲料添加剂、添加剂预混合饲料、浓缩饲料生产企业时填写）、原料通用名称及商品名称、评价内容、评价结论、评价日期、评价人等信息；

（三）从原料经销商采购的，供应商评价记录应当包括经销商名称及注册地址、联系方式、营业执照注册号、原料通用名称及商品名称、评价内容、评价结论、评价日期、评价人等信息；

（四）合格供应商名录应当包括供应商的名称、原料通用名称及商品名称、许可证明文件编号（供应商为单一饲料、饲料添加剂、药物饲料添加剂、添加剂预混合饲料、浓缩饲料生产企业时填写）、评价日期等信息。

企业统一采购原料供分支机构使用的，分支机构应当复制、保存前款规定的合格供应商名录和供应商评价记录。

第七条 企业应当建立原料采购验收制度和原料验收标准，逐批对采购的原料进行查验或者检验：

（一）原料采购验收制度应当规定采购验收流程、查验要求、检验要求、原料验收标准、不合格原料处置、查验记录等内容；

（二）原料验收标准应当规定原料的通用名称、主成分指标验收值、卫生指标验收值等内容，卫生指标验收值应当符合有关法律法规和国家、行业标准的规定；

（三）企业采购实施行政许可的国产单一饲料、饲料添加剂、药物饲料添加剂、添加剂预混合饲料、浓缩饲料的，应当逐批查验许可证明文件编号和产品质量检验合格证，填写并保存查验记录；查验记录应当包括原料通用名称、生产企业、生产日期、查验内容、查验结果、查验人等信息；无许可证明文件编号和产品质量检验合格证的，或者经查验许可证明文件编号不实的，不得接收、使用；

（四）企业采购实施登记管理的进口单一饲料、饲料添加剂、药物饲料添加剂、添加剂预混合饲料、浓缩饲料的，应当逐批查验进口登记证编号，填写并保存查验记录；查验记录应当包括原料通用名称、生产企业、生产日期、查验内容、查验结果、查验人等信息；无进口登记证编号的，或者经查验进口登记证编号不实的，不得接收、使用；

（五）企业采购不需行政许可的原料的，应当依据原料验收标准逐批查验供应商提供的该批原料的质量检验报告；无质量检验报告的，企业应当逐批对原料的主成分指标进行自行检验或者委托检验；不符合原料验收标准的，不得接收、使用；原料质量检验报告、自行检验结果、委托检验报告应当归档保存；

（六）企业应当每 3 个月至少选择 5 种原料，自行或者委托有资质的机构对其主要卫生指标进行检测，根据检测结果进行原料安全性评价，保存检测结果和评价报告；委托检测的，应当索取并保存受委托检测机构的计量认证或者实验室认可证书及附表复印件。

第八条 企业应当填写并保存原料进货台账，进货台账应当包括原料通用名称及商品名称、生产企业或者供货者名称、联系方式、产地、数量、生产日期、保质期、查验或者检验信息、进货日期、经办人等信息。

进货台账保存期限不得少于 2 年。

第九条 企业应当建立原料仓储管理制度，填写并保存出入库记录：

（一）原料仓储管理制度应当规定库位规划、堆放方式、垛位标识、库房盘点、环境要求、虫鼠防范、库房安全、出入库记录等内容；

（二）出入库记录应当包括原料名称、包装规格、生产日期、供应商简称或者代码、入库数量和日期、出库数量和日期、库存数量、保管人等信息。

第十条 企业应当按照“一垛一卡”的原则对原料实施垛位标识卡管理，垛位标识卡应当标明原料名称、供应商简称或者代码、垛位总量、已用数量、检验状态等信息。

第十一条 企业应当对维生素、微生物和酶制剂等热敏物质的贮存温度进行监控，填写并保存温度监控记录。监控记录应当包括设定温度、实际温度、监控时间、记录人等信息。

监控中发现实际温度超出设定温度范围的，应当采取有效措施及时处置。

第十二条 按危险化学品管理的亚硒酸钠等饲料添加剂的贮存间或者贮存柜应当设立清晰的警示标志，采用双人双锁管理。

第十三条 企业应当根据原料种类、库存时间、保质期、气候变化等因素建立长期库存原料质量监控制度，填写并保存监控记录：

（一）质量监控制度应当规定监控方式、监控内容、监控频次、异常情况界定、处置方式、处置权限、监控记录等内容；

（二）监控记录应当包括原料名称、监控内容、异常情况描述、处置方式、处置结果、监控日期、监控人等信息。

第三章 生产过程控制

第十四条 企业应当制定工艺设计文件，设定生产工艺参数。

工艺设计文件应当包括生产工艺流程图、工艺说明和生产设备清单等内容。

生产工艺应当至少设定以下参数：粉碎工艺设定筛片孔径，混合工艺设定混合时间，制粒工艺设定调质温度、蒸汽压力、环模规格、环模长径比、分级筛筛网孔径，膨化工艺设定调质温度、模板孔径。

第十五条 企业应当根据实际工艺流程，制定以下主要作业岗位操作规程：

（一）小料（指生产过程中，将微量添加的原料预先进行配料或者配料混合后获得的中间产品）配料岗位操作规程，规定小料原料的领取与核实、小料原料的放置与标识、称重电子秤校准与核查、现场清洁卫生、小料原料领取记录、小料配料记录等内容；

（二）小料预混合岗位操作规程，规定载体或者稀释剂领取、投料顺序、预混合时间、预混合产品分装与标识、现场清洁卫生、小料预混合记录等内容；

（三）小料投料与复核岗位操作规程，规定小料投放指令、小料复核、现场清洁卫生、小料投料与复核记录等内容；

（四）大料投料岗位操作规程，规定投料指令、垛位取料、感官检查、现场清洁卫生、大料投料记录等内容；

（五）粉碎岗位操作规程，规定筛片锤片检查与更换、粉碎粒度、粉碎料入仓检查、喂料器和磁选设备清理、粉碎作业记录等内容；

（六）中控岗位操作规程，规定设备开启与关闭原则、微机配料软件启动与配方核对、混合时间设置、配料误差核查、进仓原料核实、中控作业记录等内容；

（七）制粒岗位操作规程，规定设备开启与关闭原则、环模与分级筛网更换、破碎机轧距调节、制粒机润滑、调质参数监视、设备（制粒室、调质器、冷却器）清理、感官检查、现场清洁卫生、制粒作业记录等内容；

（八）膨化岗位操作规程，规定设备开启与关闭原则、调质参数监视、设备（膨化室、调质器、冷却器、干燥器）清理、感官检查、现场清洁卫生、膨化作业记录等内容；

（九）包装岗位操作规程，规定标签与包装袋领取、标签和包装袋核对、感官检查、包重校验、现场清洁卫生、包装作业记录等内容；

（十）生产线清洗操作规程，规定清洗原则、清洗实施与效果评价、清洗料的放置与标识、清洗料使用、生产线清洗记录等内容。

第十六条 企业应当根据实际工艺流程，制定生产记录表单，填写并保存相关记录：

（一）小料原料领取记录，包括小料原料名称、领用数量、领取时间、领取人等信息；

（二）小料配料记录，包括小料名称、理论值、实际称重值、配料数量、作业时间、配料人等信息；

（三）小料预混合记录，包括小料名称、重量、批次、混合时间、作业时间、操作人等信息；

（四）小料投料与复核记录，包括产品名称、接收批数、投料批数、重量复核、剩余批数、作业时间、投料人等信息；

（五）大料投料记录，包括大料名称、投料数量、感官检查、作业时间、投料人等信息；

（六）粉碎作业记录，包括物料名称、粉碎机号、筛片规格、作业时间、操作人等信息；

（七）大料配料记录，包括配方编号、大料名称、配料仓号、理论值、实际值、作业时间、配料人等信息；

（八）中控作业记录，包括产品名称、配方编号、清洗料、理论产量、成品仓号、洗仓情况、作业时间、操作人等信息；

（九）制粒作业记录，包括产品名称、制粒机号、制粒仓号、调质温度、蒸汽压力、环模孔径、环模长径比、分级筛筛网孔径、感官检查、作业时间、操作人等信息；

（十）膨化作业记录，包括产品名称、调质温度、模板孔径、膨化温度、感官检查、作业时间、操作人等信息；

（十一）包装作业记录，包括产品名称、实际产量、包装规格、包数、感官检查、头尾包数量、作业时间、操作人等信息；

（十二）标签领用记录，包括产品名称、领用数量、班次用量、损毁数量、剩余数量、领取时间、领用人等信息；

（十三）生产线清洗记录，包括班次、清洗料名称、清洗料重量、清洗过程描述、作业时间、清洗人等信息；

（十四）清洗料使用记录，包括清洗料名称、生产班次、清洗料使用情况描述、使用时间、操作人等信息。

第十七条 企业应当采取有效措施防止生产过程中的交叉污染：

（一）按照“无药物的在先、有药物的在后”原则制订生产计划；

（二）生产含有药物饲料添加剂的产品后，生产不含药物饲料添加剂或者改变所用药物饲料添加剂品种的产品的，应当对生产线进行清洗；清洗料回用的，应当明确标识并回置于同品种产品中；

（三）盛放饲料添加剂、药物饲料添加剂、添加剂预混合饲料、含有药物饲料添加剂的产品及其中间产品的器具或者包装物应当明确标识，不得交叉混用；

（四）设备应当定期清理，及时清除残存料、粉尘积垢等残留物。

第十八条 企业应当采取有效措施防止外来污染：

（一）生产车间应当配备防鼠、防鸟等设施，地面平整，无污垢积存；

（二）生产现场的原料、中间产品、返工料、清洗料、不合格品等应当分类存放，清晰标识；

（三）保持生产现场清洁，及时清理杂物；

（四）按照产品说明书规范使用润滑油、清洗剂；

（五）不得使用易碎、易断裂、易生锈的器具作为称量或者盛放用具；

（六）不得在饲料生产过程中进行维修、焊接、气割等作业。

第十九条 企业应当建立配方管理制度，规定配方的设计、审核、批准、更改、传递、使用等内容。

第二十条 企业应当建立产品标签管理制度，规定标签的设计、审核、保管、使用、销毁等内容。

产品标签应当专库（柜）存放，专人管理。

第二十一条 企业应当对生产配方中添加比例小

于0.2%的原料进行预混合。

第二十二条 企业应当根据产品混合均匀度要求，确定产品的最佳混合时间，填写并保存最佳混合时间实验记录。实验记录应当包括混合机编号、混合物料名称、混合次数、混合时间、检验结果、最佳混合时间、检验日期、检验人等信息。

企业应当每6个月按照产品类别（添加剂预混合饲料、配合饲料、浓缩饲料、精料补充料）进行至少1次混合均匀度验证，填写并保存混合均匀度验证记录。验证记录应当包括产品名称、混合机编号、混合时间、检验方法、检验结果、验证结论、检验日期、检验人等信息。

混合机发生故障经修复投入生产前，应当按照前款规定进行混合均匀度验证。

第二十三条 企业应当建立生产设备管理制度和档案，制定粉碎机、混合机、制粒机、膨化机、空气压缩机等关键设备操作规程，填写并保存维护保养记录和维修记录：

（一）生产设备管理制度应当规定采购与验收、档案管理、使用操作、维护保养、备品备件管理、维护保养记录、维修记录等内容；

（二）设备操作规程应当规定开机前准备、启动与关闭、操作步骤、关机后整理、日常维护保养等内容；

（三）维护保养记录应当包括设备名称、设备编号、保养项目、保养日期、保养人等信息；

（四）维修记录应当包括设备名称、设备编号、维修部位、故障描述、维修方式及效果、维修日期、维修人等信息；

（五）关键设备应当实行“一机一档”管理，档案包括基本信息表（名称、编号、规格型号、制造厂家、联系方式、安装日期、投入使用日期）、使用说明书、操作规程、维护保养记录、维修记录等内容。

第二十四条 企业应当严格执行国家安全生产相关法律法规。

生产设备、辅助系统应当处于正常工作状态；锅炉、压力容器等特种设备应当通过安全检查；计量秤、地磅、压力表等测量设备应当定期检定或者校验。

第四章 产品质量控制

第二十五条 企业应当建立现场质量巡查制度，填写并保存现场质量巡查记录：

（一）现场质量巡查制度应当规定巡查位点、巡查内容、巡查频次、异常情况界定、处置方式、处置权限、巡查记录等内容；

（二）现场质量巡查记录应当包括巡查位点、巡查内容、异常情况描述、处置方式、处置结果、巡查时间、巡查人等信息。

第二十六条 企业应当建立检验管理制度，规定人员资质与职责、样品抽取与检验、检验结果判定、检验报告编制与审核、产品质量检验合格证签发等内容。

第二十七条 企业应当根据产品质量标准实施出厂检验，填写并保存产品出厂检验记录；检验记录应当包括产品名称或者编号、检验项目、检验方法、计算公式中符号的含义和数值、检验结果、检验日期、检验人等信息。

产品出厂检验记录保存期限不得少于2年。

第二十八条 企业应当每周从其生产的产品中至少抽取5个批次的产品自行检验下列主成分指标：

（一）维生素预混合饲料：两种以上维生素；

（二）微量元素预混合饲料：两种以上微量元素；

（三）复合预混合饲料：两种以上维生素和两种以上微量元素；

（四）浓缩饲料、配合饲料、精料补充料：粗蛋白质、粗灰分、钙、总磷。

主成分指标检验记录保存期限不得少于2年。

第二十九条 企业应当根据仪器设备配置情况，建立分析天平、高温炉、干燥箱、酸度计、分光光度计、高效液相色谱仪、原子吸收分光光度计等主要仪器设备操作规程和档案，填写并保存仪器设备使用记录：

（一）仪器设备操作规程应当规定开机前准备、开机顺序、操作步骤、关机顺序、关机后整理、日常维护、使用记录等内容；

（二）仪器设备使用记录应当包括仪器设备名称、型号或者编号、使用日期、样品名称或者编号、检验项目、开始时间、完毕时间、仪器设备运行前后状态、使用人等信息；

（三）仪器设备应当实行“一机一档”管理，档案包括仪器基本信息表（名称、编号、型号、制造厂家、联系方式、安装日期、投入使用日期）、使用说明书、购置合同、操作规程、使用记录等内容。

第三十条 企业应当建立化学试剂和危险化学品管理制度，规定采购、贮存要求、出入库、使用、处理等内容。

化学试剂、危险化学品以及试验溶液的使用，应当遵循GB/T 601、GB/T 602、GB/T 603以及检验方法标准的要求。

企业应当填写并保存危险化学品出入库记录，记录应当包括危险化学品名称、入库数量和日期、出库数量和日期、保管人等信息。

第三十一条 企业应当每年选择5个检验项目，采取以下一项或者多项措施进行检验能力验证，对验证结果进行评价并编制评价报告：

（一）同具有法定资质的检验机构进行检验比对；

（二）利用购买的标准物质或者高纯度化学试剂进行检验验证；

（三）在实验室内部进行不同人员、不同仪器的检验比对；

（四）对曾经检验过的留存样品进行再检验；

（五）利用检验质量控制图等数理统计手段识别异常数据。

第三十二条 企业应当建立产品留样观察制度，对每批次产品实施留样观察，填写并保存留样观察记录：

（一）留样观察制度应当规定留样数量、留样标识、贮存环境、观察内容、观察频次、异常情况界定、处置方式、处置权限、到期样品处理、留样观察记录等内容；

（二）留样观察记录应当包括产品名称或者编号、生产日期或者批号、保质截止日期、观察内容、异常情况描述、处置方式、处置结果、观察日期、观察人等信息。

留样保存时间应当超过产品保质期1个月。

第三十三条 企业应当建立不合格品管理制度，填写并保存不合格品处置记录：

（一）不合格品管理制度应当规定不合格品的界定、标识、贮存、处置方式、处置权限、处置记录等内容；

（二）不合格品处置记录应当包括不合格品的名称、数量、不合格原因、处置方式、处置结果、处置日期、处置人等信息。

第五章 产品贮存和运输

第三十四条 企业应当建立产品仓储管理制度，填写并保存出入库记录：

（一）仓储管理制度应当规定库位规划、堆放方式、垛位标识、库房盘点、环境要求、虫鼠防范、库房安全、出入库记录等内容；

（二）出入库记录应当包括产品名称、规格或者等级、生产日期、入库数量和日期、出库数量和日期、库存数量、保管人等信息；

（三）不同产品的垛位之间应当保持适当距离；

（四）不合格产品和过期产品应当隔离存放并有清晰标识。

第三十五条 企业应当在产品装车前对运输车辆的安全、卫生状况实施检查。

第三十六条 企业使用罐装车运输产品的，应当专车专用，并随车附具产品标签和产品质量检验合格证。

装运不同产品时，应当对罐体进行清理。

第三十七条 企业应当填写并保存产品销售台账。销售台账应当包括产品的名称、数量、生产日期、生产批次、质量检验信息、购货者名称及其联系方式、销售日期等信息。

销售台账保存期限不得少于2年。

第六章 产品投诉与召回

第三十八条 企业应当建立客户投诉处理制度，填写并保存客户投诉处理记录：

（一）投诉处理制度应当规定投诉受理、处理方法、处理权限、投诉处理记录等内容；

（二）投诉处理记录应当包括投诉日期、投诉人姓名和地址、产品名称、生产日期、投诉内容、处理结果、处理日期、处理人等信息。

第三十九条 企业应当建立产品召回制度，填写并保存召回记录：

（一）召回制度应当规定召回流程、召回产品的标识和贮存、召回记录等内容；

（二）召回记录应当包括产品名称、召回产品使用者、召回数量、召回日期等信息。

企业应当每年至少进行1次产品召回模拟演练，综合评估演练结果并编制模拟演练总结报告。

第四十条 企业应当在饲料管理部门的监督下对召回产品进行无害化处理或者销毁，填写并保存召回产品处置记录。处置记录应当包括处置产品名称、数量、处置方式、处置日期、处置人、监督人等信息。

第七章 培训、卫生和记录管理

第四十一条 企业应当建立人员培训制度，制定年度培训计划，每年对员工进行至少2次饲料质量安全知识培训，填写并保存培训记录：

（一）人员培训制度应当规定培训范围、培训内容、培训方式、考核方式、效果评价、培训记录等内容；

（二）培训记录应当包括培训对象、内容、师资、日期、地点、考核方式、考核结果等信息。

第四十二条 厂区环境卫生应当符合国家有关规定。

第四十三条 企业应当建立记录管理制度，规定记录表单的编制、格式、编号、审批、印发、修订、填写、存档、保存期限等内容。

除本规范中明确规定保存期限的记录外，其他记录保存期限不得少于1年。

第八章 附 则

第四十四条 本规范自2015年7月1日起施行。

中华人民共和国农业部令

2014 年第 2 号

《进口饲料和饲料添加剂登记管理办法》于 2013 年 12 月 27 日农业部第 11 次常务会议审议通过，现予公布，自 2014 年 7 月 1 日起施行。农业部 2000 年 8 月 17 日公布、2004 年 7 月 1 日修订的《进口饲料和饲料添加剂登记管理办法》同时废止。

部长　韩长赋

2014 年 1 月 13 日

进口饲料和饲料添加剂登记管理办法

第一条　为加强进口饲料、饲料添加剂监督管理，保障动物产品质量安全，根据《饲料和饲料添加剂管理条例》，制定本办法。

第二条　本办法所称饲料，是指经工业化加工、制作的供动物食用的产品，包括单一饲料、添加剂预混合饲料、浓缩饲料、配合饲料和精料补充料。

本办法所称饲料添加剂，是指在饲料加工、制作、使用过程中添加的少量或者微量物质，包括营养性饲料添加剂和一般饲料添加剂。

第三条　境外企业首次向中国出口饲料、饲料添加剂，应当向农业部申请进口登记，取得饲料、饲料添加剂进口登记证；未取得进口登记证的，不得在中国境内销售、使用。

第四条　境外企业申请进口登记，应当委托中国境内代理机构办理。

第五条　申请进口登记的饲料、饲料添加剂，应当符合生产地和中国的相关法律法规、技术规范的要求。

生产地未批准生产、使用或者禁止生产、使用的饲料、饲料添加剂，不予登记。

第六条　申请饲料、饲料添加剂进口登记，应当向农业部提交真实、完整、规范的申请资料（中英文对照，一式两份）和样品。

第七条　申请资料包括：

（一）饲料、饲料添加剂进口登记申请表；

（二）委托书和境内代理机构资质证明：境外企业委托其常驻中国代表机构代理登记的，应当提供委托书原件和《外国企业常驻中国代表机构登记证》复印件；委托境内其他机构代理登记的，应当提供委托书原件和代理机构法人营业执照复印件；

（三）生产地批准生产、使用的证明，生产地以外其他国家、地区的登记资料，产品推广应用情况；

（四）进口饲料的产品名称、组成成分、理化性质、适用范围、使用方法；进口饲料添加剂的产品名称、主要成分、理化性质、产品来源、使用目的、适用范围、使用方法；

（五）生产工艺、质量标准、检测方法和检验报告；

（六）生产地使用的标签、商标和中文标签式样；

（七）微生物产品或者发酵制品，还应当提供权威机构出具的菌株保藏证明。

向中国出口本办法第十三条规定的饲料、饲料添加剂的，还应当提交以下申请资料：

（一）有效组分的化学结构鉴定报告或动物、植物、微生物的分类鉴定报告；

（二）农业部指定的试验机构出具的产品有效性评价试验报告、安全性评价试验报告（包括靶动物耐受性评价报告、毒理学安全评价报告、代谢和残留评价报告等）；申请饲料添加剂进口登记的，还应当提供该饲料添加剂在养殖产品中的残留可能对人体健康造成影响的分析评价报告；

（三）稳定性试验报告、环境影响报告；

（四）在饲料产品中有最高限量要求的，还应当提供最高限量值和有效组分在饲料产品中的检测方法。

第八条　产品样品应当符合以下要求：

（一）每个产品提供 3 个批次、每个批次 2 份的样品，每份样品不少于检测需要量的 5 倍；

（二）必要时提供相关的标准品或者化学对照品。

第九条　农业部自受理申请之日起 10 个工作日内对申请资料进行审查；审查合格的，通知申请人将样品交由农业部指定的检验机构进行复核检测。

第十条　复核检测包括质量标准复核和样品检测。检测方法有国家标准和行业标准的，优先采用国家标准或者行业标准；没有国家标准和行业标准的，采用申请人提供的检测方法；必要时，检验机构可以根据实际情况对检测方法进行调整。

检验机构应当在 3 个月内完成复核检测工作，并将复核检测报告报送农业部，同时抄送申请人。

第十一条　境外企业对复核检测结果有异议的，应当自收到复核检测报告之日起 15 个工作日内申请复检。

第十二条　复核检测合格的，农业部在 10 个工作日内核发饲料、饲料添加剂进口登记证，并予以公告。

第十三条　申请进口登记的饲料、饲料添加剂有下列情形之一的，由农业部依照新饲料、新饲料添加剂的评审程序组织评审：

（一）向中国出口中国境内尚未使用但生产地已经批准生产和使用的饲料、饲料添加剂的；

（二）饲料添加剂扩大适用范围的；

（三）饲料添加剂含量规格低于饲料添加剂安全使用规范要求的，但由饲料添加剂与载体或者稀释剂按照一定比例配制的除外；

（四）饲料添加剂生产工艺发生重大变化的；

（五）农业部已核发新饲料、新饲料添加剂证书的产品，自获证之日起超过3年未投入生产的；

（六）存在质量安全风险的其他情形。

第十四条 饲料、饲料添加剂进口登记证有效期为5年。

饲料、饲料添加剂进口登记证有效期满需要继续向中国出口饲料、饲料添加剂的，应当在有效期届满6个月前申请续展。

第十五条 申请续展应当提供以下资料：

（一）进口饲料、饲料添加剂续展登记申请表；

（二）进口登记证复印件；

（三）委托书和境内代理机构资质证明；

（四）生产地批准生产、使用的证明；

（五）质量标准、检测方法和检验报告；

（六）生产地使用的标签、商标和中文标签式样。

第十六条 有下列情形之一的，申请续展时还应当提交样品进行复核检测：

（一）根据相关法律法规、技术规范，需要对产品质量安全检测项目进行调整的；

（二）产品检测方法发生改变的；

（三）监督抽查中有不合格记录的。

第十七条 进口登记证有效期内，进口饲料、饲料添加剂的生产场所迁址，或者产品质量标准、生产工艺、适用范围等发生变化的，应当重新申请登记。

第十八条 进口饲料、饲料添加剂在进口登记证有效期内有下列情形之一的，应当申请变更登记：

（一）产品的中文或外文商品名称改变的；

（二）申请企业名称改变的；

（三）生产厂家名称改变的；

（四）生产地址名称改变的。

第十九条 申请变更登记应当提供以下资料：

（一）进口饲料、饲料添加剂变更登记申请表；

（二）委托书和境内代理机构资质证明；

（三）进口登记证原件；

（四）变更说明及相关证明文件。

农业部在受理变更登记申请后10个工作日内作出是否准予变更的决定。

第二十条 从事进口饲料、饲料添加剂登记工作的相关单位和人员，应当对申请人提交的需要保密的技术资料保密。

第二十一条 境外企业应当依法在中国境内设立销售机构或者委托符合条件的中国境内代理机构销售进口饲料、饲料添加剂。

境外企业不得直接在中国境内销售进口饲料、饲料添加剂。

第二十二条 境外企业应当在取得饲料、饲料添加剂进口登记证之日起6个月内，在中国境内设立销售机构或者委托销售代理机构并报农业部备案。

前款规定的销售机构或销售代理机构发生变更的，应当在1个月内报农业部重新备案。

第二十三条 进口饲料、饲料添加剂应当包装，包装应当符合中国有关安全、卫生的规定，并附具符合规定的中文标签。

第二十四条 进口饲料、饲料添加剂在使用过程中被证实对养殖动物、人体健康或环境有害的，由农业部公告禁用并撤销进口登记证。

饲料、饲料添加剂进口登记证有效期内，生产地禁止使用该饲料、饲料添加剂产品或者撤销其生产、使用许可的，境外企业应当立即向农业部报告，由农业部撤销进口登记证并公告。

第二十五条 境外企业发现其向中国出口的饲料、饲料添加剂对养殖动物、人体健康有害或者存在其他安全隐患的，应当立即通知其在中国境内的销售机构或者销售代理机构，并向农业部报告。

境外企业在中国境内的销售机构或者销售代理机构应当主动召回前款规定的产品，记录召回情况，并向销售地饲料管理部门报告。

召回的产品应当在县级以上地方人民政府饲料管理部门监督下予以无害化处理或者销毁。

第二十六条 农业部和县级以上地方人民政府饲料管理部门，应当根据需要定期或者不定期组织实施进口饲料、饲料添加剂监督抽查；进口饲料、饲料添加剂监督抽查检测工作由农业部或者省、自治区、直辖市人民政府饲料管理部门指定的具有相应技术条件的机构承担。

进口饲料、饲料添加剂监督抽查检测，依据进口登记过程中复核检测确定的质量标准进行。

第二十七条 农业部和省级人民政府饲料管理部门应当及时公布监督抽查结果，并可以公布具有不良记录的境外企业及其销售机构、销售代理机构名单。

第二十八条 从事进口饲料、饲料添加剂登记工作的相关人员，不履行本办法规定的职责或者滥用职权、玩忽职守、徇私舞弊的，依法给予处分；构成犯罪的，依法追究刑事责任。

第二十九条 提供虚假资料、样品或者采取其他欺骗手段申请进口登记的，农业部对该申请不予受理或者不予批准，1年内不再受理该境外企业和登记代理机构的进口登记申请。

提供虚假资料、样品或者采取其他欺骗方式取得饲料、饲料添加剂进口登记证的，由农业部撤销进口登记证，对登记代理机构处5万元以上10万元以下罚款，3年内不再受理该境外企业和登记代理机构的进口登记申请。

第三十条 其他违反本办法的行为，依照《饲料和饲料添加剂管理条例》的有关规定处罚。

第三十一条 本办法自2014年7月1日起施行。农业部2000年8月17日公布、2004年7月1日修订的《进口饲料和饲料添加剂登记管理办法》同时废止。

农业部关于发布第十五批行政审批服务标准的通知

农牧发［2014］10号

各省、自治区、直辖市畜牧（农牧、农业）厅（局、委）：

按照《农业部行政审批服务标准化建设行动方案》《农业部行政审批服务标准化建设试点项目实施方案》安排要求，农业部编制了《进口饲料和饲料添加剂登记规范》《新饲料和新饲料添加剂证书核发规范》，现作为农业部第十五批行政审批服务标准发布，自发布之日起实施。

附件：1. 进口饲料和饲料添加剂登记规范

2. 新饲料和新饲料添加剂证书核发规范

农业部

2014年12月24日

附件1

进口饲料和饲料添加剂登记规范

1 适用范围

本标准规定了农业部负责的进口饲料和饲料添加剂登记审批事项的审批依据、审批程序、审查内容、办理时限、结果公开等内容。

本标准适用于进口饲料和饲料添加剂登记审批项目。

2 审批依据

2.1 《中华人民共和国行政许可法》。

2.2 《饲料和饲料添加剂管理条例》。

2.3 《进口饲料和饲料添加剂登记管理办法》。

2.4 《进口饲料和饲料添加剂登记申请材料要求》《进口饲料和饲料添加剂续展登记申请材料要求》《进口饲料和饲料添加剂变更登记申请材料要求》（以下简称《申请材料要求》）。

3 审批程序、审查内容和办理时限

3.1 农业部行政审批办公大厅畜牧窗口接收材料。

3.1.1 审查内容

a申请表内容填写是否准确齐全有效；

b按照办事指南审核申报材料的完整性。

3.1.2 办理程序

3.1.2.1 农业部行政审批办公大厅畜牧窗口对申请材料进行初步审查，并做出是否接收决定。

3.1.2.2 审查合格的，向申请人出具材料接收单，同时将申请材料和材料接收单送交农业部畜牧业司（全国饲料工作办公室）；审查不合格的，向申请人出具不予受理通知书，详细说明理由，并将申请材料退回申请人。

3.1.3 办理时限

1个工作日。

3.2 农业部畜牧业司（全国饲料工作办公室）形式审查。

3.2.1 审查内容

a申请事项是否属于本许可受理范围；

b申请表内容填写是否准确、完整；

c申请材料是否齐全、有效。

3.2.2 办理程序

农业部畜牧业司（全国饲料工作办公室）对申请材料进行形式审查，提出是否受理的意见，并告知农业部行政审批办公大厅畜牧窗口。

3.2.3 办理时限

3个工作日。

3.3 农业部行政审批办公大厅畜牧窗口受理。

3.3.1 审查内容

农业部畜牧业司（全国饲料工作办公室）受理审查意见。

3.3.2 办理程序

3.3.2.1 农业部行政审批办公大厅畜牧窗口根据畜牧业司（全国饲料工作办公室）受理审查意见做出是否受理决定。

3.3.2.2 审查合格的，向申请人出具受理通知书，同时将办理通知书转畜牧业司（全国饲料工作办公室）；审查不合格的，向申请人出具不予受理通知书，详细说明理由，并将申请材料退回申请人。

3.3.3 办理时限

1个工作日。

3.4 农业部畜牧业司（全国饲料工作办公室）技术审查。

3.4.1 审查内容

a产品是否符合我国相关法律法规、技术规范的要求；

b产品质量标准是否科学合理；

c产品中文标签是否符合饲料标签标准；

d申请材料是否符合《申请材料要求》。

3.4.2 办理程序

3.4.2.1 登记的产品属于我国已经批准生产和使用的饲料和饲料添加剂的，审查通过后，向申请人发送样品送检通知单，告知其在规定时限内送交样品至指定的饲料质检机构进行复核检测。

3.4.2.2 登记的产品属于我国尚未允许使用但生产国已批准生产和使用的饲料和饲料添加剂的，将申请材料转交全国饲料评审委员会进行评审。

3.4.3 办理时限

10个工作日（不包含全国饲料评审委员会评审时间和饲料质检机构复核检测时间）。

3.5 全国饲料评审委员会评审。

3.5.1 审查内容

a产品的科学性、安全性、有效性、质量可控性和对环境的影响；

b试验数据是否全面、真实、科学；

c产品质量标准是否科学。

3.5.2 办理程序

3.5.2.1 全国饲料评审委员会收到农业部畜牧业司（全国饲料工作办公室）转交的申请材料后，组织专家评审，提出评审意见送交农业部畜牧业司（全国饲料工作办公室）。

3.5.2.2 评审通过的，由农业部畜牧业司（全国饲料工作办公室）向申请人发送样品送检通知单，告知其在规定时限内送交样品至指定的饲料质检机构进行复核检测。

3.5.3 办理时限

6个月。

3.6 饲料质检机构复核检测。

3.6.1 审查内容

a样品检测结果是否与申请人提供的检测数据一致；

b质量标准和检测方法是否科学并具有可操作性。

3.6.2 办理程序

饲料质检机构收到样品和对应的检测报告后，进行产品复核检测，并将检测报告送交农业部畜牧业司（全国饲料工作办公室）。

3.6.3 办理时限

3个月。

3.7 农业部畜牧业司（全国饲料工作办公室）审查报签。

3.7.1 审查内容

a申请事项是否符合国家相关法律法规和产业政策；

b专家评审程序是否规范、有效；

c复核检测报告中检测项目是否齐全，判定依据是否合理，判定结果是否正确；

d全国饲料评审委员会送交的评审意见。

3.7.2 办理程序

3.7.2.1 农业部畜牧业司（全国饲料工作办公室）提出审批方案，并按规定程序报主管部长审签。

3.7.2.2 予以批准的，印发公告；不予批准的，详细说明理由并将审批决定及申请材料正本及相关材料送农业部行政审批办公大厅畜牧窗口。

3.7.3 办理时限

9个工作日。

3.8 农业部行政审批办公大厅畜牧窗口办结。

3.8.1 审查内容

a审批决定与领导签发意见复核；

b不予批准理由表述是否准确规范；

c 批件内容与审批信息是否一致。

3.8.2 办理程序

3.8.2.1 农业部行政审批办公大厅畜牧窗口对审批决定和批件进行复核。

3.8.2.2 复核通过的，及时予以办结，并将办结通知书按照申请人要求的方式送达；复核未通过的，退回农业部畜牧业司（全国饲料工作办公室）重新办理。

3.8.3 办理时限

1个工作日。

3.9 农业部畜牧业司（全国饲料工作办公室）制发证书。

3.9.1 审查内容

进口登记证和审批信息的一致性。

3.9.2 办理程序

农业部畜牧业司（全国饲料工作办公室）在公告签发后，印制《进口登记证》并按照申请人要求的方式送达。

3.9.3 办理时限

10个工作日。

4 行政审批结果公开

农业部行政审批办公大厅畜牧窗口在办结行政许可申请的同时，将审批结果在农业部门户网站公开。农业部畜牧业司（全国饲料工作办公室）负责在农业部门户网站公开进口饲料和饲料添加剂登记公告。

5　文件归档

农业部畜牧业司（全国饲料工作办公室）负责部领导签发稿、农业部公告印发稿、运转单、进口登记证复印件、检测报告原件、申请材料正本等文件整理归档，保存时间按照档案管理有关规定执行。

农业部行政审批办公大厅畜牧窗口负责全年办理通知书的整理汇总，并保存一年备查。

附件 2

新饲料和新饲料添加剂证书核发规范

1　适用范围

本标准规定了农业部负责的新饲料和新饲料添加剂证书核发的审批依据、审批程序、审查内容、办理时限、结果公开等内容。

本标准适用于新饲料和新饲料添加剂证书核发项目。

2　审批依据

2.1　《中华人民共和国行政许可法》。

2.2　《饲料和饲料添加剂管理条例》。

2.3　《新饲料和新饲料添加剂管理办法》。

2.4　新饲料、新饲料添加剂申报材料要求。

3　审批程序、审查内容和办理时限

3.1　农业部行政审批办公大厅畜牧窗口接收材料。

3.1.1　审查内容

a 申请表内容填写是否准确齐全有效；

b 按照办事指南审核申报材料的完整性。

3.1.2　办理程序

3.1.2.1　农业部行政审批办公大厅畜牧窗口对申请材料进行初步审查，并做出是否接收决定。

3.1.2.2　审查合格的，向申请人出具材料接收单，同时将申请材料和材料接收单送交农业部畜牧业司（全国饲料工作办公室）；审查不合格的，向申请人出具不予受理通知书，详细说明理由，并将申请材料退回申请人。

3.1.3　办理时限

1 个工作日。

3.2　农业部畜牧业司（全国饲料工作办公室）形式审查。

3.2.1　审查内容

a 申报事项是否符合本许可受理范围。

b 申报产品是否符合相关法律法规、产业政策的要求。

c 申报材料是否完整、真实、有效。

3.2.2　办理程序

农业部畜牧业司（全国饲料工作办公室）对申报材料进行审查，提出是否受理的意见，并告知农业部行政审批办公大厅畜牧窗口；不予受理的将申报材料退农业部行政审批办公大厅畜牧窗口。

3.2.3　办理时限

3 个工作日。

3.3　农业部行政审批办公大厅畜牧窗口受理。

3.3.1　审查内容

农业部畜牧业司（全国饲料工作办公室）出具的审查意见。

3.3.2　办理程序

3.3.2.1　农业部行政审批办公大厅畜牧窗口根据农业部畜牧业司（全国饲料工作办公室）的审查意见做出是否受理的决定。

3.3.2.2　审查合格的，向申请人出具受理通知书，同时将申请材料和办理通知书送全国饲料评审委员会办公室，进入技术评审程序；审查不合格的，向申请人出具不予受理通知书，详细说明理由，并退回申报材料。

3.3.3　办理时限

1 个工作日。

3.4　全国饲料评审委员会技术评审。

3.4.1　申报材料评审。

3.4.1.1　审查内容

产品的安全性、有效性、质量可控性和对环境的影响。

3.4.1.2　办理程序

全国饲料评审委员会办公室根据有关规定组织专家对申报材料进行会议评审，必要时进行现场核查，提出是否通过技术评审的意见，并将评审意见报农业部畜牧业司（全国饲料工作办公室），未通过评审的，将相关申报材料一并报送。

3.4.2　产品质量复核。

3.4.2.1　审查内容

a 产品质量标准是否科学合理、规范；

b 检测方法是否科学可行；

c 样品检测结果是否符合设定的标准。

3.4.2.2　办理程序

申报材料通过技术评审的，全国饲料评审委员会办公室将委托检测单、复核检测样品及产品质量标准等送（寄）至农业部指定的饲料质检机构。

饲料质检机构收到产品质量标准和样品后进行质量复核，并将产品检测报告、产品质量标准以及相关检测方法复核意见送（寄）全国饲料评审委员会办公室。

3.4.3　综合评审。

3.4.3.1 审查内容

a 质量复核结果；

b 拟发布的新产品备案标准和产品信息。

3.4.3.2 办理程序

全国饲料评审委员会办公室依据有关规定组织专家进行综合评审，提出是否核发新产品证书的建议，并将评审结论和相关材料报农业部畜牧业司（全国饲料工作办公室）。

3.4.4 办理时限

技术评审 9 个月，需补充相关试验的，可延长 3 个月（其中质量复核 3 个月，需用特殊方法检测的，可以延长 1 个月）。

3.5 农业部畜牧业司（全国饲料工作办公室）审查报签。

3.5.1 审查内容

a 技术评审的程序是否规范；

b 技术评审过程中形成的材料是否齐全；

c 评审意见是否科学、客观、公正。

3.5.2 办理程序

3.5.2.1 农业部畜牧业司（全国饲料工作办公室）提出审批方案，并按规定程序报主管部长审签。

3.5.2.2 予以批准的，印发公告；不予批准的，详细说明理由并将审批决定、申请材料正本及相关材料送农业部行政审批办公大厅畜牧窗口。

3.5.3 办理时限

9 个工作日。

3.6 农业部行政审批办公大厅畜牧窗口办结。

3.6.1 审查内容

a 审批决定与领导签发意见复核；

b 不予批准理由表述是否准确规范；

c 批件内容与审批信息是否一致。

3.6.2 办理程序

3.6.2.1 农业部行政审批综合办公大厅畜牧窗口对审批决定和批件进行复核。

3.6.2.2 复核通过的，及时予以办结，并将办结通知书按申请人要求的方式送达；复核未通过的，退回农业部畜牧业司（全国饲料工作办公室）重新办理。

3.6.3 办理时限

1 个工作日。

3.7 农业部畜牧业司（全国饲料工作办公室）制发证书。

3.7.1 办理程序

农业部畜牧业司（全国饲料工作办公室）在公告签发后印制新饲料和新饲料添加剂产品证书，交（寄）至申请人。

3.7.2 办理时限

10 个工作日。

4 行政审批结果公开

农业部行政审批办公大厅畜牧窗口在办结行政许可申请的同时，将审批结果在农业部门户网站公开。农业部畜牧业司（全国饲料工作办公室）负责在农业部门户网站公开新饲料和新饲料添加剂审定公告。

5 文件归档

农业部畜牧业司（全国饲料工作办公室）负责领导签发稿、运转单、申请材料、评审意见等文件资料的整理归档，全国饲料评审委员会办公室协助做好审批档案整理工作。档案保存时间按照档案管理有关规定执行。

农业部行政审批办公大厅畜牧窗口负责全年办理通知书的整理汇总，并保存一年备查。

农业部办公厅关于印发《全国饲料工业统计报表制度》的通知

农办牧［2014］37 号

省、自治区、直辖市饲料工作（工业）办公室，全国畜牧总站、中国饲料工业协会：

为加强饲料工业统计工作，农业部对《全国饲料工业统计报表制度》（以下简称《统计制度》）进行了修订。根据《国家统计局关于批准执行全国饲料工业统计报表制度等六项统计制度的函》（国统制 2014140 号）的批复意见，农业部将继续执行《统计制度》，有效期 2 年。现将修订后的《统计制度》印发你们，请遵照执行。

附件：全国饲料工业统计报表制度

农业部办公厅

2014 年 12 月 15 日

附件

全国饲料工业统计报表制度

中华人民共和国农业部制定

中华人民共和国国家统计局批准

2014 年 12 月

本报表制度根据《中华人民共和国统计法》的有关规定制定：

《中华人民共和国统计法》第七条规定：国家机关、企业事业单位和其他组织以及个体工商户和个人等统计调查对象，必须依照本法和国家规定，真实、准确、完整、及时地提供统计调查所需的资料，不得提供不真实或者不完整的统计资料，不得迟报、拒报统计资料。

《中华人民共和国统计法》第九条规定：统计机构和统计人员对在统计工作中知悉的国家秘密、商业秘密和个人信息，应当予以保密。

一、总说明

（一）目的和意义

为及时了解全国饲料工业生产动态及主要产品的市场价格，为各地、各级饲料管理部门制定行业发展规划，指导、引导本行业的生产提供依据，依照《中华人民共和国统计法》的有关规定，特制定本统计报表制度。

（二）统计对象和调查范围

本报表制度涉及饲料、饲料添加剂、饲料机械。调查内容主要包括：饲料工业产品生产情况、饲料工业企业情况、饲料工业产品市场价格、饲料原料价格、企业经营及进出口情况等。调查范围包括各省、自治区、直辖市（以下简称“省级”）所辖行政区域内的各种经济类型的饲料工业体系产品生产单位。

（三）报表类别

本制度包括 8 套报表：综合年报、单一饲料综合年报、集团企业综合年报、综合季报、基层季报、基层年报、单一饲料基层年报、基层月报。

（四）填报要求

1. 综合年报、单一饲料综合年报、集团企业综合年报、综合季报由省级饲料管理部门组织本辖区所属各级饲料管理部门逐级汇总填报。

2. 基层年报、单一饲料基层年报、基层季报表由饲料工业产品生产单位填报，上报本辖区所属饲料管理部门，由省级饲料管理部门汇总。

3. 基层月报由各省级饲料管理部门推荐的重点跟踪企业填报，上报所属省级饲料管理部门，由省级饲料管理部门将辖区内基层月报统一上报全国畜牧总站、中国饲料工业协会。

4. 各省级饲料管理部门负责本辖区内全部企业基层年报的上报工作。

5. 各省级饲料管理部门在报送综合年报、综合季报表的同时，附上该年度、季度的饲料生产形势文字分析材料。

6. 集团企业综合年报由集团企业总部负责报送。

（五）报送时间

1. 综合年报、单一饲料综合年报、集团企业综合年报。每年 1 月底由各省级饲料管理部门将上一个年度的综合年报和单一饲料综合年报通过中国饲料工业统计信息系统报送；并负责督促检查本辖区集团企业综合年报表的报送。

2. 综合季报。每季度第一个月 10 日前，各省级饲料管理部门将上一个季度的综合季报报表通过中国饲料工业统计信息系统报送。

3. 基层季报。每季度第一个月 5 日前，饲料工业产品生产单位将上一季度基层季报表通过中国饲料工业统计信息系统报送。

4. 基层年报、单一原料基层年报。每年 1 月 15 日前，饲料工业产品生产单位将上一年度的基层年报通过中国饲料工业统计信息系统报送。

5. 基层月报。重点跟踪企业于本月最后 1 天通过中国饲料工业统计信息系统报送。

（六）报表制定

本统计报表制度由农业部全国饲料工作办公室制定并负责解释。

（七）统计数据公开程度：部分公开

公开范围：面向社会公开

公布方式：行业网站、杂志媒体。频率：月度。具体时间：每个月 20 日之前。

（八）报表制度执行日期

《全国饲料工业统计报表制度》执行时间为 2015 年 1 月 1 日至 2016 年 12 月 31 日。

二、主要指标解释

（一）综合年报表

1. 单位名称：指各省、自治区、直辖市（简称“省级”）饲料管理部门名称。

2. 负责人：指各省级饲料管理部门主要负责人，负责饲料统计的监督和审核工作。

3. 统计员：指各省级饲料管理部门中的饲料统计人员，主要职责为监督各企业报送数据、汇总和审核。

4. 单位所在地及行政区划代码：指各省级饲料管理部门所在办公地址。如果邮寄地址与办公地址不一致，在办公地址后使用括号注明邮寄地址及邮政编码。

5. 联系方式：均指可直接联系到统计员的联系方式。

6. 登记注册类型：本制度中的登记注册类型以工商行政管理机关《关于划分企业登记注册类型的规定》作为划分经济类型的依据。包括国有、集体、私营、联营、股份有限公司、股份有限责任公司、股份合作制企业、港澳台、外商、其他。具体分配方法请见工商行政管理机关颁发的《关于划分企业登记注册类型的规定》。

7. 企业人员：

(1) 职工总数：指企业年末在册职工人数之和，由各种学历人员组成，包括博士、硕士、大学本科、大学专科、其他。

(2) 特有工种人员：指国家规定必须持证上岗的技术人员。

8. 企业数量（按产品分）：

此项设立目的：分别统计饲料加工（包含精料补充料生产企业）、饲料添加剂、单一饲料、饲料机械等饲料工业体系中不同类型生产企业的数量。

在填报过程中，企业同时生产一类以上的饲料及相关产品时，只按企业主要产品类型归类，不可重复计算，不可按许可证号发放数量统计。

(1) 饲料加工（包含精料补充料生产企业）企业数量：指生产配合饲料、浓缩饲料、添加剂预混合饲料和精料补充料为主要产品的企业数量。

(2) 饲料添加剂：指在饲料加工、制作、使用过程中添加的少量或微量物质的生产企业。

(3) 单一饲料：指生产农业部 1773 号公告中所列单一饲料原料目录的生产企业。

(4) 饲料机械：指生产用于饲料加工、粉碎、混合、制粒操作的工业化设备的企业。

9. 本年度行政许可情况：

指《配合、浓缩、精料补充料生产许可证》《添加剂预混合饲料生产许可证》《饲料添加剂生产许可证》《混合型饲料添加剂生产许可证》《单一饲料生产许可证》的政行许可情况。包括各类行政许可总数量和年度内新发、换发、变更、注销等行政许可动态信息。

本栏目中的“总数量”指当年度年末仍在有效期的许可证数量。

10. 产品生产情况及主要经济指标：

指配合饲料、浓缩饲料、添加剂预混合饲料、饲料添加剂和饲料机械等企业的生产情况、产能及主要经济指标。

(1) 配合饲料：是指根据养殖动物营养需要，将多种饲料原料和饲料添加剂按照一定比例配制的饲料。

(2) 浓缩饲料：是指主要由蛋白质、矿物质和饲料添加剂按照一定比例配制的饲料。

(3) 添加剂预混合饲料：是指由两种（类）或者两种（类）以上营养性饲料添加剂为主，与载体或者稀释剂按照一定比例配制的饲料，包括复合预混合饲料、微量元素预混合饲料、维生素预混合饲料。

(4) 精料补充料：是指为补充草食动物的营养，将多种饲料原料和饲料添加剂按照一定比例配制的饲料。

反刍动物全混合日粮：是指将粗料、精料、矿物质、维生素和其他添加剂充分混合，能够提供足够的营养以满足牛、羊需要的配合日粮。

反刍动物浓缩饲料：是指为补充反刍动物营养的浓缩饲料。

反刍动物添加剂预混合料：是指为补充反刍动物营养的添加剂预混合饲料。

猪饲料：使用对象为猪的饲料。

仔猪饲料：使用对象为小猪出生 7 天至 30 千克体重阶段的商品饲料（或断奶之后的 23～25 天采食的饲料）。

母猪饲料：使用对象为母猪的饲料。

蛋禽饲料：使用对象为产蛋类禽的饲料。

蛋鸭饲料：使用对象为蛋鸭的饲料。

蛋鸡饲料：使用对象为蛋鸡的饲料。

肉禽饲料：使用对象为产肉类禽的饲料。

肉鸭饲料：使用对象为产肉鸭的饲料。

肉鸡饲料：使用对象为产肉鸡的饲料。

水产饲料：使用对象为水产养殖动物的饲料。

海水饲料：使用对象为海水养殖动物的饲料。

淡水饲料：使用对象为淡水养殖动物的饲料。

其他饲料：没有归入以上类别的饲料产品。

(5) 生产能力：是指设备在单位时间内最大加工量（按 2 000 小时/年为单班；按 4 000 小时/年为双班），此处填写本省饲料加工产品生产能力之和。

(6) 营业收入：是指企业销售产品所取得的收入总额。

(7) 总产值：指工业企业在报告期内生产的以货币形式表现的工业最终产品和提供工业劳务活动的总价产量。

(8) 饲料添加剂：是指在饲料加工、制作、使用过程中添加的少量或者微量物质。包括营养性饲料添加剂和一般饲料添加剂。

营养性饲料添加剂，是指为补充饲料营养成分而掺入饲料中的少量或者微量物质，包括饲料级氨基酸、维生素、矿物质微量元素、酶制剂、非蛋白氮等。

一般饲料添加剂，是指为保证或者改善饲料品质、提高饲料利用率而掺入饲料中的少量或者微量物质。

饲料添加剂包括以下类别：一是利用有机制备、无机制备、生物发酵、提取方法直接生产获得的饲料添加剂产品；二是在上述同一生产工艺中同时得到两种或两种以上饲料添加剂产品的混合物，并符合饲料添加剂国家标准和行业标准规定的产品；三是对上述饲料添加剂产品进行精制、脱水、包被、后加工等工艺处理而获得的饲料添加剂产品。

(9) 其他(饲料添加剂):本报表制度中的其他全部是指在某些范围之内,没有归入相应类别的产品。

(10) 饲料添加剂Ⅱ型(参见农业部公告 611 号):本报表制度中保留的饲料添加剂Ⅱ型,是对现有饲料添加剂Ⅱ型生产企业的过度。

饲料添加剂Ⅱ型包括以下类别:一是通过改变饲料添加剂产品浓度而生成的饲料添加剂产品;二是将饲料级氨基酸、酶制剂、微生物添加剂、抗氧化剂、防腐剂、电解质平衡剂、着色剂、调味剂或香料等同一类多品种饲料添加剂混合配制的饲料添加剂产品;三是通过对饲料添加剂产品进行精制、脱水、包被等工艺处理而生成的添加剂产品。

(11) 混合型饲料添加剂:是指由一种或一种以上饲料添加剂与载体或稀释剂按一定比例混合,但不属于添加剂预混合饲料的饲料添加剂产品。

(12) 磷酸氢钙:在饲料加工中作为钙、磷的补充剂。此项统计包括磷酸氢钙(磷酸二氢钙)和脱氟磷酸钙(磷酸三钙)。

(13) 饲料机械生产情况:是指饲料机械企业的年度生产情况。由饲料机械加工企业填写。

(14) 营业收入合计:指本报表中饲料产品(包含精料补充料)、饲料添加剂、混合型饲料添加剂、饲料添加剂Ⅱ型以及饲料机械生产企业等产品的营业收入之和。

(15) 工业总产值合计:指本报表中饲料产品(精料补充料)、饲料添加剂、混合型饲料添加剂、饲料添加剂Ⅱ型以及饲料机械生产企业等产品的总产值之和。

(16) 大宗饲料原料消费情况:主要包括玉米、小麦、鱼粉、豆粕、棉籽粕、菜籽粕、其他饼粕、磷酸氢钙及其他原料的消费量。由饲料生产企业填写。

(17) 饲料原料:是指来源于动物、植物、微生物或者矿物质,用于加工制作饲料但不属于饲料添加剂的饲用物质。

11. 大宗原料消费情况:主要包括玉米、小麦、鱼粉、豆粕、棉籽粕、菜籽粕、其他饼粕、磷酸氢钙及其他原料的消费量。由饲料生产企业填写。

12. 出口产品信息:指饲料(包含精料补充料)、饲料添加剂、单一饲料等产品以及饲料机械设备出口量、出口额、出口到岸区域等。

13. 统计人员签字处:

(1) 单位负责人:指各省级饲料管理部门中对饲料统计工作负有直接监督责任的领导者,此处为签字处,签字则表明认可以上数据。在联系电话中注明直拨电话。

(2) 统计负责人:指各省级饲料管理部门中指定主要负责饲料统计工作项目人员,此处为签字处,签字则表明对以上数据认可。在联系电话中注明直拨电话。

(3) 填表人:指各省级饲料管理部门中负责饲料统计、汇总工作的人员,此统计表的最终填写者,此处为签字处,表示认可以上数据。如填写中由于某种原因造成人员变更,以最后完成此表填写工作的工作人员作为填表人,并注明填表时间。

(二) 单一饲料综合年报表

单一饲料:是指来源于一种动物、植物、微生物或者矿物质,用于饲料产品生产的饲料。见单一饲料品种目录见农业部 1773 号公告。

单一饲料其他:是指除未归到 1~8 以外的产品。

(三) 集团企业综合年报表

此报表设置目的:便于统计饲料行业大中型集团企业的完整信息,便于掌握行业主体企业的发展情况。此报表不存在和基层年报表数据信息重复计算的问题。

本制度所称的集团企业,是指具备下列条件之一者:

(1) 有两个和两个以上分公司,年总产量超过 50 万 t(包括跨省份、跨区域企业)的配合饲料、浓缩饲料、添加剂预混合饲料、精料补充料以及有单一原料生产企业。

(2) 有两个和两个以上分公司,年产量超过 2 000t(包括跨省份、跨区域企业)的添加剂和混合型添加剂企业。其中,氨基酸年产 5 000t 以上,磷酸盐年产 5 万 t 以上的添加剂企业。低附加值的添加剂如石粉、沸石粉等生产企业不需要填报集团年报。

(3) 有两个和两个以上分公司的大型饲料机械生产企业(包括跨省份、跨区域企业)。

(4) 相关指标解释参见综合年报和基层年报。

(四) 综合季报表

相关指标解释参见综合年报。

(五) 基层季报表

相关指标解释参见综合年报。

(六) 基层年报表

1. 法人单位代码:填写组织机构代码或工商登记代码。

2. 法人单位名称:填写与单位公章名称完全一致的单位名称。

3. 法定代表人:指根据公司章程或有关文件的规定,代表本单位行使职权的签字人。

4. 单位所在地及行政区划代码:指企业总部所在的行政区划和办公场所、生产场所的详细地址。如果企业通讯地址与注册地址不一致,在办公、生产地址后使用括号注明通讯地址及邮政编码。

5. 联系方式：电话、传真、电子信箱均指企业负责此项统计工作人员的联系方式。如果电话有分机号码，需注明。

6. 统计人员签字处

（1）统计负责人：指各公司内对饲料统计工作负有直接监督责任的领导者，此处为签字处，表明认可以上数据。请在联系电话中注明直拨电话。同时注明其在公司内部的岗位及职务。

（2）填表人：指各公司内负责饲料统计、汇总工作的人员，此统计表的最终填写者，此处为签字处，表示认可以上报数据。如填写中由于某种原因造成人员变更，以最后完成此表填写工作的工作人员作为填表人，并注明填表时间。

（3）审表人：指各公司内对此表中相关数据的真实性进行审核的人员，此处为签字处，表明以上数据已经过审核，签名时应注明审表时间。

相关指标解释参见综合年报。

（七）单一饲料基层年报表

相关指标解释参见单一饲料综合年报。

（八）基层月报表

1. 财务信息：

（1）销售收入：是指饲料工业企业通过销售饲料工业产品所取得的收入总额。

（2）毛利率：毛利与销售收入（或营业收入）的百分比，其中毛利是收入和与收入相对应的营业成本之间的差额，用公式表示：毛利率＝毛利/营业收入×100%＝（营业收入－营业成本）/营业收入×100%。

2. 原料采购情况：

（1）采购量：指此种原料本月企业采购总量。

（2）采购价：指企业采购此种原料的当月出厂平均价格。

（3）多维：是两种以上维生素与载体或稀释剂按一定比例配制的均匀混合物。

3. 市场信息：

价格：填写此类产品的出厂平均价格。

4. 出口产品信息：相关指标解释参见综合年报。

（九）基层月报

相关指标解释参见综合年报、基层年报和基层月报。

中华人民共和国农业部公告

第 2109 号

为进一步规范进口饲料和饲料添加剂登记、新饲料和新饲料添加剂审定工作，指导行政许可申请人正确理解审批要求，根据《饲料和饲料添加剂管理条例》（国务院令第 609 号）及其配套规章，农业部制定了《进口饲料和饲料添加剂登记申请材料要求》《进口饲料和饲料添加剂续展登记申请材料要求》《进口饲料和饲料添加剂变更登记申请材料要求》《新饲料添加剂申报材料要求》，现予公布，自 2014 年 7 月 1 日起施行。农业部 2006 年 2 月 28 日发布的第 611 号公告同时废止。

特此公告。

附件：1. 进口饲料和饲料添加剂登记申请材料要求

2. 进口饲料和饲料添加剂续展登记申请材料要求

3. 进口饲料和饲料添加剂变更登记申请材料要求

4. 新饲料添加剂申报材料要求

农业部

2014 年 6 月 5 日

附件 1

进口饲料和饲料添加剂登记申请材料要求

一、登记范围

由境外企业生产的、首次向中国境内出口的饲料和饲料添加剂。我国香港、澳门特别行政区和台湾生产的饲料和饲料添加剂产品参照本要求申请登记。

本要求所指的饲料，是指经工业化加工、制作的供动物食用的产品，包括单一饲料、添加剂预混合饲料、浓缩饲料、配合饲料和精料补充料。

本要求所指的饲料添加剂，是指在饲料加工、制作、使用过程中添加的少量或者微量物质，包括营养性饲料添加剂和一般饲料添加剂。

二、申请材料格式要求

（一）申请材料见《进口饲料和饲料添加剂登记申请材料一览表》（表 1，以下简称《一览表》）。

（二）申请材料中、英文对照，中文在前，英文在后；我国香港、澳门特别行政区和台湾的登记申请，仅需提供简体中文申请材料。申请材料一式两份，原件和复印件各一份。

（三）申请材料中的官方证明文件使用生产地官

方语言出具，由非英语国家（地区）出具的官方证明文件还应提供英文或中文翻译件。

（四）申请材料原件使用生产企业文头纸出具，由生产企业负责人签字并加盖公章；中文翻译件由中国境内代理机构出具并加盖公章。

（五）中文翻译件使用 A_4 规格纸、小三号宋体打印，内容清晰、整洁、无涂改。

（六）申请材料按《一览表》的顺序装订成册，标注页码并形成目录，各项材料之间使用明显的区分标志。装订过程中，不得拆分官方证明文件。

（七）前次申请未予批准的，再次提交材料时应当提供《农业部行政审批综合办公办结通知书》复印件，并附修改说明。

（八）材料中不得夹带与申请无关的信息。

三、申请表填写要求

《进口饲料和饲料添加剂登记申请表》（表 2）使用中、英文对照填写，由申请企业负责人和境内代理机构负责人签字并加盖公章。

（一）商品名称：生产地销售时使用的商品名称和在中国销售时拟使用的中文商品名称。中文商品名称应简明、易懂，符合中文语言习惯，不得全部使用外文字母、符号、汉语拼音和数字表示。

（二）通用名称：能够反映饲料和饲料添加剂产品的真实属性，符合《饲料标签》（GB 10648）标准规定。

（三）产品类别：按照单一饲料、添加剂预混合饲料、浓缩饲料、配合饲料、精料补充料、饲料添加剂、混合型饲料添加剂分类填写。

混合型饲料添加剂是指由一种或一种以上饲料添加剂与载体或稀释剂按一定比例混合，但不属于添加剂预混合饲料的饲料添加剂产品。

（四）感官：产品的颜色、气味、形状（粉末、颗粒、块状等）和状态（固态、液态等）。

（五）技术指标：按照产品的质量标准，填写产品理化指标和卫生指标及其控制值。

（六）使用方法：产品的适用范围、用法、添加量和注意事项。

（七）生产厂家：产品的生产企业名称和生产地址。工船加工的鱼粉，填写工船名称及编号。

（八）申请企业：一般与生产厂家名称和生产地址相同，也可填写总公司名称和地址。工船加工的鱼粉，填写总公司名称和地址。

（九）境内代理机构：办理登记的代理机构名称、通讯地址、邮政编码、联系人、联系电话及传真。

四、申请材料内容要求

（一）境内代理机构资质证明

1. 境外企业委托其常驻中国代表机构申请进口登记的，提供《外国企业常驻中国代表机构登记证》复印件并加盖公章。

2. 境外企业委托其他境内代理机构申请进口登记的，提供代理机构《企业法人营业执照》复印件并加盖企业公章。

（二）委托书

委托书由境外企业出具、负责人签署并经生产地第三方公证机构公证。委托书内容应包括委托和受托单位名称及地址、委托事项、委托办理登记产品的商品名称等信息。

（三）生产地批准生产、使用的证明

1. 申请登记的产品及其主要成分在生产地允许作为饲料、饲料添加剂生产、使用的证明文件。

2. 生产地官方机构出具允许生产企业生产该饲料、饲料添加剂的证明文件。

3. 生产地官方机构出具的自由销售证明，证明应包含产品的商品名称、生产企业名称和地址等内容，并声明该产品在生产地生产、销售和使用不受限制。

4. 官方证明文件应由中国驻生产地使馆认证，由非英语国家（地区）出具官方证明文件应将官方证明文件和中文或英文翻译件一并公证。

（四）产品理化性质

包括感官性状（色、味、存在状态等）和物理化学参数（如沸点、熔点、比重、折光率、在常见溶媒中的溶解度、对光或热的稳定性等）。

（五）产品来源、组成成分

1. 产品来源：说明产品的动物性、植物性来源或化工合成使用的初始原料。微生物产品或发酵制品，还应提供由生产地认证的机构出具的菌种保藏证明文件。证明文件中应包括菌种的属名、种名和菌株保藏编号等信息。

2. 组成成分：产品的原料组成或有效组分。

使用转基因原料或采用转基因技术生产的，应按照中国转基因管理的有关规定获得批准。

（六）制造方法

包括生产工艺流程图和文字说明。生产工艺流程图应体现生产过程的完整步骤，文字说明应体现工艺流程中的技术条件和加工方法、所用的原料和设备、生产过程和步骤。微生物产品或发酵制品，还应说明使用的培养基成分。

（七）质量标准和检测方法

1. 质量标准：包括理化指标和卫生指标及其控

制值，并符合生产地和中国相关法律法规和技术规范的要求。

2. 检测方法：采用国际标准化组织/国际电工委员会（ISO/IEC）、美国公职化学分析家协会（AOAC）等国际标准的，应标明标准编码；采用其他检测方法的，应提供详细的检测操作规程。

申报产品存在二噁英风险的，应提供由生产地认证的检测机构出具的二噁英检测报告。

（八）生产地使用的标签、中文标签式样和商标

1. 生产地使用的标签：在生产地使用的标签实样或清晰的标签照片。

2. 中文标签式样：拟使用的中文标签，标签应符合《饲料标签》（GB 10648）标准的规定。

3. 商标：已在中国注册商标的，提供商标式样。

（九）使用目的、适用范围和使用方法

详细说明产品的功能用途、适用范围、添加量及使用时的注意事项。产品在使用过程中有最高限量要求的，还应当提供最高限量值。

（十）包装材料、包装规格、保质期和贮存条件

说明产品所使用的包装材料、单位包装的净含量、保质期、贮存条件和贮存注意事项。

（十一）生产地以外其他国家、地区的登记材料和产品推广应用情况

产品在其他国家、地区获得进口许可的，还应提供相关登记许可证明文件复印件，并简要描述在生产地及其他国家、地区的推广应用情况。

（十二）需技术评审的产品还应提交以下申请材料

1. 有效组分的化学结构鉴定报告或动物、植物、微生物的分类鉴定报告

化学上可定义物质：应准确鉴定申报产品的有效组分，并说明确认实验所用主要仪器和测试方法。例如，红外光谱、紫外光谱、质谱、核磁共振、化学官能团的特征反应等。鉴定报告应由生产地认证的机构或中国省部级以上大专院校、科研单位、检测机构等出具。

酶制剂：应提供能够证明酶制剂来源与结构的鉴定报告。鉴定报告应由生产地认证的机构或中国省部级以上大专院校、科研单位、检测机构等出具。

微生物：应通过菌株的形态学、生理生化特性、分子生物学特性等方法，鉴定至少到种。菌种鉴定报告应由国际公认的菌种保藏机构出具。

微生物发酵制品：应提供前款所述微生物的菌种鉴定报告。

上述鉴定报告出具机构不得与申报产品的研制单位、生产企业存在利害关系。

2. 有效性评价试验报告

对于需要通过靶动物试验评定有效性的产品，应提供由农业部指定的评价试验机构出具的试验报告；靶动物有效性试验应按照农业部发布的技术指南或国家、行业标准进行。农业部技术指南、国家或行业标准规定的可以进行数据外推的情形除外。

对于不需要通过靶动物试验评定有效性的产品，应根据产品用途，提供依据规范或公认的方法测定的特性效力的试验报告，如抗氧化剂效力和防霉剂效力测试等。试验应选取申报产品适用饲料类别中的代表性产品进行。试验报告应由中国省部级以上大专院校、科研单位或检测机构等出具。

上述报告出具机构不得与申报产品的研制单位、生产企业存在利害关系。

3. 安全性评价试验报告

包括靶动物耐受性评价报告、毒理学安全评价报告、代谢和残留评价报告、菌株安全性评价报告。应提供由农业部指定的评价试验机构出具的报告，评价试验应按照农业部发布的技术指南或国家、行业标准进行。农业部暂未发布指南或暂无国家、行业标准的，可以参照世界卫生组织（WHO）、国际食品法典委员会（CAC）、经济合作与发展组织（OECD）等国际组织发布的规范或指南进行。安全性评价报告的出具机构不得与申报产品的研制单位、生产企业存在利害关系。

（1）靶动物耐受性评价报告

所有饲料添加剂均应提供靶动物耐受性评价报告。农业部技术指南、国家或行业标准规定的可以进行数据外推的情形除外。

（2）毒理学安全评价报告

包括急性毒性试验、遗传毒性试验、传统致畸试验、30天喂养试验，亚慢性毒性试验，慢性毒性试验（包括致癌试验）。企业应根据产品特性，按照农业部技术指南或国家、行业标准的规定选择需要开展的试验种类。

毒理学数据可采用国际组织［如联合国粮农组织和世界卫生组织下设的食品添加剂联合专家委员会（JECFA）等］或由通过良好实验规范（GLP）认证的实验室进行并公开发布的数据，但应保证评价对象的一致性。

（3）代谢和残留评价报告

化合物应进行代谢和残留评价，但以下情形除外：

——在饲用物质中天然存在并具有较高含量；

——化合物或代谢残留物是动物体液或组织的正常成分；

——可被证明是原形排泄或不被吸收；

——是以体内化合物的生理模式和生理水平被吸收；

——农业部技术指南、国家或行业标准规定的数据外推情形。

代谢和残留数据可采用国际组织［如 WHO、联合国粮农组织（FAO）等］或由通过良好试验规范（GLP）认证的试验室进行并公开发布的数据，但应保证评价对象的一致性。

（4）菌株安全性评价报告

对于微生物及其发酵制品，应进行生产菌株安全性评价。公认安全的菌株除外。

4. 对人体健康造成影响的分析报告

应根据有效性和安全性评价试验结果以及相关产品信息，参照风险评估的方法就饲料添加剂对人体健康造成的影响进行评估分析，形成报告。

5. 产品稳定性试验报告

稳定性试验包括影响因素试验、加速试验和长期稳定性试验。应提供按照农业部相关技术指南开展的稳定性试验的报告。

6. 环境影响报告

应说明生产过程中产生的“三废”及处理措施。

7. 最高限量值和有效组分在饲料产品中的检测方法

在饲料产品中有最高限量要求的，应提供最高限量值和有效组分在饲料产品中的检测方法。

8. 主要参考文献

产品开发、研制和生产中参考的文献。

五、质量复核检测要求

申请人在收到受理通知单后，应当在 15 个工作日内将受理通知单、产品样品和检测报告送交农业部指定的检测机构进行产品质量复核检测。每个产品提供 3 个不同批次的样品和对应的检测报告，每个批次 2 份样品，每份样品不少于检测需要量的 5 倍。

复核检测费用由申请人承担。必要时，申请人应配合提供检测需要的标准品或化学对照品。

表 1　进口饲料和饲料添加剂登记申请材料一览表

序号	申请材料	不需评审产品	需评审产品
1	目录	√	√
2	进口饲料和饲料添加剂登记申请表	√	√
3	境内代理机构资质证明	√	√
4	委托书	√	√
5	生产地批准生产、使用的证明	√	√
6	产品理化性质	√	√
7	产品来源、组成成分	√	√
8	制造方法	√	√
9	质量标准和检测方法	√	√
10	生产地使用的标签、中文标签式样和商标	√	√
11	使用目的、适用范围和使用方法	√	√
12	包装材料、包装规格、保质期和贮存条件	√	√
13	生产地以外其他国家、地区的登记材料和产品推广应用情况	√	√
14	有效组分的化学结构鉴定报告或动物、植物、微生物的分类鉴定报告		√
15	有效性评价试验报告		√
16	安全性评价试验报告		√
17	对人体健康造成影响的分析报告		√
18	产品稳定性试验报告		√
19	环境影响报告		√
20	最高限量值和有效组分在饲料产品中的检测方法		√
21	主要参考文献		√

注：“√”表示必需的申请材料。

表 2　进口饲料和饲料添加剂登记申请表

Applicant Form for Registration of Import Feed or Feed Additives

商品名称： Trade Name	通用名称： Common Name
产品类别： Product Classification	感官： Organoleptic Quality
技术指标： Guaranteed Analysis and Hygienic Index	
使用方法： Usage and Dosage	
生产厂家： Manufactory	
申请企业： Applicant Company	
境内代理机构： Domestic Agent	
申请企业负责人签字： Signature of Applicant Company 公章（Seal）	境内代理机构负责人签字： Signature of Domestic Agent 公章（Seal）

1. 境内代理机构应当如实向农业部提交有关材料，对翻译材料的准确性负责。

2. 境外企业、境内代理机构隐瞒有关情况或者提供虚假材料的，按照《进口饲料和饲料添加剂登记管理办法》第二十九条规定承担相应的法律责任。

1. The domestic agent should submit the genuine documents to the MOA and take full responsibility for the accuracy of the translations.

2. According to Article 29 of *the Measures for the Administration of Registration of Import Feed and Feed Additives*, foreign company and domestic agent have to bear corresponding legal liabilities if they hide relevant information on purpose or provide forged documents.

附件 2

进口饲料和饲料添加剂续展登记申请材料要求

一、登记范围

进口登记证期满后，境外企业仍需继续在中国境内销售产品的，应当在进口登记证有效期届满 6 个月前申请续展登记。

二、申请材料格式要求

（一）申请材料见《进口饲料和饲料添加剂续展登记申请材料一览表》（表 1，以下简称《一览表》）。

（二）申请材料中、英文对照，中文在前，英文在后；我国香港、澳门特别行政区和台湾的登记申请，仅需提供简体中文申请材料。申请材料一式两份，原件和复印件各一份。

（三）申请材料中的官方证明文件使用生产地官方语言出具，由非英语国家（地区）出具的官方证明文件还应提供英文或中文翻译件。

（四）申请材料原件使用生产企业文头纸出具，由生产企业负责人签字并加盖公章；中文翻译件由中国境内代理机构出具并加盖公章。

（五）中文翻译件使用 A_4 规格纸、小三号宋体打印，内容清晰、整洁、无涂改。

（六）申请材料按《一览表》的顺序装订成册，标注页码并形成目录，各项材料之间使用明显的区分标志。装订过程中，不得拆分官方证明文件。

（七）前次申请未予批准的，再次提交材料时应当提供《农业部行政审批综合办公办结通知书》复印件，并附修改说明。

（八）材料中不得夹带与申请无关的信息。

三、申请表填写要求

《进口饲料和饲料添加剂续展登记申请表》（表2）使用中、英文对照填写，由申请企业负责人和境内代理机构负责人签字并加盖公章。

（一）登记证号、商品名称、通用名称、发证日期：按照原进口登记证上的内容填写。

（二）境内销售代理商：指境外企业在中国境内设立的销售机构和直接从境外企业购买产品自用或者销售的国内一级代理商。信息内容包括企业或代理商名称、通讯地址、邮政编码、负责人姓名、联系电话、传真。有多家境内销售代理商的，应全部列出。

（三）境内代理机构：办理续展登记的代理机构名称、通讯地址、邮政编码、联系人、联系电话及传真。

（四）变更事项：办理续展登记时，境外企业可以根据需要同时办理变更事项。有变更要求的，应在相应的事项栏前划"√"，并填写变更信息。

四、申请材料内容要求

（一）进口登记证

进口登记证复印件。

（二）境内代理机构资质证明

1. 境外企业委托其常驻中国代表机构申请续展登记的，提供《外国企业常驻中国代表机构登记证》复印件并加盖公章。

2. 境外企业委托其他境内代理机构申请续展登记的，提供代理机构《企业法人营业执照》复印件并加盖企业公章。

（三）委托书

委托书由境外企业出具、负责人签署并经生产地第三方公证机构公证。委托书内容应包括委托和受托单位名称及地址、委托事项、委托办理续展登记产品的商品名称等信息。

（四）生产地批准生产、使用的证明

1. 申请登记的产品及其主要成分在生产地允许作为饲料、饲料添加剂生产、使用的证明文件。

2. 生产地官方机构出具的允许生产企业生产该饲料、饲料添加剂的证明文件。

3. 生产地官方机构出具的自由销售证明，证明应包含产品的商品名称、生产企业名称和地址等内容，并声明该产品在生产地生产、销售和使用不受限制。

4. 官方证明文件应由中国驻生产地使馆认证，由非英语国家出具的官方证明文件应将官方证明文件和中文或英文翻译件一并公证。

（五）质量标准、检测方法和质量检测报告

1. 质量标准：包括理化指标和卫生指标及其控制值，并符合生产地和中国相关法律法规和技术规范的要求。

2. 检测方法：采用国际标准化组织/国际电工委员会（ISO/IEC）、美国公职化学分析家协会（AOAC）等国际标准的，应标明标准编码；采用其他检测方法的，应提供详细的检验操作规程。

3. 每个产品提供3个批次样品的质量检测报告。申报产品存在二噁英风险的，还应提供由生产地认证的检测机构出具的二噁英检测报告。

（六）生产地使用的标签、中文标签和商标

1. 生产地使用的标签：在生产地使用的标签实样或清晰的标签照片。

2. 中文标签：在中国境内使用的中文标签实样或清晰的标签照片。

3. 商标：已在中国注册商标的，提供商标式样。

（七）变更说明

由生产厂家出具，具体说明变更的内容、原因。

（八）官方证明文件

生产地官方机构允许变更相关内容的文件。证明文件应由中国驻生产地使馆认证。

五、质量复核检测要求

申报产品符合《进口饲料和饲料添加剂登记管理办法》第十六条规定的，续展时还应提交样品进行复核检测。

申请人在收到受理通知单后，应当在15个工作日内将受理通知单、产品样品和检测报告送交农业部指定的检测机构进行产品质量复核检测。每个产品提供3个不同批次的样品和对应的检测报告，每个批次2份样品，每份样品不少于检测需要量的5倍。

复核检测费用由申请人承担。必要时，申请人应配合提供检测机构需要的标准品或化学对照品。

表1 进口饲料和饲料添加剂续展登记申请材料一览表

序号	申请材料	无变更要求	有变更要求
1	目录	√	√
2	进口饲料和饲料添加剂续展登记申请表	√	√

（续）

序号	申请材料	无变更要求	有变更要求
3	进口登记证	√	√
4	境内代理机构资质证明	√	√
5	委托书	√	√
6	生产地批准生产、使用的证明	√	√
7	质量标准、检测方法和质量检测报告	√	√
8	生产地使用的标签、中文标签和商标	√	√
9	变更说明		√
10	官方证明文件		√

注："√"表示必需的申请材料。

表2　进口饲料和饲料添加剂续展登记申请表

Applicant Form for Re-registration of Import Feed and Feed Additives

商品名称： Trade Name	通用名称： Common Name
登记证号： Number of Former License	发证日期： Date Issued
境内销售代理商： Domestic Sale Agent	
境内代理机构： Domestic Agent	
变更事项： Alteration	变更后名称 Present Name
□ 产品的中文或外文商品名称： (Name of the Product)	
□ 申请企业名称： (Name of the Applicant Company)	
□ 生产厂家名称： (Name of the Manufactory)	
□ 生产地址名称： (Name of the Manufactory Address)	
申请企业负责人签字： Signature of Applicant Company 盖章：(Seal)	境内代理机构负责人签字： Signature of Domestic Agent 盖章：(Seal)

1. 境内代理机构应当如实向农业部提交有关材料，对翻译材料的准确性负责。

2. 境外企业、境内代理机构隐瞒有关情况或者提供虚假材料的，按照《进口饲料和饲料添加剂登记管理办法》第二十九条规定承担相应的法律责任。

1. The domestic agent should submit the genuine documents to the MOA and take full responsibility for the accuracy of the translations.

2. According to Article 29 of *the Measures for the Administration of Registration of Import Feed and Feed Additives*, foreign company and domestic agent have to bear corresponding legal liabilities if they hide relevant information on purpose or provide forged documents.

附件 3

进口饲料和饲料添加剂变更登记申请材料要求

一、登记范围

进口登记证有效期内，获证企业改变产品的中文或外文商品名称、申请企业名称、生产厂家名称、生产地址名称的，应申请变更登记。

二、申请材料格式要求

（一）申请材料见《进口饲料和饲料添加剂变更登记申请材料一览表》（表 1，以下简称《一览表》）。

（二）申请材料中、英文对照，中文在前，英文在后；我国香港、澳门特别行政区和台湾的登记申请，仅需提供简体中文申请材料。申请材料一式两份，原件和复印件各一份。

（三）申请材料中的官方证明文件使用生产地官方语言出具，由非英语国家（地区）出具的官方证明文件还应提供英文或中文翻译件。

（四）申请材料原件使用生产企业文头纸出具，由生产企业负责人签字并加盖公章；中文翻译件由中国境内代理机构出具并加盖公章。

（五）中文翻译件使用 A_4 规格纸、小三号宋体打印，内容清晰、整洁、无涂改。

（六）申请材料按《一览表》的顺序装订成册，标注页码并形成目录，各项材料之间使用明显的区分标志。装订过程中，不得拆分官方证明文件。

（七）前次申请未予批准的，再次提交材料时应当提供《农业部行政审批综合办公办结通知书》复印件，并附修改说明。

（八）材料中不得夹带与申请无关的信息。

三、申请表填写要求

《进口饲料和饲料添加剂变更登记申请表》（表 2）使用中、英文对照填写，由申请企业负责人和境内代理机构负责人签字并加盖公章。

（一）登记证号、发证日期：按原进口登记证上的内容填写。

（二）变更事项：在相应的事项栏前划“√”。

（三）变更后名称：填写变更后的内容。

（四）境内代理机构：办理变更登记的代理机构名称、通讯地址、邮政编码、联系人、联系电话及传真。

四、申请材料内容要求

（一）进口登记证原件。

（二）变更说明：由生产厂家出具，应说明变更的内容、原因。

（三）官方证明文件：生产地官方机构允许变更相关内容的文件。证明文件应由中国驻生产地使馆认证。

（四）境内代理机构资质证明。

1. 境外企业委托其常驻中国代表机构申请变更登记的，提供《外国企业常驻中国代表机构登记证》复印件并加盖公章。

2. 境外企业委托其他境内代理机构申请变更登记的，提供代理机构《企业法人营业执照》复印件并加盖企业公章。

（五）委托书

委托书由境外企业出具、负责人签署并经生产地第三方公证机构公证。委托书内容应包括委托和受托单位名称及地址、委托事项、委托办理变更登记产品的商品名称等信息。

表 1　进口饲料和饲料添加剂变更登记申请材料一览表

序号	申请材料
1	目录
2	进口饲料和饲料添加剂变更登记申请表
3	进口登记证原件
4	变更说明
5	官方证明文件
6	境内代理机构资质证明
7	委托书

表 2 进口饲料和饲料添加剂变更登记申请表

Applicant Form for Alter Registration of Import Feed and Feed Additives

登记证号： Number of Former License	发证日期 Date Issued
变更事项： Alteration	变更后名称 Present Name
□ 产品的中文或外文商品名称： (Name of the Product)	
□ 申请企业名称： (Name of the Applicant Company)	
□ 生产厂家名称： (Name of the Manufactory)	
□ 生产地址名称： (Name of the Manufactory Address)	
境内代理机构： Domestic Agent	
申请单位负责人签字： Signature of Applicant Company 盖章：(Seal)	境内代理机构负责人签字： Signature of Domestic Agent 盖章 (Seal)：

1. 境内代理机构应当如实向农业部提交有关材料，对翻译材料的准确性负责。

2. 境外企业、境内代理机构隐瞒有关情况或者提供虚假材料的，按照《进口饲料和饲料添加剂登记管理办法》第二十九条规定承担相应的法律责任。

1. The domestic agent should submit the genuine documents to the MOA and take full responsibility for the accuracy of the translations.

2. According to Article 29 of *the Measures for the Administration of Registration of Import Feed and Feed Additives*, foreign company and domestic agent have to bear corresponding legal liabilities if they hide relevant information on purpose or provide forged documents.

附件 4

新饲料添加剂申报材料要求

一、审定范围

（一）新饲料添加剂，指我国境内新研制开发的尚未批准使用的饲料添加剂。

（二）《新饲料和新饲料添加剂管理办法》规定需要审定的其他饲料添加剂：

1. 饲料添加剂扩大适用范围的；

2. 饲料添加剂含量规格低于饲料添加剂安全使用规范要求的，但由饲料添加剂与载体或者稀释剂按照一定比例配制的除外；

3. 饲料添加剂生产工艺发生重大变化的；

4. 新饲料添加剂自获证之日起超过 3 年未投入生产，其他企业申请生产的；

5. 农业部规定的其他情形。

二、申报材料内容要求

（一）申报材料摘要

围绕安全性、有效性、质量可控性以及对环境的影响等方面对各章内容进行简要概述。摘要内容应可向社会公开。

（二）产品名称及命名依据、类别、产品研制目的

1. 产品通用名称及命名依据

通用名称应能够反映饲料添加剂产品真实属性，并在申报材料中统一使用该名称。

通用名称应符合国内相关标准（例如：药典、国家标准和行业标准）或国际组织［例如：国际纯粹化学和应用化学联合会（IUPAC）］相关标准的命名原则。由国际非专利药品名称（INN）译成中文名称的，可音译、意译或音意合译，一般以音译为主，译名应简短易读，用字通俗文雅。有美国化学文摘（CAS）登记号的应予提供。

饲用微生物应按照种名进行命名，并注明拉丁文名称。

饲用酶制剂，应参照国际生物化学和分子生物学联合会（IUBMB）酶学委员会（EC）的命名原则命名，并用括号注明生产菌种名称。

其他微生物发酵制品也应用括号注明生产菌种的名称。

饲料添加剂为天然提取物的，依据其来源的天然物命名，必要时注明来源（包括动、植物的学名和部位，微生物的种名），或者依据提取物主要成分命名。

2. 产品的商品名称

商品名称为产品在市场销售时拟采用的名称，没有的可不提供。

3. 产品类别

根据产品的功能，参照《饲料添加剂品种目录》设立的类别名称填写。超出目录现有类别范围的，根据产品实际功能提出分类建议。

4. 产品研制目的

重点阐述产品研制背景、研究进展、目标功能、国内外在饲料和相关行业批准使用情况、产品的先进性和应用前景等。

（三）产品组分及其鉴定报告、理化性质及安全防护信息

1. 产品组分

提供产品全部组成成分，包括有效组分（活性物质）及其他成分。

（1）有效组分（活性物质）及其含量

有效组分及其含量应分别列出。

对于有效组分为化学上可定义的物质，应给出通用名称、化学名称（根据 IUPAC 命名法）、CAS 登录号、分子式、化学结构式和分子量；含量以%、g/kg、mg/kg、IU/g 等国际通用单位表示。

对于微生物，应以每克或每毫升产品中活细胞数或活孢子数表示，即 CFU/g、CFU/mL。

对于酶制剂，应以每克或每毫升中的酶活数量表示。应对酶活单位进行定义，推荐采用的酶活定义方式为“在特定的 pH 和温度条件下每分钟由底物释放的产物的 μmol 数”。

微生物及其发酵制品，应提供生产菌株的种名（中文和拉丁文名称）、来源及其改良史，以及进行菌株鉴定的形态学、生理生化特性学、分子生物学特性及其遗传稳定性的方法，并提供由农业部指定的国家级菌种保藏机构出具的菌株保藏编号。

对于提取物，有效组分应包括特征标识成分。

（2）其他组分及其含量

说明除有效组分（活性物质）外的其他组分及其含量。添加载体的，应提供名称及其配方量。

2. 鉴定报告

化学上可定义物质：应准确鉴定申报产品的有效组分，并说明确认实验所用主要仪器和测试方法，例如，红外光谱、紫外光谱、质谱、核磁共振、化学官能团的特征反应等。鉴定报告应由省部级以上大专院校、科研单位或检测机构等出具。

酶制剂：应提供能够证明酶制剂的来源与结构的鉴定报告。鉴定报告应由省部级以上大专院校、科研单位或检测机构等出具。

微生物：应通过菌株的形态学、生理生化特性、分子生物学特性等方法，鉴定至少到种。菌种鉴定报告应由农业部指定的国家级菌种保藏机构出具。

微生物发酵制品也应提供前款所述的微生物的菌种鉴定报告。

上述鉴定报告的出具单位不得是申报产品的研制单位、生产企业，或与研制单位、生产企业存在利害关系。

3. 外观与性状

固体产品应提供颜色、气味、粒径分布、密度或容重等数据；液体产品应提供颜色、气味、黏度、表面张力等数据。

4. 有效组分理化性质

根据化合物的性质，提供有效组分的沸点、熔点、密度、蒸汽压、折光率、比旋光度、常见溶媒中的溶解度、对光或热的稳定性、电离常数、电解性能、pKa 等数据。相关信息可来自国际机构（如 CAS、IUPAC 等）公开发布的数据或由申请人实测数据。

5. 产品安全防护信息

根据产品的性质，提供危害描述、泄露应急处理、操作处置与储存、接触控制与个体防护、急救措施、废弃处置等信息。

（四）产品功能、适用范围和使用方法

产品功能应说明其作用机制，并以试验数据或公开发表的文献资料作为支撑。

适用范围和使用方法应说明产品适用的动物种类、生产阶段、推荐用量及注意事项，必要时应提供产品在配合饲料或全混合日粮中添加的最高限量建议值，相关内容应有安全性和有效性评价试验数据的支撑。

（五）生产工艺、制造方法及产品稳定性试验报告

1. 生产工艺和制造方法

提供产品生产工艺流程图和工艺描述。流程图应以设备简图的方式表示，详细体现产品生产全过程；工艺描述应与流程图一一对应，重点描述原料、设备、生产过程各步骤所使用的方法和技术参数（温度、压力、反应时间、pH 等），有中间产品控制指标的也应一并提供。

微生物及其发酵制品还应当提供生产用菌株的传代、培养、允许使用代次以及培养基成分等信息。

2. 产品稳定性试验报告

稳定性试验包括影响因素试验、加速试验和长期稳定性试验。应提供按照农业部相关技术指南开展的稳定性试验的报告。

（六）产品质量标准草案、编制说明及检验报告

1. 产品质量标准草案：应按照《标准化工作导则 第1部分：标准的结构和编写》（GB/T1.1）的要求进行编写。技术要求至少应包括有效组分（活性物质）、杂质（含杂菌）及卫生指标。

2. 编制说明：应说明质量标准中的指标设置依据。指标的设置应符合相关法规标准要求，并与实际检测情况一致。对引用的国际标准和国内其他行业标准，应提供其原文和中文译文。

3. 对新建检测方法，应提供由具备检验资质的第三方机构出具的验证报告。

4. 检验报告：由申请人自行检测或委托具备检验资质的机构出具的三个批次产品检验报告。检测项目应与质量标准一致，并采用其规定的检测方法。

5. 有最高限量要求的产品，还应提供有效组分在配合饲料中的检测方法，并根据其适用对象，提供有效组分在浓缩饲料、精料补充料或添加剂预混合饲料中的检测方法。

（七）有效性评价试验报告

对于需要通过靶动物试验评定有效性的产品，应提供由农业部指定的有效性评价试验机构出具的试验报告；靶动物有效性试验应按照农业部发布的技术指南或国家、行业标准进行。农业部技术指南、国家或行业标准规定的可以进行数据外推的情形除外。

对于不需要通过靶动物试验评定有效性的产品，应根据产品用途，提供依据技术规范或公认的方法测定的特性效力的试验报告，如抗氧化剂效力和防霉剂效力测试等。试验应选取申报产品适用饲料类别中的代表性产品进行。试验报告应由省部级以上大专院校、科研单位或检测机构等出具。

上述评价报告的出具单位不得是申报产品的研制单位、生产企业，或与研制单位、生产企业存在利害关系。

（八）安全性评价试验报告

包括靶动物耐受性评价报告、毒理学安全评价报告、代谢和残留评价报告、菌株安全性评价报告。应提供由农业部指定的评价试验机构出具的报告，评价试验应按照农业部发布的技术指南或国家、行业标准进行。农业部暂未发布指南或暂无国家、行业标准的，可以参照世界卫生组织（WHO）、国际食品法典委员会（CAC）、经济合作与发展组织（OECD）等国际组织发布的技术规范或指南进行。安全性评价报告的出具单位不得是申报产品的研制单位、生产企业，或与研制单位、生产企业存在利害关系。

1. 靶动物耐受性评价报告 所有饲料添加剂均应提供靶动物耐受性评价报告，农业部技术指南、国家或行业标准规定的可以进行数据外推的情形除外。

2. 毒理学安全评价报告 包括急性毒性试验、遗传毒性试验、传统致畸试验、30 天喂养试验，亚慢性毒性试验，慢性毒性试验（包括致癌试验）。对不同的产品类别和申报类型，按照农业部技术指南或国家、行业标准的规定选择需要开展的试验种类。

毒理学数据可采用国际组织（如联合国粮农组织（FAO）和 WHO 下设的食品添加剂联合专家委员会（JECFA））或由通过良好实验规范（GLP）认证的实验室进行并公开发布的数据，但应保证评价对象的一致性。

3. 代谢和残留评价报告

化合物应进行代谢和残留评价，但以下情形除外：

——在饲用物质中天然存在并具有较高含量；

——化合物或代谢残留物是动物体液或组织的正常成分；

——可被证明是原形排泄或不被吸收；

——是以体内化合物的生理模式和生理水平被吸收；

——农业部技术指南、国家或行业标准规定的数据外推情形。

代谢和残留数据可采用国际组织（如 WHO、FAO）或由通过 GLP 认证的实验室进行并公开发布的数据，但应保证评价对象的一致性。

4. 菌株安全性评价报告

对于微生物及其发酵制品，应进行生产菌株安全性评价。公认安全的菌株除外。

（九）对人体健康可能造成影响的分析报告

应根据有效性和安全性评价试验结果以及相关产品信息，参照风险评估的方法就饲料添加剂对人体健康可能造成的影响进行评估分析，形成报告。

（十）标签式样、包装要求、贮存条件、保质期和注意事项

标签式样应符合《饲料标签》标准（GB 10648）

的规定。

包装要求、贮存条件、保质期的确定应以稳定性试验的数据为依据。

（十一）中试生产总结和“三废”处理报告

1. 中试生产总结

包括中试的时间和地点，生产产品的批数（至少连续5批）、批号、批量，每批中试产品的详细生产和检验报告，生产负责人和质量负责人，中试中发现的问题和处置措施等。

2. “三废”处理报告

应说明生产过程中产生的“三废”及处理措施。

（十二）联合申报协议书

由两个或两个以上单位联合申报的（申报单位应是共同参与产品研发的研制单位或生产企业），应提供由所有联合申报单位共同签署的联合申报协议书，明确知识产权归属、申请人排序、责任划分等，并承诺不就同一产品进行重复申报。协议由各单位法定代表人签字并加盖单位公章。

（十三）其他证明性文件

其他应提供的证明材料。例如，转基因产品应提供农业部核发的转基因产品批准文件复印件。

（十四）参考资料

提供产品研究、开发和生产中参考的主要参考文献，并在引用处进行标注。重要文献应附全文。

三、申报材料的格式要求

（一）申报材料包括《新饲料添加剂审定申报材料封面》（附表1）、《申请人承诺书》（附表2）、《新饲料添加剂审定申请表》（附表3）、《新饲料添加剂申报材料完整性自评及补充说明表》（附表4）及正文（即本文件第二章规定的所有相关材料）。

（二）附表1～4应当从农业部网站下载，不得随意改变字体大小和表格结构。表格中应填项目不得漏项，不适用栏目应填写“无”。

（三）申报材料正文应当使用小四号宋体（英文和数字为Times New Roman字体），A4规格纸张打印。除签名外，所有材料不得手写。

（四）检测、试验、鉴定报告应加盖报告出具单位公章，由负责人和检测试验人员签名，并提供原件。外文材料应同时提交中文翻译件。

（五）申报材料一式三份（原件一份，复印件两份，复印件采用双面复印）。材料按照附表4的内容顺序编排目录，每章独立编排页码，例如“1-1，1-2，…2-1…”，按目录顺序活页装订，各章应用口取纸或其他明显标记予以划分。材料装订完成后，应在整本材料侧面加盖申报单位骑缝章。

（六）在提交书面申报材料的同时，还应提交内容与书面材料一致的CD光盘三份。每章节应制成独立的PDF格式文件，文档名称以附表4中的章节号和章节标题命名。有签名或盖章的部分出具扫描件，非扫描文档中的文字应可进行复制等编辑性操作。

四、相关表格填写要求

（一）新饲料添加剂审定申报材料封面

1. 通用名称 填写与正文内容一致的通用名称。

2. 产品类别 填写与正文内容一致的产品类别。

3. 申请类型 将相应类型的方框涂黑（■）。

4. 申请人名称 填写具有法人地位的单位名称，可以是研制者或者生产企业，并加盖公章。由多个申请人联合申报的，填写第一申请人相关信息。

5. 法定代表人 填写申请人的法定代表人姓名。由多个申请人联合申报的，填写第一申请人相关信息。

6. 申请人注册地址及邮政编码 填写法人注册地址及邮政编码。由多个申请人联合申报的，填写第一申请人相关信息。

7. 申请人通讯地址及邮政编码 填写申请人的通讯地址及邮政编码。由多个申请人联合申报的，填写第一申请人相关信息。

8. 联系人、传真、固定电话、手机、电子邮箱 填写申请单位负责办理审定申请的人员姓名及相应联系方式。联合申报的，由申请人确定一名联系人及其联系方式。

9. 申报日期 填写申请人报出材料的时间。

（二）申请人承诺书（见附表2）

由申请人的法定代表人签字并加盖单位公章。多个申请人联合申报的，应逐一签字盖章。

（三）新饲料添加剂审定申请表（见附表3）

1. 申请类型 根据实际情况将相应类型的方框涂黑（■），若为“其他类型”，还应在后附横线上予以说明。

2. 通用名称 填写与正文一致的通用名称。

3. 外观与性状 说明产品的颜色、气味、性状（粉末、颗粒、结晶、块状、半固态、液态等）。

4. 商品名称 填写与正文一致的商品名称，没有的应填写“无”。

5. 产品类别 填写与正文一致的产品类别。

6. 是否转基因产品 将相应的方框涂黑（■）。

7. 保质期 填写与正文一致的保质期。

8. 成分、化学式或描述、含量、检测方法 “成分”栏逐一填写各有效组分及其他成分的名称；“化学式或描述”栏，化学上可定义物质应填写化学式，其他应填写描述；“含量”栏，有效组分填写典型分析值，其他成分可填写配方值；“检测方法”栏，采用现行国家标准或行业标准进行检测的，可填写标准名称和编号，否则应填写检测方法简称（如“高效液相色谱法”），在配合饲料或全混合日粮中有最高限量要求的，还应提供在饲料产品中相应成分的检测方法。

9. 适用范围、在配合饲料或全混合日粮中的推荐添加量和最高限量、使用注意事项：填写产品适用的动物种类、生产阶段及其在配合饲料或全混合日粮中的推荐添加量；有最高限量要求的，应填写在配合饲料或全混合日粮中的最高限量；使用过程中有特殊要求的，应填写使用注意事项。

10. 生产工艺简述 填写主要生产工艺，不超过100个字。

11. 申请人名称及地址 按申请人排序逐一填写单位名称、通信地址和邮编，在性质栏内将相应的方框涂黑（■），并由各单位法定代表人签字并加盖公章。

（四）新饲料添加剂申报材料完整性自评及补充说明表（见附表4）

用于申请人自查和形式审查。申请人根据实际情况将前3列方框以涂黑（■）方式标示。对于需要提供但未能提供的材料，应在表中说明具体原因。对于申报材料的一些特殊事项，也应在本表中进行说明。

附表1

新饲料添加剂审定申报材料

通用名称：________________

产品类别：________________

申请类型：□ 新饲料添加剂　　□ 需评审的其他饲料添加剂

申请人名称：________________（公章）

法定代表人：________________

申请人注册地址：________________

邮政编码：________________

申请人通讯地址：________________

邮政编码：________________

联 系 人：________________传真：________________

固定电话：________________手机：________________

电子邮件：________________

申报日期：________年________月________日

中华人民共和国农业部　制

二〇一四年

附表2

申请人承诺书

申请人已充分理解《饲料和饲料添加剂管理条例》《新饲料和新饲料添加剂管理办法》等相关规定，郑重承诺：

一、所有申报材料真实、有效，无伪造、编造、篡改等欺骗性资料。

二、申报材料中的分析、检测、试验报告所使用的样品均为本申请人的中试产品或工业化生产线的产品。

三、本产品涉及的知识产权不对他人构成侵权。

以上承诺若有违反，申请人自愿承担一切后果及法律责任。

法定代表人：　　　　（签名）

（单位公章）

________年________月________日

附表 3

新饲料添加剂审定申请表

<table>
<tr><td rowspan="2">申请类型</td><td colspan="6">□新饲料添加剂</td></tr>
<tr><td colspan="6">需评审的其他饲料添加剂：
□ 饲料添加剂扩大适用范围
□ 饲料添加剂含量规格低于饲料添加剂安全使用规范要求
□ 饲料添加剂生产工艺发生重大变化
□ 新饲料添加剂自获证之日起 3 年内未投入生产，其他企业申请生产
□ 其他类型____________</td></tr>
<tr><td colspan="2">通用名称</td><td></td><td>外观与性状</td><td></td><td>商品名称</td><td></td></tr>
<tr><td colspan="2">产品类别</td><td></td><td>是否转基因产品</td><td>□是
□否</td><td>保质期</td><td></td></tr>
<tr><td colspan="2">成分</td><td>化学式或描述</td><td>含量</td><td>检测方法</td><td colspan="2">在配合饲料中的
检测方法（适用时）</td></tr>
<tr><td rowspan="2">有效组分</td><td>1</td><td></td><td></td><td></td><td colspan="2"></td></tr>
<tr><td>…</td><td></td><td></td><td></td><td colspan="2"></td></tr>
<tr><td rowspan="2">其他成分</td><td>1</td><td></td><td></td><td></td><td colspan="2"></td></tr>
<tr><td>…</td><td></td><td></td><td></td><td colspan="2"></td></tr>
<tr><td colspan="2">适用范围</td><td colspan="2">在配合饲料或全混合日粮中的推荐添加量</td><td>在配合饲料或全混合日粮中的最高限量</td><td colspan="2">使用注意事项</td></tr>
<tr><td colspan="2">（适用范围 1）</td><td colspan="2"></td><td></td><td colspan="2"></td></tr>
<tr><td colspan="2">（适用范围 2）</td><td colspan="2"></td><td></td><td colspan="2"></td></tr>
<tr><td colspan="2">……</td><td colspan="2"></td><td></td><td colspan="2"></td></tr>
<tr><td colspan="7">生产工艺简述（100 字以内）</td></tr>
<tr><td colspan="2">申请人信息</td><td colspan="2">（第一申请人）</td><td>（第二申请人）</td><td colspan="2">…</td></tr>
<tr><td colspan="2">单位名称</td><td colspan="2"></td><td></td><td colspan="2"></td></tr>
<tr><td colspan="2">地 址</td><td colspan="2"></td><td></td><td colspan="2"></td></tr>
<tr><td colspan="2">性质</td><td colspan="2">□研制者
□生产企业</td><td>□研制者
□生产企业</td><td colspan="2">…</td></tr>
<tr><td colspan="2">法定代表人签字及盖章</td><td colspan="2"></td><td></td><td colspan="2"></td></tr>
</table>

附表 4

新饲料添加剂申报材料完整性自评及补充说明表

内　　容	已提供	未提供	不要求提供	形式审查人员填写
新饲料添加剂审定申报材料封面	□	□	□	
申请人承诺书	□	□	□	
新饲料添加剂审定申请表	□	□	□	
申报材料目录	□	□	□	
申请材料				
1. 申报材料摘要	□	□	□	
2. 产品名称及命名依据、类别、产品研制目的				
2.1 产品通用名称及命名依据	□	□	□	
2.2 产品的商品名称	□	□	□	
2.3 产品类别	□	□	□	
2.4 产品研制目的	□	□	□	
3. 产品组分及其鉴定报告、理化性质及安全防护信息				
3.1 产品组分				
3.1.1 有效组分（活性物质）及其含量	□	□	□	
3.1.2 其他组分及其含量	□	□	□	
3.2 鉴定报告	□	□	□	
3.3 外观与性状	□	□	□	
3.4 有效组分理化性质	□	□	□	
3.5 产品安全防护信息	□	□	□	
4. 产品功能、适用范围和使用方法	□	□	□	
5. 生产工艺、制造方法及产品稳定性试验报告				
5.1 生产工艺和制造方法				
5.1.1 工艺流程图	□	□	□	
5.1.2 工艺描述	□	□	□	
5.2 产品稳定性试验报告				
5.2.1 影响因素试验	□	□	□	
5.2.2 加速试验	□	□	□	
5.2.3 长期稳定性试验	□	□	□	
6. 产品质量标准草案、编制说明及检验报告				
6.1 产品质量标准草案	□	□	□	
6.2 编制说明	□	□	□	

（续）

内　　容	已提供	未提供	不要求提供	形式审查人员填写
6.3 新建检测方法的验证报告	□	□	□	
6.4 检验报告	□	□	□	
6.5 饲料产品中的检测方法	□	□	□	
7. 有效性评价试验报告				
7.1 试验概述表	□	□	□	
7.2 试验报告正文	□	□	□	
8. 安全性评价试验报告				
8.1 靶动物耐受性评价报告				
8.1.1 试验概述表	□	□	□	
8.1.2 试验报告正文	□	□	□	
8.2 毒理学安全评价报告				
8.2.1 急性毒性试验报告	□	□	□	
8.2.2 遗传毒性试验、传统致畸试验、30 天喂养试验报告	□	□	□	
8.2.3 亚慢性毒性试验报告	□	□	□	
8.2.4 慢性毒性试验（包括致癌实验）报告	□	□	□	
8.3 代谢和残留评价报告	□	□	□	
8.4 菌株安全性评价报告	□	□	□	
9. 对人体健康造成影响的分析报告	□	□	□	
10. 标签样式、包装要求、贮存条件、保质期和注意事项				
10.1 标签式样	□	□	□	
10.2 包装要求	□	□	□	
10.3 贮存条件	□	□	□	
10.4 保质期	□	□	□	
10.5 注意事项	□	□	□	
11. 中试生产总结和“三废”处理报告				
11.1 中试生产总结	□	□	□	
11.2 “三废”处理报告	□	□	□	
12. 联合申报协议书	□	□	□	
13. 其他证明性文件	□	□	□	
14. 参考资料	□	□	□	
新饲料添加剂申报材料完整性检查表	□	□	□	
CD 光盘（3 份）	□	□	□	

备注：1. 要求的相关信息未予提供的理由（逐条说明）；2. 其他事项：

中华人民共和国农业部公告

第 2133 号

依据《饲料和饲料添加剂管理条例》，我部组织全国饲料评审委员会对部分饲料企业提出的《饲料原料目录》（以下简称“《目录》”）修订建议及材料进行了评审，决定将鱼浆等 3 种饲料原料增补进《目录》。有关事项公告如下。

一、修订内容

1. 增补“鱼浆”进入《目录》。编号：10.4.12。特征描述：鲜鱼或冰鲜鱼绞碎后，经饲料级或食品级甲酸（添加量不超过鱼鲜重的 5%）防腐处理，在一定温度下经液化、过滤得到的液态物，可真空浓缩。挥发性盐基氮含量不高于 50mg/100g，组胺含量不高于 300mg/kg。强制性标识要求：粗蛋白质、粗脂肪、水分、挥发性盐基氮、组胺。

2. 增补“低脂肪鱼粉［低脂鱼粉］”进入《目录》。编号：10.4.13。特征描述：以鱼粉为原料，经正己烷浸提脱脂后得到的产品。粗蛋白质含量不低于 68%，粗脂肪含量不高于 6%，挥发性盐基氮含量不高于 80mg/100g，组胺含量不高于 500mg/kg，正己烷残留不高于 500mg/kg。原料鱼粉应为有资质的饲用鱼粉生产企业提供的合格产品。强制性标识要求：粗蛋白质、粗脂肪、粗灰分、赖氨酸、水分、挥发性盐基氮、组胺。

3. 增补“硅藻土”进入《目录》。编号：11.1.12。特征描述：以天然硅藻土（硅藻的硅质遗骸）为原料，经过干燥、焙烧、酸洗、分级等工艺制成的硅藻土干燥品、酸洗品、焙烧品及助熔焙烧品。强制性标识要求：水分、非硅物质。质量标准暂按《食品安全国家标准 食品添加剂 硅藻土》（GB 14936）执行。

二、低脂肪鱼粉（低脂鱼粉）同时增补到《目录》第四部分“单一饲料品种”中。

三、上述修订意见自本公告发布之日起执行。各级饲料管理部门在办理有关行政审批、监督执法事项时，凡涉及上述饲料原料品种，均以本公告为准。

附件：《饲料原料目录》修订列表

农业部

2014 年 7 月 24 日

附件

《饲料原料目录》修订列表

原料编号	原料名称	特征描述	强制性标识要求
10.4	鱼及其副产品		
10.4.12	鱼浆	鲜鱼或冰鲜鱼绞碎后，经饲料级或食品级甲酸（添加量不超过鱼鲜重的 5%）防腐处理，在一定温度下经液化、过滤得到的液态物，可真空浓缩。挥发性盐基氮含量不高于 50mg/100g，组胺含量不高于 300mg/kg。	粗蛋白质 粗脂肪 水分 挥发性盐基氮 组胺
10.4.13	低脂肪鱼粉（低脂鱼粉）	以鱼粉为原料，经正己烷浸提脱脂后得到的产品。粗蛋白质含量不低于 68%，粗脂肪含量不高于 6%，挥发性盐基氮含量不高于 80mg/100g，组胺含量不高于 500mg/kg，正己烷残留不高于 500mg/kg。原料鱼粉应为有资质的饲用鱼粉生产企业提供的合格产品。	粗蛋白质 粗脂肪 粗灰分 赖氨酸 水分 挥发性盐基氮 组胺

（续）

原料编号	原料名称	特征描述	强制性标识要求
11.1	天然矿物质		
11.1.12	硅藻土	以天然硅藻土（硅藻的硅质遗骸）为原料，经过干燥、焙烧、酸洗、分级等工艺制成的硅藻土干燥品、酸洗品、焙烧品及助熔焙烧品。在配合饲料中用量不得超过2%。产品质量标准暂按《食品安全国家标准 食品添加剂 硅藻土》（GB 14936）执行。	水分 非硅物质

中华人民共和国农业部公告

第 2134 号

依据《饲料和饲料添加剂管理条例》，我部组织全国饲料评审委员会对部分饲料企业提出的《饲料添加剂品种目录（2013）》（以下简称“《目录》”）修订建议及材料进行了评审，决定将辛烯基琥珀酸淀粉钠等2种饲料添加剂增补进《目录》，对《目录》中二氧化硅的名称进行修订，批准低聚异麦芽糖扩大适用范围。有关事项公告如下：

一、增补辛烯基琥珀酸淀粉钠（英文名称：Starch Sodium Octenylsuccinate）进入《目录》，类别为“黏结剂、抗结块剂、稳定剂和乳化剂”，适用范围为“养殖动物”，按生产需要适量使用，质量标准暂按《食品安全国家标准食品添加剂辛烯基琥珀酸淀粉钠》（GB 28303）执行。

二、增补索马甜（英文名称：Thaumatin）进入《目录》，类别为“调味和诱食物质”之“甜味物质”，适用范围为“养殖动物”，在配合饲料中的推荐添加量不高于5mg/kg，质量标准暂按卫生部公告2012年第6号的相关规定执行。

三、修订二氧化硅（类别“粘结剂、抗结块剂、稳定剂和乳化剂”）名称，增加别名“沉淀并经干燥的硅酸”，名称为“二氧化硅（沉淀并经干燥的硅酸）（英文名称：Silicon Dioxide（Silicic Acid，precipitated and dried））”，质量标准暂按《食品添加剂二氧化硅》（HG 2791）执行。

四、将低聚异麦芽糖的适用范围扩大至断奶仔猪。

上述修订意见自本公告发布之日起执行。各级饲料管理部门在办理有关行政审批、监督执法事项时，凡涉及上述饲料添加剂，均以本公告为准。

农业部

2014年7月24日

中华人民共和国农业部公告

第 2153 号

为加强进口饲料和饲料添加剂管理，规范进口产品登记审批工作，根据《饲料和饲料添加剂管理条例》《进口饲料和饲料添加剂登记管理办法》规定，现将进口登记管理相关事项公告如下。

一、自本公告发布之日起，进口饲料和饲料添加剂境内登记代理机构应登陆服务器地址 http：//xzsp.moa.gov.cn 填写注册信息，并提交《外国企业常驻中国代表机构登记证》或《企业法人营业执照》正本扫描件（注册流程见附件1）。自2014年10月1日起，进口饲料和饲料添加剂登记审批仅接受已注册境内代理机构提交的申请材料。

二、自2014年10月1日起，进口饲料和饲料添加剂境内登记代理机构提交申请材料前，应登陆服务器地址 http：//xzsp.moa.gov.cn 填写申请信息并在线打印《进口饲料和饲料添加剂登记申请表》《进口饲料和饲料添加剂续展登记申请表》或《进口饲料和饲料添加剂变更登记申请表》，申请表作为申报材料首页（申请流程见附件2）。

三、自本公告发布之日起，进口饲料和饲料添加剂登记信息查询系统正式启用。各级饲料管理部门、有关单位和个人可登陆服务器地址 http：//202.127.42.188：8080/search 查询进口产品信息（查询方法见附件3）。

四、自本公告发布之日起，启用新版进口登记证，登记证式样见附件4。

附件：1. 新用户注册流程说明

2. 进口登记证申请流程说明

3. 信息查询系统使用说明

4. 登记证式样

农业部

2014年9月16日

附件 1

新用户注册流程说明

1 系统登录

打开 IE 浏览器，在地址栏输入服务器地址 http：//xzsp.moa.gov.cn，打开“登录”页面，如错误！未找到引用源。或者直接登录“农业部官方网站”进入“在线办事”后点击进入相关事项。如图 1 所示。

2 新用户注册

首次登录的申请人，应先进行申请人注册，待农业部审核后，方可获取用户名及密码。

操作步骤：点击图 1 中“申请人注册”按钮，打开司局选择页面，如图 2 所示。

图 1 登录界面

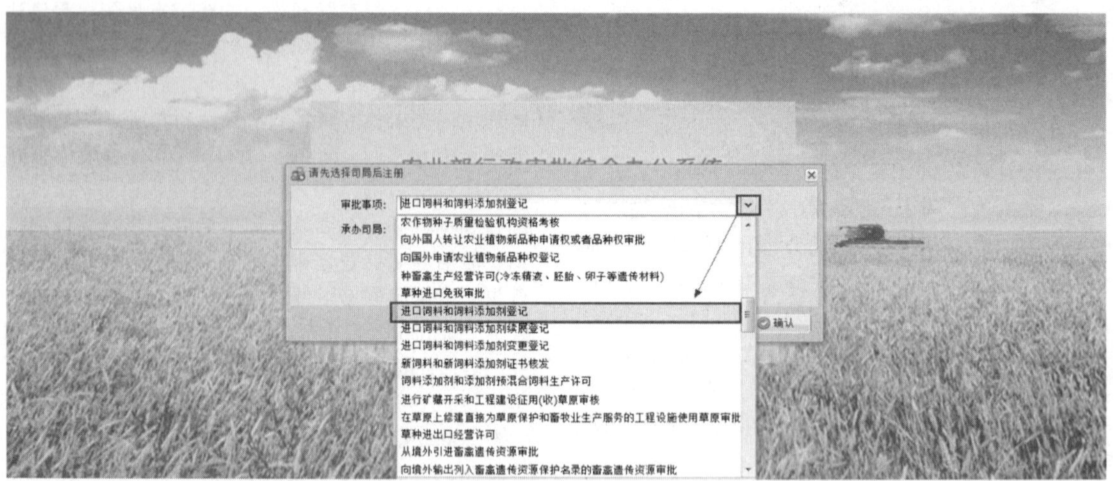

图 2 选择审批事项及司局界面

选择对应审批事项，以“进口饲料和饲料添加剂登记”业务为例，选中此项后，系统自动引用所属司局，点击“确认”按钮，弹出申请人注册窗口，如图 3 所示。

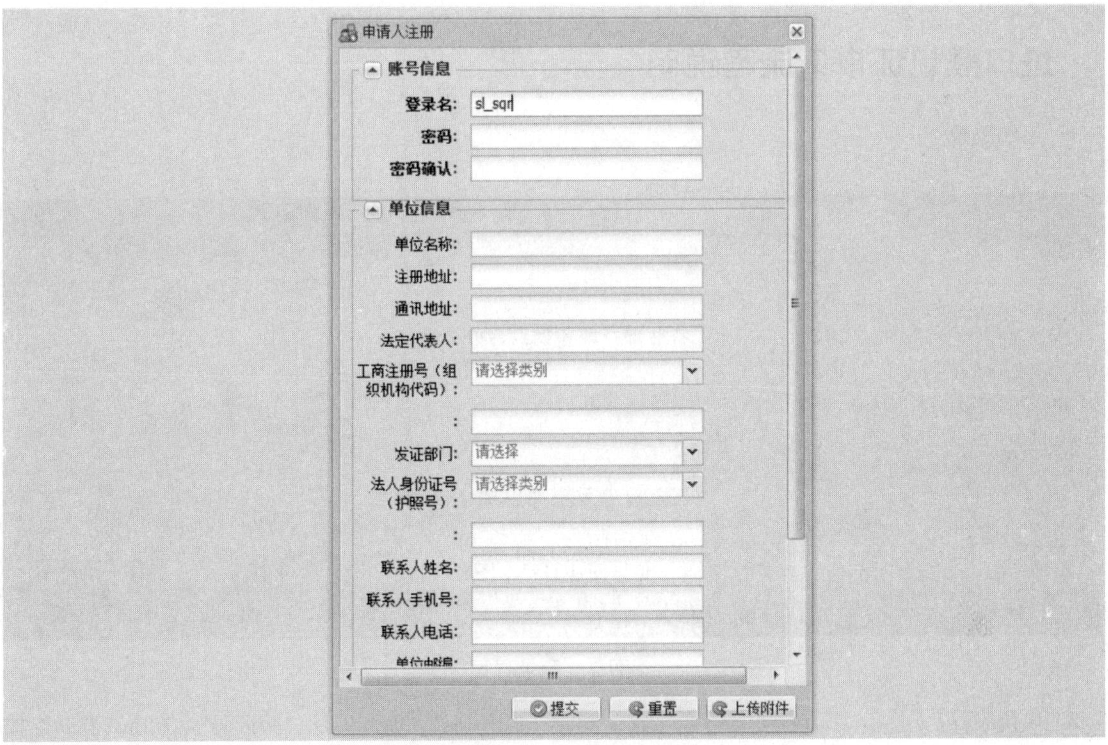

申请人注册
账号信息
登录名:
sl_sqr
密码:
密码确认:
单位信息
单位名称:
注册地址:
通讯地址:
法定代表人:
工商注册号（组织机构代码）:
请选择类别
发证部门:
请选择
法人身份证号（护照号）:
请选择类别
联系人姓名:
联系人手机号:
联系人电话:
提交
重置
上传附件

图 3　申请人注册窗口显示界面

填写图 3 中注册信息，此项业务需要上传“企业法人营业执照”或者“外国企业常驻中国代表机构登记证”。点击“上传附件”按钮，进入“附件上传”界面，点击“上传文件”按钮，浏览上传目标文件，点击“上传”按钮，完成文件上传工作，如图 4 所示。

附件列表
文件列表
上传文件
删除文件
刷新
NO
标题
大小(byte)
上传日期
上传
选择文件:
浏览
文件标题:
上传
重置
关闭

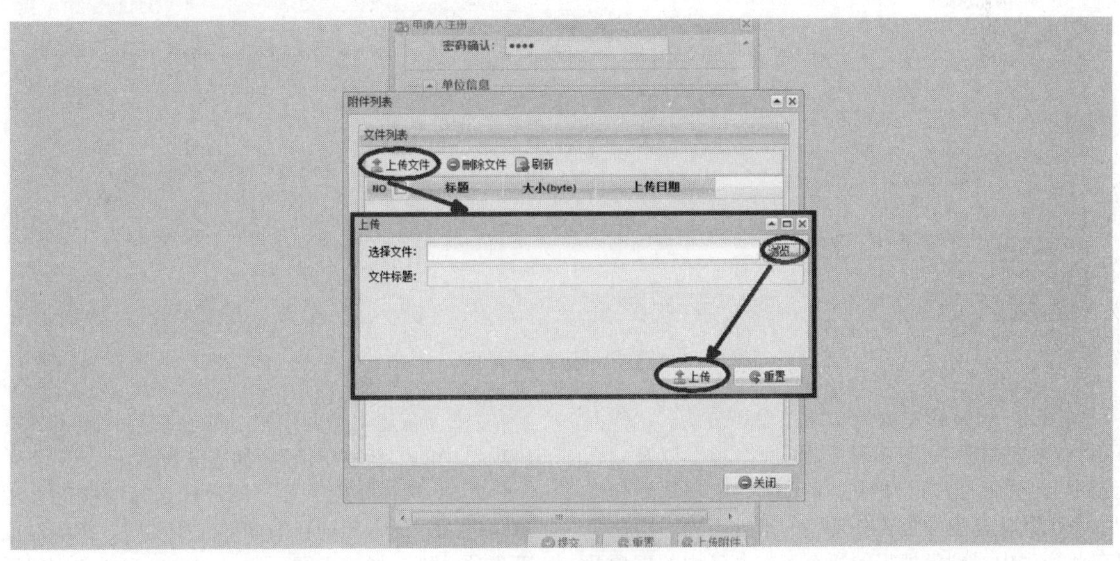

图 4　文件上传操作界面

待文件上传后，点击图 3 中“提交”按钮，弹出“审核后会短信通知”提示框，完成申请人注册。待账号审核通过后（短信通知申请人账号已审核通过），申请人便可登录系统，申报审批事项；审核未通过的，短信通知申请人未通过的理由，申请人可重新注册。

附件 2

进口登记证申请流程说明

1 系统登录

打开 IE 浏览器，在地址栏输入服务器地址 http：//xzsp.moa.gov.cn，打开“登录”页面，如图 1 所示。

图 1 登录界面

2 申请流程

2.1 用户登录：申请人在（图 1）页面输入“用户名”“密码”及“验证码”，点击“登录”按钮，登录主页面，页面图 2 所示。

图 2 登录主页面

如图 2，页面的左侧为功能菜单，分为：“待办事项”“正在办理”“已批准”“退回事项”以及“系统管理”。页面的右侧为列表显示项，在右侧的列表中，系统默认显示“正在办理”的审批事项，用户可以在此列表中看到已填报的所有正在办理中的事项及其当前状态。

2.2 新建申请：用户登录系统后，点击“待办事项”中的“新建申请”，如图 3 所示。

2.3 选择办理事项：用户须选择对应的办理事项。进入“饲料和饲料添加剂”类别中，按照对应办理事项分别选择进入即可，以“进口饲料和饲料添加剂登记”事项为例，如图 4 所示。

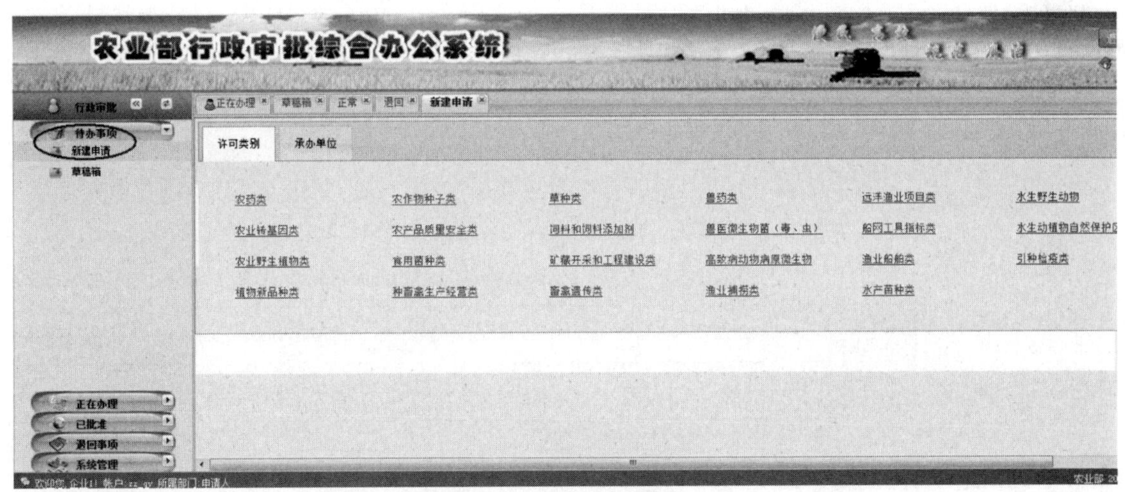

图 3　审批事项选择页面

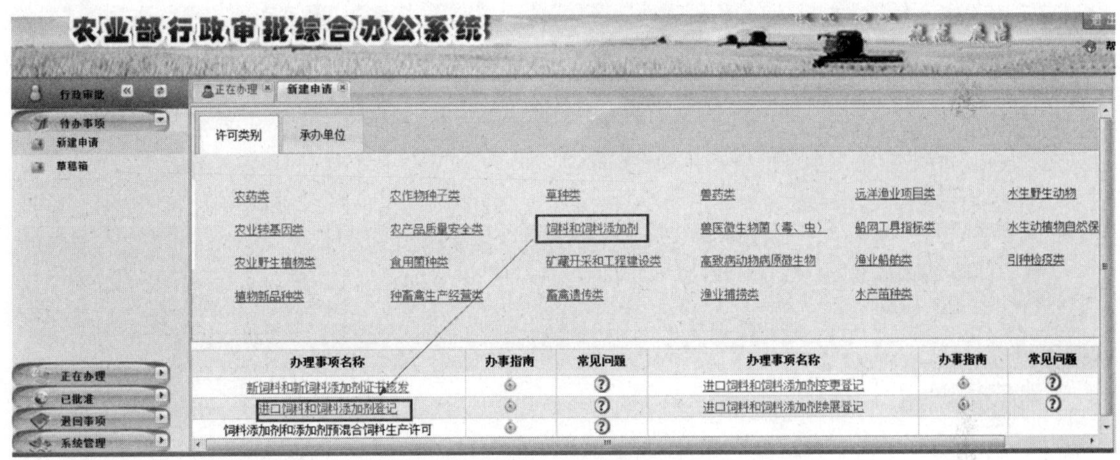

图 4　审批事项选择页面

2.4　填写信息采集表：点击进入后，页面显示“进口饲料和饲料添加剂登记信息采集表”填报页面，用户可以在此页面中进行申请表填写，申请时支持®、§、Ü等常规的特殊字符，进入输入法特殊字符输入功能即可实现，如图5所示。

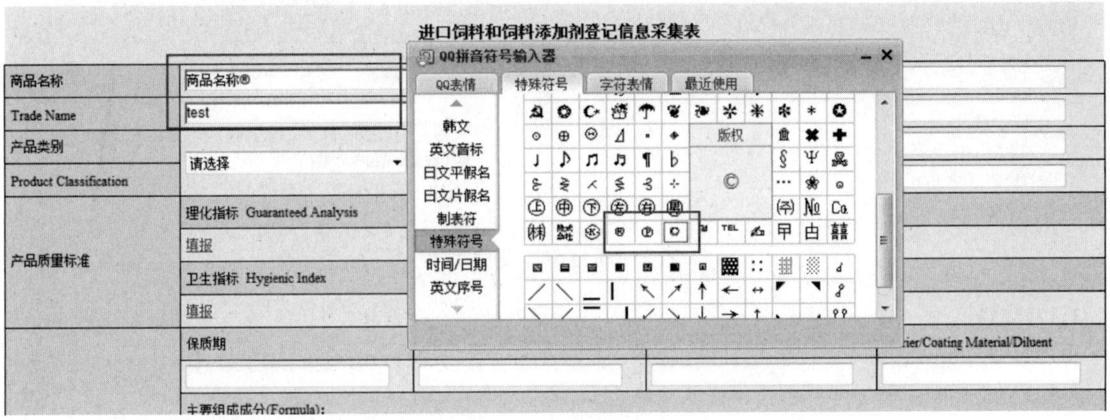

进口饲料和饲料添加剂登记信息采集表

商品名称　商品名称®
Trade Name　test
产品类别　请选择
Product Classification
产品质量标准　理化指标 Guaranteed Analysis　填报
卫生指标 Hygienic Index　填报
保质期
主要组成成分(Formula):

QQ拼音符号输入器
QQ表情　特殊符号　字符表情　最近使用
韩文　英文音标　日文平假名　日文片假名　制表符　特殊符号　时间/日期　英文序号
版权

图 5　用户填报页面

如图7，填写完申请表后，若审批业务需要上传附件，用户可以点击填报页面下方的“上传附件”按钮（图6），上传电子材料。

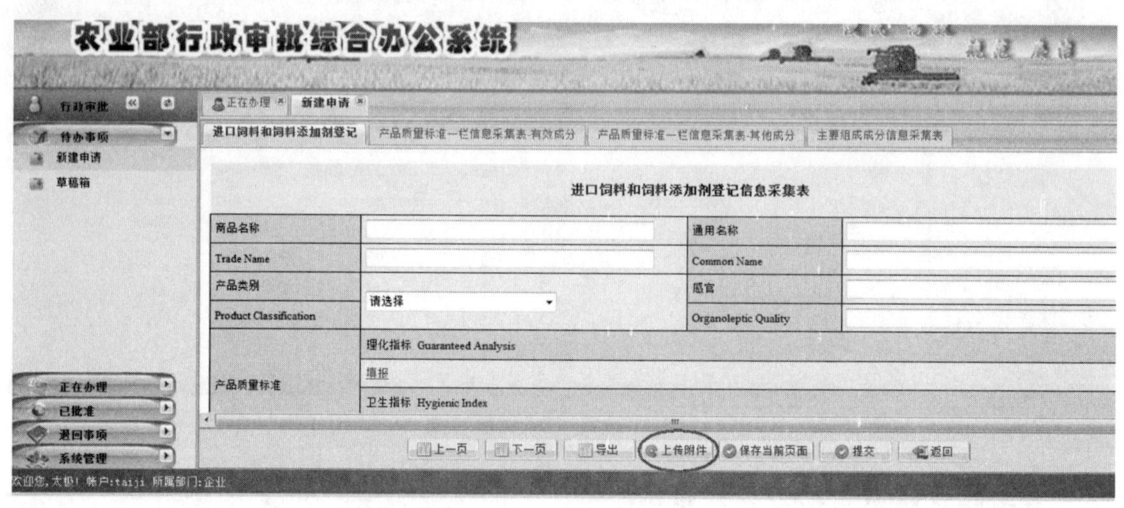

图6　上传附件页面

2.5　打印申请表：待附件及表单填写完成，点击“提交”按钮，完成审批事项的申报。并双面打印带有二维码的申请表页，如图7、图8所示。

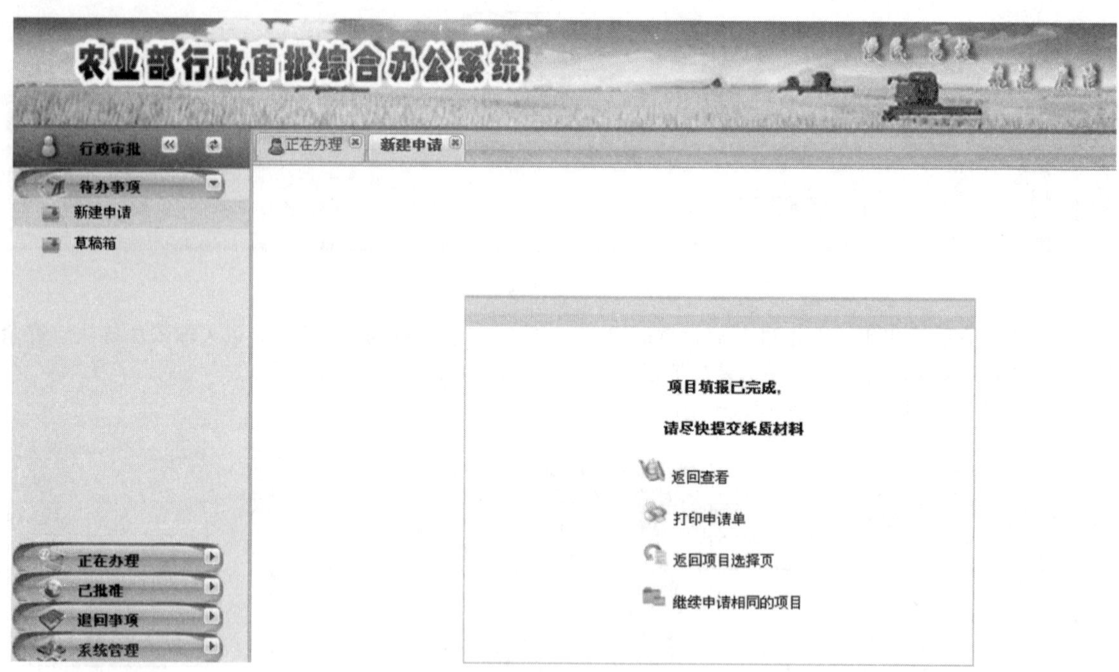

图7　项目填报完成页面

3　草稿箱操作

用户可以点击页面左侧菜单栏“待办事项”中的“草稿箱”，找到未填写完成的审批事项，点击右侧的“企业填报”，进入填报页面继续上次的填报工作，如图9所示。

打印

流水号：04050020140828-1

进口饲料和饲料添加剂登记申请表

Applicant Form for Registration of Import Feed or Feed Additives

商品名称： Trade Name	红鱼粉（三级） Red Fishmeal（III）	通用名称： Common Name	鱼粉 Fishmeal
产品类别： Product Classification		感官： Organoleptic Quality	棕色粉末 Brown Powder

技术指标：
Guaranteed Analysis and Hygienic Index

序号	理化指标		分析保证值	单位
	中文	英文		
1	粗蛋白质	Crude Protein	≥50	%
2	粗脂肪	Crude Fat	≤14	%
序号	卫生指标		控制值	单位
	中文	英文		
1	铅	Pb	≤10	mg/kg
2	砷	As	≤10	mg/kg

使用方法： Usage and Dosage		猪 3%~15%，鱼 20%~65%，虾10%~20%。 Swine 3-15%, Fish 20-65%, Shrimp 10-20%。
生产厂家： Manufactory	名称	A公司
	Name	A
	地址	A楼，B街道，C区，D国
	Address	A,B,C, D
申请企业： Applicant Company	名称	A公司
	Name	A
	地址	A楼，B街道，C区，D国
	Address	A,B,C, D
境内代理机构： Domestic Agent	公司名称	北京A公司
	通讯地址	街道 8 楼203
	联系人	小王
	联系电话	010-65033695
	传真号码	010-65033695
	邮箱地址	maming zy@126.com

申请企业负责人签字： Signature of Applicant Company	境内代理机构负责人签字： Signature of Domestic Agent

图 8　申请表打印页面

图 9　草稿箱页面

4　正在办理事项查询

用户登录系统后，系统默认进入“正在办理”页面；也可以点击页面左侧功能栏中的“正在办理”，用户可以查询办理状态，如图 10 所示。

图 10　正在办理页面

5　退回事项查询

用户登录系统，点击页面左侧功能栏的“退回事项”中的“退回”，可以查看申请人所有被退回的审批事项信息，在退回页面中用户还可以进行“重新申请此项目”“导出”“查看”“打印办结通知书”的操作。如图 11 所示。

图 11　退回页面

6　账户管理

账户管理功能主要实现用户信息修改。点击页面左侧功能栏“系统管理”的“账户管理”，系统会显示信息修改页面，修改完信息后点击“保存”按钮，完成信息修改操作。如图 12 所示。

图 12　账户管理页面

附件 3

信息查询系统使用说明

1 系统登录

打开 IE 浏览器，在地址栏输入服务器地址 http：//202.127.42.188：8080/search，打开“查询”页面，或者通过“农业部官方网站”进入“在线办事”，点击进入“行政许可综合信息查询”即可。如图 1 所示。

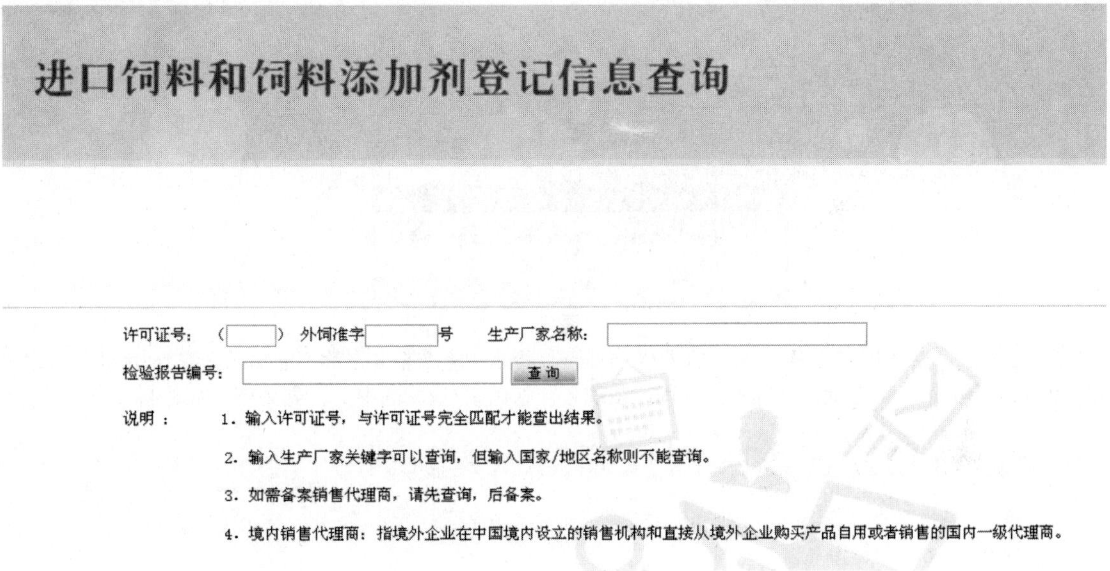

进口饲料和饲料添加剂登记信息查询

许可证号：（ ）外饲准字 号 生产厂家名称：

检验报告编号： 查询

说明：1. 输入许可证号，与许可证号完全匹配才能查出结果。

2. 输入生产厂家关键字可以查询，但输入国家/地区名称则不能查询。

3. 如需备案销售代理商，请先查询，后备案。

4. 境内销售代理商：指境外企业在中国境内设立的销售机构和直接从境外企业购买产品自用或者销售的国内一级代理商。

图 1

2 信息查询

2.1 方式一：许可证号查询：按照登记许可证上的许可证号，输入“年份”和“外饲准字”两个关键字（××××代表年份，查询时请输入实际年份），点击查询按钮，如图 2 所示。

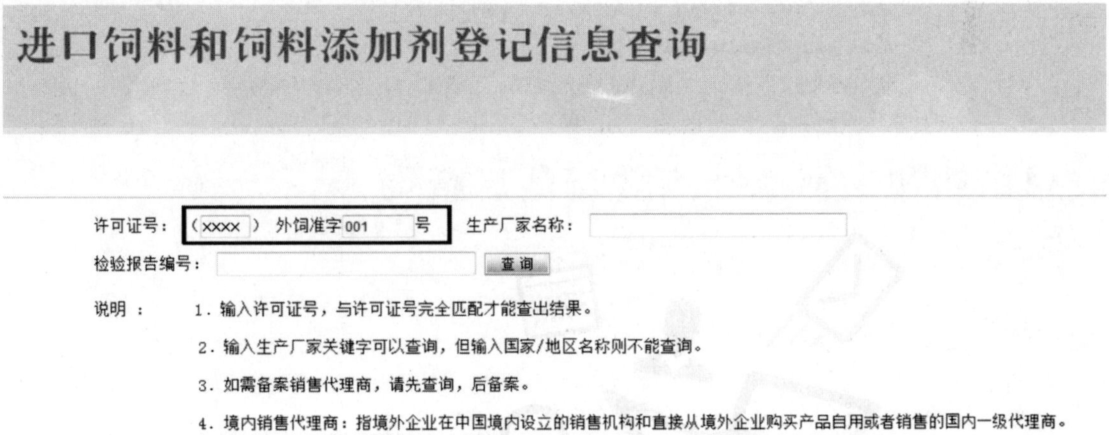

进口饲料和饲料添加剂登记信息查询

许可证号：（xxxx）外饲准字 001 号 生产厂家名称：

检验报告编号： 查询

说明：1. 输入许可证号，与许可证号完全匹配才能查出结果。

2. 输入生产厂家关键字可以查询，但输入国家/地区名称则不能查询。

3. 如需备案销售代理商，请先查询，后备案。

4. 境内销售代理商：指境外企业在中国境内设立的销售机构和直接从境外企业购买产品自用或者销售的国内一级代理商。

图 2

提示：只输入一个关键字，查询不到任何信息。系统提示“请输入‘许可证号或生产厂家或检验报告编号’才能查询”，如图 3 所示。

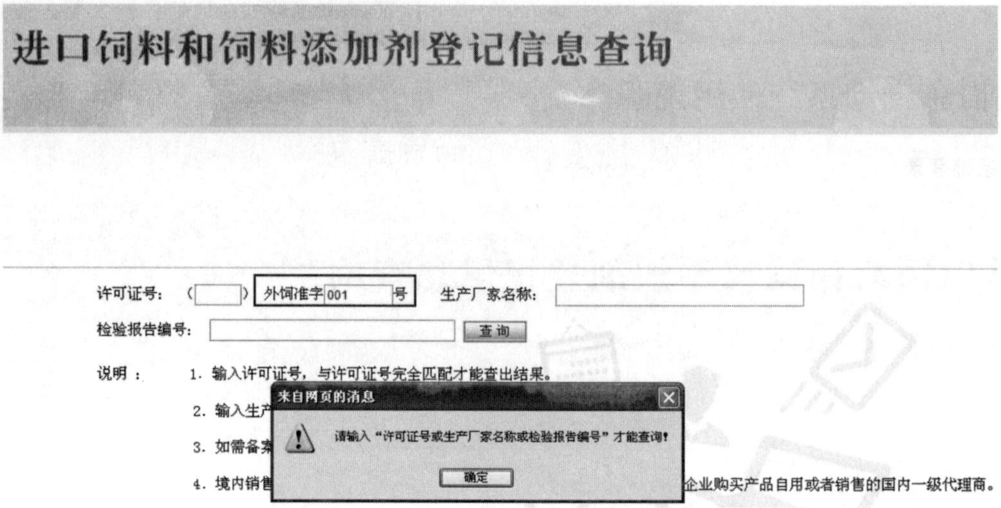

进口饲料和饲料添加剂登记信息查询

许可证号：（ ）外饲准字001号 生产厂家名称：
检验报告编号： 查询
说明： 1. 输入许可证号，与许可证号完全匹配才能查出结果。
2. 输入生产
3. 如需备案
4. 境内销售 企业购买产品自用或者销售的国内一级代理商。
来自网页的消息
请输入"许可证号或生产厂家名称或检验报告编号"才能查询！
确定

图3

2.2 方式二：生产厂家名称查询：输入生产厂家关键字查询，但输入国家/地区名称不能查询，系统提示"生产企业名称不能输入国家/地区的关键字（包括国家/地区的中文、英文）"，如图4、图5所示。

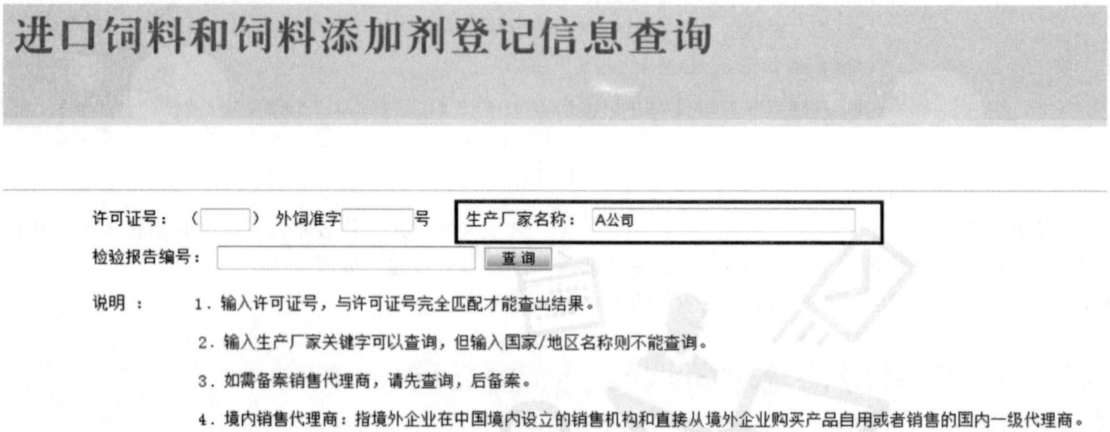

进口饲料和饲料添加剂登记信息查询

许可证号：（ ）外饲准字 号 生产厂家名称： A公司
检验报告编号： 查询
说明： 1. 输入许可证号，与许可证号完全匹配才能查出结果。
2. 输入生产厂家关键字可以查询，但输入国家/地区名称则不能查询。
3. 如需备案销售代理商，请先查询，后备案。
4. 境内销售代理商：指境外企业在中国境内设立的销售机构和直接从境外企业购买产品自用或者销售的国内一级代理商。

图4

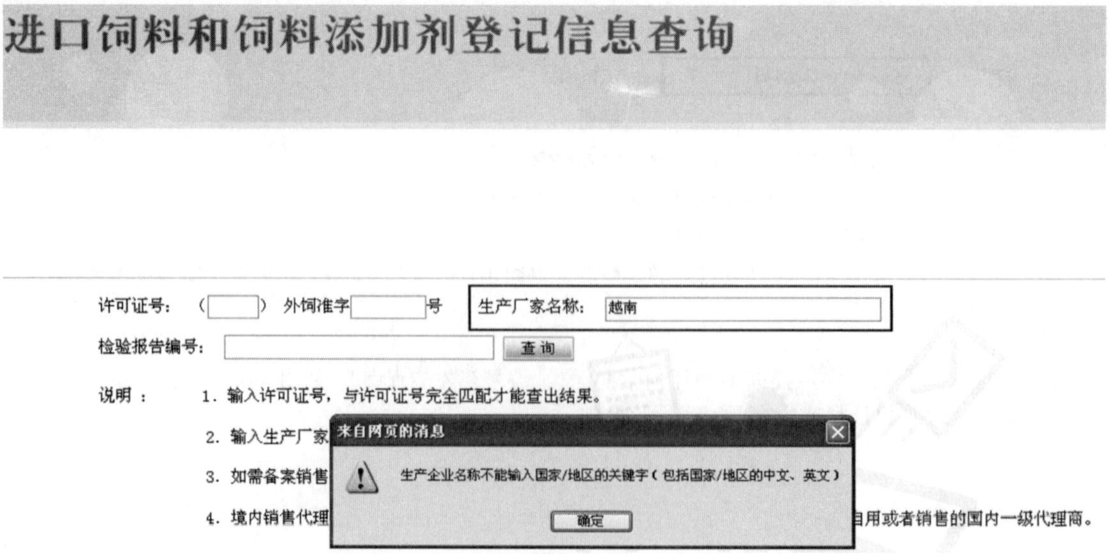

进口饲料和饲料添加剂登记信息查询

许可证号：（ ）外饲准字 号 生产厂家名称： 越南
检验报告编号： 查询
说明： 1. 输入许可证号，与许可证号完全匹配才能查出结果。
2. 输入生产厂家
3. 如需备案销售
4. 境内销售代理 自用或者销售的国内一级代理商。
来自网页的消息
生产企业名称不能输入国家/地区的关键字（包括国家/地区的中文、英文）
确定

图5

2.3　方式三：检验报告编号查询，如图 6 所示。

进口饲料和饲料添加剂登记信息查询

许可证号：（　　）外饲准字　　　号　生产厂家名称：

检验报告编号：NO 001　查询

说明：

1. 输入许可证号，与许可证号完全匹配才能查出结果。
2. 输入生产厂家关键字可以查询，但输入国家/地区名称则不能查询。
3. 如需备案销售代理商，请先查询，后备案。
4. 境内销售代理商：指境外企业在中国境内设立的销售机构和直接从境外企业购买产品自用或者销售的国内一级代理商。

图 6

附件 4

进口登记证式样

进　口　登　记　证

REGISTERED LICENSE

登记证号：
License No.:　（　　）外饲准字　　号

经试验、审查，该产品安全、有效，准予在中华人民共和国登记，特此发证。

This is to certify that through test and examination, the following Product is verified safe and effective, and is hereby registered by the People's Republic of China.

申请企业：
Applicant Company:
生产厂家及地址：
Manufacturer & Address:
商品名称：
Trade Name:
通用名称：
Common Name:
感官指标：
Sensory Index:
适用范围：
理化指标：

有效日期：自　　年　月至　　年　月
Valid: from　　to

发证日期：　　年　月
Date:

中华人民共和国农业部公告

第 2197 号

根据《中华人民共和国行政许可法》和有关法律法规规章的规定，以及《农业部行政审批服务标准化建设行动方案》《农业部行政审批服务标准化建设试点项目实施方案》的安排要求，我部编制了《进口饲料和饲料添加剂登记标准》《新饲料和新饲料添加剂证书核发标准》（农业部第十六批行政审批服务标准），现予公告。自本公告发布之日起，农业部第517号公告中相应事项的办事指南废止。

附件：1. 进口饲料和饲料添加剂登记标准

2. 新饲料和新饲料添加剂证书核发标准

农业部

2014年12月24日

附件 1

进口饲料和饲料添加剂登记标准

1 项目类型

前审后批。

2 审批内容

2.1 是否属于进口饲料和饲料添加剂登记审批范围。

2.2 产品是否安全、有效、质量可控和不污染环境。

2.3 试验数据和相关证明材料是否真实可信。

2.4 产品质量标准是否符合生产地和中国的相关法律法规、技术规范的要求。

2.5 复核检测结果是否符合产品质量标准。

3 审批依据

3.1 《饲料和饲料添加剂管理条例》。

3.2 《进口饲料和饲料添加剂登记管理办法》。

3.3 《进口饲料和饲料添加剂登记申请材料要求》《进口饲料和饲料添加剂续展登记申请材料要求》《进口饲料和饲料添加剂变更登记申请材料要求》（以下简称《申请材料要求》）。

4 办事条件

4.1 首次向中国出口中国境内已经使用且出口国已经批准生产和使用的饲料、饲料添加剂的，须提供以下材料：

a 进口饲料和饲料添加剂登记申请表；

b 委托书和境内代理机构资质证明；

c 生产地批准生产、使用的证明，生产地以外其他国家、地区的登记资料，产品推广应用情况；

d 进口饲料的产品名称、组成成分、理化性质、适用范围、使用方法；进口饲料添加剂的产品名称、主要成分、理化性质、产品来源、使用目的、适用范围、使用方法；

e 生产工艺、质量标准、检测方法和检测报告；

f 生产地使用的标签、商标和中文标签式样；

g 微生物产品或发酵制品，还应当提供权威机构出具的菌株保藏证明；

h 按照《申请材料要求》提交其他相关材料。

4.2 首次向中国出口中国境内尚未使用但生产地已经批准生产和使用的饲料、饲料添加剂的，除提供4.1规定的材料外，还须提供以下材料：

a 有效组分的化学结构鉴定报告或动物、植物、微生物的分类鉴定报告；

b 农业部指定的试验机构出具的产品有效性评价试验报告、安全性评价试验报告（包括靶动物耐受性评价报告、毒理学安全评价报告、代谢和残留评价报告等）；申请饲料添加剂进口登记的，还应当提供该饲料添加剂在养殖产品中的残留可能对人体健康造成影响的分析评价报告；

c 稳定性试验报告、环境影响报告；

d 在饲料产品中有最高限量要求的，还应当提供最高限量值和有效组分在饲料产品中的检测方法。

4.3 进口登记证有效期届满6个月前需要办理续展登记的，需提供以下材料：

a 进口饲料和饲料添加剂续展登记申请表；

b 进口登记证复印件；

c 委托书和境内代理机构资质证明；

d 生产地批准生产、使用的证明；

e 质量标准、检测方法和检测报告；

f 生产地使用的标签、商标和中文标签式样；

g 按照《申请材料要求》提交其他相关材料。

4.4 进口登记证有效期内需要办理变更登记的，需提供以下材料：

a 进口饲料和饲料添加剂变更登记申请表；

b 委托书和境内代理机构资质证明；

c 进口登记证原件；

d 变更说明及相关证明文件。

5 办理程序

5.1 农业部行政审批办公大厅畜牧窗口审查中国境内代理机构递交的申请表及相关材料，申请材料齐全的予以受理。

5.2 农业部畜牧业司（全国饲料工作办公室）对申请材料进行技术审查。符合4.2规定情形的，转交全国饲料评审委员会进行专家评审。

5.3 农业部指定的饲料质检机构进行产品复核检测。

5.4 农业部畜牧业司（全国饲料工作办公室）根据审查意见和复核检测结果提出审批方案，报经部长审批后办理批件。

6 承诺时限

20个工作日（需要专家评审的，专家评审时间不超过6个月；需要质量复核检测的，质量复核检测时间不超过3个月）。

7 收费标准

不收费。

附件2

新饲料和新饲料添加剂证书核发标准

1 项目类型

前审后批。

2 审批内容

2.1 产品是否属于新饲料或新饲料添加剂审批范围。

2.2 产品是否符合相关法律法规、产业政策的要求。

2.3 产品的安全性、有效性、质量可控性和对环境的影响。

3 审批依据

3.1 《饲料和饲料添加剂管理条例》。

3.2 《新饲料和新饲料添加剂管理办法》。

3.3 新饲料、新饲料添加剂申报材料要求。

4 办事条件

4.1 需提供以下申请材料：

a新饲料、新饲料添加剂审定申请表；

b产品名称及命名依据、产品研制目的；

c有效组分、化学结构的鉴定报告及理化性质，或者动物、植物、微生物的分类鉴定报告；微生物产品或发酵制品，还应当提供农业部指定的国家级菌种保藏机构出具的菌株保藏编号；

d适用范围、使用方法、在配合饲料或全混合日粮中的推荐用量，必要时提供最高限量值；

e生产工艺、制造方法及产品稳定性试验报告；

f质量标准草案及其编制说明和产品检测报告；有最高限量要求的，还应提供有效组分在配合饲料、浓缩饲料、精料补充料、添加剂预混合饲料中的检测方法；

g农业部指定的试验机构出具的产品有效性评价试验报告、安全性评价试验报告（包括靶动物耐受性评价报告、毒理学安全评价报告、代谢和残留评价报告等）；申请新饲料添加剂审定的，还应当提供该新饲料添加剂在养殖产品中的残留可能对人体健康造成影响的分析评价报告；

h标签式样、包装要求、贮存条件、保质期和注意事项；

i中试生产总结和“三废”处理报告；

j对他人的专利不构成侵权的声明。

申请材料具体要求见新饲料、新饲料添加剂申报材料要求。

4.2 提供连续3个批次（每个批次4份）的产品样品。

5 办理程序

5.1 农业部行政审批办公大厅畜牧窗口负责接收材料。

5.2 农业部畜牧业司（全国饲料工作办公室）对申请材料进行形式审查和初审。

5.3 全国饲料评审委员会对受理的申请材料进行技术评审，必要时进行现场核查。

5.4 申请人按照要求提供产品样品并由农业部指定的饲料质量检验机构进行质量复核。

5.5 全国饲料评审委员会结合质量复核结果出具评审结论。

5.6 农业部畜牧业司（全国饲料工作办公室）根据评审结论提出审批方案，报经部长审批后办理批件。

6 承诺时限

15个工作日（专家评审和质量复核检验时间不超过9个月，需由申请人补充相关试验资料的，评审时间可以延长3个月；其中质量复核检验时间不超过3个月，需用特殊方法检测的，可以延长1个月）。

7 收费标准

不收费。

中华人民共和国农业部公告

第2204号

为规范新饲料和新饲料添加剂行政审批工作，根据《饲料和饲料添加剂管理条例》《新饲料和新饲料添加剂管理办法》，现将新饲料和新饲料证书核发管理有关事项公告如下。

一、自本公告发布之日起，新饲料和新饲料添加剂证书核发实行网上申请，纸质申请材料中需提供在线打印的申请表。

二、网上申请程序为：申请人登录“农业部行政审批综合办公系统”（网址 http：//xzsp. moa. gov. cn）进行注册（注册流程见附件 1），注册时需要上传《企业法人营业执照》扫描件。注册成功后凭注册用户名和密码进入“新饲料和新饲料添加剂证书核发”审批事项操作系统。按照有关要求填写申请信息并在线打印申请表（申请流程见附件 2）。

附件：1. 新用户注册流程说明

2. 新饲料和新饲料添加剂证书核发申请流程说明

农业部

2014 年 12 月 31 日

附件 1

新用户注册流程说明

1 系统登录

打开 IE 浏览器，在地址栏输入服务器地址 http：//xzsp. moa. gov. cn，打开“登录”页面，或者直接登录“农业部官方网站”进入“在线办事”后点击进入相关事项。如图 1 所示。

图 1 登录界面

2 新用户注册

首次登录的申请人，应先进行申请人注册，待农业部审核后，方可获取用户名及密码。

操作步骤：点击图 1 中“申请人注册”按钮，打开司局选择页面，如图 2 所示。

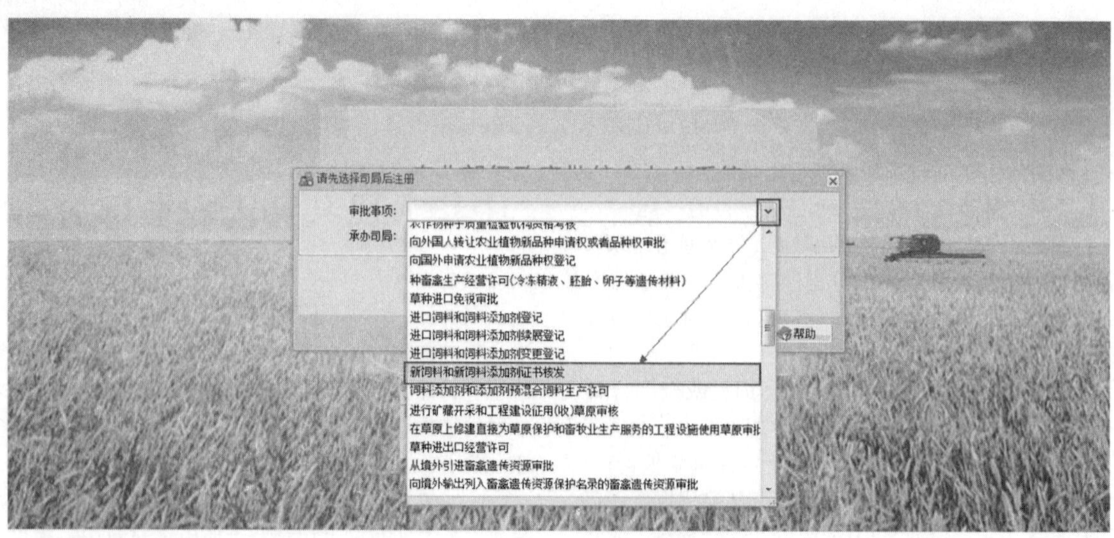

图 2 选择审批事项及司局界面

选择对应审批事项，以“新饲料和新饲料添加剂证书核发”业务为例，选中此项后，系统自动引用所属司局，点击“确认”按钮，弹出申请人注册窗口，如图 3 所示。

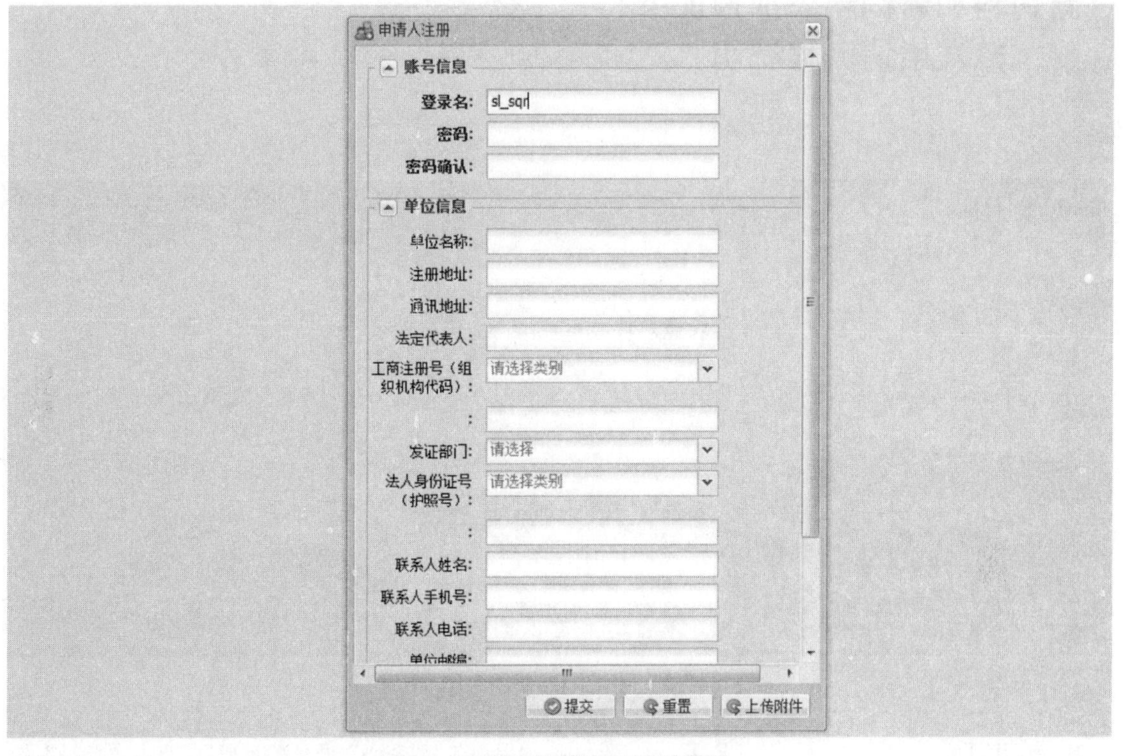

图 3　申请人注册窗口显示界面

填写图 3 中注册信息，此项业务需要上传“企业法人营业执照”。点击“上传附件”按钮，进入“附件上传”界面，点击“上传文件”按钮，浏览上传目标文件，点击“上传”按钮，完成文件上传工作，如图 4 所示。

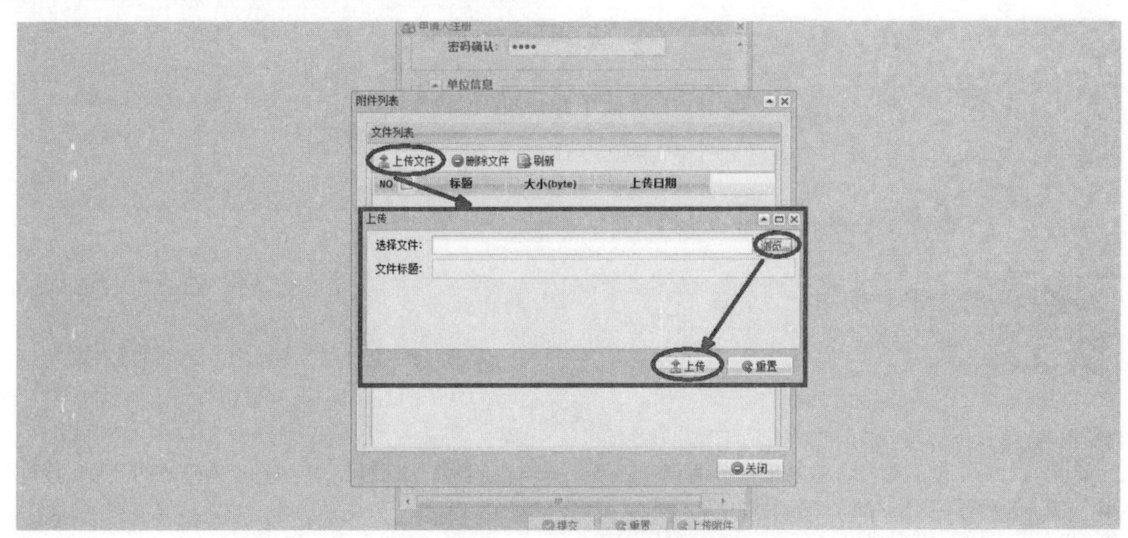

图 4　文件上传操作界面

待文件上传后，点击图 3 中“提交”按钮，弹出“审核后会短信通知”提示框，完成申请人注册。待账号审核通过后（短信通知申请人账号已审核通过），申请人便可登录系统，申报审批事项；审核未通过的，短信通知申请人未通过的原因，申请人可重新注册。

附件 2

新饲料和新饲料添加剂证书核发申请流程说明

1 系统登录

打开 IE 浏览器，在地址栏输入服务器地址 http：//xzsp.moa.gov.cn，打开“登录”页面，如图 1 所示。

图 1　登录界面

2 申请流程

2.1　用户登录：申请人在（图 1）页面输入“用户名”“密码”及“验证码”，点击“登录”按钮，登录主页面，页面如图 2 所示。

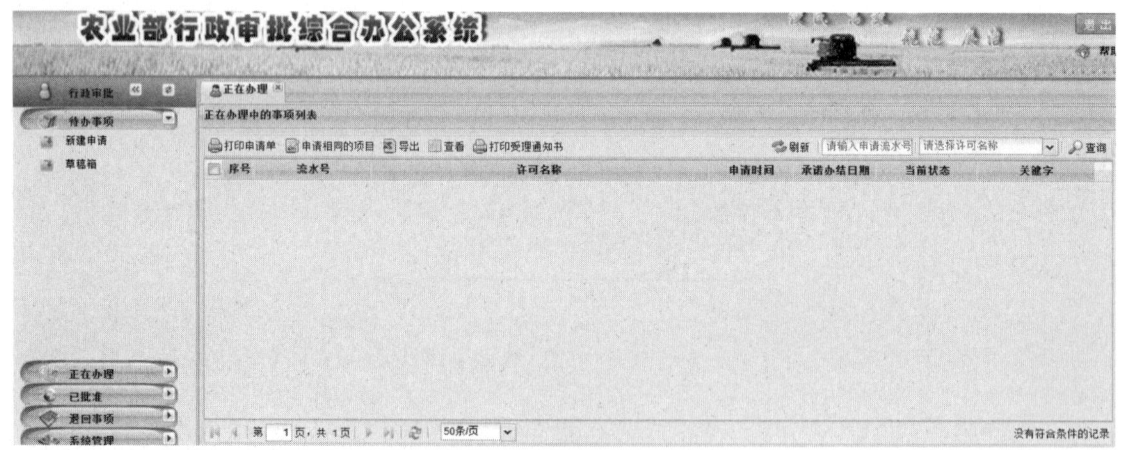

图 2　登录主页面

如图 2，页面的左侧为功能菜单，分为：“待办事项”“正在办理”“已批准”“退回事项”以及“系统管理”。页面的右侧为列表显示项，在右侧的列表中，系统默认显示“正在办理”的审批事项，用户可以在此列表中看到已填报的所有正在办理中的事项及其当前状态。

2.2　新建申请：用户登录系统后，点击“待办事项”下的“新建申请”，如图 3 所示。

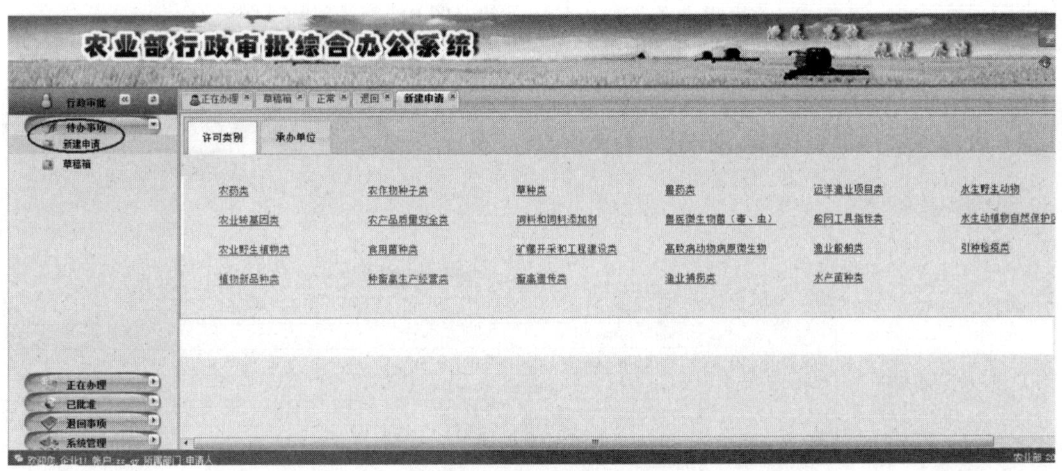

图3　审批事项选择页面

2.3　选择办理事项：用户需选择对应的办理事项。进入“饲料和饲料添加剂”类别中，按照对应办理事项分别选择进入即可，以“新饲料和新饲料添加剂证书核发”事项为例，如图4所示。

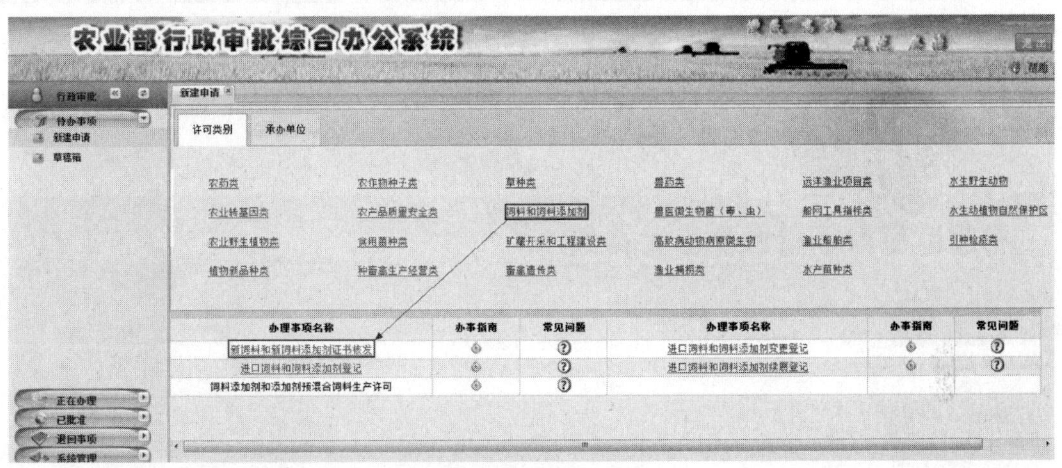

图4　审批事项选择页面

2.4　填写信息采集表：点击进入后，页面显示“新饲料添加剂审定申请表”填报页面，用户可以在此页面中进行申请表填写，如图5所示。

新饲料和新饲料添加剂证书核发 | 添加剂有效成分表 | 添加剂其他成分填报表 | 添加剂适用范围填报表 | 新饲料证书核发——申请人信息

新饲料添加剂审定申请表

申请类型	□ 新饲料添加剂		
	需评审的其他饲料添加剂:		
	□ 饲料添加剂扩大适用范围		
	□ 饲料添加剂含量规格低于饲料添加剂安全使用规范要求		
	□ 饲料添加剂生产工艺发生重大变化		
	□ 新饲料添加剂自获证之日起3年内未投入生产，其他企业申请生产		
	□ 其他类型		
通用名称		外观与性状	
商品名称		产品类别	请选择
是否转基因产品	◉ 是 ○ 否	保质期	

上一页　下一页　导出　上传附件　保存当前页面　提交　返回

图5　用户填报页面

如图 5，填写完申请表后，若审批业务需要上传附件，用户可以点击填报页面下方的“上传附件”按钮（图 6），上传电子材料。

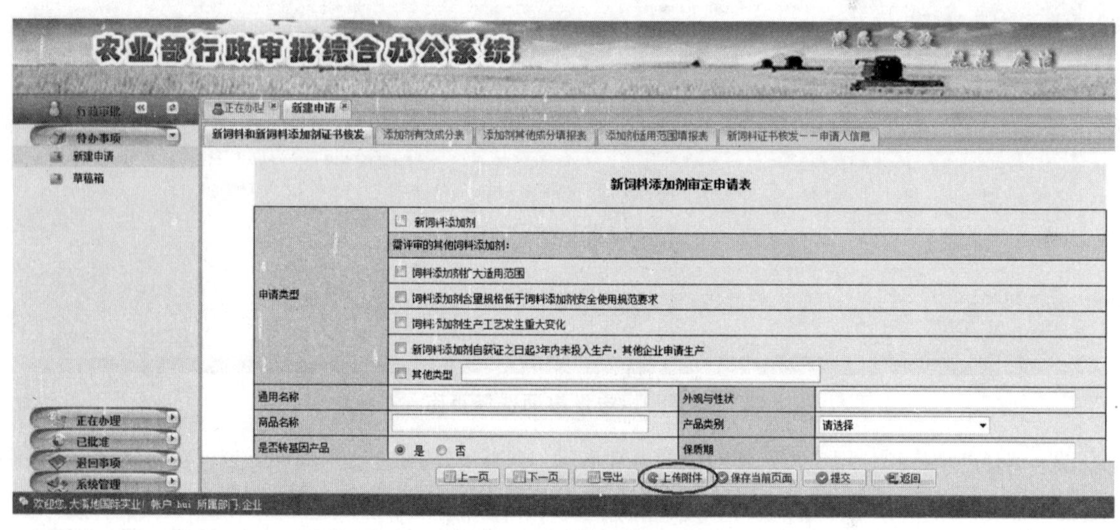

图 6　上传附件页面

2.5　打印申请表：待附件及表单填写完成，点击“提交”按钮，完成审批事项的申报。并双面打印带有二维码的申请表页，如图 7、图 8 所示。

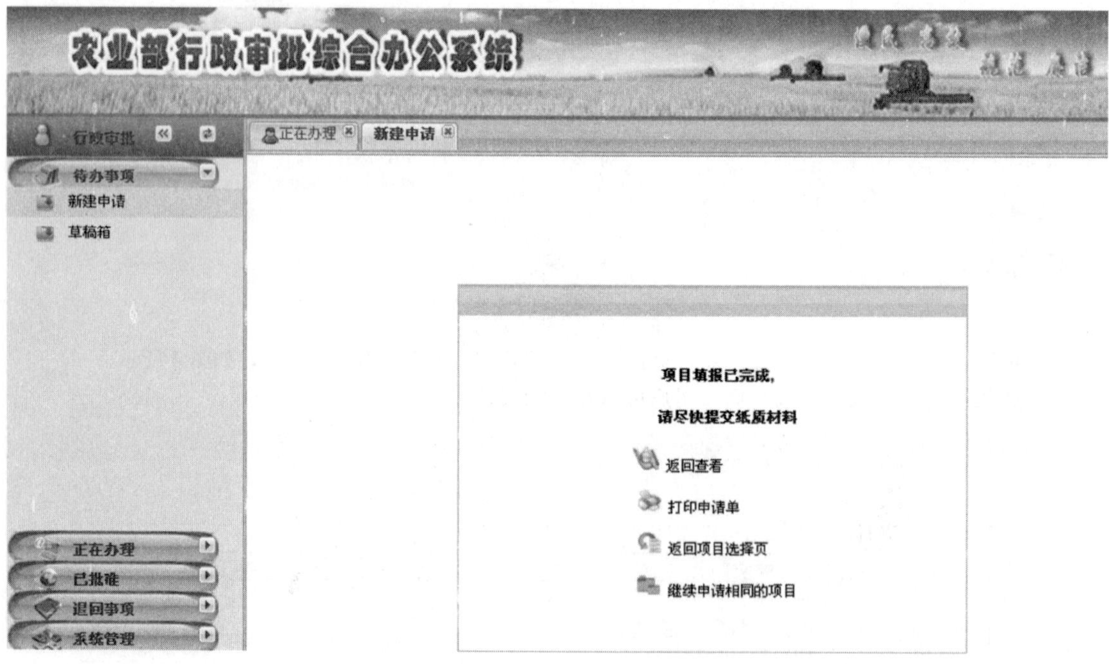

图 7　项目填报完成页面

3　草稿箱操作

用户可以点击页面左侧菜单栏“待办事项”中的“草稿箱”，找到未填写完成的审批事项，点击右侧的“申请人填报”，进入填报页面继续上次的填报工作，如图 9 所示。

流水号：04080020141224-3

新饲料添加剂审定申请表

申请类型	
	☑ 新饲料添加剂
	需评审的其他饲料添加剂： ☐ 饲料添加剂扩大适用范围 ☐ 饲料添加剂含量规格低于饲料添加剂安全使用规范要求 ☐ 饲料添加剂生产工艺发生重大变化 ☐ 新饲料添加剂自获证之日起3年内未投入生产，其他企业申请生产 ☐ 其他类型 ____

通用名称	氯化镁	外观与性状	白色或无色晶体	商品名称	—
产品类别	矿物元素及其络（螯）合物	是否转基因产品	☐是 ☑否	保质期	24个月

成分		化学式或描述	含量	检测方法	在配合饲料中的检测方法（适用时）
有效组分	1.氯化镁	$MgSO_4 \cdot 6H_2O$	98%	滴定法	滴定法
其他成分	1.—	—	—	—	—

适用范围		在配合饲料或全混合日粮中的推荐添加量	在配合饲料或全混合日粮中的最高限量	使用注意事项
1	猪	0~0.04%（以Mg元素计）	0.3%（以Mg元素计）	镁有致泻作用，大剂量使用会导致腹泻，注意镁和钾的比例
2	牛	0~0.4%（以Mg元素计）	0.5%（以Mg元素计）	—
生产工艺简述（100字以内）		（略）		

申请人信息	（第一申请人）	（第二申请人）	（第三申请人）	（第四申请人）
单位名称	A公司	B公司		
通讯地址	XX省XX市XX区XX号	XX省XX市XX区XX号		
性质	☑研制者 ☐生产企业	☐研制者 ☑生产企业	☐研制者 ☐生产企业	☐研制者 ☐生产企业

图 8　申请表打印页面

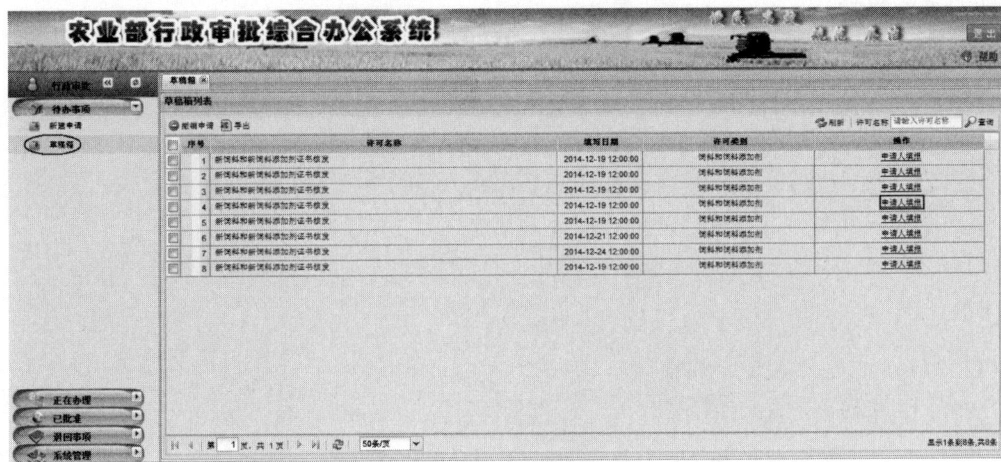

图 9　草稿箱页面

4　正在办理事项查询

用户登录系统后，系统默认进入“正在办理”页面；也可以点击页面左侧功能栏中的“正在办理”，用户可以查询办理状态，如图10所示。

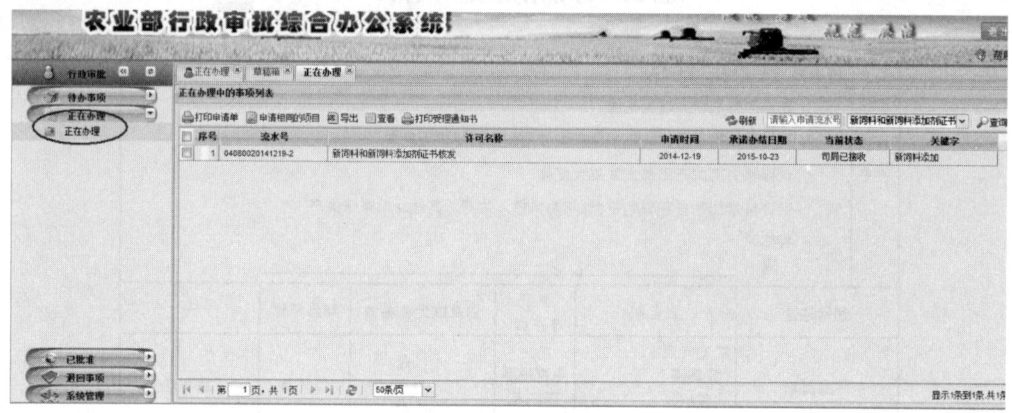

图10　正在办理页面

5　退回事项查询

用户登录系统，点击页面左侧功能栏的“退回事项”中的“退回”，可以查看申请人所有被退回的审批事项信息，在退回页面中用户还可以进行“重新申请此项目”“导出”“查看”“打印办结通知书”等操作。如图11所示。

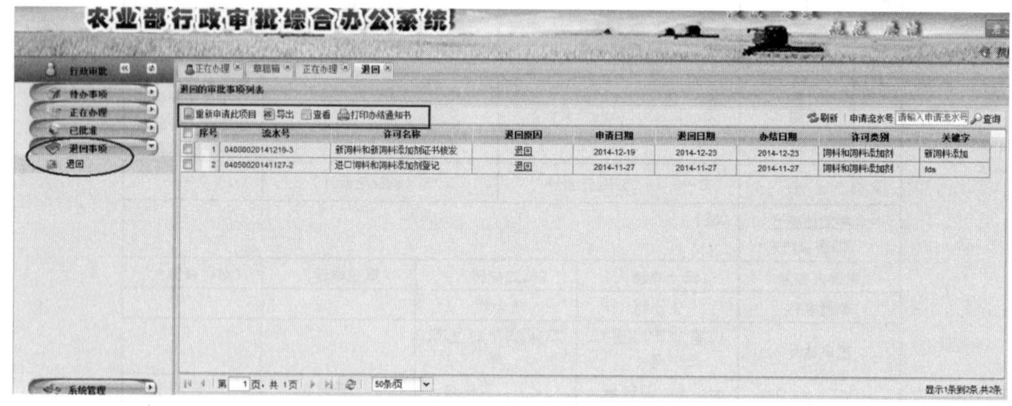

图11　退回页面

6　账户管理

账户管理功能主要实现用户信息修改。点击页面左侧功能栏“系统管理”的“账户管理”，系统会显示信息修改页面，修改完信息后点击“保存”按钮，完成信息修改操作。如图12所示。

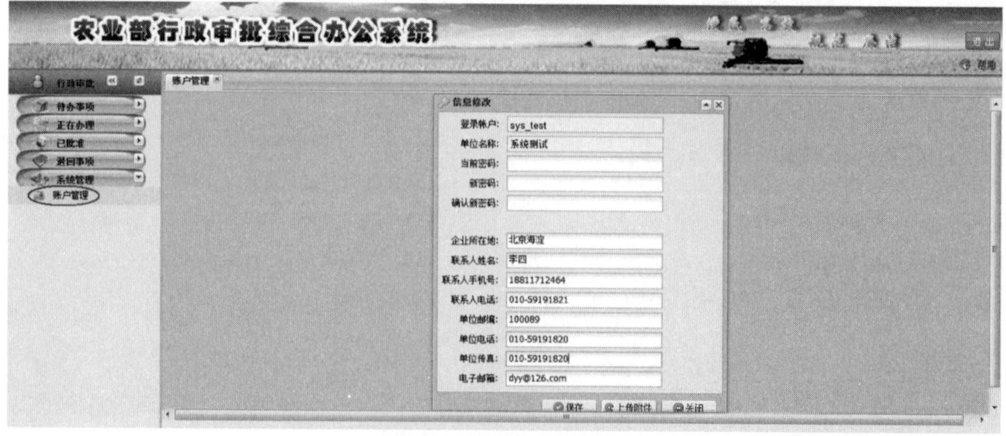

图12　账户管理页面

确保人民群众“舌尖上的安全”

——在饲料质量安全管理规范现场会上的讲话

于康震
农业部副部长

(2014 年 4 月 25 日)

这次会议的主要任务是，贯彻落实党的十八届三中全会、中央农村工作会议和全国农业工作会议精神，总结交流《饲料和饲料添加剂管理条例》(以下简称《条例》)施行以来的工作经验，部署《饲料质量安全管理规范》(以下简称《规范》)实施和2014年饲料质量安全监管工作，加快推进现代饲料生产体系建设。今天上午，大家集中观看了《规范》培训教学片，实地参观了首批授牌的示范工厂，刚才4个省市作了典型发言，听了看了很受启发，他们的好经验好做法，值得各地学习借鉴。下面，我讲三点意见。

一、全面总结新《条例》施行情况，增强做好饲料行业管理的信心

我国饲料工业伴随着改革开放从零起步，迅速发展壮大，既是最早向各类资本开放、高度市场化的产业，又是与动物性食品安全息息相关、政府监管不容缺位的产业。无论是维护饲料市场秩序，还是保障产品质量安全，法制建设都是最重要的基础。《条例》1999年施行以来，各级饲料管理部门依法履行职责，推动饲料工业进入转型提升的快车道。为适应质量安全新形势，落实监督管理新要求，有效应对各种新问题，2011年11月，国务院公布新修订的《条例》，2012年5月1日起施行。新《条例》为进一步明确责任、提高门槛、惩处违法、规范市场提供了更有力的法律保障。两年来，各级饲料管理部门围绕新《条例》的贯彻实施，集中力量开展了大量卓有成效的工作。

(一) 制定出台配套规章，构建完善的饲料法规体系

加强饲料行业法制建设，《条例》是纲，指导各项具体管理工作的配套规章和规范是目的，互为支撑，缺一不可。新《条例》公布后，农业部及时对配套规章进行清理、归并、修订和增补，在不到两年的时间内公布了5个部门规章和6个规范性文件，构建起完善的饲料法规体系。在配套规章和规范性文件起草过程中，我认为有三个特点：一是坚持了开门立法，先后组织专题调研28次，召开研讨会和座谈会100多次，充分吸收社会各界意见和建议；二是体现了宽严相济，既不折不扣地细化了《条例》规定的新制度，贯彻了更高标准和更严要求，也修正了原有制度中不必要的规定，回应了市场主体的诉求；三是做到了攻坚克难，《饲料原料目录》等开创性的制度及时制定出来，平稳实施下去，经受住了实践检验。近两年来集中力量构建的饲料法规体系，总体上实现了与国际先进理念看齐、与产业发展阶段相适应，为今后较长时期内保障饲料工业健康发展奠定了坚实的法律基础。

(二) 组织开展宣传培训，形成全行业学法守法的氛围

《条例》公布施行后，农业部及时召开工作会议部署宣传贯彻工作，面向省级和重点地市饲料管理人员举办培训班10多次，集中培训骨干人员2 000多人次。各地采取“逐级请上来”“巡回走下去”等多种形式，举办了内容丰富的普法活动。过去两年，全国共举办饲料法规培训4 000多场次，培训各级管理人员超过3万人次，企业人员超过20万人次，发放

宣传材料300万余册，大多数省份的培训工作覆盖了全部饲料生产企业和所有管理人员。部属有关事业单位也结合业务加强普法，如中国饲料工业协会组织知识竞赛，全国饲料评审委员会、中国农科院饲料所分别以饲料安全评价、饲料企业管理为主题举办国际交流会，都发挥了重要作用。在各方的齐心协力下，全行业形成“学条例、抓落实、保安全”的良好氛围，普法工作做到了下到基层、进到厂区、深入人心。

（三）贯彻落实简政要求，建立规范的行政审批制度

饲料是养殖业最重要的投入品，设置准入门槛是保障动物性食品安全的客观需要，是国内外普遍采用的方法。国务院作出下放饲料添加剂和预混料生产许可审批的决定后，农业部认真贯彻落实，一是要求各地严格履行职责，从规范审批程序、提高审批效率入手，贯彻落实简政要求。二是指导各省（区、市）普遍建立行政许可专家审核委员会，依靠专业队伍统一审核标准，为规范权力运行提供制度保障。三是及时安排部省工作交接，开展审核人员培训，建立技术问题网络交流平台，在很短的时间内实现了“放”和“接”的无缝衔接。在中央推进政府职能转变的进程中，饲料管理部门做到了积极主动，应该给予充分肯定。

（四）组织开展示范创建，形成先进适用的《饲料质量安全管理规范》

《条例》要求制定实施《饲料质量安全管理规范》，实质就是把生产全过程质量安全管理制度引入饲料行业。在饲料企业管理水平参差不齐的情况下，为了统筹兼顾先进性和适用性，《规范》在正式出台前经历了长达两年的探索。在各地推荐的基础上，农业部从全国遴选出130家饲料企业作为试点，组建专业审核队伍开展集中培训、现场指导和检查验收，指导企业建立运行各项管理制度。通过示范创建，在充分吸收企业建议的基础上完善了制度，提升了示范企业的管理水平，培养了一支理论与实践相结合的专业审核队伍，在各地树立了一批可供学习借鉴的样板企业，为规范的全面推进打下一个良好的基础。由中国饲料工业协会牵头，全程跟踪示范创建活动拍摄的《规范》培训教学片，以及今天上午首批挂牌的两家示范工厂，就充分展示了示范创建的具体成果。

过去两年，我们共同经历了宏观经济下行压力加大、畜产品消费需求不振、H7N9流感疫情连续冲击等诸多困难，饲料行业在艰难复杂的局面下，呈现出生产稳定、质量提高、素质提升的良好态势。在各项新制度新要求的推动下，全行业转型提升步伐明显加快，饲料企业管理水平明显改善，智能机械、信息化管理等先进技术和装备快速推广应用，大型企业稳定发展并积极新建现代化工厂。这些稳定向好的变化，充分说明新《条例》的施行取得了明显成效。

回顾过去两年工作，任务十分繁重，成绩来之不易。这些成绩的取得，是各级饲料管理部门、技术支撑机构、监督执法机构、行业协会齐心协力的结果，是广大饲料企业明大势、顾大局的结果，是各方面大力支持的结果。还有很多专家参与了《条例》和配套规章的制修订工作，投入了大量时间和心血。在此，我代表农业部向大家表示衷心感谢！

二、加快实施《饲料质量安全管理规范》，努力开创饲料工作新局面

党的十八大明确提出到2020年全面建成小康社会的宏伟目标，全面论述了“四化”同步推进的战略部署；十八届三中全会作出了紧紧围绕使市场在资源配置中起决定性作用，深化经济体制改革的重大决定。在全面建设小康社会的关键时期和推进农业现代化的攻坚时期，饲料工业迎来了新的发展机遇。同时，也面临着产业素质仍然偏低、饲料资源制约趋紧、质量安全形势复杂、市场不确定因素增多等诸多挑战。面对新形势、新机遇和新挑战，必须以转变发展方式为主线，以推动企业做大做强为核心，加强监督管理，强化科技支撑，加快构建管理规范、产品优质安全、资源高效利用的现代饲料生产体系。

“依法治饲”是落实新时期饲料工作总要求最重要的抓手。当前，新《条例》实施工作在面上已全面铺开，但成效是阶段性的。下一步的任务是深入推进，抓好关键制度落实，实现质的飞跃。加快实施《饲料质量安全管理规范》是最重要的工作之一，是打基础、管长远的重要举措，大家要统一思想，集中力量，抓实抓好。

第一，要从“产出来”和“管出来”两个方面，充分认识实施《规范》的重要意义

新一届中央领导集体高度重视农产品质量安全和食品安全，习近平总书记在中央农村工作会议上把它单独作为一个方面讲，提出“产出来”和“管出来”等重大论断，还专门提到要严格控制饲料添加剂等农业投入品的使用。实施好《规范》，正是饲料行业贯彻落实中央精神的重要举措，为补齐“产”和“管”两方面的短板提供了手段。

从“产出来”看，关键在提高生产经营主体的守法经营意识和质量安全管控能力，建立健全标准化生产体系，把主体责任履行到位。饲料企业作为保障饲料产品质量安全的主要责任者，当前存在的主要问题是管理水平参差不齐，很多企业不重视内部管理制度建设，或者不具备相应的能力。《规范》针对生产全过程的各个关键环节，提出了明确的管理要求，对饲料企业来讲，这就是一份完善质量安全管理制度的详细说明书，只要照着做，就会见成效。

从“管出来”看，关键在提高监管能力，建立事

前、事中和事后有机衔接的全程监管制度，把部门监管责任落实到位。具体到饲料质量安全监管，经过多年实践，我们建立了以行政许可审批为核心的事前管理制度，以饲料产品抽检和违法行为查处为核心的事后监管制度，但事中监管一直是薄弱环节，日常监管没有拿出好办法，两头沉中间轻，导致很多问题不能根除。《规范》的出台为基层管理人员提供了监管依据和工作指南，日常监督检查中应该看什么、查什么，清清楚楚，只要履职尽责到位，就能及时发现管理中的漏洞，督促企业在问题发生前主动纠正。

第二，要从加快建成现代饲料工业的高度，准确把握总体思路和原则

农业部提出，在农业现代化进程中，畜牧业要争取率先实现现代化。在畜牧产业链的各个环节中，饲料工业的基础最好，也要争取率先实现现代化。现代饲料工业，不仅要求企业有先进的设施设备，更要有现代企业制度；不仅要求企业现代化，也要求行政管理现代化。实施《规范》的总体思路，就是要以保障饲料质量安全为核心，督促饲料生产企业完善内部管理制度，加快转型升级步伐；指导基层管理部门提高日常监管能力，健全事前、事中、事后有机衔接的监管制度，为建成现代饲料工业夯实基础。

实施《规范》，要准确把握三项原则。一是坚持企业的主体地位。饲料生产企业是质量安全的第一责任人，也是《规范》的具体实施者，企业能不能理解、能不能做到，决定《规范》实施的效果好坏。我们的一切工作措施，都要从推动企业提高认识和能力入手，多做换位思考，但绝不能越俎代庖。二是坚持基层管理部门的监管主体地位。市县饲料管理部门承担对饲料生产企业的日常监管责任，只有他们具备监管能力，才能督促企业运行好《规范》，不断改进内部管理制度。在实施《规范》的过程中，我们既要依靠专家，更要依靠基层管理部门，不断提升基层管理人员的能力、水平和责任意识。三是坚持分类指导。不同饲料生产企业在产品类型、生产工艺、管理模式等方面差别较大，实施《规范》不能搞照本宣科、生搬硬套，而是应该根据企业特点，细化落实，做到应有则有、不留漏洞。要注意鼓励企业将《规范》要求融入到原有的管理制度中，鼓励企业设立执行严于《规范》要求的管理制度。三项原则的核心，就是要以企业为主体实施《规范》，充分依靠基层力量推进《规范》，确保《规范》成为一项受欢迎、起作用的制度。

第三，要从饲料行业的实际情况出发，科学掌握实施步骤

《规范》是一项法定制度，与社会第三方机构开展的 HACCP、ISO 等认证最大的区别，就是最终要在全行业强制实施。从饲料行业实际情况看，目前已通过各类第三方认证、具有良好基础的企业属于少数，对大多数企业而言，《规范》是一项新制度，有一定难度。因此，既要立即着手推动，也要科学掌握实施步骤，给企业留出准备时间，允许在实践中纠正偏差，让《规范》成为“看得见，够得着”的制度。

根据农业部的总体安排，《规范》正式实施的时间为 2015 年 7 月 1 日，截止实施时间还有 14 个月的过渡期。这段时间的任务，主要是抓好全面宣贯和试点示范。宣贯工作要尽快启动，使基层管理人员和饲料生产企业全面理解《规范》、掌握《规范》，要求所有企业成立《规范》实施工作组，开展内部管理制度建设。国家层面的示范创建工作将继续推进，下半年继续对通过验收的优秀示范企业发文确认并授牌。各地也要选择一批优秀企业开展示范创建活动。

实施《规范》不是变相设立行政审批，但必须有考核验收。进入正式实施阶段后，各地都要制定工作计划，对企业的实施情况开展现场检查和考核验收，前期要以帮助指导和督促整改为主，在不影响企业生产经营的情况下，推动企业不断进步提升。后期要以监督执法为主，对达不到要求的企业严格执法。总之，《规范》作为一项强制制度，最终要与生产许可条件相结合，成为日常监督执法的重要依据。

第四，要从履行好法定职责的角度，加强《规范》实施工作的组织领导

新一届中央政府反复强调，市场可以做好的事要完全交给市场，政府应该管理的事要坚决管好。实施《规范》是《条例》赋予饲料管理部门的法定职责，属于政府应该做、而且必须做好的事，各地都要高度重视，做好组织实施工作。

一是组织领导到位。《规范》刚刚起步，基础还很薄弱，需要把这项工作摆在更加突出的位置。各地都要成立组织领导机构，主要领导亲自过问，分管领导靠前督促，制订工作方案，将工作层层分解落实到岗、到人；建立投入机制，保证人、财、物优先投入。《规范》专家组要尽快建立起来，推进要纳入绩效考核体系。

二是宣传培训到位。新制度落实，宣传培训是基础。要面向基层监管人员、饲料生产企业开展系统培训，使大家了解实施规范的意义、作用、要点，在监管部门和企业两个层面都要培养一批懂《规范》的队伍。要开展多种形式的宣传活动，让从业人员、老百姓了解我们的工作，提升行业形象；让地方政府和相关单位了解我们的工作，争取各方面的支持配合。

三是指导服务到位。要多组织一些跨省、跨地区的参观学习活动，吸收经验、取长补短。要畅通沟通渠道，形成企业与企业、管理部门与管理部门之间的交流平台。要主动帮助企业解决规范实施过程中的困难和问题，当好参谋。要创新服务方式，有条件的地

区可以委托社会中介机构为企业提供技术咨询服务。对实施进度滞后的企业，要分清“困难”和“抵触”两种情况，有困难的多帮助，抵触的耐心说服教育。

四是示范带动到位。实践证明，以点带面、示范带动是我们推进工作的一个法宝。要继续以饲料质量安全管理规范示范企业创建活动为抓手，探索创新活动组织方式，增强示范带动能力和辐射带动效果。要积极推进部级、省级示范企业验收工作，尽快公布一批示范企业，建成示范体系。同时，加强对验收合格企业的回访和检查，公布一批、巩固一批，确保示范企业执行规范不走样。

五是考核验收到位。要做到整体工作有计划、现场考核有标准、参与人员有纪律，对企业进行客观公正地考核，实事求是地验收，既不走过场，也不苛求。要加强与企业的沟通，使企业信服考核结果，主动整改发现的问题。尤其是遴选的示范企业，考核验收要遵循高标准，确保货真价实，经得起时间检验。

三、认真梳理重点任务，扎实做好2014年饲料行业管理工作

今年是全面深化改革的关键年。从一季度的经济形势看，主要指标没有越出上下限，但下行压力依然存在，困难不容低估。从畜牧生产形势看，生猪和家禽两大主导产业都处于低谷，因此在质量安全上不能再出现任何闪失。今年的饲料行业管理工作，要紧扣努力确保不出现重大质量安全事件这个目标，认真梳理重点任务，着力巩固工作成效，为畜牧业渡过难关保驾护航。

（一）切实把好行政许可审核关

加强饲料质量安全监管，行政许可是第一关口，各地都要高度重视，把握好三项原则。一是老企业换证不得降低标准。根据既定安排，2014年7月1日前，原有配合饲料、浓缩饲料、精料补充饲料和单一饲料生产企业必须完成换证工作。目前，进展快的省份换证比例超过了50%以上，进度慢的未到30%。剩下的2个月内，各地要加快工作进度，但不得放宽标准。下半年，各地要组织开展专项检查，防止没有换证的企业无证经营。二是新的生产许可申请没有限制。这几年我们谈减少企业数量，主要是淘汰小乱差企业。与庞大的养殖规模相比，现代化的饲料企业数量还不够，鼓励新建或改建现代化的饲料厂。三是行政许可审批权限不宜继续下放。目前，饲料生产许可审批权全部下放到了省级饲料管理部门，这既是贯彻中央精神，也履行了法律程序，有法可依。少数地方希望将审批权继续下放，法律上没有依据。饲料行政许可审批需要很强的技术支撑，如果省里做不好，基层更不可能做好。

（二）深入开展“瘦肉精”专项整治

2011年以来，各级畜牧兽医部门牵头组织开展“瘦肉精”专项整治，与有关部门密切配合，着力健全工作机制，强化监管措施，严打违法行为，移送公安机关的案件累计超过300起，“瘦肉精”违法问题得到有效遏制，打了一场漂亮的阻击战。但是，我们也看到，问题并没有完全根除，尤其是“瘦肉精”使用对象从生猪向牛羊转移、使用环节从养殖向收购贩运和兽药转移等新动向，意味着监管面更广、监管难度更大了。2014年，农业部决定继续开展“瘦肉精”专项整治，各地要按照《农业部关于深入推进“瘦肉精”专项整治工作的意见》要求，继续完善关键环节抽检把关、跨省案件通报协查、涉嫌犯罪移送等工作机制，按照中央提出的“四个最严”要求，全面整治不留死角，严厉打击不留情面，深挖根源不留隐患，打好“瘦肉精”歼灭仗。在全面加强各环节监管的同时，要抓住畜禽屠宰这个关键环节，进一步强化工作措施，把肉类产品的出口关扎紧。

（三）全面强化风险防范和应急处置

继续组织开展饲料产品质量卫生状况监测、饲料中禁用物质监测、反刍动物饲料中牛羊源性成分监测，对各类已知风险和突出问题持续跟踪。要立足各级政府职能，以全面管控风险、有效预防非法添加为重点，进一步强化饲料质量安全监测工作，集中排查带有行业共性的隐患，防止出现系统性风险。要加大舆情监测力度，尤其要重视微博、微信等新媒体，及时回应和妥善处置各类质量安全舆情，严防负面信息发酵扩散、不实信息恶意炒作。要加快提升应急处置能力，细化和完善应急预案，发生突发事件做到第一时间做出反应，第一时间掌握情况，第一时间采取措施，最大限度地减少负面影响，最大限度地保护消费安全和产业安全。要强化正面宣传，普及安全知识，营造良好社会氛围。

（四）加强基层监管体系建设

质量安全监管的重心在基层，如果基层执法能力上不去，工作做不到位，各种规章制度就成了“空中楼阁”。习近平总书记在中央农村工作会议上强调，健全食品安全监管体系，尤其需要强化市县两级监管责任，加强基层监管力量。近年来，各地推进畜牧兽医综合执法取得了一定成效，关键是要根据新形势和新职能进一步充实人员、改善条件，尤其要防止畜牧兽医监督执法队伍在新一轮机构改革中被弱化，使工作长期陷入被动。基层农产品监管体系建设已纳入今年国办督查的重点内容，大家要充分把握机会，积极主动地向本级政府汇报，与编办、发改、财政等部门加强沟通，多方争取支持，加强监督执法队伍和质量监测机构的软硬件条件建设，使各方面的能力与履行职责的要求相匹配。

同志们，饲料工业是现代畜牧业的重要组成部分，饲料安全是养殖产品安全的基础，我们肩负着重要的责任和光荣的使命。希望大家以《规范》实施为契机，扎实做好各项工作，推动饲料管理工作再上新台阶。

饲料行业组织机构

全国各省、区、市、计划单列市饲料工业（工作）办公室组织机构一览表

单位	主任	副主任	编制	级别	成立时间	性质	经费来源	隶属关系	隶属关系变更及时间	办公地址	联系人	电话/传真	邮编
北京市畜牧管理处（畜牧管理办公室）	梅克义		8	处级	2000.06	行政		北京市农业局	2000 年 6 月	北京市西城裕民中路 6 号	王继彤	010－82031928 010－62044607（F）	100029
天津市饲料工业办公室（质量监管处）	李晓东		2	处级	1989.03	行政	财 政	天津市农村工作委员会	1989 年 3 月	天津市滨海高新区华天道 8 号海泰信息广场 A 座	张志宏	022－28301388 022－28301388（F）	300384
河北省饲料工作办公室（饲料处）	檀苍中		8	处级	1990.07	行政	财政拨款	河北省畜牧兽医局	2005 年 10 月	河北省石家庄裕华东路 88 号	郭丽鲜	0311－85885036 0311－85885036（F）	050031
山西省饲料奶站办公室	冯京民	荆　彪	与畜牧局合署办公	处级	1991.05	行政	无	山西省农业厅	1995 年 6 月与省农业厅畜牧兽医局合属	山西省太原市迎泽大街 312 号	荆彪	0351－4129732 0351－4048087（F）	030001
内蒙古自治区农牧业厅饲料处	高雪峰	宗玉德		正处	2000.05	行政		内蒙古自治区农牧业厅	2000 年 5 月 10 日由区经委划归区农牧业厅	呼和浩特市赛罕区乌兰察布东街 70 号	翟进勇	0471－6652292 0471－6652292（F）	010011
辽宁省饲料工作办公室	柏云江	王　格	6	处级	1983.06	行政	财政拨款	辽宁省畜牧兽医局	1990 年前在省经委，1990 年后在农村工作办，2004 年 5 月归省畜牧兽医局	辽宁省沈阳市和平区太原北街 2 号	李闯	024－23447222 024－23447276（F）	110001
吉林省饲料工作办公室（草原饲料处）	丁日新	关百军	5	处级	2000.09	行政	财政拨款	吉林省畜牧业管理局	2000 年 9 月	吉林省长春市人民大街 1486 号	韩铁	0431－88906664 0431－88906664（F）	130051

（续）

单位	主任	副主任	编制	级别	成立时间	性质	经费来源	隶属关系	隶属关系变更及时间	办公地址	联系人	电话/传真	邮编
黑龙江饲料工业办公室	朱良坤		4	处级	1986.3	行政	省财政	黑龙江省畜牧兽医局	2000年6月由省农委划归省畜牧局	黑龙江省哈尔滨市香坊区文府街4-1号	王向红	0451-82636147 0451-82650907（F）	150040
上海市饲料工作办公室（上海市畜牧兽医办公室）	李建颖	林卫东	2	处级	1986	行政	财政拨款	上海市农业委员会	2001年1月由市商划归市农委	上海市大沽路100号2006室	何麒麟	021-23113090 021-63580987（F）	200003
江苏省饲料工作办公室（畜牧处）	宋晓春	严建刚	8	处级	2000.10	事业	全额拨款	江苏省农委	2000年10月由省农业厅划归省农林厅	江苏省南京市龙江小区月光广场8号农林大厦	严建刚	025-86263915 025-86222651（F）	210036
浙江省饲料工作办公室	张火法	范克强	8	处级	2000.9	事业	省财政	浙江省畜牧兽医局	2000年9月归属省农业厅，2004年3月归省畜牧局	浙江省杭州市凤起东路29号	葛莉莉	0571-86757937 0571-86757921（F）	310020
安徽省饲料工作办公室	董卫星		1	处级	1996	行政	政府拨款	安徽省农业委员会	1995年前属省粮食局，1996年后归属省农业厅	安徽省合肥市徽州大道193号省畜牧局	杨林	0551-62616494 0551-62669100（F）	230001
福建省饲料工作办公室	郑立威	陈贵英	3	处级	1996.6	行政	财政	福建省农业厅	2000年12月底属省农业厅	福建省福州市华林路123号	丘建华	0591-87851058 0591-87832712（F）	350003
江西省饲料工业办公室	俞祥健	刘金根 孙　新	10	正处	1986	全额事业	财政拨款	江西省农业厅	2002年2月由省计委划归到省农业厅主管	江西省南昌市北京西路省府大院农业厅	李丹	0791-86213163 0791-86217341（F）	330046
山东省饲料工作办公室（饲料处）	鲍　霞	孔凡德		处级	2000.4	行政	财政拨款	山东省畜牧兽医局	2000年4月	山东省济南市槐树街68号	边琨	0531-87198095 0531-87198095（F）	250022
河南省饲料工业办公室	赵化峰	张　雄 张玉霞	4	处级	1995.10	行政	财政拨款	河南省畜牧局	1993年由省计委转畜牧局	河南省郑州市经三路91号	李灵平	0371-65778885 0371-65778981（F）	450008
湖北省饲料工作办公室	董文忠	彭安强	3	处级	1985.5	行政	财政拨款	湖北省农业厅	1995年12月由省经委到省农业厅	湖北省武汉市武昌区武珞路519号	田源	027-87876982 027-87870641（F）	430070
湖南省饲料工业办公室	陈志军	赵　明 杨建武	9	正处	1985.10	行政性事业单位	全额拨款	湖南省畜牧水产局	2003年由省计委变更到省农业厅	长沙市韶山北路112号	陈旭高	0731-84423340 0731-84423340（F）	410011
广东省饲料工作办公室	刘付启荣	张永发	3	处级	2000	行政	财政拨款	省农业厅	2000年8月从省经贸委划归到省农业厅	广州市先烈东路135号省农业厅	于秋楠	020-37288189 020-37288294（F）	510500

（续）

单位	主任	副主任	编制	级别	成立时间	性质	经费来源	隶属关系	隶属关系变更及时间	办公地址	联系人	电话/传真	邮编
海南省饲料工作办公室	王杏蕃	曹向红	2	处级	1992	行政	财政拨款	海南省农业厅		海口市海府路59号省政府办公楼13楼	黄云青	0898－65316798 0898－65350395（F）	570204
广西壮族自治区饲料工业办公室	闭　强			正厅级	2000.04	行政	财政拨款	广西壮族自治区水产畜牧兽医局	2000年8月	广西南宁市青山路8－1号	吴晓丹	0771－5829788 0771－5829872（F）	530022
重庆市饲料工业办公室	吕祖德		7	处级	1986.08	行政	财政拨款	重庆市农业委员会	1997年由市农委划归市农业局	重庆市北部新区黄山大道中段186号	曹亚平	023－89133142 023－89133141（F）	401121
四川省饲料工业办公室	周朝华		4	正处级	1987.02	行政	财政拨款	四川省农业厅	1992年变更到省畜牧食品办公室（1995年改为省畜牧食品局）	四川省成都市武侯祠大街3号	李宗明	028－85546877 028－85580420（F）	610041
贵州省饲料工作办公室	赵熙贵	向安霞	4	正处	1998	行政	全额拨款	贵州省农业厅（副厅级）	1996年从省经贸委变更到省畜牧局	贵州省贵阳市延安中路62号	廖云华	0851－5283811 0851－5286424（F）	550001
云南省饲料工作办公室	徐祖林		6	处级	2000.11	行政	财政拨款	云南省农业厅	2000年11月（云南省饲料办原名为云南省食品饲料工业办公室，成立于1980年9月）	云南省昆明市万华路169号	高婷婷	0871－65749524 0871－65749524（F）	650224
陕西省饲料工业办公室	赵辉文	刘万军 肖红年	17	处级	1986	事业	全额拨款	陕西省畜牧兽医局	2009年	陕西省西安市习武园27号	刘冬霞	029－87343729 029－87343729（F）	710003
甘肃省饲料工业办公室	周邦贵	方宝华 何其健	6	正处	1996.06	参公事业单位	财政拨款	甘肃省兽医局	1989年前归省计委，1989年后改挂省畜牧厅	兰州市城关区平凉路106号	王秋娟	0931－8179097 0931－8179097（F）	730000
青海省饲料工作办公室	巩爱岐		1	处级	1987.05	行政	财政拨款	青海省农牧厅	1995年5月由省经贸委挂靠省畜牧厅，2003年5月挂靠在省农牧厅	西宁市交通巷4号	唐国盛	0971－6136031 0971－6136031（F）	810008
宁夏回族自治区饲料工业办公室	王　华	姚伯平	5	处级	1986.11	事业	行政拨款	宁夏回族自治区农牧厅	2000年由区畜牧局划归区农牧厅	宁夏银川市金凤区北京中路159号	姚伯平	0951－5169886 0951－5169887（F）	750002
新疆维吾尔自治区饲料行业管理办公室	杨建中	刘君健	5	处级	1989	行政	财政拨款	新疆维吾尔自治区畜牧厅	1992年末改为新疆区饲料工业领导小组办公室	乌鲁木齐市新华南路408号	刘君健	0991－8567730 0991－8567730（F）	830004

（续）

单位	主任	副主任	编制	级别	成立时间	性质	经费来源	隶属关系	隶属关系变更及时间	办公地址	联系人	电话/传真	邮编
青岛市饲料工作办公室	陶明森	丁　秀	5	正处	1990.02	行政	财政拨款	青岛市畜牧兽医局	2001年5月11日主管部门由经委变更市畜牧服务中心后归市农委	青岛市南区东海中路2号环海大厦24楼	李建军	0532－85068590 0532－82867176（F）	266071
大连市饲料工作办公室	隋信龙	刘远征	4	处级	2001.12	行政	财政拨款	大连市动物卫生监督管理局	2001年12月前属市计委	大连市西岗区新开路87号金福大厦西门	刘成芳	0411－83689265 0411－83689265（F）	116011
宁波市饲料工业办公室	葛民乐		6	正处		行政事业	财政拨款	宁波市农业局		宁波市宝善路220号	翁宇挺	0574－87483289 0574－87483286（F）	315012
深圳市饲料管理办公室	杨　平		5	处级	2001.11	行政	财政全额	深圳市农业和渔业局	2001年11月	深圳市福中三路市民中心西区一楼1075室	张碧华	0755－82001967 0755－82001957（F）	518035
厦门市饲料工业领导小组办公室	陈集生		3	正处	1999	行政	市财政局	厦门市农业局	2003年初归市农业局畜牧兽医处	厦门市长青路191号劳动大厦11楼1102房	陈思榕	0592－5351631 0592－5351632（F）	361012

（李大鹏）

全国各省、自治区、直辖市、计划单列市饲料工业协会组织机构一览表

省别	会长	秘书长	副秘书长	成立时间	换届时间	隶属关系	办公地址	邮编	联系人	电话	传真	电子信箱
北京市	谢仲权	汪秀艳	李忠诚	1986.02.26	2014.10.16	北京市农业局	北京市朝阳区安外北苑路甲十五号 506	100107	李忠诚	010－63518890	010－63543914	bjslxh@126.com
天津市	莫会松	李晓东	郭士明	1991	2012.09.05	畜牧兽医局	天津市南开区华苑产业园区海泰信息广场 A 座	300384	张志宏	022－28301388	022－28301388	xmj5788@163.com
河北省	檀苍中	白亮亮	杨　冬 侯玉漂	1997.10.06	2013.03.17	河北省工业经济联合会	河北省石家庄市裕华区兴苑街 4 号	050021	侯玉漂	0311－85888039	0311－85888039	hbslxhbgs@sohu.com
山西省	雷郭堂	冯京民	荆　彪 张艳梅	1997.04	2012.06	山西省农业厅	山西省太原市迎泽大街 312 号	030001	吕世秀	0351－4123478	0351－4048087	nytslnb@163.com
内蒙古自治区	靳延平	杨红东	张连义	2000.02	2013.11	内蒙古农牧业厅	内蒙古自治区呼和浩特市赛罕区昭乌达南路	10020	张连义	0471－4961659	0471－4911217	nmgslxh@126.com
辽宁省	朱国兴	刘再胜	吴　浩	1986.11	2010.12.28	辽宁省畜牧兽医局	辽宁省沈阳市和平区南四经街 143 号	110003	吴　浩	024－23264033	024－23264033	xh23264033@163.com
吉林省	唐志富	丁日新	—	1991.01.30	2013.01.13	吉林省畜牧业管理局	吉林省长春市人民大街 1486 号	130051	韩　铁	0431－88906664	—	ht7220@163.com
黑龙江省	—	张昭良	周顺来 于洪福 张　祥	1986	2012.12	黑龙江省畜牧兽医局	黑龙江省哈尔滨市香坊区哈平路 243 号畜牧大厦 515 室	150069	杨　威	0451－86383711	—	hljslgyxh@163.com
上海市	成国祥	许有宗	何麒麟	1984.12	2013.11.22	上海市农业委员会	上海市常德路 1265 号 712 室	200060	许有宗	021－62770093	021－62980344	972565790@qq.com
江苏省	黄　焱	时　勇	严建刚 颜京平 贡玉清 庄　苏 周维仁 姚　蕾	1986.03	2013.01	江苏省农委	江苏省南京市草场门大街 124 号	210036	杨丽娟	025－86263352	025－86263058	jssljd@163.com

（续）

省别	会长	秘书长	副秘书长	成立时间	换届时间	隶属关系	办公地址	邮编	联系人	电话	传真	电子信箱
浙江省	蒋晓岳	任　丽	唐国燕	1999.11.07	2011.07.11	农业厅	浙江省杭州市江干区御云路111号	310021	唐国燕	0571－86496189	0571－86490906	ahp2005@126.com
安徽省	季学枫	季学枫	吴皖榕 陈凤敏	1999.09	2012.02.29	安徽省农业委员会	安徽省合肥市庐阳区徽州大道197号省农委皖西南培训中心4楼	230001	吴皖榕	0551－62626491 0551－62618130	0551－6261813	Siliaoxiehui8888@126.com
福建省	曾丽莉	胡　春	汤忠民 陈婉如 陈贵英	1994.12	2013.03.15	农业厅	福建省福州市铜盘路6号五楼	350003	陈　兵	0591－87848820 0591－87808486	0591－8785974	fjfeed@163.com
江西省	张忠平	兰永清	刘金根 孙　新 黄　潮	1983.09	2002.08	江西省农业厅	江西省南昌市省府大院省农业厅2号楼4楼	330046	李　丹	0791－86263163	0791－96217341	slb1813@163.com
山东省	黄炳亮	李祥明	李桂华 李相树 张家庭	2013.09	—	山东省畜牧兽医局	山东省济南市槐村街68号	250022	李相树	0531－87198966	0531－87198588	sdfiamail@163.com
河南省	赵化峰	王　鹏	李灵平	1996.01	2012.12	畜牧局	河南省郑州市经三路91号	450008	李灵平	0371－65778589 0371－65778885	—	65778885@163.com
湖北省	李汉州	姚象超	—	1985.01	2014.05.12	农业厅	湖北省武汉市武珞路519号	430070	彭安强	027－87870641	027－87870641	2365445479@qq.com
湖南省	—	陈旭高	黄立宏 余伟民 张丽蓝	1985.01	2010.12.22	湖南省农业厅	湖南省长沙市韶山北路112号电子大厦5楼	410011	熊　宇	0731－84445743	—	hnsiliao@vip.sina.com
广东省	张国杭	蔡玉珍	周　洪	1992.03	2011.06.19	广东省民政厅	广东省广州市先烈东路135号2号楼604－606房	510500	李　利	020－37288820	020－37288723	Gdfeed@vip.163.com
海南省	—	张绍君	莫正群	1998.06	—	农业厅	海南省海口市海府路59号省政府办公大楼11层	570204	莫正群	0898－65343627 0898－65336798	0898－65382968	zsj6529996@163.com

（续）

省别	会长	秘书长	副秘书长	成立时间	换届时间	隶属关系	办公地址	邮编	联系人	电话	传真	电子信箱
广西壮族自治区	罗广烈	汤建榕	卢玉发	1985.06	2006	广西水产畜牧兽医局	广西壮族自治区青山路8号 广西动物安全保障中心1416室	530022	卢丽枝	0771－5829768	0771－5829872	gxslb2800023@163. com
重庆市	刘作华	骆　意	郑　群	1986	2007.03.27	重庆市畜牧科学院	重庆市渝中区人民路238－2号（重庆市畜牧科学院）	400015	郑　群	023－68625302	023－68611351	344293588@qq. com
四川省	屈坤宁	周朝华	李宗明 柏　凡 严　华 邹成义 李书伟	1987.09	2013.01.15	四川省农业厅	四川省成都市武侯祠大街3号	610041	吴　岚	028－85545641	028－85580420	393388760@qq. com
贵州省	张剑勇	张　华		1991	2009.07.22	贵州省农委	贵州省贵阳市南明区贵惠路130号	550003	肖　序	0851－5664060	0851－5967420	352472849@qq. com
云南省	杜建勋	陶 冶	钱朝海	1987.05	2013.07.09	农业厅	云南省昆明市盘龙区万华路169号1幢1单元502室	650224	黄艳芳	0871－65616557	0871－65616557	ty521@126. com
陕西省		赵辉文		1989		农业厅	陕西省西安市习武园27号	710003	陈亦兵	029－87345955	029－87321764	cyb307@126. com
甘肃省	张月安	张 华		1991.12		农牧厅	甘肃省兰州市平凉路106号	730000	王秋娟	13609318102	0931－8179292	921978942@qq. com
青海省	阿旺尖措	白凤奎	刘书杰 武秀云 唐国盛	1987.05	2003.11	省农牧厅	青海省西宁市交通巷4号	810001	唐国盛	13997197306	0971－6136031	nmttgs0366@126. com
宁夏回族自治区	郝廷藻	王　华	段克峰	1986.12	2009.12	农牧厅	宁夏银川市金凤区北京中路159号	750002	王　华	0951－5169885	0951－5169887	nxslqylhh@163. com

（续）

省别	会长	秘书长	副秘书长	成立时间	换届时间	隶属关系	办公地址	邮编	联系人	电话	传真	电子信箱
新疆维吾尔自治区	木日扎别克·木哈什		陈如春		2014.01.13	新疆维吾尔自治区畜牧厅	新疆维吾尔自治区乌鲁木齐市天山区新华南路408号613室	830002	贾　俊	0991-8567730 13209980300		172566431@qq.com
大连市	刘忠权	马延群		2004	2010.08	大连市农村经济委员会	大连市西岗区新起屯133号	116021	马延群	0411-83689265	0411-83689265	lcf@dl.cn
深圳市	黄邦银	金铁城	董塞新	1988.03	2012.03.26	深圳市民间组织管理局	深圳市福田区深南中路3039号国际文化大厦25楼2508室	518000	董塞新	0755-83252125	0755-83570999	szxm0105@163.com
厦门市	叶根宗	高翠红		2000.12.04	2011.10.20	厦门市农业局	厦门市思明区槟榔西里148号B座16楼	361004	杨　立	0592-5031918	0592-5062631	gch3@sina.com.cn

（余　欣）

专题篇

饲料加工工业概况

受经济、政策和市场多重因素影响，饲料行业经受住各种阻力，努力克服困境，迎接挑战，挖潜机遇，积极开展调整结构、创新方式，产业整合、产业链延伸，促进了行业的规范发展，实现饲料产业由追求量到质的转变，2014 年全国饲料产量同比增长 2.0%。

一、饲料生产基本情况

1. 全国商品饲料总产量略降 2014 年全国商品饲料总产量为 19 727 万 t，同比增长 2.0%。其中，配合饲料产量为 16 935 万 t，同比增长 3.8%；浓缩饲料产量为 2 151 万 t，同比下降 10.3%；添加剂预混合饲料产量为 641 万 t，同比增长 1.1%（图 2－1）。

其中，猪饲料产量 8 616 万 t，同比增长 2.4%；蛋禽饲料产量 2 902 万 t，同比下降 4.4%；肉禽饲料产量 5 033 万 t，同比增长 1.7%；水产饲料产量 1 903万 t，同比增长 2.1%；反刍动物饲料产量 876 万 t，同比增长 10.2%；其他饲料产量 397 万 t，同比增长 37.8%（图 2－2、图 2－3）。

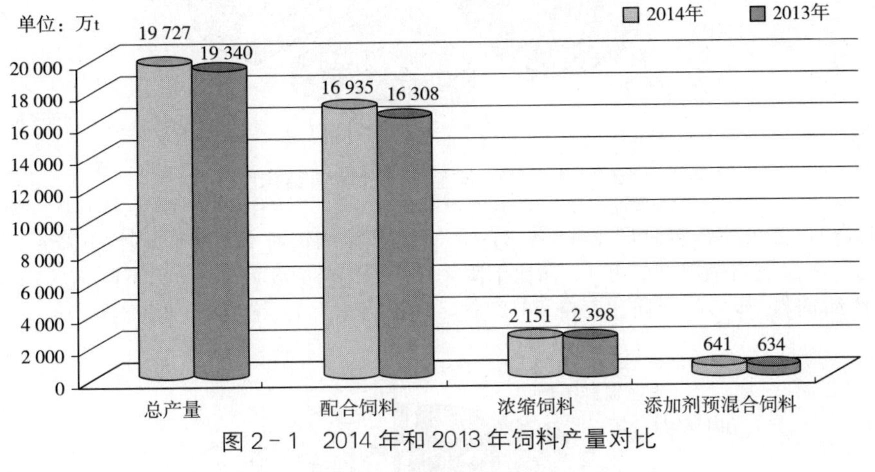

图 2－1 2014 年和 2013 年饲料产量对比

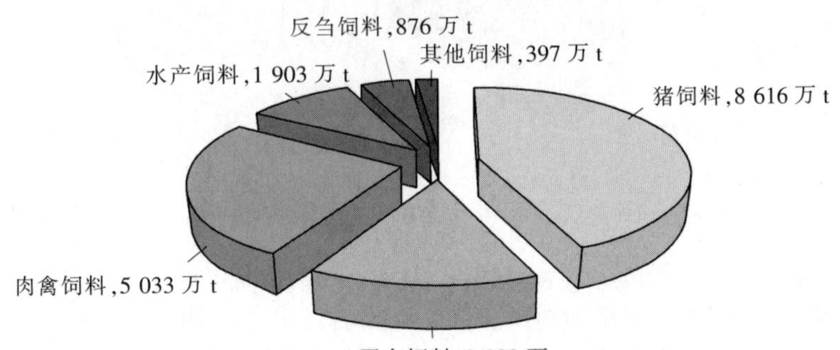

图 2－2 2014 年饲料品种结构图

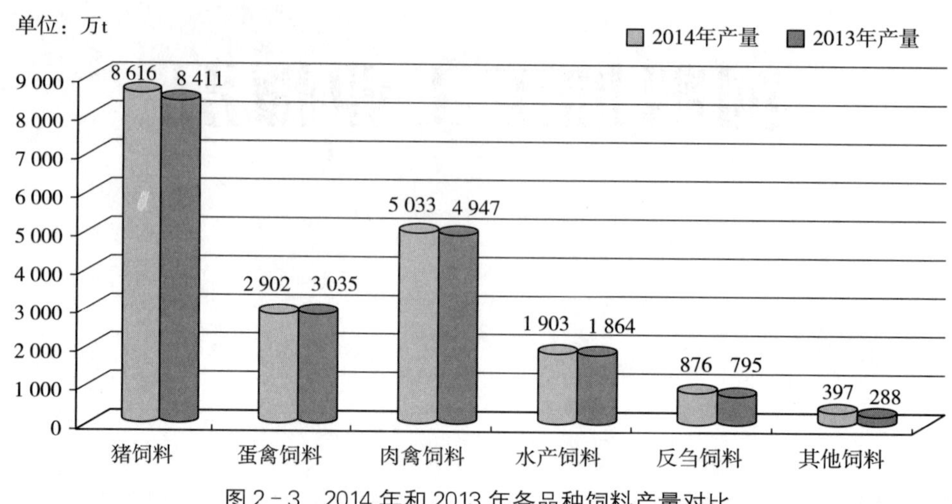

图 2－3　2014 年和 2013 年各品种饲料产量对比

在配合饲料中，猪配合饲料总产量 6 945 万 t，同比增长 4.8%；蛋禽配合饲料 2 360 万 t，同比下降 2.7%；肉禽配合饲料 4 775 万 t，同比增长 3.4%；水产配合饲料 1 870 万 t，同比增长 2.0%；精料补充料 641 万 t，同比增长 14.7%；其他配合饲料 344 万 t，同比增长 41.6%（图 2－4）。

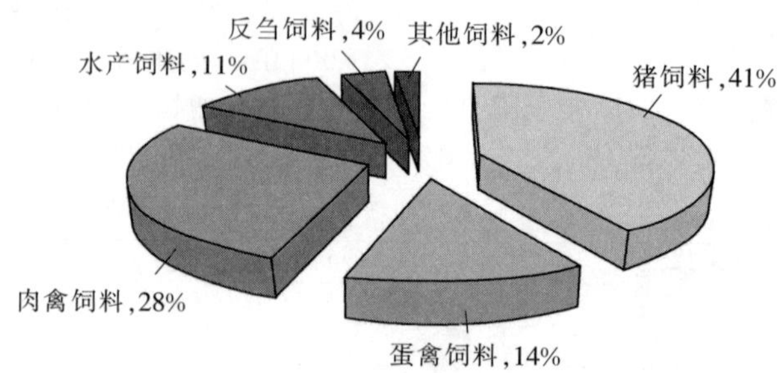

图 2－4　2014 年全国配合饲料结构图

在浓缩饲料中，猪浓缩饲料总产量 1 303 万 t，同比下降 7.4%；蛋禽浓缩饲料 398 万 t，同比下降 15.3%；肉禽浓缩饲料 208 万 t，同比下降 26.2%；水产浓缩饲料 4.2 万 t，同比下降 41.7%；反刍动物浓缩饲料 208 万 t，同比下降 1.0%；其他浓缩饲料 30 万 t，同比增长 36.4%（图 2－5）。

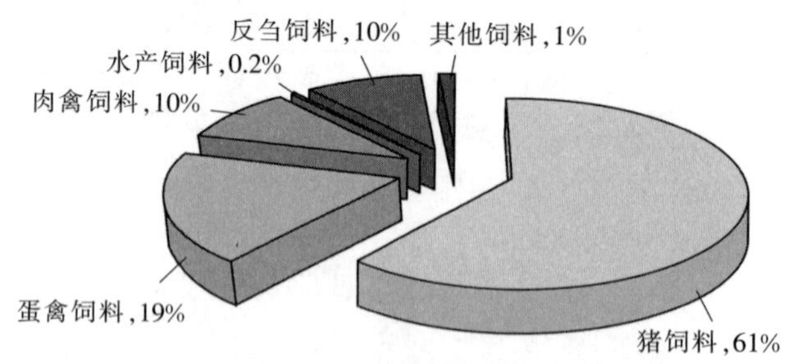

图 2－5　2014 年全国浓缩饲料结构图

在添加剂预混合饲料中，猪添加剂预混合饲料总产量 368 万 t，同比下降 1.9%；蛋禽添加剂预混合饲料 144 万 t，同比增长 3.6%；肉禽添加剂预混合饲料 49 万 t，同比增长 6.5%；水产添加剂预混合饲料 29 万 t，同比增长 20.8%；反刍动物添加剂预混合饲料 28 万 t，同比增长 7.7%；其他添加剂预混合饲料 23 万 t，同比增长 4.5%（图 2－6）。

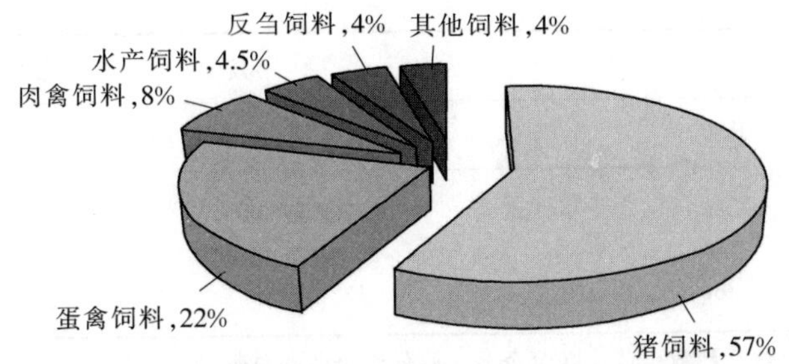

图 2-6 2014 年全国添加剂预混合饲料结构图

2. 各省区市饲料发展情况 2014 年，东部地区（北京、天津、河北、上海、江苏、浙江、福建、山东、广东、海南、辽宁）饲料总产量为 10 216 万 t，占全国饲料总产量的 51.8%；中部地区（山西、安徽、江西、河南、湖北、湖南、黑龙江、吉林）饲料总产量为 5 638 万 t，占全国饲料总产量的 28.6%；西部地区（内蒙古、广西、重庆、四川、贵州、云南、陕西、甘肃、青海、宁夏、新疆）饲料总产量为 3 873 万 t，占全国饲料总产量的 19.6%；与 2013 年相比，东部地区增长 0.4%，中部地区下降 0.3%，西部地区下降 0.1%。从增长幅度看，2014 年增长速度较快的省份是重庆、新疆、贵州、河北、江西，分别增长 16.9%、13.2%、13.0%、9.9%、8.5%；青海、宁夏、甘肃下降较快，分别下降 48.1%、47.4%、22.2%；天津、山西、浙江、北京、内蒙古、黑龙江、辽宁、河南、云南分别下降 12.6%、10.7%、9.6%、8.5%、6.7%、4.1%、3.6%、2.8%、0.9%，其余 13 省市均保持小幅增长。

2014 年，我国超过千万吨省份已达 9 个。分别为：广东（2 399 万 t，同比增长 6.6%）、山东（2 159万 t，同比增长 4.5%）、河北（1 259 万 t，同比增长 10.0%）、河南（1252 万 t，同比下降 2.8%）、辽宁（1 239 万 t，同比下降 3.6%）、湖南（1 082 万 t，同比增长 0.6%）、广西（1 074 万 t，同比增长 5.7%）、四川（1 038 万 t，同比增长 1.0%）、江苏（1 000 万 t，同比增长 2.4%）。以上 9 省产量达 12 502 万 t，占全国总产量 63.4%。从增长幅度看，以上 9 省 2014 年同比平均增长幅度 2.7%，高于全国总体增长水平。

3. 饲料工业产值、营业收入增速放缓 2014 年全国饲料工业总产值和总营业收入分别为 7 603 亿元、7 313 亿元，同比分别增长 3.0%、2.2%；2013 年同比增长幅度分别为 4.4%和 4.2%；2012 年同比增长幅度分别为 11.4%和 11.9%。其中，商品饲料工业总产值 6 941 亿元，同比增长 2.3%；饲料添加剂总产值 595 亿元，同比增长 11.2%；饲料机械设备总产值 67 亿元，同比增长 8.1%。

商品饲料工业总营业收入 6 679 亿元，同比增长 1.4%；饲料添加剂总营业收入 568 亿元，同比增长 12.0%；饲料机械设备总营业收入 66 亿元，同比增长 3.1%。

4. 饲料企业总数量继续减少 2014 年全国各经济类型饲料企业总数为 9 584 家，同比减少 4 495 家，下降 31.9%。其中，国有企业 189 家，同比减少 5 家，下降 2.6%；集体企业 41 家，同比减少 33 家，下降 44.6%；私营企业 4 915 家，同比减少 2 495 家，下降 33.7%；联营企业 102 家，同比减少 179 家，下降幅度为 63.7%；股份制企业 3 780 家，同比减少 1 685 家，下降 30.8%；港澳台企业 121 家，同比减少 15 家，下降 11.0%；外商企业 243 家，同比减少 29 家，下降幅度为 10.7%；其他企业 193 家，同比减少 55 家，下降 22.2%（表 2-1）。

表 2-1 2009—2014 年按企业登记类型统计企业数量表

单位：家

年份	登记类型总数	其中					
		国有	集体	私营类	港澳台	外商	其他
2014	9 584	189	41	8 797	121	243	193
2013	14 079	194	74	13 155	136	272	248
2012	15 307	218	106	14 254	148	287	294
2011	15 354	221	122	14 153	173	332	353

（续）

年份	登记类型总数	其中					
		国有	集体	私营类	港澳台	外商	其他
2010	15 061	235	185	13 739	178	321	403
2009	14 709	265	203	13 458	154	305	324

说明：表2-1中私营类是包括私营企业、联营企业、股份制企业的总数量。

2014年按产品类型统计的企业总数量为13 102家。其中，饲料加工企业（包含精料补充料生产企业数量）数量7 617家，同比减少2 496家，下降24.7%；添加剂预混合饲料2 632家，同比减少339家，下降11.4%；饲料添加剂1 411家，同比增加34家，增长2.5%；单一饲料1 378家，同比减少563家，下降29.0%；饲料机械64家，同比增加12家，增长23.1%。近6年各类企业数量（表2-2）。

表2-2　2009—2014年按企业产品类型统计企业数量表

单位：家

年份	企业总数	其　中					
		饲料加工企业	预混合饲料	饲料添加剂	单一饲料	动物源性饲料	饲料机械
2014	13 102	7 617	2 632	1 411	1 378	—	64
2013	16 454	10 113	2 971	1 377	1 941	—	52
2012	17 442	10 858	3 067	1 440	2 014	—	63
2011	18 527	10 915	3 173	1 396	2 000	986	57
2010	18 296	10 843	3 235	1 425	1 777	950	66
2009	18 553	12 291	3 316	1 377	1 508	—	61

说明：①企业数量（按产品分）：此项设立的目的：分别统计饲料加工（包含精料补充料生产企业）、饲料添加剂、单一饲料、饲料机械等饲料工业体系中不同类型生产企业的数量。如果一家企业同时生产1类或1类以上产品，按产品类型统计，为重复计算。因此，按产品类型统计的企业总数大于按登记注册类型统计的饲料企业总数。

②企业数量（按产品分）中的饲料加工企业：2014年饲料加工企业为7 617家，由于该年度为换证（饲料生产许可证）年，在7月1日后重新取证和之前有证尚未更换的企业，会出现重复统计的现象。

5. 饲料企业行政许可情况　饲料生产企业审查合格证：2014年总数为345个，同比减少9 443个；新发4个，同比减少80个；换发6个，同比减少99个；变更0个，同比减少53家；注销1 953个，同比增加1 262个。

添加剂预混合饲料生产许可证：2014年总数为1 723个，同比减少693个；新发335个，同比增加256个；换发78个，同比增加16个；变更53个，同比增加32个；注销115个，同比增加28个。

饲料添加剂生产许可证：2014年总数为891个，同比减少192个；新发252个，同比增加193个；换发49个，同比增加24个；变更36个，同比增加30个；注销63个，同比增加37个。

动物源性饲料产品生产企业安全卫生合格证：2014年总数为63个，同比减少597个；新发11个，同比增加3个；换发14个，同比减少2个；变更0个，同比持平；注销316个，同比增加255个。

6. 年产10万t以上企业（单厂）情况　2014年，年产10万t以上的企业（指单厂）522家，饲料产量9 027万t，占全国饲料产量45.8%，比2013年增加62家（图2-7）。

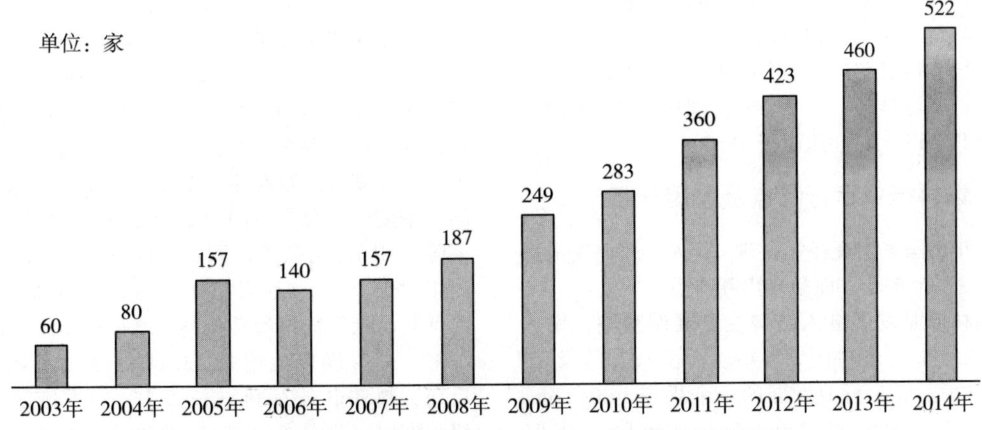

图 2－7　2003—2014 年年产 10 万 t 以上单个企业情况

7. 饲料添加剂产量小幅增长　2014 年，饲料添加剂产品总量 802.9 万 t，同比增长 0.5%。其中，原饲料添加剂Ⅰ型 744.5 万 t，同比下降 1.8%；Ⅱ型 38.7 万 t，同比增长 11.2%；混合型饲料添加剂 19.7 万 t，同比增长 251.8%。

氨基酸：2014 年总产量 125.6 万 t，同比减少 16.5%。原Ⅰ型 124.5 万 t，同比下降 16.9%；Ⅱ型 1.0 万 t，同比增长 42.7%；混合型 565.1t。其中，蛋氨酸产量为 10.6 万 t，同比增长 125.5%；赖氨酸产量为 91.8 万 t（含 65% 赖氨酸），同比下降 15.4%；苏氨酸国内产量为 24.5 万 t，同比增长 15.6%；色氨酸国内产量为 0.5 万 t，同比下降 73.7%。

维生素：2014 年总产量 89.2 万 t，同比增长 20.7%。原Ⅰ型 72.3 万 t，同比增长 4.6%；Ⅱ型 16.4 万 t，同比增长 290.5%（河北增长 11.5 万 t）；混合型 0.5 万 t，同比下降 10.7%。

矿物元素及其络合物：2014 年总产量 467.7 万 t，同比增长 1.5%。其中原Ⅰ型 461.4 万 t，同比增长 2.8%；Ⅱ型 4.5 万 t，同比下降 61.2%；混合型 1.8 万 t。2014 年，磷酸氢钙（含磷酸二氢钙）产量为 359.4 万 t，同比下降 1.3%；硫酸铜 3.0 万 t，同比增长 11.1%；硫酸亚铁 17.6 万 t，同比增长 8.6%；硫酸锌 17.8 万 t，同比增长 20.3%；硫酸锰 9.3 万 t，同比增长 75.5%。

酶制剂：2014 年总产量 10.8 万 t，同比增长 18.7%。其中，原Ⅰ型 5.2 万 t，同比增长 4.0%；Ⅱ型 1.9 万 t，同比下降 40.6%；混合型 3.6 万 t。

抗氧化剂：2014 年总产量 4.0 万 t，同比下降 13.0%。其中，原Ⅰ型 1.6 万 t，同比下降 55.6%；Ⅱ型 1.0 万 t，同比持平；混合型 1.3 万 t。

防腐、防霉剂：2014 年总产量 27.1 万 t，同比增长 19.9%。其中，原Ⅰ型 23.7 万 t，同比增长 27.4%；Ⅱ型 2.7 万 t，同比下降 25.0%；混合型 0.7 万 t，同比增长 73.9%。

微生物：2014 年总产量 11.6 万 t，同比增长 7.4%。其中，原Ⅰ型 5.2 万 t，同比下降 21.2%；Ⅱ型 5.0 万 t，同比增长 257.1%；混合型 1.4 万 t，同比下降 50.4%。

其他类添加剂：2014 年总产量 66.9 万 t，同比增长 0.3%。其中，Ⅰ型 50.5 万 t，同比下降 11.2%；Ⅱ型 6.1 万 t，同比下降 33.7%；混合型 10.3 万 t。

8. 大宗饲料原料消费总量增长　2014 年，大宗原料消费情况总计为 20 096 万 t，同比增长 7.4%。其中，玉米 10 013 万 t，同比增长 3.0%；小麦 1 878 万 t，同比下降 15.4%；豆粕 4 688 万 t，同比增长 35.3%；棉籽粕 624 万 t，同比下降 8.1%；菜籽粕 533 万 t，同比下降 9.8%；其他饼粕 468 万 t，同比下降 1.5%；磷酸氢钙 283 万 t，同比增长 1.8%；其他 1 609 万 t，同比增长 25.2%。

9. 饲料机械设备生产总量增长　2014 年，饲料加工机械设备生产总量为 28 510 台套，同比增加 368 台套，增长 1.3%。其中，成套机组 1 710 台套，同比增加 74 台套，增长 4.5%；单机 26 800 台，同比增加 294 台，增长 1.1%。

在成套机组中，时产≥10t 设备 1 285 台套，时产<10t 设备 425 台套。

在单机设备中，粉碎机 8 873 台，同比增加 90 台，增长 1.0%；混合机 7 051 台，同比减少 417 台，下降 5.6%；制粒机 7 841 台，同比减少 239 台，下降 3.0%；单机其他 3 035 台，增加 860 台，增长 39.5%。

10. 饲料行业从业人数继续下降　2014 年，饲料企业年末职工人数为 50.6 万人，同比下降 17.6%。大专以上学历的职工数为 19.0 万人，占职工总人数的 37.5%，其中，博士 1 758 人，同比下降 10.6%；硕士 7 906 人，同比下降 4.5%；大学本科 68 487 人，同比下降 14.1%；大学专科 111 720 人，同比下降 22.7%；其他学历 315 902 人，同比下降 16.8%。技术工种 47 467 人，同比下降 28.1%。

二、饲料行业运行特点及原因分析

2014 年，国家宏观经济呈现“新常态”，我国畜牧饲料业发展也多个方面呈现出新特点。

1. 饲料行业发展进入结构性发展调整期，增速放缓 1992—2012 年中国饲料年均增长 8.5%，2013 年下降 0.6%，成为行业发展的一个拐点。2014 年，饲料总产量同比增长 2.0%；2013 年同比下降 0.6%；2012 年同比增长 7.7%。从各省产量情况来看，有近一半的省、区、市饲料产量下降，一半呈现增长，但增幅下降。饲料产量前 10 名的生产大省广东、山东、河北等产量增降幅度较小，行业运行较为平稳；而甘肃、宁夏、青海等产量基数较小的省份，易受内外因素影响，产量波动幅度较大。

2. 饲料生产周期规律发生变化呈现旺季不旺 生猪价格持续低迷，养殖户深度亏损，家禽市场受 2014 年年初及年末 H7N9 流感影响，水产养殖受恶劣天气、病害等多重打击，饲料生产呈现旺季不旺。根据 180 家重点跟踪企业数据显示，从季度同比看，第一季度饲料总产量同比下降 4.7%；第二季度同比下降 3.6%；第三季度同比下降 5.4%；第四季度同比下降 4.9%。从季度环比看，一季度环比下降 21.1%，除猪饲料和反刍饲料增长外其他品种饲料均下降；二季度环比增长 14.1%，主要是水产饲料、反刍饲料和其他饲料增长为主；三季度随着 H7N9 流感疫情逐渐的淡化、畜产价格略有上涨，环比增长 12.2%，但由于水产饲料受天气影响以及南方主产区域虾病严重，造成水产饲料旺季不旺；四季度是畜禽产品消费的传统旺季，但因受经济下行、消费观念转变等因素影响，猪、家禽产品消费有所削弱，导致养殖积极性不高，饲料产量环比下降 5.8%（表 2-3）。

表 2-3 180 家跟踪企业季度饲料产量情况

单位：万 t

时间	总产量	配合饲料	浓缩饲料	添加剂预混合饲料
第一季度	455.5	375.9	57.9	21.6
第二季度	519.4	436.5	59.7	23.2
第三季度	582.8	503.7	56.8	22.3
第四季度	549.1	458.3	65.7	25.0
年　度	2 106.7	1 774.4	240.1	92.1

3. 猪禽等饲料品种均为跌势，反刍饲料成为亮点 2014 年生猪养殖价格低迷，几乎跨越全年度的亏损，第三季度养殖行情暂时好转，又恰逢玉米价格上涨，压缩了养殖利润；第四季度因生猪市场消费疲软，猪价持续下降，打击养殖户的积极性，中小养殖农户大批退出，养殖龙头企业乘势扩张。生猪产能不断调整，能繁母猪存栏逐月减少。2014 年 1 月生猪存栏 45 450 万头，母猪存栏 5 014 万头；12 月生猪存栏 44 169 万头，母猪存栏 4 381 万头。生猪存栏同比下降 6.9%，母猪存栏同比下降 13.1%；生猪存栏和 2014 年年初比下降 2.8%，母猪存栏和 2014 年年初比下降 12.6%，养殖行情的低迷和存栏下降直接抑制猪饲料的需求。

蛋禽饲料：由于受 2013 年度延续至 2014 年上半年“H7N9”流感疫情影响，蛋鸡存栏下降，据中国畜牧业协会数据显示，2014 年 5 月蛋鸡存栏量同比下降 12.8%。尽管从 5 月开始随着鸡蛋价格的不断上涨，蛋鸡补栏逐步恢复，但饲料产量仍较低于 2013 年。

肉禽饲料：受 2013 年及 2014 年初爆发“H7N9”流感疫情影响，肉禽市场消费低迷，价格大幅下滑，部分养殖户因亏损严重，退出家禽养殖业，肉鸡存栏下降。5 月肉鸡消费有所好转，加上 2014 年下半年节日相对比较集中，肉鸡需求量增加，肉鸡养殖逐渐好转，养殖户补栏积极性重新恢复，但是由于存栏并未完全恢复到正常水平，故从 2014 年来看肉禽饲料产量同比仍呈现下降态势。

水产饲料：受 2014 年第三季度多轮强台风的影响，南方多个省市水产养殖遭到损害，导致水产饲料需求减弱。

反刍饲料：2014 年反刍饲料总产量 876 万 t，同比增长 10.2%。受牛羊肉价格走势及发展肉牛羊肉产业政策的利好，反刍饲料成为亮点。奶牛、肉牛、肉羊均保持较好盈利水平。此外，部分地区出台生产反刍动物饲料补贴政策，进一步刺激反刍饲料产销量。奶牛生产总体平稳，但也面临外资大举进入的挑战。

4. 饲料产品结构不断调整 随着饲料行业产业化、规模化发展，饲料产品结构跟随调整。据统计数据显示，2009年配合饲料所占比重76.3%，浓缩饲料占比19.6%；2011年配合饲料占比82.9%，浓缩饲料占比13.1%；2014年配合饲料占比85.8%，浓缩饲料占比10.9%。近6年来，配合饲料比重持续增加，浓缩饲料比重不断减少。

5. 企业运营成本继续攀升 饲料产业已由快速增长期进入产业结构调整期，饲料产品逐步微利化。企业综合经营成本以及原料成本均在增长。2014年4～9月玉米价格持续上涨，河北、广东玉米价格分别高达2 800元/t、2 820元/t，每吨配合饲料生产成本约增加100元以上，挤压畜牧、饲料生产利润空间；9月和10月蛋氨酸和鱼粉价格又出现大幅上涨，再加上生产消费成本以及人力成本的高涨，给饲料企业的生产经营带来了巨大压力，也进一步压缩了企业效益。另外，食品安全和环保要求对企业资金投入方面的刚性增长以及新修订《饲料和饲料添加剂管理条例》（以下简称《条例》）的实施，既促进了行业的规范同时也增加了企业改造升级的投入。此外，研发投入、市场投入等都在刚性增长，使得企业的利润率降低，一方面促进企业竞争加剧，另一方面加速了整合速度。

6. 上市企业调整产品结构加快 饲料上市企业发展增速放缓，产品结构调整特点突出，以驱动利润率持续提升。新希望集团在2014年上半年家禽市场表现低迷的时候，将重点转移到猪饲料、蛋禽饲料。就整个产业链延伸来看，朝向食品终端。海大重点发展受疫情影响较小的蛋禽饲料，全年销量逆势增长；面对第三季度淡水鱼价格弱势，常规水产饲料销售下降，海大集团全力发展高档水产饲料业务，从而实现利润增长。通威股份产品结构的优化（高端虾料提升、禽饲料下滑）使公司饲料产品毛利率同比幅提升1.8个百分点，达到12.3%。大北农则将更多精力放在高附加值产品预混合饲料、教槽饲料、保育浓缩饲料、乳猪配合饲料、母猪浓缩饲料、高比例预混合饲料等。

7. 集中换证引导企业联合与转型企业数量大幅减少 按照新修订《条例》的要求以及配套法规的具体实施，各地严把行业准入关，有序开展饲料生产企业换发证工作。1月6日，农业部新闻办公室公布数据显示，截至2014年12月，全国获得饲料生产许可证的企业数量为7 061家，较2013年年底减少3 000家，减少比例达到30%。根据25个省区市的分析材料看，换证后企业数量减少50%以上的有黑龙江、吉林、陕西、宁夏、江西、云南、内蒙古、辽宁、江苏；企业数量下降在20%～45%的有重庆、河南、天津、山西、湖南、广西、河北、四川、新疆、上海、浙江、安徽；企业数量减少在10%以下的分别是广东、湖北、福建。

关于对产量的影响，有些省份反应有影响，有一半认为没有影响，因为停产的主要是小企业。小企业的淘汰出局，为一些实力强或完成提档升级的企业带来新的发展机遇。由此，优化了企业发展环境、促进了企业整合重组，提高了集中度，有助于大幅提高我国饲料企业整体水平。

8. 部分大型企业仍然保持稳健扩张之势 近两年，虽然行业整体形势不景气，部分大型企业采取收缩战略。但总体扩张势头还是比较迅猛，特别是产业链深度拓展方面的投入力度很大，呈现巨龙效应。如正大集团11月投资48亿元，建设100万头生猪园区涵盖种猪、屠宰加工、有机肥加工以及50万t饲料厂等，华西希望·德康集团与意大利TWB集团联合投资40亿元，按照欧盟建设食品安全产业链体系发展生猪生产。此外，通威股份、华西希望特驱集团、正邦科技、大北农均大额度投资饲料领域扩张建设，这些饲料企业的崛起不仅给畜牧业的发展注入了动力，也为饲料业发展提供了基础。

9. 企业加强战略合作，提升产业链价值 2014年，国内大型饲料企业与饲料行业的上下游加强合作，通过建立战略联盟关系，共同推动业务合作规模的不断增长，共同提升抵御市场风险的能力，提升产业链价值。

2014年5月，新希望六和与永辉超市签署了畜禽产品战略合作框架协议，就产品直供体系、产品协同研发、信息共享等方面的战略合作意向达成一致。随后，新希望于7月联手五粮液，利用酒糟合作生产饲料。2014年6月，内蒙古草原天邦饲料与蒙羊牧业举行“2014年战略合作”签约仪式，此次合作既可扩大天邦的市场占有率，又延伸了蒙羊牧业肉羊养殖产业链。2014年9月，中粮集团、温氏集团和双胞胎集团签订战略合作框架协议，有机结合饲料养殖产业链上下游，联手打造安全、高效、稳固的饲料产业链。10月，战略合作再度出击——中粮贸易先后与海大集团、桂林力源粮油达成战略合作协议，在原料供应、信息共享、增值服务、交易模式创新等方面建立全面、深入的战略联盟关系。

10. 饲料企业试水线上线下结合 比尔·盖茨曾说过：“21世纪要么电子商务，要么无商可务。”在这个一切皆电子商务的时代，农牧业触网热潮早已悄然兴起。饲料企业已向电商模式逐步转型，大北农、新希望等大型饲料企业正大力开拓移动互联网和电商。2014 年 3～4 月，新希望先后与阿里淘宝、京东合作，加快布局农牧电商；10 月，新希望六和禽肉食品事业部微店上线，涉水移动电商。2014 年 5 月，大北农“智农网”“智农网店”“智农通”“服务体验中心”“农信网”和“农富宝”6 大产品上线。2014 年 12 月，安佑推出“安佑云”，包括“猪维通”“云端照护”产品体验、养猪百科、安佑大学等。发展电商已在不知不觉中改变着企业的发展甚至整个行业的发展。但是，必须注意到，这些企业并没有将饲料作为电商化的切入点，大部分都是以食品为着力点拥抱互联网。饲料企业的电商之路才刚刚起步，只有找到适合自己的个性化电商之路，企业才能借助互联网的力量解决当下的困境。

11. 积极拓展国际市场 大中型饲料企业依靠优质稳定的产品质量开拓市场，在巩固和发展国内市场的同时，积极拓展国际市场。新希望、海大、通威等资金雄厚的饲料企业纷纷将眼光放在国外，特别是东南亚饲料市场的发展空间。2014 年 8 月 22 日，新希望表示，集团计划未来 5 年在海外投资 5 亿美元，以每年 10 家左右的速度进行海外扩张，主要在东南亚地区建造饲料、农产品加工厂。2014 年 10 月，华西希望·德康集团（华西希望特驱集团养殖事业部）与意大利 TWB 公司达成 5 亿欧元（约合 40 亿元人民币）安全食品产业链项目合作意向协议。在中国建设食品安全产业链体系，发展生猪养殖，按照欧盟标准建立安全生产体系生产安全食品。

2014 年 12 月 18 日，新希望六和发布公告，根据公司 2014 年投资发展规划，拟实施 5 个投资发展项目，合计投资总额为 4.2 亿元。5 个投资项目中包括印尼井里汶地区新建年产 12 万 t 饲料项目和波兰大波兰省新建年产 18 万 t 饲料项目，投资额分别为 8 045万元和 1.1 亿元。通威也表示，如今海外市场处于高速增长阶段，会相应的加大对对虾板块投入，包括产能、人员、技术服务要求等方面的投资。

12. 全国饲料产品质量稳步提升 自新修订的《条例》实施以来，农业部组织各地深入贯彻实施各项新制度，着力规范饲料生产经营秩序。2014 年，全国饲料产品抽检合格率 96.2%，连续 3 年稳步提高。从各省情况来看，在除青海、西藏以外的 29 个省区市中，宁夏和新疆饲料产品合格率为 100%，辽宁、广西、四川、湖北、广东、海南、贵州和山西等省区市的饲料产品合格率在 98%以上，江苏省饲料产品合格率相对较低，但也在 90%以上。

13. 饲料监管工作信息化 在这个信息化的时代，各地管理部门紧跟时代潮流，利用网络平台提高饲料监管工作效率。辽宁省建立饲料检打联动监管网络平台，2013 年 7 月开始建设的兽药饲料网络信息平台，已于 2014 年 7 月 1 日起正式受理所有饲料行政审批事项；江西省以江西畜牧兽医网为平台，对行业重大活动、重要文件通知、上级重点工作、会议精神、行业热点信息、各类申报表格等在网上进行发布；山东省饲料生产及经营企业管理系统已经全面上线使用，具备生产企业信息、监管记录查询、年度备案、特有工种人员查询等功能。另外，山东省结合换证工作对数据库进行了更新和完善，部分信息将逐步向社会公开。

14. 日常监管日趋规范，行业自律意识显著增强 自新修订的《条例》及相关配套规章颁布实施以来，各省饲料管理部门严格落实农业部规定，认真履职尽责，加强监管，依法依规严厉打击非法生产经营行为。在日常监管中，各省饲料管理部门严格饲料产前、产中、产后三个关键环节的过程监管，重点落实原料进厂检验查验制度、产品出厂检验留样检验制度，有效保障了饲料产品和畜产品的质量安全。通过换证工作，企业一改过去小、乱、差的现象，逐步走向规范合理，企业整体素质大幅提升，自律意识明显增强，饲料工业步入一个崭新的发展平台。

三、饲料行业主要影响因素

1. 国内经济增长模式及消费环境发生深刻变化 我国宏观经济增长由高速增长期转向中高速增长期。据统计局数据显示，2014 年第一季度，我国 GDP 同比增长 7.4%；第二季度在微刺激稳增长措施的作用下，GDP 同比增长 7.5%；第三季度由于生产及需求弱化，经济增速放缓，GDP 同比增长 7.3%。2014 年全年 GDP 同比增长 7.4%，比 2013 年低了 0.3 个百分点。宏观经济减速慢行，经济下行压力不断加大，必然影响到各个行业。此外，“八项规定”等大力倡导厉行节约，奢侈与浪费性消费减少，肉食浪费的泡沫被挤压，回归到正常消费，肉类消费明显下降，畜禽产品的消费受到抑制的直接表现便是市场行情低迷，养殖效益下降，畜牧饲料行业整体不景气。

2. 影响畜禽水产发展的不利因素增多 生猪养殖作为我国畜牧养殖第一大产业，生猪价格的走势直接影响生猪养殖户的利润，同时也是影响饲企饲料销售的重要因素。在饲料上市企业半年报中，新希望、通威、大北农都提到生猪价格低迷对其业绩造成较大影响。2014 年年初 H7N9 流感疫情再次爆发，广东、浙江、上海等南方多个省市 2 000 多个活禽交易市场被迫关闭，全国肉鸡和鸡蛋价格大幅下降，养殖户大量淘汰禽类，降低存栏以减少损失。H7N9 流感疫情不仅造成家禽养殖规模的大幅缩减，同时也使禽类养殖户产生恐慌心理，补栏不积极，存栏量难以恢复，致使养禽业损失惨重，禽类饲料产量下降。

此外，天气对畜牧业也有重大影响。7～9月是水产养殖旺季，而我国沿海地区持续遭受台风“威马逊”“海鸥”“凤凰”等肆虐，畜禽及水产养殖受损严重，其中，仅超强台风“威马逊”造成海南、广东、广西3省直接经济损失约为265.5亿元。其中，通威、海大等水产饲料产量占幅较大的企业，受到水产养殖不景气的影响，饲料增长同比下降。

3. 食品安全事件抑制畜产品消费 消费者对畜产品质量安全信心下降，抑制了正常的畜产品消费，导致饲料养殖形势压力较大。2014年，除多起人感染H7N9流感病例在很大程度上打击了消费者的信心外，7月份，麦当劳、肯德基等快餐供应商上海福喜食品有限公司被曝大量采用过期变质肉类原料。事件一经曝光，多地食药监督部门介入调查，随着调查的深入，事件影响不断扩大，多家餐饮企业牵涉其中。据麦当劳北京第三季度财务报表显示，第三季度净利同比下降29.6%，主要受福喜“过期肉”事件影响，导致销量下滑；肯德基也因该事件业绩下滑。2014年12月，央视曝光了江西高安病死猪肉事件以及江苏南京养鸭滥用抗生素事件。事件一经曝光，农业部迅速派出督导组分别与江西省农业厅、江苏省农委等相关部门开展现场调查，查处违法违规行为。目前，已对江西高安在私屠滥宰和病死猪肉非法交易监管中负有主要责任的相关部门8名官员予以免职；关于“鸭农滥用抗生素”事件，江苏省农委表示，将进一步加大兽用抗生素残留监测力度，给公众一个负责任的答复。食品安全事件的频发，在一定程度上打击人们对畜禽产品的信心，影响畜禽产品的消费水平，间接影响了饲料行业的发展。

4. 饲料行业发展进入相对饱和阶段 从产业发展周期来看，目前畜牧饲料产业已跨过快速增长进入成熟期，整个饲料需求进入一种相对饱和阶段，饲料工业产量增长速度将放缓。20世纪80年代至今的30年时间，我国的饲料工业与肉类产量均得到了质的飞跃。并且饲料产量的增长速度明显大于肉类的增长幅度。目前新希望、正大、大北农、海大、通威等大企业均存在严重的产能利用率低现象，新增饲料产能的力度普遍放缓，将更多将资金投入国内的养殖、消费终端，与国外市场的投资。

另外，2014年是饲料生产许可证的换证年，众多不达标的小微型饲料企业生产资格受到影响。受市场和政策的双重作用，2014年饲料总产量也或多或少受到影响，主要是过渡时期数据统计可能无法全面的问题。

（陆泳霖）

主要饲料产品概述

猪饲料

一、生猪生产情况

1. 生猪生产稳定，生猪出栏量及猪肉供给创历史新高 据国家统计局数据显示，2014 年肉类总产量 8 707 万 t，同比增长 2.0%。其中，猪肉产量 5 671万 t，同比增长 3.2%，占肉类总产量的 65.1%，占世界猪肉总产量的 51.2%。2014 年年末生猪、能繁母猪存栏 45 734 万头，同比下降 12.9%；生猪出栏 73 510 万头，同比增长 2.7%，创新历史最高（图 2－8）。

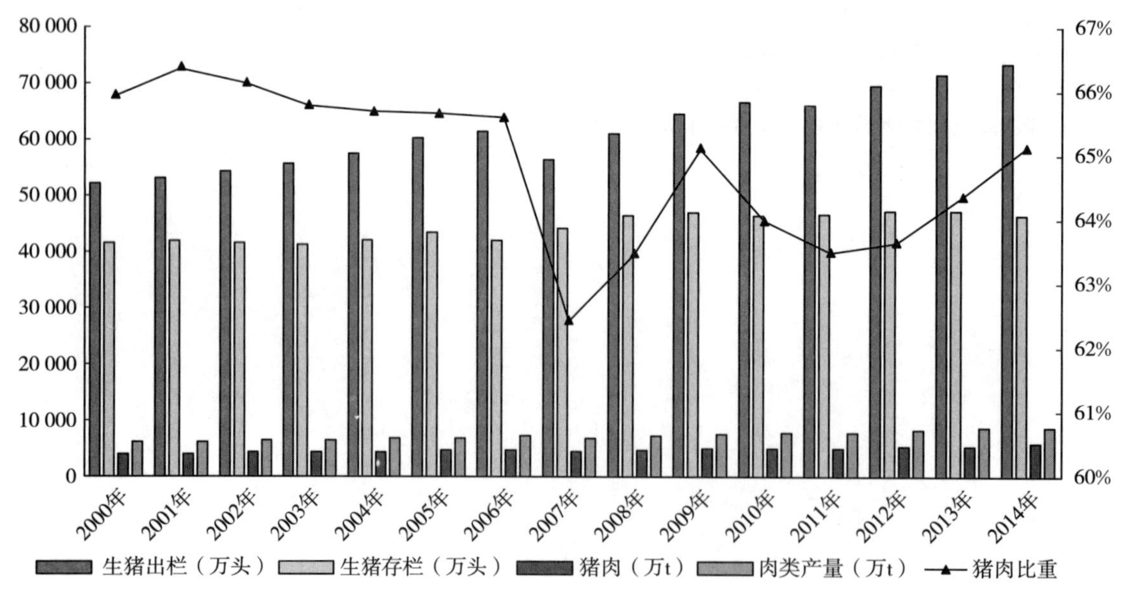

图 2－8　2000—2014 年生猪生产情况

2. 生猪和能繁母猪存栏量大幅下降 据农业部统计数据显示，2014 年年末生猪存栏量为 41 445 万头，比 2013 年下降 2.3%。2014 年生猪月存栏量均低于 2013 年同期，并且达到近 5 年的历史低位水平；其中，7 个月环比下降，4 个月略升，1 个月持平，并且下降的幅度明显大于上升的幅度，12 月达到生猪存栏量最低点。

2014 年全国能繁母猪存栏量呈进一步下滑态势，月度存栏量均低于 2013 年同期。能繁母猪存栏量 16 个月出现不同程度的下滑，连续 9 个月同比降幅超过 5%，同比连续下滑 22 个月；12 月能繁母猪存栏量约为 4 289 万头，环比下降 1.8%，同比下降 13.2%，远低于农业部“4 800 万头”的预警线，处于近 6 年来的历史最低位（图 2－9）。

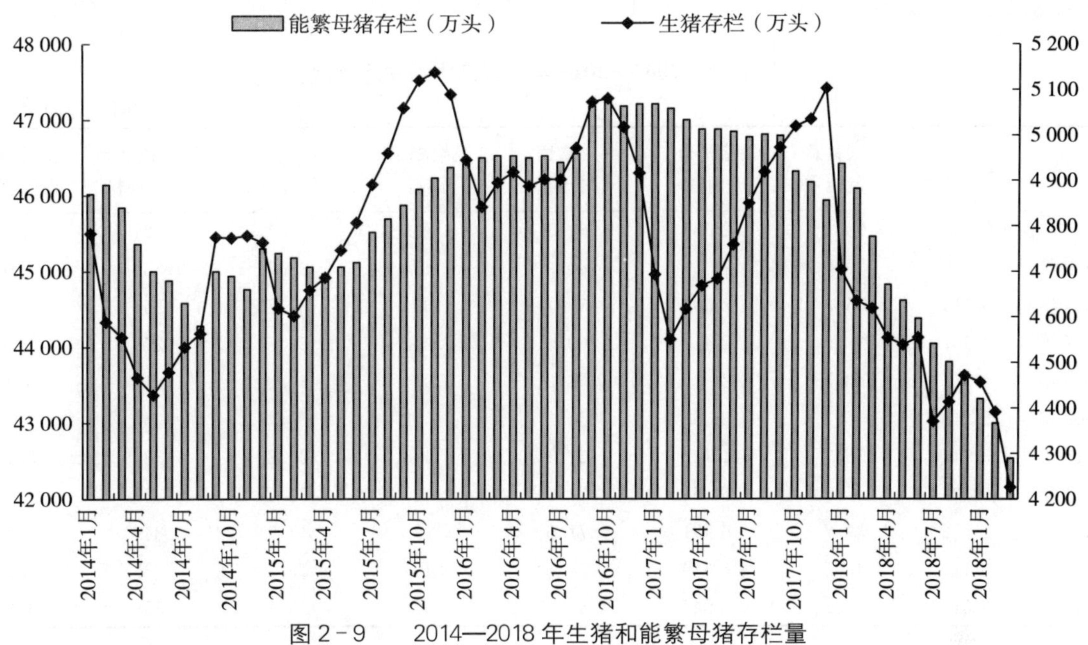

图 2－9　2014—2018 年生猪和能繁母猪存栏量

3. 猪粮比创历史新低，养殖利润创 6 年来新低
2014 年猪粮比平均值为 5.36∶1，较 2013 年的比价 6.14∶1，下降 0.78，降幅约为 12.7%。2014 年全国平均猪粮比均跌破 6∶1 盈亏平衡点，养殖户处于亏损状态（图 2－10）。

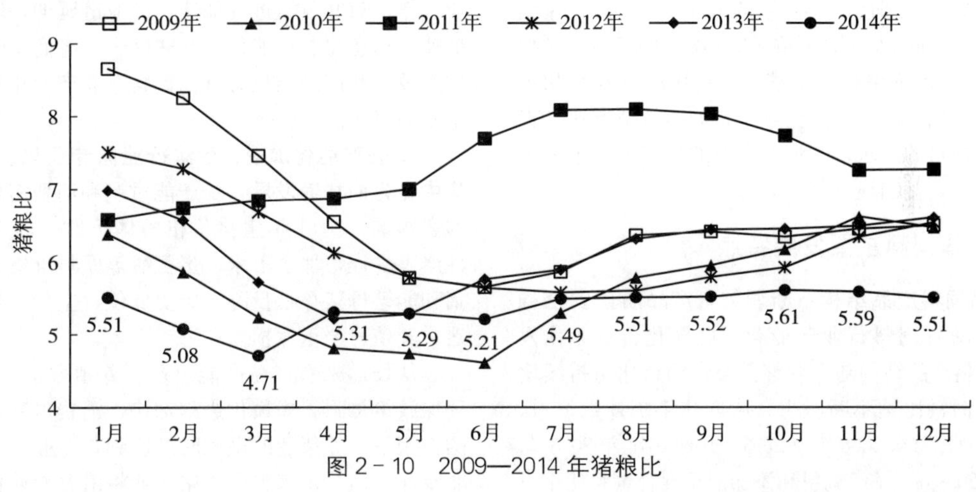

图 2－10　2009—2014 年猪粮比

二、猪饲料生产情况

1. 2014 年全国饲料总产量和产值略增　据全国饲料工业统计资料显示，2014 年全国饲料总产量 19 727万 t，同比增长 2.0%。其中，配合饲料产量为 16 935 万 t，同比增长 3.8%；浓缩饲料产量为 2 151 万 t，同比下降 10.3%；添加剂预混合饲料产量为 641 万 t，同比增长 1.1%。

2014 年全国饲料工业总产值和总营业收入分别为 7 603 亿元、7 313 亿元，同比分别增长 3.0%、2.2%；其中，商品饲料工业总产值和总营业收入分别为 6 941 亿元、6 679 亿元，同比分别增长 2.3%、1.4%；饲料添加剂总产值和总营业收入分别为 595 亿元、568 亿元，同比分别增长 11.2%、12.0%；饲料机械设备总产值和总营业收入分别为 67 亿元、66 亿元，同比分别增长 8.1%、3.1%。

2. 2014 年猪饲料产量及比重保持增长，发展增速放缓　据统计，2014 年全国猪饲料产量 8 616 万 t，同比增长 2.4%，占全国饲料总产量的 43.7%。其中，猪配合饲料产量 6 945 万 t，同比增长 4.8%，占全国配合饲料产量的 41.0%；猪浓缩饲料产量 1 303 万 t，同比下降 7.4%，占全国浓缩饲料产量的 60.6%；猪添加剂预混合饲料总产量 368 万 t，同比下降 1.9%，占全国添加剂预混合饲料产量的 57.4%（表 2－4）。

表 2－4 2004—2014 年我国猪饲料生产情况

单位：万 t、%

年份	总产量	占饲料总产量比重	猪配合饲料	占猪饲料比重	猪浓缩饲料	占猪饲料比重	猪添加剂预混合饲料	占猪饲料比重
2004 年	3 793	39.3	2 333	61.5	1 239	32.7	221	5.8
2005 年	4 250	39.6	2 561	60.3	1 434	33.7	254	6.0
2006 年	4 015	36.3	2 397	59.7	1 354	33.7	264	6.6
2007 年	4 001	32.5	2 411	60.3	1 312	32.8	278	7.0
2008 年	4 577	33.5	2 893	63.2	1 374	30.0	310	6.8
2009 年	5 243	35.4	3 363	64.2	1 542	29.4	337	6.4
2010 年	5 947	36.7	4 112	69.1	1 498	25.2	337	5.7
2011 年	6 830	37.8	5 050	73.9	1 440	21.1	337	4.9
2012 年	7 722	39.7	5 991	77.6	1 382	17.9	349	4.5
2013 年	8 411	43.5	6 629	78.8	1 407	16.7	375	4.5
2014 年	8 616	43.7	6 945	80.6	1 303	15.1	368	4.3

3. 饲料原料价格高位运行，生产成本增加，效益下降 2014 年猪添加剂预混合饲料平均价格保持增长，达到 3.34 元/kg，同比增长 0.8%。同时，猪粮比和猪料比分别由 2013 年的 6.14、4.48 下降到 5.36、4.00，同比分别下降 12.7%、10.7%。2014 年 4～9 月玉米价格持续上涨，9～10 月蛋氨酸和鱼粉价格也大幅上涨，加之全年生猪养殖行情低迷，直接抑制猪饲料的需求，给饲料企业的生产经营带来了巨大压力，效益明显下降。

三、猪饲料主要发展特点

1. 猪饲料产品结构不断调整，产品质量安全稳步提升 随着饲料行业产业化、规模化、专业化发展，猪饲料产品结构随之调整，配合饲料比重持续增加，浓缩饲料比重不断减少。从近几年统计数据看，猪配合饲料比重从 2006 年 59.7%上升到 2014 年 80.6%，9 年增长 20.9%。浓缩饲料和添加剂预混合饲料比重下降，分别从 2006 年 33.7%和 6.6%下降到 2014 年 15.1%和 4.3%，分别下降 18.6、2.3 个百分点。全国饲料产品质量安全持续改善，宁夏和新疆饲料产品合格率为 100%，多数省份产品合格率在 98%以上，全国饲料产品抽检合格率 96.2%，连续 3 年稳步提升。

2. 饲料企业数量大幅减少，饲料专业化、产业化水平明显提升 随着新《饲料和饲料添加剂管理条例》实施，2014 年饲料企业集中换证。据统计，截至 2014 年 12 月底，全国获得饲料生产许可证企业 7 061家，较 2013 年底减少 3 000 家，减少比例达到 30%。饲料生产企业门槛提高，达不到要求的中小企业被淘汰出局，饲料生产企业大幅减少。同时大型饲料企业顺势扩张，弥补了中小企业迅速退出市场的冲击。饲料企业正向做大做强规范发展，行业联合、企业合作、兼并重组进程加速，产业链延伸，转型升级加速，信息化、智能化、互联网＋、电商运营等促进生产效能和产品质量提升，饲料企业产业化和专业化水平明显提高。

3. 去产能化加速，生猪行业向专业化、规模化、集中化方向加速发展 受产能过剩和消费需求下降等因素影响，2014 年生猪价格整体下跌，养殖户积极性严重受挫，加之玉米、蛋氨酸等原料价格上涨，生猪和能繁母猪存栏量降至历史低位，生猪养殖行情低迷，养殖户严重亏损。

从长远来看，在产能过剩、养殖亏损、成本高、环保政策加强、规模化进程加快、消费再升级等因素的作用下，养猪业的微利时期已到，专业养殖将淘汰非专业养殖。未来整个生猪产业将沿着专业化、规模化、集中化的道路继续快速发展。

4. 出台多项新政，确保畜牧业、生态环境和食品安全 《畜禽规模养殖污染防治条例》正式实施和《建立病死畜禽无害化处理机制的意见》以及 2015 年即将出台的新环保法，标志着畜禽养殖污染防治走上法制化道路，养殖业造成的污染问题已不容回避，相关设施设备的改进，降低污染，但势必会增加养殖成本。另外，《进口饲料和饲料添加剂登记管理办法》《饲料质量安全管理规范》《饲料标签》《饲料和饲料添加剂管理条例》等涉及饲料、兽药管理、养殖废弃物处理、屠宰监管、猪肉收储等政策，覆盖面广、针对性和操作性强，对确保畜牧业、生态环境和食品安全等有着重大意义。

5. 中国经济进入新常态，养猪业必将面临严峻挑战 随着中国经济进入新常态，经济增长从超高速转为中高速，从要素驱动、投资驱动转向创新驱动，经济结构不断优化升级，我国养猪业新面临一系列严峻挑战：高度依赖国外种猪，受国外优质猪肉贸易冲击，饲料原料如大豆、玉米等大量进口，劳动力成本走高，环保压力加重等，养殖业格局必将打破并重新洗牌，从而寻求新平衡。

（唐湘方　张宏福）

猪饲料生产与布局

一、我国养猪业情况及特点

1. 全国猪肉产量及人均消费量稳步增加 随着我国标准化规模养殖水平提升，遗传改良、新品种选育等科研方面投入增加及屠宰加工水平提升，我国猪肉产量继续呈稳定上升趋势。2014 年，全国生猪出栏量 73 510 万头，同比增长 2.7%；猪肉产量 5 671 万 t，同比增长 3.2%。猪肉产量增加进一步拉动人均猪肉消费量。2014 年人均猪肉消费量 41.5kg/人，同比增长 2.7%（表 2－5）。

表 2－5　2005—2014 年生猪生产情况

单位：万 t、kg/人、%

年份	猪肉产量	同比	人均猪肉消费量	同比
2005	4 555	4.9	34.8	4.3
2006	4 651	2.1	35.4	1.6
2007	4 288	−7.8	32.5	−8.3
2008	4 621	7.8	34.8	7.2
2009	4 891	5.9	36.6	5.3
2010	5 071	3.7	37.8	3.2
2011	5 060	−0.2	37.6	−0.7
2012	5 343	5.6	39.5	5.1
2013	5 493	2.8	40.4	2.3
2014	5 671	3.2	41.5	2.7
年均增长率	2.5%	—	2.0%	—

2. 生猪企业盈利下滑，行业去产能化加速 2014 年受宏观经济整体下行，猪肉消费量减少，而我国生猪市场供过于求，处于去产能加速阶段，同时也受饲料大宗原料玉米、鱼粉、DDGS 价格上涨等多重因素影响，生猪养殖全年处于亏损状态。根据农业部每月跟踪的饲料产品价格分析，猪配合饲料平均价格 3.41 元/kg，同比下降 0.3%。从生猪、能繁母猪存栏规模来看，2014 年生猪市场延续 2012 年年底的去产能态势，年末生猪存栏 41 445 万头，同比下降 2.3%；能繁母猪存栏 4 289 万头，同比下降 13.2%。2014 年猪粮比平均 5.36∶1，低于 6∶1 的盈亏平衡点，全年仅有 2 个月猪粮比在 5.5∶1～5.8∶1，其余都是在 5.5∶1 以下，在 4 月份出现了猪粮比的最低点，生猪养殖处于深度亏损期。

二、猪饲料发展特点及区域

1. 猪饲料产量连续两年增速放缓 2006 年受猪高致病性蓝耳病等动物疫情冲击，原材料价格高涨及食品安全事件等因素的制约，我国的生猪存栏下降。2006 年和 2007 年猪饲料产量连续两年下降。2008 年开始快速增长，由 4 577 万 t 增加到 2012 年的 7 722 万 t，平均年复合增长率达 14%。在全国宏观经济下行及饲料产能过剩的背景下，2013 年和 2014 年猪饲料产量增速放缓，2013 年同比增长 8.9%，2014 年同比增长 2.4%（图 2－11）。

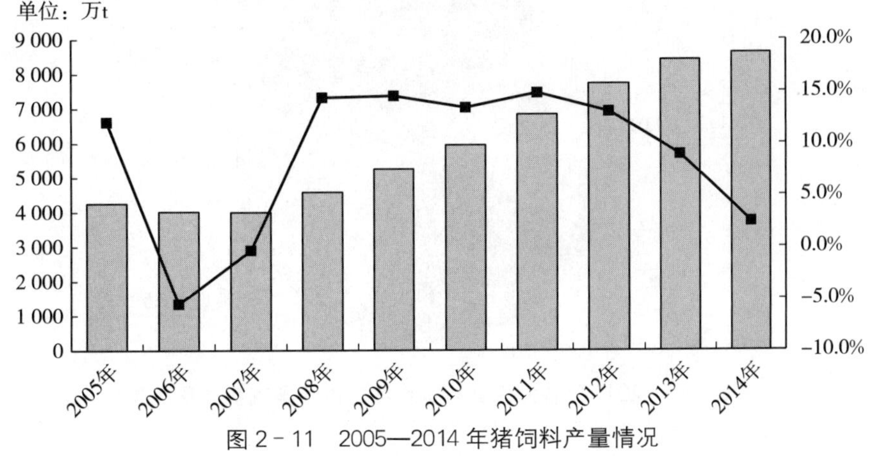

图 2－11　2005—2014 年猪饲料产量情况

2. 猪配合饲料比重逐步增加，浓缩饲料、添加剂预混合饲料比重逐步减小 随着散养户加速退出，生猪养殖规模化不断加深，猪配合饲料比重逐年增加，浓缩饲料和添加剂预混合饲料比重加速下降。2014 年猪配合饲料总产量 6 945 万 t，同比增长 4.8%，占猪饲料总产量 80.6%，占全国配合饲料总产量 41%。猪浓缩饲料 1 303 万 t，同比下降 7.4%，占猪饲料总产量 16.7%，占全国浓缩饲料总产量 60.6%。猪添加剂预混合饲料 368 万 t，同比下降 1.9%，占猪饲料总产量 4.5%，占全国添加剂预混合饲料总产量 57.4%。

3. 猪饲料价格出现 5 年来首次下滑 近年来，随着土地资源紧张，人力资源紧缺，饲料原料及经营管理成本上升，饲料产业进入微利期。2010—2013 年猪饲料价格直线增长。2014 年由于养猪业形势低迷，生猪和能繁母猪存栏量下降，玉米、进口鱼粉、蛋氨酸等原料价格波动明显，猪饲料价格出现 5 年来首次下降。据农业部重点跟踪企业价格数据分析，2014 年育肥猪配合饲料平均价格 3.41 元/kg，同比下降 0.3%；育肥猪浓缩饲料平均价格 5.31 元/kg，同比下降 0.7%；4%大猪预混合饲料平均价格 5.99 元/kg，同比增长 0.8%（图 2-12）。

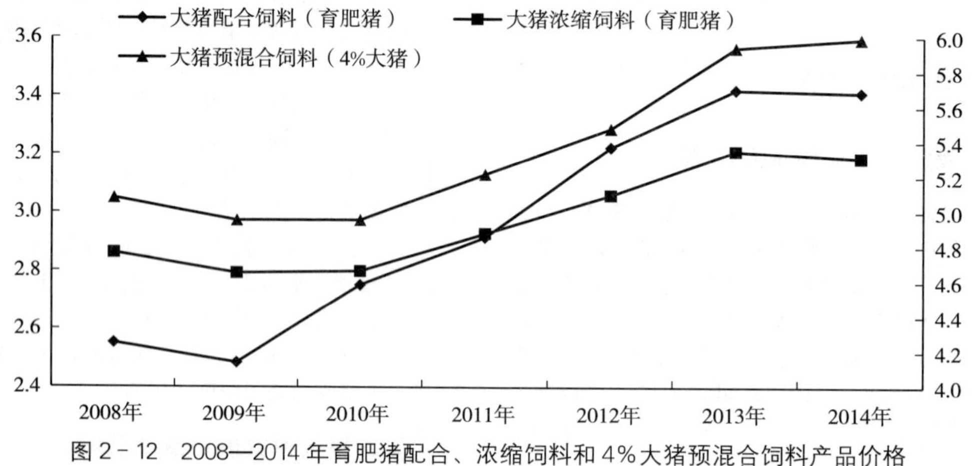

图 2-12 2008—2014 年育肥猪配合、浓缩饲料和 4% 大猪预混合饲料产品价格

4. 猪饲料区域分布明显 我国养猪业主要分布在长江中下游、华北及西南地区。猪饲料产区主要分布在原料主产区及养殖和畜产品消费集中的地区。根据全国行政区域划分，将 30 个省、市、自治区（不包括西藏）划为分华北、东北、华东、华中、华南、西南及西北七大区域。华东、华南和华中地区是我国猪饲料生产主要集中区域，三大片区合计占全国猪饲料产量的 68.9%，尤以华东地区占比最大，占全国 27.6%；华南和华中地区分别占 21.0% 和 20.3%。华北、东北、西南和西北地区占全国产量 31.1%，其中，西南地区占 11.7%；东北和华北地区分别占 8.8%和 7.3%；西北地区产量最少，占比 3.4%（图 2-13）。

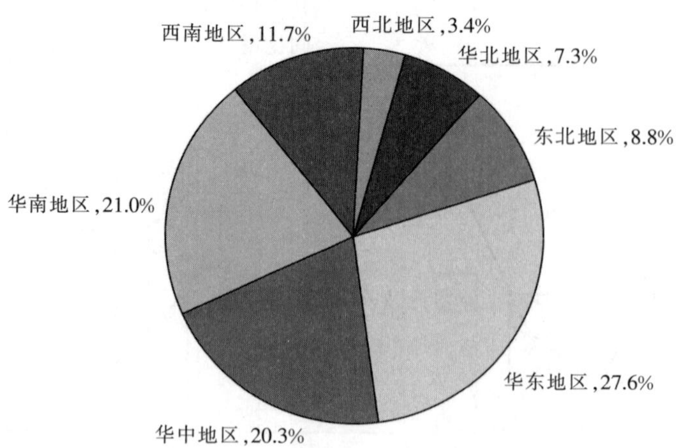

图 2-13 2014 年各大区域猪饲料产量占全国饲料产量比重

三、生猪养殖特点

1. 养猪业南压北扩的趋势明显 2014 年开始实施《畜禽规模养殖污染防治条例》，南方资源条件受到限制，生猪养殖与水环境保护矛盾突出，政府对养殖场的整治力度和决心非常大，要求转变生猪生产方式，优化布局，提升标准化规模养殖水平，不少地区政府出台限养禁养的措施，养殖空间越来越小，加上南方地区受玉米价格上涨，东部、南部经济发达地区步入产业升级新阶段，土地、用工、投入品成本飙升，饲料养殖业开始向土地、环境、饲料及用工更具优势的北方转移，南方压缩生产，北方扩大产能。

2. 饲料研发投入增加 经历了我国饲料行业的快速发展阶段，近几年，饲料同质化现象严重，国内养猪业集中化程度不高，生产性能低，猪肉价格和国际差距较大。加大研发投入和科技创新，研究营养调控与饲料资源高效利用、开发新型产品提高畜禽生产水平和资源利用效率，改善动物产品质量安全，减少畜牧业生产环境公害，为畜牧业的转型发展提供有效技术支撑。科研机构和一些大型饲料生产企业加大合作，利用产学研结合解决动物快速生长，提高繁殖性能、饲料有效利用，大幅度提高我国畜牧业的国际竞争力和可持续发展能力。

3. 养猪业结构进一步转型升级 随着养猪业规模化程度提高，散养户数量减少，猪价暴涨暴跌的几率降低，政府参与市场调控的作用和手段更加完善，养猪业的整体利润改善。养殖企业在互联网、云计算、大数据等行业新特点突显，彻底升级传统的养猪管理模式，提高养猪生产效率，改变养猪人与养猪产业链之间的关系。此外，国家加大生猪养殖补贴、扶持家庭农场和农村金融政策，小规模养殖场和散养户逐步淘汰，缩减过剩产能，提升产业科技含量和产品品质，建立以健康生态养殖为主旨的养殖模式，由简单数量型向质量效益型转变。

（陆泳霖　刘丹丹）

家禽饲料

受 H7N9 流感疫情影响，禽产品价格暴涨暴跌。2014 年是中国家禽业辉煌的一年，战绩卓著，尤其是商品蛋鸡养殖行业，利润丰厚（全国平均鸡蛋 8.83 元/kg、淘汰鸡 9.91 元/kg、盈利 16.56 元/只，有些养殖户盈利甚至超过 30 元/只)，成为了 2014 年度“畜牧行业中效益最好的一个产业”。我国蛋鸡业的良种化、专业化、设施化和市场化程度较高，“小规模、大群体”的产业特征突出，准入和退出门槛较低，使的产业自我调节能力较高、市场供给的波动性增大。因为蛋鸡存栏少、自配饲料（使用浓缩饲料和预混合饲料）现象普遍，甚至使得统计的蛋禽饲料产量同比减少；禽蛋产量却略有增加，与饲喂饲料质量好、单产增加有关。肉禽行业 2014 年并不乐观，毛鸡均价 8.79 元/kg，养殖环节盈利 0.28 元/只，父母代亏损减少，祖代养殖继续赔钱；祖代引种 119.3 万套，商品鸡出栏超过 50 亿羽。禽肉总产量降低近 3 个百分点。

一、禽饲料生产形势与特点

2014 年全国商品饲料总产量 1.97 亿 t，同比下降 2.0%，其中，蛋禽饲料产量 2 902 万 t，同比下降 4.4%，肉禽饲料 5 033 万 t，同比增长 1.7%；禽料总计 7 935 万 t，占饲料总产量的 40.2%。家禽饲料产量占全国饲料总产量的比例（图 2－14），1993—2008 年期间（除 1997 年和 1998 年外）均大于等于 50%，家禽饲料随着饲料总产量的增加而增加，其增加速度与

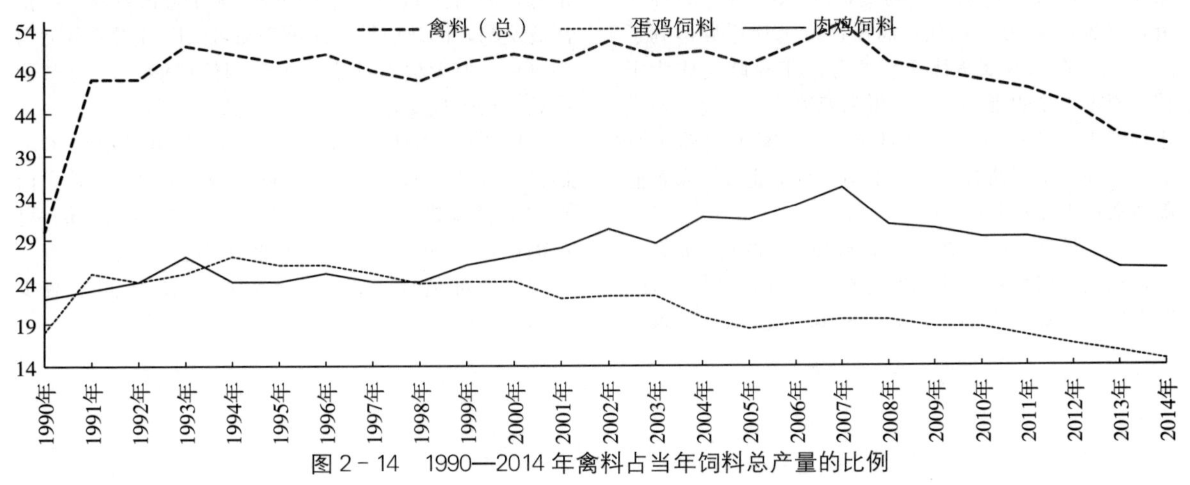

图 2－14　1990—2014 年禽料占当年饲料总产量的比例

饲料工业基本同步；自 2007 年（54.6%）以来持续减少，2014 年仅有 40.2%；同期饲料总产量持续增加，蛋禽和肉禽饲料自 2012 年以来的总量和占饲料总产量的比例均降低。家禽行业工业化饲料率降低、家禽养殖遇到问题、其他动物饲料增加更多。

2014 年我国粮食产量 60 710 万 t（其中玉米 21 567.3万 t，同比下降 1.0%），同比增加 0.9%，造成了玉米价格高企，浓缩饲料和自配料的成本优势有限，配合饲料企业利用规模优势，大量使用非常规原料（高粱、木薯、大麦、小麦等）；减少业务费用（业务员减少、使用罐车运输饲料），为养殖行业提供性价比高的产品和服务，得到越来越多的用户认可。我国南方 30%～40%的饲料企业采用进口高粱和大麦代替玉米，华北和黄淮海地区采用小麦替代玉米。据统计，2014 年中国累计进口大豆 7 140 万 t，木薯（主要来自泰国和越南）进口量达到创纪录的 880 万 t，同比提高 30%。国家粮油信息中心（CNOGIC）预测，2014/2015 年度（10 月至次年 9 月）中国大麦（主要来自澳大利亚和法国）进口量 700 万 t（美国农业部预测 600 万 t），比上年的 489.1 万 t 增长四成以上；高粱（主要来自美国）进口量也将提高到 810 万 t（美国农业部预测 700 万 t），比上年的 416.1 万 t 提高近一倍。

二、家禽养殖与饲料生产概况

1. 蛋禽 蛋禽产业大事件。2014 年禽蛋产量 2 894万 t，增加 0.6%，产蛋鸡受 2012 年亏损、2013 年 H7N9 流感疫情和疾病导致蛋鸡存栏量降低（平均 11 亿只产蛋鸡），其产量还能增加，主要是因为产蛋鸡利用率增加（由 70 周龄增加到 80 周龄；因为饲料质量好、单产水平高，使得料蛋比创造历年新低，平均 2.32）、种蛋转商（白羽和黄羽肉鸡及蛋种鸡的父母代约 9 000 万只，产量约 30 万 t）、其他蛋源增加等。2014 年进口祖代蛋鸡 21.7 万只，14 亿只商品蛋鸡仅需要 36 万套祖代，而祖代蛋鸡存栏量达到了 60 万套。在鸡蛋期货满 1 年之际，宁夏晓明成为了首登资本市场的蛋鸡企业。蛋鸡养殖的标准化、规模化程度进一步提高，2014 年新增 49 家蛋鸡养殖企业。目前，全国共有 566 家蛋鸡养殖企业被列入农业部畜禽标准化示范场。

3 月下旬后，随着 H7N9 流感疫情报告病例减少，鸡蛋价格率先上涨，蛋禽补栏从 3 月开始增加，7 月中旬全国鸡蛋出场价格 10～10.5 元/kg，蛋鸡养殖利润 20～25 元/百枚，利润率达到了 50%。蛋禽养殖利润丰厚，受 H7N9 流感疫情影响小；三季度以后，前期补栏的蛋禽逐步释放产能，预计 2015 年第一季度鸡蛋继续走低，可能亏损或者阶段性反弹。

2014 年蛋禽饲料产量 2 902 万 t，同比降低 4.4%。其中配合饲料 2 360 万 t，同比降低 2.7%；浓缩饲料 398 万 t，同比降低 15.3%；添加剂预混合饲料继 2013 年度增加 3.8%后，2014 年（144 万 t）再增加 3.6%。按照浓缩饲料和添加剂预混合饲料在配合饲料中添加 30%和 3%计算，折合配合饲料 8 486万 t，与当年禽蛋产量 2 894 万 t 相除，蛋禽全程料蛋比 2.93，比 2013 年改善 2.2 个百分点。鸭蛋主要以加工蛋消费为主，在禽蛋中的占比进一步增加（约占 19%），2014 年全国蛋鸭存栏量约 3.5 亿只，鸭蛋产量 550 万～560 万 t。消耗饲料约 1 900 万 t；鸡蛋价格较高、豆粕用量大，使得饲料效率改善明显。

2. 肉鸡 肉禽产业大事件。2014 年 1 月 8 日，中国白羽肉鸡联盟成立，目的是将种禽、养殖和屠宰联合起来，维护白羽肉鸡产业健康发展；1 月 30 日上海活禽市场关闭，随之浙江、江苏、广东、湖北等地的部分或全部活禽交易被关闭；7 月 20 日福喜“过期肉”事件又给鸡肉消费蒙上阴影；养殖行业的投资减少，小型灵活的养殖户能抓住年中的机遇，养殖肉鸡效益良好。2014 年禽肉 1 751 万 t，同比减少 2.7%。

2014 年 3 月，白羽（黄羽）肉鸡亏损 5（近 10）元/羽，致使鸡苗被销毁或喂养其他动物。政府的种禽补贴政策，使得 H7N9 流感疫情对父母代和祖代影响较小，但未能顾及商品代。3 月下旬后，随着 H7N9 流感疫情报告病例减少，肉鸡价格随之上涨，二季度后肉禽补栏量逐步增加。食品安全事件也一度打压肉禽价格，9 月白羽肉鸡供应量增加，价格持续走低。因防控 H7N9 流感疫情，大中城市暂停、停止活禽交易，因政府推动冰鲜交易，一度打压了黄羽肉鸡价格。但大型养殖集团主动调低产能，12 月黄羽肉鸡价格出现反弹，养殖利润转好。

据测算，2014 年我国专业型肉鸡出栏量约 87.9 亿只（表 2－6），比 2013 年同期减少 6.2%；其中白羽和黄羽肉鸡共 78.9 亿只，817 肉杂鸡 9.0 亿只。鸡肉产量 1 489 万 t（其中专业型鸡肉产量 1 345 万 t，美国农业部估计 1 300 万 t），比 2013 年同期减少 6.7%（表 2－6）。

表 2-6　2014 年鸡肉产量与组成

项　目	白羽肉鸡	黄羽肉鸡	淘汰蛋鸡	817 肉杂	肉鸭	鹅	鸽子
雏鸡/亿只	47.94	39.06					
出栏/亿只	45.44	32～35	9	8.5～9	32.5	6.66	4
单位鸡肉产量 kg/只		1.42～1.43	1.95	0.85			
年鸡肉产量/万 t	809.5	456～500	140.4	57.8～61.2	656.53	157.85	16
同比/%	增加 3.2			减少 11.2			
占出栏量/%	51.7	38.1		10.2			
占鸡肉产量/%	54.2	32.3	9.5	4.1			
全净膛率/%	75	65	75	65	75	75	65
料/重	2	3.5		2	2	1	3
饲料/万 t	2 158.67	2 573.85	0	183.08	1 749.33	210.47	73.85

注：数据来源于中国畜牧业协会家禽业分会。鹅和鸽子系 2013 年数据。

肉禽（肉鸡、肉鸭）养殖产业链经营模式已基本成熟，推动了养殖标准化和规模化发展，推动了工业饲料的普及。养殖业和饲料企业相互涉足，2014 年白羽肉鸭父母代存栏量超过 1 927.2 万套，出栏 30 亿～35（32.5）亿只，占全球总量的 70%以上，存栏量及鸭肉产量（656 万 t），均居世界第一，消耗饲料约 1 749 万 t。

2014 年肉禽饲料产量 5 033 万 t，同比增长 1.7%。其中配合饲料 4 775 万 t，同比增长 3.4%；浓缩饲料 208 万 t，同比减少 26.2%；添加剂预混合饲料 49 万 t，同比增长 6.5%。根据 2014 年禽肉产量数据，计算肉禽配合饲料消耗量为 6 949.24 万 t，同比增长 6.6%。

三、家禽饲料业特征与趋势

1. 蛋鸡市场　鸡蛋首季低迷、夏季回升、秋季上挺、末季平复，平均价高；淘汰鸡，端午节之前逐渐升高，全年价格高于历史同期；蛋鸡养殖效益较高（约 30 元/只）。

2. 家禽养殖特征　随着养殖规模化、小型养殖户的退出，集团化、一体化、全产业链加快发展，商品蛋及养殖总体进入低速稳定增长阶段；对环境保护、饲料利用效率，有更高的要求；季节性、节日性消费波动对生产影响加大。

3. 饲料行业　在创新中寻找机遇，创新商业模式和互联网技术将带来新机遇，饲料企业开始了线上销售，销售成本大大降低，让利于养殖业者；规模化的优势将体现得更加充分，资本的投入加大；产业链发展成为大型企业集团的必然选择；生物技术的作用越来越大，提高饲料效率，减少排放。

（武书庚）

水产饲料

一、水产饲料产量与行业特点

2014 年水产品产量 6 450 万 t，同比增长 4.5%。其中，养殖水产品产量 4 762 万 t，同比增长 4.9%；捕捞水产品产量 1 688 万 t，同比增长 3.5%。就行业周期来讲，水产品加工业处于行业成长期。可以预见，随着居民家庭可支配收入的增长、消费品种的优化和消费理念的转型，我国水产品消费将会迎来长期增长，水产加工业正面临巨大的发展机遇。水产加工行业处于成长期，出口潜力很大。其中部分产品生产技术已达到世界先进水平，成为推动我国渔业生产持续发展的重要动力，成为渔业经济的重要组成部分。虽然我国水产品加工业有了长足的发展，水产品加工能力有了较大的提高，加工企业发展迅速，加工产品的种类和产量快速增长，加工技术及设备工艺成效明显，但与发达国家相比，仍存在很多不足，主要体现在水产品的加工资源严重衰退、基础研究薄弱、加工与综合利用率比较低、加工产品品种少附加值低、无自主品牌、标准体系不健全、产品质量不高等方面。

2014 年，饲料行业整体依然处于低迷之中，猪价低迷、禽价低迷、鱼价低迷、虾病肆虐、原材料价格高涨、养殖户大面积亏损，行业内企业苦不堪言，大部分中小企业面临生存危机，大型集团企业全线出现疲态，发展乏力，经济萧条的大背景之下，众多企业难以独善其身。2014 年全国饲料总产量 19 727 万 t，同比增长 2.0%，全国水产饲料产量 1 903 万 t，同比增长 2.1%；全球水产饲料产量比 2013 年增长 1.8%。水产饲料行业出现了旺季不旺、淡季更淡，季度差异大、区域性差异明显，形势复杂、变化突然等特征。

2014 年水产饲料表现的可圈可点，成为农牧行业里面的一个很大的亮点，部分企业销量依然一路高歌猛进，受部分大原料如豆粕、菜粕价格下行的利好影响，一些有规模优势的水产饲料企业反而取得了量利双收的局面，让畜禽企业及一些特种水产饲料为主的企业羡慕不已，坚定了发展水产饲料的信心。

水产饲料发展空间其实非常大，详细分析一下：若按照饵料系数 1.5 计算，2013 年养殖水产品产量 4 762万 t，水产饲料总量达到 7 143 万 t，实际上 2014 年总量才 1 903 万 t，覆盖率为 26.6%，假设覆盖率为 40%的话，需要水产饲料 4 757 万 t，行业增长空间尚有 60%。

从主流水产饲料企业销量看，按照相关上市公司年报和咨询公司调查数据，中国水产饲料前 10 名企业按产销量和毛利率情况大致可划分为三个梯队。第一梯队为 200 万 t 级企业，即通威集团和海大集团；第二梯队为 50 万～100 万 t 级企业，即恒兴集团、正大集团、新希望六和和粤海集团；第三梯队为 20 万～40万 t 级企业：主要有普瑞纳、统一、广东南宝集团等。行业持续整合，产业集中度快速提升。2014 年出现明显的两极分化，强者更强，发展更快，大部分企业则是停滞不前或者稍微下降，面临较大的压力。50 万 t 级以上企业将呈现强者恒强的局面，尤其是 200 万 t 级企业将在一段较长时期内呈现胶着局面，但不排除近 3 年内销量差距存在扩大的可能；10 万～50 万 t 级企业或将出现两极分化，少数企业将脱颖而出、突破百万吨级，而相当一部分企业将维持现状甚至逐渐萎缩；10 万 t 级以下和 10 万吨级左右的企业中，一些区域性强者和特色企业将长期占据一席之地，值得行业去借鉴和学习，他们在品种和市场细分、低成本高效率方面有着相对的优势。

从水产饲料销售品种上看，普通淡水鱼饲料仍是中国市场的绝对主流，水产颗粒饲料销量约占水产饲料总销量的 70%，主要是草鱼行情不理想的原因有适当下滑；特种水产饲料则有小幅度的上升，如生鱼、海水鱼、黄颡鱼等几个主要的品种；虾料整体持平，但小企业则做的异常艰难，大部分减量。

在产业大发展背景下，无论是跨国饲料集团、上市公司，还是区域性强者，中小饲料企业都将目光投注在了膨化料上。目前膨化料总量已接近 330 万 t，且在 2014 年增长较快，主要表现在以下两方面，一是华南区域的草鱼膨化料快速增加，珠三角市场草鱼整体膨化饲料比例已达到 40%，二是海南市场罗非鱼膨化料转化很快，罗非鱼膨化饲料占比达到 50%左右，上升将近 1 倍，加上一些名特优品种和华中等市场膨化料的兴起，呈现出良好上升的势头。膨化料在名特优和普通品种上表现出比较大的差异。名特优品种上竞争更激烈，且呈现绝对垄断的态势，四大特种水产料集团（通威、海大、恒兴、粤海）已经占据虾料和高档特种膨化料市场容量 70%左右的市场份额。其中，虾料四大集团的销量已经占 75%以上，特种水产饲料比普通水产饲料竞争更加惨烈，部分区域饲料全年价格未上涨，尤其是在鱼粉价格高居不下的时候，养殖效果丝毫没有受到影响。但是普通养殖品种（如草鱼、罗非鱼等）大部分企业都可以做一些，且还有很好的发展空间，毕竟总量比较大，且养殖分散、养殖户和经销商的需求不同，不同企业资源上可以很好地去匹配。全国膨化线总量超过 300 条，其中华南地区超过 200 条，全国膨化线产量保守估计已超过 500 万 t，约为全国膨化料销量的 1 倍以上，总体来讲存在供大于求的局面。但少数竞争力较强的企业，膨化料仍存在较大增长空间。在膨化料的设备选择、操作流程上相对前几年也提出了更高的要求，技术革新很快。粉料依然局限于鳗鱼、甲鱼、河豚为主，所占市场份额相对较小，且这几个品种有进一步下滑的趋势，整个鳗鱼种苗繁育依然无法解决，主要销售市场以浙江、广东、华中等地区为主。

2014 年企业整合速度加快，优胜劣汰体现得淋漓尽致，不同地区均出现大量整合倒闭的案例，不乏一些历史悠久且发展较好的饲料企业。大部分企业已经感受到了综合实力的重要性，感受到了资本市场带来的无情压力，水产饲料行业已经进入红海，前面多年的快速增长只能让水产饲料企业去追忆。行业也开始真正的拉开洗牌的大幕，真正考验企业的时候到了，看谁能够快速调整，做到胜者为王。

2000 年前后，饲料企业产能出现了大的过剩，饲料行业竞争开始加剧，行业利润率逐年下滑，行业进入微利阶段，但因为饲料总量还在增加，行业仍然有较大的发展空间，过去 10 年造就了一批优秀企业的成长，或因成本控制能力，或因技术领先，或因营销能力强，或因资本优势，带来了规模的快速扩张，而近 2 年，几乎所有企业都遭遇了发展的瓶颈，原有的成功要素似乎都面临失效。事实上，这一切都源自于养殖的变化。未来，当养殖业出现停滞甚至持续下滑的时候，每一个企业都将面临危机，这将是水产饲料行业面临的新常态。

养殖业将进入升级阶段，从散户快速进入专业户阶段，进入规模化养殖阶段。从低水平粗放养殖进入高水平养殖阶段，从低效率进入高效率阶段。养殖户的技术、管理、资本能力将成为生存发展的要素，随之而来的将是大量落后养殖户的淘汰和退出。

我们必须看到和预判到养户层面的快速变化和未来趋势。事实上过去五年养禽业已发生了很大的变化，禽养殖在快速专业化和规模化，规模化养殖户已逐步成为主流。近 2 年来养猪业也在发生快速变化，散户在快速淘汰和消失，专业养猪户和规模猪场在快速增加，未来这一趋势会逐步加速。水产养殖业也将逐步显现，养户层面的升级和洗牌也已拉开了序幕。客户层面的变化是决定企业未来战略的基础，养户需求的变化将对所有饲料企业提出新的需求，而能否有能力满足养户的新的需求将决定饲料企业的生死。

养户升级换代带来最大的变化，是未来养户将有能力清晰鉴别饲料企业产品的性价比，同时对企业的服务提出了清晰的需求。对产品性价比的识别将成为最基本的能力，目前很多养户对水产饲料产品的饵料系数已可以界定到 0.01。对服务的需求也呈更高的要求，如技术服务、产业链服务和金融服务，面对养户如此之高的需求，大部分饲料企业将不得不出局（表 2－7）。

表 2－7　2014 年全国各省份水产饲料产量

单位：t

区域	产量	区域	产量
全国	19 028 186	山东	517 538
北京	97 298	河南	424 713
天津	413 484	湖北	1 954 822
山西	693	湖南	1 359 993
河北	616 353	广东	4 289 617
内蒙古	16 605	海南	405 865
辽宁	436 378	广西	555 845
吉林	35 663	重庆	137 200
黑龙江	167 690	四川	738 868
上海	75 835	贵州	39 864
江苏	2 873 402	云南	402 781
浙江	994 595	陕西	274 413
安徽	296 888	甘肃	14 753
福建	1 159 220	宁夏	44 486
江西	536 232	新疆	147 095

二、品种（鱼虾品种和加工料型）

近年来特种饲料总量呈现快速上升势头，诸如黄颡鱼、生鱼、泥鳅等饲料品种，但相对来说总量有限，短期内难有大的突破，常规水产饲料还是占据着绝对的地位，更容易上量一些，且资金风险相对较小，养殖效益相对波动比较小。占据水产料的 78% 的市场依然是草鱼、鲤鱼、鲫鱼、罗非、鳊鱼、青鱼等传统淡水养殖品种。

不同养殖品种的行情差异比较大，且相比往年有较大的变动。草鱼这条最普通的鱼，在南方及西南价格相对比较理想，表现强劲，草鱼膨化饲料受益于行情利好，其推广进度在加快，在珠三角地区有 40% 左右的市场占有率。然而，华中、华北等区域则大部分时间价格非常不理想，尤其是华中地区因消费总量上不去，加上养殖总量增加较快的原因，草鱼价格一度下滑到 4.1 元，大部分时间在成本线上下波动，导致年底存塘量非常大，养殖户、经销商、饲料厂的压力都比较大，到年底的时候还有较多货款未能够回收。经此一役，养殖户转养其他品种或者降低投喂密度及出热水鱼来错峰等方法营运而生。在华中区域大部分厂家在推动草鱼膨化料，尤其是几个大厂家，一些有条件的厂家在上膨化线或规划上新线。

鲤鱼这条大众养殖品种整体价格相对比较理想，在华北、东北一度达到6.8元的好价格，养殖户平均亩利润有5 000元，养殖户的养殖积极性较高。但在东北、华北市场做得比较好的是不同区域错开出鱼时间，虽然养殖量大，但价格并没有因为集中出鱼等原因受到影响。在华北、东北市场鲤鱼养殖基本全部依赖颗粒饲料，而膨化料基本是零覆盖，主要是由于颗粒饲料的档次定位比较高，料比基本可以达到1.3～1.4，同时膨化料线少，厂家推动力度小，鲤鱼本身口下位及对其膨化料的研究不够。

南方的特有品种罗非鱼养殖上波澜不惊，饲料整体表现得比较平淡。2014年上半年整体价格比较理想，养殖户积极性很高，且因为对虾养殖不理想，部分养虾的转养罗非及混养，各饲料厂形势比较乐观；但在7月份的时候风云突变，罗非鱼的链球菌这一大难题困扰着整个行业，出现高峰期的时候饲料掉量的局面；接近年底的时候存栏量大，鱼价下滑，天气因素也限制了投料。罗非鱼的膨化料占比基本达到80%左右，整体较高。

对虾大部分区域养殖都不理想，从全国来说养殖成功的比例不到2成，大部分区域亩产不足300斤，部分地区成功率更低，亏损的占据4成左右，甚至出现多次排塘的局面。不少浙江经销商及养殖户难以为继，纷纷撤离该行业，导致塘租小幅度降低，对虾饲料企业年底回款难度空前，出现进退两难的局面。无论是精养、粗养、高位池养殖大部分都不成功，传统的弧菌、EMS依然是主要原因，不同地方均出现白便、肠炎、肝胰脏萎缩、偷死等症状。

在养殖不成功的大环境下，企业、养殖户都在寻求一些新的改变，养殖模式也发生了较大的变化，采取套养（如鱼虾混养）等模式来预防疾病的发生，从南到北演化很快。养殖模式的改变势必引起饲料形式的一些改变，常规高档虾料比例和总量下降，鱼虾混养料比例在上升，且鱼虾混养料出现多个档次。一些水产饲料企业结合不同地区的养殖情况研究水质，严重的有机污染和养殖品种单一而导致生物修复的弱化，是造成对虾养殖底质、水质环境日益恶化、对虾发病的主要原因。俗话说“养鱼先养水，养水先改底”，行业里有一些优质的公司在推动水产行业的进步做出了巨大奉献，如由武汉水纪元生物技术有限公司推出的水乐1号、水爽1号等产品就很好地解决了水质问题，让大部分无助的养殖户在困惑中找到了方向；同时主推健康养殖配套模式，也取得了良好的效益。

在常规品种行情和养殖不是太理想的情况下，部分特色品种则取得了长足的发展，如黄颡鱼、生鱼、加州鲈养殖效益理想。在华中等新兴市场大有推广黄颡鱼的势头，加州鲈鱼价格常年保持在不错的水平上，养殖户积极性比较高，养殖总量也保持一定比例的增加。在饲料形态上多数厂家投入较大力度去研发和探索来取代之前的巨大的冰鲜市场，市场运用效果良好。美中不足的是这些特色品种总量相对有限，盲目养殖消费渠道得不到拓展的情况下，也容易造成价格剧烈的波动，如前几年发展迅猛的泥鳅在2014年则让大部分养殖户苦不堪言，价格一路下滑。相比而言，部分地方性的饲料企业专注一些特色的水产养殖品种，对市场和养殖品种的细分，作出了产品的竞争力，同时提升了企业的品牌，在激烈的竞争环境下发展也不错。

三、区域特点

水产饲料在不同区域体现出差异，具体则体现在地域、竞争激烈程度、膨化饲料发展程度不同等方面；

1. 华南、华中、华东区域是传统的水产饲料重地，产量上面依然领跑水产饲料市场；其次是西南、华北和东北地区，受制于地理和水域等的因素总量上面较少一些。华南、华中、华东3个区域的水产饲料销量均超过400万t水平。以上6个区域水产饲料总销量突破1 600万t，占2014年全国水产饲料总产量的80%以上。华东区域市场如江苏市场还有大量的滩涂等区域待开拓，发展潜力无限。

2. 不同区域饲料竞争激烈程度有一些差异，华南区域的压力仍高过华东和华中地区，新厂建设方兴未艾，企业整合加剧已成为常态，全国饲料企业从2014年的1万家下降到7 000家，众多的水产饲料企业也感受到巨大压力，新一轮水产饲料企业竞争的战火将越烧越旺，华中和华东区域也必将成为兵家必争之地。

3. 华南、华东、西南区域膨化料走在前面，尤其是华南市场起步早，膨化料全程养殖已覆盖大多数养殖品种，华南市场膨化线多达200来条，全国300条左右，产能过剩，但不同厂家产能利用率相差较大。华东、东北市场膨化料线很少，整体推广较慢，华中市场呈现出一定的增长趋势，且会成为膨化料重点推广的新兴市场。前期投入较多的还是一些集团性的公司，在前面对市场进行引导，当趋势起来之后，反而是一些中小企业的不二选择。

4. 不同区域水产饲料都有较大的发展潜力：首先华中市场养殖水面大，部分地区饲料普及率不够，在部分企业引导下，随着养殖模式和技术的提升，单位水面的饲料投喂率仍有较大提升空间；其次广东省、福建省、江苏省等沿海一带有较大的发展空间，还有大量的滩涂可以有效利用起来，海水鱼和对虾饲料开发空间巨大；再次北方的山东省、河北省、天津市、辽宁省等沿海省市水产饲料普及率较低，无论淡水、海水饲料的开发空间都还很大，但需要时间去培育。

四、技术特点与障碍

水产饲料技术领域已经取得了长足的进步，针对不同养殖品种、饲料类型、养殖模式、原料应用上都有推进，较 2 年前技术已呈现较大的革新，变化更快，更贴近市场，技术的革新也推动了行业的进步和发展。

几乎不同时期原料行情及终端水产品价格的波动都会导致一些技术上的革新，在保障产品质量高度稳定的情况下，早期被称作杂粕的菜粕、棉粕、DDGS如今都已成为常规原料品种，随着替代原料品种不断增加，替代技术日趋成熟早期对鱼粉等原料的高度依赖已降低不少。原料采购的全球化且供应紧张的局面短期内得不到根本的解决，市场竞争必将更加激烈，但最终企业不得不回到产品的竞争上面，这样要求企业不得不从技术手段上来进行提升，配方技术需要创新，且做到产品和市场细分，更需要与时俱进，同时还需要企业各部门人士的通力配合。不同企业根据实际情况加大了对技术的重视和投入，如建立自己企业的研发平台及团队自己来研发，或联合一些知名的上游资源如水产预混料方面做的优秀的企业来共同合作，或同部分有能力的研究机构做到产学研的一体化来增强企业的技术实力。

困扰水产饲料行业的最佳解决途径就是技术的突破，但知易行难。市场在快速的发生变化，目前的诸多方面研究还不够，一些基础营养研究及实际运用、产学研如何做到一体化等都存在一些问题。如实际运用中鲤鱼鲫鱼膨化料的推广进度很慢、石斑鱼大黄鱼加州鲈等品种过分依赖冰鲜、养殖鱼类的脂肪肝和众多的疾病如华东地区鲫鱼的大红鳃病、华南区域的罗非鱼链球菌肆虐等问题如何从营养上面进行一些调控等一直未能够得到有效解决。这也预示着若这些技术瓶颈能够突破的话，水产饲料领域还有很大的发展空间。

五、水产饲料安全

民以食为天，食以安为先。饲料是食品安全的前端，更需要从根本上进行预防。严格依照国家法律法规相关规定，做好饲料企业自身安全工作。近年来国家颁布的一些法规政策等都起到了很好的作用，如新的饲料生产许可等法规其实就是把门槛提高，规避饲料安全。看到了一些水产饲料企业的安全生产管理改进，但不同企业重视程度不一，参差不齐，解决不好将会带来一些隐患。需要各企业真正落实到位，让饲料安全不再成为空话，让饲料安全不再成为问题，大家可以吃到放心水产品。

（彭志东　杨勇）

反刍动物饲料

我国奶牛养殖集约化程度相对较高，而肉牛和肉羊多以散养等较小规模化养殖为主，因奶牛工业饲料产量较大，约占反刍工业饲料总产量的 90%。近年来，随着国家逐步扶持肉牛和肉羊养殖，以及居民膳食结构的调整带动牛肉和羊肉的需求，使肉牛和肉羊产业规模化程度不断提高。因此，未来奶牛工业饲料需求量增长空间较稳定，肉牛和肉羊工业饲料需求增长空间则较大。

一、反刍动物饲料生产情况

我国反刍动物饲料发展态势良好。反刍动物饲料产量从 2007—2014 年一直保持稳步增长。“十一五”期间，2007—2009 年增速较缓慢，从 2010 年起实现较大幅度增长，比 2009 年增产 23.18%。“十二五”期间，反刍动物饲料产量呈现稳定增长，其中 2014 年增长较快，比 2011 年增产 13.16%。截至 2014 年年底，我国反刍饲料总产量已达到 876 万 t（图 2 - 15）。

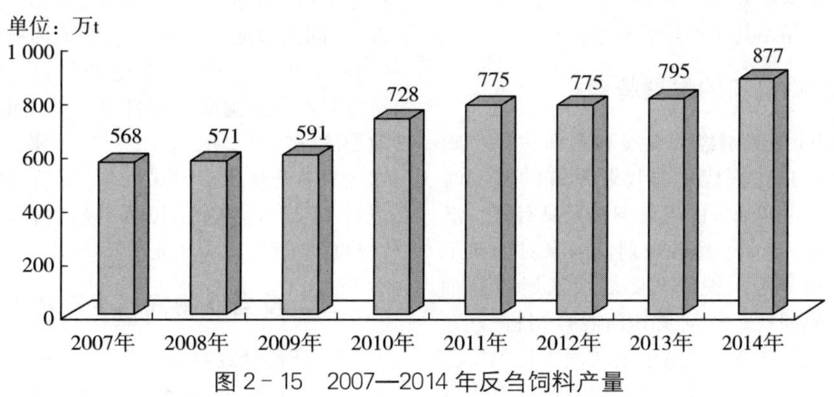

图 2 - 15　2007—2014 年反刍饲料产量

“十一五”和“十二五”期间，反刍动物饲料产量一直保持稳步的增长。表明我国反刍动物饲料产量总体相对平稳，产业集中度增强，发展势头强劲；反刍动物养殖速度的发展使饲料结构进行优化调整，双向推动反刍动物饲料的稳定发展。

二、反刍动物饲料生产特点

1. 反刍动物饲料优势产区产量大，生产区域相对集中 饲料企业通过新建、扩建、收购、合并等方式使行业整合速度进一步加快，生产经营方式呈现新格局。

反刍动物养殖数量越多，相应饲料的产量也越多，而且反刍动物饲料的产区也进一步向优势产区集中。2014 年，仅内蒙古、黑龙江、河北和北京地区的反刍动物饲料产量就达 446 万 t，超过全国总产量的 50%。

2. 反刍动物饲料工业发展总体平稳 以产品的分类来看，2014 年反刍动物配合饲料产量为 641 万 t，同比增长 14.7%；浓缩饲料产量为 208 万 t，同比下降 0.95%，添加剂预混合饲料为 28 万 t，同比增长 7.7%。可见，我国反刍动物配合饲料和添加剂预混合饲料呈增长趋势，而浓缩饲料呈降低趋势。

3. 反刍动物饲料产品质量安全持续向好 主要原因有三个：一是国家出台新的规章制度，形成完备的法规体系。先后发布《饲料和饲料添加剂生产许可管理办法》等 5 个配套规章和《饲料原料目录》等 3 个技术规范，《条例》规定的新制度新要求得到进一步细化。二是严格执行饲料企业生产条件，淘汰不合格企业。通过集中培训、跨省抽查等多种方式督促指导各地统一思想、统一标准，坚决淘汰不达标企业。截至 2014 年 12 月，全国获得饲料生产许可证的企业数量为 7 061 家，较 2013 年年底减少 3 000 家。三是完善饲料质量安全监测计划，加强风险管控。继续组织实施饲料产品质量卫生状况监测、饲料中禁用物质监测和反刍动物饲料中牛羊源性成分监测等三项监测计划，从生产、经营和养殖三个环节开展监督抽查，依法查处不合格产品及其生产经营企业。

三、反刍动物饲料的发展趋势

“十二五”期间是我国经济发展和全面建设小康社会的关键时期，更是现代化畜牧业发展的关键时期，反刍动物饲料也迎来新的发展契机，具有很大潜力。按照饲料工业 2015 年目标规划，国家对饲料工业的产业政策进行调整，提出“要加快发展浓缩饲料、精料补充料和饲料添加剂及其预混合饲料”，并出台一系列政策进行扶持。这从政策层面为我国反刍动物饲料生产的快速发展提供支持，使畜产品有效供给得到有力保障。

目前，我国反刍动物工业饲料质量水平普遍还不高，面对饲料原料来源的多样性和复杂性，饲料产品质量存在安全隐患。今后，预计能够提高反刍动物饲料报酬、促进动物健康、无公害的绿色饲料和饲料添加剂将成为发展的主流。低氮低淀粉饲料、功能性氨基酸饲料、新型生物蛋白饲料和营养调控型饲料添加剂、抗应激饲料添加剂、阴离子盐添加剂、酶制剂类添加剂等饲料和饲料添加剂将成为今后研究的重点。告别浪费资源、消耗环境、不可持续、非常规的增长方式，全面转向提高效益、重视质量与管理，从数量型增长转向质量型增长。未来 5～10 年是中国畜牧饲料行业淘汰性竞争年代，竞争不单是企业之间的竞争，而是各大型企业集团或企业联盟及其联盟群体之间的竞争。中小企业既要细分、专注、深耕，又要抱团打天下；只有走供应链、采购渠道资源共享、产业化一体化联合发展的道路才能应对淘汰性竞争新时代。

（孙海洲　张崇志）

反刍饲料情况

近年来，随着农业结构战略性调整步伐加快，中国畜牧业转型升级力度明显加大，反刍动物生产的快速发展和饲料业结构的优化调整，拉动了反刍动物饲料的快速发展。但长期以来，我国反刍动物生产集约化、规模化、专业化程度一直较低，饲养管理水平不高、依赖靠天养畜的局面依然存在。今后随着国际市场的竞争和人们生活水平的提高，必然带动反刍动物饲料的快速增长，反刍动物饲料将面临广阔的市场空间。

一、反刍动物饲料生产情况

2014 年，我国宏观经济增长速度放慢。在宏观经济进入“新常态”，养殖业行情整体低迷的大环境下，反刍饲料再次成为饲料行业的一大亮点，继续保持稳定增长的势头。2014 年全国反刍饲料总产量 876 万 t，同比增加 10.2%，占全国饲料总产量的比重为 4.4%。其中，精料补充料 641 万 t，同比增长 14.7%，占全国配合饲料总产量比重为 3.8%；反刍动物浓缩饲料 208 万 t，同比下降 1.0%，占全国浓缩饲料总产量比重为 9.7%；反刍动物添加剂预混合饲料 28 万 t，同比增长 7.7%，占全国添加剂预混合饲料总产量比重为 4.4%。

二、反刍动物饲料生产特点

1. 产量稳定增长 2014 年全国饲料总产量增速放缓，同比实现小幅增长（同比增长 2.0%），而反刍饲料仍保持稳定增长的势头。2006—2014 年，全国反刍饲料从 463 万 t 增长到 876 万 t，增幅达 89.2%。一是基于随着人们生活水平不断提高，饮食结构逐步改善，中国牛羊肉消费人群和消费量均增加，消费整体处于稳步增长态势；二是规模化生产和产业化经营将进一步促进反刍饲料的推广和应用（图 2-16）。

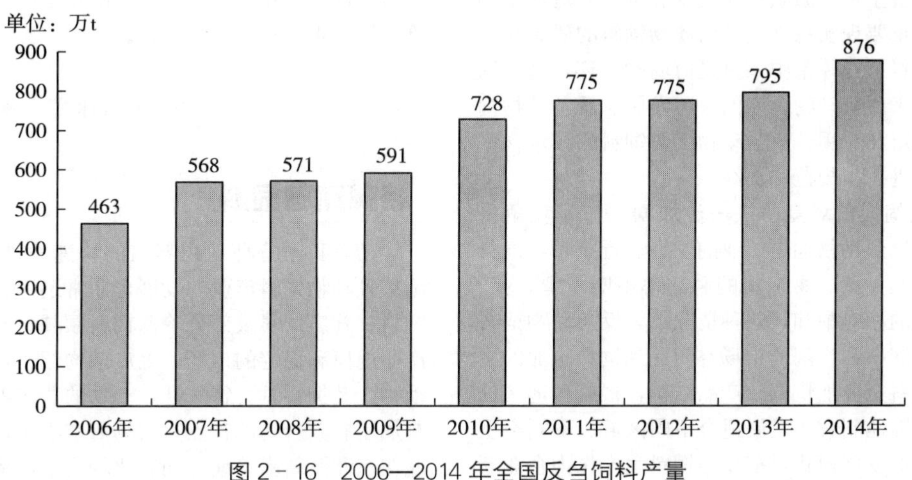

图 2-16　2006—2014 年全国反刍饲料产量

2. 精料补充料比例逐步提高　2014 年由于反刍养殖效益空间收窄，大量养殖规模比较小的养殖户退出养殖行业，规模化养殖比例有所提高，导致反刍动物浓缩饲料、添加剂预混合饲料产量增长幅度减小，精料补充料所占比例增加。从产品结构看，2014 年精料补充料占反刍饲料总产量 73.2%；浓缩饲料占反刍饲料总产量 23.7%；添加剂预混合饲料占反刍饲料总产量 3.1%。在市场价格和国家扶持政策的拉动下，牛羊养殖规模化、标准化、产业化和组织化程度大幅提高，对饲料工业的需求越来越迫切。发展精料补充料充分发挥反刍动物日粮内精、粗饲料的正组合效应，对于提高反刍动物生产和管理水平起到决定性作用。

3. 产区结构分布明显　中原和东北是我国主要的反刍动物工业饲料生产基地。其次是中部地区和西北地区，西南和东南地区生产较少。2014 年，内蒙古、河北、黑龙江、辽宁、山东反刍动物饲料总产量 549.7 万 t，占全国总产量的 62.7%；陕西、天津、新疆、北京、吉林、宁夏、河南、甘肃、四川、山西、上海、重庆、青海、江苏 14 个省（区、市）生产的反刍饲料产量为 315.9 万 t，占全国反刍饲料总产量 36.0%；贵州、浙江、云南、安徽、江西、湖南、广东、湖北、广西、海南 10 省（区、市）产量总计 10.9 万 t，占全国总产量 1.2%。

4. 质量安全基础更加扎实　近年来，我国的食品安全问题层出不穷，每年频频出现的重大食品安全事件，不仅严重影响到人们的身体健康，造成企业的巨额财产损失，也影响到相关行业的正常运行和社会的稳定。农业相关部门加大对禁止在反刍动物饲料中使用违禁添加剂的监管，有效消除了反刍动物工业饲料安全隐患，保证了饲料质量和安全。国内质量监督检验机构对饲料检测结果显示，近 3 年来我国动物饲料产品的总体合格率均在 90%以上，表明动物饲料产品质量不断稳定向好的方向发展。

5. 规模化推动中国奶牛饲料生产量的提高　随着奶业市场需求的大幅提升，我国奶业生产大步前进。2005 年我国牛奶产量 3 290 万 t，2014 年达到了 3 725 万 t，增幅达 13.2%。但我国奶制品进口量仍位居世界首位。2014 年中国进口奶粉 92.34 万 t，同比增长 8.1%，液态奶进口 32.89 万 t，同比增长 68.9%。随着畜禽规模化养殖的推进，中国奶牛养殖进入关键转型期，规模化程度将继续较快提升。规模化程度的提升将直接推动中国奶牛饲料生产的提高。

三、反刍动物饲料的发展前景

1. 精料补充料产量进一步提高　当前我国牛羊生产仍以家庭饲养为主，牛羊生产的集约化程度不断提高。与猪禽生产相比，我国牛羊生产水平较低。受饲养周期、生产成本、发展方式转型和疫病多发等因素影响，牛羊肉一直处于供给偏紧的趋势。随着中国牛羊肉消费人群和消费量均增加，人们消费水平不断提高和膳食结构的调整，对牛羊肉及奶产品的消费需求整体处于稳步增长态势，小型散养的养殖模式已不能满足消费者的需求。规模化生产和产业化经营推广将进一步扩大，牛羊商品饲料必将成为饲料行业发展的一个新亮点。

2. 饲料研发快速发展　随着中国奶制品进口关税降低，国外奶制品的大量流入对国内奶牛养殖造成的冲击，市场竞争进一步加剧，规模化的奶牛养殖不断扩大。客观上要求奶牛饲料的研制必须有一个大发展。提高饲料利用效率，开发新型饲料添加剂，强化奶牛饲料内抗生素与激素检测技术和推广先进适用饲养技术具有重要现实意义。反刍动物饲料的研制和生产在我国饲料工业体系中一直是薄弱的一环，这一局面随着近年来反刍动物生产的快速发展、反刍动物饲料标准的制定和应用，反刍动物工业饲料的技术含量要求将会有进一步规范和提高。

3. 反刍饲料市场竞争进一步加剧 市场竞争将进一步推动反刍动物饲料工业的发展。近年来，饲料市场竞争加剧，猪、禽饲料的利润率不断下滑，猪、禽饲料市场的相对饱和，这种情况下，反刍动物饲料以较高的利润率和广阔的市场空间受到饲料企业的更多关注，饲料企业加快调整产品结构，根据各地区的发展状况，因地制宜、发展适合不同区域、不同类型的牛、羊产业发展模式，把反刍饲料生产作为企业新的增长点。反刍动物饲料生产竞争的形成，将直接促进反刍动物饲料的快速发展与质量水平的提升。

4. 牛羊肉消费需求持续增长，增速放缓 牛羊肉生产受成本上升、资源承载能力约束、发展方式转型、疫情多发、进口牛羊肉增加等因素制约，产量增长缓慢，供需在一段时期内仍将处于偏紧状态，牛羊肉价格将继续高位运行，但涨幅趋缓。另外，牛羊肉供需水平还受自然灾害、生态环境、政策等影响，国内阶段性、区域性供需不平衡等多因素影响。受此影响，牛羊肉综合生产能力将进一步提升，牛羊肉生产将稳步增长。在市场价格和国家扶持政策的拉动下，牛羊养殖规模化、标准化、产业化和组织化程度将大幅提高，考虑我国居民膳食结构、消费习惯、肉类价格等因素，随着消费结构升级，消费者选择多元化，预计未来中国牛羊肉消费继续增加，特别是少数民族地区消费呈刚性增长。但增速将下降。

5. 奶类生产稳步发展，进口量仍将较快增长 中国是奶业生产和进口大国，奶产量居世界第 3 位，奶制品进口量居世界首位。随着城乡居民生活水平的提高、城镇化发展及学生饮用奶计划等推进，奶制品消费未来仍有较大提升空间。2014 年度所谓的“农户倒奶事件”、国际市场低价等多重因素刺激下，奶制品进口大幅增加，乳品加工企业积压严重。但由于国内供需缺口长期存在，且呈明显扩大趋势，长期看奶制品进口量总体上仍将继续增加。

我国牛羊肉消费需求不断增长，供需缺口不断扩大，牛羊肉供需矛盾依然存在。澳大利亚每年向中国出口 100 万头活牛，价值 10 亿澳元。根据澳大利亚政府统计，2025 年，中国牛肉进口总额预计增加 2 倍左右，达到 550 亿元。澳大利亚活畜出口将帮助中国降低牛肉价格，并向澳大利亚农场主开放新的市场。面对广阔的牛羊肉和奶业需求市场，我国反刍养殖业今后仍需加强产能建设，加快发展规模化养殖，大力推进产业化发展，加强标准化生产和质量安全监管，抓好重大动物疫病防控。

（陆泳霖　刘丹丹）

特种动物饲料

随着我国特种动物养殖的快速发展，2014 年我国特种动物饲料产业的发展也非常迅速，在毛皮动物饲料、茸鹿饲料及部分珍禽饲料领域，形成了一定的产业规模和稳定的市场。毛皮动物貂、狐、貉为肉食动物，其饲料具有特殊性，动物的营养需求及饲料配制加工有其自身的特点，市场需求稳定；梅花鹿和马鹿在东北及新疆等地区饲养比较集中，随着规模化和集约化生产的发展，仔鹿及生茸期公鹿全混合日粮饲养逐渐成为市场趋势；獭兔的生产在我国南方广大地区已形成了特色产业，其皮肉兼用型的特点，为产业的发展提供了强大的需求动力，饲料市场在集中饲养区专业化程度逐渐提高；部分珍禽如雉鸡、鹌鹑、肉鸽、野鸭、大雁等，在局部地区形成了养殖的优势产业，但其饲料产业还未形成规模和特有市场。

一、特种动物产业发展情况

2014 年毛皮动物受市场皮张价格持续低位运行的影响，貂、狐、貉饲养量与 2013 年度相比约有下降，为 5 600 万只左右，水貂和貉的养殖量弱减，狐狸养殖量保持相对稳定，饲养量为水貂 2 900 万只、狐 1 600 万只、貉 1 100 万只。受优质水貂皮价格坚挺的影响，水貂品种改良的步伐逐渐加快，大型养殖场进口优质水貂数量成倍增长，促进了我国水貂质量的改良提升。随着产业的快速发展及人工成本的增加，毛皮动物养殖集约化、机械化程度越来越高，而且大型养殖场逐渐增加，以前以家庭为单位的小型养殖单元逐渐被大型集约化饲养代替，这就为饲料配制及规模化生产提出了很多技术难题，如水貂鲜饲料的配制、保鲜、配送、貉颗粒饲料配制及自动化加食技术等，都是饲料产业未来发展的新方向。

獭兔是皮肉兼用的品种，在我国的饲养主要集中在四川、重庆、山东、江苏、福建、浙江、河南、河北、安徽等省市。獭兔养殖技术较易掌握，繁殖快，适宜于农户养殖，利用农村闲散劳动力及当地饲草资源，市场风险也较低。2014 年养殖量在 2 800 万只左右，皮张价格受国际市场走势的影响略有下行，一般质量皮张价格在 35 元左右，特级皮价格保持稳定，在 45 元左右。獭兔的毛皮属中低档产品，市场需求广泛，受国际经济走势的影响较小。

我国人工养鹿历史悠久，养殖品种主要是梅花鹿和马鹿，2014 年的饲养量约 120 万头，主要饲养方式为人工圈养，在我国各省份均有饲养，东北三省为主要养殖区，占到全国养殖数量的 90%。梅花鹿、马鹿饲养的主要产品为鹿茸，每年鹿茸产量约 520t，每年直接鹿茸产值达 15 亿元，带动其产品深加工、制药等相关产业产值达 670 多亿元，提供就业岗位 80 万左右，在我国农村区域经济的发展中起到了重要的作用。

我国茸鹿养殖的主要产品为鹿茸，其价格的变化带动着鹿价格的变化。2014 年鹿茸价格较上一年度略有上涨，带动仔鹿价格上涨，但由于饲料原料价格上涨及人工成本的增加，单纯的茸鹿饲养场或个体户依然难以实现盈利。部分公鹿饲养多、平均产茸量较高的饲养场有相对较好的盈利，部分开展鹿茸深加工及制药的企业为了稳定鹿茸原料的供应及保证鹿茸原料质量，开展茸鹿的养殖有很好的综合经济效益。

我国养殖的珍禽品种主要有雉鸡、乌骨鸡、鹌鹑、肉鸽、珍珠鸡、贵妃鸡、火鸡、野鸭、孔雀、鸵鸟、大雁等，2014 年其市场需求随着人们生活水平的提高及消费结构的变化逐渐提高，存栏数达到 5 亿只左右，增长率达 12%。目前珍禽市场需求较为旺盛，人们的消费习惯和生活需求对珍禽情有独钟，但由于当前存在着市场流通与调控能力不强，健康养殖理念不到位、养殖规模小而散等特性，生产效率不高，未来开展规模化健康养殖、生态观光养殖，互联网销售模式等，控制产业各个环节，提升品牌价值、提高珍禽养殖附加值是必然之路。肉鸽、山鸡等珍禽养殖，在资金、技术、销售信息和渠道上也可以走专业合作社模式，以适应市场需求的新形势，让珍禽养殖产品真正成为人们寻常健康生活必需品。

二、特种动物饲料生产情况

2014 年毛皮动物貂、狐、貉鲜饲料、干粉及颗粒饲料需求近 460 万 t，毛皮动物饲料企业生产商品狐貉粉料 128 万 t，主要由膨化玉米、豆粕、肉粉、鱼粉、DDGS、麦麸、米糠、豆油、鸡油、预混料等组成，是市场中全价饲料的主体，部分养殖户在使用全价饲料的过程中，会结合当地饲料资源情况，添加部分海杂鱼、鸡架、鸡肠等鲜饲料，一方面可以提高饲料的适口性和采食量，另一方面也可以增加饲料的多样性，补充部分动物性饲料，利用当地屠宰下脚料，降低饲料成本。水貂商品干粉配合饲料年生产 23 万 t 左右，主要由膨化玉米、豆粕、DDGS、米糠粕、预混料等组成，用来代替水貂饲料中熟化植物性饲料，补充氨基酸、微量元素及维生素等成分，一般配比占水貂饲料的 20%～30%。水貂全价鲜饲料年需求 50 万 t，主要由海杂鱼、鸡骨泥、鸭骨泥、鸡肠、膨化玉米、豆粕、预混料等组成，水分含量约为 65%，采取每日配送的形式分派到养殖场，这种集约化的厨房式生产需要在水貂养殖较为集中的区域开展。鲜饲料适口性好、营养损害低、动物对营养物质的利用率相对较高，发展有较大潜力。由于鲜饲料的配送专业化程度高，运费高，市场半径有限，目前在水貂养殖较为集中的威海地区、潍坊地区市场需求较为旺盛。毛皮动物各类颗粒饲料年生产 35 万 t 左右，当前貉颗粒饲料由于饲喂方便，人工管理简捷，在部分把养殖当第二产业的地方有较好的需求，水貂颗粒饲料在主要地区也有一定的市场。毛皮动物预混合饲料年生产 3.2 万 t 左右，主要为微量元素、维生素、氨基酸、酶制剂、抗生素等的混合物，多为 1% 或 4% 的添加产品，部分以预防腹泻、增加毛皮品质等的功能性预混料产品也有一定的市场。毛皮动物商品饲料占市场需求将近 50% 的份额，其中狐貉饲料仅 75% 为商品饲料，而水貂饲料仅 30% 为商品饲料，其他均为养殖场自配料。整个毛皮动物饲料市场还有很大的潜力，其市场主要分布在山东、河北、辽宁、吉林、黑龙江等地区。

獭兔的养殖比较分散，以区域性农户为主，2014 年獭兔专业性精料补充料依然以自配为主，部分形成产业地区有一定的市场，但大型专业化獭兔饲料公司还较少，市场约 5 万 t，仅占市场需求的 9% 左右。

我国 98% 的茸鹿养殖为人工圈养，很少部分的鹿以草地放牧或围栏放牧，再进行适当人工补饲的方式饲养，梅花鹿占茸鹿养殖的 90%，其饲料主要为精料补充饲料，占饲料市场的 80%。因为鹿茸是我国茸鹿养殖的主导产品，所以在养殖生产中，对公鹿生茸期饲料的营养供给考虑得最多，而且精饲料占到日粮干物质总量的 60%，其次是仔鹿生长期精饲料。随着人工成本的增加，粗饲料的收购价格提高，而且粗饲料在饲养过程中管理成本也较高，在仔鹿生长期和公鹿的生茸期，人们逐渐接受使用全混合日粮，即把精饲料和优质的粗饲料混合甚至制成颗粒来饲养鹿，以达到仔鹿健康快速生长和公鹿高产茸的目的。目前我国茸鹿的饲养主要以农户家庭圈养为主，大型集约化的养殖场较少，饲料的配制主要是自配精饲料在动物关键生产时期开展补饲，如仔鹿的生长期、公鹿生茸期、母鹿妊娠期和泌乳期开展补饲。集中饲养的吉林省每年公司化生产的全混合饲料和精料补充饲料的量在 10 万 t 左右，已初步形成了一定的市场规模。随着鹿这一特色珍贵资源深加工及高附加值科技成果的推广应用，鹿茸价格的走高，茸鹿饲料产业也将在养殖集中区逐步形成稳定的产业。

珍禽养殖的区域非常广泛，相对分散，在局部地区形成了特色养殖优势产业，但其饲料产业还未形成自己的特色和规模市场。其饲料的配制多参考家禽的营养需求及饲料配方，有一定的现实意义，但专业性不强，不能很好发挥动物的遗传潜力和生产性能。每年珍禽的饲料市场需求在 150 万 t 左右，除部分自配饲料外，多被家禽饲料企业直接代替，严重地阻碍了产业的健康高效发展。未来相对专业性的肉鸽饲料、雉鸡饲料、野鸭饲料在大型珍禽养殖企业将形成一定规模，区域性特色养殖也将是未来珍禽产业发展的必然之路。

三、特种动物饲料发展特点

1. 毛皮动物饲料多元化结构增强 2014 年毛皮动物全价饲料、配合饲料、颗粒饲料、鲜饲料及添加剂预混合饲料等呈现多元化发展趋势，各类饲料市场总额均有不同程度的增长，养殖户自配饲料的比例下降。这证明商品饲料的市场化程度提高，专业化程度增强，更多的养殖户愿意使用商品化饲料开展毛皮动物养殖，从而减少人工成本及提高专业化分工。

在多元化结构的变化中，毛皮动物颗粒饲料因其饲喂简单、便捷，在一定程度上降低了人工成本，在部分狐貉集中养殖区应用呈现扩大的趋势。狐貉干粉饲料是 2013 年前毛皮动物饲料的主要品种，占商品饲料市场的近 85%，随着产业的发展，越来越多的大型狐貉养殖场倾向于部分使用商品化的干粉饲料，减少由于饲料原料的购置、贮藏、加工等的繁杂程序及风险。水貂饲料不同于狐貉饲料，水貂是鼬科动物，是更严格的肉食动物，对食物的选择性强，适口性要求高，干粉饲料适口性相对鲜饲料差，而且在蛋白质的利用率上相对低，完全的干粉饲料饲喂水貂，难以获得较好的生产性能，在体重、皮张延展性、毛皮光泽度等方面都略逊一筹。养殖场目前一般都选择自配鲜饲料，部分饲养场选购一部分水貂配合饲料，其主要组成为膨化玉米、豆粕及部分微量元素和维生素的添加物，减少了养殖场熟化玉米等谷物饲料的麻烦，而且添加了微量元素和维生素及氨基酸、酶制剂等物质，提高了饲料营养的全价性，该饲料的市场需求还在上升过程中。水貂鲜饲料在水貂养殖集中区市场份额逐渐增加，因为中小型水貂养殖场在进行鲜饲料配制时，在鲜饲料采购的质量控制、鲜饲料的保存以及加工等方面，面临着很多困难，但鲜饲料加工配送公司生产的产品可以直接饲喂，且适口性好、新鲜度高、营养的全价性好。这是未来水貂养殖集约化发展的必然趋势。

2. 特种动物优良品种广泛饲养将促进饲料提质及结构的改变 毛皮动物皮张的价格很大程度取决于动物品种，2014 年我国从国外引进的优良品种水貂数量较大，对改良我国水貂地方品种，提高皮张质量有很好的作用；蓝狐的人工授精技术也为体型大、毛质好的芬兰狐扩繁提供了技术支持。这些优良动物品种生产性能的发挥需要优质营养的饲料提供，特种动物优良品种的广泛饲养要求饲料进一步提高质量，特别是营养的全价性和平衡性，满足动物高产优质的生产性能发挥。当前我国商品干粉饲料由于受原料价格的影响，选用的优质动物性饲料原料少，蛋白质的利用率不是很高。优良品种生产需要高质量的营养饲料，特别是鲜鱼、鲜肉或鱼粉、肉粉等优质蛋白质饲料，这也为鲜饲料配送企业提供了更多的市场机会，从而改变我国饲料市场的结构。

3. 自动化技术在毛皮动物生产中的应用促进了鲜饲料及颗粒饲料配制的标准化进程 随着我国经济的发展和劳动力成本的增加，我国已成为全球毛皮第一进出口大国、加工大国及消费大国，国际毛皮动物养殖逐渐向我国转移，我国也成为毛皮动物的第一养殖大国，毛皮动物的养殖的结构和技术发生了很大变化，很多大型毛皮动物养殖场，在动物饲养的品种、饲养模式、机械化程度、管理方式等方面，引进了美国或丹麦的模式开展养殖生产。在新技术的应用上，机械化程度越来越高，自动喂食、自动饮水系统等生产技术的应用大大提高了生产的效益，节省了人工成本。但是机械自动化必须要求饲料均一稳定，颗粒饲料流散性好，鲜饲料干湿合理，推送自如，饲料能挂网，有利于毛皮动物的自由采食等，这就要求饲料配制中原料稳定、水分及粘度适宜等，饲料在生产中实现标准化，唯有这样才能生产出适宜规模化机械化喂食的饲料来。

4. 特种动物健康综合防控及养殖污染防治技术的应用推进了特种动物饲料行业的健康发展 特种动物疾病种类多，危害性大，特别是毛皮动物貂、狐、貉犬瘟热、病毒性肠炎等烈性传染病，各种原因引起的腹泻等，影响着动物饲料的有效利用。另外养殖污染对环境及动物自身健康的影响很大，对特种动物健康开展综合防控，减少环境污染，有利于产业的健康良性发展。当前各类疫苗的应用有效地控制了烈性传染病，但环境污染程度大、动物饲养密集、常规性消毒措施不力、动物福利考虑少等都加大了疾病防控失败的风险。饲料中过度添加抗生素形成了病菌耐药性，降低了动物抵御疾病的能力，同时也降低了饲料的有效利用。动物健康综合防控及养殖污染防治技术的应用越来越受到重视，推进了特种动物饲料行业的健康发展。

5. 全混合日粮、精饲料浓缩饲料及预混合饲料

将成为茸鹿及獭兔饲料市场的主要产品 我国茸鹿及獭兔的养殖分布范围广而分散，但饲料的专业性要求高，饲料远程配送成本较高，高密度建厂市场又有限，这一矛盾需要平衡解决才能有益于健康的特种动物饲料市场发展。对相对集中的养殖区，茸鹿和獭兔饲料全混合日粮比较省事，集中做市场也成为可能，补充以精饲料或浓缩饲料，将会成为市场的主体。对养殖分散的区域，浓缩饲料和预混合饲料将成为主体。

6. 特种动物饲料市场专业化程度将逐渐加强 狐貉干粉或颗粒饲料技术的广泛应用，以及水貂鲜饲料的专业化配送，促进了产业的分工与专业化，让科学技术的应用更加方便快捷。由于特种动物与常规家养动物生理特性及营养要求不同，随着特种动物营养需要及饲料加工配制技术的提升，市场的专业化需要将加强。未来我国特种动物的养殖将从重数量到重质量的方向发展，相应饲料专业化程度必须提升，才能最好地发挥动物的生产性能，生产出高质高价的产品。

（鲍坤　李光玉）

饲料原料工业概况

中国饲料市场分布与概况

2014 年受经济、政策和市场等多重因素影响，饲料行业经受住各种阻力，努力克服困境，实现饲料产量同比增长 2.0%。全国商品饲料工业总产值和营业收入分别为 6 941 亿元、6 679 亿元，同比分别增长 2.3%、1.4%。随着饲料行业门槛的提高，饲料行业也逐步迈入了整合转型期。截至 2014 年年底，全国共有饲料加工企业（包含精料补充料生产企业数量）7 617 家，同比减少 2 496 家，下降 24.7%；预混合饲料 2 632 家，同比减少 339 家，下降 11.4%。

一、饲料产量增速放缓，猪饲料、反刍动物饲料持续增长

2014 年中国饲料产量 19 727 万 t，同比增长 2.0%。其中，配合饲料产量 16 935 万 t，同比增长 3.8%，占全国饲料总产量 85.8%；浓缩饲料产量 2 151 万t，同比下降 10.3%，占全国饲料总产量 10.9%；添加剂预混合饲料产量 641 万 t，同比增长 1.1%，占全国饲料总产量 3.2%。

从近 6 年生产情况看，全国饲料产量增速放缓，年均增幅为 6.4%。其中，配合饲料、添加剂预混合饲料年均增幅分别为 8.3%、2.8%，浓缩饲料年均增幅下降 2.6%（表 2－8）。

从品种看，猪饲料、蛋禽饲料、肉禽饲料、水产饲料、反刍饲料、其他饲料年均增幅分别是 11.2%、1.6%、3.2%、6.2%、7.7%、5.7%。其中，猪饲料和反刍饲料产量呈逐年增长趋势（表 2－9）。

表 2－8　2009—2014 年全国饲料产量变化与增幅情况

单位：万 t、%

年份	总产量	配合饲料	浓缩饲料	添加剂预混合饲料
2014	19 727	16 935	2 151	641
2013	19 340	16 308	2 398	634
2012	19 449	16 363	2 467	619
2011	18 063	14 915	2 543	605
2010	16 202	12 974	2 648	579
2009	14 813	11 535	2 686	592
年均增幅	6.4	8.3	－2.6	2.8

表 2-9　2009—2014 年各饲料品种产量变化与增幅情况

单位：万 t、%

年份	猪饲料	蛋禽饲料	肉禽饲料	水产饲料	反刍饲料	其他饲料
2014	8 616	2 902	5 033	1 903	876	397
2013	8 411	3 035	4 947	1 864	795	288
2012	7 722	3 229	5 514	1 892	775	317
2011	6 830	3 173	5 283	1 684	775	316
2010	5 947	3 008	4 735	1 502	728	282
2009	5 243	2 761	4 478	1 464	591	276
年均增幅	11.2	1.6	3.2	6.2	7.7	5.7

从分布情况看，2014 年，东部地区（北京、天津、河北、上海、江苏、浙江、福建、山东、广东、海南、辽宁）饲料总产量为 10 216 万 t，同比增长 0.4%，占全国饲料总产量 51.8%；中部地区（山西、安徽、江西、河南、湖北、湖南、黑龙江、吉林）饲料总产量为 5 638 万 t，同比下降 0.3%，占全国饲料总产量 28.6%；西部地区（内蒙古、广西、重庆、四川、贵州、云南、陕西、甘肃、青海、宁夏、新疆）饲料总产量为 3 873 万 t，同比下降 0.1%，占全国饲料总产量 19.6%。

二、不同品种饲料产量分布情况

1. 猪饲料　2014 年，猪饲料产量 8 616 万 t，同比增长 2.4%，占全国饲料总产量比重为 43.7%，较 2013 年提高 0.2 个百分点。其中，猪配合饲料产量 6 945万 t，同比增长 4.8%；猪浓缩饲料产量 1 303 万 t，同比下降 7.4%；猪添加剂预混合饲料产量 368 万 t，同比下降 1.9%。

从全国分布情况看，东部地区产量 3 798 万 t，同比增长 4.8%，占全国总产量 44.1%；中部地区产量 2 869 万 t，同比下降 0.7%，占全国总产量 33.3%；西部地区产量 1 949 万 t，同比增长 2.6%，占全国总产量 22.6%（图 2-17、图 2-18，图 2-19）。

2. 蛋禽饲料　2014 年，蛋禽饲料产量 2 902 万 t，同比下降 4.4%，占全国饲料总产量比重为 14.7%，较 2013 年下降 1 个百分点。其中，蛋禽配合饲料产量 2 360 万 t，同比下降 2.7%，占全国总产量 81.3%；蛋禽浓缩饲料产量 398 万 t，同比下降 15.3%，占全国总产量 13.7%；蛋禽添加剂预混合饲料产量 144 万 t，同比增长 3.6%，占全国总产量 5.0%。

从全国分布情况看，东部地区产量 1 501 万 t，同比下降 9.3%，占全国总产量 51.7%；中部地区产量 922 万 t，同比增长 3.6%，占全国总产量 31.8%；西部地区产量 479 万 t，同比下降 2.2%，占全国总产量 16.5%。

3. 肉禽饲料　2014 年，肉禽饲料产量 5 033 万 t，同比增长 1.7%，占全国饲料总产量比重为 25.5%，较 2013 年下降 0.1 个百分点。其中，肉禽配合饲料产量 4 775 万 t，同比增长 3.4%，占全国总产量 94.9%；肉禽浓缩饲料产量 208 万 t，同比下降 26.2%，占全国总产量 4.1%；肉禽添加剂预混合饲料产量 49 万 t，同比增长 6.5%，占全国总产量 1.0%。

从全国分布情况看，东部地区产量 3 087 万 t，同比增长 1.4%，占全国总产量 61.3%；中部地区产量 1 104 万 t，同比增长 2.3%，占全国总产量 21.9%；西部地区产量 842 万 t，同比增长 2.2%，占全国总产量 16.7%。

4. 水产饲料　2014 年，水产饲料产量 1 903 万 t，同比增长 2.1%，占全国饲料总产量 9.7%，较 2013 年提高 0.1 个百分点。其中，水产配合饲料 1 870万 t，同比增长 2.0%，占全国总产量 98.3%；水产浓缩饲料 4.2 万 t，同比下降 41.7%，占全国总产量 0.2%；水产添加剂预混合饲料 29 万 t，同比增长 20.8%，占全国总产量 1.5%。

从全国分布情况看，东部地区产量 1 188 万 t，同比增长 2.2%，占全国总产量 62.4%；中部地区产量 478 万 t，同比增长 4.1%，占全国总产量 25.1%；西部地区产量 237 万 t，同比下降 2.4%，占全国总产量 12.5%。

5. 反刍动物饲料　2014 年，反刍动物饲料产量 876 万 t，同比增长 10.2%，占全国饲料总产量 4.4%，较 2013 年提高 0.3 个百分点。其中，精料补充料 641 万 t，同比增长 14.7%，占全国总产量 73.2%；反刍动物浓缩饲料 208 万 t，同比下降 1.0%，占全国总产量 23.7%；反刍动物添加剂预混合饲料 28 万 t，同比增长 7.7%，占全国总产量 3.2%。

从全国分布情况看，东部地区产量 377 万 t，同比增长 33.4%，占全国总产量 43.0%；中部地区产量 172 万 t，同比下降 8.5%，占全国总产量 19.6%；西部地区产量 328 万 t，同比增长 0.9%，占全国总产量 37.4%。

6. 其他饲料 2014 年，其他饲料产量 397 万 t，同比增长 37.8%，占全国饲料总产量 2.0%，较 2013 年提高 0.5 个百分点。其中，其他配合饲料 344 万 t，同比增长 41.6%，占全国总产量 86.6%；其他浓缩饲料 30 万 t，同比增长 36.4%，占全国总产量 7.6%；其他添加剂预混合饲料 23 万 t，同比增长 4.5%，占全国总产量 5.8%。

从全国分布情况看，东部地区产量 265 万 t，同比增长 51.6%，占全国总产量 66.8%；中部地区产量 94 万 t，同比增长 21.9%，占全国总产量 23.7%；西部地区产量 38 万 t，同比增长 6.8%，占全国总产量 9.6%（图 2-17，图 2-18，图 2-19）。

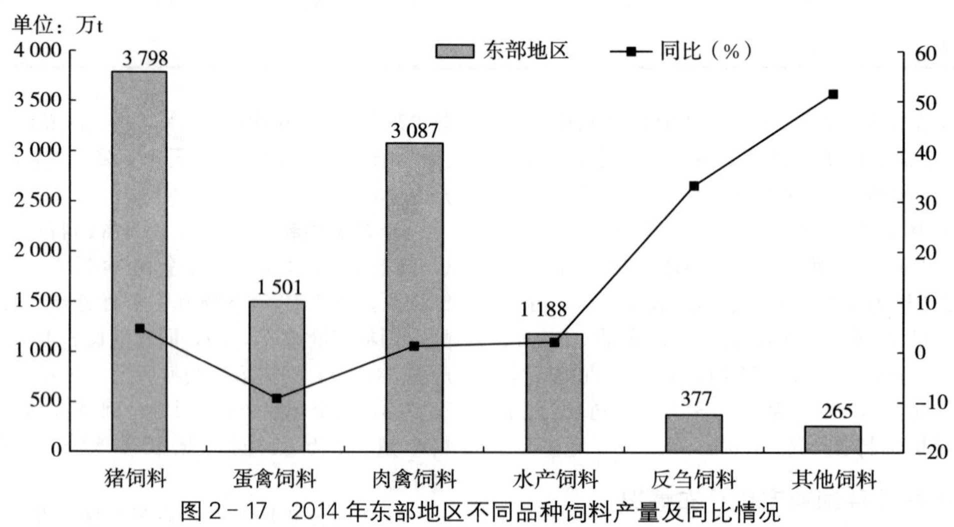

图 2-17　2014 年东部地区不同品种饲料产量及同比情况

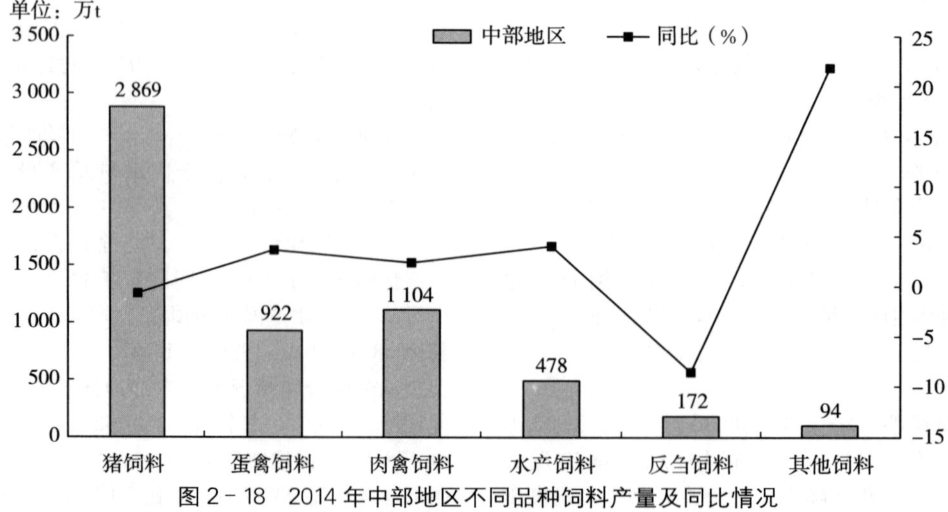

图 2-18　2014 年中部地区不同品种饲料产量及同比情况

随着 2014 年 7 月 1 日国家质检总局和国家标准委发布新修订《饲料标签》的正式实施，以及人们对食品安全的日趋重视，饲料安全问题尤为重要。根据农业部办公厅发布的 2014 年上半年、下半年全国饲料质量安全监测结果显示，2014 年上半年共抽检各类商品饲料 3 229 批次，产品合格率为 95.5%，同比上升 0.04 个百分点；2014 年下半年共抽检各类商品饲料 2 531 批次，产品合格率为 97.0%，同比上升 1.5 个百分点。饲料产品质量安全水平的进一步提高，保障了养殖业和饲料行业的持续健康发展。

（陆泳霖　齐蓓蓓）

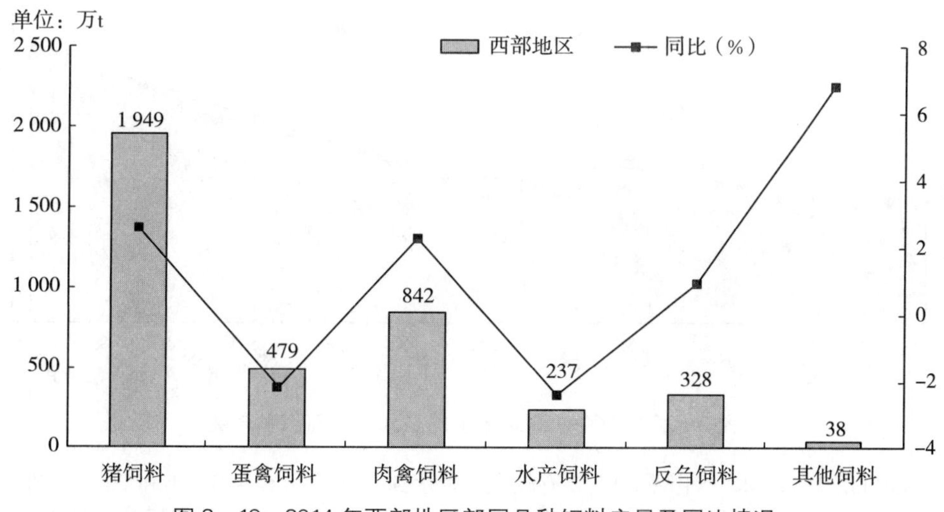

图 2－19 2014 年西部地区部同品种饲料产量及同比情况

主要饲料原料产量分布与概况

全球玉米、大豆等饲料原料的丰产，带动了饲料产量增长。2014 年全球复合饲料总产量近 9.80 亿 t，比 2013 年增长了 2.4%。其中亚太地区大部分国家均实现了增长，印度更是复合增长近 10%，一举超越了西班牙成为了世界第 5 大饲料生产国。非洲地区总产量 345.7 万 t，同比增长 9%，美洲地区总产量 3.8 亿 t，其中拉丁美洲增长 4%，欧洲地区总产量 2.32 亿 t，同比增长 2%。中国饲料产量 1.97 亿 t，同比增长 2%。

一、玉米

1. 全球玉米生产情况 2014 年全球玉米产量为 9.82 亿 t，玉米主产区主要集中在北美洲、亚洲和欧洲，占全球玉米总产量的 4/5 以上。而美国和中国的产量占全球总产量的近一半，两国的收获面积合计约占到全球的 40.18%。其中 2012 年，美国玉米的收获面积为 3 536 万 hm^2，占全球玉米总收获面积的 20.21%，总产量为 3.7 亿 t，占全球总产量的 32.08%。中国玉米收获面积为 3 495 万 hm^2，占全球玉米总收获面积的 19.97%，总产量为 2.2 亿 t，占全球总产量的 24.36%。目前，巴西已成为世界第三大玉米生产国，其玉米收获面积 1 550 万 hm^2，产量为 7 500 万 t。其次是欧盟、阿根廷、墨西哥、印度，其中印度玉米收获面积的增长比较快，但其产量提高不多。玉米的单产基本能体现出玉米的生产技术水平。美国玉米单产最高，为 7.75t/hm^2，是印度玉米单产的 3 倍。这说明不同国家的技术应用水平、生产管理水平存在很大的差异，发达国家的技术应用水平、生产管理水平都比较高，其玉米的单产也比较高。

2. 中国玉米生产情况 我国是世界上第二大的玉米生产国，也是第二大玉米消费国，消费量的 90%以上靠国内生产。近年来我国养殖业发展迅速，而玉米作为饲料的重要组成部分，需求量较大，约占消费总量的 75%。我国玉米产量总体呈上升趋势，但也存在一定的波动。1997 年的玉米产量 10 430.9 万 t，同比减少 2 316.23 万 t，2000 年的玉米产量从 1999 年的 12 808.6 万 t 减少到 10 600 万 t。从 2003—2008 年我国玉米产量实现了 6 连增。尽管 2009 年玉米产量比 2008 年有所下降，但也仅仅降低了 194 万 t，紧接着 2010—2013 年玉米产量持续增加，2014 年由于天气原因，部分玉米产区出现干旱，由 2013 年的 21 848.9 万 t 减少至 21 567.0 万 t，减少 281.9 万 t，为 2010 年以来首次下滑，但综合产量仍属丰收年水平。与历年最小值 1992 年的 95 383 万 t 相比，增长了 126.1%（图 2－20）。

玉米播种面积除在 1997 年、2000 年、2003 年出现下降外，其余年份均上涨。从 1990 年的 2 140.1 万 hm^2 增长至 2014 年的 3 707.6 万 hm^2，增长率达到 73.2%。

3. 进出口情况 1990—2014 年我国共进口玉米 2 184.9万 t，进口国主要是美国、老挝、缅甸和越南等国家。出口玉米 12 307.5 万 t，主要集中在东南亚国家，如韩国、马来西亚、日本、印度尼西亚和朝鲜，其中以出口韩国最多，约 3 000 万 t，而且主要集中在 2008 年以前。

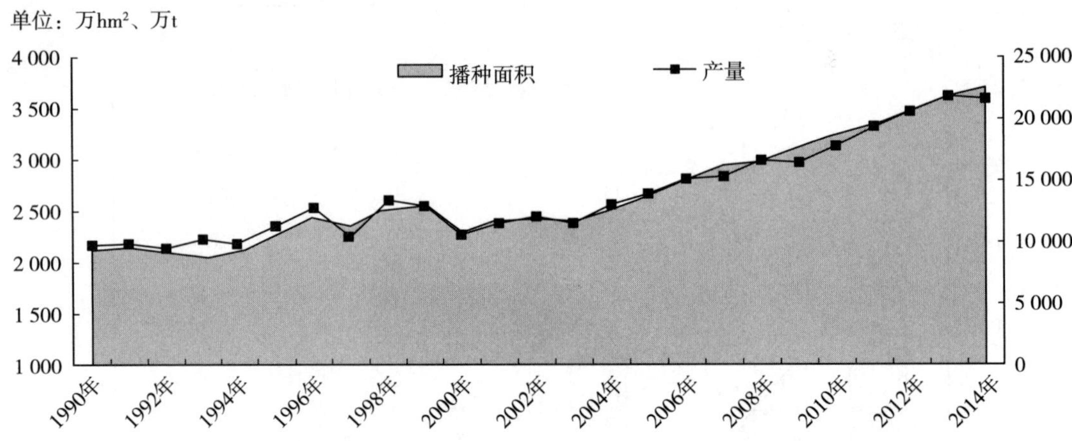

图 2-20　1990—2014 年全国玉米播种面积和产量

中国玉米进口量 1992—2009 年除 1995 年有较大变化，其余年间基本维持一种低水平趋势。直至 2010 年出现了质的变化，玉米进口量出现激增，由 2009 年的 8.4 万 t 增加到 2010 年的 157.5 万 t，同比增长了 18.8 倍。2011 年继续维持高水平的玉米进口量，达到 176.4 万 t，2012 年创下了历史玉米进口量记录，进口量达到 520.7 万 t，2013 年和 2014 年进口量分别是 326.5 万 t 和 259.9 万 t。我国玉米出口量在 2008 年以前波动较大，呈现不规则变化，分别于 1993 年、2003 年创历史最低和最高出口记录。2008 年以后基本维持低水平出口趋势（图 2-21）。

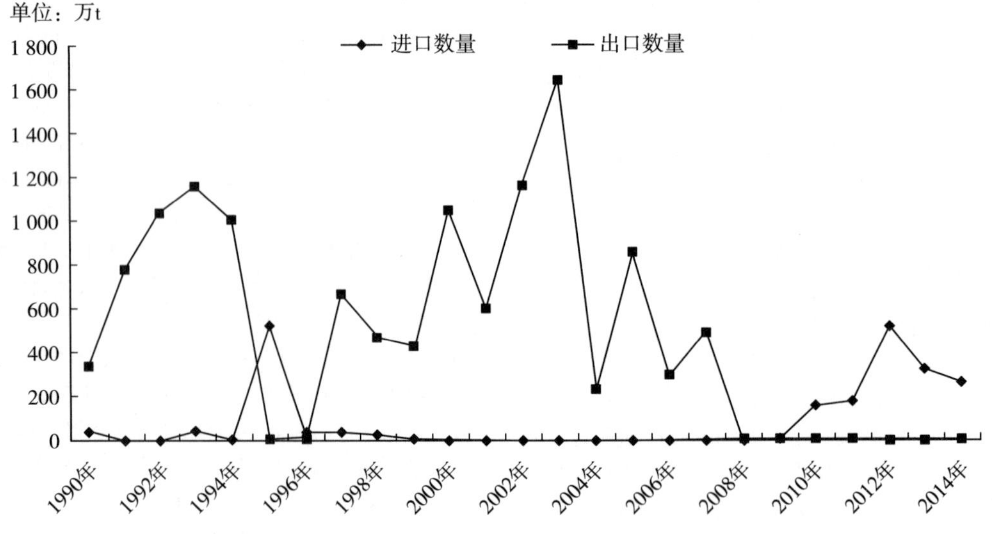

图 2-21　2007—2014 年玉米进口情况

二、大豆

1. 全球大豆生产情况　美国农业部（USDA）发布的报告显示，2014/2015 年度全球大豆产量为 3.14 亿 t，较 2013/2014 年度增加 3 063 万 t，全球大豆种植面积由 20 世纪 80 年代的 5 048 万 hm^2 增加至 2014 年的 11 850 万 hm^2，增加了 6 802 万 hm^2。从单一国家的情况来看，美国的大豆种植面积仍然保持全球第一的位置，2014 年度美国大豆的种植面积达到 3 387 万 hm^2，达到历史最高水平，产量增加了 1 662 万 t。巴西大豆种植面积位居全球第 2 位，巴西大豆种植面积连续多年扩张，到 2014 年已经达到 3 100 万 hm^2，产量增加了 880 万 t。阿根廷的大豆种植面积位居全球第 3 位，2014 年达到了 2 023 万 hm^2，产量增加了 100 万 t。近年来印度大豆种植面积逐年增加，2014 年达到 1 100 万 hm^2，位居全球第 4 位。而我国大豆播种面积 696 万 hm^2，已少于该年度印度大豆播种面积，在全球大豆主产国中的面积排序降为第 5 位。在全球大豆主产国中，尤以巴西和阿根廷的发展势头强劲。

2. 中国大豆生产情况 大豆产量小幅下滑。2014 年我国大豆生产整体延续种植面积、产量下滑的趋势。2014 年我国大豆播种面积为 696 万 hm^2，同比下降 0.7%；平均单产为 1.79t/hm^2，同比上升 1.59%；产量 1 245 万 t，同比下降 0.9%。2014 年全国大豆种植面积继续下滑，继续刷新自 1980 年有统计数据以来的新低，主要原因是与玉米、稻谷相比，大豆的种植效益明显偏低，导致大豆在争地关系中失利，加上 2014 年东北取消大豆临储收购政策，采取大豆目标价格补贴政策，而目标价格补贴政策细则迟迟未公布，农民种植积极性降低，种植面积自 2010 年开始连续 5 年缩减（图 2-22）。

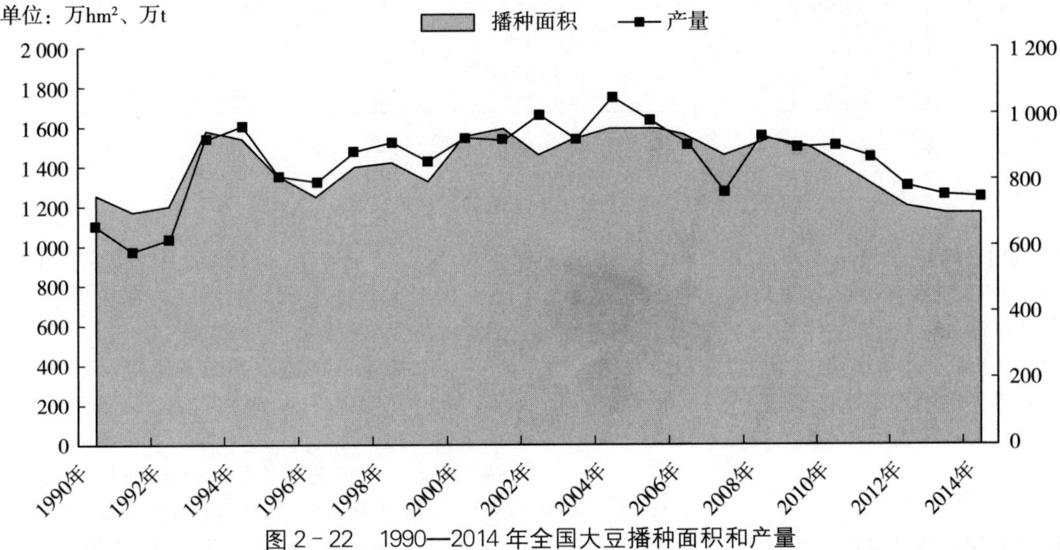

图 2-22 1990—2014 年全国大豆播种面积和产量

3. 进出口情况 国产大豆产不足需，缺口扩大，进口量屡创新高。据海关数据显示，2014 年全国进口大豆为 7 140 万 t，同比增长 12.6%，进口大豆主要来自 3 个国家，其中从巴西进口的大豆占进口总量的 44.8%，美国占 42.1%，阿根廷占 8.4%。进口大豆连续 3 年持续走高，一是国内大豆压榨产能持续上升，国产大豆和进口大豆价差持续扩大，大豆压榨企业对进口大豆需求不断增强；二是 2014 年全球大豆产量大幅增加，下半年国际市场大豆价格大幅下跌；三是国内饲料养殖行业对蛋白粕需求强劲；四是国产大豆价格远高于进口大豆分销价格，部分进口大豆流入食品加工领域。

2014 年我国累计出口大豆 20.74 万 t，较 2013 年减少 0.9%；出口额 2.0 亿美元，较 2013 年减少 1.3%。

三、油菜籽

1. 全球油菜籽生产情况 2014 年全球油菜总收获面积为 3 613 万 hm^2，较 2013 年减少 2 万 hm^2。加拿大、中国、印度和欧盟仍然排在前四位，中国占 20.7%。全球油菜籽总产量为 7 066.2 万 t，较 2013 年减少 42.6 万 t。其中，欧盟、中国、加拿大和印度仍然排在前 4 位，中国占 20.8%。

2014 年欧盟油菜籽产量将达到创纪录的 2 270 万 t，比 2013 年增长 7%。欧盟油菜籽产区天气条件整体良好，平均单产可能达到 3.3t/hm^2，比 2013 年增长 6%。2014 年乌克兰油菜籽产量为 220 万 t，比 2013 年减少 6%，因为收获面积将会减少 15%。收获面积下滑的主要原因在于冬播条件糟糕。2014 年加拿大油菜籽产量为 1 400 万 t，比 2013 年减少 22%，主要原因是平均单产比上个年度创纪录的水平减少 20%。虽然 2014 年油菜籽播种面积小幅提高，但是 6 月份局部地区发生了洪涝灾害，导致收获面积减少 3%，约为 780 万 hm^2。

2. 国内油菜籽生产情况 中国油菜生产经历了缓慢发展、大幅下滑和平稳恢复阶段。2006 年，由于油菜种植效益偏低，油菜播种面积大幅下滑至 598 万 hm^2，2007 年跌入谷底 564 万 hm^2，自 2008 年起国家出台了油菜籽临时收储政策，在政策推动下，油菜播种面积开始缓慢恢复，不少地区还出现了恢复性增长。2014 年油菜播种面积、总产量均创历史最高纪录，分别为 754 万 hm^2 和 1 477 万 t，油菜平均单产为 130.7kg/亩*，比 2012 年提高 2.8%。我国油

* 亩为非法定计量单位，1 亩＝667 平方米。——编者注

菜种植较为集中，主要集中在长江流域，其中湖北、湖南、四川3省合计占全国的50%左右（图2-23）。

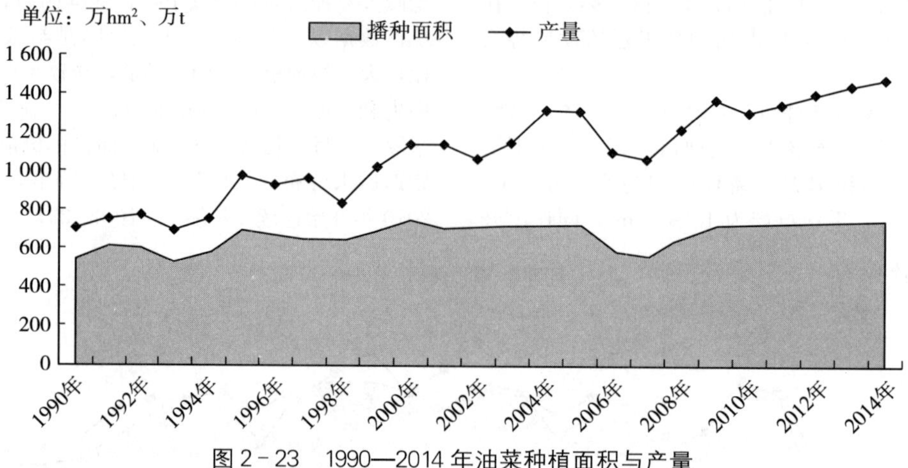

图2-23 1990—2014年油菜种植面积与产量

3. 进出口情况 我国菜粕市场需求总体旺盛，仅靠国产不能满足内需。我国主要从加拿大、澳大利亚等国进口油菜籽，据海关数据显示，2012年累计进口293万t，2013年累计进口菜籽366.2万t，同比增长25%，2014年油菜籽进口量达到508万t，同比增长38.7%，连续第3年刷新历史最高纪录。

四、棉花

1. 全球棉花生产情况 2014年，全球棉花种植面积达到5.06亿亩，增长3%，但全球棉花产量稳定在2 620万t。由于单产下滑，印度种植面积增长5.0%，产量却保持在680万t。中国种植面积下降9.0%至6450万亩，而单产提高3.0%，为101.2kg/亩，产量将减少6.0%至650万t；美棉产量将增长27%至360万t；巴基斯坦产量将稳定在210万t。上述4个产棉国棉花产量占北半球棉花产量的80%，整体增长2%，为2 300万t。

南半球棉花种植面积萎缩12.0%，仅为4 500万亩，创5年来最低水平。巴西棉农种植热情下降，尽管政府给予大力支持，但目前的棉价水平难以抵消掉生产成本的上升，产量预计为150万t，同比下滑13%。

2. 中国棉花生产情况 2014年棉花产量为6 340万亩，同比下降9.4%。全国棉花实际产量在650万t左右，同比减少50万t。长江流域棉区和黄河流域棉区受生产成本上升、植棉比较效益下降以及取消临时收储政策等影响，面积下降较多。自2008年以来，国内各地棉产区已经不断传出种植面积缩减的消息。产棉大省山东2008年种植棉面积为1 332万亩，2009年降到1 200万亩，2010年降到1 170万亩，2013年首次跌破1 000万亩。河北棉花春播面积723万亩，同比下降16.4%；江苏棉花面积可能首次跌破200万亩，比2013年下降约20.0%；江西10万亩以上植棉大县如彭泽、都昌减幅都在10.0%以上，不少种植大户面积减少近50.0%。

国家棉花市场监测系统数据显示，2003—2013年，黄河流域棉区从203万t降到147万t，降幅27.5%；长江流域棉区从115万t降至100万t，降幅13.0%。值得关注的是，西北内陆产量发生了大逆转，产量从169万t增加到449万t、增幅166.0%，占全国总产量比重由2003年的34.0%提高到2013年的64.0%。

3. 进出口情况 中国从2009年开始进口棉籽，而中国质检总局只允许从印度、澳大利亚、巴基斯坦、缅甸4个国家进口棉籽，从进口量来看，澳大利亚产棉籽占了绝大多数。主要是在5～8月期间，国内棉企多处于停机状态，市面棉籽供应青黄不接，而澳洲棉籽刚好弥补了这4个月的棉籽供应缺口，加上澳大利亚棉籽含油量较高，在15.0%以上，甚至比新疆籽含油量还要高。

棉籽进口量经历从无到有，从大量增加到迅速减少的过程。从2009年开始少量进口，到2012年达到进口量最高值39.4万t，而2013—2014年棉籽进口量急速下降。2014年棉籽进口总量在7.4万t，较2013年下降48.3%。

五、鱼粉

1. 全球鱼粉生产情况 2014年全球鱼粉产量为456万t，比2013年减少1.3%，连续第3年下降。鱼油全球产量91.3万t，比2013年略有增加，但大大低于2008—2011年的水平。主要生产鱼粉的国家为秘鲁、智利、美国和挪威。

秘鲁：秘鲁堪称鱼粉最大的输出国。主要用来生产的为鳀鱼、沙丁鱼及鲭鱼，其中前者的量较大，而今鳀鱼逐年在减少而沙丁鱼则逐年增加。其捕获季一般集中在5～7月及10～12月两期，年产量可维持在160万t左右，生产工厂约98家，有1/3为上蒸气干化的工厂。

智利：北智利主要用来生产鱼粉的鱼为鳀鱼、沙丁鱼、及鲭鱼，其中后二者的量较少，较好的捕获季在5～7月，生产工厂仅3家，而其中最大的两家即控制98%之市场，而南智利方面，主要用来产生的亦为鳀鱼、沙丁鱼及鲭鱼，其中前二者的工作较为扎实，而鲭鱼则逐年在减少。南智利的捕获季一般较为稳定，在1～8月捕获量较大，生产的工厂约27家。

美国：美国鱼粉的用途较广，故其市场与其他国家较为不同。主要用来生产的为油鲱鱼、金枪鱼及其他地层鱼，其中油鲱提鱼的量较大约占65%，其油鲱鱼的捕获期为7～10月，而地层鱼则集中在1～3月及6、9、10月。生产的工厂约19家，其中有7家产要生产油鲱鱼。美国生产主要在7～9月，大部分为出口，其中捕获鱼之15%～17%用来生产鱼骨粉，3%则用来生产鱼油。

挪威：挪威生产的鱼粉年捕获量因最近增加BLUE WHITING项目后较为平稳，捕获季集中在5～7月及11月、12月，主要用来生产的为蓝鳕鱼、玉筋鱼、鲱鱼及其他，其中蓝鳕鱼的量最大，并持续增长，约占38%。生产的工厂由20世纪80年代的70余家缩减至12家。

2. 中国鱼粉生产情况 近年来国内沿海渔资源逐年下降，各鱼粉主产区捕捞形势不佳，产量均出现一定程度下滑。据统计，2014年全国鱼粉总产量在50万t左右，其中浙江、山东、辽宁等主产区产量占比分别为32%、30%和22%。全国鱼粉生产企业共113家，主要集中在辽宁、浙江、山东、广东、河北、广西和其他省市。由于第4季度国内渔获水平严重下降，"鱼少价高"成为国内鲜鱼收购市场的主流形势，这是导致国产鱼粉减产的最主要因素。另外，山东地区生产规模较小的鱼粉企业的整合也对全年产量的降低具有一定影响（表2-10）。

表2-10 2014年国产鱼粉产量

单位：万t、%、家

主产地	浙江	山东	辽宁	广东	河北	广西	其他
产量	16	15	11	3	2	2	1
占比	32	30	22	6	4	4	2
企业数量	20	18	46	10	7	5	7

3. 进出口情况 2014年我国进口鱼粉总量合计为103万t，分别低于近10年来（2004—2013年）我国鱼粉进口总量平均水平（118万t）和近五年来（2009—2013年）的平均水平（116万t）。

2014年我国累计鱼粉进口量为103万t，其中秘鲁鱼粉进口量为49万t，占进口总量的48%，同比上涨2%；智利鱼粉进口量为8.9万t，占进口总量的9.0%，同比下降3.0%；美国、越南、泰国、俄罗斯和墨西哥，进口量分别为9万t、6.4万t、6.3万t、4.4万t和2.9万t。其中美国和俄罗斯同比分别降低15.0%和6.4%，越南、泰国同比分别增长5.0%和110.0%，墨西哥进口量基本与2013年持平（图2-24）。

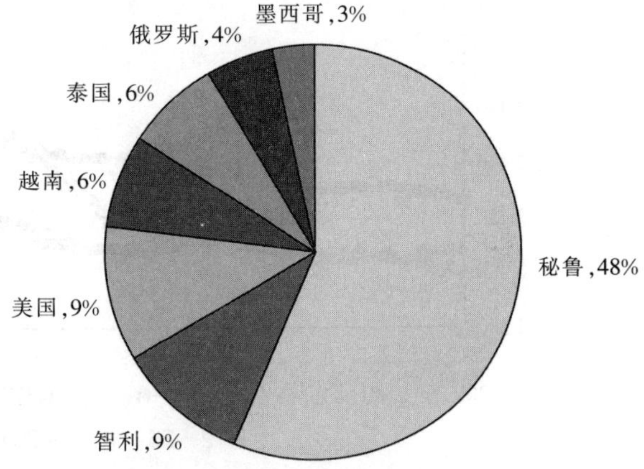

图2-24 2014年鱼粉进口产量占比

我国国产鱼粉产量较少，不能满足内需。国内大部分消费量主要依赖进口，故出口鱼粉产量较少。

（陆泳霖 朱海彬）

玉米生产、贸易与市场情况

一、总体情况

2014年，受东北和华北干旱、国家临储收购政策带来有利支撑、进口玉米受限、下游消费需求增大等多种因素的综合影响，国内玉米价格涨幅大、增速快。2013/2014年度的临储收购量达6 914万t，国储库存突破1亿大关，直接导致市场流通粮源减少，东北、华北优质玉米价格处于高位，销区刚性需求不减，我国"政策化"的玉米市场再次显现。三季度国家政策调控力度持续加大，东北地区国储玉米拍卖成交价、量不断创下新高。7月上旬突如其来的旱灾被市场所炒作，个别地区产量小幅下滑，全国秋粮总产量略降。随着关内新季玉米上市，国内玉米市场需求格局有所改善，虽然在收储政策的支撑下，四季度价格呈现稳中缓降的态势。从2014年新季玉米质量来看，未来优质玉米仍会出现供不应求格局。

二、玉米市场延续“政策”导向，供需失衡再创价格新高

2014 年我国玉米均价扭转 2013 年的跌势，市场价格整体表现为震荡幅度大、涨势持续时间长的特点。2014 年玉米均价为 2 415 元/t，同比上涨 2.7%。现货价格在第一季度维持窄幅震荡，第二、第三季度上涨最为明显。自 6 月开始，市场价格出现分化，临储拍卖和市场需求，将现货价格不断推向高潮，并且在 9 月出现最高点，均价为 2 625 元/t，创造 5 年来历史最高。随着新季玉米的丰产，玉米价格在第四季度出现大幅下滑，东北、华北部分地区月均价格相继出现 200 元/t 的下跌，给农户售粮进度、购销贸易活动带来非常严重的影响。由于临储政策公布时间晚，年底玉米消费需求不景气，玉米价格缺乏上涨动力（图 2 - 25）。

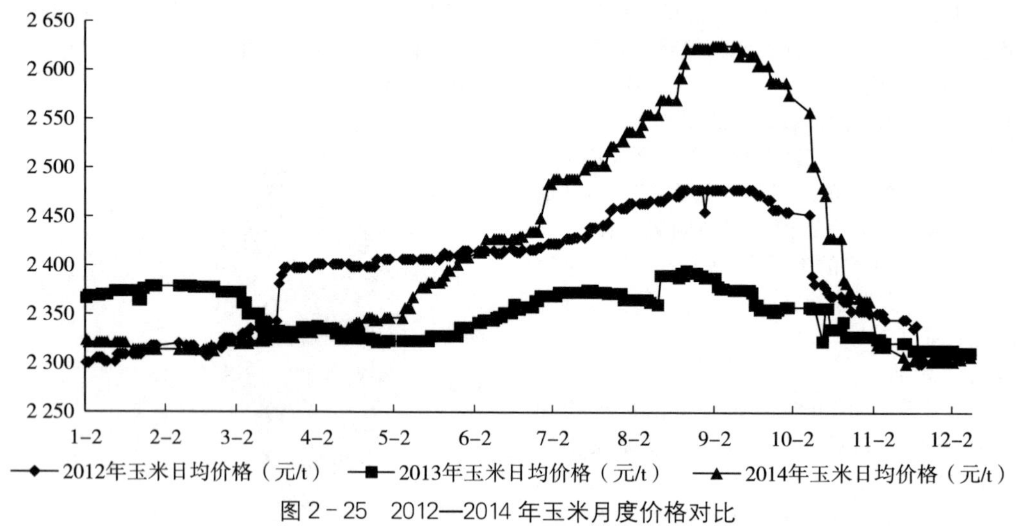

图 2 - 25　2012—2014 年玉米月度价格对比

三、2014 年玉米供需情况

1. 玉米供应情况

（1）玉米播种面积创下“十一连增”产量受天灾影响小幅下跌。尽管年初玉米价格低迷，但玉米种植效益仍好于大豆等作物，农户种植积极性较高，播种面积继续增加。2014 年我国玉米播种面积为 3 707 万 hm^2，同比提高 69 万 hm^2，增幅 1.9%。其中，吉林、辽宁等地种植面积波动不大，黑龙江地区种植面积增长幅度在 2%～3%，这为玉米增产打下良好基础（图 2 - 26）。

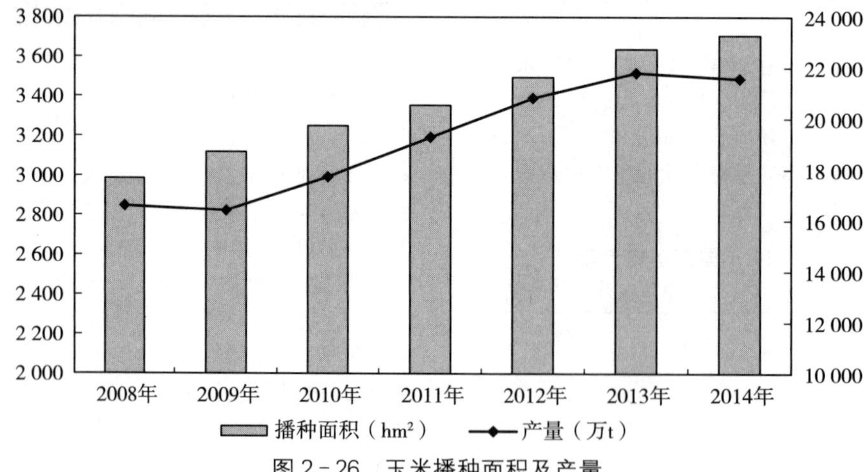

图 2 - 26　玉米播种面积及产量

2014 年 7 月和 8 月期间东北和华北平原一些玉米主产区出现干旱天气。受灾地区包括河南（占到总产量的 9%），辽宁（7%），河北（8%）、内蒙古（9%）以及吉林部分地区（13%）和山东（10%）。2014 年玉米产量为 21 567 万 t，同比减少 281.9 万 t，降幅 1.3%。我国玉米产量首次超过稻谷产量，幅度

为 383 万 t。值得注意的是，本年度黑龙江玉米单产和播种面积出现双增长，新玉米产量较高，促进优质玉米外流。长远来看，玉米播种面积增幅越发收窄，产量增幅也呈逐年下降趋势。由于人工、种子、化肥、柴油、水电等费用不断攀升，2014 年玉米种植成本较 2013 年明显提高，成本区间 6 300～6 800 元/hm^2。

（2）2014 年玉米进口量延续下跌。我国是世界第二大玉米生产和消费国，在国际市场具有很重要的地位。随着我国粮食逐年增产，玉米市场长期保持供大于求的格局，2014 年玉米进口数量延续下降态势。2014 年进口玉米 259.9 万 t，同比下降 20.4%。据统计，2014 年第一季度玉米进口量占比全年最大，进口量为 117.9 万 t，同比增加 14.8%，环比 2013 年第四季度下降 28.8%。自 2013 年 12 月开始，我国海关对进口转基因玉米加强检查，退运玉米多以美国为主（图 2－27）。

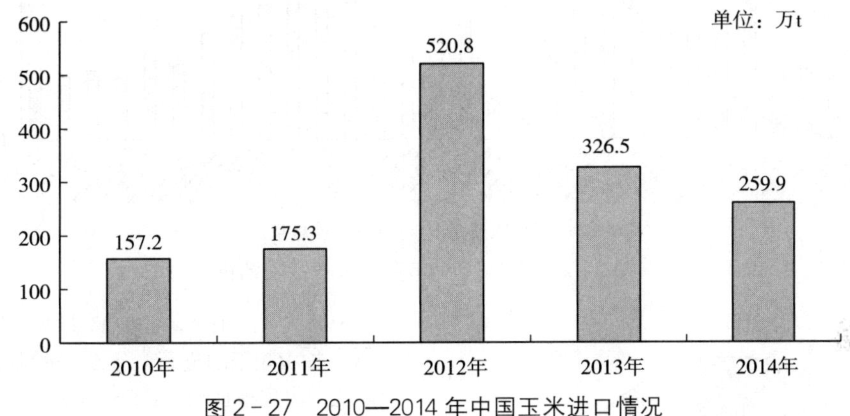

图 2－27　2010—2014 年中国玉米进口情况

2014 年我国玉米进口格局发生改变，进口粮食种类和国家将持续多元化。2014 年进口美国玉米 102.8 万 t，占比 39.6%，同比减少 65.4%；进口乌克兰玉米达到 96.4 万 t，占比 37%，同比 2013 年进口量大幅提高 7 倍，但在由于国际政治影响，阻碍黑海地区玉米的出口；进口泰国玉米 28.9 万 t，占比 11.1%，同比大幅增加。此外，缅甸、俄罗斯以及保加利亚等国的玉米都有一定量的进口，我国粮食贸易渠道更加丰富（图 2－28）。

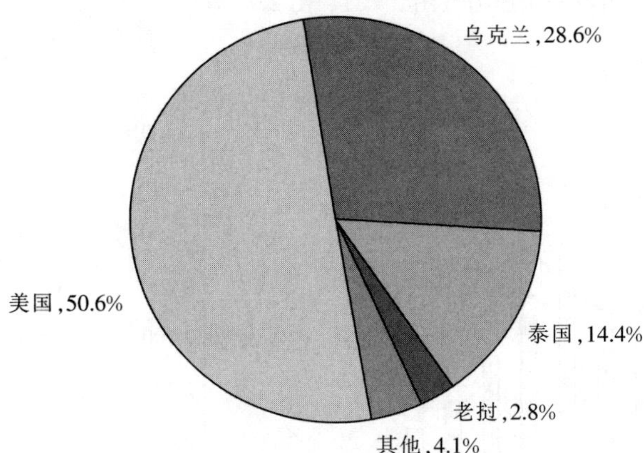

图 2－28　2014 年进口各国家玉米量占比

（3）临储收购政策延续，收购总量和市场上的声音加强。2013/2014 年度玉米临储收购创历史纪录，收购总量以及影响都是空前的。截至 2014 年 4 月 30 日，国家临储累计收购玉米 6 919 万 t，超额完成计划临储任务，与 2013 年度的 3 083 万 t 相比，增加 1 倍多；临储收购价格均较上年提高 120 元/t。本次临储收购价格出台时间提前，玉米临储价格与小麦托市价格持平，其目的就是要保证农户利益。临储收购量集中在 2014 年年初，由于收储政策大力支撑东北现货价格，东北地区农户加快售粮进度。从 3 月下旬开始，东北产区粮源有效供给量逐日下滑，优质粮源价格上行得到支撑。临储大规模的收购，导致现货市场出现分化格局。自临储收购和运粮补贴的开展，国内现货市场受政策化影响加大，“南北倒挂”现象屡见不鲜。2014/2015 年度临储政策在 12 月 5 日尘埃落定，东北各地区收储价格与 2013 年保持一致，执行收储主体开始收缩，中粮、中纺的收购限量下调，资金实行统贷统还，整体收储力度弱于市场预期（图 2－29）。

从东北三省一区的收购量来看，吉林地区占比排在首位。黑龙江地区由于降温降雪天气的影响，玉米霉变现象比较严重。前期，黑龙江售粮进度相对较慢。一方面，当地深加工企业生产持续低迷，开工率下滑明显；另一方面，玉米质量严重不达标。后期，有关政府部门针对临储收购霉变玉米指标作出调整。一方面保证有效粮源的供应，尽量避免高温天气对粮食的有效供给造成的损失；另一方面也将拓宽质量偏差玉米的流向，减少差粮对市场的拖累，对东北玉米价格形成利好（图 2－30）。

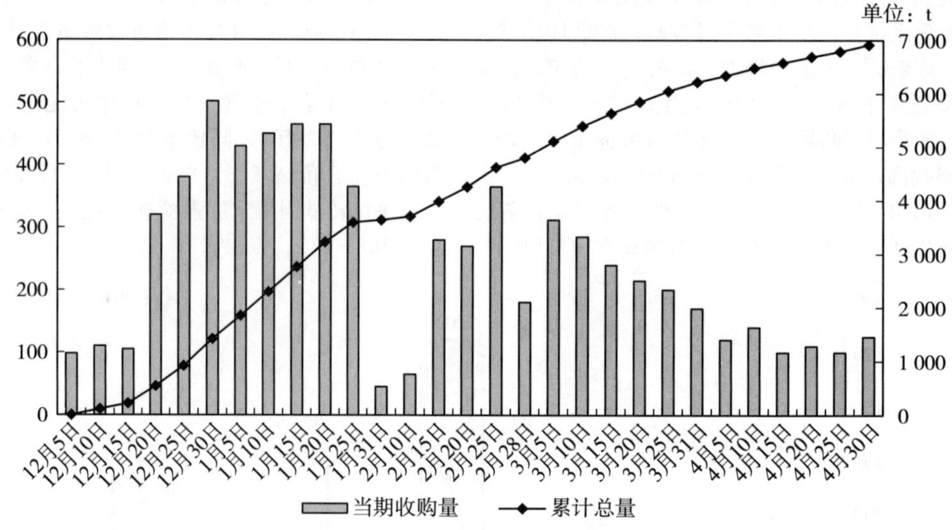

图 2－29　2013/14 年度玉米临储收购量

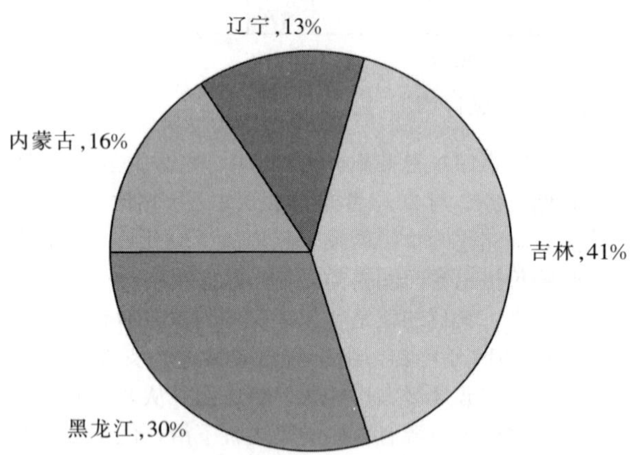

图 2－30　2013/2014 年度东北各地区临储收购比例

（4）2014 年临储和进口拍卖情况。2014 年 5 月 22 日在合肥国家粮食交易中进行第 1 次临储拍卖，且每 7 天进行 1 次拍卖，截至 11 月 5 日临储拍卖共进行 24 次。拍卖频繁的进行，主要是受临储收购的影响，全国范围出现粮食缺口，“有价无粮”“优粮难求”和“去库存化”成为市场最大的难题。计划拍卖总量 10 392万 t，成交 2 595 万 t，总成交率 24.97%。其中，东北临储玉米累计成交 2 472 万 t，南方移库玉米累计成交 124 万 t。2014 年临储拍卖最高成交量出现在第 9 次拍卖（7 月 16 日），成交量达到 205 万 t；最低成交量为第 23 次拍卖，成交量仅为 0.14 万 t。从成交价格来看，由于 2013 年 8、9 月的优质玉米参拍，导致临储拍卖一路高歌，成交价格在第 16 次达到最高，成交价为 2 377 元/t。临储拍卖作为现货市场的风向标，这不仅支撑了现货价格上行，也缓解了市场需求压力（图 2－31、图 2－32）。

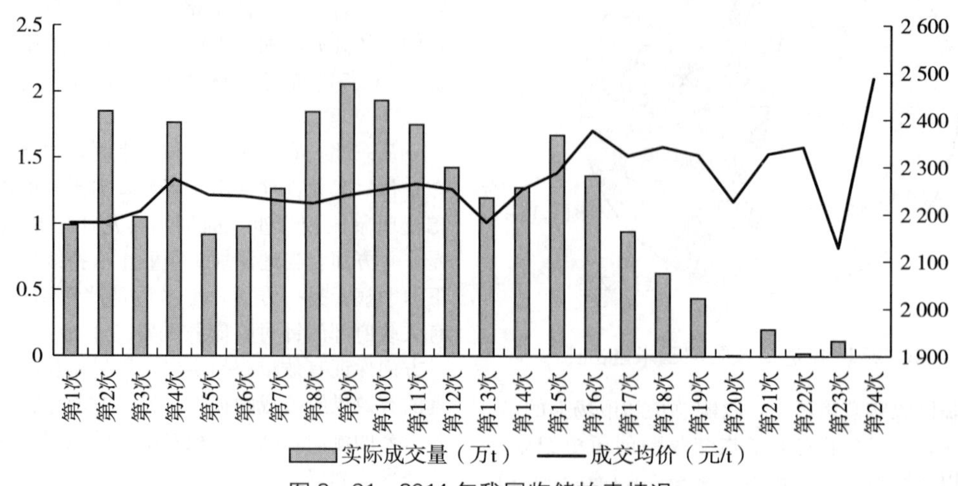

图 2－31　2014 年我国临储拍卖情况

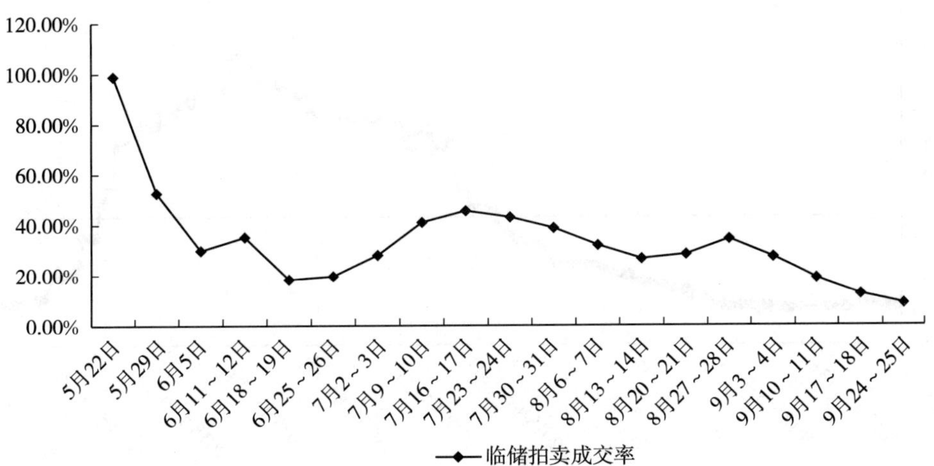

图 2-32　2014 年我国临储拍卖成交率

拍卖进口玉米是 2014 年玉米市场一大亮点，2014 年 7 月 3 日～9 月 4 日共进行 10 次进口玉米临储拍卖，实际成交量达到 370 万 t，成交率多次接近 100%。从成交价格来看，前 8 次拍卖成交价格保持上涨态势，最高价格出现在第 8 次（8 月 21 日），成交均价为 2 391 元/t，第 9、10 次拍卖价格下跌明显，一方面是饲料企业库存充足，参拍积极性较低；另一方面，拍卖粮源质量较为一般（图 2-33）。

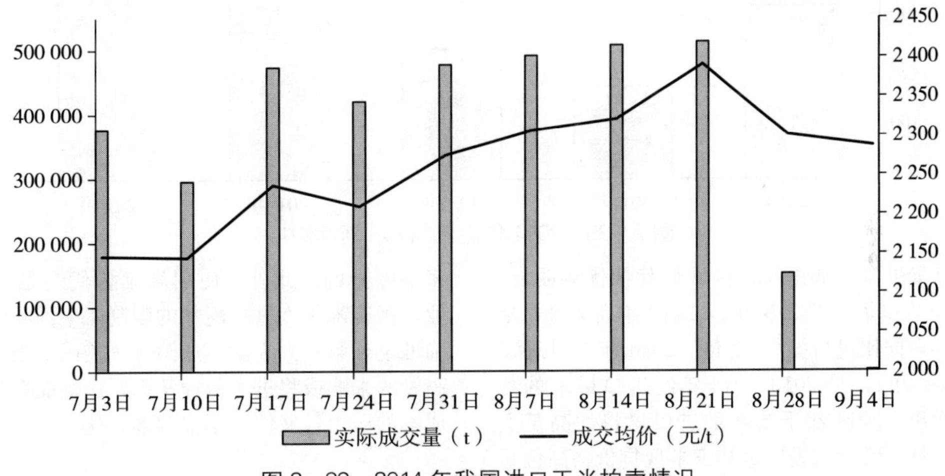

图 2-33　2014 年我国进口玉米拍卖情况

（5）小麦、高粱、DDGS 替代总量大幅提升。2014 年，由于国内玉米价格疯狂上涨，优质粮源紧缺导致玉米小麦价格倒挂，提振饲料企业采购小麦的积极性。在 8 月下旬至 9 月上旬期间，小麦和玉米日均价差最大值为 90 元/t，山东地区玉米小麦价差在 150～200 元/t（净粮），广东地区玉米小麦价差在 150 元/t 左右。按照价差为 150 元/t 的替代标准来看，2014 年小麦具有替代时间长、价差空间大的特点。2014/2015 年度我国小麦饲用量为 1 600 万 t，较 2013 年度增加 350 万 t。尽管小麦饲用仍然旺盛，但 2014 年饲料企业采购小麦与 2011 年、2012 年有所不同，国内大型饲料企业的小麦采购更倾向于随收随用，小麦库存并不高，但保持小麦库存消耗时间长。而小型饲料企业的小麦采购积极性较高，不过小麦库存也不高（图 2-34）。

（6）进口 DDGS 替代优势明显，进口数量再创历史新高。2014 年我国累计进口 DDGS 541.3 万 t，同比增加 35.3%。从海关统计数据来看，2014 年进口美国 DDGS 数量为 541.1 万 t，占比 99.9%。2014 年 12 月发布的进口转基因玉米 MIR162 获批的消息，意味着 2015 年开始，进口 DDGS 退运风波将停息。由于进口 DDGS 质量好，蛋白、脂肪含量较高，政策限制解除之后，进口 DDGS 到港量将大幅增加（图 2-35）。

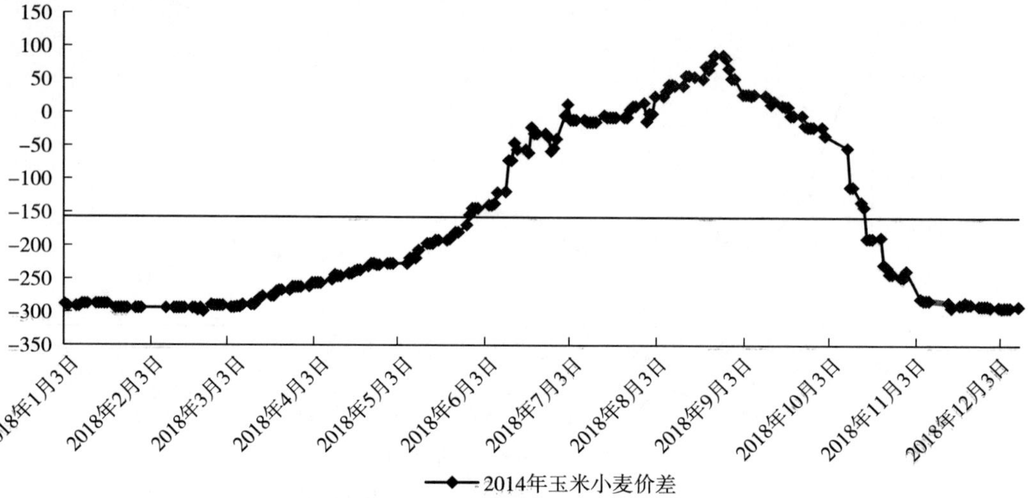

图 2－34　2014 年小麦和玉米价差统计

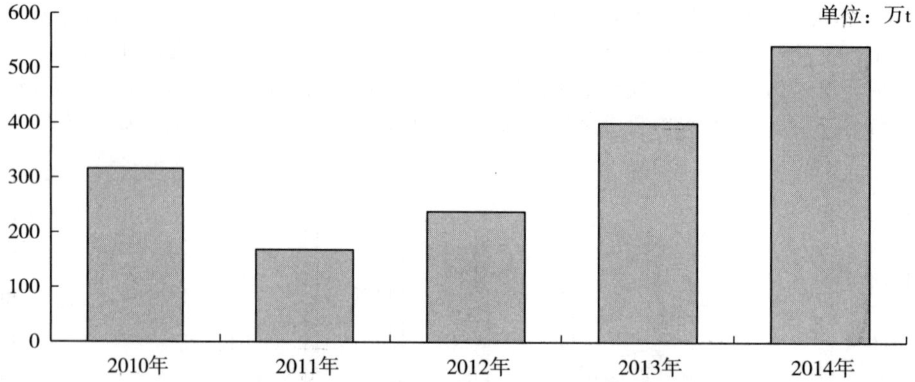

图 2－35　2014 年进口 DDGS 延续涨势

（7）高粱进口涨势迅猛，区域性替代优势明显。2014 年高粱进口量为 572.9 万 t，2013 年高粱进口量为 10.7 万 t，同比进口提高 52 倍。2014 年 9 月进口数量为 85.4 万 t，是 2013/2014 年度进口最多的月份。不难看出，2014 年下半年的进口量将远高于上半年的进口量，巨大的进口量和玉米现货价格高位是密不可分的。此外，使用高粱替代多是南方饲料企业，因玉米年度进口配额的限制，中国私营饲料企业瞄准全球第一大高粱生产国——美国。未来针对进口高粱的采购或将进入一种常态，这既能有效的缓解高成本的压力，又使饲用粮源多元化（图 2－36）。

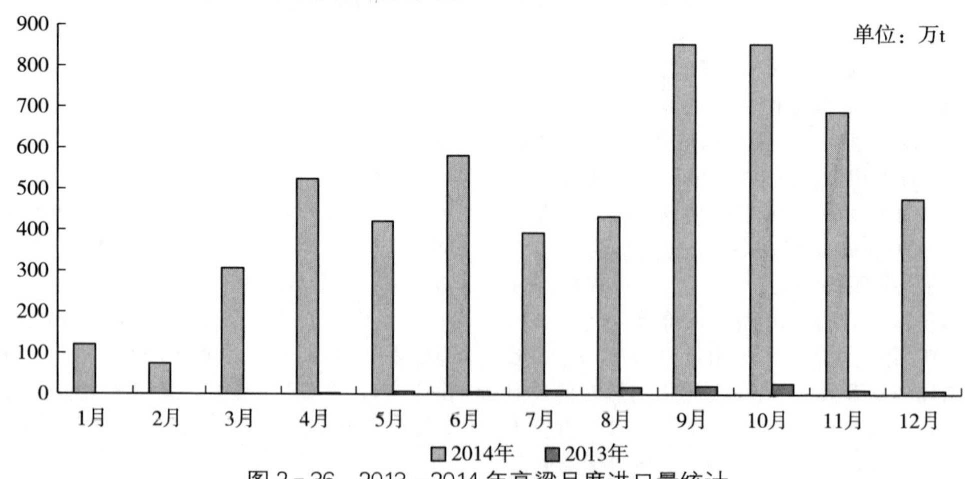

图 2－36　2013—2014 年高粱月度进口量统计

2. 玉米需求情况

(1) 下游消费低迷,饲料产量跌势难改。2014年我国饲料行业延续低迷态势,原料成本的上扬和养殖需求的低迷,给国内饲料产业带来巨大挑战。2013年我国饲料产量为19 340万t,同比下降1.8%,这是饲料工业发展30年以来首次下降。2014年饲料产量为19 727万t,同比上涨了2.0%。从饲料产量波动幅度来看,2014年饲料产量波动幅度或将成为近四年来波动幅度最小的一年。这也表明,2015年饲料行业将进入"新常态"发展阶段(图2-37)。

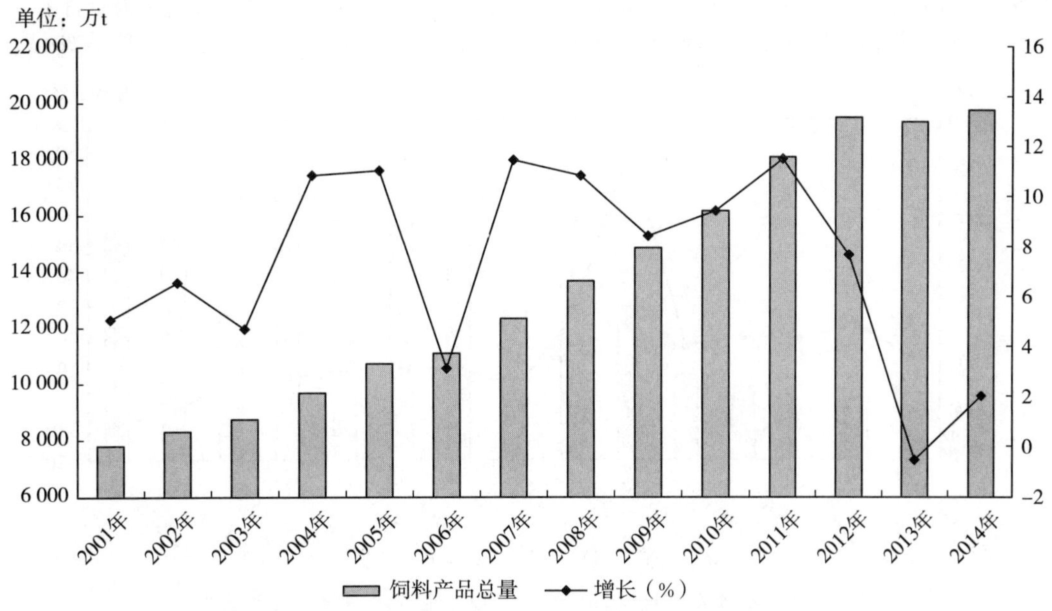

图2-37 2001—2014年中国饲料产量及增长情况

(2) 猪粮比低位震荡,养殖行情旺季难现。2013年全国生猪存栏量呈现直线上扬,在12月份达到年度高点。2014年,生猪存栏量总体呈现震荡下行,全年环比处于下行通道。2013年,全国能繁母猪存栏量总体上较为稳定,基本在5 000万头左右徘徊。2014年全国能繁母猪呈现逐步下滑态势,在年底降至4 288万头,环比下滑1.81%,为2014年的最低值,也是2010年以来的低值。整体来看,2014年全国生猪价格波动较大,但整体呈上扬走势。2014年1~4月,猪肉价格连续下滑,随后震荡上行。猪粮比价整体呈上扬走势,但均低于6.0∶1。2014年仔猪价格处在历史中位水平,猪肉价格处于历史中位水平,猪粮比价相对于历史同期处在历史低位(图2-38)。

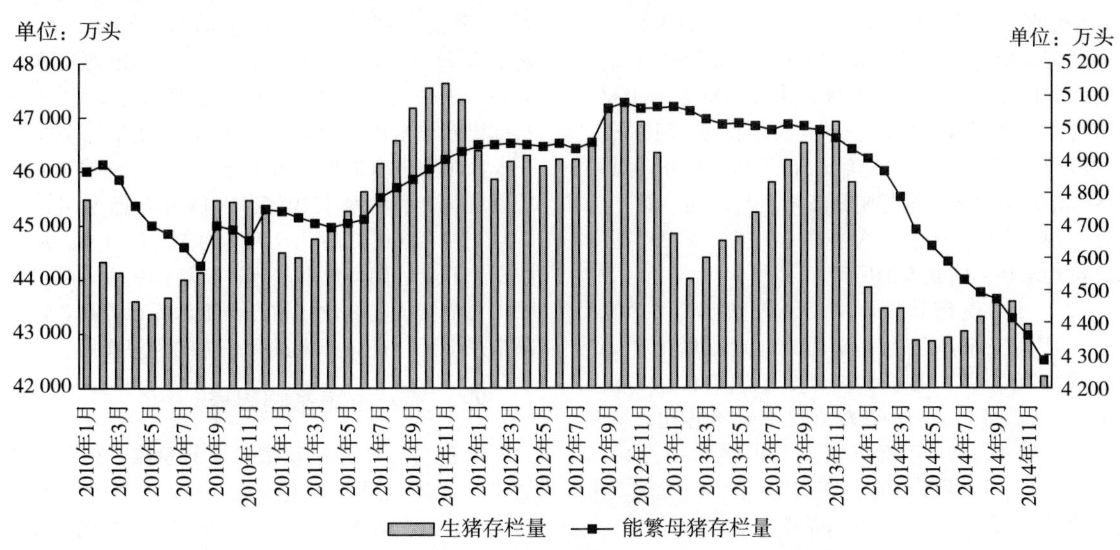

图2-38 2010—2014年生猪存栏、能繁母猪产量情况

（3）玉米深加工利润缩水，需求增速放缓。2014年，我国深加工玉米需求的增长继续放慢。随着原料价格不断上涨，深加工陷入长期停工检修状态。2014年深加工玉米消费量为5 250万t，与2013年相比减少500万t，降幅达到8.7%。7月国家出台针对深加工企业参与临储拍卖进行补贴政策，东北深加工企业逐渐恢复开工，但由于深加工产品需求低迷，生产利润空间有限。11月底，国家对部分产品消费税进行调整，取消酒精消费税，有利于食用酒精上下游企业生产成本的降低，这对玉米酒精价格有一定的利空作用。近些年，国家意在对玉米深加工行业进行调控，为此连续几年的玉米深加工行业的超额利润出现大幅缩减，在政策支撑大为减弱和利润低迷的双重打击下，深加工企业对玉米需求失去增长基础（图2-39）。

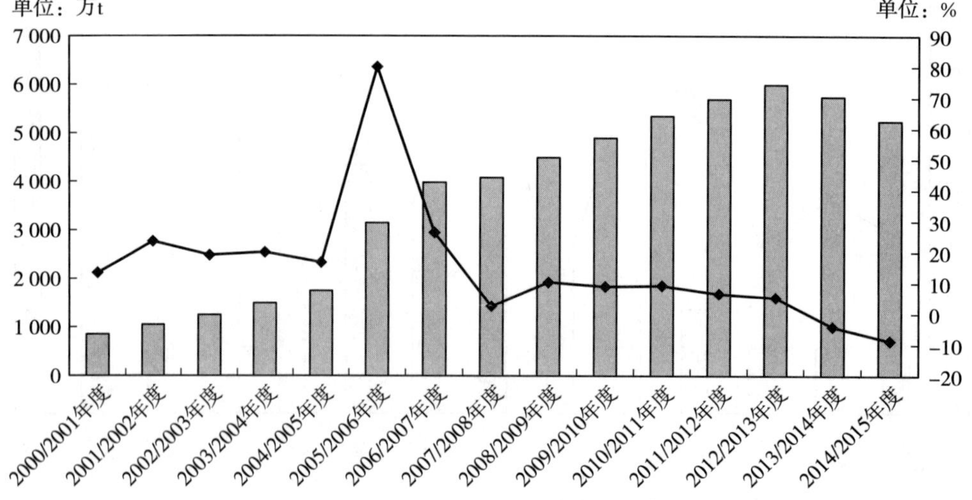

图2-39　2000/2001—2014/2015年度工业玉米消费量及增幅情况

3. 全球饲料需求增速放缓，工业需求增速居高

（1）全球玉米供需情况。美国农业部（以下简称USDA）数据显示，2014/2015年度全球玉米产量9.74亿t，同比下降了909万t。2014/2015年度全球玉米期末库存为1.913亿t，同比增加1 910万t，涨幅为11.0%。近年来全球玉米产量增速已出现放缓迹象，甚至个别国家产量出现下降。而全球玉米消费总量为9.63亿t，同比小幅上涨，主要是由于全球饲料消费增长3.0%。整体来看，以美国为首的欧美国家的经济开始复苏利好玉米，但国际原油价格持续下跌，间接地影响玉米工业消费，并且利空玉米价格。据IGC统计预测，2014年美国玉米价格同比下跌7.2%，全年均价为3.615美元/蒲式耳。此外，黑海地区政治局势紧张，同样阻碍玉米贸易流通。除了美国和巴西，全球玉米生产大国中的中国、阿根廷等玉米产量均出现不同幅度的回调。

（2）美国供需情况。从USDA数据看，2014/2015年度美玉米产量为3.65亿t，同比增加1 225万t，增幅为3.4%。截至2014年5月，2014/2015年度美国玉米出口量3 011万t，较2013/2014年度出口量减少8.5%。2014/2015年度美国玉米年终库存为4 709万t。尽管美国农业部小幅下调玉米产量，但美国玉米连续增产，库存持续增加，库存消费比显著提高。

（3）阿根廷和巴西的供需情况。①阿根廷玉米产量下降，出口疲软。阿根廷是全球玉米主要出口国家。阿根廷玉米的丰收与否，对全球玉米库存能否恢复有举足轻重的影响，尤其是在全球部分地区干旱导致减产，库存处于低谷时期。2014/2015年度，阿根廷玉米播种面积为370万hm^2，较2013/2014年度的440万hm^2减少16.0%，主要原因是种子和燃料等生产成本增加。从USDA数据显示，阿根廷2014/2015年度玉米产量为2 200万t，同比减少了300万t，降幅为12%；阿根廷玉米出口量1 200万t，同比下降22.5%，占总产量近54%。②巴西玉米供应充裕，未来出口增加。USDA数据显示，2014/2015年度巴西玉米产量为7 400万t，同比增加200万t。一方面国内需求提振玉米生产，另一方面当地农户种粮意愿强，种粮利润较好。2014年，巴西出口玉米2 000万t，同比提高200万t，增幅11.1%。从供需数据来看，近两年巴西玉米产量增幅较大，超过了其国内总消费的增幅，导致巴西玉米库存提高，这对中国未来多元化进口玉米具有一定的利好作用。

四、玉米市场影响因素

1. 饲料养殖产业积极发展新思路，企业加速布局　2014年，国内养殖业处于阶段性的恢复期，随着"十三五"规划的开展，产业结构的变化不仅会推动养殖企业加速改革，也给上游饲料行业带来新机遇。下游屠宰和肉制品行业则有望通过渠道和营销创新，拉动下一轮消费升级，从而推动玉米消费保持高位上涨的趋势。

2. 深加工对玉米影响削弱 2014 年，深加工企业仍维持较低开工水平，深加工产品也经受"旺季不旺"的阶段。由于原料价格达到历史性高位，利润严重挤出造成深加工企业出现严重亏损。从 2014 年玉米质量来看，粮质水分较大，深加工企业在保存方面将遇到障碍。2014 年 7 月 15 日，国家粮食局通告明确指出，将东北三省一区纳入补贴范围，缓解深加工企业压力。深加工在政策层面需求更多利好，但消费涨幅会相对缩减，对玉米市场的冲击会相对减弱。

3. 进口玉米继续受制，对国内玉米市场影响有限 2014 年，进口玉米延续下跌走势，中国政府坚持拒绝接受含有转基因的玉米产品，这有效巩固了国内玉米市场的主导地位。从长期来看，通过进口玉米来调剂余缺未必不是一个好的途径，前提是国家储备处于一个安全库存范围内。另外，利用外国的土地资源适量地、多国家地采购玉米不仅抑制了价格快速上涨，也为中国粮食市场多元化发展提供了保障。

4. 国家政策继续主导国内玉米走向 粮食政策作为政府宏观调控的一种手段，在为保护农户利益的同时，也对市场价格起到一定的积极作用。未来农业政策不会频频出现，更多是宏观调控和深化改革，国内现货将逐渐趋于"市场化"。

5. 小麦及其他替代品对国内玉米市场影响不容小觑 2014 年，小麦在饲料中的替代量继续稳步提高，对玉米需求的抑制作用逐步显现。从中长期的粮食结构来看，适量使用小麦有利于玉米价格的理性回归，也有利于稳定麦价。而稻谷、高粱、麦麸、DDGS 等其他能量饲料在替代总量上也在逐步提升，未来将成为代替玉米的有效补充。

（王长梅）

大豆和豆粕生产、贸易与市场情况

2014 年，全球大豆丰产，供应整体宽松，豆类价格相对趋弱。而我国大豆种植面积继续下降，国产大豆产能也随之再次降低。由于国内大豆需求的持续增长，2014 年进口大豆数量快速上升，并突破 7 000 万 t，创下新的历史纪录。同时，大豆价格受国际市场因素影响更加明显。由于国内畜禽养殖业持续低迷，饲料需求不及预期，豆粕市场在库存较高和需求低迷的影响下，现货价格大幅下跌。油厂亏损严重，即便油厂采取挺粕策略，下半年仍逐步走入熊市。整体来看，2014 年国内豆粕现货均价 3 680 元/t，同比下跌 9.63%。

一、2014 年大豆、豆粕市场回顾

1. 国内大豆种植面积及产量 2014 年中国大豆播种面积为 696 万 hm^2，同比减少 0.7%。由于大豆农作物种植面积减少，产量也随之减少，国产大豆产量为 1 245 万 t，较 2013 年减少 11 万 t，减幅为 0.9%。黑龙江省是我国最重要的大豆生产基地，其年产量占全国大豆总产量的 30%～40%。2014 年起我国开始实行大豆目标价格补贴政策，但是受种植效益的影响，国内大豆种植情况仍不容乐观。2014 年黑龙江地区大豆种植面积预计为 220 万 hm^2，大豆种植面积减少 9.46%，已经连续 6 年下降，产量为 360 万 t，比 2013 年减少 27 万 t，降幅 7.5%（表 2－11）。

表 2－11 2007—2014 年国产大豆种植面积、产量及产量同比增幅

单位：万 hm^2、万 t、%

年份	2007	2008	2009	2010	2011	2012	2013	2014
种植面积	875.4	912.7	919	851.6	788.9	717	701	696
产量	1 273	1 555	1 498	1 508	1 449	1 301	1 256	1 245
产量同比增幅	下降 20.29	增长 22.15	下降 3.67	增长 1.47	下降 3.91	下降 9.94	下降 3.46	下降 0.9

2. 大豆和豆粕进出口情况及分析

（1）大豆进出口情况。由于国内大豆种植面积日益减少、产量不断下降，而国内大豆需求持续上升，相对低价的让进口大豆数量进一步增加。据海关数据显示，2014 年，我国大豆累计进口量为 7 140 万 t，较 2013 年同期的 6 338 万 t 增加 12.6%。大豆进口平均成本为 564 美元/t，较去年同期的 599 美元/t 下降 5.8%。首次突破 7 000 万 t，再创历史最高纪录。我国进口大豆数量持续攀升，除 2011 年出现小幅度下滑外，其余各年增长速度均保持在高位水平（图 2－40）。

根据海关数据显示，2014 年，我国大豆累计出口量为 20.7 万 t，较 2013 年下降 0.9%。大豆出口金额 2.0 亿美元，较 2013 年下降 1.34%。主要出口国为韩国、日本等国家。

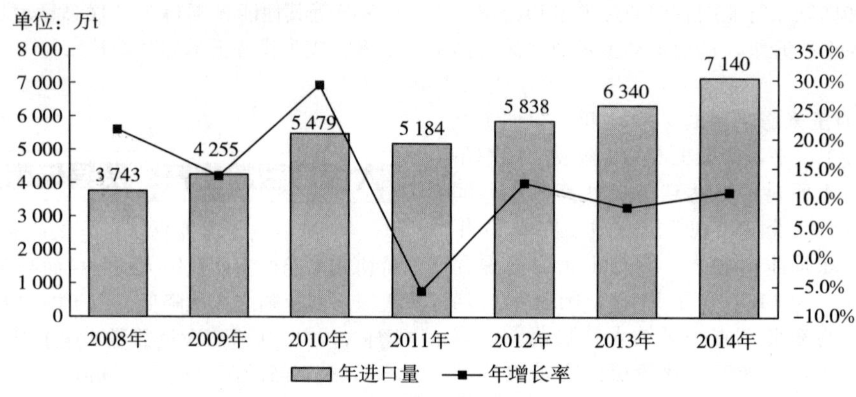

图 2-40　2008—2014 年大豆年进口量

近年来，我国大豆消费对外依存度不断提高，致使大豆定价权缺失，大豆价格波动幅度扩大，频率也相对偏高。从大豆进口来源看，主要来自美国、巴西、阿根廷，近几年自巴西和阿根廷的南美大豆进口比重呈现递增的趋势（图 2-41）。

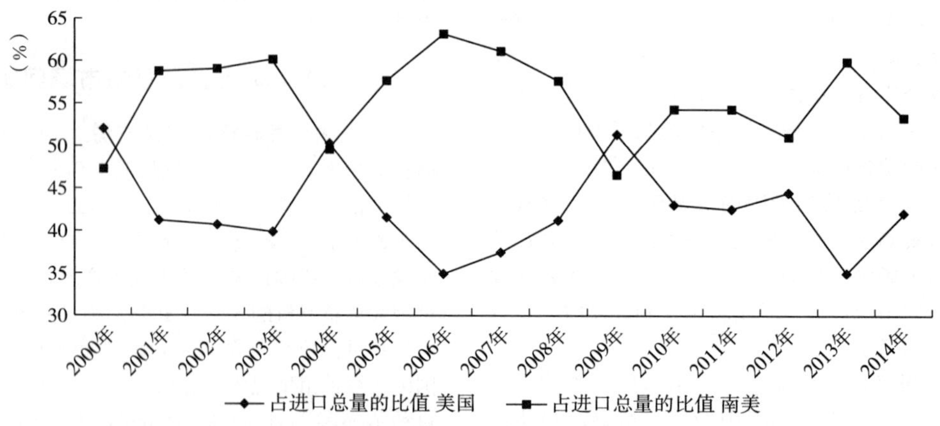

图 2-41　2000—2014 年美国和南美大豆年进口所占比重

海关数据显示，2014 年从美国进口大豆数量为 3 002.4万 t，从巴西进口大豆数量为 3 200.5 万 t，从阿根廷进口大豆数量为 600.4 万 t，分别占总进口量的 42.1%、44.8%和 8.4%；2013 年从美国、巴西、阿根廷进口的大豆数量分别占进口总量的 35.1%、50.2%和 9.7%。从美国和南美进口的大豆占进口大豆总量的比例较去年均有所增加，但南美进口大豆占进口大豆总量的比例明显高于美国进口大豆占进口大豆总量的比例，进口大豆来源逐渐向南美转移。

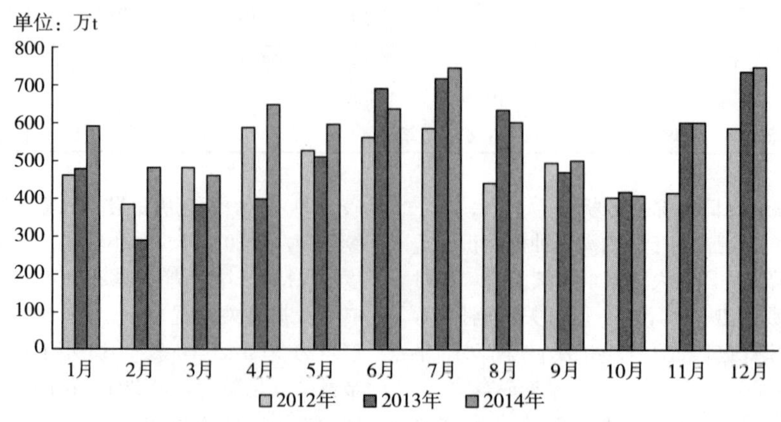

图 2-42　2012—2014 年月度大豆进口量

2014 年 6、8、10 月大豆进口量低于 2013 年同期，11 月进口大豆数量与 2013 年同期基本持平，其余各月进口量均有所提高，并且月度进口量均超过 400 万 t。自 2008 年以后，我国进口大豆月度进口量不断刷新历史纪录，进口量日益增加，2014 年进口量增长幅度更为明显（图 2-42）。

（2）2014 年豆粕进出口情况。2014 年我国豆粕进出口情况与 2013 年相比存在一定差异，进口量有所上升，出口量大幅上升。2014 年全年进口豆粕 2.26 万 t 左右，比 2013 年的 1.67 万 t 上涨了 35.3%；主要进口国为印度、阿根廷、巴西等；2014 年我国全年出口豆粕 209 万 t，比 2013 年的 107.01 万 t 上涨 95.3%，主要出口国为日本、韩国及东南亚的国家。相比于巴西和阿根廷，我国向东南亚出口豆粕具有路途近、运输时间短等优势（图 2-40）。

二、大豆和豆粕市场情况

1. 大豆市场情况

（1）进口大豆库存量和消耗。由于 2013 年年底我国国内大豆压榨利润恢复，国内买家出现非理性的采购，2014 年年初大量的进口大豆到港，但因下游养殖业低迷，豆粕需求有限导致价格冲高回落。3 月豆油库存高企出现美盘豆大逼仓的现象，国内油厂由于大量买盘尚未点价，导致长时间严重亏损并一度停产。2014 年 1～8 月大豆港口库存持续上升，只有在第三季度库存因大豆进口放缓而缓慢下降，但 11 月中下旬后美豆再次大量到港，国内养殖需求增幅依旧缓慢拖累港口库存再次增加。整体来看，2014 年我国大豆港口库存相对充足但需求低于预期。

（2）大豆压榨情况。数据显示，从 2002 年起，豆油的消费增速由 40%迅速滑落至 2013 年的 2%附近；而豆粕的消费增速从 2008 年超越豆油后，就基本稳定于 5%～15%。2010 年以后，随着国内油厂在定价方式以及操作上的改变，比如采取在美盘点价、国内大连期货盘保值的方式，有效规避了价格波动带来的风险。但 2014 年因为供需出现巨大的变化导致价格的超预期下跌，令大部分油厂很难在 CBOT 上进行点价，也造成了大幅度的亏损。2014 年，国内豆油和豆粕市场行情基本延续了 2013 年的粕强油弱格局，且全年豆油—豆粕比价仅处于 1.62～2.02：1 的低位区间，大幅偏离正常区间 2.2～3.0：1。2014 年仅有 1 周油粕比值超过 2.0：1，多数时间（10 个月左右）均在 1.6～1.8：1 震荡。年初豆油-豆粕比价在 1.7～1.8 的低位区间小幅震荡，2 月初，油粕比值有所上升，但是最高值也只达到 2.02，并且是 2014 年的最高值，甚至连正常区间的下沿都未达到。按照每吨大豆生产豆油 0.16t，生产豆粕 0.8t 来计算，只有当油粕比价在 2.0：1 以上时，大豆压榨利润中豆油占比才会超过豆粕，而 2014 年国内豆粕行情整体偏弱，由此导致年内油厂压榨整体亏损严重（图 2-43）。

图 2-43 2014 年大连豆油与豆粕比价（豆油数据来源：WIND）

大连大豆压榨利润与豆粕价格走势具有一定的相关性，豆粕作为饲料主要原料，饲料需求的变化将在一定程度上影响大豆。2014 年畜禽养殖业整体表现较为低迷，对豆粕的需求低于预期，而大豆进口量巨大，国内大豆压榨继续攀升，豆粕价格整体较 2013 年降低，加上豆油消费也出现低迷，导致 2014 年大豆压榨长期处于亏损状态。2014 年年初开始，国内大豆压榨利润快速下跌，并且从 2 月末开始压榨利润跌至负值，油厂开始亏损。3 月中旬，大豆压榨利润降至 336.5 元/t 的低点后，弱势震荡，期间油厂压榨一直处于亏损状态。9 月下旬，压榨利润震荡回升并在 10 月中旬扭亏为盈，压榨利润最

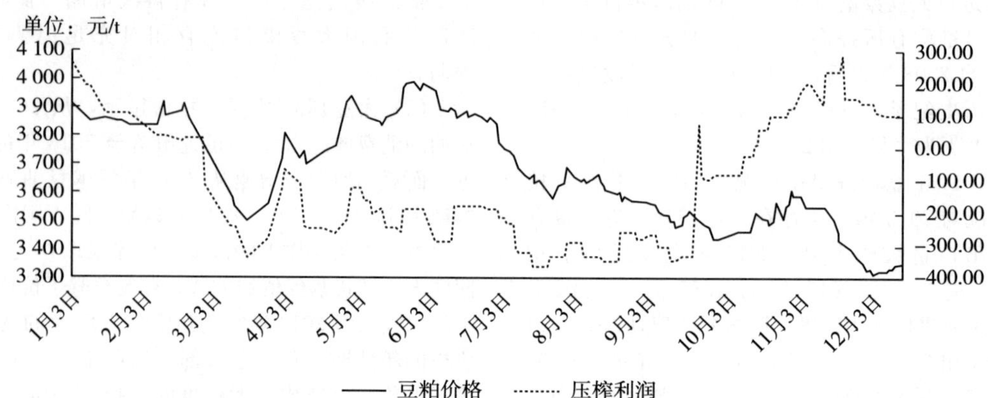

图 2-44　2014 年大连进口大豆压榨利润与豆粕价格走势

（大豆压榨利润数据来源：WIND）

高时达到 285.7 元/t（图 2-44）

（3）进口大豆分销价格分析。2014 年我国大豆进口量远远高于 2012 年和 2013 年，也高于过去 5 年均值。由于近两年全球大豆丰产，美国、巴西和阿根廷的出口继续增加，使大豆市场供应严重大于需求导致价格震荡回落。2014 年我国进口大豆港口分销价大体处于震荡下跌趋势。2014 年我国进口大豆港口分销价格为 3 880 元/t，较 2013 年的 4 365 元/t 下跌 485 元/t，跌幅为 11%。进口大豆港口分销价全年最低点出现在 12 月，为 3 450 元/t。美豆创纪录的产量一直压制着国际大豆价格，2014 年第四季度进口大豆港口分销价整体低迷。截至 12 月 30 日，进口大豆港口分销价格为 3 450 元/t，较 2 月初的全年最高价格 4 213 元/t 下跌 18%（图 2-45）。

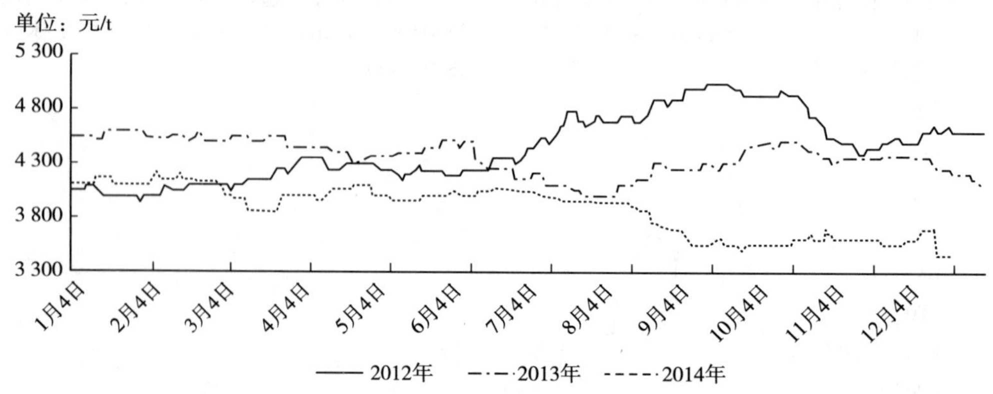

图 2-45　2012—2014 年港口大豆分销价走势图

（4）国产大豆价格行情。2014 年国产大豆收购价格波动幅度不大，波动区间在 4 247～4 636 元/t，波动差为 389 元/t，与 2013 年比波动差有所减小。1～4月中旬国产大豆价格相对平稳，基本在 4 310～4 420元/t 震荡。4 月中旬以后由于国产大豆市场供应紧张，价格迅速上涨至 4 636 元/t 的全年最高点并持续到 6 月初。5 月中旬开始定期举行国家临储大豆拍卖，逐渐缓解了市场的需求压力。国庆假期后，新季国产大豆上市，但是由于直补政策细则迟迟不出台，造成农户惜售、贸易商入市谨慎、新豆销售缓慢的现象。同时，由于国产大豆概念炒作淡出市场，使市场回归供需面。鉴于临储大豆库存量依然较为庞大，国内大豆市场在上有阻力、下有支撑的情况下，第四季度国产大豆价格维持在 4 240～4 370 元/t 的震荡区间运行。截至 2014 年 12 月 30 日，国产大豆年均价 4 247 元/t，较年初下降 193 元/t，降幅约 4.35%（图 2-46）。

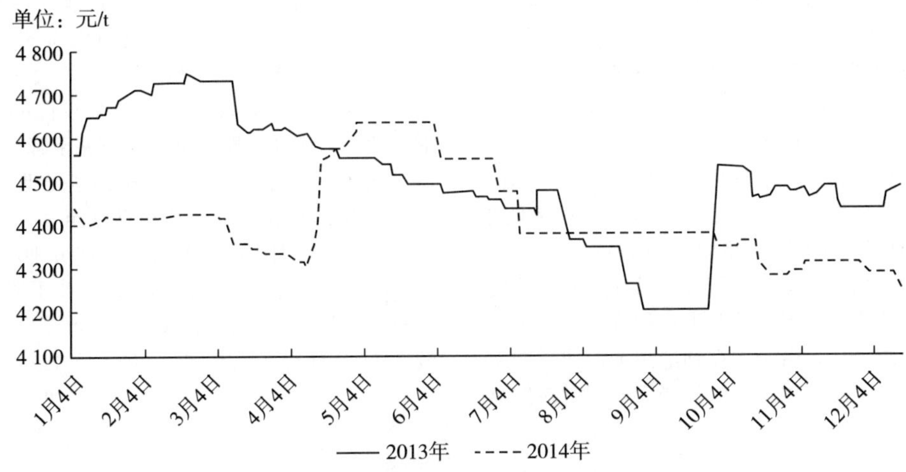

图 2-46 2013 年与 2014 年国产大豆价格对比

2. 豆粕市场情况

(1) 国内豆粕供应量和消费量。2014 年国内豆粕供应量为 5 583 万 t，消费量为 5 445 万 t。国内豆粕供应量从 2007 年的 3 090 万 t 到 2014 年的 5 583 万 t，年均增幅 11.5%，同比上涨 6.0%。消费量从 2007 年的 2 860 万 t 持续上升到 2014 年的 5 445 万 t，年均增幅 12.9%，同比上涨 4.91%。虽然 2014 年国内养殖业相对低迷，对豆粕需求量大打折扣，但是豆粕出口（尤其是 2014 年上半年）却非常强劲。2014 年 1～6 月豆粕出口总量就达到了 136 万 t，已经超过 2013 年的水平，2014 年豆粕出口提高了 95.4%（图 2-47、图 2-48）。

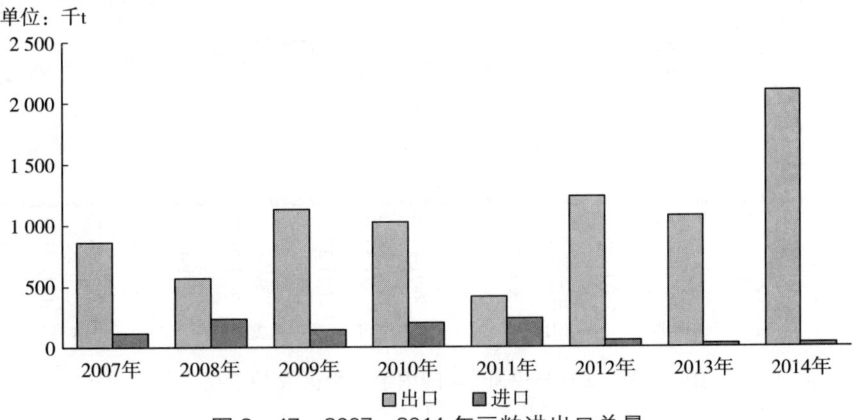

图 2-47 2007—2014 年豆粕进出口总量

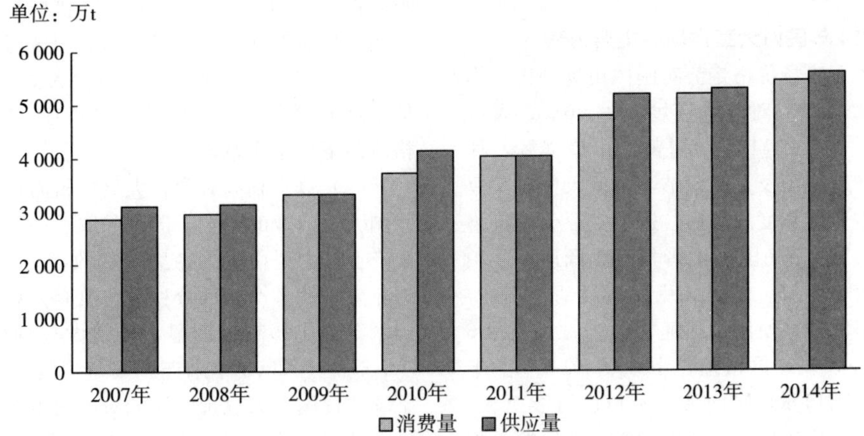

图 2-48 2007—2014 年国内豆粕供应和消费总量

(2) 国内豆粕价格行情。2014 年国内豆粕均价整体低于 2013 年。由于国内终端养殖业惨淡，油厂亏损严重，豆粕现货价格年初跌势较为明显。3 月中旬跌至 3 470 元/t 的低点后，豆粕价格阶段性恢复上涨趋势。5 月末均价恢复至 3 990 元/t，这也是 2014 年国内豆粕最高价格。6 月中下旬至 9 月末大豆库存高企，油厂开机率提高导致豆粕库存攀升，下游采购较为谨慎，国内豆粕平均价格整体进入震荡下行通道，豆粕平均价格跌至 3 440 元/t。同时，第三季度畜禽养殖业持续恢复，下游消费为豆粕价格提供了较强支撑。国庆假期后，由于大豆到港减少，使豆粕库存下降，甚至一度出现供应紧张的局面，同时在外盘强势反弹的带动下，豆粕需求持续回暖价格明显上调。10 月 30 日，国内豆粕均价约 3 613 元/t，较 9 月末上涨约 173 元/t，涨幅 5%。11 月中旬后低价美国新豆大量到港，缓解了前期阶段性的大豆短缺情形，使饲料企业订购远期豆粕意愿下降，市场阶段性供应充足，国内豆粕市场价格快速走低。截至 12 月 30 日，国内豆粕平均价格最低跌至 3 860 元/t 左右，较 2013 年同期降低约 18.2%，部分地区跌破 3 300 元/t，为全年低点，并且仍有进一步下跌的趋势。整体来看，2014 年我国豆粕现货均价 3 680 元/t 左右，较 2013 年同比下跌 9.63%（图 2－49）。

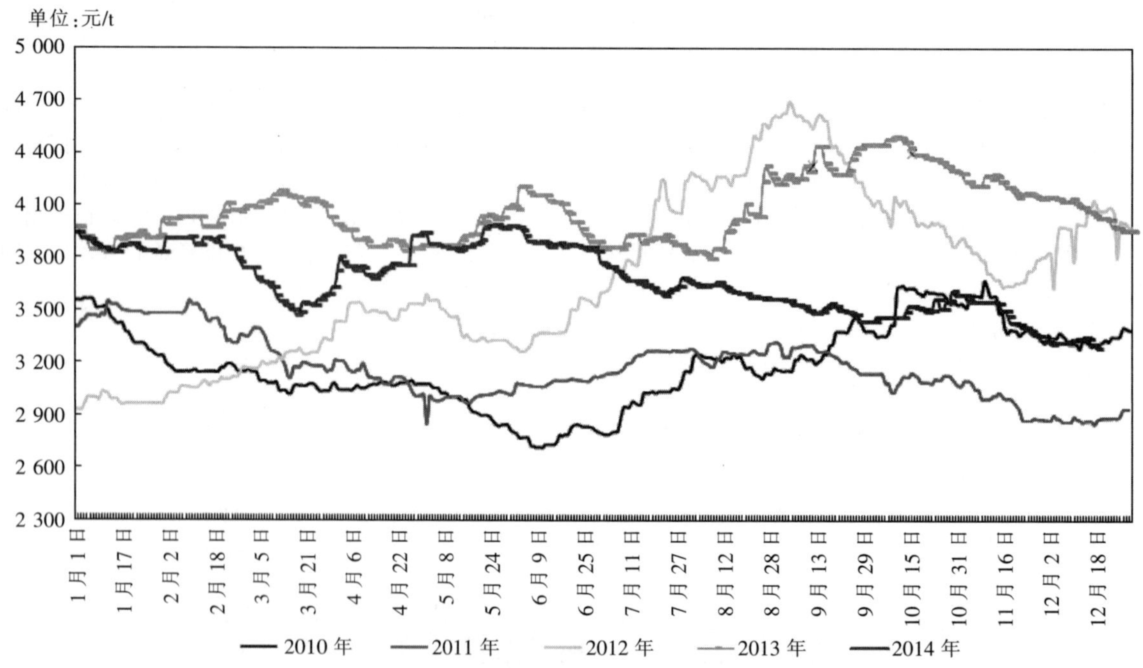

图 2－49　2010—2014 年国内部分地区豆粕价格走势

三、国内大豆、豆粕市场的影响因素

1. 影响 2014 年国内大豆市场的主要因素

(1) 国际大豆市场价格走势对国内市场的传导作用明显。国内大豆市场对外依存度高达 80%，大豆市场失去定价优势。2014 年年初美豆出口强劲，加上南美大豆增产规模不及之前预估，降雨天气对大豆收割和运输产生一定程度的阻碍，进口大豆分销价格整体震荡偏强；2 月下旬国内生猪养殖业低迷，豆粕出货速度放慢价格下跌。同时，豆油持续销售不畅，国内外市场价格倒挂，使油厂迅速转盈为亏，使得 3 月大豆洗船事件频发，价格迅速下跌。2014 年上半年持续上调美豆出口量，国内油厂不得已持续挺粕，减缓了进口大豆价格的压力，对中国尚未点价的买盘形成了逼仓。下半年美国农业部预期 2013/2014 年度美豆将获得创纪录的丰产，市场供应充足对打压价格走弱，虽然期间美豆出口旺盛、压榨需求良好以及南美干旱的担忧等因素曾一度致使大豆价格小幅回升，但是巨大的供应压力仍然主导市场，2014 年大豆价格震荡下调是主基调。

(2) 豆农利润有限，大豆种植面积下滑。为确保我国大豆产业的安全，国家采取了一系列政策扶持大豆产业，但是由于种植大豆的收益低于玉米、粳稻，近年来东北主产区部分种植户放弃大豆种植，改种植玉米等农作物趋势明显，使得大豆种植面积不断减少，这是自 2008 年来连续 6 年出现下滑。产量同步下降使得国产大豆价格波动对国内市场影响较小。

(3) 临储大豆拍卖。自 2014 年 5 月 13 日以来，国家共举行21次临储大豆竞拍，累计销售国产大豆724.3万t，实际成交248.1万t，成交率为34.3%，较2013年的成交率53.9%下降了19.6个百分点，成交均价为4 110元/t。由于2013年国产大豆产量急剧下降，2014年上半年食品大豆的需求缺口较大，临储大豆拍卖起始时间较2013年提前近3个月，且拍卖初期的大豆质量较好，拍卖结果较为理想。前4次拍卖成交率达到81.8%，成交均价为4 222.5元/t。但是随后拍卖的大豆质量下降，食品大豆市场需求饱和；同时，受低价进口大豆的冲击，临储大豆拍卖仅在开始一个月后成交率就大幅下降，成交均价也随之降低，最后17次拍卖成交率为23.7%，成交均价为4 083.6元/t。

（4）取消临时收储政策，实行目标价格补贴政策。近年来，我国农户大豆种植收益逐年降低，虽然自2008年开始进行了持续6年多的收储政策，但仍未能改变国产大豆种植面积减少的命运。为使大豆价格市场化，并保障农民种植收益，2014年起中国对东北三省一区的大豆收购实行目标价格补贴政策，改变过去实行的临时收储制度。目标价格改革试点的主要内容即在全国范围内取消大豆临时收储政策。政府不干预市场价格并由市场决定，生产者按市场价格出售大豆。当市场价格低于目标价格时，国家根据目标价格与市场价格的差价对试点地区生产者给予补贴；当市场价格高于目标价格时，不发放补贴。目标价格补贴额与种植面积、产量或销售量挂钩。国家发展改革委、财政部、农业部联合发布了2014年大豆目标价格为4 800元/t。相较于大豆临储收购政策目标价格补贴政策是直接作用于市场，对大豆价格市场化具有一定的作用，使国产大豆和进口大豆的价差将逐步缩小，既保护农民利益又减少政府对市场的干预。不过，直补带来的弊端也逐渐显现，由于国家方面补贴差价，贸易商以及下游企业存在较强的压价心理。

2. 影响豆粕市场走势的主要因素

（1）进口大豆仍主导豆粕价格走势。我国80%的大豆通过进口来供应，且整体进口总量稳步提升并难有逆转可能。2014年年初，由于美国大豆出口强劲，同时南美降雨天气致使港口阻塞造成出口延迟，进口大豆价格偏强震荡，对豆粕现货价格形成支撑。随着进口大豆库存攀升与豆粕在养殖需求偏低的矛盾突显，3月中旬洗船事件频发，豆粕价格迅速下滑。3月下旬～5月末，受美国旧作库存偏紧的提振、国内养殖业恢复的共同作用推升豆粕价格。6月中下旬美国农业部（USDA）月度供需报告的数据对大豆市场接连利空，同时进口大豆陆续大量到港，大豆库存不断攀升，促使豆粕价格震荡走低。经过短暂反弹后11月中旬大量美豆上市，进口大豆大量集中到港，豆粕现货市场再次承压下跌（图2-50）。

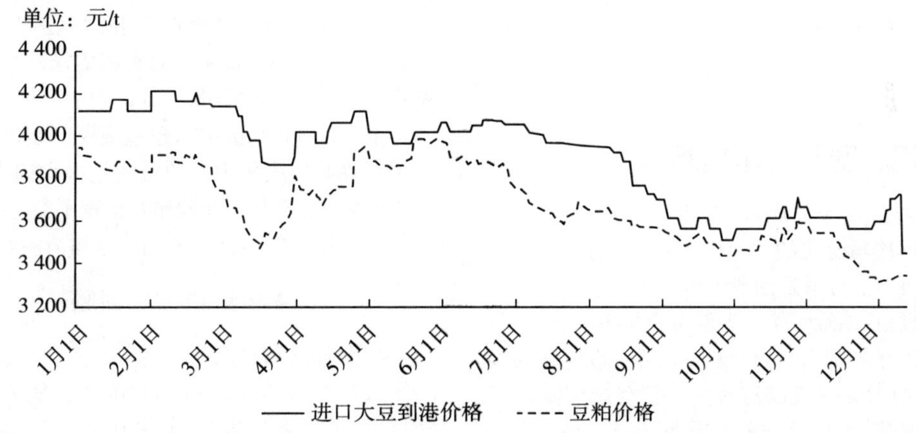

图2-50　2014年进口大豆到港价格及豆粕价格

（2）国内豆粕饲料消费量稳定。虽然2014年国内养殖业整体较为低迷，但是豆粕饲料消耗量仍有所增长。市场预测显示，我国2014/2015年度豆粕饲用消费量为5 300万t左右，同比2013/2014年度增加250万t；2014/2015年度国内豆粕消费量为5 445万t左右，同比2013/2014年度增加255万t。2014/2015年度我国饲用豆粕占总消量比重为97.3%（图2-51）。

（3）畜禽养殖业低迷，打压豆粕价格。农业部2014年4 000个监测点生猪存栏信息数据显示，12月全国生猪存栏量环比下降2.3%，同比下降7.8%；能繁母猪存栏环比减少1.8%，同比减少13.2%。据初步预计，2014年我国生猪均亏损158元/头，打破了之前2006年平均亏损122元/头的历史纪录。2014年全国普通猪肉价格均价约为21.0元/kg，同比2013年的23.0元/kg，下跌了8.7%。猪价持续低迷，使生猪存栏量持续下降，其中能繁育母猪存栏出现连续16个月下降。豆粕在家禽饲料的使用量大约占总用量52.0%，生猪饲料29.0%，肉牛7.0%，奶牛 6.0%。2014 年我国生猪存栏下降，家禽饲料增幅有限，从而利空豆粕市场价格。

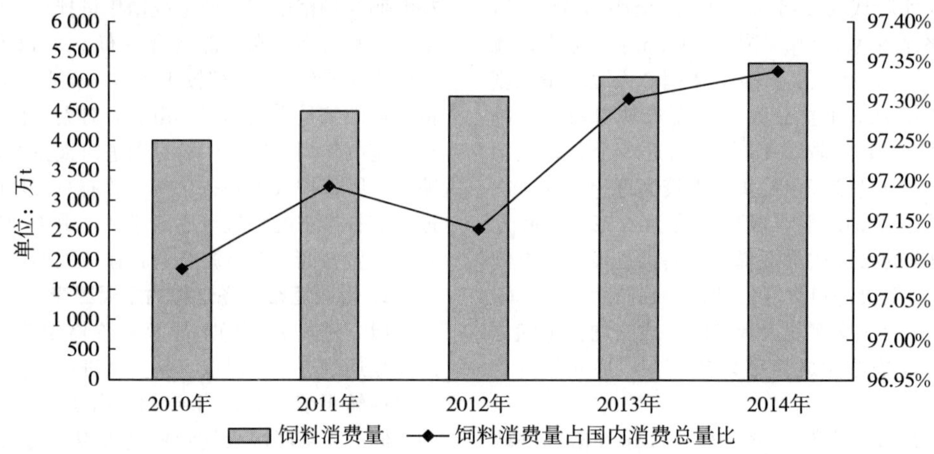

图 2-51　2010—2014 年我国饲用豆粕消费量及占总量比重

（4）菜粕对豆粕的替代量下降。由于国产和进口菜籽数量双双增长，使得国内菜粕总产量上升。根据相关数据显示，2013/2014 年度国内菜粕生产量为 1 109.3万 t，同比增长 7.3%；菜籽进口 435.2 万 t，同比上涨 28.6%；菜粕进口为 232.8 万 t，同比下降 17%，总体供应量增长。菜粕饲料消费量为 1 100 万 t，同比增长 5.8%，低于菜粕国内的产量和进口量，导致 2014 年上半年豆粕与菜粕的价差不断缩窄，7 月两者现货价差缩小至 500 元/t，部分地区终端用户开始使用豆粕替代菜粕。

（王长梅）

鱼粉生产、贸易与市场情况

相较 2013 年的平稳运行，2014 年的鱼粉市场可以被比作一场铁马金戈的"年度大戏"，剧情发展充满了难以预料性，可谓是创造了历史。

就鱼粉供应方面而言，从鱼粉价格看，2014 年的价格走势正好与 2013 年相反，呈现一路走高的局面，甚至在 10 月初出现暴涨现象，秘鲁超级蒸汽级别鱼粉由 9 月底的 12 000 元/t 暴涨至 13 500 元/t，涨幅达 12.50%；秘鲁普通蒸汽级别鱼粉同样由 10 600元/t 上涨至 12 300 元/t。受厄尔尼诺以及开尔文波的影响，鱼群迁移，鱼资源状况不佳，秘鲁研究院多次勘测，结果显示，北部海域勘测到的生物量约在 400 万 t 附近，但幼鱼率极高达 90%以上，难以支撑 2014 年第二捕季的捕捞。在鱼资源缺乏的大背景下，受第二捕季配额一直"悬而未定"（直至 12 月底才爆出 0 配额的最终决定）的影响，10 月份鱼粉价格一夜暴涨后并未停歇，一路上涨至 11 月底，此时秘鲁超级鱼粉报价达 15 800 元/t，而且更是以 16 000 元/t 的价格创造了鱼粉价格的历史，强势结束了 2014 年的鱼粉市场。从鱼粉库存量来看，2014 年的鱼粉库存可谓是大起大落，4 月份的鱼粉库存量高达 26 万 t，而当爆出秘鲁鳀鱼资源严重不足的消息后，我国鱼粉库存量急速下降至 5 万 t 附近，创造了我国鱼粉库存量的新低。

就鱼粉需求而言，从水产养殖的投苗期开始，我国南方地区多阴雨天气，鱼虾多疾病、生长缓慢，更是在 7 月份遭受了台风"威马逊"的袭击，9 月份先后连续遭受了台风"海鸥"和"凤凰"的袭击，华南、华东地区损失惨重，对鱼粉需求呈现典型的"旺季不旺"的特点。同时，2014 年的生猪市场气氛一直不容乐观，对鱼粉的需求也造成了一定的影响。尽管 10 月份在秘鲁配额为 0 的可能性极大因素的影响下，鱼粉价格一路狂飙，鱼粉销售出现了短时间的小高峰，但也难以改变 2014 年鱼粉需求整体清淡的局面。

一、2014 年鱼粉市场回顾

1. 鱼粉进口情况

（1）2014 年鱼粉进口情况。海关数据显示，2014 年我国累计进口鱼粉 103.85 万 t，同比增长 6.40%，其中进口秘鲁鱼粉约 51.06 万 t，约占进口总量的 49%，同比增长 11.00%；从美国进口 9.69 万 t，约占进口总量的 9%，同比下降 11.10%；进口智利鱼粉 9.42 万 t，约占总进口量的 9%，同比下降 18.79%；从俄罗斯进口鱼粉 4.71 万 t，占进口总量的 5%，同比下降 3.88%；从缅甸、朝鲜、马来西亚等其他国家进口约 28.97 万 t，占总进口量的 28%。

2014 年我国对鱼粉的进口主要集中在上半年，累计进口 69.09 万 t，其中 1 月、3 月和 4 月的鱼粉进口量均超过了 13 万 t。我国上半年从秘鲁累计进口鱼粉 37.54 万 t，占秘鲁输入总量的 73.52%。由于秘鲁的鱼资源危机以及随后关闭第二捕季的政策实施，我国下半年从秘鲁进口鱼粉的量仅为 13.52 万 t，其中，10 月和 11 月的进口量不足万吨，11 月的进口量仅为 3 265t（图 2－52）。

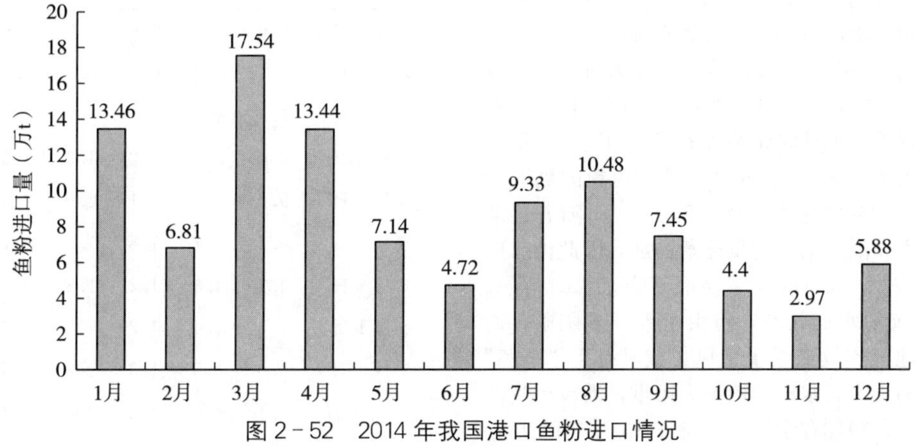

图 2－52 2014 年我国港口鱼粉进口情况

（2）2014 年与 2013 年鱼粉进口情况比较。2014 年秘鲁鱼粉占我国鱼粉总进口量的比例相较 2013 年提高了 2 个百分点；美国和智利占各国总进口量的比例均有所下降，分别由 2013 年的 11%和 12%下降至 2014 年的 9%；俄罗斯相对持平；其他国家 2014 年鱼粉进口量占总进口量的比例继续增加，达 28%，相较 2013 年提高了 3 个百分点（图 2－52）。

我国各港口鱼粉进口比例，2014 年较 2013 年变化明显，各主要港口的进口比例，除湛江持平外，其他港口均有所增加，其中上海港的增幅达到了 8 个百分点，黄埔、福州、大连、广州及天津分别由 27%、10%、5%、6%及 3%增长至 28%、12%、8%、7%及 5%；但其他港口比例大幅缩减至 11%（图 2－53）。

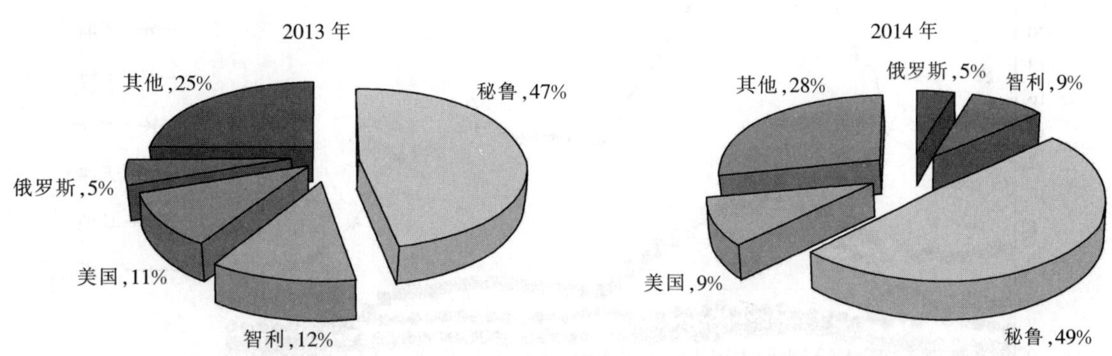

图 2－53 2013 年、2014 年我国从不同国家进口鱼粉比例

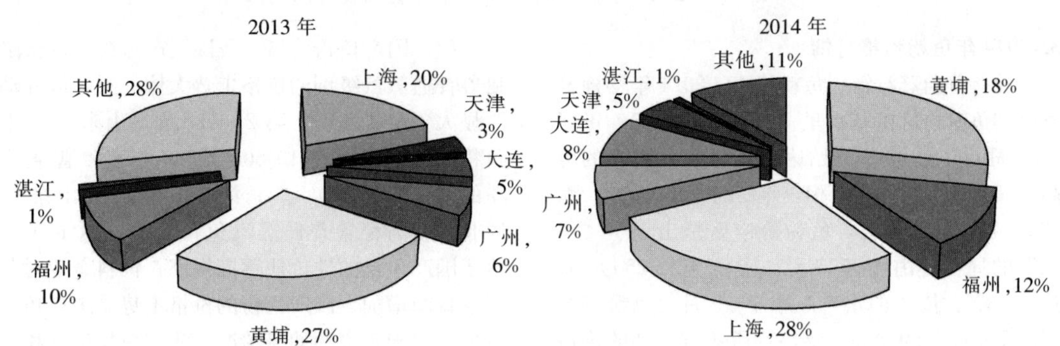

图 2－54 2013 年、2014 年我国不同港口鱼粉进口比例

2. 2014 年我国鱼粉库存情况

2014 年我国港口鱼粉库存量变化幅度较大，第 17 周达到最大值 25.7 万 t，第 51、52 周的库存量创下历史最低，仅为 4.9 万 t，差距达近 21 万 t。3、4 月是鱼粉集中到港的时间，海关数据显示，3 月我国鱼粉进口量为 2014 年最多，达 17.54 万吨，4 月到港鱼粉也达 13.4 万 t。由于 3 月出货情况不佳，鱼粉库存量不断攀升，4 月底鱼粉库存达到了 2014 年港口库存的最大值。进入 5、6 月，进口鱼粉的到港量逐渐减少，6 月的到港量仅为 4.7 万 t，而随着逐渐迈入生产旺季，港口的出货量逐渐增加，因此港口库存呈下降趋势，7 月份时，库存量下降至 13.0 万 t。7～9 月是传统的水产旺季，但由于天气多阴雨，而且我国南部地区连续遭受了台风“威马孙”“海鸥”和“凤凰”的袭击，水产养殖损失惨重，港口出货清淡，我国港口鱼粉库存量持续维持在 13 万～14 万 t。10 月，秘鲁由于鱼资源危机，突然爆出可能取消第二捕季的消息，鱼粉价格一夜间暴涨，突如其来消息的刺激致使鱼粉市场一下子火爆起来，出货形势良好，加上到港鱼粉锐减，港口库存量急剧下降至 5 万 t，并维持至 12 月底（表 2 - 12、图 2 - 55）。

表 2 - 12　我国主要港口每月鱼粉库存统计情况

单位：万 t

日期	黄埔	上海	大连	天津	其他	总库存
1 月 1 日	6.6	3.4	0.9	0.5	1.6	13.0
2 月 1 日	6.1	3.0	0.7	0.4	2.2	12.4
3 月 1 日	6.8	4.4	1.1	0.7	2.5	15.5
4 月 1 日	9.0	8.2	2.2	1.6	2.5	23.5
5 月 1 日	9.6	9.5	2.1	1.6	2.9	25.7
6 月 1 日	8.2	7.7	1.8	1.3	2.7	21.7
7 月 1 日	4.1	4.3	1.2	1.2	2.7	13.5
8 月 1 日	4.4	4.4	1.2	1.2	2.3	13.5
9 月 1 日	4.5	4.5	1.3	1.2	2.5	13.9
10 月 1 日	4.1	4.0	1.2	1.0	2.4	12.7
11 月 1 日	2.2	2.1	1.1	0.8	2.2	8.3
12 月 1 日	1.1	1.0	0.9	0.5	1.9	5.4
12 月 31 日	1.0	1.0	0.7	0.5	1.9	5.1

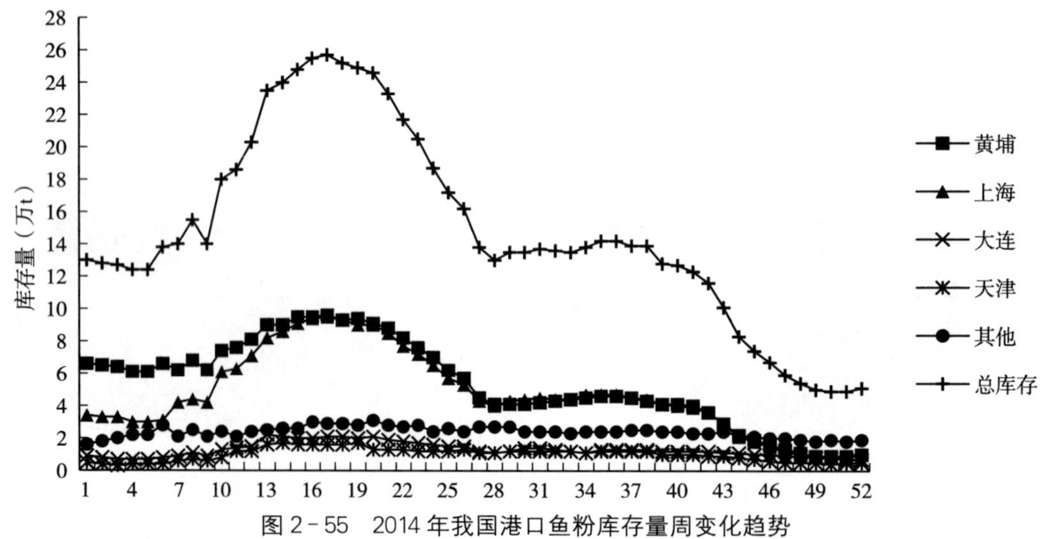

图 2 - 55　2014 年我国港口鱼粉库存量周变化趋势

3. 2014 年鱼粉价格行情

（1）秘鲁普通蒸汽级别鱼粉价格。2014 年秘鲁普通蒸汽级别鱼粉的价格基本呈一路上行的趋势，正好与 2013 年相反，且 46 周开始达到了 2008 年以来的历史最高值，达 14 600 元/t，相较年初的 8 800 元/t，涨幅达 65.9%。在 40 周时，鱼粉价格更是出现了“一夜暴涨”的局面，由 10 575 元/t 上涨至12 250元/t，涨幅达 15.8%。传统的水产旺季 7～9 月，鱼粉市场呈现“旺季不旺”的状态，秘鲁普通蒸汽级别的价格维持在 10 500～11 200 元/t（图 2 - 56）。

（2）国产鱼粉价格。我国国产鱼粉的价格走势与秘鲁普通蒸汽级别的价格走势大体一致，但变动幅度明显大于秘鲁鱼粉。第 24～30 周，山东 65%半脱脂鱼粉的报价维持在 10 500 元/t，与秘鲁普通蒸汽鱼粉的差价仅为 700 元/t；第 49～52 周，山东 65%半脱脂鱼粉与秘鲁普通蒸汽鱼粉的差价达 1 600 元/t。鉴于国产鱼粉的性价比逐渐提高，饲料企业对其青睐度也日渐增加。国产鱼粉的价格走势受进口鱼粉价格行情、我国鱼资源捕捞情况、我国鱼粉生产相关政策的共同影响，因此其走势与进口鱼粉大体一致，但不

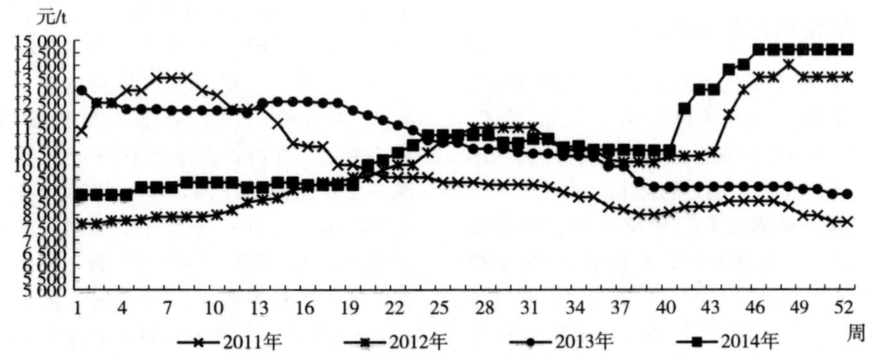

图 2-56 2011—2014 年我国主要港口秘鲁普通蒸汽级别鱼粉平均价格走势

尽相同。10 月初，受秘鲁爆出“第二捕季可能取消”的影响，秘鲁鱼粉一夜暴涨 1 500 元/t，但国产鱼粉的报价仅上调了 500 元/t，呈缓慢上升，直至 44 周，由于捕捞形势不佳，鲜鱼收购价上涨，加上多数不符合生产条件或规模的鱼粉生产厂家被关闭，山东65%半脱脂鱼粉价格才直线上涨了 1 300 元/t，上涨至 11 300 元/t（图 2-57）。

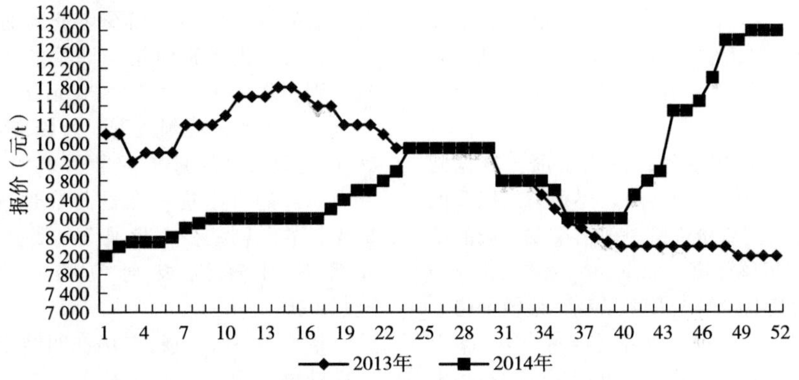

图 2-57 2013—2014 年国产鱼粉价格走势

(3) 秘鲁鱼粉外盘报价。除 5 月底至 6 月初、8～9月、11～12 月外，其他月份我国国内鱼粉报价与秘鲁外盘报价走势基本相一致。5 月底，我国鱼粉报价与秘鲁外盘报价出现了罕见的“倒挂现象”。所谓“倒挂现象”即我国国内报价拉涨了秘鲁外盘的现象。这主要是由于该期我国国内养殖形势良好，出货情况较好，库存量回落较快，我国贸易商进场较多，加上秘鲁方面捕鱼情况不甚乐观，因此出现了“倒挂现象”。8～9 月，相较秘鲁外盘的持续稳定，我国报价出现了明显的下滑，这主要是由于我国南方地区连续遭受台风的袭击，国内鱼粉需求持续不振所致。11～12月底，我国鱼粉价格继续升高，而秘鲁外盘报价却保持平稳（图 2-58）。

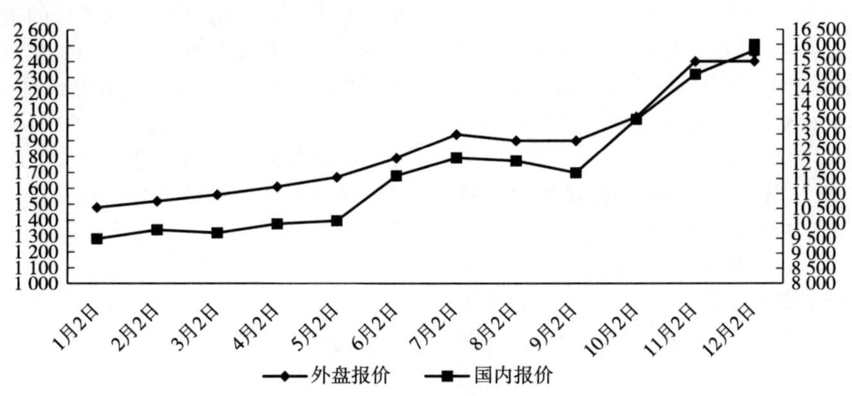

图 2-58 2014 年秘鲁普通蒸汽级别鱼粉外盘报价和国内报价比较

二、2014 年鱼粉市场解析

根据2014年鱼粉市场的运行特点，可分为相对持稳期、快速上涨期、“旺季不旺”期、“一夜暴涨”期以及市场冷清期等5个时期。下面，笔者分别从这5个时期对2014年的鱼粉市场进行解析。

1. 相对持稳期—需求主导，价格平稳，库存猛增 2013年第二捕季鱼资源良好，幼鱼率为0，捕捞情况良好，2013年11月12日～2014年1月30日累计捕鱼2 278 258t，完成配额的99%，鱼粉供应充足。因此，2014年1～4月鱼粉价格都维持在一个相对较低的水平，秘鲁超级蒸汽级别鱼粉报价为9 500～10 000元/t。元旦以后，饲料企业进入春节前备货小高峰，广州的平均日出货量达700t，上海达600t，天津和大连的出货水平也达到200t以上，港口库存回落明显。除此之外，受春节气氛、3～4月多阴雨天气的影响，1～4月的市场对鱼粉的需求疲软，出货情况不佳，加上这段时间鱼粉集中到港的时间，港口鱼粉库存量猛增一倍，由1月初的13万t上涨至4月末的26万t。

2. 快速上涨期—供应主导，价格上涨，库存回落明显 从4月起，鱼粉市场就聚焦秘鲁第二捕季的配额，一波波的猜测使鱼粉价格表现出稳重上调的苗头。4月20日公布了秘鲁第二捕季的配额，253万吨的中性结果由于后续捕捞情况并不乐观，鱼粉价格上调的趋势并没有改变。进入5月，鱼粉价格一路上涨，秘鲁超级蒸汽级别鱼粉由月初的10 000元/t上涨至15 000～16 000元/t。这次鱼粉价格的上涨主要有以下几点原因，一是5月到港的鱼粉量远少于前两个月，市场消费以消耗库存为主；二是国内生猪、家禽养殖形势好转，水产饲料生产也逐步启动，鱼粉出货量情况明显好转，鱼粉库存量由月初的25.7万t直线下降为月末的20.5万t；三是秘鲁中北部开捕后捕鱼情况较差，国内鱼粉市场与外盘协作拉高了鱼粉的价格；最后是港口鱼粉持货集中，大贸易商更具话语权。

6月份，受厄尔尼诺影响，秘鲁捕鱼情况一直不乐观，鱼粉市场的行情一直由供应方面控制，从5月起一直保持上涨的趋势，6月底秘鲁超级蒸汽级别鱼粉的报价上涨至12 200～12 300元/t。

3. “旺季不旺”期—气候主导，台风来袭，价格、库存持稳 7月初期，刚刚迈进传统水产旺季，鱼粉市场较为乐观，秘鲁超级蒸汽鱼粉价格为12 300元/t，库存量速度下降较快，截至7月18日，鱼粉库存量从6月底的16.2万t下降至13.5万t，下降了16.67%。进入7月下旬，饲料厂商备货充足，同时水产养殖遭受了台风“威马逊”的重创，鱼粉市场较为冷清，表现为港口出货放缓，鱼粉价格迅速下调。8月份秘鲁超级蒸汽鱼粉价格继续下调至11 700元/t左右，需求呈现持续低迷的状态。俗话说，屋漏偏逢连夜雨，本期待市场在旺季的最后一个月里能够出现好转，可是我国华南和华东地区接连受到台风“海鸥”和“凤凰”的影响，水产养殖难以恢复，鱼粉需求持续不振，港口月出货水平在2.4万t左右。9月中旬秘鲁超级鱼粉价格降至第三季度最低水平——11 600元/t。尽管后期贸易商因资金压力挺价意愿强烈，秘鲁超级蒸汽鱼粉也仅上调至12 000元/t。

4. “一夜暴涨”期—鱼资源危机，价格暴涨，库存急速下降 10月，是充满戏剧的一个月。在人们欢天喜地地庆祝完国庆节之后，噩耗传来了，秘鲁海洋研究院关于第二捕季鱼资源的勘测结果并不理想，并且给出了暂停第二捕季的建议。秘鲁超级蒸汽级别鱼粉的报价由12 000元/t一夜暴涨至13 500元/t。在此消息的刺激下，鱼粉市场骤然火爆起来，10月我国港口的月出货量达6.2万t，其中黄埔港和上海港的日出货量在最高峰时达1 000t，加上到港鱼粉的急剧减少，我国库存量呈直线下降。月底，秘鲁超级蒸汽级别鱼粉的报价一路上涨至15 000元/t。

整个11月，鱼粉市场都纠结于秘鲁对鱼资源的二次勘测结果上，在纠结中，鱼粉价格继续一路上行，截至11月底，秘鲁超级蒸汽级别鱼粉的价格高达16 000元/t。月底，秘鲁海洋研究院的二次勘测结果显示，北部海域的幼鱼率高达95%以上，并继续建议关闭第二捕季。经过两个月的纠结和适应，鱼粉市场对于秘鲁的鱼资源危机事实已经消化，市场趋向于平稳运行，鱼粉库存也终于止跌企稳，维持在5万t左右的水平。

5. 市场清冷期—需求迟缓，价格高位，库存持低 鉴于人们对秘鲁鱼资源危机的清楚认识，整个12月份，鱼粉市场都被冷清的气氛所笼罩，港口月出货量仅为2.23万t，库存也持续维持在历年最低水平——5万t附近。即使12月22日秘鲁正式公布了第二捕季配额为0的消息，也未引起市场的半点波澜。2014年的鱼粉市场最终在冷清、高价的气氛中结束。

（李剑楠）

饲料添加剂工业概况

中国饲料添加剂产量分布与概述

近年中国饲料添加剂产业发生质的变化，主要品种产量快速增长，主流产品基本实现国产化，由进口国成为出口国，为饲料工业发展起到积极的推动作用。截至 2014 年底，中国已有饲料添加剂生产企业 1 411 家，在生产种类、产品适用范围等方面有了明确规范。农业部公布的《饲料添加剂品种目录(2013)》于 2014 年 2 月 1 日起施行，分 13 大类，共有通用名称 76 大项，适用范围包括畜禽、鱼虾、宠物、观赏鱼及兔等多个种类。2014 年，饲料行业经受住了经济、政策和市场等多重因素影响，饲料添加剂产值、营业收入有所提高。饲料添加剂总产值 595 亿元，占饲料工业总产值 7.8%，较 2013 年度提高 0.6 个百分点。饲料添加剂总营业收入 568 亿元，占饲料工业总营业收入 7.8%，较 2013 年度提高 0.7 个百分点。

一、主要品种产量有增有降

2014 年中国饲料添加剂总产量持续增长。饲料添加剂总产量 802.9 万 t，同比增长 0.5%。主要品种中，维生素、矿物元素及其络合物、酶制剂、防腐防霉剂、微生物产量同比增长，氨基酸、抗氧化剂产量同比下降。从近 6 年生产情况看，中国饲料添加剂产量快速增长，国际竞争力持续增强，已实现全部氨基酸类、维生素类饲料添加剂国产化。其中，赖氨酸和维生素类饲料添加剂主导国际市场。从 2014 年出口情况来看，赖氨酸（25.7 万 t）同比增长 34.1%；蛋氨酸（0.1 万 t）同比下降 79.5%；维生素（21.1 万 t）同比增长 5.4%；胆碱及其盐（7.4 万 t）同比增长 18.3%。

从近 6 年主要品种产量看，防腐防霉剂、饲用微生物制剂、酶制剂平均增幅较高，分别为 84.6%、21.1%、17.0%（表 2－13）。

表 2－13　2009—2014 年国内饲料添加剂主要品种产量变化与增幅

单位：万 t、%

年份	氨基酸	维生素	矿物元素及其络合物	酶制剂	抗氧化剂	防腐防霉剂	微生物
2014 年	125.6	89.2	467.7	10.8	4.0	27.1	11.6
2013 年	150.4	73.9	460.6	9.1	4.6	22.6	10.8
2012 年	133.4	79.3	488.4	8.0	5.2	5.5	10.2
2011 年	90.1	72.2	403.8	7.6	5.1	4.8	8.2
2010 年	71.3	62.5	384.5	8.2	3.9	3.7	7.3
2009 年	74.8	50.1	358.0	5.3	4.5	2.5	4.7
年均增幅	13.2	12.8	5.8	17.0	−1.0	84.6	21.1

从全国分布情况看，东部地区（北京、天津、河北、上海、江苏、浙江、福建、山东、广东、海南、辽宁）饲料添加剂产品总量 227.8 万 t，同比增长 2.9%，占全国总产量的 28.4%；中部地区（山西、安徽、江西、河南、湖北、湖南、黑龙江、吉林）饲料添加剂产品总量 119.3 万 t，同比下降 12.4%，占全国总产量的 14.9%；西部地区（内蒙古、广西、重庆、四川、贵州、云南、陕西、甘肃、青海、宁夏、新疆）饲料添加剂产品总量 455.8 万 t，同比增长 3.3%，占全国总产量的 56.8%。

二、主要品种产量分布情况

1. 氨基酸 2014 年氨基酸总产量 125.6 万 t，同比减少 16.5%，占添加剂总产量比重为 15.6%，较 2013 年降低 3.2 个百分点。其中，蛋氨酸 10.6 万 t，同比增长 125.5%；赖氨酸 91.8 万 t（含 65%赖氨酸），同比下降 15.4%；苏氨酸 24.5 万 t，同比增长 15.6%；色氨酸 0.5 万 t，同比下降 73.7%。

从全国分布情况看，东部地区产量 31.4 万 t，同比下降 8.2%，占全国总产量的 25.0%；中部地区产量 46.7 万 t，同比下降 33.7%，占全国总产量的 37.2%；西部地区产量 47.5 万 t，同比增长 3.7%，占全国总产量的 37.8%。产量较大省区依次是吉林（38 万 t，同比下降 36.7%）、内蒙古（30.2 万 t，同比增长 31.6%）、新疆（17.3 万 t，同比增长 11 059.0%）、辽宁（12.0 万 t，同比增长 13.2%）、山东（12.0 万 t，同比下降 45.0%） （图 2-59、图 2-60、图 2-61）。

2. 维生素 2014 年维生素总产量 89.2 万 t，同比增长 20.7%，占添加剂总产量比重为 11.1%，较 2013 年 1.8 个百分点。

从全国分布情况看，东部地区总产量 86.1 万 t，同比增长 19.2%，占全国总量 96.5%；中部地区总产量 1.3 万 t，同比增长 59.7%，占全国总量 1.5%；西部地区总产量 1.8 万 t，同比增长 100.3%，占全国总量 2.0%。产量大省主要集中在东部地区，依次是河北（37.1 万 t，同比增长 120.0%），山东（24.6 万 t，同比下降 26.6%），浙江（13.9 万 t，同比增长 45.3%），江苏（4.2 万 t，同比下降 4.3%）（图 2-59，图 2-60，图 2-61）。

3. 矿物元素及其络合物 2014 年矿物元素及其络合物总产量 467.7 万 t，同比增长 1.5%，占添加剂总产量比重为 58.3%，较 2013 年提高 0.6 个百分点。主要品种中，磷酸氢钙（含磷酸二氢钙）359.4 万 t，同比下降 1.3%；硫酸铜 3.0 万 t，同比增长 11.1%；硫酸亚铁 17.6 万 t，同比增长 8.6%；硫酸锌 17.8 万 t，同比增长 20.3%；硫酸锰 9.3 万 t，同比增长 75.5%。

从全国分布情况看，东部地区总产量 23.8 万 t，同比下降 24.4%，占全国总量 5.1%；中部地区总产量 58.7 万 t，同比增长 3.3%，占全国总量 12.6%；西部地区总产量 385.1 万 t，同比增长 3.5%，占全国总量 82.3%。主导省份为西部地区的云南（179.0 万 t，同比增长 5.2%）、四川（148.0 万 t，同比下降 6.0%）。

4. 酶制剂 2014 年，全国酶制剂总产量 10.8 万 t，同比增长 18.7%，占添加剂总产量比重为 1.3%，较 2013 年提高 0.2 个百分点。

从全国分布情况看，东部地区总产量 7.1 万 t，同比增长 9.3%，占全国总量 66.4%；中部地区总产量 2.5 万 t，同比增长 269.5%，占全国总量 23.4%；西部地区总产量 1.1 万 t，同比下降 42.9%，占全国总量 10.3%。主导省份为东部地区的山东（1.8 万 t，同比下降 15.1%）、北京（1.6 万 t，同比下降 15.1%）、湖北（1.5 万 t，同比增长 640.5%）、广东（1.4 万 t，同比增长 19.1%）、江苏（1.0 万 t，同比增长 6.5%）。

5. 抗氧化剂 2014 年，全国抗氧化剂产量 4.0 万 t，同比下降 13.0%，占添加剂总产量比重为 0.5%，较 2013 年下降 0.1 个百分点。

从全国分布情况看，东部地区总产量 3.9 万 t，同比下降 11.3%，占全国总量 96.8%；中部地区总产量 268t，同比下降 81.6%，占全国量 0.7%；西部地区总产量 994t，同比下降 5.1%，占全国总量 2.5%。主导省份为东部地区的江苏（2.7 万 t，同比下降 17.6%）、上海（0.8 万 t，同比增长 10.9%）。

6. 防腐防霉剂 2014 年防腐防霉剂总产量 27.1 万 t，同比增长 19.9%，占添加剂总产量比重为 3.4%，较 2013 年提高 0.6 个百分点。

从全国分布情况看，东部地区总产量 21.5 万 t，同比增长 3.0%，占全国总量 79.3%；中部地区总产量 2.7 万 t，同比增长 148.2%，占全国总量 10.0%；西部地区总产量 2.9 万 t，同比增长 333.2%，占全国总量 10.7%。其中，河南（1.8 万 t）、湖南（606t）两省份增量明显。

7. 饲用微生物制剂 2014 年微生物产量 11.6 万 t，同比增长 7.4%，占添加剂总产量比重为 1.4%，与 2013 年持平。

从全国分布情况看，东部地区总产量 7.7 万 t，同比增长 4.8%，占全国总量 66.4%；中部地区总产量 2.6 万 t，同比增长 13.9%，占全国总量 22.4%；西部地区总产量 1.4 万 t，同比增长 8.4%，占全国总量 12.1%。其中，产量大省主要是山东（4.3 万 t）、湖北（1.9 万 t）、浙江（1.1 万 t）、陕西（1.1 万 t）。

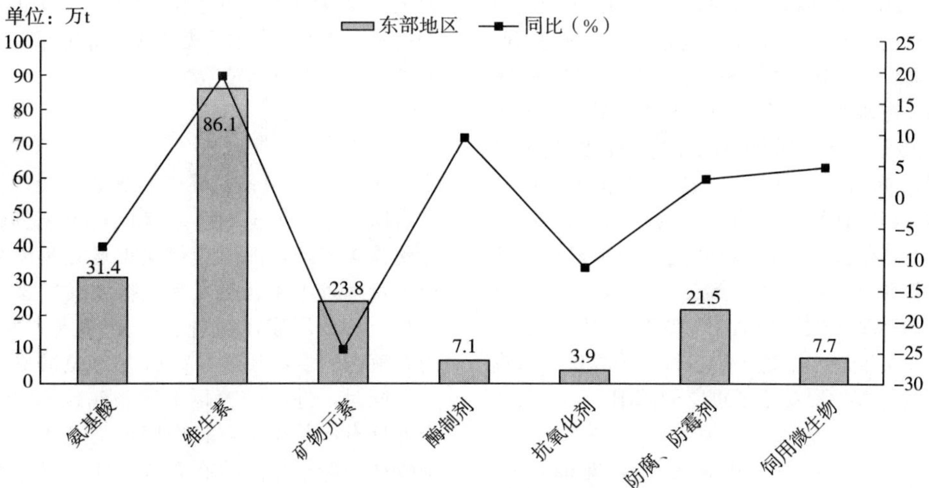

图 2-59 2014 年东部地区主要饲料添加剂产量及同比情况

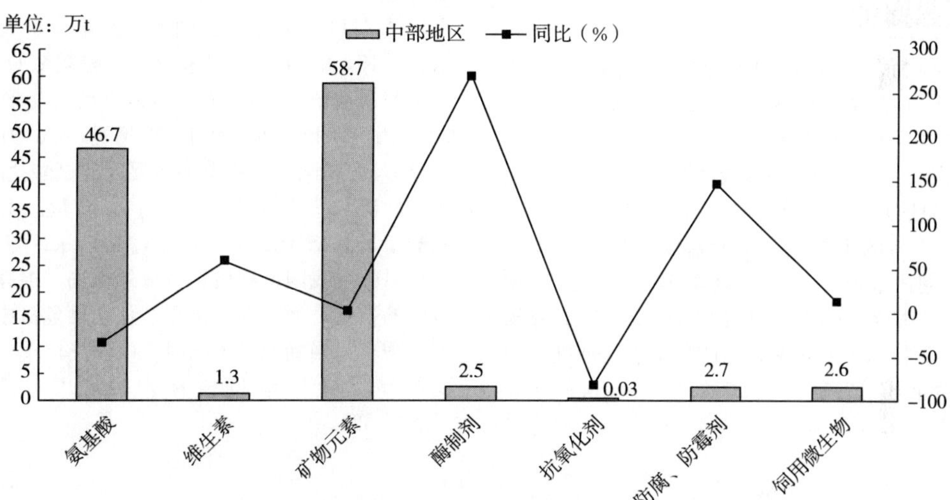

图 2-60 2014 年中部地区主要饲料添加剂产量及同比情况

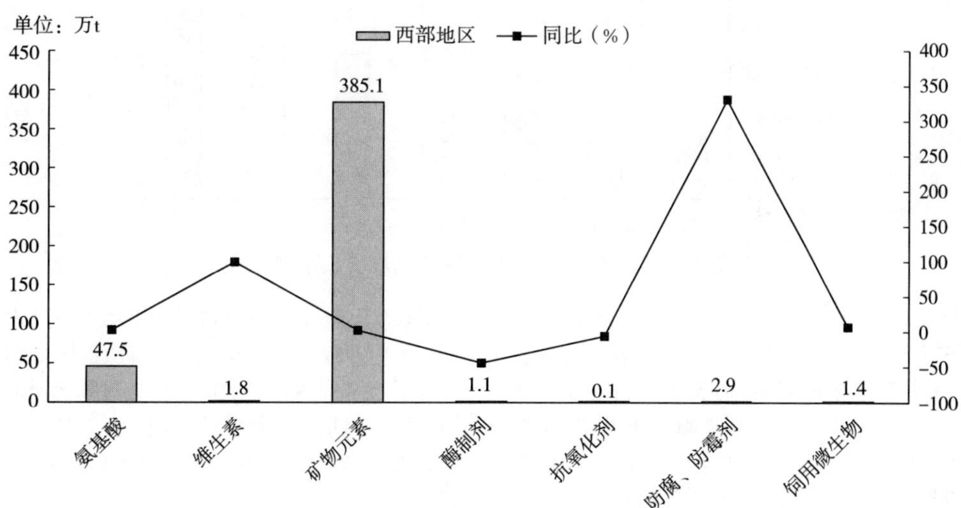

图 2-61 2014 年西部地区主要饲料添加剂产量及同比情况

随着新《饲料和饲料添加剂管理条例》《饲料质量安全管理规范》相继实施和示范推广，行业监管、企业发展都面临着新的目标与挑战。饲料添加剂作为饲料工业科技进步和饲料安全的核心，产品质量尤为重要。2014 年上半年全国饲料质量安全监测结果显示，抽检国产饲料添加剂 90 批次，合格率 100%；抽检进口饲料添加剂 105 批次，合格率 97.14%；2014 年下半年全国饲料质量安全监测结果显示，抽检国产饲料添加剂 60 批次，合格率 100%；抽检进口饲料添加剂 102 批次，合格率 95.1%。数据表明，饲料添加剂质量安全水平进一步提升，为养殖业和饲料工业的持续健康发展奠定了重要的基础。

（陆泳霖　朱海彬）

饲料级氨基酸

我国是饲料级别氨基酸生产和消费大国，近两年随着氨基酸产能过剩，产业整合加速，赖氨酸、苏氨酸、色氨酸均面临产能过剩局面，尤其赖氨酸市场已出现产量下降态势。2014 年赖氨酸产量为 91.8 万 t（含 65%赖氨酸），同比下降 16.7 万 t，降幅 15.4%，为历史比较少有的下降。2014 年苏氨酸国内产量为 24.5 万 t，同比增长 3.3 万 t，增幅 15.6%。2014 年色氨酸国内产量为 0.5 万 t，同比下降 1.4 万 t，降幅 73.6%。随着技术不断成熟，国产蛋氨酸逐渐进入饲料企业消费市场，2014 年蛋氨酸产量为 10.6 万 t，同比增长 5.9 万 t，增幅 125.5%。2014 年，随着我国玉米及豆粕相关替代品的增加，对氨基酸的使用比例也不断提升，但部分氨基酸产能过剩，全球均进入氨基酸产业加速调整阶段。

一、赖氨酸

2014 年我国赖氨酸产能继续扩大，但市场集中度有所分散，因国内玉米等原料不断创新高，终端养殖需求下降，国内赖氨酸市场竞争激烈，长期在成本价附近徘徊。前三季度赖氨酸厂家开工率明显不足，部分厂家出现降低开工率或者停产的现象。为缓解国内供应压力，2014 年赖氨酸进出口继续扩大；同时，进口量大幅下降。2014 年全球约 22 家企业拥有产能设备，其中国内雪花生物、华星、星湖停产；新近投产的有东晓生物、万胜生物、正大菱花，中国主要供应厂家为大成、希杰、梅花、伊品等。

从 2011 年开始，我国赖氨酸出口量大体呈现阶梯式增长，2014 年我国累计出口赖氨酸总量为近 10 年中的最大值。2014 年我国累计出口赖氨酸盐及酯 25.7 万 t，比 2013 年同期增加 6.6 万 t，增幅 34.13%。我国出口赖氨酸主要以赖氨酸盐酸盐为主，赖氨酸硫酸盐为辅且全部为 70%含量。由于我国赖氨酸市场新增产能过多，通过出口来缓解过剩的产能；另外，我国也积极拓宽海外市场，提高赖氨酸出口国的数量；而欧洲经济逐步从金融危机中复苏，赖氨酸需求量强劲回升，同时，中国出口单价较低，从而提高了中国赖氨酸在出口市场上的竞争力（图 2－62）。

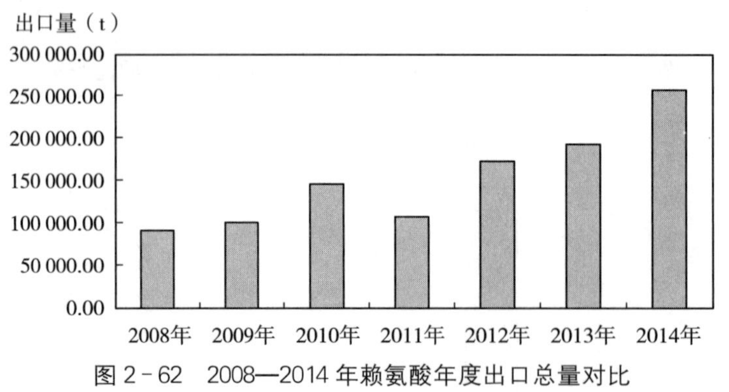

图 2－62　2008—2014 年赖氨酸年度出口总量对比

2014 年除 2、3 月出口量低于 2013 年外，其他月份均显著高于 2013 年。从单月出口量来看，由于欧洲地区对赖氨酸需求预期偏弱，导致 2 月对欧洲地区出口量下降 41.0%，2 月我国赖氨酸出口量为 2014 年最低，仅出口 1.2 万 t，同环比均出现大幅下降。4 月在欧洲对添加剂需求强劲上升的带动下，我国赖氨酸出口形势强势增长，其中对欧洲的出口量环比增长 25.3%。5 月出口量创下历史新高水平，达到 2.8 万 t，同比增长 150.9%，环比增长 24.7%，这有效平衡了国内赖氨酸市场供应过剩的局面。下半年赖氨酸出口量呈小幅震荡下调，但整体仍处高位，主要是由于出口至欧洲地区的赖氨酸数量呈大幅增长（图 2－63）。

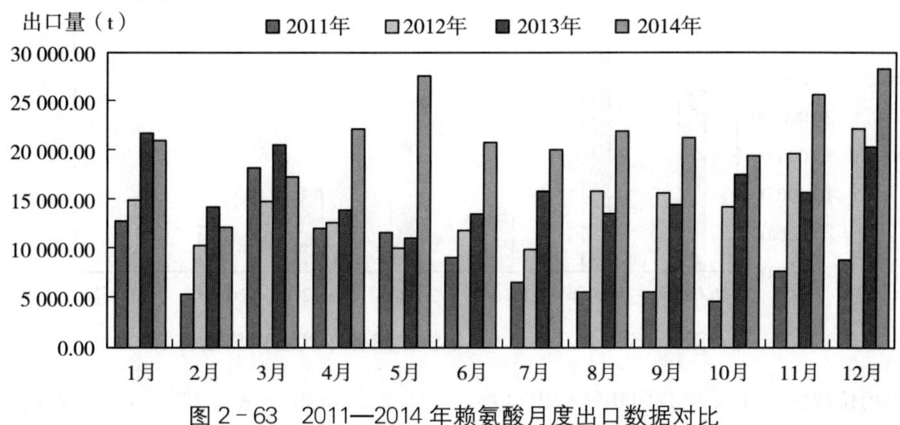

图 2-63　2011—2014 年赖氨酸月度出口数据对比

2014 年我国赖氨酸的出口国家主要有：俄罗斯（5.3 万 t）、荷兰（3.2 万 t）、德国（1.9 万 t）、比利时（1.2 万 t）、乌克兰（8 478.2t）、越南（9 125.0t）、泰国（7 471.5t）。我国向俄罗斯、荷兰两个国家出口的赖氨酸总量依旧较大。我国向欧洲和亚洲的国家出口的赖氨酸均有显著提高，总量同比上涨 71.5%。不过向美国、日本、巴基斯坦等国出口量下降较多，但这 3 个国家的出口量占出口总量的比例较小。值得注意的是，出口至美国的数量持续下滑，仅 8 564.7t，同比下降 58.7%。这与 2014 年美国多个赖氨酸厂家开工，大幅“分割”我国出口市场有关。总体看，我国向各国出口量上涨，是导致 2014 年我国赖氨酸出口总量大幅增长的主因（图 2-64）。

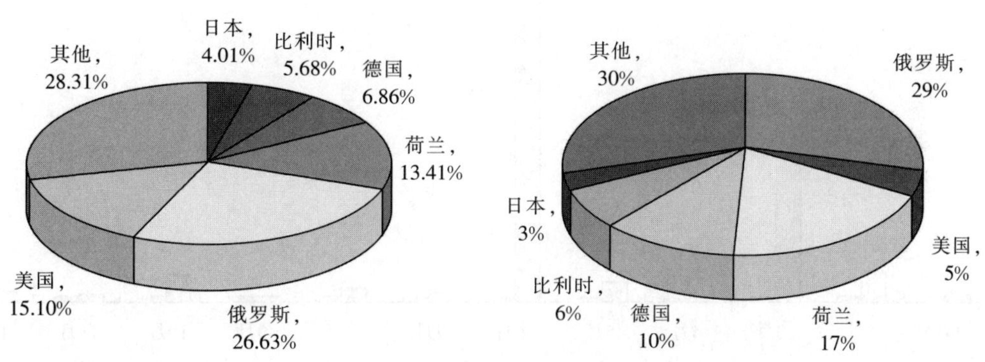

图 2-64　2013—2014 年赖氨酸出口国家及所占比例对比

1. 主要海关出口情况　2014 年我国赖氨酸出口的主要海关有大连（6.1 万 t）、天津（9.4 万 t）、青岛（32.9 万 t）、南京（0.7 万 t）、合肥（1.4 万 t）等。2014 年我国整体出口形势向好，天津港累计增幅高达 126.4%，合肥港增幅也有 75.0%。1 月我国赖氨酸出口新增济南港口，出口量达 2.5 万 t。年内由于大成生化部分时间停产，大连港口出口量大幅缩减，同比减少 34.51%；而南京港口赖氨酸出口量也大幅缩减，为历史罕见低位水平，同比减少 29.5%，主要是由于厂家生产形势不佳，出货量极少的缘故。但 2014 年赖氨酸出口量总体上大于 2013 年赖氨酸出口量，以平衡国内赖氨酸市场供过于求的格局。

2. 进口状况　2014 年我国的赖氨酸进口量和金额分别为 2 150.76t 和 576.50 万美元，同比分别降低 63.95%和 48.53%。2014 年我国进口赖氨酸的主要来源国有美国（778.42t）、法国（320.14t）、泰国（850.00t），其中，从美国进口的赖氨酸数量较 2013 年下降了 77.92%，而从泰国进口的赖氨酸数量较 2013 年下降 53.70%。主要是由于中国赖氨酸进口价提高，进口量大幅下滑；国内赖氨酸产能过剩以及国外价高，致使我国 3 月份和 6 月份只进口少量用于医药、食品级等方面，饲料级赖氨酸几乎未进口（图 2-65）。

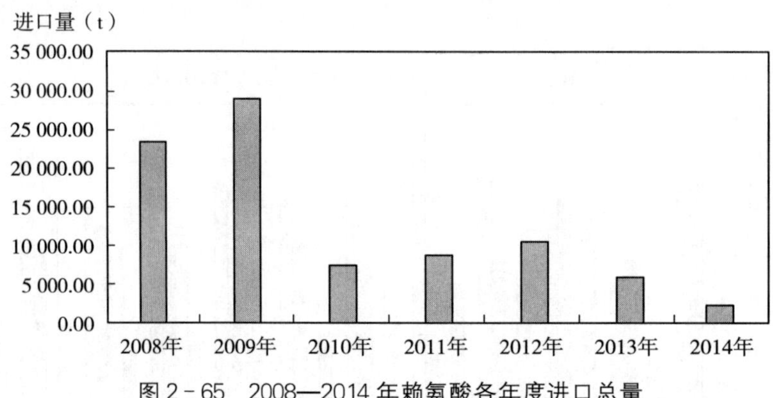

图 2－65　2008—2014 年赖氨酸各年度进口总量

3. 进出口均价状况　2014 年我国赖氨酸出口总额为 32 702.7 万美元，同比上涨 6.5%；出口均价为 1.27 美元/kg，同比下降了 20.6%。2014 年 1～5 月我国赖氨酸的出口均以下滑为主，从而拉动了出口量的增长。7 月后出口单价开始弱势反弹，11 月升至 2014 年新高，为 1.44 美元/kg，与 1 月相比增长 15.2%，同比上涨 0.7%。主要是在前期国内赖氨酸厂家减产的情况下，国内供应稍紧，国内价格上涨所致。2014 年我国赖氨酸的进口均价为 2.7 美元/kg，同比上涨 42.6%。进口价格除 3 月和 6 月只进口食品级赖氨酸价格特别高之外，饲料级赖氨酸进口单价呈上涨趋势，涨幅较大（图 2－66）。

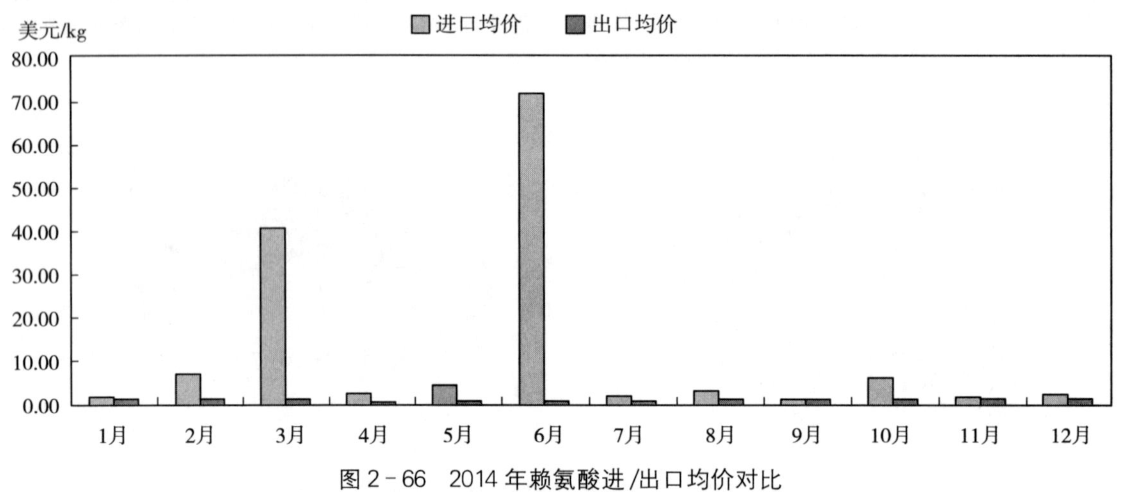

图 2－66　2014 年赖氨酸进/出口均价对比

4. 国内价格情况　2014 年国内赖氨酸年均价为 8.7 元/kg，同比下跌 19.1%，与近 5 年均值相比下跌 35.4%。赖氨酸价格已经跌至近五年最低。2014 年在养殖业需求低迷、市场心理悲观、赖氨酸产能集中释放的大背景下，赖氨酸价格走势呈现“W”形的走势。2013 年国内赖氨酸市场价格单边下行并延续到 2014 年，在 4 月中旬创下历史最低水平，价格为 7.1 元/kg，与年初相比下降 17.0%，同比下降 39.5%。而随着我国赖氨酸厂家缩减产能、开工率降低，生猪养殖业的逐步复苏，玉米价格的上涨以及出口形势的好转等利好因素的涌现，令赖氨酸逐步结束了单边下行的行情，价格探底回升，10 月中旬价格涨至高点 10.5 元/kg，2014 年与年初比提高了 22.1%，同比上涨 12.9%。10 月下旬停产的赖氨酸厂家开工，低价的新玉米上市量增多，对赖氨酸成本支撑有限。由于 2015 年春节较往年偏晚，赖氨酸价格震荡下滑，虽然梅花收购伊品一事终“尘埃落定”，强强联手或有望提振疲软的赖氨酸市场。12 月底赖氨酸价格降到 8.9 元/kg，与年初相比上涨了 0.3 元/kg，涨幅为 3.5%，基本与年初持平。2014 年国内赖氨酸厂家缩减产能、降低开工率和整合加速导致的重新“洗牌”等多种因素影响下，使得产能过剩的局面有所缓解，赖氨酸市场价格底部获得支撑（图 2－67）。

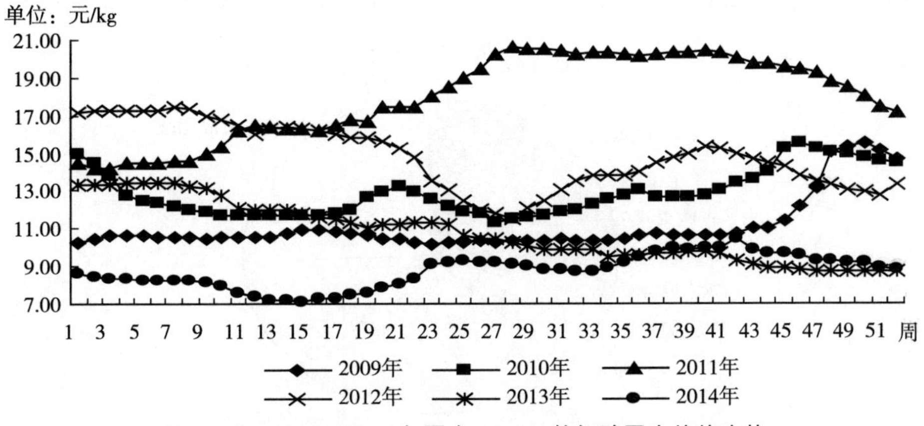

图 2-67　2009—2014 年国产 98.5% 赖氨酸国内价格走势

5. 欧洲价格情况　2014 年欧洲赖氨酸价格和国内的价格走势较为相似。一季度欧洲的赖氨酸价格和国内的价格走势均呈下降态势。由于产能过剩，逐步消耗库存，导致 3 月底 4 月初价格下降到谷底，最低价格达到 1.1 欧元/kg，与 2014 年年初 1.2 欧元/kg 相比下降了 0.1 欧元/kg，降幅为 9.3%。多数终端饲料企业的库存较为充裕且贸易商和生产厂家承压较大。由于国内赖氨酸厂家减产，欧洲赖氨酸因中国市场继续缩减产量导致供需失衡，供应稍紧，赖氨酸价格也逐步上涨，7 月欧洲赖氨酸价格稳定在 1.3 欧元/kg，与年初 1.2 欧元/kg 相比上涨了 0.1 欧元/kg，涨幅为 11.9%。9 月赖氨酸价格快速上涨，到 10 月下旬价格涨至 1.65 欧元/kg，同比上涨 43.48%。主要是因为 9 月欧洲供应趋紧，加之欧洲市场因中国赖氨酸硫酸盐被检测出不合格菌种，欧洲盐酸盐产品报价急剧上升。事件平息后开始震荡下滑，临近年末，赖氨酸价格小幅回落至 1.6 美元/kg（图 2-68）。

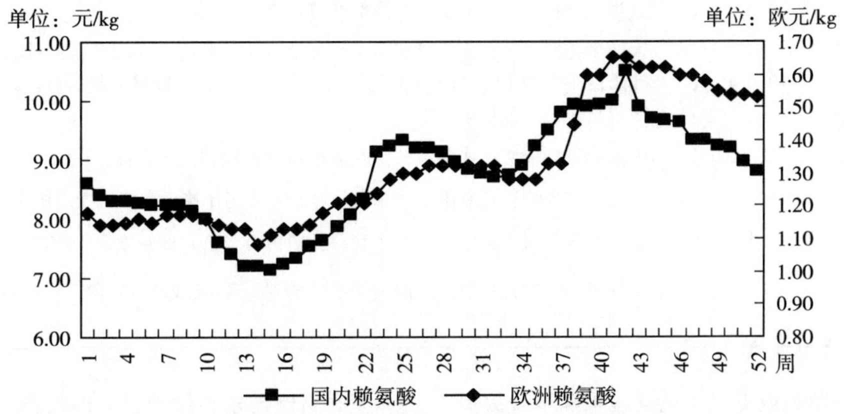

图 2-68　2014 年欧洲 98.5% 赖氨酸与国内 98.5% 赖氨酸价格走势对比

6. 市场行情主要影响因素

（1）“行业洗牌”接近尾声，市场格局发生变化。2014 年我国赖氨酸产能与 2013 年相比并没有太大的变化，总产能为 235.5 万 t 左右。2014 年大部分饲料企业年产量下降，生猪养殖效益不佳，导致赖氨酸市场价格不断下滑、企业生产利润大幅压缩导致部分企业选择降低开工率，甚至关闭部分生产线。其中大成生化 4 月初称暂停宝成生化 20 万 t 赖氨酸生产线的运作。但仍有来自中国厂家伊品、成福的扩产。中国氨基酸行业已经在低谷徘徊了 3 年，近 2～3 年是饲用氨基酸产能集中释放时期，产业整合是氨基酸行业的大势所趋，2014 年行业洗牌已接近尾声。2014 年 11 月 14 日，梅花生物公告收购伊品，饲用氨基酸市场格局将发生较大变化，二者合并后赖氨酸产能达到 67 万 t/a，占国内总产能的 30%，超过大成生化的 60 万 t，使得我国赖氨酸企业集中度有很大提高，对赖氨酸市场价格有很大的主导作用。但 2014 年国内赖氨酸市场供大于求的局面仍然没有改观，部分企业加大了对国际市场的开发，希杰生物在美国爱荷华州道奇堡建立年产能赖氨酸达到 10 万 t 的工厂；赢创在俄罗斯的赖氨酸工厂开始融资，俄罗斯和美国作为我国赖氨酸主要的出口市场，对我国 2014 年赖氨酸出口造成较大的竞争压力。2014 年主流赖氨酸生产厂家的主要动向（表 2-14，图 2-69）。

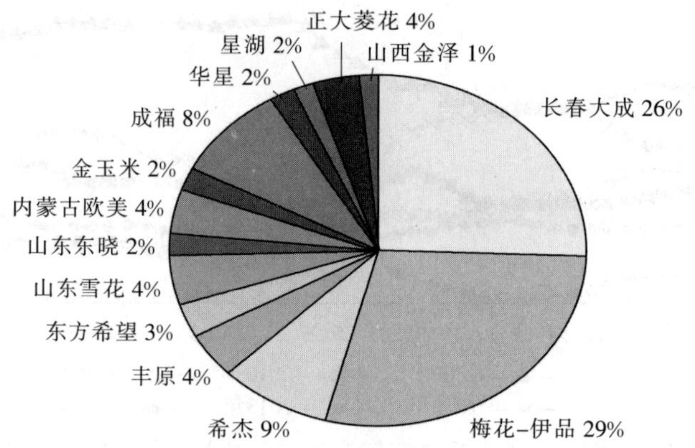

图 2-69　2014 年国内赖氨酸产能分布（饲料级）

表 2-14　2014 年主流赖氨酸生产厂家的主要动向

厂家动向	时间	具体事件
东晓生物	1 月 13 日	山东省东晓生物公司赖氨酸项目顺利取得生产许可证。
大成生化	3 月 31 日	大成生化科技有限公司发布暂时关闭拥有 20 万 t 赖氨酸生产设备的宝成工厂。
希杰	6 月 29 日	希杰生物在美国爱荷华州道奇堡开工建设赖氨酸工厂，年赖氨酸产能达到 10 万 t。
中国淀粉	7 月 15 日	老厂搬迁新厂，赖氨酸产能维持大约为 10.5 万 t。
赢创工业集团	7 月 15 日	赢创在俄罗斯的赖氨酸工厂开始融资。
伊品生物	9 月 16 日	适当减少赖氨酸和苏氨酸产品的产量，产量降幅约 30%。
大成生化	9 月 10 日	大成生化发布公告表示接获荷兰海牙地方法院判决，法院已驳回就有关集团成员公司涉嫌侵犯专利 EP1.664.318 的所有申诉，有关付款即时强制执行，此外已准许有关集团成员作出部分反申诉。
中国赖氨酸厂家	9 月 24 日	中国赖氨酸硫酸盐产品在一些欧盟成员国被检测出不合格。
正大菱花	10 月 8 日	正大菱花生物科技有限公司举行了年产 5.5 万 t 赖氨酸项目投产庆典仪式。
梅花生物	11 月 14 日	梅花生物公布购买宁夏伊品生物科技股份有限公司的预案。年产能将达 67 万 t。
宁夏伊品	12 月 15 日	宁夏伊品生物科技股份有限公司承担的“L-赖氨酸最适底盘工程菌的构建及发酵条件控制优化”项目，年产量 40 万 t。

（2）生猪养殖行业低迷，赖氨酸采购步伐放缓。我国生猪养殖周期性变化是赖氨酸市场消费的晴雨表。2014 年猪市行情较为反常，上半年生猪养殖陷入严重亏损境地，而夏季价格短暂强势上涨改善了养殖户的利润水平，下半年却旺季不旺、价格不断下滑、养殖效益一再缩水。从近 10 年来看，2014 年是我国生猪市场产能过剩程度最大、淘汰过剩产能速度最慢的一年，生猪养殖效益大部分时间处于亏损状态，1～4 月亏损态势尤为严重；直到 5 月温氏率先提价导致猪价出现短暂的暴涨；三季度后，畜禽养殖业逐渐回暖，猪价整体走势趋于向上，养殖开始盈利；年末生猪行情意外走低，虽然南方各地陆续进入腌制腊肉的季节，各地屠宰企业也将陆续开始为年底备货，猪肉需求持续上升，但由于生猪存栏处在高位，疫情及市场恐慌情绪打乱了养殖户出栏节奏。2014 年整个生猪养殖行业维持低迷，难以对赖氨酸市场需求形成有效支撑。

（3）赖氨酸出口量的大增，缓解国内供过于求的压力。2014 年我国赖氨酸出口量大体呈现阶梯式增长态势，出口单价有所上涨。随着欧债危机舒缓，欧洲赖氨酸市场的需求恢复，我国赖氨酸出口大幅增加，而国内产能缩减、厂家减产，使得价格短期上涨。据海关统计数据显示，2014 年是近 10 年中我国赖氨酸累计出口数量最多的一年，总体出口形势十分乐观。其中，大成和希杰赖氨酸的出口量下降，伊品出口开始发力并占据主导，其他厂家如梅花、金玉米中粮生化和成福均有很好的表现。2014 年出口大幅增长对缓解国内赖氨酸的巨大供应压力起到了一定的作用。

(4) 多数终端饲料厂和贸易商的批量采购积极性欠佳。2014 年我国赖氨酸市场价格呈疲软走势，赖氨酸厂家为了减少库存，停产屡见不鲜，检修、减产规模不断扩大。厂家之间不断压价走货，而备货的贸易商和饲料厂家亏损严重。由于畜禽养殖低迷、疫病形势复杂、原材料价格居高不下、新的行业政策调控等综合因素的作用，造成多数饲料企业产量同比下降，导致贸易商大幅减少批量采购，观望心理浓厚。虽然从第三季度开始饲料需求增加，赖氨酸主要生产厂家不断提高赖氨酸出厂价格，并实施限产挺价策略，使赖氨酸市场出现暂时性现货供应紧张状况。部分饲料企业阶段性补货，但因为国内赖氨酸产量依旧偏高，10 月下旬手中持有数量较多货源的贸易商不得不低价销售。另外，贸易商和终端饲料厂对赖氨酸市场的悲观预期也加剧了赖氨酸的弱势。

(5) 玉米价格维持高位，赖氨酸成本面得以支撑。2014 年度新季玉米全国总产量为 21 567 万 t，较 2013 年度减产 281.9 万 t，减幅为 1.3%。当前国内玉米市场“大库存”压力仍在，国内玉米供给宽松的局面并未明显改变。一季度后期我国玉米价格开始强势运行，直至 9 月上旬，价格达到 2 714 元/t，较 2014 年年初上涨 15.5%，是赖氨酸生产厂家提价、降低开工率的最大影响因素之一。2014 年深加工企业开工率同比依然偏低，玉米备货量少，赖氨酸生产厂家均保持较低开工率，大成、希杰均减产。国内赖氨酸产量不到产能的一半，很大部分原因是赖氨酸企业并未储备足够满足新粮上市前的加工用粮，从而被迫暂时停工，玉米作为赖氨酸生产的重要原料从成本面上制约赖氨酸价格。

二、蛋氨酸

2014 年，我国蛋氨酸市场发生新的变化，国内重庆紫光因环保问题出现停产，但国内蛋氨酸产量仍出现大幅提升，其中江苏安迪苏产量 6 万 t，同比提高 5.1 倍；湖北巨胜产量 0.4 万 t，与 2013 年持平。此外大连住友少量生产全部用于出口。2014 年全球蛋氨酸厂家仍为赢创德固赛、诺伟司、安迪苏、住友 4 家主导，占比超过 80%，由于我国进口比例仍占绝对优势，进口蛋氨酸仍是 2014 年价格的主导。2014 年全球蛋氨酸产能 170 万 t，同比 2013 年提高了 25.9%，2013 年全球蛋氨酸需求 100 万 t，同比提高 5.2%，全球蛋氨酸市场供需相对平衡。目前，国外（赢德固赛、安迪苏、住友）3 大主流品牌蛋氨酸在我国市场仍处于主导地位。

2014 年，我国蛋氨酸价格呈现跌宕起伏态势。一季度价格基本稳定，4 月蛋氨酸价格逐步攀升，并出现跳跃式上涨。受重庆紫光未复产，4～7 月蛋氨酸进口量大幅减少，加上进口商检及通关时间较往常大幅延迟，美国蛋氨酸原料工厂一再出现问题等因素影响，供应面持续缩紧。同时，下半年国内家禽养殖业效益回升而保持盈利态势，蛋氨酸需求量不断上行，导致国内蛋氨酸市场在供需失衡背景下价格一路飙升，连创历史新高。11 月末受到港逐渐增多，不断有蛋氨酸新厂投产及宁夏紫光试产等供应开始回升，终端采购积极性降低及消耗库存等影响下，蛋氨酸价格报复性下跌，年末回归到正常水平。

1. 蛋氨酸进口情况 2014 年我国累计进口蛋氨酸 13.1 万 t，同比上涨 8.7%，与 2013 年相比略涨幅，相比于近 5 年的平均进口量上涨 12.2%。受 2014 年的流感疫情影响，使我国家禽养殖业景气度处于低迷之势。家禽饲料产量下滑，进口代理商预估国内蛋氨酸消耗量会下降，导致进口量变化不大（图 2-70）。

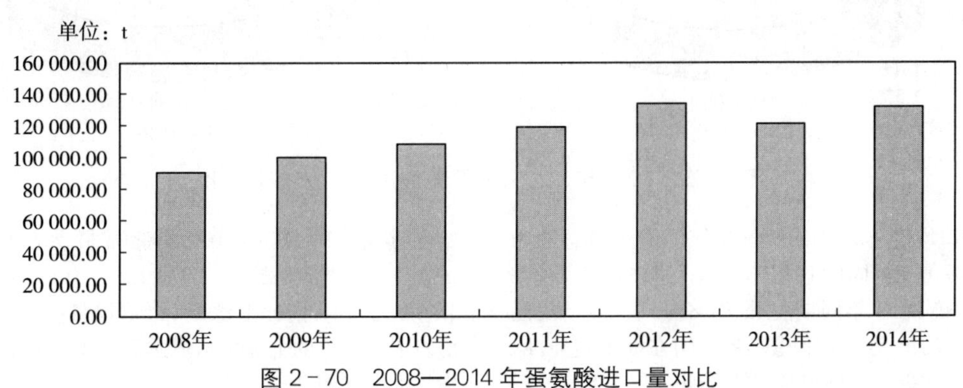

图 2-70 2008—2014 年蛋氨酸进口量对比

从单月来看，2014 年 1 月我国蛋氨酸进口量为 1.6 万 t，环比增长 169.0%，同比增加 33.0%，创下历史新高。一季度蛋氨酸月进口量均大幅提高，是价格弱势走软的主要因素之一。4月进口量开始下降，主要是因为2014年春季流感疫病严重抑制了我国家禽饲料的增长，从根源上降低了蛋氨酸的市场需求，使得我国厂商盲目接受2013年教训而大量减少进口计划的安排；加上受7月新商检法实施要求进口商品更换中文标识条例的影响，致使蛋氨酸进口、通关时间较往常延迟1个月左右，使得大批货源滞留港口，故4～7月我国蛋氨酸进口量处于低位区间徘徊，也造成了8、9月进口量出现大幅上涨的现象（图2-71）。

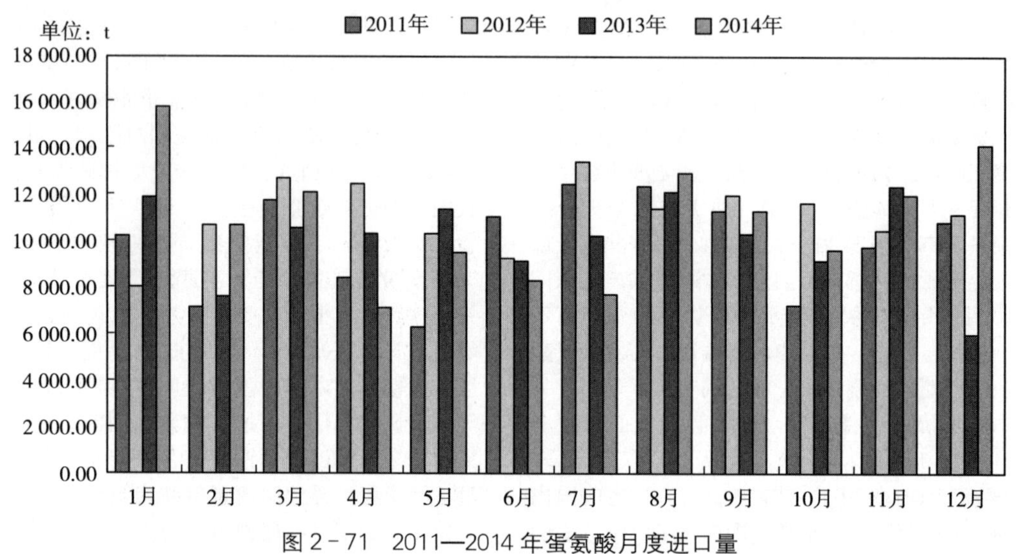

图2-71 2011—2014年蛋氨酸月度进口量

2014年我国蛋氨酸的主要进口国有：比利时、日本、法国、美国，这4个国家进口蛋氨酸的量占进口总量的97.2%。2014年从日本、比利时、德国和法国进口蛋氨酸的量均有所增加，总量较2013年增加20.4%；而美国进口蛋氨酸的量均下降，总量较2013年下降32.8%。尽管从美国进口比例同比降幅较大，但由于从美国进口绝对量较小，对市场影响有限，而从比利时进口量占绝对优势且比例同比升幅较多，我国蛋氨酸进口量同比仍出现一定幅度的提升（图2-72）。

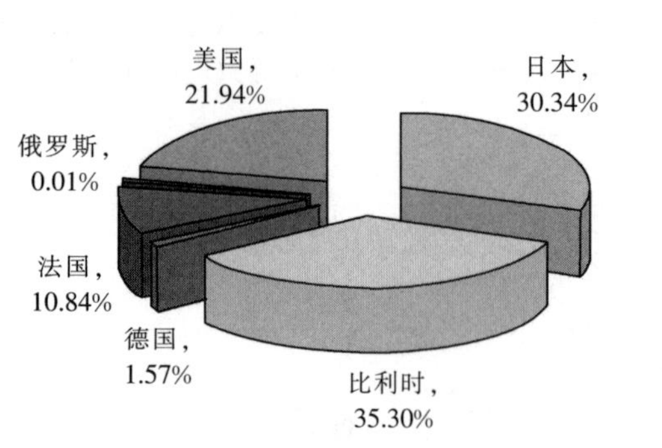

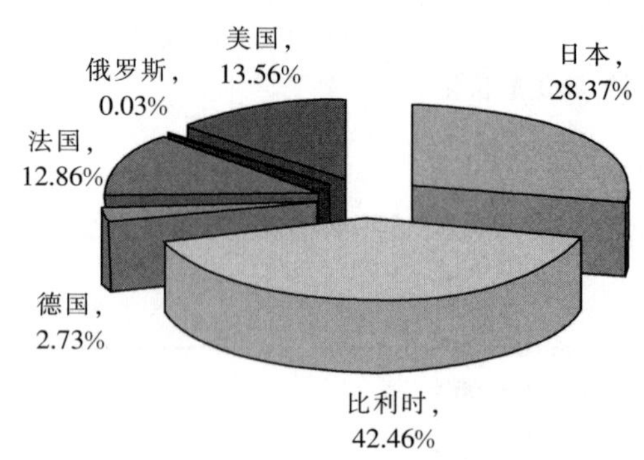

图2-72 2013年、2014年蛋氨酸进口国别统计对比

2. 进口均价 2014年我国蛋氨酸的进口总额为47 515.0万美元，同比下降53.6%；进口均价为3.6美元/kg，较2013年同期上涨13.8%。上半年我国蛋氨酸进口均价大体呈平稳走势，均在3.1美元/kg左右。受全球蛋氨酸供应紧缩的影响，海外蛋氨酸厂家上调价格也体现在其中。蛋氨酸进口均价由6月开始逐步攀升，其中10月涨幅最大，环比增长10.8%，同比增长21.7%；12月为年内最高，为5.0美元/kg，同比上涨68.6%，超过近3年进口均价。进口均价的上涨也从成本面上支撑了国内市场价格的上涨（图2-73）。

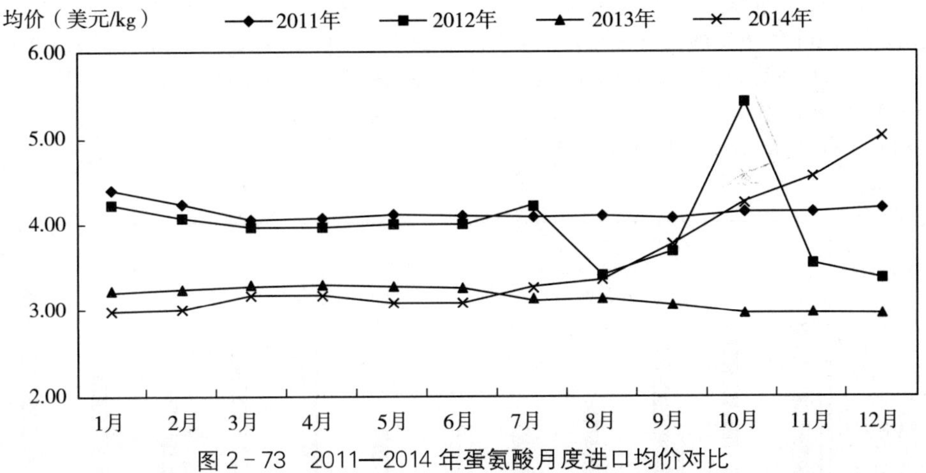

图 2-73　2011—2014 年蛋氨酸月度进口均价对比

3. 蛋氨酸出口情况　2014 年我国出口的蛋氨酸主要是医药级蛋氨酸，出口的主要国家有美国、比利时和日本。2014 年我国出口蛋氨酸总量为1 094.387t，同比降低了 79.5%，出口量大幅下降。2014 年重庆紫光遭遇停产问题，是蛋氨酸出口量下降的主因。出口金额为 1 454.0 万美元，同比下降了 42.2%；出口均价为 13.3 美元/kg，同比上涨了 133.3%。国内蛋氨酸缺口较大，价格不断攀升，导致出口单价一直上涨。

4. 国内蛋氨酸价格情况　2014 年多因素导致蛋氨酸供应吃紧，价格在半年内出现翻番。2014 年国内蛋氨酸均价为 47.9 元/kg，同比上涨 71.3%，与近 5 年均值相比上涨 26.2%。由图 1 可以看出，近 5 年国内蛋氨酸价格基本保持稳定，唯有 2014 年出现大幅波动。一季度受长时间的流感疫情影响，我国家禽养殖业不景气，家禽饲料产量同比下滑一成；加上 1、2 月蛋氨酸进口量大幅增加，国内蛋氨酸市场供大于求的局面愈发明显，导致价格呈小幅震荡下滑态势，4 月中旬均价降至 26.8 元/kg，与年初相比下降了 15.6%，同比上涨 6.6%。自 4 月下旬国内蛋氨酸受进口量大幅减少、进口商检及通关时间较往常大幅延迟等因素的影响，供应面持续缩紧；加上国内家禽养殖业效益回升而保持盈利态势，支撑了蛋氨酸市场需求，4 月末国内蛋氨酸市场价格逐步上行，并一路飙升连创历史新高。7 月份再次传出欧洲两大厂家生产出现状况，11 月上旬价格高达 115 元/kg，已较年初翻了近 3 倍，同比上涨 337.3%。涨幅之大，上涨速度之快实属历史罕见。11 月中旬随着新货逐渐到港，供应偏紧局面有所改善，上涨达半年之久的价格终见下跌拐点。而受肉禽养殖亏损、下游用户采购积极性降低等影响，蛋氨酸价格加速下跌，12 月末降至 40 元/kg，与年初相比上涨 25.8%，同比上涨 28.2%，基本回归到正常价格区间（图 2-74）。

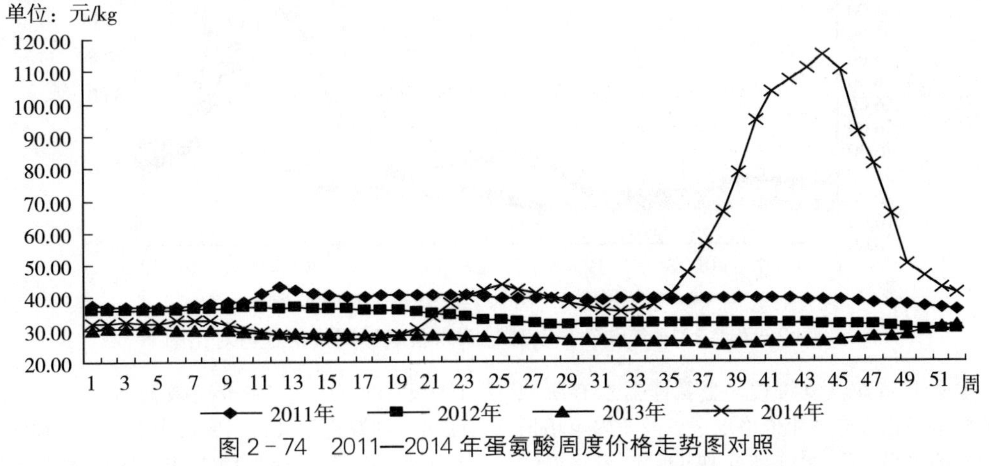

图 2-74　2011—2014 年蛋氨酸周度价格走势图对照

5. 市场行情主要影响因素

（1）国内蛋氨酸几乎依赖进口，价格受外商厂家所控。2014 年重庆紫光天化未能复产对国内市场的紧缺供应形势起到推波助澜的作用。2014 年国内蛋氨酸市场供应再度回归依赖进口并受外商厂家所控的局面，蛋氨酸的生产主要掌握在赢创德固赛、安迪苏、住友等生产厂手中。进口企业中，赢创德固赛占据主要市场份额，2014 年蛋氨酸进口总量来看，赢创进口量为 73 481.5t，同比上涨 63.7%，占进口总量的 56.0%；住友进口量为 37 215.8t，同比增长 1.6%，占进口总量的 28.4%；安迪苏进口量为 16 872.5t，同比上涨 29.0%，占进口总量的 12.9%。由于国外厂家对国内供应估计不足，再加上美国蛋氨酸原料工厂一再出现问题，4～7 月 3 大厂家蛋氨酸进口量逐步减少（图 2-75）。

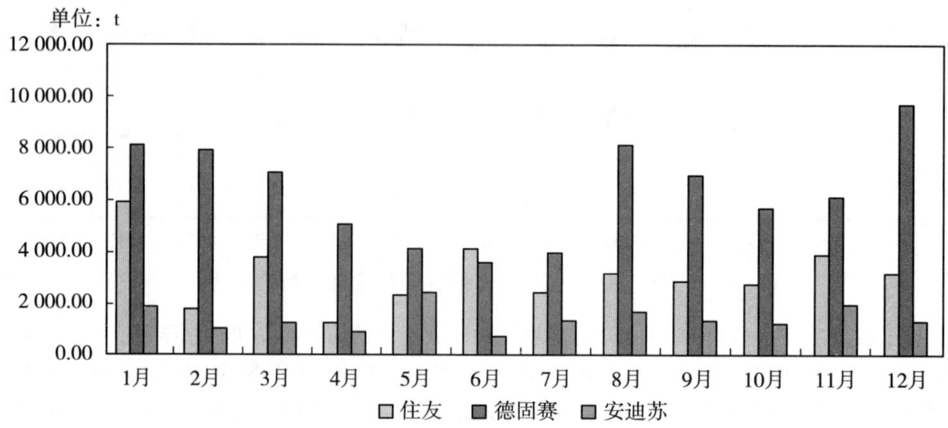

图 2-75　2014 年主流蛋氨酸品牌进口总量对比图

（2）欧洲市场价格对国内蛋氨酸价格的影响。我国 60%以上进口蛋氨酸皆从欧洲进口，欧洲的蛋氨酸价格对国内价格有较大影响，国内外蛋氨酸价格走势大体一致，2014 年欧洲蛋氨酸全年均价 4.0 欧元/kg，同比提高 39.4%。上半年，欧洲蛋氨酸价格呈稳步震荡上行走势，法国一家蛋氨酸工厂技术型问题已经影响到蛋氨酸的生产，导致市场变得异常紧张，价格坚挺。下半年，德固赛、安迪苏两大蛋氨酸厂家生产并不稳定，欧洲当地蛋氨酸市场供应十分紧张，导致价格不断攀升，呈跳跃式上涨，到 11 月末欧洲蛋氨酸价格高达 12 欧元/kg，与年初相比上涨 341.2%，同比上涨 349.4%，创造了近 3 年新高。受部分蛋氨酸厂家宣布投产，并且其新产品将于 2015 年一季度能投放市场消息的影响，市场销售情况增多，导致蛋氨酸价格快速下降，到年末逐步稳定至 5 欧元/kg，与年初相比上涨 83.8%，同比上涨 88.0%。随着欧洲经济市场稳步恢复，欧洲蛋氨酸价格持续坚挺将支撑我国蛋氨酸市场价格维持高位（图 2-76）。

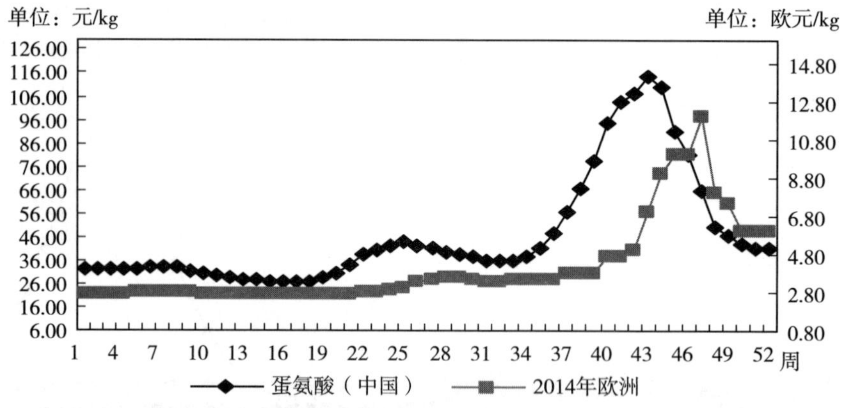

图 2-76　2014 年欧洲蛋氨酸与国内蛋氨酸周价格走势对比图

（3）家禽养殖业恢复缓慢，蛋氨酸需求有所减弱。蛋氨酸市场趋势与禽业价格水平以及业内市场预期有着紧密的关系。受 2014 年年初 H7N9 流感疫情的冲击，我国肉禽、蛋禽存栏水平偏低，导致 3 月以来肉、蛋禽市场价格快速上涨。截至 8 月末，国内肉鸡批发价格累计上涨近 30.0%，鸡蛋批发价格则累计上涨 45.0%，家禽养殖效益亦上升至中度盈利的区间，利好蛋氨酸市场的需求面，一定程度上加速饲料企业的库存消耗。10 月末，国内禽产品市场整体走势明显分化，其中，鸡蛋现货收购价格再度温和反弹，相比较之下，各地肉鸡、鸡苗行情走势明显偏弱，尤其是毛鸡市价甚至低于蛋价水平，贸易商加快出货的心理，阶段性对蛋氨酸市场形成利空影响。2014 年整体来看，养殖行业不景气，部分饲料企业加大菜粕用量以减少蛋氨酸添加，从而降低成本，使蛋氨酸需求有所减弱。

(4) 国际油价跌宕起伏，但对蛋氨酸市场的负面影响有限。2014 年上半年国际油价震荡上行，地缘政治局势左右原油步伐，原油供需维持平衡态势，市场价格大多在 90 美元/桶上方运行。而 6 月伊拉克国内动荡局势升级，令油市对该国原油供应的担忧情绪急速升温，国际原油期价开始新一轮的上涨，上半年原油均价高于往年水平。10 月中旬，美国原油期货价格跌破 80 美元/桶大关，创 2012 年 6 月以来新低，截至 12 月，MYMEX 原油主力合约收盘价为 57.8 美元/桶，较 6 月高点相比下降 35.8%。原油作为蛋氨酸生产中重要的原材料，在以往原油价格大幅波动的影响下，往往对我国蛋氨酸市场行情变动形成影响，原油下跌对蛋氨酸市场的影响一般滞后 2～3 个月以上。因此尽管原油价已下跌 4 个月，但对蛋氨酸市场的负面影响仍有限，尤其是在全球蛋氨酸供应紧缩的背景下。

三、苏氨酸

2014 年全球苏氨酸市场有所萎缩。主要厂家为梅花、味之素、创赢德固赛、希杰、ADM、大成、广东肇庆星湖、浙江国光生化、山东恩贝、巨龙、宁夏伊品、阜丰集团等。其中，梅花和伊品是生产苏氨酸主要厂家，希杰和阜丰以出口为主。全球苏氨酸产能为 75.0 万 t，其中梅花（10 月收购伊品后）产能约占 25.0%。2014 年我国苏氨酸产能 55.0 万 t，产量为 24.5 万 t，与 2013 年的 21.2 万 t，提高了 3.3 万 t。增幅 15.6%；2014 年苏氨酸出口市场继续扩大，2014 年苏氨酸出口 21.3 万 t，同比 2013 年的 18.1 万 t，提高了 2.2 万 t，增幅 12.1%，占总产量的 73.9%，全年无进口。

2014 年，梅花完美收购伊品及日本味之素出现停产后，苏氨酸价格一路上行，最高飙升至 30.0 元/kg，后期随着厂家开工率提升，市场供应增加，价格在年末震荡回落至 15 元/kg。另外，2014 年 12 月 31 日，财政部将 2015 年苏氨酸退税率从零提高到 13.0%，利好我国苏氨酸出口市场。

2014 年前三季度苏氨酸的市场趋于稳定，价格在 10.0～12.5 元/kg。由于苏氨酸厂家竞争继续恶化，随着下半年饲料消费旺季的到来，苏氨酸厂家亏损或利润大幅下降而纷纷停产，导致国内苏氨酸市场供需失衡，加上进口厂家采取“饥饿”营销策略，苏氨酸价格从 9 月开始不断攀升，并在短时间内升至均价高点 29.5 元/kg，同比和环比分别上涨了 1.8 倍和 40.0%，第 3 季度与第 2 季度价格相比也上涨 1 倍。2014 年均值 14.9 元/kg，与 2013 年的 11.4 元/kg 比上涨了 30.7%。随着国内厂家陆续恢复生产，年底以 17.0 元/kg 的价格收官。2014 年苏氨酸价格大幅提高，增加了终端用户的成本；同时，玉米作为苏氨酸的主要生产原料持续居于高位，加上国内超过 14 家苏氨酸生产厂家的激烈竞争，但因梅花在苏氨酸市场的主导地位确立，后期市场仍以出口为导向，不排除突发事件导致价格异动（图 2-77）。

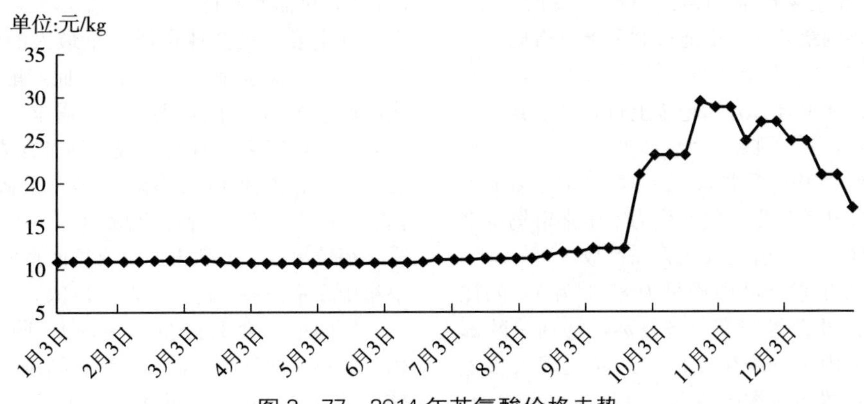

图 2-77　2014 年苏氨酸价格走势

四、色氨酸

随着全球色氨酸产能的不断释放，国内厂家因成本优势不明显，巨龙、梅花、山东鲁抗、安徽丰原发酵等国产企业在全球的份额增幅有限。2014 年我国色氨酸厂家仍比较多，产能严重过剩，国内厂家开工率参差不齐。进口厂家仍集中在希杰、味之素和赢创德固赛 3 个厂家，希杰仍为主导。国内主要供应厂家为巨龙、梅花、伊品和鲁抗，阜丰年底投产，供应有限。2014 年我国饲料级色氨酸产量 4 842t，同比下降了 74.0%，2014 年色氨酸（包括饲料、食品、药用级）出口 4 780t，同比涨幅超过 3 倍，进口 3 000t。

2014年色氨酸价格延续2013年的趋势，进入震荡区间，全年价格在85～135元/kg，低于2013年200元/kg的高价。由于色氨酸进入去产能阶段，2014年色氨酸均价110元/kg，与2013年基本持平，但波动区间缩窄。由于全球供大于求的格局未变，价格低位将挤出部分厂家，并寻求更多海外市场（图2-78）。

（王长梅）

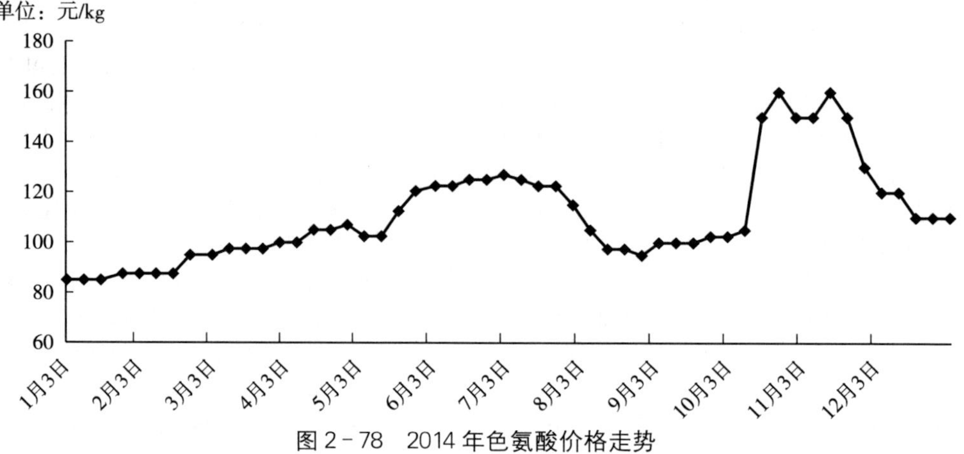

图2-78 2014年色氨酸价格走势

饲料级维生素

2014年是我国饲料相关法规实施最集中的一年。新的政策法规实施，不仅规范了我国饲料原料产品，也同时提高了进口饲料产品的门槛，对于维生素相关企业也有着深远影响。2014年也是我国饲料养殖产业调整的一年，随着我国经济进入调整的关键时期，饲料行业也进入调整时期，维生素产业格局发生新的变化。

2014年是维生素产品的格局发生巨变的一年。维生素产品主要围绕环保、产能过剩和出口格局变化等问题展开。2014年上半年维生素产品泛酸钙、叶酸、维生素A、维生素E开始稳步上行，带动其他产品价格轮番上涨，其中涨幅最大的是叶酸，其他品种涨幅有限，即使上涨也只是昙花一现。2014年饲料行业的产能分布和养殖模式的变化为维生素市场带来新的机遇，同样也面临着巨大压力和挑战。

2014全球维生素产品的产量为89.2万t，同比增长20.7%。因欧美等国家经济复苏，特别是欧洲需求量大增，国内部分维生素出口产品出现大幅上扬，2014年我国维生素类产品出口总量为28.5万t，同比2013年的24.9万t，提升了14.5%，出口金额18.8亿美元。同比上涨了8.4%。其中维生素C和维生素E出口数量同比均出现上涨，但维生素A的出口量有所回调，维生素C和维生素E仍是维生素类产品出口的主力，占维生素类产品出口额的62.0%；B族维生素市场占有率开始提升，占11.9%，主要来自欧洲市场需求的恢复性增长，氯化胆碱及其盐升至26%。

一、维生素A、维生素E

2014年，全球维生素A产能主要集中在帝斯曼、巴斯夫、浙江新和成、浙江医药、厦门金达威和安迪苏。2014年中国维生素A产量将达到11 099t，同比下跌15.4%，预计国内供应量达6 456t（包括进口1 294t），由于上半年浙江医药产量下降而出口量提升，国内供应量下降，引发价格波动。国内需求约6 400t，供需基本持平。

维生素E是全球市场容量最大的维生素类产品之一。全球需求量约6.5万t，而产能约在9.9万t，实际产量约8.0万t，供应大于需求。2014年国内维生素生产厂家主要有新和成、浙江医药，西南合成、北大医药、吉林北沙、南海北沙等，新和成、浙江医药、西南合成总产量占全球约45.0%。另外，海嘉诺、福建海欣、安徽丰原也有投产意向，国外产品主要集中在帝斯曼、巴斯夫两个厂家。

国内维生素E产量7.5万t，同比下跌5.4%。仍以饲料添加剂为主，医药和食品添加剂及化妆品为辅。2014年我国出口的维生素E主要以饲料添加剂为主，而帝斯曼（DSM）和巴斯夫（BASF）在国际市场中占据医药和食品级的维生素E。

由于巴斯夫工厂发生火灾，导致维生素A、维生素E生产的主要原料供应受到影响，2014年上半年维生素E出口扩大，国内供应紧张，加上环保问题频发，浙江医药和新和成均保持出口产量，而西南合成及南海北沙供应量有限，国内维生素E产能居高，厂家竞争激烈，价格不断试探底部。

1. 维生素 A 进出口基本概况 2014 年，我国维生素 A 及其衍生物累计出口 3 349t，同比下降了 1%；出口金额为 8 840 万美元，同比提高了 24.0%。维生素 A 主要出口的国家有德国（1 234t）和美国（1 143t），占出口总量的 70.9%。2014 年我国维生素 A 及其衍生物累计进口 1 294t，同比上涨了 8.8%；进口金额为 2 733 万美元，同比上涨了 52.0%（图 2-79）。

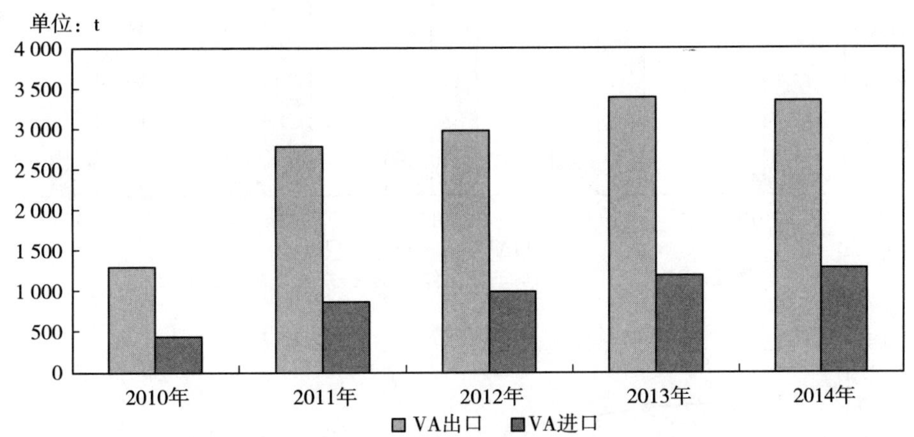

图 2-79　2010—2014 年我国维生素 A 进出口总量对比

2014 年维生素 A 出口均价为 26.4 美元/kg，同比提升了 25.5%。2014 年我国维生素 A 进口均价为 21.1 美元/kg，较 2013 年上涨了 6.0 美元/kg，幅度高达 26.4%（图 2-80）。

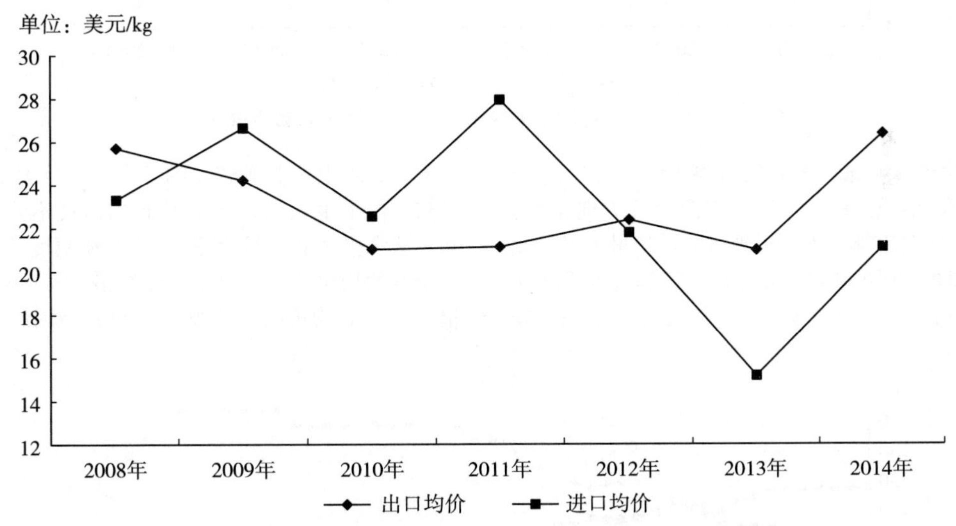

图 2-80　2008—2014 年我国维生素 A 进出口均价对比

2. 维生素 E 进出口基本概况 2014 年，我国维生素 E 及其衍生物累计出口 54 778t，同比增加 17.0%；出口金额 61 677 万美元，同比下降 6.0%。我国维生素 E 主要出口的国家有美国（14 574t）、德国（12 892t）、荷兰（5 110t）、日本（2 743t）、比利时（2 535t）、泰国（1 686t）、巴西（2 337t）、越南（1 521t），上述几个国家出口的维生素 E 占总量的 79.2%（图 2-81）。

我国维生素 E 出口主要用于饲料中。2014 年我国饲料级维生素 E 出口稳定增长，向新兴市场出口量有所提升。

2014 年我国维生素 E 及其衍生物累计进口 7 696 t，同比增加 1.8%；进口金额为 13 953 万美元，同比下降 22.1%。2014 年我国维生素 E 进口均价为 18.1 美元/kg，同比下降 23.6%；2014 年我国维生素 E 的出口均价为 11.3 美元/kg，同比下降 19.7%（图 2-82）。

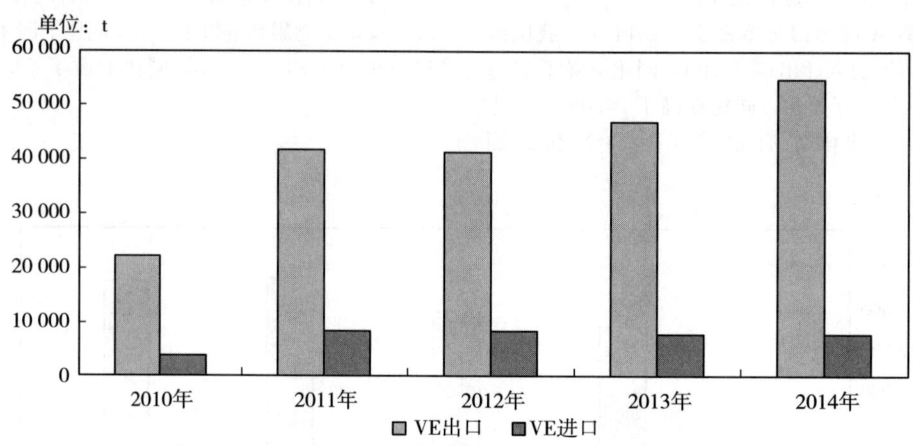

图 2－81　2010—2014 年我国维生素 E 进出口总量对比

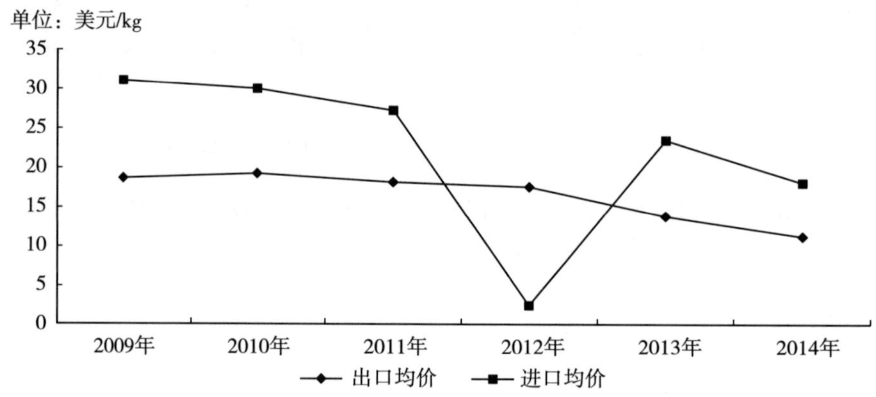

图 2－82　2009—2014 年我国维生素 E 进出口均价对比

3. 维生素 A 和维生素 E 的价格走势　2014 年国内维生素 A 和维生素 E 明显走出两个反方向走势。维生素 E 因 3 月巴斯夫工厂出现事故，产量下降，此次火灾使得柠檬醛的供应严重紧张，巴斯夫柠檬醛在全球产能占比超过 60.0%，对下游的维生素 A、香料香精、维生素 E 等产品的生产产生巨大的影响。4 月初国内维生素 A、维生素 E 均出现不同幅度的上涨。从涨幅来看，维生素 A 的上涨幅度比较大，从一季度的均价 145 元/kg 上涨至最高 260 元/kg，涨幅 79.0%，均价同比涨幅 45.0%；但因维生素 E 厂

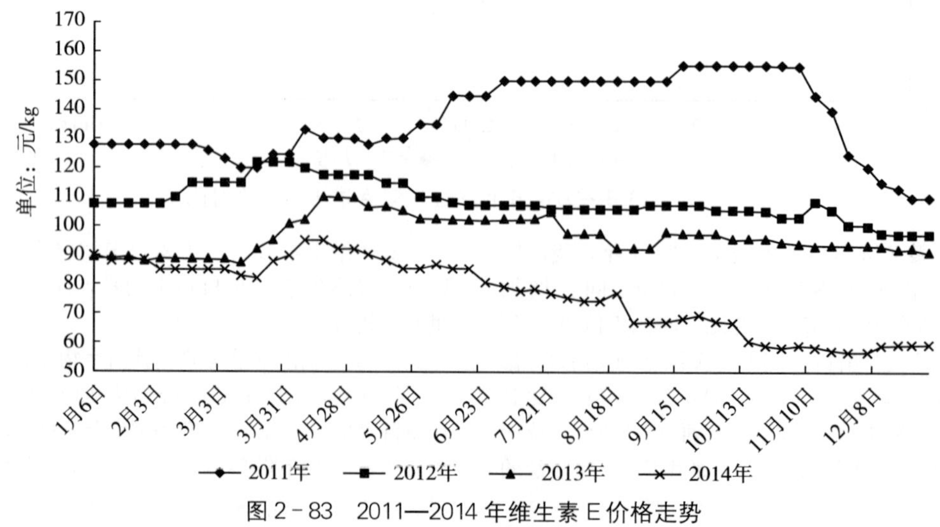

图 2－83　2011—2014 年维生素 E 价格走势

家较多，涨幅仅为14.0%，后期因西南合成和新进入者南海北沙的产量提升，厂家集中供应增多拖累维生素E并没有长期维持高位，下半年因市场需求低于预期而供应量增加，价格再次回调整理。总体来看，2014年饲料企业采购节奏明显放慢，企业库存比往年要充裕，批量采购较为普遍，终端采购积极性欠佳以及畜禽料消费增速缓慢等影响，国内维生素E和维生素A的价格在下半年开始震荡走低。12月末，国内维生素A和维生素E的价格分别低至125元/kg、53元/kg，同比分别下跌了23.0%、34.0%（图2-83，图2-84）。

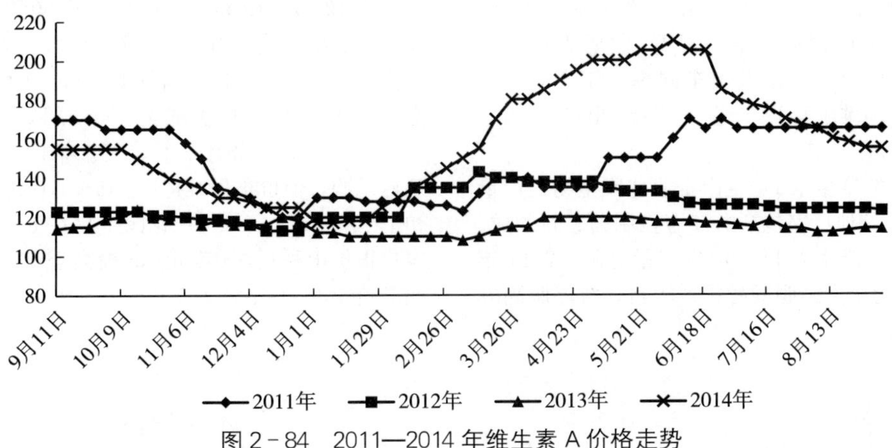

图2-84 2011—2014年维生素A价格走势

二、维生素C

2014年我国维生素C仍以东北制药、华北制药、石药集团、江山制药和山东鲁维制药为主导。我国维生素C约占全球产能的80%以上。主要用于食品和医药保健品中，饲料及化妆品使用量占比不到1/10。全球维生素的产量和出口供应均来自中国，荷兰帝斯曼维生素C主要满足高端市场。全球维生素C的产能约20万t，仍相对过剩；产量为14.5万t，与2013年同比涨幅有限，其中饲料用维生素C产量1.017万t，同比下跌了70.6%（图2-85）。

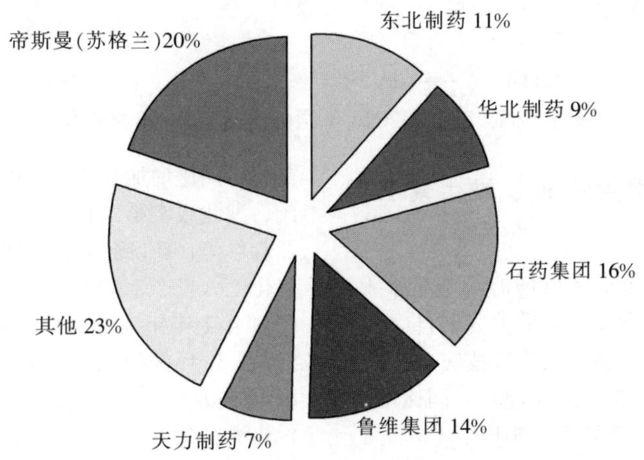

图2-85 全球维生素C产能分布情况

2014年维生素C全年出口总量为12.2万t，比2013年的10.8万t，上涨了12.5%，出口总额为4.6亿美元，同比上涨22.6%。7月荷兰皇家DSM收购江山制药，将占据全球维生素C市场近20%份额，未来将很大程度影响全球维生素C行业的格局。另外，仍要关注山东天力的市场占有情况。

由于上游山梨醇成本的上升和人民币升值的影响，2014年维生素C价格维持弱势徘徊，价格波动区间在22～30元/kg，与2013年的22～25元/kg的市场价格相比略有涨幅，但幅度不大。10月维生素C生产企业受原料成本上涨和出口反倾销及产能周期的影响，价格小幅反弹，但因产能充裕，年末再次回调到22～24元/kg。

三、维生素 D_3

2014 年全球维生素 D_3 主要生产厂家有 7 家，包括帝斯曼、巴斯夫和印度 ferment 公司。浙江花园高科生物在国内外占据主导，台州海盛药业、厦门金达威和浙江新和成（浙江新维普）为跟随者，小企业有东营天润生物、山东新发药业、山东诺邦特生物及山东同辉生物。生产饲料级维生素 D_3 主要为花园高科、新和成、厦门金达威及山东同辉（年产 0.1 万 t）。2014 年我国维生素 D_3 产量 4 470t，出口 2 920t，国内需求 1 300t。

全球最大的维生素 D_3 生产企业花园生物的产量占全球 41%，其他厂家包括浙江海盛制药、新和成、金达威等也生产维生素 D_3，但生产量有限。2014 年 6 月花园生物为了实施胆固醇扩产项目，暂停胆固醇生产。由于 NF 级胆固醇是维生素 D_3 生产的关键原料，维生素 D_3 的原料供给出现缺口导致 2014 年价格触底开始大幅反弹。

2014 年维生素市场价格整体“左肩头”走势。6 月底维生素以花园生物为主导的涨价潮，直接推动价格不断创下新高，国内维生素 D_3 成交价在 1 个月内亦创出 125 元/kg 新高，单月急升 50%。海盛制药、新和成、金达威在内的维生素 D_3 的生产厂家同时停止报价，也助推价格不断创下新高。9 月末报价最高涨至 300 元/kg，均价涨至 190 元/kg，同比上涨了 30.0%，与年初比上涨了 58%。第四季度即使终端延迟采购，但价格仍维持在 145～170 元/kg，仍较年初上涨了 20%～41%；花园生物在 6 月底也对欧洲客户报价由税后 25 美元/kg 提高至 35 美元/kg，涨幅高达 40%（图 2－86）。

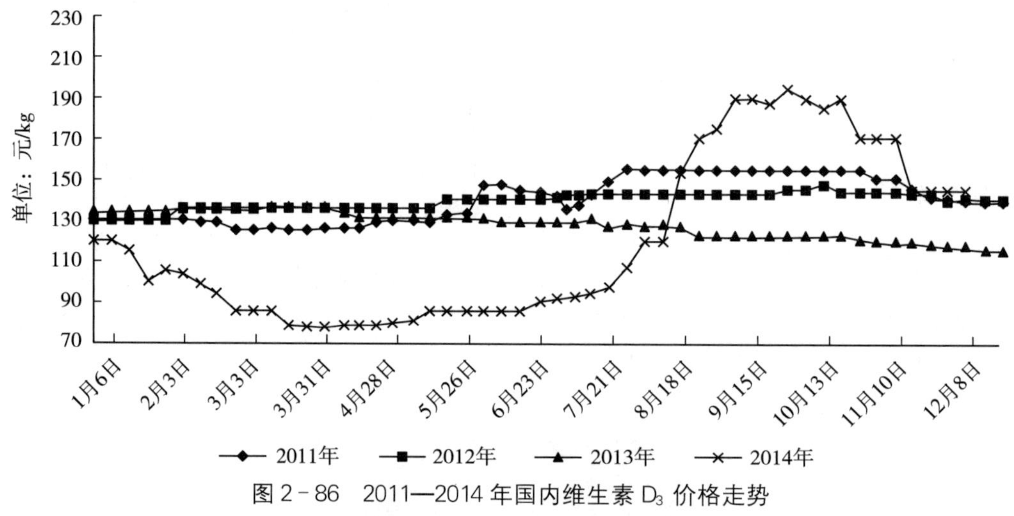

图 2－86　2011—2014 年国内维生素 D_3 价格走势

四、维生素 B_1、维生素 B_6、维生素 K_3、维生素 B_{12}

1. 维生素 B_1　2014 年全球市场需求维生素 B_1 7 000t，产能约为 1 万 t，全球供应量主要来自中国。包括湖北华中药业、江西天新、兄弟科技三个厂家。2014 年我国维生素 B_1 出口总量为 5 785 t，同比增加了 1.0%；出口金额 11 499 万美元，同比增加 13.9%。

2014 年维生素 B_1 在弱势中反弹，上半年维生素 B_1 价格弱势，由于浙江兄弟受环保的影响，江西天新停产调整，市场供应下降推升价格逐步上涨，全年报价在 105～180 元/kg，维生素 B_1 价格整体以“左肩”走势，回调幅度非常有限。年底报价以 175 元/kg收官，年内涨幅 67.0%，出口量价齐增。

2. 维生素 B_6　2014 年中国维生素 B_6 厂家产量 5 945t，国内供应 1 150t，进口很少。维生素 B_6 出口总量为 4 795t，同比增加 8.6%；出口金额 10 958 万美元，同比增加 9.8%。国内生产厂家主要有上海罗氏、湖北咸宁第二制药、张家港宏兴、上海晨富、江西森泰等，新发药业、广济药业、华中药业、新疆合兴化工（投产 1 000t）等部分新厂家进入市场角逐。2014 年上半年维生素 B_6 价格稳定上涨，主要原因是江浙一带环保问题引起的供应紧张，2014 年维生素 B_6 价格为 135～170 元/kg，全年均价相差 4 元/kg。价格涨跌幅度 24.0%，2013 年仅为 5.5%。2014 年下半年市场供应充沛，价格稳步下行，年底维生素 B_6 市场价格在 135～140 元/kg。

3. 维生素 K_3　2014 年维生素 K_3 生产厂家仍集中在兄弟科技、云南省陆良和平、乌拉圭 Dirox 公司、土耳其 Oxyvit 公司，加上重庆民丰化工有限责任公司和湖北振华化学股份有限公司。兄弟科技仍为全球最大的维生素 K_3 供应商，云南省陆良和平产量在逐步恢复，崴尼达的产量也有较大的增长，受饲料业和畜牧养殖业的影响较大。

2014 年全球饲料级维生素 K_3 需求量为 5 550t。国内产量 4 620t，出口 3 100t，国内供应 1 300t。2014 年维生素 K_3 新进入市场的厂家和老厂家的恢复性生产，市场竞争比较激烈，导致维生素 K_3 将面临重新调整市场格局的可能。2014 年维生素 K_3 弱势运行，价格波动区间范围不大，2014 年上半年由于新的生产厂家进入导致价格出现跳水，下半年维生素 K_3 无亮点，价格维持弱势。年初维生素 K_3 报价在 68～70 元/kg，价格一路下行，年末跌至 46～48 元/kg，下跌幅度 31%～34%。

4. 维生素 B_{12} 2014 年中国维生素 B_{12} 产量 119t，出口 101t。2014 年维生素 B_{12} 弱势震荡，价格区间 135～145 元/kg，市场相对分散但供应量集中，市场竞争比较激烈，不排除后期有厂家调整或退出维生素 B_{12} 生产。2014 年维生素 B_{12} 主要包括威可达、河北华容、宁夏多维、河北玉星等。2014 年维生素 B_{12} 厂家继续增加，未来仍面临市场竞争优化。

五、维生素 B_2

全球超过 60%的维生素 B_2 用于饲料中，国内主要生产企业有湖北广济、上海迪赛诺、宁夏启元、山东新发、山东恩贝等，国外主要生产企业有帝斯曼和巴斯夫，其中湖北广济的优势明显。2014 年我国维生素 B_2 产量为 8 931t，同比增加了 3.5%。2014 年我国维生素 B_2 及其衍生物累计出口 2 405t，同比提高了 14.0%，出口金额 6 102 万美元，同比上涨了 8.0%。从海关数据可以看出，近几年我国维生素 B_2 及其衍生物主要出口美国、德国、比利时、印度等国家。

2014 年上半年维生素 B_2 市场维持弱势运行，价格维持在 75～118 元/kg。由于欧洲检出中国维生素 B_2 含有不合规定的菌种，维生素 B_2 市场出现阶段性紧张，2014 年下半年价格大幅飙升，最高涨至 145 元/kg，年底因终端饲料消费需求低于预期，价格回调至 135 元/kg。2014 年维生素 B_2 的价格仍延续 2013 年以来的低位，且低于 2011 年和 2012 年上半年的均价（图 2－87）。

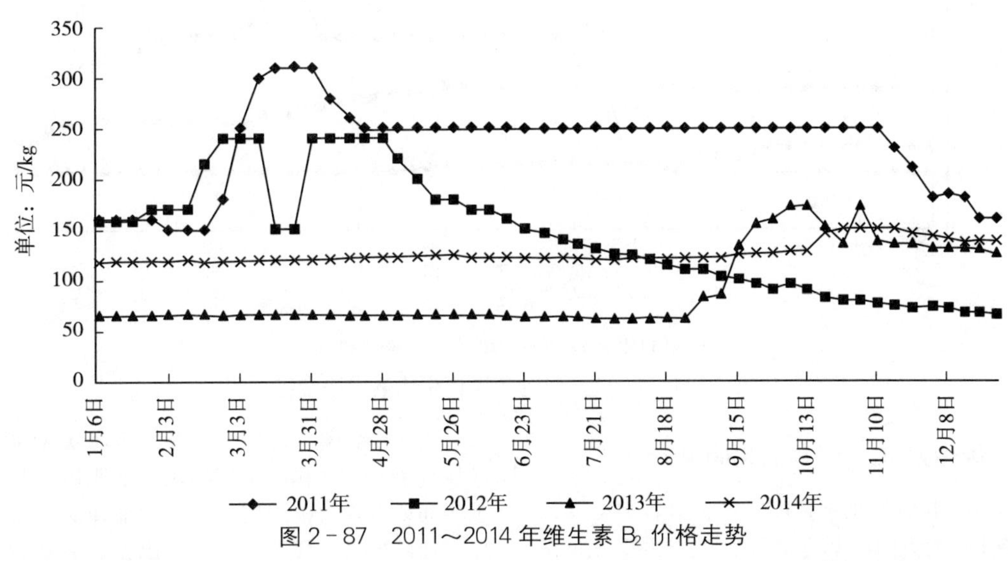

图 2－87 2011～2014 年维生素 B_2 价格走势

六、维生素 B_5（98%泛酸钙）

全球泛酸钙生产厂家主要为杭州鑫富药业、山东新发药业以及国外的厂商帝斯曼和巴斯夫 4 家企业，随着日本第一制药退出国际市场，2014 年 2 月欧洲泛酸钙价格持续走高，报价达 20 欧元/kg 以上；杭州鑫富药业泛酸钙产能位列第一，其出口数量占比全国高达 60%以上，受到环保和生产方面的影响，厂家报价也维持坚挺。2014 年泛酸钙全球需求量约 1.6 万 t，中国泛酸钙产量约 1.5 万 t，其中出口 1.2 万 t，国内供应量为 3 000t。

2014 年上半年因鑫富药业开工率下降而出口增加，泛酸钙价格稳步上涨，最高价格在 125 元/kg，高价运行至 6 月。第三季度随着国内泛酸钙厂家之间出现分歧，市场价格从 9 月开始回调，截至 12 月，泛酸钙价格维持在 55～57 元/kg，同比下跌54%～56%。

七、烟酸与烟酰胺（维生素 PP、维生素 B_3）

2014 年烟酰胺价格是其他上涨的维生素品种中最弱的一个品种，价格走势呈现一个拉长的“n”走势。因产能严重过剩，维生素 B_3（99%烟酰胺）价格全年持续低位运行，年初维生素 B_3（99%烟酰胺）均价为 39 元/kg，年末均价为 38 元/kg，全年价格最高出现在 5 月，为 43 元/kg，与年初和年末价格相比涨幅分别为 10%和 13%。

近几年，由于烟酰胺厂家不断扩张产能，市场竞争相对激烈，全球生产厂家包括瑞士龙沙、吉友联、德固赛等，国内生产企业较多，主要有广州龙沙、浙江爱迪亚、天津亨天利等。11 月凡特鲁斯特种化学品（南通）有限公司年产 5 000t 烟酰胺生产装置建成投产，更加速了国内烟酰胺市场的竞争；浙江兄弟在同月拟募集投产 1.3 万 t 的烟酰胺产能。

2014 年全球烟酰胺与烟酸主要厂家有瑞士龙沙、吉友联、迪高沙等，国内厂家众多竞争尤为激烈，主要有兄弟科技、崴尼达、广州龙沙、浙江爱迪亚、天津亨天利等。烟酰胺出口远大于进口量，近年国内产能增长比较快，烟酰胺产业升级过程中价格竞争将更为激烈。2014 年中国烟酰胺产能为 2.8 万 t，产量 1.7 万 t，国内供应 1.03t，进口 2 500t，出口 8 800t，消费 9 200t，其中饲料消费占比 67.0%。

八、生物素（维生素 H）

我国饲料市场上主要为 2%饲料级生物素，我国生产生物素的主要厂家有浙江医药、浙江新和成、浙江圣达及安徽泰格。2014 年中国产量继续增加，2014 年中国生物素产量 200t，出口 175t，国内需求量 25t。

2014 年因环保问题，生物素上游原料生产的开工率下降，导致供应量下降，厂家以消耗库存为主。2014 年上半年生物素市场供应稳定，价格在低位徘徊在 65～79 元/kg，2014 年下半年受环保影响，上游原料供应偏紧，部分厂家停报或者停产检修，国内价格稳步上涨，生物素年底报价在 100 元/kg，与 2013 年底低价上涨 53.9%，出口价格同步上行（图 2－88）。

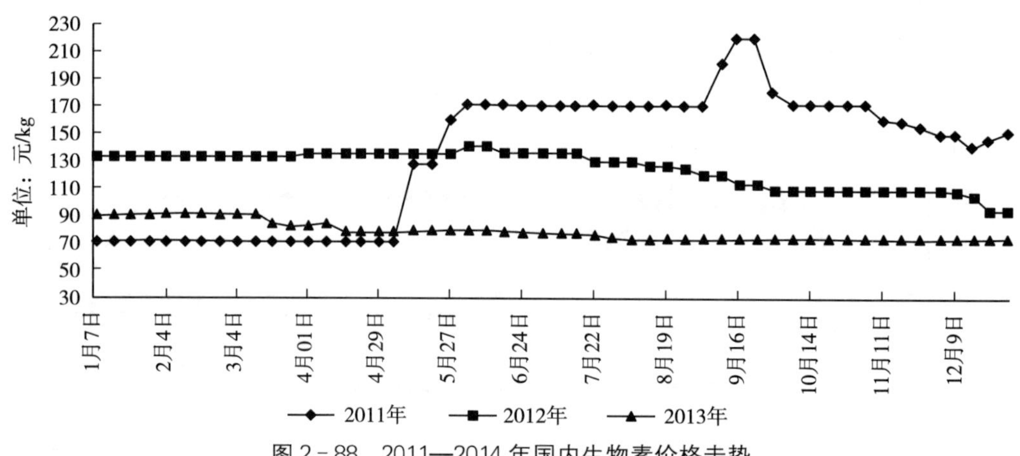

图 2－88　2011—2014 年国内生物素价格走势

九、维生素 B_4（50%氯化胆碱）

2014 年，我国氯化胆碱厂家仍相对较多，具备氯化胆碱生产能力的厂家约 50 家。生产主要分布在山东、河北、江苏。我国氯化胆碱产能过剩，主要以生产水剂为主，产量完全可以满足本地市场需求，并有大量出口。随着行业集中度提高，2014 年我国氯化胆碱在国际市场的品牌优势突出。2014 年氯化胆碱国内产量 48.7 万 t，同比上涨了 18.0%，国内需求 20 万 t。

2014 年我国氯化胆碱的出口形势继续保持良好势头。2014 年我国胆碱及其盐累计出口 74 132t，同比增加 7.9%，出口金额 7 056 万美元，同比增加 45.2%；主要出口的国家有美国（28 505t）加拿大（5 495t）、巴西（5 561t）、俄罗斯（5 107t）、土耳其（2 448t）、泰国（2 320t）等，据海关数据显示，2014 年我国向美国、俄罗斯出口的胆碱及其盐均较上年同期有较大幅度的提高，向菲律宾、印度尼西亚等地区出口大幅下降；但向巴西、加拿大、土耳其的出口量也出现较高的涨幅。总体来看，2014 年我国向北美以及欧洲地区出口胆碱及其盐的数量激增，这对国内胆碱市场也会产生一定的积极作用。2014 年我国胆碱及其盐的进口量为 214t，同比下降 41.0%。

2014 年氯化胆碱价格整体维持平稳为主，下半年上游原料环氧乙烷因停产检修，氯化胆碱温和上行，涨幅 100～300 元/t，临近年末，氯化胆碱再次震荡回调。总体来看，2014 年国内 50%含量河北产胆碱的价格区间在 4 500～4 900 元/t（图 2－89）。

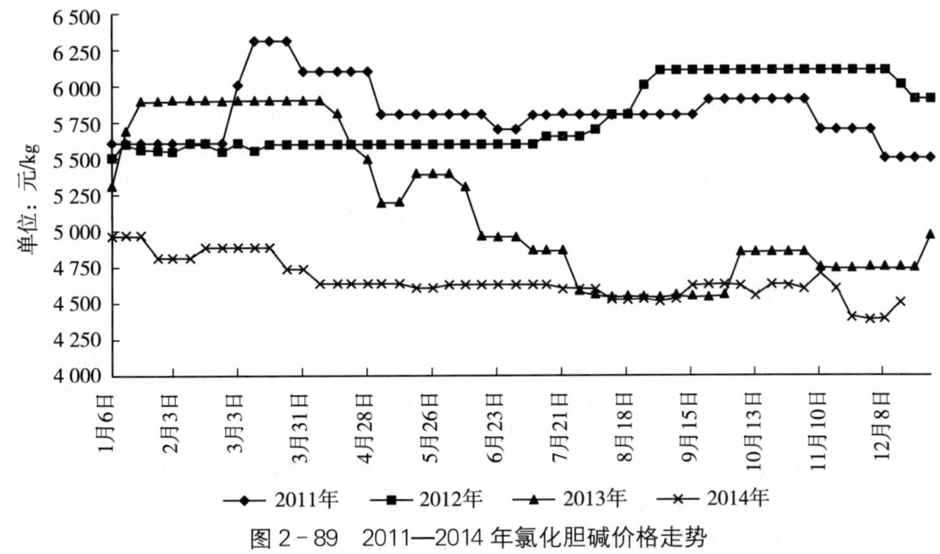

图 2-89　2011—2014 年氯化胆碱价格走势

十、叶酸（维生素 B_9）

2014 年，我国叶酸市场整合加快，厂家停产、限产增加，行业集中度继续提高。2014 年产量1 550 t，出口 1 050t，国内供应 300t，实际需求 320t。我国叶酸市场供应主体包括牛塘化工、新鸿医药、新发药业、浙江圣达、冀衡药业、康瑞化工等厂家。由于市场价格偏低，并且环保治理成本增加，冀衡药业和康瑞化工逐步退出饲料级市场，专注于出口。

2014 年上半年叶酸价格震荡稳定上涨，但涨幅不大；下半年随着江苏省加强对企业的环保的要求，部分不符合要求的厂家退出，导致叶酸产能严重不足价格大幅飙升上涨，从 190 元/kg 的起步，价格直接涨到 610 元/kg，年底价格直接升至 1 100 元/kg。上涨了近 5 倍，为维生素产品中涨幅最大者。

（王长梅）

微量元素氨基酸螯合物的应用研究

微量元素氨基酸螯合物是一种新型有机矿物元素添加剂，被称为第 3 代微量元素添加剂。我们收集整理了 2014 年在我国期刊杂志上公开发表的有关微量元素氨基酸螯合物在家禽、猪、反刍动物、水产养殖、经济动物生产中的应用研究文章，供研究、生产、应用者参考。

一、氨基酸螯合物在家禽生产中的应用研究

1. 氨基酸螯合物在肉鸡生产中的应用研究

（1）5 种不同锌源对肉鸡生长、基因表达及组织锌含量的影响。锌添加剂已在畜牧业生产中被广泛使用，其中氨基酸螯合锌由于具有稳定性强、利用率高、环境污染小等优点已成为饲料行业的热门产品。现阶段，人们对锌的氨基酸螯合物及其无机盐的作用效果进行了大量研究，但因试验动物不同、产品质量的差异和吸收机制不明确等因素造成结果差异很大，且研究多集中于蛋氨酸锌与硫酸锌间的比较，关于多种锌源间比较的研究有待进一步加强。郑立鑫等（2014）选用 1 日龄 AA 肉仔鸡，采用玉米—豆粕型基础日粮（含锌 22.68mg/kg），在日粮中分别加入 2 种无机锌（ZnO、$ZnSO_4$）和 3 种氨基酸螯合锌［赖氨酸锌（Lys-Zn）、蛋氨酸锌（Met-Zn）、甘氨酸锌（Gly-Zn），含锌量均为 90mg/kg］，探究同一添加水平的 5 种锌源对 AA 肉仔鸡生长性能、小肠金属硫蛋白（MT）mRNA 及组织锌含量的影响，试验期为 21d。结果表明 5 种锌对肉鸡生长性能、肝脏和血液锌含量均无显著影响。Gly-Zn 和 Met-Zn 组的胰脏、胫骨锌含量和小肠 MTmRNA 相对表达量显著高于 2 个无机锌组；Lys-Zn 组胰脏、胫骨锌含量和空肠 MTmRNA 相对表达量显著高于 ZnO 组，与 $ZnSO_4$ 组无显著差异，但有升高趋势。3 种氨基酸螯合锌组中，Gly-Zn 组和 Met-Zn 组胫骨锌含量、十二指肠 MTmRNA 相对表达量显著高于 Lys-Zn 组；2 种无机锌组中，ZnO 组胰脏、胫骨锌含量显著低于 $ZnSO_4$ 组。说明 Gly-Zn 和 Met-Zn 能显著提高肉仔鸡小肠 MTmRNA 表达水平，增加组织锌含量。

（2）甘氨酸螯合锌和硫酸锌对肉鸡生长性能及免疫特性的影响。张继杰等（2014）选用 360 只健康的 1 日龄罗斯肉鸡随机分配到 6 个处理组中，用于研究甘氨酸螯合锌（Gly-Zn）对肉鸡生长性能、血液学及免疫特性的影响，将肉鸡随机分配到 6 个处理组

中。饲粮如下：Ⅰ对照组，玉米-豆粕型基础饲粮含锌29.3mg/kg（0～3周）、27.8mg/kg（4～6周）；Ⅱ基础饲粮中补锌30mg/kg（Gly－Zn）；Ⅲ基础饲粮中补锌60mg/kg（Gly－Zn）；Ⅳ基础饲粮中补锌90mg/kg（Gly－Zn）；Ⅴ基础饲粮中补锌120mg/kg（Gly－Zn）；Ⅵ正对照组，基础饲粮中补锌120mg/kg（$ZnSO_4$）。21d和42d的饲养试验表明，Gly－Zn和$ZnSO_4$都能改善肉鸡生长性能，平均日采食量在补锌90mg/kg（Gly－Zn）时最高；0～3周和4～6周，平均日增重分别在补锌120mg/kg（Gly－Zn）和补锌90mg/kg（Gly－Zn）时最高。额外添加（Gly－Zn）能够改善免疫球蛋白（IgA、IgM、IgG）水平，改善血清总蛋白和钙的含量，增加免疫器官指数，特别是补锌90mg/kg（Gly－Zn）组。

2. 氨基酸螯合物在水禽生产中的应用研究 为研究螯合锌对鸭生长及免疫功能的影响。王福明（2014）在基础日粮中分别添加锌0、25、50、75、100mg/kg（氨基酸螯合锌）对建昌鸭进行生长及免疫功能影响的研究。结果表明：1. 在建昌鸭饲料中添加氨基酸螯合锌，能明显提高其饲料利用率、生长速度和屠宰率，主要原因是有机锌提高了锌的生物学效价，促进了动物有机体内蛋白质的合成。2. 在基础日粮中添加适量的氨基酸螯合锌，可提高建昌鸭的免疫功能，其中以75mg/kg的添加量较为适宜。其主要是因为氨基酸螯合锌具有增强动物机体的抗菌能力、提高免疫应答反应、促进动物细胞和体液免疫的功效，同时还具有良好的抗应激功能。饲料中添加氨基酸螯合锌，增加了锌的含量，提高了锌的利用率。因此基础日粮中添加75mg/kg氨基酸螯合锌，对建昌鸭生长性能、屠宰性能均有明显提高，还能够提高其免疫器官指数和吞噬指数。

二、氨基酸螯合物在养猪生产中的应用研究

1. 氨基酸螯合物在仔猪生产中的应用研究

（1）甘氨酸铜对仔猪粪便铜含量及细菌区系的影响。李荣杰等（2014）以体重9～10kg的‘二元杂交’（长×大）仔猪为材料，研究不同剂量的甘氨酸铜（Cu－Gly），对仔猪生长性能、粪铜含量和粪便中细菌区系的影响，结果表明：当饲料中的添加量由120mg/kg降为60mg/kg和30mg/kg时，仔猪的日采食量、平均日增重、料重比和饲料干物质表观消化率均未发生显著变化，但粪铜含量分别下降69.4%和49.1%，差异显著；3组之间粪样大肠菌数量无显著差异，但60mg/kgCu－Gly组粪便中乳酸菌数量显著高于120mg/kgCu－Gly组，60mg/kgCu－Gly和30mg/kgCu－Gly组间差异不显著，60mg/kgCu－Gly和30mg/kgCu－Gly组粪样中细菌区系的shannon指数显著高于120mg/kgCu－Gly组，60mg/kgCu－Gly和30mg/kgCu－Gly组间差异不显著。说明过量的Cu－Gly会影响仔猪肠道细菌区系，而在一定的剂量范围内对细菌区系影响较小。试验表明，饲料中的Cu－Gly剂量与仔猪肠道细菌区系的组成有关，饲料中过量添加Cu－Gly将降低仔猪肠道中益生菌的数量，减少肠道细菌区系的多样性，不利于仔猪肠道健康。

（2）蛋氨酸锌和复合酶制剂对早期断奶仔猪生长和消化性能的影响。为研究蛋氨酸锌和复合酶制剂对早期断奶仔猪生长和消化性能的影响。王建枫等（2014）选用（26±2）日龄（杜×长×大）断奶仔猪随机分成4个处理组，分别饲喂基础日粮（Ⅰ组）、添加锌250mg/kg（蛋氨酸锌）（Ⅱ组）、1%复合酶制剂（Ⅲ组），锌250mg/kg（蛋氨酸锌）+1%复合酶制剂（Ⅳ组），试验期为28d。结果显示：1）对仔猪生长性能和饲料报酬的影响。日粮中添加蛋氨酸锌、复合酶制剂、蛋氨酸锌+复合酶制剂均不同程度地提高了断奶仔猪的生长性能。与对照组相比，添加蛋氨酸锌+复合酶制剂效果最为显著，全期的平均日增质量和平均日采食量分别提高17.7%和9.7%，而料肉比下降6.9%。在试验后期，处理组仔猪的平均日采食量要高于对照组，但是差异不明显。试验第1周各组都出现了仔猪腹泻现象，从第2周开始情况逐渐好转，后期都没有仔猪腹泻，全程没有仔猪因腹泻而病死。Ⅱ、Ⅲ和Ⅳ组与对照组相比，腹泻率降低55.4%、29.5%和64.9%。2）对血清生化指标的影响。日粮添加蛋氨酸锌（Ⅱ和Ⅳ组）能有效提高血清锌含量和碱性磷酸酶活性。与对照组相比，Ⅱ和Ⅳ组的血清锌含量分别提高45.13%和38.94%，碱性磷酸酶活性提高16.38%和21.95%。Ⅳ组的血清总蛋白含量比Ⅰ组提高18.32%，而Ⅱ和Ⅲ组血清总蛋白含量比Ⅰ组要高，但是差异不明显。添加复合酶制剂（Ⅲ和Ⅳ组）能显著提高血清钙和磷的质量浓度，而Ⅱ组增加不明显。Ⅲ和Ⅳ组血清钙和磷含量分别提高16.93%、15.34%和14.94%、17.53%。综上所述，日粮中单独添加蛋氨酸锌、复合酶制剂以及二者同时添加都能提高早期断奶仔猪生长性能和饲料养分表观消化率，降低腹泻率，其中以同时添加蛋氨酸锌和复合酶制剂对仔猪腹泻的抑制效果为最好。

2. 氨基酸螯合物在生长育肥猪生产中的应用研究

（1）复合氨基酸螯合物在生长育肥猪生产及屠宰性能的影响。戴德渊等（2014）通过添加相同水平的复合氨基酸微量元素螯合物和无机微量元素在生长育肥猪日粮中进行试验（1kg日粮中，复合氨基酸微量

元素螯合物预混料提供 Fe 80mg，Zn 20mg，Cu 5mg，Mn 15mg，I 0.1mg，Se 0.01mg。），研究其对生产性能和屠宰性能的影响。添加氨基酸微量元素螯合物为试验组，添加无机微量元素为对照组。试验表明，试验组的日增重比对照组提高 3.21%，料重比低 0.13；实验组的屠宰率比对照组高 2.5 个百分点；试验组的肝脏形态外观、肉质颜色和系水力优于对照组。

(2) 复合氨基酸螯合物在生长育肥猪生产及微量元素排出量的影响。为研究复合氨基酸螯合物在生长育肥猪生产及微量元素排出量的影响，方桂友等（2014）选用平均体重为 19.13±1.18kg 生长猪，分为处理Ⅰ组（高剂量无机微量元素组：硫酸铜，铜 250mg/kg；硫酸铁，铁 200mg/kg；硫酸锌，锌 140mg/kg；硫酸锰，锰 40mg/kg）、处理Ⅱ组（高剂量有机元素组：甘氨酸螯合铜，铜 250mg/kg；甘氨酸螯合铁，铁 200mg/kg；甘氨酸螯合锌，锌 140mg/kg；甘氨酸螯合锰，锰 40mg/kg）、处理Ⅲ组（低剂量无机元素组：硫酸铜，铜 125mg/kg；硫酸铁，铁 100mg/kg；硫酸锌，锌 70mg/kg；硫酸锰，锰 20mg/kg）、处理Ⅳ组（低剂量有机元素组：甘氨酸螯合铜，铜 125mg/kg；甘氨酸螯合铁，铁 100mg/kg；甘氨酸螯合锌，锌 70mg/kg；甘氨酸螯合锰，锰 20mg/kg），试验期 50d。结果表明：处理Ⅰ、Ⅲ、Ⅳ组的日增重分别比处理Ⅲ组提高 5.8%、7.0%、7.7%，均显著高于处理Ⅲ组，其他处理组之间的日增重差异不显著；处理Ⅰ、Ⅱ、Ⅳ组的料重比分别比处理Ⅲ组降低 5.28%、6.79%、7.92%，均达差异显著，处理Ⅰ、Ⅱ、Ⅳ组之间的料重比差异不显著，处理Ⅳ组的料重比最低；处理Ⅰ组和处理Ⅱ组粪中铜、铁、锌、锰的排泄量差异均不显著，处理Ⅲ组和处理Ⅳ组粪中铜、铁、锌、锰的排泄量差异均不显著，处理Ⅲ组和处理Ⅳ组粪中铜、铁、锌、锰的排泄量比处理Ⅰ组和处理Ⅱ组显著降低。

(3) 复合氨基酸络合铁和锌对肥育猪生长及代谢的影响。詹康等（2014）选择体重［(55.63±1.33) kg］相近的"杜×长×大"，随机分至对照组和 2 个试验组，对照组饲喂铁、锌含量均为 100mg/kg（硫酸亚铁、硫酸锌）的基础饲粮，试验Ⅰ组饲喂铁、锌含量均为 50mg/kg（硫酸亚铁、硫酸锌）+50mg/kg（复合氨基酸络合铁和螯合锌）的基础饲粮，试验Ⅱ组饲喂铁、锌含量均为 100mg/kg（复合氨基酸络合铁和螯合锌）的基础饲粮。研究复合氨基酸络合铁、锌对肥育猪血液生化指标，血清中免疫球蛋白含量，毛发中铁、锌含量及铁、锌表观消化率的影响。结果表明：1) 3 组间的红细胞数量、血细胞压积、血清免疫球蛋白 A 和免疫球蛋白 M 含量无显著差异。2) 试验Ⅱ组的血红蛋白含量和血清免疫球蛋白 G 含量显著高于对照组。3) 试验Ⅱ组毛发中铁含量显著高于对照组，试验Ⅱ组毛发中锌含量显著高于试验Ⅰ组和对照组；4) 试验Ⅱ组粪中铁含量和试验Ⅱ组、试验Ⅰ组粪中锌含量显著低于对照组；3 组间铁和锌表观消化率无显著差异。5) 试验Ⅱ组的末重、平均日增重、体斜长、体直长、总蛋白、肝和肌肉铁含量均显著高于对照组，血清铁和锌显著高于对照组和试验Ⅰ组，料重比显著低于对照组。由此可见，日粮中添加复合氨基酸络合铁、锌各 100mg/kg 可提高肥育猪的生产性能，降低料重比，最终提高饲料转化效率。添加复合氨基酸络合铁、锌可显著增加肥育猪血红蛋白、血清免疫球蛋白 G 含量及毛发中铁、锌含量，显著降低粪中铁、锌含量。

3. 甘氨酸螯合铁对妊娠母猪铁营养状况及抗氧化性能的影响 为研究甘氨酸螯合铁对妊娠母猪铁营养状况及抗氧化性能的影响，董冬华等（2014）试验选取 3～4 胎次、预产期前 28d"长×大"二元杂交母猪，研究不同铁源（甘氨酸铁，Fe-Gly；一水硫酸亚铁，$FeSO_4 \cdot H_2O$）对妊娠母猪血液理化指标、初乳铁、胎盘铁含量及抗氧化性能的影响，试验期 28d。结果表明：饲粮添加 Fe-Gly 和 $FeSO_4 \cdot H_2O$ 均能显著提高母猪红细胞（RBC）计数和血红蛋白（HGB）含量；与 $FeSO_4 \cdot H_2O$ 组相比，Fe-Gly 组有提高母猪 HGB 含量的趋势。添加 Fe-Gly 和 $FeSO_4 \cdot H_2O$ 均可显著提高母猪铁蛋白（FE）和血清铁（SI）含量，显著降低总铁结合力（TIBC），Fe-Gly 效果优于 $FeSO_4 \cdot H_2O$。添加 Fe-Gly 和 $FeSO_4 \cdot H_2O$ 均可显著提高母猪初乳铁含量；与 $FeSO_4 \cdot H_2O$ 组相比，Fe-Gly 组显著提高了母猪的初乳铁含量和胎盘铁含量。添加 Fe-Gly 和 $FeSO_4 \cdot H_2O$ 均可显著提高母猪血清总抗氧化能力（T-AOC）、谷胱甘肽过氧化物酶（GSH-Px）和超氧化物歧化酶（SOD）活性，降低丙二醛（MDA）含量，相同铁添加水平下，Fe-Gly 效果优于 $FeSO_4 \cdot H_2O$。本试验条件下其结论是：妊娠母猪饲粮中添加 Fe-Gly 和 $FeSO_4 \cdot H_2O$ 均可不同程度改善母猪铁营养状况及抗氧化性能，添加 Fe-Gly 对母猪初乳铁、胎盘铁、SI 含量、TIBC 和抗氧化性能等的效果优于添加 $FeSO_4 \cdot H_2O$。以母猪 HGB 含量为标准，综合本试验研究结果，母猪适宜的 Fe-Gly 和 $FeSO_4 2 \cdot H_2O$ 添加水平（以铁计）分别为 80mg/kg 和 110mg/kg。

三、氨基酸螯合物在经济动物生产中的应用研究

1. 铜源对育成期雌性银狐铜代谢的影响 钟伟

等（2014）选取75日龄的健康雌性银狐，随机分成4组，在基础饲粮中添加甘氨酸螯合铜（Ⅰ组）、蛋氨酸螯合铜（Ⅱ组）、硫酸铜（Ⅲ组）、柠檬酸铜（Ⅳ组），添加水平以铜计均为30mg/kg，基础日粮中铜含量为5.47mg/kg。预饲期7d，试验期57d。结果表明：不同铜源对育成期雌性银狐铜采食量无显著性影响，Ⅳ组略高于其他组；对粪铜排出量、铜消化率均产生极显著影响，Ⅰ组粪铜排出量极显著高于其他组，其他组间差异不显著；Ⅳ组铜消化率极显著高于Ⅰ组，与Ⅱ组和Ⅲ组间差异不显著，Ⅱ组和Ⅲ组与Ⅰ组间差异极显著，毛铜沉积量在组间存在极显著差异，Ⅳ组最高，然后依次是Ⅰ组、Ⅲ组、Ⅱ组，对全血铜无显著性影响。本试验条件下，从铜消化利用与减少环境污染角度考虑，育成期雌性银狐日粮中添加柠檬酸铜更有利于铜的吸收利用。

2. 蛋氨酸螯合铜对育成期水貂生长发育及血液生化指标的影响 为了探讨饲粮中添加高剂量铜对育成期水貂生长发育和血液生化指标的影响，王化勇等（2014）试验以86～196日龄阶段的雄性美国短毛黑水貂为试验对象，以蛋氨酸螯合铜为铜源，在基础饲粮（含铜23.54～26.68mg/kg）中添加水平分别为0、210、220、230、240、250、300mg/kg的铜进行110d的饲养试验。通过对生长性能、消化代谢率及血液生化指标的测定，结果表明：随着饲粮铜水平的提高，各组水貂平均日增重（ADG）、铜锌超氧化物歧化酶（Cu-Zn-SOD）活性及铜蓝蛋白（CER）含量呈先升高后降低的趋势，料重比（F/G）呈先降低后升高的趋势，均以240mg/kg处理组分别达到最高值和最低值，且差异显著；250、300mg/kg处理组谷丙转氨酶（ALT）活性显著高于0处理组，其他各组间差异不显著。由此得出，育成期水貂饲粮中铜添加量为240mg/kg时，可明显促进水貂的生长发育，提高含铜血清酶活性，超过240mg/kg时，作用效果降低。

四、氨基酸螯合物在野生动物生产中的应用研究

为了明确蛋氨酸螯合锌对绿头野鸭生长性能及营养代谢的影响，薛茗元（2014）在绿头野鸭基础日粮中添加不同剂量的蛋氨酸螯合锌，以探讨其最佳添加量。Ⅰ组为对照组，添加硫酸锌150mg/kg；Ⅱ组添加硫酸锌和蛋氨酸螯合锌各75mg/kg；Ⅲ组添加蛋氨酸螯合锌150mg/kg。结果表明：1）1～3周龄Ⅱ组、Ⅲ组的平均日增重与Ⅰ组差异不显著，但Ⅱ组、Ⅲ组的平均日增重比Ⅰ组高；4～5周龄，Ⅱ组、Ⅲ组的平均日增重显著优于Ⅰ组（$P<0.05$），分别提高了18.21%、14.57%，19.18%、12.88%，Ⅱ组、Ⅲ组间差异不显著，但与Ⅲ组比，Ⅱ组日增重有增加趋势；6～7周龄平均日增重，Ⅱ组、Ⅲ组极显著优于Ⅰ组，分别提高了26.14%、21.39%，20.87%、15.89%，Ⅱ组、Ⅲ组之间差异不显著，但Ⅱ组与Ⅲ组比，平均日增重增大。由此看出，添加一定量的蛋氨酸螯合锌对绿头野鸭的生长性能有一定的促进作用，且同时添加蛋氨酸螯合锌和硫酸锌时生长效果较好。2）0～7周龄绿头野鸭的料肉比和死亡率，Ⅱ组、Ⅲ组的料肉比显著低于对照组，分别降低了5.76%、3.24%，而各组间死亡率差异不显著。3）0～7周龄绿头野鸭的表观代谢率，Ⅱ组、Ⅲ组能量表观代谢率与对照组差异显著，分别比对照组提高了4.47%和3.01%，Ⅱ组与Ⅲ组间差异不显著，但Ⅱ组的较高；Ⅱ组、Ⅲ组的蛋白质表观代谢率与对照组差异显著，分别比对照组提高了8.62%和6.99%，Ⅱ组、Ⅲ组间差异不显著，但是Ⅱ组比Ⅲ组高。添加蛋氨酸螯合锌可提高能量和蛋白质的表观代谢率，且蛋氨酸螯合锌和硫酸锌同时添加时，能量和蛋白质的表观代谢率比单独添加蛋氨酸螯合锌有提高的趋势。结论：在绿头野鸭的饲料中添加蛋氨酸螯合锌，能显著提高平均日增重，降低料肉比，提高蛋白质和能量的表观代谢率，添加蛋氨酸螯合锌和硫酸锌各75 mg/kg，绿头野鸭生长性能较好。

五、羟基蛋氨酸铜在水产养殖生产中的应用研究

在研究饲料中铜源及铜添加水平对凡纳滨对虾幼虾生长性能、血清生化指标、非特异性免疫酶活性及肌肉氨基酸含量的影响时，周双艳等（2014）采用双因素试验设计，分别以羟基蛋氨酸铜（HMC）、碱式氯化铜（TBCC）和硫酸铜（SC）为铜源，分别添加铜0、8、16、32和64mg/kg，共配制13种等氮等能饲料，投喂初始体重为（0.330±0.001）g的凡纳滨对虾幼虾8周。将1 560尾对虾随机分为13个处理组。试验结果表明：铜添加水平对幼虾的终末体重、增重率、特定生长率有显著影响，添加8～64mg/kg铜的组幼虾的终末体重、增重率、特定生长率显著高于未添加铜的组，铜源对幼虾血清总蛋白、甘油三酯含量有显著影响，铜添加水平对幼虾血清总蛋白、葡萄糖、甘油三酯含量有显著影响，铜源与铜添加水平的交互作用对幼虾血清总蛋白含量有显著影响，以添加32mg/kg铜的羟基蛋氨酸铜组血清总蛋白含量最高。铜源、铜添加水平及二者的交互作用对凡纳滨对虾幼虾血清铜蓝蛋白（CP）、酚氧化物酶（PO）活性及肝胰腺总超氧化物歧化酶（T-SOD）和铜锌超氧化物歧化酶（Cu-ZnSOD）活性有显著影响，铜源及铜添加水平对幼虾肌肉中丙氨酸（Ala）、精氨酸（Arg）、天冬氨酸（Asp）、甘氨酸（Gly）和谷氨酸

(Glu) 含量有显著影响，且铜源及铜添加水平的交互作用对 Ala、Asp、Gly、Glu 含量有显著影响。以血清铜蓝蛋白活性为评价指标，以羟基蛋氨酸铜、碱式氯化铜和硫酸铜为铜源时，经折线模型得出凡纳滨对虾幼虾饲料中铜的最适含量分别为 17.52、20.32、20.29mg/kg。通过比较可知，羟基蛋氨酸铜的相对生物利用率最高，硫酸铜次之，碱式氯化铜最低。

（王　安）

黏结剂

黏结剂也称赋形剂，主要用于加工颗粒饲料，可改善粒料品质（包括粉率、硬度、耐磨度）、增加生产效率、延长铸模寿命，减少饲料粉尘，保持颗粒颜色稳定等。水产饲料对饲料黏合剂的要求较高，需要提高其在水中不散、不沉的特性，减少养分流失。近年来该领域研究活跃，新的黏结剂种类不断推出。

根据对湖北饲料厂家的调查，畜禽颗粒饲料中一般添加膨润土作黏结剂，这样制粒效果好，饲料品质稳定。资料显示，稀土对动物（特别是哺乳和断奶仔猪）具有明显的促生长作用。水产养殖中使用黏土性饲料黏结剂，可延长饲料在水中的耐泡时间，且搬运时不易破损，并对预防鱼病，改善水质都有积极作用（表 2-15）。

表 2-15　黏结剂种类

分类	代表产品	特　点
天然类	树木分泌的胶汁（龙胶、瓜拉胶、果胶等）	易受到 pH、湿度、矿物质盐等物质的影响而降低黏度，因此未能得到广泛应用
	稀土、黏土型黏结剂（膨润土、陶土、钠土、凹凸棒等）	黏度较低，添加比例大
	植物淀粉（小麦、玉米、木薯、马铃薯等淀粉或变性淀粉）	其黏结力大小，取决于淀粉类型、饲料加工设备和操作技术
	海藻类胶质（海藻酸钠、海带胶、琼脂等）	黏结力强，但价格贵，多用于试验研究
人工合成类	羧甲基纤维素钠（CMC）	白色纤维状或颗粒状粉末，无臭、无味，有吸湿性，水溶液对热不稳定，其黏度随温度升高而降低。饲料中添加量不宜超过 2%
	脲醛树脂	在各种冷、热、湿和化学腐蚀等苛刻的环境中有良好的稳定性，价格低廉，是颗粒饲料黏合剂比较好的备选材料。用量以 0.5%较为合适
	木质素磺酸盐	不均匀的醚聚合物，暗褐色，固态物吸湿性强，颗粒饲料中含量不宜超过 4%
	聚丙烯酸钠	水溶性高分子化合物，增稠保水功能好，水溶液黏度高，约为 CMC、海藻酸钠等的 15～20 倍，为食品级的黏结剂

α-淀粉是目前黏结剂中的佳品，用量最大。中国是全球最大的水产养殖国，随着水产养殖业的不断发展，α-淀粉的生产规模越来越大，全国现有生产企业 50 余家，主要有广西百色华侨实业有限责任公司淀粉厂、德清县康正面筋厂、广西隆安银丰淀粉有限公司、无锡泰花淀粉有限公司、浙江欣欣生化科技有限公司、广西武鸣泰源食品有限公司等。

与 α-淀粉等天然类黏结剂相比，人工合成黏结剂添加量少、成本低、效果好，已占据主流，被多数饲料生产厂家所接受，如 CMC。自 1956 年研制成功以来，经过几十年的发展，我国 CMC 已形成一个有 40 多个骨干企业组成的行业，年产量 5 万余 t，主要生产企业有威怡化工（苏州）有限公司、赫克力士化工（江门）有限公司、江苏宜兴市通达化学有限公司等。

多聚脲甲醛、黄原胶等也是优良的黏结剂，但其价格较高，因此更多地被应用于食品、宠物饲料和医药工业。目前来看，我国的黏结剂生产能力较强，可为饲料业的生产提供充足的产品。

（武书庚　任冰）

抗结块剂

抗结块剂是辅助工业助剂，是饲料中添加的防止饲料结块（料仓中结拱）、使饲料和添加剂保持良好流散性的物料，有利于配料的准确性和饲料的混合均匀，要求吸湿性强、流动性好，对各种动物无毒、无害，安全可靠。如饲料中常用的 B 族维生素和氯化胆碱同时添加就极易结块，抗结块剂可改善氯化胆碱的吸潮、结块性，故配料方便，饲料使用不影响蛋鸡的采食量和生产性能。抗结块剂在配合饲料中的使用量一般不超过 2%。

目前，国内批准使用的抗结块剂有亚铁氰化钾、硅铝酸钠、磷酸三钙、二氧化硅、微晶纤维素、硬脂酸镁、碳酸镁和滑石粉等。天然无机材料的抗结剂，虽然抗结能力较强，但存在食品安全、矿盐污染和环境难容纳等问题；亚铁氰化钾在“绿色”标志的食品中禁用。应用较普遍的抗结块剂有二氧化硅、硅酸盐和天然矿物（如膨润土、球土、高岭土、硅藻土、黏土等），硬脂酸钙、钾和钠盐等。其中二氧化硅价低、流散性好，最为常用。

微晶纤维素属半合成高分子化合物，具有纤维素Ⅰ的晶格特征（晶胞中心与四角分子链按同一方向平行排列），结晶度高于原纤维素，因化学结构中带有许多空隙，结合水分子，其吸水、保水性较好，在水介质中经强力剪切作用后具有形成凝胶体的能力。二氧化硅（硅胶）具有丰富的毛细孔，吸水后表面湿润，因表面张力，形成弯月形液面（凹形），毛细管越细则弯月面曲率越大，其表面的水蒸汽压力越低，周围介质中的水分子才能扩散到硅胶表面并在弯月面上凝结，与 Si－OH 作用形成单和多分子层水。因此，只要环境存在水分子，其毛细孔就会快速吸收，从而提高了其吸湿率。一般只能吸湿到本身的 30%。

中国南方（广东、四川、江西、湖南等省）地区气候潮湿，饲料极易结块，且系配合饲料和养殖业比较发达的地区，对抗结块剂的需求量大。抗结块剂在生产中用量较少，且非必需添加，因此国内产能完全可以满足饲料行业的需要。国内生产饲用抗结块剂的厂家（表 2－16）。

表 2－16　国内主要饲用抗结块剂生产厂家

企业名称	产品	生产能力（t/a）
罗地亚精细化工添加剂（青岛）有限公司	二氧化硅	—
重庆建峰工业集团有限公司	二氧化硅	20 000
齐河绿之源动物保健品有限公司	二氧化硅	1 500
广州中琦硅业有限公司	二氧化硅	50 000
晋江富联化工有限公司	二氧化硅	25 000
江西兴鼎科技有限公司	硅铝酸钠	7 000
广州正和生物科技有限公司	二氧化硅、三氧化二铝	30 000
泗县天力生物科技有限公司	二氧化硅、三氧化二铝	2 000

（武书庚　任冰）

酸度调节剂

酸度调节剂亦称 pH 调节剂，用以维持或改变食品、饲料酸碱度的物质。酸度调节剂有有机酸、无机酸、混合酸及其盐类，碱、中和剂或缓冲剂。允许使用的酸度调节剂有柠檬酸、柠檬酸钾、乳酸、酒石酸等 17 种，其中柠檬酸应用广泛。柠檬酸、乳酸、酒石酸、苹果酸、柠檬酸钠、柠檬酸钾、磷酸、碳酸钠等均可按正常需要用于各类产品。

酸度调节剂更多被用于食品生产，调节食品口味。在畜禽饲料中添加酸度调节剂，可改善饲料适口性；降低消化道 pH，抑制微生物生长（有机酸杀菌）和提高消化酶活性；在代谢过程中提供能量来源；从而，提高营养物质消化率，减少有害微生物的繁殖机会和有害产物生成，如添加延胡索酸、甲酸或盐酸可降低小肠、胃或盲肠中的氨浓度；促进动物生长，改善畜禽产品品质，提高抗病能力及成活率，提高饲料转化率，缩短饲喂周期等。

我国是工业产品生产加工大国，生产酸度调节剂的厂家很多，如厦门惠盈动物科技有限公司、广州先至饲料添加剂有限公司、潍坊加易加生物科技有限公司、河南省瑞特利生物技术有限公司、北京大北农科技集团股份有限公司、诺伟司饲料添加剂（上海）有限公司等，有足够的生产能力可满足国内的饲料工业生产需求。

柠檬酸是酸度调节剂中的主要品种，约占总耗量的2/3。我国生产能力300万t/a，实际产量不足200万t/a，2014年出口柠檬酸76.2万t，居世界第一。

乳酸是目前国家政策优先扶持和重点发展的产品，我国现在的乳酸生产技术创新后劲十足，品牌在国际上的知名度也迅速提升。我国现有乳酸厂家约40家，总生产能力超过20万t/a。近年来市场形势较好，年需求量增长5%左右。国内已有多家企业准备建设L-乳酸生产装置。目前，国内主要生产厂家有上海东亚橡胶厂、郸城金丹乳酸实业有限公司、湖南生物化工厂、常德乳酸厂、湖南安化乳酸厂等厂家。2014年中国乳酸及其盐和酯出口量为4.4万t。酒石酸等也长期出口至国际市场。

此外，磷酸、碳酸钠、小苏打等酸度调节剂国内产量也十分充足，完全可满足饲料工业的生产需要。

（武书庚　任冰）

乳化剂

乳化剂是一类同时有亲水和亲油基团的表面活性剂，可以降低油和水的表面张力，使之交融。近年来，因遗传进展，动物生长潜能不断提高，对营养（蛋白、能量等）需求也在提高，而玉米、豆粕等常规原料的能量不能满足动物需要，因此油脂越来越多地被用于饲料配方。提高油脂和常规饲料原料中能量的利用率，成了新的研究课题，饲料乳化剂的应用越来越受重视。

正常生理条件下，动物体内胆汁酸盐是发挥着乳化作用的主要物质，但实际生产中，因饲料中油脂含量的加大，动物自身分泌的胆汁往往不能完全乳化饲料中的脂肪，影响脂肪的利用。研究表明，饲料中添加适量乳化剂，可以显著提高能量的消化率，改善畜禽的生长性能，且日龄越小的动物，乳化剂的作用效果越明显；除日龄外，乳化剂的作用效果还与其种类、剂量、饲料中的脂肪类型及是否添加脂肪酶等有密切关系。

育肥猪日粮中添加200mg/kg乳化剂，可显著降低猪肉滴水损失和肌肉中丙二醛含量，提高肌内脂肪含量。禽类特别是肉鸡，因消化道短，食糜在消化道的停留时间短，油脂乳化不完全，故在1～21日龄肉仔鸡的低能量饲粮中添加乳化剂能够显著改善饲料利用率。

当今使用的乳化剂有数十种，用于食品和饲料工业上的主要有苷酯类、磷脂类、胆汁酸盐类、甘油脂肪酸酯类等。通常商品化的乳化剂产品并非单一的乳化剂，为了获得更好的乳化性能，常由数种表面活性剂按照合适的比率组成复合乳化剂。

国内现有乳化剂生产企业百余家，产品除用于饲料工业外，而且大量被用于食品工业中（表2-17）。

表2-17　国内主要饲用乳化剂生产企业

企业名称	产品名称
九三集团北安大豆制品有限公司	大豆磷脂
广西渤海农业发展有限公司	大豆磷脂
中粮油脂（钦州）有限公司	大豆磷脂
德清麦特生物有限公司	大豆磷脂
泰安市泰山区孚瑞饲料厂	大豆磷脂
中纺粮油（沈阳）有限公司	大豆磷脂
德清县天丰磷脂饲料厂	大豆磷脂
沧州海通生物饲料有限公司	大豆磷脂
潍坊康地恩生物科技有限公司	蔗糖脂肪酸酯、大豆磷脂
潍坊雷曼生物科技有限公司	复合乳化剂
山东龙昌动物保健品有限公司	饲料级胆汁酸

（武书庚　任冰）

抗氧化剂

抗氧化剂是饲料中不可缺少的添加剂，能防止或延缓饲料氧化，提高饲料的稳定性和延长贮存期，能给生产者带来良好的经济效益。抗氧化剂作用机理：自身极易被氧化，与氧气结合，降低饲料内部与周围的含氧量，从而保护饲料不被氧化；与饲料中的游离基结合，中断自动氧化过程中的连锁反应，延缓饲料氧化变质；还可通过抑制氧化酶的活性防止饲料变质。饲料中含有许多易氧化物质，如维生素A、胡萝卜素、脂肪等，这些物质氧化变质后不仅影响饲料的营养成分，更有甚者还会产生有毒有害物质致畜禽中毒死亡。因此在饲料中添加少量抗氧化剂可以有效地避免上述情况，提高饲料利用率。

当今批准使用的抗氧化剂及其分类，国内主要饲用抗氧化剂生产企业情况（表2-18，表2-19）。

表 2-18 国内现阶段批准使用的主要抗氧化剂及其分类

分类	代表产品	特　点
酮胺类	乙氧基喹啉	琥珀色至浅褐色黏稠液体，不溶于水，易溶于多种有机溶剂。对脂溶性维生素的保护是其他抗氧化剂无法比拟的
酚类	二丁基羟基甲苯（BHT）	白色结晶或粉末，不溶于水和甘油，能溶于多种有机溶剂和油脂，对热稳定，可用于长期保存含油脂较高的饲料。饲料中的添加量不超过 200mg/kg
	丁基羟基茴香醚（BHA）	白色或黄色蜡样结晶粉末，带有特异的酚类刺激性气味，对热极稳定，在弱碱条件下不易被破坏，不溶于水，可溶于多种有机溶剂和油脂，为油脂抗氧化剂
	特丁基对苯酚（TBHQ）	白色或浅色结晶，能溶于多种有机溶剂或油脂
其他单体抗氧化剂	没食子酸丙酯（PC）	为浅色结晶粉末或针状结晶，较难溶于脂肪和水，因其溶解度小，在饲料中不能单独使用
	天然维生素	黄色透明黏稠液体，不溶于水，易溶于无水乙醇、乙醚或丙酮及油脂，用于防止油脂氧化。抗氧化添加量为 100～150mg/kg
	茶多酚	系茶叶提取物，属天然多酚类化合物，外观和色泽易因茶叶品种和提纯程度不同而有较大差异。能溶于水、多种有机溶剂和油脂。价格稍高，故多用于食品及保健品中
复合型抗氧化剂		价格低、效果较好，在饲料中有着广泛的应用前景，但各组分配比应合理

表 2-19 国内主要饲用抗氧化剂生产企业情况

企业名称	产品名称
潍坊加易加生物科技有限公司	乙氧基喹啉
河南省瑞特利生物技术有限公司	乙氧基喹啉
无锡大江中盛生物科技有限公司	乙氧基喹啉、BHT
安徽天浩生物技术有限责任公司	乙氧基喹啉、BHT、BHA
泰兴瑞泰化工有限公司	乙氧基喹啉、BHT、BHA
厦门牡丹饲料科技发展有限公司	乙氧基喹啉
广州立达尔生物科技股份有限公司	乙氧基喹啉、BHT
上海天昌饲料科技有限公司	乙氧基喹啉、BHT
泰州市丰润生物科技有限公司	乙氧基喹啉、BHT
北京昕地美饲料科技有限公司	乙氧基喹啉
广东瑞生科技有限公司	乙氧基喹啉、PC
诺伟司饲料添加剂（上海）有限公司	乙氧基喹啉、BHT、PC

（武书庚　任冰）

防霉剂

防霉剂对霉菌具有杀灭或抑制作用，能防止应用对象霉变。被广泛用于食品、饲料、涂料、橡胶等工业。饲料防霉剂能控制微生物的代谢和生长，降低饲料中微生物的数量，抑制霉菌毒素的产生，预防贮存期饲料发霉变质、营养成分的损失，延长贮存时间。饲料营养丰富，在温湿度合适时，容易因微生物的繁殖而腐败霉变。霉变饲料的营养价值大大降低，适口性变差，可造成动物生长停滞，内脏受损，甚至中毒死亡。饲料中应用防霉剂是防止饲料霉变行之有效的方法。

防霉剂以未电离分子的形式破坏微生物细胞壁和细胞膜或透膜作用于细胞内容物，使霉菌及微生物中的酶蛋白失活而丧失催化功能，从而抑制微生物的增殖及毒素的产生、保护饲料；也有在饲料表面形成均匀的一层保护膜，防止霉菌的孳生，例如丙酸防霉剂。

目前饲料中常见的防霉剂种类有：丙酸及其盐类、富马酸及其酯类、苯甲酸和苯甲酸钠、山梨酸、柠檬酸、乳酸及其盐类、双乙酸钠等单方防霉剂。此外，还有一种或多种防霉剂与某种载体结合而成的复合防霉剂，可保持、增加单方防霉剂的抑菌功效，免除或降低单方防霉剂的腐蚀性与刺激性。国内复合防霉剂代表产品有“克霉灵”“克霉净”和“霉敌 101”等（表 2 - 20）。

表 2 - 20　国内单方防霉剂主要生产企业

企业名称	产品名称
潍坊加易加生物科技有限公司	丙酸钙
河南省瑞特利生物技术有限公司	丙酸
深圳市永鲜宝实业有限公司	丙酸、丙酸铵、苯甲酸
无锡大江中盛生物科技有限公司	丙酸、富马酸、双乙酸钠
齐河绿之源动物保健品有限公司	双乙酸钠、丙酸、丙酸钙
鹤山市南华动物药业有限公司	丙酸
济南品佳科技发展有限公司	丙酸、丙酸钙
江西兴鼎科技有限公司	丙酸钙
生物源生物技术（深圳）有限公司	丙酸钠、山梨酸钾
厦门牡丹饲料科技发展有限公司	丙酸、丙酸钙
广州立达尔生物科技股份有限公司	丙酸钙
北京大北农科技集团股份有限公司	山梨酸、富马酸、柠檬酸
安徽天浩生物技术有限责任公司	双乙酸钠、丙酸钙
诺伟司饲料添加剂（上海）有限公司	甲酸、甲酸铵、丙酸、丙酸安、乳酸

（武书庚　任冰）

药物饲料添加剂

为保证兽医药品质量安全和动物源食品安全，2014 年农业部继续采取了强有力的举措，强化对兽医药品的监管。一是做好《兽用处方药和非处方药管理办法》贯彻实施工作，对其兽药产品标签和说明书印制等细节进行了规范（农业部公告第 2066 号）；二是规范乡村兽医用药活动，制定发布了《乡村兽医基本用药目录》；三是强化执法监督，制定发布了兽药严重违法行为从重处罚情形公告（农业部公告第 2071 号），并依法吊销了江西海联动物药业有限公司兽药生产许可证；四是继续组织开展了药物中非法添加其他成分检测方法的研究工作，先后发布了阿莫西林可溶性粉中非法添加解热镇痛类药物检查方法、注射用青霉素钾（钠）中非法添加解热镇痛药物检查方法等 11 个兽药非法添加化学药物（物质）检查方法；

五是为强化兽药产品质量安全监管，决定在前期试点基础上，推进实施兽药产品二维码标识制度，对兽药产品实施追踪管理，计划利用一年半时间，基本建成功能完善、信息准确、实时在线的兽药产品查询和追溯管理信息系统，保障动物产品质量安全；六是做好兽药临床及非临床研究质量管理规范实施工作，组织制定了《兽药非临床研究质量管理规范》《兽药临床研究质量管理规范》和《兽药临床研究监督检查管理办法》《兽药临床研究质量管理规范检查标准（化药、中药）》《兽药临床研究质量管理规范检查标准（兽用生物制品）》《兽药非临床研究质量管理规范监督检查管理办法》和《兽药非临床研究质量管理规范检查标准》，并在网上公开征求意见，开展了《兽药管理条例》《兽药注册管理办法》《兽药产品批准文号管理办法》法规规章的修订工作。

一、兽医用药物（含药物饲料添加剂）研制概况

按照现有药物饲料添加剂的相关要求，借鉴美国FDA、欧盟对药物饲料添加剂的安全质量要求，2014年农业部继续开展对全发酵工艺生产的那西肽预混剂进行再评价工作，按照FDA要求安排了安全性试验评价，并按照现行标准要求对其质量标准进行修订。目前还未完成评价工作。此外还批准了以下兽医用治疗药品：

1. 复方氟康唑乳膏 抗真菌药。由氟康唑、曲安奈德和硫酸新霉素组成的复方制剂。氟康唑为广谱抗真菌药物，对念珠菌、孢子菌、毛癣菌、表皮癣菌等有较强作用；硫酸新霉素局部用药对金黄色葡萄球菌、棒状杆菌等引起的感染有良好的疗效；曲安奈德对神经性皮炎、湿疹、牛皮癣等具有抗炎作用。三者配合能够有效控制动物耳道瘙痒症。用于治疗犬由真菌及细菌引起的耳道感染，如念珠菌、孢子菌、毛癣菌、表皮癣菌、金黄色葡萄球菌、棒状杆菌等引起的耳道感染。由青岛康地恩药业股份有限公司、南京金盾动物药业有限责任公司联合申请获得批准。

2. 注射用硫酸头孢喹肟 头孢菌素类抗生素。通过抑制细胞壁的合成达到杀菌效果，具有广谱的抗菌活性，对青霉素酶与β-内酰胺酶稳定。体外抑菌试验表明，本品可抑制常见的革兰氏阳性和阴性细菌，包括大肠埃希氏杆菌、枸橼酸杆菌、克雷伯菌、巴氏杆菌、变形杆菌、沙门氏菌、粘质沙雷菌、牛嗜血杆菌、化脓放线菌、芽孢杆菌属的细菌、棒状杆菌、金黄色葡萄球菌、链球菌、类杆菌、梭状芽孢杆菌、梭杆菌属的细菌、普雷沃菌、放线杆菌和猪丹毒杆菌。本品口服不吸收，犬每千克体重皮下给予头孢喹肟5mg，在0.5h内，血药浓度达到峰值，Cmax为8.81μg/mL，t1/2 为 1.31h，生物利用度达113.31%，以原形通过尿排出。用于治疗由葡萄球菌、链球菌、大肠杆菌等引起的犬脓皮症等细菌性疾病。由齐鲁动物保健品有限公司申请增加靶动物犬的用途获得批准。

3. 非泼罗尼滴剂 杀虫药。非泼罗尼与昆虫神经中枢细胞上γ-氨基丁酸受体结合，阻塞神经细胞的氯离子通道，从而干扰虫体中枢神经的正常功能，导致昆虫和螨的中枢神经系统过度兴奋而死亡。非泼罗尼为高亲脂性药物，药物滴在犬的肩胛骨间的皮肤上，借由皮肤表面的油脂扩散，投药24h内分布至全身表面并储存于皮脂腺中，之后经由皮肤正常的皮脂分泌而持续释放至皮肤表面及毛发上。经皮肤吸收进入血液的量很少，但分布较为广泛，主要贮存在脂肪组织。进入全身系统的非泼罗尼主要代谢为其磺酰物，与未代谢的非泼罗尼通过尿液和粪便排出体外。用于驱杀犬体表的跳蚤。由湖北美天生物科技有限公司申请注册获得批准。

4. 非泼罗尼喷雾剂 杀虫剂。非泼罗尼与昆虫神经中枢细胞上γ-氨基丁酸受体结合，阻塞神经细胞的氯离子通道，从而干扰虫体中枢神经的正常功能，导致昆虫和螨的中枢神经系统过度兴奋而死亡。非泼罗尼为高亲脂性药物，药物粘附在犬的肩胛骨间的皮肤上，借由皮肤表面的油脂扩散，给药24h内分布至全身表面并储存于皮脂腺中，之后经由皮肤正常的皮脂分泌而持续释放至皮肤表面及毛发上。经皮肤吸收进入血液的量很少，但分布较为广泛，主要贮存在脂肪组织。进入全身系统的非泼罗尼主要代谢为其磺酰物，与未代谢的非泼罗尼通过尿液和粪便排出体外。用于驱杀犬跳蚤等体外寄生虫。由上海汉维生物医药科技有限公司申请注册获得批准。

5. 头孢氨苄片 β-内酰胺类抗生素。头孢氨苄通过与细菌细胞壁上的青霉素结合蛋白结合而妨碍细菌细胞壁粘肽的合成，使之不能交联而造成细胞壁的缺损，致使细菌细胞破裂而死亡，从而发挥抗菌作用；对大多数革兰氏阳性菌和阴性菌均有较强的抗菌作用，对引起呼吸系统感染的肺炎链球菌、A型链球菌、棒状杆菌属很敏感，对引起消化系统、泌尿系统感染的金黄色葡萄球菌、大肠埃希氏杆菌、肺炎杆菌、沙门氏菌属、巴氏杆菌属敏感，对表皮葡萄球菌、流感嗜血杆菌、奇异变形杆菌较为敏感。头孢氨苄经口服后吸收良好，生物利用度90%左右，达峰时间为1～2h，头孢氨苄在机体的分布范围相对较广，可以分布到胸膜腔、心包、滑膜液及多数组织空间中，也有一定量穿透到骨皮质及网状层，胆汁和尿液中活性药物的水平也很高，头孢氨苄主要以活性形式经肾小球过滤和肾小管排泄（85%）。用于治疗犬

革兰氏阳性菌和阴性菌感染，如皮肤感染（脓皮病、毛囊炎、疖病、蜂窝组织炎）等。由上海汉维生物医药科技有限公司申请注册获得批准。

6. 利福昔明乳房注入剂（干乳期）　抗生素类药。利福昔明是利福霉素 SV 的半合成衍生物，其主要通过与细菌依赖 DNA 的 RNA 聚合酶中β-亚单位不可逆地结合，来抑制细菌 RNA 的合成，从而达到杀菌的目的。其对革兰氏阳性菌（如金黄色葡萄球菌、无乳链球菌、停乳链球菌、乳房链球菌、棒状杆菌等）和革兰氏阴性菌（如大肠杆菌等）均有良好的抗菌活性，用于防治由敏感菌（金黄色葡萄球菌、链球菌、大肠杆菌）引起的奶牛干乳期乳房炎。由齐鲁动物保健品有限公司申请注册获得批准。

7. 盐酸头孢噻呋乳房注入剂（干乳期）　β-内酰胺类抗生素。头孢噻呋是第三代动物专用的β-内酰胺类抗生素，其主要通过与细菌胞质膜上的青霉素结合蛋白（PBPs）结合，造成敏感菌内黏肽的交叉联结受到阻碍，细胞壁缺损，从而使细菌裂解死亡。头孢噻呋对停乳链球菌、乳房链球菌、金黄色葡萄球菌、大肠杆菌、绿脓杆菌等有良好的抗菌活性，用于预防和治疗由乳房链球菌、停乳链球菌、金黄色葡萄球菌等细菌引起的奶牛干乳期乳房炎。由齐鲁动物保健品有限公司申请注册获得批准。

8. 美洛昔康注射液　解热镇痛非甾体抗炎药（NSAIDs）。通过抑制环氧化酶（COX）的活性，减少前列腺素（PGs）的产生而发挥其镇痛的作用。本品能选择性地抑制环氧化酶（COX-2），而对环氧化酶（COX-1）的抑制作用较轻。因此，与其他同类药相比，本品对胃肠道或肾脏的不良反应较轻。本品皮下注射给药后，在犬体内吸收迅速、完全，到达高峰快，血中平均滞留时间较长，生物利用度高（109.19%）。单剂量给药后，约 2.3h 达到峰浓度。用于治疗犬软组织及骨、关节损伤引起的疼痛，如股骨头切除术引发的骨及软组织损伤引起的疼痛、髋关节发育不良等引发的疼痛。由齐鲁动物保健品有限公司申请注册获得批准。

9. 美洛昔康内服混悬液　解热镇痛非甾体抗炎药（NSAIDs）。通过抑制环氧化酶（COX）的活性，减少前列腺素（PGs）的产生而发挥其镇痛的作用。本品能选择性地抑制环氧化酶（COX-2），而对环氧化酶（COX-1）的抑制作用较轻。与其他同类药相比，本品对胃肠道或肾脏的不良反应较轻，内服吸收很好，血药浓度达峰时间快，在犬体内生物利用度高，单剂量口服该药后消除半衰期约为 24h，吸收后能分布到动物的所有组织中，包括中枢静脉系统、肌肉层和发生炎症的关节。用于控制犬急慢性骨关节炎引起的疼痛和炎症，以及术后止痛等。由上海汉维生物医药科技有限公司申请注册获得批准。

10. 磷酸替米考星可溶性粉　动物专用半合成大环内酯类抗生素。抗菌作用与泰乐菌素相似，敏感的革兰氏阳性菌有金黄色葡萄球菌（包括耐青霉素金黄色葡萄球菌）、肺炎球菌、链球菌、炭疽杆菌、猪丹毒杆菌、李斯特菌、腐败梭菌、气肿疽梭菌等。敏感的革兰氏阴性菌有嗜血杆菌、脑膜炎双球菌、巴氏杆菌等，同时对支原体也有效，对胸膜肺炎放线杆菌、巴氏杆菌及畜禽支原体的活性比泰乐菌素强。95%的溶血性巴氏杆菌菌株对本品敏感。内服后吸收快，特点是组织穿透力强，分布容积大（>2L/kg）。肺中浓度高，半衰期可达 1～2d，有效血浓度维持时间长。用于治疗猪支原体性肺炎、鸡支原体病。猪休药期为 12 日，鸡休药期为 14 日。由宁夏泰瑞制药股份有限公司申请注册获得批准。

11. 氟苯尼考胶囊（蚕用）　酰胺醇类抗生素。对多种革兰氏阳性菌、革兰氏阴性菌及支原体等有较强的抗菌活性。敏感菌包括动物的嗜血杆菌、痢疾志贺氏菌、大肠杆菌、绿脓杆菌、沙门氏杆菌、巴氏杆菌、流感杆菌、肺炎球菌、链球菌、金黄色葡萄球菌、衣原体、钩端螺旋体，立克次氏体等。它不可逆地结合于细菌核糖体 50S 亚基的受体部位，阻断肽酰基转移，抑制肽链延伸，干扰蛋白质合成，从而产生抗菌作用。氟苯尼考在结构上以 F 原子取代了氯霉素、甲砜霉素中丙烷链 3 碳位置上的-OH，阻止了细菌乙酰转移酶在此位置上的乙酰化作用，故不受该酶影响而被灭活；而乙酰转移酶又与细菌经质粒介导的对氯霉素、甲砜霉素的耐药性有关，因此氟苯尼考不会产生类似氯霉素、甲砜霉素质粒介导的耐药性，而且对许多氯霉素耐药菌株仍然敏感。氟苯尼考对家蚕病原细菌卒倒芽孢杆菌、黑胸败血芽孢杆菌、青头败血芽孢杆菌的最低抑菌浓度、最低杀菌浓度均为 0.625g/mL、10g/mL，在实验药物浓度下对灵菌无效。氟苯尼考在家蚕体内吸收迅速、达峰时间短，给家蚕添食后 2h 即达血药峰浓度，消除半衰期较短，为 1.0～1.3h，适合日内多次给药。用于防治由黑胸败血芽孢杆菌、青头败血芽孢杆菌和卒倒芽孢杆菌等病原菌感染引起的家蚕细菌性败血病。由中国农业科学院蚕业研究所附属蚕药厂、东台市头灶蚕药厂联合申请注册获得批准。

12. 注射用马波沙星　动物专用氟喹诺酮类抗细菌感染药。抗菌作用机理主要是抑制细菌脱氧核糖核酸（DNA）合成酶之一的回旋酶（Gyrase，又称Ⅱ型拓扑异构酶，Topoisomerase Ⅱ）。回旋酶有 A、B 两个亚基，氟喹诺酮类药物主要作用于其 A 亚基，通过抑制回旋酶而使细菌 DNA、核糖核酸（RNA）的复制及蛋白质的合成受干扰，使细菌细胞不能再进行分裂，进而起到杀菌的作用。对广谱革兰氏阳性菌（特别是葡萄球菌属）、革兰氏阴性菌（大肠杆菌、鼠伤寒沙门氏菌、空肠弯曲杆菌、费氏柠檬酸杆菌、阴沟肠杆菌、黏质沙雷氏菌、摩氏摩根氏菌、变形杆菌、志贺菌属、猪胸膜肺炎放线杆菌、支气管败血性鲍特氏菌、多杀性巴斯德杆菌、克雷伯菌属、嗜血杆菌属等）及支原体有效。马波沙星皮下注射后吸收较快，体内分布广，有效血浓度维持时间较长。用于敏感菌引起的犬阴道炎、包皮炎等。由浙江国邦药业有限公司、浙江华尔成生物药业股份有限公司联合申请注册获得批准。

13. 硫酸头孢喹肟乳房注入剂（泌乳期）　头孢菌素类抗生素。通过抑制细菌细胞壁的合成达到杀菌效果，具有广谱的抗菌活性，对青霉素酶与β-内酰胺酶稳定。体外抑菌试验表明本品对葡萄球菌、链球菌、大肠杆菌、化脓隐秘杆菌等奶牛乳房内感染常见病原菌均有较好的体外抑菌作用。用于治疗由金黄色葡萄球菌、停乳链球菌、乳房链球菌和大肠杆菌引起的泌乳期奶牛的乳房炎。由中国农业科学院饲料研究所、北京市畜牧总站、中牧实业股份有限公司、广东大华农动物保健品股份有限公司、北京立时达药业有限公司、华秦源（北京）动物药业有限公司、佛山市南海东方澳龙制药有限公司、齐鲁动物保健品有限公司、瑞普（天津）生物药业有限公司、内蒙古瑞普大地生物药业有限责任公司、河北远征药业有限公司等单位申请注册获得批准。

14. 吡虫啉莫昔克丁滴剂　抗寄生虫药。由吡虫啉、莫昔克丁与苯甲醇等适宜辅料制成的溶液。吡虫啉为新一代氯代烟碱杀虫剂，对昆虫的中枢神经系统突触后烟碱型乙酰胆碱受体具较高亲和性，可抑制乙酰胆碱活性，导致寄生虫麻痹和死亡。对成年蚤和各个阶段幼蚤有效，对环境中幼蚤也有杀灭作用。莫昔克丁的作用机理与阿维菌素和伊维菌素相似，对体内外寄生虫尤其是线虫和节肢动物具有良好的驱杀作用，其驱虫作用机理在于促进神经递质γ-氨基丁酸（GABA）的释放，增加其与突触后受体的结合力，氯离子通道开放。莫昔克丁对谷氨酸介导的氯离子通道也具有选择性和高亲和力，从而干扰神经肌肉间的信号传递，使虫体松弛麻痹，导致虫体死亡。线虫的抑制性中间神经元和兴奋性运动神经元是其作用部位，而节肢动物的作用部位是神经肌肉接头。二者联合使用，具有协同作用。首次给药后，吡虫啉在当天迅速分布到犬体表，并在给药间期始终在体表留存。给药后4～9d，莫昔克丁在犬体内的血药浓度达到最高，一个月内分布到全身并缓慢代谢排出。用于预防和治疗犬的体内、外寄生虫感染。预防和治疗跳蚤感染（犬栉首蚤），治疗虱子感染（犬啮毛虱），治疗耳螨感染（耳痒螨）、犬疥螨病（疥螨）和蠕形螨病（犬蠕形螨），治疗血管圆线虫和胃肠道线虫感染（犬弓首蛔虫、犬钩口线虫和狭头钩虫的成虫，未成熟成虫和L4期幼虫；狮弓蛔虫和狐毛首线虫的成虫）。并可用作辅助治疗因跳蚤引起的过敏性皮炎。由KVP Kiel有限责任公司申请注册获得批准。

15. 芪芍增免口服液　由黄芪、白芍等药味组成，具有益气养阴之功能，用于提高鸡免疫力，可配合疫苗使用。由保定市冀农动物药业有限公司申请注册获得批准。

16. 夏枯草注射液　由夏枯草经提取加工制成的灭菌水溶液，具有清热泻火、散结消肿之功能，主治鸡大肠杆菌感染。由江西新世纪民星动物保健品有限公司、江西正邦动物保健品有限公司联合申请注册获得批准。

17. 芪草乳康颗粒　由黄芪、益母草等药味组成，具有补气固表、活血通乳之功能，主治奶牛隐性乳房炎。由青岛康地恩药业股份有限公司、潍坊诺达药业有限公司、菏泽普恩药业有限公司、江西康地恩派尼生物药业有限公司、青岛康地恩动物药业有限公司、山西康地恩恒远药业有限公司联合申请注册获得批准。

18. 麻黄止咳平喘口服液　由麻黄、苦杏仁等药味组成，具有清热解毒、宣肺化痰之功能，主治热邪犯肺卫所致发热、咳嗽、气喘、口渴喜饮。由天津生机集团股份有限公司、天津市圣世莱科技有限公司、天津市天合力药物研发有限公司联合申请注册获得批准。

19. 杨黄止痢注射液　由杨树花、黄芩经提取制成的灭菌水溶液，具有清热解毒止痢之功能，主治仔猪黄、白痢。由成都乾坤动物药业有限公司申请注册获得批准。

20. 桉薄溶液　由桉油与薄荷脑制成的复方溶液，具有利咽化痰之功能，用于改善鸡传染性支气管炎病毒感染引起的鼻塞、甩鼻、张口伸颈、呼吸困难等症状和活疫苗免疫应激引起的呼吸道症状。由烟台绿叶动物保健品有限公司申请注册获得批准。

21. 紫锥菊根末　由紫锥菊根经加工制成的散剂，具有增强免疫之功能，用于增强猪蓝耳病灭活疫苗和鸡新城疫疫苗的免疫效果。由华南农业大学、广州华农大实验兽药有限公司、广东大华农动物保健品股份有限公司动物保健品厂、天津瑞普生物技术股份有限公司、成都乾坤动物药业有限公司联合申请注册获得批准。

二、药物饲料添加剂应用前景

从国家对兽药监管和产品研制情况可以看出，随着人们对食品安全和抗菌药耐药性的重视，各国都日益强化对动物源食品生产的投入品的监管，加强药物饲料添加剂的使用监管，严格其审批。近年来用于药物饲料添加剂的药物呈减少趋势，治疗药物研制除研制开发一些新产品外，对老产品研制开发逐渐增多，如开发一些长效制剂、复方制剂或者增加剂型、增加靶动物应用等品种。从获得批准的药物看，用于治疗犬、猫等经济动物及奶牛乳房炎的注入剂应用呈增长趋势。采用中药药味配伍组成中药复方制剂或从天然中草药中提取有效部位防治动物疾病的热潮不减，新产品申报逐渐增多，剂型也呈多样性发展。近年来开发生化制品治疗动物疾病也呈增多趋势，将会展现其在动物疫病预防与治疗中的独特作用。

（段文龙）

饲料酶制剂

随着生物技术的发展，饲用酶制剂的研究及开发得到突飞猛进的发展，酶制剂在畜禽生产养殖方面发挥着重大的作用。酶制剂可以提高饲料利用率，促进动物生长，改善生态环境和预防动物疾病，避免了由抗生素的滥用、高铜、高锌等重金属元素残留对环境、土壤的破坏所产生的负面影响。因此酶制剂具有极明显的经济效益及发挥重要的环境保护作用，完全顺应当前社会发展的需要，是保证生产安全、绿色农畜产品的重要手段。随着对酶制剂的深入研究及大力推广使用，酶制剂已成为饲料行业中必不可少的添加剂产品。

一、饲料酶制剂行业发展状况

2014 年全国饲料产量 1.97 亿 t，同比增长 2.0%。行业进入新常态后，传统的玉米豆粕型日粮由于成本等多方面原因，已不能满足养殖需求，越来越多的非常规原料（如小麦、进口大麦、进口高粱、棕榈粕、椰子粕等原材料）使用到饲料中，这使得酶制剂在饲料中的应用更加广泛。另外政府对饲料安全及养殖环保的要求，使绿色环保的酶制剂作为饲料中的最重要添加剂，酶制剂已经被广大用户所接受，使用数量及品种也大幅增加，2014 年全国酶制剂产量达 10.8 万 t，同比增长 18.7%。

二、饲用酶制剂的行业动态及重大事件

2014 年是中国饲料行业门槛抬高的一年，《饲料标签》《饲料添加剂品种目录 2013》《饲料质量安全管理规范》《进口饲料和饲料添加剂登记管理办法》的法规条例的实施，对规范饲料企业、添加剂企业的发展，强化饲料安全生产，确保畜产品安全起到重大的作用。酶制剂作为绿色、节能、高效的饲料添加剂仍大步向前发展。

2014 年 1 月 28 日，国内酶制剂龙头企业—广东溢多利生物科技股份有限公司在深圳证券交易所挂牌上市，登陆创业板，成为国内首家饲料添加剂酶制剂上市企业。该企业的成功上市不仅是对公司过去发展的肯定，更加对企业未来的发展开拓了更大的发展空间。通过上市融资为企业的生产硬件、厂房设备、研发仪器、高端人员引进、管理机制等方面，带来巨大的改进，同时为企业做大做强，提供了强有力的保证。溢多利公司又于同年 8 月中旬，通过发行股份及支付现金相结合的方式，收购湖南鸿鹰生物科技有限公司 75%股权，鸿鹰生物成为溢多利控股子公司，主要从事各类酶制剂的研发、生产和销售。主要产品为液体和固体糖化酶、纤维素酶、蛋白酶、淀粉酶、果胶酶、木聚糖酶、脂肪酶、β-葡聚糖酶等酶制剂产品。生产的酶制剂广泛应用于燃料乙醇、食品饮料、淀粉糖、酿造、制药、纺织、造纸等众多行业中。溢多利主营业务将在饲用酶制剂的基础上，增加其他工业酶制剂，应用领域将拓宽到饲料、燃料乙醇、食品饮料、淀粉糖、酿造、制药、纺织、造纸等多个领域。

2014 年 1 月，新华扬生物酶研究院向江南大学、华南理工大学、华中农业大学、复旦大学、湖北大学的教授分别颁发了特聘专家顾问聘书及岗位科学家聘书。专家们的加入，大力推动公司酶制剂研发平台的建设和相关领域的发展，引进和深化产学研合作，不断推动相关行业整体向前发展。

2014 年 11 月，蔚蓝生物企业院士工作站授牌仪式在潍坊康地恩生物科技有限公司举行，授牌仪式由高密市副市长主持，中国工程院院士周翔出席。至此该集团已经取得 3 个山东省院士工作站。

三、饲用酶制剂行业的科学技术项目情况

1. 2014 年由中国农科院饲料研究所研究员姚斌牵头的“饲料用酶技术体系创新及重点产品创制”项目获得 2014 年度国家科学技术进步奖二等奖 姚斌研究团队潜心研究 20 余年，获得了具有自主知识产权和应用价值的新型饲料用酶基因百余个，创新了酶蛋白分子改良技术体系，使我国在饲料用酶基因资源的争夺上处于国际制高点。该团队还构建并完善了饲料用酶制剂高效生产和综合配套应用技术，实现了饲料用酶制剂的低成本产业化生产与推广应用。

2. “中国水产动物消化道宏基因组计划”项目的研究 广东溢多利生物科技股份有限公司是专业从事酶制剂等饲料添加剂研究、生产和销售的高科技企业，与中国农业科学院饲料研究所合作，实现双方资源高效整合及优势互补，促进可持续发展，经双方共同协商，达成“中国水产动物消化道宏基因组计划”项目委托研究合作协议，该合作期限为5年，项目研究内容以中国典型水产动物（草食性海、淡水水产动物4～6种；肉食性海、淡水水产动物4～6种；杂食性海、淡水水产动物4～6种；特殊营养背景模式动物7～9种）为研究对象，开展宏基因组分析及乳酸菌等益生菌分离，进行特定功能基因富集分析、构建基于定向代谢组的益生元件库，进而基于高通量筛选模型，筛选具有特定应用前景的益生元，并通过生物工程及化学工程的手段尝试进行工业化生产。合作的目的是构建中国水产动物消化道宏基因组数据库、定向代谢组数据库及益生元件库，配合升级中国农业微生物菌种资源库；申报国家科技奖1项；申请PCT专利2～3项；发表IF>9.0论文2～3篇；提升产品与开发新产品（水产动物饲料酶、添加剂或兽药）8～10个，其中开发新产品不少于5个。

3. 2014年3月，中国农业科学院饲料研究所“新型饲料用非淀粉多糖酶制剂产品的创制”项目获得北京市科学技术一等奖 该成果不仅研发出基于基因工程、蛋白质工程和发酵工程等的一系列饲料用酶关键平台技术，而且建立了从基础研究到产业化生产的完整技术链条，创制的饲料用非淀粉多糖酶——木聚糖酶、葡聚糖酶、甘露聚糖酶和α-半乳糖苷酶产品性能优良，生产成本低廉，技术成果显著提高了企业的产品竞争力，也大大推动了我国饲料用酶领域的生物产业发展。

4.《饲料添加剂酸性、中性蛋白酶活力的测定分光光度法》新国标的颁布 该国标标准号：GB/T28715—2012由全国饲料工业标准化技术委员会归口，由农业部农产品及转基因产品质量安全监督检验测试中心（杭州）、浙江大学饲料科学研究所等相关单位起草，是规范饲用酶制剂行业酶活检测建立的新国家标准。

四、饲用酶制剂产品的新亮点

1. 新原料复合酶使用 2014年养殖行情变化波动，导致原料行情变化较大，沿海地区具有港口优势，使用了相当多的进口原料，如大麦、高粱等，这些原料的使用对以往玉米豆粕型日粮差距比较大，酶制剂产品使用也有相应的改变，因此大量的新酶制剂品种的推出。大麦的非淀粉多糖主要是β-葡聚糖、木聚糖、纤维素，其中β葡聚糖是玉米的6倍，粗纤维是玉米的2倍，此外还有水溶性非淀粉多糖含量远远高于玉米含量。高粱的淀粉含量与玉米相近，影响高粱消化利用的因素除了种皮中的单宁成分外，还包括种皮和包裹在淀粉颗粒周围的醇溶蛋白，高粱的蛋白与淀粉结合比较紧密，不容易被溶解和水解，存在于细胞壁间质层的果胶交错紧密，也影响细胞壁破解，在畜禽肠道会增强肠道食糜黏度，致使肠道内内容物蠕动困难，影响消化酶与底物之间的互相作用，对养分的吸收产生阻碍作用。因此酶制剂厂家根据原料中抗营养因子的差异，结合畜禽肠道生理状况，推出相对应的酶制剂产品。溢多利公司推出的大麦专用酶制剂AF851、高粱专用酶制剂AF811产品，深受市场认可。

2. 葡萄糖氧化酶的推广使用 该酶系统命名为β-D-葡萄糖氧化还原酶（EC1.1.3.4），它能够高度专一性的催化β-D-葡萄糖与空气中的氧发生反应，使葡萄糖氧化成为葡萄糖酸和过氧化氢。该酶广泛分布在动物、植物及微生物中。作为一种新型酶制剂，由于GOD具有去葡萄糖、脱氧、杀菌等特性，而且安全无毒副作用在食品的加工保鲜方面有广泛的运用。该酶种早在1999年被农业部定为在饲料中允许使用的12种酶制剂之一，只是在近年来在饲料行业中大力推广使用。葡萄糖氧化酶在畜禽养殖业中的应用，首先作为抗生素的替代品，葡萄糖氧化酶可催化肠道内葡萄糖产生葡萄糖酸和过氧化氢，直接抑制大肠杆菌、沙门氏杆菌、弧菌等，保护肠道上皮的完整性；改善肠道环境，保持肠道菌群生态平衡；对由大肠杆菌引起的肠道腹泻有明显的预防治疗作用。葡萄糖氧化酶也可以去除饲料中真菌毒素的危害，提高动物免疫能力。其次，作为球虫药物的替代品。葡萄糖氧化酶具有抗氧化作用，能有效清除自由基，保持肠道完整性，使球虫侵入肠道上皮机会大大降低，从而达到防御球虫的作用。最后，促生长作用。大量试验报道葡萄糖氧化酶具有促进动物生长，提高生产效率的作用。

3. 水产专用酶产品的广泛使用 由于水产动物消化道较短、胃肠分化不完全，水产动物消化能力不足；水产饲料中使用大量的植物性原料，例如次粉、棉粕等原料含有大量的抗营养因子，对鱼类消化影响更加严重；水产动物排泄物中未消化的饲料，对水体的污染是已消化饵料的4倍，因此非常有必要在水产饲料中使用酶制剂。酶制剂促进水产动物生长，节约饵料，在净化水体环境中发挥重要作用。水产专用酶制剂在酶种的选择方面，尽可能适于水生动物的消化肠道环境，通过剂型后处理方式，将酶的抗逆性能大幅提高，水产动物用酶制剂必须耐受高温、经受高压的制粒过程。溢多利公司研发的水产复合酶系列产品，耐温性能显著，在95℃高温制粒，酶活保存率达90%以上，酶制剂在20℃水温及在中性条件下，均能发挥作用。通过长沙大学在芙蓉鲫鱼上的试验表明：溢多酶能够提高鲫鱼生长11.1%，降低饲料系数0.11，对提高饲料的蛋白质、纤维素、能量、赖氨酸、蛋氨酸的表观消化率；溢多利公司研发的水产专用中性植酸酶—威特磷，具有极高的耐温性，沸水浴10min和100～105℃制粒的酶活保存率分别为64.6%和62.2%，同时该酶还具备广泛的pH作用范围（pH 4.5～8.0），在中性条件下保持了较高的酶活力，使用中性植酸酶按300g/t添加，取代10kg磷酸二氢钙对鱼的生长、饵料系数、体型指数没有任何影响，使用威特磷产品，水产饲料每吨可以节约10～15元，经济效益显著。

五、饲用酶制剂行业发展的方向

随着饲料工业、生物技术应用的发展，饲用酶制剂使用越加的广泛，酶制剂的生产及研发也进入新的发展阶段。一是饲用酶制剂生产企业与高校、科研机构紧密结合，对酶制剂的品种持续开发及改进，使酶制剂的作用得到更大发挥。二是随着国家对饲料中抗生素使用的限制，“无抗生素”日粮的观念越来越受到重视，作为酶制剂产品在生物安全方面也发挥着重大的作用，同时也为高校、科研机构对饲用酶制剂研发提供新的方向。三是拓宽了酶制剂产品的研发种类：消除或降解饲料原料中的霉菌毒素解毒酶制剂；改善肠道环境、平衡肠道微生态的酶制剂；消除自由基，完善肠道上皮组织的酶制剂；提高畜产品品质的酶制剂产品。

随着生活水平的提高，畜禽养殖行业始终朝着绿色、环保、无公害的方向发展。酶制剂、微生态制剂生物饲料等以生物技术为核心的产业也将是今后饲料发展的必然方向。

（周镇锋　冯新雨）

饲料酵母

各种动物源性食品安全事件的爆发，已引起公众对畜牧业的信任危机，及政府对抗生素限制应用的高度关注。要可持续发展关系国计民生的畜牧业，“健康、环保、高效”的饲料技术是养殖业关键的前提。酵母源生物饲料是“安全、高效、环保”的功能性蛋白原料和饲料添加剂产品，经过近十年的市场应用验证，其不仅能有效解决动物蛋白原料的同源性危害隐患，抗生素的残留性危害，而且能促进畜禽水产动物的快速生长，因此，酵母源生物饲料是确保畜产品安全的有效解决方案之一。特别是随着中国饲料工业的快速发展，对于一些资源性的蛋白原料的需求越来越紧缺，如鱼粉2014年以来受捕捞影响价格一直居高不下，进口超级蒸气鱼粉更在1.6万元/t高价位徘徊。广东雅琪生物科技有限公司开发的功能性酵母水解物替换部分鱼粉并进行配方优化，取得极佳养殖效果和良好经济效益。随着酵母及酵母深加工产品在动物饲料中的应用越来越受到认可，未来应用发展空间更加广阔。

一、饲料酵母的生产与应用情况

随着微生物学转基因技术研究的深入，酵母发酵工艺、酶解破壁及提取工艺的改进，酵母源生物饲料产品的价值被更深层次的挖掘，使用价值大大提升，市场上产品形式出现了新的变化，主要有高活性饲用干酵母，活酵母细胞数≥150亿/g；酵母抽提物；酵母水解物；酵母细胞壁多糖；酵母培养物；酵母硒、酵母铬等有机微量元素；酵母复合物等。在饲料酵母产品企业的大力宣传推广下，越来越多水产、畜禽饲料大中型企业都在积极尝试新原料，调整产品配方方案，开展动物应用实验，取得了让人满意的效果。2014年广东雅琪公司通过对酵母菌株的筛选和基因的强化改造，生产出来的活性干酵母能够耐受73℃较高温度和酸碱环境，每克含300亿以上年轻活酵母，只要每吨全价饲料添加200～300g就表现出极佳效果。2014年鱼粉持续高价位是广大水产饲料企业和高档乳猪教槽料饲料企业最头痛的问题，广东雅琪公司组织科研团队深入研究酵母水解物部分或全部置换鱼粉，涉及多个鱼粉使用量较大的动物品种和数量，在多个饲料集团公司和科研机构通过多次小试、中试取得理想效果后，在部分动物品种得到了全面推广应用，效果显著，预计未来将会取得长足发展。2014年的酵母源生物饲料年生产总量、年销售总量和年销售金额都比往年有了长足的提高。其中，广东雅琪生物科技有限公司2014年的酵母源生物饲料年产销量1.2万t，2014年销售金额约1.5亿元；安琪酵母股份有限公司的2014年营业收入比2013年增加17.14%。

二、新型饲料酵母的产品分类及其功能性成分的作用机理

1. 酵母水解物　酵母水解物是以酵母为菌种，经液体发酵得到的菌体，再经自溶和外源酶催化水解后，浓缩、干燥获得的产品，包括酵母可溶物和酵母细胞壁。酵母内容物含有丰富的蛋白质、氨基酸、小肽、核苷酸、鲜味物质鸟苷酸、肌苷酸；酵母细胞壁含有葡聚糖和甘露聚糖免疫多糖。核苷酸能够加速肠

细胞的分化、生长、和肠道损伤的恢复；葡聚糖一方面刺激T淋巴细胞和B淋巴细胞，产生抑制细菌和病毒的抗体，另一方面产生大量的巨噬细胞，有效清除体内失去生理作用的自身细胞以及病原微生物。甘露聚糖含可为有益菌提供碳源，从而可促进双歧杆菌和乳酸菌的生长，另一方面可选择性的吸附霉菌毒素，能够明显减少猪禽肝脏中霉菌毒素水平。

2. 酵母细胞壁 酵母细胞壁是以活性酵母细胞为原料，经自溶和特异酶解过程，把细胞内容物溶解出来后，再经高速离心分离（固液分离），固体细胞壁物质通过喷雾干燥工艺精制而成。酵母细胞壁的功能性成分是葡聚糖和甘露聚糖，经化学分析，葡聚糖含量≥30%，甘露聚糖含量≥20%。葡聚糖位于酵母细胞壁的内层，是由10～20个单糖通过p-1，3/1，6糖苷键化学键连接的聚合多糖，呈现螺旋形的分子结构，该立体结构本身就能对动物机体的免疫系统引起刺激作用，另外，葡聚糖还可以通过以下2种方式在机体内发挥作用：通过胞饮方式穿过肠上皮，进入淋巴或血液系统，刺激T淋巴细胞和B淋巴细胞，从而产生抑制细菌和病毒的抗体；通过刺激网状内皮系统，产生大量的巨噬细胞，从而有效清除体内失去生理作用的自身细胞以及病原微生物。

甘露聚糖位于细胞壁的外层，由约50个甘露糖通过α-1-6糖苷键化学键相连接的多糖（骨架断开，即是甘露寡糖），甘露聚糖在机体内发挥功效的机理如下所示：MOS通过受体与细菌、毒素、病毒及真核细胞结合，从而有效缓解外源性抗原的吸收，排出体外，平衡肠道菌群；其内源性结构可有效激活巨噬细胞的活性，从而提高机体的免疫能力；通过甘露糖受体竞争性凝集病原体，从而阻止病毒和病菌吸附到肠表面上进行繁殖导致诱发疾病；甘露聚糖不为病原菌提供碳源，可为有益菌提供碳源；可选择性的吸附霉菌毒素，而不影响其他养分的吸收。

三、饲料酵母的行业发展动态

饲料酵母的行业发展依赖饲料工业的发展，因此，饲料酵母的行业动态与饲料工业的动态呈现高度的相关性。在前期的市场推广工作结束后，酵母源生物饲料更多受到国家相关政策法规的影响。近3年来，农业部先后发布《饲料和饲料添加剂生产许可管理办法》等5个配套规章和《饲料原料目录》等3个技术规范，其中，把“食品酵母粉（酿酒酵母细胞）”和“酵母水解物”增补进了《饲料原料目录》，把“酿酒酵母提取物”“酿酒酵母细胞壁”和“酿酒酵母培养物”从《饲料添加剂品种目录》转入《饲料原料目录》，这有效说明了酵母源生物饲料已经被饲料行业所普遍接受，可规模化生产的酵母源生物饲料即将在生物安全型饲料原料的舞台上占有重要的一席之地。

目前，我国约有20家涉足到酵母源生物饲料业务的酵母企业，但规模普遍偏小，年产量过万吨的企业仅有几家，如广东雅琪生物科技有限公司、安琪酵母股份有限公司。其中，广东雅琪生物科技有限公司2014年投资500多万元兴建酵母源生物饲料的应用技术研发中心，购进先进检测设备，吸引高端科技人员，建立与高等院校合作的产学研基地，旨在创建酵母产品在畜禽水产饲料中应用的整套系统评估方法。安琪酵母股份有限公司“饲用高核苷酸酵母水解物关键技术及应用”“活化型酵母细胞壁多糖关键技术及应用”项目于2014年12月通过湖北省科技厅验收，再次表明酵母水解物和酵母细胞壁多糖产品对保障畜禽、水产养殖行业健康发展有非常重要的意义，具有广阔的应用前景。

四、饲料酵母的行业规范

酵母产品的国家标准、行业标准、地方标准以及企业标准，是有效监管产品质量的重要手段。2014年9月，由中国食品发酵工业研究院（全国食品发酵标准化中心）提出了“富硒酵母”等10项标准的征求意见稿，这说明了国家和行业发展都高度重视酵母的产品品质和行业生产的规范性。近年来，安琪酵母股份有限公司参与了《饲料添加剂酿酒酵母标准》和《酵母抽提物标准》的起草。在饲料酵母的国家标准尚不健全的背景下，广东雅琪生物科技有限公司拟定了严格的《酵母硒》《甘露寡糖》等企业标准，自觉执行自我有效监控的手段。

五、行业发展趋势

从2014年7月起，饲料生产企业统一使用新的生产许可证，原有的审查合格证作废，饲料生产企业准入“门槛”提高，在工艺设备、质量检验等方面提出了更高的要求，截至2014年12月，全国获得饲料生产许可证的企业数量为7 061家，较2013年底减少3 000家，这有力表明我国饲料行业转型升级的步伐已迈开，行业重新洗牌，有利于实现规模化、标准化、现代化生产，大幅度提高我国饲料行业的整体水平。2014年度，全国饲料产品抽检合格率96.2%，连续3年稳步提高，这充分展示了我国政府坚决推动饲料行业素质持续提升，确保畜产品质量源头安全的成果。酵母源生物饲料作为安全型的功能性蛋白饲料原料以及绿色安全、无残留、高效的功能性添加剂，完全符合饲料行业的发展趋势，具有广阔的市场前景。

（陈训银　李泽月　董爱华）

益生素应用研究进展

益生素又被称为活菌制剂、微生态制剂或饲用微生物添加剂，是活性微生物及其培养物的总称，其可以直接饲喂给动物并通过调节动物肠道微生态平衡达到预防疾病、促进动物生长和提高饲料利用率的作用。由于长期使用抗生素的负面作用以及食品安全问题的日益突出，近年来一些国家相继限用或禁用饲用抗生素，大大推动了益生素制品行业的发展。益生素与抗生素的用途类似，但作用机理却相反。抗生素是直接抑制有害菌生长，但由于药物作用的选择性限制，有益菌的生长也可能同时被抑制，而益生素是通过维持肠道内微生态平衡而发挥作用，具有防治疾病、增强机体免疫力、促进生长等多种功能，虽然作用比较慢，但不存在抗生素的耐药性、毒性及二重感染问题，其促生长作用与使用低浓度的抗生素效果相同，可作为抗生素的替代品应用于饲料添加剂中。2014 年，我国关于益生素的使用和研究重点已基本完成从单一益生素复合益生素和配伍益生素的转变；在注重应用技术的同时，也加强了对应用机理的研究；研究内容不仅限于传统的猪禽饲养应用，并已拓展到反刍动物、特种经济动物和水产养殖领域，并不断取得进展。

一、益生素的种类及加工工艺

益生素按使用目的可分为饲料益生素添加剂和药用益生素。前者可用于提高动物的生产性能、提高饲料利用率以及维持动物机体的健康，后者主要用于治疗目的。按制剂的含菌成分和组合，可将益生素分为由一种菌制成的单一菌剂和由两种以上菌种组成的复合菌剂。依据微生物构成的种类，还可将益生素分为乳酸菌类、酵母菌类、芽孢杆菌类和光合细菌类。

我国农业部第 2045 号公告《饲料添加剂品种目录（2013)》规定的可以直接饲喂动物的饲料级微生物添加剂菌种，共 34 种，包括地衣芽孢杆菌、枯草芽孢杆菌、两歧双歧杆菌、粪肠球菌、屎肠球菌、乳酸肠球菌、嗜酸乳杆菌、干酪乳杆菌、德式乳杆菌乳酸亚种（原名：乳酸乳杆菌)、植物乳杆菌、乳酸片球菌、戊糖片球菌、产朊假丝酵母、酿酒酵母、沼泽红假单胞菌、婴儿双歧杆菌、长双歧杆菌、短双歧杆菌、青春双歧杆菌、嗜热链球菌、罗伊氏乳杆菌、动物双歧杆菌、黑曲霉、米曲霉、迟缓芽孢杆菌、短小芽孢杆菌、纤维二糖乳杆菌、发酵乳杆菌、德式乳杆菌保加利亚种（原名：保加利亚乳杆菌)、产丙酸丙酸杆菌、布氏乳杆菌、副干酪乳杆菌、凝结芽孢杆菌、测孢短芽孢杆菌（原名：侧孢芽孢杆菌)。

2014 年，我国在益生素的新产品开发和生产工艺上的研究取得的新进展。包括对微囊化益生素的进一步研究、特定益生素工业化生产条件的摸索和具有特定功能益生素菌种的筛选等。关海滨等（2014）通过液体发酵法制备保加利亚乳杆菌，以海藻酸钠为囊材制备保加利亚乳杆菌微囊，使保加利亚乳杆菌免受胃液和肠液破坏的作用。夏振强等（2014）从甲壳类动物养殖水体中分离出一株海水养殖益生素，通过 16SrDNA 测定和生理生化反应对该菌进行了鉴定，确定为节杆菌属，并对其发酵条件进行了优化。陈向东（2014）通过优化乳双歧杆菌 V9 菌株的气体环境提高了其作为工业化益生素产品时的活菌数水平，并改善了该菌株在储藏期间的稳定性。苏雪峰等（2014）优化了凝结芽孢杆菌 NJ39 生长和产芽孢的发酵条件，通过响应面设计试验得出，发酵温度 34℃、接种量 13.5%、发酵液 pH 为 7.1 和发酵时间 58h 为其最优条件，方差和响应曲线分析均证明了该试验结果的可行性，为凝结芽孢杆菌的芽孢制剂的工业化生产提供参考。此外，2014 年关于益生素配伍（益生素与寡糖、酶制剂、酸化剂、中草药、肽等饲料添加剂的配伍使用）的研究和应用报道也有增加。

二、益生素的作用机理

益生素进入动物肠道后，与肠道内正常菌群产生共生、栖生、竞争及吞噬等复杂作用。目前，益生素的作用机理目前还不明确，提出较多的机理有三种学说，即优势菌群学说、菌群屏障学说以及微生物夺氧学说。益生素可通过建立优势菌群，改善肠道微生物菌落。部分益生素还可通过刺激免疫系统，提高动物机体免疫力。同时，益生素可以产生多种消化酶并提供机体所需的营养物质，发挥促生长作用。另外，益生素能分泌抑菌物质，抑制有害菌的生长，净化胃肠道内环境。

2014 年，国内学者对益生素的作用机理研究探讨在继续深化。杨金霞等（2014）报道，益生素对肠道上皮细胞的保护机制主要表现在两个方面，一方面是维持肠道微生态平衡，增强内源性防御屏障；另一方面改善肠道免疫防御屏障，抑制肠道过度炎症反应。值得注意的是，试验研究和临床的应用证实了不同菌种、不同剂量的益生素可能引起不同作用，因此仔细选择恰当的细菌种类和使用的标准剂量，在益生素应用过程中是十分必要的。

三、益生素在畜牧生产中的应用

益生素作为抗生素的潜在替代物应用于畜牧生产已经引起广泛重视。2014 年国内关于益生素的研究，可查阅的科技刊物文献约 158 篇，其中在畜牧生产中的应用研究约 84 篇，包括家禽方面的研究 27 篇，猪方面的研究21篇，反刍动物方面的研究23篇，水产方面的研究10篇，特种经济动物方面的研究3篇。2013年我国对益生素的研究已经从菌种筛选、保存和饲喂方法，过渡到对其饲喂效果的评价，研究和应用涉及了几乎所有畜牧生产领域，包括家禽、猪、反刍动物、水产以及特种经济动物。以下将着重从这五个领域综述2014年益生素在畜牧生产中的应用。

1. 益生素在家禽生产中的应用 综述2014年国内有关益生素在家禽生产中的应用研究，按家禽种类、益生素组成、添加剂量、最佳饲喂方案、饲喂效果、应用效果等梳理归纳（表2-21）。

从家禽种类来看，肉鸡方面的研究12篇（AA肉鸡7篇，其他品种肉鸡5篇），蛋鸡方面的研究5篇，肉鸭方面的研究1篇。这些数据说明，2014年国内关于益生素在家禽生产中的应用的研究集中在鸡上，且以肉鸡为主；未发现有关鹅方面的研究报道。从益生素的组成来看，使用单一益生素的仅有2篇，且其中1篇还是与中药复方配伍；使用复合益生素的有16篇，其中使用配伍益生素的有7篇。说明2014年国内益生素方面的研究已基本完成了向复合益生素方面的转变，同时继续深化对配伍益生素的应用研究。此外，家禽生产中使用的益生素菌种虽以芽孢杆菌、乳杆菌和酵母菌为主，但较往年更加丰富。

与单一益生素相比，复合益生素和配伍益生素的使用效果更优。在肉鸡饲养过程中，全程使用益生素的研究更多，且效果更好；在蛋雏鸡饲养过程中，对益生素的使用较往年更受重视；添加益生素时需注意不同益生素添加剂量不尽相同，并非剂量越高越好。益生素对肉鸡的作用效果较显著，且涉及机体的生长、免疫、抗氧化和肉质，包括提高生长性能、提高饲料转化率、促进免疫器官发育、改善肠道内环境与绒毛形态、预防或减少腹泻、提高免疫功能与抗体效价、减少应激、提高抗氧化功能和改善肉质；同时，饲料中添加益生素对改善鸡舍环境质量和增强肉鸡抗病力起到一定积极作用。益生素的使用对蛋鸡的影响，主要包括提高产蛋性能（产蛋率、蛋重、料蛋比、蛋壳品质等）、提高养分利用率、提高免疫力、提高种蛋品质、降低蛋黄胆固醇含量，益生素的使用还可以提高蛋雏鸡的生长性能及其改善肠道菌群。

表2-21 益生素在家禽生产中的应用

家禽种类	益生素组成	添加剂量	饲喂阶段	最佳饲喂方案	应用效果
AA肉鸡	同源益生素（包括芽孢杆菌、乳酸菌、双歧杆菌等多种益生素，活菌数为2.0×10^9CFU/g）	每千克饲料分别添加1.0、2.0、3.0或4.0g益生素	1～42日龄	添加3.0g/kg	提高小肠绒毛高度及其与隐窝深度的比值，改善肠道发育
AA肉鸡	同源益生素（包括芽孢杆菌、乳酸菌、双歧杆菌等多种益生素，活菌数为2.0×10^9CFU/g）	每千克饲料分别添加1.0、2.0、3.0或4.0g益生素	0～17周	添加3.0g/kg	提高肉鸡生长性能与消化功能
AA肉鸡	瘤胃微生物制剂（源于健康绵羊的瘤胃液）	每千克饲料添加0.5%益生素	1～41日龄	—	可替代抗生素，改善了白羽肉鸡的免疫器官指数及肠黏膜免疫功能
AA肉鸡	枯草芽孢杆菌J-11	每千克饲料添加1.0g益生素	3～21日龄	添加试验全期（0～42日龄）	降低有害菌、提高有益菌数量，有效防止腹泻，提高饲料转化率，改善生长性能
AA肉鸡	复合益生素（包括乳酸杆菌、芽孢杆菌、酵母菌等多种益生素，有效活菌量达1.8×10^{11}CFU/g），并于五味子、甘露寡糖配伍	在添加1%五味子与0.5%甘露寡糖基础上，每千克饲料分别添加1.0、2.0或3.0g益生素	1～42日龄	在添加1%五味子与0.5%甘露寡糖基础上，添加3.0g/kg益生素效果更好	提高生长性能，促进免疫器官发育，增强抗体效价
AA肉鸡	复合益生素（包括乳杆菌、芽孢杆菌、酵母菌等多种益生素，有效活菌量达5.0×10^{10}CFU/g）	每千克饲料分别添加1.0，2.0或4.0g益生素	25～40日龄	—	降低料重比，提高抗病能力并降低死淘率

（续）

家禽种类	益生素组成	添加剂量	饲喂阶段	最佳饲喂方案	应用效果
AA肉鸡	复合益生素（包括芽孢杆菌、乳酸菌、酵母菌，有效活菌量达1.5×10^{9}CFU/g）与复方中药配伍	每千克饲料添加1.5g益生素	1～9日龄与26～35日龄	—	改善鸡舍环境质量和增强肉鸡抗病力
“科宝500”肉鸡	乳酸杆菌和枯草芽孢杆菌，有益活菌总数≥5.0×10^{9}CFU/g，并与酸化剂配伍	每千克饲料共添加1g益生素与酸化剂	1～42日龄	—	节约蛋白饲料利用，不影响肉鸡生长性能与屠宰性能
黄羽肉鸡	复合益生素（包括酵母菌、芽孢杆菌和乳酸菌等）	每千克饲料添加1.0g益生素	1～42日龄	—	提高肉鸡生长性能、屠宰性能与肉品质
青脚麻鸡	复合益生素（包括枯草芽孢杆菌和乳酸杆菌，活菌数为1.0×10^{8}CFU/g）与有机酸配伍	—	1～52日龄	在低蛋白日粮中的应用效果更为明显	提高生产性能、屠宰性能与消化酶活性
广西灵山肉鸡	复合益生素（包括植物乳杆菌，嗜酸乳杆菌，地衣芽孢杆菌，枯草芽孢杆菌，蜡样芽孢杆菌，酿酒酵母混合组成，活菌数为13.6×10^{10}CFU/g）	每千克饲料分别添加1.0或2.0g益生素	50～120日龄	添加1.0g/kg	提高肉鸡生长性能、屠宰性能与肉品质
文昌鸡	嗜酸乳杆菌与3个中药复方配伍	每千克饲料添加0.2g益生素	1～135日龄	—	预防肠道疾病与呼吸道疾病
海蓝褐蛋鸡	复合乳酸杆菌（包括干酪乳杆菌、植物乳杆菌与发酵乳杆菌，活菌数为2.0×10^{11}CFU/g）	每千克饲料分别添加0.5、1.0、1.5或2.0g益生素	1～42日龄	添加1.0g/kg	提高蛋雏鸡生长性能与免疫器官发育，增强免疫力，改善肠道菌群平衡
海蓝褐蛋鸡	复合益生素（包括芽孢杆菌1.0×10^{10}CFU/g、双歧杆菌1.0×10^{10} CFU/g、乳酸杆菌1.0×10^{11}CFU/g）与黄芪多糖配伍	每千克饲料分别添加5.0×10^{6}或1.0×10^{7}CFU益生素	1～50日龄	益生素与黄芪多糖共同添加效果更好	提高蛋雏鸡生长性和免疫水平
海蓝褐壳蛋鸡	复合益生素（包括乳酸菌、双歧杆菌等菌株）与中药配伍	每千克饲料添加1.0g益生素	31～82周龄	益生素与中药配伍添加效果更好	调节蛋鸡体内脂质代谢的物质，减少胆固醇的合成和向蛋黄中的转移，可以降低鸡蛋中胆固醇含量
罗曼褐蛋鸡	复合乳酸杆菌（包括嗜酸乳杆菌5.0×10^{9}CFU/g、干酪乳杆菌3.0×10^{9}CFU/g、粪链球菌3.5×10^{9}CFU/g与双歧杆菌5.0×10^{9}CFU/g）与酵母铬配伍	每千克饲料分别添加0.4或0.8g益生素	40～47周龄	0.6g/kg酵母铬与0.8g/kg益生素共同添加效果最好	提高蛋鸡日产蛋量、产蛋率、饲料转换率和蛋黄指数，降低蛋黄重量与胆固醇水平
海兰褐蛋鸡	枯草芽孢杆菌和地衣芽孢杆菌，活菌数为1.0×10^{10}CFU/g，并于酵母细胞壁配伍	每吨饲料分别添加50、100或150mL益生素	19～28周龄	0.8mg/kg酵母细胞壁与100mL/t益生素共同添加效果最后	提高蛋鸡生产性能和免疫功能
樱桃谷肉鸭	乳酸杆菌、纳豆芽孢杆菌	每千克饲料分别添加10mL乳酸杆菌或10mL纳豆芽孢杆菌	1～42日龄	添加乳酸杆菌效果最好	降低樱桃谷肉鸭血液中谷丙转氨酶、碱性磷酸酶的活性、血清尿氮素、肌酐、总胆固醇的含量，同时提高成活率和毛利润

2. 益生素在猪生产中的应用 从猪的生长阶段、益生素组成、添加剂量、饲喂时间、最佳饲喂方案和应用效果等方面，归纳总结2014年国内有关益生素的应用研究报告。

从益生素在猪上的饲喂阶段来看，11篇文献中关于哺乳仔猪的有2篇，关于断奶仔猪的有4篇，关于肥育猪的有3篇，关于母猪的有4篇，其中吴平（2014）的研究包括了对哺乳仔猪、断奶仔猪及母猪的3个试验。从益生素组成来看，未见使用单一益生素的研究，其中使用复合益生素6篇，使用配伍益生素5篇。2014年，国内关于益生素在仔猪生产上的研究也已从对单一益生素的添加效果转变为对复合益生素、配伍益生素的添加效果评价。

此外，猪生产上使用的益生素菌种相对于家禽更加丰富，主要包括乳酸菌和丁酸梭菌、植物乳酸菌、戊糖乳杆菌、蜡样芽孢杆菌、鼠李糖乳杆菌、双歧杆菌、唾液乳杆菌等；复合益生素或配伍益生素使用效果往往优于使用单一益生素；对于不同生长阶段的猪分别采用不同的饲喂方式，其中哺乳仔猪以灌服的方式饲喂，而断奶仔猪、肥育猪及母猪采用向饲料中添加的方式较多。对哺乳仔猪与断奶仔猪使用益生素，主要是为了预防或减少仔猪腹泻情况的发生，且应用效果良好。益生素可明显改善仔猪肠道菌群平衡与肠道黏膜结构，从而提高仔猪抗应激能力与生长性能。在育肥猪上使用益生素，可以提高其生长性能与血清蛋白水平，改善肉品质，肌肉抗氧化水平以及降低粪中氨气和硫化氢排放。饲料中添加益生素还可用于改善母猪生产性能，对提高窝产活仔数、窝产总重量、仔猪生长性能以及降低黄白痢发生率均具有积极作用（表2-22）。

表2-22 益生素在猪生产中的作用

猪	益生素组成	添加剂量	饲喂时间	最佳饲喂方案	应用效果
哺乳仔猪（杜长大三元杂交）	益生素制剂（组成不详）	每千克饲料添加10mL益生素	连续2d向确诊为白、黄痢的哺乳仔猪灌服10mL益生素水剂	—	治疗哺乳仔猪下痢
哺乳仔猪（杜长大三元杂交）	复合益生素（包括乳酸菌、芽孢杆菌，活菌数为 7.0×10^{8} CFU/g）与酵母铁、益生元、维生素配伍	每千克饲料添加1.0g益生素	7～35日龄	—	提高仔猪生长性能与饲料消化率，促进有益菌乳酸杆菌的增殖，抑制大肠杆菌的生长，维持仔猪肠道健康
断奶仔猪（杜长大三元杂交）	益生素制剂（组成不详）	每千克饲料添加0.1g益生素	35～78日龄	—	提高断奶仔猪体重，预防下痢
断奶仔猪（杜长大三元杂交）	复合益生素（包括戊糖乳杆菌、蜡样芽孢杆菌、鼠李糖乳杆菌，活菌数分别为 2.6×10^{8}、1.4×10^{9} 与 3.5×10^{8} CFU/g）	每千克饲料中戊糖乳杆菌、蜡样芽孢杆菌、鼠李糖乳杆菌分别以1∶1∶1、1∶2∶1、2∶1∶2或1∶1∶2比例添加	28～56日龄	以1∶1∶1、2∶1∶2比例配制效果更好	促进仔猪生长，降低腹泻率，平衡消化道微生物区系，提高机体的抗应激能力
断奶仔猪（长大二元杂交）	枯草芽孢杆菌、植物乳杆菌，活菌数大于 2.0×10^{9} CFU/g	植物乳杆菌 8.6×10^{9} cfu/头/d，枯草芽孢杆菌 2.0×10^{8} cfu/头/d以及两种益生素剂量减半复合使用	42～77日龄	试验前2周效果较好	降低料重比，提高肝脏指数，降低胃、十二指肠的pH
断奶仔猪（杜长大三元杂交）	双歧杆菌、唾液乳杆菌（活菌数 1.98×10^{8} CFU/g）与苦豆籽粕配伍	每千克饲料分别添加5、10、20g益生素	21～51日龄	饲喂20g/kg	改善肠道黏膜结构

（续）

猪	益生素组成	添加剂量	饲喂时间	最佳饲喂方案	应用效果
生长猪（杜长大三元杂交）	枯草芽孢杆菌、地衣芽孢杆菌、粪肠球菌（7∶2∶1，共 5.0×10^{9} CFU/kg）	每千克饲料分别添加 5.0×10^{9} 或 1.0×10^{10} cfu 益生素	30kg，饲喂 9d	添加 1.0×10^{10} cfu/kg 效果更好	抗生素结合益生素可提高生长猪饲料干物质消化率，改善生长猪肠道内微生物菌群结构
肥育猪（长大二元杂交）	益生素，活菌数 1.0×10^{10} CFU/g，并与植酸酶、复合酶及寡糖配伍	每千克饲料添加 0.5g 益生素	60～100kg	—	提高生长性能、血清蛋白水平，降低氨气和硫化氢产生量
肥育猪（杜长大三元杂交）	乳酸菌制剂（包括植物乳酸菌与戊糖片球菌），活菌数为 1.0×10^{9} CFU/mL	50，100 或 150mL/d	30～100kg	饲喂 100 或 150mL/d	提高猪肉的系水力、嫩度和抗氧化性能
妊娠母猪（长大二元杂交）	益生素制剂（组成不详）	每千克饲料添加 0.1g 益生素	妊娠母猪产仔前 1 周	—	提高仔猪断奶与转群时体重，减少下痢发病率
妊娠母猪（长大二元杂交）	复合芽孢杆菌、复合包被乳酸菌和丁酸梭菌，活菌数 2.0×10^{10} CFU/g	每千克饲料分别添加 0.1 或 0.2g 益生素	妊娠期 60d～哺乳期 10d	饲喂 0.2g/kg	提高窝产活仔数、窝产总重量和初生重，降低黄白痢发生率
妊娠母猪（长大二元杂交）	复合益生素，活菌数 1.0×10^{10} CFU/g，并于抗菌肽、中药以及微量元素配伍	每千克饲料添加 1.0g 益生素	妊娠后 30d	—	提高哺乳期母猪采食量，显著降低其便秘的发生率，减少母猪粪尿量和臭味，改善猪舍环境，提高仔猪的生长性能
妊娠母猪（长大二元杂交）	复合益生素（包括枯草芽孢杆菌与乳酸菌）与仙人掌提取物配伍	每千克饲料添加 1.0g 益生素	妊娠期与哺乳期	—	改善母猪体况，减少妊娠期母猪的便秘与背膘损失，缩短母猪发情间隔，增加母猪产仔数

3. 益生素在反刍动物生产中的应用 将 2014 年国内有关益生素在反刍动物生产中的应用研究报告，从动物品种、益生素组成、添加剂量、最佳饲喂方案和应用效果等方面总结。

2014 年反刍动物中使用的益生素主要为复合益生素；在奶牛上的作用效果主要是提高其产奶性能和乳品质，预防乳房炎，并对治疗奶牛子宫内膜炎有一定积极作用；在断奶与育肥羔羊上是提高生长性能，增强免疫力，提高抗病力。

目前，益生素已经广泛地应用于畜牧生产中，越来越表现出代替抗生素的趋势而备受人们关注。尤其是在奶牛养殖行业中，益生素可以提高饲料转化率，提高产奶量和奶品质，增强机体抗病力和抗热应激的能力。饲料中添加益生素可以减少抗生素的使用量，这符合人们对绿色、安全食品的需求，体现出益生素的广阔市场前景。然而，益生素在反刍动物上的使用还有很多研究要做，主要体现为益生素在反刍动物瘤胃中原有菌群之间的关系及其作用机制；复合制剂中各种益生素如何相互协同，发挥作用；如何提高益生素的稳定性等。通过对这些问题的深入研究，益生素作为绿色安全的饲料添加剂必然在今后的反刍动物养殖业中发挥更大作用（表 2-23）。

表 2-23 益生素在反刍动物生产中的应用

反刍动物	益生素组成	添加剂量	饲喂时间	最佳饲喂方案	应用效果
泌乳奶牛（荷斯坦）	益生素制剂（组成不详）	每千克精料分别添加50、100或150g益生素	泌乳期	—	提高产奶性能、改善乳品质，预防乳房炎
泌乳奶牛（荷斯坦）	双益生素（由山羊瘤胃源屎肠球菌和植物乳杆菌组成）	基础日粮中添加10g/头/d	泌乳期	—	提高产奶量并保证乳品质
泌乳奶牛（品种不详）	乳酸菌制剂（包括干酪乳酸菌与植物乳球菌，活菌数为 1.3×10^9 CFU/g）	每千克精料添加50g/kg	泌乳期30d	—	提高产奶量，改善乳品质
泌乳奶牛（荷斯坦）	复合益生素（包括乳酸菌、酵母菌与芽孢奸菌，活菌数大于 2.0×10^9 CFU/mL）	50或100mL/（头·d）	泌乳中期60d	—	改变奶牛瘤胃发酵模式，提高奶牛产奶性能、免疫及抗氧化功能，调节后肠道微生态，并对畜舍空气质量有一定改善作用
泌乳奶牛（荷斯坦）	复合益生素，由山羊瘤胃源源屎肠球菌和植物乳杆菌组成	10g/头/d	泌乳中后期20d	—	产奶量和乳脂率虽有提高，但并不显著
泌乳奶牛（荷斯坦）	复合益生素（组成不详）	8g/头/d	泌乳期45d	—	高奶牛产奶量和乳品质，提高奶牛免疫力，并提高奶牛养殖经济效益
泌乳奶牛（荷斯坦）	复合益生素，由山羊瘤胃源源屎肠球菌和植物乳杆菌组成	10g/头/d	泌乳中后期20d	—	提高生产性能并有较好的经济效益
泌乳奶牛（荷斯坦）	复合益生素（包括干酪乳酸菌与植物乳杆菌，活菌数 5.0×10^8 CFU/g）	50～200g/（头·d）	泌乳期	对于治疗乳房炎5～15d即可见效	有效防治奶牛乳房炎，降低牛乳中体细胞数量，提高产奶量
泌乳奶牛（荷斯坦）	复合益生素（包括干酪乳酸菌与植物乳杆菌，活菌数 1.5×10^9 CFU/g）	133g/头	泌乳中期42d	—	提高产奶量，降低乳中体细胞数量
泌乳奶牛（荷斯坦）	复合益生素（包括嗜酸乳杆菌、鼠李糖乳杆菌和枯草芽孢杆菌）	—	患奶牛子宫内膜炎时期	—	可以防治由奶牛子宫内膜炎常见病原菌引起的疾病
断奶羔羊（品种不详）	复合益生素（包括枯草芽孢杆菌、地衣芽孢杆菌、乳酸菌、酵母菌与丁酸梭菌，活菌数 1.0×10^9 CFU/g）	每千克饲料添加3.0g益生素	40～120日龄	—	提高生长性能，增强免疫力，提高抗病力

（续）

反刍动物	益生素组成	添加剂量	饲喂时间	最佳饲喂方案	应用效果
育肥羔羊（品种不详）	复合益生素（枯草芽孢杆菌、乳酸菌、酵母菌及其代谢产物和促生长因子，活菌数大于1.0×10^{9}CFU/g）	每千克基础日粮分别添加1.0或2.0g益生素	20～30kg	添加1.0g/kg效果更好	降低育肥羔羊的血清尿素氮含量，在正常浓度范围内提高葡萄糖浓度，提高养分消化率与生长性能
育肥羊（阿勒泰）	复合益生素与寡糖配伍	每千克基础日粮中添加1.8g益生素	35kg，饲喂60d	—	提高阿勒泰羊的生长性能

4. 益生素在水产养殖上的应用 由于具有使用安全和方便等优点，益生素逐渐被应用于鱼类、甲壳类等水产动物饲料中，可促进水产动物生长，提高免疫力及改善肠道微生物区系。孙云章（2014）认为，养殖过程中利用益生素调节鱼类肠黏膜免疫功能，控制弧菌等条件致病菌的增殖，改善肠道微生态的平衡，对于保证宿主的健康具有重要意义。方程（2014）研究发现，使用益生素可促进匙吻鲟生长性能，提高匙吻鲟对营养物质的消化作用，保护肝脏与肠道的功能。杨志平等（2014）向幼参投喂弧菌BC232菌株45d后用病原菌灿烂弧菌NB13菌株攻毒，弧菌BC232试验组幼参的发病率和死亡率明显低于对照组，表明饵料中添加弧菌BC232可刺激幼参免疫反应，并提高其抗病力。吴翔宇等（2014）研究表明，溶藻弧菌VZ5株与芽孢杆菌BZ5株在凡纳滨对虾幼体培育过程中搭配使用，可以有效改善水质，提高幼体成活率和变态同步性；此外，在不用抗生素和化学药物的前提下，添加溶藻弧菌VZ5株和芽孢杆菌BZ5株对发光弧菌具有一定的抑制作用。但也有不同的试验结果，张健等（2014）通过正交试验设计研究壳寡糖、黄芪多糖和益生素对草鱼免疫功能影响的试验发现，饲料中添加益生素的免疫增强效果并不明显。造成结果差异的原因可能与益生素的添加方式、使用时间及菌株等因素有关。

此外，随着我国集约化水产养殖业的迅速发展，生态环境遭到严重破坏，导致水质不断恶化，水产动物病害频发。然而，疾病防治主要采用抗生素等化学药物，大量使用抗生素导致养殖水体的微生态失衡，包括多种耐药细菌和病原菌的产生。因而，改善水质，修复和维持养殖水体的微生态平衡成为防病的关键。2014年，我国在益生素改善水质上的研究取得了新的进展。赵留群等（2014）分别在水体中泼洒芽孢杆菌、海洋红酵母和EM菌（阿水美），发现EM菌和海洋红酵母具有降低化学需氧量的作用，EM菌和芽孢杆菌具有降解氨氮和亚硝酸盐氮的功能，EM菌改善水质的效果最好。王静香等（2014）报道，益生素能够降低水体中氨氮、亚硝酸盐、硫化物的含量，增加水体透明度、水中溶解氧含量，调节水体pH值。使用水产专用活菌素（益生素）的实验组日本对虾生长较快，水体中蓝藻数量多，绿藻数量少。赵坤（2014）研究发现，水产养殖环境中的优良芽孢杆菌可用于分解水体中的有机物、降解水体中的氨氮和亚硝氮以及硫化氢等有毒物质、促进水体中藻类生长以改善水质以及抑制水体中有害菌的生长，从而提高水产动物抗病能力等功效。姜松等（2014）研究发现，糙海参育苗池中泼洒微生态制剂（包括乳酸菌、芽孢杆菌和光合细菌）可以促进幼体的生长，提高消化酶活性和成活率，并有改善育苗水体水质的作用。

5. 益生素在特种经济动物养殖中的应用 2014年有关益生素在特种经济动物养殖中的研究涉及獭兔与肉兔。曹玮娜等（2014）在43日龄断奶獭兔的饮水中添加植物乳酸菌（浓度分别为1.0×10^4、1.0×10^7、1.0×10^{10}以及1.0×10^{13}CFU/mL，隔天饲喂10mL/只），发现可提高獭兔生长性能，提高肌肉胰岛素样生长因子－1、生长激素受体基因的表达水平，改善肌肉系水力，植物乳酸菌推荐添加水平为1.0×10^4～1.0×10^{7}CFU/mL。廖清华等（2014）研究表明，将含有芽孢杆菌、乳酸杆菌与乳酸球菌的复合益生素（活菌数约1.0×10^{9}CFU/mL）与红糖配伍使用可提高肉兔的日增重，增加采食，提高饲料报酬，降低腹泻率和死亡率，提高经济效益，平均采食量、平均日增重、经济效益均随着益生素的添加量增加而增加，料重比、腹泻率和死亡率则随着益生素添加量的增加降低，其中以添加0.3%益生素的效果最好。

四、小结与展望

2014年有关益生素的报道虽大多集中在研究应用优势上，但越来越多的学者对益生素菌株的安全性提出质疑。不过，随着现代分子生物学技术和检测手段的不断进步，益生素菌株的全基因测序和分析成为了可能，基因谱图的深入研究和后基因组时代功能基因的剖析，这一问题将会被解决。只有科学、理性地使用益生素才能促进益生素在今后的动物养殖业中发挥更大作用。

（张昊　王恬）

寡糖

一、寡糖在水产动物和禽类中的应用研究进展

1. 水产动物　寡糖在水产动物上的应用日渐广泛，2014年的研究主要集中在半滑舌鳎、刺参、大菱鲆等水产动物上。寡糖的应用使得水产动物的生长性能、抗病性都得到显著改善，同时也为寡糖在水产动物饲料中的适宜添加量提供了科学依据。

通过对半滑舌鳎稚鱼投喂经甘露寡糖强化的卤虫无节幼体，证实甘露寡糖可以提高半滑舌鳎稚鱼肠道发育和非特异性免疫水平（朝磊等，2014）。结果发现试验17d时甘露寡糖组鱼体长、34d时RNA/DNA和protein/DNA均大于对照组。甘露寡糖组17d时淀粉酶比活力和34d时胰蛋白酶比活力显著高于对照组。试验组的过氧化物歧化酶、过氧化氢酶、过氧化物酶和溶菌酶活性均显著高于对照组；微绒毛长度和皱襞高度显著大于对照组。张雪等（2014）研究了果寡糖（0.1%、0.2%、0.5%）和甘露寡糖（0.1%、0.2%、0.4%）对大菱鲆幼鱼生长性能和血清生化指标的影响，果寡糖和甘露寡糖均使大菱鲆幼鱼质量增加率、特定生长率、能量表观消化率和尿素含量显著增加（$P<0.05$），饲料系数降低。韩丽蓉等（2014）发现以仿刺参为试验动物时，饲料中添加壳寡糖显著提高了刺参体腔细胞的呼吸爆发活力，0.5%壳寡糖添加水平可显著提高刺参体腔细胞的一氧化氮合酶活性（$P<0.05$）。刺参体腔细胞内酸性磷酸酶活性呈下降趋势，其中0.5%壳寡糖添加组显著低于对照组（$P<0.05$）；而壳寡糖对刺参的生长指标没有显著影响。王际英等（2014）研究了半乳甘露寡糖对刺参幼参生长、体壁营养组成及免疫力的影响。结果表明饲料中添加不同浓度的半乳甘露寡糖对幼参增重率及特定生长率具有显著影响，而对脏壁比及肠壁比无显著影响；添加半乳甘露寡糖比例0.2%、0.4%、0.8%、1.2%的处理组，刺参体壁氨基酸总量及谷氨酸、甘氨酸、精氨酸含量显著高于对照组（$P<0.05$）。饲料中添加半乳甘露寡糖对体壁及体腔液超氧化物歧化酶、碱性磷酸酶及溶菌酶活性具有显著影响（$P<0.05$），同时对体腔细胞溶菌酶活性影响显著（$P<0.05$）。由此可见，刺参对于不同寡糖的反应不同，但寡糖都显示出了良好的改善动物免疫力的特性。

2. 肉鸡　李运虎等（2014）研究了大豆低聚糖（300、600、900mg/kg）对湘黄鸡生产性能的影响，结果显示15～30日龄时，各低聚糖组和抗生素组平均日采食量均高于对照组，并且600mg/kg组肉鸡日增重和料肉比均优于对照组；从试验全期来看600mg/kg组日增重和料肉比显著优于对照组。万丹等发现饲料中添加0.4%果寡糖（FOS）可显著提高广西黄羽肉种鸡孵化率、血清总蛋白、球蛋白含量；所有寡糖组血清总胆固醇、单一果寡糖组和复合寡糖组（0.4%FOS+0.02%MOS）甘油三酯含量显著低于对照组。与对照组相比，添加FOS和复合寡糖显著提高种鸡饲料粗蛋白质、粗脂肪、粗纤维含量和磷的消化代谢率。试验表明，在广西黄羽肉种鸡饲料中单独添加果寡糖效果最优，而去果寡糖和甘露寡糖的联合使用并没有明显的协同效应。

洪奇华等（2014）试验了热应激条件下益生菌、纤维寡糖及合生元对肉鸡的影响，结果表明，益生菌和纤维寡糖可以改善热应激反应，且两者组合效果优于各自单独使用。热应激条件下，肉鸡平均日增重、日采食量均显著降低；盲肠内容物乳酸杆菌数显著下降，而大肠杆菌和梭菌数显著上升；空肠绒毛高度和绒毛隐窝深度显著降低，空肠跨膜电阻也下降，荧光素异硫氰酸酯-葡聚糖（FD4）通透性显著升高。与热应激组相比，益生菌组、纤维寡糖组空肠绒毛高度和绒毛隐窝深度显著升高，FD4通透性显著下降；纤维寡糖组盲肠内容物乳酸杆菌数显著上升，而大肠杆菌和梭菌数显著下降；空肠绒毛高度和绒毛隐窝深度显著升高，FD4通透性显著下降。

二、寡糖在农作物、食品上的应用研究进展

1. 寡糖在农作物上的应用进展　近年来，寡糖在传统农业中的应用越来越广泛，从促进农作物、果蔬的生长到植株的抗逆性、抗病性及防虫害等方面都有研究。

氨基寡糖素也称农业专用壳寡糖，是D-氨基葡萄糖以β-1，4糖苷键连接的低聚糖，由海洋生物的几丁质降解的壳聚糖后再降解制得，或由微生物发酵提取的低毒杀菌剂，其本身含有丰富的C、N，可被微生物分解利用并作为植物生长的养分，可刺激植物生长，诱导植物的抗病性，对多种真菌、细菌和病毒产生免疫和杀灭作用，对小麦、水稻、果树和蔬菜等作物病害具有良好的防治作用。孙光忠等（2014）通过2年多田间药效试验证明氨基寡糖素0.5%水剂防

治番茄晚疫病效果显著，使用剂量在 14～18.8ga.i./hm^2 时，防效均在 80%以上，效果优于生产上大面积推广的嘧菌酯（250g/L）。郭海鹏等（2014）也试验了氨基寡糖素对小麦生长调节的作用，发现在陕西省小麦拔节期、孕穗期和抽穗期施用 5%氨基寡糖素，小麦增产效果明显，每 667m^2 可增产 6%以上。

张运红等（2014）研究了海藻酸钠寡糖、几丁寡糖、壳寡糖对小麦种子萌发及幼苗生长的影响。结果海藻酸钠寡糖对小麦幼苗促生长效果最好，添加量为 0.05%最佳；发芽指数和活力指数分别比清水对照提高 12.96%和 14.74%，不定根数增加 12.13%；几丁寡糖也可促进不定根生成，且海藻酸钠寡糖、几丁寡糖均能增加小麦叶片中叶绿素、可溶性糖和可溶性蛋白质的含量；壳寡糖对小麦幼苗促生长效果不显著。

刘航等发现来自海洋的褐藻胶寡糖（AOS）可刺激小麦叶片内源性脱落酸（ABA）积累，ABA 是一种植物激素，可作为信号分子参与调控植物的生理活动，对高等植物的生长及应对外界环境非生物胁迫具有重要作用。褐藻胶寡糖能上调小麦中 ABA 合成基因 T*a*NCED、T*a*AOX、T*a*BG 的转录。使用脱落酸从头合成抑制剂氟啶酮后，外源施加褐藻胶寡糖不能诱导内源 ABA 产生，说明褐藻胶寡糖诱导内源性 ABA 的产生可能是通过 ABA 合成信号通路实现的。

郝林华等（2005）从牛蒡根中提取发现的聚合度为 13 的菊糖型低聚果糖。很多研究已经表明牛蒡寡糖能够促进植物生长，提高其抗逆性、抗病性等。具有提高蔬菜产量、品质和增强植物抗逆性的作用。张玉凤等（2014）研究了以牛蒡寡糖（水溶肥 1）或壳寡糖（水溶肥 2）为主要成分的水溶肥在菠菜上的应用效果。与喷清水处理相比，市购叶面肥、水溶肥 1、水溶肥 2、牛蒡寡糖、壳寡糖处理的菠菜鲜重、叶绿素含量分别增加 8.7%～16.8%和 5.2%～29.6%；硝酸盐和草酸含量分别降低了 10.8%～60.0%和 12.0%～67.6%；丙二醛含量降低 11.9%～30.9%；氧自由基产生速率降低 43.6%～73.0%。与市购叶面肥处理相比，水溶肥 1 处理的菠菜鲜重增加 4.4%；水溶肥 1、水溶肥 2 处理的菠菜硝酸盐和草酸含量分别降低 49.0%、42.8%和 11.3%、52.2%；水溶肥 1 处理的丙二醛含量和氧自由基产生速率分别降低 4.1%和 6.3%。可知，寡糖提高了菠菜产量，降低了硝酸盐和草酸等影响菠菜安全性和口感的不利因素含量，并且菠菜的抗氧化能力提高，细胞膜完整性得到改善。

2. 寡糖在蔬菜中的应用进展 毕旺华等（2014）在培养基中加入不同浓度的褐藻寡糖溶液，测定杏鲍菇固体平板培养菌丝体的生长速度、液体发酵菌丝体干重及发酵过程中纤维素酶活力。结果表明褐藻寡糖浓度为 0.001mg/mL 的试验组菌丝体生长速度、菌丝体生物量、纤维素酶活性较其他试验组差异极显著。同一作者在以真姬菇菌丝为试验材料时发现，添加量为 0.001mg/mL 壳寡糖对真姬菇菌丝体生长速度、菌丝体生物量、纤维素酶活性具有明显的促进作用。毕旺华等（2014）发现对于菌类，低浓度寡糖具有促生长作用，而寡糖浓度过高对菌类生长有一定的抑制作用。

朱英波（2014）以“津研四号”黄瓜为试材，以壳寡糖和 Nd^{3+} 为研究对象，比较了二者单独作用和联合作用对黄瓜幼苗枯萎病的抗性诱导作用。发现 50mg/L 壳寡糖＋10mg/L 复合处理的相对防效达 74.7%，比 50mg/L 壳寡糖和 10mg/LNd^{3+} 的单独处理分别提高 22.0%和 43.8%。苯丙氨酸解氨酶（PAL）、过氧化物酶（POD）、多酚氧化酶（PPO）、β-1，3-葡聚糖酶（GLU）防御酶活性呈上升趋势。

杨雪彪等试验发现壳寡糖水溶性肥料可改善烟叶的产量和品质，并且可降低化肥的使用量，同时对大田期常见多发病有良好防治和抑制作用。吴仲珍等发现用壳寡糖浸泡采收后的天麻，可改善天麻贮藏品质，经壳寡糖处理的天麻还原糖含量显著高于对照组；过氧化氢及丙二醛含量低于对照组；过氧化氢酶及过氧化物酶活性下降减慢；天麻素含量高于对照。

3. 寡糖在食品上的应用进展 滕超等（2014）综述了功能性寡糖在食品中的应用，总结了食品功能性寡糖的种类、功效等。主要功能性寡糖的理化特性和摄入量（表 2-24）。

表 2-24 功能性寡糖的摄入量、味觉和物理性质

寡糖种类	低聚木糖	低聚果糖	低聚半乳糖	低聚异麦芽糖	几丁寡糖
最小有效剂量（g/d）	0.7	3	2	10	—
日常摄取量（g/d）	0.7～1.4	5～20	8～10	15～20	0.3～0.7
最大无作用量（g/d）	—	36	18	90	—
甜度（以蔗糖作 100 计）	50	30～60	20～40	30～50	30～35
甜味性质	纯正，类似蔗糖	清爽，不带任何后味	纯正	温和	爽口

（续）

寡糖种类	低聚木糖	低聚果糖	低聚半乳糖	低聚异麦芽糖	几丁寡糖
热值	3.4kcal/g	1.5kcal/g	1.7kcal/g	—	几乎不产热量
酸热稳定性	很稳定	pH＝3 条件下，高于 70℃ 极易分解	中性条件下耐热性较好	较强	稳定
着色性	较蔗糖稍弱，与氨基酸共存加热时比蔗糖好	非着色性	着色性高	易着色	—
黏度	所有寡糖中最低	较蔗糖高	较低	与蔗糖接近	较壳聚糖大大降低
水分活度	比蔗糖低	略高于蔗糖	与蔗糖相似	与蔗糖相似	—
保湿性	良好	很好	极强	优良	优于蔗糖

资料来源：滕超等（2014）

寡糖在食品中的应用还表现在食品抗冷冻剂上。为了延缓冷冻虾仁蛋白质的冷冻变性，通常在冻藏虾仁中添加抗冷冻变性剂，糖类作为抗冻保水剂在冷冻水产品中等应用已较为广泛，其作用原理是糖类在热能作用下相互缠绕形成三维网络结构，与肌肉中的盐溶蛋白相互结合形成良好的网络结构。马璐凯等（2014）试验发现，－18℃冻藏 6 周后，0.5%、1.0%海藻糖和海藻胶寡糖（500～600Da）处理可显著降低冷冻虾仁解冻汁液流失（5.0%～5.5%），与对照组焦磷酸钠保水效果无显著差异。整个冻藏期内肌肉 L＊值显示，以上三种物质对冷冻虾仁肌肉明度具有良好保护作用。随着冻藏时间延长，海藻糖、海藻胶寡糖对虾仁蛋白质特性的保护效果要优于蒸馏水和焦磷酸钠处理组。

三、寡糖的抗菌、抗病机理研究进展

孙海娇和何书英（2014）对肝素寡糖对内皮细胞增殖的影响及可能的机制。采用 MTT 法检测肝素寡糖对血清、血管内皮生长因子（VEGF）诱导的人脐静脉内皮细胞（HUVEC）增殖的影响；采用流式细胞仪检测肝素寡糖对 HUVEC 凋亡的影响，采用 Westernblot 法检测肝素寡糖对 HUVEC 对 VEGF 表达的影响。结果显示在血清、血管内皮生长因子诱导下，肝素寡糖对 HUVEC 的增殖有抑制作用，肝素寡糖可以诱导其凋亡，并且可降低细胞内 VEGF 的表达。

张晓瑜等（2014）研究结果显示寡糖粗提物（CGOS）对小鼠巨噬细胞有激活作用。结果表明，CGOS 在 10～100μg/mL 能够增强巨噬细胞的吞噬功能，并呈现良好的剂量依赖关系，最佳作用浓度为 100μg/mL；CGOS 在 10～200μg/mL 浓度范围促进活性氧的释放。

四、功能性寡糖制备技术的研究进展

蔡锦源等（2014）总结了寡糖的提取纯化技术，主要包括水浴提取法、微波辅助提取法、超声波辅助提取法、酶提取法和膜分离提取法等 5 种方法。水浴提取法是最早应用于提取植物有效成分的传统方法，这一方法提取果实寡糖的影响因素包括 pH 值、提取时间、提取温度和料液比。微波辅助提取法的原理是果实细胞内极性溶液可以吸收微波能，温度急剧升高，压力增强，当压力增大到超过细胞壁所能承受时，细胞壁便会崩解，细胞内的有效物质就会释放出来从而被溶剂溶解，再经过分离纯化，则可获取低聚糖。这一方法需要确定的影响因子一般为提取温度、提取时间、微波功率、微波时间、料液比等。超声波法主要是通过超声波在细胞内部对媒质产生独特的机械振动作用和空化作用而破坏目标细胞壁，使得溶剂快速渗透到细胞中。超声波法所需要确定的影响因子为提取时间和温度、超声功率和时间以及料液比等。酶提取法主要是通过选取针对细胞壁成分分解酶破坏细胞壁，使得有效成分快速溶出，需要确定酶的种类和添加量、pH、温度、酶解时间等条件。常用对膜取法包括超滤和纳滤两种，需要确定的条件为料液比、压力、温度等。

董向艳等（2014）研究了用商品化β-葡聚糖酶和多聚半乳糖醛酸酶共同水解甘薯淀粉加工废渣（甘薯渣）制备复合寡糖的最佳条件，并利用复合寡糖诱导大豆生成大豆抗毒素。该试验以温度、pH、底物浓度、酶添加量和反应时间为条件开展单因素试验，利用 TLC 和 HPLC 对酶解产物进行测定，分别以纤维二糖得率、果胶二糖和果胶三糖总得率为指标得到单因素试验的最佳条件，再通过复合酶共同水解甘薯渣制备复合寡糖，并对纤维寡糖、果胶寡糖以及复合寡糖这 3 种寡糖产物进行诱导大豆抗毒素活性评价。根据单因素试验结果优化复合寡糖制备条件，在温度 40℃、pH 2.5、底物浓度 1%、β-葡聚糖酶添加量

6.9×10^3 U/g 甘薯渣膳食纤维、多聚半乳糖醛酸酶添加量 1.42×10^4 U/g 甘薯渣膳食纤维、反应 7h 时，复合寡糖产物中以纤维二糖、果胶二糖和果胶三糖为主，纤维二糖得率为 137.0mg/g，纤维二糖转化率为 33.6%；果胶二糖和果胶三糖等总得率为 26.0mg/g，果胶二糖和果胶三糖总转化率为 44.5%，与单一寡糖制备结果相比均有明显提高。利用甘薯复合寡糖作为外源诱导剂诱导大豆生成抗毒素，当复合寡糖浓度为 1%，大豆在无菌水中浸泡 5h，诱导温度 25℃、湿度 50%、黑暗中培养 4d 时，大豆抗毒素生成量达到最高，为 1.2mg/g 干豆重。而在相同条件下纤维寡糖和果胶寡糖诱导得到的大豆抗毒素生产量分别为 0.8 和 0.5mg/g 干豆重。结果表明，甘薯复合寡糖对大豆抗毒素的诱导效果优于单一寡糖。

柯春林（2014）总结了果胶低聚糖（POS）等生产纯化技术，一般通过一定原料的解聚或部分酶水解果胶纯品、酸水解、热液处理、动态超高压微射流或在含有 TiO_2 介质上的光化学反应等方式而得。主要包括 3 种方法：化学法、酶解法和综合法。不论用什么方法处理果胶，得到的最终产物都是多种低聚糖的复合物，即 POS 包括低聚半乳糖醛酸、低聚半乳糖、低聚阿拉伯糖、鼠李半乳低聚糖、低聚木糖半乳糖醛酸和阿拉伯半乳低聚糖。

王鲁霞等（2014）总结了壳寡糖等制备方法，大致分类为物理法、化学法、生物法和复合法。物理法说通过辐射过程中壳聚糖分子内的化学键发生断裂而降解，主要有微波、超声波、电磁波辐射降解法，其中用的较多是超声波降解法。化学法是在酸性环境中，壳聚糖和甲壳素的长链结构会发生部分水解，发生糖苷键的断裂，形成相对分子质量大小不一的片段，严重水解则大部分变成单醣，因此，壳聚糖在 HF、H_2SO_4、HCl、HNO_2 等酸性试剂的作用下进行剧烈的降解反应可制得壳寡糖，其中盐酸降解法已实现壳寡糖的工业化。酶解是壳寡糖生物制备的主要方法，分为专一性酶解法和非专一性酶解法。复合法有分批式反应器、柱式反应器、超滤膜反应器、双反应器系统等。

（陈旭东）

有机酸化剂替代抗生素在养兔业中的应用前景

动物生产中抗生素作为生长促进剂应用始于半个世纪之前，起初是 Stokstad 与 Jukes 在鸡饲料中添加金霉素残渣以提供维生素 B_{12}，但却引起了远比维生素效果更大的促生长作用（Brezoen et al.，1999）。这种状况随后扩展到其他的抗生素和其他动物种类，从而促使饲料中抗生素的推广使用。

抗生素作为生长促进剂极大地促进了畜牧业的发展，其能有效预防动物疾病、保证动物健康和促进动物生长，成为畜牧业中不可或缺的部分，对畜牧产业集约化规模化发展做出了重要贡献，动物日粮中使用抗生素可以改善动物消化道菌群、抑制有害菌、提高营养物质消化吸收，进而提高动物增重、改善饲料效率，促进动物健康生长。但近年来人们对抗生素不当使用的关注度越来越高，广泛、过量使用抗生素存在巨大风险，会造成病原微生物耐药性不断增强以及抗生素在畜产品的大量残留，极大地危害人类和动物安全，药物残留、食品安全、细菌耐药性等问题已引起人们的重视。养兔业中应用抗生素替代产品以解决上述问题已显得日益迫切，而有机酸化剂可有效解决家兔腹泻及促进生长，未来可作为抗生素替代产品可待进一步开发研究。

一、家兔的消化生理特点

家兔为单胃草食动物，前端消化道结构功能与单胃动物相同，是饲料中蛋白质、淀粉、脂肪等的主要消化吸收场所；家兔盲肠较发达，可以利用饲料中的纤维物质，盲肠是成年家兔消化吸收的重要场所，盲肠内微生物可以分解饲料中的纤维物质，产生挥发性脂肪酸，进入前端肠道作为能量物质被家兔利用。家兔不同消化器官因功能不同，发育和成熟顺序不同，总的发育顺序为从前往后发育，即仔兔前端消化器官胃和小肠先发育，盲肠后发育。

盲肠是家兔重要的消化器官，成年兔盲肠占消化道容积的 40%左右，盲肠健康对维持家兔健康十分重要。出生仔兔盲肠不发达，生长速度相对缓慢，在仔兔采食固体饲料后才开始快速发育。在 21 日龄后，仔兔开始采食固体饲料，盲肠和结肠开始快速发育，发育速度超过小肠和胃。第 3～7 周龄，仔兔盲肠逐渐被饲料等能容物填满，并含有大量微生物；在 7～9 周龄时，盲肠占体重比重达到最大，随着仔兔采食软粪，微生物开始进入仔兔后端肠道。采食固体饲料对盲肠微生物区系建立起到极其重要的作用，随着盲肠微生物区系的建立，对纤维素等营养物质的消化能力得到提升，盲肠微生物能分泌纤维素酶、果胶酶、木聚糖酶和脲酶等，帮助消化利用饲料中的纤维物质，产生营养物质供家兔利用。

二、养兔业面临的腹泻威胁

腹泻是养兔业面临的主要威胁，断奶幼兔极易发生腹泻，养殖中 60%～70%的问题是由腹泻引起的，腹泻引起的死亡可高达80%，给养兔业者带来的损失很大。导致断奶幼兔产生腹泻的病原微生物种类较多，病毒、细菌、寄生虫、真菌等都能导致断奶幼兔腹泻。导致断奶幼兔腹泻的细菌主要有大肠杆菌、沙门氏菌、巴氏杆菌、魏氏梭菌和泰泽氏菌，寄生虫主要是球虫，此外还有轮状病毒、霉菌毒素等。

1. 沙门氏菌 沙门氏杆菌性腹泻在兔上主要由鼠伤寒沙门氏杆菌（S. typhimurium）和肠炎沙门氏杆菌（S. enteritidis）引起，其症状主要为败血症、伤寒、腹泻与流产。其中仔兔和幼兔以急性腹泻败血和慢性腹泻为主（林玲等 2000）。沙门氏杆菌为兔肠道寄生菌，主要通过与病兔或病兔粪便接触感染，实际生产中沙门氏菌造成的腹泻所占比例不高。

2. 大肠杆菌 大肠杆菌性腹泻由埃希氏大肠杆菌引起（Escherichia coli），大肠杆菌是造成断奶幼兔腹泻的最主要的病原菌，是仔兔重要传染病之一（Peetesr 1984）。大肠杆菌为兼性厌氧菌，仔兔初生后，大肠杆菌经口进入肠道定殖，是肠道内正常菌种，机体健康情况下对动物无害，并能在一定程度上竞争性抵御病原菌感染，但当机体免疫力低下、肠道长期缺乏刺激时，大肠杆菌侵入肠外组织，引起肠外感染，导致仔兔腹泻。仔兔断奶后，由于饲料资源改变、断奶应激、自身免疫能力不足，容易导致大肠杆菌感染而造成腹泻。

3. 魏氏梭菌 魏氏梭菌性腹泻由魏氏梭菌（Clostridium welchii）引起，饲料变更、运输、温差过大等都能诱发本病，经消化道、皮肤和粘膜损伤途径传染。魏氏梭菌分泌肠毒素造成肠粘膜通透性改变和新陈代谢紊乱，进而造成仔兔腹泻，病死率极高（Peeters 1986）。

4. 巴氏杆菌 兔巴氏杆菌性腹泻主要由多杀性巴氏杆菌（Pasteurella mμLtocida）引起，兔极易被多杀性巴氏杆菌感染，敏感度高，症状主要表现为传染性鼻炎、结膜炎、败血症等，因其主要表现为鼻炎，巴氏杆菌导致的腹泻容易被忽视。巴氏杆菌为条件性致病菌，家兔多携带该菌，正常情况下不会危害家兔健康，但机体免疫力降低会导致该病发生，仔兔多变现为鼻炎和腹泻（李金安 1999）。

5. 轮状病毒 轮状病毒性腹泻由轮状病毒（Rotavirus）引起，30～60日龄幼兔易感，通过粪口途径传播，感染后仔兔表现为发烧、呕吐、腹泻等症状，病死率高（Touless M E 1986）。

6. 球虫病 兔球虫病主要由艾美尔属球虫（Eimeriidae coccidium）和等孢属球虫（Isospora coccidium）感染引起，家兔易感球虫病，多数兔携带球虫，成年兔一般不发病，1～3月龄幼兔易发病，感染和死亡率高。球虫通过消化道感染，进入体内后在肝脏和消化道寄生并大量繁殖，造成上皮细胞受损，破坏肠道完整性，造成代谢紊乱，产生腹泻，并极易造成其他病原微生物如大肠杆菌等感染。目前兔场中对球虫防治较严格，但因球虫四季均能发病，且极易繁殖感染，球虫病仍是幼兔的一种高发疾病。

7. 霉菌毒素 因饲料保存不当造成的真菌性腹泻也是仔兔腹泻的重要原因。与复胃动物相比，家兔对霉菌毒素耐受性差，家兔饲料原料中的粗饲料如秸秆、草粉、花生秧等易受霉菌污染，饲料原料收割、运输、加工和贮藏过程中都可能被霉菌污染，霉菌产生的霉菌毒素严重危害动物健康。主要霉菌毒素有：黄曲霉毒素、玉米赤霉烯酮、赭曲霉毒素、单端孢霉烯毒素。霉菌毒素会抑制仔兔免疫器官发育，造成淋巴细胞减少，仔兔免疫能力降低；其次，霉菌毒素会破坏仔兔黏膜完整性，如造成肠黏膜破损而发生炎症性反应；此外，霉菌毒素还严重抑制仔兔生长（Obsome 1982）。霉菌毒素对仔兔有很大危害，腹泻即是其危害的一个方面。

禁止饲料中使用抗生素以来，为了控制腹泻，减少养殖损失，家兔养殖业不得不寻求抗生素的替代产品。目前有机酸化剂在替代抗生素方面有其特殊优势（Jensen 1998），如可以调节动物胃肠道pH、提高消化酶能力，改善肠道微生物区系，促进有益菌生长、抑制有害微生物定植生长，从而保持动物肠道健康，促进动物生长（Oh 2004，李鹏等 2009）。此外，与抗生素相比，酸化剂无毒，不会在体内蓄积残留；无抗药性，是一种绿色无公害环保的添加剂。

三、饲料酸化剂的分子抑菌机制

1. 无机酸化剂 在饲料中使用的酸化剂有两种作用模式。第一种是降低消化道中的pH值，在酸化剂溶解时，可释放H^+。无机酸可完全分解并对降低pH值有显著的影响。而沙门氏菌一般生存的pH为4～9，适宜生长的最佳范围为6.5～7.5，或高或低的环境pH值均会抑制细菌的生长。在非常低的pH值（例如pH为3）情况下，质子（H^+）穿过细菌细胞膜的速度更快，因而会导致细胞内酸化，降低了病原菌的渗透压体系，阻止了病原菌的正常繁殖，从而抑制了病原菌沙门氏菌等的生长发育。当然一味降低饲料中降低pH值并不可行，因为无机酸具有腐蚀性，对人和动物具有危险性，并可导致饲料加工处理设备受损。此外，由于饲料中原料对酸化剂具有缓冲作用，饲料进入动物消化道后并不能显著改变肠道的pH值。另外有数据证明某些沙门氏菌对长期处于较低pH环境也可产生耐酸性（Foster，1991，Bearson，1998）。

2. 有机酸化剂 有机酸一般作为弱酸，对沙门氏菌等病原菌有不同的作用模式，由于常见的有机酸产品是微生物新陈代谢的产物，因其有良好的抗菌性能，有机酸作为食品防腐剂已有悠久的应用历史。在溶液中，有机酸在非解离（非离子化）的状态下，可以渗透通过细菌的细胞壁细胞膜进入细胞质，由于解离的酸的比例随着 pH 值升高而增加，一旦进入细胞内，有机酸即可进行解离，在近中性 pH 值的细菌内环境，细胞质中酸即可释放阴离子 A^- 和质子 H^+（Russell 等，1998），进而导致细胞内的 pH 值降低，对 pH 敏感的细菌而言，不能耐受细菌内外环境的 pH 值存在较大差异性，进一步激活特殊的 H^+ - ATP 酶泵机制，促使细菌内的 pH 值达到正常水平，在此过程导致能量消耗，细菌生长受阻，并最终杀死细菌。

由于有机酸只能以非解离状态自由扩散进入细胞膜，而解离酸的阴离子部分被滞留在细菌细胞内，这种累积的阴离子因其抑制代谢反应（Krebs 等，1983），即对细菌产生毒性（Russell，1992），减少了大分子物质的合成（Cherrington 等，1991）。非 pH 敏感菌如乳酸杆菌可耐受细菌内外 pH 值的较大变化，如果细菌内 pH 值处于较低的状态，有机酸可通过进入时相同的方式重新形成非解离状态，另外，革兰氏阳性菌细胞内还具有较高浓度的 K^+，也可为阴离子酸提供大量阳离子（Russell，1998）。

有机酸的抗菌效果也与有机酸浓度较高及较长的羧酸碳链有关，革兰氏阴性菌不能耐受长链和中链的有机酸（Canbie 等，2001）。

3. 不同酸化剂在动物生产中对抑制沙门氏菌的功效 Sadler 和 Binder（1996）为了研究不同有机酸对沙门氏菌的抑菌效果进行了最小抑菌浓度（MIC）试验结果。不同有机酸其作用效果不同，其中甲酸以及甲酸组合（例如，甲酸酸+正磷酸）对沙门氏菌的抑菌效果最好（表 2 - 25）。

表 2 - 25 不同酸化剂对沙门氏菌的最小抑菌浓度（MIC）

试验材料	沙门氏菌 MIC（%）
乙酸	0.058 6
甲酸	0.029 3
乳酸	0.117 2
正磷酸	0.117 2
柠檬酸	0.117 2
丙酸	0.058 6
富马酸	0.058 6
乙酸铵	>1
甲酸铵	>1
甲酸钙	>1
乙酸/甲酸组合	0.058 6
甲酸/正磷酸组合	0.029 3
甲酸/乳酸组合	0.029 3

4. 酸化剂对大肠杆菌的控制 酸化剂可和抗菌剂一样用在饲料中作为预防疾病的重要措施。有机酸也可用作饲料防霉剂，可有效抑制大肠杆菌等有害菌和真菌的生长（Frank，1994），进一步改善饲料品质及有助于改善动物生产性能。

5. 酸化剂对大肠杆菌的抑菌效果 病原菌的耐药性问题已受到极大关注，其中大肠杆菌的耐药菌株大量存在，使用抗生素治疗此类大肠杆菌感染的效果并不理想，因而酸化剂作为无毒无残留的抑菌杀菌添加剂为人们所重视。研究表明，酸化剂可调控胃肠道微生物菌群平衡，可以减少大肠杆菌的感染。Liu Y. G.（2001）报道对具有耐药性的大肠杆菌菌株，可通过添加酸化剂达到抑菌杀菌的目的（表 2 - 26）。

表 2 - 26 酸化剂对耐药性大肠杆菌菌株的抑菌试验

单位：mm

分离的大肠杆菌株	耐受抗生素种类	酸化剂的抑菌情况
1	多黏菌素、螺旋霉素、新霉素、庆大霉素	20
2	多黏菌素、螺旋霉素、新霉素、庆大霉素、维吉尼亚霉素	22
3	多黏菌素、新霉素	25
4	多黏菌素、螺旋霉素、新霉素、庆大霉素维吉尼亚霉素	28
5	多黏菌素、新霉素、庆大霉素	25
6	多黏菌素、新霉素	20
7	新霉素、庆大霉素	21
8	多黏菌素、螺旋霉素、新霉素、庆大霉素	22
9	多黏菌素、螺旋霉素、新霉素	28
10	多黏菌素螺旋霉素、新霉素	27

注：mm 为抑菌圈大小的单位。

Decuypere 和 Dierick（2003）报道，中链脂肪酸也具有抗菌活性，一些研究人员并对中链脂肪酸在游离或者酯化状态下进行了测试，在酯化状态可在小肠内被内源性或外源性脂肪酶所分解释放出来。

四、有机酸化剂在养兔业中的应用

养兔业中应用有机酸化剂的研究尚少，实验结果也不完全一致，最近 Scapinello 等（2001）和 Michelan（2002）发现在生长期兔饲料中添加 1.5%的富马酸可改善饲料转化率和日增重，但差异并不显著，Hollister（1990）也有类似报道。捷克研究人员 Skøivanová 和 Marounek（2002），报道添加 0.5%中链脂肪酸辛酸可降低断奶后仔兔死亡率但不影响生产性能，他们于 2006 年以甘油三酯的形式进行酯化，可显著降低断奶后死亡率，而对饲料采食量日增重及胴体产量并无影响（表 2－27）。

表 2－27　生长兔添加有机酸化剂对生产性能及死亡率的影响

文献来源	日均增重	饲料转化率	死亡率
Hollister *et al.*，1990	减少 4.0%（40.1*vs*38.5g/d）	增加 3.77%（3.77*vs*3.91）	减少 7.2%（17.9vs10.7）
Scapinello *et al.*，2001	增加 10.7%（28*vs*31g/d）	减少 3.9%（3.34*vs*3.21）	*
Michelan *et al.*，2002	增加 22.0%（27.5*vs* 33.6g/d）	减少 14%（4.13*vs*3.55）	*

*未有数据报道。

虽然在兔日粮中添加有机酸化剂对消化及生产性能影响尚有待进一步研究，但在已有许多研究中对日增重的改善方面已有报道，中链脂肪酸具有较强的抗菌活力（Skřivanová and Marounek，2002），并可降低革兰氏阳性菌与阴性菌所带来的损失（Gardinali et al.，2008）。相比之下，添加丁酸钠（Carraro et al.，2005）和富马酸（Scapinello et al.，2001）或甲酸（Skřivanová 和 Marounek，2007），结果表明并无抑菌效应（表 2－28）。

表 2－28　兔饲料中添加酸化剂的有关实验总结

文献来源	有机酸	实验结果
Castrovilli，1991	富马酸（1.5g/kg）	改善日增重
ZiLin et al.，1996	富马酸（1.25g/kg）	改善日增重
Hullar et al.，1996	富马酸（3g/kg）	改善日增重
El-Kerdawy，1996	富马酸（0.5g/kg）	提高粗纤维粗蛋白消化率
Hullar et al.，1996	丁酸钠	提高日粮消化率
Skřivanová 和 Marounek，2002	辛酸（5g/kg）	降低巴氏杆菌、产气荚膜杆菌死亡率，生长速度无显著差异
Abecia et al.，2005	富马酸（5g/kg 和 10g/kg）	盲肠内环境无显著影响，淀粉分解菌增多
Scapinello et al.，2001 Michelan et al.，2002	富马酸（1.5g/kg）	改善日增重及饲料转化率，但差异不显著
Skøivanová 和 Marounek，2006	油脂 10g/kg（脂肪酸甲酯中含辛酸、葵酸、月桂酸分别为 60.8%、38.7%和 0.3%）	降低断奶后死亡率，对生长速度、采食量、日增重、胴体重无影响
Cesari et al.，2008	甲酸乳酸混合物（5g/kg）及迷迭香、肉桂香百里香精油	提高日增重及饲料转化率
Gardinali et al.，2008	0.4%甲酸柠檬酸精油微囊	减少革兰氏阳性菌与阴性菌对患病兔只得感染

五、结语

其实，酸化剂作为饲料添加剂，在 20 世纪 60 年代已经开始使用。在断奶仔猪、肉仔鸡、反刍动物上的研究证实，日粮中添加酸化剂可以有效提高断奶仔猪的消化吸收、降低腹泻率，提高肉仔鸡生产性能，促进反刍动物瘤胃健康等。

仔兔断奶后面临着多重应激，包括与母兔分离、食物结构改变和环境改变等，而且由于断奶幼兔肠道免疫系统发育不完善，再加上失去来自母乳的被动免疫，因此很容易感染微生物导致腹泻。同时，断奶幼兔胃酸和消化酶分泌不足，还容易因消化不良导致或加重腹泻。而且，由于家兔肠壁很薄，黏膜脆弱，一旦肠道发生炎症，很容易出现渗出性病变而死亡。

随着有机酸化剂的研究深入，既要解决养兔业所面临的疾病威胁、保障动物健康，同时减少抗生素使用，更加关注食品安全，添加使用绿色无公害饲料添加剂有机酸化剂替代抗生素有其特殊优势。

（李　祥）

饲料机械制造工业概况

饲料机械制造工业

2014年，饲料行业发展与宏观经济形势相适应，由快速增长期进入结构性增长期且与消费多元化的变化趋势更加紧密，经历了政策和市场“两只手”的双重作用，呈现了新形势下的一些发展特征。首先饲料行业管理更加严格，饲料生产企业数量大幅减少。自2012年12月1日开始施行新的准入条件，提高了行业准入门槛，直接导致2014年饲料企业总数同比减少4 495家，下降幅度为31.9%；二是企业快速整合，区域、饲料企业（集团）平均规模及产能集中度进一步提高，2014年，百万吨以上的饲料企业（集团）31个，比2013年增加6个；产量10 352万t，占全国的52%，比2013年增长4%。随着饲料企业数量的减少及产业集中度、规模的提高，并伴随着人力资源成本的增加压力，2014年饲料机械设备的生产达到了一个小高潮，先进的生产技术及装备的使用有很大的发展，自动化和智能化的技术与装备的应用也得到了极大的推广。同时，随着国内饲料机械制造企业国际化视野与思路的创新，国际饲料行业的发展也影响着中国饲料机械制造工业的发展方向。

一、饲料加工成套机组生产情况

2014年共生产饲料加工成套机组1 710套，生产总数与2013年相比有所增长，同比增加74套，增长幅度为4.5%，但与2012年相比还是下降明显，减少了196套，下降幅度为10.3%。其中，生产时产10t以上的大型饲料加工成套机组1 285套，与2012年、2013年相比显著增长，分别增加了319套和261套，增长幅度分别为33.0%和25.5%；生产时产10t以下的饲料加工成套机组425套，与2012年、2013年相比显著下降，分别减少了415套和187套，下降幅度分别为49.4%和30.6%。与前2年相比，2014年大型饲料加工成套机组持续增长，中小型成套机组连续大幅下降，这主要与《饲料生产企业许可条件》提高了饲料企业的准入门槛，中小型成套机组不能满足配合饲料、浓缩饲料的生产许可条件有关，也与饲料行业整合速度加快、生产企业两极分化、向大型化规模化方向发展相适应（表2-29）。

表2-29　饲料加工成套机组产量

单位：套

年份	≥10t/h	<10t/h	合计
2012年	966	840	1 906
2013年	1 024	612	1 636
2014年	1 285	425	1 710

二、饲料加工机械生产情况

2014年共生产单机设备26 800台，与2012年、2013年相比分别增加了1 880台和294台，增长幅度分别为1.1%和7.5%。粉碎机、混合机、制粒机等三大主机共生产23 765台，与2012年、2013年相比略有下降，分别减少了149台和566台，下降幅度分别为0.6%和2.3%。其中，粉碎机8 873台，与2012年、2013年相比都有所增加，分别增加了334台和90台，增长幅度分别为3.9%和1.0%；混合机7 051台，与2012年、2013年相比都有所减少，分别减少了186台和417台，下降幅度分别为2.6%和5.6%；制粒机7 841台，与2012年、2013年相比都有所减少，分别减少了297台和239台，下降幅度分别为3.7%和3.0%；单机其他设备3 035台，与2012年、2013年相比分别增加了2 029台和860台，增长幅度分别为200.0%和39.5%。与前2年相比，饲料加工机械单机设备生产总数及粉碎机和其他设备数量持续小幅增加，说明饲料企业持续进行技术改造、设备更新换代（表2-30）。

表2-30 饲料加工机械单机产量

单位：套

年份	粉碎机	混合机	制粒机	其他	合计	
					三大主机	所有设备
2012年	8 539	7 237	8 138	1 006	23 914	24 920
2013年	8 783	7 468	8 080	2 175	24 331	26 506
2014年	8 873	7 051	7 841	3 035	23 765	26 800

三、配合饲料加工设备发展特点

2014年，随着养殖业增速放缓、利润下降、暴利时代终结，饲料行业整体运行已进入一种新经济常态。一是规模效益更加明显；二是产能过剩将持续或进一步加剧；三是产业链发展模式成为大型饲料企业集团的必然选择；四是进入产品结构调整阶段，单一的商业化饲料生产模式已逐渐失去优势，创新模式的发展将成为饲料企业的永恒话题。为了适应新形势下的饲料企业发展模式，饲料企业在进行设备改造升级的同时，加强企业生产管理技术与管理理念的提升，积极研究加工生产技术及市场变化规律，不断进行产品创新，提升产品质量，以形成企业发展新的竞争力。为了适应饲料加工企业新形势的变革，2014年配合饲料加工设备的发展呈现如下特点。

1. 顺应市场细化战略布局，饲料加工设备产品的更新换代及新产品不断推陈出新 为了提高市场竞争力及市场战略布局，饲料设备制造企业一直在不断地对饲料加工关键设备进行更新升级，全面提升其工作效率和自动控制水平，使高能耗设备如粉碎机、制粒机、膨化机等向高产量、低吨料电耗、高产品稳定性和低故障率方向发展。

2. 原料接收工序和投料工序逐渐实现机械化 原料接收工序和投料工序是饲料企业人力资源投入的重点，亦是简单重复劳动的岗位，它的机械化实现，将大大降低人力成本。因此在非粒状原料储存、散装原料卸车、袋装原料投料等方面也逐步采用机械化。汽车散装物料卸车采用液压翻板代替人工方式，工作效率高，工人劳动强度大幅度降低，工作环境得到有效改善，节约成本；饼粕、麸皮、次粉等副原料散装接收储存，实现原料储存、进料的高度机械化；袋装原料投料口采用全自动拆包机，大大提升拆包效率，提高大料投料自动化程度，改变环境脏乱差现象。

3. 饲料原料清理工艺越来越完善，许多粮食清理设备快速应用到了饲料加工中，提高了饲料的产品品质，减少霉变等对产品质量的影响 目前在粒状饲料原料清理中，除选用普通的圆筒初清筛外，圆筒双筒初清筛、高效振动筛、多层高效精细清理筛、吸风分离器、玉米脱皮机等初清设备也逐步得到了采用，有效提高了原料品质，保证了产品质量。

4. 饲料加工工艺技术的创新成为饲料加工设备企业的创新点 饲料加工过程的高效热处理技术研究与相应设备开发是优质饲料产品生产的关键，已成为饲料加工及饲料机械制造企业的共识。随着新型饲料资源的开发应用，越来越多的饲料原料采用膨化（膨胀）技术进行原料预处理，以消除抗营养因子、提高饲料利用率；为了提高饲料生产效率和饲料利用率，有效保护热敏性饲料添加剂，并提高饲料的安全卫生性，高熟化、低损失的畜禽饲料制粒新工艺将得到推广应用，如大料膨胀（膨化）加低温制粒工艺等。

5. 水产饲料膨化设备大型化及智能化水平进一步得到提升 水产膨化饲料成为水产饲料行业的发展趋势，促进了水产饲料膨化设备的研发和膨化技术的进步。膨化水产饲料是一种低污染、低浪费、高效率、高转化率的优质环保型饲料，在海水鱼类养殖中得到普遍认可，淡水鱼养殖中也在逐渐采用。因此，许多饲料设备制造企业加快了膨化机的研究开发和升级换代，无论产能还是膨化饲料产品质量都得到了较大提升。

6. 低碳、节能、环保、智能成为饲料加工设备开发的主旋律 饲料加工单机设备与成套设备的大型化、集约化程度越高，饲料企业生产成本中设备成本与能耗成本的摊比越大，设备使用过程中故障状况对生产过程影响就越大，这就要求配合饲料加工设备的研发要注重设备工作原理的创新研究，进一步降低能耗，注重关键部件的可靠性研究、精细化制造技术研究，提高设备的可靠性和易损件的使用寿命。

7. 产品创新与系统创新将是饲料加工设备企业的增长点，技术引领饲料加工设备行业才是王道 饲料生产企业的改造升级，单一设备产品的更新其性价比难以很好得到体现，系统综合的设备更新及管理技术更新、工艺技术更新、人力资源更新才是综合解决问题所在。牧羊-WEM4000、布勒wincos等生产与管理相结合的控制系统与生产设备的一致更新模式逐渐在国内饲料生产企业得到认同，通过自动化、信息化、智能化把控整个生产过程及生产设备进行管理，全程可追溯，提高生产精度和产品质量品质，保证饲料安全，有利于推动企业软硬件管理升级，实现跨越式发展。

8. 饲料加工设备中包装、输送及码垛设备的自动化程度越来越高 由于人力成本较低的优势已经普遍不存在，饲料企业对于一些用工较多、技能要求不高的工序环节实现全自动化需求增加，因此许多设备制造企业加大了对饲料专用包装、输送、码垛等设备自动化的开发力度，推出了全自动上袋机、智能码垛机械手、全自动码垛机、全自动定量包装线、自助式袋装料包装与发送系统等。饲料专用全自动定量包装线由全自动上袋机、电脑定量秤、自动标签机、自动断线缝包机、分选秤、自动托盘库、码垛机械手、包装袋输送线等设备组成，实现全自动定量包装、码垛，有利于饲料企业解放生产力、促进企业升级、提高生产效能。全自动码垛机由压平、转袋调姿、编组、分层升降等装置组成，具有码垛速度快、垛形整齐、全自动码垛的特点。

9. 成品散装化 随着规模化养殖扩大和养殖场机械化喂料方式的采用，越来越多新建饲料厂都设计有成品散装发放工序，通过散装车直接将饲料成品运往饲养场，节省包装工序及包装袋费用，减少成品库容及投资。

（李军国　王红英）

中国饲料机械企业情况

根据2014年7月1日起《饲料和饲料添加剂管理条例》的实施，饲料行业准入门槛提升，全国减少3 000多家饲料企业。从饲料机械设备生产情况也可以看出，在成套机组中，时产＜10t 的设备比上年减少187台套，而时产≥10t 的设备增加261台套。饲料企业在向大型化、集约化方向发展，淘汰一些设备陈旧、管理混乱的企业，饲料生产行业整体提档升级，对整个行业的发展起到积极作用，饲料产品更加安全规范。

一、全国饲料机械概况

2014年，饲料加工机械设备生产总量为28 510台套，同比增加368台套，增长1.3%。其中，成套机组1 710台套，同比增加74台套，增长4.5%；单机26 800台，同比增加294台，增长1.1%。

在成套机组中，时产≥10t 设备1 285台套，时产＜10t 设备425台套。

在单机设备中，粉碎机8 873台，同比增加90台，增长1.0%；混合机7 051台，同比减少417台，下降5.6%；制粒机7 841台，同比减少239台，下降3.0%；单机其他3 035台，增加860台，增长39.5%。

二、各省份饲料机械情况

2014年全国饲料加工机械设备总量28 510台套，主要集中在江苏省、四川省和湖南省，占全国的93.2%。其中江苏省23 078台套，比2013年增加1 375台套，占全国的80.9%，排名全国第一。其次是四川省，为1 807台套，比2013年增加287台套，占全国的6.3%。最后是湖南省，为1 699台套，比2013年减少179台套，占全国的6.0%。

在成套机组时产≥10t 设备中，江苏省960台套，比2013年增加了133台套；四川省72台套，比2013年增加了17台套；湖南省15台套，比2013年增加了3台套。

在成套机组时产＜10t 设备中，江苏省228台套，比2013年增加了1台套；四川省60台套，比2013年减少了5台套；湖南省为0。

在单机设备粉碎机中，江苏省7 242台套，比2013年增加了382台套；四川省283台套，比2013年减少了3台套；湖南省798台套，比2013年减少了61台套。

在单机设备混合机中，江苏省5 771台套，比2013年增加了355台套；四川省244台套，比2013年减少了31台套；湖南省792台套，比2013年减少了80台套。

在单机设备制粒机中，江苏省7 477台套，比2013年增加了104台套；四川省109台套，比2013年减少了21台套；湖南省9台套，比2013年减少了4台套。

在单机设备其他中，江苏省1 400台套，比2013年增加了400台套；四川省1 039台套，比2013年增加了330台套；湖南省85台套，比2013年减少了9台套（表2-31）。

表2-31　2014年各省份饲料机械情况

单位：台套

省份	总计	成套机组		单　机			
		时产≥10t	时产＜10t	粉碎机	混合机	制粒机	其他
总计	28 510	1 285	425	8 873	7 051	7 841	3 035
江苏	23 078	960	228	7 242	5 771	7 477	1 400
四川	1 807	72	60	283	244	109	1 039

（续）

省份	总计	成套机组		单 机			
		时产≥10t	时产<10t	粉碎机	混合机	制粒机	其他
湖南	1 699	15	—	798	792	9	85
河北	650	100	—	295	55	—	200
辽宁	261	49	28	68	51	29	36
山东	256	22	14	24	33	6	157
浙江	217	—	45	46	35	69	22
上海	206	25	11	30	20	120	—
陕西	178	—	38	26	31	—	83
黑龙江	104	20	—	55	12	17	—
青海	29	13	—	2	2	2	10
江西	20	9	1	3	3	3	1
广东	5	—	—	1	2	—	2

三、大型饲料机械企业

我国生产饲料机械的大型企业主要集中在江苏省和四川省，分别是江苏牧羊集团、江苏正昌集团、布勒（常州）机械有限公司、溧阳市裕达机械有限公司、四川隆源机械有限公司。

江苏牧羊集团创建于1967年，经过47年的发展，已成长为围绕饲料机械主业的多元化企业，产品和服务涵盖饲料机械及工程、养殖设备及工程、油脂设备及工程、食品机械及工程、仓储工程等。其中粮油饲料机械销量占中国市场的50%以上，出口连续6年占据全国粮油饲料机械出口总量的60%以上。公司坚定不移的将技术领先战略作为核心战略，每年组织一次战略规划，回顾上年度目标达成情况，制定下一年度目标，以及未来3～5年战略规划。在工艺研究方面先后引进国外专业人才，建设了美国、欧洲研究院，形成了美国、欧洲、亚洲三位一体的研发格局。在技术创新方面累计申请各类专利780多项，其中发明专利58项，国外专利10项，另有12项成果被评为国际领先。在主机设备研发方面与意大利La Meccanica公司进行了高精度大型颗粒机项目合作，通过引进该技术，在消化吸收再创新的基础上，研制适合我国的技术水平达国际先进水平的大型高精度颗粒机。该产品由于其较高的性价比大大增强该项目在国际市场的竞争能力。在产学研合作方面，与国内多所科研院校开展合作，如公司与江南大学合作成功的挤压膨化技术已经实现每年销售4 000多万元，荣获多个奖项。

江苏正昌集团有限公司成立于1918年，已有90多年的历史，是以饲料工业为主体的中国最具规模之一的饲料机械加工设备和整厂工程制造商。为使中国饲料加工技术不落后于欧美发达国家，正昌斥资打造国内首家饲料加工技术研发基地——正昌工程技术中心。该研发基地主要集中于饲料加工达到营养配方效果的技术转化、装备工艺等领域的研究，使饲料企业产品能又好又省的达到料肉比和安全卫生要求。正昌系列饲料机械和成套工程覆盖全国，业务遍及东南亚、中东、非洲、欧洲、大洋洲、南美洲等80多个国家和地区。目前已为全国65%的饲料企业提供了8 000多台套制粒机装备，此外还有粉碎机、混合机、膨化机等高效饲料设备广泛应用于国内外的饲料工程中。在国内外已完成2 000多座整厂工程，涉及畜禽饲料、水产饲料及特种水产饲料、宠物饲料、牧草饲料、添加剂预混合饲料、浓缩饲料、酶蛋白生物饲料、啤酒花颗粒生产线、复混肥、仓储工程、木屑制粒、垃圾处理等。

布勒（常州）机械有限公司于2006年成立于江苏溧阳，是一家由瑞士布勒集团控股80%的中外合资企业，专业生产饲料机械、饲料加工成套工程及生物燃料相关设备。作为布勒全球网络的重要成员之一，布勒（常州）严格遵循集团发展的统一步伐，始终致力于“清洁、安全饲料”的研发，并密切关注“低能耗低成本”与“自动化和高效率”。秉承布勒集团“质量为本、服务为本”的一贯经营理念，依托总部雄厚的技术实力，结合中国市场的本土优势。成立短短几年时间，布勒（常州）就已迅速占领中国饲料加工的中高端市场，和正大、通威、大北农、美国嘉吉、荷兰帝斯曼、法国爱佳易等国内外知名集团保持着良好的战略合作关系，产品和工程都享有极高的美誉。

溧阳市裕达机械有限公司成立于 2003 年，是一家专业从事粮油饲料机械、牧草机械、肥料机械制造的高新技术企业，全套引进世界一流技术的数控激光切割机，型材自动喷砂设备，全自动喷、烤漆房，大型剪折弯设备，数控车床、数控线切割、数控冲床，专业生产系列成套饲料机械设备及承接成套交钥匙工程。能为用户提供时产 0.5～20t 特种水产饲料机组、时产 1～30t 牧草饲料机组、时产 0.6～20t 生物质颗粒燃料成套机组、时产 5～35t 复合肥、滴灌肥成套机组、时产 10～200t 成套畜禽饲料机组；包括从整厂规划、设计、设备制造、安装调试及人员培训等成套一条龙服务。

四川隆源机械有限公司，是四川省青神县政府 2010 年重点招商引资项目，是一家集科研、生产制造、营销、安装调试和售后服务的综合性高科技企业。主要研发生产饲料机械系列产品、成套饲料机组和设备易损配件，电气及工厂自动化控制工程及钢结构工程的设计和施工等。

（陆泳霖　朱海彬）

秸秆养畜

我国秸秆资源丰富，自古就有用作牛羊等草食性畜饲料的传统。近年来，牛羊肉价格持续上涨，各地发展牛羊养殖的积极性很高。但在生产中，秸秆利用方式仍然比较粗放，大量秸秆没有经过加工处理就直接使用，效率不高。2014 年，农业部以秸秆养畜示范项目建设为依托，在全国牛羊养殖大县建设秸秆养畜示范点，推广秸秆经青贮、微贮等处理后利用的技术，提高饲用转化率和牛羊养殖水平，促进农民增收。

2014 年，中央财政共落实秸秆养畜示范项目资金 1.45 亿元，支持建设示范项目 137 个。项目新建秸秆青贮池 127 万 m^2，新增秸秆处理能力 160 万 t，新增秸秆处理机械和小型饲料加工机械 1 419 台(套)。项目建成后，预计秸秆利用量达 2.2 亿 t，较 1992 年增长近 1 倍，其中经青贮、氨化处理的秸秆达 9 800 万 t（折算干重），处理利用率达 46.7%。新增产值 32.7 亿元，养殖场户新增收入 4.24 亿元，新增农村就业机会超过 4 000 个，培训养殖场户和基层技术推广人员 1 万人。项目区域秸秆处理利用率和秸秆养畜效益明显提高，秸秆焚烧和随意丢弃秸秆现象明显减少。

（李大鹏）

搭原料信息交流平台 促行业健康持续发展

——饲料原料专业委员会2014主要工作

中国饲料工业协会饲料原料专业委员会（以下简称“专委会”）于2013年经农业部、民政部批准成立。首届专委会由来自相关部门的政府官员、专家学者、企业和行业协会的53名委员组成。专委会的成立旨在搭建一个饲料原料信息交流的权威平台，以增进饲料加工业与上下游相关产业及政府相关部门的相互了解，分析饲料的供需形势，引导企业合理规避原料采购风险，客观反映饲料行业原料诉求，促进饲料行业持续健康发展。专委会成立后以打造饲料原料论坛和国际玉米产业大会两大品牌会议为重点和抓手，在饲料原料服务方面开展了一系列卓有成效的工作。

一、举办2014饲料原料论坛

继2013年饲料原料论坛成功举办后，2014年，根据经济形势与行业特点，以“新形势、新动力、新发展——企业创新与风险管理”为主题，与大连商品交易所于2014中国饲料工业展览会暨畜牧业科技成果推介会期间共同举办了2014饲料原料论坛。论坛紧密围绕行业共同关注的热点、焦点、难点，邀请了行业领导、权威专家和大型跨国组织负责人、饲料企业负责人，围绕我国粮食政策、行业形势和企业发展、大宗原料市场供需走势、期货市场为实体产业服务等议题，精心策划了10个专题报告和一个专题论坛，帮助饲料企业准确研判玉米、豆粕等大宗饲料原料供需形势，理性分析行业运行特点，充分了解期货期权等金融工具在饲料原料贸易中的重要作用。国内外饲料行业近500位代表参加了此次论坛。

二、举办第七届国际玉米产业发展大会

为帮助相关企业把握宏观经济形势、了解玉米产业政策、研判市场价格走势，2014年9月22日，与大连商品交易所在成都联合举办第七届国际玉米产业发展大会。会议邀请行业领导、专家和部分企业相关负责人，就行业形势、原料市场供需、企业持续发展、期货市场服务实体产业、库存采购和风险管理等热点问题进行了深入交流。国际玉米产业大会已经成功举办六届，成为发挥期货市场功能、服务产业的高端市场服务平台，在玉米、饲料及相关产业享有广泛的知名度和影响力，这也是协会继2013年之后第二次同大连商品交易所联合举办，会议得到了广大玉米、饲料行业从业人员的积极响应，来自政府相关部门、行业协会、产业链企业、金融投资、信息咨询等单位的700余位代表参加了会议，产生了良好的社会效应。

三、组织饲料企业参加“农业企业商品期货高级研修班”

为帮助饲料企业积极应对经济形势变化、研判行业发展格局、提升管理体系及模式，提高涉农企业利用期货市场管理风险、开展期现一体化经营的能力，组织新希望六和、通威等12家大型饲料企业高层管理人员参加了大商所与中国农业大学MBA教育中心共同举办的农业企业商品期货高级研修班。课程采取每月利用一个周末授课的方式对围绕国家宏观经济形势、农业及粮食行业现状、期货知识和操作实践等专题对学员进行了培训。该培训得到了学员和所在企业的一致好评。

（王黎文　丁健）

完善宠物食品标准体系 促进行业规范有序发展

——宠物饲料专业委员会 2014 主要工作

为加强宠物饲料自律管理，维护宠物饲料领域公平有序的竞争秩序，反映宠物饲料企业诉求，促进宠物饲料持续健康发展，中国饲料工业协会宠物饲料专业委员（以下简称“专委会”）经民政部批准于 2011 年正式成立。专委会成立以来在推动我国宠物饲料领域的标准化进程，加强宠物饲料领域的国际交流与合作方面开展了大量开创性工作。

一、首个针对宠物食品的国家标准制定发布

我国首个关于犬粮和猫粮的国家标准——《全价宠物食品 犬粮》（GB/T 31216—2014）和《全价宠物食品 猫粮》（GB/T 31217—2014）于 2014 年 9 月 3 日正式发布，并于 2015 年 3 月 8 日正式实施。上述两项目标准的发布标志着我国宠物食品标准空白时代的结束。标准以占有我国宠物食品主要份额的全价犬粮和全价猫粮为适用对象，在对我国宠物食品行业现状充分调研的基础上，借鉴欧美等发达国家宠物食品标准先进经验，从产品的理化指标、卫生指标、检验规则、标签以及包装、运输等多个方面进行了详细的规定。标准的发布实施对于提升我国宠物食品的质量和竞争力、规范产品市场、促进我国宠物食品的国际贸易等方面具有重要作用。

二、宠物食品标准体系初步构建

除《全价宠物食品 犬粮》和《全价宠物食品 猫粮》两个宠物食品产品标准发布外，2014 年还完成了《宠物食品标签》和《宠物食品卫生标准》两个宠物食品领域强制性国家标准的编制和技术审查。此外，为指导宠物食品生产企业科学设计产品，还组织起草了《犬营养需要》和《猫营养需要》国家标准。上述标准的制定发布，将成为规范我国宠物食品生产企业生产经营行为，保障产品质量安全、促进宠物食品行业健康发展的奠基石。

三、积极参与国际宠物食品组织活动

应国际宠物食品联盟的邀请，2014 年 11 月宠物饲料专业委员会以观察员身份列席了全球宠物食品联盟成立大会，欧美日等十余个国家和地区的宠物食品协会参加了会议，与国际宠物食品行业就食品安全控制、消除贸易壁垒、标准制定等进行了广泛交流，为我国参与宠物食品国际贸易和竞争、抵御技术性贸易壁垒、争取国际话语权打下了良好的基础。

（王黎文　丁健）

饲料添加剂和预混合饲料生产许可证管理

2014年，各省级饲料管理部门新核发饲料和饲料添加剂生产许可证6 504张。其中，饲料添加剂生产许可证301张，混合型饲料添加剂生产许可证228张，添加剂预混合饲料生产许可证499张，单一饲料生产许可证1 133张，浓缩饲料、配合饲料、精料补充料生产许可证4 343张。注销饲料和饲料添加剂生产许可证28张（表2-32～表2-37）。

表2-32 饲料添加剂生产许可证名单

生产许可证编号	企业名称	产品名称
京饲添（2014）T07010	北京博锦元生物科技有限公司	罗伊氏乳杆菌；植物乳杆菌；液态嗜酸乳杆菌；液态干酪乳杆菌；嗜酸乳杆菌；干酪乳杆菌；动物双歧杆菌；两歧双歧杆菌
津饲添（2014）T03001	天津中瑞药业股份有限公司	烟酸；烟酰胺
津饲添（2014）T10002	天津渤化永利化工股份有限公司	碳酸氢钠
津饲添（2014）T10003	天津东大化工集团有限公司	苯甲酸
津饲添（2014）T10004	嘉里粮油（天津）有限公司	可食脂肪酸钙盐
冀饲添（2014）T01002	石药集团维生药业（石家庄）有限公司	L-抗坏血酸（维生素C）；L-抗坏血酸钙；L-抗坏血酸-2-磷酸酯
冀饲添（2014）T01003	石家庄乾丰生物科技有限公司	液态地衣芽孢杆菌；液态枯草芽孢杆菌；液态嗜酸乳杆菌；液态产朊假丝酵母；液态酿酒酵母；液态沼泽红假单胞菌
冀饲添（2014）T01005	赵县亚龙肌醇有限责任公司	肌醇
冀饲添（2014）T01006	正定县正兴化工有限公司	饲料添加剂防腐剂、防霉剂和酸度调节剂甲酸钙
冀饲添（2014）T01009	益华河北生物科技有限公司	嗜酸乳杆菌
冀饲添（2014）T07002	黄骅市必佳生物制品有限公司	氯化胆碱液态氯化胆碱
冀饲添（2014）T08001	河北东华冀衡精细化工有限公司	甘氨酸
冀饲添（2014）T09002	河北安米诺氨基酸科技股份有限公司	L-精氨酸；苯丙氨酸

（续）

生产许可证编号	企业名称	产品名称
晋饲添（2014）T05001	山西恩泽生物技术有限公司	淀粉酶（枯草芽孢杆菌）；纤维素酶（长柄木霉）；β-葡聚糖酶（长柄木霉）；脂肪酶（黑曲霉）；果胶酶（黑曲霉）；植酸酶（黑曲霉）；蛋白酶（黑曲霉）；木聚糖酶（长柄木霉）
晋饲添（2014）T08001	山西北正农生物工程有限公司	蛋氨酸铜络（螯）合物；甘氨酸铁络（螯）合物；蛋白铜；蛋白铁；蛋白锌；蛋白锰
晋饲添（2014）T10001	山西新源华康化工股份有限公司	蛋氨酸铜络（螯）合物；蛋氨酸铁络（螯）合物；蛋氨酸锰络（螯）合物；蛋氨酸锌络（螯）合物；赖氨酸铜络（螯）合物；赖氨酸锌络（螯）合物；甘氨酸铜络（螯）合物；甘氨酸铁络（螯）合物；稀土（铈和镧）壳糖胺螯合盐
晋饲添（2014）T10002	山西三维欧美科化学有限公司	双乙酸钠
晋饲添（2014）T11001	山西凯舜生物科技有限公司	地衣芽孢杆菌；枯草芽孢杆菌；产朊假丝酵母；酿酒酵母；嗜酸乳杆菌；短小芽孢杆菌
晋饲添（2014）T11002	南风化工集团股份有限公司	硫酸钠；硫酸镁
晋饲添（2014）T11003	山西亿安生物工程有限公司	液态嗜酸乳杆菌＋酿酒酵母
蒙饲添（2014）T01003	内蒙古溢多利生物科技有限公司	淀粉酶（产自米曲霉）；液态淀粉酶（产自米曲霉）；α-半乳糖苷酶（产自黑曲霉）；液态α-半乳糖苷酶（产自黑曲霉）；纤维素酶（产自黑曲霉）；液态纤维素酶（产自黑曲霉）；β-葡聚糖酶（产自黑曲霉）；液态β-葡聚糖酶（产自黑曲霉）；葡萄糖氧化酶（产自黑曲霉）；液态葡萄糖氧化酶（产自黑曲霉）；脂肪酶（产自黑曲霉）；液态脂肪酶（产自黑曲霉）；β-甘露聚糖酶（产自黑曲霉）；液态β-甘露聚糖酶（产自黑曲霉）；果胶酶（产自黑曲霉）；液态果胶酶（产自黑曲霉）；植酸酶（产自黑曲霉）；液态植酸酶（产自黑曲霉）；蛋白酶（产自米曲霉）；液态蛋白酶（产自米曲霉）；木聚糖酶（产自黑曲霉）；液态木聚糖酶（产自黑曲霉）
蒙饲添（2014）T01008	内蒙古阜丰生物科技有限公司	L-苏氨酸；黄原胶；谷氨酸钠
蒙饲添（2014）T02002	东方希望包头生物工程有限公司	L-赖氨酸硫酸盐及其发酵副产物（产自谷氨酸棒杆菌、乳糖发酵短杆菌，L-赖氨酸含量不低于51%）
蒙饲添（2014）T05006	通辽海摩尔生物食品有限公司	β-葡聚糖酶、蛋白酶、木聚糖酶
蒙饲添（2014）T06004	赤峰四海同心生物科技有限公司	干酪乳杆菌
蒙饲添（2014）T06005	内蒙古华天制药有限公司	天然维生素E
蒙饲添（2014）T06007	赤峰川联矿物质饲料有限公司	磷酸氢钙、磷酸二氢钙
蒙饲添（2014）T09009	锡林郭勒盟苏尼特碱业有限公司	碳酸氢钠
辽饲添（2014）T01001	希杰（沈阳）生物科技有限公司	液态L-赖氨酸；L-赖氨酸盐酸盐；L-苏氨酸；L-色氨酸；缬氨酸
辽饲添（2014）T02001	大连东宇盐化有限公司	氯化钠
辽饲添（2014）T02002	大连中科格莱克生物科技有限公司	褐藻酸寡糖；壳寡糖［寡聚β-（1-4）-2-氨基-2-脱氧-D-葡萄糖］（n＝2～10）；液态壳寡糖［寡聚β-（1-4）-2-氨基-2-脱氧-D-葡萄糖］（n＝2～10）

（续）

生产许可证编号	企业名称	产品名称
辽饲添（2014）T03001	海城市江勤矿产品有限公司	氧化镁
辽饲添（2014）T04001	抚顺市鑫缘镁制品厂	氧化镁
辽饲添（2014）T12001	辽宁中信生物科技有限公司	液态氯化胆碱
吉饲添（2014）T03002	吉林富利生物科技开发有限公司	磷酸氢钙肌醇
吉饲添（2014）T05001	吉林九丰生物科技开发有限公司	枯草芽孢杆菌；液态枯草芽孢杆菌；植物乳杆菌；液态植物乳杆菌；产朊假丝酵母；液态产朊假丝酵母；沼泽红假单胞菌；液态沼泽红假单胞菌
黑饲添（2014）T01001	哈尔滨德邦鼎立生物科技有限公司	硫酸锌；蛋氨酸铜络（螯）合物；蛋氨酸铁络（螯）合物；蛋氨酸锰络（螯）合物；蛋氨酸锌络（螯）合物；甘氨酸铜络（螯）合物；甘氨酸铁络（螯）合物；吡啶甲酸铬；稀土（铈和镧）壳糖胺螯合盐；碱式氯化铜；碱式氯化锌；羟基蛋氨酸类似物络（螯）合锌；羟基蛋氨酸类似物络（螯）合锰；羟基蛋氨酸类似物络（螯）合铜；甘氨酸锌；蛋氨酸铬
黑饲添（2014）T01002	哈尔滨马利酵母有限公司	酿酒酵母
黑饲添（2014）T01006	黑龙江省京福龙农牧科技开发有限公司	液态地衣芽孢杆菌；液态枯草芽孢杆菌；液态嗜酸乳杆菌；液态植物乳杆菌；液态酿酒酵母
沪饲添（2014）T04001	上海福尔福特种材料科技发展有限公司	液态乙氧基喹啉
沪饲添（2014）T04002	上海艾魁英生物科技有限公司	溶菌酶
苏饲添（2014）T01001	南京同凯兆业生物技术有限责任公司	5′-鸟苷酸二钠
苏饲添（2014）T01003	南京日升昌生物技术有限公司	枯草芽孢杆菌；液态枯草芽孢杆菌；液态嗜酸乳杆菌
苏饲添（2014）T01004	南京北星牧业有限公司	半胱胺盐酸盐（包被）
苏饲添（2014）T02001	无锡恒诚硅业有限公司	二氧化硅
苏饲添（2014）T02002	江阴市百圣龙生物工程有限公司	脂肪酶（产自黑曲霉）；液态脂肪酶（产自黑曲霉）
苏饲添（2014）T02003	江苏国信协联能源有限公司	柠檬酸；柠檬酸钠
苏饲添（2014）T02004	金宝（无锡）添加剂科技有限公司	氨基酸铜络合物（氨基酸来源于水解植物蛋白）；氨基酸铁络合物（氨基酸来源于水解植物蛋白）；氨基酸锰络合物（氨基酸来源于水解植物蛋白）；氨基酸锌络合物（氨基酸来源于水解植物蛋白）
苏饲添（2014）T03001	江苏省瑞丰盐业有限公司	氯化钠
苏饲添（2014）T03002	江苏三仪生物工程有限公司	地顶孢霉培养物；粪肠球菌；枯草芽孢杆菌；嗜酸乳杆菌；屎肠球菌；植物乳杆菌；罗伊氏乳杆菌；黑曲霉；米曲霉；迟缓芽孢杆菌；布氏乳杆菌；凝结芽孢杆菌；酿酒酵母；地衣芽孢杆菌；产朊假丝酵母；沼泽红假单胞菌
苏饲添（2014）T04001	常州市新鸿医药化工技术有限公司	叶酸、叶酸（包被）

（续）

生产许可证编号	企业名称	产品名称
苏饲添（2014）T05001	张家港市金源生物化工有限公司	淀粉酶（产自黑曲霉）；果胶酶（产自黑曲霉）、蛋白酶（产自黑曲霉）；纤维素酶（产自长柄木霉）；木聚糖酶（产自长柄木霉）；甘露聚糖酶（产自迟缓芽孢杆菌）；木聚糖酶（产自长柄木霉）＋β-葡聚糖酶（产自长柄木霉）＋果胶酶（产自黑曲霉）＋纤维素酶（产自长柄木霉）＋蛋白酶（产自黑曲霉）＋α-淀粉酶（产自黑曲霉）
苏饲添（2014）T05002	昆山中环实业有限公司	硫酸铜
苏饲添（2014）T06001	南通醋酸化工股份有限公司	山梨酸；山梨酸钾
苏饲添（2014）T07001	罗盖特（中国）精细化工有限公司	α-淀粉
苏饲添（2014）T07002	江苏金桥盐化集团古淮制盐有限公司	氯化钠
苏饲添（2014）T08001	江苏白玫化工有限公司	氯化钠；硫酸钠
苏饲添（2014）T08002	江苏汇丰矿业有限公司	磷酸三钙
苏饲添（2014）T08003	江苏井神盐化股份有限公司第二分公司	氯化钠
苏饲添（2014）T08004	江苏银珠化工集团有限公司	氯化钠；硫酸钠
苏饲添（2014）T09001	江苏远山生物技术有限公司	枯草芽孢杆菌；粪肠球菌；液态粪肠球菌
苏饲添（2014）T12001	江苏梅兰化工有限公司	磷酸氢钙
苏饲添（2014）T13001	江苏奕农生物工程有限公司	β-甘露聚糖酶（迟缓芽孢杆菌）；木聚糖酶（长柄木霉）；植酸酶（黑曲霉）；β-葡聚糖酶（长柄木霉）；α-半乳糖苷酶（黑曲霉）；淀粉酶（黑曲霉）；蛋白酶（黑曲霉）；纤维素酶（长柄木霉）
浙饲添（2014）T01001	杭州保安康生物技术有限公司	淀粉酶（产自黑曲霉）；枯草芽孢杆菌
浙饲添（2014）T01002	富阳市优派特生物技术有限公司	维生素 C（包被）；L-抗坏血酸-2-磷酸酯
浙饲添（2014）T01003	杭州康力生物科技有限公司	维生素 C（包被）
浙饲添（2014）T01005	建德市维丰饲料有限公司大洋分公司	甘氨酸铁络（螯）合物；甘氨酸锌
浙饲添（2014）T02001	宁波大红鹰生物工程股份有限公司	液态天然维生素 E
浙饲添（2014）T04001	浙江朗博药业有限公司	DL-α-生育酚乙酸酯；D-生物素（包被）
浙饲添（2014）T04003	上虞新和成生物化工有限公司	维生素 A 乙酸酯；维生素 A 棕榈酸酯；β-胡萝卜素；β-胡萝卜素-4，4-二酮（斑蝥黄）；虾青素
浙饲添（2014）T04005	新昌县海川生物科技有限公司	DL-α-生育酚乙酸酯
浙饲添（2014）T04006	浙江新和成药业有限公司	液态 DL-α-生育酚乙酸酯；D-生物素
浙饲添（2014）T05001	浙江民生生物科技有限公司	DL-α-生育酚乙酸酯；枯草芽孢杆菌；嗜酸乳杆菌；酿酒酵母
浙饲添（2014）T05002	浙江惠嘉生物科技有限公司	丁酸梭菌；地衣芽孢杆菌；枯草芽孢杆菌；粪肠球菌；酿酒酵母；凝结芽孢杆菌

（续）

生产许可证编号	企业名称	产品名称
浙饲添（2014）T05003	浙江万方生物科技有限公司	氧化锌（包被）；丁酸钠（包被）；L-赖氨酸盐酸盐（包被）；DL-蛋氨酸（包被）；氯化胆碱（包被）；氯化钙（包被）；尿素（包被）
浙饲添（2014）T06001	诚达药业股份有限公司	L-肉碱；L-肉碱盐酸盐
浙饲添（2014）T07001	浙江伊宝馨生物科技股份有限公司	天然维生素 E
浙饲添（2014）T08001	浙江巨成化工有限公司	甜菜碱
皖饲添（2014）T02001	芜湖华海生物工程有限公司	维生素 E 粉
皖饲添（2014）T03001	安徽正正饲料科技有限公司	牛磺酸；酵母硒；植酸酶（产自黑曲霉）；地衣芽孢杆菌；枯草芽孢杆菌；乳酸肠球菌；产朊假丝酵母；酿酒酵母；乙氧基喹啉；苯甲酸；富马酸；甘露寡糖；低聚半乳糖；β-1，3-D-葡聚糖（源自酿酒酵母）
皖饲添（2014）T03905	安徽中粮生化格拉特乳酸有限公司	乳酸钙；液态乳酸
皖饲添（2014）T12002	安徽希普生物科技有限公司	枯草芽孢杆菌；产朊假丝酵母；酿酒酵母
皖饲添（2014）T12901	乐斯福（明光）有限公司	酿酒酵母
皖饲添（2014）T13901	安徽五粮泰生物工程股份有限公司	枯草芽孢杆菌；嗜酸乳杆菌
皖饲添（2014）T15901	安徽智新生化有限公司	维生素 A 乙酸酯；β-胡萝卜素；β-阿朴-8′-胡萝卜素酸乙酯；β，β-胡萝卜素-4，4-二酮（斑蝥黄）；虾青素
闽饲添（2014）T01093	福州佰世捷生物科技有限公司	枯草芽孢杆菌
闽饲添（2014）T01165	福建深纳生物工程有限公司	硫酸亚铁；硫酸铜；氧化锌；硫酸锌；硫酸锰
闽饲添（2014）T01214	福建福大百特生物科技有限公司	植酸酶（产自黑曲霉）；蛋白酶（产自黑曲霉）；脂肪酶（产自黑曲霉）；α-半乳糖苷酶（产自黑曲霉）；淀粉酶（产自黑曲霉）；纤维素酶（产自黑曲霉）；β-葡聚糖酶（产自黑曲霉）；β-甘露聚糖酶（产自黑曲霉）；木聚糖酶（产自黑曲霉）
闽饲添（2014）T02180	厦门金达威集团股份有限公司东孚分公司	维生素 A 乙酸酯；维生素 D_3；DL-α-生育酚乙酸酯
闽饲添（2014）T07189	福建以诺生物科技有限公司	（酿酒酵母＋枯草芽孢杆菌＋嗜酸乳杆菌）
闽饲添（2014）T08170	三明市丰润化工有限公司	二氧化硅
闽饲添（2014）T08275	福建省沙县金沙白碳黑制造有限公司	二氧化硅
赣饲添（2014）T02001	江西晶昊盐化有限公司	氯化钠
赣饲添（2014）T03001	中盐（福州）盐制品研发有限公司吉安分公司	氯化钠
赣饲添（2014）T04001	江西省德兴市百勤异 VC 钠有限公司	核黄素（维生素 B_2）
赣饲添（2014）T04002	江西臻颢生物科技有限公司	甜菜碱
赣饲添（2014）T05001	江西科诺生物科技有限公司	纤维素酶（产自长柄木霉）、木聚糖酶（产自长柄木霉）、枯草芽孢杆菌、酿酒酵母

（续）

生产许可证编号	企业名称	产品名称
赣饲添（2014）T06001	江西省元昌工业有限公司	富马酸亚铁；甘氨酸铜络（螯）合物；甘氨酸铁络（螯）合物；甘氨酸锌；氯化钙；甲酸钙
赣饲添（2014）T06002	江西宝华锌业有限公司	氧化锌
赣饲添（2014）T07001	江西黑猫炭黑股份有限公司	二氧化硅
鲁饲添（2014）T01011	山东省明发同茂饲料有限公司	液态嗜酸乳杆菌
鲁饲添（2014）T01014	山东宝益泽生物工程有限公司	（β-葡聚糖酶＋果胶酶）（产自黑曲霉）；（木聚糖酶＋蛋白酶）（产自米曲霉）；枯草芽孢杆菌；杜仲叶提取物（有效成分为绿原酸、杜仲多糖、杜仲黄酮）；淫羊藿提取物（有效成分为淫羊藿苷）
鲁饲添（2014）T02002	青岛中仁动物药品有限公司	枯草芽孢杆菌；液态嗜酸乳杆菌；液态干酪乳杆菌；乳酸片球菌；液态产朊假丝酵母；酿酒酵母；液态沼泽红假单胞菌
鲁饲添（2014）T02006	青岛中人智业生物科技有限公司	天然叶黄素（源自万寿菊）；液态辣椒红
鲁饲添（2014）T02007	青岛澳海生物有限公司	液态共轭亚油酸
鲁饲添（2014）T02010	青岛星星协力生物工程有限公司	枯草芽孢杆菌；沼泽红假单胞菌
鲁饲添（2014）T02012	青岛碱业股份有限公司	碳酸氢钠
鲁饲添（2014）T04001	枣庄市杰诺生物酶有限公司	纤维素酶（产自长柄木霉）；木聚糖酶（产自长柄木霉）；蛋白酶（产自黑曲霉）；地衣芽孢杆菌；枯草芽孢杆菌；酿酒酵母
鲁饲添（2014）T06003	烟台禽康宝生物科技有限公司	液态枯草芽孢杆菌；液态植物乳杆菌
鲁饲添（2014）T06008	莱州市天力盐业有限公司	氯化钠
鲁饲添（2014）T07005	山东柠檬生化有限公司	柠檬酸
鲁饲添（2014）T07006	山东寿光巨能金玉米开发有限公司	L-赖氨酸盐酸盐；L-赖氨酸硫酸盐及其发酵副产物（产自谷氨酸棒杆菌，L-赖氨酸含量不低于51%）；L-苏氨酸；L-色氨酸；液体L-赖氨酸（L-赖氨酸含量不低于50%）
鲁饲添（2014）T07007	诸城东晓生物科技有限公司	L-赖氨酸盐酸盐；L-赖氨酸硫酸盐及其发酵副产物（产自谷氨酸棒杆菌，L-赖氨酸含量不低于51%）
鲁饲添（2014）T07008	潍坊华英生物科技有限公司	枯草芽孢杆菌；液态枯草芽孢杆菌；嗜酸乳杆菌；液态嗜酸乳杆菌；酿酒酵母；液态酿酒酵母
鲁饲添（2014）T07010	山东联科白炭黑有限公司	二氧化硅
鲁饲添（2014）T07011	山东中科嘉亿生物工程有限公司	枯草芽孢杆菌；粪肠球菌；嗜酸乳杆菌；德氏乳杆菌保加利亚种
鲁饲添（2014）T07012	山东祥维斯生物科技有限公司	氯化钠；甜菜碱；甜菜碱盐酸盐
鲁饲添（2014）T07015	潍坊星奥矿物饲料有限公司	磷酸氢钙
鲁饲添（2014）T07016	潍坊英轩实业有限公司	柠檬酸；柠檬酸钠
鲁饲添（2014）T07018	潍坊鹤来饲料有限公司	枯草芽孢杆菌；粪肠球菌；酿酒酵母

（续）

生产许可证编号	企业名称	产品名称
鲁饲添（2014）T07022	潍坊康地恩生物科技有限公司	淀粉酶（产自黑曲霉）；液态淀粉酶（产自黑曲霉）；α-半乳糖苷酶（产自黑曲霉）；液态α-半乳糖苷酶（产自黑曲霉）；纤维素酶（产自长柄木霉）；液态纤维素酶（产自长柄木霉）；β-葡聚糖酶（产自黑曲霉）；液态β-葡聚糖酶（产自黑曲霉）；脂肪酶（产自黑曲霉）；液态脂肪酶（产自黑曲霉）；β-甘露聚糖酶（产自迟缓芽孢杆菌）；液态β-甘露聚糖酶（产自迟缓芽孢杆菌）；果胶酶（产自黑曲霉）；液态果胶酶（产自黑曲霉）；植酸酶（产自黑曲霉）；液态植酸酶（产自黑曲霉）；蛋白酶（产自米曲霉）；液态蛋白酶（产自米曲霉）；木聚糖酶（产自米曲霉）；液态木聚糖酶（产自米曲霉）；葡萄糖氧化酶（产自黑曲霉）；液态葡萄糖氧化酶（产自黑曲霉）；枯草芽孢杆菌
鲁饲添（2014）T07023	潍坊泰兴生物化工有限责任公司	硫酸锰
鲁饲添（2014）T07032	山东天力药业有限公司	液态山梨糖醇；甘露糖醇
鲁饲添（2014）T07036	山东菜央子盐场	氯化钠
鲁饲添（2014）T07037	山东寒亭第一盐场	氯化钠
鲁饲添（2014）T07040	昌邑市明兴饲料有限责任公司	氯化钠
鲁饲添（2014）T07041	潍坊华通饲料添加剂有限责任公司	氯化钠
鲁饲添（2014）T07045	山东昌邑盐化精盐厂	氯化钠
鲁饲添（2014）T07046	山东天力药业有限公司维生素分公司	L-抗坏血酸（维生素C）；L-抗坏血酸钙；L-抗坏血酸钠；L-抗坏血酸-2-磷酸酯
鲁饲添（2014）T08006	梁山正大菱花生物科技有限公司	L-赖氨酸盐酸盐；L-赖氨酸硫酸盐及其发酵副产物（产自谷氨酸棒杆菌，L-赖氨酸含量不低于51%）
鲁饲添（2014）T08007	山东艾孚特科技有限公司	甜菜碱；甜菜碱盐酸盐；甲酸钙
鲁饲添（2014）T08008	山东圣琪生物有限公司	酿酒酵母；酵母硒
鲁饲添（2014）T09002	山东泽生生物科技有限公司	纤维素酶（产自李氏木霉）；液态纤维素酶（产自李氏木霉）；木聚糖酶（产自米曲霉）；液态木聚糖酶（产自米曲霉）
鲁饲添（2014）T09004	泰安汉威化工有限公司	氯化胆碱；碘化钾；碘酸钾；碘酸钙
鲁饲添（2014）T09006	新泰市益丰源饲料添加剂有限公司	磷酸氢钙
鲁饲添（2014）T09007	泰安龙升源生物科技有限公司	枯草芽孢杆菌
鲁饲添（2014）T09009	山东岱岳制盐有限公司	氯化钠
鲁饲添（2014）T09010	山东肥城精制盐厂	氯化钠
鲁饲添（2014）T09011	新泰市佳禾生物科技有限公司	L-苏氨酸
鲁饲添（2014）T11002	日照东润德农牧发展有限公司	丁酸钠；枯草芽孢杆菌；粪肠球菌
鲁饲添（2014）T11003	日照金禾博源生化有限公司	柠檬酸
鲁饲添（2014）T11004	山东海能生物工程有限公司	25-羟基胆钙化醇（25-羟基维生素D_3）
鲁饲添（2014）T13004	山东巨佳生物科技有限公司	氯化胆碱；液态氯化胆碱

（续）

生产许可证编号	企业名称	产品名称
鲁饲添（2014）T13005	山东思诺拜特生物科技有限公司	β-甘露聚糖酶（产自迟缓芽孢杆菌）；液态β-甘露聚糖酶（产自迟缓芽孢杆菌）；植酸酶（产自黑曲霉）；液态植酸酶（产自黑曲霉）；木聚糖酶（产自米曲霉）；液态木聚糖酶（产自米曲霉）
鲁饲添（2014）T13007	山东邹平兴隆科技有限公司	液态大蒜素
鲁饲添（2014）T13008	邹平巨佳胆碱有限公司	氯化胆碱；甜菜碱盐酸盐
鲁饲添（2014）T13009	山东省滨州市利丰达化工有限公司	磷酸氢钙
鲁饲添（2014）T13010	山东恩贝科技有限公司	氯化胆碱；液态氯化胆碱
鲁饲添（2014）T13011	无棣汇泰化工有限公司	磷酸氢钙
鲁饲添（2014）T13013	山东无棣精盐厂	氯化钠
鲁饲添（2014）T13014	山东金盛海洋资源开发有限公司	氯化钠
鲁饲添（2014）T14002	金能科技股份有限公司	二氧化硅
鲁饲添（2014）T15001	聊城煤杉新材料科技有限公司	甲酸
鲁饲添（2014）T16003	山东龙海生物科技有限公司	枯草芽孢杆菌；液态嗜酸乳杆菌
鲁饲添（2014）T16005	莒南凯佳化工有限公司	氧化锌
鲁饲添（2014）T16007	山东隆科特酶制剂有限公司	淀粉酶（产自枯草芽孢杆菌）；液态淀粉酶（产自枯草芽孢杆菌）；纤维素酶（产自长柄木霉）；液态纤维素酶（产自长柄木霉）；蛋白酶（产自黑曲霉）；液态蛋白酶（产自黑曲霉）；果胶酶（产自黑曲霉）；液态果胶酶（产自黑曲霉）；β-葡聚糖酶（产自长柄木霉）；液态β-葡聚糖酶（产自长柄木霉）；植酸酶（产自黑曲霉）；液态植酸酶（产自黑曲霉）；β-甘露聚糖酶（产自迟缓芽孢杆菌）；液态β-甘露聚糖酶（产自迟缓芽孢杆菌）；木聚糖酶（产自米曲霉）；液态木聚糖酶（产自米曲霉）；葡萄糖氧化酶（产自黑曲霉）；液态葡萄糖氧化酶（产自黑曲霉）；脂肪酶（产自黑曲霉）；液态脂肪酶（产自黑曲霉）；α-半乳糖苷酶（产自黑曲霉）；液态α-半乳糖苷酶（产自黑曲霉）
鲁饲添（2014）T17002	山东洪方精细化工有限公司	牛磺酸
鲁饲添（2014）T17005	山东中牧化工有限公司	甜菜碱盐酸盐；吡啶甲酸铬
鲁饲添（2014）T17006	山东洪智生物科技有限公司	叶酸
豫饲添（2014）T01006	郑州后羿制药有限公司	枯草芽孢杆菌；液态枯草芽孢杆菌；粪肠球菌；液态粪肠球菌；嗜酸乳杆菌；液态嗜酸乳杆菌
豫饲添（2014）T01007	郑州瑞普生物工程有限公司	轻质碳酸钙；乳酸钙；富马酸亚铁；乳酸亚铁；乳酸锌（α-羟基丙酸锌）；柠檬酸钙
豫饲添（2014）T01010	郑州今日动物药品有限公司	枯草芽孢杆菌；嗜酸乳杆菌；酿酒酵母
豫饲添（2014）T01014	郑州市永昌化工有限公司	氧化锌
豫饲添（2014）T04009	叶县牧鹤饲料添加剂有限公司	氯化钠
豫饲添（2014）T05005	中农颖泰林州生物科园有限公司	N-氨甲酰谷氨酸；枯草芽孢杆菌；屎肠球菌；植物乳杆菌；酿酒酵母

（续）

生产许可证编号	企业名称	产品名称
豫饲添（2014）T07008	河南德邻生物制品有限公司	枯草芽孢杆菌；乳酸肠球菌；干酪乳杆菌；液态干酪乳杆菌；液态沼泽红假单胞菌；枯草芽孢杆菌＋乳酸肠球菌＋干酪乳杆菌＋产朊假丝酵母；乳酸肠球菌＋产朊假丝酵母＋干酪乳杆菌；淀粉酶（产自黑曲霉、枯草芽孢杆菌、长柄木霉、米曲霉）＋纤维素酶（产自长柄木霉、黑曲霉）＋蛋白酶（产自黑曲霉、米曲霉、枯草芽孢杆菌、长柄木霉）；蛋白酶（产自黑曲霉、米曲霉、枯草芽孢杆菌）＋淀粉酶（产自黑曲霉、枯草芽孢杆菌、米曲霉）
豫饲添（2014）T07012	河南新乡华星药厂	L-赖氨酸盐酸盐 L-赖氨酸硫酸盐及其发酵副产物（产自谷氨酸棒杆菌、乳糖发酵短杆菌，L-赖氨酸含量不低于51%）液态 L-赖氨酸硫酸盐及其发酵副产物（产自谷氨酸棒杆菌、乳糖发酵短杆菌，L-赖氨酸含量不低于 51%）
豫饲添（2014）T08004	孟州市华兴生物化工有限责任公司	L-色氨酸
豫饲添（2014）T08013	广济药业（孟州）有限公司	核黄素（维生素 B_2）
豫饲添（2014）T12001	三门峡博仕奥生物科技有限公司	α-半乳糖苷酶（产自黑曲霉）；纤维素酶（产自长柄木霉）；甘露聚糖酶（产自迟缓芽孢杆菌）；蛋白酶（产自枯草芽孢杆菌）；木聚糖酶（产自米曲霉）；枯草芽孢杆菌；粪肠球菌；酿酒酵母
豫饲添（2014）T12002	河南仰韶生化工程有限公司	粪肠球菌；两歧双歧杆菌；地衣芽孢杆菌；酿酒酵母；凝结芽孢杆菌；木聚糖酶；β-葡聚糖酶；脂肪酶；果胶酶；β-甘露聚糖酶；淀粉酶；植酸酶；纤维素酶（产自长柄木霉）；蛋白酶（产自枯草芽孢杆菌）；枯草芽孢杆菌
豫饲添（2014）T13003	桐柏海晶碱业有限责任公司	碳酸氢钠
豫饲添（2014）T16010	河南金丹乳酸科技股份有限公司	乳酸；乳酸钙；乳酸亚铁
鄂饲添（2014）T01001	武汉有机实业有限公司	苯甲酸；苯甲酸钠
鄂饲添（2014）T01002	武汉科诺生物科技股份有限公司	地衣芽孢杆菌；枯草芽孢杆菌；短小芽孢杆菌
鄂饲添（2014）T01003	武汉益中生物科技有限公司	壳寡糖［寡聚β-（1-4）-2-氨基-2-脱氧-D-葡萄糖］（n＝2～10）
鄂饲添（2014）T01004	武汉合缘绿色生物工程有限公司	液态嗜酸乳杆菌；液态植物乳杆菌；枯草芽孢杆菌；粪肠球菌；屎肠球菌；酿酒酵母；液态沼泽红假单胞菌
鄂饲添（2014）T02001	黄冈市富驰制药有限责任公司	牛磺酸
鄂饲添（2014）T02002	湖北振华化学股份有限公司	亚硫酸氢钠甲萘醌（维生素 K_3）；亚硫酸氢烟酰胺甲萘醌
鄂饲添（2014）T03001	南漳龙蟒磷制品有限责任公司	磷酸氢钙
鄂饲添（2014）T03002	宜城市聚鑫磷制品有限公司	磷酸氢钙
鄂饲添（2014）T04001	黄冈华阳药业有限公司	L-肉碱
鄂饲添（2014）T05001	湖北三新磷钙有限公司	磷酸三钙
鄂饲添（2014）T05002	湖北开元化工科技股份有限公司	碳酸锰
鄂饲添（2014）T05003	宜昌三峡制药有限公司	L-色氨酸；异亮氨酸；缬氨酸

（续）

生产许可证编号	企业名称	产品名称
鄂饲添（2014）T05004	宜昌市欣龙化工新材料有限公司	磷酸氢钙
鄂饲添（2014）T05005	五峰赤诚生物科技有限公司	没食子酸丙酯
鄂饲添（2014）T07001	湖北双环科技股份有限公司	氯化钠
鄂饲添（2014）T07002	湖北绿天地生物科技有限公司	酿酒酵母；地衣芽孢杆菌；枯草芽孢杆菌；粪肠球菌；屎肠球菌；产朊假丝酵母；短小芽孢杆菌；侧孢短芽孢杆菌；凝结芽孢杆菌
鄂饲添（2014）T07003	湖北蓝天盐化有限公司	氯化钠
鄂饲添（2014）T07004	中盐（福州）盐制品研发有限公司湖北分公司	氯化钠
鄂饲添（2014）T07005	中盐长江盐化有限公司	氯化钠
鄂饲添（2014）T07006	湖北长舟盐化有限公司	氯化钠
鄂饲添（2014）T07007	孝感广盐华源制盐有限公司	氯化钠
鄂饲添（2014）T07008	久大（应城）盐矿有限责任公司	氯化钠
鄂饲添（2014）T07009	中盐宏博（集团）有限公司	氯化钠
鄂饲添（2014）T09001	武汉市万达生物工程有限公司	蛋氨酸铜络（螯）合物；蛋氨酸铁络（螯）合物；蛋氨酸锰络（螯）合物；蛋氨酸锌络（螯）合物；甘氨酸铜络（螯）合物；甘氨酸铁络（螯）合物；氨基酸铜络合物（氨基酸来源于水解植物蛋白）；氨基酸铁络合物（氨基酸来源于水解植物蛋白）；氨基酸锰络合物（氨基酸来源于水解植物蛋白）；氨基酸锌络合物（氨基酸来源于水解植物蛋白）；蛋氨酸铬；甘氨酸锌
鄂饲添（2014）T12001	湖北正佳微生物工程股份有限公司	枯草芽孢杆菌；产朊假丝酵母
湘饲添（2014）T01001	长沙兴嘉生物工程股份有限公司	碱式氯化铜；碱式氯化锌；蛋氨酸铁络（螯）合物；甘氨酸铜络（螯）合物；甘氨酸铁络（螯）合物；羟基蛋氨酸类似物络（螯）合锌；羟基蛋氨酸类似物络（螯）合锰；羟基蛋氨酸类似物络（螯）合铜；蛋氨酸铬；甘氨酸锌
湘饲添（2014）T01003	长沙中科晶博生物科技有限公司	枯草芽孢杆菌
湘饲添（2014）T01004	湖南山河美生物环保科技股份有限公司	酿酒酵母；枯草芽孢杆菌；嗜酸乳杆菌
湘饲添（2014）T02001	株洲唐人神油脂有限公司	双乙酸钠
湘饲添（2014）T02002	株洲江海环保实业有限公司	氯化铵
湘饲添（2014）T02003	株洲市中南饲料原料有限公司	硫酸铜；碱式氯化铜
湘饲添（2014）T03001	湘潭埃索凯生化科技有限公司	硫酸锰；硫酸亚铁；硫酸锌
湘饲添（2014）T03002	湖南圣雅凯生物科技有限公司	糖萜素（源自山茶籽饼）；液态枯草芽孢杆菌
湘饲添（2014）T04001	衡阳百赛化工实业有限公司	氧化锌；硫酸锌
湘饲添（2014）T04002	湖南省湘衡盐化有限责任公司	氯化钠；硫酸钠
湘饲添（2014）T04003	衡阳市海联盐卤化工有限公司	碳酸氢钠
湘饲添（2014）T04005	衡阳市凯威化工有限公司	硫酸锌；氧化锌

（续）

生产许可证编号	企业名称	产品名称
湘饲添（2014）T04006	湖南省绿衡化工有限公司	氧化锌；硫酸铜；碱式氯化铜；硫酸亚铁
湘饲添（2014）T04007	常宁市沿江锌业有限责任公司	硫酸锌
湘饲添（2014）T06001	湖南利尔康生物股份有限公司	纤维素酶；液态纤维素酶；木聚糖酶；液态木聚糖酶；β-葡聚糖酶；液态β-葡聚糖酶；果胶酶；液态果胶酶；α-半乳糖苷酶；液态α-半乳糖苷酶；蛋白酶；液态蛋白酶；β-甘露聚糖酶；液态β-甘露聚糖酶；淀粉酶；液态淀粉酶；植酸酶；液态植酸酶；脂肪酶；液态脂肪酶
湘饲添（2014）T07002	湖南新鸿鹰生物工程有限公司	淀粉酶；液态淀粉酶；α-半乳糖苷酶；液态α-半乳糖苷酶；纤维素酶；液态纤维素酶；β-葡聚糖酶；液态β-葡聚糖酶；脂肪酶；液态脂肪酶；β-甘露聚糖酶；液态β-甘露聚糖酶；果胶酶；液态果胶酶；植酸酶；液态植酸酶；蛋白酶；液态蛋白酶；木聚糖酶；液态木聚糖酶
湘饲添（2014）T08001	张家界久瑞生物科技有限公司	没食子酸丙酯
粤饲添（2014）H01006	广东新南都饲料科技有限公司	葡萄糖氧化酶；糖精钠；大蒜素；吡啶甲酸铬；烟酸铬；4，7-二羟基异黄酮（大豆黄酮）；蛋白酶＋淀粉酶＋纤维素酶＋木聚糖酶；蛋白酶＋纤维素酶＋木聚糖酶；蛋白酶＋木聚糖酶；乳酸＋柠檬酸＋磷酸＋富马酸；谷氨酸钠＋5′-肌苷酸二钠＋5′-鸟苷酸二钠；糖精钠＋食品用香料：苯甲酸乙酯；丁酸＋食品用香料：香兰素
粤饲添（2014）T01001	广州科仁生物工程有限公司	饲用黄曲霉毒素 B_1 分解酶（产自发光假蜜环菌）
粤饲添（2014）T01002	广州智特奇生物科技股份有限公司花都分公司	丁酸钠；天然叶黄素（源自万寿菊）；辣椒红；β，β-胡萝卜素-4，4-二酮（斑蝥黄）；β-阿朴-8′-胡萝卜素酸乙酯；虾青素；维生素A乙酸酯；维生素 D_3；β一胡萝卜素；L-肉碱；L-肉碱盐酸盐；L-抗坏血酸-2-磷酸酯；氯化胆碱；25-羟基胆钙化醇（25-羟基维生素 D_3）；甜菜碱；乳酸；磷酸；氧化锌；富马酸亚铁；吡啶甲酸铬；植酸酶（产自黑曲霉）；木聚糖酶（产自米曲霉）；磷脂；液态天然叶黄素（源自万寿菊）
粤饲添（2014）T01003	广州南沙龙沙有限公司	烟酰胺
粤饲添（2014）T01004	番禺梅山-马利酵母有限公司	酿酒酵母
粤饲添（2014）T01005	广州和仕康生物技术有限公司	产朊假丝酵母
粤饲添（2014）T01006	广东碧德生物科技有限公司	枯草芽孢杆菌；粪肠球菌；酿酒酵母
粤饲添（2014）T01007	广州生产力促进中心增城科研中试生产基地	甘氨酸铁络（螯）合物；蛋氨酸铁络（螯）合物；蛋氨酸锌络（螯）合物；蛋氨酸铜络（螯）合物；甘氨酸铜络（螯）合物；蛋氨酸锰络（螯）合物；甘氨酸锌；吡啶甲酸铬
粤饲添（2014）T01008	广州白云山汉方现代药业有限公司	新甲基橙皮苷二氢查耳酮
粤饲添（2014）T01009	广州天科生物科技有限公司	赖氨酸铜络（螯）合物；甘氨酸锌；柠檬酸钙；蛋氨酸铜络（螯）合物；蛋氨酸铁络（螯）合物；蛋氨酸锰络（螯）合物；蛋氨酸锌络（螯）合物；赖氨酸锌络（螯）合物；甘氨酸铜络（螯）合物；甘氨酸铁络（螯）合物

（续）

生产许可证编号	企业名称	产品名称
粤饲添（2014）T05001	广东海纳川药业股份有限公司	β-葡聚糖酶（产自枯草芽孢杆菌）；果胶酶（产自黑曲霉）；纤维素酶（产自黑曲霉）；脂肪酶（产自黑曲霉）；蛋白酶（产自枯草芽孢杆菌）；植酸酶（产自黑曲霉）；木聚糖酶（产自米曲霉）；α-半乳糖苷酶（产自黑曲霉）；β-甘露聚糖酶（产自迟缓芽孢杆菌）；枯草芽孢杆菌；酿酒酵母；嗜酸乳杆菌；产朊假丝酵母；粪肠球菌；屎肠球菌；干酪乳杆菌；植物乳杆菌；德氏乳杆菌保加利亚亚种；凝结芽孢杆菌；液态β-葡聚糖酶（产自枯草芽孢杆菌）；液态果胶酶（产自黑曲霉）；液态纤维素酶（产自黑曲霉）；液态脂肪酶（产自黑曲霉）；液态蛋白酶（产自枯草芽孢杆菌）；液态植酸酶（产自黑曲霉）；液态木聚糖酶（产自米曲霉）；液态α-半乳糖苷酶（产自黑曲霉）；液态β-甘露聚糖酶（产自迟缓芽孢杆菌）；液态枯草芽孢杆菌；液态嗜酸乳杆菌；液态粪肠球菌；液态屎肠球菌；液态干酪乳杆菌；液态植物乳杆菌；液态德氏乳杆菌保加利亚亚种；液态凝结芽孢杆菌
粤饲添（2014）T05002	佛山市南海华昊华丰淀粉有限公司	α-淀粉
粤饲添（2014）T09001	惠州市东江环保技术有限公司	硫酸铜
粤饲添（2014）T09002	惠州市三宝生物化学科技有限公司	L-抗坏血酸-2-磷酸酯
粤饲添（2014）T09003	惠州市惠山水生生物制品有限公司	枯草芽孢杆菌
粤饲添（2014）T11001	东莞市辉阳生物科技有限公司	干酪乳杆菌＋酿酒酵母；干酪乳杆菌＋酿酒酵母＋嗜酸乳杆菌＋枯草芽孢杆菌；液态（干酪乳杆菌＋酿酒酵母）；液态（干酪乳杆菌＋酿酒酵母＋嗜酸乳杆菌＋枯草芽孢杆菌）
粤饲添（2014）T11002	东莞泛亚太生物科技有限公司	液态β-葡聚糖酶（产自黑曲霉）；液态β-甘露聚糖酶（产自迟缓芽孢杆菌）；液态植酸酶（产自米曲霉）；液态木聚糖酶（产自枯草芽孢杆菌）；液态纤维素酶（产自长柄木霉）
粤饲添（2014）T13001	量子高科（中国）生物股份有限公司	果寡糖；液态果寡糖
粤饲添（2014）T15001	广东绿百多生物科技有限公司	枯草芽孢杆菌；酿酒酵母；产朊假丝酵母；液态沼泽红假单胞菌
粤饲添（2014）T17001	广东肇庆星湖生物科技股份有限公司生物工程基地	L-苏氨酸；L-精氨酸；液态L-精氨酸；缬氨酸
粤饲添（2014）T18001	清远市新绿环境技术有限公司	硫酸铜；碱式氯化铜
桂饲添（2014）T01001	南宁市泽威尔饲料有限责任公司	甘氨酸铜络（螯）合物、甘氨酸锌、甘氨酸铁络（螯）合物、富马酸亚铁、柠檬酸钙、蛋氨酸铜络（螯）合物、蛋氨酸锌络（螯）合物、蛋氨酸锰络（螯）合物、蛋氨酸铁络（螯）合物
桂饲添（2014）T01002	广西南宁益维饲料科技有限公司	硫酸铜、硫酸亚铁、硫酸锌、氧化锌、硫酸锰

（续）

生产许可证编号	企业名称	产品名称
桂饲添（2014）T01003	南宁市金旭阳淀粉有限公司	α-淀粉
桂饲添（2014）T03001	桂林精成生物科技有限公司	β-甘露聚糖酶（产自迟缓芽孢杆菌）；木聚糖酶（产自米曲霉）；植酸酶（产自黑曲霉）
桂饲添（2014）T05001	卜蜂（北海）水产饲料有限公司	枯草芽孢杆菌；液态沼泽红假单胞菌
桂饲添（2014）T05002	北海群林生物工程有限公司	枯草芽孢杆菌；产朊假丝酵母
桂饲添（2014）T07001	钦州市湘大化工有限公司	硫酸锰
桂饲添（2014）T13001	广西德天化工循环股份有限公司	硫酸亚铁；硫酸锰
桂饲添（2014）T14001	广西贺州永丰矿物饲料有限公司	硫酸锰
琼饲添（2014）T01001	海南海大实验兽药厂	液态沼泽红假单胞菌
琼饲添（2014）T01004	海南泓缘生物科技股份有限公司	嗜酸乳杆菌
渝饲添（2014）T01001	重庆索特盐化股份有限公司	氯化钠
渝饲添（2014）T09001	重庆西南合成制药有限公司	液态维生素 E
川饲添（2014）T01001	成都蜀星饲料有限公司	硫酸镁；硫酸亚铁；硫酸铜；碳酸锌；氯化钾
川饲添（2014）T01002	成都枫澜科技有限公司	地衣芽孢杆菌；枯草芽孢杆菌；液态枯草芽孢杆菌
川饲添（2014）T01003	成都施普诺生物技术有限公司	蛋氨酸铜络（螯）合物；蛋氨酸铁络（螯）合物；蛋氨酸锰络（螯）合物；蛋氨酸锌络（螯）合物；甘氨酸铁络（螯）合物
川饲添（2014）T01005	成都旭卫生物科技有限责任公司	蛋氨酸铜络（螯）合物；蛋氨酸铁络（螯）合物；蛋氨酸锰络（螯）合物；蛋氨酸锌络（螯）合物；甘氨酸铜络（螯）合物；甘氨酸铁络（螯）合物
川饲添（2014）T02001	自贡市中皓化工有限公司	二氧化硅
川饲添（2014）T02002	四川自贡驰宇盐品有限公司	氯化钠
川饲添（2014）T02003	四川久大制盐有限责任公司	氯化钠
川饲添（2014）T05001	四川什邡市星天丰科技有限公司	磷酸氢钙；磷酸二氢钙
川饲添（2014）T05002	广汉市久盛锌业有限公司	氧化锌；硫酸锌；碱式氯化锌；硫酸锰
川饲添（2014）T06001	绵阳市神龙饲料有限公司	磷酸氢钙；磷酸二氢钙
川饲添（2014）T07001	青川县青云上锰业有限公司	硫酸锌；硫酸锰
川饲添（2014）T08001	四川久大蓬莱盐化有限公司	硫酸钙；氯化钠
川饲添（2014）T10001	乐山市金口河通宇化工有限公司	磷酸氢钙
川饲添（2014）T17001	四川蓉兴化工有限责任公司	硫酸钠
川饲添（2014）T18001	四川省简阳市双鹏化工厂	碘化钾；碘酸钙
川饲添（2014）T18002	四川新华扬山野生物有限公司	淀粉酶（产自枯草芽孢杆菌）；蛋白酶（产自枯草芽孢杆菌）
川饲添（2014）T19001	会东县恒威磷化工有限责任公司	磷酸氢钙；磷酸二氢钙
川饲添（2014）T19002	西昌宏鑫实业有限公司	氧化锌；硫酸锌
黔饲添（2014）T01004	贵阳倍隆化工有限公司	没食子酸丙酯
黔饲添（2014）T04002	贵州兴牧高新技术科技有限公司	磷酸三钙

（续）

生产许可证编号	企业名称	产品名称
黔饲添（2014）T04003	瓮福（集团）有限责任公司	磷酸氢钙、磷酸二氢钙、磷酸脲
滇饲添（2014）T01006	云南北懋经贸有限公司安宁分公司	氯化钠
滇饲添（2014）T01007	云南磷化集团有限公司	磷酸氢钙；磷酸二氢钙
滇饲添（2014）T01010	昆明爱科特生物科技有限公司	淀粉酶（产自枯草芽孢杆菌）；纤维素酶（产自长柄木霉）；β-葡聚糖酶（产自枯草芽孢杆菌）；脂肪酶（产自黑曲霉）；β-甘露聚糖酶（产自迟缓芽孢杆菌）；果胶酶（产自黑曲霉）；植酸酶（产自黑曲霉）；蛋白酶（产自米曲霉）；木聚糖酶（产自米曲霉）；地衣芽孢杆菌；沼泽红假单胞菌；凝结芽孢杆菌
滇饲添（2014）T01012	云南立隆化工有限公司	磷酸氢钙；磷酸二氢钙
滇饲添（2014）T01014	昆明乐力升生物科技有限公司	氧化锌；硫酸亚铁；硫酸镁；硫酸锰；硫酸锌；硫酸铜
滇饲添（2014）T01015	云南天浩稀贵金属股份有限公司	硫酸锌
滇饲添（2014）T01016	云南富民瑞呈饲料添加剂有限公司	磷酸二氢钙；磷酸氢钙
滇饲添（2014）T08013	云南中浙东成生物科技有限公司	酵母硒
滇饲添（2014）T09011	楚雄源泰矿业有限公司姚安分厂	氧化锌；硫酸锌
滇饲添（2014）T11008	云南立达尔生物科技有限公司	天然叶黄素（源自万寿菊）
陕饲添（2014）T00004	杨凌皓天生物工程技术有限公司	肌醇
陕饲添（2014）T01003	西安华瑞生物工程有限公司	天然叶黄素（源自万寿菊）
陕饲添（2014）T01004	西安骏宝生物有限责任公司	枯草芽孢杆菌；嗜酸乳杆菌；酿酒酵母
陕饲添（2014）T01005	西安康代生物科技有限公司	液态干酪乳杆菌
宁饲添（2014）T01698	宁夏伊品生物科技股份有限公司	L-赖氨酸盐酸盐；L-赖氨酸硫酸盐及其发酵副产物（产自谷氨酸棒杆菌、乳糖发酵短杆菌，L-赖氨酸含量不低于51%）；L-苏氨酸；L-色氨酸
宁饲添（2014）T02986	宁夏立达尔生物科技有限公司	天然叶黄素（源自万寿菊）
宁饲添（2014）T05699	宁夏紫光天化蛋氨酸有限责任公司	DL-蛋氨酸；硫酸钠
新饲添（2014）T01004	新疆天康饲料科技有限公司生物添加剂分公司	植酸酶（产自黑曲霉、米曲霉、长柄木霉、毕赤酵母）；蛋白酶（产自黑曲酶）+β-葡萄糖酶（产自黑曲酶）+果胶酶（产自黑曲酶）+木聚糖酶（产自黑曲酶）+纤维素酶（产自黑曲酶）；枯草芽孢杆菌；嗜酸乳杆菌；植物乳杆菌；酿酒酵母
新饲添（2014）T01005	新疆阜丰生物科技有限公司	L-苏氨酸；L-色氨酸；L-亮氨酸；谷氨酰胺；异亮氨酸；缬氨酸
新饲添（2014）T28002	新疆晨光天然色素有限公司	天然叶黄素（源自万寿菊）
新饲添（2014）T31003	晨光生物科技集团莎车有限公司	天然叶黄素（源自万寿菊）

（续）

生产许可证编号	企业名称	产品名称
饲添（2013）T00019	肃宁县宇威生物制剂有限公司	磷酸三钙肌醇
饲添（2013）T00018	通辽梅花生物科技有限公司	L-赖氨酸盐酸盐；L-赖氨酸硫酸盐及其发酵副产物（产自谷氨酸棒杆菌，L-赖氨酸含量不低于51%）；L-苏氨酸；L-色氨酸；异亮氨酸；L-脯氨酸；谷氨酸；谷氨酰胺；缬氨酸
饲添（2013）T00047	丰益油脂化学（连云港）有限公司	丙三醇；液态甘油脂肪酸酯
饲添（2013）T00048	大丰海嘉诺药业有限公司	盐酸吡哆醇（维生素 B_6）；D-生物素；维生素 E
饲添（2013）T00027	浙江兰博生物科技有限公司	烟酰胺
饲添（2013）T00028	浙江圣达生物药业股份有限公司	叶酸；D-生物素；叶酸（包被）；D-生物素（包被）
饲添（2013）T00030	安徽泰格维生素实业有限公司	D-生物素；2%D-生物素；维生素 E；维生素 E 粉
饲添（2013）T00005	福建省海欣药业股份有限公司	DL-α-生育酚乙酸酯；液态 DL-α-生育酚乙酸酯
豫饲添（2015）T05015	安阳华大饲料有限公司	嗜酸乳杆菌；枯草芽孢杆菌；（嗜酸乳杆菌＋枯草芽孢杆菌）

表 2－33　添加剂预混合饲料生产许可证名单

生产许可证编号	企业名称	产品名称
京饲预（2014）06005	北京复利贯华生物科技有限公司	复合预混合饲料（畜禽水产）
京饲预（2014）06006	北京中农劲腾生物技术有限公司	维生素预混合饲料（畜禽水产）；微量元素预混合饲料（畜禽水产）；复合预混合饲料（畜禽水产）
京饲预（2014）07001	北京联合盛邦生物技术有限公司	微量元素预混合饲料（畜禽水产、反刍动物）；复合预混合饲料（畜禽水产、反刍动物）
京饲预（2014）07002	北京京农宝科技有限公司	维生素预混合饲料（畜禽水产）；复合预混合饲料（畜禽水产）
京饲预（2014）07003	新希望六和饲料股份有限公司北京分公司	复合预混合饲料（畜禽水产）
京饲预（2014）07011	北京雨清大地生物技术研究中心	复合预混合饲料（畜禽水产）
京饲预（2014）07012	北京富华伟农农牧科技有限公司	复合预混合饲料（畜禽水产）
京饲预（2014）07013	北京绿海之舟饲料科技有限公司	复合预混合饲料（畜禽水产）
京饲预（2014）07015	北京友谊恒远科技有限公司	微量元素预混合饲料（畜禽水产）；复合预混合饲料（畜禽水产）
京饲预（2014）07031	北京嘉丰世纪饲料有限公司	复合预混合饲料（畜禽水产）
京饲预（2014）07032	北京吉隆达农牧科技有限公司	微量元素预混合饲料（畜禽水产、宠物及特种动物）
京饲预（2014）07039	北京爱绿生物科技有限公司	复合预混合饲料（畜禽水产）
京饲预（2014）07047	北京美达特科技发展有限公司	维生素预混合饲料（畜禽水产、宠物及特种动物）；复合预混合饲料（畜禽水产、宠物及特种动物）

（续）

生产许可证编号	企业名称	产品名称
京饲预（2014）07056	北京优利保生物技术有限责任公司	维生素预混合饲料（畜禽水产、反刍动物、宠物及特种动物）；微量元素预混合饲料（畜禽水产、反刍动物、宠物及特种动物）；复合预混合饲料（畜禽水产、反刍动物、宠物及特种动物）
京饲预（2014）07057	北京华园绿宝科技发展有限公司	复合预混合饲料（畜禽水产、宠物及特种动物）
京饲预（2014）08004	北京福乐维生物科技股份有限公司	液态复合预混合饲料（畜禽水产）
京饲预（2014）08014	北京安格斯生物科技有限公司	复合预混合饲料（畜禽水产）
京饲预（2014）08036	北京中农兴饲料科技有限公司	复合预混合饲料（畜禽水产）
京饲预（2014）08037	北京科为博生物科技有限公司	复合预混合饲料（畜禽水产）
京饲预（2014）08040	北京奕农顺丰生物技术有限公司	复合预混合饲料（畜禽水产）
京饲预（2014）08046	北京百林康源生物技术有限责任公司	复合预混合饲料（宠物及特种动物）
京饲预（2014）08053	北京科利民饲料技术有限公司	维生素预混合饲料（畜禽水产）；微量元素预混合饲料（畜禽水产）；复合预混合饲料（畜禽水产、宠物及特种动物）
京饲预（2014）08054	北京驰翔伟业科技有限公司	维生素预混合饲料（畜禽水产、反刍动物、宠物及特种动物）；微量元素预混合饲料（畜禽水产、反刍动物、宠物及特种动物）；复合预混合饲料（畜禽水产、反刍动物、宠物及特种动物）
京饲预（2014）08055	北京金海伟业饲料有限公司	复合预混合饲料（畜禽水产、反刍动物、宠物及特种动物）
京饲预（2014）09016	北京正虹生物科技有限公司	复合预混合饲料（畜禽水产）
京饲预（2014）10029	北京市星火元科技有限公司	维生素预混合饲料（畜禽水产）；微量元素预混合饲料（畜禽水产）；复合预混合饲料（畜禽水产）
京饲预（2014）10033	北京科星饲料有限公司	维生素预混合饲料（畜禽水产、宠物及特种动物）；微量元素预混合饲料（畜禽水产、宠物及特种动物）；复合预混合饲料（畜禽水产、宠物及特种动物）
京饲预（2014）10052	北京坤泰嘉业科技有限公司	维生素预混合饲料（畜禽水产）；微量元素预混合饲料（畜禽水产）；复合预混合饲料（畜禽水产）
京饲预（2014）12007	北京市中农利农饲料厂	复合预混合饲料（畜禽水产）
京饲预（2014）12008	北京嘉禾动物营养科技有限公司	维生素预混合饲料（畜禽水产）；微量元素预混合饲料（畜禽水产）；复合预混合饲料（畜禽水产）
京饲预（2014）12009	北京邦世生物技术有限公司	维生素预混合饲料（畜禽水产、反刍动物）；微量元素预混合饲料（畜禽水产、反刍动物）；复合预混合饲料（畜禽水产、反刍动物）
京饲预（2014）12010	北京正宏饲料有限公司	复合预混合饲料（畜禽水产、反刍动物）

（续）

生产许可证编号	企业名称	产品名称
京饲预（2014）12034	北京百世腾牧业有限公司	维生素预混合饲料（畜禽水产）；复合预混合饲料（畜禽水产）
京饲预（2014）12035	光大畜牧（北京）有限公司	维生素预混合饲料（畜禽水产）；微量元素预混合饲料（畜禽水产）；复合预混合饲料（畜禽水产）
京饲预（2014）12038	北京市利农饲料厂	复合预混合饲料（畜禽水产）
京饲预（2014）12041	北京科瑞饲料有限公司	复合预混合饲料（宠物及特种动物）
京饲预（2014）12042	北京哈维思特饲料制造有限公司	复合预混合饲料（畜禽水产、宠物及特种动物）
京饲预（2014）12043	北京红旗饲料有限公司	复合预混合饲料（畜禽水产、宠物及特种动物）
京饲预（2014）12048	北京慧农生物科技有限公司	复合预混合饲料（畜禽水产、反刍动物）
京饲预（2014）12049	世纪牧歌（北京）动物科技有限公司	复合预混合饲料（畜禽水产）
京饲预（2014）12050	中粮（北京）饲料科技有限公司	维生素预混合饲料（畜禽水产、反刍动物、宠物及特种动物）；复合预混合饲料（畜禽水产、反刍动物）
京饲预（2014）21051	北京东方天合生物技术有限责任公司	维生素预混合饲料（反刍动物）；复合预混合饲料（反刍动物）
津饲预（2014）02001	天津大方饲料有限公司	复合预混合饲料（畜禽水产）
津饲预（2014）03001	天津市伍峰农生物技术有限公司武清分公司	维生素预混合饲料（畜禽水产、反刍动物）；微量元素预混合饲料（畜禽水产、反刍动物）；复合预混合饲料（畜禽水产、反刍动物）
津饲预（2014）04001	艾地盟动物保健及营养（大连）有限公司天津分公司	复合预混合饲料（畜禽水产、反刍动物、宠物及特种动物）
津饲预（2014）04002	天津傲绿神农科技有限公司	复合预混合饲料（畜禽水产、反刍动物）
津饲预（2014）04003	天津市绿健饲料科技有限公司	复合预混合饲料（畜禽水产、反刍动物）
津饲预（2014）05001	天津惠农牧佳饲料科技有限公司	复合预混合饲料（畜禽水产、反刍动物）
津饲预（2014）05002	天津市圆鼎饲料有限公司	维生素预混合饲料（畜禽水产）；微量元素预混合饲料（畜禽水产）；复合预混合饲料（畜禽水产）
津饲预（2014）05003	天津硕普饲料有限公司	复合预混合饲料（畜禽水产）
津饲预（2014）05004	天津市思普森饲料添加剂有限公司	维生素预混合饲料（畜禽水产、反刍动物）；微量元素预混合饲料（畜禽水产、反刍动物）；复合预混合饲料（畜禽水产、反刍动物）
津饲预（2014）05005	天津爱康饲料有限公司	维生素预混合饲料（畜禽水产）；微量元素预混合饲料（畜禽水产）；复合预混合饲料（畜禽水产）
津饲预（2014）05006	天津市三商饲料有限公司	维生素预混合饲料（畜禽水产）；微量元素预混合饲料（畜禽水产）；复合预混合饲料（畜禽水产）
津饲预（2014）08001	天津新技术产业园区嘉隆饲料科技有限公司	复合预混合饲料（畜禽水产、反刍动物）

（续）

生产许可证编号	企业名称	产品名称
津饲预（2014）08002	大成万达（天津）有限公司	维生素预混合饲料（畜禽水产）；微量元素预混合饲料（畜禽水产）；复合预混合饲料（畜禽水产）
津饲预（2014）08003	天津昕牧川科技有限公司	维生素预混合饲料（畜禽水产、反刍动物、宠物及特种动物）；微量元素预混合饲料（畜禽水产、反刍动物、宠物及特种动物）；复合预混合饲料（畜禽水产、反刍动物、宠物及特种动物）
津饲预（2014）08004	鼎正生物药业（天津）有限公司	维生素预混合饲料（畜禽水产）；微量元素预混合饲料（畜禽水产）；复合预混合饲料（畜禽水产）；液态维生素预混合饲料（畜禽水产）；液态微量元素预混合饲料（畜禽水产）；液态复合预混合饲料（畜禽水产）
津饲预（2014）09001	天津市普丰饲料科技有限公司	复合预混合饲料（畜禽水产、反刍动物）
津饲预（2014）09002	天津市顺开生物技术有限公司	复合预混合饲料（畜禽水产、反刍动物）
冀饲预（2014）01003	石家庄象大生物药业有限公司	维生素预混合饲料（畜禽水产、反刍动物）；复合预混合饲料（畜禽水产、反刍动物）
冀饲预（2014）01004	石家庄市森威生物技术有限责任公司	维生素预混合饲料（畜禽水产动物）；微量元素预混合饲料（畜禽水产动物）；复合预混合饲料（畜禽水产动物）
冀饲预（2014）01005	河北省生化发展有限公司	维生素预混合饲料（畜禽水产）
冀饲预（2014）01006	河北国威动物药业有限公司	维生素预混合饲料（畜禽水产、宠物及特种动物）；微量元素预混合饲料（畜禽水产）；复合预混合饲料（畜禽水产）
冀饲预（2014）01008	石家庄德昌饲料有限公司	复合预混合饲料（畜禽水产、反刍动物）
冀饲预（2014）01009	河北睿朗特生物科技有限公司	维生素预混合饲料（畜禽水产、反刍动物）
冀饲预（2014）01010	石家庄江山饲料有限公司	维生素预混合饲料（畜禽水产）；复合预混合饲料（畜禽水产）
冀饲预（2014）01011	河北欧里卡生物科技有限公司	维生素预混合饲料（畜禽水产、反刍动物）
冀饲预（2014）01012	河北明日达饲料有限公司	复合预混合饲料（畜禽水产）
冀饲预（2014）01013	河北牧丰生物科技有限公司	微量元素预混合饲料（反刍动物）
冀饲预（2014）01014	石家庄联创动物药业有限公司	维生素预混合饲料（畜禽水产）
冀饲预（2014）01016	石家庄正源溢海饲料有限公司	维生素预混合饲料（畜禽水产、反刍动物、宠物及特种动物）；微量元素预混合饲料（畜禽水产、反刍动物、宠物及特种动物）；复合预混合饲料（畜禽水产、反刍动物、宠物及特种动物）
冀饲预（2014）01019	石家庄创隆饲料有限公司	维生素预混合饲料（畜禽水产、宠物及特种动物）；微量元素预混合饲料（畜禽水产、反刍动物）；复合预混合饲料（畜禽水产、宠物及特种动物）；液态维生素预混合饲料（畜禽水产、反刍动物）
冀饲预（2014）01020	石家庄大梁饲料有限公司	复合预混合饲料（畜禽水产、宠物及特种动物）

（续）

生产许可证编号	企业名称	产品名称
冀饲预（2014）02001	保定市冀农动物药业有限公司	维生素预混合饲料（畜禽水产）
冀饲预（2014）05001	唐山嘉瑜饲料有限公司	维生素预混合饲料（畜禽水产）
冀饲预（2014）06002	廊坊市互联营养饲料有限公司	维生素预混合饲料（畜禽水产动物）；微量元素预混合饲料（畜禽水产动物）；复合预混合饲料（畜禽水产动物）
冀饲预（2014）06003	河北康达畜禽养殖有限公司	复合预混合饲料（畜禽水产）
冀饲预（2014）09001	河北正合生物制药有限公司	维生素预混合饲料（畜禽水产）
冀饲预（2014）10001	河北联心饲料有限公司	复合预混合饲料（畜禽水产）
晋饲预（2014）01001	太原嘉璇牧业有限公司	维生素预混合饲料（畜禽水产、反刍动物）；复合预混合饲料（畜禽水产、反刍动物）
晋饲预（2014）06001	山西品冠生物科技有限公司	微量元素预混合饲料（畜禽水产）；复合预混合饲料（畜禽水产）
晋饲预（2014）06002	山西新世纪生物制药有限公司	维生素预混合饲料（畜禽水产、反刍动物、宠物及特种动物）；微量元素预混合饲料（畜禽水产）；复合预混合饲料（畜禽水产）
晋饲预（2014）08001	山西北正农生物工程有限公司	微量元素预混合饲料（畜禽水产、宠物及特种动物）；复合预混合饲料（畜禽水产、宠物及特种动物）
晋饲预（2014）10001	山西新源华康化工股份有限公司	复合预混合饲料（畜禽水产）
晋饲预（2014）11001	芮城大禹动物药品有限公司	维生素预混合饲料（畜禽水产）；微量元素预混合饲料（畜禽水产）；复合预混合饲料（畜禽水产）
晋饲预（2014）11002	山西牧英饲料有限公司	维生素预混合饲料（畜禽水产）；微量元素预混合饲料（畜禽水产）；复合预混合饲料（畜禽水产）
晋饲预（2014）11003	垣曲县力诺科技饲料有限公司	复合预混合饲料（畜禽水产）
蒙饲预（2014）01002	内蒙古草原天邦饲料有限公司	复合预混合饲料（反刍动物）
蒙饲预（2014）01003	内蒙古新开元动物药业发展有限公司	复合预混合饲料（畜禽水产）
蒙饲预（2014）01004	齐鲁制药（内蒙古）有限公司	维生素预混合饲料（畜禽水产）
蒙饲预（2014）01005	金桥开发区萌拉饲料添加剂厂	维生素预混合饲料（畜禽水产、反刍动物）；微量元素预混合饲料（畜禽水产、反刍动物）；复合预混合饲料（畜禽水产、反刍动物）
蒙饲预（2014）01007	呼和浩特市旺牧饲料有限公司	复合预混合饲料（反刍动物）
蒙饲预（2014）06001	赤峰市正泰牧业有限责任公司	复合预混合饲料（畜禽水产）
蒙饲预（2014）06006	内蒙古华天制药有限公司	复合预混合饲料（畜禽水产）
辽饲预（2014）01001	沈阳市友发实业有限公司	维生素预混合饲料（畜禽水产、宠物及特种动物）；微量元素预混合饲料（畜禽水产、宠物及特种动物）；复合预混合饲料（畜禽水产、宠物及特种动物）
辽饲预（2014）01002	沈阳佰特牧业有限公司	维生素预混合饲料（畜禽水产、反刍动物）；微量元素预混合饲料（畜禽水产、反刍动物）；复合预混合饲料（畜禽水产、反刍动物）

（续）

生产许可证编号	企业名称	产品名称
辽饲预（2014）01003	沈阳天鹏动物保健品厂	维生素预混合饲料（畜禽水产、宠物及特种动物）；微量元素预混合饲料（畜禽水产）；复合预混合饲料（畜禽水产、反刍动物、宠物及特种动物）；液态维生素预混合饲料（畜禽水产、反刍动物、宠物及特种动物）
辽饲预（2014）01004	沈阳富士大通科技有限公司	复合预混合饲料（畜禽水产、反刍动物、宠物及特种动物）
辽饲预（2014）01005	沈阳吉隆达农牧科技有限公司	微量元素预混合饲料（畜禽水产、反刍动物）
辽饲预（2014）01006	沈阳博阳饲料有限公司	复合预混合饲料（畜禽水产、反刍动物、宠物及特种动物）
辽饲预（2014）02001	大连赛姆生物工程技术有限公司	维生素预混合饲料（畜禽水产、宠物及特种动物）；微量元素预混合饲料（畜禽水产、宠物及特种动物）；复合预混合饲料（畜禽水产、宠物及特种动物）
辽饲预（2014）07001	锦州市玉祥牧业有限公司	复合预混合饲料（畜禽水产、反刍动物、宠物及特种动物）
辽饲预（2014）10001	灯塔市丰源饲料厂	复合预混合饲料（畜禽水产）
辽饲预（2014）13001	朝阳市中基牧业饲料发展有限公司	维生素预混合饲料（畜禽水产）；微量元素预混合饲料（畜禽水产）；复合预混合饲料（畜禽水产）
吉饲预（2014）01001	康地饲料（长春）有限公司	复合预混合饲料（畜禽水产）
吉饲预（2014）01002	长春邦基宏运饲料有限公司	复合预混合饲料（畜禽水产）
吉饲预（2014）01003	中牧实业股份有限公司长春华罗预混饲料厂	复合预混合饲料（畜禽水产）
吉饲预（2014）01004	长春市环农饲料有限公司	复合预混合饲料（畜禽水产）
吉饲预（2014）01005	吉林森鹏饲料有限公司	复合预混合饲料（畜禽水产）
吉饲预（2014）01006	帝斯曼维生素（长春）有限公司	微量元素预混合饲料（畜禽水产、反刍动物、宠物及特种动物）；复合预混合饲料（畜禽水产、反刍动物、宠物及特种动物）
吉饲预（2014）01007	吉林省康达动物药业有限责任公司	维生素预混合饲料（畜禽水产、宠物及特种动物）
吉饲预（2014）01008	科菲特饲料（长春）有限公司	维生素预混合饲料（畜禽水产、反刍动物）；微量元素预混合饲料（畜禽水产、反刍动物）；复合预混合饲料（畜禽水产、反刍动物）
吉饲预（2014）01111	吉林傲龙饲料科技有限公司	微量元素预混合饲料（畜禽水产、宠物及特种动物）；复合预混合饲料（畜禽水产、宠物及特种动物）
吉饲预（2014）01777	长春博瑞饲料集团有限公司	复合预混合饲料（反刍动物）
吉饲预（2014）02002	吉林市民丰饲料有限公司	复合预混合饲料（反刍动物）
吉饲预（2014）03001	四平市和农牧业有限公司	复合预混合饲料（畜禽水产）
黑饲预（2014）01001	黑龙江美龙牧业股份有限公司	维生素预混合饲料（畜禽水产、宠物及特种动物）；微量元素预混合饲料（畜禽水产、宠物及特种动物）；复合预混合饲料（畜禽水产、宠物及特种动物）

（续）

生产许可证编号	企业名称	产品名称
黑饲预（2014）01003	哈尔滨农垦牧王生物科技有限公司	维生素预混合饲料（畜禽水产、宠物及特种动物）；微量元素预混合饲料（畜禽水产、宠物及特种动物）；复合预混合饲料（畜禽水产、宠物及特种动物）
黑饲预（2014）01005	哈尔滨天博饲料厂	维生素预混合饲料（畜禽水产、宠物及特种动物）；微量元素预混合饲料（畜禽水产、宠物及特种动物）；复合预混合饲料（畜禽水产、宠物及特种动物）
黑饲预（2014）01006	哈尔滨众森生物科技发展有限公司	维生素预混合饲料（畜禽水产、宠物及特种动物）；微量元素预混合饲料（畜禽水产、宠物及特种动物）；复合预混合饲料（畜禽水产、宠物及特种动物）
黑饲预（2014）01007	哈尔滨大蓝饲料有限公司	维生素预混合饲料（畜禽水产）；微量元素预混合饲料（畜禽水产）；复合预混合饲料（畜禽水产）
黑饲预（2014）01008	哈尔滨乐农饲料有限公司	维生素预混合饲料（畜禽水产、宠物及特种动物）；微量元素预混合饲料（畜禽水产、宠物及特种动物）；复合预混合饲料（畜禽水产、宠物及特种动物）
沪饲预（2014）01001	英联饲料（上海）有限公司	复合预混合饲料（畜禽水产）
沪饲预（2014）02001	诺伟司饲料添加剂（上海）有限公司	微量元素预混合饲料（畜禽水产、反刍动物）；复合预混合饲料（畜禽水产、反刍动物）
沪饲预（2014）02002	上海延华饲料有限公司	微量元素预混合饲料（畜禽水产、反刍动物）；复合预混合饲料（畜禽水产、反刍动物）
沪饲预（2014）02004	上海旺大生物科技有限公司	复合预混合饲料（畜禽水产）
沪饲预（2014）04001	上海欧耐施生物技术有限公司	微量元素预混合饲料（畜禽水产）；复合预混合饲料（畜禽水产）
沪饲预（2014）04002	上海优仕饲料科技有限公司	复合预混合饲料（畜禽水产）
沪饲预（2014）04003	上海健荷牧业科技有限公司	复合预混合饲料（反刍动物）
沪饲预（2014）04004	上海海勤生物技术有限公司	复合预混合饲料（畜禽水产、反刍动物）
沪饲预（2014）04005	上海奥登饲料科技有限公司	复合预混合饲料（畜禽水产）
沪饲预（2014）04006	上海加能饲料有限公司	维生素预混合饲料（畜禽水产）；微量元素预混合饲料（畜禽水产）；复合预混合饲料（畜禽水产）
沪饲预（2014）04007	上海高龙生物科技有限公司	维生素预混合饲料（畜禽水产）；微量元素预混合饲料（畜禽水产）；复合预混合饲料（畜禽水产）
沪饲预（2014）04008	上海大江水产饲料科技有限公司	复合预混合饲料（畜禽水产）
沪饲预（2014）04009	上海龙园赛鸽制药有限公司	维生素预混合饲料（宠物及特种动物）
沪饲预（2014）05001	上海天和饲料有限公司	复合预混合饲料（畜禽水产、反刍动物）
沪饲预（2014）05002	上海申牧实业有限公司	复合预混合饲料（畜禽水产）
沪饲预（2014）05003	上海谷歌丰饲料科技有限公司	复合预混合饲料（畜禽水产）

（续）

生产许可证编号	企业名称	产品名称
沪饲预（2014）06001	渥瑞生物科技（上海）有限公司	维生素预混合饲料（畜禽水产）；微量元素预混合饲料（畜禽水产）；复合预混合饲料（畜禽水产）
沪饲预（2014）06002	上海先农动物保健品有限公司	复合预混合饲料（畜禽水产）
沪饲预（2014）07001	奥格生物技术（上海）有限公司	微量元素预混合饲料（畜禽水产、反刍动物）
沪饲预（2014）07002	东方希望包头生物工程有限公司上海分公司	维生素预混合饲料（畜禽水产、反刍动物）；微量元素预混合饲料（畜禽水产、反刍动物）；复合预混合饲料（畜禽水产）
沪饲预（2014）07003	上海高得饲料有限公司	复合预混合饲料（畜禽水产）
沪饲预（2014）09001	上海振农饲料有限公司	复合预混合饲料（畜禽水产）
沪饲预（2014）09002	上海大冠饲料科技有限公司	维生素预混合饲料（畜禽水产、宠物及特种动物）；微量元素预混合饲料（畜禽水产、宠物及特种动物）；复合预混合饲料（畜禽水产、宠物及特种动物）
苏饲预（2014）01001	江苏奥迈生物科技有限公司	复合预混合饲料（畜禽水产）
苏饲预（2014）01002	南京润沃生物科技有限公司	维生素预混合饲料（畜禽水产）；复合预混合饲料（畜禽水产）
苏饲预（2014）01003	南京日升昌生物技术有限公司	维生素预混合饲料（畜禽水产）；液态维生素预混合饲料（畜禽水产）
苏饲预（2014）01004	南京郁氏生物科技有限公司	复合预混合饲料（反刍动物）
苏饲预（2014）01005	南京福润德生物技术有限公司	复合预混合饲料（畜禽水产）
苏饲预（2014）02001	无锡正大畜禽有限公司	维生素预混合饲料（畜禽水产）；微量元素预混合饲料（畜禽水产）；复合预混合饲料（畜禽水产、反刍动物）
苏饲预（2014）03001	江苏桂龙生物技术有限公司	复合预混合饲料（畜禽水产）
苏饲预（2014）03002	徐州远方中汇生物科技有限公司	维生素预混合饲料（畜禽水产）；微量元素预混合饲料（畜禽水产）；复合预混合饲料（畜禽水产）
苏饲预（2014）03003	徐州方正饲料科技有限公司	复合预混合饲料（畜禽水产）
苏饲预（2014）03004	徐州市三永生物技术有限公司	复合预混合饲料（畜禽水产）
苏饲预（2014）03005	徐州龙海饲料科技有限公司	复合预混合饲料（畜禽水产）
苏饲预（2014）05001	太仓安佑生物科技有限公司	维生素预混合饲料（畜禽水产、反刍动物）；复合预混合饲料（畜禽水产、反刍动物）
苏饲预（2014）05002	常熟吉成生物工程技术有限公司	维生素预混合饲料（畜禽水产）
苏饲预（2014）06001	江苏家惠生物科技有限公司	复合预混合饲料（畜禽水产）
苏饲预（2014）06002	南通市鑫有动物营养品有限公司	复合预混合饲料（畜禽水产、反刍动物）
苏饲预（2014）06003	南通新亚饲料有限公司	维生素预混合饲料（畜禽水产、反刍动物）；微量元素预混合饲料（畜禽水产、反刍动物）；复合预混合饲料（畜禽水产、反刍动物）
苏饲预（2014）06004	三朝旺（南通）农业生物科技有限公司	复合预混合饲料（畜禽水产、反刍动物）

（续）

生产许可证编号	企业名称	产品名称
苏饲预（2014）06005	南通中牧生物科技有限公司	维生素预混合饲料（畜禽水产、宠物及特种动物）；复合预混合饲料（畜禽水产、宠物及特种动物）
苏饲预（2014）06006	南通和美华科技饲料有限公司	维生素预混合饲料（畜禽水产）；微量元素预混合饲料（畜禽水产）；复合预混合饲料（畜禽水产）
苏饲预（2014）06007	江苏优泰生物科技有限公司	复合预混合饲料（畜禽水产）
苏饲预（2014）06008	启东鼎丰饲料有限公司	复合预混合饲料（反刍动物）
苏饲预（2014）08001	淮安市淮阴大北农饲料有限公司	复合预混合饲料（畜禽水产）
苏饲预（2014）08002	淮安美标饲料有限公司	维生素预混合饲料（畜禽水产、反刍动物）；微量元素预混合饲料（畜禽水产、反刍动物）；复合预混合饲料（畜禽水产、反刍动物）
苏饲预（2014）08003	江苏敖众生物科技有限公司	维生素预混合饲料（畜禽水产）；复合预混合饲料（畜禽水产）；液态维生素预混合饲料（畜禽水产）
苏饲预（2014）09001	盐城六和饲料有限公司	复合预混合饲料（畜禽水产）
苏饲预（2014）09002	东台兴旺饲料生产有限公司	复合预混合饲料（畜禽水产）
苏饲预（2014）09003	江苏天蓬饲料有限公司	复合预混合饲料（畜禽水产）
苏饲预（2014）09012	江苏艾生牧饲料有限公司	复合预混合饲料（畜禽水产）
苏饲预（2014）10001	扬州创日动物营养有限公司	复合预混合饲料（畜禽水产）
苏饲预（2014）10002	乐甜仕江苏饲料有限公司	复合预混合饲料（畜禽水产）
苏饲预（2014）11001	镇江威特药业有限责任公司	维生素预混合饲料（畜禽水产）；微量元素预混合饲料（畜禽水产）；复合预混合饲料（畜禽水产）；液态维生素预混合饲料（畜禽水产）；液态微量元素预混合饲料（畜禽水产）；液态复合预混合饲料（畜禽水产）
苏饲预（2014）12001	江苏雅博动物保健品有限责任公司	维生素预混合饲料（畜禽水产、宠物及特种动物）；微量元素预混合饲料（畜禽水产、宠物及特种动物）；复合预混合饲料（畜禽水产、宠物及特种动物）
苏饲预（2014）13001	宿迁市康地饲料有限公司	复合预混合饲料（畜禽水产、反刍动物）
苏饲预（2014）13002	江苏优仕生物科技发展有限公司	复合预混合饲料（畜禽水产）
苏饲预（2014）13003	宿迁和美华农牧科技有限公司	维生素预混合饲料（畜禽水产）；微量元素预混合饲料（畜禽水产）；复合预混合饲料（畜禽水产）
浙饲预（2014）01001	杭州科达生物技术有限公司	复合预混合饲料（畜禽水产）
浙饲预（2014）05001	湖州超农饲料有限公司	复合预混合饲料（畜禽水产）
浙饲预（2014）05002	浙江播恩生物技术有限公司	维生素预混合饲料（畜禽水产）；微量元素预混合饲料（畜禽水产）；复合预混合饲料（畜禽水产）
浙饲预（2014）05003	湖州南珠粒状饲料助剂厂	维生素预混合饲料（畜禽水产）
浙饲预（2014）06001	浙江威盟饲料科技有限公司	微量元素预混合饲料（畜禽水产、反刍动物）；复合预混合饲料（畜禽水产、反刍动物）

（续）

生产许可证编号	企业名称	产品名称
浙饲预（2014）07001	金华大方生物科技有限公司	维生素预混合饲料（畜禽水产、宠物及特种动物）；微量元素预混合饲料（畜禽水产、宠物及特种动物）；复合预混合饲料（畜禽水产、宠物及特种动物）
皖饲预（2014）01001	安徽九牛饲料有限责任公司	复合预混合饲料（畜禽水产）
皖饲预（2014）01002	上海衡威生物技术安徽有限公司	维生素预混合饲料（畜禽水产）；复合预混合饲料（畜禽水产）
皖饲预（2014）01003	安徽安丰堂动物药业有限公司	维生素预混合饲料（畜禽水产）；微量元素预混合饲料（畜禽水产）
皖饲预（2014）01004	合肥保吉康饲料科技有限公司	复合预混合饲料（畜禽）
皖饲预（2014）01005	安徽隆华生物技术有限责任公司	复合预混合饲料（畜禽水产、反刍动物）
皖饲预（2014）01007	合肥基石生物工程有限公司	微量元素预混合饲料（畜禽水产）；复合预混合饲料（畜禽水产）
皖饲预（2014）01008	安徽省大北农农牧科技有限公司	复合预混合饲料（畜禽水产）
皖饲预（2014）01009	合肥雅莱生物工程有限公司	复合预混合饲料（畜禽）
皖饲预（2014）01010	合肥新恒饲料科技有限公司	复合预混合饲料（畜禽水产）
皖饲预（2014）01011	合肥博特饲料科技有限公司	复合预混合饲料（畜禽水产）
皖饲预（2014）01012	安徽强农生物科技有限公司	复合预混合饲料（畜禽水产）
皖饲预（2014）06001	安徽淮北正虹饲料有限责任公司	复合预混合饲料（畜禽水产）
皖饲预（2014）06002	淮北市普兰克饲料有限公司	复合预混合饲料（畜禽水产）
皖饲预（2014）06010	淮北正洋生物科技有限公司	复合预混合饲料（畜禽水产动物）
皖饲预（2014）10005	阜阳九鼎饲料科技有限公司	复合预混合饲料（畜禽水产动物）
皖饲预（2014）11001	萧县达福盛步强饲料有限公司	复合预混合饲料（畜禽水产）
皖饲预（2014）11002	萧县新希望六和步强饲料有限公司	复合预混合饲料（畜禽水产）
皖饲预（2014）11003	安徽省立腾同创生物科技有限公司	复合预混合饲料（畜禽水产）
皖饲预（2014）11011	宿州市笑果饲料科技有限责任公司	复合预混合饲料（畜禽水产）
皖饲预（2014）13001	安徽广通生物科技有限责任公司	复合预混合饲料（畜禽水产）
皖饲预（2014）16001	亳州中宝生物科技有限公司	维生素预混合饲料（畜禽水产）；复合预混合饲料（畜禽水产）
闽饲预（2014）01008	福建丰泽农牧饲料有限公司	微量元素预混合饲料（畜禽水产）；复合预混合饲料（畜禽水产、宠物及特种动物）
闽饲预（2014）01091	福建新正阳饲料科技有限公司	微量元素预混合饲料（畜禽水产）；复合预混合饲料（畜禽水产）
闽饲预（2014）01165	福建深纳生物工程有限公司	微量元素预混合饲料（畜禽水产、反刍动物）
闽饲预（2014）01171	福州德创饲料有限公司	复合预混合饲料（畜禽水产）
闽饲预（2014）01234	福建省金华龙饲料有限公司	维生素预混合饲料（畜禽水产、宠物及特种动物）；微量元素预混合饲料（畜禽水产、宠物及特种动物）；复合预混合饲料（畜禽水产、宠物及特种动物）

（续）

生产许可证编号	企业名称	产品名称
闽饲预（2014）01282	福建华琪饲料有限公司	微量元素预混合饲料（畜禽水产）；复合预混合饲料（畜禽水产）
闽饲预（2014）01293	福建金正和饲料有限公司	复合预混合饲料（畜禽水产）
闽饲预（2014）01295	福建天赐农牧开发有限公司	复合预混合饲料（畜禽水产）
闽饲预（2014）02033	厦门正大农牧有限公司	维生素预混合饲料（畜禽水产）；微量元素预混合饲料（畜禽水产）；复合预混合饲料（畜禽水产）
闽饲预（2014）02184	厦门市殷海饲料有限公司	维生素预混合饲料（畜禽水产）；微量元素预混合饲料（畜禽水产）；复合预混合饲料（畜禽水产）
闽饲预（2014）02204	厦门鸿洋饲料有限公司	复合预混合饲料（畜禽水产）
闽饲预（2014）04181	莆田市金日兴生物科技开发有限公司	复合预混合饲料（畜禽水产）
闽饲预（2014）06062	漳州大北农农牧科技有限公司	复合预混合饲料（畜禽水产）
闽饲预（2014）06176	漳州美豆饲料科技有限公司	微量元素预混合饲料（畜禽水产、反刍动物）；复合预混合饲料（畜禽水产）
闽饲预（2014）06201	康地饲料（中国）有限公司漳州分公司	复合预混合饲料（畜禽水产）
闽饲预（2014）06215	漳州市宇彤饲料科技有限公司	复合预混合饲料（畜禽水产）
闽饲预（2014）06274	漳州市益源生物科技有限公司	复合预混合饲料（畜禽水产）
闽饲预（2014）06298	福建九为生物技术有限公司	微量元素预混合饲料（畜禽水产）；复合预混合饲料（畜禽水产）
闽饲预（2014）06303	国茂饲料（漳州）有限公司	复合预混合饲料（畜禽水产）
闽饲预（2014）07050	台牧（龙岩）饲料有限公司	复合预混合饲料（畜禽水产）
闽饲预（2014）07085	福建龙岩金和动物饲料有限公司	复合预混合饲料（畜禽水产）
闽饲预（2014）07092	福建省春景农牧有限公司	复合预混合饲料（畜禽水产）
赣饲预（2014）00001	江西知本源牧业有限公司	复合预混合饲料（畜禽水产、反刍动物、宠物及特种动物）
赣饲预（2014）00003	江西天佳生物工程股份有限公司	微量元素预混合饲料（畜禽水产、反刍动物、宠物及特种动物）；复合预混合饲料（畜禽水产、反刍动物、宠物及特种动物）
赣饲预（2014）00004	南昌福氏生物技术有限公司	复合预混合饲料（畜禽水产、反刍动物、宠物及特种动物）
赣饲预（2014）00005	南昌联和实业有限公司	复合预混合饲料（畜禽水产、反刍动物、宠物及特种动物）
赣饲预（2014）00006	南昌艾格菲饲料有限公司	复合预混合饲料（畜禽水产、反刍动物、宠物及特种动物）
赣饲预（2014）00007	南昌泰格牧业科技有限公司	复合预混合饲料（畜禽水产）
赣饲预（2014）00008	南昌亚博实业有限公司	复合预混合饲料（畜禽水产）

（续）

生产许可证编号	企业名称	产品名称
赣饲预（2014）00009	南昌康泰生物技术有限公司	复合预混合饲料（畜禽水产）
赣饲预（2014）00010	江西金祥之科饲料有限公司	维生素预混合饲料（畜禽水产）；微量元素预混合饲料（畜禽水产）；复合预混合饲料（畜禽水产）
赣饲预（2014）00011	江西达葆维生物技术有限公司	复合预混合饲料（畜禽水产）
赣饲预（2014）00012	南昌双富牧业有限公司	复合预混合饲料（畜禽水产）
赣饲预（2014）01001	赣州袋鼠系统技术有限公司	维生素预混合饲料（畜禽水产、反刍动物、宠物及特种动物）；微量元素预混合饲料（畜禽水产、反刍动物、宠物及特种动物）；复合预混合饲料（畜禽水产、反刍动物、宠物及特种动物）
赣饲预（2014）01002	赣州美园畜牧有限公司	复合预混合饲料（畜禽水产、反刍动物、宠物及特种动物）
赣饲预（2014）01003	江西优能生物科技有限公司	复合预混合饲料（畜禽水产）
赣饲预（2014）01004	双胞胎饲料有限公司	复合预混合饲料（畜禽水产）
赣饲预（2014）02001	江西瑞泰生物科技有限公司	复合预混合饲料（畜禽水产）
赣饲预（2014）05001	江西博大动物保健品有限公司	维生素预混合饲料（畜禽水产、反刍动物、宠物及特种动物）；微量元素预混合饲料（畜禽水产、反刍动物、宠物及特种动物）；复合预混合饲料（畜禽水产）
赣饲预（2014）06001	江西三烨生物科技有限公司	复合预混合饲料（畜禽水产、反刍动物、宠物及特种动物）
赣饲预（2014）06002	江西佳旺农业科技发展有限公司	复合预混合饲料（畜禽水产）
鲁饲预（2014）01002	济南众海饲料有限公司	复合预混合饲料（畜禽水产）
鲁饲预（2014）01003	山东齐发药业有限公司	复合预混合饲料（畜禽水产）
鲁饲预（2014）01004	山东隆信饲料有限公司	微量元素预混合饲料（畜禽水产、反刍动物、宠物及特种动物）
鲁饲预（2014）01005	济南深蓝动物保健品有限公司	维生素预混合饲料（畜禽水产、宠物及特种动物）；微量元素预混合饲料（畜禽水产、宠物及特种动物）；复合预混合饲料（畜禽水产、宠物及特种动物）；液态维生素预混合饲料（畜禽水产、反刍动物、宠物及特种动物）；液态复合预混合饲料（畜禽水产、反刍动物、宠物及特种动物）
鲁饲预（2014）01006	济南齐鲁中牧生物科技有限公司	维生素预混合饲料（畜禽水产、反刍动物）
鲁饲预（2014）01007	济南益佳饲料有限公司	维生素预混合饲料（畜禽水产）；微量元素预混合饲料（畜禽水产）；复合预混合饲料（畜禽水产）
鲁饲预（2014）01009	济南贝尔牧业科技有限公司	维生素预混合饲料（畜禽水产、宠物及特种动物）；微量元素预混合饲料（畜禽水产、宠物及特种动物）；复合预混合饲料（畜禽水产、宠物及特种动物）
鲁饲预（2014）01010	山东鲁维素饲料有限公司	维生素预混合饲料（畜禽水产、宠物及特种动物）；复合预混合饲料（畜禽水产）

（续）

生产许可证编号	企业名称	产品名称
鲁饲预（2014）01012	济南润牧饲料有限公司	维生素预混合饲料（畜禽水产、反刍动物、宠物及特种动物）；微量元素预混合饲料（畜禽水产、宠物及特种动物）；复合预混合饲料（畜禽水产、宠物及特种动物）
鲁饲预（2014）02001	青岛宝博生物科技有限公司	维生素预混合饲料（畜禽水产、宠物及特种动物）；微量元素预混合饲料（畜禽水产、宠物及特种动物）；复合预混合饲料（畜禽水产、宠物及特种动物）
鲁饲预（2014）02003	青岛众泰天成饲料有限公司	维生素预混合饲料（畜禽水产、宠物及特种动物）；微量元素预混合饲料（畜禽水产、宠物及特种动物）；复合预混合饲料（畜禽水产、宠物及特种动物）
鲁饲预（2014）02004	青岛玛斯特生物技术有限公司	维生素预混合饲料（畜禽水产）；微量元素预混合饲料（畜禽水产）；复合预混合饲料（畜禽水产）
鲁饲预（2014）02005	青岛凯立德生物科技有限公司	维生素预混合饲料（畜禽水产、反刍动物、宠物及特种动物）；微量元素预混合饲料（畜禽水产、反刍动物、宠物及特种动物）
鲁饲预（2014）02011	青岛大信饲料有限公司	微量元素预混合饲料（畜禽水产）；复合预混合饲料（畜禽水产）
鲁饲预（2014）06001	海阳市仁和科技有限公司	复合预混合饲料（畜禽水产、宠物及特种动物）
鲁饲预（2014）06005	烟台金海药业有限公司	维生素预混合饲料（畜禽水产）；微量元素预混合饲料（畜禽水产）；复合预混合饲料（畜禽水产）
鲁饲预（2014）06006	烟台绿叶动物保健品有限公司	维生素预混合饲料（畜禽水产、宠物及特种动物）；微量元素预混合饲料（畜禽水产、宠物及特种动物）；复合预混合饲料（畜禽水产、宠物及特种动物）；液态维生素预混合饲料（畜禽水产、宠物及特种动物）；液态微量元素预混合饲料（畜禽水产、宠物及特种动物）；液态复合预混合饲料（畜禽水产、宠物及特种动物）
鲁饲预（2014）07002	潍坊龙泰农牧有限公司	维生素预混合饲料（畜禽水产、宠物及特种动物）；微量元素预混合饲料（畜禽水产、宠物及特种动物）；复合预混合饲料（畜禽水产、宠物及特种动物）
鲁饲预（2014）07003	山东巴夫饲料有限公司	维生素预混合饲料（畜禽水产、宠物及特种动物）；微量元素预混合饲料（畜禽水产、宠物及特种动物）；复合预混合饲料（畜禽水产、反刍动物、宠物及特种动物）
鲁饲预（2014）07004	潍坊市海丰饲料有限公司	微量元素预混合饲料（畜禽水产、宠物及特种动物）；复合预混合饲料（畜禽水产、宠物及特种动物）
鲁饲预（2014）07009	青州市天泰发达饲料有限公司	维生素预混合饲料（畜禽水产）；微量元素预混合饲料（畜禽水产）；复合预混合饲料（畜禽水产）
鲁饲预（2014）07013	潍坊新家旺饲料有限公司	复合预混合饲料（畜禽水产、宠物及特种动物）
鲁饲预（2014）07014	中慧农牧股份有限公司预混饲料山东分公司	维生素预混合饲料（畜禽水产）；微量元素预混合饲料（畜禽水产）；复合预混合饲料（畜禽水产）

（续）

生产许可证编号	企业名称	产品名称
鲁饲预（2014）07017	潍坊中晨康地饲料科技有限公司	复合预混合饲料（畜禽水产）
鲁饲预（2014）07018	潍坊鹤来饲料有限公司	复合预混合饲料（畜禽水产、宠物及特种动物）
鲁饲预（2014）07020	诸城市康美华饲料科技有限公司	复合预混合饲料（反刍动物）
鲁饲预（2014）07021	诸城优普乐饲料有限公司	复合预混合饲料（畜禽水产、宠物及特种动物）
鲁饲预（2014）07026	潍坊超大科技饲料有限公司	复合预混合饲料（畜禽水产、宠物及特种动物）
鲁饲预（2014）07027	诸城市天丰牧业有限公司	复合预混合饲料（反刍动物）
鲁饲预（2014）07030	潍坊丰茂饲料有限公司	复合预混合饲料（反刍动物）
鲁饲预（2014）07031	潍坊康泰牧业有限公司	微量元素预混合饲料（畜禽水产、宠物及特种动物）；复合预混合饲料（畜禽水产、宠物及特种动物）
鲁饲预（2014）07033	潍坊正业饲料有限公司	复合预混合饲料（反刍动物）
鲁饲预（2014）07034	山东九州大地生物技术有限公司	复合预混合饲料（畜禽水产、宠物及特种动物）
鲁饲预（2014）07035	诸城市健丰园饲料有限公司	复合预混合饲料（反刍动物）
鲁饲预（2014）07039	潍坊三农伟业饲料科技有限公司	复合预混合饲料（畜禽水产、反刍动物、宠物及特种动物）
鲁饲预（2014）07042	潍坊麦克皮得生物科技有限公司	微量元素预混合饲料（反刍动物）；复合预混合饲料（反刍动物）
鲁饲预（2014）07043	青州市六丰牧业有限公司	维生素预混合饲料（畜禽水产、反刍动物、宠物及特种动物）；微量元素预混合饲料（畜禽水产、反刍动物、宠物及特种动物）；复合预混合饲料（畜禽水产、反刍动物、宠物及特种动物）
鲁饲预（2014）08002	山东峪口禽业有限公司	复合预混合饲料（畜禽水产）
鲁饲预（2014）08003	山东圣旺药业股份有限公司	维生素预混合饲料（畜禽水产、宠物及特种动物）；微量元素预混合饲料（畜禽水产、宠物及特种动物）；复合预混合饲料（畜禽水产、宠物及特种动物）
鲁饲预（2014）08004	山东德福食品有限公司	复合预混合饲料（畜禽水产、宠物及特种动物）
鲁饲预（2014）08005	嘉祥华萌生物饲料有限公司	维生素预混合饲料（畜禽水产、宠物及特种动物）；微量元素预混合饲料（畜禽水产、宠物及特种动物）；复合预混合饲料（畜禽水产、宠物及特种动物）
鲁饲预（2014）09003	泰安荣大畜产科技开发有限公司	复合预混合饲料（畜禽水产）
鲁饲预（2014）09008	泰安丰农饲料有限责任公司	复合预混合饲料（畜禽水产）
鲁饲预（2014）10001	威海顺安饲料有限公司	维生素预混合饲料（畜禽水产、宠物及特种动物）；复合预混合饲料（畜禽水产动物、宠物及特种动物）；液态维生素预混合饲料（畜禽水产动物、宠物及特种动物）
鲁饲预（2014）11001	日照和诺生物工程有限公司	液态维生素预混合饲料（畜禽水产、反刍动物、宠物及特种动物）
鲁饲预（2014）13001	滨州华东兽药有限公司	维生素预混合饲料（畜禽水产）；微量元素预混合饲料（畜禽水产）；复合预混合饲料（畜禽水产、反刍动物）

（续）

生产许可证编号	企业名称	产品名称
鲁饲预（2014）13002	山东绿都安特动物药业有限公司	维生素预混合饲料（畜禽水产、宠物及特种动物）；微量元素预混合饲料（畜禽水产）；复合预混合饲料（畜禽水产）
鲁饲预（2014）13012	滨州海迈德动物营养有限公司	液态维生素预混合饲料（畜禽水产、反刍动物、宠物及特种动物）
鲁饲预（2014）13015	山东恩贝生物工程有限公司	复合预混合饲料（畜禽水产）
鲁饲预（2014）14001	山东华森生物科技有限公司	维生素预混合饲料（畜禽水产）；复合预混合饲料（畜禽水产）
鲁饲预（2014）14004	山东挑战饲料科技有限公司	复合预混合饲料（畜禽水产）
鲁饲预（2014）14005	山东龙昌动物保健品有限公司	微量元素预混合饲料（畜禽水产）；复合预混合饲料（畜禽水产）
鲁饲预（2014）14006	德州通富饲料有限公司	维生素预混合饲料（畜禽水产、宠物及特种动物）；微量元素预混合饲料（畜禽水产、宠物及特种动物）；复合预混合饲料（畜禽水产、宠物及特种动物）
鲁饲预（2014）14007	山东聚邦动物保健品有限公司	维生素预混合饲料（畜禽水产、宠物及特种动物）；微量元素预混合饲料（畜禽水产、宠物及特种动物）；复合预混合饲料（畜禽水产、宠物及特种动物）
鲁饲预（2014）15002	山东华宝饲料有限公司	复合预混合饲料（畜禽水产）
鲁饲预（2014）16001	山东九牛饲料有限责任公司	复合预混合饲料（畜禽水产）
鲁饲预（2014）16002	临沂十七狼饲料有限公司	维生素预混合饲料（畜禽水产、宠物及特种动物）；微量元素预混合饲料（畜禽水产、宠物及特种动物）；复合预混合饲料（畜禽水产、宠物及特种动物）
鲁饲预（2014）16006	临沂惠尔动物营养有限公司	复合预混合饲料（反刍动物）
鲁饲预（2014）16008	临沂金慧达农牧科技有限公司	复合预混合饲料（畜禽水产）
鲁饲预（2014）16009	山东泉道农业科技集团有限公司	复合预混合饲料（畜禽水产）
鲁饲预（2014）16010	山东康地恩生物科技有限公司	维生素预混合饲料（畜禽水产、宠物及特种动物）；微量元素预混合饲料（畜禽水产、宠物及特种动物）；复合预混合饲料（畜禽水产、宠物及特种动物）
鲁饲预（2014）16011	临沂和美华饲料有限公司	维生素预混合饲料（畜禽水产）；微量元素预混合饲料（畜禽水产）；复合预混合饲料（畜禽水产）
鲁饲预（2014）16012	山东信孚派克饲料有限公司	维生素预混合饲料（畜禽水产）；微量元素预混合饲料（畜禽水产）；复合预混合饲料（畜禽水产）
鲁饲预（2014）17001	菏泽海鼎饲料科技有限公司	维生素预混合饲料（畜禽水产）；微量元素预混合饲料（畜禽水产）；复合预混合饲料（畜禽水产）
鲁饲预（2014）17004	巨野润源生物科技有限公司	维生素预混合饲料（畜禽水产）
豫饲预（2014）01003	郑州傲农饲料有限公司	复合预混合饲料（畜禽水产）
豫饲预（2014）01005	郑州鑫成饲料有限公司	复合预混合饲料（畜禽水产、反刍动物）

（续）

生产许可证编号	企业名称	产品名称
豫饲预（2014）01006	河南富森饲料有限公司	复合预混合饲料（畜禽水产、反刍动物）
豫饲预（2014）01008	河南豫人牧业饲料有限公司	复合预混合饲料（畜禽水产）
豫饲预（2014）01009	河南众农饲料有限公司	复合预混合饲料（畜禽水产）
豫饲预（2014）01010	河南九盛堂农牧有限公司	复合预混合饲料（畜禽水产）
豫饲预（2014）01011	郑州福源动物药业有限公司	维生素预混合饲料（畜禽水产）
豫饲预（2014）01012	郑州英汇饲料有限公司	复合预混合饲料（畜禽水产）
豫饲预（2014）01013	河南达优饲料有限公司	维生素预混合饲料（畜禽水产）；微量元素预混合饲料（畜禽水产）；复合预混合饲料（畜禽水产）
豫饲预（2014）01014	郑州宏昌牧业有限公司	维生素预混合饲料（畜禽水产）；微量元素预混合饲料（畜禽水产）；复合预混合饲料（畜禽水产）
豫饲预（2014）01015	郑州宏展饲料添加剂有限公司	维生素预混合饲料（畜禽水产）；微量元素预混合饲料（畜禽水产）；复合预混合饲料（畜禽水产）
豫饲预（2014）01016	雏鹰农牧集团股份有限公司	复合预混合饲料（畜禽水产）
豫饲预（2014）01018	郑州金地饲料有限公司	复合预混合饲料（畜禽水产）
豫饲预（2014）01023	河南现代农牧有限公司	复合预混合饲料（畜禽水产）
豫饲预（2014）01039	郑州联合农牧企业有限公司	复合预混合饲料（畜禽水产）
豫饲预（2014）01041	郑州聚创饲料有限公司	维生素预混合饲料（畜禽水产、反刍动物）；微量元素预混合饲料（畜禽水产、反刍动物）；复合预混合饲料（畜禽水产、反刍动物）
豫饲预（2014）01042	郑州百瑞尔饲料有限公司	复合预混合饲料（畜禽水产）
豫饲预（2014）01045	郑州恒基饲料有限公司	复合预混合饲料（畜禽水产、反刍动物）
豫饲预（2014）01046	郑州市金鼓饲料有限公司	维生素预混合饲料（畜禽水产、反刍动物）；微量元素预混合饲料（畜禽水产、反刍动物）；复合预混合饲料（畜禽水产、反刍动物）
豫饲预（2014）01051	郑州农家乐饲料有限公司	复合预混合饲料（畜禽水产）
豫饲预（2014）01052	河南康地饲料有限公司	复合预混合饲料（畜禽水产）
豫饲预（2014）01055	郑州新纪元饲料科技有限公司	微量元素预混合饲料（畜禽水产）；复合预混合饲料（畜禽水产）
豫饲预（2014）01056	郑州富元饲料有限公司	复合预混合饲料（畜禽水产）
豫饲预（2014）01061	河南三明生物科技饲料有限公司	复合预混合饲料（畜禽水产）
豫饲预（2014）01062	郑州百威科技饲料有限公司	维生素预混合饲料（畜禽水产、反刍动物）；微量元素预混合饲料（畜禽水产、反刍动物）；复合预混合饲料（畜禽水产、反刍动物）
豫饲预（2014）01063	郑州正大康地饲料有限公司	维生素预混合饲料（畜禽水产、反刍动物）；微量元素预混合饲料（畜禽水产、反刍动物）；复合预混合饲料（畜禽水产、反刍动物）

（续）

生产许可证编号	企业名称	产品名称
豫饲预（2014）01064	郑州永和饲料有限公司	维生素预混合饲料（畜禽水产、反刍动物）；微量元素预混合饲料（畜禽水产、反刍动物）；复合预混合饲料（畜禽水产、反刍动物）
豫饲预（2014）01065	郑州三和饲料有限公司	复合预混合饲料（畜禽水产、反刍动物）
豫饲预（2014）01066	郑州市金鹤生物科技有限公司	复合预混合饲料（畜禽水产、反刍动物）
豫饲预（2014）01068	郑州市嘉吉饲料有限公司	复合预混合饲料（畜禽水产、反刍动物）
豫饲预（2014）01071	河南泛美饲料科技有限公司	维生素预混合饲料（畜禽水产、反刍动物）；微量元素预混合饲料（畜禽水产、反刍动物）；复合预混合饲料（畜禽水产、反刍动物）
豫饲预（2014）02057	开封市天泰饲料有限公司	复合预混合饲料（畜禽水产）
豫饲预（2014）03004	河南一诺天邦农牧科技有限公司	复合预混合饲料（畜禽水产）
豫饲预（2014）03060	洛阳合兴饲料有限公司	复合预混合饲料（畜禽水产）
豫饲预（2014）05022	河南容大牧业有限责任公司	复合预混合饲料（畜禽水产）
豫饲预（2014）05032	汤阴县益农饲料有限责任公司	复合预混合饲料（畜禽水产）
豫饲预（2014）05034	安阳市富之源饲料有限责任公司	复合预混合饲料（畜禽水产）
豫饲预（2014）05059	安阳康地预混饲料有限公司	复合预混合饲料（畜禽水产）
豫饲预（2014）06007	鹤壁市帅牧饲料有限公司	复合预混合饲料（畜禽水产）
豫饲预（2014）06031	浚县兴旺饲料有限责任公司	复合预混合饲料（畜禽水产）
豫饲预（2014）06032	鹤壁市高信生物科技有限公司	复合预混合饲料（畜禽水产）
豫饲预（2014）07004	河南金道饲料有限公司	微量元素预混合饲料（畜禽水产）；复合预混合饲料（畜禽水产）
豫饲预（2014）07019	河南得邦畜牧饲料有限公司	复合预混合饲料（畜禽水产）；液态复合预混合饲料（畜禽水产）
豫饲预（2014）07022	河南安利达饲料有限公司	复合预混合饲料（畜禽水产）
豫饲预（2014）07026	河南三星牧业科技有限公司	复合预混合饲料（畜禽水产、反刍动物、宠物及特种动物）
豫饲预（2014）07027	河南新佑饲料有限公司	复合预混合饲料（畜禽水产）
豫饲预（2014）07030	原阳县正大饲料有限公司	维生素预混合饲料（畜禽水产、反刍动物、宠物及特种动物）；微量元素预混合饲料（畜禽水产、反刍动物、宠物及特种动物）；复合预混合饲料（畜禽水产、反刍动物、宠物及特种动物）
豫饲预（2014）07048	河南宏远饲料有限公司	维生素预混合饲料（畜禽水产）；微量元素预混合饲料（畜禽水产）；复合预混合饲料（畜禽水产）
豫饲预（2014）07049	河南九鼎农牧发展有限公司	维生素预混合饲料（畜禽水产、反刍动物）；微量元素预混合饲料（畜禽水产、反刍动物）；复合预混合饲料（畜禽水产、反刍动物）

（续）

生产许可证编号	企业名称	产品名称
豫饲预（2014）07054	河南立赛饲料有限公司	维生素预混合饲料（畜禽水产、反刍动物）；微量元素预混合饲料（畜禽水产、反刍动物）；复合预混合饲料（畜禽水产、反刍动物）
豫饲预（2014）07067	河南省康牧苑生物科技有限公司	维生素预混合饲料（畜禽水产）；微量元素预混合饲料（畜禽水产）；复合预混合饲料（畜禽水产）
豫饲预（2014）07069	河南鑫基饲料科技有限公司	复合预混合饲料（畜禽水产）
豫饲预（2014）08001	河南益源生物技术有限公司	复合预混合饲料（畜禽水产动物）
豫饲预（2014）08053	河南旭百瑞生物科技股份有限公司	复合预混合饲料（畜禽水产）
豫饲预（2014）10035	许昌欣博阳科技有限公司	复合预混合饲料（畜禽水产）
豫饲预（2014）11044	漯河雅来动物营养饲料有限公司	复合预混合饲料（畜禽水产）
豫饲预（2014）13020	南阳正大康地饲料有限公司	复合预混合饲料（畜禽水产）
豫饲预（2014）13025	方城牧乐园饲料有限公司	复合预混合饲料（畜禽水产）
豫饲预（2014）13029	南阳锦鼎饲料有限公司	复合预混合饲料（畜禽水产）
豫饲预（2014）13033	南阳益达饲料有限公司	复合预混合饲料（畜禽水产）
豫饲预（2014）13058	南阳市益牧源饲料有限公司	复合预混合饲料（畜禽水产）
豫饲预（2014）14036	商丘市同茂饲料有限公司	复合预混合饲料（畜禽水产）
豫饲预（2014）17050	河南丰源和普饲料有限公司	复合预混合饲料（畜禽水产）
豫饲预（2014）18012	济源市豫建大北农饲料有限公司	复合预混合饲料（畜禽水产）
豫饲预（2014）22040	永城六和启正饲料有限公司	复合预混合饲料（畜禽水产）
豫饲预（2014）24043	邓州市白马饲料厂	复合预混合饲料（畜禽水产）
豫饲预（2014）25047	滑县永达饲料有限公司	复合预混合饲料（畜禽水产）
豫饲预（2014）28070	新蔡联邦康地饲料有限公司	维生素预混合饲料（畜禽水产、反刍动物）；微量元素预混合饲料（畜禽水产、反刍动物）；复合预混合饲料（畜禽水产、反刍动物）
鄂饲预（2014）01001	武汉中谷华天农牧有限公司	微量元素预混合饲料（畜禽水产）；复合预混合饲料（畜禽水产）
鄂饲预（2014）04001	湖北百世腾生物科技有限公司	复合预混合饲料（畜禽水产）
鄂饲预（2014）04002	湖北绿科乐华生物科技有限公司	复合预混合饲料（畜禽水产）
鄂饲预（2014）07001	武汉华龙饲料有限公司	复合预混合饲料（畜禽水产）
鄂饲预（2014）09001	武汉惠宝生物技术有限公司	微量元素预混合饲料（畜禽水产）；复合预混合饲料（畜禽水产动物）
鄂饲预（2014）09002	武汉市万达生物工程有限公司	微量元素预混合饲料（畜禽水产、反刍动物）；复合预混合饲料（畜禽水产、反刍动物）
湘饲预（2014）01001	湖南创益饲料有限公司	复合预混合饲料（畜禽水产）
湘饲预（2014）01002	湖南赛福资源饲料科技有限公司	复合预混合饲料（畜禽水产、反刍动物）
湘饲预（2014）01004	长沙希邦生物科技有限公司	复合预混合饲料（畜禽水产）
湘饲预（2014）01005	长沙市粒丰饲料有限公司	复合预混合饲料（畜禽水产）

（续）

生产许可证编号	企业名称	产品名称
湘饲预（2014）01006	湖南帝亿生物科技有限公司	复合预混合饲料（畜禽水产）
湘饲预（2014）01007	湖南中联生物技术有限公司	复合预混合饲料（畜禽水产）
湘饲预（2014）01008	湖南美可达生物资源有限公司	复合预混合饲料（畜禽水产）
湘饲预（2014）01009	长沙伟嘉饲料有限公司	复合预混合饲料（畜禽水产）
湘饲预（2014）03003	湖南圣雅凯生物科技有限公司	维生素预混合饲料（畜禽水产）；微量元素预混合饲料（畜禽水产）；复合预混合饲料（畜禽水产）；液态维生素预混合饲料（畜禽水产）；液态微量元素预混合饲料（畜禽水产）；液态复合预混合饲料（畜禽水产）
湘饲预（2014）06001	岳阳康特尔饲料科技有限公司	微量元素预混合饲料（畜禽水产、反刍动物）；复合预混合饲料（畜禽水产、反刍动物）
湘饲预（2014）07001	常德青禾饲料有限责任公司	微量元素预混合饲料（反刍动物）
湘饲预（2014）12001	怀化市安佑昂牧饲料有限公司	复合预混合饲料（畜禽水产）
粤饲预（2014）01001	广州市威司特生物科技有限公司萝岗分公司	维生素预混合饲料（畜禽水产）；微量元素预混合饲料（畜禽水产）；复合预混合饲料（畜禽水产动物）
粤饲预（2014）01003	广州市富泉生物科技有限公司	维生素预混合饲料（畜禽水产）；微量元素预混合饲料（畜禽水产）；复合预混合饲料（畜禽水产动物）
粤饲预（2014）01004	广州市佳州动物保健品有限公司	维生素预混合饲料（畜禽水产、反刍动物）；复合预混合饲料（畜禽水产、反刍动物）
粤饲预（2014）01005	广东英维饲料有限公司	复合预混合饲料（畜禽水产）
粤饲预（2014）01006	广州快康保饲料有限公司	复合预混合饲料（畜禽水产）
粤饲预（2014）01007	广州三行生物科技有限公司	维生素预混合饲料（畜禽水产）；微量元素预混合饲料（畜禽水产）；复合预混合饲料（畜禽水产）
粤饲预（2014）01008	广州大北农农牧科技有限责任公司	维生素预混合饲料（畜禽水产）；微量元素预混合饲料（畜禽水产）；复合预混合饲料（畜禽水产）
粤饲预（2014）01009	广州农宝饲料有限公司	复合预混合饲料（畜禽水产）
粤饲预（2014）01011	广东荷创农牧科技有限公司	维生素预混合饲料（畜禽水产、宠物及特种动物）；微量元素预混合饲料（畜禽水产、宠物及特种动物）；复合预混合饲料（畜禽水产、宠物及特种动物
粤饲预（2014）01012	广州汇生饲料有限公司	维生素预混合饲料（畜禽水产）；微量元素预混合饲料（畜禽水产）；复合预混合饲料（畜禽水产）
粤饲预（2014）01013	广州瑞澳生物科技有限公司	复合预混合饲料（畜禽水产）；液态复合预混合饲料（畜禽水产）
粤饲预（2014）01014	广州市盛安动物营养饲料有限公司	复合预混合饲料（畜禽水产）
粤饲预（2014）01015	广州市康氏饲料科技有限公司	复合预混合饲料（畜禽水产）
粤饲预（2014）01016	广东正农生物科技有限公司	复合预混合饲料（畜禽水产）

（续）

生产许可证编号	企业名称	产品名称
粤饲预（2014）01017	广州市博善生物饲料有限公司	维生素预混合饲料（畜禽水产）；微量元素预混合饲料（畜禽水产）；复合预混合饲料（畜禽水产）；液态维生素预混合饲料（畜禽水产）
粤饲预（2014）01018	广州市佰沃生物科技有限公司	维生素预混合饲料（畜禽水产）；复合预混合饲料（畜禽水产）
粤饲预（2014）01019	广州市兴达动物药业有限公司	维生素预混合饲料（畜禽水产）
粤饲预（2014）01020	广州市汇鑫动物药业有限公司	维生素预混合饲料（畜禽水产）；微量元素预混合饲料（畜禽水产）；复合预混合饲料（畜禽水产）
粤饲预（2014）01021	广州名为饲料有限公司	维生素预混合饲料（畜禽水产）；微量元素预混合饲料（畜禽水产）；复合预混合饲料（畜禽水产）
粤饲预（2014）01022	广州森亚动物药业有限公司	维生素预混合饲料（畜禽水产）；微量元素预混合饲料（畜禽水产）；复合预混合饲料（畜禽水产）
粤饲预（2014）01023	广东农之道农牧科技有限公司	维生素预混合饲料（畜禽水产）；微量元素预混合饲料（畜禽水产）；复合预混合饲料（畜禽水产）
粤饲预（2014）01024	广州佳牧饲料添加剂有限公司	维生素预混合饲料（畜禽水产）；微量元素预混合饲料（畜禽水产）；复合预混合饲料（畜禽水产）
粤饲预（2014）02001	深圳市华泰动物药业有限公司	维生素预混合饲料（畜禽水产）；微量元素预混合饲料（畜禽水产）；复合预混合饲料（畜禽水产动物）
粤饲预（2014）02002	邦得利饲料科技（深圳）有限公司	复合预混合饲料（畜禽水产）
粤饲预（2014）03001	珠海天凯生物科技有限公司	维生素预混合饲料（畜禽水产）；微量元素预混合饲料（畜禽水产）；复合预混合饲料（畜禽水产）
粤饲预（2014）03002	珠海市天贝生物科技有限公司	维生素预混合饲料（畜禽水产）；微量元素预混合饲料（畜禽水产）；复合预混合饲料（畜禽水产）
粤饲预（2014）05001	广东加大实业有限公司	维生素预混合饲料（畜禽水产）；微量元素预混合饲料（畜禽水产）；复合预混合饲料（畜禽水产）
粤饲预（2014）05003	佛山市三水博然生物科技有限公司	维生素预混合饲料（畜禽水产）；微量元素预混合饲料（畜禽水产）；复合预混合饲料（畜禽水产）
粤饲预（2014）05004	佛山市正典生物技术有限公司	维生素预混合饲料（畜禽水产）；复合预混合饲料（畜禽水产）；液态维生素预混合饲料（畜禽水产）；液态复合预混合饲料（畜禽水产）
粤饲预（2014）09001	惠州市龙泰饲料有限公司	复合预混合饲料（畜禽水产）
粤饲预（2014）10001	农丰年（汕尾）动物营养科技有限公司	复合预混合饲料（畜禽水产动物）
粤饲预（2014）11001	东莞贸晖生物科技有限公司	维生素预混合饲料（畜禽水产）；微量元素预混合饲料（畜禽水产）；复合预混合饲料（畜禽水产）
粤饲预（2014）11002	东莞市奥元饲料有限公司	维生素预混合饲料（畜禽水产）；微量元素预混合饲料（畜禽水产）；复合预混合饲料（畜禽水产）

（续）

生产许可证编号	企业名称	产品名称
粤饲预（2014）13001	江门大动保生物科技有限公司	复合预混合饲料（畜禽水产）
粤饲预（2014）21001	广东大华农动物保健品股份有限公司	维生素预混合饲料（畜禽水产）；微量元素预混合饲料（畜禽水产）；复合预混合饲料（畜禽水产）液态维生素预混合饲料（畜禽水产）；液态微量元素预混合饲料（畜禽水产）；液态复合预混合饲料（畜禽水产）
粤饲预（2014）22001	佛山市顺德区博大生物科技有限公司	复合预混合饲料（畜禽水产动物）
桂饲预（2014）01001	广西南宁加中生物科技有限公司	复合预混合饲料（畜禽水产）
桂饲预（2014）01002	南宁荣港生物科技有限公司	复合预混合饲料（畜禽水产）
桂饲预（2014）01003	广西康佳龙农牧集团有限公司	维生素预混合饲料（畜禽水产）；微量元素预混合饲料（畜禽水产）；复合预混合饲料（畜禽水产）
桂饲预（2014）07001	钦州奥邦牧业技术有限公司	复合预混合饲料（畜禽水产）
琼饲预（2014）06001	福州大福有限公司海南分公司	维生素预混合饲料（畜禽水产）；微量元素预混合饲料（畜禽水产）；复合预混合饲料（畜禽水产）
川饲预（2014）01001	成都朴瑞威饲料科技有限公司	复合预混合饲料（畜禽水产）
川饲预（2014）01002	成都凤凰饲料有限公司	维生素预混合饲料（畜禽水产、反刍动物）；微量元素预混合饲料（畜禽水产、反刍动物）；复合预混合饲料（畜禽水产、反刍动物）
川饲预（2014）01003	成都伍田生物科技有限责任公司	维生素预混合饲料（畜禽水产、反刍动物）；微量元素预混合饲料（畜禽水产、反刍动物）；复合预混合饲料（畜禽水产、反刍动物）
川饲预（2014）01004	成都施普诺生物技术有限公司	微量元素预混合饲料（畜禽水产、宠物及特种动物）；复合预混合饲料（畜禽水产、宠物及特种动物）
川饲预（2014）01005	四川爱丽美科技有限公司	维生素预混合饲料（畜禽水产、反刍动物、宠物及特种动物）；微量元素预混合饲料（畜禽水产、反刍动物）；复合预混合饲料（畜禽水产、反刍动物、宠物及特种动物）
川饲预（2014）01006	四川旺大农牧科技有限公司	复合预混合饲料（畜禽水产）
川饲预（2014）01007	成都铁骑力士饲料有限公司	维生素预混合饲料（畜禽水产、反刍动物）；微量元素预混合饲料（畜禽水产、反刍动物）；复合预混合饲料（畜禽水产、反刍动物）
川饲预（2014）01008	成都世纪投资有限公司	维生素预混合饲料（畜禽水产）；微量元素预混合饲料（畜禽水产）；复合预混合饲料（畜禽水产）
川饲预（2014）01009	四川省旺达饲料有限公司	复合预混合饲料（畜禽水产、反刍动物、宠物及特种动物）
川饲预（2014）02001	自贡市华牧饲料有限公司	维生素预混合饲料（畜禽水产、反刍动物）；微量元素预混合饲料（畜禽水产、反刍动物）；复合预混合饲料（畜禽水产、反刍动物）

（续）

生产许可证编号	企业名称	产品名称
川饲预（2014）05001	广汉安佑饲料有限公司	微量元素预混合饲料（畜禽水产）；复合预混合饲料（畜禽水产）
川饲预（2014）05002	四川省什邡福斯多饲料有限公司	微量元素预混合饲料（畜禽水产）；复合预混合饲料（畜禽水产）
川饲预（2014）05003	德阳金力士饲料科技有限公司	维生素预混合饲料（畜禽水产、宠物及特种动物）；微量元素预混合饲料（畜禽水产、宠物及特种动物）；复合预混合饲料（畜禽水产、宠物及特种动物）
川饲预（2014）06001	绵阳市冯氏饲料有限公司	微量元素预混合饲料（畜禽水产）；复合预混合饲料（畜禽水产）
川饲预（2014）07001	青川县青云上锰业有限公司	微量元素预混合饲料（畜禽水产）
川饲预（2014）08001	四川省遂宁市航天饲料有限公司	维生素预混合饲料（畜禽水产）；微量元素预混合饲料（畜禽水产、反刍动物）；复合预混合饲料（畜禽水产）
川饲预（2014）10001	乐山市瑞和祥动物保健药业有限公司	维生素预混合饲料（畜禽水产）；复合预混合饲料（畜禽水产）
川饲预（2014）13001	四川省天牧饲料有限公司	复合预混合饲料（畜禽水产）
川饲预（2014）14001	四川富昌饲料有限公司	微量元素预混合饲料（畜禽水产、宠物及特种动物）；复合预混合饲料（畜禽水产、宠物及特种动物）
川饲预（2014）14002	四川军扬牧业有限公司	微量元素预混合饲料（畜禽水产、反刍动物、宠物及特种动物）；复合预混合饲料（畜禽水产、反刍动物、宠物及特种动物）
川饲预（2014）15001	四川省巴中市向往科技开发有限公司跨越预混合饲料厂	复合预混合饲料（畜禽水产、反刍动物）
川饲预（2014）17001	四川禾晨农业科技有限公司	维生素预混合饲料（畜禽水产、宠物及特种动物）；微量元素预混合饲料（畜禽水产、宠物及特种动物）；复合预混合饲料（畜禽水产、宠物及特种动物）
滇饲预（2014）01003	云南神农农业产业集团股份有限公司	复合预混合饲料（畜禽水产）
滇饲预（2014）01004	昆明三正生物科技（集团）有限公司	维生素预混合饲料（畜禽水产、反刍动物、宠物及特种动物）；复合预混合饲料（畜禽水产、反刍动物、宠物及特种动物）
滇饲预（2014）01005	昆明和美华饲料有限公司	复合预混合饲料（畜禽水产动物）
滇饲预（2014）01006	昆明法思特饲料有限公司	微量元素预混合饲料（畜禽水产、反刍动物）；复合预混合饲料（畜禽水产、反刍动物）
滇饲预（2014）01007	昆明乐力升生物科技有限公司	复合预混合饲料（畜禽水产）
滇饲预（2014）01009	云南绿盛美地饲料科技有限公司	复合预混合饲料（畜禽水产、反刍动物）
滇饲预（2014）02014	云南牧道生物技术有限公司	复合预混合饲料（畜禽水产）

（续）

生产许可证编号	企业名称	产品名称
陕饲预（2014）00001	陕西冠华高新农业发展有限公司	维生素预混合饲料（畜禽水产、反刍动物）；微量元素预混合饲料（畜禽水产、反刍动物）；复合预混合饲料（畜禽水产、反刍动物）
陕饲预（2014）00002	杨凌瑞祺生物科技有限公司	维生素预混合饲料（畜禽水产、反刍动物）；微量元素预混合饲料（畜禽水产、反刍动物）；复合预混合饲料（畜禽水产、反刍动物）
陕饲预（2014）00003	杨凌金石牧业有限责任公司	维生素预混合饲料（畜禽水产、反刍动物）；微量元素预混合饲料（畜禽水产、反刍动物）；复合预混合饲料（畜禽水产、反刍动物）
陕饲预（2014）00005	杨凌普瑞邦牧业科技有限公司	维生素预混合饲料（畜禽水产、反刍动物）；微量元素预混合饲料（畜禽水产、反刍动物）；复合预混合饲料（畜禽水产、反刍动物）
陕饲预（2014）00007	杨凌新大农饲料科技有限公司	维生素预混合饲料（畜禽水产、反刍动物）；微量元素预混合饲料（畜禽水产、反刍动物）；复合预混合饲料（畜禽水产、反刍动物）
陕饲预（2014）01001	陕西康达尔农牧科技有限公司	复合预混合饲料（畜禽水产、反刍动物）
陕饲预（2014）01002	西安天森森巴宠物医药发展有限公司	维生素预混合饲料（畜禽、宠物及特种动物）；微量元素预混合饲料（畜禽、宠物及特种动物）；复合预混合饲料（畜禽、宠物及特种动物）
陕饲预（2014）04001	陕西瑞之源农牧科技有限公司	维生素预混合饲料（畜禽水产、反刍动物）；微量元素预混合饲料（畜禽水产、反刍动物）；复合预混合饲料（畜禽水产、反刍动物）
陕饲预（2014）05001	渭南市华隆畜牧有限公司	维生素预混合饲料（畜禽水产、反刍动物）；微量元素预混合饲料（畜禽水产、反刍动物）；复合预混合饲料（畜禽水产、反刍动物）
陕饲预（2014）05002	陕西石羊集团饲料发展有限公司	维生素预混合饲料（畜禽水产、反刍动物、宠物及特种动物）；微量元素预混合饲料（畜禽水产、反刍动物、宠物及特种动物）；复合预混合饲料（畜禽水产、反刍动物、宠物及特种动物）
甘饲预（2014）00001	甘肃天利达生物科技有限责任公司	维生素预混合饲料（畜禽水产、反刍动物）；微量元素预混合饲料（畜禽水产、反刍动物）；复合预混合饲料（畜禽水产、反刍动物）
甘饲预（2014）00002	甘肃丰奎生物科技有限公司	维生素预混合饲料（畜禽水产、反刍动物）；微量元素预混合饲料（畜禽水产、反刍动物）；复合预混合饲料（畜禽水产、反刍动物）
甘饲预（2014）00003	武威红牛农牧科技有限公司	液态维生素预混合饲料（畜禽水产、反刍动物）

（续）

生产许可证编号	企业名称	产品名称
甘饲预（2014）00004	张掖市奥林贝尔生物科技有限公司	维生素预混合饲料（畜禽水产、反刍动物）；微量元素预混合饲料（畜禽水产、反刍动物）；复合预混合饲料（畜禽水产、反刍动物）
甘饲预（2014）00005	武威新天地农业科技有限公司	维生素预混合饲料（畜禽水产、反刍动物）；微量元素预混合饲料（畜禽水产、反刍动物）；复合预混合饲料（畜禽水产、反刍动物）
青饲预（2014）01001	西宁丰源农牧科技有限公司	微量元素预混合饲料；复合预混合饲料（畜禽水产、反刍动物）；液态维生素预混合饲料（畜禽水产、反刍动物）
宁饲预（2014）01097	宁夏九盛牧业科技研究院（有限公司）	维生素预混合饲料（畜禽水产、反刍动物、宠物及特种动物）；微量元素预混合饲料（畜禽水产、反刍动物、宠物及特种动物）；复合预混合饲料（畜禽水产、反刍动物、宠物及特种动物）
宁饲预（2014）01449	宁夏农林科学院畜牧兽医研究所（有限公司）	维生素预混合饲料（畜禽水产、反刍动物）；微量元素预混合饲料（畜禽水产、反刍动物）；复合预混合饲料（畜禽水产、反刍动物）
宁饲预（2014）01693	宁夏智弘生物科技有限公司	维生素预混合饲料（畜禽水产、反刍动物）；微量元素预混合饲料（畜禽水产、反刍动物）；复合预混合饲料（畜禽水产、反刍动物）；液态维生素预混合饲料（畜禽水产、反刍动物）；液态微量元素预混合饲料（畜禽水产、反刍动物）；液态复合预混合饲料（畜禽水产、反刍动物）
宁饲预（2014）01962	银川康地反刍动物营养科技有限公司	维生素预混合饲料（畜禽水产、反刍动物、宠物及特种动物）；微量元素预混合饲料（畜禽水产、反刍动物、宠物及特种动物）；复合预混合饲料（畜禽水产、反刍动物、宠物及特种动物）
新饲预（2014）23002	昌吉市鼎兴牧业有限公司	复合预混合饲料［畜禽水产、反刍动物、宠物及特种动物（鹿、鸽子、鹌鹑、鸵鸟等）］
新饲预（2014）90001	新疆天宝康地生物技术有限公司	复合预混合饲料（畜禽水产、反刍动物）

表 2－34　配合饲料、浓缩饲料、精料补充料生产许可证名单

生产许可证编号	企业名称	产品名称
京饲证（2014）01099	北京正丰饲料有限公司	配合饲料（畜禽、幼畜禽、种畜禽）；浓缩饲料（畜禽、幼畜禽、种畜禽）
京饲证（2014）06014	北京天农饲料有限公司	浓缩饲料（反刍）；精料补充料（反刍）
京饲证（2014）06021	北京嘉博文生物饲料科技有限公司	浓缩饲料（畜禽、水产）
京饲证（2014）06031	北京金盛翔科技发展有限公司	配合饲料（畜禽、水产、幼畜禽、种畜禽、水产育苗、宠物、特种动物）；浓缩饲料（畜禽、水产、幼畜禽、种畜禽、水产育苗、宠物、特种动物）

（续）

生产许可证编号	企业名称	产品名称
京饲证（2014）06043	北京大发正大有限公司昌平分公司饲料一厂	配合饲料（畜禽）；浓缩饲料（畜禽）
京饲证（2014）06050	北京精准动物营养研究中心	配合饲料（反刍）；浓缩饲料（反刍）
京饲证（2014）06054	北京科澳协力饲料有限公司	配合饲料（幼畜禽、特种动物）
京饲证（2014）06056	北京万利和科技发展有限责任公司	配合饲料（畜禽、水产）；浓缩饲料（畜禽、水产）
京饲证（2014）06057	北京市华阜康生物科技股份有限公司	配合饲料（特种动物）
京饲证（2014）06058	北京大发正大有限公司昌平分公司饲料二厂	配合饲料（畜禽）；浓缩饲料（畜禽）
京饲证（2014）06059	北京绿普信科生物科技有限责任公司	配合饲料（畜禽）；浓缩饲料（畜禽）
京饲证（2014）06060	北京济海兴业科技开发有限公司	配合饲料（宠物）
京饲证（2014）06068	北京华都肉鸡公司	配合饲料（畜禽、幼畜禽、种畜禽）；浓缩饲料（畜禽、幼畜禽、种畜禽）
京饲证（2014）06070	北京北农大动物科技有限责任公司	配合饲料（畜禽、幼畜禽、种畜禽）；浓缩饲料（畜禽、幼畜禽、种畜禽）
京饲证（2014）06098	北京农大利生物技术有限公司	配合饲料（畜禽、水产、幼畜禽、特种动物）；浓缩饲料（畜禽、幼畜禽、特种动物）
京饲证（2014）06115	北京都润科技有限公司	浓缩饲料（畜禽、水产）
京饲证（2014）07012	北京富士饲料有限公司	配合饲料（畜禽、水产、反刍、幼畜禽、种畜禽、水产育苗、宠物、特种动物）；浓缩饲料（畜禽、反刍、幼畜禽、种畜禽、特种动物）
京饲证（2014）07024	泰高营养科技（北京）有限公司	配合饲料（畜禽、水产、幼畜禽、种畜禽、特种动物）；浓缩饲料（畜禽、水产、幼畜禽、种畜禽、特种动物）
京饲证（2014）07025	新希望六和饲料股份有限公司北京分公司	配合饲料（畜禽、幼畜禽、种畜禽）；浓缩饲料（畜禽、幼畜禽、种畜禽）
京饲证（2014）07026	北京新希望农牧科技有限公司	配合饲料（畜禽、水产、幼畜禽、种畜禽）；浓缩饲料（畜禽、幼畜禽、种畜禽）；精料补充料（反刍）
京饲证（2014）07041	北京安海维饲料有限公司	配合饲料（畜禽、幼畜禽）；浓缩饲料（畜禽、幼畜禽）
京饲证（2014）07051	祥瑞宏达宠物营养科技（北京）有限责任公司	配合饲料（畜禽）
京饲证（2014）07052	北京四方红饲料科技有限公司	配合饲料（畜禽、幼畜禽、种畜禽）；浓缩饲料（畜禽、幼畜禽、种畜禽）
京饲证（2014）07053	北京中农盛达科技有限公司	配合饲料（畜禽、水产、幼畜禽、种畜禽、特种动物）；浓缩饲料（畜禽、水产、幼畜禽、种畜禽、特种动物）
京饲证（2014）07088	北京英惠尔生物技术有限公司	配合饲料（幼畜禽、种畜禽）；浓缩饲料（幼畜禽、种畜禽）

（续）

生产许可证编号	企业名称	产品名称
京饲证（2014）07094	北京牧天饲料有限公司	配合饲料（畜禽、幼畜禽、种畜禽）；浓缩饲料（畜禽、幼畜禽、种畜禽）
京饲证（2014）07095	北京市立京饲料有限公司	配合饲料（畜禽、水产）；浓缩饲料（畜禽、水产、反刍）；精料补充料（反刍）
京饲证（2014）07096	北京市恒丰饲料制造有限公司	配合饲料（畜禽、幼畜禽、种畜禽）；浓缩饲料（畜禽、幼畜禽、种畜禽）
京饲证（2014）07101	北京市开元饲料有限责任公司	配合饲料（宠物）
京饲证（2014）07103	北京嘉丰世纪饲料有限公司	配合饲料（畜禽、水产、幼畜禽、种畜禽、特种动物）；浓缩饲料（畜禽、幼畜禽、种畜禽、特种动物）；精料补充料（反刍）
京饲证（2014）07104	邦琦伟业（北京）饲料中心	配合饲料（畜禽、幼畜禽、种畜禽、特种动物）；浓缩饲料（畜禽、反刍、幼畜禽）；精料补充料（反刍）
京饲证（2014）07105	北京创新高农饲料有限公司	配合饲料（畜禽、水产、幼畜禽、种畜禽、特种动物）；浓缩饲料（畜禽、水产、幼畜禽、种畜禽、特种动物）
京饲证（2014）07107	北京中农智邦生物科技有限公司生产基地	配合饲料（畜禽）；浓缩饲料（畜禽）
京饲证（2014）07112	北京奥耐尔饲料有限责任公司	配合饲料（畜禽）
京饲证（2014）07117	北京华园绿宝科技发展有限公司	配合饲料（畜禽、水产、特种动物）；浓缩饲料（畜禽、水产、特种动物）；精料补充料（反刍）
京饲证（2014）08015	北京爱德利都饲料科技开发有限公司	配合饲料（畜禽、特种动物）；浓缩饲料（畜禽、特种动物）
京饲证（2014）08016	北京鹤来科技有限公司	配合饲料（畜禽）；浓缩饲料（畜禽）
京饲证（2014）08018	北京九州大地生物技术集团股份有限公司	配合饲料（畜禽）；浓缩饲料（畜禽）
京饲证（2014）08019	北京科兴大地饲料有限公司	配合饲料（畜禽、水产）；浓缩饲料（畜禽、反刍）；精料补充料（反刍）
京饲证（2014）08020	北京金旺鑫业工贸有限公司	配合饲料（畜禽、水产）；浓缩饲料（畜禽）
京饲证（2014）08022	北京劲能生物科技股份公司	配合饲料（畜禽、幼畜禽、种畜禽）；浓缩饲料（畜禽、幼畜禽、种畜禽）
京饲证（2014）08044	北京富育康饲料有限公司	配合饲料（畜禽、水产、宠物）；浓缩饲料（畜禽、水产、反刍、宠物）；精料补充料（反刍）
京饲证（2014）08065	北京资源亚太饲料科技有限公司	配合饲料（畜禽、水产）；浓缩饲料（畜禽）
京饲证（2014）08066	北京昕大洋科技发展有限公司	配合饲料（畜禽、水产、幼畜禽、种畜禽、特种动物）；浓缩饲料（畜禽、幼畜禽、种畜禽、特种动物）
京饲证（2014）08067	北京伟嘉人生物技术有限公司	精料补充料（反刍）
京饲证（2014）08116	北京金海伟业饲料有限公司	配合饲料（畜禽、水产）；浓缩饲料（畜禽）
京饲证（2014）09035	北京丰硕饲料有限公司	配合饲料（特种动物）；浓缩饲料（畜禽）

（续）

生产许可证编号	企业名称	产品名称
京饲证（2014）09036	北京市博微饲料有限责任公司	配合饲料（特种动物）
京饲证（2014）09038	北京市天雨华新饲料精加工有限公司	配合饲料（特种动物）；浓缩饲料（畜禽、幼畜禽、种畜禽）
京饲证（2014）09045	北京市房山希望饲料有限责任公司	配合饲料（畜禽、水产）；浓缩饲料（畜禽）
京饲证（2014）09071	北京市天博饲料有限责任公司	配合饲料（特种动物）
京饲证（2014）09072	北京中农天成科技有限公司	配合饲料（畜禽）；浓缩饲料（畜禽）
京饲证（2014）09073	北京正旺饲料厂	配合饲料（畜禽、幼畜禽、种畜禽）；浓缩饲料（畜禽、幼畜禽、种畜禽）
京饲证（2014）10013	北京市华都峪口禽业有限责任公司	配合饲料（畜禽、幼畜禽、种畜禽）
京饲证（2014）10027	北京合美饲料有限公司	配合饲料（畜禽、水产、幼畜禽、种畜禽、水产育苗、宠物、特种动物）；浓缩饲料（畜禽、水产、幼畜禽、种畜禽、水产育苗、宠物、特种动物）
京饲证（2014）10028	北京波尔莱特饲料有限公司	配合饲料（畜禽、幼畜禽）；浓缩饲料（畜禽、幼畜禽）
京饲证（2014）10032	北京康特奇饲料有限公司	配合饲料（畜禽、水产、特种动物）；浓缩饲料（畜禽）
京饲证（2014）10033	北京科星饲料有限公司	配合饲料（畜禽、水产、幼畜禽、种畜禽、宠物、特种动物）；浓缩饲料（畜禽、水产、幼畜禽、种畜禽、宠物、特种动物）
京饲证（2014）10034	北京百世腾牧业有限公司	配合饲料（畜禽、幼畜禽、种畜禽）；浓缩饲料（畜禽、幼畜禽、种畜禽）
京饲证（2014）10042	北京同力兴科农业科技有限公司	配合饲料（畜禽）；浓缩饲料（畜禽）
京饲证（2014）10046	光大畜牧（北京）有限公司	配合饲料（畜禽、幼畜禽、种畜禽）；浓缩饲料（畜禽、幼畜禽、种畜禽）
京饲证（2014）10094	北京市饲料科学技术研究所	配合饲料（畜禽、水产、幼畜禽、种畜禽、水产育苗、宠物、特种动物）；浓缩饲料（畜禽、水产、幼畜禽、种畜禽、水产育苗、宠物、特种动物）；精料补充料（反刍）
京饲证（2014）10105	北京华典饲料有限公司	配合饲料（畜禽、水产、幼畜禽、种畜禽、水产育苗、宠物、特种动物）；浓缩饲料（畜禽、水产、幼畜禽、种畜禽、水产育苗、宠物、特种动物）
京饲证（2014）10113	北京浩大沃农营养科技有限公司	浓缩饲料（畜禽）
京饲证（2014）11023	北京大北农科技集团股份有限公司	配合饲料（畜禽）；浓缩饲料（畜禽）
京饲证（2014）11029	北京东方希望饲料有限公司	配合饲料（畜禽、水产）；浓缩饲料（畜禽）
京饲证（2014）11030	北京伟农生物科技有限公司	配合饲料（畜禽、水产）；浓缩饲料（畜禽）
京饲证（2014）11048	玛氏食品（中国）有限公司	配合饲料（宠物）
京饲证（2014）12047	北京正大饲料有限公司	配合饲料（畜禽、水产、反刍、幼畜禽、种畜禽）；浓缩饲料（畜禽、反刍、幼畜禽、种畜禽）；精料补充料（反刍）
京饲证（2014）12055	北京市京日饲料有限公司	配合饲料（畜禽、水产、特种动物）；浓缩饲料（畜禽）

（续）

生产许可证编号	企业名称	产品名称
京饲证（2014）12074	北京科瑞饲料有限公司	配合饲料（畜禽、幼畜禽、种畜禽）；浓缩饲料（畜禽、幼畜禽、种畜禽）
京饲证（2014）12075	北京华辰兴业科技有限公司	配合饲料（畜禽）
京饲证（2014）12076	北京哈维思特饲料制造有限公司	配合饲料（宠物、特种动物）；浓缩饲料（畜禽）
京饲证（2014）12077	国畜（北京）动物营养研究所	配合饲料（畜禽）；浓缩饲料（畜禽）
京饲证（2014）12078	北京领先饲料有限公司	配合饲料（畜禽、幼畜禽、种畜禽）；浓缩饲料（畜禽、幼畜禽、种畜禽）
京饲证（2014）12079	北京南海汇川饲料有限公司	配合饲料（畜禽、幼畜禽、种畜禽）；浓缩饲料（畜禽、幼畜禽、种畜禽）
京饲证（2014）12080	北京市利农饲料厂	配合饲料（畜禽、水产、幼畜禽、种畜禽、水产育苗、宠物、特种动物）；浓缩饲料（畜禽、水产、幼畜禽、种畜禽、水产育苗、宠物、特种动物）
京饲证（2014）12083	北京红旗饲料有限公司	配合饲料（畜禽、幼畜禽、种畜禽、特种动物）；浓缩饲料（畜禽、反刍、幼畜禽）；精料补充料（反刍）
京饲证（2014）12084	北京民生牧业有限公司	配合饲料（畜禽、幼畜禽、种畜禽）；浓缩饲料（畜禽、幼畜禽、种畜禽）
京饲证（2014）12097	北京科丰益源科技有限公司	配合饲料（畜禽、水产、特种动物）；浓缩饲料（畜禽、水产、特种动物）
京饲证（2014）12109	北京希普惠达饲料有限公司	配合饲料（畜禽）；浓缩饲料（畜禽）
京饲证（2014）12110	北京百合伟业饲料有限公司	配合饲料（畜禽、幼畜禽、种畜禽）；浓缩饲料（畜禽、幼畜禽、种畜禽）
京饲证（2014）12111	北京东方龙威饲料有限公司	配合饲料（畜禽、水产、幼畜禽、种畜禽、水产育苗、宠物、特种动物）；浓缩饲料（畜禽、水产、幼畜禽、种畜禽、水产育苗、宠物、特种动物）
京饲证（2014）12115	北京慧农生物科技有限公司	浓缩饲料（畜禽、幼畜禽、种畜禽）
京饲证（2014）13061	北京百年栗园饲料加工有限公司	配合饲料（畜禽）；浓缩饲料（畜禽）
京饲证（2014）13062	北京中农华威饲料技术有限公司	浓缩饲料（反刍）；精料补充料（反刍）
京饲证（2014）13063	北京汉业先科科技有限公司	配合饲料（畜禽、水产、幼畜禽、种畜禽、水产育苗、宠物）；浓缩饲料（畜禽、水产、幼畜禽、种畜禽、水产育苗）
京饲证（2014）13064	北京汉业科技有限公司	配合饲料（水产、水产育苗、宠物、特种动物）
京饲证（2014）13115	北京市昕三峰饲料厂	配合饲料（畜禽、水产）；浓缩饲料（畜禽）
津饲证（2014）01001	天津环山饲料有限公司	配合饲料（畜禽、水产、幼畜禽、种畜禽）；浓缩饲料（畜禽、水产、幼畜禽、种畜禽）
津饲证（2014）01002	天津爱特杰饲料有限公司	配合饲料（畜禽、幼畜禽、种畜禽）；浓缩饲料（畜禽、反刍、幼畜禽、种畜禽）；精料补充料（反刍）
津饲证（2014）01003	天津九月杉科技有限公司	配合饲料（畜禽）；浓缩饲料（畜禽）

（续）

生产许可证编号	企业名称	产品名称
津饲证（2014）01004	天津首源饲料有限公司	配合饲料（畜禽、水产、幼畜禽、种畜禽、水产育苗、特种动物）；浓缩饲料（畜禽、水产、幼畜禽、种畜禽、水产育苗、特种动物）
津饲证（2014）01005	天津金丰玖瑞饲料有限公司	配合饲料（畜禽、水产、幼畜禽、种畜禽）；浓缩饲料（畜禽、水产、幼畜禽、种畜禽）
津饲证（2014）01006	天津市皇昊饲料科技有限公司	配合饲料（畜禽、水产、幼畜禽、种畜禽、水产育苗）；浓缩饲料（畜禽、水产、幼畜禽、种畜禽、水产育苗）；精料补充料（反刍）
津饲证（2014）01007	天津市福国饲料有限公司	配合饲料（畜禽、水产、幼畜禽、种畜禽、水产育苗、宠物、特种动物）；浓缩饲料（畜禽、水产、幼畜禽、种畜禽、水产育苗、宠物、特种动物）
津饲证（2014）01008	天津富民大宇饲料有限公司	配合饲料（畜禽、水产、幼畜禽、种畜禽、水产育苗、宠物、特种动物）；浓缩饲料（畜禽、水产、幼畜禽、种畜禽、水产育苗、宠物、特种动物）
津饲证（2014）01009	天津市登峰科技开发有限公司	配合饲料（畜禽、水产、幼畜禽、种畜禽、水产育苗、宠物、特种动物）；浓缩饲料（畜禽、水产、幼畜禽、种畜禽、水产育苗、宠物、特种动物）
津饲证（2014）02006	天津市晨辉饲料有限公司	配合饲料（畜禽、水产、幼畜禽、种畜禽、水产育苗、宠物、特种动物）；浓缩饲料（畜禽、水产、反刍、幼畜禽、种畜禽）；精料补充料（反刍）
津饲证（2014）02007	天津市现代天骄农业科技有限公司	配合饲料（畜禽、水产）；浓缩饲料（畜禽、水产、反刍）；精料补充料（反刍）
津饲证（2014）02008	天津嘉立荷饲料有限公司	配合饲料（反刍）；浓缩饲料（反刍）；精料补充料（反刍）
津饲证（2014）02009	天津通威饲料有限公司	配合饲料（畜禽、水产、幼畜禽、种畜禽、水产育苗）；浓缩饲料（畜禽、幼畜禽、种畜禽）
津饲证（2014）02011	天津市鹏盛饲料有限公司	配合饲料（畜禽、水产、幼畜禽、水产育苗）；浓缩饲料（畜禽、水产、幼畜禽、水产育苗）
津饲证（2014）02012	天津市兴发饲料有限公司	配合饲料（畜禽、水产、幼畜禽、水产育苗）；浓缩饲料（畜禽、水产、幼畜禽、水产育苗）
津饲证（2014）02014	天津市双胜饲料科技有限公司	配合饲料（畜禽、水产、幼畜禽、水产育苗、宠物、特种动物）
津饲证（2014）02015	天津尔康动物食品有限公司	配合饲料（畜禽、水产、幼畜禽、种畜禽、水产育苗）；浓缩饲料（畜禽、幼畜禽、种畜禽）
津饲证（2014）02017	天津丽华饲料有限公司	配合饲料（畜禽、水产、幼畜禽、种畜禽、水产育苗、宠物、特种动物）；浓缩饲料（畜禽、水产、幼畜禽、种畜禽、水产育苗、宠物、特种动物）

（续）

生产许可证编号	企业名称	产品名称
津饲证（2014）02019	天津天世农农牧科技有限公司	配合饲料（畜禽、水产、幼畜禽、种畜禽、水产育苗）；浓缩饲料（畜禽）
津饲证（2014）02020	天津五岳饲料有限公司	配合饲料（畜禽、水产、幼畜禽、种畜禽）；浓缩饲料（畜禽、水产、幼畜禽、种畜禽）
津饲证（2014）02021	天津禾普饲料有限公司	配合饲料（畜禽）；浓缩饲料（畜禽、反刍）；精料补充料（反刍）
津饲证（2014）02022	天津牧佳饲料有限公司	配合饲料（畜禽、幼畜禽、种畜禽、特种动物）；浓缩饲料（畜禽、幼畜禽、种畜禽）
津饲证（2014）02023	天津市健达饲料有限公司	配合饲料（水产）；浓缩饲料（畜禽、种畜禽）
津饲证（2014）02024	天津大方饲料有限公司	浓缩饲料（畜禽、幼畜禽、种畜禽）
津饲证（2014）02025	天津悦丰饲料有限公司	配合饲料（畜禽、水产、幼畜禽、种畜禽、特种动物）；浓缩饲料（畜禽、反刍、幼畜禽、种畜禽）；精料补充料（反刍）
津饲证（2014）02026	天津市泉溢饲料有限公司	配合饲料（畜禽、水产）；浓缩饲料（畜禽、水产）
津饲证（2014）02027	天津市宏远光大饲料有限公司	配合饲料（畜禽、幼畜禽）；浓缩饲料（畜禽、幼畜禽）
津饲证（2014）02028	天津湛兴饲料有限公司	配合饲料（畜禽、幼畜禽、种畜禽）；浓缩饲料（畜禽、幼畜禽、种畜禽）
津饲证（2014）02029	天津市力神饲料有限公司	配合饲料（畜禽、幼畜禽、种畜禽）；浓缩饲料（畜禽、幼畜禽、种畜禽）
津饲证（2014）02030	天津秋实饲料有限公司	配合饲料（畜禽、幼畜禽）；浓缩饲料（畜禽、幼畜禽）
津饲证（2014）02031	天津诺信饲料有限公司	配合饲料（畜禽）；浓缩饲料（畜禽）
津饲证（2014）02032	天津市普悦饲料有限公司	配合饲料（畜禽、特种动物）；浓缩饲料（畜禽）
津饲证（2014）02033	天津通和饲料有限公司宝坻分公司	配合饲料（畜禽、水产）；浓缩饲料（畜禽、水产、反刍）；精料补充料（反刍）
津饲证（2014）02034	天津宝忠饲料有限公司	配合饲料（畜禽、幼畜禽、种畜禽）；浓缩饲料（畜禽、幼畜禽、种畜禽）
津饲证（2014）02035	天津市胜利饲料有限公司	配合饲料（畜禽、幼畜禽、种畜禽）；浓缩饲料（畜禽、幼畜禽、种畜禽）
津饲证（2014）02036	天津华牧牧业科技有限公司	配合饲料（畜禽、水产、幼畜禽）；浓缩饲料（畜禽、幼畜禽）
津饲证（2014）02037	天津市双吉饲料有限公司	配合饲料（畜禽、水产、幼畜禽、特种动物）
津饲证（2014）02039	天津市翔龙腾达饲料有限公司	配合饲料（水产）
津饲证（2014）03002	天津名门动物食品有限公司	配合饲料（畜禽、水产、幼畜禽、种畜禽）；浓缩饲料（畜禽、幼畜禽、种畜禽）；精料补充料（反刍）
津饲证（2014）03003	天津海大饲料有限公司	配合饲料（畜禽、水产）；浓缩饲料（畜禽）
津饲证（2014）03004	天津光明荷斯坦牧业有限公司	浓缩饲料（反刍）；精料补充料（反刍）

（续）

生产许可证编号	企业名称	产品名称
津饲证（2014）03005	天津市崔明饲料有限公司	配合饲料（畜禽、水产、幼畜禽、水产育苗、特种动物）；浓缩饲料（畜禽、幼畜禽）
津饲证（2014）03006	天津市益民饲料有限公司	配合饲料（畜禽、幼畜禽、种畜禽）；浓缩饲料（畜禽、幼畜禽、种畜禽）
津饲证（2014）03007	北京华都肉鸡公司天津饲料分公司	配合饲料（畜禽、幼畜禽、种畜禽）；浓缩饲料（畜禽、幼畜禽、种畜禽）
津饲证（2014）03008	天津爱普罗斯饲料有限公司	配合饲料（畜禽、幼畜禽、种畜禽）；浓缩饲料（畜禽、幼畜禽、种畜禽）
津饲证（2014）03009	天津市鼎圣饲料有限公司	浓缩饲料（反刍）；精料补充料（反刍、其他）
津饲证（2014）03010	丸九（天津）钓具有限公司	配合饲料（水产）
津饲证（2014）03011	天津精气神饲料有限公司	配合饲料（畜禽）；浓缩饲料（畜禽、幼畜禽）
津饲证（2014）03012	天津津门赛普科技有限公司	配合饲料（畜禽、幼畜禽）；浓缩饲料（畜禽、幼畜禽）
津饲证（2014）03013	上海延华饲料有限公司天津分公司	浓缩饲料（反刍）；精料补充料（反刍）
津饲证（2014）04003	艾地盟动物保健及营养（大连）有限公司天津分公司	配合饲料（畜禽、幼畜禽、种畜禽、宠物、特种动物）；浓缩饲料（畜禽、幼畜禽、种畜禽、宠物、特种动物）
津饲证（2014）04004	天津安佑饲料科技有限公司	配合饲料（畜禽、幼畜禽、种畜禽）；浓缩饲料（畜禽、幼畜禽、种畜禽）
津饲证（2014）04005	天津开发区威尔饲料科技有限公司	配合饲料（畜禽、水产、幼畜禽、种畜禽、水产育苗）；浓缩饲料（畜禽、幼畜禽、种畜禽）
津饲证（2014）04006	天津正大康生物技术有限公司	配合饲料（畜禽、水产、幼畜禽、种畜禽、水产育苗）；浓缩饲料（畜禽、幼畜禽、种畜禽）
津饲证（2014）04007	天津市泰元饲料有限公司	配合饲料（水产、水产育苗）；浓缩饲料（水产、水产育苗）
津饲证（2014）04008	天津禾鑫饲料有限公司	配合饲料（畜禽、水产）；浓缩饲料（畜禽）
津饲证（2014）04009	天津市恒德饲料有限公司	配合饲料（畜禽、水产、幼畜禽、种畜禽、水产育苗）；浓缩饲料（畜禽、幼畜禽、种畜禽）
津饲证（2014）05006	天津市圆鼎饲料有限公司	配合饲料（畜禽、幼畜禽、种畜禽）；浓缩饲料（畜禽、幼畜禽、种畜禽）
津饲证（2014）05007	希杰（天津）饲料有限公司	配合饲料（畜禽、幼畜禽、种畜禽、宠物）；浓缩饲料（畜禽、反刍、幼畜禽、种畜禽、宠物）；精料补充料（反刍）
津饲证（2014）05008	天津硕普饲料有限公司	配合饲料（畜禽、幼畜禽、种畜禽）；浓缩饲料（畜禽、幼畜禽、种畜禽）
津饲证（2014）05009	农标普瑞纳（廊坊）饲料有限公司静海分公司	配合饲料（畜禽、水产、幼畜禽、种畜禽、水产育苗）；浓缩饲料（畜禽、幼畜禽、种畜禽）
津饲证（2014）05010	天津市盛大爱都饲料有限公司	配合饲料（畜禽、水产）；浓缩饲料（畜禽）

（续）

生产许可证编号	企业名称	产品名称
津饲证（2014）05011	天津惠孚饲料有限公司	配合饲料（畜禽、幼畜禽、种畜禽）；浓缩饲料（畜禽、幼畜禽、种畜禽）
津饲证（2014）05012	天津市津宏发饲料有限公司	配合饲料（水产）
津饲证（2014）05013	天津生机集团股份有限公司	配合饲料（畜禽、幼畜禽）；浓缩饲料（畜禽、幼畜禽）
津饲证（2014）05014	天津静海庆源饲料有限公司	配合饲料（畜禽）；浓缩饲料（畜禽）
津饲证（2014）05015	天津朗诺宠物食品有限公司	配合饲料（宠物）
津饲证（2014）05016	天津爱康饲料有限公司	配合饲料（畜禽、水产、幼畜禽、种畜禽）；浓缩饲料（畜禽、水产、幼畜禽、种畜禽）
津饲证（2014）05017	全能生物科技（天津）有限公司	配合饲料（畜禽、幼畜禽、种畜禽）；浓缩饲料（畜禽、幼畜禽、种畜禽）
津饲证（2014）06001	康地饲料（天津）有限公司	配合饲料（畜禽、幼畜禽、种畜禽）；浓缩饲料（畜禽、幼畜禽、种畜禽）
津饲证（2014）06002	天津彩虹饲料有限公司	配合饲料（畜禽、幼畜禽）；浓缩饲料（畜禽、幼畜禽、种畜禽）
津饲证（2014）06003	天津北英伟生物技术饲料有限公司	配合饲料（幼畜禽、种畜禽）；浓缩饲料（幼畜禽、种畜禽）
津饲证（2014）06004	天津市宏兴饲料有限公司	配合饲料（畜禽、水产）；浓缩饲料（畜禽）
津饲证（2014）07001	天津金康宝动物医药保健品有限公司	配合饲料（宠物）
津饲证（2014）07002	天津凯源饲料有限公司	配合饲料（水产、水产育苗）
津饲证（2014）07003	天津市爱都饲料有限公司	配合饲料（畜禽、水产）；浓缩饲料（畜禽）
津饲证（2014）07004	天津市泓泽盛元水产科技发展有限公司	配合饲料（水产育苗）
津饲证（2014）08002	大成万达（天津）有限公司	配合饲料（畜禽、幼畜禽、种畜禽）；浓缩饲料（畜禽、幼畜禽、种畜禽）
津饲证（2014）08003	天津牧丰饲料有限公司	配合饲料（畜禽、幼畜禽、种畜禽）；浓缩饲料（畜禽、幼畜禽、种畜禽）
津饲证（2014）08004	天津北英伟生物技术饲料有限公司分公司	配合饲料（畜禽、幼畜禽、种畜禽）；浓缩饲料（畜禽、幼畜禽、种畜禽）
津饲证（2014）08006	天津中升饲料有限公司	配合饲料（畜禽、幼畜禽、种畜禽）；浓缩饲料（畜禽、幼畜禽、种畜禽）
津饲证（2014）08007	天津市保农利生物技术有限公司	配合饲料（幼畜禽、水产育苗）
津饲证（2014）09001	天津市大洋饲料有限公司	配合饲料（畜禽、水产、幼畜禽、种畜禽、水产育苗）；浓缩饲料（畜禽、反刍、幼畜禽、种畜禽）；精料补充料（反刍）
津饲证（2014）09002	天津市百思买饲料有限公司	配合饲料（畜禽、幼畜禽、种畜禽）；浓缩饲料（畜禽、幼畜禽、种畜禽）

（续）

生产许可证编号	企业名称	产品名称
津饲证（2014）09003	天津市千禾大地科技有限公司	配合饲料（畜禽、水产、幼畜禽、种畜禽、水产育苗、宠物、特种动物）；浓缩饲料（畜禽、水产、幼畜禽、种畜禽、水产育苗、宠物、特种动物）
津饲证（2014）09005	天津市普丰饲料科技有限公司	配合饲料（畜禽、幼畜禽、种畜禽）；浓缩饲料（畜禽、幼畜禽、种畜禽）
津饲证（2014）09006	天津市启悦饲料有限责任公司	配合饲料（畜禽、水产、幼畜禽、种畜禽）；浓缩饲料（畜禽、幼畜禽、种畜禽）
津饲证（2014）10002	天津海滋缘农业科技有限公司	配合饲料（畜禽、水产、幼畜禽、种畜禽、水产育苗）；浓缩饲料（畜禽、幼畜禽、种畜禽）
津饲证（2014）10003	天津雀巢普瑞纳宠物食品有限公司	配合饲料（宠物）
津饲证（2014）10004	天津市海发珍品实业发展有限公司	配合饲料（水产、水产育苗）
津饲证（2014）10006	天津帝凯维动物营养有限公司	配合饲料（畜禽）；浓缩饲料（畜禽）
津饲证（2014）10007	天津纳尔生物科技有限公司	浓缩饲料（反刍）；精料补充料（反刍）
冀饲证（2014）01011	石家庄永盛饲料有限公司	浓缩饲料（反刍）；精料补充料（反刍）
冀饲证（2014）01016	新乐市友好饲料有限公司	配合饲料（特种动物）
冀饲证（2014）01017	石家庄正大有限公司	配合饲料（畜禽、幼畜禽、种畜禽）；浓缩饲料（畜禽、反刍、幼畜禽、种畜禽）；精料补充料（反刍）
冀饲证（2014）01018	无极县迎丰饲料有限公司	配合饲料（畜禽、幼畜禽）；浓缩饲料（畜禽、幼畜禽）
冀饲证（2014）01019	无极县嘉慧饲料有限公司	配合饲料（畜禽、幼畜禽）；浓缩饲料（畜禽、幼畜禽）
冀饲证（2014）01020	石家庄希望饲料有限责任公司	配合饲料（畜禽、水产、幼畜禽、种畜禽、水产育苗）；浓缩饲料（畜禽、幼畜禽）；精料补充料（反刍）
冀饲证（2014）01021	石家庄市扬翔饲料有限公司	配合饲料（畜禽、幼畜禽、种畜禽）；浓缩饲料（畜禽、幼畜禽、种畜禽）；精料补充料（反刍）
冀饲证（2014）01022	石家庄华牧牧业有限责任公司鹿泉饲料分公司	配合饲料（畜禽、幼畜禽、种畜禽）；浓缩饲料（畜禽）；精料补充料（反刍）
冀饲证（2014）01023	石家庄正虹饲料有限公司	配合饲料（畜禽、幼畜禽）；浓缩饲料（畜禽、幼畜禽）
冀饲证（2014）01024	石家庄市田牛牧业有限公司	配合饲料（畜禽、幼畜禽）；浓缩饲料（畜禽、反刍、幼畜禽）；精料补充料（反刍）
冀饲证（2014）01025	石家庄农道众联饲料有限公司	配合饲料（畜禽、幼畜禽、种畜禽）；浓缩饲料（畜禽、幼畜禽）
冀饲证（2014）01026	石家庄谷实鸿发农牧科技有限公司	配合饲料（畜禽、幼畜禽）；浓缩饲料（畜禽、反刍）；精料补充料（反刍）
冀饲证（2014）01027	石家庄北华饲料有限公司	配合饲料（畜禽、幼畜禽、种畜禽）；浓缩饲料（畜禽、幼畜禽、种畜禽）
冀饲证（2014）01029	石家庄广通饲料有限公司	配合饲料（畜禽、幼畜禽、种畜禽）；浓缩饲料（畜禽、幼畜禽、种畜禽）
冀饲证（2014）01030	石家庄渴望饲料有限公司	浓缩饲料（反刍）；精料补充料（反刍）

（续）

生产许可证编号	企业名称	产品名称
冀饲证（2014）01032	石家庄中科信饲料有限公司	配合饲料（畜禽、幼畜禽、种畜禽）；浓缩饲料（畜禽、幼畜禽、种畜禽）；精料补充料（反刍）
冀饲证（2014）01033	石家庄宝昶通饲料科技有限公司	配合饲料（畜禽、幼畜禽、种畜禽）；浓缩饲料（畜禽、幼畜禽、种畜禽）
冀饲证（2014）01034	石家庄新时代饲料有限公司	配合饲料（畜禽、幼畜禽、种畜禽）；浓缩饲料（畜禽、幼畜禽、种畜禽）
冀饲证（2014）01036	石家庄依欣饲料有限公司	浓缩饲料（畜禽）
冀饲证（2014）01037	石家庄市利牧饲料有限公司	配合饲料（畜禽、幼畜禽）；浓缩饲料（畜禽）
冀饲证（2014）01038	石家庄三得利饲料有限公司	配合饲料（畜禽、幼畜禽、种畜禽）
冀饲证（2014）01040	河北中禽鹌鹑良种繁育有限公司	配合饲料（特种动物）
冀饲证（2014）01041	石家庄市铁达饲料生产有限公司	配合饲料（畜禽、幼畜禽、种畜禽、宠物）；浓缩饲料（畜禽、幼畜禽、种畜禽）
冀饲证（2014）01046	石家庄曙光农牧业发展有限公司	配合饲料（畜禽、幼畜禽）；浓缩饲料（畜禽、幼畜禽）；精料补充料（反刍）
冀饲证（2014）01047	新乐市依欣饲料有限公司	浓缩饲料（反刍）；精料补充料（反刍）
冀饲证（2014）01048	石家庄天虹饲料有限公司	浓缩饲料（反刍）；精料补充料（反刍）
冀饲证（2014）01049	河北中贝佳美生物科技有限公司	配合饲料（畜禽、幼畜禽、种畜禽）；浓缩饲料（畜禽、反刍、幼畜禽、种畜禽）；精料补充料（反刍）
冀饲证（2014）01050	河北海天饲料有限责任公司	配合饲料（畜禽、幼畜禽、种畜禽）；浓缩饲料（畜禽、幼畜禽、种畜禽）；精料补充料（反刍）
冀饲证（2014）01051	石家庄市广袤饲料有限公司	浓缩饲料（反刍）；精料补充料（反刍）
冀饲证（2014）01052	石家庄宏润饲料有限公司	浓缩饲料（反刍）；精料补充料（反刍）
冀饲证（2014）01053	石家庄市东升饲料有限公司	浓缩饲料（反刍）；精料补充料（反刍）
冀饲证（2014）01054	石家庄新宇饲料有限公司	浓缩饲料（反刍）；精料补充料（反刍）
冀饲证（2014）01055	河北新旭日饲料有限公司	浓缩饲料（反刍）；精料补充料（反刍）
冀饲证（2014）01056	科瑞德饲料正定有限公司	浓缩饲料（反刍）；精料补充料（反刍）
冀饲证（2014）01057	石家庄宝乐翔饲料有限公司	浓缩饲料（反刍）；精料补充料（反刍）
冀饲证（2014）01058	石家庄飞龙饲料有限公司	配合饲料（畜禽、幼畜禽、种畜禽）；浓缩饲料（畜禽、幼畜禽、种畜禽）
冀饲证（2014）01060	石家庄浩星饲料有限公司	配合饲料（畜禽、幼畜禽、种畜禽）；浓缩饲料（畜禽、幼畜禽、种畜禽）
冀饲证（2014）01061	新乐市富士力饲料有限公司	配合饲料（畜禽、水产、幼畜禽、特种动物）；浓缩饲料（畜禽、水产、幼畜禽、特种动物）
冀饲证（2014）01062	河北永青饲料科技有限公司	配合饲料（畜禽、幼畜禽、种畜禽）；浓缩饲料（畜禽、幼畜禽、种畜禽）
冀饲证（2014）01063	石家庄凯兴牧业有限公司	配合饲料（畜禽、幼畜禽）；浓缩饲料（畜禽、幼畜禽）
冀饲证（2014）01064	河北新龙饲料有限公司新安分公司	配合饲料（宠物、特种动物）

（续）

生产许可证编号	企业名称	产品名称
冀饲证（2014）01065	无极县广益饲料有限公司	配合饲料（畜禽、幼畜禽）；浓缩饲料（畜禽、幼畜禽）
冀饲证（2014）01066	无极县益农饲料有限公司	配合饲料（畜禽、幼畜禽、种畜禽）
冀饲证（2014）01067	石家庄永建饲料有限公司	配合饲料（畜禽、幼畜禽）；浓缩饲料（畜禽、幼畜禽）
冀饲证（2014）01068	石家庄金田饲料有限公司	配合饲料（畜禽、幼畜禽）；浓缩饲料（畜禽、幼畜禽）
冀饲证（2014）01069	石家庄嘉洋饲料有限公司	配合饲料（畜禽、幼畜禽、种畜禽）；浓缩饲料（畜禽、幼畜禽、种畜禽）
冀饲证（2014）01070	石家庄锦浩饲料有限公司	配合饲料（畜禽、幼畜禽、种畜禽）；浓缩饲料（畜禽、幼畜禽、种畜禽）
冀饲证（2014）01071	石家庄市恒泰盛饲料有限公司	配合饲料（畜禽、幼畜禽、种畜禽）；浓缩饲料（畜禽、幼畜禽、种畜禽）
冀饲证（2014）01072	石家庄恒峰饲料有限公司	配合饲料（畜禽、幼畜禽、种畜禽）；浓缩饲料（畜禽、幼畜禽、种畜禽）
冀饲证（2014）01073	正定县中海饲料有限责任公司	配合饲料（畜禽、幼畜禽）；浓缩饲料（畜禽、幼畜禽）
冀饲证（2014）01074	石家庄市正昌牧业有限公司	配合饲料（畜禽、幼畜禽）；浓缩饲料（畜禽、幼畜禽）
冀饲证（2014）01075	石家庄科瑞德饲料有限公司正定分公司	配合饲料（畜禽、幼畜禽、种畜禽、特种动物）；浓缩饲料（畜禽、幼畜禽、种畜禽、特种动物）
冀饲证（2014）01076	鹿泉市牧慧饲料有限公司	配合饲料（畜禽、幼畜禽、种畜禽）；浓缩饲料（畜禽、幼畜禽、种畜禽）
冀饲证（2014）01077	石家庄创佳饲料有限公司	配合饲料（畜禽、幼畜禽）；浓缩饲料（畜禽、幼畜禽）
冀饲证（2014）01083	石家庄市吉龙伟业饲料有限公司	配合饲料（畜禽、幼畜禽、种畜禽）
冀饲证（2014）01086	石家庄市康牧饲料有限公司	配合饲料（畜禽、幼畜禽）；浓缩饲料（畜禽、幼畜禽）
冀饲证（2014）01089	石家庄昌鹌达饲料有限公司	配合饲料（特种动物）
冀饲证（2014）01090	河北新征饲料有限公司	配合饲料（畜禽、幼畜禽、种畜禽）；浓缩饲料（畜禽、幼畜禽、种畜禽）
冀饲证（2014）01091	石家庄市希中饲料有限公司	配合饲料（畜禽、幼畜禽、种畜禽）；浓缩饲料（畜禽、幼畜禽、种畜禽）
冀饲证（2014）01092	石家庄正元饲料有限公司	配合饲料（畜禽、幼畜禽、种畜禽）；浓缩饲料（畜禽、幼畜禽、种畜禽）
冀饲证（2014）01093	河北天昌饲料科技有限责任公司	配合饲料（畜禽、幼畜禽、种畜禽）；浓缩饲料（畜禽、幼畜禽、种畜禽）
冀饲证（2014）01094	石家庄市奥维饲料有限公司	配合饲料（畜禽、幼畜禽、种畜禽）；浓缩饲料（畜禽、幼畜禽、种畜禽）
冀饲证（2014）01099	石家庄牧多饲料有限公司	配合饲料（畜禽、幼畜禽）；浓缩饲料（畜禽）
冀饲证（2014）01100	灵寿县兴牧饲料有限公司	配合饲料（畜禽、幼畜禽、种畜禽）；浓缩饲料（畜禽、幼畜禽、种畜禽）
冀饲证（2014）01101	河北吉嘉饲料科技有限公司	配合饲料（畜禽、幼畜禽、种畜禽）；浓缩饲料（畜禽、幼畜禽、种畜禽）

（续）

生产许可证编号	企业名称	产品名称
冀饲证（2014）01102	石家庄市嘉宏饲料有限公司	配合饲料（畜禽、幼畜禽）；浓缩饲料（畜禽、幼畜禽）
冀饲证（2014）01103	石家庄凯虹饲料有限公司	配合饲料（畜禽、幼畜禽、种畜禽）；浓缩饲料（畜禽、幼畜禽、种畜禽）
冀饲证（2014）01104	石家庄牧康饲料有限公司	配合饲料（畜禽、幼畜禽）
冀饲证（2014）01105	石家庄成功饲料有限公司	配合饲料（畜禽、幼畜禽）；浓缩饲料（畜禽、幼畜禽）
冀饲证（2014）01106	石家庄环山饲料有限公司	配合饲料（畜禽、幼畜禽、种畜禽）；浓缩饲料（畜禽、幼畜禽、种畜禽）；精料补充料（反刍）
冀饲证（2014）01107	石家庄盛世亨通牧业有限公司	配合饲料（畜禽、幼畜禽）；浓缩饲料（畜禽、反刍、幼畜禽）；精料补充料（反刍）
冀饲证（2014）02004	保定万千饲料有限公司	配合饲料（畜禽、水产、幼畜禽、种畜禽、水产育苗）；浓缩饲料（畜禽、幼畜禽、种畜禽）
冀饲证（2014）02005	易县兰宝饲料有限公司	配合饲料（畜禽、幼畜禽、种畜禽）；浓缩饲料（畜禽、幼畜禽、种畜禽）
冀饲证（2014）02006	保定市万硕泰丰饲料有限公司	配合饲料（畜禽、幼畜禽、种畜禽）；浓缩饲料（畜禽、幼畜禽、种畜禽）
冀饲证（2014）02007	保定市亘泰饲料有限公司	配合饲料（畜禽、幼畜禽、种畜禽）；浓缩饲料（畜禽、幼畜禽、种畜禽）
冀饲证（2014）02008	高碑店市世纪毅佳饲料有限责任公司	配合饲料（畜禽、幼畜禽）；浓缩饲料（畜禽、幼畜禽、种畜禽）
冀饲证（2014）02009	涿州市牧旺饲料有限公司	配合饲料（幼畜禽、种畜禽）；浓缩饲料（幼畜禽、种畜禽）
冀饲证（2014）02010	北京农大铁骑力士牧业科技有限公司涿州基地	配合饲料（畜禽、幼畜禽、种畜禽）；浓缩饲料（畜禽、反刍、幼畜禽、种畜禽）；精料补充料（反刍）
冀饲证（2014）02011	曲阳县天一饲料有限公司	配合饲料（畜禽、幼畜禽、种畜禽）；浓缩饲料（畜禽、幼畜禽、种畜禽）
冀饲证（2014）02012	河北益牧康饲料有限公司	配合饲料（畜禽、幼畜禽、种畜禽）；浓缩饲料（畜禽、幼畜禽、种畜禽）
冀饲证（2014）02013	高碑店市鑫正牧业有限公司	配合饲料（畜禽、幼畜禽）；浓缩饲料（畜禽、幼畜禽、种畜禽）
冀饲证（2014）02014	保定荣达饲料加工有限公司	配合饲料（畜禽、幼畜禽）；浓缩饲料（畜禽、幼畜禽）
冀饲证（2014）02015	安国市丰农饲料有限公司	配合饲料（畜禽、幼畜禽）；浓缩饲料（畜禽、幼畜禽、种畜禽）
冀饲证（2014）02016	河北华农科兴饲料有限公司	浓缩饲料（反刍）；精料补充料（反刍）
冀饲证（2014）02017	定兴县粤兴饲料有限公司	浓缩饲料（反刍）；精料补充料（反刍）
冀饲证（2014）02018	保定光明饲料有限公司	配合饲料（畜禽、幼畜禽）；浓缩饲料（畜禽、幼畜禽）
冀饲证（2014）02019	河北大午农牧集团饲料有限公司定兴分公司	配合饲料（畜禽、幼畜禽）

（续）

生产许可证编号	企业名称	产品名称
冀饲证（2014）02020	保定金润阳饲料制造有限公司	配合饲料（畜禽、幼畜禽、种畜禽）；浓缩饲料（畜禽、幼畜禽、种畜禽）
冀饲证（2014）02021	满城县华尔饲乐饲料有限公司	配合饲料（畜禽、幼畜禽、种畜禽）；浓缩饲料（畜禽、幼畜禽、种畜禽）
冀饲证（2014）02022	保定生力宝饲料有限公司	配合饲料（畜禽、幼畜禽、种畜禽）；浓缩饲料（畜禽、幼畜禽、种畜禽）
冀饲证（2014）02023	唐县恒旺饲料加工有限公司	配合饲料（畜禽、幼畜禽）；浓缩饲料（畜禽、幼畜禽）
冀饲证（2014）02024	易县聚源饲料有限公司	配合饲料（畜禽、幼畜禽、种畜禽）；浓缩饲料（畜禽、幼畜禽、种畜禽）
冀饲证（2014）02025	定兴县全会饲料加工有限公司	配合饲料（畜禽、幼畜禽、种畜禽）
冀饲证（2014）02026	保定润源饲料加工有限公司	配合饲料（畜禽、幼畜禽、种畜禽）；浓缩饲料（畜禽、幼畜禽、种畜禽）
冀饲证（2014）02027	保定市海宝饲料商贸有限公司	配合饲料（畜禽、幼畜禽、种畜禽）；浓缩饲料（畜禽、幼畜禽、种畜禽）
冀饲证（2014）02028	保定通力合饲料加工有限公司	浓缩饲料（反刍）；精料补充料（反刍）
冀饲证（2014）02029	保定源牧饲料加工有限公司	浓缩饲料（反刍）；精料补充料（反刍）
冀饲证（2014）03001	河北富隆饲料有限公司	浓缩饲料（反刍）；精料补充料（反刍）
冀饲证（2014）03002	张家口九州大地饲料有限公司	浓缩饲料（反刍）；精料补充料（反刍）
冀饲证（2014）03003	张家口市中亚生物科技有限公司	浓缩饲料（反刍）；精料补充料（反刍）
冀饲证（2014）03004	张家口昌旺牧业有限公司	配合饲料（畜禽、反刍、幼畜禽）；浓缩饲料（反刍）；精料补充料（反刍）
冀饲证（2014）03005	张家口市中科富民饲料有限公司	配合饲料（畜禽、幼畜禽、种畜禽）；浓缩饲料（畜禽、幼畜禽、种畜禽）
冀饲证（2014）03006	张家口塞佳饲料有限公司	配合饲料（畜禽、幼畜禽）；浓缩饲料（畜禽）
冀饲证（2014）03007	张家口天荣饲料有限公司	配合饲料（畜禽、幼畜禽）；浓缩饲料（畜禽、反刍、幼畜禽）；精料补充料（反刍）
冀饲证（2014）03008	张北县诚兴饲料有限责任公司	浓缩饲料（反刍）；精料补充料（反刍）
冀饲证（2014）03009	张家口源鑫饲料有限公司	浓缩饲料（反刍）；精料补充料（反刍）
冀饲证（2014）03010	张家口广源饲料有限公司	浓缩饲料（反刍）；精料补充料（反刍）
冀饲证（2014）03011	怀来县兴农饲料有限公司	配合饲料（畜禽、幼畜禽）；浓缩饲料（畜禽）
冀饲证（2014）03012	张家口市旺佳牧业有限公司	配合饲料（畜禽、幼畜禽、种畜禽）；浓缩饲料（畜禽、幼畜禽、种畜禽）
冀饲证（2014）03013	尚义县恒泰饲料有限责任公司	浓缩饲料（反刍）；精料补充料（反刍）
冀饲证（2014）03014	张家口国畜农业科技开发有限公司	配合饲料（畜禽、幼畜禽、种畜禽）；浓缩饲料（畜禽、幼畜禽、种畜禽）
冀饲证（2014）05011	唐山佑和饲料有限公司	浓缩饲料（反刍）；精料补充料（反刍）

（续）

生产许可证编号	企业名称	产品名称
冀饲证（2014）05012	唐山天康饲料有限公司	配合饲料（畜禽、水产、幼畜禽、种畜禽、特种动物）；浓缩饲料（畜禽、反刍、幼畜禽、种畜禽）；精料补充料（反刍）
冀饲证（2014）05013	唐山沈隆饲料有限公司	配合饲料（特种动物）；浓缩饲料（特种动物）
冀饲证（2014）05014	河北东方希望动物食品有限公司	配合饲料（畜禽、水产、幼畜禽、种畜禽、水产育苗、特种动物）；浓缩饲料（畜禽、水产、幼畜禽、种畜禽、水产育苗、特种动物）
冀饲证（2014）05016	唐山三发普林饲料有限公司	配合饲料（水产、水产育苗）
冀饲证（2014）05017	滦南县益民饲料有限公司	配合饲料（畜禽、水产、幼畜禽、特种动物）；浓缩饲料（畜禽、幼畜禽、特种动物）
冀饲证（2014）05018	遵化新和美客多饲料有限公司	配合饲料（畜禽、水产、幼畜禽、种畜禽、水产育苗）；浓缩饲料（畜禽、幼畜禽、种畜禽）
冀饲证（2014）05019	唐山金鹏饲料有限公司	配合饲料（畜禽、水产、幼畜禽、特种动物）
冀饲证（2014）05020	唐山中红三融畜禽有限公司饲料分公司	配合饲料（畜禽、幼畜禽、种畜禽、特种动物）；浓缩饲料（畜禽、幼畜禽、种畜禽、特种动物）
冀饲证（2014）05021	滦南县双旺饲料有限公司	配合饲料（水产、水产育苗）
冀饲证（2014）05022	湖南正虹科技发展股份有限公司唐山分公司	配合饲料（畜禽、水产）；浓缩饲料（畜禽、水产）；精料补充料（反刍）
冀饲证（2014）05023	唐山绿澳佳牧饲料有限公司	配合饲料（畜禽、水产、幼畜禽、种畜禽、特种动物）；浓缩饲料（畜禽、反刍、幼畜禽、种畜禽）；精料补充料（反刍）
冀饲证（2014）05024	唐山市奥博尔饲料有限公司	配合饲料（畜禽、幼畜禽、种畜禽）；浓缩饲料（畜禽、反刍、幼畜禽、种畜禽）；精料补充料（反刍）
冀饲证（2014）05025	唐山市曹妃甸区昌宏饲料有限责任公司	配合饲料（水产）
冀饲证（2014）05026	唐山金丰收饲料有限公司	配合饲料（水产、宠物、特种动物）；浓缩饲料（畜禽、幼畜禽）
冀饲证（2014）05027	滦南县燕兆饲料有限公司	配合饲料（畜禽、水产、特种动物）；浓缩饲料（畜禽、特种动物）
冀饲证（2014）05028	唐山远鸿饲料有限公司	配合饲料（畜禽、幼畜禽、种畜禽、特种动物）；浓缩饲料（畜禽、幼畜禽、种畜禽、特种动物）
冀饲证（2014）05029	唐山市宏盛源饲料有限公司	配合饲料（畜禽、幼畜禽、种畜禽、特种动物）；浓缩饲料（畜禽、幼畜禽、种畜禽、特种动物）
冀饲证（2014）05030	唐山市众鑫饲料有限公司	配合饲料（畜禽、水产）；浓缩饲料（畜禽、水产）
冀饲证（2014）05031	滦南县鑫兴饲料有限公司	配合饲料（畜禽、特种动物）；浓缩饲料（畜禽、特种动物）

（续）

生产许可证编号	企业名称	产品名称
冀饲证（2014）05032	唐山嘉宏饲料有限责任公司	配合饲料（畜禽、水产、特种动物）；浓缩饲料（畜禽、特种动物）
冀饲证（2014）05033	滦南县天申饲料有限公司	配合饲料（水产、水产育苗）；浓缩饲料（畜禽、水产）
冀饲证（2014）05034	玉田县林发牧业有限公司	配合饲料（水产）
冀饲证（2014）05035	玉田县玉发园饲料制造有限公司	配合饲料（畜禽、幼畜禽）；浓缩饲料（畜禽、幼畜禽）
冀饲证（2014）05036	唐山新世嘉动物食品有限公司	配合饲料（畜禽、水产、幼畜禽、种畜禽）；浓缩饲料（畜禽、幼畜禽、种畜禽）
冀饲证（2014）05037	唐山宏利饲料有限公司	配合饲料（水产、水产育苗）
冀饲证（2014）05038	唐山中天勤饲料有限公司	配合饲料（水产）
冀饲证（2014）05039	滦南宏文海豹饲料有限公司	配合饲料（畜禽、水产）
冀饲证（2014）05040	唐山华闻饲料有限公司	配合饲料（畜禽、水产）；浓缩饲料（畜禽）
冀饲证（2014）05041	玉田县久翔饲料有限公司	配合饲料（畜禽、幼畜禽、种畜禽）；浓缩饲料（畜禽、幼畜禽、种畜禽）
冀饲证（2014）05042	河北经典牧业有限公司	配合饲料（畜禽、水产、幼畜禽、种畜禽、水产育苗、特种动物）；浓缩饲料（畜禽、幼畜禽、种畜禽、特种动物）
冀饲证（2014）05043	玉田县金山兴牧饲料有限公司	配合饲料（畜禽、幼畜禽、种畜禽、水产育苗、特种动物）；浓缩饲料（畜禽、幼畜禽、种畜禽）
冀饲证（2014）05044	唐山美佳饲料有限公司	配合饲料（畜禽、幼畜禽、种畜禽）；浓缩饲料（畜禽、幼畜禽、种畜禽）
冀饲证（2014）05045	唐山兴丰饲料有限公司	配合饲料（畜禽、水产、幼畜禽、种畜禽、特种动物）；浓缩饲料（畜禽、幼畜禽、种畜禽）；精料补充料（反刍）
冀饲证（2014）05046	乐亭县同刚饲料有限公司	配合饲料（畜禽、幼畜禽、特种动物）；浓缩饲料（畜禽、幼畜禽、特种动物）
冀饲证（2014）05047	唐山凯旋饲料有限公司	配合饲料（畜禽、水产、幼畜禽、种畜禽、特种动物）；浓缩饲料（畜禽、反刍、幼畜禽、种畜禽）；精料补充料（反刍）
冀饲证（2014）05048	唐山嘉隆饲料有限公司	配合饲料（畜禽、幼畜禽、种畜禽）；浓缩饲料（畜禽、幼畜禽、种畜禽）
冀饲证（2014）05049	唐山市赛姆饲料有限公司	配合饲料（畜禽、幼畜禽、特种动物）；浓缩饲料（畜禽、幼畜禽、特种动物）
冀饲证（2014）05050	唐山金源饲料有限公司	配合饲料（畜禽、水产、幼畜禽、种畜禽、水产育苗、特种动物）；浓缩饲料（畜禽、幼畜禽、种畜禽、特种动物）
冀饲证（2014）05051	唐山博旺饲料科技有限公司	配合饲料（畜禽、水产、幼畜禽、特种动物）；浓缩饲料（畜禽、幼畜禽、特种动物）
冀饲证（2014）05052	唐山市益新饲料有限公司	配合饲料（畜禽、水产、幼畜禽、种畜禽、水产育苗、宠物、特种动物）；浓缩饲料（畜禽、幼畜禽、种畜禽、宠物、特种动物）

（续）

生产许可证编号	企业名称	产品名称
冀饲证（2014）05053	唐山市丰南区正强饲料有限公司	配合饲料（水产）
冀饲证（2014）05054	唐山恩亚饲料有限公司	配合饲料（畜禽、幼畜禽、种畜禽）；浓缩饲料（畜禽、幼畜禽、种畜禽）
冀饲证（2014）05055	乐亭县富通饲料有限公司	配合饲料（畜禽、水产、特种动物）；浓缩饲料（畜禽、水产、特种动物）
冀饲证（2014）05056	唐山市丰南区新民星饲料有限公司	配合饲料（水产育苗）
冀饲证（2014）05057	唐山海港明大饲料有限公司	配合饲料（畜禽、水产、幼畜禽、种畜禽）；浓缩饲料（畜禽、水产、幼畜禽、种畜禽）
冀饲证（2014）05058	唐山雄星饲料有限公司	配合饲料（畜禽、水产、幼畜禽）；浓缩饲料（畜禽、幼畜禽、种畜禽）
冀饲证（2014）05059	唐山市双合饲料有限公司	配合饲料（畜禽、水产、幼畜禽、水产育苗、特种动物）
冀饲证（2014）05060	唐山市红日饲料有限公司	配合饲料（畜禽、幼畜禽、种畜禽、特种动物）；浓缩饲料（畜禽、幼畜禽、种畜禽、特种动物）
冀饲证（2014）05061	唐山协尔饲料有限公司	配合饲料（畜禽、幼畜禽、种畜禽）；浓缩饲料（畜禽、幼畜禽、种畜禽）
冀饲证（2014）05062	玉田县通大牧业有限公司	配合饲料（水产）
冀饲证（2014）05063	唐山牧悦牧乐饲料有限公司	配合饲料（畜禽、水产、种畜禽、水产育苗、特种动物）；浓缩饲料（畜禽）
冀饲证（2014）05064	唐山康丰饲料有限公司	浓缩饲料（畜禽、幼畜禽、种畜禽）
冀饲证（2014）05065	唐山辉鸿饲料有限公司	配合饲料（畜禽、水产、幼畜禽、种畜禽、特种动物）；浓缩饲料（畜禽、反刍、幼畜禽、种畜禽、特种动物）；精料补充料（反刍）
冀饲证（2014）05066	唐山凯川饲料有限公司	配合饲料（畜禽、水产、幼畜禽、种畜禽、特种动物）；浓缩饲料（畜禽、反刍、幼畜禽、种畜禽、特种动物）；精料补充料（反刍）
冀饲证（2014）05067	唐山玛哈念饲料有限公司	配合饲料（畜禽、幼畜禽、种畜禽、特种动物）；浓缩饲料（畜禽、反刍、幼畜禽、种畜禽、特种动物）；精料补充料（反刍）
冀饲证（2014）05068	唐山市康林饲料有限公司	配合饲料（畜禽、幼畜禽、种畜禽）；浓缩饲料（畜禽、幼畜禽、种畜禽）
冀饲证（2014）05069	唐山金水源饲料有限公司	配合饲料（畜禽、特种动物）；浓缩饲料（畜禽、特种动物）
冀饲证（2014）05070	中粮饲料（唐山）有限公司	配合饲料（畜禽、幼畜禽、种畜禽、特种动物）；浓缩饲料（畜禽、反刍、幼畜禽、种畜禽）；精料补充料（反刍）
冀饲证（2014）05071	唐山市丰润区明大饲料有限公司	配合饲料（畜禽、幼畜禽、特种动物）；浓缩饲料（畜禽、幼畜禽、特种动物）

（续）

生产许可证编号	企业名称	产品名称
冀饲证（2014）05072	唐山搏大饲料有限公司	配合饲料（畜禽、水产、幼畜禽、特种动物）；浓缩饲料（畜禽、幼畜禽、特种动物）
冀饲证（2014）06002	廊坊九鼎牧业有限公司	配合饲料（畜禽、幼畜禽、种畜禽）；浓缩饲料（畜禽、幼畜禽、种畜禽）
冀饲证（2014）06003	廊坊瑞康饲料有限公司	配合饲料（畜禽、幼畜禽）；浓缩饲料（畜禽、幼畜禽）
冀饲证（2014）06004	三河湘大骆驼饲料有限公司	配合饲料（畜禽、幼畜禽）；浓缩饲料（畜禽、幼畜禽）
冀饲证（2014）06005	爱科（三河）饲料有限公司	配合饲料（畜禽、反刍、幼畜禽、种畜禽）；浓缩饲料（畜禽、反刍、幼畜禽、种畜禽）；精料补充料（反刍）
冀饲证（2014）06006	三河市华农饲料有限公司	配合饲料（畜禽、幼畜禽、种畜禽）；浓缩饲料（畜禽、幼畜禽、种畜禽）
冀饲证（2014）06007	廊坊市鑫源饲料科技有限公司	配合饲料（畜禽、幼畜禽）；浓缩饲料（畜禽、幼畜禽）
冀饲证（2014）06008	廊坊聚慧饲料有限公司	配合饲料（畜禽、幼畜禽、种畜禽）；浓缩饲料（畜禽、幼畜禽、种畜禽）
冀饲证（2014）06009	廊坊市长虹饲料有限公司	配合饲料（畜禽、水产、幼畜禽）；浓缩饲料（畜禽、反刍、幼畜禽）；精料补充料（反刍）
冀饲证（2014）06010	廊坊市大台农饲料有限公司	配合饲料（畜禽、幼畜禽）；浓缩饲料（畜禽）
冀饲证（2014）06011	河北康达畜禽养殖有限公司	配合饲料（畜禽、幼畜禽、种畜禽）；浓缩饲料（畜禽、反刍、幼畜禽、种畜禽）；精料补充料（反刍）
冀饲证（2014）06012	廊坊通威饲料有限公司	配合饲料（畜禽、幼畜禽、种畜禽）；浓缩饲料（畜禽、反刍、幼畜禽、种畜禽）；精料补充料（反刍）
冀饲证（2014）06013	霸州东方希望动物营养食品有限公司	配合饲料（畜禽、幼畜禽、种畜禽）；浓缩饲料（畜禽、反刍、幼畜禽、种畜禽）；精料补充料（反刍）
冀饲证（2014）06014	农标普瑞纳（廊坊）饲料有限公司	配合饲料（畜禽、幼畜禽、种畜禽）；浓缩饲料（畜禽、反刍、幼畜禽、种畜禽）；精料补充料（反刍）
冀饲证（2014）06015	廊坊市绿康饲料有限公司	配合饲料（畜禽）；浓缩饲料（畜禽、反刍）；精料补充料（反刍）
冀饲证（2014）06016	大厂回族自治县爱依宠物食品有限公司	配合饲料（宠物）
冀饲证（2014）06017	廊坊市太鸿饲料有限公司	配合饲料（畜禽、幼畜禽、种畜禽）；浓缩饲料（畜禽）
冀饲证（2014）06018	廊坊泰瑞发饲料有限公司	配合饲料（畜禽、幼畜禽、种畜禽、水产育苗）；浓缩饲料（畜禽、幼畜禽、种畜禽、水产育苗）
冀饲证（2014）06019	香河康大饲料有限公司	配合饲料（畜禽、幼畜禽、种畜禽）；浓缩饲料（畜禽、幼畜禽、种畜禽）
冀饲证（2014）06020	金朝生物科技（河北）有限公司	配合饲料（畜禽、幼畜禽、种畜禽）；浓缩饲料（畜禽、幼畜禽、种畜禽）
冀饲证（2014）07001	河北鲲鹏饲料集团有限公司	配合饲料（畜禽、幼畜禽）；浓缩饲料（畜禽、幼畜禽）

（续）

生产许可证编号	企业名称	产品名称
冀饲证（2014）07002	河北保健农牧股份有限公司	配合饲料（畜禽、幼畜禽）；浓缩饲料（畜禽、幼畜禽）；精料补充料（反刍）
冀饲证（2014）07003	沧州鹤来科技有限公司	配合饲料（畜禽、幼畜禽）；浓缩饲料（畜禽、幼畜禽）
冀饲证（2014）07004	沧州和美饲料有限公司	配合饲料（畜禽、水产、幼畜禽、种畜禽）；浓缩饲料（畜禽、幼畜禽、种畜禽）
冀饲证（2014）07005	河北金野饲料有限责任公司	配合饲料（畜禽、幼畜禽、种畜禽）；浓缩饲料（畜禽、幼畜禽、种畜禽）
冀饲证（2014）07006	河北通达饲料有限公司	配合饲料（畜禽、幼畜禽、种畜禽）；浓缩饲料（畜禽、幼畜禽、种畜禽）
冀饲证（2014）07007	河北乐寿鸭业有限责任公司	配合饲料（畜禽、幼畜禽、种畜禽）
冀饲证（2014）07008	东方希望（沧州）动物营养食品有限公司	配合饲料（畜禽、水产、幼畜禽、种畜禽）；浓缩饲料（畜禽、幼畜禽、种畜禽）
冀饲证（2014）07009	献县众和永乐饲料有限公司	配合饲料（畜禽、幼畜禽、种畜禽）；浓缩饲料（畜禽、幼畜禽、种畜禽）
冀饲证（2014）07010	任丘市仁达养殖专业合作社	配合饲料（畜禽、幼畜禽、种畜禽）；浓缩饲料（畜禽、幼畜禽、种畜禽）
冀饲证（2014）07011	北京华都肉鸡公司任丘分公司	配合饲料（畜禽、幼畜禽、种畜禽）；浓缩饲料（畜禽、幼畜禽、种畜禽）
冀饲证（2014）07012	黄骅市邦吉生物制品有限公司	配合饲料（水产、水产育苗、宠物、特种动物）
冀饲证（2014）07013	河北利农饲料有限公司	配合饲料（畜禽）；浓缩饲料（畜禽）
冀饲证（2014）07014	沧州兄弟饲料有限公司	配合饲料（畜禽、幼畜禽、种畜禽）；浓缩饲料（畜禽、幼畜禽、种畜禽）
冀饲证（2014）07015	沧州添望饲料股份有限公司	配合饲料（畜禽、幼畜禽、种畜禽）；浓缩饲料（畜禽、幼畜禽、种畜禽）
冀饲证（2014）07016	大成食品（河北）有限公司	配合饲料（畜禽、幼畜禽）
冀饲证（2014）07017	沧州宏伟饲料有限公司	配合饲料（畜禽、幼畜禽、种畜禽）；浓缩饲料（畜禽、幼畜禽、种畜禽）
冀饲证（2014）07018	众邦南皮饲料有限公司	配合饲料（畜禽、幼畜禽）；浓缩饲料（畜禽、幼畜禽）
冀饲证（2014）07019	河北万雉园农牧科技股份有限公司	配合饲料（畜禽、幼畜禽、种畜禽）；浓缩饲料（畜禽、幼畜禽、种畜禽）
冀饲证（2014）07020	黄骅市舜天富民饲料股份有限公司	配合饲料（畜禽、幼畜禽、种畜禽）；浓缩饲料（畜禽、幼畜禽、种畜禽）
冀饲证（2014）07021	河北托普饲料有限责任公司	配合饲料（畜禽、幼畜禽、种畜禽）；浓缩饲料（畜禽、幼畜禽、种畜禽）
冀饲证（2014）07022	沧州六和惠农饲料有限公司	配合饲料（畜禽、幼畜禽）；浓缩饲料（畜禽、幼畜禽）
冀饲证（2014）07023	肃宁县康达饲料有限公司	配合饲料（畜禽、幼畜禽）
冀饲证（2014）07024	肃宁县发大饲料有限责任公司	配合饲料（畜禽、幼畜禽）

（续）

生产许可证编号	企业名称	产品名称
冀饲证（2014）07025	肃宁县兴达养殖有限公司	配合饲料（畜禽、幼畜禽、特种动物）；浓缩饲料（畜禽）
冀饲证（2014）07026	沧州正大生物制品股份有限公司	配合饲料（水产、水产育苗）
冀饲证（2014）07027	沧州市华新饲料有限公司	配合饲料（畜禽、幼畜禽、种畜禽）；浓缩饲料（畜禽、幼畜禽、种畜禽）
冀饲证（2014）07028	河北碧水蓝天饲料有限公司	配合饲料（畜禽、幼畜禽）；浓缩饲料（畜禽、幼畜禽）
冀饲证（2014）07029	沧州温氏畜牧有限公司	配合饲料（畜禽、幼畜禽、种畜禽）
冀饲证（2014）07030	沧州渤海新区鑫港饲料有限公司	配合饲料（水产、水产育苗）
冀饲证（2014）07031	沧州华兴饲料有限公司	配合饲料（畜禽、幼畜禽）；浓缩饲料（畜禽、幼畜禽）
冀饲证（2014）07032	黄骅市福祥水产饲料有限公司	配合饲料（水产）
冀饲证（2014）07033	沧州市诚信饲料有限公司	配合饲料（畜禽、水产、幼畜禽、种畜禽）；浓缩饲料（畜禽、幼畜禽、种畜禽）
冀饲证（2014）07034	黄骅市聚洋水产饲料有限公司	配合饲料（水产）
冀饲证（2014）07035	黄骅市华洋水产饲料有限公司	配合饲料（水产）
冀饲证（2014）07036	沧州富翔饲料有限公司	配合饲料（畜禽、幼畜禽、种畜禽）；浓缩饲料（畜禽、幼畜禽、种畜禽）
冀饲证（2014）07037	河北大华饲料有限公司	配合饲料（畜禽、幼畜禽、种畜禽）；浓缩饲料（畜禽、幼畜禽、种畜禽）
冀饲证（2014）07038	沧州科牧饲料有限公司	配合饲料（畜禽、幼畜禽）；浓缩饲料（畜禽）
冀饲证（2014）07039	肃宁县丰登饲料有限公司	配合饲料（畜禽、幼畜禽）
冀饲证（2014）07040	河北绿奥乳业有限公司	配合饲料（畜禽、幼畜禽）；浓缩饲料（畜禽、幼畜禽）
冀饲证（2014）07041	东光县卧龙牧业饲料有限公司	配合饲料（畜禽、幼畜禽、种畜禽）；浓缩饲料（畜禽、幼畜禽、种畜禽）
冀饲证（2014）08006	深州合美饲料有限公司	配合饲料（畜禽、幼畜禽、种畜禽）；浓缩饲料（畜禽、幼畜禽、种畜禽）
冀饲证（2014）08009	饶阳大北农农牧科技有限责任公司	配合饲料（畜禽、幼畜禽、种畜禽、特种动物）；浓缩饲料（畜禽、幼畜禽、种畜禽、特种动物）
冀饲证（2014）08010	河北河欣牧业有限公司	配合饲料（畜禽、幼畜禽、种畜禽）；浓缩饲料（畜禽、幼畜禽、种畜禽）
冀饲证（2014）08011	衡水市华唐饲料有限公司	配合饲料（畜禽、幼畜禽）；浓缩饲料（畜禽、幼畜禽）
冀饲证（2014）08012	深州市三江饲料有限公司	配合饲料（畜禽、幼畜禽、种畜禽）；浓缩饲料（畜禽、幼畜禽、种畜禽）
冀饲证（2014）08013	故城县利之源饲料有限公司	配合饲料（畜禽、幼畜禽）；浓缩饲料（畜禽、幼畜禽）
冀饲证（2014）08014	饶阳县新发饲料有限责任公司	配合饲料（畜禽、幼畜禽）；浓缩饲料（畜禽、幼畜禽）
冀饲证（2014）08015	饶阳县众益饲料有限公司	配合饲料（畜禽、幼畜禽）；浓缩饲料（畜禽、幼畜禽）
冀饲证（2014）08016	衡水东兴饲料有限公司	配合饲料（畜禽、幼畜禽）

（续）

生产许可证编号	企业名称	产品名称
冀饲证（2014）08017	衡水牧神饲料有限公司	配合饲料（畜禽、水产、幼畜禽）；浓缩饲料（畜禽）；精料补充料（反刍）
冀饲证（2014）08018	深州和美宏基饲料有限公司	配合饲料（畜禽、幼畜禽、种畜禽）；浓缩饲料（畜禽、幼畜禽、种畜禽）
冀饲证（2014）08019	中粮饲料（茂名）有限公司衡水分公司	配合饲料（畜禽、幼畜禽、种畜禽）；浓缩饲料（畜禽、反刍、幼畜禽、种畜禽）；精料补充料（反刍）
冀饲证（2014）08020	衡水鸿运牧业有限公司	配合饲料（畜禽、幼畜禽）；浓缩饲料（畜禽、幼畜禽）
冀饲证（2014）08021	饶阳县精英饲料有限公司	配合饲料（畜禽、幼畜禽）；浓缩饲料（畜禽、幼畜禽）
冀饲证（2014）08022	冀州市立德饲料有限责任公司	配合饲料（畜禽、幼畜禽、种畜禽）；浓缩饲料（畜禽、幼畜禽、种畜禽）
冀饲证（2014）08023	饶阳县金牧饲料有限公司	配合饲料（畜禽、幼畜禽）
冀饲证（2014）08024	衡水壬昊饲料有限公司	配合饲料（畜禽、幼畜禽）
冀饲证（2014）08025	河北暄和饲料有限公司	配合饲料（畜禽、幼畜禽）；浓缩饲料（畜禽、幼畜禽）
冀饲证（2014）08026	衡水中兴饲料有限公司	配合饲料（畜禽、幼畜禽）；浓缩饲料（畜禽、幼畜禽）
冀饲证（2014）08027	深州市欧迪宠物食品有限公司	配合饲料（宠物）
冀饲证（2014）09006	邢台安佑饲料科技有限公司	配合饲料（畜禽、幼畜禽、种畜禽）；浓缩饲料（畜禽、幼畜禽、种畜禽）
冀饲证（2014）09007	邢台众和天之源饲料有限公司	配合饲料（畜禽、幼畜禽、种畜禽）；浓缩饲料（畜禽、幼畜禽、种畜禽）
冀饲证（2014）09008	河北赛达饲料有限公司	配合饲料（畜禽、幼畜禽、种畜禽）；浓缩饲料（畜禽、幼畜禽、种畜禽）
冀饲证（2014）09009	河北凯特饲料有限公司	配合饲料（畜禽、幼畜禽、种畜禽）；浓缩饲料（畜禽、幼畜禽、种畜禽）；精料补充料（反刍）
冀饲证（2014）09010	沙河市示范饲料厂	配合饲料（畜禽、幼畜禽）；浓缩饲料（畜禽、幼畜禽）；精料补充料（反刍）
冀饲证（2014）09011	临西县和兴饲料有限公司	配合饲料（畜禽、水产、幼畜禽、种畜禽）；浓缩饲料（畜禽、水产、幼畜禽、种畜禽）
冀饲证（2014）09012	河北金源饲料有限公司	配合饲料（畜禽、幼畜禽）；浓缩饲料（畜禽、幼畜禽）
冀饲证（2014）09013	邢台冠农饲料有限公司	配合饲料（畜禽、幼畜禽、种畜禽）；浓缩饲料（畜禽、幼畜禽、种畜禽）
冀饲证（2014）09014	河北普爱饲料有限公司	配合饲料（畜禽、幼畜禽、种畜禽）；浓缩饲料（畜禽、幼畜禽、种畜禽）
冀饲证（2014）09015	河北坤元饲料有限公司	配合饲料（畜禽、幼畜禽）；浓缩饲料（畜禽、幼畜禽）；精料补充料（反刍）
冀饲证（2014）09016	河北牛元饲料有限公司	精料补充料（反刍）
冀饲证（2014）09017	河北国岚饲料有限公司	浓缩饲料（反刍）；精料补充料（反刍）
冀饲证（2014）09018	河北鑫东大饲料有限公司	精料补充料（反刍）

（续）

生产许可证编号	企业名称	产品名称
冀饲证（2014）09019	邢台市宏威牧业有限公司	配合饲料（畜禽、幼畜禽、种畜禽）；浓缩饲料（畜禽、幼畜禽、种畜禽）
冀饲证（2014）09020	邢台科金饲料有限公司	配合饲料（畜禽、幼畜禽、种畜禽）；浓缩饲料（畜禽、幼畜禽、种畜禽）
冀饲证（2014）09021	邢台市宁达饲料有限公司	配合饲料（畜禽、幼畜禽、种畜禽）；浓缩饲料（畜禽、幼畜禽、种畜禽）
冀饲证（2014）09023	邢台华兴饲料有限公司	配合饲料（宠物）
冀饲证（2014）09024	邢台市派得宠物食品有限公司	配合饲料（宠物）
冀饲证（2014）09025	河北荣喜宠物食品有限公司	配合饲料（宠物）
冀饲证（2014）09026	邢台市爱牧乐宠物食品有限公司	配合饲料（宠物）
冀饲证（2014）09027	邢台牧航饲料有限公司	配合饲料（畜禽、幼畜禽、种畜禽）；浓缩饲料（畜禽、幼畜禽、种畜禽）
冀饲证（2014）09028	河北柏曼饲料有限公司	配合饲料（宠物）
冀饲证（2014）09029	内丘县金鸽饲料有限公司	配合饲料（畜禽、幼畜禽、种畜禽）；浓缩饲料（畜禽、幼畜禽、种畜禽）
冀饲证（2014）09030	南宫市正太饲料厂	配合饲料（畜禽、幼畜禽、种畜禽）；浓缩饲料（畜禽、幼畜禽、种畜禽）
冀饲证（2014）09031	内丘县金峻山饲料有限公司	配合饲料（畜禽、幼畜禽、种畜禽）；浓缩饲料（畜禽、幼畜禽、种畜禽）
冀饲证（2014）09032	南宫市牧邦饲料有限公司	配合饲料（畜禽、幼畜禽）
冀饲证（2014）09035	河北晟冠饲料有限公司	配合饲料（畜禽、幼畜禽、种畜禽）；浓缩饲料（畜禽、幼畜禽、种畜禽）
冀饲证（2014）09036	邢台市向阳饲料有限公司	配合饲料（特种动物）；浓缩饲料（特种动物）
冀饲证（2014）09037	邢台里昂饲料有限公司	配合饲料（畜禽、幼畜禽、种畜禽）；浓缩饲料（畜禽、幼畜禽、种畜禽）
冀饲证（2014）09038	邢台社辉饲料有限公司	配合饲料（畜禽、幼畜禽、种畜禽）；浓缩饲料（畜禽、幼畜禽、种畜禽）
冀饲证（2014）09039	邢台华润饲料有限公司	配合饲料（畜禽、幼畜禽、种畜禽）；浓缩饲料（畜禽、幼畜禽、种畜禽）
冀饲证（2014）09040	隆尧县隆周饲料有限公司	配合饲料（畜禽、幼畜禽、种畜禽）；浓缩饲料（畜禽、幼畜禽、种畜禽）
冀饲证（2014）09041	隆尧大东玉米生物科技有限公司	配合饲料（畜禽、幼畜禽、种畜禽）；浓缩饲料（畜禽、幼畜禽、种畜禽）
冀饲证（2014）09042	河北科盾饲料有限公司	配合饲料（畜禽、幼畜禽、种畜禽）；浓缩饲料（畜禽、幼畜禽、种畜禽）
冀饲证（2014）09043	邢台诺德宠物用品有限公司	配合饲料（宠物）
冀饲证（2014）09045	邢台奥派宠物食品有限公司	配合饲料（宠物）

（续）

生产许可证编号	企业名称	产品名称
冀饲证（2014）09046	河北友和饲料有限公司	配合饲料（畜禽、水产、幼畜禽）；浓缩饲料（畜禽、幼畜禽）
冀饲证（2014）09047	临城县朝晖饲料有限公司	配合饲料（畜禽、幼畜禽）；浓缩饲料（畜禽、幼畜禽）
冀饲证（2014）09048	河北宏翔饲料有限公司	配合饲料（畜禽、幼畜禽、种畜禽）；浓缩饲料（畜禽、幼畜禽、种畜禽）
冀饲证（2014）09049	邢台奥贝宠物食品有限公司	配合饲料（宠物）
冀饲证（2014）09050	邢台美神宠物食品有限公司	配合饲料（宠物）
冀饲证（2014）09051	邢台市伊萨宠物食品有限公司	配合饲料（宠物）
冀饲证（2014）09052	邢台宠爱饲料有限公司	配合饲料（宠物）
冀饲证（2014）09053	宁晋县卓威饲料有限公司	精料补充料（反刍）
冀饲证（2014）10009	馆陶六和食品有限公司饲料分公司	配合饲料（畜禽、幼畜禽、种畜禽）；浓缩饲料（畜禽、幼畜禽、种畜禽）
冀饲证（2014）10010	邯郸市万亩实业有限公司饲料厂	配合饲料（畜禽、幼畜禽）
冀饲证（2014）10012	大名县亚基饲料有限责任公司	配合饲料（畜禽、幼畜禽）；浓缩饲料（畜禽、幼畜禽）
冀饲证（2014）10013	河北宏牧饲料有限公司	配合饲料（畜禽、幼畜禽、种畜禽）；浓缩饲料（畜禽、幼畜禽、种畜禽）
冀饲证（2014）10014	河北联心饲料有限公司	配合饲料（畜禽、幼畜禽）；浓缩饲料（畜禽、幼畜禽）
冀饲证（2014）10015	馆陶县金源饲料有限公司	配合饲料（畜禽、幼畜禽、种畜禽）；浓缩饲料（畜禽、幼畜禽、种畜禽）
冀饲证（2014）10016	邯郸市慷禾饲料有限公司	配合饲料（畜禽、幼畜禽）
冀饲证（2014）10017	邯郸市金合饲料有限公司	配合饲料（畜禽、幼畜禽）
冀饲证（2014）10018	曲周县中道饲料加工有限公司	配合饲料（畜禽、幼畜禽、种畜禽）
冀饲证（2014）10019	河北富利恒饲料有限公司	配合饲料（畜禽、幼畜禽、种畜禽）；浓缩饲料（畜禽、幼畜禽、种畜禽）
冀饲证（2014）10020	石家庄市田牛牧业有限公司邱县分公司	配合饲料（畜禽、幼畜禽）；浓缩饲料（畜禽、幼畜禽）
冀饲证（2014）10021	河北农裕饲料有限公司	配合饲料（畜禽、幼畜禽、种畜禽）；浓缩饲料（畜禽、幼畜禽、种畜禽）
冀饲证（2014）10022	河北富新饲料有限公司	配合饲料（畜禽、幼畜禽、种畜禽）；浓缩饲料（畜禽、幼畜禽、种畜禽）
冀饲证（2014）10023	河北兴达饲料集团有限公司魏县分公司	配合饲料（畜禽、幼畜禽）；浓缩饲料（畜禽、幼畜禽）
冀饲证（2014）10024	河北金地饲料有限公司	配合饲料（畜禽、幼畜禽、种畜禽）；浓缩饲料（畜禽、幼畜禽、种畜禽）
冀饲证（2014）10025	河北良昊饲料有限公司	配合饲料（畜禽、幼畜禽）；浓缩饲料（畜禽、幼畜禽）
冀饲证（2014）10026	馆陶县跃辉饲料有限公司	配合饲料（畜禽、幼畜禽）；浓缩饲料（畜禽、幼畜禽）
冀饲证（2014）10027	邯郸市兴旺饲料有限公司	配合饲料（畜禽、幼畜禽）；浓缩饲料（畜禽、幼畜禽）

（续）

生产许可证编号	企业名称	产品名称
冀饲证（2014）10028	邯郸正大饲料有限公司	配合饲料（畜禽、幼畜禽、种畜禽）；浓缩饲料（畜禽、幼畜禽）
冀饲证（2014）10029	邯郸名鹏饲料有限公司	配合饲料（畜禽、幼畜禽）；浓缩饲料（畜禽、幼畜禽）
冀饲证（2014）10030	邯郸市春光饲料有限公司	浓缩饲料（反刍）；精料补充料（反刍）
冀饲证（2014）10031	馆陶县牧粮饲料有限公司	配合饲料（畜禽、幼畜禽、种畜禽）；浓缩饲料（畜禽、幼畜禽、种畜禽）
冀饲证（2014）10032	馆陶县金展饲料科技开发有限公司	配合饲料（畜禽、幼畜禽）；浓缩饲料（畜禽、幼畜禽）
冀饲证（2014）10033	河北同心饲料有限公司	配合饲料（畜禽、幼畜禽、种畜禽）；浓缩饲料（畜禽、幼畜禽、种畜禽）
冀饲证（2014）10034	河北卫鸿动物保健品有限公司	配合饲料（畜禽、幼畜禽）；浓缩饲料（畜禽、幼畜禽）
冀饲证（2014）10035	邯郸市圣德福生物科技有限公司	配合饲料（畜禽、水产、幼畜禽）；浓缩饲料（畜禽、幼畜禽）
冀饲证（2014）10036	河北盛普饲料有限责任公司	配合饲料（畜禽、幼畜禽）；浓缩饲料（畜禽、幼畜禽）
冀饲证（2014）10037	河北瑞丰饲料有限责任公司	配合饲料（畜禽、幼畜禽）；浓缩饲料（畜禽、幼畜禽）
冀饲证（2014）10038	邯郸市金佰惠饲料有限公司	配合饲料（畜禽、幼畜禽）；浓缩饲料（畜禽、幼畜禽）
冀饲证（2014）10039	鸡泽县光亚饲料有限公司	配合饲料（畜禽、幼畜禽）；浓缩饲料（畜禽、幼畜禽）
冀饲证（2014）12002	辛集市新恒鑫饲料有限公司	配合饲料（畜禽、幼畜禽、种畜禽）
冀饲证（2014）12004	河北禽塔实业有限公司	配合饲料（畜禽、幼畜禽、种畜禽）；浓缩饲料（畜禽、幼畜禽、种畜禽）
冀饲证（2014）12005	辛集市康发饲料有限公司	配合饲料（畜禽、幼畜禽、种畜禽）
冀饲证（2014）12006	辛集市迅达饲料有限公司	配合饲料（畜禽、幼畜禽、种畜禽）
冀饲证（2014）12007	辛集市博瑞饲料有限公司	浓缩饲料（反刍）；精料补充料（反刍）
冀饲证（2014）12008	辛集市牧野饲料有限公司	浓缩饲料（反刍）；精料补充料（反刍）
冀饲证（2014）12009	石家庄晟福康饲料有限公司	配合饲料（畜禽、幼畜禽、种畜禽）；浓缩饲料（畜禽、幼畜禽、种畜禽）；精料补充料（反刍）
冀饲证（2014）12010	辛集市兴达饲料有限公司	配合饲料（畜禽、幼畜禽、种畜禽）；浓缩饲料（畜禽、幼畜禽、种畜禽）；精料补充料（反刍）
冀饲证（2014）12011	石家庄市泰丰牧业有限公司	浓缩饲料（反刍）；精料补充料（反刍）
冀饲证（2014）12013	辛集市昕博英饲料科技有限公司	配合饲料（畜禽、幼畜禽、种畜禽）；浓缩饲料（畜禽、幼畜禽、种畜禽）
冀饲证（2014）12014	辛集市民昌饲料有限公司	配合饲料（畜禽、幼畜禽、种畜禽）；浓缩饲料（畜禽、幼畜禽、种畜禽）
冀饲证（2014）12015	辛集市生吉饲料科技有限公司	配合饲料（畜禽、幼畜禽、种畜禽）；浓缩饲料（畜禽、幼畜禽、种畜禽）
冀饲证（2014）12016	辛集市民盛饲料有限公司	配合饲料（畜禽、幼畜禽、种畜禽）；浓缩饲料（畜禽、幼畜禽、种畜禽）

（续）

生产许可证编号	企业名称	产品名称
冀饲证（2014）12017	辛集市恒鑫饲料科技有限公司	配合饲料（畜禽、幼畜禽、种畜禽）；浓缩饲料（畜禽、幼畜禽、种畜禽）
冀饲证（2014）12018	河北麦克农生态畜牧科技有限公司	配合饲料（畜禽、幼畜禽、种畜禽）；浓缩饲料（畜禽、幼畜禽、种畜禽）
冀饲证（2014）13002	河北晨光绿粮饲料有限公司	浓缩饲料（反刍）；精料补充料（反刍）
冀饲证（2014）13003	定州市宏丰饲料有限公司	配合饲料（畜禽、幼畜禽、种畜禽）；浓缩饲料（畜禽、幼畜禽、种畜禽）
冀饲证（2014）13004	定州市凯瑞达饲料有限公司	浓缩饲料（反刍）；精料补充料（反刍）
冀饲证（2014）13005	定州伟农饲料有限公司	配合饲料（畜禽、幼畜禽、种畜禽）；浓缩饲料（畜禽、幼畜禽、种畜禽）
冀饲证（2014）35003	秦皇岛正大有限公司	配合饲料（畜禽、幼畜禽、种畜禽、特种动物）；浓缩饲料（畜禽、幼畜禽、种畜禽、特种动物）
冀饲证（2014）35004	秦皇岛中红三融农牧有限公司	配合饲料（畜禽、幼畜禽）；浓缩饲料（畜禽、幼畜禽）
冀饲证（2014）35005	秦皇岛三融食品有限公司	配合饲料（畜禽、幼畜禽、种畜禽）；浓缩饲料（畜禽、幼畜禽、种畜禽）
冀饲证（2014）35006	秦皇岛市奥极饲料有限公司	配合饲料（畜禽、幼畜禽）
冀饲证（2014）35007	秦皇岛金纳成饲料有限公司	配合饲料（畜禽、水产、幼畜禽、特种动物）；浓缩饲料（畜禽、水产、反刍、幼畜禽、特种动物）
冀饲证（2014）35008	秦皇岛六和绿康饲料有限公司	配合饲料（畜禽、幼畜禽、种畜禽）；浓缩饲料（畜禽、幼畜禽、种畜禽）
冀饲证（2014）35009	秦皇岛正君饲料有限公司	配合饲料（畜禽、幼畜禽、特种动物）；浓缩饲料（畜禽、幼畜禽）
冀饲证（2014）35010	秦皇岛市卢龙县龙洋饲料有限责任公司	配合饲料（畜禽、幼畜禽、特种动物）；浓缩饲料（畜禽、幼畜禽）
冀饲证（2014）35011	卢龙县环增养殖有限公司	配合饲料（畜禽、水产、幼畜禽）；浓缩饲料（畜禽、水产、幼畜禽）
冀饲证（2014）35012	秦皇岛市家树饲料有限公司	配合饲料（特种动物）；浓缩饲料（特种动物）
冀饲证（2014）35013	秦皇岛市海港区方正饲料厂（普通合伙）	配合饲料（畜禽、幼畜禽）；浓缩饲料（畜禽、幼畜禽）
冀饲证（2014）35014	秦皇岛沐坤饲料科技有限公司	配合饲料（畜禽、幼畜禽、特种动物）；浓缩饲料（畜禽、幼畜禽、特种动物）
冀饲证（2014）35015	秦皇岛燕龙饲料有限公司	配合饲料（特种动物）
冀饲证（2014）35016	秦皇岛金华良饲料有限公司	配合饲料（畜禽、幼畜禽、特种动物）；浓缩饲料（畜禽、幼畜禽、特种动物）
冀饲证（2014）35017	昌黎县凯启饲料有限公司	配合饲料（畜禽、幼畜禽、特种动物）；浓缩饲料（畜禽、幼畜禽、特种动物）

（续）

生产许可证编号	企业名称	产品名称
冀饲证（2014）35018	秦皇岛汇普牧业有限公司	浓缩饲料（反刍）；精料补充料（反刍）
冀饲证（2014）35019	卢龙县龙城饲料有限公司	配合饲料（畜禽、水产、幼畜禽、特种动物）；浓缩饲料（畜禽、水产、幼畜禽、特种动物）
冀饲证（2014）35020	秦皇岛市富莱尔饲料有限公司	配合饲料（畜禽、水产、幼畜禽、种畜禽、特种动物）；浓缩饲料（畜禽、水产、幼畜禽、种畜禽、特种动物）
冀饲证（2014）35021	昌黎科丰益源饲料有限公司	配合饲料（畜禽、幼畜禽、特种动物）；浓缩饲料（畜禽、幼畜禽、特种动物）
冀饲证（2014）35022	昌黎县秦锐饲料有限公司	配合饲料（畜禽、幼畜禽、特种动物）；浓缩饲料（畜禽、幼畜禽、特种动物）
冀饲证（2014）35023	秦皇岛鼎大饲料有限公司	配合饲料（畜禽、特种动物）；浓缩饲料（畜禽、特种动物）
冀饲证（2014）35024	秦皇岛燕昌饲料有限公司	配合饲料（特种动物）；浓缩饲料（特种动物）
冀饲证（2014）35025	秦皇岛牧农饲料有限公司	配合饲料（畜禽、幼畜禽、特种动物）；浓缩饲料（畜禽、幼畜禽、特种动物）
冀饲证（2014）35026	秦皇岛市金狐特种饲料有限公司	配合饲料（畜禽、幼畜禽、特种动物）；浓缩饲料（畜禽、幼畜禽、特种动物）
冀饲证（2014）35027	秦皇岛市三富膨化饲料有限公司	配合饲料（畜禽、水产、幼畜禽）；浓缩饲料（畜禽、幼畜禽）
冀饲证（2014）35028	秦皇岛市弘博牧业有限公司	配合饲料（畜禽、幼畜禽、特种动物）；浓缩饲料（畜禽、幼畜禽、特种动物）
冀饲证（2014）35029	昌黎县禾信饲料生产有限公司	配合饲料（特种动物）
冀饲证（2014）35030	秦皇岛成昌饲料有限公司	配合饲料（畜禽、水产、幼畜禽、种畜禽、特种动物）；浓缩饲料（畜禽、幼畜禽、种畜禽）
冀饲证（2014）35031	昌黎县老师傅畜牧产业有限公司	配合饲料（畜禽、幼畜禽、特种动物）；浓缩饲料（畜禽、幼畜禽、特种动物）
冀饲证（2014）35032	秦皇岛市田疆圆饲料有限公司	配合饲料（畜禽、幼畜禽、特种动物）；浓缩饲料（畜禽、幼畜禽）
晋饲证（2014）01001	山西广联畜禽有限公司	配合饲料（畜禽）；浓缩饲料（畜禽）
晋饲证（2014）01002	山西时创饲料有限公司	配合饲料（畜禽）；浓缩饲料（畜禽）
晋饲证（2014）01003	山西易大饲料有限公司	浓缩饲料（反刍）；精料补充料（反刍）
晋饲证（2014）01004	山西鑫农饲料科技有限公司	配合饲料（畜禽）；浓缩饲料（畜禽）
晋饲证（2014）01005	山西汇福科技发展有限公司	配合饲料（畜禽、水产）；浓缩饲料（畜禽）
晋饲证（2014）01006	山西晋龙集团太原饲料有限公司	配合饲料（畜禽、水产、宠物）；浓缩饲料（畜禽）
晋饲证（2014）01007	山西嘉利恒畜牧有限责任公司太原饲料分公司	配合饲料（畜禽）；浓缩饲料（畜禽）
晋饲证（2014）01008	太原市帝凯维生物科技有限公司	配合饲料（畜禽）；浓缩饲料（畜禽）
晋饲证（2014）01009	山西世誉畜牧科技开发有限公司	配合饲料（畜禽）；浓缩饲料（畜禽）

（续）

生产许可证编号	企业名称	产品名称
晋饲证（2014）01010	太原市小店区腾雄飞饲料厂	浓缩饲料（反刍）；精料补充料（反刍）
晋饲证（2014）01011	太原市瑞发饲料有限公司	配合饲料（畜禽）；浓缩饲料（畜禽）
晋饲证（2014）01012	山西领翔牧业有限责任公司	配合饲料（畜禽）；浓缩饲料（畜禽）
晋饲证（2014）01013	山西广联畜禽有限公司阳曲分公司	配合饲料（反刍）；浓缩饲料（反刍）
晋饲证（2014）01014	太原市天禾饲料有限公司	配合饲料（幼畜禽、种畜禽）；浓缩饲料（幼畜禽、种畜禽）
晋饲证（2014）01015	太原英杰饲料科技有限公司	配合饲料（畜禽、幼畜禽）；浓缩饲料（畜禽、幼畜禽）
晋饲证（2014）02001	阳高县晨光牧业科技有限责任公司	配合饲料（畜禽、水产、幼畜禽、种畜禽、水产育苗、宠物、特种动物）；浓缩饲料（畜禽、幼畜禽、种畜禽）
晋饲证（2014）02002	大同市象丰饲料有限公司	配合饲料（畜禽、幼畜禽、种畜禽）；浓缩饲料（畜禽、幼畜禽、种畜禽）
晋饲证（2014）02003	山西正大有限公司大同分公司	浓缩饲料（反刍）；精料补充料（反刍）
晋饲证（2014）03001	山阴六福农业科技有限公司	浓缩饲料（反刍）；精料补充料（反刍）
晋饲证（2014）03002	山西恒益饲料有限公司	配合饲料（反刍）；浓缩饲料（反刍）；精料补充料（反刍）
晋饲证（2014）04001	忻州市大洋饲料科技有限公司	配合饲料（反刍）；浓缩饲料（反刍）；精料补充料（反刍）
晋饲证（2014）04002	山西如亮饲料有限责任公司	配合饲料（畜禽）；浓缩饲料（畜禽）
晋饲证（2014）04003	忻州市田牛牧业有限公司	配合饲料（畜禽、幼畜禽、种畜禽）；浓缩饲料（畜禽、幼畜禽、种畜禽）
晋饲证（2014）04004	山西宏福农牧科技有限公司	配合饲料（畜禽）；浓缩饲料（畜禽）
晋饲证（2014）04005	偏关县祥农饲料有限公司	配合饲料（反刍）；浓缩饲料（反刍）
晋饲证（2014）05001	文水县大象禽业象丰饲料有限公司	配合饲料（畜禽、幼畜禽、种畜禽）；浓缩饲料（畜禽、幼畜禽、种畜禽）；精料补充料（反刍）
晋饲证（2014）05002	孝义市大象农牧食品有限公司饲料分公司	配合饲料（畜禽、幼畜禽、种畜禽）；浓缩饲料（畜禽、幼畜禽、种畜禽）
晋饲证（2014）05003	山西晋泰饲料有限公司	配合饲料（畜禽、幼畜禽、种畜禽）；浓缩饲料（畜禽、幼畜禽、种畜禽）
晋饲证（2014）05004	汾阳市众望畜牧科技有限公司	配合饲料（畜禽、反刍）；浓缩饲料（畜禽、反刍）；精料补充料（反刍）
晋饲证（2014）05005	山西铭信禽业有限公司	配合饲料（畜禽、幼畜禽、种畜禽）
晋饲证（2014）05006	吕梁益心饲料生产有限公司	配合饲料（畜禽）；浓缩饲料（畜禽）
晋饲证（2014）05007	文水县诚成农牧有限公司	配合饲料（畜禽）；浓缩饲料（畜禽）
晋饲证（2014）05008	山西广欣牧业有限公司	配合饲料（幼畜禽、种畜禽）；浓缩饲料（幼畜禽、种畜禽）

（续）

生产许可证编号	企业名称	产品名称
晋饲证（2014）05009	交城中惠饲料有限公司	配合饲料（畜禽、幼畜禽、种畜禽）；浓缩饲料（畜禽、幼畜禽、种畜禽）
晋饲证（2014）05010	山西森源饲料有限公司	浓缩饲料（反刍）；精料补充料（反刍）
晋饲证（2014）06001	山西省平遥县国青同盈禽业有限公司	配合饲料（畜禽）；浓缩饲料（畜禽）
晋饲证（2014）06002	晋中大北农农牧科技有限公司	配合饲料（畜禽）；浓缩饲料（畜禽）
晋饲证（2014）06003	晋中东方希望动物营养食品有限公司	配合饲料（畜禽）；浓缩饲料（畜禽、反刍）；精料补充料（反刍）
晋饲证（2014）06004	太谷县利华饲料厂	配合饲料（畜禽、幼畜禽、种畜禽）；浓缩饲料（畜禽、幼畜禽、种畜禽）
晋饲证（2014）06005	平遥县杜家庄李军兴旺饲料厂	配合饲料（畜禽）；浓缩饲料（畜禽）
晋饲证（2014）06006	平遥县志伟饲料厂	配合饲料（畜禽）；浓缩饲料（畜禽）
晋饲证（2014）06007	山西同发饲料有限公司	配合饲料（畜禽）；浓缩饲料（畜禽）
晋饲证（2014）06008	山西一加饲料科技有限公司平遥分公司	配合饲料（畜禽）；浓缩饲料（畜禽）
晋饲证（2014）06009	山西省平遥县龙海实业有限公司	配合饲料（畜禽、水产）；浓缩饲料（畜禽）
晋饲证（2014）06010	农标普瑞纳（廊坊）饲料有限公司山西分公司	浓缩饲料（反刍）；精料补充料（反刍）
晋饲证（2014）06011	太谷光太饲料有限公司	配合饲料（畜禽）；浓缩饲料（畜禽）
晋饲证（2014）06012	山西新超饲料有限公司	浓缩饲料（反刍）；精料补充料（反刍）
晋饲证（2014）06013	山西禾木生物科技有限公司	配合饲料（幼畜禽、种畜禽）；浓缩饲料（幼畜禽、种畜禽）
晋饲证（2014）06014	晋中昭通农业开发有限公司	配合饲料（畜禽、幼畜禽）；浓缩饲料（畜禽、反刍、种畜禽）；精料补充料（反刍）
晋饲证（2014）06015	祁县恒昌饲料厂	配合饲料（畜禽）；浓缩饲料（畜禽）
晋饲证（2014）06016	晋中田达饲料有限公司	配合饲料（畜禽）；浓缩饲料（畜禽）
晋饲证（2014）08001	山西富森饲料有限公司	配合饲料（畜禽）；浓缩饲料（畜禽）
晋饲证（2014）08002	长治市潞宝金和生饲料有限公司	配合饲料（畜禽）；浓缩饲料（畜禽）
晋饲证（2014）08003	长治市鲲鹏饲料有限公司	配合饲料（畜禽）；浓缩饲料（畜禽）
晋饲证（2014）08005	壶关县大象农牧发展有限公司	配合饲料（畜禽、幼畜禽、种畜禽）；浓缩饲料（畜禽、幼畜禽、种畜禽）
晋饲证（2014）08006	山西帝亿生物科技有限公司	配合饲料（畜禽）；浓缩饲料（畜禽）
晋饲证（2014）08007	长治市亨通饲料厂	配合饲料（畜禽）；浓缩饲料（畜禽）
晋饲证（2014）08010	屯留县晋威饲料有限公司	配合饲料（畜禽）；浓缩饲料（畜禽）
晋饲证（2014）08011	长治市富民饲料科技有限公司	配合饲料（畜禽）；浓缩饲料（畜禽）
晋饲证（2014）08012	山西省长子县晋科饲料有限公司	配合饲料（畜禽）；浓缩饲料（畜禽）
晋饲证（2014）09001	晋城市城区神牧饲料有限公司	配合饲料（畜禽）；浓缩饲料（畜禽）

（续）

生产许可证编号	企业名称	产品名称
晋饲证（2014）09003	沁水县源通饲料有限公司	配合饲料（畜禽）；浓缩饲料（畜禽）
晋饲证（2014）09004	晋城市丰益来农牧有限公司	配合饲料（畜禽）；浓缩饲料（畜禽）
晋饲证（2014）09005	山西邦格农业科技有限公司	配合饲料（畜禽）；浓缩饲料（畜禽）
晋饲证（2014）10001	蒲县河川农业开发有限公司	配合饲料（畜禽）；浓缩饲料（畜禽）；精料补充料（反刍）
晋饲证（2014）10003	翼城县长汇农牧开发有限公司饲料分公司	配合饲料（畜禽）；浓缩饲料（畜禽）
晋饲证（2014）10004	汾西县朝阳农牧有限责任公司	配合饲料（畜禽、幼畜禽、种畜禽）；浓缩饲料（畜禽、幼畜禽、种畜禽）
晋饲证（2014）10006	山西翼众农牧有限公司	配合饲料（畜禽、幼畜禽、种畜禽）
晋饲证（2014）10007	曲沃县六盛合农牧开发有限公司	配合饲料（畜禽）；浓缩饲料（畜禽）
晋饲证（2014）10008	山西碧云天饲料有限公司	配合饲料（畜禽）；浓缩饲料（畜禽）
晋饲证（2014）10009	洪洞金地饲料有限公司	配合饲料（畜禽）；浓缩饲料（畜禽）
晋饲证（2014）10010	洪洞县农丰饲料有限公司	配合饲料（畜禽）；浓缩饲料（畜禽）
晋饲证（2014）10012	襄汾县汾城和发饲料厂	配合饲料（畜禽）；浓缩饲料（畜禽）
晋饲证（2014）10013	临汾市尧都区诚信饲料有限公司	配合饲料（畜禽）；浓缩饲料（畜禽）
晋饲证（2014）10014	侯马市格瑞饲料有限公司	配合饲料（畜禽）；浓缩饲料（畜禽）
晋饲证（2014）10015	临汾市八方通达饲料有限公司	配合饲料（畜禽）；浓缩饲料（畜禽）
晋饲证（2014）11001	山西晋龙集团饲料有限公司	配合饲料（畜禽、水产、宠物）；浓缩饲料（畜禽）
晋饲证（2014）11002	山西晋龙集团运城饲料有限公司	配合饲料（畜禽、水产、宠物）；浓缩饲料（畜禽）
晋饲证（2014）11003	运城市风陵渡北方饲料有限公司	配合饲料（畜禽、水产、种畜禽）；浓缩饲料（畜禽、水产、种畜禽）
晋饲证（2014）11004	新绛县鑫龙饲料有限公司	配合饲料（畜禽）；浓缩饲料（畜禽）
晋饲证（2014）11005	山西晋星牧业有限公司	配合饲料（畜禽）；浓缩饲料（畜禽）
晋饲证（2014）11006	山西牧专海润饲料有限公司	配合饲料（畜禽、幼畜禽、种畜禽）；浓缩饲料（畜禽、幼畜禽、种畜禽）
晋饲证（2014）11008	山西粟海集团永济饲料有限公司	配合饲料（畜禽）
晋饲证（2014）11010	万荣大有饲料科技有限公司	配合饲料（畜禽）；浓缩饲料（畜禽）
晋饲证（2014）11012	永济市苏民饲料有限公司	配合饲料（畜禽）；浓缩饲料（畜禽）
晋饲证（2014）11013	山西农星饲料有限公司	配合饲料（畜禽）；浓缩饲料（畜禽）；精料补充料（反刍）
晋饲证（2014）11014	新绛县永惠饲料有限公司	配合饲料（畜禽）；浓缩饲料（畜禽）
晋饲证（2014）11015	绛县鼎望饲料有限公司	配合饲料（畜禽、幼畜禽、种畜禽）；浓缩饲料（畜禽、幼畜禽、种畜禽）
晋饲证（2014）11016	山西晋强牧业科技发展有限公司	配合饲料（畜禽）；浓缩饲料（畜禽）
晋饲证（2014）11017	山西万年青饲料有限公司	配合饲料（畜禽）；浓缩饲料（畜禽）
晋饲证（2014）11018	运城市盐湖区正晋饲料厂	配合饲料（畜禽、幼畜禽、种畜禽）；浓缩饲料（畜禽、幼畜禽、种畜禽）

（续）

生产许可证编号	企业名称	产品名称
晋饲证（2014）11019	闻喜县登峰饲料厂	配合饲料（畜禽）；浓缩饲料（畜禽）
晋饲证（2014）11021	垣曲县力诺科技饲料有限公司	配合饲料（畜禽）；浓缩饲料（畜禽）
蒙饲证（2013）06039	赤峰市大中高科技饲料有限公司	配合饲料（畜禽、水产、幼畜禽、种畜禽、水产育苗、宠物、特种动物）；浓缩饲料（畜禽、水产、反刍、幼畜禽、种畜禽、水产育苗、宠物、特种动物）；精料补充料（反刍）
蒙饲证（2013）06044	内蒙古超越饲料有限公司	配合饲料（畜禽、幼畜禽、种畜禽）；浓缩饲料（畜禽、反刍、幼畜禽、种畜禽）；精料补充料（反刍）
蒙饲证（2014）00060	阿荣旗双娃饲料有限公司	配合饲料浓缩饲料（反刍）；精料补充料（反刍）
蒙饲证（2014）00061	呼伦贝尔双农牧业发展有限公司	浓缩饲料（反刍）；精料补充料（反刍）
蒙饲证（2014）00068	内蒙古绿康饲料科技有限公司	配合饲料（畜禽）；浓缩饲料（畜禽、反刍）；精料补充料（反刍）
蒙饲证（2014）00126	扎兰屯市联翔饲料有限责任公司	浓缩饲料（反刍）；精料补充料（反刍）
蒙饲证（2014）00171	阿荣旗科宇牧业饲料有限公司	浓缩饲料（反刍）；精料补充料（反刍）
蒙饲证（2014）00172	呼伦贝尔碧野饲料有限责任公司	浓缩饲料（反刍）；精料补充料（反刍）
蒙饲证（2014）01053	呼和浩特青谷云河饲料有限公司	配合饲料（畜禽、水产、反刍、幼畜禽、种畜禽、宠物）；浓缩饲料（畜禽、水产、反刍、幼畜禽、种畜禽、宠物）；精料补充料（反刍）
蒙饲证（2014）01054	内蒙古草原天邦饲料有限公司	浓缩饲料（反刍）；精料补充料（反刍）
蒙饲证（2014）01056	内蒙古蒙泰大地生物技术发展有限责任公司	浓缩饲料（反刍）；精料补充料（反刍）
蒙饲证（2014）01090	内蒙古恒富饲料生物科技有限公司	浓缩饲料（反刍）；精料补充料（反刍）
蒙饲证（2014）01091	呼和浩特市正茂生物科技有限公司	浓缩饲料（反刍）；精料补充料（反刍）
蒙饲证（2014）01092	内蒙古斯隆生物技术有限责任公司	浓缩饲料（反刍）；精料补充料（反刍）
蒙饲证（2014）01094	内蒙古正大有限公司	配合饲料（畜禽、水产、幼畜禽、种畜禽）；浓缩饲料（畜禽、反刍、种畜禽）；精料补充料（反刍）
蒙饲证（2014）01111	呼和浩特市鸿腾饲料有限责任公司	配合饲料（畜禽、水产）；浓缩饲料（畜禽、水产、反刍）；精料补充料（反刍）
蒙饲证（2014）01112	内蒙古草原艺蓉科技有限责任公司	浓缩饲料（反刍）；精料补充料（反刍）
蒙饲证（2014）01113	内蒙古天牧科技发展有限责任公司	浓缩饲料（反刍）；精料补充料（反刍）
蒙饲证（2014）01118	内蒙古凯嘉生物技术有限责任公司	浓缩饲料（反刍）；精料补充料（反刍）
蒙饲证（2014）01120	内蒙古蒙锐阳光饲料有限公司	浓缩饲料（反刍）；精料补充料（反刍）
蒙饲证（2014）01131	内蒙古天宝禾农牧科技有限责任公司	浓缩饲料（反刍）；精料补充料（反刍）
蒙饲证（2014）01132	呼和浩特市蒙源康生物饲料有限责任公司	浓缩饲料（反刍）；精料补充料（反刍）

（续）

生产许可证编号	企业名称	产品名称
蒙饲证（2014）01133	内蒙古三农科技发展有限责任公司	浓缩饲料（反刍）；精料补充料（反刍）
蒙饲证（2014）01134	内蒙古泰达饲料有限责任公司	浓缩饲料（反刍）；精料补充料（反刍）
蒙饲证（2014）01135	内蒙古兆禾生物科技有限公司	浓缩饲料（反刍）；精料补充料（反刍）
蒙饲证（2014）01141	呼和浩特市玉泉区泽权饲料厂	浓缩饲料（反刍）；精料补充料（反刍）
蒙饲证（2014）01142	内蒙古绿色经纬科技发展有限公司	浓缩饲料（反刍）；精料补充料（反刍）
蒙饲证（2014）01144	呼和浩特市玉泉区农牧佳禾饲料厂	浓缩饲料（反刍）；精料补充料（反刍）
蒙饲证（2014）01151	呼和浩特市蒙丰饲料有限责任公司	浓缩饲料（反刍）；精料补充料（反刍）
蒙饲证（2014）01156	赛罕区隆达饲料加工厂	配合饲料（畜禽、幼畜禽、种畜禽）；浓缩饲料（畜禽、幼畜禽、种畜禽）
蒙饲证（2014）01168	呼和浩特市玉泉区远大兆富饲料厂	浓缩饲料（反刍）；精料补充料（反刍）
蒙饲证（2014）01169	内蒙古草原威利生物科技有限公司	浓缩饲料（反刍）；精料补充料（反刍）
蒙饲证（2014）01193	呼和浩特市蒙牧饲料厂	浓缩饲料（反刍）；精料补充料（反刍）
蒙饲证（2014）02071	包头市京宏生物科技有限责任公司	配合饲料（反刍）；浓缩饲料（反刍）；精料补充料（反刍）
蒙饲证（2014）02072	包头市草原挑战牧业科技有限责任公司	配合饲料（畜禽）；浓缩饲料（畜禽、反刍）；精料补充料（反刍）
蒙饲证（2014）02101	包头市科丰益源科技有限公司	浓缩饲料（反刍）；精料补充料（反刍）
蒙饲证（2014）02102	包头市大方饲料有限责任公司	浓缩饲料（反刍）；精料补充料（反刍）
蒙饲证（2014）02110	包头市旭日饲料科技有限公司	浓缩饲料（反刍）；精料补充料（反刍）
蒙饲证（2014）02181	内蒙古福正动物营养科技有限公司	配合饲料（反刍）；浓缩饲料（反刍）；精料补充料（反刍）
蒙饲证（2014）02182	内蒙古北辰饲料（集团）有限公司	配合饲料（幼畜禽、种畜禽）；浓缩饲料（水产、幼畜禽、种畜禽）；精料补充料（反刍）
蒙饲证（2014）02187	包头市顺泰饲料有限责任公司	浓缩饲料（反刍）；精料补充料（反刍）
蒙饲证（2014）04104	乌兰察布市集宁科星天宝饲料科技有限公司	浓缩饲料（反刍）；精料补充料（反刍）
蒙饲证（2014）04123	内蒙古察右后旗蒙原食品有限责任公司	配合饲料（畜禽、反刍）；精料补充料（反刍）
蒙饲证（2014）04129	乌兰察布市集宁牧田饲料科技有限公司	浓缩饲料（反刍）；精料补充料（反刍）
蒙饲证（2014）04150	商都县绿源饲料农民专业合作社	浓缩饲料（反刍）；精料补充料（反刍）
蒙饲证（2014）05080	通辽正地饲料有限责任公司	配合饲料（畜禽）；浓缩饲料（畜禽）；精料补充料（反刍）
蒙饲证（2014）05081	通辽岳泰科技实业股份有限公司	配合饲料（畜禽、水产、反刍、幼畜禽、种畜禽、水产育苗、特种动物）；浓缩饲料（畜禽、反刍、幼畜禽、种畜禽、特种动物）；精料补充料（反刍）
蒙饲证（2014）05082	内蒙古通辽岳泰股份有限公司	配合饲料（畜禽、水产、反刍、幼畜禽、种畜禽、水产育苗、特种动物）；浓缩饲料（畜禽、反刍、幼畜禽、种畜禽、特种动物）；精料补充料（反刍）

（续）

生产许可证编号	企业名称	产品名称
蒙饲证（2014）05183	通辽经济技术开发区河西镇农大利饲料厂	配合饲料（畜禽、反刍）；浓缩饲料（畜禽、反刍）；精料补充料（反刍）
蒙饲证（2014）05188	通辽市科翔饲料有限公司	配合饲料（畜禽、反刍、幼畜禽、种畜禽）；浓缩饲料（畜禽、反刍、幼畜禽、种畜禽）；精料补充料（反刍）
蒙饲证（2014）05189	通辽大北农牧业科技有限公司	配合饲料（反刍）；浓缩饲料（反刍）；精料补充料（反刍）
蒙饲证（2014）05190	通辽市奇峰饲料有限公司	配合饲料（畜禽、反刍、幼畜禽、种畜禽）；浓缩饲料（畜禽、反刍、幼畜禽、种畜禽）；精料补充料（反刍）
蒙饲证（2014）05191	通辽市绿兴牧业科技有限责任公司	浓缩饲料（畜禽、反刍）
蒙饲证（2014）06065	赤峰大北农农牧科技有限公司	配合饲料（反刍）；浓缩饲料（反刍）；精料补充料（反刍）
蒙饲证（2014）06067	内蒙古大鸟鹅业有限责任公司	配合饲料（畜禽）；浓缩饲料（畜禽）
蒙饲证（2014）06075	赤峰市中正饲料有限公司	配合饲料（畜禽、幼畜禽、种畜禽）；浓缩饲料（畜禽、反刍、幼畜禽、种畜禽）；精料补充料（反刍）
蒙饲证（2014）06086	赤峰裕兴饲料有限责任公司	配合饲料（畜禽、幼畜禽、种畜禽）；浓缩饲料（畜禽、反刍、幼畜禽、种畜禽）；精料补充料（反刍）
蒙饲证（2014）06088	赤峰东方希望动物营养有限公司	配合饲料（畜禽、水产、幼畜禽、种畜禽、特种动物）；浓缩饲料（畜禽、反刍、幼畜禽、种畜禽）；精料补充料（反刍）
蒙饲证（2014）06095	敖汉旗思必得饲料有限公司	配合饲料（畜禽、幼畜禽、种畜禽）；浓缩饲料（畜禽、幼畜禽、种畜禽）
蒙饲证（2014）06096	赤峰诚信达牧业有限公司	配合饲料（畜禽、幼畜禽、种畜禽）；浓缩饲料（畜禽、幼畜禽、种畜禽）
蒙饲证（2014）06097	敖汉旗惠丰种禽有限公司	配合饲料（畜禽）；浓缩饲料（畜禽）
蒙饲证（2014）06098	内蒙古草原兴发食品有限公司饲料厂	配合饲料（畜禽、幼畜禽、种畜禽）；浓缩饲料（畜禽、幼畜禽、种畜禽）
蒙饲证（2014）06099	赤峰市畜研所鸡猪技术服务部	配合饲料（畜禽）；浓缩饲料（畜禽、幼畜禽）
蒙饲证（2014）06100	赤峰双成饲料有限责任公司	配合饲料（畜禽、幼畜禽、种畜禽）；浓缩饲料（畜禽、反刍、幼畜禽、种畜禽）；精料补充料（反刍）
蒙饲证（2014）06107	内蒙古塞飞亚农业科技发展股份有限公司饲料厂	配合饲料（畜禽、种畜禽）；浓缩饲料（畜禽、种畜禽）
蒙饲证（2014）06108	宁城华东饲料有限责任公司	浓缩饲料（反刍）；精料补充料（反刍）
蒙饲证（2014）06109	赤峰市松山区天富饲料有限公司	配合饲料（畜禽、幼畜禽、种畜禽）；浓缩饲料（畜禽、幼畜禽、种畜禽）
蒙饲证（2014）06127	敖汉旗康达牧业有限责任公司	配合饲料（畜禽、幼畜禽、种畜禽）；浓缩饲料（畜禽、幼畜禽、种畜禽）

（续）

生产许可证编号	企业名称	产品名称
蒙饲证（2014）06128	赤峰北农大动物科技有限公司	配合饲料（畜禽、幼畜禽、种畜禽）；浓缩饲料（畜禽、幼畜禽、种畜禽）
蒙饲证（2014）06145	巴林左旗百炼饲料有限责任公司	配合饲料（畜禽、幼畜禽、种畜禽）；浓缩饲料（畜禽、反刍、幼畜禽、种畜禽）；精料补充料（反刍）
蒙饲证（2014）06147	内蒙古普泽生物制品有限责任公司赤峰分公司	浓缩饲料（畜禽）
蒙饲证（2014）06148	赤峰市元得利饲料有限公司	浓缩饲料（反刍）；精料补充料（反刍）
蒙饲证（2014）06149	赤峰市华牧同大饲料有限责任公司	配合饲料（畜禽、幼畜禽、种畜禽、特种动物）；浓缩饲料（畜禽、反刍、幼畜禽、种畜禽、特种动物）；精料补充料（反刍）
蒙饲证（2014）06152	赤峰双兴牧业科技有限责任公司	配合饲料（畜禽、幼畜禽、种畜禽）；浓缩饲料（畜禽、反刍、幼畜禽、种畜禽）；精料补充料（反刍）
蒙饲证（2014）06155	赤峰昊润牧业有限公司	配合饲料（畜禽、幼畜禽、种畜禽）；浓缩饲料（畜禽、反刍、幼畜禽、种畜禽）；精料补充料（反刍）
蒙饲证（2014）06157	赤峰百利农牧业有限公司	配合饲料（畜禽、幼畜禽、种畜禽）；浓缩饲料（畜禽、幼畜禽、种畜禽）
蒙饲证（2014）06158	内蒙古牧兴源饲料有限公司	配合饲料（畜禽、幼畜禽、种畜禽）；浓缩饲料（畜禽、反刍、幼畜禽、种畜禽）；精料补充料（反刍）
蒙饲证（2014）06159	赤峰蒙虹饲料有限责任公司	配合饲料（畜禽、幼畜禽、种畜禽）；浓缩饲料（畜禽、反刍、幼畜禽、种畜禽）；精料补充料（反刍）
蒙饲证（2014）06162	内蒙古绿达康饲料有限公司	配合饲料（畜禽、幼畜禽、种畜禽）；浓缩饲料（畜禽、幼畜禽、种畜禽）
蒙饲证（2014）06163	宁城县小康畜牧饲料有限公司	浓缩饲料（反刍）；精料补充料（反刍）
蒙饲证（2014）06164	赤峰丰泰饲料有限公司	浓缩饲料（反刍）；精料补充料（反刍）
蒙饲证（2014）06165	赤峰盈瑞饲料有限责任公司	浓缩饲料（反刍）；精料补充料（反刍）
蒙饲证（2014）06166	赤峰保正饲料有限公司	配合饲料（畜禽、幼畜禽、种畜禽）；浓缩饲料（畜禽、幼畜禽、种畜禽）
蒙饲证（2014）06173	赤峰特尔佳饲料有限责任公司	配合饲料（畜禽、幼畜禽、种畜禽）；浓缩饲料（畜禽、反刍、幼畜禽、种畜禽）；精料补充料（反刍）
蒙饲证（2014）06174	宁城强大生物科技有限公司	浓缩饲料（反刍）；精料补充料（反刍）
蒙饲证（2014）06175	内蒙古草原万旗畜牧饲料有限公司	浓缩饲料（反刍）；精料补充料（反刍）
蒙饲证（2014）06184	阿鲁科尔沁旗佳鑫饲料有限责任公司	配合饲料（畜禽、幼畜禽、种畜禽）；浓缩饲料（畜禽、反刍、幼畜禽、种畜禽）；精料补充料（反刍）
蒙饲证（2014）06185	内蒙古光大实业有限公司	配合饲料（畜禽、幼畜禽、种畜禽）；浓缩饲料（畜禽、反刍、幼畜禽、种畜禽）；精料补充料（反刍）
蒙饲证（2014）06192	内蒙古塞飞亚农业科技发展股份有限公司饲料二厂	浓缩饲料（畜禽、种畜禽）；精料补充料（反刍）

（续）

生产许可证编号	企业名称	产品名称
蒙饲证（2014）08076	巴彦淖尔市乐民双雄科技有限公司	浓缩饲料（反刍）；精料补充料（反刍）
蒙饲证（2014）08077	五原县巴美养殖开发有限责任公司	浓缩饲料（反刍）；精料补充料（反刍）
蒙饲证（2014）08078	巴彦淖尔市星连心生物科技有限公司	浓缩饲料（反刍）；精料补充料（反刍）
蒙饲证（2014）08079	巴彦淖尔市恒牧饲料有限公司	配合饲料（幼畜禽、种畜禽、水产育苗）；浓缩饲料（幼畜禽、种畜禽、水产育苗）
蒙饲证（2014）08103	内蒙古米仓农牧业科技发展有限公司	浓缩饲料（反刍）；精料补充料（反刍）
蒙饲证（2014）08121	巴彦淖尔市中农希望饲料有限责任公司	配合饲料（畜禽、水产）；浓缩饲料（畜禽、水产、反刍）；精料补充料（反刍）
蒙饲证（2014）08153	乌拉特前旗荣生大地饲料有限公司	配合饲料（畜禽、幼畜禽、种畜禽）；浓缩饲料（畜禽、反刍、幼畜禽、种畜禽）；精料补充料（反刍）
蒙饲证（2014）08167	巴彦淖尔市科宇饲料有限公司	浓缩饲料（反刍）；精料补充料（反刍）
蒙饲证（2014）08170	乌拉特中旗青青草原牧业有限公司	浓缩饲料（反刍）；精料补充料（反刍）
蒙饲证（2014）09105	镶黄旗大地生物技术有限公司	浓缩饲料（反刍）；精料补充料（反刍）
蒙饲证（2014）09106	内蒙古四海农牧科技有限责任公司	配合饲料（反刍）；浓缩饲料（反刍）；精料补充料（反刍）
蒙饲证（2014）09124	东乌珠穆沁旗新汇塬饲料有限公司	浓缩饲料（反刍）；精料补充料（反刍）
蒙饲证（2014）09125	苏尼特右旗巨丰正北饲料科技有限公司	精料补充料（反刍）
蒙饲证（2014）09179	内蒙古元吉饲料有限公司	配合饲料（反刍）；浓缩饲料（反刍）；精料补充料（反刍）
蒙饲证（2014）09180	太仆寺旗北牧原销售有限责任公司	浓缩饲料（反刍）；精料补充料（反刍）
蒙饲证（2014）11057	兴安盟九州大地饲料有限公司	配合饲料（畜禽、幼畜禽、种畜禽）；浓缩饲料（畜禽、反刍、种畜禽）；精料补充料（反刍）
蒙饲证（2014）11116	扎赉特旗蒙兴饲料有限责任公司	浓缩饲料（反刍）；精料补充料（反刍）
蒙饲证（2014）11117	内蒙古安达牧业有限公司	配合饲料（畜禽、幼畜禽、种畜禽）；浓缩饲料（畜禽、幼畜禽、种畜禽）
蒙饲证（2014）11137	乌兰浩特市鼎大牧业有限公司	配合饲料（畜禽、幼畜禽、种畜禽）；浓缩饲料（畜禽、反刍、幼畜禽、种畜禽）；精料补充料（反刍、其他）
蒙饲证（2014）11138	突泉松森牧业有限公司	配合饲料（畜禽、种畜禽）；浓缩饲料（畜禽、种畜禽）
辽饲证（2014）01029	辽宁华达牧业有限公司	配合饲料（畜禽、水产、幼畜禽、种畜禽）；浓缩饲料（畜禽、水产、幼畜禽、种畜禽）；精料补充料（反刍、其他）
辽饲证（2014）01030	辽宁安佑生物科技有限公司	配合饲料（畜禽、水产、幼畜禽、种畜禽、特种动物）；浓缩饲料（畜禽、水产、幼畜禽、种畜禽、特种动物）；精料补充料（反刍）

（续）

生产许可证编号	企业名称	产品名称
辽饲证（2014）01031	沈阳扬翔饲料有限公司	配合饲料（畜禽）；浓缩饲料（畜禽）
辽饲证（2014）01032	通威股份有限公司沈阳分公司	配合饲料（畜禽、水产、幼畜禽、种畜禽、水产育苗）；浓缩饲料（畜禽、幼畜禽、种畜禽）；精料补充料（反刍）
辽饲证（2014）01033	沈阳鑫庞大饲料有限公司	配合饲料（畜禽、幼畜禽、种畜禽、特种动物）；浓缩饲料（畜禽、幼畜禽、种畜禽、特种动物）；精料补充料（反刍）
辽饲证（2014）01034	辽宁大成农牧实业有限公司	配合饲料（畜禽、幼畜禽、种畜禽、特种动物）；浓缩饲料（畜禽、幼畜禽、种畜禽、特种动物）；精料补充料（反刍）
辽饲证（2014）01035	沈阳成农饲料有限公司	配合饲料（畜禽、幼畜禽、种畜禽）；浓缩饲料（畜禽、幼畜禽、种畜禽）
辽饲证（2014）01036	沈阳鑫育隆饲料有限公司	配合饲料（畜禽、水产、种畜禽、特种动物）；浓缩饲料（畜禽、种畜禽）
辽饲证（2014）01037	沈阳天康饲料有限公司	配合饲料（畜禽、幼畜禽、种畜禽）；浓缩饲料（畜禽、幼畜禽、种畜禽）
辽饲证（2014）01038	沈阳骆驼湘大牧业有限公司	配合饲料（畜禽、幼畜禽）；浓缩饲料（畜禽、幼畜禽）
辽饲证（2014）01039	沈阳富士大通科技有限公司	配合饲料（畜禽、水产、反刍、幼畜禽、特种动物）；浓缩饲料（畜禽、反刍、幼畜禽）；精料补充料（反刍）
辽饲证（2014）01040	沈阳聚慧饲料有限公司	配合饲料（畜禽、幼畜禽、种畜禽）；浓缩饲料（畜禽、幼畜禽、种畜禽）
辽饲证（2014）01041	辽宁丰田牧业有限公司	配合饲料（畜禽、幼畜禽、种畜禽）；浓缩饲料（畜禽、幼畜禽、种畜禽）
辽饲证（2014）01042	沈阳傲农生物科技有限公司	配合饲料（畜禽、幼畜禽、种畜禽）；浓缩饲料（畜禽、幼畜禽、种畜禽）；精料补充料（反刍）
辽饲证（2014）01043	沈阳双胞胎饲料有限公司	配合饲料（畜禽、幼畜禽、种畜禽）；浓缩饲料（畜禽、幼畜禽、种畜禽）
辽饲证（2014）01044	沈阳双良饲料有限公司	配合饲料（畜禽、特种动物）；浓缩饲料（畜禽、特种动物）
辽饲证（2014）01045	沈阳市耘垦有限公司鸣丰饲料厂	配合饲料（畜禽、种畜禽）；浓缩饲料（畜禽、种畜禽）
辽饲证（2014）01046	沈阳市正原饲料厂	配合饲料（畜禽、幼畜禽、种畜禽）；浓缩饲料（畜禽、幼畜禽、种畜禽）
辽饲证（2014）01047	沈阳市沈北新区新农丰饲料厂	配合饲料（畜禽、幼畜禽）；浓缩饲料（畜禽、幼畜禽）
辽饲证（2014）01048	沈阳普农达牧业有限公司	配合饲料（畜禽、幼畜禽）；浓缩饲料（畜禽、幼畜禽）
辽饲证（2014）01049	沈阳鑫富士畜牧饲料厂	配合饲料（畜禽）；浓缩饲料（畜禽）；精料补充料（反刍）
辽饲证（2014）01050	沈阳福源牧业有限公司	配合饲料（畜禽、幼畜禽、种畜禽）；浓缩饲料（畜禽、幼畜禽、种畜禽）；精料补充料（反刍）

（续）

生产许可证编号	企业名称	产品名称
辽饲证（2014）01051	辽宁德宝农牧集团有限公司	配合饲料（畜禽、幼畜禽、种畜禽）；浓缩饲料（畜禽、幼畜禽、种畜禽）；精料补充料（反刍）
辽饲证（2014）01052	沈阳博阳饲料有限公司	配合饲料（畜禽、特种动物）；浓缩饲料（畜禽、特种动物）
辽饲证（2014）01053	沈阳市农祥牧业科技有限公司	配合饲料（畜禽、幼畜禽）；浓缩饲料（畜禽、幼畜禽）
辽饲证（2014）01054	沈阳众达牧业有限公司	配合饲料（畜禽、水产、幼畜禽、种畜禽、特种动物）；浓缩饲料（畜禽、水产、幼畜禽、种畜禽、特种动物）
辽饲证（2014）01055	辽宁大北农牧业科技有限责任公司	配合饲料（畜禽、幼畜禽、种畜禽）；浓缩饲料（畜禽、幼畜禽、种畜禽）
辽饲证（2014）01056	希杰（沈阳）饲料有限公司	配合饲料（畜禽、幼畜禽、种畜禽、宠物）；浓缩饲料（畜禽、幼畜禽、种畜禽、宠物）；精料补充料（反刍）
辽饲证（2014）01057	沈阳惠普饲料有限公司	配合饲料（畜禽）；浓缩饲料（畜禽）
辽饲证（2014）01058	沈阳元丰饲料厂	配合饲料（畜禽、水产）；浓缩饲料（畜禽、水产）
辽饲证（2014）01059	沈阳英大科技发展有限公司	配合饲料（畜禽、幼畜禽、种畜禽）；浓缩饲料（畜禽、幼畜禽、种畜禽）；精料补充料（反刍）
辽饲证（2014）01060	沈阳正大畜牧有限公司	配合饲料（畜禽、水产、幼畜禽、种畜禽、水产育苗）；浓缩饲料（畜禽、水产、幼畜禽、种畜禽、水产育苗）；精料补充料（反刍）
辽饲证（2014）01061	沈阳三旺农牧有限公司	配合饲料（畜禽、水产、幼畜禽、种畜禽、水产育苗）；浓缩饲料（畜禽、水产、幼畜禽、种畜禽、水产育苗）；精料补充料（反刍）
辽饲证（2014）01062	沈阳禾丰反刍动物饲料有限公司	配合饲料（反刍）；浓缩饲料（反刍）；精料补充料（反刍）
辽饲证（2014）01063	辽宁辉山乳业集团有限公司	浓缩饲料（反刍）；精料补充料（反刍）
辽饲证（2014）01064	沈阳市粮达饲料有限公司	配合饲料（畜禽、幼畜禽、特种动物）；浓缩饲料（畜禽、幼畜禽、特种动物）
辽饲证（2014）01065	沈阳谷实饲料有限公司	配合饲料（畜禽、反刍、幼畜禽、种畜禽）；浓缩饲料（畜禽、反刍、幼畜禽、种畜禽）；精料补充料（反刍）
辽饲证（2014）01066	沈阳市康普利德生物科技有限公司	配合饲料（畜禽、水产、幼畜禽、种畜禽、水产育苗、宠物、特种动物）；浓缩饲料（畜禽、水产、幼畜禽、种畜禽、水产育苗、宠物、特种动物）
辽饲证（2014）01067	沈阳东正牧业有限公司	配合饲料（畜禽、反刍）；浓缩饲料（畜禽、反刍）；精料补充料（反刍）
辽饲证（2014）01068	沈阳北农大农牧科技公司	配合饲料（畜禽）；浓缩饲料（畜禽）
辽饲证（2014）01069	沈阳市荣诚农牧科技有限公司	配合饲料（畜禽、幼畜禽、种畜禽）；浓缩饲料（畜禽、幼畜禽、种畜禽）；精料补充料（反刍）

（续）

生产许可证编号	企业名称	产品名称
辽饲证（2014）01070	辽宁正成农牧科技有限公司	配合饲料（畜禽、幼畜禽、种畜禽）；浓缩饲料（畜禽、幼畜禽、种畜禽）
辽饲证（2014）01071	沈阳成众饲料有限公司	配合饲料（畜禽）；浓缩饲料（畜禽）
辽饲证（2014）01072	沈阳昕家旺牧业有限公司	配合饲料（畜禽、水产、幼畜禽）；浓缩饲料（畜禽、水产、幼畜禽）
辽饲证（2014）01073	沈阳玉沃饲料有限公司	配合饲料（畜禽、幼畜禽）；浓缩饲料（畜禽、幼畜禽）
辽饲证（2014）01074	沈阳市合众饲料生产有限公司	配合饲料（畜禽、幼畜禽、种畜禽）；浓缩饲料（畜禽、幼畜禽、种畜禽）；精料补充料（反刍）
辽饲证（2014）01075	沈阳众恒饲料厂	配合饲料（畜禽）；浓缩饲料（畜禽）；精料补充料（反刍）
辽饲证（2014）01076	沈阳市牧益饲料厂	配合饲料（畜禽、特种动物）；浓缩饲料（畜禽、特种动物）
辽饲证（2014）01077	沈阳市惠宝饲料有限公司	配合饲料（畜禽、幼畜禽、种畜禽）；浓缩饲料（畜禽、幼畜禽、种畜禽）；精料补充料（反刍）
辽饲证（2014）01078	沈阳香雪饲料科技有限公司	配合饲料（畜禽、幼畜禽）；浓缩饲料（畜禽、幼畜禽）
辽饲证（2014）01079	沈阳农丰饲料有限公司	配合饲料（畜禽、幼畜禽）；浓缩饲料（畜禽、幼畜禽）
辽饲证（2014）01080	辽宁华隆汇川饲料有限公司	配合饲料（水产）
辽饲证（2014）01081	沈阳德泰饲料有限公司	配合饲料（畜禽、水产、幼畜禽、种畜禽、水产育苗、特种动物）；浓缩饲料（畜禽、水产、幼畜禽、种畜禽、水产育苗、特种动物）
辽饲证（2014）01082	沈阳市乐嘉饲料有限公司	配合饲料（畜禽、幼畜禽、种畜禽）；浓缩饲料（畜禽、幼畜禽、种畜禽）
辽饲证（2014）01083	沈阳市鑫美华饲料厂	配合饲料（畜禽、反刍、幼畜禽）；浓缩饲料（畜禽、反刍、幼畜禽）；精料补充料（反刍）
辽饲证（2014）01084	沈阳市天润牧业有限公司	配合饲料（畜禽、水产、幼畜禽、种畜禽、特种动物）；浓缩饲料（畜禽、水产、幼畜禽、种畜禽、特种动物）；精料补充料（反刍）
辽饲证（2014）01085	沈阳市华联牧业有限公司	配合饲料（畜禽、水产、反刍、幼畜禽、种畜禽）；浓缩饲料（畜禽、水产、反刍、幼畜禽、种畜禽）；精料补充料（反刍）
辽饲证（2014）01086	沈阳东澳牧业有限公司	配合饲料（畜禽、水产、幼畜禽、种畜禽）；浓缩饲料（畜禽、水产、幼畜禽、种畜禽）
辽饲证（2014）01087	辽中县广信饲料厂	配合饲料（水产）
辽饲证（2014）01088	沈阳瀚香农牧业发展有限公司	配合饲料（畜禽、水产）；浓缩饲料（畜禽、水产）
辽饲证（2014）01089	沈阳市业兴龙饲料有限公司	配合饲料（水产、特种动物）；浓缩饲料（水产、特种动物）

（续）

生产许可证编号	企业名称	产品名称
辽饲证（2014）01090	沈阳百合饲料厂	配合饲料（畜禽、水产、幼畜禽、种畜禽、特种动物）；浓缩饲料（畜禽、水产、幼畜禽、种畜禽、特种动物）
辽饲证（2014）01091	沈阳金鼎饲料厂	配合饲料（畜禽、反刍、幼畜禽、特种动物）；浓缩饲料（畜禽、反刍、幼畜禽、特种动物）；精料补充料（反刍）
辽饲证（2014）01092	沈阳华美畜禽有限公司法库分公司	配合饲料（畜禽、幼畜禽、种畜禽）
辽饲证（2014）01093	沈阳晟时达饲料科技有限公司	配合饲料（畜禽、反刍、幼畜禽、种畜禽、特种动物）；浓缩饲料（畜禽、反刍、幼畜禽、种畜禽、特种动物）；精料补充料（反刍）
辽饲证（2014）01094	沈阳畜禾饲料有限公司	配合饲料（畜禽、水产、幼畜禽、特种动物）；浓缩饲料（畜禽、水产、幼畜禽、特种动物）；精料补充料（反刍）
辽饲证（2014）01095	沈阳安佑康牧科技有限公司	配合饲料（畜禽、幼畜禽、种畜禽）；浓缩饲料（畜禽、幼畜禽、种畜禽）
辽饲证（2014）01096	沈阳荣际饲料有限责任公司	配合饲料（畜禽）；浓缩饲料（畜禽）
辽饲证（2014）01097	沈阳市华瑞牧业有限公司	配合饲料（畜禽、幼畜禽、种畜禽）；浓缩饲料（畜禽、幼畜禽、种畜禽）
辽饲证（2014）01098	沈阳市新科饲料厂	配合饲料（畜禽）；浓缩饲料（畜禽）
辽饲证（2014）01099	沈阳荣嘉农牧有限责任公司	配合饲料（畜禽、幼畜禽）；浓缩饲料（畜禽、幼畜禽）
辽饲证（2014）01100	沈阳市万福饲料厂	配合饲料（畜禽、水产）；浓缩饲料（畜禽）
辽饲证（2014）01101	沈阳经济技术开发区立得饲料厂	配合饲料（畜禽、特种动物）；浓缩饲料（畜禽、特种动物）
辽饲证（2014）01102	沈阳新希望六和饲料有限公司	配合饲料（畜禽、宠物、特种动物）；浓缩饲料（畜禽、宠物、特种动物）
辽饲证（2014）01103	沈阳大安康隆饲料有限公司	配合饲料（畜禽、水产、特种动物）；浓缩饲料（畜禽）；精料补充料（反刍）
辽饲证（2014）01104	沈阳博善英胜生物技术有限公司	配合饲料（畜禽）；浓缩饲料（畜禽）
辽饲证（2014）01105	沈阳乐农氏动物营养有限公司	配合饲料（畜禽、水产、特种动物）；浓缩饲料（畜禽、特种动物）；精料补充料（反刍）
辽饲证（2014）01106	沈阳双木饲料有限公司	配合饲料（畜禽、水产）；浓缩饲料（畜禽）
辽饲证（2014）01107	沈阳市双秋饲料厂	配合饲料（畜禽）；浓缩饲料（畜禽）
辽饲证（2014）01108	沈阳市禾壮饲料厂	配合饲料（畜禽）；浓缩饲料（畜禽）
辽饲证（2014）01109	沈阳大台农合众饲料有限公司	配合饲料（畜禽、特种动物）；浓缩饲料（畜禽、特种动物）
辽饲证（2014）02012	大连禾源牧业有限公司	配合饲料（畜禽）；浓缩饲料（畜禽）
辽饲证（2014）02013	大连升泰水产饲料有限公司	配合饲料（水产）
辽饲证（2014）02014	大连大西江农副产品有限公司	配合饲料（畜禽）
辽饲证（2014）02015	大连保税区金地饲料厂	配合饲料（畜禽）；浓缩饲料（畜禽）
辽饲证（2014）02016	大连丰源达饵料有限公司	配合饲料（水产育苗）

（续）

生产许可证编号	企业名称	产品名称
辽饲证（2014）02017	大连天兴饲料发展有限公司	配合饲料（畜禽、幼畜禽、种畜禽）；浓缩饲料（畜禽、幼畜禽、种畜禽）
辽饲证（2014）02018	艾地盟动物保健及营养（大连）有限公司	配合饲料（畜禽、幼畜禽、种畜禽）；浓缩饲料（畜禽、幼畜禽、种畜禽）；精料补充料（反刍）
辽饲证（2014）02019	大连蛟龙水产饵料开发中心	配合饲料（水产）；浓缩饲料（水产）
辽饲证（2014）02020	大连华康成三牧业有限公司	配合饲料（畜禽）；浓缩饲料（畜禽）
辽饲证（2014）02021	大连禾丰饲料有限公司	配合饲料（畜禽、幼畜禽、种畜禽）；浓缩饲料（畜禽、幼畜禽、种畜禽）
辽饲证（2014）02022	大连华农豆业科技发展有限公司	配合饲料（畜禽）
辽饲证（2014）02023	大连成三畜牧业有限公司	配合饲料（畜禽）；浓缩饲料（畜禽）
辽饲证（2014）02024	大成食品（大连）有限公司	配合饲料（畜禽、幼畜禽、种畜禽）；浓缩饲料（畜禽、幼畜禽、种畜禽）
辽饲证（2014）02025	大连玉丰饲料有限公司	配合饲料（畜禽）；浓缩饲料（畜禽）
辽饲证（2014）02026	大连赛姆生物工程技术有限公司	配合饲料（畜禽、水产、幼畜禽、种畜禽、宠物、特种动物）；浓缩饲料（畜禽、水产、幼畜禽、种畜禽、宠物、特种动物）
辽饲证（2014）02027	大连市德鑫牧业有限公司	配合饲料（畜禽、种畜禽）
辽饲证（2014）02028	大连中源牧业有限公司	配合饲料（畜禽）；浓缩饲料（畜禽）
辽饲证（2014）02029	瓦房店市闫店乡种鸡孵化厂	配合饲料（畜禽）；浓缩饲料（畜禽）
辽饲证（2014）02030	大连市金州区佳源饲料有限公司	配合饲料（畜禽）
辽饲证（2014）02031	大连力源牧业有限公司	配合饲料（畜禽）；浓缩饲料（畜禽）
辽饲证（2014）02032	大连福润森畜牧发展有限公司	配合饲料（畜禽、幼畜禽）；浓缩饲料（畜禽、幼畜禽）
辽饲证（2014）02033	大连新宇畜牧业有限公司	配合饲料（畜禽、幼畜禽）；浓缩饲料（畜禽、幼畜禽）
辽饲证（2014）02034	大连光达禽业有限责任公司	配合饲料（畜禽）；浓缩饲料（畜禽）
辽饲证（2014）02035	大连金谷圆饲料有限公司	配合饲料（畜禽）
辽饲证（2014）02036	大连禾丰园艺有限公司大潭分公司	配合饲料（畜禽）
辽饲证（2014）02037	大连天盈饲料有限公司	配合饲料（畜禽）；浓缩饲料（畜禽）
辽饲证（2014）02038	庄河市新瑞饲料厂	配合饲料（畜禽、幼畜禽、种畜禽）；浓缩饲料（畜禽、幼畜禽、种畜禽）
辽饲证（2014）02039	大连鑫瑞饲料有限公司	配合饲料（畜禽、幼畜禽、种畜禽）；浓缩饲料（畜禽、幼畜禽、种畜禽）
辽饲证（2014）02040	抚顺市高湾韩伟畜牧有限公司大连分公司	配合饲料（畜禽、幼畜禽、种畜禽）；浓缩饲料（畜禽、幼畜禽、种畜禽）
辽饲证（2014）02041	大连丰禾饲料有限公司	配合饲料（畜禽）
辽饲证（2014）02042	大连顺达饲料有限公司	配合饲料（畜禽）
辽饲证（2014）02043	普兰店市格恩饲料厂	配合饲料（畜禽）；浓缩饲料（畜禽）
辽饲证（2014）02044	大连众鑫远大饲料有限公司	配合饲料（畜禽）；浓缩饲料（畜禽）

（续）

生产许可证编号	企业名称	产品名称
辽饲证（2014）02045	大连弥迩达牧业有限公司	配合饲料（畜禽）；浓缩饲料（畜禽）
辽饲证（2014）02046	大连齐泰隆饲料有限公司	配合饲料（畜禽）；浓缩饲料（畜禽）
辽饲证（2014）02047	瓦房店亿华禽业有限公司	配合饲料（畜禽）
辽饲证（2014）02048	大连金龙达牧业发展有限公司	配合饲料（畜禽）；浓缩饲料（畜禽）
辽饲证（2014）02049	庄河市天丰饲料厂	配合饲料（畜禽）；浓缩饲料（畜禽）
辽饲证（2014）03005	鞍山市腾鳌东鹏饲料有限公司	配合饲料（畜禽、幼畜禽、种畜禽）；浓缩饲料（畜禽、幼畜禽、种畜禽）
辽饲证（2014）03006	鞍山东来饲料有限公司	配合饲料（畜禽、幼畜禽、种畜禽）；浓缩饲料（畜禽、反刍、幼畜禽、种畜禽）；精料补充料（反刍）
辽饲证（2014）03007	鞍山蓬河饲料有限公司	配合饲料（畜禽、种畜禽）；浓缩饲料（畜禽、种畜禽）
辽饲证（2014）03008	海城正丰牧业有限公司	配合饲料（畜禽、幼畜禽、种畜禽）；浓缩饲料（畜禽、幼畜禽、种畜禽）
辽饲证（2014）03009	鞍山环山饲料有限公司	配合饲料（畜禽、幼畜禽、种畜禽）；浓缩饲料（畜禽、幼畜禽、种畜禽）
辽饲证（2014）03010	鞍山市仟佰禾牧业发展有限公司	配合饲料（畜禽、幼畜禽、种畜禽、宠物、特种动物）；浓缩饲料（畜禽、幼畜禽、种畜禽、宠物、特种动物）
辽饲证（2014）03011	鞍山六和仁泰饲料有限公司	配合饲料（畜禽、幼畜禽、种畜禽）；浓缩饲料（畜禽、幼畜禽）
辽饲证（2014）03012	鞍山市闽安牧业有限公司	配合饲料（畜禽、幼畜禽、种畜禽）；浓缩饲料（畜禽、幼畜禽、种畜禽）
辽饲证（2014）03013	海城市金康畜牧有限公司	配合饲料（畜禽、幼畜禽、种畜禽）；浓缩饲料（畜禽、幼畜禽、种畜禽）
辽饲证（2014）03014	海城新鸿尊达牧业有限公司	配合饲料（畜禽、幼畜禽、种畜禽）；浓缩饲料（畜禽、幼畜禽、种畜禽）
辽饲证（2014）03015	辽宁众义牧业有限公司	配合饲料（畜禽、幼畜禽、种畜禽）；浓缩饲料（畜禽、幼畜禽、种畜禽）
辽饲证（2014）03016	鞍山正申牧业有限公司	配合饲料（畜禽、幼畜禽、种畜禽）；浓缩饲料（畜禽、幼畜禽、种畜禽）
辽饲证（2014）03017	海城市盛康源饲料有限公司	配合饲料（畜禽、幼畜禽）；浓缩饲料（畜禽、幼畜禽）
辽饲证（2014）03018	海城市盛康源饲料有限公司盛德分公司	配合饲料（畜禽、幼畜禽）；浓缩饲料（畜禽、幼畜禽）
辽饲证（2014）03019	鞍山天盛牧业有限公司	配合饲料（畜禽、幼畜禽、种畜禽）；浓缩饲料（畜禽、幼畜禽、种畜禽）
辽饲证（2014）03020	英联饲料（辽宁）有限公司	配合饲料（畜禽、幼畜禽、种畜禽）；浓缩饲料（畜禽、幼畜禽、种畜禽）；精料补充料（反刍）
辽饲证（2014）03021	海城市腾达饲料有限公司	配合饲料（畜禽、幼畜禽、特种动物）；浓缩饲料（畜禽、幼畜禽、特种动物）

（续）

生产许可证编号	企业名称	产品名称
辽饲证（2014）03022	鞍山大腾饲料有限公司	配合饲料（畜禽、幼畜禽、种畜禽）；浓缩饲料（畜禽、幼畜禽、种畜禽）
辽饲证（2014）03023	海城市禾丰牧业饲料有限责任公司	配合饲料（畜禽、幼畜禽、种畜禽）；浓缩饲料（畜禽、幼畜禽、种畜禽）
辽饲证（2014）03024	海城市兴隆牧业有限公司	配合饲料（畜禽、幼畜禽、种畜禽）；浓缩饲料（畜禽、幼畜禽、种畜禽）
辽饲证（2014）03025	岫岩满族自治县海圣饲料有限公司	配合饲料（畜禽）；浓缩饲料（畜禽）
辽饲证（2014）03026	台安县兴海牧业有限公司	配合饲料（畜禽、幼畜禽）；浓缩饲料（畜禽、幼畜禽）
辽饲证（2014）03027	台安县宏伟饲料有限责任公司	配合饲料（畜禽、幼畜禽）；浓缩饲料（畜禽、幼畜禽）
辽饲证（2014）03028	鞍山市永丰饲料有限公司	配合饲料（畜禽、幼畜禽、种畜禽）；浓缩饲料（畜禽、幼畜禽、种畜禽）
辽饲证（2014）03029	海城新众鑫饲料有限公司	配合饲料（畜禽、幼畜禽、种畜禽）；浓缩饲料（畜禽、幼畜禽、种畜禽）
辽饲证（2014）03030	海城市耿庄镇勇双饲料厂	配合饲料（畜禽）；浓缩饲料（畜禽）
辽饲证（2014）03031	海城市新兴牧业有限公司	配合饲料（畜禽、幼畜禽、种畜禽）；浓缩饲料（畜禽、幼畜禽、种畜禽）
辽饲证（2014）03032	鞍山市朋来牧业有限公司	配合饲料（畜禽、幼畜禽、种畜禽）；浓缩饲料（畜禽、幼畜禽、种畜禽）
辽饲证（2014）03033	海城市利丰饲料有限公司	配合饲料（畜禽、种畜禽）；浓缩饲料（畜禽、种畜禽）
辽饲证（2014）03034	海城宇神饲料有限公司	配合饲料（畜禽、幼畜禽、种畜禽）；浓缩饲料（畜禽、幼畜禽、种畜禽）
辽饲证（2014）03035	鞍山沃田牧业有限公司	配合饲料（畜禽、幼畜禽、种畜禽）；浓缩饲料（畜禽、幼畜禽、种畜禽）
辽饲证（2014）03036	辽宁嘉德牧业有限公司	配合饲料（畜禽、幼畜禽、种畜禽）；浓缩饲料（畜禽、幼畜禽、种畜禽）
辽饲证（2014）03037	海城市鑫海牧业有限责任公司	配合饲料（畜禽、幼畜禽、种畜禽、特种动物）；浓缩饲料（畜禽、幼畜禽、种畜禽、特种动物）
辽饲证（2014）03038	海城市亿丰康源牧业有限公司	配合饲料（畜禽、幼畜禽、种畜禽）；浓缩饲料（畜禽、幼畜禽、种畜禽）
辽饲证（2014）03039	海城市宏大牧业有限公司	配合饲料（畜禽、幼畜禽、种畜禽）；浓缩饲料（畜禽、幼畜禽、种畜禽）
辽饲证（2014）03040	海城市盛丰饲料有限公司	配合饲料（畜禽、幼畜禽）；浓缩饲料（畜禽、幼畜禽）
辽饲证（2014）03041	海城市海丰饲料有限公司	配合饲料（畜禽、幼畜禽、种畜禽）；浓缩饲料（畜禽、幼畜禽、种畜禽）
辽饲证（2014）03042	海城市福瑞特饲料有限公司	配合饲料（畜禽、幼畜禽）；浓缩饲料（畜禽、幼畜禽）
辽饲证（2014）03043	海城市元丰饲料有限公司	配合饲料（畜禽、幼畜禽、种畜禽）；浓缩饲料（畜禽、幼畜禽、种畜禽）

（续）

生产许可证编号	企业名称	产品名称
辽饲证（2014）03044	鞍山市千山区裕达饲料厂	配合饲料（畜禽、幼畜禽、种畜禽）；浓缩饲料（畜禽、幼畜禽、种畜禽）
辽饲证（2014）03045	鞍山德米诺牧业有限公司	配合饲料（畜禽、反刍）；浓缩饲料（畜禽、反刍）；精料补充料（反刍）
辽饲证（2014）03046	鞍山宏鹏饲料有限公司	配合饲料（畜禽）；浓缩饲料（畜禽）
辽饲证（2014）03047	鞍山实丰饲料生产有限公司	配合饲料（畜禽）；浓缩饲料（畜禽）
辽饲证（2014）03048	海城市三合畜禽有限公司	配合饲料（畜禽）；浓缩饲料（畜禽）
辽饲证（2014）03049	海城市兴盛饲料有限公司	配合饲料（畜禽）；浓缩饲料（畜禽）
辽饲证（2014）03050	鞍山市巨祥饲料有限公司	配合饲料（畜禽）；浓缩饲料（畜禽）
辽饲证（2014）04001	抚顺市强明饲料有限公司	配合饲料（畜禽、幼畜禽、种畜禽）；浓缩饲料（畜禽、反刍、幼畜禽、种畜禽）；精料补充料（反刍）
辽饲证（2014）04002	抚顺鑫振达饲料有限公司	配合饲料（畜禽、幼畜禽）；浓缩饲料（畜禽、幼畜禽）
辽饲证（2014）04003	嘉吉饲料（抚顺）有限公司	配合饲料（畜禽、水产、幼畜禽、种畜禽、水产育苗、宠物、特种动物）；浓缩饲料（畜禽、水产、幼畜禽、种畜禽、水产育苗、宠物、特种动物）
辽饲证（2014）04004	沈阳瑞祥农牧业科技有限公司	配合饲料（畜禽）；浓缩饲料（畜禽）
辽饲证（2014）05001	本溪连丰农牧有限公司	配合饲料（畜禽）；浓缩饲料（畜禽）
辽饲证（2014）06003	丹东禾丰成三牧业有限公司	配合饲料（畜禽）；浓缩饲料（畜禽）
辽饲证（2014）06004	丹东克达饲料有限公司	配合饲料（畜禽、水产、幼畜禽）；浓缩饲料（畜禽、水产、幼畜禽）
辽饲证（2014）06005	辽宁双增大海牧业有限公司	配合饲料（畜禽、水产）；浓缩饲料（畜禽、水产）
辽饲证（2014）06006	东港市锦丰饲料厂	配合饲料（畜禽、幼畜禽）；浓缩饲料（畜禽、幼畜禽）
辽饲证（2014）06007	丹东金大饲料有限公司	配合饲料（畜禽）；浓缩饲料（畜禽）
辽饲证（2014）06008	东港市菩萨庙镇承庆饲料加工厂	配合饲料（畜禽）；浓缩饲料（畜禽）
辽饲证（2014）06009	东港市长宏胜大饲料有限公司	配合饲料（畜禽、水产）；浓缩饲料（畜禽）
辽饲证（2014）07010	锦州市盛誉饲料厂	配合饲料（畜禽、幼畜禽、种畜禽、宠物、特种动物）；浓缩饲料（畜禽、幼畜禽、种畜禽、宠物、特种动物）
辽饲证（2014）07011	锦州市强大饲料有限公司	配合饲料（畜禽、特种动物）；浓缩饲料（畜禽）
辽饲证（2014）07012	锦州众发饲料有限公司	配合饲料（畜禽）；浓缩饲料（畜禽）
辽饲证（2014）07013	辽宁塔木德牧业有限公司	配合饲料（畜禽、幼畜禽、特种动物）；浓缩饲料（畜禽、幼畜禽、特种动物）
辽饲证（2014）07014	黑山县康旺饲料厂	配合饲料（畜禽、幼畜禽）；浓缩饲料（畜禽、幼畜禽）
辽饲证（2014）07015	锦州大洋伟业生物科技有限公司	配合饲料（畜禽、水产、反刍、幼畜禽、种畜禽、宠物、特种动物）；浓缩饲料（畜禽、水产、反刍、幼畜禽、种畜禽、宠物、特种动物）；精料补充料（反刍）
辽饲证（2014）07016	锦州市忠农饲料有限责任公司	配合饲料（畜禽、幼畜禽）；浓缩饲料（畜禽）

（续）

生产许可证编号	企业名称	产品名称
辽饲证（2014）07017	锦州市康尔饲料有限公司	配合饲料（畜禽、幼畜禽、种畜禽）；浓缩饲料（畜禽、幼畜禽、种畜禽）
辽饲证（2014）07018	锦州东正饲料有限公司	配合饲料（畜禽、反刍、幼畜禽、种畜禽）；浓缩饲料（畜禽、反刍、幼畜禽、种畜禽）；精料补充料（反刍、其他）
辽饲证（2014）07019	锦州六和饲料有限公司	配合饲料（畜禽、幼畜禽）；浓缩饲料（畜禽、幼畜禽）
辽饲证（2014）07020	锦州禾兴饲料有限公司	配合饲料（畜禽、幼畜禽、特种动物）；浓缩饲料（畜禽、幼畜禽、特种动物）
辽饲证（2014）07021	锦州市成大饲料有限公司	配合饲料（畜禽、水产、幼畜禽）；浓缩饲料（畜禽、水产、幼畜禽）
辽饲证（2014）07022	黑山县泓源饲料厂	配合饲料（畜禽、幼畜禽、特种动物）；浓缩饲料（畜禽、幼畜禽、特种动物）
辽饲证（2014）07023	凌海兴隆饲料有限公司	配合饲料（畜禽、幼畜禽、宠物、特种动物）；浓缩饲料（畜禽、幼畜禽、宠物、特种动物）
辽饲证（2014）07024	锦州市诚鑫饲料有限责任公司	配合饲料（畜禽、幼畜禽、种畜禽、宠物、特种动物）；浓缩饲料（畜禽、幼畜禽、种畜禽、宠物、特种动物）
辽饲证（2014）07025	锦州龙鹏饲料科技有限公司	配合饲料（畜禽、反刍、幼畜禽、种畜禽）；浓缩饲料（畜禽、反刍、幼畜禽、种畜禽）
辽饲证（2014）07026	北镇宏伟饲料有限公司	配合饲料（畜禽、幼畜禽）；浓缩饲料（畜禽、幼畜禽）
辽饲证（2014）07027	锦州市星海饲料厂	配合饲料（畜禽）；浓缩饲料（畜禽）
辽饲证（2014）07028	锦州青山饲料厂	配合饲料（畜禽）；浓缩饲料（畜禽）
辽饲证（2014）07029	锦州绿牧佳生物饲料厂	配合饲料（畜禽、特种动物）；浓缩饲料（畜禽、特种动物）；精料补充料（反刍）
辽饲证（2014）07030	辽宁安佑康牧生物科技有限公司	配合饲料（畜禽、水产、幼畜禽、种畜禽、水产育苗、宠物、特种动物）；浓缩饲料（畜禽）
辽饲证（2014）07031	锦州大北农牧业科技有限公司	配合饲料（畜禽）；浓缩饲料（畜禽）
辽饲证（2014）07032	黑山县宁和饲料厂	配合饲料（畜禽）；浓缩饲料（畜禽）
辽饲证（2014）07033	锦州众诚饲料有限公司	配合饲料（畜禽、反刍、特种动物）；浓缩饲料（畜禽、反刍）；精料补充料（反刍）
辽饲证（2014）07034	凌海搏俐源科技饲料厂	配合饲料（畜禽、特种动物）；浓缩饲料（畜禽、特种动物）
辽饲证（2014）07035	锦州牧乐旺饲料有限公司	配合饲料（畜禽、水产、宠物、特种动物）；浓缩饲料（畜禽、水产、宠物、特种动物）
辽饲证（2014）07036	锦州市德百纳饲料有限公司	配合饲料（畜禽）；浓缩饲料（畜禽）
辽饲证（2014）07037	凌海市百润通达饲料厂	配合饲料（畜禽、宠物、特种动物）；浓缩饲料（畜禽、宠物、特种动物）
辽饲证（2014）07038	凌海市科信饲料厂	配合饲料（畜禽、宠物、特种动物）；浓缩饲料（畜禽、宠物、特种动物）

（续）

生产许可证编号	企业名称	产品名称
辽饲证（2014）07039	锦州久鼎牧业有限公司	配合饲料（畜禽）；浓缩饲料（畜禽）
辽饲证（2014）08012	大石桥市瑞源饲料厂	配合饲料（水产、水产育苗）；浓缩饲料（水产、水产育苗）
辽饲证（2014）08013	营口克达饲料有限公司	配合饲料（畜禽、幼畜禽、种畜禽）；浓缩饲料（畜禽、幼畜禽、种畜禽）
辽饲证（2014）08014	大石桥市雨泽饲料有限公司	配合饲料（畜禽、幼畜禽、种畜禽）；浓缩饲料（畜禽、幼畜禽、种畜禽）
辽饲证（2014）08015	营口广嘉饲料厂	配合饲料（水产）
辽饲证（2014）08016	大石桥市旗口镇腰屯村天宝饲料加工厂	配合饲料（水产）
辽饲证（2014）08017	大石桥市振丰饲料厂	配合饲料（畜禽、水产、幼畜禽、种畜禽）；浓缩饲料（畜禽、水产、幼畜禽、种畜禽）
辽饲证（2014）08018	营口泰丰牧业有限公司	配合饲料（畜禽、幼畜禽、种畜禽）；浓缩饲料（畜禽、幼畜禽、种畜禽）
辽饲证（2014）08019	营口市老边区兴盛饲料有限公司	配合饲料（畜禽、幼畜禽、种畜禽）；浓缩饲料（畜禽、幼畜禽、种畜禽）
辽饲证（2014）08020	大石桥市永新饲料厂	配合饲料（水产）
辽饲证（2014）08021	大石桥市高坎宇航饲料厂	配合饲料（畜禽、幼畜禽、种畜禽）；浓缩饲料（畜禽、幼畜禽、种畜禽）
辽饲证（2014）08022	大石桥市高坎镇玉林饲料厂	配合饲料（水产）
辽饲证（2014）08023	营口市老边区金石牧业饲料加工厂	配合饲料（畜禽）；浓缩饲料（畜禽）
辽饲证（2014）08024	大石桥市昌源饲料厂	配合饲料（水产）
辽饲证（2014）08025	大石桥市高坎镇华大饲料厂	配合饲料（水产）
辽饲证（2014）08026	大石桥市高坎大明饲料厂	配合饲料（水产）
辽饲证（2014）08027	营口老边宏丰饲料有限公司	配合饲料（畜禽）；浓缩饲料（畜禽）
辽饲证（2014）08028	盖州市信成饲料有限公司	配合饲料（畜禽）；浓缩饲料（畜禽）
辽饲证（2014）08029	营口五谷源牧业有限公司	配合饲料（畜禽）
辽饲证（2014）08030	营口市老边区双佳饲料有限公司	配合饲料（水产）
辽饲证（2014）09004	阜新科威生物科技有限公司	配合饲料（畜禽、反刍、幼畜禽、种畜禽、特种动物）；浓缩饲料（畜禽、反刍、幼畜禽、种畜禽、特种动物）；精料补充料（反刍）
辽饲证（2014）09005	阜新宏大牧业有限公司	配合饲料（畜禽、幼畜禽）；浓缩饲料（畜禽、幼畜禽）
辽饲证（2014）09006	阜新登峰农牧有限公司	配合饲料（畜禽）；浓缩饲料（畜禽）
辽饲证（2014）09007	阜新汇友牧业有限公司	配合饲料（反刍）；浓缩饲料（反刍）；精料补充料（反刍）
辽饲证（2014）09008	彰武牧丰饲料有限公司	配合饲料（畜禽、水产、宠物、特种动物）；浓缩饲料（畜禽、反刍、宠物、特种动物）；精料补充料（反刍）

（续）

生产许可证编号	企业名称	产品名称
辽饲证（2014）09009	辽宁北圣牧业有限公司	配合饲料（畜禽、反刍）；浓缩饲料（畜禽、反刍）；精料补充料（反刍）
辽饲证（2014）09010	阜新惠莱牧业有限公司	配合饲料（反刍）；浓缩饲料（反刍）；精料补充料（反刍）
辽饲证（2014）10001	辽阳六和博丰饲料有限公司	配合饲料（畜禽、幼畜禽、种畜禽）；浓缩饲料（畜禽、幼畜禽）
辽饲证（2014）10002	辽阳县首山站粮库	配合饲料（畜禽、水产、幼畜禽、种畜禽、水产育苗）；浓缩饲料（畜禽、水产、幼畜禽、种畜禽）
辽饲证（2014）10003	辽阳意达饲料有限公司	配合饲料（畜禽、水产、幼畜禽、种畜禽）；浓缩饲料（畜禽、水产、幼畜禽、种畜禽）
辽饲证（2014）10004	辽宁奕农饲料有限公司	配合饲料（畜禽、幼畜禽、种畜禽）；浓缩饲料（畜禽、幼畜禽、种畜禽）
辽饲证（2014）10005	灯塔市宇成饲料厂	配合饲料（畜禽、幼畜禽、种畜禽）；浓缩饲料（畜禽、幼畜禽、种畜禽）
辽饲证（2014）10006	辽阳市添富饲料有限公司	配合饲料（畜禽、水产）；浓缩饲料（畜禽）
辽饲证（2014）10007	辽阳县富群饲料厂	配合饲料（畜禽、水产、幼畜禽、种畜禽、水产育苗）；浓缩饲料（畜禽、水产、幼畜禽、种畜禽）
辽饲证（2014）10008	辽阳县富宝饲料厂	配合饲料（畜禽、幼畜禽、种畜禽）；浓缩饲料（畜禽、幼畜禽、种畜禽）
辽饲证（2014）10009	辽阳县万盛饲料厂	配合饲料（畜禽、幼畜禽、种畜禽）；浓缩饲料（畜禽、幼畜禽、种畜禽）
辽饲证（2014）10010	辽阳全成饲料有限公司	配合饲料（畜禽、幼畜禽、种畜禽）；浓缩饲料（畜禽、幼畜禽、种畜禽）
辽饲证（2014）11007	大洼县王家镇德涛盛合饲料厂	配合饲料（水产）
辽饲证（2014）11008	盘锦双兴牧业有限公司	配合饲料（畜禽）；浓缩饲料（畜禽）
辽饲证（2014）11009	辽宁盘锦正邦养殖有限公司饲料分公司	配合饲料（畜禽、幼畜禽、种畜禽）；浓缩饲料（畜禽、幼畜禽、种畜禽）
辽饲证（2014）11010	盘锦锐龙水产养殖有限公司	配合饲料（水产）
辽饲证（2014）11011	盘山县新达饲料有限公司	配合饲料（畜禽）；浓缩饲料（畜禽）
辽饲证（2014）11012	盘锦恒兴饲料开发有限公司	配合饲料（畜禽）；浓缩饲料（畜禽）
辽饲证（2014）11013	盘锦得信饲料有限公司	配合饲料（畜禽）；浓缩饲料（畜禽）
辽饲证（2014）11014	大洼县王家乡云晟饲料加工厂	配合饲料（水产）
辽饲证（2014）11015	盘锦东海饲料有限公司	配合饲料（水产）
辽饲证（2014）12001	辽宁唐人神曙光农牧集团大农友饲料有限公司	配合饲料（畜禽、幼畜禽、种畜禽）；浓缩饲料（畜禽、幼畜禽、种畜禽）；精料补充料（反刍）
辽饲证（2014）12002	辽宁唐人神曙光农牧集团大农友饲料有限公司大和分公司	配合饲料（畜禽、幼畜禽、种畜禽）；浓缩饲料（畜禽、幼畜禽、种畜禽）

（续）

生产许可证编号	企业名称	产品名称
辽饲证（2014）12003	辽宁通江口曙光饲料有限公司	配合饲料（畜禽、幼畜禽、种畜禽）；浓缩饲料（畜禽、幼畜禽、种畜禽）
辽饲证（2014）12004	铁岭市大北农饲料有限责任公司	配合饲料（畜禽、水产、幼畜禽、种畜禽）；浓缩饲料（畜禽、幼畜禽、种畜禽）；精料补充料（反刍、其他）
辽饲证（2014）12005	铁岭东大集团东大牧业有限公司	配合饲料（畜禽）；浓缩饲料（畜禽）
辽饲证（2014）12006	开原胜利牧业有限公司	配合饲料（畜禽、幼畜禽）；浓缩饲料（畜禽、幼畜禽）
辽饲证（2014）12007	铁岭大誉饲料厂	配合饲料（畜禽、幼畜禽、种畜禽）；浓缩饲料（畜禽、反刍、幼畜禽、种畜禽）
辽饲证（2014）12008	铁岭瀛大肉禽有限责任公司	配合饲料（畜禽）；浓缩饲料（畜禽）
辽饲证（2014）12009	开原市赢德肉禽有限责任公司	配合饲料（畜禽、幼畜禽、种畜禽）；浓缩饲料（畜禽、幼畜禽、种畜禽）
辽饲证（2014）12010	铁岭先进饲料有限公司	配合饲料（畜禽）；浓缩饲料（畜禽、反刍）；精料补充料（反刍）
辽饲证（2014）12011	开原六和亚辉饲料有限公司	配合饲料（畜禽、幼畜禽、种畜禽）；浓缩饲料（畜禽、幼畜禽、种畜禽）
辽饲证（2014）12012	辽宁神舟农牧发展集团有限公司	配合饲料（畜禽、幼畜禽、种畜禽）；浓缩饲料（畜禽、幼畜禽、种畜禽）
辽饲证（2014）12013	大成农牧（铁岭）有限公司昌图饲料厂	配合饲料（畜禽、幼畜禽、种畜禽）；浓缩饲料（畜禽、幼畜禽、种畜禽）
辽饲证（2014）12014	铁岭辉发农业发展集团饲料有限公司	配合饲料（畜禽、幼畜禽、种畜禽）；浓缩饲料（畜禽、幼畜禽）；精料补充料（反刍）
辽饲证（2014）12015	辽宁盛德集团饲料有限公司	配合饲料（畜禽）；浓缩饲料（畜禽）
辽饲证（2014）12016	昌图强大农业有限公司	配合饲料（畜禽、水产、幼畜禽、种畜禽、水产育苗、宠物、特种动物）；浓缩饲料（畜禽、水产、幼畜禽、种畜禽、水产育苗、宠物、特种动物）
辽饲证（2014）12017	昌图腾龙牧业有限公司	配合饲料（畜禽、水产、幼畜禽、种畜禽）；浓缩饲料（畜禽、幼畜禽、种畜禽）；精料补充料（反刍、其他）
辽饲证（2014）12018	铁岭九星集团饲料有限公司	配合饲料（畜禽、水产、幼畜禽、种畜禽、水产育苗、宠物、特种动物）；浓缩饲料（畜禽、水产、幼畜禽、种畜禽、水产育苗、宠物、特种动物）
辽饲证（2014）12019	铁岭北方孚德饲料有限责任公司	配合饲料（畜禽、水产、幼畜禽、种畜禽）；浓缩饲料（畜禽、幼畜禽、种畜禽）
辽饲证（2014）12020	辽宁国美农牧集团牧业有限公司	配合饲料（畜禽、幼畜禽、种畜禽）；浓缩饲料（畜禽、幼畜禽、种畜禽）
辽饲证（2014）12021	铁岭农泰牧业有限责任公司	配合饲料（畜禽、水产、幼畜禽、种畜禽）；浓缩饲料（畜禽、幼畜禽、种畜禽）

（续）

生产许可证编号	企业名称	产品名称
辽饲证（2014）12022	开原市康菲特饲料有限公司	配合饲料（畜禽、幼畜禽、种畜禽）；浓缩饲料（畜禽、幼畜禽、种畜禽）
辽饲证（2014）12023	开原市凯祥鸭业有限责任公司	配合饲料（畜禽）；浓缩饲料（畜禽）
辽饲证（2014）12024	铁岭中美平安科技有限公司	配合饲料（畜禽）；浓缩饲料（畜禽）
辽饲证（2014）12025	辽宁北图牧业有限公司	配合饲料（畜禽）；浓缩饲料（畜禽）
辽饲证（2014）12026	铁岭煜康饲料有限公司	配合饲料（畜禽、幼畜禽、种畜禽）；浓缩饲料（畜禽、幼畜禽、种畜禽）
辽饲证（2014）12027	铁岭新东方饲料有限公司	配合饲料（畜禽）；浓缩饲料（畜禽）
辽饲证（2014）12028	昌图爱维康科技发展有限公司	配合饲料（畜禽、幼畜禽、种畜禽）；浓缩饲料（畜禽、幼畜禽、种畜禽）
辽饲证（2014）12029	辽宁鼎丰科润饲料有限公司	配合饲料（畜禽）；浓缩饲料（畜禽）
辽饲证（2014）12030	辽宁宏福饲料有限公司	配合饲料（反刍）；浓缩饲料（反刍）；精料补充料（反刍）
辽饲证（2014）12031	开原市恒信牧业有限责任公司	配合饲料（畜禽）；浓缩饲料（畜禽）
辽饲证（2014）12032	开原恒泽牧业有限责任公司	配合饲料（畜禽）；浓缩饲料（畜禽）
辽饲证（2014）12033	铁岭绿赛饲料有限公司	配合饲料（畜禽）；浓缩饲料（畜禽）
辽饲证（2014）12034	铁岭鼎森农牧有限公司	配合饲料（畜禽）；浓缩饲料（畜禽）；精料补充料（反刍）
辽饲证（2014）12035	铁岭通元饲料厂	配合饲料（畜禽）；浓缩饲料（畜禽）；精料补充料（反刍）
辽饲证（2014）12036	昌图起源饲料厂	配合饲料（畜禽）；浓缩饲料（畜禽）
辽饲证（2014）12037	昌图龙喜饲料厂	配合饲料（畜禽）；浓缩饲料（畜禽）
辽饲证（2014）12038	铁岭市旺达来牧业有限公司	配合饲料（畜禽）；浓缩饲料（畜禽）
辽饲证（2014）13004	凌源禾丰牧业有限责任公司	配合饲料（畜禽、幼畜禽、种畜禽、水产育苗、宠物、特种动物）；浓缩饲料（畜禽、幼畜禽、种畜禽、水产育苗、宠物、特种动物）；精料补充料（反刍）
辽饲证（2014）13005	朝阳市双胞胎三融饲料科技有限公司	配合饲料（畜禽、幼畜禽、种畜禽）；浓缩饲料（畜禽、幼畜禽、种畜禽）
辽饲证（2014）13006	建平县鑫源饲料加工厂	配合饲料（畜禽、幼畜禽、种畜禽、特种动物）；浓缩饲料（畜禽、幼畜禽、种畜禽、特种动物）
辽饲证（2014）13007	朝阳县小凌河饲料有限公司	配合饲料（畜禽、幼畜禽、种畜禽、特种动物）；浓缩饲料（畜禽、幼畜禽、种畜禽、特种动物）
辽饲证（2014）13008	朝阳市鑫发饲料加工有限公司	配合饲料（畜禽）；浓缩饲料（畜禽）
辽饲证（2014）13009	朝阳市中兴饲料有限公司	配合饲料（畜禽）；浓缩饲料（畜禽）
辽饲证（2014）13010	朝阳市鑫庆丰饲料有限责任公司	配合饲料（畜禽）；浓缩饲料（畜禽）
辽饲证（2014）14002	葫芦岛众友饲料有限公司	配合饲料（畜禽、幼畜禽、种畜禽）；浓缩饲料（畜禽、幼畜禽、种畜禽）
辽饲证（2014）14003	大成农技（葫芦岛）有限公司	配合饲料（畜禽、幼畜禽、种畜禽）；浓缩饲料（畜禽、幼畜禽、种畜禽）

（续）

生产许可证编号	企业名称	产品名称
辽饲证（2014）14004	兴城禾丰饲料有限公司	配合饲料（畜禽、幼畜禽、种畜禽）；浓缩饲料（畜禽、幼畜禽、种畜禽）
辽饲证（2014）14005	葫芦岛市南票区红忠饲料厂	配合饲料（畜禽、幼畜禽、种畜禽）；浓缩饲料（畜禽、幼畜禽、种畜禽）
辽饲证（2014）14006	葫芦岛新中旭饲料有限公司	配合饲料（畜禽、水产、幼畜禽、水产育苗、宠物、特种动物）；浓缩饲料（畜禽、水产、幼畜禽、水产育苗、宠物、特种动物）
辽饲证（2014）14007	葫芦岛金辉农工商集团有限公司饲料厂	配合饲料（畜禽、水产、宠物、特种动物）；浓缩饲料（畜禽、水产、宠物、特种动物）
辽饲证（2014）14008	绥中宏伟饲料有限公司	配合饲料（畜禽）；浓缩饲料（畜禽）
辽饲证（2014）14009	葫芦岛市南票区金星镇鑫鑫饲料厂	配合饲料（畜禽、幼畜禽、种畜禽、特种动物）；浓缩饲料（畜禽、幼畜禽、种畜禽）
辽饲证（2014）14010	葫芦岛正达饲料有限公司	配合饲料（畜禽、幼畜禽、种畜禽、特种动物）；浓缩饲料（畜禽、幼畜禽、种畜禽、特种动物）
辽饲证（2014）14011	葫芦岛市南票区沙锅屯忠诚饲料厂	配合饲料（畜禽）；浓缩饲料（畜禽）
辽饲证（2014）14012	葫芦岛富易达牧业有限公司	配合饲料（畜禽、幼畜禽、种畜禽）；浓缩饲料（畜禽、幼畜禽、种畜禽）
辽饲证（2014）14013	葫芦岛九股河饲料有限公司	配合饲料（畜禽）；浓缩饲料（畜禽）
辽饲证（2014）14014	葫芦岛天时达饲料有限公司	配合饲料（畜禽）；浓缩饲料（畜禽）
吉饲证（2014）01013	长春铁骑力士生物科技有限公司	配合饲料（畜禽）；浓缩饲料（畜禽）
吉饲证（2014）01040	吉林省德泰饲料科技发展有限公司	配合饲料（畜禽、水产）；浓缩饲料（畜禽）；精料补充料（反刍）
吉饲证（2014）01041	长春希望农业有限责任公司	配合饲料（畜禽、水产、幼畜禽、种畜禽、水产育苗、宠物、特种动物）；浓缩饲料（畜禽、水产、幼畜禽、种畜禽、水产育苗、宠物、特种动物）
吉饲证（2014）01042	长春华盟饲料有限公司	配合饲料（畜禽、幼畜禽）；浓缩饲料（畜禽、幼畜禽、种畜禽）
吉饲证（2014）01043	长春市环农饲料有限公司	配合饲料（畜禽、幼畜禽、种畜禽）；浓缩饲料（畜禽、幼畜禽、种畜禽）
吉饲证（2014）01045	吉林省达丰饲料有限公司	配合饲料（畜禽、幼畜禽、种畜禽）；浓缩饲料（畜禽、幼畜禽、种畜禽）
吉饲证（2014）01046	长春市新启农饲料有限公司	配合饲料（畜禽、幼畜禽、种畜禽）；浓缩饲料（畜禽、反刍、幼畜禽、种畜禽）；精料补充料（反刍）
吉饲证（2014）01047	长春实邦饲料有限公司	配合饲料（畜禽）；浓缩饲料（畜禽）
吉饲证（2014）01048	德惠市博泰饲料厂	配合饲料（畜禽、幼畜禽、特种动物）；浓缩饲料（畜禽、幼畜禽、特种动物）

（续）

生产许可证编号	企业名称	产品名称
吉饲证（2014）01049	长春通威饲料有限公司	配合饲料（畜禽、水产、幼畜禽、水产育苗）；浓缩饲料（畜禽、幼畜禽、种畜禽）
吉饲证（2014）01050	吉林大北农农牧科技有限责任公司	配合饲料（畜禽、幼畜禽、种畜禽）；浓缩饲料（畜禽、幼畜禽、种畜禽）
吉饲证（2014）01052	中牧实业股份有限公司长春华罗预混饲料厂	配合饲料（畜禽、幼畜禽、种畜禽）；浓缩饲料（畜禽、幼畜禽、种畜禽）
吉饲证（2014）01053	吉林绿色巨农农业科技有限公司	配合饲料（畜禽、幼畜禽、种畜禽）；浓缩饲料（畜禽、幼畜禽、种畜禽）
吉饲证（2014）01054	吉林德翔牧业有限公司	配合饲料（畜禽、幼畜禽、种畜禽）
吉饲证（2014）01055	吉林省正通牧业有限责任公司	配合饲料（畜禽、水产、幼畜禽、种畜禽）；浓缩饲料（畜禽、幼畜禽、种畜禽）
吉饲证（2014）01056	长春皓月饲料有限公司	配合饲料（反刍）；浓缩饲料（反刍）；精料补充料（反刍）
吉饲证（2014）01057	长春谷实饲料有限公司	配合饲料（畜禽、幼畜禽、种畜禽）；浓缩饲料（畜禽、反刍、幼畜禽、种畜禽）；精料补充料（反刍）
吉饲证（2014）01058	长春环山饲料有限公司	配合饲料（畜禽、幼畜禽、种畜禽）；浓缩饲料（畜禽、幼畜禽、种畜禽）
吉饲证（2014）01059	吉林长成饲料有限公司	配合饲料（畜禽）；浓缩饲料（畜禽）
吉饲证（2014）01060	长春金新农饲料有限公司	配合饲料（畜禽、幼畜禽、种畜禽）；浓缩饲料（畜禽、幼畜禽、种畜禽）
吉饲证（2014）01062	东北农牧（长春）有限公司	配合饲料（畜禽、反刍、幼畜禽、种畜禽）；浓缩饲料（畜禽、反刍、幼畜禽、种畜禽）；精料补充料（反刍）
吉饲证（2014）01065	吉林康都饲料有限公司	配合饲料（畜禽）
吉饲证（2014）01066	长春正华饲料有限责任公司	配合饲料（畜禽、水产、幼畜禽）；浓缩饲料（畜禽、幼畜禽）
吉饲证（2014）01068	康地饲料（长春）有限公司	配合饲料（畜禽、幼畜禽、种畜禽）；浓缩饲料（畜禽、幼畜禽、种畜禽）
吉饲证（2014）01069	长春富士饲料有限公司	浓缩饲料（反刍）；精料补充料（反刍）
吉饲证（2014）01070	吉林省宏达饲料有限公司	精料补充料（反刍）
吉饲证（2014）01071	吉林省嘉佰联饲料有限公司	浓缩饲料（畜禽）
吉饲证（2014）01073	长春市牧鹤阳光饲料有限公司	配合饲料（畜禽、幼畜禽、种畜禽）；浓缩饲料（畜禽、幼畜禽、种畜禽）
吉饲证（2014）01074	长春佳鑫饲料有限公司	配合饲料（畜禽）；浓缩饲料（畜禽）；精料补充料（反刍）
吉饲证（2014）01075	长春市精华饲料有限公司	配合饲料（畜禽）；浓缩饲料（畜禽）；精料补充料（反刍）
吉饲证（2014）01076	长春市双威饲料有限责任公司	配合饲料（畜禽、幼畜禽、种畜禽）；浓缩饲料（畜禽、幼畜禽、种畜禽）；精料补充料（反刍）

（续）

生产许可证编号	企业名称	产品名称
吉饲证（2014）01077	农安弘洋饲料厂	配合饲料（畜禽、幼畜禽、种畜禽）；浓缩饲料（畜禽、幼畜禽、种畜禽）
吉饲证（2014）01078	吉林华展生物工程有限责任公司	配合饲料（畜禽、幼畜禽、种畜禽）；浓缩饲料（畜禽、幼畜禽、种畜禽）
吉饲证（2014）01079	吉林省农科牧业有限责任公司	配合饲料（幼畜禽、种畜禽、宠物、特种动物）；浓缩饲料（幼畜禽、种畜禽）
吉饲证（2014）01080	长春市嘉吉安特饲料厂	配合饲料（畜禽、幼畜禽、种畜禽）；浓缩饲料（畜禽、反刍、幼畜禽、种畜禽）；精料补充料（反刍）
吉饲证（2014）01081	吉林省捷大饲料有限责任公司	配合饲料（畜禽、幼畜禽、种畜禽）；浓缩饲料（畜禽、幼畜禽、种畜禽）
吉饲证（2014）01082	吉林德生牧业有限公司	配合饲料（畜禽、幼畜禽、种畜禽）；浓缩饲料（畜禽）
吉饲证（2014）01083	净月经济开发区盛华饲料厂	配合饲料（畜禽、幼畜禽、种畜禽）；浓缩饲料（畜禽、幼畜禽、种畜禽）
吉饲证（2014）01084	吉林正大实业有限公司大屯饲料厂	精料补充料（反刍）
吉饲证（2014）01085	长春市天禾圆饲料有限公司	配合饲料（畜禽、幼畜禽、种畜禽）；浓缩饲料（畜禽、幼畜禽、种畜禽）
吉饲证（2014）01088	长春市吉源饲料厂	配合饲料（畜禽、幼畜禽、种畜禽）；浓缩饲料（畜禽、幼畜禽、种畜禽）
吉饲证（2014）01089	农安县合隆镇隆腾饲料厂	配合饲料（畜禽、幼畜禽、种畜禽）；浓缩饲料（畜禽、幼畜禽、种畜禽）
吉饲证（2014）01090	长春微维牧业有限公司	配合饲料（畜禽、幼畜禽、种畜禽）；浓缩饲料（畜禽、幼畜禽、种畜禽）
吉饲证（2014）01091	长春金诺饲料有限公司	精料补充料（反刍）
吉饲证（2014）01092	长春市亿斯实验动物技术有限责任公司	配合饲料（特种动物）
吉饲证（2014）01096	长春市益成饲料厂	配合饲料（畜禽、幼畜禽、种畜禽）；浓缩饲料（畜禽、幼畜禽、种畜禽）
吉饲证（2014）01097	长春市永泰源饲料厂	配合饲料（畜禽、幼畜禽、种畜禽）；浓缩饲料（畜禽、幼畜禽、种畜禽）
吉饲证（2014）01098	吉林省华龙饲料有限公司	配合饲料（畜禽、幼畜禽、种畜禽）；浓缩饲料（畜禽、幼畜禽、种畜禽）
吉饲证（2014）01099	长春吉翔生物饲料有限公司	配合饲料（反刍）；浓缩饲料（反刍）；精料补充料（反刍）
吉饲证（2014）01101	长春方舟饲料科技有限公司	配合饲料（畜禽、幼畜禽、种畜禽）；浓缩饲料（畜禽、幼畜禽、种畜禽）
吉饲证（2014）01102	九台市金晟元饲料有限公司	配合饲料（畜禽、幼畜禽）；浓缩饲料（畜禽、幼畜禽）
吉饲证（2014）01103	吉林爱普罗斯饲料有限公司	配合饲料（畜禽）；浓缩饲料（畜禽）

（续）

生产许可证编号	企业名称	产品名称
吉饲证（2014）01106	吉林省康富达饲料有限公司	配合饲料（畜禽、幼畜禽、种畜禽）；浓缩饲料（畜禽、幼畜禽、种畜禽）
吉饲证（2014）01107	吉林大岭实业有限公司合隆饲料厂	配合饲料（畜禽、幼畜禽）；浓缩饲料（畜禽、幼畜禽）
吉饲证（2014）01108	长春市鑫牧饲料有限公司	配合饲料（畜禽、幼畜禽、种畜禽）；浓缩饲料（畜禽、幼畜禽、种畜禽）
吉饲证（2014）01109	长春市双利饲料有限责任公司	配合饲料（畜禽）；浓缩饲料（畜禽）
吉饲证（2014）01111	长春市博微饲料厂	配合饲料（畜禽、幼畜禽、种畜禽、特种动物）；浓缩饲料（畜禽、幼畜禽、种畜禽、特种动物）
吉饲证（2014）01112	长春市利成饲料有限公司	配合饲料（畜禽、幼畜禽、特种动物）；浓缩饲料（畜禽、幼畜禽、特种动物）
吉饲证（2014）01113	德惠市同太乡猛龙饲料厂	配合饲料（畜禽、幼畜禽、特种动物）；浓缩饲料（畜禽、幼畜禽、特种动物）
吉饲证（2014）01115	德惠市万利牧业有限公司	配合饲料（畜禽、幼畜禽、种畜禽）；浓缩饲料（畜禽、幼畜禽、种畜禽）
吉饲证（2014）01116	德惠市德佳牧业专业合作社	配合饲料（畜禽、幼畜禽、特种动物）；浓缩饲料（畜禽、幼畜禽、特种动物）
吉饲证（2014）01777	长春博瑞饲料集团有限公司	浓缩饲料（反刍）；精料补充料（反刍）
吉饲证（2014）02015	吉林市兴禾元饲料有限公司	配合饲料（畜禽、种畜禽、特种动物）；浓缩饲料（畜禽、幼畜禽、种畜禽、特种动物）
吉饲证（2014）02016	舒兰科菲特饲料有限公司	配合饲料（畜禽、水产）；浓缩饲料（畜禽、水产）
吉饲证（2014）02017	吉林大龙饲料有限公司	配合饲料（畜禽、水产、幼畜禽、种畜禽、宠物、特种动物）；浓缩饲料（畜禽、水产、幼畜禽、种畜禽、宠物、特种动物）
吉饲证（2014）02018	正大永吉实业有限公司	配合饲料（畜禽、水产、反刍、幼畜禽、种畜禽、水产育苗、宠物、特种动物）；浓缩饲料（畜禽、水产、反刍、幼畜禽、种畜禽、水产育苗、宠物、特种动物）；精料补充料（反刍）
吉饲证（2014）02019	吉林市民益微生物科技开发有限责任公司	配合饲料（畜禽、水产、幼畜禽、种畜禽）；浓缩饲料（畜禽、水产、幼畜禽、种畜禽）；精料补充料（反刍）
吉饲证（2014）02020	吉林得利斯粮油饲料有限公司	配合饲料（畜禽、幼畜禽、种畜禽）；浓缩饲料（畜禽、幼畜禽、种畜禽）；精料补充料（反刍）
吉饲证（2014）02021	吉林市禾丰牧业有限责任公司	配合饲料（畜禽、幼畜禽、种畜禽）；浓缩饲料（畜禽、幼畜禽、种畜禽）
吉饲证（2014）02022	吉林市田丰饲料有限公司	配合饲料（畜禽、幼畜禽）；浓缩饲料（畜禽、幼畜禽）
吉饲证（2014）02023	舒兰市德生牧业有限公司	配合饲料（畜禽、幼畜禽、种畜禽）；浓缩饲料（畜禽）
吉饲证（2014）02025	吉林市丰满区吉丰饲料厂	配合饲料（畜禽、水产、幼畜禽、种畜禽）；浓缩饲料（畜禽、水产、幼畜禽、种畜禽）

（续）

生产许可证编号	企业名称	产品名称
吉饲证（2014）02026	桦甸市程远蛋白饲料有限公司	精料补充料（反刍）
吉饲证（2014）02028	吉林省巴斯夫饲料有限公司	配合饲料（畜禽、水产、幼畜禽、种畜禽）；浓缩饲料（畜禽、水产、幼畜禽、种畜禽）
吉饲证（2014）02066	吉林帝尔农业科技开发有限责任公司	配合饲料（特种动物）；浓缩饲料（特种动物）
吉饲证（2014）03013	公主岭新康饲料有限公司	配合饲料（畜禽、幼畜禽、种畜禽）；浓缩饲料（畜禽、幼畜禽、种畜禽）；精料补充料（反刍）
吉饲证（2014）03015	吉林曙光饲料有限公司	配合饲料（畜禽、幼畜禽、种畜禽）；浓缩饲料（畜禽、幼畜禽、种畜禽）
吉饲证（2014）03016	公主岭双胞胎饲料有限公司	配合饲料（畜禽、幼畜禽、种畜禽）；浓缩饲料（畜禽、幼畜禽、种畜禽）
吉饲证（2014）03017	湖南正虹科技发展股份有限公司四平分公司	配合饲料（畜禽、幼畜禽）；浓缩饲料（畜禽、幼畜禽）
吉饲证（2014）03018	四平市慧良牧业有限公司	配合饲料（畜禽、幼畜禽）；浓缩饲料（畜禽、幼畜禽）
吉饲证（2014）03019	公主岭市阳光牧业有限公司	配合饲料（畜禽、幼畜禽、种畜禽、水产育苗、特种动物）；浓缩饲料（畜禽、幼畜禽、种畜禽、水产育苗、特种动物）
吉饲证（2014）03023	四平市久禾饲料有限公司	配合饲料（畜禽、幼畜禽）；浓缩饲料（畜禽、幼畜禽）
吉饲证（2014）03025	四平特驱饲料有限公司	配合饲料（畜禽、水产、幼畜禽、种畜禽）；浓缩饲料（畜禽、幼畜禽、种畜禽）；精料补充料（反刍）
吉饲证（2014）03026	公主岭市海发饲料厂	配合饲料（畜禽、水产、幼畜禽、种畜禽、特种动物）；浓缩饲料（畜禽、水产、幼畜禽、种畜禽、特种动物）
吉饲证（2014）03027	北京伟嘉人生物技术有限公司吉林分公司	配合饲料（幼畜禽、种畜禽、特种动物）；浓缩饲料（幼畜禽、种畜禽、特种动物）
吉饲证（2014）03028	吉林省正邦饲料有限责任公司	配合饲料（畜禽、水产、反刍、幼畜禽、种畜禽）；浓缩饲料（畜禽、反刍、幼畜禽、种畜禽）；精料补充料（反刍）
吉饲证（2014）03029	公主岭市大明饲料厂	配合饲料（畜禽、幼畜禽、种畜禽）；浓缩饲料（畜禽、幼畜禽、种畜禽）
吉饲证（2014）03032	吉林省明天饲料有限公司	配合饲料（畜禽、水产、幼畜禽、种畜禽、特种动物）；浓缩饲料（畜禽、水产、幼畜禽、种畜禽、特种动物）
吉饲证（2014）03033	吉林省四平市新宏拓饲料有限公司	配合饲料（畜禽、幼畜禽、种畜禽）；浓缩饲料（畜禽、幼畜禽、种畜禽）
吉饲证（2014）03035	辽宁波尔莱特农牧实业有限公司公主岭分公司	配合饲料（畜禽、幼畜禽）；浓缩饲料（畜禽、幼畜禽）
吉饲证（2014）03036	公主岭市中正科技饲料有限责任公司	配合饲料（畜禽、幼畜禽、种畜禽）；浓缩饲料（畜禽、幼畜禽、种畜禽）

（续）

生产许可证编号	企业名称	产品名称
吉饲证（2014）03037	吉林绿色天宝饲料有限公司	配合饲料（畜禽、幼畜禽、种畜禽）；浓缩饲料（畜禽、幼畜禽、种畜禽）
吉饲证（2014）03038	四平市实佳牧业饲料厂	配合饲料（畜禽、水产、幼畜禽、种畜禽、特种动物）；浓缩饲料（畜禽、水产、幼畜禽、种畜禽、特种动物）
吉饲证（2014）03039	四平市华泰饲料有限责任公司	配合饲料（畜禽、幼畜禽、种畜禽）；浓缩饲料（畜禽、幼畜禽、种畜禽）
吉饲证（2014）03040	四平市乐普牧业有限公司	配合饲料（畜禽、幼畜禽、种畜禽）；浓缩饲料（畜禽、幼畜禽、种畜禽）
吉饲证（2014）03058	四平盛博牧业有限公司	配合饲料（畜禽、幼畜禽）；浓缩饲料（畜禽、幼畜禽）；精料补充料（反刍）
吉饲证（2014）03077	公主岭红嘴饲料科技有限公司	配合饲料（畜禽、水产、幼畜禽、种畜禽、水产育苗、宠物、特种动物）；浓缩饲料（畜禽、水产、幼畜禽、种畜禽、水产育苗、宠物、特种动物）；精料补充料（反刍、其他）
吉饲证（2014）03088	吉林省新亿牧业有限公司	配合饲料（畜禽、水产、幼畜禽、种畜禽）；浓缩饲料（畜禽、幼畜禽、种畜禽）
吉饲证（2014）04004	辽源东方希望红门动物营养食品有限公司	配合饲料（畜禽、水产、幼畜禽、种畜禽、水产育苗、宠物、特种动物）；浓缩饲料（畜禽、水产、幼畜禽、种畜禽、水产育苗、宠物、特种动物）
吉饲证（2014）04005	吉林省农乐饲料有限公司	配合饲料（畜禽）；浓缩饲料（畜禽）
吉饲证（2014）04006	东丰县鹏翔牧业有限责任公司	配合饲料（畜禽、幼畜禽、种畜禽）；浓缩饲料（畜禽）
吉饲证（2014）04008	东丰东元动物食品有限责任公司	配合饲料（畜禽、幼畜禽、种畜禽）；浓缩饲料（畜禽、幼畜禽、种畜禽）
吉饲证（2014）04010	辽源市龙山区兴源饲料厂	配合饲料（畜禽、幼畜禽、种畜禽）；浓缩饲料（畜禽）
吉饲证（2014）05006	梅河口曙光饲料有限公司	配合饲料（畜禽、幼畜禽、种畜禽）；浓缩饲料（畜禽、幼畜禽）
吉饲证（2014）05008	吉林正方农牧股份有限公司	配合饲料（畜禽、幼畜禽、种畜禽）
吉饲证（2014）05009	吉林九丰生物科技开发有限公司	配合饲料（畜禽）；浓缩饲料（畜禽）
吉饲证（2014）05010	吉林省德泰康华牧业有限公司	配合饲料（畜禽）；浓缩饲料（畜禽）
吉饲证（2014）05011	吉林斯麦尔饲料有限公司	配合饲料（畜禽、水产、幼畜禽、种畜禽）；浓缩饲料（畜禽、水产、幼畜禽、种畜禽）
吉饲证（2014）05012	柳河县东升饲料厂	配合饲料（畜禽、幼畜禽、种畜禽）；浓缩饲料（畜禽、幼畜禽、种畜禽）
吉饲证（2014）05013	辉南县未来饲料有限责任公司	配合饲料（畜禽、幼畜禽、种畜禽）；浓缩饲料（畜禽、幼畜禽、种畜禽）
吉饲证（2014）05015	通化市牧丰饲料厂	配合饲料（畜禽、幼畜禽、种畜禽）；浓缩饲料（畜禽、幼畜禽、种畜禽）

（续）

生产许可证编号	企业名称	产品名称
吉饲证（2014）05016	梅河口市金正饲料有限责任公司	配合饲料（畜禽、水产、幼畜禽、种畜禽）；浓缩饲料（畜禽、幼畜禽、种畜禽）
吉饲证（2014）05017	柳河县宏信饲料加工厂	配合饲料（畜禽、幼畜禽、种畜禽）；浓缩饲料（畜禽、幼畜禽、种畜禽）
吉饲证（2014）07003	松原兴和饲料有限公司	配合饲料（畜禽、幼畜禽、种畜禽）；浓缩饲料（畜禽、幼畜禽、种畜禽）
吉饲证（2014）07005	松原农业高新技术开发区曙光农牧有限公司	配合饲料（畜禽、幼畜禽、种畜禽）；浓缩饲料（畜禽、幼畜禽、种畜禽）
吉饲证（2014）07006	扶余禾丰牧业有限公司	配合饲料（畜禽、幼畜禽、种畜禽）；浓缩饲料（畜禽、幼畜禽、种畜禽）
吉饲证（2014）07007	扶余金禾饲料有限责任公司	配合饲料（畜禽、幼畜禽、种畜禽）；浓缩饲料（畜禽、反刍、幼畜禽、种畜禽）；精料补充料（反刍）
吉饲证（2014）07009	松原市大地饲料有限公司	配合饲料（畜禽、幼畜禽）；浓缩饲料（畜禽、幼畜禽）
吉饲证（2014）07010	吉林省兴达饲料有限公司	配合饲料（畜禽、幼畜禽、种畜禽）；浓缩饲料（畜禽、幼畜禽、种畜禽）
吉饲证（2014）08003	英赉动物营养（吉林）有限公司	配合饲料（畜禽、反刍、幼畜禽、种畜禽）；浓缩饲料（畜禽、反刍、幼畜禽、种畜禽）；精料补充料（反刍）
吉饲证（2014）08004	洮南金豆饲料有限责任公司	配合饲料（畜禽、水产、幼畜禽、种畜禽、特种动物）；浓缩饲料（畜禽、幼畜禽、种畜禽）；精料补充料（反刍）
吉饲证（2014）08005	大安市旺华饲料有限责任公司	配合饲料（畜禽）；浓缩饲料（畜禽）
吉饲证（2014）08006	大安市安大牧业有限责任公司	配合饲料（畜禽、幼畜禽、种畜禽）；浓缩饲料（畜禽、幼畜禽、种畜禽）
吉饲证（2014）09005	延吉丰源饲料加工有限公司	配合饲料（幼畜禽、种畜禽）；浓缩饲料（幼畜禽、种畜禽）
吉饲证（2014）09007	敦化市华诚饲料有限公司	配合饲料（畜禽）；浓缩饲料（畜禽）
吉饲证（2014）09010	延吉市创享饲料有限公司	配合饲料（畜禽）；浓缩饲料（畜禽）
黑饲证（2014）01010	哈尔滨市联丰饲料有限公司	配合饲料（畜禽、反刍、幼畜禽、种畜禽）；浓缩饲料（畜禽、反刍、幼畜禽、种畜禽）；精料补充料（反刍、其他）
黑饲证（2014）01011	哈尔滨博瑞佳农饲料有限公司	浓缩饲料（反刍）；精料补充料（反刍）
黑饲证（2014）01013	希杰（哈尔滨）饲料有限公司	配合饲料（畜禽、反刍、幼畜禽、种畜禽）；浓缩饲料（畜禽、反刍、幼畜禽、种畜禽）；精料补充料（反刍）
黑饲证（2014）01014	哈尔滨英瑞斯饲料有限责任公司	配合饲料（畜禽、幼畜禽、种畜禽、特种动物）；浓缩饲料（畜禽、幼畜禽、种畜禽、特种动物）
黑饲证（2014）01015	哈尔滨利民饲料有限公司	配合饲料（畜禽、幼畜禽、种畜禽）；浓缩饲料（畜禽、幼畜禽、种畜禽）
黑饲证（2014）01016	哈尔滨哈牧饲料有限公司	配合饲料（畜禽、幼畜禽、种畜禽）；浓缩饲料（畜禽、幼畜禽、种畜禽）

（续）

生产许可证编号	企业名称	产品名称
黑饲证（2014）01017	哈尔滨伟鹏饲料有限公司	配合饲料（反刍）；浓缩饲料（反刍）；精料补充料（反刍）
黑饲证（2014）01018	哈尔滨兄弟饲料有限公司	配合饲料（畜禽、幼畜禽、种畜禽）；浓缩饲料（畜禽、幼畜禽、种畜禽）
黑饲证（2014）01020	哈尔滨市新胜饲料制造有限公司	配合饲料（畜禽、幼畜禽、种畜禽）；浓缩饲料（畜禽、幼畜禽、种畜禽）
黑饲证（2014）01021	尚志红门饲料有限责任公司	配合饲料（畜禽、幼畜禽、种畜禽、特种动物）；浓缩饲料（畜禽、幼畜禽、种畜禽、特种动物）
黑饲证（2014）01022	哈尔滨三维饲料有限公司	配合饲料（畜禽、幼畜禽、种畜禽、特种动物）；浓缩饲料（畜禽、幼畜禽、种畜禽、特种动物）
黑饲证（2014）01023	哈尔滨市领先饲料有限公司	配合饲料（畜禽、幼畜禽、种畜禽、特种动物）；浓缩饲料（畜禽、幼畜禽、种畜禽）
黑饲证（2014）01024	哈尔滨远大牧业有限公司	配合饲料（畜禽、反刍、幼畜禽、种畜禽）；浓缩饲料（畜禽、反刍、幼畜禽、种畜禽）；精料补充料（反刍）
黑饲证（2014）01025	哈尔滨富康牧业有限公司	配合饲料（畜禽、幼畜禽、种畜禽、特种动物）；浓缩饲料（畜禽、反刍、幼畜禽、种畜禽）；精料补充料（反刍）
黑饲证（2014）01026	哈尔滨华农饲料有限公司	配合饲料（畜禽、幼畜禽、种畜禽）；浓缩饲料（畜禽、幼畜禽、种畜禽）
黑饲证（2014）01027	哈尔滨众利饲料有限公司	配合饲料（畜禽、反刍、幼畜禽、种畜禽）；浓缩饲料（畜禽、反刍、幼畜禽、种畜禽）；精料补充料（反刍）
黑饲证（2014）01028	哈尔滨鹏程饲料科技有限公司	配合饲料（畜禽、幼畜禽、种畜禽）；浓缩饲料（畜禽、幼畜禽、种畜禽）
黑饲证（2014）01029	哈尔滨华晨牧业有限公司	配合饲料（畜禽、幼畜禽、种畜禽）；浓缩饲料（畜禽、幼畜禽、种畜禽）
黑饲证（2014）01031	哈尔滨中大饲料有限责任公司	配合饲料（畜禽、反刍、幼畜禽、种畜禽、特种动物）；浓缩饲料（畜禽、反刍、幼畜禽、种畜禽、特种动物）；精料补充料（反刍、其他）
黑饲证（2014）01032	哈尔滨博微饲料制造有限责任公司	配合饲料（畜禽、幼畜禽、种畜禽、特种动物）；浓缩饲料（畜禽、幼畜禽、种畜禽）；精料补充料（反刍）
黑饲证（2014）01033	哈尔滨波音绿洲生物技术有限公司	配合饲料（畜禽、幼畜禽、种畜禽、特种动物）；浓缩饲料（畜禽、幼畜禽、种畜禽、特种动物）
黑饲证（2014）01034	哈尔滨东大牧业有限公司	配合饲料（畜禽、反刍、幼畜禽、种畜禽、特种动物）；浓缩饲料（畜禽、反刍、幼畜禽、种畜禽、特种动物）；精料补充料（反刍）
黑饲证（2014）01035	黑龙江格跃玛饲料有限公司	配合饲料（畜禽、幼畜禽、种畜禽、特种动物）；浓缩饲料（畜禽、幼畜禽、种畜禽、特种动物）

（续）

生产许可证编号	企业名称	产品名称
黑饲证（2014）01036	哈尔滨大江牧业科技有限公司	配合饲料（畜禽、水产、反刍、幼畜禽、种畜禽、特种动物）；浓缩饲料（畜禽、水产、反刍、幼畜禽、种畜禽、特种动物）；精料补充料（反刍、其他）
黑饲证（2014）01037	哈尔滨市鑫牧源饲料厂	配合饲料（畜禽、幼畜禽、种畜禽、特种动物）；浓缩饲料（畜禽、幼畜禽、种畜禽、特种动物）
黑饲证（2014）01038	哈尔滨福来德饲料有限责任公司	配合饲料（畜禽、幼畜禽、种畜禽）；浓缩饲料（畜禽、幼畜禽、种畜禽）
黑饲证（2014）01039	黑龙江恒生天源饲料有限公司	配合饲料（畜禽、幼畜禽、种畜禽）；浓缩饲料（畜禽、幼畜禽、种畜禽）
黑饲证（2014）01040	哈尔滨爱特杰牧业有限公司	配合饲料（畜禽、幼畜禽、种畜禽）；浓缩饲料（畜禽、幼畜禽、种畜禽）
黑饲证（2014）01041	葫芦岛正大畜牧有限公司哈尔滨分公司	配合饲料（畜禽、水产、幼畜禽、种畜禽、水产育苗、特种动物）；浓缩饲料（畜禽、水产、幼畜禽、种畜禽、水产育苗、特种动物）；精料补充料（反刍）
黑饲证（2014）01042	哈尔滨市中旭光大牧业有限公司	配合饲料（畜禽、水产、幼畜禽、种畜禽、水产育苗、宠物、特种动物）；浓缩饲料（畜禽、水产、幼畜禽、种畜禽、水产育苗、宠物、特种动物）
黑饲证（2014）01043	大成农牧（黑龙江）有限公司	配合饲料（畜禽、幼畜禽、种畜禽、特种动物）；浓缩饲料（畜禽、幼畜禽、种畜禽、特种动物）
黑饲证（2014）01044	哈尔滨天博饲料厂	配合饲料（畜禽、幼畜禽、种畜禽、特种动物）；浓缩饲料（畜禽、幼畜禽、种畜禽、特种动物）；精料补充料（反刍）
黑饲证（2014）01045	哈尔滨海大饲料有限公司	配合饲料（畜禽、反刍、幼畜禽、种畜禽、特种动物）；浓缩饲料（畜禽、反刍、幼畜禽、种畜禽、特种动物）；精料补充料（反刍）
黑饲证（2014）01046	哈尔滨日丰科技发展有限公司	配合饲料（畜禽、反刍、幼畜禽、种畜禽）；浓缩饲料（畜禽、反刍、幼畜禽、种畜禽）；精料补充料（反刍、其他）
黑饲证（2014）01047	哈尔滨市道外区发展饲料厂	配合饲料（畜禽、幼畜禽、种畜禽）；浓缩饲料（畜禽、幼畜禽、种畜禽）
黑饲证（2014）01048	哈尔滨市森大饲料有限公司	配合饲料（畜禽、水产、反刍、幼畜禽、种畜禽、特种动物）；浓缩饲料（畜禽、水产、反刍、幼畜禽、种畜禽、特种动物）；精料补充料（反刍、其他）
黑饲证（2014）01049	哈尔滨市道里区新佳荣饲料厂	配合饲料（水产、水产育苗）
黑饲证（2014）01050	嘉吉饲料（哈尔滨）有限公司	配合饲料（反刍）；浓缩饲料（反刍）；精料补充料（反刍）
黑饲证（2014）01051	黑龙江农垦元禾牧业开发服务有限公司	配合饲料（畜禽、水产、反刍、幼畜禽、种畜禽、特种动物）；浓缩饲料（畜禽、水产、反刍、幼畜禽、种畜禽、特种动物）；精料补充料（反刍、其他）

（续）

生产许可证编号	企业名称	产品名称
黑饲证（2014）01052	哈尔滨市道外区益利达饲料厂	配合饲料（畜禽、幼畜禽、种畜禽）；浓缩饲料（畜禽、反刍、幼畜禽、种畜禽）；精料补充料（反刍）
黑饲证（2014）01053	黑龙江天予生物科技有限责任公司	配合饲料（畜禽、幼畜禽、种畜禽、特种动物）；浓缩饲料（畜禽、幼畜禽、种畜禽、特种动物）
黑饲证（2014）01055	黑龙江蓝雷饲料有限公司	配合饲料（畜禽、反刍、幼畜禽、种畜禽）；浓缩饲料（畜禽、反刍、幼畜禽、种畜禽）；精料补充料（反刍）
黑饲证（2014）01057	哈尔滨兴民丰牧业有限公司	配合饲料（畜禽、反刍、幼畜禽、种畜禽、特种动物）；浓缩饲料（畜禽、反刍、幼畜禽、种畜禽、特种动物）；精料补充料（反刍）
黑饲证（2014）01058	哈尔滨市道里区绿农饲料加工厂	配合饲料（畜禽、幼畜禽、种畜禽、特种动物）；浓缩饲料（畜禽、幼畜禽、种畜禽、特种动物）
黑饲证（2014）01059	哈尔滨富士牧业有限公司	配合饲料（畜禽、反刍、幼畜禽、种畜禽、特种动物）；浓缩饲料（畜禽、反刍、幼畜禽、种畜禽、特种动物）；精料补充料（反刍、其他）
黑饲证（2014）01060	哈尔滨市赛诺菲饲料有限公司	配合饲料（畜禽、幼畜禽、种畜禽）；浓缩饲料（畜禽、幼畜禽、种畜禽）
黑饲证（2014）01061	哈尔滨正成牧业有限公司	配合饲料（畜禽、幼畜禽）；浓缩饲料（畜禽、幼畜禽）
黑饲证（2014）01062	哈尔滨正泰牧业有限责任公司	配合饲料（畜禽、幼畜禽、种畜禽）；浓缩饲料（畜禽、幼畜禽、种畜禽）
黑饲证（2014）01063	哈尔滨万宝饲料科技开发有限公司	配合饲料（畜禽、水产、幼畜禽、种畜禽、特种动物）；浓缩饲料（畜禽、水产、幼畜禽、种畜禽、特种动物）
黑饲证（2014）01064	哈尔滨市新诚誉华饲料有限公司	配合饲料（畜禽、幼畜禽、种畜禽）；浓缩饲料（畜禽、幼畜禽、种畜禽）
黑饲证（2014）01065	黑龙江省宏望饲料有限责任公司	配合饲料（畜禽、水产、反刍、幼畜禽、种畜禽、水产育苗）；浓缩饲料（畜禽、水产、反刍、幼畜禽、种畜禽、水产育苗）；精料补充料（反刍）
黑饲证（2014）01066	哈尔滨广盈牧业有限公司	配合饲料（畜禽、水产、幼畜禽、种畜禽、特种动物）；浓缩饲料（畜禽、水产、幼畜禽、种畜禽、特种动物）
黑饲证（2014）01067	哈尔滨金新农饲料有限公司	配合饲料（畜禽、幼畜禽、种畜禽）；浓缩饲料（畜禽、幼畜禽、种畜禽）
黑饲证（2014）01068	巴彦县巨龙生物饲料开发有限公司	配合饲料（畜禽、水产、反刍、幼畜禽、种畜禽、特种动物）；浓缩饲料（畜禽、反刍、幼畜禽、种畜禽、特种动物）；精料补充料（反刍）
黑饲证（2014）01069	哈尔滨麒瑞牧业有限公司	配合饲料（畜禽、幼畜禽、种畜禽、特种动物）；浓缩饲料（畜禽、幼畜禽、种畜禽、特种动物）
黑饲证（2014）01071	黑龙江省荣耀牧业有限公司	配合饲料（反刍）；浓缩饲料（反刍）；精料补充料（反刍）

（续）

生产许可证编号	企业名称	产品名称
黑饲证（2014）01072	哈尔滨光威牧业有限公司	配合饲料（畜禽、水产、反刍、幼畜禽、种畜禽、水产育苗、宠物、特种动物）；浓缩饲料（畜禽、水产、反刍、幼畜禽、种畜禽、水产育苗、宠物、特种动物）；精料补充料（反刍）
黑饲证（2014）01073	黑龙江美龙牧业股份有限公司	配合饲料（畜禽、反刍、幼畜禽、种畜禽、特种动物）；浓缩饲料（畜禽、反刍、幼畜禽、种畜禽）；精料补充料（反刍）
黑饲证（2014）01075	黑龙江省三禾饲料有限公司	配合饲料（畜禽、反刍、幼畜禽、种畜禽、特种动物）；浓缩饲料（畜禽、反刍、幼畜禽、种畜禽）；精料补充料（反刍）
黑饲证（2014）01076	哈尔滨市安佑饲料有限公司	配合饲料（畜禽、幼畜禽、种畜禽）；浓缩饲料（畜禽、幼畜禽、种畜禽）
黑饲证（2014）01077	哈尔滨百事成牧业有限公司	配合饲料（畜禽、反刍、幼畜禽、种畜禽）；浓缩饲料（畜禽、反刍、幼畜禽、种畜禽）；精料补充料（反刍）
黑饲证（2014）01078	哈尔滨集尔泰饲料有限公司	配合饲料（反刍）；浓缩饲料（反刍）；精料补充料（反刍）
黑饲证（2014）01079	哈尔滨民大农牧科技有限公司	配合饲料（畜禽、水产、幼畜禽、种畜禽、特种动物）；浓缩饲料（畜禽、水产、幼畜禽、种畜禽、特种动物）
黑饲证（2014）01080	哈尔滨中旭农丰饲料有限公司	配合饲料（畜禽、水产、幼畜禽、水产育苗、宠物、特种动物）；浓缩饲料（畜禽、水产、幼畜禽、水产育苗、宠物、特种动物）
黑饲证（2014）01081	辽宁波尔莱特农牧实业有限公司哈尔滨分公司	配合饲料（畜禽、幼畜禽、种畜禽）；浓缩饲料（畜禽、幼畜禽、种畜禽）
黑饲证（2014）01082	哈尔滨华隆成业饲料有限公司	配合饲料（畜禽、幼畜禽、种畜禽、特种动物）；浓缩饲料（畜禽、幼畜禽、种畜禽、特种动物）
黑饲证（2014）01083	哈尔滨大昌饲料有限公司	配合饲料（畜禽、水产、幼畜禽、种畜禽、水产育苗、特种动物）；浓缩饲料（畜禽、水产、幼畜禽、种畜禽、水产育苗、特种动物）
黑饲证（2014）01085	哈尔滨相成饲料制造有限公司	配合饲料（畜禽、水产、幼畜禽、种畜禽、特种动物）；浓缩饲料（畜禽、幼畜禽、种畜禽、特种动物）
黑饲证（2014）01086	哈尔滨华农曙光饲料有限公司	配合饲料（畜禽、幼畜禽、种畜禽、特种动物）；浓缩饲料（畜禽、幼畜禽、种畜禽、特种动物）
黑饲证（2014）01087	哈尔滨德邦牧业有限公司	配合饲料（畜禽、幼畜禽、种畜禽）；浓缩饲料（畜禽、幼畜禽、种畜禽）
黑饲证（2014）01088	哈尔滨乐农饲料有限公司	配合饲料（畜禽、水产、幼畜禽、种畜禽、特种动物）；浓缩饲料（畜禽、水产、幼畜禽、种畜禽、特种动物）
黑饲证（2014）01090	哈尔滨德康成长饲料科技有限公司	配合饲料（畜禽、反刍、幼畜禽、种畜禽）；浓缩饲料（畜禽、反刍、幼畜禽、种畜禽）；精料补充料（反刍）

（续）

生产许可证编号	企业名称	产品名称
黑饲证（2014）01091	哈尔滨市奥丰牧业有限公司	配合饲料（畜禽、幼畜禽、种畜禽）；浓缩饲料（畜禽、幼畜禽、种畜禽）
黑饲证（2014）01092	哈尔滨康成饲料有限公司	配合饲料（畜禽、反刍、幼畜禽、种畜禽）；浓缩饲料（畜禽、反刍、幼畜禽、种畜禽）；精料补充料（反刍）
黑饲证（2014）01093	黑龙江永宏生物科技有限公司	配合饲料（畜禽、幼畜禽、种畜禽）；浓缩饲料（畜禽、幼畜禽、种畜禽）
黑饲证（2014）01095	哈尔滨市巨兴达饲料有限公司	配合饲料（畜禽、幼畜禽、种畜禽、特种动物）；浓缩饲料（畜禽、幼畜禽、种畜禽、特种动物）
黑饲证（2014）01096	哈尔滨华罗生物科技有限公司	配合饲料（畜禽、幼畜禽、种畜禽、特种动物）；浓缩饲料（畜禽、幼畜禽、种畜禽、特种动物）
黑饲证（2014）01097	哈尔滨爱德威农牧科技有限公司	配合饲料（畜禽、幼畜禽、种畜禽）；浓缩饲料（畜禽、幼畜禽、种畜禽）
黑饲证（2014）01098	哈尔滨祝成饲料有限公司	配合饲料（畜禽、幼畜禽、种畜禽、特种动物）；浓缩饲料（畜禽、幼畜禽、种畜禽、特种动物）
黑饲证（2014）01099	哈尔滨北亚牧业有限公司	配合饲料（畜禽、反刍、幼畜禽、种畜禽）；浓缩饲料（畜禽、反刍、幼畜禽、种畜禽）；精料补充料（反刍）
黑饲证（2014）01100	哈尔滨好百年牧业发展有限公司	配合饲料（畜禽、幼畜禽、种畜禽、特种动物）；浓缩饲料（畜禽、幼畜禽、种畜禽、特种动物）
黑饲证（2014）01101	哈尔滨市凯弘饲料厂	配合饲料（畜禽、幼畜禽、种畜禽、宠物、特种动物）；浓缩饲料（畜禽、幼畜禽、种畜禽、宠物、特种动物）
黑饲证（2014）01102	哈尔滨市道里区谷润饲料厂	配合饲料（畜禽、水产、反刍、幼畜禽、种畜禽、水产育苗、宠物、特种动物）；浓缩饲料（畜禽、水产、反刍、幼畜禽、种畜禽、水产育苗、宠物、特种动物）；精料补充料（反刍、其他）
黑饲证（2014）01103	哈尔滨市华达饲料制造有限公司	配合饲料（畜禽、幼畜禽、种畜禽）；浓缩饲料（畜禽、幼畜禽、种畜禽）
黑饲证（2014）01106	哈尔滨市合顺饲料有限公司	配合饲料（畜禽、水产、幼畜禽、种畜禽、水产育苗、特种动物）；浓缩饲料（畜禽、水产、幼畜禽、种畜禽、水产育苗、特种动物）
黑饲证（2014）01107	黑龙江嵩楠饲料科技有限公司	浓缩饲料（反刍）；精料补充料（反刍）
黑饲证（2014）01108	哈尔滨盛世泰斯特饲料有限公司	配合饲料（畜禽、幼畜禽、种畜禽、特种动物）；浓缩饲料（畜禽、幼畜禽、种畜禽、特种动物）
黑饲证（2014）01111	哈尔滨光宇牧业有限责任公司	配合饲料（畜禽、水产、反刍、幼畜禽、种畜禽、水产育苗、特种动物）；浓缩饲料（畜禽、水产、反刍、幼畜禽、种畜禽、水产育苗、特种动物）；精料补充料（反刍）
黑饲证（2014）01112	哈尔滨正大阳光饲料有限公司	配合饲料（畜禽、幼畜禽、种畜禽、特种动物）；浓缩饲料（畜禽、幼畜禽、种畜禽、特种动物）

（续）

生产许可证编号	企业名称	产品名称
黑饲证（2014）01113	哈尔滨大田牧业有限公司	配合饲料（畜禽、水产、幼畜禽、种畜禽、特种动物）；浓缩饲料（畜禽、水产、幼畜禽、种畜禽、特种动物）
黑饲证（2014）01115	哈尔滨众森生物科技发展有限公司	配合饲料（畜禽、水产、幼畜禽、种畜禽、水产育苗、宠物、特种动物）；浓缩饲料（畜禽、水产、幼畜禽、种畜禽、水产育苗、宠物、特种动物）
黑饲证（2014）01116	哈尔滨市道里区宏盛天成饲料厂	配合饲料（畜禽、水产、幼畜禽、种畜禽、水产育苗、特种动物）；浓缩饲料（畜禽、水产、幼畜禽、种畜禽、水产育苗、特种动物）
黑饲证（2014）01117	哈尔滨大雨科技饲料开发有限公司	配合饲料（畜禽、幼畜禽、种畜禽、特种动物）；浓缩饲料（畜禽、幼畜禽、种畜禽、特种动物）
黑饲证（2014）01119	哈尔滨战胜饲料加工有限公司	配合饲料（畜禽、水产、反刍、幼畜禽、种畜禽、水产育苗、特种动物）；浓缩饲料（畜禽、水产、反刍、幼畜禽、种畜禽、水产育苗、特种动物）；精料补充料（反刍）
黑饲证（2014）01120	哈尔滨农阳饲料有限公司	配合饲料（畜禽、幼畜禽、种畜禽、特种动物）；浓缩饲料（畜禽、幼畜禽、种畜禽、特种动物）
黑饲证（2014）01121	哈尔滨新禾牧业有限公司	配合饲料（畜禽、幼畜禽、种畜禽）；浓缩饲料（畜禽、幼畜禽、种畜禽）
黑饲证（2014）01122	哈尔滨大正原饲料科技有限公司	配合饲料（畜禽、幼畜禽、种畜禽、特种动物）；浓缩饲料（畜禽、幼畜禽、种畜禽、特种动物）
黑饲证（2014）01123	哈尔滨市顺大饲料有限公司	配合饲料（畜禽、水产、幼畜禽、种畜禽、水产育苗、特种动物）；浓缩饲料（畜禽、水产、幼畜禽、种畜禽、水产育苗、特种动物）
黑饲证（2014）01125	哈尔滨富邦饲料有限责任公司	配合饲料（反刍）；浓缩饲料（反刍）；精料补充料（反刍）
黑饲证（2014）01126	哈尔滨翔麟牧业有限公司	配合饲料（畜禽、水产、幼畜禽、种畜禽、水产育苗、特种动物）；浓缩饲料（畜禽、水产、幼畜禽、种畜禽、水产育苗、特种动物）
黑饲证（2014）01127	哈尔滨农垦康瑞黑谷牧业有限公司	配合饲料（畜禽、幼畜禽、种畜禽、特种动物）；浓缩饲料（畜禽、幼畜禽、种畜禽、特种动物）
黑饲证（2014）01128	黑龙江正地饲料有限责任公司	配合饲料（畜禽、水产、反刍、幼畜禽、种畜禽、水产育苗、特种动物）；浓缩饲料（畜禽、水产、反刍、幼畜禽、种畜禽、水产育苗、特种动物）；精料补充料（反刍）
黑饲证（2014）01129	黑龙江九州大地饲料有限公司	配合饲料（畜禽、幼畜禽、种畜禽、特种动物）；浓缩饲料（畜禽、幼畜禽、种畜禽、特种动物）
黑饲证（2014）01139	哈尔滨鑫通胜牧业有限公司	配合饲料（畜禽、水产、幼畜禽、种畜禽、水产育苗、特种动物）；浓缩饲料（畜禽、水产、幼畜禽、种畜禽、水产育苗、特种动物）

（续）

生产许可证编号	企业名称	产品名称
黑饲证（2014）02001	齐齐哈尔谷实农牧科技有限公司	配合饲料（畜禽、反刍）；浓缩饲料（畜禽、反刍）；精料补充料（反刍）
黑饲证（2014）02002	富裕县延华农牧发展有限公司	配合饲料（反刍）；浓缩饲料（反刍）；精料补充料（反刍）
黑饲证（2014）02003	龙江强大饲料有限公司	配合饲料（畜禽、水产、幼畜禽、种畜禽、水产育苗、特种动物）；浓缩饲料（畜禽、幼畜禽、种畜禽）；精料补充料（反刍）
黑饲证（2014）02004	富裕县阳光牧业有限责任公司	配合饲料（畜禽、反刍、幼畜禽、种畜禽）；浓缩饲料（畜禽、反刍、幼畜禽、种畜禽）；精料补充料（反刍）
黑饲证（2014）02005	科菲特饲料（齐齐哈尔）有限公司	配合饲料（畜禽、水产）；浓缩饲料（畜禽、反刍）；精料补充料（反刍）
黑饲证（2014）02006	上海光明荷斯坦牧业有限公司富裕分公司	配合饲料（反刍）；浓缩饲料（反刍）；精料补充料（反刍）
黑饲证（2014）02007	讷河市新兴牧饲料厂	配合饲料（畜禽、幼畜禽、种畜禽）；浓缩饲料（畜禽、幼畜禽、种畜禽）
黑饲证（2014）02008	黑龙江大兴饲料发展有限责任公司	配合饲料（畜禽、水产、幼畜禽、种畜禽、特种动物）；浓缩饲料（畜禽、水产、幼畜禽、种畜禽、特种动物）
黑饲证（2014）02009	讷河市兴大饲料有限责任公司	配合饲料（畜禽、幼畜禽、种畜禽、特种动物）；浓缩饲料（畜禽、幼畜禽、种畜禽、特种动物）；精料补充料（反刍）
黑饲证（2014）02010	齐齐哈尔联丰饲料有限公司	配合饲料（畜禽、反刍、幼畜禽、种畜禽）；浓缩饲料（畜禽、反刍、幼畜禽、种畜禽）；精料补充料（反刍、其他）
黑饲证（2014）02011	齐齐哈尔九星饲料有限公饲	配合饲料（畜禽）；浓缩饲料（畜禽、反刍）；精料补充料（反刍）
黑饲证（2014）02012	齐齐哈尔新中旭饲料有限公司	配合饲料（畜禽、水产、特种动物）；浓缩饲料（畜禽、反刍）；精料补充料（反刍）
黑饲证（2014）02013	齐齐哈尔六和威望饲料有限公司	配合饲料（畜禽、幼畜禽、种畜禽）；浓缩饲料（畜禽、幼畜禽、种畜禽）
黑饲证（2014）02014	齐齐哈尔市和居饲料有限责任公司	配合饲料（畜禽、水产、幼畜禽、种畜禽、水产育苗、特种动物）；浓缩饲料（畜禽、幼畜禽、种畜禽）
黑饲证（2014）02016	齐齐哈尔德禹牧业有限责任公司	配合饲料（畜禽、水产、幼畜禽、种畜禽）；浓缩饲料（畜禽、幼畜禽、种畜禽）；精料补充料（反刍）
黑饲证（2014）02017	齐齐哈尔市星泰饲料有限公司	配合饲料（畜禽、特种动物）；浓缩饲料（畜禽、反刍）；精料补充料（反刍）
黑饲证（2014）02019	讷河市宏涛饲料有限公司	配合饲料（畜禽、水产、幼畜禽、种畜禽、特种动物）；浓缩饲料（畜禽、水产、幼畜禽、种畜禽、特种动物）；精料补充料（反刍）

（续）

生产许可证编号	企业名称	产品名称
黑饲证（2014）02022	富裕鑫隆成饲料有限责任公司	配合饲料（反刍）；浓缩饲料（反刍）；精料补充料（反刍）
黑饲证（2014）02025	讷河市文丰饲料厂	配合饲料（畜禽、幼畜禽、种畜禽）；浓缩饲料（畜禽、幼畜禽、种畜禽）
黑饲证（2014）02026	黑龙江省畜牧研究所华美饲料厂	浓缩饲料（反刍）；精料补充料（反刍）
黑饲证（2014）02027	齐齐哈尔市天圣动物营养饲料厂	配合饲料（畜禽、水产、幼畜禽、种畜禽、水产育苗、特种动物）；浓缩饲料（畜禽、反刍、幼畜禽、种畜禽、水产育苗、特种动物）；精料补充料（反刍）
黑饲证（2014）03001	东方希望牡丹江动物营养有限公司	配合饲料（畜禽、水产、幼畜禽、特种动物）；浓缩饲料（畜禽、幼畜禽）
黑饲证（2014）03002	湖南正虹科技发展股份有限公司宁安分公司	配合饲料（畜禽、水产、幼畜禽）；浓缩饲料（畜禽、幼畜禽）
黑饲证（2014）03003	牡丹江禾丰牧业有限公司	配合饲料（畜禽、幼畜禽、种畜禽）；浓缩饲料（畜禽、幼畜禽、种畜禽）
黑饲证（2014）03007	黑龙江康泰生物科技开发有限公司	配合饲料（畜禽、幼畜禽、种畜禽）；浓缩饲料（畜禽、幼畜禽、种畜禽）
黑饲证（2014）04003	佳木斯东方希望金豆动物营养有限公司	配合饲料（畜禽、水产、幼畜禽、种畜禽、水产育苗、宠物、特种动物）；浓缩饲料（畜禽、水产、幼畜禽、种畜禽、水产育苗、宠物、特种动物）
黑饲证（2014）04005	佳木斯新中旭饲料有限公司	配合饲料（畜禽、幼畜禽、种畜禽）；浓缩饲料（畜禽、幼畜禽、种畜禽）
黑饲证（2014）04006	佳木斯北方动物保健品有限公司	配合饲料（畜禽、幼畜禽、种畜禽）；浓缩饲料（畜禽、幼畜禽、种畜禽）
黑饲证（2014）04007	桦南县新曙光饲料有限公司	配合饲料（畜禽、种畜禽）；浓缩饲料（畜禽）
黑饲证（2014）04008	佳木斯市双强饲料有限责任公司	配合饲料（水产、水产育苗）；浓缩饲料（水产、水产育苗）
黑饲证（2014）05002	大庆丰收饲料有限公司	配合饲料（畜禽、水产、反刍、幼畜禽、种畜禽）；浓缩饲料（畜禽、反刍、幼畜禽、种畜禽）；精料补充料（反刍）
黑饲证（2014）05003	大庆六和饲料有限公司	配合饲料（畜禽、幼畜禽、种畜禽）；浓缩饲料（畜禽、幼畜禽、种畜禽）
黑饲证（2014）05004	大庆禾丰八一农大动物科技有限公司	配合饲料（畜禽、幼畜禽、种畜禽）；浓缩饲料（畜禽、幼畜禽、种畜禽）
黑饲证（2014）05005	大庆市龙凤区庆萨澳龙饲料厂	配合饲料（畜禽、水产、反刍、幼畜禽、种畜禽）；浓缩饲料（畜禽、反刍、幼畜禽、种畜禽）；精料补充料（反刍）

（续）

生产许可证编号	企业名称	产品名称
黑饲证（2014）05006	大庆市丰缘饲料有限公司	配合饲料（畜禽、种畜禽）；浓缩饲料（畜禽、种畜禽）；精料补充料（反刍）
黑饲证（2014）05007	大庆仕合源乳业有限公司	配合饲料（反刍、幼畜禽、宠物、特种动物）
黑饲证（2014）05008	黑龙江中升饲料有限公司	配合饲料（畜禽、反刍、幼畜禽、种畜禽）；浓缩饲料（畜禽、反刍、幼畜禽、种畜禽）；精料补充料（反刍）
黑饲证（2014）06001	黑龙江省牡丹江农垦新都饲料有限公司	浓缩饲料（反刍）；精料补充料（反刍）
黑饲证（2014）07001	集贤县悦达饲料有限公司	配合饲料（畜禽、幼畜禽、种畜禽）；浓缩饲料（畜禽、幼畜禽、种畜禽）
黑饲证（2014）07002	黑龙江省三江禾丰牧业有限公司	配合饲料（畜禽、幼畜禽、种畜禽）；浓缩饲料（畜禽、幼畜禽、种畜禽）
黑饲证（2014）07003	黑龙江省盛达饲料有限公司	配合饲料（幼畜禽、种畜禽、特种动物）；浓缩饲料（畜禽）
黑饲证（2014）09001	七台河市大森林饲料有限公司	配合饲料（畜禽、幼畜禽）；浓缩饲料（畜禽、幼畜禽）
黑饲证（2014）09002	勃利县丰博饲料有限公司	配合饲料（幼畜禽、种畜禽）；浓缩饲料（畜禽、幼畜禽、种畜禽）
黑饲证（2014）11001	黑河中兴饲料有限公司	精料补充料（反刍）
黑饲证（2014）11002	嫩江县金鑫经贸有限责任公司	配合饲料（畜禽、幼畜禽、种畜禽）；浓缩饲料（畜禽、幼畜禽、种畜禽）
黑饲证（2014）12001	黑龙江肇东希望饲料有限责任公司	配合饲料（畜禽、水产、幼畜禽、种畜禽、水产育苗、特种动物）；浓缩饲料（畜禽、幼畜禽、种畜禽）
黑饲证（2014）12002	肇东特驱饲料有限公司	配合饲料（畜禽、水产、幼畜禽、种畜禽）；浓缩饲料（畜禽、水产、幼畜禽、种畜禽）
黑饲证（2014）12003	望奎双胞胎饲料有限公司	配合饲料（畜禽、幼畜禽、种畜禽）；浓缩饲料（畜禽、幼畜禽、种畜禽）
黑饲证（2014）12004	肇东市岳泰饲料有限公司	配合饲料（畜禽、幼畜禽、种畜禽）；浓缩饲料（畜禽、幼畜禽、种畜禽）
黑饲证（2014）12005	肇东市润达饲料有限公司	配合饲料（畜禽、水产、幼畜禽、种畜禽、水产育苗）；浓缩饲料（畜禽、水产、幼畜禽、种畜禽、水产育苗）
黑饲证（2014）12008	肇东市双强饲料厂	配合饲料（水产、水产育苗）；浓缩饲料（水产、水产育苗）
黑饲证（2014）14001	黑龙江九三农垦科菲特饲料有限公司	配合饲料（畜禽、水产）；浓缩饲料（畜禽、反刍）；精料补充料（反刍）
黑饲证（2015）02021	齐齐哈尔鹏博饲料科技有限公司	配合饲料（畜禽、水产、特种动物）；浓缩饲料（反刍）；精料补充料（反刍）
沪饲证（2013）02003	上海富捷饲料有限公司	浓缩饲料（幼畜禽、种畜禽）

（续）

生产许可证编号	企业名称	产品名称
沪饲证（2014）01001	英联饲料（上海）有限公司	配合饲料（畜禽、幼畜禽、种畜禽）；浓缩饲料（畜禽、幼畜禽、种畜禽）；精料补充料（反刍）
沪饲证（2014）02005	上海味它宠物用品有限公司	配合饲料（宠物）
沪饲证（2014）02006	上海能佑饲料有限公司	配合饲料（畜禽、幼畜禽、种畜禽）；浓缩饲料（畜禽、幼畜禽、种畜禽）
沪饲证（2014）02007	上海金顶饲料有限公司	配合饲料（畜禽、水产、幼畜禽、种畜禽、水产育苗）；浓缩饲料（畜禽、幼畜禽、种畜禽）
沪饲证（2014）02008	金朝生物科技（上海）有限公司	配合饲料（畜禽、幼畜禽）；浓缩饲料（畜禽、幼畜禽、种畜禽）
沪饲证（2014）02010	上海旺大生物科技有限公司	浓缩饲料（畜禽、幼畜禽、种畜禽）
沪饲证（2014）03001	上海希望农业有限公司	配合饲料（畜禽、水产、幼畜禽、种畜禽）；浓缩饲料（畜禽、幼畜禽、种畜禽）
沪饲证（2014）04001	上海普路腾生物科技有限公司	配合饲料（特种动物）
沪饲证（2014）04002	上海福贝宠物用品有限公司	配合饲料（宠物）
沪饲证（2014）04003	上海海勤生物技术有限公司	浓缩饲料（畜禽、幼畜禽、种畜禽）
沪饲证（2014）04004	上海新农饲料股份有限公司	配合饲料（畜禽、幼畜禽、种畜禽）；浓缩饲料（畜禽、幼畜禽、种畜禽）
沪饲证（2014）04005	上海纽尚营养科技有限公司	配合饲料（宠物）
沪饲证（2014）04006	上海大力饲料发展有限公司	配合饲料（畜禽、水产、幼畜禽、种畜禽）；浓缩饲料（畜禽、幼畜禽）
沪饲证（2014）04007	上海阳恩饲料有限公司	配合饲料（水产）
沪饲证（2014）04008	上海香川饲料有限公司	配合饲料（畜禽、水产、幼畜禽、种畜禽、水产育苗、特种动物）；浓缩饲料（畜禽、幼畜禽、种畜禽）
沪饲证（2014）04009	上海大江水产饲料科技有限公司	配合饲料（畜禽、水产、幼畜禽、种畜禽、水产育苗、特种动物）
沪饲证（2014）04010	上海征泰饲料有限公司	配合饲料（幼畜禽、种畜禽）；浓缩饲料（幼畜禽、种畜禽）
沪饲证（2014）04011	上海九山饲料有限公司	配合饲料（畜禽、水产、幼畜禽、种畜禽、水产育苗）；浓缩饲料（畜禽、幼畜禽）
沪饲证（2014）04012	上海新邦生物科技有限公司	配合饲料（畜禽、幼畜禽、种畜禽）；浓缩饲料（畜禽、幼畜禽、种畜禽）
沪饲证（2014）04013	上海远大饲料有限公司	配合饲料（畜禽、幼畜禽、种畜禽）；浓缩饲料（畜禽、幼畜禽、种畜禽）
沪饲证（2014）04014	上海民丰饲料有限公司	配合饲料（畜禽、水产、幼畜禽、种畜禽、水产育苗）；浓缩饲料（畜禽、幼畜禽、种畜禽）
沪饲证（2014）05002	上海红马饲料有限公司	配合饲料（畜禽、水产、幼畜禽、种畜禽、水产育苗）；浓缩饲料（畜禽、幼畜禽、种畜禽）

（续）

生产许可证编号	企业名称	产品名称
沪饲证（2014）05004	上海农好饲料有限公司	配合饲料（畜禽、水产、幼畜禽、种畜禽、水产育苗）
沪饲证（2014）05005	上海众望饲料有限公司	配合饲料（畜禽、水产、幼畜禽、种畜禽）；浓缩饲料（畜禽、幼畜禽）
沪饲证（2014）05006	上海飞帆饲料有限公司	配合饲料（畜禽、水产、幼畜禽、种畜禽、水产育苗）；浓缩饲料（畜禽、幼畜禽）
沪饲证（2014）05007	上海汇楠生物科技有限公司	配合饲料（幼畜禽）；浓缩饲料（幼畜禽）
沪饲证（2014）05009	上海金童饲料有限公司	配合饲料（畜禽、幼畜禽、种畜禽）；浓缩饲料（畜禽、幼畜禽、种畜禽）
沪饲证（2014）05010	上海联众饲料有限公司	配合饲料（畜禽、水产、幼畜禽、种畜禽）；浓缩饲料（畜禽、水产、幼畜禽、种畜禽）
沪饲证（2014）05011	上海一新饲料发展有限公司	配合饲料（畜禽、水产、幼畜禽、水产育苗）
沪饲证（2014）05012	上海农创饲料科技有限公司	配合饲料（畜禽、幼畜禽、种畜禽）；浓缩饲料（畜禽、幼畜禽、种畜禽）
沪饲证（2014）06001	上海光明荷斯坦牧业有限公司	配合饲料（反刍）；浓缩饲料（反刍）；精料补充料（反刍）
沪饲证（2014）06002	上海新农饲料股份有限公司青浦饲料厂	配合饲料（畜禽、幼畜禽、种畜禽）；浓缩饲料（畜禽、幼畜禽、种畜禽）
沪饲证（2014）06003	上海申炎饲料有限公司	配合饲料（反刍）；精料补充料（反刍）
沪饲证（2014）06004	上海明冠饲料有限公司	配合饲料（畜禽、幼畜禽、种畜禽）；浓缩饲料（畜禽、幼畜禽、种畜禽）
沪饲证（2014）06005	上海先农动物保健品有限公司	配合饲料（畜禽、幼畜禽、种畜禽）；浓缩饲料（畜禽、幼畜禽、种畜禽）
沪饲证（2014）06006	上海信元宠物食品有限公司	配合饲料（宠物）
沪饲证（2014）07003	上海成农饲料有限公司	配合饲料（畜禽、幼畜禽、种畜禽）；浓缩饲料（畜禽、幼畜禽、种畜禽）
沪饲证（2014）07004	希望集团上海浦东饲料公司	配合饲料（畜禽、水产、幼畜禽、种畜禽、水产育苗）；浓缩饲料（畜禽、幼畜禽、种畜禽）
沪饲证（2014）07006	上海高得饲料有限公司	配合饲料（幼畜禽、种畜禽）；浓缩饲料（幼畜禽、种畜禽）
沪饲证（2014）07007	上海源耀生物股份有限公司	浓缩饲料（畜禽）
沪饲证（2014）08001	上海鼎健饲料有限公司	配合饲料（反刍）；精料补充料（反刍）
沪饲证（2014）09001	皇誉宠物食品（上海）有限公司	配合饲料（宠物）
沪饲证（2014）09002	上海康威饲料工业有限公司	配合饲料（畜禽、水产、幼畜禽、种畜禽）；浓缩饲料（畜禽、水产、幼畜禽、种畜禽）
沪饲证（2014）09003	上海康藤安饲料有限公司	配合饲料（畜禽、种畜禽）；浓缩饲料（畜禽、种畜禽）
沪饲证（2014）09004	上海益民饲料有限公司	配合饲料（畜禽、幼畜禽、种畜禽）
沪饲证（2014）09005	上海耐威克宠物用品有限公司	配合饲料（宠物）

（续）

生产许可证编号	企业名称	产品名称
沪饲证（2014）09006	上海延华饲料有限公司奉贤分公司	精料补充料（反刍）
沪饲证（2014）09007	上海大冠饲料科技有限公司	配合饲料（畜禽、水产、幼畜禽、种畜禽、水产育苗、特种动物）；浓缩饲料（畜禽、水产、幼畜禽、种畜禽、水产育苗、特种动物）
沪饲证（2014）09008	上海艾格菲饲料有限公司	配合饲料（畜禽、幼畜禽、种畜禽）；浓缩饲料（畜禽、幼畜禽、种畜禽）
沪饲证（2014）09009	上海胜望饲料有限公司	配合饲料（畜禽、幼畜禽、种畜禽）
沪饲证（2014）10001	上海新杨饲料工业有限公司	配合饲料（畜禽、幼畜禽、种畜禽）；浓缩饲料（畜禽、幼畜禽、种畜禽）
苏饲证（2013）03115	江苏长江桂柳生物科技沛县有限公司	配合饲料（畜禽）；浓缩饲料（畜禽）
苏饲证（2013）03116	江苏长江桂柳生物科技丰县有限公司	配合饲料（畜禽）；浓缩饲料（畜禽）
苏饲证（2013）05043	安佑生物科技集团股份有限公司	配合饲料（畜禽）；浓缩饲料（畜禽）
苏饲证（2013）06113	南通海大生物科技有限公司	配合饲料（水产）
苏饲证（2013）07049	连云港正和源饲料有限公司	配合饲料（畜禽）；浓缩饲料（畜禽）
苏饲证（2013）08049	长江桂柳盱眙饲料有限公司	配合饲料（畜禽）；浓缩饲料（畜禽）
苏饲证（2013）08051	淮安中大饲料有限公司	配合饲料（畜禽、水产）；浓缩饲料（畜禽、水产）
苏饲证（2013）08053	江苏大信饲料有限公司	配合饲料（畜禽）；浓缩饲料（畜禽）
苏饲证（2013）09076	盐城九洲饲料发展有限公司	配合饲料（畜禽、水产）；浓缩饲料（畜禽）
苏饲证（2013）11001	嘉吉饲料（镇江）有限公司	配合饲料（畜禽、水产、宠物）；浓缩饲料（畜禽）
苏饲证（2013）13026	宿迁双胞胎饲料有限公司	配合饲料（畜禽）；浓缩饲料（畜禽）
苏饲证（2014）01002	南京郁氏生物科技有限公司	浓缩饲料（畜禽）
苏饲证（2014）01004	希杰（南京）饲料有限公司	配合饲料（畜禽）；浓缩饲料（畜禽）
苏饲证（2014）01006	嘉吉饲料（南京）有限公司	配合饲料（畜禽、宠物）；浓缩饲料（畜禽）
苏饲证（2014）01008	江苏省协同医药生物工程有限责任公司	配合饲料（特种动物）
苏饲证（2014）01012	南京宁发饲料有限公司	配合饲料（畜禽、水产）；浓缩饲料（畜禽）
苏饲证（2014）01014	南京宏华饲料有限公司	配合饲料（畜禽、水产）；浓缩饲料（畜禽）
苏饲证（2014）01016	南京金象特种饲料有限公司	配合饲料（畜禽、水产）；浓缩饲料（畜禽）
苏饲证（2014）01021	南京福斯特饲料有限公司	配合饲料（畜禽、水产）；浓缩饲料（畜禽、水产）
苏饲证（2014）01022	南京可莱威饲料有限公司浦口分公司	配合饲料（畜禽）；浓缩饲料（畜禽）
苏饲证（2014）01024	南京旺达饲料有限公司	配合饲料（畜禽、水产）；浓缩饲料（畜禽）
苏饲证（2014）01028	南京温氏畜禽有限公司	配合饲料（畜禽）
苏饲证（2014）01029	南京彩虹饲料有限公司	配合饲料（畜禽）；浓缩饲料（畜禽）
苏饲证（2014）01034	邦基（南京）农牧有限公司	配合饲料（畜禽、水产）；浓缩饲料（畜禽）

（续）

生产许可证编号	企业名称	产品名称
苏饲证（2014）02003	无锡东方希望动物营养食品有限公司	配合饲料（畜禽、水产）；浓缩饲料（畜禽）
苏饲证（2014）02004	通威股份有限公司无锡分公司	配合饲料（畜禽、水产）；浓缩饲料（畜禽）
苏饲证（2014）02006	江苏苏南饲料有限公司	配合饲料（水产）
苏饲证（2014）02008	无锡正大畜禽有限公司	配合饲料（畜禽）；浓缩饲料（畜禽）
苏饲证（2014）02011	无锡市特林饲料有限公司	配合饲料（水产）
苏饲证（2014）02013	江阴创源饲料有限公司	配合饲料（畜禽、水产）；浓缩饲料（畜禽）
苏饲证（2014）02020	宜兴市佳威饲料有限公司	配合饲料（水产）
苏饲证（2014）02026	宜兴市正虹饲料有限公司	配合饲料（畜禽、水产）；浓缩饲料（畜禽）
苏饲证（2014）03004	徐州新洋饲料有限公司	配合饲料（畜禽、水产）；浓缩饲料（畜禽）
苏饲证（2014）03006	徐州海阔六和饲料有限公司	配合饲料（畜禽、水产）；浓缩饲料（畜禽）
苏饲证（2014）03007	徐州金风六和饲料有限公司	配合饲料（畜禽）；浓缩饲料（畜禽）
苏饲证（2014）03010	东方希望（徐州）动物食品有限公司	配合饲料（畜禽）；浓缩饲料（畜禽）
苏饲证（2014）03011	江苏苏兴畜禽发展有限公司	配合饲料（畜禽）
苏饲证（2014）03012	江苏先驱饲料科技有限公司	配合饲料（畜禽）；浓缩饲料（畜禽）
苏饲证（2014）03015	徐州正大饲料有限公司	配合饲料（畜禽、水产）；浓缩饲料（畜禽）
苏饲证（2014）03016	徐州市方圆饲料科技有限公司	配合饲料（畜禽）；浓缩饲料（畜禽）
苏饲证（2014）03018	徐州六和龙大饲料有限公司	配合饲料（畜禽）；浓缩饲料（畜禽）
苏饲证（2014）03019	新沂六和佳威饲料有限公司	配合饲料（畜禽、水产）；浓缩饲料（畜禽）
苏饲证（2014）03022	徐州康达饲料有限公司	配合饲料（畜禽）；浓缩饲料（畜禽）
苏饲证（2014）03023	徐州湘大骆驼饲料有限公司	配合饲料（畜禽）；浓缩饲料（畜禽）
苏饲证（2014）03024	徐州龙海饲料科技有限公司	配合饲料（畜禽、水产）；浓缩饲料（畜禽）
苏饲证（2014）03025	徐州腾隆中慧饲料有限公司	配合饲料（畜禽、水产）；浓缩饲料（畜禽）
苏饲证（2014）03026	徐州方正饲料科技有限公司	配合饲料（畜禽、水产）；浓缩饲料（畜禽）
苏饲证（2014）03027	徐州兴发饲料科技有限公司	配合饲料（畜禽）；浓缩饲料（畜禽）
苏饲证（2014）03028	徐州三农生物科技有限公司	配合饲料（畜禽、水产）；浓缩饲料（畜禽）
苏饲证（2014）03029	徐州恒茂饲料科技有限公司	配合饲料（畜禽）；浓缩饲料（畜禽）
苏饲证（2014）03033	徐州丰华饲料有限公司	配合饲料（畜禽、水产）；浓缩饲料（畜禽）
苏饲证（2014）03036	徐州恒杰饲料有限公司	配合饲料（畜禽）
苏饲证（2014）03037	徐州永燕饲料科技有限公司	配合饲料（畜禽）
苏饲证（2014）03039	徐州富源饲料科技有限公司	配合饲料（畜禽）；浓缩饲料（畜禽）
苏饲证（2014）03041	睢宁东方希望动物营养食品有限公司	配合饲料（畜禽、水产）；浓缩饲料（畜禽）
苏饲证（2014）03045	徐州天元饲料有限公司	配合饲料（畜禽、水产）；浓缩饲料（畜禽）
苏饲证（2014）03046	徐州科星科技发展有限公司	配合饲料（畜禽）；浓缩饲料（畜禽）
苏饲证（2014）03047	徐州金利尔饲料有限公司	配合饲料（畜禽）；浓缩饲料（畜禽）

（续）

生产许可证编号	企业名称	产品名称
苏饲证（2014）03049	徐州万星农牧科技有限公司	配合饲料（畜禽）；浓缩饲料（畜禽）
苏饲证（2014）03050	徐州鸿发饲料有限公司	配合饲料（畜禽）
苏饲证（2014）03056	徐州德诚饲料有限责任公司	配合饲料（畜禽）
苏饲证（2014）03058	邳州市小河科技发展有限公司	配合饲料（畜禽）
苏饲证（2014）03065	丰县新中牧饲料有限公司	配合饲料（畜禽）
苏饲证（2014）03066	徐州明威饲料有限公司	配合饲料（畜禽）；浓缩饲料（畜禽）
苏饲证（2014）03067	新沂正大和牧饲料有限公司	配合饲料（畜禽）；浓缩饲料（畜禽）
苏饲证（2014）03069	徐州市立华畜禽有限公司	配合饲料（畜禽）
苏饲证（2014）03072	徐州海润饲料有限公司	配合饲料（畜禽）；浓缩饲料（畜禽）
苏饲证（2014）03073	徐州市康信饲料科技有限公司	配合饲料（畜禽）
苏饲证（2014）03075	唐人神集团股份有限公司徐州水产料分公司	配合饲料（水产）
苏饲证（2014）03078	徐州三维饲料有限公司	配合饲料（畜禽）；浓缩饲料（畜禽）
苏饲证（2014）03079	徐州三禾饲料有限公司	配合饲料（畜禽）；浓缩饲料（畜禽）
苏饲证（2014）03081	徐州牧之韵饲料科技有限公司	配合饲料（畜禽）；浓缩饲料（畜禽）
苏饲证（2014）03084	徐州市协和饲料有限公司	配合饲料（畜禽）；浓缩饲料（畜禽）
苏饲证（2014）03085	丰县和盛饲料有限公司	配合饲料（畜禽、水产）；浓缩饲料（畜禽）
苏饲证（2014）03087	徐州昌鑫饲料有限公司	配合饲料（畜禽）
苏饲证（2014）03088	徐州天普饲料有限公司	配合饲料（畜禽、水产）；浓缩饲料（畜禽）
苏饲证（2014）03089	徐州双胞胎饲料有限公司	配合饲料（畜禽）；浓缩饲料（畜禽）
苏饲证（2014）03090	江苏六和饲料有限公司	浓缩饲料（畜禽）
苏饲证（2014）03093	徐州英杰饲料有限公司	配合饲料（畜禽、水产）
苏饲证（2014）03094	徐州春成饲料有限公司	配合饲料（畜禽）
苏饲证（2014）03096	江苏开启牧业有限公司	配合饲料（畜禽）；浓缩饲料（畜禽）
苏饲证（2014）03102	邳州市大福成牧业有限公司	浓缩饲料（反刍）；精料补充料（反刍）
苏饲证（2014）03103	徐州大昌饲料有限公司	配合饲料（畜禽、水产）；浓缩饲料（畜禽）
苏饲证（2014）03106	徐州鹏大饲料有限公司	配合饲料（畜禽）
苏饲证（2014）03107	中粮饲料（沛县）有限公司	配合饲料（畜禽、水产）；浓缩饲料（畜禽）
苏饲证（2014）03108	中粮饲料（新沂）有限公司	配合饲料（畜禽、水产）；浓缩饲料（畜禽）
苏饲证（2014）03109	江苏大象饲料有限公司	配合饲料（畜禽、水产）；浓缩饲料（畜禽）
苏饲证（2014）03119	徐州圣牧饲料有限公司	配合饲料（畜禽）；浓缩饲料（畜禽）
苏饲证（2014）03120	徐州朴生农牧科技有限公司	配合饲料（畜禽）；浓缩饲料（畜禽）
苏饲证（2014）03121	徐州正昌饲料有限公司	配合饲料（畜禽、水产）；浓缩饲料（畜禽）
苏饲证（2014）04001	常州大江饲料有限公司	配合饲料（畜禽、水产）；浓缩饲料（畜禽）
苏饲证（2014）04003	溧阳市久和饲料有限公司	配合饲料（畜禽、水产）
苏饲证（2014）04008	常州水神饲料科技有限公司	配合饲料（水产）
苏饲证（2014）04018	江苏立华牧业有限公司	配合饲料（畜禽）

（续）

生产许可证编号	企业名称	产品名称
苏饲证（2014）04025	溧阳正昌饲料科技有限公司	配合饲料（畜禽）；浓缩饲料（畜禽、水产）
苏饲证（2014）04028	常州市灵丰饲料有限公司	配合饲料（畜禽、水产）
苏饲证（2014）04039	常州市大来饲料有限公司	配合饲料（畜禽、水产）
苏饲证（2014）04041	常州市四季禽业有限公司	配合饲料（畜禽）
苏饲证（2014）04042	江苏全福农牧实业有限公司	配合饲料（畜禽）
苏饲证（2014）04047	常州海大生物饲料有限公司	配合饲料（畜禽、水产）
苏饲证（2014）04051	金坛正大饲料制造有限公司	配合饲料（畜禽、水产、宠物）
苏饲证（2014）04054	常州市寨桥滆湖饲料有限公司	配合饲料（水产）
苏饲证（2014）05001	苏州帝凯维动物营养有限公司	配合饲料（畜禽）；浓缩饲料（畜禽）
苏饲证（2014）05002	苏州通威特种饲料有限公司	配合饲料（水产）
苏饲证（2014）05003	苏州夏林饲料有限公司	配合饲料（畜禽、水产）；浓缩饲料（畜禽、水产）
苏饲证（2014）05004	常熟泉兴营养添加剂有限公司	配合饲料（水产）；浓缩饲料（畜禽）
苏饲证（2014）05015	苏州美佳饲料有限公司	配合饲料（畜禽、水产）；浓缩饲料（畜禽）
苏饲证（2014）05017	苏州吴江华星特种饲料有限公司	配合饲料（水产）
苏饲证（2014）05027	吴江市邦农饲料有限公司	配合饲料（水产）
苏饲证（2014）05028	常熟市常虹饲料有限公司	配合饲料（畜禽、水产）
苏饲证（2014）05030	苏州安慕飞生物科技有限公司	配合饲料（特种动物）
苏饲证（2014）05035	太仓安佑生物科技有限公司	配合饲料（畜禽）；浓缩饲料（畜禽）
苏饲证（2014）05038	太仓广东温氏家禽有限公司	配合饲料（畜禽）
苏饲证（2014）05039	苏州快大饲料有限公司	浓缩饲料（畜禽）
苏饲证（2014）05042	太仓双胞胎饲料有限公司	配合饲料（畜禽）；浓缩饲料（畜禽）
苏饲证（2014）05046	鑫裕饲料（苏州）有限公司	配合饲料（水产）
苏饲证（2014）06002	南通正虹饲料有限公司	配合饲料（畜禽）；浓缩饲料（畜禽）
苏饲证（2014）06003	南通多瑞尔动物营养有限公司	配合饲料（畜禽、水产）；浓缩饲料（畜禽）
苏饲证（2014）06004	江苏天成科技集团有限公司	配合饲料（畜禽、水产）；浓缩饲料（畜禽）
苏饲证（2014）06005	海安源耀饲料有限公司	配合饲料（畜禽）
苏饲证（2014）06007	南通巴大饲料有限公司	配合饲料（水产）
苏饲证（2014）06009	南通市五菱饲料有限公司	配合饲料（畜禽、水产）；浓缩饲料（畜禽）
苏饲证（2014）06010	南通正大有限公司	配合饲料（畜禽）；浓缩饲料（畜禽）
苏饲证（2014）06011	南通正大有限公司南通开发区分公司	配合饲料（畜禽、水产）；浓缩饲料（畜禽）
苏饲证（2014）06015	南通鑫老大饲料科技有限公司	配合饲料（畜禽、水产）；浓缩饲料（畜禽）
苏饲证（2014）06018	南通增益饲料有限公司	配合饲料（畜禽、水产）；浓缩饲料（畜禽）
苏饲证（2014）06019	南通森宝特种饲料有限公司	配合饲料（水产）
苏饲证（2014）06021	江苏长寿集团南山饲料有限公司	配合饲料（畜禽、水产）；浓缩饲料（畜禽）
苏饲证（2014）06022	南通科盛海辰饲料有限公司	配合饲料（水产）
苏饲证（2014）06023	南通汇丰饲料有限公司	配合饲料（畜禽）

（续）

生产许可证编号	企业名称	产品名称
苏饲证（2014）06029	南通盛大饲料有限公司	配合饲料（畜禽）；浓缩饲料（畜禽）
苏饲证（2014）06031	南通惠民饲料有限公司	配合饲料（畜禽）；浓缩饲料（畜禽）
苏饲证（2014）06033	江苏永昌粮业有限公司	配合饲料（畜禽）；浓缩饲料（畜禽）
苏饲证（2014）06039	南通金穗饲料有限公司	配合饲料（畜禽）；浓缩饲料（畜禽）
苏饲证（2014）06043	江苏家惠生物科技有限公司	配合饲料（畜禽、水产）；浓缩饲料（畜禽）
苏饲证（2014）06053	海门泰森禽业发展有限公司	配合饲料（畜禽）
苏饲证（2014）06054	江苏友辰饲料科技有限公司	配合饲料（畜禽）；浓缩饲料（畜禽）
苏饲证（2014）06062	南通春晓饲料科技有限公司	配合饲料（畜禽、水产）；浓缩饲料（畜禽）
苏饲证（2014）06078	启东市聚丰饲料厂	配合饲料（水产）
苏饲证（2014）06083	南通宏通生物科技有限公司	配合饲料（水产）；浓缩饲料（畜禽）
苏饲证（2014）06089	南通巴大宝鼎生物饲料有限公司	配合饲料（畜禽）；浓缩饲料（畜禽）
苏饲证（2014）06092	南通特洛菲饲料科技有限公司	配合饲料（特种动物）
苏饲证（2014）06100	江苏伟农统鹤生物科技有限公司	配合饲料（畜禽、水产）；浓缩饲料（畜禽）
苏饲证（2014）06103	南通天源饲料有限公司	配合饲料（畜禽）；浓缩饲料（畜禽）
苏饲证（2014）06105	启东市江源饲料有限公司	配合饲料（水产）
苏饲证（2014）06107	南通来宝宏通生物饲料有限公司	浓缩饲料（畜禽）
苏饲证（2014）06109	启东市裕丰饲料厂	配合饲料（水产）
苏饲证（2014）06110	南通瑞益生物科技有限公司	配合饲料（畜禽、水产）；浓缩饲料（畜禽）
苏饲证（2014）06111	江苏比利美英伟营养饲料有限公司	配合饲料（畜禽）；浓缩饲料（畜禽）
苏饲证（2014）06112	南通新希望饲料有限公司	配合饲料（畜禽）；浓缩饲料（畜禽）
苏饲证（2014）06116	江苏福尼亚食品有限责任公司	配合饲料（畜禽、水产）；浓缩饲料（畜禽）
苏饲证（2014）06120	南通瑞孚饲料有限公司	配合饲料（畜禽）；浓缩饲料（畜禽）
苏饲证（2014）06123	南通新亚饲料有限公司	配合饲料（畜禽）；浓缩饲料（畜禽）
苏饲证（2014）06126	英联动物营养（南通）有限公司	配合饲料（畜禽）
苏饲证（2014）06128	南通嘉渔微生物科技有限公司	配合饲料（水产）
苏饲证（2014）07002	韩友（连云港）饲料有限公司	精料补充料（反刍）
苏饲证（2014）07003	连云港正大农牧发展有限公司	配合饲料（畜禽、水产）；浓缩饲料（畜禽）
苏饲证（2014）07004	嘉吉饲料（连云港）有限公司	配合饲料（畜禽）；浓缩饲料（畜禽）
苏饲证（2014）07005	连云港汇农生物科技有限公司	配合饲料（畜禽、水产）；浓缩饲料（畜禽）
苏饲证（2014）07007	连云港九洲科技饲料有限公司	配合饲料（畜禽、水产）；浓缩饲料（畜禽）
苏饲证（2014）07009	连云港市金陵饲料有限公司	配合饲料（畜禽、水产）；浓缩饲料（畜禽）
苏饲证（2014）07012	连云港春农饲料有限公司	配合饲料（畜禽）；浓缩饲料（畜禽）
苏饲证（2014）07013	连云港苏兰林饲料有限公司	配合饲料（水产）
苏饲证（2014）07015	连云港三江渔饲料有限公司	配合饲料（水产）
苏饲证（2014）07020	连云港温氏畜牧有限公司	配合饲料（畜禽）
苏饲证（2014）07021	连云港吉萱饲料有限公司	精料补充料（反刍）
苏饲证（2014）07022	连云港地赐饲料有限公司	配合饲料（水产）；浓缩饲料（畜禽）

（续）

生产许可证编号	企业名称	产品名称
苏饲证（2014）07037	连云港通威饲料有限公司	配合饲料（畜禽、水产）；浓缩饲料（畜禽）
苏饲证（2014）07039	连云港河海饲料有限公司	配合饲料（畜禽、水产）；精料补充料（反刍）
苏饲证（2014）07044	连云港市雨顺饲料有限公司	配合饲料（水产）
苏饲证（2014）07046	连云港韩德饲料有限公司	配合饲料（水产）
苏饲证（2014）07060	长江桂柳东海饲料有限公司	配合饲料（畜禽）；浓缩饲料（畜禽）
苏饲证（2014）08001	淮安通威饲料有限公司	配合饲料（畜禽、水产）；浓缩饲料（畜禽）
苏饲证（2014）08002	淮安天参农牧水产有限公司	配合饲料（畜禽、水产）
苏饲证（2014）08003	淮安大江水产饲料有限公司	配合饲料（畜禽、水产）
苏饲证（2014）08006	六和饲料（淮安）有限公司	配合饲料（畜禽、水产）；浓缩饲料（畜禽）
苏饲证（2014）08007	淮安温氏畜牧有限公司	配合饲料（畜禽）
苏饲证（2014）08008	淮安禾丰饲料有限公司	配合饲料（畜禽、水产）；浓缩饲料（畜禽）
苏饲证（2014）08009	淮安新希望饲料有限公司	配合饲料（畜禽、水产）；浓缩饲料（畜禽）
苏饲证（2014）08010	淮安万兴饲料有限公司	配合饲料（畜禽）；浓缩饲料（畜禽）
苏饲证（2014）08011	淮安市宏宇科技开发有限公司	配合饲料（畜禽）；浓缩饲料（畜禽）
苏饲证（2014）08013	江苏华威农牧发展有限公司	配合饲料（畜禽、水产）；浓缩饲料（畜禽）
苏饲证（2014）08014	淮安市姚江水产饲料科技有限公司	配合饲料（水产）
苏饲证（2014）08015	江苏安佑科技饲料有限公司	配合饲料（畜禽、水产）；浓缩饲料（畜禽）
苏饲证（2014）08016	淮安旺隆饲料有限公司	配合饲料（畜禽、水产）；浓缩饲料（畜禽）
苏饲证（2014）08018	淮安市康达饲料有限公司	配合饲料（畜禽、水产）；浓缩饲料（畜禽）
苏饲证（2014）08019	淮安市三缘饲料有限公司	配合饲料（畜禽、水产）；浓缩饲料（畜禽）
苏饲证（2014）08020	淮安市海大生物科技有限公司	配合饲料（畜禽、水产）；浓缩饲料（畜禽）
苏饲证（2014）08022	淮安市三星饲料有限公司	配合饲料（畜禽、水产）；浓缩饲料（畜禽）
苏饲证（2014）08025	淮安市美农饲料有限公司	配合饲料（畜禽、水产）；浓缩饲料（畜禽）
苏饲证（2014）08026	江苏大地动物保健品有限公司	配合饲料（畜禽）；浓缩饲料（畜禽）
苏饲证（2014）08027	淮安市淮阴大北农饲料有限公司	配合饲料（畜禽、水产）；浓缩饲料（畜禽）
苏饲证（2014）08030	淮安市益牛饲料有限责任公司	配合饲料（畜禽、水产）；浓缩饲料（畜禽）
苏饲证（2014）08032	淮安市正禾饲料有限公司	配合饲料（畜禽、水产）；浓缩饲料（畜禽）
苏饲证（2014）08041	淮安美标饲料有限公司	配合饲料（畜禽、水产）；浓缩饲料（畜禽）；精料补充料（反刍）
苏饲证（2014）08046	淮安牧源饲料有限公司	配合饲料（畜禽）；浓缩饲料（畜禽）
苏饲证（2014）08057	淮安普瑞纳饲料有限公司	配合饲料（畜禽、水产）；浓缩饲料（畜禽）
苏饲证（2014）08059	江苏金大地饲料有限公司	配合饲料（水产）
苏饲证（2014）08065	淮安双胞胎饲料有限公司	配合饲料（畜禽）；浓缩饲料（畜禽）
苏饲证（2014）09001	江苏巴大饲料有限公司	配合饲料（水产）
苏饲证（2014）09002	盐城恒兴饲料有限公司	配合饲料（水产）
苏饲证（2014）09004	大丰市恒利饲料有限责任公司	配合饲料（水产）
苏饲证（2014）09005	大丰市金鹿渔业专业合作社	配合饲料（水产）

（续）

生产许可证编号	企业名称	产品名称
苏饲证（2014）09006	江苏双环农牧科技有限公司	配合饲料（畜禽）；浓缩饲料（畜禽）
苏饲证（2014）09007	盐城市红利饲料科技有限公司	配合饲料（水产）
苏饲证（2014）09008	盐城裕达饲料有限公司	配合饲料（水产）
苏饲证（2014）09009	盐城六和饲料有限公司	配合饲料（畜禽、水产）；浓缩饲料（畜禽）
苏饲证（2014）09011	江苏星海生物科技有限公司	配合饲料（畜禽）；浓缩饲料（畜禽）
苏饲证（2014）09014	盐城市殷氏饲料有限公司	配合饲料（畜禽、水产）；浓缩饲料（畜禽）
苏饲证（2014）09015	通威（大丰）饲料有限公司	配合饲料（水产）
苏饲证（2014）09016	上海光明饲料有限公司大丰分公司	配合饲料（畜禽、水产）；浓缩饲料（畜禽）
苏饲证（2014）09017	大丰双胞胎饲料有限公司	配合饲料（畜禽）；浓缩饲料（畜禽）
苏饲证（2014）09018	江苏东裕大冠饲料科技有限公司	配合饲料（畜禽）
苏饲证（2014）09021	江苏瑞新饲料有限公司	配合饲料（水产）
苏饲证（2014）09022	盐城市大发渔业科技有限公司	配合饲料（水产）
苏饲证（2014）09023	江苏康威科技饲料有限公司	配合饲料（畜禽、水产）；浓缩饲料（畜禽）
苏饲证（2014）09024	东台市富民饲料科技有限公司	配合饲料（畜禽）
苏饲证（2014）09030	江苏天蓬饲料有限公司	配合饲料（畜禽、水产）；浓缩饲料（畜禽）
苏饲证（2014）09032	盐城惠民饲料科技有限公司	配合饲料（畜禽）；浓缩饲料（畜禽）
苏饲证（2014）09034	射阳六和饲料有限公司	配合饲料（畜禽、水产）；浓缩饲料（畜禽）
苏饲证（2014）09035	大丰市国富饲料有限公司	配合饲料（水产）
苏饲证（2014）09041	盐城正邦农友饲料科技有限公司	配合饲料（畜禽）；浓缩饲料（畜禽）
苏饲证（2014）09044	大丰鼎旺饲料有限公司	配合饲料（反刍）
苏饲证（2014）09047	盐城万邦饲料有限公司	配合饲料（畜禽）；浓缩饲料（畜禽）
苏饲证（2014）09048	江苏盐城源耀饲料有限公司	配合饲料（畜禽）；浓缩饲料（畜禽）
苏饲证（2014）09049	中粮饲料（东台）有限公司	配合饲料（畜禽、水产）
苏饲证（2014）09051	江苏得善绿色水产有限公司	配合饲料（水产）
苏饲证（2014）09056	东台市佳星饲料有限公司	配合饲料（水产）
苏饲证（2014）09057	东台市林华水产养殖有限公司	配合饲料（水产）
苏饲证（2014）09061	盐城温氏畜牧有限公司	配合饲料（畜禽）
苏饲证（2014）09062	东台市苏泰饲料有限公司	配合饲料（水产）
苏饲证（2014）09064	江苏天成科技集团盐城饲料有限公司	配合饲料（畜禽、水产）；浓缩饲料（畜禽）
苏饲证（2014）09066	江苏盐城源耀生物科技有限公司	浓缩饲料（畜禽）
苏饲证（2014）09068	盐城东方希望动物营养食品有限公司	配合饲料（畜禽、水产）；浓缩饲料（畜禽）
苏饲证（2014）09071	大丰市华辰水产实业有限公司	配合饲料（水产）
苏饲证（2014）09079	盐城晋源生物科技有限公司	配合饲料（水产）
苏饲证（2014）09080	盐城市优信饲料有限公司	配合饲料（畜禽、水产）；浓缩饲料（畜禽、反刍）；精料补充料（反刍）

（续）

生产许可证编号	企业名称	产品名称
苏饲证（2014）10002	扬州通威饲料有限公司	配合饲料（水产）
苏饲证（2014）10003	扬州市宏大饲料有限公司	配合饲料（水产）
苏饲证（2014）10004	扬州大大饲料有限公司	配合饲料（水产）
苏饲证（2014）10005	扬州源泉饲料有限公司	配合饲料（水产）
苏饲证（2014）10006	扬州金利达饲料有限公司	配合饲料（水产）
苏饲证（2014）10009	扬州创日动物营养有限公司	配合饲料（畜禽）；浓缩饲料（畜禽）
苏饲证（2014）10010	扬州东方希望动物营养食品有限公司	配合饲料（畜禽、水产）；浓缩饲料（畜禽）
苏饲证（2014）10015	江苏富裕达粮食制品股份有限公司	配合饲料（水产）
苏饲证（2014）10029	乐甜仕江苏饲料有限公司	配合饲料（畜禽）；浓缩饲料（畜禽）
苏饲证（2014）11002	丹阳市正华饲料有限公司	配合饲料（畜禽）
苏饲证（2014）11006	江苏江南正强饲料有限公司	配合饲料（畜禽、水产）
苏饲证（2014）11008	镇江市丹徒区勤丰饲料有限公司	配合饲料（水产）
苏饲证（2014）11010	镇江温氏畜牧有限公司	配合饲料（畜禽）
苏饲证（2014）11012	东方粮油工业（江苏）有限公司	配合饲料（畜禽、水产）；浓缩饲料（畜禽）
苏饲证（2014）11021	镇江嘉宜饲料有限公司	配合饲料（水产）
苏饲证（2014）12004	泰州海大生物饲料有限公司	配合饲料（畜禽、水产）
苏饲证（2014）12008	泰州海禾饲料有限公司	配合饲料（水产）
苏饲证（2014）12011	江苏海普瑞饲料有限公司	配合饲料（畜禽、水产）；浓缩饲料（畜禽）
苏饲证（2014）12012	兴化市丰收饲料科技有限公司	配合饲料（水产）
苏饲证（2014）12013	泰州和盈畜牧有限公司	配合饲料（畜禽）
苏饲证（2014）12018	泰州市义丰饲料有限公司	配合饲料（畜禽、水产）
苏饲证（2014）12021	泰州新希望农业有限公司	配合饲料（畜禽、水产）；浓缩饲料（畜禽）
苏饲证（2014）12023	泰州参皇家禽养殖有限公司	配合饲料（畜禽、水产）；浓缩饲料（畜禽）
苏饲证（2014）12025	江苏百穗行饲料有限公司	配合饲料（畜禽、水产）；浓缩饲料（畜禽）
苏饲证（2014）12027	兴化市兴旺饲料有限公司	配合饲料（水产）
苏饲证（2014）12028	江苏红膏食品有限公司	配合饲料（水产）
苏饲证（2014）13003	宿迁市康地饲料有限公司	配合饲料（畜禽、水产）；浓缩饲料（畜禽）
苏饲证（2014）13004	正虹集团（宿迁）农业发展有限公司	配合饲料（畜禽、水产）；浓缩饲料（畜禽）
苏饲证（2014）13005	宿迁大北农饲料有限责任公司	配合饲料（畜禽、水产）；浓缩饲料（畜禽）
苏饲证（2014）13008	江苏泓诚饲料科技有限公司	配合饲料（畜禽）；浓缩饲料（畜禽）
苏饲证（2014）13009	江苏康迪富尔饲料科技有限公司	配合饲料（畜禽、水产）；浓缩饲料（畜禽）
苏饲证（2014）13015	宿迁普朗克生物科技有限公司	配合饲料（畜禽、水产）；浓缩饲料（畜禽）
苏饲证（2014）13017	宿迁益客饲料有限公司	配合饲料（畜禽、水产）；浓缩饲料（畜禽、水产）
苏饲证（2014）13019	宿迁益客旭阳饲料有限公司	配合饲料（畜禽、水产）；浓缩饲料（畜禽）
苏饲证（2014）13020	上海延华饲料有限公司泗阳分公司	精料补充料（反刍）

（续）

生产许可证编号	企业名称	产品名称
苏饲证（2014）13028	泗洪惠和源饲料有限公司	配合饲料（畜禽、水产）；浓缩饲料（畜禽）
苏饲证（2014）13030	江苏优仕生物科技发展有限公司	配合饲料（畜禽）；浓缩饲料（畜禽）
苏饲证（2014）13031	宿迁温氏畜牧有限公司	配合饲料（畜禽）
浙饲证（2014）01002	杭州希望饲料厂	配合饲料（畜禽、幼畜禽、种畜禽）
浙饲证（2014）01003	杭州隆腾生物科技有限公司	配合饲料（幼畜禽、种畜禽）；浓缩饲料（幼畜禽、种畜禽）
浙饲证（2014）01005	杭州南华饲料有限公司	配合饲料（畜禽、水产）
浙饲证（2014）01006	杭州正平生物技术有限公司	配合饲料（畜禽）；浓缩饲料（畜禽）
浙饲证（2014）01007	杭州科皇饲料有限公司	配合饲料（畜禽）；浓缩饲料（畜禽）
浙饲证（2014）01008	杭州亿万饲料科技有限公司	配合饲料（畜禽）；浓缩饲料（畜禽）
浙饲证（2014）01009	浙江国茂饲料有限公司	配合饲料（畜禽）；浓缩饲料（畜禽）
浙饲证（2014）01010	临安文华饲料有限公司	配合饲料（畜禽）；浓缩饲料（畜禽）
浙饲证（2014）01011	杭州翔马饲料科技有限公司	配合饲料（水产）
浙饲证（2014）01013	杭州余杭水产实业有限公司	配合饲料（畜禽、水产）
浙饲证（2014）01015	杭州昌兴饲料有限公司	配合饲料（畜禽）
浙饲证（2014）02001	宁波天邦股份有限公司宁波分公司	配合饲料（水产）
浙饲证（2014）02002	宁波金豆饲料有限责任公司	配合饲料（畜禽、水产、幼畜禽）；浓缩饲料（畜禽、水产、幼畜禽）
浙饲证（2014）02003	宁波舜大股份有限公司	配合饲料（畜禽、水产、幼畜禽、种畜禽）
浙饲证（2014）02005	宁波海川水产饲料有限公司	配合饲料（水产）
浙饲证（2014）02006	宁波强普饲料有限公司	配合饲料（水产）
浙饲证（2014）02007	象山九龙江饲料加工厂	配合饲料（水产）
浙饲证（2014）02008	宁波中瑞生物科技有限公司	配合饲料（畜禽）；浓缩饲料（畜禽）
浙饲证（2014）02009	宁波建维饲料有限公司	配合饲料（畜禽）
浙饲证（2014）02012	余姚市照山饲料有限公司	配合饲料（畜禽、水产）
浙饲证（2014）02015	北京伟嘉人生物技术有限公司宁波分公司	配合饲料（畜禽、水产）；浓缩饲料（畜禽）
浙饲证（2014）03001	平阳县振阳饲料有限公司	配合饲料（畜禽、幼畜禽、种畜禽）
浙饲证（2014）03002	温州市正泰农牧有限公司	配合饲料（畜禽）
浙饲证（2014）03003	温州中亚饲料发展公司	配合饲料（畜禽、幼畜禽、种畜禽）
浙饲证（2014）04001	浙江中大饲料集团有限公司	配合饲料（畜禽、水产、水产育苗）；浓缩饲料（畜禽）；精料补充料（反刍、其他）
浙饲证（2014）04002	通威股份有限公司绍兴分公司	配合饲料（畜禽、水产）
浙饲证（2014）04003	绍兴市柯桥区欣科饲料厂	配合饲料（水产）
浙饲证（2014）04004	浙江海大饲料有限公司	配合饲料（水产）
浙饲证（2014）04005	绍兴市柯桥华诚饲料有限公司	配合饲料（水产）
浙饲证（2014）04006	嵊州市金农牧业发展有限公司	配合饲料（畜禽）；浓缩饲料（畜禽）

（续）

生产许可证编号	企业名称	产品名称
浙饲证（2014）04007	绍兴市柯桥区龙腾饲料有限公司	配合饲料（水产）
浙饲证（2014）04008	绍兴市富渔饲料有限公司	配合饲料（水产）
浙饲证（2014）04009	杭州大地饲料有限公司绍兴分公司	配合饲料（水产）
浙饲证（2014）04010	浙江金大地饲料有限公司	配合饲料（水产）
浙饲证（2014）04011	嵊州市华兴饲料有限公司	配合饲料（畜禽）
浙饲证（2014）04012	诸暨市东昂饲料有限公司	配合饲料（畜禽、水产）
浙饲证（2014）04013	浙江中大油脂有限公司	配合饲料（畜禽、水产）；浓缩饲料（畜禽）
浙饲证（2014）04014	浙江科盛饲料股份有限公司绍兴柯桥分公司	配合饲料（水产）
浙饲证（2014）05016	湖州广东温氏畜牧有限公司	配合饲料（畜禽）
浙饲证（2014）05017	湖州亿盛饲料有限公司	配合饲料（水产）
浙饲证（2014）05018	浙江播恩生物技术有限公司	配合饲料（畜禽）；浓缩饲料（畜禽）
浙饲证（2014）05020	德清县利虹禽业有限公司	配合饲料（畜禽、水产）
浙饲证（2014）05021	德清县红亮饲料有限公司	配合饲料（畜禽）
浙饲证（2014）05022	湖州东方希望动物营养食品有限公司	配合饲料（畜禽、水产）
浙饲证（2014）05023	德清县康力神饲料有限公司	配合饲料（畜禽、水产）
浙饲证（2014）05024	湖州浙粤百事达生物科技有限公司	配合饲料（水产）
浙饲证（2014）05025	湖州润丰饲料有限公司	配合饲料（水产）
浙饲证（2014）05026	浙江龙马生物科技有限公司	配合饲料（水产）
浙饲证（2014）05027	湖州龙翔饲料有限公司	配合饲料（畜禽）
浙饲证（2014）05028	湖州华金康协鑫水产饲料有限公司	配合饲料（水产）
浙饲证（2014）05029	浙江省德清县元丰饲料有限公司	配合饲料（畜禽）
浙饲证（2014）05030	湖州南浔温氏畜牧有限公司	配合饲料（畜禽）
浙饲证（2014）05031	湖州恒通特种饲料有限公司	配合饲料（水产）
浙饲证（2014）05034	浙江金甲水产饲料有限公司	配合饲料（水产）
浙饲证（2014）05035	德清县新市镇红卫饲料厂	配合饲料（畜禽、水产）
浙饲证（2014）05040	湖州金盛饲料有限公司	配合饲料（水产）
浙饲证（2014）05041	德清县康达利饲料有限公司	配合饲料（水产）
浙饲证（2014）05042	德清县康灵饲料有限公司	配合饲料（畜禽）
浙饲证（2014）05043	德清县鑫力配合饲料厂（普通合伙）	配合饲料（畜禽、水产）
浙饲证（2014）05044	德清县新市镇兴盛饲料厂	配合饲料（水产）
浙饲证（2014）05045	德清县龙申力饲料有限公司	配合饲料（水产）
浙饲证（2014）05046	浙江普菲特宠物用品有限公司	配合饲料（宠物）
浙饲证（2014）05047	浙江省德清县江林饲料实业有限公司	配合饲料（水产）

（续）

生产许可证编号	企业名称	产品名称
浙饲证（2014）05048	德清金丰饲料有限公司	配合饲料（水产）
浙饲证（2014）05049	湖州众望饲料有限公司	配合饲料（水产）
浙饲证（2014）05050	浙江东裕生物科技有限公司	配合饲料（水产）
浙饲证（2014）05051	湖州顺天饲料有限公司	配合饲料（水产）
浙饲证（2014）05052	湖州市菱湖中天饲料有限公司	配合饲料（水产）
浙饲证（2014）05054	浙江博仕佳生物科技有限公司	浓缩饲料（幼畜禽、水产育苗）
浙饲证（2014）05056	湖州舟北饲料有限公司	配合饲料（水产）
浙饲证（2014）05057	浙江益祥生物科技有限公司	配合饲料（水产）
浙饲证（2014）06005	浙江明辉饲料有限公司	配合饲料（水产）
浙饲证（2014）06006	平湖市明大牧业有限公司	配合饲料（畜禽、水产）
浙饲证（2014）06007	浙江一星实业股份有限公司	配合饲料（畜禽、水产、幼畜禽、种畜禽、水产育苗）；浓缩饲料（畜禽）
浙饲证（2014）06008	浙江通元饲料有限公司	配合饲料（畜禽）
浙饲证（2014）06009	浙江群大饲料有限公司	配合饲料（畜禽、水产）
浙饲证（2014）06011	海宁龙大饲料有限公司	配合饲料（畜禽）
浙饲证（2014）06012	海盐县金利达饲料有限公司	配合饲料（畜禽、水产）
浙饲证（2014）06014	嘉兴市顺风农牧业有限公司	配合饲料（畜禽、水产）
浙饲证（2014）06015	嘉兴市德力康饲料有限公司	配合饲料（畜禽）；浓缩饲料（畜禽）
浙饲证（2014）06016	平湖海欣饲料有限公司	配合饲料（水产）
浙饲证（2014）06017	嘉善晨晨饲料有限责任公司	配合饲料（畜禽）
浙饲证（2014）06018	浙江拳王宠物食品有限公司	配合饲料（宠物）
浙饲证（2014）06019	浙江联兴饲料科技有限公司	配合饲料（水产）
浙饲证（2014）06020	浙江粤海饲料有限公司	配合饲料（水产）
浙饲证（2014）06021	桐乡市五丰饲料有限公司	配合饲料（畜禽、水产）
浙饲证（2014）06022	嘉兴恒翔生物科技有限公司	配合饲料（畜禽）；浓缩饲料（畜禽）
浙饲证（2014）06023	海宁市浙农饲料有限公司	配合饲料（畜禽）
浙饲证（2014）06024	浙江恒兴饲料有限公司	配合饲料（水产）
浙饲证（2014）06025	嘉兴中信饲料有限公司	配合饲料（畜禽）
浙饲证（2014）06026	嘉兴市天力生物科技有限公司	配合饲料（畜禽、水产）
浙饲证（2014）06027	嘉兴立华畜禽有限公司	配合饲料（畜禽）
浙饲证（2014）06028	浙江凯基明欣饲料有限公司	配合饲料（畜禽）
浙饲证（2014）06029	嘉兴市康博饲料科技有限公司	配合饲料（畜禽）
浙饲证（2014）06030	嘉兴市真诚饲料有限公司	配合饲料（畜禽、水产）
浙饲证（2014）06031	嘉兴市汇丰饲料有限公司	配合饲料（畜禽）
浙饲证（2014）06032	海宁市万通饲料有限公司	配合饲料（水产）
浙饲证（2014）06033	海盐县大大动物营养制品有限公司	配合饲料（畜禽、水产）
浙饲证（2014）06036	浙江拳王实业有限公司	配合饲料（畜禽、水产）

（续）

生产许可证编号	企业名称	产品名称
浙饲证（2014）06037	海宁市袁花龙发饲料有限公司	配合饲料（畜禽）
浙饲证（2014）06038	海盐县金星动物营养制品厂	配合饲料（畜禽）
浙饲证（2014）06040	嘉兴市邦大饲料有限公司	配合饲料（畜禽）
浙饲证（2014）06041	嘉兴市嘉安饲料有限公司	配合饲料（宠物、特种动物）
浙饲证（2014）06042	平湖市成功饲料有限责任公司	配合饲料（畜禽）
浙饲证（2014）06043	嘉兴市华欣饲料有限公司	配合饲料（畜禽、水产）
浙饲证（2014）06044	桐乡市东方饲料有限责任公司	配合饲料（畜禽）
浙饲证（2014）06045	桐乡市恒达饲料有限公司	配合饲料（畜禽、水产）
浙饲证（2014）06046	浙江华腾牧业有限公司	配合饲料（畜禽）
浙饲证（2014）06047	嘉兴双胞胎饲料有限公司	配合饲料（畜禽）；浓缩饲料（畜禽）
浙饲证（2014）06048	嘉兴农花饲料有限公司	配合饲料（水产）
浙饲证（2014）06049	海盐滨海饲料有限公司	配合饲料（水产）
浙饲证（2014）06101	嘉兴市嘉明饲料有限公司	配合饲料（畜禽）
浙饲证（2014）06102	嘉兴市永佳饲料有限公司	配合饲料（畜禽、水产）
浙饲证（2014）06103	嘉兴红太阳饲料有限公司	配合饲料（畜禽）
浙饲证（2014）06104	嘉兴市凯越饲料有限公司	配合饲料（水产）
浙饲证（2014）06105	嘉兴恒青农牧有限公司	配合饲料（畜禽）
浙饲证（2014）06201	嘉兴市汇农饲料有限公司	配合饲料（畜禽）
浙饲证（2014）06301	浙江威盟饲料科技有限公司	配合饲料（幼畜禽、种畜禽）；浓缩饲料（幼畜禽、种畜禽）
浙饲证（2014）06302	嘉兴禾顺饲料有限公司	配合饲料（畜禽）
浙饲证（2014）06304	浙江澳华饲料有限公司	配合饲料（水产）
浙饲证（2014）06401	浙江平湖禾丰牧业有限公司	配合饲料（畜禽）
浙饲证（2014）06402	平湖市神农饲料有限公司	配合饲料（畜禽）
浙饲证（2014）06403	平湖市双王饲料有限公司	配合饲料（畜禽）
浙饲证（2014）06404	浙江海亮有机饲料科技有限公司	配合饲料（畜禽）；浓缩饲料（畜禽）
浙饲证（2014）06501	海盐海达饲料有限公司	配合饲料（畜禽）
浙饲证（2014）06502	海盐中泰饲料有限公司	配合饲料（畜禽、水产）
浙饲证（2014）06503	浙江兴达动物保健品有限公司	配合饲料（畜禽）
浙饲证（2014）06504	海盐申港饲料有限公司	配合饲料（畜禽）
浙饲证（2014）06601	海宁德顺饲料有限公司	配合饲料（畜禽）
浙饲证（2014）06602	海宁和心饲料有限公司	配合饲料（水产）
浙饲证（2014）06701	桐乡市民合中塔饲料厂	配合饲料（畜禽）
浙饲证（2014）07007	浙江大飞龙动物保健品有限公司	配合饲料（畜禽）；浓缩饲料（畜禽）
浙饲证（2014）07008	金华市佳加旺饲料有限公司	配合饲料（畜禽）；浓缩饲料（畜禽）
浙饲证（2014）07009	金华大方生物科技有限公司	配合饲料（幼畜禽、种畜禽、特种动物）；浓缩饲料（幼畜禽、种畜禽、特种动物）

（续）

生产许可证编号	企业名称	产品名称
浙饲证（2014）07010	金华市大发产业有限公司	配合饲料（水产）
浙饲证（2014）07011	金华市金帆饲料有限公司	配合饲料（畜禽、水产）
浙饲证（2014）07012	浙江金大康动物保健品有限公司	配合饲料（畜禽）；浓缩饲料（畜禽）
浙饲证（2014）07013	金华市婺城区荣阳饲料厂	精料补充料（反刍）
浙饲证（2014）07014	金华傲农生物科技有限公司	配合饲料（畜禽）；浓缩饲料（畜禽）
浙饲证（2014）07015	金华双胞胎饲料有限公司	配合饲料（畜禽）；浓缩饲料（畜禽）
浙饲证（2014）08001	浙江衢州永立饲料科技有限公司	配合饲料（畜禽）
浙饲证（2014）08002	浙江强顺饲料有限公司	配合饲料（畜禽）
浙饲证（2014）08003	衢州康大饲料有限公司	配合饲料（畜禽）
浙饲证（2014）08004	浙江龙游东方希望动物营养有限公司	配合饲料（畜禽、水产）
浙饲证（2014）08005	浙江安佑饲料科技有限公司	配合饲料（畜禽）；浓缩饲料（畜禽）
浙饲证（2014）08006	衢州科盛饲料有限公司	配合饲料（畜禽）
浙饲证（2014）08007	浙江普农饲料科技有限公司	配合饲料（畜禽）
浙饲证（2014）08008	浙江唯佳生物饲料有限公司	配合饲料（水产）
浙饲证（2014）08009	浙江征泰饲料有限公司	配合饲料（畜禽、水产）
浙饲证（2014）08010	衢州乐东饲料有限公司	配合饲料（幼畜禽、种畜禽）
浙饲证（2014）08011	衢州双胞胎饲料有限公司	配合饲料（畜禽）；浓缩饲料（畜禽）
浙饲证（2014）08012	衢州温氏畜牧有限公司	配合饲料（畜禽）
浙饲证（2014）08013	江山市饲料有限责任公司	配合饲料（畜禽）
浙饲证（2014）08014	江山温氏畜牧有限公司	配合饲料（畜禽）
浙饲证（2014）08015	浙江天蓬饲料有限公司	配合饲料（畜禽、水产）；浓缩饲料（畜禽）
浙饲证（2014）08016	浙江格立宝饲料科技有限公司	配合饲料（畜禽）；浓缩饲料（畜禽）
浙饲证（2014）09001	台州市绿野饲料有限公司	配合饲料（水产、幼畜禽、水产育苗、特种动物）
浙饲证（2014）09009	台州市江南饲料有限公司	配合饲料（水产）
浙饲证（2014）10002	浙江绿园禽业有限公司饲料厂	配合饲料（畜禽、水产）
浙饲证（2014）12001	浙江绿发饲料科技有限公司	配合饲料（畜禽、水产）；浓缩饲料（畜禽）
皖饲证（2014）01008	合肥华仁农牧集团有限公司巢湖分公司	配合饲料（畜禽、幼畜禽、种畜禽）；浓缩饲料（畜禽）
皖饲证（2014）01010	合肥温氏畜牧有限公司	配合饲料（畜禽、种畜禽）
皖饲证（2014）01011	安徽佳旺生物科技有限公司	配合饲料（畜禽、幼畜禽）；浓缩饲料（畜禽、幼畜禽）
皖饲证（2014）01012	安徽省三宝饲料有限责任公司	配合饲料（畜禽）；浓缩饲料（畜禽）
皖饲证（2014）01014	安徽省大北农农牧科技有限公司	配合饲料（幼畜禽、种畜禽）；浓缩饲料（幼畜禽、种畜禽）
皖饲证（2014）01015	通威股份有限公司合肥分公司	配合饲料（畜禽、水产、幼畜禽、种畜禽）
皖饲证（2014）01016	安徽九牛饲料有限责任公司	配合饲料（畜禽、幼畜禽、种畜禽）；浓缩饲料（畜禽、幼畜禽、种畜禽）

（续）

生产许可证编号	企业名称	产品名称
皖饲证（2014）01017	中粮粮油工业（巢湖）有限公司	配合饲料（畜禽、水产）
皖饲证（2014）01018	合肥立华畜禽有限公司	配合饲料（畜禽、种畜禽）
皖饲证（2014）01019	安徽金农饲料有限公司	配合饲料（畜禽、水产、幼畜禽、种畜禽、水产育苗）；浓缩饲料（畜禽）
皖饲证（2014）01020	安徽安佑生物科技有限公司	配合饲料（畜禽、幼畜禽、种畜禽）；浓缩饲料（畜禽、幼畜禽、种畜禽）
皖饲证（2014）01021	安徽省新康饲料有限公司	配合饲料（畜禽、水产）；浓缩饲料（畜禽）
皖饲证（2014）02002	芜湖特驱农牧科技有限公司	配合饲料（畜禽、幼畜禽、种畜禽）；浓缩饲料（畜禽）
皖饲证（2014）03004	中纺农业蚌埠有限公司	配合饲料（畜禽）；浓缩饲料（畜禽）
皖饲证（2014）03005	蚌埠达福盛新广饲料有限公司	配合饲料（畜禽）；浓缩饲料（畜禽）
皖饲证（2014）03006	蚌埠环山饲料有限公司	配合饲料（畜禽、幼畜禽、种畜禽）；浓缩饲料（畜禽、幼畜禽、种畜禽）
皖饲证（2014）04002	淮南万事兴农牧有限公司	配合饲料（畜禽）；浓缩饲料（畜禽）
皖饲证（2014）04003	淮南圣昌饲料有限公司	配合饲料（畜禽、幼畜禽）；浓缩饲料（畜禽、幼畜禽）
皖饲证（2014）04004	安徽瑞嘉普特饲料有限公司	配合饲料（畜禽）；浓缩饲料（畜禽）
皖饲证（2014）04005	淮南南大动物营养科技有限公司	配合饲料（畜禽、水产）
皖饲证（2014）05002	安徽天邦饲料科技有限公司	配合饲料（畜禽、水产、幼畜禽、种畜禽）；浓缩饲料（畜禽、幼畜禽、种畜禽）；精料补充料（反刍）
皖饲证（2014）05003	安徽华诚饲料科技有限公司	配合饲料（畜禽、水产）；浓缩饲料（畜禽）
皖饲证（2014）05004	马鞍山好利来生物科技有限公司	配合饲料（畜禽、幼畜禽、种畜禽）；浓缩饲料（畜禽、幼畜禽、种畜禽）
皖饲证（2014）05005	安徽天邦生物技术有限公司	浓缩饲料（畜禽、水产）
皖饲证（2014）05006	安徽和县诚亿饲料有限公司	配合饲料（畜禽、幼畜禽、种畜禽）
皖饲证（2014）05007	和县张集饲料有限公司	配合饲料（畜禽、幼畜禽、种畜禽）；浓缩饲料（畜禽）
皖饲证（2014）06007	安徽牧仕达饲料科技有限公司	配合饲料（畜禽、幼畜禽、种畜禽）；浓缩饲料（畜禽、幼畜禽、种畜禽）
皖饲证（2014）06008	安徽省正大源饲料集团有限公司	配合饲料（畜禽、水产、幼畜禽、种畜禽）；浓缩饲料（畜禽）
皖饲证（2014）06009	淮北市正大源豪斯顿饲料有限公司	配合饲料（畜禽、水产、幼畜禽、种畜禽）；浓缩饲料（畜禽）
皖饲证（2014）06010	淮北正洋生物科技有限公司	配合饲料（畜禽、幼畜禽、种畜禽）；浓缩饲料（畜禽）
皖饲证（2014）06012	淮北市普兰克饲料有限公司	配合饲料（畜禽）；浓缩饲料（畜禽）
皖饲证（2014）06013	淮北市普惠生物饲料有限公司	配合饲料（畜禽）；浓缩饲料（畜禽）
皖饲证（2014）06014	淮北嘉吉农牧科技有限公司	配合饲料（畜禽、幼畜禽、种畜禽）；浓缩饲料（畜禽）
皖饲证（2014）06015	安徽淮北正虹饲料有限责任公司	配合饲料（畜禽、幼畜禽、种畜禽）；浓缩饲料（畜禽、幼畜禽、种畜禽）
皖饲证（2014）06016	淮北天普阳光饲料有限公司	配合饲料（畜禽）；浓缩饲料（畜禽）

（续）

生产许可证编号	企业名称	产品名称
皖饲证（2014）06017	淮北康乐美生物工程有限公司	配合饲料（畜禽、水产）；浓缩饲料（畜禽）
皖饲证（2014）06018	淮北天蓬饲料有限公司	配合饲料（畜禽、水产）；浓缩饲料（畜禽）
皖饲证（2014）06019	淮北益农源饲料有限责任公司	配合饲料（畜禽）；浓缩饲料（畜禽）
皖饲证（2014）06020	淮北盛和牧业有限公司	配合饲料（畜禽、幼畜禽、种畜禽）；浓缩饲料（畜禽）
皖饲证（2014）08002	安徽省家牧动物营养科技有限公司	配合饲料（畜禽、水产、幼畜禽、种畜禽、水产育苗）；浓缩饲料（畜禽、幼畜禽、种畜禽）
皖饲证（2014）08003	桐城市双龙农牧科技有限公司	配合饲料（畜禽、水产、幼畜禽、种畜禽、水产育苗）；浓缩饲料（畜禽、幼畜禽、种畜禽）
皖饲证（2014）08004	桐城市鑫上德畜牧有限公司	配合饲料（畜、水产、幼畜、种畜、水产育苗）；浓缩饲料（畜）
皖饲证（2014）08005	安庆爱尔华动物营养食品有限公司	配合饲料（畜禽、幼畜禽、种畜禽）；浓缩饲料（畜禽、水产、幼畜禽、种畜禽、水产育苗）
皖饲证（2014）08006	安庆市华磊农产品有限公司	配合饲料（畜禽、水产）
皖饲证（2014）08007	安徽格力特饲料有限公司	配合饲料（畜禽）；浓缩饲料（畜禽）
皖饲证（2014）10008	上海都灵饲料有限公司阜阳分公司	浓缩饲料（畜禽）
皖饲证（2014）10009	安徽和盛伟业饲料有限公司	配合饲料（畜禽）；浓缩饲料（畜禽）
皖饲证（2014）10010	上海申亚动物保健品有限公司阜阳分公司	配合饲料（宠物、特种动物）
皖饲证（2014）10011	阜阳市立华畜禽有限公司	配合饲料（畜禽）
皖饲证（2014）10012	安徽省领航动物保健品有限责任公司	配合饲料（畜禽）；浓缩饲料（畜禽）；精料补充料（反刍）
皖饲证（2014）10013	安徽诺伟康饲料有限公司	配合饲料（畜禽、水产、幼畜禽）；浓缩饲料（畜禽、幼畜禽）
皖饲证（2014）11010	深圳康达尔（安徽）饲料有限公司	配合饲料（畜禽、水产）；浓缩饲料（畜禽）；精料补充料（反刍）
皖饲证（2014）11011	宿州市笑果饲料科技有限责任公司	配合饲料（畜禽）；浓缩饲料（畜禽）
皖饲证（2014）11012	安徽普爱饲料有限公司	配合饲料（畜禽）；浓缩饲料（畜禽）
皖饲证（2014）11013	萧县新希望六和步强饲料有限公司	配合饲料（畜禽、水产）；浓缩饲料（畜禽）
皖饲证（2014）11014	萧县达福盛步强饲料有限公司	配合饲料（畜禽）；浓缩饲料（畜禽）
皖饲证（2014）11015	安徽省立腾同创生物科技有限公司	配合饲料（畜禽）；精料补充料（反刍）
皖饲证（2014）11016	宿州市富民饲料有限责任公司	配合饲料（畜禽）；浓缩饲料（畜）
皖饲证（2014）11017	灵璧县恒赫饲料有限公司	配合饲料（畜禽）；浓缩饲料（畜禽）
皖饲证（2014）11018	萧县万强饲料有限公司	配合饲料（畜禽、水产、幼畜禽）；浓缩饲料（畜禽、水产、幼畜禽）
皖饲证（2014）11019	灵璧县壮大饲料有限公司	配合饲料（畜禽、水产）；浓缩饲料（畜禽）
皖饲证（2014）11020	宿州永红饲料有限公司	配合饲料（畜禽）；浓缩饲料（畜禽）
皖饲证（2014）11021	安徽广大饲料有限公司	配合饲料（畜禽、水产）；浓缩饲料（畜禽）

（续）

生产许可证编号	企业名称	产品名称
皖饲证（2014）11022	萧县普乐饲料有限公司	配合饲料（畜禽、幼畜禽、种畜禽）；浓缩饲料（畜禽、幼畜禽、种畜禽）
皖饲证（2014）12005	安徽天助饲料有限公司	配合饲料（畜禽、水产、幼畜禽、种畜禽）；浓缩饲料（畜禽、幼畜禽、种畜禽）
皖饲证（2014）12006	安徽希普生物科技有限公司	浓缩饲料（幼畜禽）
皖饲证（2014）12007	安徽省联杰饲料有限公司	配合饲料（水产）
皖饲证（2014）12008	全椒永和饲料有限责任公司	配合饲料（畜禽、水产）
皖饲证（2014）12009	滁州巨大饲料有限公司	配合饲料（畜禽、幼畜禽）；浓缩饲料（畜禽、幼畜禽）
皖饲证（2014）12010	安徽滁州正虹饲料有限公司	配合饲料（畜禽、水产）；浓缩饲料（畜禽）
皖饲证（2014）12011	滁州温氏畜牧有限公司	配合饲料（畜禽）
皖饲证（2014）12012	滁州市志成农业股份有限公司	配合饲料（畜禽、种畜禽）；浓缩饲料（畜禽、种畜禽）
皖饲证（2014）12013	嘉吉动物蛋白（安徽）有限公司	配合饲料（畜禽）
皖饲证（2014）13004	安徽夏星饲料有限公司	配合饲料（畜禽、幼畜禽、种畜禽）
皖饲证（2014）13005	安徽新华畜牧科技有限公司	配合饲料（畜禽、水产）；浓缩饲料（畜禽）
皖饲证（2014）13006	安徽天隆饲料有限公司	配合饲料（畜禽、幼畜禽）；浓缩饲料（畜禽）
皖饲证（2014）13007	六安保顺饲料有限公司	配合饲料（畜禽）；浓缩饲料（畜禽）
皖饲证（2014）13008	六安天业集团饲料有限公司	配合饲料（畜禽）；浓缩饲料（畜禽）
皖饲证（2014）13009	安徽省天可饲料有限公司	配合饲料（畜禽）；浓缩饲料（畜禽）
皖饲证（2014）13010	安徽广通生物科技有限责任公司	浓缩饲料（畜禽）
皖饲证（2014）13011	霍邱福润饲料加工有限公司	配合饲料（畜禽、幼畜禽、种畜禽）；浓缩饲料（畜禽、幼畜禽、种畜禽）
皖饲证（2014）14004	安徽华卫集团饲料有限公司	配合饲料（畜禽）
皖饲证（2014）14005	合肥华仁农牧集团有限公司郎溪分公司	配合饲料（畜禽、水产）；浓缩饲料（畜禽）
皖饲证（2014）14006	宣城双胞胎饲料有限公司	配合饲料（畜禽）；浓缩饲料（畜禽）
皖饲证（2014）14007	宣城市鸿运饲料有限公司	配合饲料（畜禽）
皖饲证（2014）14009	安徽五星食品股份有限公司	配合饲料（畜禽）；浓缩饲料（畜禽）
皖饲证（2014）14011	安徽太阳禽业有限公司	配合饲料（畜禽）
皖饲证（2014）14012	宣城木子禽业专业合作社	配合饲料（畜禽、幼畜禽、种畜禽）；浓缩饲料（畜禽、幼畜禽、种畜禽）
皖饲证（2014）14013	安徽和威农业开发股份有限公司	配合饲料（畜禽、幼畜禽、种畜禽）；浓缩饲料（畜禽、幼畜禽、种畜禽）
皖饲证（2014）14014	广德润禾饲料有限公司	配合饲料（畜禽、幼畜禽、种畜禽）
皖饲证（2014）14015	宣城市福贝宠物食品有限公司	配合饲料（宠物）
皖饲证（2014）15001	安徽海大饲料有限公司	配合饲料（畜禽、水产）
皖饲证（2014）15002	池州一绝饲料有限公司	配合饲料（畜禽、水产、幼畜禽、种畜禽、水产育苗）

（续）

生产许可证编号	企业名称	产品名称
皖饲证（2014）16002	安徽邦基饲料有限公司	配合饲料（畜禽、幼畜禽、种畜禽）；浓缩饲料（畜禽、幼畜禽、种畜禽）
皖饲证（2014）16003	安徽浩翔饲料有限责任公司	配合饲料（畜禽、水产）；浓缩饲料（畜禽）
皖饲证（2014）16004	亳州市成威饲料有限责任公司	配合饲料（畜禽、反刍、幼畜禽、种畜禽）；浓缩饲料（畜禽、幼畜禽）；精料补充料（反刍）
皖饲证（2014）16005	亳州市皖北饲料有限责任公司	浓缩饲料（幼畜禽）
皖饲证（2014）16006	亳州市全美饲料有限公司	配合饲料（畜禽）；浓缩饲料（畜禽）
皖饲证（2014）16007	亳州正虹饲料有限公司	配合饲料（畜禽、幼畜禽、种畜禽）；浓缩饲料（畜禽、幼畜禽、种畜禽）
皖饲证（2014）16008	安徽天达饲料有限责任公司	配合饲料（畜禽）
皖饲证（2014）16009	利辛县心连心饲料有限责任公司	配合饲料（畜禽、水产、幼畜禽、种畜禽、水产育苗）；浓缩饲料（畜禽、幼畜禽、种畜禽）
皖饲证（2014）16010	亳州温氏畜牧有限公司	配合饲料（畜禽、种畜禽）
闽饲证（2014）01002	福建省新兴达饲料开发有限公司	配合饲料（畜禽、水产、幼畜禽、种畜禽）；浓缩饲料（畜禽、幼畜禽、种畜禽）
闽饲证（2014）01008	福建丰泽农牧饲料有限公司	配合饲料（畜禽、幼畜禽）；浓缩饲料（畜禽、水产、幼畜禽、种畜禽）
闽饲证（2014）01055	福建天马科技集团股份有限公司	配合饲料（水产）
闽饲证（2014）01079	福州牧兴饲料有限公司	配合饲料（畜禽、水产）；浓缩饲料（畜禽）
闽饲证（2014）01082	安佑（福建）饲料科技有限公司	配合饲料（畜禽、水产、幼畜禽、种畜禽、水产育苗）
闽饲证（2014）01089	福州航盛饲料有限公司	配合饲料（畜禽、水产）
闽饲证（2014）01090	福建天马饲料有限公司	配合饲料（特种动物鳗鱼、石斑鱼、中华鳖、鲟鱼、河豚、大黄鱼、牛蛙、海水鱼、贝类）
闽饲证（2014）01091	福建新正阳饲料科技有限公司	配合饲料（畜禽）；浓缩饲料（畜禽）
闽饲证（2014）01116	福建兴顺饲料有限公司	配合饲料（畜禽、水产）；浓缩饲料（畜禽）
闽饲证（2014）01134	福建大昌生物科技实业有限公司	配合饲料（水产）
闽饲证（2014）01136	福建闽科饲料有限公司	配合饲料（畜禽、幼畜禽、种畜禽）；浓缩饲料（畜禽、幼畜禽、种畜禽）
闽饲证（2014）01141	福清双胞胎饲料有限公司	配合饲料（畜禽、幼畜禽、种畜禽）；浓缩饲料（畜禽、幼畜禽、种畜禽）
闽饲证（2014）01144	福州大福有限公司	配合饲料（畜禽、水产、幼畜禽、种畜禽）；浓缩饲料（畜禽、幼畜禽）
闽饲证（2014）01152	东方希望（福州）动物营养食品有限公司	配合饲料（畜禽、水产）
闽饲证（2014）01154	福州联杰饲料有限公司	配合饲料（特种动物甲鱼、鳗鱼）
闽饲证（2014）01171	福州德创饲料有限公司	配合饲料（畜禽）；浓缩饲料（畜禽）
闽饲证（2014）01175	福建金马饲料有限公司	配合饲料（水产）

（续）

生产许可证编号	企业名称	产品名称
闽饲证（2014）01210	福州天鹏饲料有限公司	配合饲料（畜禽）；浓缩饲料（畜禽）
闽饲证（2014）01211	福州大昌盛饲料有限公司	配合饲料（特种动物甲鱼鳗鱼）
闽饲证（2014）01234	福建省金华龙饲料有限公司	配合饲料（畜禽、幼畜禽、种畜禽）；浓缩饲料（畜禽、幼畜禽、种畜禽）
闽饲证（2014）01235	福州大北农农牧科技有限公司	配合饲料（畜禽、幼畜禽、种畜禽）
闽饲证（2014）01238	福州开发区高龙饲料有限公司	配合饲料（特种动物：甲鱼、鳗鱼、大黄鱼、虾、蛙、乌龟）
闽饲证（2014）01241	福州普乐农饲料有限公司	配合饲料（畜禽、幼畜禽、种畜禽）；浓缩饲料（畜禽、幼畜禽、种畜禽）
闽饲证（2014）01252	福州东坤饲料有限公司	配合饲料（畜禽、水产、幼畜禽、种畜禽）；浓缩饲料（畜禽、水产）
闽饲证（2014）01276	福建高农饲料有限公司	配合饲料（特种动物：鳗鱼、甲鱼）
闽饲证（2014）01282	福建华琪饲料有限公司	配合饲料（畜禽）；浓缩饲料（畜禽）
闽饲证（2014）01284	福建光华天成饲料科技有限公司	配合饲料（畜禽）；浓缩饲料（畜禽）
闽饲证（2014）01293	福建金正和饲料有限公司	配合饲料（畜禽）；浓缩饲料（畜禽）
闽饲证（2014）01294	福州鑫晖饲料有限公司	配合饲料（畜禽、水产）
闽饲证（2014）01295	福建天赐农牧开发有限公司	配合饲料（畜禽）；浓缩饲料（畜禽）
闽饲证（2014）01308	福建格林生物科技有限公司	配合饲料（特种动物：肉食性鱼类、贝类、海参）
闽饲证（2014）01312	福州开发区丰华水产饲料有限公司	配合饲料（特种动物：鳗鱼、甲鱼）
闽饲证（2014）02030	厦门市振裕饲料有限公司	配合饲料（畜禽、水产、幼畜禽、种畜禽）；浓缩饲料（畜禽、幼畜禽、种畜禽）
闽饲证（2014）02033	厦门正大农牧有限公司	配合饲料（畜禽、水产、幼畜禽、种畜禽）；浓缩饲料（畜禽、幼畜禽）
闽饲证（2014）02099	厦门银祥饲料有限公司	配合饲料（畜禽、水产、幼畜禽、种畜禽）
闽饲证（2014）02120	厦门福寿实业有限公司	配合饲料（畜禽、水产、宠物）
闽饲证（2014）02121	厦门强大农业有限公司	配合饲料（畜禽、水产）
闽饲证（2014）02122	福星（厦门）生物饲料有限公司	配合饲料（水产）
闽饲证（2014）02123	厦门银豪饲料有限公司	配合饲料（水产）
闽饲证（2014）02124	厦门通威饲料有限公司	配合饲料（畜禽、水产、幼畜禽、种畜禽）
闽饲证（2014）02127	厦门嘉康饲料有限公司	配合饲料（水产）
闽饲证（2014）02128	厦门市海林生物饲料有限公司	配合饲料（水产、水产育苗）
闽饲证（2014）02135	厦门三同牧生物科技有限公司	配合饲料（畜禽、幼畜禽、种畜禽）；浓缩饲料（畜禽、幼畜禽、种畜禽）
闽饲证（2014）02184	厦门市殷海饲料有限公司	配合饲料（水产）；浓缩饲料（畜禽、幼畜禽、种畜禽）
闽饲证（2014）02204	厦门鸿沣饲料有限公司	配合饲料（畜禽、幼畜禽、种畜禽）；浓缩饲料（畜禽、幼畜禽、种畜禽）
闽饲证（2014）02228	厦门峻源生物科技有限公司	配合饲料（水产）

（续）

生产许可证编号	企业名称	产品名称
闽饲证（2014）02239	厦门市新饲界饲料有限公司	配合饲料（畜禽、幼畜禽、种畜禽）；浓缩饲料（畜禽、幼畜禽、种畜禽）
闽饲证（2014）02248	厦门市慧农牧业科技有限公司	配合饲料（畜禽、幼畜禽、种畜禽）；浓缩饲料（畜禽、幼畜禽、种畜禽）
闽饲证（2014）02251	厦门百穗行科技股份有限公司	配合饲料（畜禽、水产、幼畜禽、种畜禽）；浓缩饲料（畜禽、幼畜禽）
闽饲证（2014）02257	厦门隆励工贸有限公司	配合饲料（畜禽、幼畜禽、种畜禽）；浓缩饲料（畜禽、幼畜禽、种畜禽）
闽饲证（2014）02297	厦门浦头饲料有限公司	配合饲料（畜禽、水产、幼畜禽、种畜禽）
闽饲证（2014）02300	厦门市同安鸿欧饲料有限公司	配合饲料（水产）
闽饲证（2014）02314	厦门市同安泉江饲料有限公司	配合饲料（水产）
闽饲证（2014）03162	福建省宁德市华港饲料有限公司	配合饲料（畜禽、幼畜禽、种畜禽）
闽饲证（2014）04056	莆田市康华饲料有限公司	配合饲料（畜禽）；浓缩饲料（畜禽）
闽饲证（2014）04104	福建正源饲料有限公司	配合饲料（水产）
闽饲证（2014）04106	福建省莆田莆港饲料有限公司	配合饲料（畜禽）；浓缩饲料（畜禽）
闽饲证（2014）04126	莆田利翔农牧有限公司	配合饲料（畜禽）
闽饲证（2014）04147	福建莆田市八重洲饲料科技有限公司	配合饲料（畜禽）；浓缩饲料（畜禽）
闽饲证（2014）04149	莆田市日山饲料有限公司	配合饲料（畜禽）
闽饲证（2014）04151	福建省莆田市华都饲料有限公司	配合饲料（畜禽、种畜禽）
闽饲证（2014）04181	莆田市金日兴生物科技开发有限公司	配合饲料（畜禽）；浓缩饲料（畜禽）
闽饲证（2014）04190	莆田市康宝饲料有限公司	配合饲料（畜禽）
闽饲证（2014）04195	莆田广东温氏家禽有限公司	配合饲料（畜禽）
闽饲证（2014）04216	莆田华江旺饲料有限公司	配合饲料（畜禽）；浓缩饲料（畜禽）
闽饲证（2014）04218	福建省佳牧农牧集团有限公司	配合饲料（畜禽）；浓缩饲料（畜禽）
闽饲证（2014）04231	福建省华港农牧集团有限公司	配合饲料（畜禽）；浓缩饲料（畜禽）
闽饲证（2014）04277	莆田市秀屿区华鹰饲料有限公司	配合饲料（畜禽）
闽饲证（2014）04278	莆田市秀屿区华丰实业有限公司	配合饲料（畜禽）
闽饲证（2014）04296	莆田市太和饲料有限公司	配合饲料（畜禽）
闽饲证（2014）05309	晋江奇美礼品宠物工业有限公司	配合饲料（宠物）
闽饲证（2014）06071	漳州吉润饲料科技开发有限公司	配合饲料（畜禽、水产）；浓缩饲料（畜禽）
闽饲证（2014）06095	龙海市龙泰饲料有限公司	配合饲料（畜禽、水产）
闽饲证（2014）06097	漳州华江饲料有限公司	配合饲料（畜禽、幼畜禽、种畜禽）
闽饲证（2014）06098	漳州市胜洲畜牧有限公司	配合饲料（畜禽、水产）；浓缩饲料（畜禽）
闽饲证（2014）06101	漳州市海新饲料有限公司	配合饲料（畜禽）；浓缩饲料（畜禽）
闽饲证（2014）06102	福建省漳州市华龙饲料有限公司	配合饲料（畜禽、水产）；浓缩饲料（畜禽）

（续）

生产许可证编号	企业名称	产品名称
闽饲证（2014）06107	光华天成（漳州）饲料有限公司	配合饲料（畜禽）
闽饲证（2014）06114	福建海大饲料有限公司	配合饲料（畜禽、水产）
闽饲证（2014）06117	金钱（漳州）实业有限公司	配合饲料（畜禽、水产）；浓缩饲料（畜禽）
闽饲证（2014）06119	福建漳州龙文塔饲料有限公司	配合饲料（畜禽、水产）；浓缩饲料（畜禽）
闽饲证（2014）06125	漳州傲华饲料有限公司	配合饲料（畜禽）；浓缩饲料（畜禽）
闽饲证（2014）06130	漳州市常山基祥饲料有限公司	配合饲料（水产）
闽饲证（2014）06132	福建谷成饲料有限公司	配合饲料（畜禽）
闽饲证（2014）06133	福建湘大骆驼饲料有限公司	配合饲料（畜禽）；浓缩饲料（畜禽）
闽饲证（2014）06137	漳浦县海新饲料有限公司	配合饲料（畜禽、水产）
闽饲证（2014）06139	漳州温氏农牧有限公司	配合饲料（畜禽）
闽饲证（2014）06140	漳州市紫兴饲料有限公司	配合饲料（畜禽、水产）
闽饲证（2014）06143	漳州市国寿饲料有限公司	配合饲料（畜禽）；浓缩饲料（畜禽）
闽饲证（2014）06172	漳州市鸿益饲料有限公司	配合饲料（水产）
闽饲证（2014）06173	漳州市华港饲料有限公司	配合饲料（畜禽）；浓缩饲料（畜禽）
闽饲证（2014）06174	漳州双胞胎饲料有限公司	配合饲料（畜禽）；浓缩饲料（畜禽）
闽饲证（2014）06176	漳州美豆饲料科技有限公司	配合饲料（畜禽、水产）；浓缩饲料（畜禽）
闽饲证（2014）06187	龙海市九湖宏大饲料厂	配合饲料（畜禽、水产）
闽饲证（2014）06192	福建大北农水产科技有限公司	配合饲料（水产）
闽饲证（2014）06193	龙海市安易饲料有限公司	配合饲料（畜禽、水产）
闽饲证（2014）06196	漳州常山大统联丰兴业饲料有限公司	配合饲料（特种动物鲍鱼）
闽饲证（2014）06197	贝士德生物饲料（漳州）有限公司	配合饲料（畜禽、水产）
闽饲证（2014）06201	康地饲料（中国）有限公司漳州分公司	配合饲料（畜禽）；浓缩饲料（畜禽）
闽饲证（2014）06230	龙海市角美闽龙饲料有限公司	配合饲料（畜禽、水产）
闽饲证（2014）06236	漳州市惠宝饲料有限公司	配合饲料（畜禽、水产）
闽饲证（2014）06237	漳州华威饲料有限公司	配合饲料（畜禽、水产）
闽饲证（2014）06253	福建省金农威饲料有限公司	配合饲料（畜禽）；浓缩饲料（畜禽）
闽饲证（2014）06273	漳州日高饲料有限公司	配合饲料（畜禽、水产）；浓缩饲料（畜禽）
闽饲证（2014）06280	福建诏安泰枫生物科技有限公司	配合饲料（畜禽）；浓缩饲料（畜禽）
闽饲证（2014）06285	漳州德新远饲料有限公司	配合饲料（畜禽）；浓缩饲料（畜禽）
闽饲证（2014）06286	东山县联泰饲料有限公司	配合饲料（特种动物牛蛙）
闽饲证（2014）06287	漳州市美润饲料有限公司	配合饲料（特种动物牛蛙）
闽饲证（2014）06288	平和县益祥生物科技有限公司	配合饲料（畜禽）；浓缩饲料（畜禽）
闽饲证（2014）06289	漳州市东远饲料有限公司	配合饲料（畜禽、水产）
闽饲证（2014）06290	漳州富达农牧饲料有限公司	配合饲料（畜禽、水产）
闽饲证（2014）06298	福建九为生物技术有限公司	配合饲料（畜禽）；浓缩饲料（畜禽）

（续）

生产许可证编号	企业名称	产品名称
闽饲证（2014）06301	漳州市金农饲料有限公司	配合饲料（畜禽）；浓缩饲料（畜禽）
闽饲证（2014）06303	国茂饲料（漳州）有限公司	配合饲料（畜禽）；浓缩饲料（畜禽）
闽饲证（2014）06304	漳州市益进饲料有限公司	配合饲料（畜禽、水产）
闽饲证（2014）06305	龙海市福兴饲料厂	配合饲料（畜禽、水产）
闽饲证（2014）06306	龙海市新科通饲料有限公司	配合饲料（畜禽、水产）
闽饲证（2014）06307	漳州上一饲料有限公司	配合饲料（水产）
闽饲证（2014）07059	龙岩市养宝饲料有限公司	配合饲料（畜禽、水产）
闽饲证（2014）07085	福建龙岩金和动物饲料有限公司	浓缩饲料（畜禽）
闽饲证（2014）07092	福建省春景农牧有限公司	配合饲料（畜禽）
闽饲证（2014）07096	光华天成（龙岩）饲料有限公司	配合饲料（畜禽）
闽饲证（2014）07103	龙岩市宝泰饲料有限公司	配合饲料（畜禽）；浓缩饲料（畜禽）
闽饲证（2014）07232	龙岩市恒源饲料有限公司	配合饲料（畜禽）；浓缩饲料（畜禽）
闽饲证（2014）07233	福建森宝食品集团股份有限公司	配合饲料（畜禽）
闽饲证（2014）07281	龙岩傲农饲料有限公司	配合饲料（畜禽）；浓缩饲料（畜禽）
闽饲证（2014）07291	福建龙岩闽雄生物科技有限公司	配合饲料（畜禽）；浓缩饲料（畜禽）
闽饲证（2014）07292	福建农正天成生物科技有限公司	配合饲料（畜禽）
闽饲证（2014）07299	连城县连通饲料有限公司	配合饲料（畜禽、水产）
闽饲证（2014）07302	龙岩市龙宝饲料有限公司	配合饲料（畜禽）；浓缩饲料（畜禽）
闽饲证（2014）07311	福建科佳奇迈生物工程有限公司	配合饲料（畜禽）
闽饲证（2014）08108	福建华龙集团永安黎明饲料有限公司	配合饲料（畜禽、水产）；浓缩饲料（畜禽）；精料补充料（兔）
闽饲证（2014）08129	永安正大有限公司	配合饲料（畜禽、水产）；浓缩饲料（畜禽）
闽饲证（2014）08161	三明傲农生物科技有限公司	配合饲料（畜禽、幼畜禽、种畜禽）；浓缩饲料（畜禽、幼畜禽、种畜禽）
闽饲证（2014）08191	福建省永安万盛饲料有限公司	配合饲料（畜禽、水产、幼畜禽、种畜禽）
闽饲证（2014）08198	福建省三明市明兴饲料有限公司	配合饲料（畜禽、水产、幼畜禽、种畜禽）
闽饲证（2014）09094	福建圣农发展股份有限公司	配合饲料（畜禽、种畜禽）
闽饲证（2014）09109	邵武金豆饲料有限责任公司	配合饲料（畜禽、水产、兔）；浓缩饲料（畜禽）
闽饲证（2014）09112	福建省邵武市华龙饲料有限公司	配合饲料（畜禽、水产、幼畜禽、种畜禽）；浓缩饲料（畜禽、种畜禽）
闽饲证（2014）09148	南平市辉日牧业有限公司	配合饲料（畜禽、水产、幼畜禽、种畜禽）；浓缩饲料（畜禽、幼畜禽、种畜禽）
闽饲证（2014）09160	邵武市惠民饲料有限公司	配合饲料（畜禽、水产）
闽饲证（2014）09164	福建省建阳闽泰饲料有限公司	配合饲料（畜禽）
闽饲证（2014）09188	福建省建阳华闽饲料有限公司	配合饲料（畜禽）
闽饲证（2014）09194	建阳市金鹿畜禽发展有限公司	配合饲料（畜禽、水产、幼畜禽、种畜禽）；浓缩饲料（畜禽、种畜禽）

（续）

生产许可证编号	企业名称	产品名称
闽饲证（2014）09205	福建南平中大生物科技有限公司	配合饲料（幼畜禽）；浓缩饲料（畜禽、幼畜禽、种畜禽）
闽饲证（2014）09209	福建金新农饲料有限公司	配合饲料（畜禽、幼畜禽、种畜禽）；浓缩饲料（畜禽、幼畜禽、种畜禽）
闽饲证（2014）09213	南平晟大饲料有限公司	配合饲料（幼畜禽）；浓缩饲料（畜禽）
闽饲证（2014）09310	南平市金泰饲料有限公司	配合饲料（畜禽、幼畜禽、种畜禽）；浓缩饲料（畜禽、幼畜禽、种畜禽）
赣饲证（2014）00007	江西赣达牧业有限公司	配合饲料（畜禽）；浓缩饲料（畜禽）
赣饲证（2014）00008	南昌国雄饲料科技有限公司	配合饲料（畜禽、水产、幼畜禽、种畜禽、水产育苗）
赣饲证（2014）00009	南昌正大畜禽有限公司	配合饲料（畜禽、水产）；浓缩饲料（畜禽）
赣饲证（2014）00010	南昌亚博实业有限公司	配合饲料（畜禽）；浓缩饲料（畜禽）
赣饲证（2014）00011	南昌东方希望动物食品有限公司	配合饲料（畜禽、水产）
赣饲证（2014）00012	江西省响亮实业有限公司	配合饲料（畜禽、幼畜禽、种畜禽）；浓缩饲料（畜禽、幼畜禽、种畜禽）
赣饲证（2014）00013	江西海大饲料有限公司	配合饲料（畜禽、水产）
赣饲证（2014）00014	新建双胞胎饲料有限公司	配合饲料（畜禽）；浓缩饲料（畜禽）
赣饲证（2014）00016	江西格力特水产饲料有限公司	配合饲料（畜禽、水产）；浓缩饲料（畜禽）
赣饲证（2014）00017	南昌傲农生物科技有限公司	配合饲料（畜禽、幼畜禽、种畜禽）；浓缩饲料（畜禽、幼畜禽、种畜禽）
赣饲证（2014）00018	双胞胎（集团）股份有限公司	配合饲料（畜禽）；浓缩饲料（畜禽）
赣饲证（2014）00019	江西格力特农牧发展有限公司	配合饲料（畜禽）；浓缩饲料（畜禽）
赣饲证（2014）00020	江西美科饲料有限公司	配合饲料（畜禽）；浓缩饲料（畜禽）
赣饲证（2014）00021	南昌艾格菲饲料有限公司	配合饲料（畜禽）；浓缩饲料（畜禽）
赣饲证（2014）00022	南昌迪亚特畜牧发展有限公司	配合饲料（畜禽）；浓缩饲料（畜禽）
赣饲证（2014）00023	江西华达牧业有限公司	配合饲料（畜禽、水产）；浓缩饲料（畜禽）
赣饲证（2014）00024	南昌加大饲料有限公司	配合饲料（畜禽、水产）；浓缩饲料（畜禽）
赣饲证（2014）00025	通威股份有限公司南昌分公司	配合饲料（畜禽、水产）
赣饲证（2014）00026	江西征泰饲料有限公司	配合饲料（幼畜禽、种畜禽）；浓缩饲料（幼畜禽、种畜禽）
赣饲证（2014）00027	南昌比利美英伟营养饲料有限公司	配合饲料（畜禽、幼畜禽）；浓缩饲料（畜禽、幼畜禽）
赣饲证（2014）00028	南昌希望饲料有限公司	配合饲料（畜禽、幼畜禽、种畜禽）
赣饲证（2014）00029	江西旺大动物科技有限公司	配合饲料（畜禽）；浓缩饲料（畜禽）
赣饲证（2014）00030	江西正邦科技股份有限公司南昌广联分公司	配合饲料（畜禽、水产）；浓缩饲料（畜禽）
赣饲证（2014）00031	江西正邦科技股份有限公司科技分公司	配合饲料（畜禽）；浓缩饲料（畜禽）
赣饲证（2014）00032	江西省伟梦饲料有限公司	配合饲料（畜禽、水产）；浓缩饲料（畜禽、幼畜禽）

（续）

生产许可证编号	企业名称	产品名称
赣饲证（2014）00034	进贤温氏禽畜有限公司	配合饲料（畜禽）
赣饲证（2014）00035	南昌海大生物科技有限公司	配合饲料（畜禽、水产）
赣饲证（2014）00036	南昌联和实业有限公司	配合饲料（畜禽、幼畜禽、种畜禽）；浓缩饲料（畜禽、幼畜禽、种畜禽）
赣饲证（2014）00037	南昌大佑农生物科技有限公司	配合饲料（畜禽、幼畜禽、种畜禽）；浓缩饲料（畜禽、幼畜禽、种畜禽）
赣饲证（2014）00038	江西英泰瑞生物科技有限公司	配合饲料（畜禽、幼畜禽、种畜禽）；浓缩饲料（畜禽、幼畜禽、种畜禽）
赣饲证（2014）00039	江西中成人药业有限公司	配合饲料（畜禽、水产、幼畜禽、种畜禽、宠物、特种动物）；浓缩饲料（畜禽、幼畜禽、种畜禽、特种动物）
赣饲证（2014）00040	江西金祥之科饲料有限公司	配合饲料（畜禽、幼畜禽、种畜禽）；浓缩饲料（畜禽、幼畜禽、种畜禽）
赣饲证（2014）00041	江西丙申饲料发展有限公司	配合饲料（水产、水产育苗）
赣饲证（2014）00042	南昌蓝鱼实业有限公司	配合饲料（水产、水产育苗）
赣饲证（2014）01002	赣州美园畜牧有限公司	配合饲料（畜禽、水产）；浓缩饲料（畜禽）
赣饲证（2014）01003	信丰温氏畜牧有限公司	配合饲料（畜禽）
赣饲证（2014）01004	江西柯恩科技有限公司	配合饲料（畜禽、水产）；浓缩饲料（畜禽）
赣饲证（2014）01005	江西宝宝仔饲料有限公司	配合饲料（畜禽、水产、幼畜禽、种畜禽、水产育苗）；浓缩饲料（畜禽、水产、幼畜禽、种畜禽、水产育苗）
赣饲证（2014）01006	双胞胎饲料有限公司	配合饲料（畜禽、水产、幼畜禽、种畜禽）；浓缩饲料（畜禽、幼畜禽、种畜禽）
赣饲证（2014）01007	信丰双胞胎饲料有限公司	配合饲料（畜禽、幼畜禽、种畜禽）；浓缩饲料（畜禽、幼畜禽、种畜禽）
赣饲证（2014）01008	赣州湘大骆驼饲料有限公司	配合饲料（畜禽、幼畜禽、种畜禽）；浓缩饲料（畜禽、幼畜禽、种畜禽）
赣饲证（2014）01009	赣州希望饲料有限公司	配合饲料（畜禽、水产）
赣饲证（2014）01010	江西赣南金利饲料有限公司	配合饲料（畜禽、水产、幼畜禽、种畜禽、水产育苗）；浓缩饲料（畜禽、水产、幼畜禽、种畜禽、水产育苗）
赣饲证（2014）01011	江西英威现代农牧发展有限公司	配合饲料（畜禽、水产、幼畜禽、种畜禽）；浓缩饲料（畜禽）
赣饲证（2014）01012	赣州正大实业有限公司	配合饲料（畜禽、水产）；浓缩饲料（畜禽）
赣饲证（2014）01013	江西优能生物科技有限公司	配合饲料（畜禽、幼畜禽、种畜禽）；浓缩饲料（畜禽、幼畜禽、种畜禽）
赣饲证（2014）01014	江西省惠大实业有限公司	配合饲料（畜禽）
赣饲证（2014）01015	赣州裕丰大成饲料有限公司	配合饲料（畜禽、水产、幼畜禽、种畜禽）；浓缩饲料（畜禽）

（续）

生产许可证编号	企业名称	产品名称
赣饲证（2014）01016	赣州八维生物科技有限公司	配合饲料（畜禽、幼畜禽、种畜禽）；浓缩饲料（畜禽、幼畜禽、种畜禽）
赣饲证（2014）01017	江西宏通畜禽有限公司	配合饲料（畜禽、水产）
赣饲证（2014）01018	江西立好饲料有限公司	配合饲料（畜禽、水产）
赣饲证（2014）01019	赣州增大科技饲料有限公司	配合饲料（畜禽、水产、幼畜禽、种畜禽）；浓缩饲料（畜禽、幼畜禽）
赣饲证（2014）01020	赣州正邦饲料有限公司	配合饲料（水产）
赣饲证（2014）01021	江西正邦科技股份有限公司信丰分公司	配合饲料（畜禽）；浓缩饲料（畜禽）
赣饲证（2014）02006	江西聚贤实业有限公司	配合饲料（畜禽）
赣饲证（2014）02007	江西铁骑力士牧业科技有限公司	配合饲料（畜禽、水产、幼畜禽、种畜禽、水产育苗）；浓缩饲料（畜禽、幼畜禽、种畜禽）
赣饲证（2014）02008	宜春九鼎牧业有限公司	配合饲料（畜禽、幼畜禽、种畜禽）
赣饲证（2014）02009	江西高安大北农饲料有限公司	配合饲料（畜禽）；浓缩饲料（畜禽）
赣饲证（2014）02010	宜春格力特饲料有限公司	配合饲料（畜禽）；浓缩饲料（畜禽）
赣饲证（2014）02011	高安旺大生物科技有限公司	配合饲料（畜禽、幼畜禽）；浓缩饲料（畜禽）
赣饲证（2014）02012	江西盛达饲料有限公司	配合饲料（畜禽）
赣饲证（2014）02013	江西双胞胎实业有限公司	配合饲料（畜禽、幼畜禽、种畜禽）；浓缩饲料（畜禽、幼畜禽、种畜禽）
赣饲证（2014）02014	樟树市农好饲料有限公司	配合饲料（畜禽、幼畜禽、种畜禽）
赣饲证（2014）02015	高安华达牧业有限公司	配合饲料（畜禽）；浓缩饲料（畜禽）
赣饲证（2014）02016	江西绿环饲料科技有限公司	配合饲料（畜禽）；浓缩饲料（畜禽）
赣饲证（2014）02017	江西正邦科技股份有限公司樟树分公司	配合饲料（畜禽）；浓缩饲料（畜禽）
赣饲证（2014）02018	樟树市宝宝仔实业有限公司	配合饲料（畜禽）；浓缩饲料（畜禽）
赣饲证（2014）02019	江西华农恒青农牧有限公司	配合饲料（畜禽）；浓缩饲料（畜禽）
赣饲证（2014）03003	吉安大汉饲料有限公司	配合饲料（畜禽、水产）；浓缩饲料（畜禽、水产）
赣饲证（2014）03004	江西金苹果实业有限公司	配合饲料（畜禽）；浓缩饲料（畜禽）
赣饲证（2014）03005	江西泰和大北农饲料有限公司	配合饲料（畜禽）；浓缩饲料（畜禽）
赣饲证（2014）03006	吉安温氏禽畜有限公司	配合饲料（畜禽）
赣饲证（2014）03007	江西正邦科技股份有限公司吉安分公司	配合饲料（畜禽）
赣饲证（2014）03008	江西正邦科技股份有限公司新干分公司	配合饲料（畜禽）；浓缩饲料（畜禽）
赣饲证（2014）03009	江西永华嘉旺农牧有限公司	配合饲料（畜禽、水产）
赣饲证（2014）03010	泰和联和饲料有限公司	配合饲料（畜禽）
赣饲证（2014）03011	新干县凯日饲料有限公司	配合饲料（畜禽）

（续）

生产许可证编号	企业名称	产品名称
赣饲证（2014）03012	泰和县赣泰饲料厂	配合饲料（畜禽、水产）
赣饲证（2014）03013	江西沁五丰饲料有限公司	配合饲料（畜禽）
赣饲证（2014）04003	江西双胞胎牧业有限公司	配合饲料（畜禽）；浓缩饲料（畜禽）
赣饲证（2014）05002	抚州傲农生物科技有限公司	配合饲料（畜禽、幼畜禽、种畜禽）
赣饲证（2014）05003	东乡县九鼎牧业有限公司	配合饲料（畜禽）
赣饲证（2014）05004	抚州百欣生物科技有限公司	配合饲料（畜禽、幼畜禽、种畜禽）；浓缩饲料（畜禽、幼畜禽、种畜禽）
赣饲证（2014）06003	九江正大饲料有限公司	配合饲料（畜禽、水产）；浓缩饲料（畜禽）
赣饲证（2014）07001	景德镇昌大饲料有限公司	配合饲料（畜禽、水产）
赣饲证（2014）08002	萍乡浏阳河饲料有限公司	配合饲料（畜禽）
赣饲证（2014）09001	新余双胞胎饲料有限公司	配合饲料（畜禽）；浓缩饲料（畜禽）
赣饲证（2014）09002	江西瑞普康恩农牧发展有限公司	配合饲料（畜禽、幼畜禽、种畜禽）；浓缩饲料（畜禽、幼畜禽、种畜禽）
赣饲证（2014）10001	江西正邦科技股份有限公司余江分公司	配合饲料（畜禽）
赣饲证（2014）11001	江西顺兴饲料科技有限公司	配合饲料（畜禽、水产）
赣饲证（2014）12001	瑞金双胞胎饲料有限公司	配合饲料（畜禽、幼畜禽、种畜禽）；浓缩饲料（畜禽、幼畜禽、种畜禽）
鲁饲证（2014）01009	济南资源饲料有限公司	配合饲料（畜禽、幼畜禽、种畜禽）；浓缩饲料（畜禽、幼畜禽、种畜禽）
鲁饲证（2014）01010	济南中大佳丰饲料有限公司	配合饲料（畜禽、幼畜禽、种畜禽）；浓缩饲料（畜禽、幼畜禽、种畜禽）
鲁饲证（2014）01011	山东美事达农牧科技有限公司	配合饲料（畜禽、幼畜禽、种畜禽）；浓缩饲料（畜禽、幼畜禽、种畜禽）；精料补充料（反刍）
鲁饲证（2014）01013	商河六和饲料有限公司	配合饲料（畜禽、水产、幼畜禽、种畜禽）；浓缩饲料（畜禽、水产、幼畜禽、种畜禽）
鲁饲证（2014）01015	济南兴基饲料有限公司	配合饲料（畜禽、幼畜禽、种畜禽）；浓缩饲料（畜禽、幼畜禽、种畜禽）
鲁饲证（2014）01016	济南和美华饲料有限公司	配合饲料（幼畜禽、种畜禽）；浓缩饲料（幼畜禽、种畜禽）
鲁饲证（2014）01017	济南新星饲料有限公司	配合饲料（畜禽、幼畜禽、种畜禽）；浓缩饲料（畜禽、幼畜禽、种畜禽）
鲁饲证（2014）01018	济南富田本富达饲料有限公司	配合饲料（畜禽、水产、幼畜禽、种畜禽）；浓缩饲料（畜禽、水产、幼畜禽、种畜禽）；精料补充料（反刍）
鲁饲证（2014）01019	济南金三沅饲料有限公司	配合饲料（畜禽、水产、幼畜禽、种畜禽）；浓缩饲料（畜禽、水产、幼畜禽、种畜禽）；精料补充料（反刍）

（续）

生产许可证编号	企业名称	产品名称
鲁饲证（2014）01020	济南众粮饲料有限公司	配合饲料（畜禽、幼畜禽、种畜禽、特种动物）；浓缩饲料（畜禽、幼畜禽、种畜禽、特种动物）
鲁饲证（2014）01021	济南正大有限公司	配合饲料（畜禽、水产、幼畜禽、种畜禽）；浓缩饲料（畜禽、水产、幼畜禽、种畜禽）
鲁饲证（2014）01023	济南新世纪民星饲料有限公司	配合饲料（畜禽、水产、幼畜禽、种畜禽）；浓缩饲料（畜禽、水产、幼畜禽、种畜禽）
鲁饲证（2014）01024	济南雄旺饲料有限公司	配合饲料（畜禽、幼畜禽、种畜禽）；浓缩饲料（畜禽、幼畜禽、种畜禽）
鲁饲证（2014）01025	山东省大发饲料有限公司	配合饲料（畜禽、幼畜禽、种畜禽）；浓缩饲料（畜禽、幼畜禽、种畜禽）
鲁饲证（2014）01026	济南天博饲料有限公司	配合饲料（畜禽、幼畜禽、种畜禽、特种动物）；浓缩饲料（畜禽、幼畜禽、种畜禽、特种动物）
鲁饲证（2014）01027	章丘市科鑫饲料厂	配合饲料（畜禽、水产、幼畜禽、种畜禽）；浓缩饲料（畜禽、水产、幼畜禽、种畜禽）；精料补充料（反刍）
鲁饲证（2014）01028	济南神旺饲料有限公司	配合饲料（畜禽、水产、幼畜禽、种畜禽）；浓缩饲料（畜禽、水产、幼畜禽、种畜禽）
鲁饲证（2014）01030	济南普兴生物科技有限公司	配合饲料（畜禽、幼畜禽、种畜禽）；浓缩饲料（畜禽、幼畜禽、种畜禽）
鲁饲证（2014）01031	山东省明发同茂饲料有限公司	配合饲料（畜禽、幼畜禽、种畜禽）；浓缩饲料（畜禽、幼畜禽、种畜禽）
鲁饲证（2014）01032	济南瑞泰饲料有限公司	配合饲料（畜禽、幼畜禽、种畜禽）；浓缩饲料（畜禽、幼畜禽、种畜禽）
鲁饲证（2014）01033	山东省农科苑畜牧发展中心	配合饲料（畜禽、幼畜禽、种畜禽）；浓缩饲料（畜禽、幼畜禽、种畜禽）
鲁饲证（2014）01034	济南科牧饲料有限公司	配合饲料（畜禽、水产、幼畜禽、种畜禽）；浓缩饲料（畜禽、幼畜禽、种畜禽）
鲁饲证（2014）01035	济南活力饲料有限公司	配合饲料（畜禽、幼畜禽、种畜禽）；浓缩饲料（畜禽、幼畜禽、种畜禽）
鲁饲证（2014）01036	山东天聚安普瑞农牧发展有限公司	配合饲料（畜禽、幼畜禽、种畜禽）；浓缩饲料（畜禽、幼畜禽、种畜禽）
鲁饲证（2014）01037	济南德威饲料有限公司	配合饲料（畜禽、幼畜禽、种畜禽）；浓缩饲料（畜禽、幼畜禽、种畜禽）
鲁饲证（2014）01039	济南麦瑞特饲料厂	配合饲料（畜禽、幼畜禽、种畜禽）；浓缩饲料（畜禽、幼畜禽、种畜禽）
鲁饲证（2014）01040	济南兴鲁饲料有限公司	配合饲料（畜禽、幼畜禽、种畜禽）；浓缩饲料（畜禽、幼畜禽、种畜禽）

（续）

生产许可证编号	企业名称	产品名称
鲁饲证（2014）01041	济南广源饲料有限公司	配合饲料（畜禽、水产、幼畜禽、种畜禽）；浓缩饲料（畜禽、水产、幼畜禽、种畜禽）
鲁饲证（2014）01042	济南众禾生物科技有限公司	浓缩饲料（反刍）；精料补充料（反刍）
鲁饲证（2014）02034	青岛天普阳光饲料有限公司	配合饲料（畜禽、幼畜禽、种畜禽、特种动物）；浓缩饲料（畜禽、水产、幼畜禽、种畜禽、特种动物）；精料补充料（反刍）
鲁饲证（2014）02035	青岛海芙特生态科技有限公司	配合饲料（水产育苗、特种动物）
鲁饲证（2014）02036	青岛爱贝德饲料有限公司	配合饲料（畜禽、幼畜禽、种畜禽）；浓缩饲料（畜禽、幼畜禽、种畜禽）；精料补充料（反刍）
鲁饲证（2014）02037	青岛隆和生物科技有限公司	配合饲料（畜禽、幼畜禽、种畜禽、特种动物）；浓缩饲料（畜禽、幼畜禽、种畜禽、特种动物）
鲁饲证（2014）02038	青岛九联尚生饲料有限公司	配合饲料（畜禽、幼畜禽、种畜禽）；浓缩饲料（畜禽、幼畜禽、种畜禽）
鲁饲证（2014）02039	青岛七好生物科技有限公司	配合饲料（水产育苗、特种动物）
鲁饲证（2014）02040	青岛六和饲料有限公司	配合饲料（畜禽、水产、幼畜禽、种畜禽）；浓缩饲料（畜禽、幼畜禽、种畜禽）
鲁饲证（2014）02042	青岛龙慧饲料有限公司	配合饲料（畜禽、幼畜禽、种畜禽）；浓缩饲料（畜禽、种畜禽）
鲁饲证（2014）02043	平度中慧饲料有限公司	配合饲料（畜禽、幼畜禽、种畜禽）；浓缩饲料（畜禽、幼畜禽、种畜禽）
鲁饲证（2014）02044	青岛康大六和饲料有限公司	配合饲料（畜禽、幼畜禽、种畜禽、特种动物）；浓缩饲料（畜禽、幼畜禽、种畜禽）
鲁饲证（2014）02045	青岛龙兴饲料有限公司	配合饲料（水产育苗、特种动物）
鲁饲证（2014）02046	青岛明慧饲料有限公司	配合饲料（畜禽、幼畜禽、种畜禽）；浓缩饲料（畜禽、幼畜禽、种畜禽）
鲁饲证（2014）02048	青岛胶南康大饲料有限公司	配合饲料（特种动物）
鲁饲证（2014）02050	青岛华信饲料有限公司	配合饲料（畜禽、幼畜禽、种畜禽）；浓缩饲料（畜禽、幼畜禽、种畜禽）
鲁饲证（2014）02052	青岛正大农业发展有限公司	配合饲料（畜禽、水产、幼畜禽、种畜禽）；浓缩饲料（畜禽、水产、幼畜禽、种畜禽）；精料补充料（反刍）
鲁饲证（2014）02053	青岛先进饲料有限公司	配合饲料（畜禽、幼畜禽、种畜禽）；浓缩饲料（畜禽、幼畜禽、种畜禽）
鲁饲证（2014）02055	青岛信业饲料有限公司	配合饲料（畜禽、幼畜禽、种畜禽）；浓缩饲料（畜禽、幼畜禽、种畜禽）
鲁饲证（2014）02056	青岛玖瑞海明汇饲料有限公司	配合饲料（畜禽、幼畜禽、种畜禽）；浓缩饲料（畜禽、幼畜禽、种畜禽）；精料补充料（反刍）

（续）

生产许可证编号	企业名称	产品名称
鲁饲证（2014）02057	青岛万福集团股份有限公司	配合饲料（畜禽、幼畜禽、种畜禽）；浓缩饲料（畜禽、幼畜禽、种畜禽）
鲁饲证（2014）02059	青岛东方合力牧业有限公司	配合饲料（畜禽、水产、幼畜禽、种畜禽、特种动物）；浓缩饲料（畜禽、水产、幼畜禽、种畜禽、特种动物）
鲁饲证（2014）02062	青岛通威饲料有限公司	配合饲料（幼畜禽、种畜禽）；浓缩饲料（幼畜禽、种畜禽）
鲁饲证（2014）02065	青岛朗格生物技术有限公司	配合饲料（特种动物）；浓缩饲料（特种动物）
鲁饲证（2014）02067	青岛新特瑞农牧有限公司	配合饲料（畜禽、幼畜禽、种畜禽、特种动物）；浓缩饲料（畜禽、幼畜禽、种畜禽、特种动物）；精料补充料（反刍）
鲁饲证（2014）02068	青岛博联饲料有限公司	配合饲料（畜禽、幼畜禽、种畜禽）；浓缩饲料（畜禽、幼畜禽、种畜禽）
鲁饲证（2014）02069	青岛聚邦饲料有限公司	配合饲料（畜禽、幼畜禽、种畜禽）；浓缩饲料（畜禽、幼畜禽、种畜禽）
鲁饲证（2014）02070	青岛知恩饲料有限公司	配合饲料（畜禽、幼畜禽、种畜禽）；浓缩饲料（畜禽、幼畜禽、种畜禽）
鲁饲证（2014）02071	青岛和润饲料有限公司	配合饲料（畜禽、幼畜禽、种畜禽、特种动物）；浓缩饲料（畜禽、幼畜禽、种畜禽、特种动物）
鲁饲证（2014）02079	青岛爱佳饲料有限公司	配合饲料（畜禽、幼畜禽、种畜禽）；浓缩饲料（畜禽、幼畜禽、种畜禽）
鲁饲证（2014）02081	青岛嘉明牧业科技有限公司	配合饲料（畜禽、幼畜禽、种畜禽）；浓缩饲料（畜禽、幼畜禽、种畜禽）
鲁饲证（2014）02082	青岛玖瑞大海跃饲料科技有限公司	配合饲料（水产）
鲁饲证（2014）02083	青岛福润达动物营养有限公司	精料补充料（反刍）
鲁饲证（2014）03012	沂源县盛旺饲料有限公司	配合饲料（畜禽、幼畜禽、种畜禽）；浓缩饲料（畜禽、幼畜禽、种畜禽）
鲁饲证（2014）03014	淄博天普阳光饲料有限公司	配合饲料（畜禽、水产、幼畜禽、种畜禽）；浓缩饲料（畜禽、水产、幼畜禽、种畜禽）
鲁饲证（2014）03015	淄博美龙安佑饲料有限公司	配合饲料（畜禽、幼畜禽、种畜禽）；浓缩饲料（畜禽、幼畜禽、种畜禽）
鲁饲证（2014）03017	淄博通威饲料有限公司	配合饲料（水产）
鲁饲证（2014）03021	淄博鑫阜源农牧科技有限公司	配合饲料（畜禽、幼畜禽、种畜禽）；浓缩饲料（畜禽、幼畜禽、种畜禽）
鲁饲证（2014）04003	枣庄六和金牌饲料有限公司	配合饲料（畜禽、幼畜禽、种畜禽）；浓缩饲料（畜禽、幼畜禽、种畜禽）
鲁饲证（2014）04004	山东大洋农牧科技发展有限公司	配合饲料（畜禽、水产、水产育苗）；浓缩饲料（畜禽、水产、水产育苗）

（续）

生产许可证编号	企业名称	产品名称
鲁饲证（2014）04005	枣庄万兴农牧发展有限公司	配合饲料（畜禽、幼畜禽、种畜禽）；浓缩饲料（畜禽、幼畜禽、种畜禽）
鲁饲证（2014）04006	枣庄市昕扬饲料有限公司	配合饲料（畜禽、水产、幼畜禽、种畜禽）
鲁饲证（2014）04009	枣庄通威饲料有限公司	配合饲料（畜禽、水产、幼畜禽、种畜禽、水产育苗）；浓缩饲料（畜禽、幼畜禽、种畜禽）
鲁饲证（2014）04011	枣庄新希望六和饲料有限公司	配合饲料（畜禽、水产、幼畜禽、种畜禽）；浓缩饲料（畜禽、幼畜禽、种畜禽）
鲁饲证（2014）04012	枣庄市宏宇饲料有限公司	配合饲料（畜禽、水产、幼畜禽、种畜禽）
鲁饲证（2014）04013	枣庄市薛城区亿隆饲料厂	配合饲料（畜禽、幼畜禽、种畜禽）；浓缩饲料（畜禽、幼畜禽、种畜禽）
鲁饲证（2014）04016	滕州市佳佳旺畜禽有限公司	配合饲料（畜禽、幼畜禽）
鲁饲证（2014）04017	山东盛基饲料有限公司	配合饲料（畜禽、幼畜禽、种畜禽）；浓缩饲料（畜禽、幼畜禽、种畜禽）
鲁饲证（2014）05009	利津六和兴华饲料有限公司	配合饲料（畜禽、幼畜禽、种畜禽）；浓缩饲料（畜禽、幼畜禽、种畜禽）
鲁饲证（2014）05010	广饶光聚六和饲料有限公司	配合饲料（畜禽、幼畜禽、种畜禽）；浓缩饲料（畜禽、幼畜禽、种畜禽）
鲁饲证（2014）05011	东营市科信饲料有限责任公司	配合饲料（畜禽、水产、幼畜禽）
鲁饲证（2014）05013	山东天红鸭业有限责任公司	配合饲料（畜禽、幼畜禽、种畜禽）；浓缩饲料（畜禽、幼畜禽、种畜禽）
鲁饲证（2014）05015	东营和康源饲料有限公司	配合饲料（畜禽、水产、幼畜禽、种畜禽）；浓缩饲料（畜禽、幼畜禽、种畜禽）
鲁饲证（2014）06033	烟台大信饲料有限公司	配合饲料（畜禽、幼畜禽、种畜禽）；浓缩饲料（畜禽、幼畜禽、种畜禽）
鲁饲证（2014）06034	烟台新中新饲料有限公司	配合饲料（畜禽、幼畜禽、种畜禽）；浓缩饲料（畜禽、幼畜禽、种畜禽）；精料补充料（反刍）
鲁饲证（2014）06035	招远六和金都饲料有限公司	配合饲料（畜禽、幼畜禽、种畜禽）；浓缩饲料（畜禽、幼畜禽、种畜禽）
鲁饲证（2014）06036	烟台农标普瑞纳饲料有限公司	配合饲料（畜禽、水产、幼畜禽、种畜禽）；浓缩饲料（畜禽、水产、幼畜禽、种畜禽）
鲁饲证（2014）06037	莱阳贵合生物科技有限公司	配合饲料（水产、水产育苗、特种动物）；浓缩饲料（水产、水产育苗、特种动物）
鲁饲证（2014）06038	海阳玖瑞饲料有限公司	配合饲料（畜禽、幼畜禽、种畜禽）；浓缩饲料（畜禽、幼畜禽、种畜禽）
鲁饲证（2014）06039	莱州市海福饲料有限公司	配合饲料（水产育苗、特种动物）
鲁饲证（2014）06040	山东福祖畜牧科技有限公司	配合饲料（畜禽、幼畜禽、种畜禽）；浓缩饲料（畜禽、幼畜禽、种畜禽）

（续）

生产许可证编号	企业名称	产品名称
鲁饲证（2014）06041	海阳中慧饲料有限公司	配合饲料（畜禽、幼畜禽、种畜禽）；浓缩饲料（畜禽、幼畜禽、种畜禽）
鲁饲证（2014）06042	莱阳德慧饲料有限公司	配合饲料（畜禽、幼畜禽、种畜禽）；浓缩饲料（畜禽、幼畜禽、种畜禽）；精料补充料（反刍）
鲁饲证（2014）06043	烟台兴基饲料有限公司	配合饲料（畜禽、水产、幼畜禽、种畜禽）；浓缩饲料（畜禽、水产、幼畜禽、种畜禽）
鲁饲证（2014）06046	蓬莱福润牧业有限公司	配合饲料（畜禽、幼畜禽、种畜禽）；浓缩饲料（畜禽、幼畜禽、种畜禽）
鲁饲证（2014）06047	海阳华有奕和饲料有限公司	配合饲料（畜禽、水产、幼畜禽、种畜禽）；浓缩饲料（畜禽、水产、幼畜禽、种畜禽）；精料补充料（反刍）
鲁饲证（2014）06049	山东天源饲料有限公司	配合饲料（畜禽、幼畜禽、种畜禽）；浓缩饲料（畜禽、幼畜禽、种畜禽）
鲁饲证（2014）06050	烟台可莱威饲料有限公司	配合饲料（畜禽、幼畜禽、种畜禽）；浓缩饲料（畜禽、幼畜禽、种畜禽）
鲁饲证（2014）06054	烟台海康水产生物技术有限公司	配合饲料（水产育苗、特种动物）
鲁饲证（2014）06055	山东春雪食品有限公司饲料厂	配合饲料（畜禽、幼畜禽、种畜禽）；浓缩饲料（畜禽、幼畜禽、种畜禽）；精料补充料（反刍）
鲁饲证（2014）06056	蓬莱正兴海参饲料有限公司	配合饲料（水产、特种动物）
鲁饲证（2014）06057	蓬莱天源饲料有限公司	配合饲料（畜禽、幼畜禽、种畜禽）；浓缩饲料（畜禽、幼畜禽、种畜禽）
鲁饲证（2014）06058	烟台宏达饲料有限公司	配合饲料（畜禽、幼畜禽、种畜禽）；浓缩饲料（畜禽、幼畜禽、种畜禽）
鲁饲证（2014）06059	烟台永裕饲料有限公司	配合饲料（畜禽、幼畜禽、种畜禽）；浓缩饲料（畜禽、幼畜禽、种畜禽）
鲁饲证（2014）06060	烟台居易牧业有限公司	配合饲料（畜禽、幼畜禽、种畜禽）；浓缩饲料（畜禽、幼畜禽、种畜禽）
鲁饲证（2014）06061	烟台龙大饲料有限公司	配合饲料（畜禽、幼畜禽、种畜禽）
鲁饲证（2014）06062	烟台金慧饲料有限公司	配合饲料（畜禽、幼畜禽、种畜禽）；浓缩饲料（畜禽、幼畜禽、种畜禽）
鲁饲证（2014）06063	栖霞瑞禾源农牧有限公司	配合饲料（畜禽、幼畜禽、种畜禽）；浓缩饲料（畜禽、幼畜禽、种畜禽）
鲁饲证（2014）06064	烟台宝聚海藻有限公司	配合饲料（水产育苗、特种动物）
鲁饲证（2014）06065	烟台益东饲料有限公司	配合饲料（畜禽、幼畜禽、种畜禽）；浓缩饲料（畜禽、幼畜禽、种畜禽）
鲁饲证（2014）06066	烟台佳诺饲料有限公司	配合饲料（畜禽、幼畜禽、种畜禽）；浓缩饲料（畜禽、幼畜禽、种畜禽）

（续）

生产许可证编号	企业名称	产品名称
鲁饲证（2014）06068	烟台大和牧业有限公司	配合饲料（畜禽、幼畜禽、种畜禽）；浓缩饲料（畜禽、幼畜禽、种畜禽）
鲁饲证（2014）06073	龙口市天源饲料有限公司招远分公司	配合饲料（畜禽、幼畜禽、种畜禽）；浓缩饲料（畜禽、幼畜禽、种畜禽）
鲁饲证（2014）06074	山东安源水产股份有限公司	配合饲料（水产、水产育苗）
鲁饲证（2014）06076	山东巴斯德生物科技有限公司	精料补充料（反刍）
鲁饲证（2014）06077	烟台华普饲料有限公司	配合饲料（畜禽、幼畜禽、种畜禽）；浓缩饲料（畜禽、幼畜禽、种畜禽）
鲁饲证（2014）06078	蓬莱市蓬源饲料有限公司	配合饲料（水产育苗、特种动物）
鲁饲证（2014）06079	莱州金聚饲料有限公司	配合饲料（畜禽、幼畜禽、种畜禽）；浓缩饲料（畜禽、幼畜禽、种畜禽）
鲁饲证（2014）06080	烟台康惠饲料有限公司	精料补充料（反刍）
鲁饲证（2014）06088	山东孚嘉德饲料有限公司	配合饲料（畜禽、幼畜禽、种畜禽）；浓缩饲料（畜禽、幼畜禽、种畜禽）
鲁饲证（2014）07061	潍坊硕昌中慧饲料有限公司	配合饲料（畜禽、幼畜禽、种畜禽）；浓缩饲料（畜禽、种畜禽）
鲁饲证（2014）07062	山东巴夫饲料有限公司	配合饲料（畜禽、幼畜禽、种畜禽、特种动物）；浓缩饲料（畜禽、幼畜禽、种畜禽、特种动物）；精料补充料（反刍）
鲁饲证（2014）07063	富氏饲料（潍坊）有限公司	配合饲料（畜禽、幼畜禽、种畜禽、特种动物）；浓缩饲料（畜禽、幼畜禽、种畜禽、特种动物）
鲁饲证（2014）07064	青州市家和饲料有限公司	配合饲料（畜禽、幼畜禽、种畜禽）；浓缩饲料（畜禽、幼畜禽、种畜禽）
鲁饲证（2014）07066	昌乐天合饲料有限公司	配合饲料（畜禽、幼畜禽、种畜禽）；浓缩饲料（畜禽、幼畜禽、种畜禽）
鲁饲证（2014）07067	昌邑六和欣荣饲料有限公司	配合饲料（畜禽、幼畜禽、种畜禽）；浓缩饲料（畜禽、幼畜禽、种畜禽）；精料补充料（反刍）
鲁饲证（2014）07068	潍坊六和聚天饲料有限公司	配合饲料（畜禽、幼畜禽、种畜禽）；浓缩饲料（畜禽、幼畜禽、种畜禽）
鲁饲证（2014）07070	临朐寺头天普阳光饲料有限公司	配合饲料（畜禽、水产、幼畜禽、种畜禽）；浓缩饲料（畜禽、幼畜禽、种畜禽）
鲁饲证（2014）07071	潍坊农乡饲料有限公司	配合饲料（畜禽、幼畜禽、种畜禽）；浓缩饲料（畜禽、幼畜禽、种畜禽）
鲁饲证（2014）07072	昌邑六和明兴饲料有限公司	配合饲料（畜禽、幼畜禽、种畜禽）；浓缩饲料（畜禽、种畜禽）
鲁饲证（2014）07073	潍坊六和饲料有限公司昌邑分公司	配合饲料（畜禽、幼畜禽、种畜禽）；浓缩饲料（畜禽、种畜禽）

（续）

生产许可证编号	企业名称	产品名称
鲁饲证（2014）07074	山东超大饲料股份有限公司	配合饲料（畜禽、幼畜禽、种畜禽）；浓缩饲料（畜禽、幼畜禽、种畜禽）
鲁饲证（2014）07075	诸城中基饲料有限公司	配合饲料（畜禽、幼畜禽、种畜禽）；浓缩饲料（畜禽、幼畜禽、种畜禽）；精料补充料（反刍）
鲁饲证（2014）07077	青州市牧星饲料有限公司	配合饲料（畜禽、幼畜禽、种畜禽）；浓缩饲料（畜禽、幼畜禽、种畜禽）；精料补充料（反刍）
鲁饲证（2014）07078	潍坊市正天饲料有限公司	配合饲料（畜禽、幼畜禽、种畜禽）；浓缩饲料（畜禽、幼畜禽、种畜禽）
鲁饲证（2014）07079	青州市金灿饲料有限公司	配合饲料（畜禽、幼畜禽、种畜禽）；浓缩饲料（畜禽、幼畜禽）
鲁饲证（2014）07080	潍坊新家旺饲料有限公司	配合饲料（畜禽、水产、幼畜禽、种畜禽、特种动物）；浓缩饲料（畜禽、水产、幼畜禽、种畜禽、特种动物）
鲁饲证（2014）07082	诸城新希望六和嘉源饲料有限公司	配合饲料（畜禽、幼畜禽、种畜禽）；浓缩饲料（畜禽、种畜禽）
鲁饲证（2014）07083	青州市天泰发达饲料有限公司	配合饲料（畜禽、幼畜禽、种畜禽）；浓缩饲料（畜禽、幼畜禽、种畜禽）
鲁饲证（2014）07084	潍坊六和饲料有限公司	配合饲料（畜禽、幼畜禽、种畜禽）；浓缩饲料（畜禽、幼畜禽、种畜禽）
鲁饲证（2014）07085	临朐一鸣饲料有限公司	精料补充料（反刍）
鲁饲证（2014）07087	潍坊鹤来饲料有限公司	配合饲料（畜禽、幼畜禽、种畜禽）；浓缩饲料（畜禽、幼畜禽、种畜禽）
鲁饲证（2014）07088	上海众望｛临朐｝饲料有限公司	配合饲料（畜禽、幼畜禽、种畜禽）；浓缩饲料（畜禽、幼畜禽、种畜禽）；精料补充料（反刍、其他它）
鲁饲证（2014）07089	潍坊六和饲料有限公司青州分公司	配合饲料（畜禽、幼畜禽、种畜禽）；浓缩饲料（畜禽、幼畜禽、种畜禽）
鲁饲证（2014）07090	潍坊市布恩饲料有限公司	配合饲料（畜禽、幼畜禽、种畜禽、特种动物）；浓缩饲料（畜禽、幼畜禽、种畜禽、特种动物）
鲁饲证（2014）07091	山东鲁丰集团有限公司	配合饲料（畜禽、幼畜禽、种畜禽）；浓缩饲料（畜禽、幼畜禽、种畜禽）
鲁饲证（2014）07092	青州达福盛康壮尔饲料有限公司	配合饲料（畜禽、水产、幼畜禽、种畜禽）；浓缩饲料（畜禽、水产、幼畜禽、种畜禽）
鲁饲证（2014）07093	山东联合动物营养有限公司	配合饲料（畜禽、幼畜禽、种畜禽）；浓缩饲料（畜禽、幼畜禽、种畜禽）
鲁饲证（2014）07094	寿光六和鼎泰饲料有限公司	配合饲料（畜禽、幼畜禽、种畜禽）；浓缩饲料（畜禽、幼畜禽、种畜禽）
鲁饲证（2014）07095	寿光中慧生物饲料有限公司临朐分公司	配合饲料（畜禽、幼畜禽、种畜禽）；浓缩饲料（畜禽、幼畜禽、种畜禽）

（续）

生产许可证编号	企业名称	产品名称
鲁饲证（2014）07096	山东菁华农牧发展有限公司诸城分公司	配合饲料（畜禽、幼畜禽、种畜禽）；浓缩饲料（畜禽、幼畜禽、种畜禽）；精料补充料（反刍）
鲁饲证（2014）07097	潍坊和生饲料有限公司	配合饲料（畜禽、幼畜禽、种畜禽）；浓缩饲料（畜禽、幼畜禽、种畜禽）；精料补充料（反刍）
鲁饲证（2014）07098	潍坊中晨康地饲料科技有限公司	配合饲料（幼畜禽、种畜禽）；浓缩饲料（幼畜禽、种畜禽）
鲁饲证（2014）07099	诸城优普乐饲料有限公司	配合饲料（畜禽、幼畜禽、种畜禽、特种动物）；浓缩饲料（畜禽、幼畜禽、种畜禽、特种动物）
鲁饲证（2014）07100	高密新希望六和饲料有限公司	配合饲料（畜禽、幼畜禽、种畜禽）；浓缩饲料（畜禽、幼畜禽、种畜禽）
鲁饲证（2014）07101	三通中部饲料（山东）有限公司	配合饲料（水产、水产育苗）
鲁饲证（2014）07103	昌乐六和饲料有限公司	配合饲料（畜禽、幼畜禽、种畜禽）；浓缩饲料（畜禽、幼畜禽、种畜禽）
鲁饲证（2014）07104	潍坊腾强饲料有限公司	配合饲料（畜禽、幼畜禽、种畜禽）；浓缩饲料（畜禽、幼畜禽、种畜禽）
鲁饲证（2014）07106	诸城金鸡饲料有限公司	配合饲料（畜禽、幼畜禽、种畜禽）；浓缩饲料（畜禽、幼畜禽、种畜禽）；精料补充料（反刍）
鲁饲证（2014）07107	山东得利斯畜牧科技有限公司	配合饲料（畜禽、幼畜禽、种畜禽）；浓缩饲料（畜禽、幼畜禽、种畜禽）
鲁饲证（2014）07108	山东江信动物保健科技有限公司	配合饲料（畜禽、幼畜禽、种畜禽）；浓缩饲料（畜禽、幼畜禽、种畜禽）
鲁饲证（2014）07110	诸城市大康牧业有限公司	配合饲料（畜禽、幼畜禽、种畜禽）；浓缩饲料（畜禽、幼畜禽、种畜禽）
鲁饲证（2014）07111	北京天地大科技有限责任公司高密分公司	配合饲料（幼畜禽、种畜禽、特种动物）；浓缩饲料（幼畜禽、种畜禽、特种动物）
鲁饲证（2014）07113	潍坊龙源农牧饲料有限公司	配合饲料（畜禽、幼畜禽、种畜禽）
鲁饲证（2014）07114	山东路斯宠物食品股份有限公司	配合饲料（宠物）
鲁饲证（2014）07116	诸城中慧饲料有限公司	配合饲料（畜禽、幼畜禽、种畜禽）；浓缩饲料（畜禽、幼畜禽、种畜禽）
鲁饲证（2014）07117	寿光明德中慧饲料有限公司	配合饲料（畜禽、幼畜禽、种畜禽）；浓缩饲料（畜禽、幼畜禽、种畜禽）
鲁饲证（2014）07118	潍坊天合饲料有限公司	配合饲料（畜禽、幼畜禽、种畜禽、特种动物）；浓缩饲料（畜禽、幼畜禽、种畜禽、特种动物）
鲁饲证（2014）07121	潍坊乐港食品股份有限公司	配合饲料（畜禽、幼畜禽、种畜禽）
鲁饲证（2014）07122	山东安佑生物科技有限公司	配合饲料（畜禽、幼畜禽、种畜禽）；浓缩饲料（畜禽、幼畜禽、种畜禽）

（续）

生产许可证编号	企业名称	产品名称
鲁饲证（2014）07123	潍坊紫鸾牧业发展有限公司	配合饲料（畜禽、幼畜禽、种畜禽）；浓缩饲料（畜禽、幼畜禽、种畜禽）
鲁饲证（2014）07125	潍坊发民饲料有限公司	配合饲料（畜禽、幼畜禽、种畜禽）；浓缩饲料（畜禽、幼畜禽、种畜禽）
鲁饲证（2014）07126	高密市瑞祥饲料有限公司	配合饲料（畜禽、幼畜禽、种畜禽）；浓缩饲料（畜禽、幼畜禽、种畜禽）
鲁饲证（2014）07127	山东安佑生物科技有限公司咸家分公司	配合饲料（畜禽、幼畜禽、种畜禽）；浓缩饲料（畜禽、幼畜禽、种畜禽）
鲁饲证（2014）07128	寿光市浩正饲料有限公司	配合饲料（畜禽、幼畜禽、种畜禽）；浓缩饲料（畜禽、幼畜禽、种畜禽）
鲁饲证（2014）07130	潍坊超大科技饲料有限公司	配合饲料（畜禽、幼畜禽、种畜禽）；浓缩饲料（畜禽、幼畜禽、种畜禽）
鲁饲证（2014）07131	诸城市春意饲料有限公司	配合饲料（畜禽、幼畜禽、种畜禽）；浓缩饲料（畜禽、幼畜禽、种畜禽）
鲁饲证（2014）07134	青州天普阳光饲料有限公司	配合饲料（畜禽、幼畜禽、种畜禽）；浓缩饲料（畜禽、幼畜禽、种畜禽）
鲁饲证（2014）07135	青州市阳光和美饲料厂	配合饲料（畜禽、幼畜禽、种畜禽）；浓缩饲料（畜禽、幼畜禽、种畜禽）
鲁饲证（2014）07137	昌乐尚生饲料有限公司	配合饲料（畜禽、幼畜禽、种畜禽）；浓缩饲料（畜禽、幼畜禽、种畜禽）
鲁饲证（2014）07142	青州全成饲料有限公司	配合饲料（畜禽、幼畜禽、种畜禽）；浓缩饲料（畜禽、幼畜禽、种畜禽）
鲁饲证（2014）07143	潍坊市福佑富饲料有限公司	配合饲料（畜禽、幼畜禽、种畜禽、特种动物）；浓缩饲料（畜禽、幼畜禽、种畜禽、特种动物）
鲁饲证（2014）07145	潍坊市沃福蒂饲料有限公司	配合饲料（畜禽、幼畜禽、种畜禽）；浓缩饲料（畜禽、幼畜禽、种畜禽）
鲁饲证（2014）07147	寿光市名晟饲料有限公司	精料补充料（反刍）
鲁饲证（2014）07148	青州市康达饲料有限公司	配合饲料（畜禽、幼畜禽、种畜禽）；浓缩饲料（畜禽、幼畜禽、种畜禽）
鲁饲证（2014）07153	山东尚生生物科技发展股份有限公司	配合饲料（畜禽、幼畜禽、种畜禽）；浓缩饲料（畜禽、幼畜禽、种畜禽）
鲁饲证（2014）07157	临朐联亿慧饲料有限公司	配合饲料（畜禽、幼畜禽、种畜禽）；浓缩饲料（畜禽、幼畜禽、种畜禽）
鲁饲证（2014）07158	诸城市天丰牧业有限公司	精料补充料（反刍）
鲁饲证（2014）07159	潍坊金益农饲料有限公司	配合饲料（畜禽、幼畜禽、种畜禽）；浓缩饲料（畜禽、幼畜禽、种畜禽）

（续）

生产许可证编号	企业名称	产品名称
鲁饲证（2014）07161	潍坊集成科技饲料有限公司	配合饲料（畜禽、幼畜禽、种畜禽）；浓缩饲料（畜禽、幼畜禽、种畜禽）
鲁饲证（2014）07163	诸城市兴慧饲料有限公司	配合饲料（畜禽、幼畜禽、种畜禽）；浓缩饲料（畜禽、幼畜禽、种畜禽）
鲁饲证（2014）07168	山东省临朐县饲料加工厂	配合饲料（种畜禽）
鲁饲证（2014）07169	青州天惠饲料有限公司	配合饲料（畜禽、幼畜禽、种畜禽）；浓缩饲料（畜禽、幼畜禽、种畜禽）
鲁饲证（2014）07170	潍坊六和饲料有限公司临朐分公司	配合饲料（畜禽、幼畜禽、种畜禽）；浓缩饲料（畜禽、幼畜禽、种畜禽）；精料补充料（反刍）
鲁饲证（2014）07171	临朐六和中盛饲料有限公司	配合饲料（畜禽、幼畜禽、种畜禽）；浓缩饲料（畜禽、幼畜禽、种畜禽）
鲁饲证（2014）07173	潍坊中基饲料有限公司	配合饲料（畜禽、幼畜禽、种畜禽）；浓缩饲料（畜禽、幼畜禽、种畜禽）
鲁饲证（2014）07176	临朐玖瑞鲁伟饲料有限公司	配合饲料（畜禽、幼畜禽、种畜禽、特种动物）；浓缩饲料（畜禽、幼畜禽、种畜禽、特种动物）
鲁饲证（2014）07178	潍坊三农伟业饲料科技有限公司	配合饲料（畜禽、幼畜禽、种畜禽、特种动物）；浓缩饲料（畜禽、幼畜禽、种畜禽、特种动物）
鲁饲证（2014）07179	寿光市舜兴饲料有限公司	配合饲料（畜禽、幼畜禽、种畜禽）；浓缩饲料（畜禽、幼畜禽、种畜禽）
鲁饲证（2014）07180	山东寿丰饲料有限公司	配合饲料（畜禽、幼畜禽、种畜禽）；浓缩饲料（畜禽、幼畜禽、种畜禽）
鲁饲证（2014）07181	潍坊天宇饲料科技有限公司	精料补充料（反刍）
鲁饲证（2014）07182	中慧农牧股份有限公司预混饲料山东分公司	配合饲料（畜禽、幼畜禽、种畜禽）；浓缩饲料（畜禽、幼畜禽、种畜禽）
鲁饲证（2014）07183	潍坊正丰饲料有限责任公司	配合饲料（畜禽、幼畜禽、种畜禽）；浓缩饲料（畜禽、幼畜禽、种畜禽）
鲁饲证（2014）07184	潍坊康泰牧业有限公司	配合饲料（畜禽、幼畜禽、种畜禽）；浓缩饲料（畜禽、幼畜禽、种畜禽）
鲁饲证（2014）07186	诸城强林饲料有限公司	配合饲料（畜禽、幼畜禽、种畜禽）；浓缩饲料（畜禽、幼畜禽、种畜禽）
鲁饲证（2014）07188	青州市六丰牧业有限公司	配合饲料（畜禽、幼畜禽、种畜禽、特种动物）；浓缩饲料（畜禽、幼畜禽、种畜禽、特种动物）
鲁饲证（2014）07189	潍坊欣阳饲料科技有限公司	配合饲料（畜禽、幼畜禽、种畜禽）；浓缩饲料（畜禽、幼畜禽、种畜禽）
鲁饲证（2014）07191	山东八方牧歌农牧科技有限公司	配合饲料（畜禽、水产、幼畜禽、种畜禽、特种动物）；浓缩饲料（畜禽、水产、幼畜禽、种畜禽、特种动物）

（续）

生产许可证编号	企业名称	产品名称
鲁饲证（2014）07192	潍坊玖瑞金枫饲料有限公司	配合饲料（畜禽、幼畜禽、种畜禽）；浓缩饲料（畜禽、幼畜禽、种畜禽）
鲁饲证（2014）07194	潍坊亚威饲料有限公司	配合饲料（幼畜禽、种畜禽）；浓缩饲料（幼畜禽、种畜禽）
鲁饲证（2014）07199	安丘市润旺饲料有限公司	配合饲料（畜禽、幼畜禽、种畜禽）；浓缩饲料（畜禽、幼畜禽、种畜禽）
鲁饲证（2014）07201	潍坊市华大饲料厂	配合饲料（畜禽、水产、幼畜禽、种畜禽、特种动物）；浓缩饲料（畜禽、水产、幼畜禽、种畜禽、特种动物）
鲁饲证（2014）07202	青州向阳饲料有限公司	配合饲料（畜禽、幼畜禽、种畜禽）；浓缩饲料（畜禽、幼畜禽、种畜禽）
鲁饲证（2014）07203	潍坊麦克皮得生物科技有限公司	精料补充料（反刍）
鲁饲证（2014）08023	济宁海鼎饲料有限公司	配合饲料（畜禽、水产、幼畜禽、种畜禽、水产育苗）；浓缩饲料（畜禽、水产、幼畜禽、种畜禽、水产育苗）
鲁饲证（2014）08025	兖州六和饲料有限公司	配合饲料（畜禽、幼畜禽、种畜禽）；浓缩饲料（畜禽、幼畜禽、种畜禽）
鲁饲证（2014）08027	济宁禾丰牧业有限公司	配合饲料（畜禽、水产、幼畜禽、种畜禽）；浓缩饲料（畜禽、水产、幼畜禽、种畜禽）
鲁饲证（2014）08028	济宁明天生物科技有限公司	配合饲料（畜禽、水产、幼畜禽、种畜禽）；浓缩饲料（畜禽、水产、幼畜禽、种畜禽）
鲁饲证（2014）08030	山东东粮农业科技有限公司	配合饲料（畜禽、水产、幼畜禽、种畜禽）；浓缩饲料（畜禽、水产、幼畜禽、种畜禽）
鲁饲证（2014）08031	兖州市和康源饲料有限公司	配合饲料（畜禽、水产、幼畜禽、种畜禽、水产育苗）；浓缩饲料（畜禽、幼畜禽）
鲁饲证（2014）08032	山东德福食品有限公司	配合饲料（畜禽、水产、幼畜禽、种畜禽）；浓缩饲料（畜禽、幼畜禽、种畜禽）
鲁饲证（2014）08034	兖州安鲜农场食品有限公司	配合饲料（畜禽、幼畜禽、种畜禽）；浓缩饲料（畜禽、幼畜禽、种畜禽）
鲁饲证（2014）08035	济宁天普阳光饲料有限公司	配合饲料（畜禽、幼畜禽、种畜禽）；浓缩饲料（畜禽、幼畜禽、种畜禽）
鲁饲证（2014）08036	山东泺泰牧业股份有限公司	精料补充料（反刍）
鲁饲证（2014）08038	梁山正大饲料有限公司	配合饲料（畜禽、幼畜禽、种畜禽）；浓缩饲料（畜禽、幼畜禽、种畜禽）
鲁饲证（2014）08039	梁山县万福饲料有限公司	配合饲料（畜禽、幼畜禽、种畜禽）；浓缩饲料（畜禽、幼畜禽、种畜禽）
鲁饲证（2014）08040	济宁中基饲料有限公司	配合饲料（畜禽、幼畜禽、种畜禽）；浓缩饲料（畜禽、幼畜禽、种畜禽）；精料补充料（反刍）

（续）

生产许可证编号	企业名称	产品名称
鲁饲证（2014）08042	济宁万事兴饲料有限公司	配合饲料（畜禽、水产、幼畜禽、种畜禽、宠物、特种动物）；浓缩饲料（畜禽、水产、幼畜禽、种畜禽、宠物、特种动物）
鲁饲证（2014）08044	济宁亿得利饲料有限公司	配合饲料（畜禽、水产、幼畜禽、种畜禽）
鲁饲证（2014）08045	济宁菁华饲料有限责任公司	精料补充料（反刍）
鲁饲证（2014）08046	山东圣地山牧业有限公司	配合饲料（畜禽、水产、幼畜禽、种畜禽）；浓缩饲料（畜禽、水产、幼畜禽、种畜禽）
鲁饲证（2014）08047	山东久源饲料有限公司	配合饲料（畜禽、水产、幼畜禽、种畜禽）；浓缩饲料（畜禽、水产、幼畜禽、种畜禽）
鲁饲证（2014）09022	泰安市金鸡孵化有限责任公司	配合饲料（畜禽、幼畜禽、种畜禽）；浓缩饲料（畜禽）
鲁饲证（2014）09023	山东益客饲料有限公司	配合饲料（畜禽、幼畜禽、种畜禽）；浓缩饲料（畜禽、幼畜禽、种畜禽）
鲁饲证（2014）09024	新泰众客饲料有限公司	配合饲料（畜禽、幼畜禽、种畜禽）；浓缩饲料（畜禽、幼畜禽、种畜禽）
鲁饲证（2014）09025	山东新泰中泰牧业有限公司	配合饲料（畜禽、水产、幼畜禽、种畜禽、水产育苗）；浓缩饲料（畜禽、幼畜禽、种畜禽）
鲁饲证（2014）09026	泰安市振华蚕业用品研究所	配合饲料（蚕用饲料）
鲁饲证（2014）09027	宁阳和美饲料有限公司	配合饲料（畜禽、幼畜禽、种畜禽）；浓缩饲料（畜禽、幼畜禽、种畜禽）
鲁饲证（2014）09028	泰安万兴农牧发展有限公司	配合饲料（畜禽、幼畜禽、种畜禽）；浓缩饲料（畜禽、幼畜禽、种畜禽）
鲁饲证（2014）09030	新泰和康源牧康饲料有限公司	配合饲料（畜禽、水产、幼畜禽、种畜禽）；浓缩饲料（畜禽、幼畜禽、种畜禽）
鲁饲证（2014）09031	泰安市圣奴宝利饲料有限公司	精料补充料（反刍）
鲁饲证（2014）09033	六和饲料（肥城）有限公司高新区分公司	配合饲料（畜禽、水产、幼畜禽、种畜禽、水产育苗）；浓缩饲料（畜禽、水产、幼畜禽、种畜禽）
鲁饲证（2014）09035	泰安市汇丰农牧饲料有限公司	配合饲料（畜禽、幼畜禽、种畜禽）；浓缩饲料（畜禽、幼畜禽、种畜禽）
鲁饲证（2014）09036	东平吉利中慧饲料有限公司	配合饲料（畜禽、水产、幼畜禽、种畜禽、特种动物）；浓缩饲料（畜禽）
鲁饲证（2014）09037	泰安温氏畜牧有限公司	配合饲料（畜禽、幼畜禽、种畜禽）；浓缩饲料（畜禽、幼畜禽、种畜禽）
鲁饲证（2014）09038	宁阳和康源饲料有限公司	配合饲料（畜禽、幼畜禽、种畜禽）；浓缩饲料（畜禽、幼畜禽）
鲁饲证（2014）09039	泰安六和吉利饲料有限公司	配合饲料（畜禽、水产、幼畜禽、种畜禽、水产育苗）；浓缩饲料（畜禽）
鲁饲证（2014）09041	泰安市立华畜禽有限公司	配合饲料（畜禽、幼畜禽、种畜禽）

（续）

生产许可证编号	企业名称	产品名称
鲁饲证（2014）09042	泰安佳牧饲料有限公司	配合饲料（畜禽、种畜禽、特种动物）；浓缩饲料（畜禽、种畜禽、特种动物）
鲁饲证（2014）09044	山东美邦农牧发展有限公司	配合饲料（畜禽、水产、幼畜禽、种畜禽、特种动物）；浓缩饲料（畜禽）
鲁饲证（2014）09045	东平和康源饲料有限公司	配合饲料（畜禽、水产、幼畜禽、种畜禽）；浓缩饲料（畜禽）
鲁饲证（2014）09048	山东宝来利来生物工程股份有限公司宁阳分公司	配合饲料（畜禽、水产、幼畜禽、种畜禽）；浓缩饲料（畜禽、幼畜禽、种畜禽）；精料补充料（反刍）
鲁饲证（2014）09049	泰安市泰农动物科技有限公司	配合饲料（畜禽、幼畜禽、种畜禽）；浓缩饲料（畜禽、幼畜禽、种畜禽）
鲁饲证（2014）09051	泰安新科饲料有限公司	配合饲料（畜禽、幼畜禽、种畜禽）；浓缩饲料（畜禽、幼畜禽、种畜禽）；精料补充料（反刍）
鲁饲证（2014）09054	泰安同盛德农牧科技有限公司	配合饲料（幼畜禽、种畜禽）；浓缩饲料（幼畜禽、种畜禽）
鲁饲证（2014）09055	泰安金泉新农业开发有限公司	配合饲料（畜禽、幼畜禽、种畜禽）；浓缩饲料（畜禽、幼畜禽、种畜禽）
鲁饲证（2014）09056	泰安盛基饲料有限公司	配合饲料（畜禽、幼畜禽、种畜禽）；浓缩饲料（畜禽、幼畜禽、种畜禽）
鲁饲证（2014）09057	东平顺极六和饲料有限公司	配合饲料（畜禽、水产、幼畜禽、种畜禽、水产育苗、特种动物）；浓缩饲料（畜禽、水产、幼畜禽、种畜禽、特种动物）
鲁饲证（2014）09060	泰安市国玉饲料有限公司	配合饲料（畜禽、水产、幼畜禽、种畜禽）；浓缩饲料（畜禽、幼畜禽、种畜禽）
鲁饲证（2014）09061	泰安市展东饲料有限公司	配合饲料（畜禽、幼畜禽、种畜禽）；浓缩饲料（畜禽、幼畜禽、种畜禽）
鲁饲证（2014）10012	文登市涌泉饲料有限公司	配合饲料（畜禽、幼畜禽、种畜禽）；浓缩饲料（畜禽、幼畜禽、种畜禽）
鲁饲证（2014）10013	威海宝亨牧业科技有限公司	配合饲料（畜禽、幼畜禽、种畜禽）；浓缩饲料（畜禽、幼畜禽、种畜禽）
鲁饲证（2014）10014	文登市都来乐饲料有限公司	配合饲料（幼畜禽、种畜禽、水产育苗）
鲁饲证（2014）10015	文登爱慧饲料有限公司	配合饲料（畜禽、幼畜禽、种畜禽）；浓缩饲料（畜禽、幼畜禽、种畜禽）
鲁饲证（2014）10016	文登天源饲料有限公司	配合饲料（畜禽、幼畜禽、种畜禽）；浓缩饲料（畜禽、幼畜禽、种畜禽）
鲁饲证（2014）10017	山东展翔生物科技有限公司	配合饲料（水产、水产育苗、特种动物）
鲁饲证（2014）10018	文登市日新水产食品有限公司	配合饲料（特种动物：水貂、狐狸、貉鲜料）
鲁饲证（2014）10019	荣成市健德生物科技有限公司	配合饲料（水产）

（续）

生产许可证编号	企业名称	产品名称
鲁饲证（2014）10020	威海双良饲料有限公司	配合饲料（特种动物：水貂、狐狸、貉鲜料）
鲁饲证（2014）10022	荣成市科养饲料加工有限公司	配合饲料（特种动物：水貂、狐狸、貉鲜料）
鲁饲证（2014）10023	荣成市宏德饲料有限公司	配合饲料（特种动物：水貂、狐狸、貉鲜料）
鲁饲证（2014）10031	威海恒德祥饲料有限公司	配合饲料（特种动物：水貂、狐狸、貉鲜料）
鲁饲证（2014）10032	威海裕洋生物科技有限公司	配合饲料（特种动物）
鲁饲证（2014）10033	威海晟德行饲料有限公司	配合饲料（特种动物）
鲁饲证（2014）10034	文登市富思达饲料有限公司	配合饲料（畜禽、水产、幼畜禽、种畜禽、特种动物）；浓缩饲料（畜禽、水产、幼畜禽、种畜禽、特种动物）；精料补充料（反刍）
鲁饲证（2014）10035	威海市康达饲料有限公司	配合饲料（特种动物：水貂、狐狸、貉鲜料）
鲁饲证（2014）11017	莒县新特瑞农牧有限公司	配合饲料（畜禽、幼畜禽、种畜禽）；浓缩饲料（畜禽、幼畜禽、种畜禽）
鲁饲证（2014）11018	日照丰润饲料厂	配合饲料（畜禽、幼畜禽、种畜禽）；浓缩饲料（畜禽、幼畜禽、种畜禽）
鲁饲证（2014）11019	莒县六和兴润饲料有限公司	配合饲料（畜禽、幼畜禽、种畜禽、特种动物）；浓缩饲料（畜禽、幼畜禽、种畜禽）
鲁饲证（2014）11022	莒县中慧同泰饲料有限公司	配合饲料（畜禽、幼畜禽、种畜禽）；浓缩饲料（畜禽、幼畜禽、种畜禽）
鲁饲证（2014）11023	新希望六和饲料股份有限公司莒县分公司	配合饲料（畜禽、幼畜禽、种畜禽）；浓缩饲料（畜禽）
鲁饲证（2014）11024	日照六和饲料有限公司	配合饲料（畜禽、幼畜禽、种畜禽）；浓缩饲料（畜禽、幼畜禽、种畜禽）
鲁饲证（2014）11025	莒县科绿饲料厂	配合饲料（畜禽、幼畜禽、种畜禽）；浓缩饲料（畜禽、种畜禽）
鲁饲证（2014）11026	莒县友聚饲料有限公司	配合饲料（畜禽、幼畜禽、种畜禽）；浓缩饲料（畜禽、幼畜禽、种畜禽）
鲁饲证（2014）11027	日照和牧饲料有限公司	配合饲料（畜禽、幼畜禽、种畜禽）；浓缩饲料（畜禽、幼畜禽、种畜禽）
鲁饲证（2014）11029	日照万兴饲料有限公司	配合饲料（畜禽、幼畜禽、种畜禽）；浓缩饲料（畜禽、幼畜禽、种畜禽）
鲁饲证（2014）11031	日照恒邦牧业科技有限公司	配合饲料（畜禽、幼畜禽、种畜禽）；浓缩饲料（畜禽、幼畜禽、种畜禽）
鲁饲证（2014）11032	日照市东港区德佳康牧肉鸡专业合作社	配合饲料（畜禽、幼畜禽、种畜禽）；浓缩饲料（畜禽、幼畜禽、种畜禽）
鲁饲证（2014）11033	莒县利群饲料厂	配合饲料（畜禽、幼畜禽、种畜禽）；浓缩饲料（畜禽、幼畜禽、种畜禽）

（续）

生产许可证编号	企业名称	产品名称
鲁饲证（2014）11034	日照泰高亚昊饲料科技有限公司	配合饲料（畜禽、幼畜禽、种畜禽）；浓缩饲料（畜禽、幼畜禽、种畜禽）
鲁饲证（2014）11035	日照市双福饲料有限公司	配合饲料（畜禽、幼畜禽、种畜禽）；浓缩饲料（畜禽、幼畜禽、种畜禽）
鲁饲证（2014）11036	莒县正和源饲料有限公司	配合饲料（畜禽、幼畜禽、种畜禽）；浓缩饲料（畜禽、幼畜禽、种畜禽）
鲁饲证（2014）11037	日照市新中新饲料有限公司	配合饲料（畜禽、幼畜禽、种畜禽）；浓缩饲料（畜禽、幼畜禽、种畜禽）；精料补充料（反刍）
鲁饲证（2014）11039	山东成基饲料有限公司	配合饲料（畜禽、水产、幼畜禽、种畜禽、水产育苗）；浓缩饲料（畜禽、水产、幼畜禽、种畜禽、水产育苗）
鲁饲证（2014）12001	莱芜市万兴饲料有限公司	配合饲料（畜禽、幼畜禽、种畜禽）；浓缩饲料（畜禽、幼畜禽、种畜禽）
鲁饲证（2014）12003	山东佑润生物技术股份有限公司	配合饲料（畜禽、幼畜禽、种畜禽）；浓缩饲料（畜禽、幼畜禽、种畜禽）
鲁饲证（2014）12004	莱芜康大饲料有限公司	配合饲料（畜禽、幼畜禽、种畜禽）
鲁饲证（2014）12006	得利斯（莱芜）畜牧科技有限公司	配合饲料（畜禽、幼畜禽、种畜禽、特种动物）；浓缩饲料（畜禽、幼畜禽、种畜禽）
鲁饲证（2014）12007	莱芜市和美饲料有限公司	配合饲料（畜禽、幼畜禽、种畜禽、特种动物）；浓缩饲料（畜禽、幼畜禽、种畜禽）
鲁饲证（2014）12008	莱芜市瀛丰饲料有限公司	配合饲料（畜禽、幼畜禽、种畜禽、特种动物）；浓缩饲料（畜禽、幼畜禽、种畜禽）
鲁饲证（2014）12009	莱芜市鲁奥饲料有限公司	配合饲料（畜禽、幼畜禽、种畜禽）；浓缩饲料（畜禽、幼畜禽、种畜禽）
鲁饲证（2014）12010	莱芜市东方牧业有限公司	配合饲料（畜禽、幼畜禽、种畜禽）；浓缩饲料（畜禽、幼畜禽、种畜禽）
鲁饲证（2014）12011	莱芜邦和希牛饲料有限公司	配合饲料（畜禽、幼畜禽、种畜禽、特种动物）；浓缩饲料（畜禽、幼畜禽、种畜禽、特种动物）
鲁饲证（2014）13013	滨州六和隆达饲料有限责任公司	配合饲料（畜禽、幼畜禽、种畜禽）；浓缩饲料（畜禽、幼畜禽、种畜禽）
鲁饲证（2014）13014	山东惠泽农牧科技有限公司	配合饲料（畜禽、幼畜禽、种畜禽）；浓缩饲料（畜禽、幼畜禽、种畜禽）
鲁饲证（2014）13015	烟台农标普瑞纳饲料有限公司滨州分公司	配合饲料（畜禽、幼畜禽、种畜禽）；浓缩饲料（畜禽、幼畜禽、种畜禽）
鲁饲证（2014）13017	邹平众康饲料有限公司	配合饲料（畜禽、幼畜禽、种畜禽）；浓缩饲料（畜禽、幼畜禽、种畜禽）
鲁饲证（2014）13020	滨州六和饲料有限公司	配合饲料（畜禽、水产、幼畜禽、种畜禽）；浓缩饲料（畜禽、幼畜禽、种畜禽）

（续）

生产许可证编号	企业名称	产品名称
鲁饲证（2014）13021	山东前胡农牧有限公司	配合饲料（畜禽）
鲁饲证（2014）13024	山东瑞福兴农牧科技有限公司	配合饲料（畜禽、幼畜禽、种畜禽）；浓缩饲料（畜禽、幼畜禽、种畜禽）
鲁饲证（2014）13025	博兴六和饲料有限公司	配合饲料（畜禽、幼畜禽、种畜禽）；浓缩饲料（畜禽、幼畜禽、种畜禽）
鲁饲证（2014）13028	阳信县京阳饲料厂	配合饲料（畜禽、幼畜禽、种畜禽）；浓缩饲料（畜禽、幼畜禽、种畜禽）
鲁饲证（2014）13029	邹平鲁宝饲料有限公司	精料补充料（反刍）
鲁饲证（2014）13030	山东科牧饲料有限公司	配合饲料（畜禽、幼畜禽、种畜禽）；浓缩饲料（畜禽、幼畜禽、种畜禽）
鲁饲证（2014）13031	邹平中慧饲料有限公司	配合饲料（畜禽、幼畜禽、种畜禽）；浓缩饲料（畜禽、幼畜禽、种畜禽）
鲁饲证（2014）13032	无棣六和饲料有限公司	配合饲料（畜禽、幼畜禽、种畜禽）；浓缩饲料（畜禽、幼畜禽、种畜禽）
鲁饲证（2014）13034	滨州市佳合牧业发展有限公司	配合饲料（畜禽、幼畜禽、种畜禽）；浓缩饲料（畜禽、幼畜禽、种畜禽）
鲁饲证（2014）13035	山东利和农牧发展有限公司	配合饲料（畜禽、幼畜禽、种畜禽）；浓缩饲料（畜禽、幼畜禽、种畜禽）；精料补充料（反刍）
鲁饲证（2014）13038	山东正大饲料有限公司	配合饲料（水产育苗）
鲁饲证（2014）13041	滨州和美绿色畜牧有限公司	配合饲料（畜禽、水产、幼畜禽、种畜禽）；浓缩饲料（畜禽、水产、幼畜禽、种畜禽）
鲁饲证（2014）13043	无棣正升饲料有限公司	配合饲料（畜禽、幼畜禽、种畜禽）；浓缩饲料（畜禽、幼畜禽、种畜禽）
鲁饲证（2014）13044	山东珠峰农牧有限公司	配合饲料（畜禽）；浓缩饲料（畜禽）
鲁饲证（2014）13045	无棣利慧饲料有限公司	配合饲料（畜禽）；浓缩饲料（畜禽）
鲁饲证（2014）13048	山东香驰生物饲料有限公司	配合饲料（畜禽、幼畜禽、种畜禽）；浓缩饲料（畜禽、幼畜禽、种畜禽）
鲁饲证（2014）13051	阳信华森正邦饲料有限公司	配合饲料（畜禽、水产、幼畜禽、种畜禽）；浓缩饲料（畜禽、幼畜禽、种畜禽）
鲁饲证（2014）13052	山东邹平久久生物科技有限公司	配合饲料（畜禽、幼畜禽、种畜禽）；浓缩饲料（畜禽、幼畜禽、种畜禽）
鲁饲证（2014）13053	山东普利生物饲料有限公司	配合饲料（畜禽、幼畜禽、种畜禽）；浓缩饲料（畜禽、幼畜禽、种畜禽）
鲁饲证（2014）13054	滨州恒兴饲料有限公司	配合饲料（畜禽、幼畜禽、种畜禽）；浓缩饲料（畜禽、幼畜禽、种畜禽）
鲁饲证（2014）13057	山东省阳信兴旺饲料科技有限公司	配合饲料（畜禽）；浓缩饲料（畜禽）

（续）

生产许可证编号	企业名称	产品名称
鲁饲证（2014）13058	山东华康生物科技有限公司	配合饲料（畜禽、幼畜禽、种畜禽）；浓缩饲料（畜禽、幼畜禽、种畜禽）
鲁饲证（2014）13059	无棣伊德圆生物科技有限公司	配合饲料（水产）
鲁饲证（2014）13060	滨州市高新和美饲料有限公司	配合饲料（畜禽、水产、幼畜禽、种畜禽）；浓缩饲料（畜禽、水产、幼畜禽、种畜禽）
鲁饲证（2014）13063	山东省惠民县岳泰饲料有限公司	配合饲料（畜禽、幼畜禽、种畜禽）；浓缩饲料（畜禽、幼畜禽、种畜禽）；精料补充料（反刍）
鲁饲证（2014）13064	山东惠民欢腾饲料有限责任公司	精料补充料（反刍）
鲁饲证（2014）13065	滨州宏牧饲料科技有限公司	配合饲料（畜禽、幼畜禽、种畜禽）；浓缩饲料（畜禽、幼畜禽、种畜禽）
鲁饲证（2014）13068	邹平县友谊饲料厂	配合饲料（畜禽、幼畜禽）；浓缩饲料（畜禽、幼畜禽）
鲁饲证（2014）13070	滨州富辰牧业有限公司	配合饲料（畜禽）；浓缩饲料（畜禽）
鲁饲证（2014）14025	新希望六和饲料股份有限公司平原分公司	配合饲料（畜禽、幼畜禽、种畜禽）；浓缩饲料（畜禽、幼畜禽、种畜禽）
鲁饲证（2014）14026	德州大北农中慧饲料有限公司	配合饲料（畜禽、幼畜禽、种畜禽）；浓缩饲料（畜禽、种畜禽）
鲁饲证（2014）14027	德州和美饲料有限公司	配合饲料（畜禽）；浓缩饲料（畜禽）
鲁饲证（2014）14028	平原县六和大蔡饲料有限公司	配合饲料（畜禽、水产、种畜禽）；浓缩饲料（畜禽、水产、种畜禽）
鲁饲证（2014）14029	德州收获饲料有限公司	配合饲料（畜禽、水产、幼畜禽、种畜禽、水产育苗）；浓缩饲料（畜禽、水产、幼畜禽、种畜禽、水产育苗）
鲁饲证（2014）14030	德州中大饲料有限公司	配合饲料（畜禽、幼畜禽、种畜禽）；浓缩饲料（畜禽、幼畜禽、种畜禽）
鲁饲证（2014）14031	临邑众和饲料有限公司	配合饲料（畜禽、水产、幼畜禽、种畜禽）；浓缩饲料（畜禽、水产、幼畜禽、种畜禽）
鲁饲证（2014）14032	德州六和国力饲料有限公司	配合饲料（畜禽、幼畜禽、种畜禽）；浓缩饲料（畜禽、幼畜禽、种畜禽）
鲁饲证（2014）14033	德州金周牧业有限公司	配合饲料（畜禽、幼畜禽）；浓缩饲料（畜禽）
鲁饲证（2014）14034	德州康惠饲料有限公司	精料补充料（反刍）
鲁饲证（2014）14035	德州环山生物饲料有限公司	配合饲料（畜禽、幼畜禽、种畜禽）；浓缩饲料（畜禽、幼畜禽、种畜禽）；精料补充料（反刍）
鲁饲证（2014）14037	夏津华有饲料有限公司	配合饲料（畜禽、幼畜禽、种畜禽）；浓缩饲料（畜禽、幼畜禽、种畜禽）；精料补充料（反刍）
鲁饲证（2014）14038	禹城万事兴农牧有限公司	配合饲料（畜禽、幼畜禽、种畜禽）；浓缩饲料（畜禽、幼畜禽、种畜禽）
鲁饲证（2014）14039	齐河万事兴饲料有限公司	配合饲料（畜禽、幼畜禽、种畜禽）；浓缩饲料（畜禽、幼畜禽、种畜禽）

（续）

生产许可证编号	企业名称	产品名称
鲁饲证（2014）14040	庆云东方希望动物营养食品有限公司	配合饲料（畜禽、水产、幼畜禽、种畜禽）；浓缩饲料（畜禽、种畜禽）
鲁饲证（2014）14041	庆云六和饲料有限公司	配合饲料（畜禽、水产、幼畜禽、种畜禽）；浓缩饲料（畜禽、幼畜禽、种畜禽）
鲁饲证（2014）14043	山东隆源和美饲料有限公司	配合饲料（畜禽、水产、幼畜禽、种畜禽）；浓缩饲料（畜禽、幼畜禽、种畜禽）
鲁饲证（2014）14045	乐陵市宏德牧业有限公司	配合饲料（畜禽、水产、幼畜禽、种畜禽）；浓缩饲料（畜禽、水产、幼畜禽、种畜禽）；精料补充料（反刍）
鲁饲证（2014）14046	平原县质德饲料有限公司	配合饲料（畜禽、幼畜禽、种畜禽）；浓缩饲料（畜禽、幼畜禽、种畜禽）
鲁饲证（2014）14047	平原汇和农牧有限公司	配合饲料（畜禽、水产、幼畜禽、种畜禽）；浓缩饲料（畜禽、水产、幼畜禽、种畜禽）
鲁饲证（2014）14048	乐陵六和乐鑫饲料有限公司	配合饲料（畜禽、水产、幼畜禽）；浓缩饲料（畜禽、水产、幼畜禽）
鲁饲证（2014）14049	宇星饲料（德州）有限公司	配合饲料（畜禽、幼畜禽、种畜禽）；浓缩饲料（畜禽、幼畜禽、种畜禽）；精料补充料（反刍）
鲁饲证（2014）14052	禹城市畜发饲料厂	配合饲料（畜禽、幼畜禽、种畜禽）；浓缩饲料（畜禽、幼畜禽、种畜禽）
鲁饲证（2014）14054	德州蓝大饲料有限公司	配合饲料（畜禽、幼畜禽、种畜禽）；浓缩饲料（畜禽、幼畜禽、种畜禽）
鲁饲证（2014）14056	山东挑战饲料科技有限公司	配合饲料（畜禽、幼畜禽、种畜禽）；浓缩饲料（畜禽、幼畜禽、种畜禽）
鲁饲证（2014）14058	禹城旭辉饲料有限公司	配合饲料（畜禽、水产、幼畜禽、种畜禽）；浓缩饲料（畜禽、水产、幼畜禽、种畜禽）
鲁饲证（2014）14059	临邑和康源饲料有限公司	配合饲料（畜禽、水产、幼畜禽、种畜禽、水产育苗）；浓缩饲料（畜禽、幼畜禽）
鲁饲证（2014）14061	德州传奇饲料有限公司	配合饲料（畜禽、幼畜禽、种畜禽）；浓缩饲料（畜禽、幼畜禽、种畜禽）
鲁饲证（2014）14064	齐河县诺邦饲料有限公司	配合饲料（畜禽、水产、幼畜禽、种畜禽）；浓缩饲料（畜禽、水产、幼畜禽、种畜禽）
鲁饲证（2014）14065	德州百汇饲料有限公司	配合饲料（畜禽、幼畜禽、种畜禽）；浓缩饲料（畜禽、幼畜禽、种畜禽）
鲁饲证（2014）14066	平原县三兴饲料厂	配合饲料（畜禽、幼畜禽、种畜禽）；浓缩饲料（畜禽、幼畜禽、种畜禽）
鲁饲证（2014）14067	齐河佳农饲料有限公司	精料补充料（反刍）
鲁饲证（2014）14068	禹城市裕宸饲料有限公司	配合饲料（畜禽、幼畜禽、种畜禽）；浓缩饲料（畜禽、幼畜禽）

（续）

生产许可证编号	企业名称	产品名称
鲁饲证（2014）14070	陵县星海饲料有限公司	配合饲料（畜禽、水产）；浓缩饲料（畜禽、水产）
鲁饲证（2014）14071	陵县浩月生物科技有限公司	配合饲料（畜禽、水产）；浓缩饲料（畜禽、水产）
鲁饲证（2014）14072	平原县庆丰饲料有限公司	配合饲料（畜禽、幼畜禽）；浓缩饲料（畜禽、幼畜禽）
鲁饲证（2014）14073	邦基玖瑞（德州）农牧有限公司	配合饲料（畜禽、水产、幼畜禽、种畜禽、特种动物）；浓缩饲料（畜禽、水产、幼畜禽、种畜禽、特种动物）；精料补充料（反刍）
鲁饲证（2014）14074	德州通富饲料有限公司	配合饲料（畜禽、水产、幼畜禽、种畜禽、宠物、特种动物）；浓缩饲料（畜禽、水产、幼畜禽、种畜禽、宠物、特种动物）
鲁饲证（2014）14076	德州普维康饲料有限公司	配合饲料（畜禽、幼畜禽、种畜禽）；浓缩饲料（畜禽、幼畜禽、种畜禽）
鲁饲证（2014）14080	山东博瑞饲料有限公司	浓缩饲料（反刍）；精料补充料（反刍）
鲁饲证（2014）15041	聊城丰慧饲料有限公司	配合饲料（畜禽、幼畜禽、种畜禽）；浓缩饲料（畜禽、幼畜禽、种畜禽）
鲁饲证（2014）15042	聊城嘉实饲料有限公司	配合饲料（畜禽、水产、幼畜禽、种畜禽、水产育苗）；浓缩饲料（畜禽、幼畜禽、种畜禽）
鲁饲证（2014）15043	山东金牌畜禽实业有限公司	配合饲料（畜禽、幼畜禽、种畜禽）；浓缩饲料（畜禽、幼畜禽、种畜禽）
鲁饲证（2014）15044	阳谷鑫慧饲料有限公司	配合饲料（畜禽、幼畜禽、种畜禽）；浓缩饲料（畜禽、幼畜禽、种畜禽）
鲁饲证（2014）15045	聊城市福粮饲料有限公司	配合饲料（畜禽、水产、幼畜禽、种畜禽）；浓缩饲料（畜禽、幼畜禽、种畜禽）
鲁饲证（2014）15046	聊城江大饲料有限公司	配合饲料（畜禽、幼畜禽、种畜禽）；浓缩饲料（畜禽、幼畜禽、种畜禽）
鲁饲证（2014）15049	聊城市天马饲料有限公司	配合饲料（畜禽、水产、幼畜禽、种畜禽）；浓缩饲料（畜禽、水产、幼畜禽、种畜禽）
鲁饲证（2014）15050	山东鑫佳饲料有限公司	配合饲料（畜禽、水产、幼畜禽、种畜禽）；浓缩饲料（畜禽、水产、幼畜禽、种畜禽）；精料补充料（反刍）
鲁饲证（2014）15051	聊城市鼎昇饲料有限公司	配合饲料（畜禽、幼畜禽、种畜禽）；浓缩饲料（畜禽、幼畜禽、种畜禽）
鲁饲证（2014）15053	阳谷新希望六和鲁信饲料有限公司	配合饲料（畜禽、水产、幼畜禽、种畜禽）；浓缩饲料（畜禽、水产、幼畜禽、种畜禽）
鲁饲证（2014）15054	聊城金牌大北农饲料有限公司	配合饲料（畜禽、幼畜禽、种畜禽）；浓缩饲料（畜禽、幼畜禽、种畜禽）
鲁饲证（2014）15055	山东莘县蓝天牧业饲料有限公司	配合饲料（畜禽、水产、幼畜禽、种畜禽）；浓缩饲料（畜禽、幼畜禽、种畜禽）

（续）

生产许可证编号	企业名称	产品名称
鲁饲证（2014）15057	莘县泰龙饲料有限公司	配合饲料（畜禽、幼畜禽、种畜禽）；浓缩饲料（畜禽、幼畜禽、种畜禽）
鲁饲证（2014）15058	山东聊城昌立饲料科技有限公司	配合饲料（畜禽、幼畜禽、种畜禽）
鲁饲证（2014）15059	聊城市祥慧饲料有限公司	配合饲料（畜禽、幼畜禽、种畜禽）；浓缩饲料（畜禽、幼畜禽、种畜禽）
鲁饲证（2014）15063	聊城润康饲料有限公司	配合饲料（畜禽、幼畜禽、种畜禽）；浓缩饲料（畜禽、幼畜禽、种畜禽）
鲁饲证（2014）15064	聊城鑫冠饲料有限公司	配合饲料（畜禽、水产、幼畜禽、种畜禽）；浓缩饲料（畜禽、水产、幼畜禽、种畜禽）
鲁饲证（2014）15065	希杰（聊城）饲料有限公司	配合饲料（畜禽、幼畜禽、种畜禽）；浓缩饲料（畜禽、幼畜禽、种畜禽）；精料补充料（反刍）
鲁饲证（2014）15066	莘县畜旺饲料有限公司	配合饲料（畜禽、水产、幼畜禽、种畜禽）；浓缩饲料（畜禽、水产、幼畜禽、种畜禽）
鲁饲证（2014）15067	莘县众和宏泰饲料有限公司	配合饲料（畜禽、幼畜禽、种畜禽）；浓缩饲料（畜禽、水产、幼畜禽、种畜禽）
鲁饲证（2014）15068	聊城新大地畜禽实业有限公司	配合饲料（畜禽、水产、幼畜禽、种畜禽）；浓缩饲料（畜禽、幼畜禽、种畜禽）
鲁饲证（2014）15072	莘县德佳饲料有限公司	配合饲料（畜禽、幼畜禽、种畜禽）；浓缩饲料（畜禽、幼畜禽、种畜禽）
鲁饲证（2014）15073	莘县金杯饲料有限公司	配合饲料（畜禽、幼畜禽、种畜禽）；浓缩饲料（畜禽、幼畜禽、种畜禽）
鲁饲证（2014）15074	阳谷一品饲料有限公司	配合饲料（畜禽、水产、幼畜禽、种畜禽）；浓缩饲料（畜禽、幼畜禽、种畜禽）
鲁饲证（2014）15075	莘县鑫利农生物科技有限公司	配合饲料（畜禽、水产、幼畜禽、种畜禽）；浓缩饲料（畜禽、幼畜禽、种畜禽）
鲁饲证（2014）15076	临清市丁马生物饲料有限公司	配合饲料（畜禽、水产、种畜禽、水产育苗）；浓缩饲料（畜禽、水产、幼畜禽、种畜禽）
鲁饲证（2014）15077	山东阳谷绿源饲料有限公司	配合饲料（畜禽、水产、幼畜禽、种畜禽）；浓缩饲料（畜禽、幼畜禽、种畜禽）
鲁饲证（2014）15078	山东华宝饲料有限公司	配合饲料（畜禽、幼畜禽、种畜禽）；浓缩饲料（畜禽、幼畜禽、种畜禽）
鲁饲证（2014）15080	聊城鑫牛饲料有限公司	精料补充料（反刍）
鲁饲证（2014）15082	聊城和美饲料有限公司	配合饲料（畜禽、水产、幼畜禽、种畜禽）；浓缩饲料（畜禽、幼畜禽、种畜禽）
鲁饲证（2014）15083	聊城市东昌府区昌大饲料厂	配合饲料（畜禽、幼畜禽、种畜禽）；浓缩饲料（畜禽、幼畜禽、种畜禽）

（续）

生产许可证编号	企业名称	产品名称
鲁饲证（2014）15084	聊城天普康地饲料有限公司	配合饲料（畜禽、水产、幼畜禽、种畜禽）；浓缩饲料（畜禽、幼畜禽、种畜禽）
鲁饲证（2014）15085	阳谷鲁冠饲料有限公司	配合饲料（畜禽、水产、幼畜禽、种畜禽）；浓缩饲料（畜禽、幼畜禽、种畜禽）
鲁饲证（2014）15086	聊城福东饲料有限公司	配合饲料（畜禽、幼畜禽、种畜禽）；浓缩饲料（畜禽、幼畜禽、种畜禽）
鲁饲证（2014）15089	莘县莘佳饲料有限公司	配合饲料（畜禽、幼畜禽、种畜禽）；浓缩饲料（畜禽、幼畜禽、种畜禽）
鲁饲证（2014）15090	冠县东鹏饲料有限公司	配合饲料（畜禽、幼畜禽、种畜禽）；浓缩饲料（畜禽、幼畜禽、种畜禽）
鲁饲证（2014）15091	莘县富民饲料厂	配合饲料（畜禽、幼畜禽、种畜禽）；浓缩饲料（畜禽、幼畜禽、种畜禽）
鲁饲证（2014）16047	临沂新程金锣牧业有限公司沂水饲料分公司	配合饲料（畜禽、幼畜禽、种畜禽）；浓缩饲料（畜禽、幼畜禽、种畜禽）
鲁饲证（2014）16048	临沂友聚饲料有限公司河东分公司	配合饲料（畜禽、幼畜禽、种畜禽）；浓缩饲料（畜禽、幼畜禽、种畜禽）
鲁饲证（2014）16049	临沂市河东区质德饲料有限公司	配合饲料（畜禽、幼畜禽、种畜禽）；浓缩饲料（畜禽、种畜禽）
鲁饲证（2014）16052	临沂正大饲料有限公司	配合饲料（畜禽、幼畜禽、种畜禽）；浓缩饲料（畜禽、幼畜禽、种畜禽）
鲁饲证（2014）16053	临沭六和饲料有限公司	配合饲料（畜禽、水产、幼畜禽、种畜禽）；浓缩饲料（畜禽、幼畜禽、种畜禽）
鲁饲证（2014）16055	临沂宝海饲料有限公司	配合饲料（畜禽、幼畜禽、种畜禽）；浓缩饲料（畜禽、幼畜禽、种畜禽）
鲁饲证（2014）16056	费县玖瑞饲料有限公司	配合饲料（畜禽、幼畜禽、种畜禽）；浓缩饲料（畜禽、幼畜禽、种畜禽）
鲁饲证（2014）16057	沂南帅克宠物用品有限公司	配合饲料（宠物）
鲁饲证（2014）16058	费县六和正壮饲料有限公司	配合饲料（畜禽、幼畜禽、种畜禽）；浓缩饲料（畜禽、幼畜禽、种畜禽）
鲁饲证（2014）16059	临沂澳诺鑫饲料有限公司	配合饲料（畜禽、幼畜禽、种畜禽）；浓缩饲料（畜禽、幼畜禽、种畜禽）
鲁饲证（2014）16060	临沂恒立饲料有限公司	配合饲料（畜禽、幼畜禽）；浓缩饲料（畜禽、幼畜禽）
鲁饲证（2014）16062	临沂盛泉油脂化工有限公司江泉饲料厂	配合饲料（畜禽、幼畜禽）；浓缩饲料（畜禽、幼畜禽）；精料补充料（反刍）
鲁饲证（2014）16063	临沂丰沃新农饲料有限公司	配合饲料（畜禽、幼畜禽、种畜禽）；浓缩饲料（畜禽、幼畜禽、种畜禽）

（续）

生产许可证编号	企业名称	产品名称
鲁饲证（2014）16064	临沂中慧蒙发饲料有限公司	配合饲料（畜禽、幼畜禽、种畜禽）；浓缩饲料（畜禽、幼畜禽、种畜禽）
鲁饲证（2014）16067	临沂盛泉油脂化工有限公司沂水饲料厂	配合饲料（畜禽、幼畜禽、种畜禽）；浓缩饲料（畜禽、幼畜禽、种畜禽）
鲁饲证（2014）16068	郯城德惠饲料有限公司	配合饲料（畜禽、幼畜禽、种畜禽）；浓缩饲料（畜禽、幼畜禽、种畜禽）
鲁饲证（2014）16071	莒南中慧同盛饲料有限公司	配合饲料（畜禽、幼畜禽、种畜禽）；浓缩饲料（畜禽、幼畜禽、种畜禽）
鲁饲证（2014）16073	莒南金慧通饲料有限公司	配合饲料（幼畜禽、特种动物）；浓缩饲料（幼畜禽、特种动物）
鲁饲证（2014）16075	莒南中慧宏达饲料有限公司	配合饲料（畜禽、幼畜禽、种畜禽）；浓缩饲料（畜禽、幼畜禽、种畜禽）
鲁饲证（2014）16076	鲁洲生物科技（山东）有限公司饲料分公司	配合饲料（畜禽、幼畜禽、种畜禽）；浓缩饲料（畜禽、幼畜禽、种畜禽）
鲁饲证（2014）16077	山东希牛农牧饲料发展有限公司	配合饲料（畜禽、幼畜禽、种畜禽、特种动物）；浓缩饲料（畜禽、幼畜禽、种畜禽）
鲁饲证（2014）16078	临沂福祥饲料有限公司	配合饲料（幼畜禽、水产育苗、特种动物）；浓缩饲料（种畜禽）
鲁饲证（2014）16081	蒙阴万事兴饲料有限公司	配合饲料（畜禽、幼畜禽、种畜禽）；浓缩饲料（畜禽、幼畜禽、种畜禽）
鲁饲证（2014）16082	临沂万兴饲料有限公司	配合饲料（畜禽、幼畜禽、种畜禽）；浓缩饲料（畜禽、幼畜禽、种畜禽）
鲁饲证（2014）16084	蒙阴六和饲料有限公司	配合饲料（畜禽、幼畜禽、种畜禽）；浓缩饲料（畜禽）
鲁饲证（2014）16086	临沂达福盛饲料有限公司	配合饲料（畜禽、幼畜禽、种畜禽）；浓缩饲料（畜禽、幼畜禽、种畜禽）
鲁饲证（2014）16087	临沂顶顺饲料有限公司	配合饲料（畜禽、幼畜禽、种畜禽）；浓缩饲料（畜禽、幼畜禽、种畜禽）
鲁饲证（2014）16088	沂南双胞胎饲料有限公司	配合饲料（畜禽、幼畜禽、种畜禽）；浓缩饲料（畜禽、幼畜禽、种畜禽）
鲁饲证（2014）16089	平邑达福盛科发饲料有限公司	配合饲料（畜禽、幼畜禽、种畜禽）；浓缩饲料（畜禽、幼畜禽、种畜禽）
鲁饲证（2014）16090	临沂希强饲料有限公司	配合饲料（畜禽、幼畜禽、种畜禽、特种动物）；浓缩饲料（种畜禽）
鲁饲证（2014）16091	临沂市德厚饲料有限公司	配合饲料（畜禽、幼畜禽、种畜禽）；浓缩饲料（畜禽、幼畜禽、种畜禽）
鲁饲证（2014）16092	沂南县六和祥缘饲料有限公司	配合饲料（畜禽、幼畜禽、种畜禽）

（续）

生产许可证编号	企业名称	产品名称
鲁饲证（2014）16093	沂南县众兴饲料有限公司	配合饲料（畜禽、幼畜禽、种畜禽）；浓缩饲料（畜禽、幼畜禽、种畜禽）
鲁饲证（2014）16094	新希望六和饲料股份有限公司平邑饲料厂	配合饲料（畜禽、幼畜禽、种畜禽）；浓缩饲料（畜禽）
鲁饲证（2014）16095	临沂太合中慧饲料有限公司	配合饲料（畜禽、幼畜禽、种畜禽）；浓缩饲料（畜禽、幼畜禽、种畜禽）
鲁饲证（2014）16097	临沂金红利饲料有限公司	配合饲料（畜禽、幼畜禽、种畜禽）；浓缩饲料（畜禽、幼畜禽、种畜禽）
鲁饲证（2014）16098	临沂新粮饲料科技有限公司	配合饲料（畜禽、幼畜禽、种畜禽）；浓缩饲料（畜禽、幼畜禽、种畜禽）
鲁饲证（2014）16099	莒南天普阳光饲料有限公司	配合饲料（畜禽、幼畜禽、种畜禽）；浓缩饲料（畜禽、幼畜禽、种畜禽）
鲁饲证（2014）16100	临沂恒润饲料有限公司	配合饲料（畜禽、幼畜禽、种畜禽）；浓缩饲料（畜禽、幼畜禽、种畜禽）
鲁饲证（2014）16101	莒南惠和源饲料有限公司	配合饲料（畜禽、幼畜禽、种畜禽）；浓缩饲料（畜禽、幼畜禽、种畜禽）
鲁饲证（2014）16102	兰陵惠和源饲料有限公司	配合饲料（畜禽、幼畜禽、种畜禽）；浓缩饲料（畜禽、幼畜禽、种畜禽）
鲁饲证（2014）16105	莒南华有饲料有限公司	配合饲料（畜禽、幼畜禽、种畜禽）；浓缩饲料（畜禽、幼畜禽、种畜禽）
鲁饲证（2014）16106	临沭友聚饲料有限公司	配合饲料（畜禽、水产、幼畜禽、种畜禽、水产育苗）；浓缩饲料（畜禽、幼畜禽、种畜禽）
鲁饲证（2014）16109	山东中信凯丰饲料有限公司	配合饲料（畜禽、幼畜禽、种畜禽）；浓缩饲料（畜禽、幼畜禽、种畜禽）
鲁饲证（2014）16110	费县和康源饲料有限公司	配合饲料（畜禽、水产、幼畜禽、种畜禽、水产育苗）；浓缩饲料（畜禽、幼畜禽）
鲁饲证（2014）16111	山东龙海生物科技有限公司	配合饲料（畜禽、幼畜禽、种畜禽）；浓缩饲料（畜禽、幼畜禽、种畜禽）
鲁饲证（2014）16112	临沂新航农牧科技有限公司	配合饲料（畜禽、幼畜禽、种畜禽）；浓缩饲料（畜禽、幼畜禽、种畜禽）
鲁饲证（2014）16113	临沂丰大饲料有限公司	配合饲料（畜禽、水产、幼畜禽、种畜禽）；浓缩饲料（畜禽、幼畜禽、种畜禽）
鲁饲证（2014）16114	沂水和美华福泰华饲料有限公司	配合饲料（畜禽、幼畜禽、种畜禽）；浓缩饲料（畜禽、幼畜禽）
鲁饲证（2014）16115	沂南万事兴农牧发展有限公司	配合饲料（畜禽、幼畜禽、种畜禽）；浓缩饲料（畜禽、幼畜禽、种畜禽）

（续）

生产许可证编号	企业名称	产品名称
鲁饲证（2014）16116	山东九牛饲料有限责任公司坪上分公司	配合饲料（畜禽、幼畜禽、种畜禽）；浓缩饲料（畜禽、幼畜禽、种畜禽）；精料补充料（反刍）
鲁饲证（2014）16117	沂水万兴饲料有限公司	配合饲料（幼畜禽、种畜禽）；浓缩饲料（畜禽、幼畜禽、种畜禽）
鲁饲证（2014）16122	临沂市惠生饲料有限公司	配合饲料（畜禽、幼畜禽、种畜禽）；浓缩饲料（畜禽、幼畜禽、种畜禽）
鲁饲证（2014）16126	临沂鸿源饲料有限公司	配合饲料（畜禽、幼畜禽、种畜禽）；浓缩饲料（畜禽、幼畜禽、种畜禽）
鲁饲证（2014）16127	沂南县茂源饲料有限责任公司	配合饲料（畜禽、幼畜禽、种畜禽）；浓缩饲料（畜禽、幼畜禽、种畜禽）
鲁饲证（2014）16131	临沂沂和饲料有限公司	配合饲料（畜禽、幼畜禽、种畜禽）；浓缩饲料（畜禽、幼畜禽、种畜禽）
鲁饲证（2014）16132	莒南丰沃新农饲料有限公司	配合饲料（畜禽、幼畜禽、种畜禽）；浓缩饲料（畜禽、幼畜禽、种畜禽）
鲁饲证（2014）16133	临沂市星元饲料有限公司	配合饲料（畜禽、幼畜禽、种畜禽）；浓缩饲料（畜禽、幼畜禽、种畜禽）
鲁饲证（2014）16134	临沂丰林饲料有限公司	配合饲料（畜禽、幼畜禽、种畜禽）
鲁饲证（2014）16135	临沂明荣饲料有限公司	配合饲料（畜禽、幼畜禽、种畜禽）；浓缩饲料（畜禽、幼畜禽、种畜禽）
鲁饲证（2014）16136	临沂合和源饲料有限公司	配合饲料（畜禽、水产、幼畜禽、种畜禽、水产育苗）；浓缩饲料（畜禽、幼畜禽、种畜禽、水产育苗）
鲁饲证（2014）16137	临沂帛乘原种猪繁育有限公司	配合饲料（幼畜禽、种畜禽、特种动物）；浓缩饲料（幼畜禽、种畜禽、特种动物）
鲁饲证（2014）16139	临沂万事兴饲料有限公司	配合饲料（畜禽、幼畜禽、种畜禽）；浓缩饲料（畜禽、幼畜禽、种畜禽）
鲁饲证（2014）16140	富达饲料（临沂）有限公司	配合饲料（畜禽、幼畜禽、种畜禽）；浓缩饲料（畜禽、幼畜禽、种畜禽）
鲁饲证（2014）16141	临沂大和饲料有限公司	配合饲料（畜禽、幼畜禽、种畜禽）；浓缩饲料（畜禽、幼畜禽、种畜禽）
鲁饲证（2014）16142	山东泉道农业科技集团有限公司临沂分公司	配合饲料（畜禽、幼畜禽、种畜禽）；浓缩饲料（畜禽、幼畜禽、种畜禽）
鲁饲证（2014）16145	临沂市龙盛饲料有限公司	配合饲料（畜禽、幼畜禽、种畜禽）
鲁饲证（2014）16147	临沂六和正旺饲料有限公司	配合饲料（畜禽、水产、幼畜禽、种畜禽）；浓缩饲料（畜禽、水产、幼畜禽、种畜禽）
鲁饲证（2014）16148	临沂市福佑富饲料有限公司	配合饲料（畜禽、幼畜禽、种畜禽）；浓缩饲料（畜禽、幼畜禽、种畜禽）

（续）

生产许可证编号	企业名称	产品名称
鲁饲证（2014）16151	临沂市田发饲料科技有限公司	配合饲料（畜禽、幼畜禽、种畜禽）；浓缩饲料（畜禽、幼畜禽、种畜禽）
鲁饲证（2014）16152	临沂金慧达农牧科技有限公司	配合饲料（畜禽、幼畜禽、种畜禽）；浓缩饲料（畜禽、幼畜禽、种畜禽）
鲁饲证（2014）16153	郯城金泉新农业开发有限公司	配合饲料（畜禽、幼畜禽、种畜禽）；浓缩饲料（畜禽、幼畜禽、种畜禽）
鲁饲证（2014）16156	临沂海达尔饲料有限公司	配合饲料（畜禽、幼畜禽、种畜禽）；浓缩饲料（畜禽、幼畜禽、种畜禽）
鲁饲证（2014）16158	山东海牧生物科技有限公司	配合饲料（畜禽、幼畜禽、种畜禽）；浓缩饲料（畜禽、幼畜禽、种畜禽）
鲁饲证（2014）16161	沂水六和饲料有限公司	配合饲料（畜禽、水产、幼畜禽、种畜禽）；浓缩饲料（畜禽、水产、幼畜禽、种畜禽）；精料补充料（反刍）
鲁饲证（2014）16162	山东泉道农业科技集团有限公司	配合饲料（畜禽、幼畜禽、种畜禽）；浓缩饲料（畜禽、幼畜禽、种畜禽）
鲁饲证（2014）16164	沂水和慧饲料有限公司	配合饲料（畜禽、幼畜禽、种畜禽）；浓缩饲料（畜禽、幼畜禽、种畜禽）
鲁饲证（2014）16166	郯城欣阳饲料有限公司	配合饲料（畜禽、水产、幼畜禽、种畜禽）；浓缩饲料（畜禽、水产、幼畜禽、种畜禽）
鲁饲证（2014）16167	蒙阴金禾饲料有限公司	配合饲料（畜禽、幼畜禽、种畜禽）；浓缩饲料（畜禽、幼畜禽、种畜禽）；精料补充料（反刍）
鲁饲证（2014）16168	临沂康地饲料有限公司	精料补充料（反刍）
鲁饲证（2014）16172	临沂新程金锣牧业有限公司方城饲料分公司	配合饲料（畜禽、幼畜禽、种畜禽）；浓缩饲料（畜禽、幼畜禽、种畜禽）
鲁饲证（2014）16173	平邑和牧饲料有限公司	配合饲料（畜禽、幼畜禽、种畜禽）；浓缩饲料（畜禽、幼畜禽、种畜禽）
鲁饲证（2014）16175	费县海瑞达饲料有限公司	配合饲料（畜禽、水产、幼畜禽、种畜禽）；浓缩饲料（畜禽、水产、幼畜禽、种畜禽）
鲁饲证（2014）16176	沂南中基饲料有限公司	配合饲料（畜禽、幼畜禽、种畜禽）；浓缩饲料（畜禽、幼畜禽、种畜禽）
鲁饲证（2014）16178	沂南县惠和源饲料有限公司	配合饲料（畜禽、幼畜禽、种畜禽）；浓缩饲料（畜禽、幼畜禽、种畜禽）
鲁饲证（2014）16179	山东莱贝特饲料有限公司	配合饲料（畜禽、幼畜禽、种畜禽）；浓缩饲料（畜禽、幼畜禽、种畜禽）
鲁饲证（2014）16180	山东常林饲料有限公司	配合饲料（畜禽、水产、幼畜禽、种畜禽、水产育苗）；浓缩饲料（畜禽、幼畜禽、种畜禽、水产育苗）
鲁饲证（2014）16182	临沂吉旺达饲料有限公司	配合饲料（畜禽、幼畜禽、种畜禽）；浓缩饲料（畜禽、幼畜禽、种畜禽）

（续）

生产许可证编号	企业名称	产品名称
鲁饲证（2014）16184	临沂市天成饲料有限公司	配合饲料（畜禽、幼畜禽、种畜禽）；浓缩饲料（畜禽、幼畜禽、种畜禽）
鲁饲证（2014）16185	临沂坤奥饲料有限公司	配合饲料（畜禽、幼畜禽、种畜禽）；浓缩饲料（畜禽、幼畜禽、种畜禽）
鲁饲证（2014）16186	临沭新航农牧科技有限公司	配合饲料（畜禽、水产、幼畜禽、种畜禽）；浓缩饲料（畜禽、幼畜禽、种畜禽）
鲁饲证（2014）16188	临沂富诗健饲料有限公司	配合饲料（畜禽、水产、幼畜禽、种畜禽）；浓缩饲料（畜禽、水产、幼畜禽、种畜禽）
鲁饲证（2014）17022	巨野万事兴饲料有限公司	配合饲料（畜禽、水产、幼畜禽、种畜禽）；浓缩饲料（畜禽、水产、幼畜禽、种畜禽）
鲁饲证（2014）17023	曹县六和饲料有限公司	配合饲料（畜禽、幼畜禽、种畜禽）；浓缩饲料（畜禽）
鲁饲证（2014）17024	郓城鼎泰饲料有限公司	配合饲料（畜禽、幼畜禽、种畜禽）；浓缩饲料（畜禽、幼畜禽）
鲁饲证（2014）17025	单县忠意海鼎饲料有限公司	配合饲料（畜禽、水产、幼畜禽、种畜禽、水产育苗）；浓缩饲料（畜禽、水产、幼畜禽、种畜禽、水产育苗）
鲁饲证（2014）17027	中纺农业蚌埠有限公司菏泽分公司	配合饲料（畜禽、水产、幼畜禽、种畜禽）；浓缩饲料（畜禽、水产、幼畜禽、种畜禽）
鲁饲证（2014）17028	郓城海鼎虹大饲料有限公司	配合饲料（畜禽、水产、幼畜禽、种畜禽）；浓缩饲料（畜禽、水产、幼畜禽、种畜禽）
鲁饲证（2014）17029	巨野东方希望动物营养有限公司	配合饲料（畜禽、水产、幼畜禽、种畜禽、宠物、特种动物）；浓缩饲料（畜禽、水产、幼畜禽、种畜禽、宠物、特种动物）
鲁饲证（2014）17030	成武中慧饲料有限公司	配合饲料（畜禽、水产、幼畜禽、种畜禽、特种动物）；浓缩饲料（畜禽、水产、幼畜禽、种畜禽、特种动物）
鲁饲证（2014）17031	郓城县龙源饲料厂	配合饲料（畜禽、幼畜禽、种畜禽）；浓缩饲料（畜禽、幼畜禽、种畜禽）
鲁饲证（2014）17032	菏泽佳诺佳宠物食品有限公司	配合饲料（宠物）
鲁饲证（2014）17033	单县瑞阳饲料有限公司	配合饲料（畜禽、幼畜禽、种畜禽）；浓缩饲料（畜禽、幼畜禽、种畜禽）
鲁饲证（2014）17034	菏泽华英禽业有限公司	配合饲料（畜禽、幼畜禽、种畜禽）
鲁饲证（2014）17035	菏泽共兴饲料有限公司	配合饲料（畜禽、幼畜禽、种畜禽）；浓缩饲料（畜禽、幼畜禽、种畜禽）
鲁饲证（2014）17037	菏泽新世纪正虹饲料有限公司	配合饲料（畜禽、幼畜禽、种畜禽、特种动物）；浓缩饲料（畜禽、幼畜禽、种畜禽、特种动物）
鲁饲证（2014）17038	山东新农村牧业发展有限公司	配合饲料（畜禽、幼畜禽、种畜禽）；浓缩饲料（畜禽、幼畜禽、种畜禽）

（续）

生产许可证编号	企业名称	产品名称
鲁饲证（2014）17039	菏泽市华牧饲料有限公司	配合饲料（畜禽、幼畜禽、种畜禽）；浓缩饲料（畜禽、幼畜禽、种畜禽）
鲁饲证（2014）17040	山东成武乡村动物营养有限公司	配合饲料（幼畜禽、种畜禽）；浓缩饲料（幼畜禽、种畜禽）
鲁饲证（2014）17041	菏泽中佑生物科技有限公司	配合饲料（畜禽、水产、幼畜禽、种畜禽、特种动物）；浓缩饲料（畜禽、水产、幼畜禽、种畜禽、特种动物）
鲁饲证（2014）17042	巨野育丰饲料有限公司	配合饲料（畜禽、幼畜禽、种畜禽）；浓缩饲料（畜禽、幼畜禽、种畜禽）
鲁饲证（2014）17043	菏泽鲁衡饲料有限公司	配合饲料（畜禽、幼畜禽、种畜禽、特种动物）；浓缩饲料（畜禽、幼畜禽、种畜禽、特种动物）
鲁饲证（2014）17044	郓城富通饲料科技有限公司	配合饲料（幼畜禽、种畜禽）；浓缩饲料（幼畜禽、种畜禽）
鲁饲证（2014）17045	菏泽农歌饲料有限公司	配合饲料（畜禽、幼畜禽、种畜禽）；浓缩饲料（畜禽、幼畜禽、种畜禽）
豫饲证（2014）01026	河南联合英伟饲料有限公司	配合饲料（畜禽）；浓缩饲料（畜禽）
豫饲证（2014）01027	郑州红门饲料有限责任公司	配合饲料（畜禽、水产、特种动物（兔））；浓缩饲料（畜禽）
豫饲证（2014）01028	郑州六和商都饲料有限公司	配合饲料（畜禽）；浓缩饲料（畜禽）
豫饲证（2014）01029	郑州英汇饲料有限公司	配合饲料（畜禽）；浓缩饲料（畜禽）
豫饲证（2014）01030	河南广安生物科技股份有限公司高新区中草药饲料基地	配合饲料（畜禽）；浓缩饲料（畜禽）
豫饲证（2014）01031	郑州牧展饲料有限公司	配合饲料（畜禽）；浓缩饲料（畜禽）
豫饲证（2014）01032	河南大陆农牧技术有限公司	配合饲料（畜禽）；浓缩饲料（畜禽）
豫饲证（2014）01033	河南诺富特饲料有限公司	配合饲料（畜禽、水产）；浓缩饲料（畜禽、水产）
豫饲证（2014）01034	郑州市丰茂饲料有限公司	配合饲料（畜禽）；浓缩饲料（畜禽）
豫饲证（2014）01036	郑州海润中慧饲料有限公司	配合饲料（畜禽）；浓缩饲料（畜禽）
豫饲证（2014）01037	河南商都生物技术股份有限公司	配合饲料（畜禽）；浓缩饲料（畜禽）
豫饲证（2014）01038	郑州禾丰牧业有限公司	配合饲料（畜禽）；浓缩饲料（畜禽）
豫饲证（2014）01039	河南豫人牧业饲料有限公司	配合饲料（畜禽）；浓缩饲料（畜禽）
豫饲证（2014）01041	郑州成农生物饲料有限公司	配合饲料（畜禽）；浓缩饲料（畜禽）
豫饲证（2014）01042	郑州宏展饲料添加剂有限公司	配合饲料（畜禽、水产）；浓缩饲料（畜禽）
豫饲证（2014）01043	嘉吉动物营养（郑州）有限公司	浓缩饲料（反刍）；精料补充料（反刍）
豫饲证（2014）01044	郑州欣仕福饲料有限公司	配合饲料（畜禽、水产）；浓缩饲料（畜禽）
豫饲证（2014）01045	新农（郑州）饲料有限公司	配合饲料（畜禽）；浓缩饲料（畜禽）
豫饲证（2014）01046	希杰（郑州）饲料有限公司	配合饲料（畜禽）；浓缩饲料（畜禽、反刍）；精料补充料（反刍）
豫饲证（2014）01047	郑州双胞胎饲料有限公司	配合饲料（畜禽）；浓缩饲料（畜禽）

（续）

生产许可证编号	企业名称	产品名称
豫饲证（2014）01048	雏鹰农牧集团股份有限公司	配合饲料（畜禽）
豫饲证（2014）01049	河南国森饲料有限公司	配合饲料（畜禽）；浓缩饲料（畜禽）
豫饲证（2014）01051	河南旺大生物科技有限公司	浓缩饲料（畜禽）
豫饲证（2014）01052	河南碧云天饲料有限公司	配合饲料（畜禽）；浓缩饲料（畜禽）
豫饲证（2014）01054	新郑市中泰饲料厂	配合饲料（畜禽、水产）；浓缩饲料（畜禽、水产）
豫饲证（2014）01055	河南中荷饲料有限公司	浓缩饲料（反刍）；精料补充料（反刍）
豫饲证（2014）01056	河南省联和饲料科技有限公司	配合饲料（畜禽、水产、宠物）；浓缩饲料（畜禽、水产）
豫饲证（2014）01057	郑州联合农牧企业有限公司	配合饲料（畜禽）；浓缩饲料（畜禽）
豫饲证（2014）01058	郑州正虹饲料有限公司	配合饲料（畜禽、水产）；浓缩饲料（畜禽）
豫饲证（2014）01059	郑州北畜大饲料有限公司	配合饲料（畜禽）；浓缩饲料（畜禽）
豫饲证（2014）01060	郑州天福牧业饲料有限公司	配合饲料（畜禽、水产）；浓缩饲料（畜禽）
豫饲证（2014）01061	郑州兴发饲料有限公司	配合饲料（畜禽）；浓缩饲料（畜禽）
豫饲证（2014）01062	河南帅牛生物科技有限公司	配合饲料（畜禽、水产）；浓缩饲料（畜禽）
豫饲证（2014）01063	郑州百瑞尔饲料有限公司	配合饲料（畜禽、水产）；浓缩饲料（畜禽）
豫饲证（2014）01064	郑州川海饲料有限公司	配合饲料（畜禽、水产）；浓缩饲料（畜禽）
豫饲证（2014）01065	郑州恒基饲料有限公司	配合饲料（畜禽、水产）；浓缩饲料（畜禽）
豫饲证（2014）01066	郑州市康源饲料有限公司	配合饲料（畜禽）；浓缩饲料（畜禽）
豫饲证（2014）01067	郑州新希望六和鸿源饲料有限公司	配合饲料（畜禽、水产）；浓缩饲料（畜禽）
豫饲证（2014）01068	郑州农家乐饲料有限公司	配合饲料（畜禽）；浓缩饲料（畜禽）
豫饲证（2014）01069	郑州宏昌牧业有限公司	配合饲料（畜禽）；浓缩饲料（畜禽）
豫饲证（2014）01070	郑州鑫成饲料有限公司	配合饲料（畜禽、水产）；浓缩饲料（畜禽）
豫饲证（2014）01071	河南康地饲料有限公司	配合饲料（畜禽）；浓缩饲料（畜禽）
豫饲证（2014）01072	郑州金地饲料有限公司	配合饲料（畜禽、水产）；浓缩饲料（畜禽、水产）
豫饲证（2014）01073	郑州新纪元饲料科技有限公司	配合饲料（畜禽）；浓缩饲料（畜禽）
豫饲证（2014）01074	河南三明生物科技饲料有限公司	配合饲料（畜禽）；浓缩饲料（畜禽）
豫饲证（2014）01075	河南启明饲料有限公司	配合饲料（畜禽）；浓缩饲料（畜禽）
豫饲证（2014）01076	郑州百威科技饲料有限公司	配合饲料（畜禽）；浓缩饲料（畜禽）
豫饲证（2014）01077	郑州市金鹤生物科技有限公司	配合饲料（畜禽、水产）；浓缩饲料（畜禽）
豫饲证（2014）01078	郑州市嘉吉饲料有限公司	配合饲料（畜禽、水产）；浓缩饲料（畜禽）
豫饲证（2014）02005	开封力灿生物科技有限公司	配合饲料（畜禽）；浓缩饲料（畜禽）
豫饲证（2014）02007	杞县雨旺中慧饲料有限公司	配合饲料（畜禽）；浓缩饲料（畜禽）
豫饲证（2014）02009	开封正大有限公司	配合饲料（畜禽、水产）；浓缩饲料（畜禽）
豫饲证（2014）02010	开封市天合饲料有限公司	配合饲料（畜禽、水产）；浓缩饲料（畜禽）
豫饲证（2014）02011	开封普度牧业有限公司	配合饲料（畜禽）；浓缩饲料（畜禽）
豫饲证（2014）02012	河南禾丰牧业有限公司	配合饲料（畜禽、水产）；浓缩饲料（畜禽）
豫饲证（2014）02015	尉氏县久都饲料厂	配合饲料（畜禽）；浓缩饲料（畜禽）

（续）

生产许可证编号	企业名称	产品名称
豫饲证（2014）02016	开封市龙宝科技饲料有限公司	配合饲料（畜禽、水产）；浓缩饲料（畜禽）；精料补充料（反刍）
豫饲证（2014）02017	开封市开泰牧业有限公司	配合饲料（畜禽）；浓缩饲料（畜禽）
豫饲证（2014）03012	洛阳市丰祥饲料有限公司	配合饲料（畜禽、水产）；浓缩饲料（畜禽）
豫饲证（2014）03013	洛阳六和饲料有限责任公司	配合饲料（畜禽）；浓缩饲料（畜禽）
豫饲证（2014）03014	河南一诺天邦农牧科技有限公司	配合饲料（畜禽）；浓缩饲料（畜禽）
豫饲证（2014）03015	偃师万事兴农牧有限公司	配合饲料（畜禽）；浓缩饲料（畜禽）
豫饲证（2014）03016	河南诚丰饲料有限公司	配合饲料（畜禽、水产）；浓缩饲料（畜禽）
豫饲证（2014）03017	洛阳绿禾饲料有限公司	配合饲料（畜禽）；浓缩饲料（畜禽）
豫饲证（2014）03018	河南东方正大有限公司洛阳饲料厂	配合饲料（畜禽、水产）；浓缩饲料（畜禽）；精料补充料（反刍）
豫饲证（2014）03019	洛阳科鸣饲料有限公司	配合饲料（畜禽）；浓缩饲料（畜禽）
豫饲证（2014）03020	洛阳九骏饲料有限公司	配合饲料（畜禽）；浓缩饲料（畜禽）
豫饲证（2014）03021	洛阳牧和饲料有限公司	配合饲料（畜禽）；浓缩饲料（畜禽）
豫饲证（2014）03022	洛阳福状元饲料有限公司	配合饲料（畜禽）；浓缩饲料（畜禽）
豫饲证（2014）03023	洛阳瑞农饲料有限公司	配合饲料（畜禽）；浓缩饲料（畜禽）
豫饲证（2014）03024	洛阳普丰饲料有限公司	配合饲料（畜禽）；浓缩饲料（畜禽）
豫饲证（2014）03025	孟津县凡达饲料厂	配合饲料（畜禽）；浓缩饲料（畜禽）
豫饲证（2014）03026	孟津县同创饲料厂	配合饲料（畜禽、水产）；浓缩饲料（畜禽）
豫饲证（2014）03027	洛阳鹏举饲料有限公司	配合饲料（畜禽）；浓缩饲料（畜禽）
豫饲证（2014）03028	河南广联农牧集团有限公司孟津分公司	配合饲料（畜禽）；浓缩饲料（畜禽）
豫饲证（2014）03029	洛阳市鲲鹏饲料有限公司	配合饲料（畜禽、水产）；浓缩饲料（畜禽）
豫饲证（2014）03030	洛阳正康饲料有限公司	配合饲料（畜禽）；浓缩饲料（畜禽）
豫饲证（2014）03031	洛阳市泛亚饲料有限公司	配合饲料（畜禽）；浓缩饲料（畜禽）
豫饲证（2014）03032	洛阳高新开发区神州华帝饲料厂	配合饲料（畜禽）；浓缩饲料（畜禽）
豫饲证（2014）03033	河南省东方航睿饲料有限公司	配合饲料（畜禽）；浓缩饲料（畜禽）
豫饲证（2014）03034	洛阳合兴饲料有限公司	配合饲料（畜禽）；浓缩饲料（畜禽）
豫饲证（2014）04003	平顶山正大有限公司	配合饲料（畜禽）；浓缩饲料（畜禽）
豫饲证（2014）04005	舞钢市新大农生态饲料有限责任公司	配合饲料（畜禽）；浓缩饲料（畜禽）
豫饲证（2014）04006	平顶山市农发饲料有限公司	配合饲料（畜禽）；浓缩饲料（畜禽）
豫饲证（2014）05007	安阳天合成饲料有限公司	配合饲料（畜禽、水产）；浓缩饲料（畜禽）
豫饲证（2014）05011	汤阴县益农饲料有限责任公司	配合饲料（幼畜禽、种畜禽）；浓缩饲料（幼畜禽、种畜禽）
豫饲证（2014）05012	河南容大牧业有限责任公司	配合饲料（畜禽、水产）；浓缩饲料（畜禽）
豫饲证（2014）05015	安阳市鑫牧源饲料有限公司	配合饲料（畜禽）；浓缩饲料（畜禽）

（续）

生产许可证编号	企业名称	产品名称
豫饲证（2014）06006	鹤壁市帅牧饲料有限公司	配合饲料（畜禽）；浓缩饲料（畜禽）
豫饲证（2014）06007	鹤壁全农安饲料有限公司	配合饲料（畜禽）；浓缩饲料（畜禽）
豫饲证（2014）06008	浚县中原希望饲料有限公司	配合饲料（畜禽、水产）；浓缩饲料（畜禽）；精料补充料（反刍）
豫饲证（2014）06009	鹤壁市联合英伟饲料有限公司	配合饲料（畜禽）；浓缩饲料（畜禽）
豫饲证（2014）06010	河南省新胜大饲料有限公司	配合饲料（畜禽、水产）；浓缩饲料（畜禽）
豫饲证（2014）06011	浚县九盈农饲料有限公司	配合饲料（畜禽、水产）；浓缩饲料（畜禽）
豫饲证（2014）06013	河南天威饲料有限公司	配合饲料（畜禽）；浓缩饲料（畜禽）
豫饲证（2014）06014	鹤壁市康迪尔饲料有限公司	配合饲料（畜禽）；浓缩饲料（畜禽）
豫饲证（2014）06017	浚县兴旺饲料有限责任公司	配合饲料（畜禽、水产）；浓缩饲料（畜禽）
豫饲证（2014）06018	鹤壁大用牧业有限公司	配合饲料（畜禽）；浓缩饲料（畜禽）
豫饲证（2014）06019	鹤壁市淇滨区荣山饲料厂	配合饲料（畜禽、水产）；浓缩饲料（畜禽）
豫饲证（2014）06020	鹤壁市高信生物科技有限公司	配合饲料（畜禽、水产）；浓缩饲料（畜禽）
豫饲证（2014）06022	鹤壁市农创饲料有限公司	配合饲料（畜禽）；浓缩饲料（畜禽）
豫饲证（2014）06025	鹤壁市东环城路富星饲料厂	配合饲料（畜禽、水产）；浓缩饲料（畜禽）
豫饲证（2014）06028	河南兴鹤饲料有限公司	配合饲料（畜禽）；浓缩饲料（畜禽）
豫饲证（2014）06036	河南大昌农饲料有限公司	配合饲料（畜禽）；浓缩饲料（畜禽）
豫饲证（2014）07009	新乡市酵守康饲料有限公司	配合饲料（畜禽）；浓缩饲料（畜禽）
豫饲证（2014）07010	河南大华人饲料有限公司	配合饲料（畜禽、水产）；浓缩饲料（畜禽）
豫饲证（2014）07011	新乡市振农饲料有限公司	配合饲料（畜禽、水产）；浓缩饲料（畜禽）
豫饲证（2014）07012	河南通威饲料有限公司	配合饲料（畜禽、水产）；浓缩饲料（畜禽）
豫饲证（2014）07013	新乡市先科农牧有限公司	配合饲料（畜禽、水产）；浓缩饲料（畜禽、水产）
豫饲证（2014）07016	新乡市益民农牧有限公司	配合饲料（畜禽）；浓缩饲料（畜禽）
豫饲证（2014）07017	新乡市天鹏饲料有限公司	配合饲料（畜禽、水产）；浓缩饲料（畜禽）
豫饲证（2014）07018	河南伟农饲料有限公司	配合饲料（畜禽）；浓缩饲料（畜禽）
豫饲证（2014）07020	新乡市中原康地饲料有限公司	配合饲料（畜禽、水产）；浓缩饲料（畜禽）
豫饲证（2014）07021	新乡市慧德祥饲料有限公司	配合饲料（畜禽、水产）；浓缩饲料（畜禽）
豫饲证（2014）07024	英联饲料（上海）有限公司新乡工厂	配合饲料（畜禽）；浓缩饲料（畜禽、反刍）；精料补充料（反刍）
豫饲证（2014）07025	郑州新境界饲料有限公司新乡分公司	配合饲料（畜禽、水产）；浓缩饲料（畜禽）
豫饲证（2014）07026	河南万客来畜牧有限公司	配合饲料（畜禽）；浓缩饲料（畜禽）
豫饲证（2014）07027	河南省澳斯菲德牧业发展有限公司	配合饲料（畜禽）；浓缩饲料（畜禽）
豫饲证（2014）07028	新乡市海鼎饲料有限公司	配合饲料（畜禽、水产）；浓缩饲料（畜禽）
豫饲证（2014）07029	河南大德生物技术有限公司	配合饲料（水产）
豫饲证（2014）07031	河南新佑饲料有限公司	配合饲料（畜禽）；浓缩饲料（畜禽）
豫饲证（2014）07033	河南省邦成饲料有限公司	配合饲料（畜禽）；浓缩饲料（畜禽）

（续）

生产许可证编号	企业名称	产品名称
豫饲证（2014）07034	新乡市金诺饲料有限公司	配合饲料（畜禽、水产）；浓缩饲料（畜禽）
豫饲证（2014）07037	新乡市润博饲料有限公司	配合饲料（畜禽）
豫饲证（2014）07038	河南双优饲料有限公司	配合饲料（畜禽）；浓缩饲料（畜禽）
豫饲证（2014）07039	河南春秋生物科技有限公司	配合饲料（畜禽、水产）；浓缩饲料（畜禽、水产）
豫饲证（2014）07040	河南新农饲料有限公司	配合饲料（畜禽）；浓缩饲料（畜禽）
豫饲证（2014）07041	河南宏远饲料有限公司	配合饲料（畜禽）；浓缩饲料（畜禽）
豫饲证（2014）07043	河南正邦生物技术有限公司	配合饲料（畜禽）；浓缩饲料（畜禽）
豫饲证（2014）07046	河南精华饲料有限公司	配合饲料（畜禽、水产）；浓缩饲料（畜禽）
豫饲证（2014）07047	河南鑫基饲料科技有限公司	配合饲料（畜禽）；浓缩饲料（畜禽）
豫饲证（2014）08011	焦作市三福饲料有限公司	配合饲料（畜禽）；浓缩饲料（畜禽）
豫饲证（2014）08012	焦作伟嘉饲料有限公司	配合饲料（畜禽、水产）；浓缩饲料（畜禽）
豫饲证（2014）08013	修武县伊赛饲料有限公司	精料补充料（反刍）
豫饲证（2014）08015	焦作市焦博牧业有限公司	配合饲料（畜禽）；浓缩饲料（畜禽）
豫饲证（2014）08017	焦作大用牧业有限公司	配合饲料（畜禽）
豫饲证（2014）08019	焦作禾丰饲料有限公司	浓缩饲料（反刍）；精料补充料（反刍）
豫饲证（2014）08021	焦作傲农饲料有限公司	配合饲料（畜禽、水产）；浓缩饲料（畜禽、水产）
豫饲证（2014）08022	焦作美博士饲料有限公司	配合饲料（特种动物）；浓缩饲料（特种动物）
豫饲证（2014）08023	河南粤禽农牧有限公司	配合饲料（畜禽）；浓缩饲料（畜禽）
豫饲证（2014）08024	焦作正虹饲料有限公司	配合饲料（畜禽）；浓缩饲料（畜禽）
豫饲证（2014）08030	焦作康地饲料有限公司	配合饲料（畜禽）；浓缩饲料（畜禽）
豫饲证（2014）09005	濮阳县中原饲料厂	配合饲料（畜禽）；浓缩饲料（畜禽）
豫饲证（2014）09009	濮阳和美绿色饲料有限公司	配合饲料（畜禽）；浓缩饲料（畜禽）
豫饲证（2014）09010	濮阳牧鹤饲料有限公司	配合饲料（畜禽）；浓缩饲料（畜禽）
豫饲证（2014）09011	濮阳恒辉牧业有限公司	配合饲料（畜禽）；浓缩饲料（畜禽）
豫饲证（2014）09012	南乐县金地饲料有限公司	配合饲料（畜禽）；浓缩饲料（畜禽）
豫饲证（2014）09013	濮阳市福航饲料有限公司	配合饲料（畜禽）；浓缩饲料（畜禽）
豫饲证（2014）09015	南乐县弘兴饲料有限公司	配合饲料（畜禽）
豫饲证（2014）09016	濮阳市隆丰油脂饲料有限公司	配合饲料（畜禽）；浓缩饲料（畜禽）
豫饲证（2014）09017	南乐县惠佳牧业有限公司	配合饲料（畜禽）
豫饲证（2014）09018	濮阳县天和饲料有限公司	配合饲料（畜禽）；浓缩饲料（畜禽）
豫饲证（2014）09019	南乐县豫强饲料厂	配合饲料（畜禽）；浓缩饲料（畜禽）
豫饲证（2014）09020	濮阳市华美饲料有限公司	配合饲料（畜禽）；浓缩饲料（畜禽）
豫饲证（2014）10003	许昌宏展饲料有限公司	配合饲料（畜禽）；浓缩饲料（畜禽）
豫饲证（2014）10004	许昌县卓达饲料有限公司	配合饲料（畜禽）；浓缩饲料（畜禽）
豫饲证（2014）10006	东方希望长葛动物营养有限公司	配合饲料（畜禽）；浓缩饲料（畜禽）
豫饲证（2014）10007	禹州六和九品饲料有限公司	配合饲料（畜禽、水产）；浓缩饲料（畜禽）
豫饲证（2014）10009	长葛五丰农牧有限公司	配合饲料（畜禽）；浓缩饲料（畜禽）

（续）

生产许可证编号	企业名称	产品名称
豫饲证（2014）10010	许昌县金望饲料厂	配合饲料（畜禽、水产）；浓缩饲料（畜禽、水产）
豫饲证（2014）10012	长葛市恒晟饲料厂	配合饲料（畜禽、水产）；浓缩饲料（畜禽）
豫饲证（2014）11002	漯河雅来动物营养饲料有限公司	配合饲料（畜禽）；浓缩饲料（畜禽）
豫饲证（2014）11004	漯河六和日日红饲料有限公司	配合饲料（畜禽）；浓缩饲料（畜禽）
豫饲证（2014）11005	河南六和北徐饲料有限公司	配合饲料（畜禽）；浓缩饲料（畜禽）
豫饲证（2014）11006	漯河万千饲料有限责任公司	配合饲料（畜禽）；浓缩饲料（畜禽）
豫饲证（2014）11007	舞阳旭农饲料厂	配合饲料（畜禽）；浓缩饲料（畜禽）
豫饲证（2014）11008	漯河市金山畜牧科技有限责任公司	配合饲料（畜禽）；浓缩饲料（畜禽）
豫饲证（2014）11009	深圳康达尔（舞阳）饲料有限公司	配合饲料（畜禽）；浓缩饲料（畜禽）
豫饲证（2014）11010	漯河双汇肉业有限公司	配合饲料（畜禽）；浓缩饲料（畜禽）
豫饲证（2014）11011	河南广联农牧集团有限公司临颍分公司	配合饲料（畜禽）；浓缩饲料（畜禽）
豫饲证（2014）11014	漯河市富民饲料厂	配合饲料（畜禽、水产）；浓缩饲料（畜禽）
豫饲证（2014）11015	漯河市普亿农饲料有限公司	配合饲料（畜禽）；浓缩饲料（畜禽）
豫饲证（2014）11016	临颍县隆丰饲料有限公司	配合饲料（畜禽）；浓缩饲料（畜禽）
豫饲证（2014）11017	漯河双赢饲料有限公司	配合饲料（畜禽）；浓缩饲料（畜禽）
豫饲证（2014）11018	漯河市康大饲料厂	配合饲料（畜禽）；浓缩饲料（畜禽）
豫饲证（2014）11020	漯河喜德宝饲料有限公司	配合饲料（畜禽）；浓缩饲料（畜禽）
豫饲证（2014）11021	漯河康地饲料有限公司	配合饲料（畜禽、水产）；浓缩饲料（畜禽）
豫饲证（2014）11022	河南家家乐纵横牧业科技有限公司	配合饲料（畜禽）；浓缩饲料（畜禽）
豫饲证（2014）11024	漯河市惠发饲料有限公司	配合饲料（畜禽）；浓缩饲料（畜禽）
豫饲证（2014）11025	漯河市家家旺饲料有限公司	配合饲料（畜禽）；浓缩饲料（畜禽）
豫饲证（2014）11026	漯河万事兴农牧有限公司	配合饲料（畜禽）；浓缩饲料（畜禽）
豫饲证（2014）12001	三门峡恒辉牧业有限公司	配合饲料（畜禽）；浓缩饲料（畜禽）
豫饲证（2014）12002	渑池县天朋饲料有限公司	配合饲料（畜禽、水产）；浓缩饲料（畜禽）
豫饲证（2014）13003	南阳正大有限公司	配合饲料（畜禽、反刍）；浓缩饲料（畜禽、反刍）；精料补充料（反刍）
豫饲证（2014）13004	南阳广联饲料有限公司	配合饲料（畜禽）；浓缩饲料（畜禽）
豫饲证（2014）13005	南阳牧鹤饲料有限公司	配合饲料（畜禽）；浓缩饲料（畜禽）
豫饲证（2014）13007	南阳正大康地饲料有限公司	配合饲料（畜禽）；浓缩饲料（畜禽）
豫饲证（2014）13008	唐河六和饲料有限公司	配合饲料（畜禽、水产）；浓缩饲料（畜禽）
豫饲证（2014）13010	方城牧乐园饲料有限公司	配合饲料（畜禽、水产）；浓缩饲料（畜禽）
豫饲证（2014）13011	牧原食品股份有限公司	配合饲料（畜禽）
豫饲证（2014）13012	南阳华佑饲料有限公司	配合饲料（畜禽、水产）；浓缩饲料（畜禽）
豫饲证（2014）13013	南阳禾丰饲料有限公司	配合饲料（畜禽）；浓缩饲料（畜禽）
豫饲证（2014）13014	南阳希望饲料有限责任公司	配合饲料（畜禽、水产）；浓缩饲料（畜禽）
豫饲证（2014）13015	南阳市汇丰饲料有限公司	配合饲料（畜禽）；浓缩饲料（畜禽）

（续）

生产许可证编号	企业名称	产品名称
豫饲证（2014）14003	商丘亿万中元生物技术有限公司	配合饲料（畜禽、水产）；浓缩饲料（畜禽）
豫饲证（2014）14005	商丘市应天饲料科技有限公司	浓缩饲料（畜禽）
豫饲证（2014）14007	柘城六和兴农饲料有限公司	配合饲料（畜禽）；浓缩饲料（畜禽）
豫饲证（2014）14009	商丘惠普农牧发展有限公司	配合饲料（畜禽）；浓缩饲料（畜禽）
豫饲证（2014）14010	柘城新大合饲料有限公司	配合饲料（畜禽）；浓缩饲料（畜禽）
豫饲证（2014）14011	商丘天源饲料有限公司	配合饲料（畜禽）；浓缩饲料（畜禽）
豫饲证（2014）14012	睢县丰太六和饲料有限公司	配合饲料（畜禽）；浓缩饲料（畜禽）
豫饲证（2014）14016	商丘牧鹤饲料有限公司	配合饲料（畜禽）；浓缩饲料（畜禽）
豫饲证（2014）14017	民权商都饲料有限公司	配合饲料（畜禽）；浓缩饲料（畜禽）
豫饲证（2014）14018	睢县丰太海鼎饲料有限公司	配合饲料（畜禽、水产）；浓缩饲料（畜禽、水产）
豫饲证（2014）14019	商丘恒杰饲料有限公司	配合饲料（畜禽、水产）；浓缩饲料（畜禽）
豫饲证（2014）14020	河南正本清源科技发展股份有限公司	配合饲料（幼畜禽、种畜禽）；浓缩饲料（幼畜禽、种畜禽）
豫饲证（2014）14021	商丘市同茂饲料有限公司	配合饲料（畜禽、水产）；浓缩饲料（畜禽）
豫饲证（2014）14022	河南省昕益园饲料有限公司	配合饲料（畜禽）；浓缩饲料（畜禽）
豫饲证（2014）14023	商丘市大北农饲料有限公司	配合饲料（畜禽）；浓缩饲料（畜禽）
豫饲证（2014）14025	河南鼎圃水产饲料有限公司	配合饲料（畜禽）；浓缩饲料（畜禽）
豫饲证（2014）14026	商丘市天成生物饲料有限公司	配合饲料（畜禽、水产）；浓缩饲料（畜禽）
豫饲证（2014）15006	信阳宏展实业有限公司	配合饲料（畜禽、水产）；浓缩饲料（畜禽）
豫饲证（2014）15007	信阳漓源饲料有限公司	配合饲料（畜禽）；浓缩饲料（畜禽）
豫饲证（2014）15008	河南华英农业发展股份有限公司	配合饲料（畜禽、水产）；浓缩饲料（畜禽）
豫饲证（2014）15009	河南淮滨华英禽业有限公司	配合饲料（畜禽）；浓缩饲料（畜禽）
豫饲证（2014）15010	信阳东方希望动物营养食品有限公司	配合饲料（畜禽、水产）；浓缩饲料（畜禽）
豫饲证（2014）15011	信阳大陆农牧技术有限公司	配合饲料（畜禽）；浓缩饲料（畜禽）
豫饲证（2014）16005	周口唐人神湘大骆驼饲料有限公司	配合饲料（畜禽）；浓缩饲料（畜禽）
豫饲证（2014）16006	河南大用邦杰食品有限公司	配合饲料（畜禽）
豫饲证（2014）16008	周口牧鹤饲料有限公司	配合饲料（畜禽）
豫饲证（2014）16009	周口永欣饲料有限公司	配合饲料（畜禽）；浓缩饲料（畜禽）
豫饲证（2014）16011	河南海创牧业有限公司	配合饲料（畜禽）；浓缩饲料（畜禽）
豫饲证（2014）16012	河南陈州华英禽业有限公司	配合饲料（畜禽）
豫饲证（2014）16013	周口环山饲料有限公司	配合饲料（畜禽）；浓缩饲料（畜禽）
豫饲证（2014）16014	周口双胞胎饲料有限公司	配合饲料（畜禽）；浓缩饲料（畜禽）
豫饲证（2014）16015	周口市黄泛区万欣饲料有限公司	配合饲料（畜禽）；浓缩饲料（畜禽）
豫饲证（2014）16016	周口恒昌饲料有限公司	配合饲料（畜禽）；浓缩饲料（畜禽）
豫饲证（2014）16017	太康县华都饲料饲料有限责任公司	配合饲料（畜禽）；浓缩饲料（畜禽）
豫饲证（2014）16019	周口正大有限公司	配合饲料（畜禽）；浓缩饲料（畜禽）

（续）

生产许可证编号	企业名称	产品名称
豫饲证（2014）17007	驻马店市漓源饲料有限公司	配合饲料（畜禽）；浓缩饲料（畜禽）
豫饲证（2014）17008	驻马店市宏展饲料有限公司	配合饲料（畜禽）；浓缩饲料（畜禽）
豫饲证（2014）17009	确山县大北农饲料科技有限公司	配合饲料（畜禽）；浓缩饲料（畜禽）
豫饲证（2014）17010	驻马店正大有限公司	配合饲料（畜禽）；浓缩饲料（畜禽）
豫饲证（2014）17011	驻马店扬翔饲料有限公司	配合饲料（畜禽）；浓缩饲料（畜禽）
豫饲证（2014）17012	西平县绿科茂牧业有限公司	配合饲料（畜禽）；浓缩饲料（畜禽）
豫饲证（2014）17013	驻马店禾丰牧业有限公司	配合饲料（畜禽、水产）；浓缩饲料（畜禽）
豫饲证（2014）17014	驻马店安佑饲料科技有限公司	配合饲料（畜禽）；浓缩饲料（畜禽）
豫饲证（2014）17015	驻马店市牧鹤饲料有限公司	配合饲料（畜禽、水产）；浓缩饲料（畜禽）；精料补充料（反刍）
豫饲证（2014）17016	驻马店大地饲料有限公司	配合饲料（畜禽）；浓缩饲料（畜禽）
豫饲证（2014）17017	西平中慧饲料有限公司	配合饲料（畜禽）；浓缩饲料（畜禽）
豫饲证（2014）17018	河南中原湘大骆驼饲料有限公司	配合饲料（畜禽）；浓缩饲料（畜禽）
豫饲证（2014）17020	西平新大合饲料有限公司	配合饲料（畜禽）；浓缩饲料（畜禽）
豫饲证（2014）17021	西平县邦威牧业有限公司	配合饲料（畜禽）；浓缩饲料（畜禽）
豫饲证（2014）17022	汝南县华兴饲料有限公司	配合饲料（畜禽）；浓缩饲料（畜禽）
豫饲证（2014）17025	驻马店特驱饲料有限公司	配合饲料（畜禽）；浓缩饲料（畜禽）
豫饲证（2014）17026	河南金源饲料有限公司	配合饲料（畜禽、水产）；浓缩饲料（畜禽）
豫饲证（2014）17027	西平华峰牧业有限公司	配合饲料（畜禽）；浓缩饲料（畜禽）
豫饲证（2014）17029	遂平县昌大饲料养殖有限公司	配合饲料（畜禽）；浓缩饲料（畜禽）
豫饲证（2014）17030	遂平广源饲料科技有限公司	配合饲料（畜禽）；浓缩饲料（畜禽）
豫饲证（2014）17032	驻马店市开发区加乘饲料有限公司	配合饲料（畜禽）；浓缩饲料（畜禽）
豫饲证（2014）17033	驻马店喜崔来饲料有限公司	配合饲料（畜禽）；浓缩饲料（畜禽）
豫饲证（2014）17034	驻马店市海通农牧有限公司	配合饲料（畜禽）；浓缩饲料（畜禽）
豫饲证（2014）17036	驻马店金汇生物科技有限公司	配合饲料（畜禽）；浓缩饲料（畜禽）
豫饲证（2014）17037	确山县永威饲料有限责任公司	配合饲料（畜禽）；浓缩饲料（畜禽）
豫饲证（2014）17038	西平县华丰牧业有限公司	配合饲料（畜禽）；浓缩饲料（畜禽）
豫饲证（2014）17039	驻马店市联益饲料有限公司	配合饲料（畜禽）；浓缩饲料（畜禽）
豫饲证（2014）17040	驻马店市光大饲料厂	配合饲料（畜禽）；浓缩饲料（畜禽）
豫饲证（2014）17041	驻马店市龙润饲料科技有限公司	配合饲料（畜禽、水产）；浓缩饲料（畜禽）
豫饲证（2014）17042	驻马店市强生饲料有限公司	配合饲料（畜禽）；浓缩饲料（畜禽）
豫饲证（2014）17043	驻马店市靓宝饲料有限公司	配合饲料（畜禽）；浓缩饲料（畜禽）
豫饲证（2014）17044	遂平县益民牧业开发有限公司	配合饲料（畜禽）；浓缩饲料（畜禽）
豫饲证（2014）17045	驻马店市豫大饲料有限公司	配合饲料（畜禽）；浓缩饲料（畜禽）
豫饲证（2014）18003	济源市豫建大北农饲料有限公司	配合饲料（畜禽、水产）；浓缩饲料（畜禽）
豫饲证（2014）18004	河南快大饲料有限公司	配合饲料（畜禽、水产）；浓缩饲料（畜禽）
豫饲证（2014）18005	济源维多利饲料有限公司	配合饲料（畜禽、水产）；浓缩饲料（畜禽）

（续）

生产许可证编号	企业名称	产品名称
豫饲证（2014）18006	济源市豫龙牧业有限公司	配合饲料（畜禽）；浓缩饲料（畜禽）
豫饲证（2014）18008	河南金立丰饲料有限公司	配合饲料（畜禽）；浓缩饲料（畜禽）
豫饲证（2014）18009	河南喜鑫饲料有限公司	配合饲料（畜禽）；浓缩饲料（畜禽）
豫饲证（2014）18010	济源市恒大饲料科技有限公司	配合饲料（畜禽）；浓缩饲料（畜禽）
豫饲证（2014）21001	平顶山中宏华龙饲料有限公司	配合饲料（畜禽、水产）；浓缩饲料（畜禽、水产）
豫饲证（2014）22001	永城市阳光之路食品有限公司	配合饲料（畜禽）；浓缩饲料（畜禽）
豫饲证（2014）22002	河南金都饲料科技有限公司	配合饲料（畜禽）；浓缩饲料（畜禽）
豫饲证（2014）22003	永城六和启正饲料有限公司	配合饲料（畜禽）；浓缩饲料（畜禽）
豫饲证（2014）22004	永城市利平饲料有限公司	配合饲料（畜禽）；浓缩饲料（畜禽）
豫饲证（2014）22005	永城市兴牧饲料有限公司	配合饲料（畜禽）；浓缩饲料（畜禽）
豫饲证（2014）22006	永城市翼丰饲料有限公司	配合饲料（畜禽）；浓缩饲料（畜禽）
豫饲证（2014）22007	永城市正佳饲料有限责任公司	配合饲料（畜禽）；浓缩饲料（畜禽）
豫饲证（2014）22008	永城市东方康地饲料有限公司	配合饲料（畜禽、水产）；浓缩饲料（畜禽）
豫饲证（2014）22009	商丘纽特奇饲料有限公司	配合饲料（畜禽）；浓缩饲料（畜禽）
豫饲证（2014）22010	河南华农饲料有限公司	配合饲料（畜禽）；浓缩饲料（畜禽）
豫饲证（2014）24004	河南六和饲料有限公司邓州分公司	配合饲料（畜禽、水产）；浓缩饲料（畜禽）
豫饲证（2014）24005	邓州市白马饲料厂	配合饲料（畜禽）；浓缩饲料（畜禽）
豫饲证（2014）25004	滑县欣牧川饲料有限公司	配合饲料（畜禽）；浓缩饲料（畜禽）
豫饲证（2014）25006	滑县宏发饲料有限责任公司	配合饲料（畜禽）；浓缩饲料（畜禽）
豫饲证（2014）25008	滑县牧星科技饲料有限公司	配合饲料（畜禽、水产）；浓缩饲料（畜禽）
豫饲证（2014）25009	滑县超前道口烧鸡专用鸡实验场饲料厂	配合饲料（畜禽、水产）；浓缩饲料（畜禽）
豫饲证（2014）26001	固始六和有限责任公司	配合饲料（畜禽、水产）；浓缩饲料（畜禽）
豫饲证（2014）26002	河南三高农牧股份有限公司	配合饲料（畜禽）；浓缩饲料（畜禽）
豫饲证（2014）27001	鹿邑县九鼎饲料有限公司	配合饲料（畜禽）；浓缩饲料（畜禽）
豫饲证（2014）27002	鹿邑县吉贞牧业有限公司	配合饲料（畜禽）；浓缩饲料（畜禽）
豫饲证（2014）28001	新蔡天龙禽业发展有限公司	配合饲料（畜禽）
豫饲证（2014）28002	大成农牧（河南）有限公司	配合饲料（畜禽）；浓缩饲料（畜禽）
豫饲证（2014）28003	新蔡联邦康地饲料有限公司	配合饲料（畜禽、水产）；浓缩饲料（畜禽）
鄂饲证（2014）01001	武汉大北农饲料科技有限公司	配合饲料（畜禽）；浓缩饲料（畜禽）
鄂饲证（2014）01002	武汉高龙饲料有限公司	配合饲料（水产、水产育苗）
鄂饲证（2014）01003	武汉神丹农业科技有限公司	配合饲料（畜禽、水产、幼畜禽、种畜禽）；浓缩饲料（畜禽、幼畜禽、种畜禽）
鄂饲证（2014）01004	武汉金山饲料有限公司	配合饲料（畜禽、水产）；浓缩饲料（畜禽）
鄂饲证（2014）01005	武汉傲农生物科技有限公司	配合饲料（畜禽、幼畜禽、种畜禽）；浓缩饲料（畜禽、幼畜禽、种畜禽）
鄂饲证（2014）01006	武汉伟嘉生物技术有限公司	配合饲料（畜禽、水产）；浓缩饲料（畜禽）

（续）

生产许可证编号	企业名称	产品名称
鄂饲证（2014）01007	康地饲料（中国）有限公司	配合饲料（畜禽、幼畜禽、种畜禽）；浓缩饲料（畜禽、幼畜禽、种畜禽）
鄂饲证（2014）01008	武汉市天发有机肥有限公司	配合饲料（畜禽、水产、幼畜禽、种畜禽、水产育苗）；浓缩饲料（畜禽、幼畜禽、种畜禽）
鄂饲证（2014）01009	武汉万年青饲料有限公司	配合饲料（畜禽、水产）；浓缩饲料（畜禽）
鄂饲证（2014）01010	武汉中粮肉食品有限公司饲料厂	配合饲料（畜禽、水产）；浓缩饲料（畜禽）
鄂饲证（2014）01011	武汉艾立美饲料科技有限公司	配合饲料（畜禽、水产）；浓缩饲料（畜禽、水产）
鄂饲证（2014）01012	湖北老鬼鱼饵有限责任公司	配合饲料（水产）
鄂饲证（2014）01013	武汉新农泰饲料有限公司	配合饲料（畜禽、水产）；浓缩饲料（畜禽）
鄂饲证（2014）01014	武汉鑫旺饲料科技有限公司	浓缩饲料（畜禽）
鄂饲证（2014）01015	武汉正虹饲料有限公司	配合饲料（畜禽、水产）；浓缩饲料（畜禽）
鄂饲证（2014）01016	武汉新农翔饲料有限公司	配合饲料（畜禽）；浓缩饲料（畜禽）
鄂饲证（2014）01017	武汉明天生物科技有限公司	配合饲料（畜禽、水产）；浓缩饲料（畜禽）
鄂饲证（2014）01018	武汉湘大饲料有限公司	配合饲料（畜禽、水产）；浓缩饲料（畜禽）
鄂饲证（2014）01019	武汉爱维信生物科技有限公司	配合饲料（畜禽）；浓缩饲料（畜禽）
鄂饲证（2014）01020	武汉佳华饲料有限公司	配合饲料（畜禽、水产）；浓缩饲料（畜禽）
鄂饲证（2014）02001	阳新烁森科技生态工程有限公司	配合饲料（水产）
鄂饲证（2014）02002	湖北天邦饲料有限公司	配合饲料（畜禽、水产）；浓缩饲料（畜禽）
鄂饲证（2014）02003	中粮饲料（黄石）有限公司	配合饲料（畜禽）；浓缩饲料（畜禽）
鄂饲证（2014）02005	湖北邦之德牧业科技有限公司	浓缩饲料（畜禽、水产）
鄂饲证（2014）03002	襄大农牧（十堰）有限公司	配合饲料（畜禽、水产）；浓缩饲料（畜禽）
鄂饲证（2014）03003	枣阳双胞胎饲料有限公司	配合饲料（畜禽）；浓缩饲料（畜禽）
鄂饲证（2014）03004	襄阳环山饲料有限公司	配合饲料（畜禽、幼畜禽、种畜禽）；浓缩饲料（畜禽、幼畜禽、种畜禽）
鄂饲证（2014）03005	枣阳神力农牧有限公司	配合饲料（畜禽、水产）
鄂饲证（2014）03006	枣阳六和饲料有限公司	配合饲料（畜禽、水产）；浓缩饲料（畜禽）
鄂饲证（2014）03007	襄阳正大有限公司饲料二厂	配合饲料（畜禽）；浓缩饲料（畜禽）
鄂饲证（2014）03008	襄阳市天佐农牧有限公司	配合饲料（畜禽、水产）；浓缩饲料（畜禽）
鄂饲证（2014）03009	宜城双胞胎饲料有限公司	配合饲料（畜禽）；浓缩饲料（畜禽）
鄂饲证（2014）03010	湖北楚大饲料有限公司	配合饲料（畜禽、水产）
鄂饲证（2014）04001	浠水县众鑫粮油有限公司	配合饲料（畜禽）
鄂饲证（2014）04002	湖北团风中慧畜牧科技有限公司	配合饲料（畜禽、水产）；浓缩饲料（畜禽）
鄂饲证（2014）04003	团风开源饲料科技有限公司	配合饲料（畜禽、水产）
鄂饲证（2014）04004	湖北伟望农牧科技发展集团有限公司	配合饲料（水产）
鄂饲证（2014）04005	湖北裕泰科技饲料有限公司	配合饲料（水产）
鄂饲证（2014）04006	湖北雄峰生物科技有限公司	配合饲料（幼畜禽）；浓缩饲料（幼畜禽）

（续）

生产许可证编号	企业名称	产品名称
鄂饲证（2014）04007	通威股份有限公司黄冈分公司	配合饲料（畜禽、水产）
鄂饲证（2014）04008	湖北佳洪生物饲料股份有限公司	配合饲料（畜禽、水产、幼畜禽、水产育苗）；浓缩饲料（畜禽、幼畜禽）
鄂饲证（2014）04009	黄冈东方希望动物营养食品有限公司	配合饲料（畜禽、水产、特种动物）；浓缩饲料（畜禽）
鄂饲证（2014）04010	湖北华扬科技发展有限公司	配合饲料（幼畜禽）
鄂饲证（2014）04011	湖北科源饲料有限公司	配合饲料（畜禽）；浓缩饲料（畜禽）
鄂饲证（2014）04013	湖北鑫成生物饲料有限公司	配合饲料（畜禽）
鄂饲证（2014）04014	蕲春四方饲料科技有限公司	配合饲料（畜禽、水产）
鄂饲证（2014）04015	湖北神鹭饲料有限公司	配合饲料（畜禽、水产）；浓缩饲料（畜禽）
鄂饲证（2014）04016	蕲春嘉顺饲料科技有限公司	配合饲料（畜禽、水产）；浓缩饲料（畜禽）
鄂饲证（2014）04017	湖北红宝饲料有限公司	配合饲料（畜禽）；浓缩饲料（畜禽）
鄂饲证（2014）04018	湖北顶鸿生物科技有限公司	配合饲料（水产）
鄂饲证（2014）05001	宜昌正大有限公司	配合饲料（畜禽、水产）；浓缩饲料（畜禽）
鄂饲证（2014）05002	宜昌新希望饲料有限公司	配合饲料（畜禽）；浓缩饲料（畜禽）
鄂饲证（2014）05003	枝江市众翔饲料有限责任公司	配合饲料（畜禽、水产）
鄂饲证（2014）05004	宜昌市施杨工贸有限公司	配合饲料（幼畜禽、种畜禽、水产育苗、宠物、特种动物）；浓缩饲料（幼畜禽、种畜禽、水产育苗、宠物、特种动物）
鄂饲证（2014）07001	武汉东方希望动物营养有限公司	配合饲料（畜禽、水产、特种动物）；浓缩饲料（畜禽）
鄂饲证（2014）07002	湖北铁骑力士饲料有限公司	配合饲料（畜禽、水产、幼畜禽、种畜禽、水产育苗）；浓缩饲料（畜禽、幼畜禽、种畜禽）
鄂饲证（2014）07003	汉川广东温氏家禽有限公司	配合饲料（畜禽、种畜禽）
鄂饲证（2014）07004	中纺农业湖北有限公司孝感分公司	配合饲料（畜禽、水产）；浓缩饲料（畜禽）
鄂饲证（2014）07005	湖北普爱饲料科技有限公司	配合饲料（幼畜禽、种畜禽）；浓缩饲料（幼畜禽、种畜禽）
鄂饲证（2014）07006	武汉安又泰生物科技有限公司	配合饲料（畜禽、种畜禽）；浓缩饲料（畜禽、种畜禽）
鄂饲证（2014）07007	湖北农腾饲料有限责任公司	配合饲料（畜禽、幼畜禽、种畜禽）；浓缩饲料（畜禽、幼畜禽、种畜禽）
鄂饲证（2014）07008	农标普瑞纳（长沙）饲料有限公司汉川分公司	配合饲料（畜禽）；浓缩饲料（畜禽）；精料补充料（反刍）
鄂饲证（2014）07009	湖北战友生物科技有限公司	配合饲料（畜禽、水产）
鄂饲证（2014）07010	孝昌温氏畜牧有限公司	配合饲料（畜禽）
鄂饲证（2014）08001	湖北广农饲料有限公司	配合饲料（畜禽、水产）；浓缩饲料（畜禽）
鄂饲证（2014）08002	荆门双胞胎饲料有限公司	配合饲料（畜禽、幼畜禽、种畜禽）；浓缩饲料（畜禽、幼畜禽、种畜禽）
鄂饲证（2014）08003	钟祥希望饲料有限公司	配合饲料（畜禽、水产）；浓缩饲料（畜禽）

（续）

生产许可证编号	企业名称	产品名称
鄂饲证（2014）08004	湖北吾尔利生物工程有限责任公司	配合饲料（畜禽、水产）；浓缩饲料（畜禽）
鄂饲证（2014）08005	荆门市神羽禽业有限公司	配合饲料（畜禽、水产）
鄂饲证（2014）08006	荆门市五龙饲料有限公司	配合饲料（畜禽、水产）
鄂饲证（2014）08007	荆门市钧恒饲料有限公司	配合饲料（水产）
鄂饲证（2014）08008	湖北京绿福农业发展有限公司	配合饲料（畜禽、水产）；浓缩饲料（畜禽）
鄂饲证（2014）08009	湖北金扬科牧业科技有限公司	配合饲料（畜禽、水产）
鄂饲证（2014）08010	荆门来福饲料有限公司	配合饲料（畜禽、水产）；浓缩饲料（畜禽）
鄂饲证（2014）08011	荆门市沙洋宏兴饲料有限公司	配合饲料（畜禽、水产）；浓缩饲料（畜禽）
鄂饲证（2014）09003	湖北武昌鱼股份有限公司饲料厂	配合饲料（畜禽、水产）
鄂饲证（2014）10001	荆州市百世腾饲料有限公司	配合饲料（畜禽）；浓缩饲料（畜禽）
鄂饲证（2014）10002	荆州新希望饲料有限公司	配合饲料（畜禽、水产）；浓缩饲料（畜禽）
鄂饲证（2014）10003	中粮粮油工业（荆州）有限公司	配合饲料（畜禽、水产）；浓缩饲料（畜禽）
鄂饲证（2014）10004	荆州双胞胎饲料有限公司	配合饲料（畜禽、幼畜禽、种畜禽）；浓缩饲料（畜禽、幼畜禽、种畜禽）
鄂饲证（2014）10005	湖北天海饲料有限公司	配合饲料（畜禽、水产）；浓缩饲料（畜禽）
鄂饲证（2014）10006	湖北峪口禽业有限公司	配合饲料（畜禽、幼畜禽、种畜禽）
鄂饲证（2014）10007	荆州市黑汉饲料有限公司	配合饲料（畜禽、幼畜禽）；浓缩饲料（畜禽、幼畜禽）
鄂饲证（2014）10008	荆州市东方希望动物营养有限公司	配合饲料（畜禽、水产、幼畜禽、种畜禽、特种动物）；浓缩饲料（畜禽、幼畜禽、种畜禽）
鄂饲证（2014）10009	荆州格力特饲料有限公司	配合饲料（畜禽、水产）；浓缩饲料（畜禽）
鄂饲证（2014）10010	湖北同乐饲料有限公司	配合饲料（水产）
鄂饲证（2014）10011	荆州六和海峰饲料有限公司	配合饲料（畜禽、水产）；浓缩饲料（畜禽）
鄂饲证（2014）10012	荆州海大饲料有限公司滨江路分公司	配合饲料（畜禽、水产、幼畜禽、种畜禽）；浓缩饲料（畜禽、幼畜禽、种畜禽）
鄂饲证（2014）10013	荆州市金迪尔生物科技有限公司	配合饲料（水产）
鄂饲证（2014）10014	湖北恒泰集团恒欣饲料有限公司	配合饲料（畜禽、水产、幼畜禽）；浓缩饲料（畜禽）
鄂饲证（2014）10015	监利温氏畜牧有限公司	配合饲料（畜禽）
鄂饲证（2014）10016	荆州正良源饲料有限公司	配合饲料（畜禽、水产）；浓缩饲料（畜禽）
鄂饲证（2014）10017	洪湖市天一饲料有限公司	配合饲料（水产）
鄂饲证（2014）10018	襄大农牧（松滋）有限公司	配合饲料（畜禽、水产、幼畜禽、种畜禽）；浓缩饲料（幼畜禽、种畜禽）
鄂饲证（2014）10019	荆州市益海饲料有限公司	配合饲料（水产）
鄂饲证（2014）10020	湖北联合恒大农牧科技有限公司	配合饲料（畜禽、水产）
鄂饲证（2014）10021	湖北宜达饲料有限公司	配合饲料（水产）
鄂饲证（2014）10022	湖北振弘科技有限责任公司	配合饲料（畜禽、水产）
鄂饲证（2014）10023	中兴生物饲料（湖北）有限公司	配合饲料（水产）
鄂饲证（2014）10024	湖北联友饲料有限公司	配合饲料（水产）

（续）

生产许可证编号	企业名称	产品名称
鄂饲证（2014）10025	荆州家泰饲料有限公司	配合饲料（畜禽、水产）
鄂饲证（2014）10026	湖北大鹏畜禽有限公司	配合饲料（畜禽）
鄂饲证（2014）10027	湖北大慧农饲料有限公司	配合饲料（水产）
鄂饲证（2014）10028	松滋温氏畜牧有限公司	配合饲料（畜禽）
鄂饲证（2014）10029	荆州市益农饲料有限公司	配合饲料（畜禽、水产）；浓缩饲料（畜禽）
鄂饲证（2014）11002	咸宁市贺胜温氏禽畜有限公司	配合饲料（畜禽、种畜禽）
鄂饲证（2014）12001	随州六和新欣饲料有限公司	配合饲料（畜禽）；浓缩饲料（畜禽）
鄂饲证（2014）12003	广水广和农牧发展有限公司	配合饲料（畜禽、水产）；浓缩饲料（畜禽）
鄂饲证（2014）13001	利川市五洲牧业有限责任公司	配合饲料（畜禽、水产）；浓缩饲料（畜禽）
鄂饲证（2014）13002	鹤峰长新畜牧发展有限公司	配合饲料（畜禽）；浓缩饲料（畜禽）
鄂饲证（2014）14001	仙桃六和饲料有限公司	配合饲料（畜禽、水产）；浓缩饲料（畜禽）
鄂饲证（2014）14003	湖北鑫弘宇饲料有限公司	配合饲料（畜禽、水产）；浓缩饲料（畜禽）
鄂饲证（2014）14004	仙桃市东坤饲料有限公司	配合饲料（畜禽、水产）
鄂饲证（2014）14005	仙桃市天丰饲料有限责任公司	配合饲料（水产）
鄂饲证（2014）14006	仙桃市天地饲料有限公司	配合饲料（水产）
鄂饲证（2014）15001	湖北渴望牧业有限责任公司	配合饲料（畜禽、水产）；浓缩饲料（畜禽）
鄂饲证（2014）16001	天门通威生物科技有限公司	配合饲料（畜禽、水产、幼畜禽、种畜禽、水产育苗、特种动物）
鄂饲证（2014）16002	天门海大饲料有限公司	配合饲料（水产、特种动物）
鄂饲证（2014）16003	康地华美饲料（天门）有限公司	配合饲料（畜禽、水产）；浓缩饲料（畜禽）
湘饲证（2014）01003	湖南浏阳河饲料有限公司	配合饲料（畜禽）；浓缩饲料（畜禽）
湘饲证（2014）01011	嘉吉饲料（长沙）有限公司	配合饲料（畜禽、幼畜禽、种畜禽）；浓缩饲料（畜禽、幼畜禽、种畜禽）
湘饲证（2014）01012	长沙唐人神湘大骆驼饲料有限公司	配合饲料（畜禽）；浓缩饲料（畜禽）
湘饲证（2014）01013	湖南大成科技饲料有限公司	配合饲料（畜禽、幼畜禽、种畜禽）；浓缩饲料（畜禽、幼畜禽、种畜禽）
湘饲证（2014）01016	长沙华港饲料有限公司	配合饲料（畜禽、水产）；浓缩饲料（畜禽）
湘饲证（2014）01017	长沙湘金饲料有限公司	配合饲料（畜禽、幼畜禽、种畜禽）；浓缩饲料（畜禽、幼畜禽、种畜禽）
湘饲证（2014）01018	宁乡县东南饲料有限公司	配合饲料（畜禽、幼畜禽、种畜禽）；浓缩饲料（畜禽、幼畜禽、种畜禽）
湘饲证（2014）01019	浏阳市浏阳河饲料有限公司	配合饲料（畜禽）
湘饲证（2014）01020	宁乡广东温氏禽畜有限公司	配合饲料（畜禽）
湘饲证（2014）01021	湖南天一饲料有限公司	配合饲料（畜禽）；浓缩饲料（畜禽）
湘饲证（2014）01025	湖南加大饲料有限公司	配合饲料（畜禽）；浓缩饲料（畜禽）
湘饲证（2014）01026	长沙湘中饲料有限公司	配合饲料（幼畜禽、特种动物）；浓缩饲料（幼畜禽）
湘饲证（2014）01027	长沙旺牧饲料有限公司	配合饲料（幼畜禽）；浓缩饲料（畜禽）

（续）

生产许可证编号	企业名称	产品名称
湘饲证（2014）01028	长沙伟嘉饲料有限公司	配合饲料（畜禽、种畜禽）；浓缩饲料（畜禽、种畜禽）
湘饲证（2014）01030	浏阳市湘宏生物科技饲料有限公司	配合饲料（畜禽）；浓缩饲料（畜禽）
湘饲证（2014）01031	浏阳市永泰饲料有限公司	配合饲料（畜禽）；浓缩饲料（畜禽）
湘饲证（2014）01032	湖南诚扬生物科技有限公司	配合饲料（畜禽、水产）；浓缩饲料（畜禽）
湘饲证（2014）01037	湖南广联饲料有限公司	配合饲料（畜禽）；浓缩饲料（畜禽）
湘饲证（2014）01038	长沙阿切曼斯特饲料有限公司	配合饲料（畜禽、幼畜禽、种畜禽）；浓缩饲料（畜禽）
湘饲证（2014）01044	湖南奇壮科技饲料有限公司	配合饲料（畜禽）；浓缩饲料（畜禽）
湘饲证（2014）01051	湖南农大追求饲料科技有限公司	配合饲料（畜禽）；浓缩饲料（畜禽）
湘饲证（2014）01052	湖南创益饲料有限公司	配合饲料（畜禽）；浓缩饲料（畜禽）
湘饲证（2014）01065	长沙金苹果饲料有限公司	配合饲料（畜禽）；浓缩饲料（畜禽）
湘饲证（2014）01082	宁乡广东温氏禽畜有限公司南田坪分公司	配合饲料（畜禽）
湘饲证（2014）01083	湖南森大农牧有限公司	配合饲料（畜禽）；浓缩饲料（畜禽）
湘饲证（2014）01087	长沙湘如意生物科技有限公司	配合饲料（幼畜禽、种畜禽）；浓缩饲料（幼畜禽、种畜禽）
湘饲证（2014）01089	长沙扬翔饲料有限责任公司	配合饲料（畜禽、幼畜禽、种畜禽）；浓缩饲料（畜禽、幼畜禽、种畜禽）
湘饲证（2014）01092	长沙美龙生物科技有限公司	配合饲料（畜禽、幼畜禽）；浓缩饲料（畜禽、幼畜禽）
湘饲证（2014）01093	湖南昌业生物科技有限公司	配合饲料（畜禽、幼畜禽、种畜禽）；浓缩饲料（畜禽、幼畜禽、种畜禽）
湘饲证（2014）01098	长沙希邦生物科技有限公司	配合饲料（畜禽、幼畜禽）；浓缩饲料（畜禽、幼畜禽）
湘饲证（2014）01109	长沙华普饲料有限公司	配合饲料（畜禽、水产）；浓缩饲料（畜禽）
湘饲证（2014）01117	湖南惠泉农牧科技发展有限公司	配合饲料（畜禽）
湘饲证（2014）01118	长沙三旺饲料有限公司	配合饲料（畜禽、水产）；浓缩饲料（畜禽）
湘饲证（2014）01125	湖南佳和生物饲料有限公司	配合饲料（畜禽）；浓缩饲料（畜禽）
湘饲证（2014）01126	长沙新起点生物科技有限公司	配合饲料（畜禽）；浓缩饲料（畜禽）
湘饲证（2014）01127	湖南华佑生物科技有限公司	配合饲料（畜禽）；浓缩饲料（畜禽）
湘饲证（2014）01134	湖南金霞九鼎农牧有限公司	配合饲料（畜禽、幼畜禽、种畜禽）
湘饲证（2014）01135	长沙市启程农业科技有限公司	配合饲料（畜禽、水产、幼畜禽、种畜禽）
湘饲证（2014）01136	湖南金洲创新生物科技有限公司	配合饲料（畜禽、幼畜禽、种畜禽）；浓缩饲料（畜禽、幼畜禽）
湘饲证（2014）01137	湖南衡大饲料科技有限公司	配合饲料（畜禽、幼畜禽、种畜禽）
湘饲证（2014）01138	长沙安佑生物科技有限公司	配合饲料（畜禽）；浓缩饲料（畜禽）
湘饲证（2014）01139	宁乡县爱尔玛宠物用品有限公司	配合饲料（宠物）
湘饲证（2014）02003	株洲湘江源饲料有限公司	配合饲料（畜禽、水产、幼畜禽、种畜禽）
湘饲证（2014）02004	湖南长得快饲料有限公司	配合饲料（畜禽、水产、幼畜禽、种畜禽）

（续）

生产许可证编号	企业名称	产品名称
湘饲证（2014）02008	株洲县惠安农牧发展有限公司	配合饲料（畜禽、水产、幼畜禽、种畜禽）；浓缩饲料（畜禽、幼畜禽、种畜禽）
湘饲证（2014）02012	醴陵市三鸿畜牧发展有限公司	配合饲料（畜禽、水产、幼畜禽、种畜禽）
湘饲证（2014）02016	攸县建阳水产饲料有限公司	配合饲料（畜禽、水产、幼畜禽、种畜禽）；浓缩饲料（畜禽、水产、幼畜禽、种畜禽）
湘饲证（2014）03002	泰高营养科技（湖南）有限公司	配合饲料（幼畜禽、种畜禽）；浓缩饲料（畜禽、幼畜禽、种畜禽、特种动物）
湘饲证（2014）03005	湘潭正邦饲料有限公司	配合饲料（畜禽、水产、幼畜禽、种畜禽、水产育苗）；浓缩饲料（畜禽）
湘饲证（2014）03006	湘潭市蒙哥饲料有限公司	配合饲料（宠物）
湘饲证（2014）03019	湘乡市湘源伟业饲料有限公司	配合饲料（畜禽、幼畜禽、种畜禽）
湘饲证（2014）03021	湘潭万农饲料有限公司	配合饲料（畜禽、水产、幼畜禽）；浓缩饲料（畜禽、幼畜禽）
湘饲证（2014）04012	衡阳市南优饲料有限公司	配合饲料（畜禽、水产）；浓缩饲料（畜禽）
湘饲证（2014）04017	衡阳市华宝饲料有限公司	配合饲料（畜禽、水产）；浓缩饲料（畜禽）
湘饲证（2014）04018	衡阳市金大高科技饲料有限公司	配合饲料（畜禽、水产）；浓缩饲料（畜禽）
湘饲证（2014）04019	衡阳市景虹饲料有限公司	配合饲料（畜禽、水产）；浓缩饲料（畜禽）
湘饲证（2014）04020	湖南省展望生物科技发展有限公司	配合饲料（畜禽、水产）；浓缩饲料（畜禽）
湘饲证（2014）04022	衡阳市良平农牧发展有限公司	配合饲料（畜禽、水产）；浓缩饲料（畜禽）
湘饲证（2014）04023	衡阳市冠星饲料有限公司	配合饲料（畜禽、水产）；浓缩饲料（畜禽）
湘饲证（2014）04027	衡阳康地饲料有限公司	配合饲料（畜禽、水产）；浓缩饲料（畜禽）
湘饲证（2014）04032	耒阳温氏禽畜有限公司	配合饲料（畜禽、幼畜禽、种畜禽）
湘饲证（2014）04058	衡阳浏阳河饲料有限公司	配合饲料（畜禽）；浓缩饲料（畜禽）
湘饲证（2014）04059	湖南新发展农牧科技有限公司	配合饲料（畜禽）；浓缩饲料（畜禽）
湘饲证（2014）05003	深圳康达尔（邵阳）饲料有限公司	配合饲料（畜禽、幼畜禽、种畜禽、水产育苗）；浓缩饲料（畜禽）
湘饲证（2014）05007	湖南省太平饲料有限公司	配合饲料（畜禽、幼畜禽、种畜禽）；浓缩饲料（畜禽）
湘饲证（2014）05018	邵阳市宝庆饲料科技有限公司	配合饲料（畜禽、幼畜禽、种畜禽）；浓缩饲料（畜禽）
湘饲证（2014）05028	湖南恒农生态农业发展有限公司	配合饲料（畜禽、幼畜禽、种畜禽）；浓缩饲料（畜禽）
湘饲证（2014）05032	邵阳双胞胎饲料有限公司	配合饲料（畜禽）；浓缩饲料（畜禽）
湘饲证（2014）06003	湖南岳阳楼氏饲料有限公司	配合饲料（畜禽、水产、幼畜禽、种畜禽）；浓缩饲料（畜禽、幼畜禽）
湘饲证（2014）06007	湖南双胞胎饲料有限公司	配合饲料（畜禽）；浓缩饲料（畜禽）
湘饲证（2014）06010	汨罗希望饲料有限公司	配合饲料（畜禽、水产、幼畜禽、种畜禽）；浓缩饲料（畜禽）
湘饲证（2014）06011	湖南宏岳科技股份有限公司	配合饲料（畜禽、水产、幼畜禽、种畜禽）；浓缩饲料（畜禽、幼畜禽）

（续）

生产许可证编号	企业名称	产品名称
湘饲证（2014）06012	湖南清源饲料科技有限公司	配合饲料（畜禽、水产、幼畜禽、种畜禽）
湘饲证（2014）06014	岳阳市正飞饲料有限公司	配合饲料（畜禽、水产、幼畜禽、种畜禽）；浓缩饲料（畜禽、幼畜禽）
湘饲证（2014）06016	岳阳正昌饲料有限公司	配合饲料（畜禽、水产、幼畜禽、水产育苗）；浓缩饲料（畜禽、幼畜禽）
湘饲证（2014）06026	岳阳金泰饲料科技有限公司	配合饲料（畜禽、水产）；浓缩饲料（畜禽）
湘饲证（2014）06027	岳阳希尔力生物饲料有限公司	配合饲料（畜禽、水产、幼畜禽、水产育苗、特种动物）
湘饲证（2014）06028	岳阳恒盛饲料有限公司	配合饲料（畜禽、水产、幼畜禽、种畜禽、水产育苗）；浓缩饲料（畜禽）
湘饲证（2014）06029	岳阳正得利饲料科技有限公司	配合饲料（畜禽、水产）；浓缩饲料（畜禽）
湘饲证（2014）06036	岳阳市求实饲料科技有限公司	配合饲料（畜禽）；浓缩饲料（畜禽）
湘饲证（2014）06037	岳阳市红太阳饲料有限公司	配合饲料（畜禽）；浓缩饲料（畜禽）
湘饲证（2014）06039	岳阳市金星饲料有限公司	配合饲料（畜禽、水产、幼畜禽）；浓缩饲料（畜禽）
湘饲证（2014）06044	岳阳市洞庭饲料有限公司	配合饲料（特种动物）
湘饲证（2014）06054	岳阳市龙舟饲料有限公司	配合饲料（畜禽、水产）；浓缩饲料（畜禽）
湘饲证（2014）06070	岳阳市金虹饲料科技有限公司	配合饲料（畜禽、水产）；浓缩饲料（畜禽）
湘饲证（2014）06079	湖南强神科技发展有限公司	配合饲料（畜禽、水产）；浓缩饲料（畜禽）
湘饲证（2014）06084	湖南海旺饲料科技有限公司	配合饲料（畜禽、水产）；浓缩饲料（畜禽）
湘饲证（2014）06103	岳阳联大科技有限公司	配合饲料（畜禽、水产）；浓缩饲料（畜禽）
湘饲证（2014）06108	岳阳时瑞来饲料有限公司	配合饲料（畜禽、水产）；浓缩饲料（畜禽）
湘饲证（2014）06119	岳阳市腾飞饲料有限公司	配合饲料（畜禽、水产）；浓缩饲料（畜禽）
湘饲证（2014）06125	岳阳固虹生物科技有限公司	配合饲料（畜禽、水产）；浓缩饲料（畜禽）
湘饲证（2014）06127	湖南大正生物科技有限责任公司	配合饲料（水产、水产育苗、特种动物）
湘饲证（2014）06139	岳阳亿农生物科技有限公司	配合饲料（畜禽、水产、幼畜禽、种畜禽）；浓缩饲料（畜禽、幼畜禽）
湘饲证（2014）06141	湖南华加科技饲料有限公司	配合饲料（畜禽）；浓缩饲料（畜禽）
湘饲证（2014）07001	通威股份有限公司常德分公司	配合饲料（畜禽、水产）；浓缩饲料（畜禽）
湘饲证（2014）07002	湖南海大生物饲料有限公司	配合饲料（畜禽、水产、幼畜禽、种畜禽）；浓缩饲料（畜禽）
湘饲证（2014）07003	湖南正邦立成饲料有限公司	配合饲料（畜禽、水产、幼畜禽、种畜禽）；浓缩饲料（畜禽）
湘饲证（2014）07007	津市市东旭饲料科技有限公司	配合饲料（水产）
湘饲证（2014）07010	常德润锦饲料有限公司	配合饲料（水产）
湘饲证（2014）07012	津市市涔水联发饲料有限公司	配合饲料（畜禽、水产）
湘饲证（2014）07014	常德市康盛饲料有限公司	配合饲料（水产）
湘饲证（2014）07016	湖南荣丰饲料有限责任公司	配合饲料（水产）

（续）

生产许可证编号	企业名称	产品名称
湘饲证（2014）07018	澧县正发富民饲料有限责任公司	配合饲料（水产）
湘饲证（2014）07019	澧县朝阳饲料有限责任公司	配合饲料（水产）
湘饲证（2014）07020	湖南三尖农牧有限责任公司	配合饲料（畜禽、水产）
湘饲证（2014）07021	常德新希望饲料有限公司	配合饲料（畜禽、水产、幼畜禽、种畜禽）；浓缩饲料（畜禽）
湘饲证（2014）07038	常德市科雄饲料有限责任公司	配合饲料（畜禽、水产）
湘饲证（2014）07064	常德柯恩饲料有限公司	配合饲料（畜禽、水产）；浓缩饲料（畜禽）
湘饲证（2014）08001	张家界新瑞星饲料有限公司	配合饲料（畜禽、水产）；浓缩饲料（畜禽）
湘饲证（2014）09007	沅江市正辉饲料有限公司	配合饲料（水产）
湘饲证（2014）09008	湖南大旺饲料有限公司	配合饲料（畜禽、水产）；浓缩饲料（畜禽）
湘饲证（2014）09009	益阳益华饲料有限公司	配合饲料（水产）；浓缩饲料（畜禽）
湘饲证（2014）09013	湖南鑫农油脂有限公司鑫欣饲料厂	配合饲料（水产）
湘饲证（2014）09019	益阳市顺旺饲料有限公司	配合饲料（畜禽、水产）
湘饲证（2014）11006	永州市兴冠农牧科技有限公司	配合饲料（畜禽、水产）；浓缩饲料（畜禽、水产）
湘饲证（2014）11011	永州市全宏农牧科技有限公司	配合饲料（畜禽、水产）；浓缩饲料（畜禽）
湘饲证（2014）11012	东安县富康饲料养殖有限公司	配合饲料（畜禽、水产、幼畜禽、种畜禽）；浓缩饲料（畜禽）
湘饲证（2014）11014	永州康地越高饲料有限公司	配合饲料（畜禽、水产）；浓缩饲料（畜禽）
湘饲证（2014）11016	江华温氏畜牧有限公司	配合饲料（畜禽）
湘饲证（2014）12002	唐人神怀化湘大骆驼饲料有限公司	配合饲料（畜禽）；浓缩饲料（畜禽）
湘饲证（2014）12003	怀化湘珠饲料有限公司	配合饲料（畜禽、水产、幼畜禽、种畜禽、水产育苗）；浓缩饲料（畜禽）
湘饲证（2014）12004	怀化华氏饲料有限公司	配合饲料（畜禽）；浓缩饲料（畜禽）
湘饲证（2014）12032	怀化市安佑昂牧饲料有限公司	配合饲料（畜禽）；浓缩饲料（畜禽）
湘饲证（2014）12033	怀化和美农牧有限公司	配合饲料（畜禽）；浓缩饲料（畜禽）
湘饲证（2014）13017	湖南奇壮胖哥饲料有限公司	配合饲料（畜禽）
湘饲证（2014）13019	湘村高科农业股份有限公司	配合饲料（畜禽、幼畜禽、种畜禽）；浓缩饲料（畜禽、幼畜禽、种畜禽）
湘饲证（2014）14006	湘西资源优佳生物科技有限公司	配合饲料（畜禽）；浓缩饲料（畜禽）
粤饲证（2014）01019	广州仟湖傲深宠物饲料有限公司	配合饲料（宠物）
粤饲证（2014）01020	广东英维饲料有限公司	配合饲料（畜禽、水产）；浓缩饲料（畜禽）
粤饲证（2014）01021	广东宝宝仔饲料有限公司	配合饲料（畜禽、水产、幼畜禽、种畜禽）；浓缩饲料（畜禽、水产、幼畜禽、种畜禽）
粤饲证（2014）01022	广州市江丰实业股份有限公司	配合饲料（畜禽、水产）；浓缩饲料（畜禽）
粤饲证（2014）01023	广州市百兴畜牧饲料有限公司	配合饲料（畜禽）；浓缩饲料（畜禽）
粤饲证（2014）01024	广州市粤虹饲料有限公司	配合饲料（畜禽、水产）；浓缩饲料（畜禽、水产）
粤饲证（2014）01025	广州市金利穗丰饲料有限公司	配合饲料（畜禽、水产）；浓缩饲料（畜禽）

（续）

生产许可证编号	企业名称	产品名称
粤饲证（2014）01026	广州绿安康饲料科技有限公司	配合饲料（畜禽）；浓缩饲料（畜禽）
粤饲证（2014）01027	广州市骏宝饲料有限公司	配合饲料（畜禽、水产）
粤饲证（2014）01028	广州旺大饲料科技有限公司	配合饲料（幼畜禽、种畜禽）；浓缩饲料（幼畜禽、种畜禽）
粤饲证（2014）01029	广州市番禺区大川饲料有限公司	配合饲料（畜禽、水产）
粤饲证（2014）01030	广州番禺灵川饲料有限公司	配合饲料（畜禽、水产）
粤饲证（2014）01031	广东农之道农牧科技有限公司	配合饲料（畜禽、水产）
粤饲证（2014）01032	广州兆华金丰农牧实业有限公司	配合饲料（畜禽、水产）；浓缩饲料（畜禽）
粤饲证（2014）01034	广州市桑普饲料有限公司	配合饲料（特种动物）
粤饲证（2014）01035	广州市海维饲料有限公司	配合饲料（畜禽、水产）
粤饲证（2014）01036	正大康地（广州番禺）有限公司	配合饲料（水产、幼畜禽、种畜禽）；浓缩饲料（畜禽、幼畜禽、种畜禽）
粤饲证（2014）01037	广州市中富饲料科技有限公司	配合饲料（幼畜禽、种畜禽）；浓缩饲料（幼畜禽、种畜禽）
粤饲证（2014）01039	广州希望饲料有限公司	配合饲料（畜禽、水产）
粤饲证（2014）01040	广东新南都饲料科技有限公司	配合饲料（畜禽）；浓缩饲料（畜禽）
粤饲证（2014）01041	广州倚德生物科技有限公司	配合饲料（畜禽、水产、幼畜禽、种畜禽）；浓缩饲料（畜禽、水产、幼畜禽、种畜禽）
粤饲证（2014）01042	广州英诺威营养饲料有限公司	配合饲料（畜禽、幼畜禽、种畜禽）；浓缩饲料（畜禽、幼畜禽、种畜禽）
粤饲证（2014）01044	东莞兴业生物科技有限公司番禺分公司	配合饲料（畜禽、水产、幼畜禽、种畜禽、水产育苗、特种动物）；浓缩饲料（畜禽、幼畜禽、种畜禽）
粤饲证（2014）01047	广州新睿诚动物饲料有限公司	配合饲料（畜禽）；浓缩饲料（畜禽）
粤饲证（2014）01048	广东安佑饲料科技有限公司	配合饲料（畜禽）；浓缩饲料（畜禽）
粤饲证（2014）01049	广州农宝饲料有限公司	配合饲料（畜禽）；浓缩饲料（畜禽）
粤饲证（2014）01050	广州大北农农牧科技有限责任公司	浓缩饲料（畜禽）
粤饲证（2014）01051	广州大源饲料有限公司	配合饲料（畜禽、水产、幼畜禽、种畜禽）；浓缩饲料（畜禽、水产、幼畜禽、种畜禽）
粤饲证（2014）01052	广州市鑫富饲料有限公司	配合饲料（畜禽、水产）；浓缩饲料（畜禽）
粤饲证（2014）01053	广东荷创农牧科技有限公司	配合饲料（畜禽、水产、幼畜禽、种畜禽、水产育苗、宠物、特种动物）；浓缩饲料（畜禽、水产、幼畜禽、种畜禽、水产育苗、宠物、特种动物）
粤饲证（2014）01054	广州海龙饲料有限公司	配合饲料（畜禽）
粤饲证（2014）01056	广州市得农饲料有限公司	配合饲料（畜禽、水产、幼畜禽、种畜禽）
粤饲证（2014）01057	广东科邦饲料科技有限公司	配合饲料（畜禽）；浓缩饲料（畜禽）
粤饲证（2014）01058	广州汇生饲料有限公司	配合饲料（畜禽、水产、幼畜禽、种畜禽）；浓缩饲料（畜禽、水产、幼畜禽、种畜禽）

（续）

生产许可证编号	企业名称	产品名称
粤饲证（2014）01059	广州市众望饲料有限公司	配合饲料（畜禽）；浓缩饲料（畜禽）
粤饲证（2014）01060	广州市番禺力加饲料科技有限公司	配合饲料（幼畜禽）；浓缩饲料（幼畜禽、种畜禽）
粤饲证（2014）01061	广州国茂饲料有限公司	配合饲料（幼畜禽）
粤饲证（2014）01062	穗屏企业有限公司饲料厂	配合饲料（畜禽、水产）；浓缩饲料（畜禽）
粤饲证（2014）01063	广东希普生物科技股份有限公司	配合饲料（畜禽、水产）；浓缩饲料（畜禽、水产）
粤饲证（2014）01065	广州市澳洋饲料有限公司	配合饲料（水产）
粤饲证（2014）01066	广州市康氏饲料科技有限公司	配合饲料（畜禽、水产）；浓缩饲料（畜禽、水产）
粤饲证（2014）01067	广东正农生物科技有限公司	配合饲料（畜禽）；浓缩饲料（畜禽）
粤饲证（2014）01068	广州市白云区竹料金象饲料厂	配合饲料（畜禽、水产）；浓缩饲料（畜禽）
粤饲证（2014）01070	广州海行饲料有限公司	配合饲料（畜禽、水产）
粤饲证（2014）01071	广州鑫肽生物蛋白股份有限公司	配合饲料（畜禽、幼畜禽、种畜禽）；浓缩饲料（畜禽、水产、幼畜禽、种畜禽）
粤饲证（2014）01072	广州德沅生物饲料有限公司	配合饲料（畜禽、幼畜禽）；浓缩饲料（畜禽、幼畜禽、种畜禽）
粤饲证（2014）01073	广州市白云金马饲料厂	配合饲料（畜禽）
粤饲证（2014）01074	广州市冠泰饲料有限公司	配合饲料（畜禽）；浓缩饲料（畜禽）
粤饲证（2014）01075	广州市优百特饲料科技有限公司	浓缩饲料（畜禽、水产）
粤饲证（2014）01079	广州市天王农牧发展有限公司	配合饲料（畜禽、水产）
粤饲证（2014）01081	广州市嘉仁高新科技有限公司	配合饲料（幼畜禽）；浓缩饲料（幼畜禽、种畜禽）
粤饲证（2014）01082	广州市猪王饲料有限公司	配合饲料（畜禽、水产）；浓缩饲料（畜禽、水产）
粤饲证（2014）01083	广州市景天饲料有限公司	配合饲料（水产）
粤饲证（2014）01084	广州市恒健饲料有限公司	配合饲料（畜禽、水产）
粤饲证（2014）01088	广州市国龙科技有限公司	配合饲料（畜禽）
粤饲证（2014）01089	广州市恒日目丰饲料有限公司	配合饲料（畜禽、水产）；浓缩饲料（畜禽）
粤饲证（2014）01091	广州市利农饲料有限公司	配合饲料（畜禽、水产）；浓缩饲料（畜禽）
粤饲证（2014）02005	深圳比利美英伟营养饲料有限公司	配合饲料（畜禽、幼畜禽、种畜禽）；浓缩饲料（畜禽、幼畜禽、种畜禽）
粤饲证（2014）02006	深圳市金新农饲料股份有限公司	配合饲料（畜禽、幼畜禽、种畜禽）；浓缩饲料（畜禽、幼畜禽、种畜禽）
粤饲证（2014）02007	深圳市农牧实业有限公司饲料分公司	配合饲料（畜禽）；浓缩饲料（畜禽）
粤饲证（2014）02008	深圳市正顺康饲料有限公司	配合饲料（畜禽、水产、幼畜禽、种畜禽）；浓缩饲料（畜禽、水产、幼畜禽、种畜禽）
粤饲证（2014）02009	邦得利饲料科技（深圳）有限公司	配合饲料（幼畜禽）；浓缩饲料（畜禽、幼畜禽、种畜禽）
粤饲证（2014）02012	深圳市裕农科技股份有限公司	配合饲料（畜禽、幼畜禽、种畜禽）；浓缩饲料（畜禽、幼畜禽、种畜禽）

（续）

生产许可证编号	企业名称	产品名称
粤饲证（2014）02013	共鳞实业（深圳）有限公司	配合饲料（水产、水产育苗）
粤饲证（2014）02014	深圳市奇可大生物科技有限公司	配合饲料（畜禽）；浓缩饲料（畜禽、幼畜禽、种畜禽）
粤饲证（2014）02017	深圳市顺然饲料有限公司	配合饲料（畜禽）；浓缩饲料（畜禽）
粤饲证（2014）03001	金钱（珠海）有限公司	配合饲料（畜禽、水产、幼畜禽、种畜禽、水产育苗）；浓缩饲料（水产、幼畜禽、种畜禽、水产育苗）
粤饲证（2014）03002	珠海市斗门德邦饲料有限公司	配合饲料（畜禽、水产）
粤饲证（2014）03003	珠海经济特区大海水产饲料有限公司	配合饲料（水产）
粤饲证（2014）03004	珠海恒兴饲料实业有限公司	配合饲料（水产）
粤饲证（2014）03005	珠海市德海生物科技有限公司	配合饲料（水产）
粤饲证（2014）03007	珠海市世海饲料有限公司	配合饲料（水产）
粤饲证（2014）03008	珠海海龙生物科技有限公司	配合饲料（水产、水产育苗）
粤饲证（2014）03009	珠海海为饲料有限公司	配合饲料（水产）
粤饲证（2014）03011	珠海容川饲料有限公司	配合饲料（水产）
粤饲证（2014）04010	汕头市胜利饲料有限公司	配合饲料（畜禽、水产、特种动物）
粤饲证（2014）04012	汕头市翔鹰饲料有限公司	配合饲料（畜禽、水产）
粤饲证（2014）04013	汕头市海扬饲料有限公司	配合饲料（畜禽、水产）
粤饲证（2014）04014	汕头市得源饲料实业有限公司	配合饲料（水产育苗）
粤饲证（2014）04015	汕头市澄海区恒旺饲料有限公司	配合饲料（特种动物）
粤饲证（2014）05006	广东加大实业有限公司	配合饲料（畜禽、水产、幼畜禽、种畜禽、水产育苗）；浓缩饲料（畜禽、幼畜禽、种畜禽）
粤饲证（2014）05007	佛山市金屏饲料有限公司	配合饲料（畜禽、水产）
粤饲证（2014）05009	佛山市大智生物科技有限公司	配合饲料（畜禽、水产）
粤饲证（2014）05010	佛山市三水温氏家禽有限公司	配合饲料（畜禽）
粤饲证（2014）05011	佛山市金浦饲料实业有限公司	配合饲料（畜禽、水产）
粤饲证（2014）05012	佛山市雷米高动物营养保健科技有限公司	配合饲料（宠物）
粤饲证（2014）05013	江门市得宝集团有限公司佛山分公司	配合饲料（畜禽、水产）
粤饲证（2014）05014	广东双胞胎饲料有限公司	配合饲料（畜禽）；浓缩饲料（畜禽）
粤饲证（2014）05016	佛山市高明区鸿屿饲料有限公司	配合饲料（水产）
粤饲证（2014）05017	佛山市风来客宠物用品有限公司	配合饲料（宠物）
粤饲证（2014）05018	佛山市高明谷维饲料生物科技有限公司	配合饲料（畜禽）；浓缩饲料（畜禽）
粤饲证（2014）05019	广东南海中宏饲料厂	配合饲料（畜禽、水产、幼畜禽、种畜禽、水产育苗）
粤饲证（2014）05020	佛山市三水芦江饲料有限公司	配合饲料（畜禽、水产）
粤饲证（2014）05021	佛山通威饲料有限公司	配合饲料（水产）

（续）

生产许可证编号	企业名称	产品名称
粤饲证（2014）05022	嘉吉饲料（佛山）有限公司	配合饲料（畜禽、水产、幼畜禽、种畜禽）；浓缩饲料（畜禽、幼畜禽、种畜禽）
粤饲证（2014）05026	佛山市南海区宏冠畜牧水产饲料有限公司	配合饲料（畜禽、水产）
粤饲证（2014）05027	佛山市南海区杰大饲料有限公司	配合饲料（水产）
粤饲证（2014）05028	佛山深农饲料有限公司	配合饲料（畜禽、水产）；浓缩饲料（畜禽）
粤饲证（2014）05029	佛山市华海生物饲料有限公司	配合饲料（畜禽、水产）
粤饲证（2014）05030	佛山市华洋动物营养品有限公司	配合饲料（畜禽）；浓缩饲料（畜禽）
粤饲证（2014）05031	佛山市海航饲料有限公司	配合饲料（畜禽、水产、种畜禽）
粤饲证（2014）05032	佛山市禅城区励昌饲料有限公司	配合饲料（水产）
粤饲证（2014）05034	广东省广弘九江饲料有限公司	配合饲料（畜禽、水产）
粤饲证（2014）05035	佛山市三水君威饲料厂有限公司	配合饲料（畜禽、水产）
粤饲证（2014）05036	佛山市三水区广牧兴饲料有限公司	配合饲料（畜禽）
粤饲证（2014）05037	佛山市禅城区华南饲料有限公司	配合饲料（水产、水产育苗、特种动物）
粤饲证（2014）05038	佛山市南海蓝科饲料有限公司	配合饲料（畜禽、水产、幼畜禽、水产育苗）
粤饲证（2014）05039	佛山市三水区丰尧饲料有限公司	配合饲料（畜禽、水产）
粤饲证（2014）05040	佛山市三水区金泰饲料有限公司	配合饲料（畜禽、水产）
粤饲证（2014）05041	佛山市粤金丰饲料有限公司	配合饲料（畜禽）；浓缩饲料（畜禽）
粤饲证（2014）05043	广东正邦农牧科技有限公司	配合饲料（畜禽）
粤饲证（2014）05044	佛山市三水区冠浦饲料实业有限公司	配合饲料（畜禽）
粤饲证（2014）06003	韶关市大盛农营养饲料有限公司	配合饲料（畜禽、水产、幼畜禽、种畜禽）；浓缩饲料（畜禽、幼畜禽、种畜禽）
粤饲证（2014）06004	韶关市番灵饲料有限公司	配合饲料（畜禽、水产、幼畜禽、种畜禽）；浓缩饲料（畜禽、幼畜禽、种畜禽）
粤饲证（2014）06005	韶关金苹果饲料有限公司	配合饲料（畜禽、幼畜禽、种畜禽）；浓缩饲料（畜禽、幼畜禽、种畜禽）
粤饲证（2014）06008	韶关市龙凤胎饲料有限公司	配合饲料（畜禽、水产、幼畜禽、种畜禽）；浓缩饲料（畜禽、幼畜禽）
粤饲证（2014）07002	河源双胞胎饲料有限公司	配合饲料（畜禽、幼畜禽、种畜禽）；浓缩饲料（畜禽、幼畜禽、种畜禽）
粤饲证（2014）07003	河源市温氏禽畜有限公司	配合饲料（畜禽）
粤饲证（2014）08003	梅州市梅县区永芳饲料有限公司	配合饲料（畜禽、水产、幼畜禽、种畜禽、水产育苗、特种动物）；浓缩饲料（畜禽、水产、幼畜禽、种畜禽、水产育苗、特种动物）
粤饲证（2014）08004	梅州傲农生物科技有限公司	配合饲料（畜禽、幼畜禽、种畜禽）；浓缩饲料（畜禽、幼畜禽、种畜禽）

（续）

生产许可证编号	企业名称	产品名称
粤饲证（2014）08005	丰顺温氏家禽有限公司	配合饲料（畜禽）
粤饲证（2014）08006	梅州双胞胎饲料有限公司	配合饲料（畜禽、幼畜禽、种畜禽）；浓缩饲料（畜禽、幼畜禽、种畜禽）
粤饲证（2014）08007	广东顶业农牧饲料有限公司	浓缩饲料（畜禽）
粤饲证（2014）09007	惠州九鼎饲料科技有限公司	配合饲料（畜禽、幼畜禽、种畜禽）；浓缩饲料（畜禽、幼畜禽、种畜禽）
粤饲证（2014）09008	惠州市华宝饲料有限公司	配合饲料（畜禽、水产、特种动物）；浓缩饲料（畜禽、水产、特种动物）
粤饲证（2014）09009	通威股份有限公司惠州分公司	配合饲料（畜禽、水产）
粤饲证（2014）09010	惠州市惠宝佳牧饲料有限公司	配合饲料（畜禽、水产、水产育苗）；浓缩饲料（幼畜禽）
粤饲证（2014）09011	惠州市荟宝饲料有限公司	配合饲料（畜禽、水产）
粤饲证（2014）09012	惠州市南牧饲料有限公司	配合饲料（畜禽）；浓缩饲料（畜禽）
粤饲证（2014）09013	惠州市裕旺饲料有限公司	配合饲料（特种动物）
粤饲证（2014）09014	惠州市海牛饲料有限公司	配合饲料（畜禽、水产、幼畜禽、种畜禽）；浓缩饲料（畜禽、水产、幼畜禽、种畜禽）
粤饲证（2014）09016	博罗县温氏畜牧有限公司	配合饲料（畜禽、种畜禽）
粤饲证（2014）09017	惠州市立华家禽有限公司	配合饲料（畜禽）
粤饲证（2014）09018	惠州元太实业有限公司	配合饲料（畜禽）
粤饲证（2014）09019	惠州养之源饲料科技有限公司	配合饲料（畜禽、水产）
粤饲证（2014）09020	惠州市瑞琪饲料有限公司	配合饲料（畜禽、水产）
粤饲证（2014）09022	博罗县阅粮饲料有限公司	配合饲料（畜禽、水产）；浓缩饲料（畜禽）
粤饲证（2014）09023	惠州大北农生物科技有限公司	配合饲料（畜禽）
粤饲证（2014）09024	广东财兴桑普饲料有限公司	配合饲料（特种动物）
粤饲证（2014）11011	金钱饲料（东莞）有限公司	配合饲料（畜禽、水产）；浓缩饲料（畜禽）
粤饲证（2014）11012	东莞兴业生物科技有限公司	配合饲料（幼畜禽）
粤饲证（2014）11013	广东康达尔农牧科技有限公司	配合饲料（畜禽、水产）；浓缩饲料（畜禽）
粤饲证（2014）11015	广东安佑饲料科技有限公司东莞分公司	配合饲料（畜禽、幼畜禽、种畜禽）；浓缩饲料（畜禽、幼畜禽、种畜禽）
粤饲证（2014）11016	东莞市银华生物科技有限公司	配合饲料（幼畜禽、种畜禽、水产育苗、特种动物）；浓缩饲料（幼畜禽、种畜禽）
粤饲证（2014）11017	东莞市兴大饲料有限公司	配合饲料（畜禽）
粤饲证（2014）11020	东莞市双胞胎饲料有限公司	配合饲料（畜禽、幼畜禽、种畜禽）；浓缩饲料（畜禽、幼畜禽、种畜禽）
粤饲证（2014）11023	东莞市金宝饲料有限公司	配合饲料（畜禽）；浓缩饲料（畜禽）
粤饲证（2014）11025	东莞市广源饲料有限公司	配合饲料（畜禽）
粤饲证（2014）11026	东莞市牧丰饲料科技有限公司	配合饲料（畜禽）；浓缩饲料（畜禽）

（续）

生产许可证编号	企业名称	产品名称
粤饲证（2014）11028	东莞市年丰饲料有限公司	配合饲料（畜禽）；浓缩饲料（畜禽）
粤饲证（2014）11029	东莞铨海生物饲料有限公司	配合饲料（畜禽）
粤饲证（2014）11030	东莞力诚饲料科技有限公司	配合饲料（畜禽）
粤饲证（2014）11032	东莞市航宝饲料有限公司	配合饲料（畜禽）；浓缩饲料（畜禽）
粤饲证（2014）12004	中山市大海饲料有限公司	配合饲料（畜禽、水产）
粤饲证（2014）12005	中山市大东海动物营养保健有限公司	配合饲料（幼畜禽）；浓缩饲料（畜禽、幼畜禽、种畜禽）
粤饲证（2014）12006	中山统一企业有限公司	配合饲料（水产、特种动物）
粤饲证（2014）12007	中山市润峰饲料有限公司	配合饲料（畜禽、水产）
粤饲证（2014）12008	中山粤海饲料有限公司	配合饲料（水产、水产育苗）
粤饲证（2014）12011	中山市泰山饲料有限公司新泰分公司	配合饲料（畜禽、水产、幼畜禽、种畜禽、水产育苗）；浓缩饲料（畜禽、幼畜禽、种畜禽）
粤饲证（2014）12012	中山市同丰饲料有限公司	配合饲料（畜禽、水产）
粤饲证（2014）12013	中山市家辉饲料有限公司	配合饲料（水产）
粤饲证（2014）13015	江门珊瑚饲料有限公司	配合饲料（水产、特种动物）
粤饲证（2014）13016	鹤山市广佛饲料有限公司	配合饲料（畜禽、水产）
粤饲证（2014）13017	江门市科大饲料发展有限公司	配合饲料（畜禽）；浓缩饲料（畜禽）
粤饲证（2014）13018	鹤山市墟岗黄畜牧有限公司	配合饲料（畜禽）
粤饲证（2014）13019	广东华农温氏畜牧股份有限公司鹤山分公司	配合饲料（畜禽、幼畜禽、种畜禽）
粤饲证（2014）13020	江门市新会区普惠饲料厂有限公司	配合饲料（畜禽、水产）
粤饲证（2014）13021	江门市英海饲料有限公司	配合饲料（畜禽、水产）
粤饲证（2014）13022	广东新粮实业有限公司新粮饲料厂	配合饲料（畜禽、水产）；浓缩饲料（畜禽）
粤饲证（2014）13023	江门市江海区禾得饲料有限公司	配合饲料（畜禽、水产）
粤饲证（2014）13024	江门市新会区新环饲料发展有限公司	配合饲料（畜禽、水产）
粤饲证（2014）13027	鹤山市农得利饲料科技有限公司	配合饲料（畜禽、水产）
粤饲证（2014）13028	江门粤海饲料有限公司	配合饲料（水产）
粤饲证（2014）13029	开平市玉林参皇养殖有限公司	配合饲料（畜禽）
粤饲证（2014）13030	江门市全丰饲料厂有限公司	配合饲料（畜禽）
粤饲证（2014）13031	江门市丹谷饲料有限公司	配合饲料（特种动物）
粤饲证（2014）13032	广东明辉饲料有限公司	配合饲料（水产）
粤饲证（2014）13034	鹤山市龙口六合饲料有限公司	配合饲料（畜禽、水产）
粤饲证（2014）13035	江门市蓬江区海豚水族有限公司	配合饲料（宠物）
粤饲证（2014）13036	江门海大饲料有限公司	配合饲料（畜禽、水产）
粤饲证（2014）13037	江门市新会新威饲料有限公司	配合饲料（特种动物）
粤饲证（2014）13038	江门市鸿宝饲料有限公司	配合饲料（畜禽、水产）；浓缩饲料（畜禽）

（续）

生产许可证编号	企业名称	产品名称
粤饲证（2014）13039	广东新粮实业有限公司睦洲饲料厂	配合饲料（畜禽、水产）；浓缩饲料（畜禽）
粤饲证（2014）13040	佛山通威饲料有限公司江门分公司	配合饲料（水产）
粤饲证（2014）13041	开平市绿皇农牧发展有限公司	配合饲料（畜禽）
粤饲证（2014）13042	开平市合民养殖发展有限公司	配合饲料（畜禽）
粤饲证（2014）13043	江门市大乘畜牧有限公司	配合饲料（畜禽、水产）
粤饲证（2014）13044	鹤山市春茂农牧有限公司	配合饲料（畜禽）
粤饲证（2014）13045	江门嘉年华饲料实业有限公司	配合饲料（畜禽、水产）
粤饲证（2014）13048	江门市新会区大同创业饲料有限公司	配合饲料（畜禽、水产）
粤饲证（2014）13049	开平市顺昌饲料实业有限公司	配合饲料（畜禽、水产）
粤饲证（2014）13051	江门市丰实饲料有限公司	配合饲料（畜禽、水产）
粤饲证（2014）13052	江门市新会区生和饲料有限公司	配合饲料（畜禽、水产）
粤饲证（2014）13053	江门市新会区奥特饲料有限公司	配合饲料（水产）
粤饲证（2014）13054	江门市新会区大华饲料有限公司	配合饲料（特种动物）
粤饲证（2014）13055	鹤山市海龙实业有限公司	配合饲料（水产）
粤饲证（2014）13056	开平温氏农牧有限公司	配合饲料（畜禽、幼畜禽）
粤饲证（2014）13057	江门市美鉴神宠物用品有限公司	配合饲料（宠物）
粤饲证（2014）13058	鹤山市星威饲料有限公司	配合饲料（畜禽）
粤饲证（2014）13059	江门市新会区万华饲料有限公司	配合饲料（特种动物）
粤饲证（2014）13060	江门市昊昌生物科技有限公司	配合饲料（畜禽、水产）；浓缩饲料（畜禽）
粤饲证（2014）13061	开平市开联饲料有限公司	配合饲料（畜禽、水产）
粤饲证（2014）13063	鹤山市家隆饲料有限公司	配合饲料（畜禽、水产）
粤饲证（2014）13064	江门市新向农饲料有限公司	配合饲料（特种动物）
粤饲证（2014）13066	江门市江海区健洋饲料有限公司	配合饲料（特种动物）
粤饲证（2014）14005	阳江市富民饲料有限公司	配合饲料（畜禽、水产、幼畜禽、种畜禽）
粤饲证（2014）14006	阳东温氏畜牧有限公司	配合饲料（畜禽）
粤饲证（2014）14007	阳江东方希望动物营养有限公司	配合饲料（畜禽）
粤饲证（2014）14009	阳春市中富饲料有限公司	配合饲料（畜禽、水产）
粤饲证（2014）14010	阳江双胞胎饲料有限公司	配合饲料（畜禽、幼畜禽）；浓缩饲料（畜禽、幼畜禽）
粤饲证（2014）14012	阳春新明饲料实业有限公司	配合饲料（水产）
粤饲证（2014）15021	湛江市澳华水产饲料有限公司	配合饲料（水产）
粤饲证（2014）15031	金钱（湛江）有限公司	配合饲料（畜禽、水产）；浓缩饲料（畜禽）
粤饲证（2014）15032	湛江市博泰生物化工科技实业有限公司	配合饲料（水产育苗）
粤饲证（2014）15033	广南（湛江）家丰饲料有限公司	配合饲料（畜禽、水产、幼畜禽、种畜禽）；浓缩饲料（畜禽、幼畜禽、种畜禽）
粤饲证（2014）15035	遂溪县金宝饲料有限公司	配合饲料（畜禽）

（续）

生产许可证编号	企业名称	产品名称
粤饲证（2014）15036	湛江市捷足生物科技有限公司	配合饲料（畜禽、水产）
粤饲证（2014）15038	湛江市海宝饲料有限公司	配合饲料（水产育苗）
粤饲证（2014）15039	湛江银虹饲料有限公司	配合饲料（畜禽、水产）
粤饲证（2014）15040	遂溪县城西农家宝饲料有限公司	配合饲料（畜禽、水产）
粤饲证（2014）15041	湛江银恒生物科技有限公司	配合饲料（畜禽、水产）
粤饲证（2014）15042	湛江朋举水产饲料有限公司	配合饲料（水产）
粤饲证（2014）15043	廉江市康海养殖技术有限公司	配合饲料（水产育苗）
粤饲证（2014）15044	湛江粤大饲料有限公司	配合饲料（水产）
粤饲证（2014）15045	湛江漓源饲料有限公司	配合饲料（畜禽、幼畜禽、种畜禽）；浓缩饲料（畜禽、幼畜禽、种畜禽）
粤饲证（2014）15046	廉江市致富兽药饲料有限公司	浓缩饲料（特种动物）
粤饲证（2014）16033	广东红马饲料有限公司	配合饲料（畜禽、水产、幼畜禽、种畜禽、水产育苗）；浓缩饲料（畜禽、幼畜禽、种畜禽）
粤饲证（2014）16034	电白县万和畜牧水产饲料厂	配合饲料（畜禽、水产、幼畜禽、种畜禽、水产育苗）
粤饲证（2014）16036	高州市潘氏饲料有限公司	配合饲料（畜禽、水产、幼畜禽、种畜禽）
粤饲证（2014）16037	茂名海龙饲料有限公司	配合饲料（畜禽、水产、幼畜禽、种畜禽）
粤饲证（2014）16038	茂名康达尔饲料有限公司	配合饲料（畜禽、水产、幼畜禽、种畜禽、水产育苗）；浓缩饲料（畜禽、幼畜禽、种畜禽）
粤饲证（2014）16039	通威股份有限公司茂名分公司	配合饲料（畜禽、水产、幼畜禽、种畜禽）
粤饲证（2014）16040	茂名市茂南科联饲料有限公司	配合饲料（畜禽、水产、幼畜禽、种畜禽）
粤饲证（2014）16041	茂名双胞胎饲料有限公司	配合饲料（畜禽、幼畜禽、种畜禽）；浓缩饲料（畜禽、幼畜禽、种畜禽）
粤饲证（2014）16042	茂名傲农生物科技有限公司	配合饲料（畜禽、幼畜禽、种畜禽）；浓缩饲料（畜禽、幼畜禽、种畜禽）
粤饲证（2014）16043	茂名市茂南银帆饲料有限公司	配合饲料（畜禽、水产、幼畜禽、种畜禽）；浓缩饲料（畜禽、水产、幼畜禽、种畜禽）
粤饲证（2014）16044	茂名市三高饲料有限公司	配合饲料（畜禽、水产、幼畜禽、种畜禽）
粤饲证（2014）16048	茂名市茂南森凯饲料有限公司	配合饲料（畜禽、水产、幼畜禽、种畜禽、水产育苗）
粤饲证（2014）16050	茂名市晨洲饲料有限公司	配合饲料（畜禽、水产、幼畜禽、种畜禽）
粤饲证（2014）16051	茂名市茂南区嘉名饲料有限公司	配合饲料（畜禽、水产、幼畜禽、种畜禽）；浓缩饲料（畜禽）
粤饲证（2014）16052	茂名市茂南杨成饲料有限公司	配合饲料（畜禽、水产、幼畜禽、种畜禽）
粤饲证（2014）16053	茂名市金三农饲料有限公司	配合饲料（畜禽、水产、幼畜禽、种畜禽）
粤饲证（2014）16054	高州市饲料有限公司	配合饲料（畜禽、水产、幼畜禽、种畜禽）
粤饲证（2014）16056	茂名市茂南天地绿本饲料有限公司	配合饲料（畜禽、水产、幼畜禽、种畜禽）
粤饲证（2014）16057	茂名市茂南牧宝饲料有限公司	配合饲料（畜禽、水产、幼畜禽、种畜禽）
粤饲证（2014）16058	茂名市粤大饲料有限公司	配合饲料（畜禽、水产、幼畜禽、种畜禽）

（续）

生产许可证编号	企业名称	产品名称
粤饲证（2014）16059	茂名市海盈饲料有限公司	配合饲料（畜禽、水产）
粤饲证（2014）16062	高州市伟和联成饲料有限公司	配合饲料（畜禽、水产、幼畜禽、种畜禽）
粤饲证（2014）16064	茂名市华冠饲料有限公司	配合饲料（畜禽、水产、幼畜禽、种畜禽）
粤饲证（2014）17002	四会市汇好生物饲料有限公司	配合饲料（畜禽、水产）
粤饲证（2014）17003	东莞兴业生物科技有限公司四会分公司	配合饲料（水产、幼畜禽、种畜禽、水产育苗、特种动物）；浓缩饲料（畜禽、幼畜禽、种畜禽）
粤饲证（2014）17004	肇庆市鼎湖温氏乳业有限公司	配合饲料（畜禽、幼畜禽、种畜禽）；精料补充料（反刍）
粤饲证（2014）17005	四会市澳华饲料有限公司	配合饲料（畜禽、水产）；浓缩饲料（畜禽）
粤饲证（2014）17006	广东华红饲料科技有限公司	配合饲料（畜禽）；浓缩饲料（畜禽）
粤饲证（2014）17007	四会市中顺饲料有限公司	配合饲料（畜禽、水产）
粤饲证（2014）17009	肇庆湘大骆驼饲料有限公司	配合饲料（畜禽、幼畜禽、种畜禽）；浓缩饲料（畜禽、幼畜禽、种畜禽）
粤饲证（2014）17010	肇庆金顺饲料有限公司	配合饲料（畜禽、水产、幼畜禽、种畜禽、特种动物）
粤饲证（2014）17011	高要市高信饲料有限公司	配合饲料（水产）
粤饲证（2014）17012	四会市正牧饲料有限公司	配合饲料（畜禽、水产）
粤饲证（2014）17014	怀集广东温氏畜禽有限公司	配合饲料（幼畜禽、种畜禽）
粤饲证（2014）17015	肇庆海大饲料有限公司	配合饲料（畜禽、幼畜禽、种畜禽）
粤饲证（2014）17016	德庆县富盛饲料有限公司	配合饲料（畜禽）
粤饲证（2014）17017	肇庆市灵峰饲料有限公司	配合饲料（畜禽、水产、幼畜禽、种畜禽）
粤饲证（2014）17019	北京伟嘉人生物技术有限公司肇庆分公司	配合饲料（幼畜禽、种畜禽）；浓缩饲料（幼畜禽、种畜禽）
粤饲证（2014）18006	广东华农温氏畜牧股份有限公司清新分公司	配合饲料（畜禽）
粤饲证（2014）18007	清远市江丰饲料有限公司	配合饲料（畜禽）；浓缩饲料（畜禽）
粤饲证（2014）18008	广东粤禽种业有限公司	配合饲料（畜禽）
粤饲证（2014）18009	广东华农温氏畜牧股份有限公司佛冈分公司	配合饲料（畜禽、种畜禽）
粤饲证（2014）18010	清远海贝生物技术有限公司	配合饲料（水产、水产育苗）；浓缩饲料（水产）
粤饲证（2014）18011	广东天农食品有限公司	配合饲料（畜禽、幼畜禽）
粤饲证（2014）18015	广东华农温氏畜牧股份有限公司连州分公司	配合饲料（畜禽）
粤饲证（2014）19005	饶平县宇杰生物科技有限公司	配合饲料（水产育苗）
粤饲证（2014）19006	饶平县永得利饲料有限公司	配合饲料（水产育苗）
粤饲证（2014）19013	广东华农温氏畜牧股份有限公司英德分公司	配合饲料（畜禽）

（续）

生产许可证编号	企业名称	产品名称
粤饲证（2014）19014	广东华农温氏畜牧股份有限公司英州分公司	配合饲料（畜禽）
粤饲证（2014）19017	饶平光华天成饲料科技有限公司	配合饲料（畜禽）
粤饲证（2014）20002	揭阳海大饲料有限公司	配合饲料（畜禽、水产、幼畜禽、种畜禽、水产育苗、特种动物）
粤饲证（2014）20003	揭阳通威饲料有限公司	配合饲料（畜禽、水产）
粤饲证（2014）20004	广东越群海洋生物研究开发有限公司	配合饲料（水产育苗、特种动物）
粤饲证（2014）20005	广州大北农农牧科技有限责任公司揭阳分公司	配合饲料（畜禽、幼畜禽、种畜禽）
粤饲证（2014）20006	揭阳市蓝城区德信饲料有限公司	配合饲料（畜禽、水产）
粤饲证（2014）20007	揭阳国雄饲料有限公司	配合饲料（畜禽、水产、幼畜禽、种畜禽、水产育苗）
粤饲证（2014）20008	揭东温氏畜牧有限公司	配合饲料（畜禽）
粤饲证（2014）20010	揭阳市汕塔饲料工业公司	配合饲料（畜禽、水产）
粤饲证（2014）20011	揭西县康莲饲料有限公司	配合饲料（畜禽、水产）；浓缩饲料（畜禽）
粤饲证（2014）20012	普宁市旺旺泰饲料有限公司	配合饲料（畜禽、水产）
粤饲证（2014）21006	新兴县车岗温氏家禽有限公司	配合饲料（畜禽）
粤饲证（2014）21007	广东华农温氏畜牧股份有限公司	配合饲料（畜禽、幼畜禽、种畜禽）
粤饲证（2014）21008	广东科德饲料有限公司	配合饲料（畜禽）；浓缩饲料（畜禽）
粤饲证（2014）21009	郁南广东温氏家禽有限公司	配合饲料（畜禽、幼畜禽、种畜禽）
粤饲证（2014）21010	云浮扬翔锦峰饲料有限公司	配合饲料（畜禽、幼畜禽、种畜禽）；浓缩饲料（畜禽、幼畜禽、种畜禽）
粤饲证（2014）21011	新兴县稔村温氏家禽有限公司	配合饲料（畜禽）
粤饲证（2014）21012	罗定广东温氏畜牧有限公司	配合饲料（畜禽）
粤饲证（2014）22005	广东顺德广顺饲料有限公司	配合饲料（畜禽、水产、幼畜禽、种畜禽）
粤饲证（2014）22006	广东泰峰膨化饲料有限公司	配合饲料（水产、特种动物）
粤饲证（2014）22007	佛山市顺德区海皇实业有限公司	配合饲料（水产、特种动物）
粤饲证（2014）22008	佛山市顺德区全兴水产饲料有限公司	配合饲料（水产、特种动物）
粤饲证（2014）22009	佛山市顺德区勒流镇南祥饲料有限公司	配合饲料（特种动物）
粤饲证（2014）22010	佛山泰尔福宠物食品有限公司	配合饲料（宠物、特种动物）
粤饲证（2014）22011	广东南宝集团有限公司	配合饲料（畜禽、水产、幼畜禽、种畜禽）
粤饲证（2014）22012	佛山市顺德区勒流镇百安饲料有限公司	配合饲料（畜禽、水产）
粤饲证（2014）22013	佛山市顺德区永胜饲料实业有限公司	配合饲料（水产、水产育苗、特种动物）

（续）

生产许可证编号	企业名称	产品名称
粤饲证（2014）22014	佛山市顺德区正宇饲料有限公司	配合饲料（畜禽、水产、幼畜禽、种畜禽、水产育苗、特种动物）
粤饲证（2014）22015	佛山市顺德区汇农饲料有限公司	配合饲料（畜禽、水产）
粤饲证（2014）22016	佛山市顺德区顺华饲料实业有限公司水产特种饲料原料厂	配合饲料（畜禽、水产）
粤饲证（2014）22017	佛山市顺德区华大裕饲料实业有限公司	配合饲料（特种动物）
粤饲证（2014）22018	佛山市顺德区桂龙生物技术有限公司	配合饲料（畜禽、种畜禽）；浓缩饲料（畜禽、种畜禽）
粤饲证（2014）22019	佛山市顺德区丰华饲料实业有限公司	配合饲料（畜禽、水产、幼畜禽、种畜禽、水产育苗、特种动物）
粤饲证（2014）22020	佛山市顺德区旺海饲料实业有限公司	配合饲料（水产）；浓缩饲料（畜禽、水产、幼畜禽、种畜禽）
粤饲证（2014）22021	佛山市顺德区福品饲料实业有限公司	配合饲料（畜禽、水产、幼畜禽、种畜禽）
粤饲证（2014）22022	佛山市顺德区新沙饲料有限公司	配合饲料（特种动物）
粤饲证（2014）22023	佛山市顺德区喜德宝企业有限公司	配合饲料（畜禽）；浓缩饲料（畜禽）
粤饲证（2014）22024	佛山市顺德区誉澳饲料有限公司	配合饲料（畜禽、水产）
粤饲证（2014）22026	佛山市顺德区亮亮饲料有限公司	配合饲料（畜禽、水产、幼畜禽、种畜禽、水产育苗）
粤饲证（2014）22027	佛山市顺德区金闪闪饲料有限公司	配合饲料（特种动物）
粤饲证（2014）22029	佛山市顺德区盈德丰饲料有限公司	配合饲料（特种动物）
粤饲证（2014）22030	佛山市顺德区中天饲料实业有限公司	配合饲料（畜禽、水产）
粤饲证（2014）22031	佛山市顺德区倬屿饲料有限公司	配合饲料（水产）
粤饲证（2014）22032	佛山市顺德区广添饲料有限公司	配合饲料（特种动物）
粤饲证（2014）22033	佛山市顺德区成冠饲料有限公司	配合饲料（特种动物）
粤饲证（2014）22034	佛山市桐美饲料有限公司	配合饲料（特种动物）
粤饲证（2014）22035	佛山市顺德区顺康动物营养饲料有限公司	配合饲料（畜禽）；浓缩饲料（畜禽）
粤饲证（2014）22036	佛山市顺德区冠羽实业有限公司	配合饲料（畜禽、水产）
粤饲证（2014）22037	佛山市顺德区农达饲料有限公司	配合饲料（特种动物）
粤饲证（2014）22038	佛山市喜丰年饲料有限公司	配合饲料（畜禽、水产、幼畜禽、种畜禽、水产育苗）；浓缩饲料（畜禽、水产）
粤饲证（2014）22039	佛山市新农人饲料有限公司	配合饲料（水产、水产育苗、特种动物）
粤饲证（2014）22040	佛山市顺德区华粤饲料实业有限公司	配合饲料（畜禽、水产）；浓缩饲料（畜禽、幼畜禽、种畜禽）
粤饲证（2014）22041	佛山市顺德区长江企业有限公司	配合饲料（畜禽、水产）

（续）

生产许可证编号	企业名称	产品名称
粤饲证（2014）22042	广东顺德鼎一生物科技有限公司	配合饲料（畜禽、水产、幼畜禽、种畜禽、水产育苗、宠物、特种动物）
粤饲证（2014）09018	惠州元太实业有限公司	配合饲料（畜禽）
桂饲证（2014）01010	南宁湘大骆驼饲料有限公司	配合饲料（畜禽、幼畜禽、种畜禽）；浓缩饲料（畜禽、幼畜禽、种畜禽）
桂饲证（2014）01011	嘉吉饲料（南宁）有限公司	配合饲料（畜禽、幼畜禽、种畜禽）；浓缩饲料（畜禽、幼畜禽、种畜禽）
桂饲证（2014）01012	南宁东方红饲料有限公司	配合饲料（畜禽、幼畜禽、种畜禽）；浓缩饲料（畜禽、幼畜禽）
桂饲证（2014）01014	南宁通威饲料有限公司	配合饲料（畜禽、水产、幼畜禽、种畜禽、水产育苗）
桂饲证（2014）01015	广西华港农牧发展有限公司	配合饲料（畜禽、水产、幼畜禽、种畜禽、水产育苗）；浓缩饲料（畜禽、幼畜禽、种畜禽）
桂饲证（2014）01016	隆安县扬翔饲料有限公司	配合饲料（畜禽、幼畜禽、种畜禽）；浓缩饲料（畜禽、幼畜禽、种畜禽）
桂饲证（2014）01017	广西隆安德创饲料有限责任公司	配合饲料（畜禽、幼畜禽、种畜禽）；浓缩饲料（水产、幼畜禽、种畜禽）
桂饲证（2014）01018	广西云中美农牧科技有限公司	配合饲料（畜禽、幼畜禽、种畜禽）；浓缩饲料（畜禽、幼畜禽、种畜禽）
桂饲证（2014）01019	广西大富华农牧饲料有限公司	配合饲料（畜禽、幼畜禽、种畜禽）；浓缩饲料（畜禽、幼畜禽）
桂饲证（2014）01020	南宁市振林饲料有限公司	配合饲料（畜禽、幼畜禽、种畜禽）；浓缩饲料（畜禽、幼畜禽、种畜禽）
桂饲证（2014）01021	隆安县漓源金陵饲料有限责任公司	配合饲料（畜禽、幼畜禽、种畜禽）；浓缩饲料（畜禽）
桂饲证（2014）01022	南宁市广东温氏畜禽有限公司	配合饲料（畜禽、幼畜禽、种畜禽）
桂饲证（2014）01023	百洋水产集团股份有限公司饲料分公司	配合饲料（畜禽、水产、幼畜禽、种畜禽、水产育苗）
桂饲证（2014）01024	广西富丰集团有限公司	配合饲料（畜禽、幼畜禽、种畜禽）；浓缩饲料（畜禽、幼畜禽、种畜禽）
桂饲证（2014）01025	广西双胞胎饲料有限公司	配合饲料（畜禽、幼畜禽、种畜禽）；浓缩饲料（畜禽、幼畜禽、种畜禽）
桂饲证（2014）01026	广西广联饲料有限公司	配合饲料（畜禽、幼畜禽、种畜禽）；浓缩饲料（畜禽、幼畜禽、种畜禽）
桂饲证（2014）01028	广西旺大饲料有限公司	配合饲料（畜禽、幼畜禽、种畜禽）；浓缩饲料（畜禽、幼畜禽、种畜禽）
桂饲证（2014）01029	南宁鸿牌饲料科技有限公司	配合饲料（畜禽、水产、幼畜禽、种畜禽、水产育苗）；浓缩饲料（畜禽、幼畜禽、种畜禽）

（续）

生产许可证编号	企业名称	产品名称
桂饲证（2014）01030	南宁国雄科技有限公司	配合饲料（畜禽、水产、幼畜禽、种畜禽）；浓缩饲料（畜禽、幼畜禽、种畜禽）
桂饲证（2014）01031	南宁市兴大饲料新技术有限公司	配合饲料（畜禽、幼畜禽、种畜禽）；浓缩饲料（畜禽、幼畜禽、种畜禽）
桂饲证（2014）01032	广西奥大利生物科技有限公司	配合饲料（畜禽、水产、幼畜禽、种畜禽）；浓缩饲料（畜禽、水产、幼畜禽、种畜禽）
桂饲证（2014）01033	广西康佳龙农牧集团有限公司	配合饲料（畜禽、水产、幼畜禽、种畜禽）；浓缩饲料（畜禽、幼畜禽、种畜禽）
桂饲证（2014）01034	南宁市百昌饲料有限责任公司	配合饲料（畜禽、水产、幼畜禽、种畜禽、水产育苗）
桂饲证（2014）01035	广西九翔农牧有限责任公司	配合饲料（畜禽、幼畜禽、种畜禽）；浓缩饲料（畜禽、幼畜禽、种畜禽）
桂饲证（2014）01036	南宁艾格菲饲料有限公司	配合饲料（畜禽、幼畜禽、种畜禽）；浓缩饲料（畜禽、幼畜禽、种畜禽）
桂饲证（2014）01037	南宁欣欣壮德农牧科技有限公司	配合饲料（畜禽、水产、幼畜禽、种畜禽、水产育苗）；浓缩饲料（畜禽）
桂饲证（2014）01038	南宁市加山饲料有限公司	配合饲料（畜禽、幼畜禽、种畜禽）；浓缩饲料（畜禽、幼畜禽、种畜禽）
桂饲证（2014）01039	南宁海宝路水产饲料有限公司	配合饲料（畜禽、水产、幼畜禽、种畜禽、水产育苗）；浓缩饲料（畜禽、幼畜禽、种畜禽）
桂饲证（2014）01040	南宁崛起饲料有限公司	配合饲料（畜禽、水产、幼畜禽、种畜禽）；浓缩饲料（畜禽、幼畜禽、种畜禽）
桂饲证（2014）01041	南宁大大饲料有限公司	配合饲料（畜禽、幼畜禽、种畜禽）；浓缩饲料（畜禽、幼畜禽、种畜禽）
桂饲证（2014）01042	南宁佳士得饲料有限公司	配合饲料（畜禽、水产、幼畜禽、种畜禽、水产育苗）；浓缩饲料（畜禽、幼畜禽、种畜禽）
桂饲证（2014）01043	南宁市农利来饲料有限公司	配合饲料（畜禽、幼畜禽、种畜禽）；浓缩饲料（畜禽、幼畜禽、种畜禽）
桂饲证（2014）01044	广西南宁华谷农牧科技有限公司	配合饲料（畜禽、幼畜禽、种畜禽）；浓缩饲料（畜禽、幼畜禽、种畜禽）
桂饲证（2014）01045	南宁金农家饲料有限责任公司	配合饲料（畜禽、幼畜禽、种畜禽）；浓缩饲料（畜禽、幼畜禽、种畜禽）
桂饲证（2014）01046	广西农垦永新畜牧集团有限公司良圻原种猪场	配合饲料（畜禽、幼畜禽、种畜禽）
桂饲证（2014）01047	武鸣县扬翔帝龙饲料有限公司	配合饲料（畜禽、幼畜禽、种畜禽）；浓缩饲料（畜禽、幼畜禽、种畜禽）
桂饲证（2014）01048	广西格力特饲料有限公司	配合饲料（畜禽、幼畜禽、种畜禽）；浓缩饲料（畜禽、幼畜禽、种畜禽）

（续）

生产许可证编号	企业名称	产品名称
桂饲证（2014）01049	广西南宁华纳饲料科技有限公司	配合饲料（畜禽、幼畜禽、种畜禽）；浓缩饲料（畜禽、幼畜禽、种畜禽）
桂饲证（2014）01050	南宁市美嘉农饲料有限责任公司	配合饲料（畜禽、幼畜禽、种畜禽）
桂饲证（2014）01051	广西南宁关博饲料有限公司	配合饲料（畜禽、水产、幼畜禽、种畜禽、水产育苗）；浓缩饲料（畜禽、水产、幼畜禽、种畜禽、水产育苗）
桂饲证（2014）01052	广西富金丰饲料有限公司	配合饲料（畜禽、水产、幼畜禽、种畜禽）；浓缩饲料（畜禽、幼畜禽、种畜禽）
桂饲证（2014）01053	南宁市福凯来农牧有限公司	配合饲料（畜禽、幼畜禽、种畜禽）；浓缩饲料（畜禽、幼畜禽、种畜禽）
桂饲证（2014）01054	南宁市瑞美达生物技术有限公司	配合饲料（畜禽、水产、幼畜禽、种畜禽）；浓缩饲料（畜禽、幼畜禽、种畜禽）
桂饲证（2014）01055	南宁市金银谷饲料有限公司	配合饲料（畜禽、幼畜禽、种畜禽）
桂饲证（2014）01056	南宁市祥源饲料有限公司	浓缩饲料（畜禽、幼畜禽）
桂饲证（2014）01057	广西南宁市同盼饲料有限公司	配合饲料（畜禽、幼畜禽、种畜禽）；浓缩饲料（畜禽、幼畜禽、种畜禽）
桂饲证（2014）01059	南宁市中良神邦饲料有限责任公司良庆分公司	配合饲料（畜禽、水产、幼畜禽、种畜禽、水产育苗）；浓缩饲料（畜禽、水产、幼畜禽、种畜禽、水产育苗）
桂饲证（2014）01061	广西南宁加中生物科技有限公司	配合饲料（幼畜禽、种畜禽、水产育苗）；浓缩饲料（幼畜禽、种畜禽、水产育苗）
桂饲证（2014）01063	广西南宁市俱欢饲料有限公司	浓缩饲料（畜禽、幼畜禽、种畜禽）
桂饲证（2014）02003	柳州市宏华大北农饲料有限公司	配合饲料（畜禽、水产、幼畜禽、种畜禽）；浓缩饲料（畜禽、幼畜禽、种畜禽）
桂饲证（2014）02004	柳州市富丰饲料有限公司	配合饲料（畜禽、幼畜禽、种畜禽）
桂饲证（2014）02005	柳州市柳新饲料有限责任公司	配合饲料（畜禽、水产、幼畜禽、种畜禽）；浓缩饲料（畜禽）
桂饲证（2014）02006	柳州市农乐饲料有限公司	配合饲料（畜禽、幼畜禽、种畜禽）；浓缩饲料（畜禽、幼畜禽、种畜禽）
桂饲证（2014）02007	柳州市牧发饲料有限责任公司	配合饲料（畜禽、水产、幼畜禽、种畜禽）；浓缩饲料（畜禽、幼畜禽、种畜禽）
桂饲证（2014）02008	柳州双胞胎饲料有限公司	配合饲料（畜禽、幼畜禽、种畜禽）；浓缩饲料（畜禽、幼畜禽、种畜禽）
桂饲证（2014）02009	柳州市鱼家乐饲料有限公司	配合饲料（水产、水产育苗）
桂饲证（2014）02010	柳州亿万饲料科技有限公司	配合饲料（畜禽、幼畜禽、种畜禽）；浓缩饲料（畜禽、幼畜禽、种畜禽）
桂饲证（2014）02011	柳州市华港饲料有限公司	配合饲料（畜禽、水产、幼畜禽、种畜禽）；浓缩饲料（畜禽、幼畜禽、种畜禽）

（续）

生产许可证编号	企业名称	产品名称
桂饲证（2014）02012	广西国泰饲料有限公司	配合饲料（畜禽、水产、幼畜禽、种畜禽）；浓缩饲料（畜禽、幼畜禽、种畜禽）
桂饲证（2014）02013	柳州市富金丰饲料有限公司	配合饲料（畜禽、水产、幼畜禽、种畜禽）；浓缩饲料（畜禽、幼畜禽、种畜禽）
桂饲证（2014）02014	广西农垦永新畜牧集团新兴有限公司	配合饲料（畜禽、幼畜禽、种畜禽）
桂饲证（2014）02015	柳州市漓源饲料有限公司	配合饲料（畜禽、幼畜禽、种畜禽）；浓缩饲料（畜禽、幼畜禽、种畜禽）
桂饲证（2014）03006	桂林正大有限公司	配合饲料（畜禽、水产、幼畜禽、种畜禽）；浓缩饲料（畜禽）
桂饲证（2014）03007	桂林新希望饲料有限公司	配合饲料（畜禽、水产、幼畜禽、水产育苗）；浓缩饲料（畜禽）
桂饲证（2014）03008	广西桂林市桂柳家禽有限责任公司临桂种鸭分公司	配合饲料（畜禽、幼畜禽、种畜禽）
桂饲证（2014）03009	广西兴安县扬翔饲料有限公司	配合饲料（畜禽、幼畜禽、种畜禽）；浓缩饲料（畜禽、幼畜禽、种畜禽）
桂饲证（2014）03010	桂林广东温氏家禽有限公司	配合饲料（畜禽、幼畜禽、种畜禽）
桂饲证（2014）03012	桂林市九牧饲料有限公司	配合饲料（畜禽、幼畜禽、种畜禽）；浓缩饲料（畜禽、幼畜禽、种畜禽）
桂饲证（2014）03014	灵川县力源物流有限公司	配合饲料（畜禽、水产、幼畜禽、种畜禽、水产育苗）；浓缩饲料（畜禽、幼畜禽、种畜禽）
桂饲证（2014）04001	梧州市中储粮漓源饲料有限公司	配合饲料（畜禽、水产、幼畜禽、种畜禽）；浓缩饲料（畜禽、幼畜禽、种畜禽）
桂饲证（2014）05003	卜蜂（北海）水产饲料有限公司	配合饲料（水产、水产育苗）
桂饲证（2014）05005	合浦漓源饲料有限公司	配合饲料（畜禽、幼畜禽、种畜禽）
桂饲证（2014）05006	广西粤海饲料有限公司	配合饲料（水产、水产育苗、特种动物）
桂饲证（2014）05007	北海市德峰饲料厂有限公司	配合饲料（畜禽、水产、幼畜禽、种畜禽、水产育苗）；浓缩饲料（畜禽、幼畜禽、种畜禽）
桂饲证（2014）05009	合浦凤翔饲料有限责任公司	配合饲料（畜禽、幼畜禽、种畜禽）
桂饲证（2014）05011	北海创禾饲料有限公司	配合饲料（畜禽、幼畜禽、种畜禽）；浓缩饲料（畜禽、幼畜禽、种畜禽）
桂饲证（2014）06003	广西防城港岳泰股份有限公司	配合饲料（畜禽、水产、幼畜禽、种畜禽、水产育苗）；浓缩饲料（畜禽、水产、幼畜禽、种畜禽）
桂饲证（2014）07004	钦州市漓源粮油饲料有限公司	配合饲料（畜禽、幼畜禽、种畜禽）；浓缩饲料（畜禽）

（续）

生产许可证编号	企业名称	产品名称
桂饲证（2014）07006	广西澳华农牧科技有限公司	配合饲料（畜禽、水产、幼畜禽、种畜禽、水产育苗）；浓缩饲料（畜禽、幼畜禽、种畜禽）
桂饲证（2014）08002	广西扬翔农牧有限责任公司	配合饲料（畜禽、幼畜禽、种畜禽）
桂饲证（2014）08003	贵港市海大饲料有限公司	配合饲料（畜禽、水产、幼畜禽、种畜禽、水产育苗）；浓缩饲料（畜禽、幼畜禽、种畜禽）
桂饲证（2014）08005	广西扬翔股份有限公司	配合饲料（畜禽、幼畜禽、种畜禽）
桂饲证（2014）08006	贵港市万千饲料有限责任公司	配合饲料（畜禽、幼畜禽、种畜禽）；浓缩饲料（畜禽、幼畜禽、种畜禽）
桂饲证（2014）08007	贵港市漓源饲料有限公司	配合饲料（畜禽、幼畜禽、种畜禽）；浓缩饲料（畜禽、幼畜禽、种畜禽）
桂饲证（2014）08008	贵港市三路饲料有限责任公司	配合饲料（畜禽、水产、幼畜禽、种畜禽、水产育苗）；浓缩饲料（畜禽、幼畜禽、种畜禽）
桂饲证（2014）08009	广西金苹果饲料有限公司	配合饲料（畜禽、幼畜禽、种畜禽）；浓缩饲料（畜禽、幼畜禽、种畜禽）
桂饲证（2014）08010	广西农垦永新畜牧集团西江有限公司	配合饲料（畜禽、幼畜禽、种畜禽）；浓缩饲料（畜禽、幼畜禽、种畜禽）
桂饲证（2014）09001	玉林漓源饲料有限公司	配合饲料（畜禽、幼畜禽、种畜禽）；浓缩饲料（畜禽、幼畜禽、种畜禽）
桂饲证（2014）09002	广西容县步步顺饲料有限公司	配合饲料（畜禽、幼畜禽、种畜禽）
桂饲证（2014）09003	玉林新希望饲料有限公司	配合饲料（畜禽、水产、幼畜禽、种畜禽、水产育苗）
桂饲证（2014）09005	广西玉林市广东温氏家禽有限公司	配合饲料（畜禽、幼畜禽、种畜禽）
桂饲证（2014）09006	玉林双胞胎饲料有限公司	配合饲料（畜禽、幼畜禽、种畜禽）；浓缩饲料（畜禽、幼畜禽、种畜禽）
桂饲证（2014）09007	陆川县广东温氏畜禽有限公司	配合饲料（畜禽、幼畜禽、种畜禽）
桂饲证（2014）09008	广西玉林市新天地饲料有限公司	配合饲料（畜禽、幼畜禽、种畜禽）；浓缩饲料（畜禽、幼畜禽、种畜禽）
桂饲证（2014）09009	广西参皇养殖集团有限公司	配合饲料（畜禽、水产、幼畜禽、种畜禽）
桂饲证（2014）09010	玉林正邦饲料有限公司	配合饲料（畜禽、幼畜禽、种畜禽）；浓缩饲料（畜禽、幼畜禽、种畜禽）
桂饲证（2014）09011	玉林市柳泉饲料有限责任公司	配合饲料（畜禽、幼畜禽、种畜禽）；浓缩饲料（畜禽、幼畜禽、种畜禽）
桂饲证（2014）09012	玉林市正威饲料有限公司	配合饲料（畜禽、幼畜禽、种畜禽）；浓缩饲料（畜禽、幼畜禽、种畜禽）
桂饲证（2014）09013	广西春茂农牧集团有限公司	配合饲料（畜禽、幼畜禽、种畜禽）
桂饲证（2014）09014	广西春茂农牧集团有限公司小平山分公司	配合饲料（畜禽、幼畜禽、种畜禽）

（续）

生产许可证编号	企业名称	产品名称
桂饲证（2014）09015	广西富来康饲料有限公司	配合饲料（畜禽、幼畜禽、种畜禽）；浓缩饲料（畜禽、幼畜禽、种畜禽）
桂饲证（2014）09016	广西巨东种养集团有限公司饲料分公司	配合饲料（畜禽、幼畜禽、种畜禽）
桂饲证（2014）09017	广西博白扬翔宝中宝饲料有限责任公司	配合饲料（幼畜禽、种畜禽）；浓缩饲料（畜禽、幼畜禽、种畜禽）
桂饲证（2014）09018	广西温氏畜牧有限公司	配合饲料（畜禽、幼畜禽、种畜禽）
桂饲证（2014）09019	玉林市南拳王饲料有限公司	配合饲料（畜禽、水产、幼畜禽、种畜禽、水产育苗）；浓缩饲料（畜禽、水产、幼畜禽、种畜禽、水产育苗）
桂饲证（2014）09020	广西玉林市育财饲料有限责任公司	配合饲料（畜禽、水产、幼畜禽、种畜禽、水产育苗）；浓缩饲料（畜禽、水产、幼畜禽、种畜禽、水产育苗）
桂饲证（2014）09021	玉林市鸿宏饲料有限公司	配合饲料（畜禽、水产、幼畜禽、种畜禽、水产育苗）；浓缩饲料（畜禽、水产、幼畜禽、种畜禽、水产育苗）
桂饲证（2014）14002	贺州双胞胎饲料有限公司	配合饲料（畜禽、幼畜禽、种畜禽）；浓缩饲料（畜禽、幼畜禽、种畜禽）
桂饲证（2014）14003	贺州广东省温氏畜禽有限公司	配合饲料（畜禽、幼畜禽、种畜禽）
桂饲证（2014）14004	富川广东温氏畜牧有限公司	配合饲料（畜禽、幼畜禽、种畜禽）
琼饲证（2014）01004	海南恒兴饲料实业有限公司	配合饲料（畜禽、水产）
琼饲证（2014）01008	海南华星饲料有限公司	配合饲料（畜禽、水产、幼畜禽、种畜禽、水产育苗）
琼饲证（2014）01010	海南裕泰科技饲料有限公司	配合饲料（畜禽、水产、幼畜禽、种畜禽）
琼饲证（2014）01011	海口金长城饲料有限公司	配合饲料（畜禽、幼畜禽、种畜禽）
琼饲证（2014）01012	海南青牧原实业有限公司	配合饲料（畜禽、幼畜禽、种畜禽）
琼饲证（2014）01013	海南港翔农牧有限公司	配合饲料（畜禽、水产）
琼饲证（2014）01014	海口双胞胎饲料有限公司	配合饲料（畜禽、幼畜禽、种畜禽）；浓缩饲料（畜禽、幼畜禽、种畜禽）
琼饲证（2014）01018	海南昌腾饲料有限公司	配合饲料（畜禽、水产、幼畜禽、种畜禽）
琼饲证（2014）03015	文昌市歌颂畜禽发展有限公司	配合饲料（畜禽、幼畜禽、种畜禽）
琼饲证（2014）03016	文昌琼文歌颂饲料厂	配合饲料（畜禽、水产、幼畜禽、种畜禽、水产育苗）
琼饲证（2014）03020	海南百洋饲料有限公司	配合饲料（水产、水产育苗）
琼饲证（2014）03024	文昌成丰农业开发有限公司	配合饲料（畜禽、幼畜禽、种畜禽）
琼饲证（2014）06005	海南海壹水产饲料有限公司	配合饲料（水产）
琼饲证（2014）06006	海南澄迈新希望农牧有限公司	配合饲料（畜禽、水产、幼畜禽、种畜禽、水产育苗）
琼饲证（2014）06007	通威股份有限公司海南分公司	配合饲料（畜禽、水产、幼畜禽、种畜禽）
琼饲证（2014）06009	永安正大有限公司海南分公司	配合饲料（畜禽、水产、幼畜禽、种畜禽）
琼饲证（2014）06019	海南远生渔业有限公司	配合饲料（水产）
琼饲证（2014）06021	海南禾杰饲料科技有限公司	配合饲料（畜禽、幼畜禽、种畜禽）
琼饲证（2014）06023	海南中联生物科技有限公司	配合饲料（水产）

（续）

生产许可证编号	企业名称	产品名称
渝饲证（2014）01001	重庆市万州区金瑞动物药业有限公司	配合饲料（畜禽、水产、幼畜禽、种畜禽）；浓缩饲料（畜禽、水产、幼畜禽、种畜禽）
渝饲证（2014）01002	重庆弘宇饲料有限公司	配合饲料（畜禽、水产、幼畜禽、种畜禽）；浓缩饲料（畜禽、水产、幼畜禽、种畜禽）
渝饲证（2014）01003	重庆市万州区金源饲料厂	配合饲料（畜禽、水产、幼畜禽、种畜禽）；浓缩饲料（畜禽、水产、幼畜禽、种畜禽）
渝饲证（2014）02005	四川铁骑力士实业有限公司涪陵分公司	配合饲料（畜禽、幼畜禽、种畜禽）；浓缩饲料（畜禽、幼畜禽、种畜禽）
渝饲证（2014）02006	重庆涪州金豆动物营养食品有限公司	配合饲料（畜禽、水产、幼畜禽、种畜禽、水产育苗）；浓缩饲料（畜禽、幼畜禽、种畜禽）
渝饲证（2014）02007	重庆市涪陵正星兽医药械有限责任公司	配合饲料（畜禽、幼畜禽、种畜禽）；浓缩饲料（畜禽、幼畜禽、种畜禽）
渝饲证（2014）05001	重庆正大有限公司	配合饲料（畜禽、幼畜禽、种畜禽）；浓缩饲料（畜禽、幼畜禽、种畜禽）
渝饲证（2014）06004	重庆三旺饲料有限公司	配合饲料（畜禽、水产、幼畜禽、种畜禽、水产育苗）；浓缩饲料（畜禽、幼畜禽、种畜禽）
渝饲证（2014）06007	重庆澳林饲料有限公司	配合饲料（畜禽、水产、幼畜禽、种畜禽、水产育苗）；浓缩饲料（畜禽、水产、幼畜禽、种畜禽、水产育苗）
渝饲证（2014）07001	重庆得亿农生物科技有限公司	配合饲料（畜禽、幼畜禽、种畜禽）；浓缩饲料（畜禽、幼畜禽、种畜禽）
渝饲证（2014）07002	重庆双胞胎饲料有限公司	配合饲料（畜禽、幼畜禽、种畜禽）；浓缩饲料（畜禽、幼畜禽、种畜禽）
渝饲证（2014）11001	重庆双桥正大有限公司	配合饲料（畜禽、水产、幼畜禽、种畜禽、水产育苗）；浓缩饲料（畜禽、幼畜禽、种畜禽）
渝饲证（2014）12003	重庆天成牧业科技有限公司	配合饲料（畜禽、幼畜禽、种畜禽）；浓缩饲料（畜禽、幼畜禽、种畜禽）
渝饲证（2014）12004	重庆隆生农业发展有限公司	配合饲料（畜禽、水产、幼畜禽、种畜禽、水产育苗）；浓缩饲料（畜禽、幼畜禽、种畜禽）
渝饲证（2014）13001	重庆金银卡生物饲料有限公司	配合饲料（畜禽、幼畜禽、种畜禽）；浓缩饲料（畜禽、幼畜禽、种畜禽）
渝饲证（2014）13002	重庆新三力宏键饲料有限公司	配合饲料（畜禽、水产、幼畜禽、种畜禽、水产育苗、宠物、特种动物）；浓缩饲料（畜禽、水产、幼畜禽、种畜禽、水产育苗）
渝饲证（2014）14001	重庆兽星饲料有限公司	配合饲料（畜禽、水产、幼畜禽、种畜禽）；浓缩饲料（畜禽、水产、幼畜禽、种畜禽）
渝饲证（2014）15001	重庆天正畜牧科技有限公司	配合饲料（畜禽、幼畜禽、种畜禽）；浓缩饲料（畜禽、幼畜禽、种畜禽）

（续）

生产许可证编号	企业名称	产品名称
渝饲证（2014）15002	重庆长源饲料有限公司	配合饲料（畜禽、幼畜禽）；浓缩饲料（畜禽、幼畜禽、种畜禽）
渝饲证（2014）15003	重庆市长寿通威饲料有限公司	配合饲料（畜禽、水产、幼畜禽、种畜禽）；浓缩饲料（畜禽、幼畜禽、种畜禽）
渝饲证（2014）15004	重庆东喻饲料有限公司	配合饲料（畜禽、水产、幼畜禽、种畜禽、水产育苗）；浓缩饲料（畜禽、幼畜禽、种畜禽）；精料补充料（反刍）
渝饲证（2014）15005	重庆市红红饲料有限公司	配合饲料（畜禽、幼畜禽、种畜禽）；浓缩饲料（畜禽、幼畜禽、种畜禽）
渝饲证（2014）15006	重庆远弘饲料有限公司	配合饲料（畜禽、水产、幼畜禽、种畜禽、水产育苗、宠物、特种动物）；浓缩饲料（畜禽、水产、幼畜禽、种畜禽、水产育苗、宠物、特种动物）
渝饲证（2014）17002	重庆正佳饲料有限公司	配合饲料（畜禽、水产、幼畜禽、种畜禽）；浓缩饲料（畜禽、幼畜禽、种畜禽）
渝饲证（2014）17003	重庆大正畜牧科技有限公司饲料分公司	配合饲料（畜禽、幼畜禽、种畜禽）；浓缩饲料（畜禽、幼畜禽、种畜禽）
渝饲证（2014）18003	重庆金豆动物营养食品有限公司	配合饲料（畜禽、水产、幼畜禽、种畜禽、水产育苗）；浓缩饲料（畜禽、幼畜禽、种畜禽）；精料补充料（其他它）
渝饲证（2014）18004	重庆美德核心生物科技有限责任公司	配合饲料（畜禽、水产、幼畜禽、种畜禽、水产育苗）；浓缩饲料（畜禽、幼畜禽、种畜禽）；精料补充料（其他它）
渝饲证（2014）22001	重庆普利农饲料有限公司	配合饲料（畜禽、水产、幼畜禽、种畜禽、水产育苗）；浓缩饲料（畜禽、幼畜禽、种畜禽）
渝饲证（2014）26004	嘉吉饲料（重庆）有限公司	配合饲料（畜禽、水产、幼畜禽、种畜禽、水产育苗）；浓缩饲料（畜禽、水产、幼畜禽、种畜禽、水产育苗）
渝饲证（2014）26005	重庆巨星农牧有限公司	配合饲料（畜禽、水产、幼畜禽、种畜禽、水产育苗）；浓缩饲料（畜禽、幼畜禽、种畜禽）；精料补充料（其他）
渝饲证（2014）26006	重庆铁骑力士牧业科技有限公司	配合饲料（畜禽、水产、幼畜禽、种畜禽、水产育苗、特种动物）；浓缩饲料（畜禽、幼畜禽、种畜禽）
渝饲证（2014）26007	重庆佳运饲料有限公司	配合饲料（畜禽、水产、幼畜禽、种畜禽、水产育苗、宠物、特种动物）；浓缩饲料（畜禽、水产、幼畜禽、种畜禽、水产育苗、宠物、特种动物）
渝饲证（2014）26008	重庆川牧饲料有限公司	配合饲料（畜禽、水产、幼畜禽、种畜禽、水产育苗、宠物、特种动物）；浓缩饲料（畜禽、水产、反刍、幼畜禽、种畜禽、水产育苗、宠物、特种动物）；精料补充料（反刍、其他）
渝饲证（2014）26009	重庆市富元生物科技有限公司	配合饲料（畜禽、水产、幼畜禽、种畜禽、水产育苗、宠物、特种动物）；浓缩饲料（畜禽、幼畜禽、种畜禽）
渝饲证（2014）26010	重庆新三力饲料有限公司	配合饲料（畜禽、水产、幼畜禽、种畜禽、水产育苗）

（续）

生产许可证编号	企业名称	产品名称
渝饲证（2014）26011	重庆福瑞登饲料有限公司	配合饲料（畜禽、水产、幼畜禽、种畜禽、水产育苗、宠物、特种动物）；浓缩饲料（畜禽、水产、幼畜禽、种畜禽、水产育苗、宠物、特种动物）；精料补充料（其他）
渝饲证（2014）26012	重庆市正丰饲料厂	配合饲料（畜禽、水产、幼畜禽、种畜禽、水产育苗、宠物、特种动物）；浓缩饲料（畜禽、水产、幼畜禽、种畜禽、水产育苗、宠物、特种动物）；精料补充料（其他）
渝饲证（2014）26013	重庆市展望饲料厂	配合饲料（畜禽、水产、幼畜禽、种畜禽、水产育苗、宠物、特种动物）；浓缩饲料（畜禽、水产、幼畜禽、种畜禽、水产育苗、宠物、特种动物）
渝饲证（2014）26014	重庆市润德饲料有限公司	配合饲料（畜禽、水产、幼畜禽、种畜禽、水产育苗、宠物、特种动物）；浓缩饲料（畜禽、水产、幼畜禽、种畜禽、水产育苗、宠物、特种动物）
渝饲证（2014）26015	重庆建新饲料有限公司	配合饲料（畜禽、水产、幼畜禽、种畜禽、水产育苗、宠物、特种动物）；浓缩饲料（畜禽、水产、幼畜禽、种畜禽、水产育苗、宠物、特种动物）；精料补充料（其他）
渝饲证（2014）27002	重庆广东温氏家禽有限公司	配合饲料（畜禽、幼畜禽、种畜禽）
渝饲证（2014）27003	重庆特驱饲料有限公司	配合饲料（畜禽、幼畜禽、种畜禽）
渝饲证（2014）28001	梁平大北农饲料科技有限责任公司	配合饲料（畜禽、水产、幼畜禽、种畜禽）；浓缩饲料（畜禽、幼畜禽、种畜禽）；精料补充料（反刍）
渝饲证（2014）28002	重庆生搏饲料有限公司	配合饲料（畜禽、水产、幼畜禽、种畜禽、水产育苗）；浓缩饲料（畜禽、水产、幼畜禽、种畜禽、水产育苗）
渝饲证（2014）28003	梁平县特驱饲料有限公司	配合饲料（畜禽、水产、幼畜禽、种畜禽、水产育苗）；浓缩饲料（畜禽、水产、幼畜禽、种畜禽、水产育苗）
渝饲证（2014）28004	重庆今天饲料有限公司	配合饲料（畜禽、水产）；浓缩饲料（畜禽）
渝饲证（2014）28005	重庆全自博饲料有限公司	配合饲料（畜禽、水产、幼畜禽、种畜禽、水产育苗）；浓缩饲料（畜禽、幼畜禽、种畜禽）
渝饲证（2014）28006	重庆市蜀达饲料有限公司	配合饲料（畜禽、水产、幼畜禽、种畜禽、水产育苗）；浓缩饲料（畜禽、幼畜禽、种畜禽）
渝饲证（2014）28007	重庆亿和饲料有限责任公司	配合饲料（畜禽、水产、幼畜禽、种畜禽、水产育苗）；浓缩饲料（畜禽、水产、幼畜禽、种畜禽、水产育苗）
渝饲证（2014）28008	梁平双胞胎饲料有限公司	配合饲料（畜禽、幼畜禽、种畜禽）；浓缩饲料（畜禽、幼畜禽、种畜禽）
渝饲证（2014）35004	重庆美佑动物食品有限公司	配合饲料（畜禽、幼畜禽、种畜禽）；浓缩饲料（畜禽、幼畜禽、种畜禽）
渝饲证（2014）37001	巫山县牧禾畜禽专业合作社生物饲料厂	配合饲料（畜禽、水产、幼畜禽、种畜禽）；浓缩饲料（畜禽、水产、幼畜禽、种畜禽）

（续）

生产许可证编号	企业名称	产品名称
渝饲证（2014）38001	巫溪县银龙饲料有限责任公司	配合饲料（畜禽、幼畜禽、种畜禽）；浓缩饲料（畜禽、幼畜禽、种畜禽）
渝饲证（2014）42002	酉阳县三合牧业有限责任公司	配合饲料（畜禽、水产、幼畜禽、种畜禽、水产育苗）；浓缩饲料（畜禽、幼畜禽、种畜禽）
川饲证（2013）01002	成都全威饲料科技有限公司	配合饲料（畜禽、水产、幼畜禽、种畜禽、水产育苗）；浓缩饲料（畜禽、幼畜禽）
川饲证（2013）01005	成都特驱农牧科技有限公司	配合饲料（畜禽、幼畜禽、种畜禽）；浓缩饲料（畜禽、幼畜禽、种畜禽）
川饲证（2013）01008	成都金豆动物营养食品有限公司	配合饲料（畜禽、水产、幼畜禽、种畜禽、水产育苗）；浓缩饲料（畜禽）
川饲证（2013）08001	四川玉冠农业股份有限公司	配合饲料（畜禽、幼畜禽、种畜禽）
川饲证（2013）09002	四川普嘉特饲料有限公司	配合饲料（畜禽、水产、幼畜禽、种畜禽、水产育苗）；浓缩饲料（畜禽、幼畜禽、种畜禽）
川饲证（2013）13002	广安万千集团有限公司	配合饲料（畜禽、水产、幼畜禽、种畜禽、水产育苗）；浓缩饲料（畜禽、幼畜禽、种畜禽）
川饲证（2013）17005	眉山市金陆捌饲料有限公司	配合饲料（畜禽、水产、幼畜禽、种畜禽、水产育苗）；浓缩饲料（畜禽、种畜禽）
川饲证（2014）01014	成都凤凰饲料有限公司	配合饲料（畜禽、水产、幼畜禽、种畜禽、水产育苗、宠物、特种动物）；浓缩饲料（畜禽、水产、幼畜禽、种畜禽）；精料补充料（其他）
川饲证（2014）01015	成都唐人神湘大骆驼饲料有限公司	配合饲料（畜禽、幼畜禽、种畜禽）；浓缩饲料（畜禽、幼畜禽、种畜禽）
川饲证（2014）01016	四川普爱饲料有限公司	配合饲料（畜禽、幼畜禽、种畜禽）；浓缩饲料（畜禽、幼畜禽、种畜禽）
川饲证（2014）01017	成都正大有限公司	配合饲料（畜禽、水产、幼畜禽、种畜禽、水产育苗）；浓缩饲料（畜禽、幼畜禽）
川饲证（2014）01020	成都三旺农牧股份有限公司	配合饲料（畜禽、水产、幼畜禽、种畜禽、水产育苗）；浓缩饲料（畜禽、幼畜禽、种畜禽）
川饲证（2014）01021	四川傲农生物科技有限公司	配合饲料（畜禽、幼畜禽、种畜禽）；浓缩饲料（畜禽、幼畜禽、种畜禽）
川饲证（2014）01022	四川省旺达饲料有限公司	配合饲料（畜禽、幼畜禽、种畜禽）；浓缩饲料（畜禽、幼畜禽、种畜禽）
川饲证（2014）01023	四川金嵘饲料有限公司	配合饲料（畜禽、幼畜禽、种畜禽）；浓缩饲料（畜禽、幼畜禽）
川饲证（2014）01024	成都丰华饲料有限公司	配合饲料（畜禽、水产、幼畜禽、种畜禽）；浓缩饲料（畜禽、幼畜禽、种畜禽）

（续）

生产许可证编号	企业名称	产品名称
川饲证（2014）01025	成都旺江饲料有限公司	配合饲料（畜禽、幼畜禽、种畜禽）；浓缩饲料（畜禽、幼畜禽、种畜禽）
川饲证（2014）01026	嘉吉饲料（成都）有限公司	配合饲料（反刍）；浓缩饲料（反刍）；精料补充料（反刍）
川饲证（2014）01027	成都格蓝饲料有限公司	配合饲料（水产、水产育苗、特种动物）
川饲证（2014）01028	成都健佳饲料有限公司	配合饲料（畜禽、幼畜禽、种畜禽）；浓缩饲料（畜禽、幼畜禽、种畜禽）
川饲证（2014）01030	成都法宝饲料有限责任公司	配合饲料（畜禽、水产、幼畜禽、种畜禽、水产育苗）；浓缩饲料（畜禽）
川饲证（2014）01031	成都市芙蓉饲料有限责任公司	配合饲料（畜禽、幼畜禽、种畜禽）；浓缩饲料（畜禽、幼畜禽、种畜禽）
川饲证（2014）01032	成都双胞胎饲料有限公司	配合饲料（畜禽、幼畜禽、种畜禽）；浓缩饲料（畜禽、幼畜禽、种畜禽）
川饲证（2014）01033	四川佑才农牧科技有限公司	配合饲料（畜禽、幼畜禽、种畜禽）；浓缩饲料（畜禽、幼畜禽、种畜禽）
川饲证（2014）01034	成都市新津金阳饲料有限公司	配合饲料（畜禽、幼畜禽）；浓缩饲料（畜禽、幼畜禽）；精料补充料（其他）
川饲证（2014）01035	邛崃市绿源养殖有限责任公司	配合饲料（畜禽、幼畜禽、种畜禽）；浓缩饲料（畜禽、幼畜禽、种畜禽）
川饲证（2014）01037	成都金山科饲料有限公司	配合饲料（畜禽、幼畜禽、种畜禽）；浓缩饲料（畜禽、幼畜禽、种畜禽）
川饲证（2014）01038	四川新通达生物饲料科技有限公司	配合饲料（反刍）；精料补充料（反刍）
川饲证（2014）01039	安佑（四川）科技饲料有限公司	配合饲料（畜禽、幼畜禽、种畜禽）；浓缩饲料（畜禽、幼畜禽、种畜禽）
川饲证（2014）01040	四川爱丽美科技有限公司	配合饲料（畜禽、水产、幼畜禽、种畜禽、水产育苗、宠物、特种动物）；浓缩饲料（畜禽、水产、幼畜禽、种畜禽、水产育苗、宠物、特种动物）
川饲证（2014）01041	成都昌源饲料油脂有限公司	配合饲料（畜禽、水产、幼畜禽、种畜禽、水产育苗）；浓缩饲料（畜禽、幼畜禽、种畜禽）
川饲证（2014）01042	先进（成都）饲料有限公司	配合饲料（畜禽、幼畜禽、种畜禽）；浓缩饲料（畜禽、幼畜禽、种畜禽）；精料补充料（反刍）
川饲证（2014）01043	邛崃山科饲料有限公司	配合饲料（畜禽、幼畜禽、种畜禽）；浓缩饲料（畜禽、幼畜禽、种畜禽）
川饲证（2014）01044	成都可意得饲料有限公司	配合饲料（畜禽、幼畜禽、种畜禽）；浓缩饲料（畜禽、幼畜禽、种畜禽）
川饲证（2014）01045	成都传奇饲料有限公司	配合饲料（畜禽、水产、幼畜禽、种畜禽）；浓缩饲料（畜禽、幼畜禽、种畜禽）

（续）

生产许可证编号	企业名称	产品名称
川饲证（2014）01046	成都市瑞佳饲料有限公司	配合饲料（畜禽、幼畜禽、种畜禽）；浓缩饲料（畜禽、幼畜禽、种畜禽）
川饲证（2014）01047	四川省邛崃市崃山饲料有限公司	配合饲料（畜禽、水产、幼畜禽、种畜禽）；浓缩饲料（畜禽、幼畜禽）
川饲证（2014）01048	成都市富旺饲料有限公司	配合饲料（畜禽、幼畜禽、种畜禽）；浓缩饲料（畜禽、幼畜禽、种畜禽）
川饲证（2014）01049	希杰（成都）饲料有限公司	配合饲料（畜禽、水产、幼畜禽、种畜禽、水产育苗、宠物、特种动物）；浓缩饲料（畜禽、水产、反刍、幼畜禽、种畜禽、水产育苗、宠物、特种动物）；精料补充料（反刍、其他）
川饲证（2014）01050	成都同乐饲料科技有限公司	浓缩饲料（反刍）；精料补充料（反刍）
川饲证（2014）01051	中粮（成都）粮油工业有限公司	配合饲料（畜禽、水产、幼畜禽、种畜禽、水产育苗）；浓缩饲料（畜禽、幼畜禽、种畜禽）；精料补充料（反刍）
川饲证（2014）01052	成都海大生物科技有限公司	配合饲料（畜禽、水产、幼畜禽、种畜禽、水产育苗、特种动物）；浓缩饲料（畜禽、幼畜禽、种畜禽）
川饲证（2014）01053	成都市新津希望饲料厂	配合饲料（畜禽、水产、幼畜禽、种畜禽、水产育苗）；浓缩饲料（畜禽、幼畜禽、种畜禽）
川饲证（2014）01054	成都和谐生物科技有限公司	配合饲料（畜禽、水产、幼畜禽、种畜禽、水产育苗）；浓缩饲料（畜禽、幼畜禽、种畜禽）
川饲证（2014）01055	成都市更新饲料有限公司	配合饲料（畜禽、水产、幼畜禽、种畜禽）；浓缩饲料（畜禽、幼畜禽、种畜禽）
川饲证（2014）01056	成都格瑞特饲料发展有限公司	配合饲料（畜禽、幼畜禽、种畜禽）；浓缩饲料（畜禽、幼畜禽、种畜禽）
川饲证（2014）01058	成都市农友家禽研究所有限责任公司	配合饲料（畜禽、幼畜禽、种畜禽）
川饲证（2014）01059	成都汇特饲料有限公司	配合饲料（畜禽、幼畜禽）；浓缩饲料（畜禽、幼畜禽）
川饲证（2014）01060	成都市家旺农牧发展有限公司	配合饲料（畜禽、幼畜禽、种畜禽）；浓缩饲料（畜禽、幼畜禽、种畜禽）
川饲证（2014）01061	四川旺大农牧科技有限公司	配合饲料（畜禽、幼畜禽、种畜禽）；浓缩饲料（畜禽、幼畜禽、种畜禽）
川饲证（2014）01062	成都市新津富龙饲料有限公司	配合饲料（畜禽、水产、幼畜禽、种畜禽、水产育苗）；浓缩饲料（畜禽）；精料补充料（其他）
川饲证（2014）01063	成都粟海饲料有限公司	配合饲料（畜禽、幼畜禽、种畜禽）；浓缩饲料（畜禽、幼畜禽）；精料补充料（其他）
川饲证（2014）01064	成都大庄饲料有限公司	配合饲料（畜禽、幼畜禽、种畜禽）；浓缩饲料（畜禽、幼畜禽、种畜禽）

（续）

生产许可证编号	企业名称	产品名称
川饲证（2014）01065	成都市威莱特科技有限公司	配合饲料（畜禽、幼畜禽）；浓缩饲料（畜禽、反刍）；精料补充料（反刍）
川饲证（2014）01066	成都市成程饲料有限公司	配合饲料（畜禽、水产、幼畜禽、种畜禽、水产育苗）；浓缩饲料（畜禽、幼畜禽、种畜禽）
川饲证（2014）01067	成都好主人宠物食品有限公司	配合饲料（水产、水产育苗、宠物、特种动物）
川饲证（2014）01068	成都硕星饲料有限责任公司	配合饲料（畜禽、幼畜禽、种畜禽）
川饲证（2014）01069	四川英特伦生物科技有限责任公司	配合饲料（畜禽、反刍、幼畜禽、种畜禽）；浓缩饲料（畜禽、反刍、幼畜禽、种畜禽）；精料补充料（反刍）
川饲证（2014）01070	成都市久龙饲料有限公司	配合饲料（畜禽、水产、幼畜禽、种畜禽）；浓缩饲料（畜禽、幼畜禽、种畜禽）
川饲证（2014）01071	成都郫县红双喜饲料厂（普通合伙）	配合饲料（畜禽、幼畜禽）
川饲证（2014）02004	成都双胞胎饲料有限公司自贡分公司	配合饲料（畜禽、幼畜禽、种畜禽）；浓缩饲料（畜禽、幼畜禽、种畜禽）
川饲证（2014）02006	自贡联合饲料有限责任公司	配合饲料（畜禽、幼畜禽、种畜禽）；浓缩饲料（畜禽、幼畜禽、种畜禽）
川饲证（2014）02007	自贡恒博饲料科技有限公司	配合饲料（畜禽、水产、幼畜禽、种畜禽、水产育苗）；浓缩饲料（畜禽、幼畜禽、种畜禽）
川饲证（2014）02008	自贡市川强饲料有限公司	配合饲料（畜禽、幼畜禽、种畜禽）；浓缩饲料（畜禽、幼畜禽、种畜禽）
川饲证（2014）02009	自贡华宏饲料有限公司	配合饲料（畜禽、水产、幼畜禽、种畜禽、水产育苗）；浓缩饲料（畜禽）
川饲证（2014）02010	自贡恒峰饲料有限公司	配合饲料（畜禽、幼畜禽、种畜禽）；浓缩饲料（畜禽、幼畜禽）
川饲证（2014）02011	自贡市肥神饲料有限公司	配合饲料（畜禽、幼畜禽）；浓缩饲料（畜禽、幼畜禽）
川饲证（2014）02012	自贡市得力饲料有限公司	配合饲料（畜禽、水产、幼畜禽、种畜禽、水产育苗）；浓缩饲料（畜禽、水产、幼畜禽、种畜禽、水产育苗）
川饲证（2014）02013	四川自贡巴尔动物营养有限公司	配合饲料（畜禽、水产、幼畜禽、种畜禽、水产育苗）；浓缩饲料（畜禽、幼畜禽、种畜禽）
川饲证（2014）02014	自贡市华兴农业开发有限责任公司	配合饲料（畜禽、水产、幼畜禽、种畜禽、水产育苗）；浓缩饲料（畜禽、幼畜禽、种畜禽）
川饲证（2014）03002	米易县万民农牧有限责任公司	配合饲料（畜禽、幼畜禽、种畜禽）；浓缩饲料（畜禽、幼畜禽、种畜禽）
川饲证（2014）04001	泸州新希望饲料有限公司	配合饲料（畜禽、幼畜禽、种畜禽）；浓缩饲料（畜禽、幼畜禽、种畜禽）
川饲证（2014）04002	泸州凯科饲料有限责任公司	配合饲料（畜禽、幼畜禽、种畜禽）；浓缩饲料（畜禽、幼畜禽、种畜禽）

（续）

生产许可证编号	企业名称	产品名称
川饲证（2014）04003	泸州市和牧生物工程有限公司	配合饲料（畜禽、水产）；浓缩饲料（畜禽）
川饲证（2014）05005	什邡市九鼎饲料有限公司	配合饲料（畜禽、幼畜禽、种畜禽）；浓缩饲料（畜禽、幼畜禽、种畜禽）
川饲证（2014）05006	四川长鸣饲料有限公司	配合饲料（畜禽、幼畜禽、种畜禽）；浓缩饲料（畜禽、幼畜禽、种畜禽）
川饲证（2014）05007	四川中江县凯达科技饲料有限公司	配合饲料（畜禽、幼畜禽、种畜禽、水产育苗）；浓缩饲料（畜禽、幼畜禽）
川饲证（2014）05009	广汉国雄饲料有限公司	配合饲料（畜禽、水产、幼畜禽、种畜禽、水产育苗、特种动物）；浓缩饲料（畜禽、幼畜禽、种畜禽）
川饲证（2014）05011	德阳广东温氏家禽有限公司	配合饲料（畜禽、幼畜禽、种畜禽）
川饲证（2014）05013	中江温氏畜牧有限公司	配合饲料（畜禽、幼畜禽、种畜禽）
川饲证（2014）05014	四川莱尔比特饲料有限公司	配合饲料（畜禽、幼畜禽、种畜禽）；浓缩饲料（畜禽、幼畜禽、种畜禽）
川饲证（2014）05015	四川领航生物科技有限公司	配合饲料（畜禽、幼畜禽、种畜禽）；浓缩饲料（畜禽、幼畜禽）
川饲证（2014）05016	德阳市琅峰饲料有限公司	配合饲料（畜禽、水产、幼畜禽、种畜禽、水产育苗）；浓缩饲料（畜禽、幼畜禽、种畜禽）
川饲证（2014）05017	广汉安佑饲料有限公司	配合饲料（畜禽、水产、幼畜禽、种畜禽、水产育苗）；浓缩饲料（畜禽、幼畜禽、种畜禽）
川饲证（2014）05018	广汉特驱农牧科技有限公司	配合饲料（畜禽、水产、幼畜禽、种畜禽、水产育苗）
川饲证（2014）05019	四川省什邡福斯多饲料有限公司	配合饲料（畜禽、水产、幼畜禽、种畜禽、水产育苗）；浓缩饲料（畜禽、幼畜禽、种畜禽）
川饲证（2014）05020	绵竹市兴宏饲料厂	配合饲料（畜禽、幼畜禽、种畜禽）；浓缩饲料（畜禽、幼畜禽、种畜禽）
川饲证（2014）05021	德阳正旺饲料有限责任公司	配合饲料（畜禽、幼畜禽、种畜禽）；浓缩饲料（畜禽、幼畜禽、种畜禽）
川饲证（2014）05022	四川科飞饲料科技有限公司	配合饲料（畜禽、水产、幼畜禽、种畜禽、水产育苗）；浓缩饲料（畜禽、幼畜禽）；精料补充料（反刍）
川饲证（2014）05023	德阳市宏霸饲料有限公司	配合饲料（畜禽、幼畜禽、种畜禽）；浓缩饲料（畜禽、幼畜禽、种畜禽）
川饲证（2014）06002	绵阳正大有限公司	配合饲料（畜禽、水产、幼畜禽、种畜禽、水产育苗）；浓缩饲料（畜禽、幼畜禽、种畜禽）
川饲证（2014）06003	绵阳优聚饲料有限公司	配合饲料（幼畜禽、种畜禽）；浓缩饲料（幼畜禽、种畜禽）
川饲证（2014）06004	四川铁骑力士实业有限公司	配合饲料（畜禽、水产、幼畜禽、种畜禽、水产育苗）；浓缩饲料（畜禽、幼畜禽、种畜禽）

（续）

生产许可证编号	企业名称	产品名称
川饲证（2014）06005	绵阳铁骑力士饲料有限公司	配合饲料（畜禽、水产、幼畜禽、种畜禽、水产育苗）；浓缩饲料（畜禽、反刍、幼畜禽、种畜禽）；精料补充料（反刍）
川饲证（2014）06006	四川省绵阳市恒力通企业有限责任公司	配合饲料（畜禽、幼畜禽、种畜禽）；浓缩饲料（畜禽、幼畜禽、种畜禽）
川饲证（2014）06008	四川天和饲料有限公司	配合饲料（畜禽、幼畜禽、种畜禽）；浓缩饲料（畜禽、幼畜禽、种畜禽）
川饲证（2014）06009	四川和润英伟牧业有限公司	配合饲料（畜禽、水产、幼畜禽、种畜禽）；浓缩饲料（畜禽、幼畜禽、种畜禽）
川饲证（2014）06010	绵阳市大圣饲料有限公司	配合饲料（畜禽、水产、幼畜禽、水产育苗）；浓缩饲料（畜禽、幼畜禽）
川饲证（2014）06011	绵阳双胞胎饲料有限公司	配合饲料（畜禽、幼畜禽、种畜禽）；浓缩饲料（畜禽、幼畜禽、种畜禽）
川饲证（2014）06012	绵阳市冯氏饲料有限公司	配合饲料（畜禽、幼畜禽）；浓缩饲料（畜禽、幼畜禽）
川饲证（2014）06013	四川皇嘉顺旺饲料有限公司	配合饲料（畜禽、水产）；浓缩饲料（畜禽、水产）；精料补充料（反刍）
川饲证（2014）06014	绵阳市崴迩仕饲料有限公司	配合饲料（畜禽、水产、幼畜禽）；浓缩饲料（幼畜禽）
川饲证（2014）06015	绵阳天大饲料有限公司	配合饲料（畜禽、幼畜禽、种畜禽）；浓缩饲料（畜禽、幼畜禽、种畜禽）
川饲证（2014）06016	四川金太阳畜牧饲料集团有限公司	配合饲料（畜禽、幼畜禽、种畜禽）；浓缩饲料（畜禽、幼畜禽、种畜禽）
川饲证（2014）06017	绵阳市欧克饲料有限公司	配合饲料（畜禽、水产、幼畜禽、种畜禽）；浓缩饲料（畜禽、幼畜禽、种畜禽）
川饲证（2014）06018	江油市福兴畜牧科技有限公司	配合饲料（畜禽、水产、幼畜禽、种畜禽、水产育苗）；浓缩饲料（畜禽、幼畜禽）
川饲证（2014）07001	广元壮牛农牧科技有限公司	配合饲料（畜禽、幼畜禽、种畜禽）；浓缩饲料（畜禽、幼畜禽、种畜禽）；精料补充料（反刍）
川饲证（2014）07002	广元铁骑力士饲料有限公司	配合饲料（畜禽、幼畜禽、种畜禽）；浓缩饲料（畜禽、幼畜禽、种畜禽）
川饲证（2014）07003	广元市天洋饲料有限公司	配合饲料（畜禽、幼畜禽、种畜禽、水产育苗）；浓缩饲料（畜禽、幼畜禽、种畜禽）
川饲证（2014）07004	广元特驱饲料有限公司	配合饲料（畜禽、幼畜禽、种畜禽）；浓缩饲料（畜禽、幼畜禽、种畜禽）
川饲证（2014）07005	苍溪县蜀川饲料有限责任公司	配合饲料（畜禽、幼畜禽、种畜禽）；浓缩饲料（畜禽、幼畜禽、种畜禽）
川饲证（2014）08003	四川省齐全饲料有限责任公司	配合饲料（畜禽、幼畜禽、种畜禽）；浓缩饲料（畜禽、幼畜禽、种畜禽）

（续）

生产许可证编号	企业名称	产品名称
川饲证（2014）09004	隆昌旺达饲料有限公司	配合饲料（畜禽、幼畜禽、种畜禽）；浓缩饲料（畜禽、幼畜禽）
川饲证（2014）09005	内江正大有限公司	配合饲料（畜禽、水产、幼畜禽、种畜禽、水产育苗、特种动物）；浓缩饲料（畜禽、幼畜禽、种畜禽）
川饲证（2014）09006	四川农丰饲料有限公司	配合饲料（畜禽、水产、幼畜禽、种畜禽）；浓缩饲料（畜禽、幼畜禽）
川饲证（2014）09007	内江市康龙饲料有限公司	配合饲料（畜禽、幼畜禽、种畜禽）；浓缩饲料（畜禽、幼畜禽）
川饲证（2014）09008	四川省内江万千饲料有限公司	配合饲料（畜禽、水产、幼畜禽、种畜禽）；浓缩饲料（畜禽、幼畜禽、种畜禽）
川饲证（2014）09009	四川省资中县真诚饲料有限责任公司	配合饲料（畜禽）；浓缩饲料（畜禽）
川饲证（2014）09010	四川省内江金鑫畜禽有限公司	配合饲料（畜禽、幼畜禽、种畜禽）；浓缩饲料（畜禽、幼畜禽、种畜禽）
川饲证（2014）09011	四川永久畜牧药业有限公司	配合饲料（畜禽、幼畜禽、种畜禽）；浓缩饲料（畜禽、幼畜禽、种畜禽）
川饲证（2014）10002	四川乐山神龙饲料有限公司	配合饲料（畜禽、幼畜禽）
川饲证（2014）10003	乐山市继东饲料有限责任公司	配合饲料（水产、水产育苗、特种动物）
川饲证（2014）10004	四川铁骑力士实业有限公司乐山分公司	配合饲料（畜禽、幼畜禽）；浓缩饲料（畜禽、幼畜禽）
川饲证（2014）10005	乐山金豆动物营养食品有限公司	配合饲料（畜禽、水产、幼畜禽、种畜禽）；浓缩饲料（畜禽）
川饲证（2014）10006	夹江县金兰饲料厂	配合饲料（畜禽、幼畜禽）
川饲证（2014）10007	乐山巨星饲料有限公司	配合饲料（畜禽、水产、幼畜禽、种畜禽、水产育苗）；浓缩饲料（畜禽、幼畜禽、种畜禽）
川饲证（2014）10008	乐山市七普饲料有限公司	配合饲料（畜禽、幼畜禽）；浓缩饲料（畜禽、幼畜禽）
川饲证（2014）10009	乐山厚全生物科技有限公司	配合饲料（畜禽、水产、幼畜禽、种畜禽、水产育苗）；浓缩饲料（畜禽、幼畜禽）
川饲证（2014）10010	夹江县正中饲料厂	配合饲料（畜禽、幼畜禽）；浓缩饲料（畜禽、幼畜禽）
川饲证（2014）10011	夹江县壮达饲料厂	配合饲料（畜禽、水产、幼畜禽、种畜禽）；浓缩饲料（畜禽、幼畜禽、种畜禽）
川饲证（2014）10012	乐山市金塔饲料有限公司	配合饲料（畜禽、幼畜禽、种畜禽）；浓缩饲料（畜禽、幼畜禽、种畜禽）
川饲证（2014）10013	峨眉山新希望六和饲料有限公司	配合饲料（畜禽、幼畜禽、种畜禽）；浓缩饲料（畜禽、幼畜禽、种畜禽）

（续）

生产许可证编号	企业名称	产品名称
川饲证（2014）10014	乐山特驱饲料有限公司	配合饲料（畜禽、水产、幼畜禽、种畜禽、水产育苗）；浓缩饲料（畜禽、幼畜禽、种畜禽）
川饲证（2014）10015	乐山市牧海饲料有限公司	配合饲料（畜禽、水产、幼畜禽、种畜禽、水产育苗）；浓缩饲料（畜禽、幼畜禽、种畜禽）
川饲证（2014）11002	南充特驱饲料有限公司	配合饲料（畜禽、幼畜禽、种畜禽）；浓缩饲料（畜禽、幼畜禽、种畜禽）
川饲证（2014）11003	四川通旺农牧集团有限公司	配合饲料（畜禽、水产、幼畜禽、种畜禽）；浓缩饲料（畜禽、幼畜禽、种畜禽）
川饲证（2014）11004	南充光大农业发展有限公司	配合饲料（畜禽、幼畜禽、种畜禽）；浓缩饲料（畜禽、幼畜禽、种畜禽）
川饲证（2014）11005	四川新业梅林饲料有限公司	配合饲料（畜禽、水产、幼畜禽、种畜禽）；浓缩饲料（畜禽、幼畜禽、种畜禽）
川饲证（2014）11007	四川惠农有机饲料有限公司	配合饲料（畜禽、幼畜禽、种畜禽）；浓缩饲料（畜禽、幼畜禽、种畜禽）
川饲证（2014）12001	宜宾邦云饲料有限公司	配合饲料（畜禽、水产、幼畜禽、种畜禽、水产育苗）；浓缩饲料（畜禽、幼畜禽、种畜禽）
川饲证（2014）12002	宜宾特驱饲料有限公司	配合饲料（畜禽、幼畜禽、种畜禽）；浓缩饲料（畜禽、幼畜禽、种畜禽）
川饲证（2014）12003	四川宜宾全福生物科技股份有限公司	配合饲料（畜禽、幼畜禽、种畜禽）；浓缩饲料（畜禽、水产、幼畜禽、种畜禽）
川饲证（2014）12004	宜宾市圣凯瑞饲料有限责任公司	配合饲料（畜禽、水产、幼畜禽、种畜禽）；浓缩饲料（畜禽、水产、幼畜禽、种畜禽）
川饲证（2014）12005	宜宾市旺达饲料有限公司	配合饲料（畜禽、幼畜禽、种畜禽）；浓缩饲料（畜禽、幼畜禽、种畜禽）
川饲证（2014）13003	广安市佳好牧业有限责任公司	配合饲料（畜禽、幼畜禽、种畜禽）；浓缩饲料（畜禽、幼畜禽、种畜禽）
川饲证（2014）14004	四川富昌饲料有限公司	配合饲料（畜禽、水产、幼畜禽、种畜禽）；浓缩饲料（畜禽、幼畜禽、种畜禽）
川饲证（2014）14005	四川省望东普吉农牧有限公司	配合饲料（畜禽、水产、幼畜禽、种畜禽）；浓缩饲料（畜禽、幼畜禽、种畜禽）
川饲证（2014）14006	四川军扬牧业有限公司	配合饲料（畜禽、幼畜禽、种畜禽）；浓缩饲料（畜禽、反刍、幼畜禽、种畜禽）；精料补充料（反刍、其他）
川饲证（2014）14007	四川信达饲料有限公司	配合饲料（畜禽、水产、幼畜禽、种畜禽）；浓缩饲料（畜禽、水产、幼畜禽、种畜禽）
川饲证（2014）14008	达州市蜀东牧业有限公司	配合饲料（畜禽、水产、幼畜禽、种畜禽）；浓缩饲料（畜禽、幼畜禽、种畜禽）

（续）

生产许可证编号	企业名称	产品名称
川饲证（2014）14009	达州美加美饲料有限公司	配合饲料（畜禽、幼畜禽、种畜禽）；浓缩饲料（畜禽、幼畜禽、种畜禽）
川饲证（2014）15001	平昌温氏畜牧有限公司	配合饲料（畜禽、幼畜禽、种畜禽）
川饲证（2014）17007	四川大成农牧科技有限公司	配合饲料（畜禽、幼畜禽、种畜禽）；浓缩饲料（畜禽、幼畜禽、种畜禽）
川饲证（2014）17008	眉山市永丰饲料有限公司	配合饲料（水产、水产育苗、特种动物）
川饲证（2014）17009	四川眉山平春饲料有限公司	配合饲料（水产、水产育苗、特种动物）
川饲证（2014）17010	四川彭山正邦饲料有限公司	配合饲料（畜禽、幼畜禽、种畜禽）；浓缩饲料（畜禽、幼畜禽、种畜禽）
川饲证（2014）17011	彭山县金桥饲料有限公司	配合饲料（畜禽、水产、幼畜禽、种畜禽、水产育苗、特种动物）
川饲证（2014）17012	彭山新希望饲料有限公司	配合饲料（畜禽、水产、幼畜禽、种畜禽、水产育苗）；浓缩饲料（畜禽、幼畜禽、种畜禽）
川饲证（2014）17014	眉山市华港饲料有限责任公司	配合饲料（畜禽、水产、幼畜禽、种畜禽、水产育苗）；浓缩饲料（畜禽、幼畜禽、种畜禽）
川饲证（2014）17015	仁寿县牧瑞饲料有限公司	配合饲料（畜禽、水产、幼畜禽、种畜禽、水产育苗、特种动物）；浓缩饲料（畜禽、幼畜禽、种畜禽）
川饲证（2014）17016	四川华森饲料有限公司	配合饲料（畜禽、水产、幼畜禽、种畜禽）；浓缩饲料（畜禽、幼畜禽）
川饲证（2014）17017	眉山市科苑饲料有限公司	配合饲料（畜禽、幼畜禽、种畜禽）；浓缩饲料（畜禽、幼畜禽、种畜禽）
川饲证（2014）17018	四川省一强饲料有限公司	配合饲料（水产、水产育苗、特种动物）
川饲证（2014）17019	四川金字塔饲料科技有限公司	配合饲料（畜禽、幼畜禽、种畜禽）；浓缩饲料（畜禽、幼畜禽、种畜禽）
川饲证（2014）17020	四川金川农饲料有限公司	配合饲料（畜禽、水产、幼畜禽、种畜禽、水产育苗）；浓缩饲料（畜禽、幼畜禽）
川饲证（2014）17021	四川恒丰饲料有限公司	配合饲料（畜禽、水产、幼畜禽、种畜禽、水产育苗）；浓缩饲料（畜禽、幼畜禽）；精料补充料（反刍、其他）
川饲证（2014）17022	四川新希望饲料科技有限公司	配合饲料（畜禽、种畜禽）；浓缩饲料（畜禽、幼畜禽）
川饲证（2014）17023	四川省眉山万家好饲料有限公司	配合饲料（畜禽、幼畜禽、种畜禽）；浓缩饲料（畜禽、幼畜禽、种畜禽）
川饲证（2014）17024	眉山温氏畜牧有限公司	配合饲料（畜禽、幼畜禽、种畜禽）
川饲证（2014）17025	四川金新农饲料有限公司	配合饲料（畜禽、幼畜禽、种畜禽）；浓缩饲料（幼畜禽）
川饲证（2014）17026	四川眉山大众饲料有限公司	配合饲料（畜禽、水产、幼畜禽、种畜禽）；浓缩饲料（畜禽、幼畜禽）

（续）

生产许可证编号	企业名称	产品名称
川饲证（2014）17027	四川眉山鑫国全饲料有限公司	配合饲料（畜禽、水产、幼畜禽、种畜禽）；浓缩饲料（畜禽、幼畜禽）
川饲证（2014）17029	丹棱县三月饲料有限公司	配合饲料（畜禽、幼畜禽、种畜禽）；浓缩饲料（畜禽、幼畜禽、种畜禽）
川饲证（2014）17030	四川省眉山瑞东饲料有限公司	配合饲料（畜禽、水产、幼畜禽、种畜禽、水产育苗、特种动物）；浓缩饲料（畜禽、幼畜禽、种畜禽）
川饲证（2014）17031	四川康宏饲料科技有限公司	配合饲料（畜禽、幼畜禽、种畜禽）；浓缩饲料（畜禽、幼畜禽、种畜禽）
川饲证（2014）17032	眉山奔腾饲料科技有限公司	配合饲料（畜禽、幼畜禽、种畜禽）；浓缩饲料（畜禽、幼畜禽、种畜禽）
川饲证（2014）17033	四川省美顿饲料有限公司	配合饲料（畜禽、幼畜禽、种畜禽）；浓缩饲料（畜禽、幼畜禽、种畜禽）
川饲证（2014）17034	四川省眉山市新天地饲料有限公司	配合饲料（畜禽、水产、幼畜禽、种畜禽）；浓缩饲料（畜禽、幼畜禽）
川饲证（2014）17035	四川兆丰生物科技有限公司	配合饲料（畜禽、水产、幼畜禽、种畜禽、宠物、特种动物）；浓缩饲料（畜禽、幼畜禽、种畜禽、宠物、特种动物）；精料补充料（反刍）
川饲证（2014）17036	眉山市天人饲料有限公司	配合饲料（畜禽、幼畜禽、种畜禽）；浓缩饲料（畜禽、幼畜禽、种畜禽）
川饲证（2014）17037	四川家家乐饲料有限公司	配合饲料（畜禽、幼畜禽、种畜禽）；浓缩饲料（畜禽、幼畜禽、种畜禽）
川饲证（2014）17038	眉山市东坡区博特科技饲料有限公司	配合饲料（畜禽、幼畜禽、种畜禽）；浓缩饲料（畜禽、幼畜禽、种畜禽）
川饲证（2014）17039	四川力祥农牧科技有限公司	配合饲料（畜禽、水产、幼畜禽、种畜禽）；浓缩饲料（畜禽、幼畜禽、种畜禽）
川饲证（2014）17040	眉山市倍斯特饲料有限公司	配合饲料（畜禽、水产、幼畜禽、种畜禽）；浓缩饲料（畜禽、幼畜禽、种畜禽）
川饲证（2014）17041	眉山市丹福饲料有限公司	配合饲料（畜禽、水产、幼畜禽、种畜禽）；浓缩饲料（畜禽、幼畜禽）
川饲证（2014）17042	四川眉山台厨农牧科技有限公司	配合饲料（畜禽、幼畜禽、种畜禽）；浓缩饲料（畜禽、幼畜禽、种畜禽）
川饲证（2014）17043	四川省眉山市海龙饲料有限公司	配合饲料（畜禽、幼畜禽、种畜禽）
川饲证（2014）17044	丹棱县银新饲料厂	配合饲料（畜禽、水产、幼畜禽、种畜禽）；浓缩饲料（畜禽、幼畜禽、种畜禽）
川饲证（2014）17045	彭山县富森饲料科技有限公司	配合饲料（畜禽、幼畜禽、种畜禽）；浓缩饲料（畜禽、幼畜禽、种畜禽）

（续）

生产许可证编号	企业名称	产品名称
川饲证（2014）17046	丹棱县红月饲料厂	配合饲料（畜禽、幼畜禽、种畜禽）；浓缩饲料（畜禽、幼畜禽、种畜禽）
川饲证（2014）17047	四川建奇饲料有限公司	配合饲料（畜禽、水产、幼畜禽、种畜禽、水产育苗）；浓缩饲料（畜禽、幼畜禽、种畜禽）
川饲证（2014）17048	眉山市西都饲料有限公司	配合饲料（畜禽、水产、幼畜禽、种畜禽、水产育苗）；浓缩饲料（畜禽、幼畜禽、种畜禽）
川饲证（2014）17049	眉山龙威饲料有限公司	配合饲料（畜禽、水产、幼畜禽、种畜禽）；浓缩饲料（畜禽、幼畜禽、种畜禽）
川饲证（2014）17050	眉山市蜀夏饲料有限公司	配合饲料（畜禽、水产、幼畜禽、种畜禽）；浓缩饲料（畜禽、幼畜禽）；精料补充料（反刍）
川饲证（2014）18003	资阳嘉好饲料科技有限公司	配合饲料（畜禽、水产、幼畜禽、种畜禽）；浓缩饲料（畜禽）
川饲证（2014）18005	四川省五友农牧有限公司	配合饲料（畜禽、幼畜禽、种畜禽）；浓缩饲料（畜禽、幼畜禽）
川饲证（2014）18006	四川省顶呱呱饲料有限公司	配合饲料（畜禽、水产、幼畜禽、种畜禽、水产育苗）；浓缩饲料（畜禽、幼畜禽）
川饲证（2014）19004	西昌华宁农牧科技有限公司	配合饲料（畜禽、水产、幼畜禽、种畜禽、水产育苗）；浓缩饲料（畜禽、幼畜禽）
川饲证（2014）19005	西昌市牧隆饲料有限公司	配合饲料（畜禽、幼畜禽）；浓缩饲料（畜禽、幼畜禽）
川饲证（2014）19006	西昌万千饲料有限责任公司	配合饲料（畜禽、幼畜禽、种畜禽）；浓缩饲料（畜禽、幼畜禽、种畜禽）
黔饲证（2013）01004	清镇温氏畜牧有限公司	配合饲料（畜禽、幼畜禽、种畜禽）
黔饲证（2014）01020	贵阳台农种养殖有限公司饲料厂	配合饲料（畜禽、幼畜禽、种畜禽）；浓缩饲料（畜禽、幼畜禽、种畜禽）
黔饲证（2014）01023	贵州泓腾农业科技有限公司	配合饲料（畜禽、水产、幼畜禽、种畜禽）；浓缩饲料（畜禽、幼畜禽、种畜禽）
黔饲证（2014）01025	贵阳双胞胎饲料有限公司	配合饲料（畜禽、幼畜禽、种畜禽）；浓缩饲料（畜禽、幼畜禽、种畜禽）
黔饲证（2014）01026	贵阳金满船饲料有限公司	配合饲料（畜禽、水产、幼畜禽、种畜禽、水产育苗）；浓缩饲料（畜禽、幼畜禽、种畜禽）；精料补充料（反刍）
黔饲证（2014）01027	贵阳特驱希望农业科技有限公司	配合饲料（畜禽、幼畜禽、种畜禽）；浓缩饲料（畜禽、幼畜禽、种畜禽）
黔饲证（2014）01028	贵阳正邦畜牧有限公司	配合饲料（畜禽、幼畜禽、种畜禽）；浓缩饲料（畜禽、幼畜禽、种畜禽）
黔饲证（2014）01030	贵州大北农牧业科技有限公司	配合饲料（畜禽、幼畜禽、种畜禽）；浓缩饲料（畜禽、幼畜禽、种畜禽）

（续）

生产许可证编号	企业名称	产品名称
黔饲证（2014）01031	贵阳龙凤胎饲料有限公司	配合饲料（畜禽、幼畜禽、种畜禽）；浓缩饲料（畜禽、幼畜禽、种畜禽）
黔饲证（2014）01036	贵阳拓福农牧有限责任公司	配合饲料（畜禽、幼畜禽、种畜禽）；浓缩饲料（畜禽、幼畜禽、种畜禽）
黔饲证（2014）01037	贵州和美农牧科技发展有限公司	配合饲料（畜禽、幼畜禽、种畜禽）；浓缩饲料（畜禽、幼畜禽、种畜禽）
黔饲证（2014）01039	贵阳环行生物科技公司	浓缩饲料（畜禽、幼畜禽、种畜禽）
黔饲证（2014）01043	贵州宏扬饲料有限公司	配合饲料（畜禽、幼畜禽、种畜禽）；浓缩饲料（畜禽、幼畜禽、种畜禽）
黔饲证（2014）01044	贵阳贵联饲料有限公司	浓缩饲料（畜禽、幼畜禽、种畜禽）
黔饲证（2014）01046	贵州华纳饲料科技有限公司	浓缩饲料（畜禽、幼畜禽、种畜禽）
黔饲证（2014）01048	贵阳恒晨饲料有限公司	配合饲料（畜禽、幼畜禽、种畜禽）；浓缩饲料（畜禽、幼畜禽、种畜禽）
黔饲证（2014）01049	贵州通邦农业科技有限公司	配合饲料（畜禽、反刍、幼畜禽、种畜禽）；浓缩饲料（畜禽、反刍、幼畜禽、种畜禽）；精料补充料（反刍）
黔饲证（2014）01051	贵阳华港饲料有限公司	配合饲料（畜禽、幼畜禽、种畜禽）；浓缩饲料（畜禽、幼畜禽、种畜禽）
黔饲证（2014）01054	贵州华龙饲料有限公司	浓缩饲料（畜禽、幼畜禽、种畜禽）
黔饲证（2014）01057	贵州鑫瑞农业科技发展有限公司	配合饲料（粉料）（畜禽、幼畜禽、种畜禽）；浓缩饲料（畜禽、幼畜禽、种畜禽）
黔饲证（2014）03021	贵州湘大骆驼饲料有限公司	配合饲料（畜禽、幼畜禽、种畜禽）；浓缩饲料（畜禽、幼畜禽、种畜禽）
黔饲证（2014）03033	安顺特驱饲料有限公司	配合饲料（畜禽、幼畜禽、种畜禽）；浓缩饲料（畜禽、幼畜禽、种畜禽）
黔饲证（2014）03056	贵州省顺民饲料有限公司	配合饲料（畜禽、幼畜禽、种畜禽）；浓缩饲料（畜禽、幼畜禽、种畜禽）
黔饲证（2014）03058	贵州银原饲料有限公司	配合饲料（畜禽、水产、幼畜禽、种畜禽、水产育苗）；浓缩饲料（畜禽、幼畜禽、种畜禽）
黔饲证（2014）04035	贵州天农饲料有限公司	配合饲料（畜禽、幼畜禽、种畜禽）；浓缩饲料（畜禽、幼畜禽、种畜禽）
黔饲证（2014）05024	贵州万富朝阳农业科技有限公司	配合饲料（畜禽、水产、幼畜禽、种畜禽）；浓缩饲料（畜禽、幼畜禽）
黔饲证（2014）06050	贵州一鸣农业科技有限公司	配合饲料（畜禽、水产、幼畜禽、种畜禽、水产育苗）；浓缩饲料（畜禽、幼畜禽、种畜禽）
黔饲证（2014）07032	黔西通威饲料有限公司	配合饲料（畜禽、水产、幼畜禽、种畜禽）；浓缩饲料（畜禽、幼畜禽、种畜禽）

（续）

生产许可证编号	企业名称	产品名称
黔饲证（2014）08042	六盘水天健农业科技有限公司	配合饲料（畜禽、幼畜禽、种畜禽）；浓缩饲料（畜禽、幼畜禽、种畜禽）
黔饲证（2014）08047	六盘水永洋生态科技有限公司	配合饲料（畜禽、幼畜禽、种畜禽）；浓缩饲料（畜禽、幼畜禽、种畜禽）
黔饲证（2014）09019	黔西南傲农生物科技有限公司	配合饲料（畜禽、幼畜禽、种畜禽）；浓缩饲料（畜禽、幼畜禽、种畜禽）
黔饲证（2014）09041	贵州省兴义市国龙实业有限公司	配合饲料（畜禽、水产、幼畜禽、种畜禽、水产育苗）；浓缩饲料（畜禽、幼畜禽、种畜禽）
黔饲证（2014）09055	黔西南州恒瑞达饲料有限公司	配合饲料（畜禽、幼畜禽、种畜禽）；浓缩饲料（畜禽、幼畜禽、种畜禽）
滇饲证（2014）01041	昆明正阳饲料有限公司	配合饲料（畜禽、水产、幼畜禽、种畜禽、水产育苗）；浓缩饲料（畜禽、幼畜禽、种畜禽）
滇饲证（2014）01042	云南广联畜禽有限公司	配合饲料（畜禽、水产、幼畜禽、种畜禽、水产育苗）；浓缩饲料（畜禽、幼畜禽、种畜禽）
滇饲证（2014）01043	昆明新希望农业科技有限公司	配合饲料（畜禽、水产、幼畜禽、种畜禽、水产育苗）；浓缩饲料（畜禽、幼畜禽、种畜禽）
滇饲证（2014）01044	昆明新希望动物营养食品有限公司	配合饲料（畜禽、水产、幼畜禽、种畜禽、水产育苗）；浓缩饲料（畜禽、幼畜禽、种畜禽）；精料补充料（反刍）
滇饲证（2014）01046	昆明众利饲料有限公司	配合饲料（畜禽、水产、幼畜禽、种畜禽、水产育苗）；浓缩饲料（畜禽、幼畜禽、种畜禽）
滇饲证（2014）01049	昆明铁骑力士饲料有限公司	配合饲料（畜禽、水产、幼畜禽、种畜禽、水产育苗）；浓缩饲料（畜禽、幼畜禽、种畜禽）；精料补充料（反刍）
滇饲证（2014）01052	昆明力德尔饲料有限公司	配合饲料（畜禽、幼畜禽、种畜禽）；浓缩饲料（畜禽、幼畜禽、种畜禽）
滇饲证（2014）01053	昆明新好农科技有限公司	配合饲料（畜禽、幼畜禽、种畜禽）；浓缩饲料（畜禽、幼畜禽、种畜禽）
滇饲证（2014）01054	昆明丰庆饲料有限公司	配合饲料（畜禽、幼畜禽、种畜禽）；浓缩饲料（畜禽、水产、幼畜禽、种畜禽、水产育苗）
滇饲证（2014）01056	云南邦格农业集团有限公司	配合饲料（畜禽、水产、幼畜禽、种畜禽、水产育苗）；浓缩饲料（畜禽、幼畜禽、种畜禽）
滇饲证（2014）01060	昆明云中美农牧科技有限公司	配合饲料（畜禽、幼畜禽、种畜禽）；浓缩饲料（畜禽、幼畜禽、种畜禽）
滇饲证（2014）01062	昆明云岭广大种禽饲料有限公司	配合饲料（畜禽、水产、幼畜禽、种畜禽、水产育苗）；浓缩饲料（畜禽、幼畜禽、种畜禽）
滇饲证（2014）01064	昆明湘大骆驼饲料有限公司	配合饲料（畜禽、幼畜禽、种畜禽）；浓缩饲料（畜禽、幼畜禽、种畜禽）

（续）

生产许可证编号	企业名称	产品名称
滇饲证（2014）01065	云南神宇农业科技有限公司	配合饲料（畜禽、水产、幼畜禽、种畜禽、水产育苗）；浓缩饲料（畜禽、幼畜禽、种畜禽）
滇饲证（2014）01066	云南双胞胎饲料有限公司	配合饲料（畜禽、幼畜禽、种畜禽）；浓缩饲料（畜禽、幼畜禽、种畜禽）
滇饲证（2014）01067	云南百宜饲料科技有限公司	配合饲料（畜禽、幼畜禽、种畜禽）；浓缩饲料（畜禽、幼畜禽、种畜禽）
滇饲证（2014）01068	昆明旗丰饲料有限公司	配合饲料（畜禽、水产、幼畜禽、种畜禽、水产育苗）；浓缩饲料（畜禽、幼畜禽、种畜禽）
滇饲证（2014）01069	云南海大生物科技有限公司	配合饲料（畜禽、水产、幼畜禽、种畜禽、水产育苗）；浓缩饲料（畜禽、幼畜禽、种畜禽）
滇饲证（2014）01070	云南友美动物食品有限公司	配合饲料（畜禽、水产、幼畜禽、种畜禽、水产育苗）；浓缩饲料（畜禽、幼畜禽、种畜禽）
滇饲证（2014）01072	昆明东方希望动物营养食品有限公司	配合饲料（畜禽、水产、幼畜禽、种畜禽、水产育苗）；浓缩饲料（畜禽、幼畜禽、种畜禽）
滇饲证（2014）01073	云南广德饲料有限公司	配合饲料（畜禽、水产、幼畜禽、种畜禽、水产育苗）；浓缩饲料（畜禽、幼畜禽、种畜禽）
滇饲证（2014）01074	云南安佑生物科技有限公司	配合饲料（畜禽、幼畜禽、种畜禽）；浓缩饲料（畜禽、幼畜禽、种畜禽）
滇饲证（2014）01076	云南联创饲料有限责任公司	配合饲料（畜禽、幼畜禽、种畜禽）；浓缩饲料（畜禽、幼畜禽、种畜禽）
滇饲证（2014）01077	云南东恒经贸集团生物饲料有限公司	配合饲料（畜禽、幼畜禽、种畜禽）；浓缩饲料（畜禽、幼畜禽、种畜禽）
滇饲证（2014）01079	云南加顺饲料有限责任公司	配合饲料（畜禽、水产、幼畜禽、种畜禽、水产育苗）；浓缩饲料（畜禽、幼畜禽、种畜禽）
滇饲证（2014）01080	昆明云牧饲料有限公司	配合饲料（畜禽、水产、幼畜禽、种畜禽、水产育苗）；浓缩饲料（畜禽、幼畜禽、种畜禽）
滇饲证（2014）01081	云南高福生物科技有限公司	配合饲料（畜禽、水产、幼畜禽、种畜禽、水产育苗）；浓缩饲料（畜禽、幼畜禽、种畜禽）；精料补充料（反刍）
滇饲证（2014）01084	昆明市华港饲料有限公司	配合饲料（畜禽、水产、幼畜禽、种畜禽、水产育苗）；浓缩饲料（畜禽、幼畜禽、种畜禽）
滇饲证（2014）01085	昆明市广红饲料有限公司	配合饲料（畜禽、水产、幼畜禽、种畜禽、水产育苗）；浓缩饲料（畜禽、幼畜禽、种畜禽）
滇饲证（2014）01086	石林温氏畜牧有限公司	配合饲料（畜禽、幼畜禽、种畜禽）
滇饲证（2014）01087	沾益三维饲料有限公司	配合饲料（畜禽、水产、幼畜禽、种畜禽、水产育苗）；浓缩饲料（畜禽、幼畜禽、种畜禽）
滇饲证（2014）01088	昆明通邦饲料有限公司	配合饲料（畜禽、幼畜禽、种畜禽）；浓缩饲料（畜禽、幼畜禽、种畜禽）

（续）

生产许可证编号	企业名称	产品名称
滇饲证（2014）01090	昆明恒大饲料有限公司	配合饲料（畜禽、水产、幼畜禽、种畜禽、水产育苗）；浓缩饲料（畜禽、幼畜禽、种畜禽）
滇饲证（2014）01091	云南英雄饲料有限公司	配合饲料（畜禽、水产、幼畜禽、种畜禽、水产育苗）；浓缩饲料（畜禽、幼畜禽、种畜禽）
滇饲证（2014）01092	昆明德大饲料有限公司	配合饲料（畜禽、水产、幼畜禽、种畜禽、水产育苗）；浓缩饲料（畜禽、幼畜禽、种畜禽）
滇饲证（2014）01093	昆明大汇生物科技有限公司	配合饲料（畜禽、水产、幼畜禽、种畜禽、水产育苗）；浓缩饲料（畜禽、幼畜禽、种畜禽）
滇饲证（2014）01094	泸州正大饲料有限公司云南分公司	配合饲料（畜禽、幼畜禽、种畜禽）；浓缩饲料（畜禽、幼畜禽、种畜禽）
滇饲证（2014）01095	昆明和光饲料有限公司	配合饲料（畜禽、水产、幼畜禽、种畜禽、水产育苗）；浓缩饲料（畜禽、幼畜禽、种畜禽）
滇饲证（2014）01096	昆明快长饲料有限公司	配合饲料（畜禽、水产、幼畜禽、种畜禽、水产育苗）；浓缩饲料（畜禽、幼畜禽、种畜禽）
滇饲证（2014）01099	昆明安德利农牧科技有限公司	配合饲料（畜禽、水产、幼畜禽、种畜禽、水产育苗）；浓缩饲料（畜禽、幼畜禽、种畜禽）
滇饲证（2014）01102	昆明牧丰饲料有限公司	配合饲料（幼畜禽、种畜禽）；浓缩饲料（幼畜禽、种畜禽）
滇饲证（2014）01103	昆明普吉饲料科技有限公司	配合饲料（水产、幼畜禽、种畜禽、水产育苗）；浓缩饲料（幼畜禽、种畜禽）
滇饲证（2014）01104	昆明能达饲料生产有限公司	配合饲料（畜禽、幼畜禽、种畜禽）；浓缩饲料（畜禽、幼畜禽、种畜禽）
滇饲证（2014）01105	昆明快大饲料有限公司	配合饲料（畜禽、水产、幼畜禽、种畜禽、水产育苗）；浓缩饲料（畜禽、反刍、幼畜禽、种畜禽）；精料补充料（反刍）
滇饲证（2014）01106	昆明凯智饲料有限公司	配合饲料（畜禽、水产、幼畜禽、种畜禽、水产育苗）；浓缩饲料（畜禽、幼畜禽、种畜禽）
滇饲证（2014）01107	云南正港农牧科技有限公司	配合饲料（畜禽、水产、幼畜禽、种畜禽、水产育苗）；浓缩饲料（畜禽、幼畜禽、种畜禽）
滇饲证（2014）01109	昆明庆佳骨制品有限公司	配合饲料（畜禽、水产、幼畜禽、种畜禽、水产育苗）；浓缩饲料（畜禽、幼畜禽、种畜禽）
滇饲证（2014）01110	昆明锦荣饲料有限公司	配合饲料（畜禽、水产、幼畜禽、种畜禽、水产育苗）；浓缩饲料（畜禽、幼畜禽、种畜禽）
滇饲证（2014）01112	昆明新美名饲料有限公司	配合饲料（畜禽、幼畜禽、种畜禽）；浓缩饲料（畜禽、幼畜禽、种畜禽）
滇饲证（2014）01113	昆明欧联饲料有限公司	配合饲料（畜禽、幼畜禽、种畜禽）；浓缩饲料（畜禽、幼畜禽、种畜禽）

（续）

生产许可证编号	企业名称	产品名称
滇饲证（2014）01114	昆明加美特饲料有限公司	配合饲料（畜禽、水产、幼畜禽、种畜禽、水产育苗）；浓缩饲料（畜禽、幼畜禽、种畜禽）
滇饲证（2014）011147	昆明骏马饲料有限公司	配合饲料（畜禽、幼畜禽、种畜禽）；浓缩饲料（畜禽、幼畜禽、种畜禽）
滇饲证（2014）01115	昆明动之能饲料有限公司	配合饲料（畜禽、幼畜禽、种畜禽）；浓缩饲料（畜禽、幼畜禽、种畜禽）
滇饲证（2014）01116	昆明华曦饲料有限公司	配合饲料（畜禽、水产、幼畜禽、种畜禽、水产育苗）；浓缩饲料（畜禽、幼畜禽、种畜禽）
滇饲证（2014）01117	昆明赛德饲料有限公司	浓缩饲料（反刍）；精料补充料（反刍）
滇饲证（2014）01118	云南荣强饲料有限公司	配合饲料（畜禽、水产、幼畜禽、种畜禽、水产育苗）；浓缩饲料（畜禽、幼畜禽、种畜禽）
滇饲证（2014）01119	昆明牧坤饲料有限公司	配合饲料（畜禽、幼畜禽、种畜禽）；浓缩饲料（畜禽、幼畜禽、种畜禽）
滇饲证（2014）01121	昆明大旺饲料有限公司	配合饲料（畜禽、水产、幼畜禽、种畜禽、水产育苗）；浓缩饲料（畜禽、幼畜禽、种畜禽）
滇饲证（2014）01122	昆明圣烨畜牧科技有限公司	配合饲料（畜禽、水产、幼畜禽、种畜禽、水产育苗）；浓缩饲料（畜禽、幼畜禽、种畜禽）
滇饲证（2014）01123	昆明大台农台标农业科技有限公司	配合饲料（畜禽、幼畜禽、种畜禽）；浓缩饲料（畜禽、幼畜禽、种畜禽）
滇饲证（2014）01124	昆明全能进饲料有限公司	配合饲料（畜禽、幼畜禽、种畜禽）；浓缩饲料（畜禽、幼畜禽、种畜禽）
滇饲证（2014）01126	昆明正兴饲料有限公司	配合饲料（畜禽、水产、幼畜禽、种畜禽、水产育苗）；浓缩饲料（畜禽、幼畜禽、种畜禽）
滇饲证（2014）01127	昆明佰子丰饲料有限公司	配合饲料（畜禽、幼畜禽、种畜禽）；浓缩饲料（畜禽、幼畜禽、种畜禽）
滇饲证（2014）01128	昆明云杰饲料有限公司	配合饲料（畜禽、幼畜禽、种畜禽）；浓缩饲料（畜禽、幼畜禽、种畜禽）
滇饲证（2014）01130	昆明普庆饲料有限公司	配合饲料（畜禽、幼畜禽、种畜禽）；浓缩饲料（畜禽、幼畜禽、种畜禽）
滇饲证（2014）01133	昆明市华胜饲料有限责任公司	配合饲料（畜禽、水产、幼畜禽、种畜禽、水产育苗）；浓缩饲料（畜禽、幼畜禽、种畜禽）
滇饲证（2014）01134	昆明市华昌饲料有限公司	配合饲料（畜禽、水产、幼畜禽、种畜禽、水产育苗）；浓缩饲料（畜禽、幼畜禽、种畜禽）
滇饲证（2014）01136	昆明康地牧业有限公司	配合饲料（畜禽、幼畜禽、种畜禽）；浓缩饲料（畜禽、幼畜禽、种畜禽）
滇饲证（2014）01137	昆明勤能饲料加工有限公司	配合饲料（畜禽、水产、幼畜禽、种畜禽、水产育苗）；浓缩饲料（畜禽、幼畜禽、种畜禽）

（续）

生产许可证编号	企业名称	产品名称
滇饲证（2014）01138	昆明枭瑞农业科技有限公司	配合饲料（畜禽、幼畜禽、种畜禽）；浓缩饲料（畜禽、幼畜禽、种畜禽）
滇饲证（2014）01139	云南万民农牧科技有限责任公司	配合饲料（畜禽、幼畜禽、种畜禽）；浓缩饲料（畜禽、幼畜禽、种畜禽）
滇饲证（2014）01140	昆明康农饲料有限公司	配合饲料（畜禽、幼畜禽、种畜禽）；浓缩饲料（畜禽、幼畜禽、种畜禽）
滇饲证（2014）01141	昆明华达饲料有限公司	配合饲料（畜禽、水产、幼畜禽、种畜禽、水产育苗）；浓缩饲料（畜禽、幼畜禽、种畜禽）
滇饲证（2014）01143	昆明滇福饲料有限公司	配合饲料（畜禽、水产、幼畜禽、种畜禽、水产育苗）；浓缩饲料（畜禽、幼畜禽、种畜禽）
滇饲证（2014）01144	昆明大成饲料有限公司	配合饲料（畜禽、水产、幼畜禽、种畜禽、水产育苗）；浓缩饲料（畜禽、幼畜禽、种畜禽）
滇饲证（2014）01145	昆明小博士饲料有限公司	配合饲料（畜禽、幼畜禽、种畜禽）；浓缩饲料（畜禽、幼畜禽、种畜禽）
滇饲证（2014）01148	昆明倍特饲料有限公司	配合饲料（畜禽、幼畜禽、种畜禽）；浓缩饲料（畜禽、幼畜禽、种畜禽）
滇饲证（2014）01149	昆明博海饲料有限公司	配合饲料（畜禽、幼畜禽、种畜禽）；浓缩饲料（畜禽、幼畜禽、种畜禽）
滇饲证（2014）01150	昆明正康饲料有限责任公司	配合饲料（畜禽、水产、幼畜禽、种畜禽、水产育苗）；浓缩饲料（畜禽、幼畜禽、种畜禽）
滇饲证（2014）01151	云南家云农牧科技有限公司	配合饲料（畜禽、幼畜禽、种畜禽）；浓缩饲料（畜禽、幼畜禽、种畜禽）
滇饲证（2014）01153	昆明家家旺饲料有限公司	配合饲料（畜禽、幼畜禽、种畜禽）；浓缩饲料（畜禽、幼畜禽、种畜禽）
滇饲证（2014）01157	云南德远饲料有限公司	配合饲料（畜禽、水产、幼畜禽、种畜禽、水产育苗）；浓缩饲料（畜禽、幼畜禽、种畜禽）
滇饲证（2014）01158	昆明坚强农牧科技有限公司	配合饲料（畜禽、幼畜禽、种畜禽）；浓缩饲料（畜禽、幼畜禽、种畜禽）
滇饲证（2014）01159	昆明金山饲料有限公司	配合饲料（畜禽、幼畜禽、种畜禽）；浓缩饲料（畜禽、幼畜禽、种畜禽）
滇饲证（2014）01160	昆明芳联饲料有限责任公司	配合饲料（畜禽、幼畜禽、种畜禽）；浓缩饲料（畜禽、幼畜禽、种畜禽）
滇饲证（2014）01161	昆明田园饲料有限公司	配合饲料（畜禽、水产、幼畜禽、种畜禽、水产育苗）；浓缩饲料（畜禽、反刍、幼畜禽、种畜禽）；精料补充料（反刍）

（续）

生产许可证编号	企业名称	产品名称
滇饲证（2014）01164	昆明云澳牧业有限公司	浓缩饲料（反刍）；精料补充料（反刍）
滇饲证（2014）01168	云南佳仕达实业有限公司	配合饲料（畜禽、水产、幼畜禽、种畜禽、水产育苗）；浓缩饲料（畜禽、幼畜禽、种畜禽）
滇饲证（2014）01169	昆明美科达商贸有限公司	配合饲料（畜禽、水产、幼畜禽、种畜禽、水产育苗）；浓缩饲料（畜禽、幼畜禽、种畜禽）
滇饲证（2014）01170	昆明风度饲料有限公司大板桥分公司	配合饲料（畜禽、水产、幼畜禽、种畜禽、水产育苗）；浓缩饲料（畜禽、幼畜禽、种畜禽）
滇饲证（2014）01171	昆明荣茂达饲料有限公司	配合饲料（畜禽、幼畜禽、种畜禽）；浓缩饲料（畜禽、幼畜禽、种畜禽）
滇饲证（2014）01177	昆明市庆林饲料有限责任公司	配合饲料（畜禽、水产、幼畜禽、种畜禽、水产育苗）；浓缩饲料（畜禽、幼畜禽、种畜禽）
滇饲证（2014）01179	昆明广农饲料有限公司	配合饲料（畜禽、幼畜禽、种畜禽）；浓缩饲料（畜禽、幼畜禽、种畜禽）
滇饲证（2014）01188	云南大台农饲料有限公司	配合饲料（畜禽、幼畜禽、种畜禽）；浓缩饲料（畜禽、幼畜禽、种畜禽）
滇饲证（2014）01189	昆明宝农饲料有限公司	配合饲料（幼畜禽、种畜禽、水产育苗）；浓缩饲料（幼畜禽、种畜禽）
滇饲证（2014）02050	曲靖国雄饲料有限公司	配合饲料（畜禽、水产、幼畜禽、种畜禽、水产育苗）；浓缩饲料（畜禽、幼畜禽、种畜禽）
滇饲证（2014）02058	云南牧道生物技术有限公司	配合饲料（畜禽、水产、幼畜禽、种畜禽、水产育苗）；浓缩饲料（畜禽、幼畜禽、种畜禽）
滇饲证（2014）02061	罗平县智龙饲料有限公司	配合饲料（畜禽、水产、幼畜禽、种畜禽、水产育苗）；浓缩饲料（畜禽、幼畜禽、种畜禽）
滇饲证（2014）02071	曲靖友美动物食品有限公司	配合饲料（畜禽、水产、幼畜禽、种畜禽、水产育苗）；浓缩饲料（畜禽、幼畜禽、种畜禽）
滇饲证（2014）02075	云南瑞稼饲料有限公司	配合饲料（畜禽、水产、幼畜禽、种畜禽、水产育苗）；浓缩饲料（畜禽、幼畜禽、种畜禽）
滇饲证（2014）02089	宣威市鹏跃科技饲料有限公司	配合饲料（畜禽、水产、幼畜禽、种畜禽、水产育苗）；浓缩饲料（畜禽、幼畜禽、种畜禽）
滇饲证（2014）02120	云南青葵生物科技有限公司	配合饲料（畜禽、水产、幼畜禽、种畜禽、水产育苗）；浓缩饲料（畜禽、幼畜禽、种畜禽）
滇饲证（2014）02183	曲靖市大兴饲料有限责任公司	配合饲料（畜禽、水产、幼畜禽、种畜禽、水产育苗）；浓缩饲料（畜禽、幼畜禽、种畜禽）
滇饲证（2014）03083	云南快大多畜牧科技有限公司	配合饲料（畜禽、水产、幼畜禽、种畜禽、水产育苗）；浓缩饲料（畜禽、幼畜禽、种畜禽）
滇饲证（2014）04045	保山市隆阳区安邦饲料厂	配合饲料（畜禽、幼畜禽、种畜禽）；浓缩饲料（畜禽、幼畜禽、种畜禽）

（续）

生产许可证编号	企业名称	产品名称
滇饲证（2014）04166	保山市隆阳区顺达饲料有限责任公司	配合饲料（畜禽、水产、幼畜禽、种畜禽、水产育苗）；浓缩饲料（畜禽、幼畜禽、种畜禽）
滇饲证（2014）04167	保山升恒饲料有限公司	配合饲料（畜禽、水产、幼畜禽、种畜禽、水产育苗）；浓缩饲料（畜禽、幼畜禽、种畜禽）
滇饲证（2014）05082	昭通市天地牧业有限公司	配合饲料（畜禽、幼畜禽、种畜禽）；浓缩饲料（畜禽、幼畜禽、种畜禽）
滇饲证（2014）05142	龙博饲料有限公司	配合饲料（畜禽、水产、幼畜禽、种畜禽、水产育苗）；浓缩饲料（畜禽、幼畜禽、种畜禽）
滇饲证（2014）07078	云南省普洱市思茅厚普饲料有限公司	配合饲料（畜禽、水产、幼畜禽、种畜禽、水产育苗）；浓缩饲料（畜禽、反刍、幼畜禽、种畜禽）；精料补充料（反刍）
滇饲证（2014）07187	云南海王生物饲料科技有限公司	配合饲料（畜禽、水产、幼畜禽、种畜禽、水产育苗）；浓缩饲料（畜禽、幼畜禽、种畜禽）
滇饲证（2014）08173	云县金旺饲料有限公司	配合饲料（反刍）；浓缩饲料（反刍）；精料补充料（反刍）
滇饲证（2014）08174	临沧丰源饲料有限责任公司	配合饲料（畜禽、幼畜禽、种畜禽）；浓缩饲料（畜禽、幼畜禽、种畜禽）
滇饲证（2014）08181	临沧宏泰饲料有限责任公司	配合饲料（畜禽、幼畜禽、种畜禽）；浓缩饲料（畜禽、幼畜禽、种畜禽）
滇饲证（2014）09055	云南天红牧业有限公司	配合饲料（畜禽、幼畜禽、种畜禽）；浓缩饲料（畜禽、幼畜禽、种畜禽）
滇饲证（2014）09108	楚雄民向饲料有限公司	配合饲料（畜禽、水产、幼畜禽、种畜禽、水产育苗）；浓缩饲料（畜禽、幼畜禽、种畜禽）
滇饲证（2014）10180	开远市金泰饲料有限公司	配合饲料（畜禽、水产、幼畜禽、种畜禽、水产育苗）；浓缩饲料（畜禽、幼畜禽、种畜禽）
滇饲证（2014）10185	云南开远市红禧饲料有限公司	配合饲料（幼畜禽、种畜禽）；浓缩饲料（幼畜禽、种畜禽）
滇饲证（2014）11051	云南君福饲料科技有限公司	配合饲料（畜禽、水产、幼畜禽、种畜禽、水产育苗）；浓缩饲料（畜禽、幼畜禽、种畜禽）
滇饲证（2014）11182	砚山县金重大饲料有限公司	配合饲料（畜禽、水产、幼畜禽、种畜禽、水产育苗）；浓缩饲料（畜禽、幼畜禽、种畜禽）
滇饲证（2014）11184	云南滇蜀饲料公司	配合饲料（畜禽、幼畜禽、种畜禽）；浓缩饲料（畜禽、幼畜禽、种畜禽）
滇饲证（2014）12186	西双版纳为民牧业有限公司	配合饲料（畜禽、水产、幼畜禽、种畜禽、水产育苗）；浓缩饲料（畜禽）
滇饲证（2014）13047	云南大鲸科技有限公司	配合饲料（畜禽、幼畜禽、种畜禽）；浓缩饲料（畜禽、幼畜禽、种畜禽）

（续）

生产许可证编号	企业名称	产品名称
滇饲证（2014）13048	大理星睿饲料有限公司	配合饲料（畜禽）；浓缩饲料（畜禽、幼畜禽、种畜禽）
滇饲证（2014）13063	大理双胞胎饲料有限公司	配合饲料（畜禽、幼畜禽、种畜禽）；浓缩饲料（畜禽、幼畜禽、种畜禽）
滇饲证（2014）13097	云南大理康华饲料有限公司	配合饲料（畜禽、水产、幼畜禽、种畜禽、水产育苗）；浓缩饲料（畜禽、幼畜禽、种畜禽）
滇饲证（2014）13098	云南恒星饲料有限责任公司	配合饲料（畜禽、水产、幼畜禽、种畜禽、水产育苗）；浓缩饲料（畜禽、幼畜禽、种畜禽）
滇饲证（2014）13101	云南聚友饲料有限公司	配合饲料（畜禽、水产、幼畜禽、种畜禽、水产育苗）；浓缩饲料（畜禽、幼畜禽、种畜禽）
滇饲证（2014）13131	大理东道农业产业有限公司	配合饲料（畜禽、水产、幼畜禽、种畜禽、水产育苗）；浓缩饲料（畜禽、反刍、幼畜禽、种畜禽）
滇饲证（2014）13132	大理友华畜牧科技有限责任公司	配合饲料（畜禽、水产、幼畜禽、种畜禽、水产育苗）；浓缩饲料（畜禽、幼畜禽、种畜禽）
滇饲证（2014）13135	大理川广饲料有限公司	配合饲料（畜禽、水产、幼畜禽、种畜禽、水产育苗）；浓缩饲料（畜禽、幼畜禽、种畜禽）
滇饲证（2014）13146	大理恒大饲料有限公司	配合饲料（畜禽、水产、幼畜禽、种畜禽、水产育苗）；浓缩饲料（畜禽、幼畜禽、种畜禽）
滇饲证（2014）13152	大理双兴科技开发有限公司千村红饲料厂	配合饲料（畜禽、幼畜禽、种畜禽）；浓缩饲料（畜禽、反刍、幼畜禽、种畜禽）；精料补充料（反刍）
滇饲证（2014）13154	大理苍山雪畜牧科技有限责任公司	浓缩饲料（反刍）；精料补充料（反刍）
滇饲证（2014）13155	大理市鑫金饲料有限责任公司	配合饲料（畜禽、反刍、幼畜禽、种畜禽）；浓缩饲料（畜禽、幼畜禽、种畜禽）
滇饲证（2014）13162	大理新秀畜牧科技有限公司	配合饲料（畜禽、幼畜禽、种畜禽）；浓缩饲料（畜禽、幼畜禽、种畜禽）
滇饲证（2014）13165	大理兴农饲料有限公司	配合饲料（畜禽、水产、幼畜禽、种畜禽、水产育苗）；浓缩饲料（畜禽、幼畜禽、种畜禽）
滇饲证（2014）14172	德宏州创新饲料有限公司	配合饲料（畜禽、水产、幼畜禽、种畜禽、水产育苗）；浓缩饲料（畜禽、幼畜禽、种畜禽）
滇饲证（2014）14176	德宏贵岚养殖有限公司	配合饲料（畜禽、水产、幼畜禽、种畜禽、水产育苗）；浓缩饲料（畜禽、幼畜禽、种畜禽）
陕饲证（2014）01001	陕西康达尔农牧科技有限公司	配合饲料（畜禽、水产）；浓缩饲料（畜禽）
陕饲证（2014）01003	西安三丰饲料发展有限公司	配合饲料（反刍）；浓缩饲料（反刍）；精料补充料（反刍）
陕饲证（2014）01004	陕西正能农牧科技有限责任公司西安高陵分公司	配合饲料（畜禽）；浓缩饲料（畜禽）
陕饲证（2014）01005	西安兴农饲料有限公司	配合饲料（畜禽）；浓缩饲料（畜禽）
陕饲证（2014）01006	高陵县达利饲料有限责任公司	配合饲料（畜禽、水产）；浓缩饲料（畜禽、水产）

（续）

生产许可证编号	企业名称	产品名称
陕饲证（2014）01007	西安九州大地农牧发展有限公司	浓缩饲料（反刍）；精料补充料（反刍）
陕饲证（2014）01008	西安佰士得生物科技发展有限公司	配合饲料（畜禽、水产）；浓缩饲料（畜禽）
陕饲证（2014）01009	西安市新星饲料有限公司	配合饲料（畜禽）；浓缩饲料（畜禽、水产）
陕饲证（2014）01010	西安市东方农牧科技发展有限公司	配合饲料（畜禽、水产）；浓缩饲料（畜禽）
陕饲证（2014）01011	西安珠宝饲料有限公司	配合饲料（畜禽、水产）；浓缩饲料（畜禽、水产）
陕饲证（2014）01015	西安正方饲料科技有限责任公司	配合饲料（畜禽、水产）；浓缩饲料（畜禽、水产）
陕饲证（2014）01016	西安市百富饲料有限公司	配合饲料（畜禽、水产）；浓缩饲料（畜禽）
陕饲证（2014）01017	西安秦威饲料有限责任公司	配合饲料（畜禽）；浓缩饲料（畜禽）
陕饲证（2014）01018	西安东阳饲料有限公司	配合饲料（畜禽、水产）；浓缩饲料（畜禽、水产）
陕饲证（2014）02001	陕西大匠农科产业（集团）有限公司	配合饲料（畜禽）
陕饲证（2014）03002	宝鸡恒辉饲料有限公司	配合饲料（畜禽）；浓缩饲料（畜禽）
陕饲证（2014）03003	宝鸡智慧饲料有限公司	配合饲料（畜禽、水产）；浓缩饲料（畜禽）
陕饲证（2014）03004	扶风兴农饲料有限责任公司	配合饲料（畜禽）；浓缩饲料（畜禽）
陕饲证（2014）04002	咸阳美和慧通饲料有限公司	配合饲料（畜禽）；浓缩饲料（畜禽）
陕饲证（2014）04003	陕西康大饲料有限公司	配合饲料（畜禽、水产）；浓缩饲料（畜禽）
陕饲证（2014）04004	兴平市康惠饲料有限公司	配合饲料（畜禽、水产）；浓缩饲料（畜禽、水产）
陕饲证（2014）04005	陕西安佑饲料科技有限公司	配合饲料（畜禽）；浓缩饲料（畜禽）
陕饲证（2014）04006	陕西省兴平市满堂红饲料有限责任公司	配合饲料（畜禽、水产）；浓缩饲料（畜禽、水产）
陕饲证（2014）04007	三原沃德金钥匙生物饲料有限公司	配合饲料（反刍）；浓缩饲料（反刍）；精料补充料（反刍）
陕饲证（2014）04008	西安乐民反刍动物研究所	配合饲料（反刍）；浓缩饲料（反刍）；精料补充料（反刍）
陕饲证（2014）05001	蒲城兴盛饲料有限公司	配合饲料（畜禽）；浓缩饲料（畜禽）
陕饲证（2014）05002	陕西龙首油脂有限公司	配合饲料（畜禽、水产）；浓缩饲料（畜禽）
陕饲证（2014）05003	大荔双胞胎饲料有限公司	配合饲料（畜禽）；浓缩饲料（畜禽）
陕饲证（2014）05004	陕西澄城恒远生物科技有限责任公司	配合饲料（畜禽）；浓缩饲料（畜禽）
陕饲证（2014）05005	陕西大农饲料科技有限责任公司	精料补充料（反刍）
陕饲证（2014）05006	西安九州大地农牧发展有限公司渭南分公司	配合饲料（畜禽、水产）；浓缩饲料（畜禽、水产）
陕饲证（2014）05007	陕西祥禾农牧有限责任公司	配合饲料（畜禽）；浓缩饲料（畜禽）
陕饲证（2014）05008	西安佳美饲料科技有限责任公司大荔分公司	配合饲料（畜禽、水产）；浓缩饲料（畜禽）
陕饲证（2014）05009	韩城禾丰饲料有限公司	配合饲料（畜禽、水产）；浓缩饲料（畜禽）
陕饲证（2014）05010	富平县天唯源农牧有限公司	配合饲料（畜禽）；浓缩饲料（畜禽）

（续）

生产许可证编号	企业名称	产品名称
陕饲证（2014）05011	陕西英考鸵鸟王饲料有限公司	配合饲料（畜禽）；浓缩饲料（畜禽、水产）
陕饲证（2014）05012	渭南市光大畜牧发展有限公司	配合饲料（畜禽）；浓缩饲料（畜禽）
陕饲证（2014）06001	陕西大秦汉集团有限公司	配合饲料（畜禽、水产）；浓缩饲料（畜禽）
陕饲证（2014）06002	汉中市沣钰农业发展有限公司	配合饲料（畜禽、水产）；浓缩饲料（畜禽）
陕饲证（2014）06003	陕西汉中众望饲料有限责任公司	配合饲料（畜禽、水产）；浓缩饲料（畜禽、水产）
陕饲证（2014）07001	安康阳晨生物饲料科技有限公司	配合饲料（畜禽、水产）；浓缩饲料（畜禽）
陕饲证（2014）07002	陕西润农实业发展有限公司	配合饲料（畜禽）；浓缩饲料（畜禽）
陕饲证（2014）08001	丹凤县嘉翔饲料有限公司	配合饲料（畜禽）；浓缩饲料（畜禽）
陕饲证（2014）08002	陕西肥乐饲料有限公司	配合饲料（畜禽）；浓缩饲料（畜禽）
陕饲证（2014）09001	延安联威农牧有限公司	配合饲料（畜禽、水产）；浓缩饲料（畜禽、水产）
陕饲证（2014）11001	陕西农标普瑞纳饲料有限公司	配合饲料（畜禽、水产）；浓缩饲料（畜禽、水产、反刍）；精料补充料（反刍）
陕饲证（2014）11002	杨凌稷合饲料有限公司	配合饲料（畜禽）；浓缩饲料（畜禽）
陕饲证（2014）11003	杨凌普瑞邦牧业科技有限公司	配合饲料（畜禽、水产）；浓缩饲料（畜禽、水产）
陕饲证（2014）11004	萨诺（杨凌）现代动物营养有限公司	配合饲料（畜禽）；浓缩饲料（畜禽、反刍）；精料补充料（反刍）
陕饲证（2014）11005	杨凌华牧生物科技有限公司	配合饲料（畜禽、水产）；浓缩饲料（畜禽、水产）
陕饲证（2014）11006	杨凌高远生物科技有限公司	配合饲料（畜禽、水产）；浓缩饲料（畜禽、水产）
陕饲证（2014）11007	杨凌航佳饲料有限公司	配合饲料（畜禽）；浓缩饲料（畜禽）
陕饲证（2014）11008	陕西杨凌富仕特饲料有限公司	配合饲料（畜禽）；浓缩饲料（畜禽）
陕饲证（2014）11010	杨凌金鼎康牧业发展有限公司	配合饲料（畜禽、水产）；浓缩饲料（畜禽、水产）
甘饲证（2014）02004	张掖大北农农牧科技有限公司	配合饲料（畜禽、幼畜禽、种畜禽）；浓缩饲料（畜禽、反刍、幼畜禽、种畜禽）；精料补充料（反刍）
甘饲证（2014）02007	张掖市龙腾饲料科技有限公司	浓缩饲料（反刍）；精料补充料（反刍）
甘饲证（2014）02008	张掖市金农源生物科技有限公司	浓缩饲料（反刍）；精料补充料（反刍）
甘饲证（2014）03004	武威希望饲料有限公司	配合饲料（畜禽、幼畜禽、种畜禽）；浓缩饲料（畜禽、反刍、幼畜禽、种畜禽）；精料补充料（反刍）
甘饲证（2014）03005	武威创奇科技产业服务有限责任公司	配合饲料（非反刍畜禽、水产、非反刍幼畜禽）；浓缩饲料（非反刍畜禽、水产、非反刍幼畜禽、非反刍种畜禽）
甘饲证（2014）03007	武威铁骑力士饲料有限公司	配合饲料（畜禽、反刍、幼畜禽、种畜禽、特种动物）；浓缩饲料（畜禽、反刍、幼畜禽、种畜禽、特种动物）；精料补充料（反刍）
甘饲证（2014）03008	武威市智慧农业科技有限责任公司	配合饲料（畜禽）；浓缩饲料（畜禽）
甘饲证（2014）03009	武威昌荣饲料有限公司	配合饲料（畜禽）；浓缩饲料（畜禽）
甘饲证（2014）03010	新疆天康饲料科技有限公司武威分公司	配合饲料（畜禽、水产、幼畜禽、种畜禽、水产育苗）；浓缩饲料（畜禽、水产、幼畜禽、种畜禽、水产育苗）

（续）

生产许可证编号	企业名称	产品名称
甘饲证（2014）03011	武威六和益民饲料有限公司	配合饲料（畜禽）；浓缩饲料（畜禽）
甘饲证（2014）03012	武威天马饲料有限公司	浓缩饲料（反刍）；精料补充料（反刍）
甘饲证（2014）03013	武威市凉州区金德牧丰饲料厂	配合饲料（畜禽、幼畜禽、种畜禽）；浓缩饲料（畜禽、幼畜禽、种畜禽）
甘饲证（2014）03016	武威富农源饲料有限公司	浓缩饲料（反刍）；精料补充料（反刍）
甘饲证（2014）03018	武威华润饲料有限责任公司	配合饲料（畜禽）；浓缩饲料（畜禽）
甘饲证（2014）03019	武威和生源饲料有限公司	浓缩饲料（反刍）；精料补充料（反刍）
甘饲证（2014）04002	甘肃永正农牧科技有限公司	配合饲料（畜禽、水产、特种动物）；浓缩饲料（畜禽、水产）
甘饲证（2014）06002	庄浪县德信饲料有限公司	配合饲料（畜禽）；浓缩饲料（畜禽）
甘饲证（2014）06003	崇信县正丰饲料有限责任公司	配合饲料（畜禽）；浓缩饲料（畜禽）
甘饲证（2014）08001	临夏州小康村饲料有限责任公司	配合饲料（畜禽、水产、反刍、特种动物）；浓缩饲料（畜禽、水产、反刍）；精料补充料（反刍）
甘饲证（2014）10001	天水博亚饲料有限责任公司	配合饲料（畜禽）；浓缩饲料（畜禽）
甘饲证（2014）11002	兰州新希望饲料有限公司	配合饲料（畜禽、幼畜禽、种畜禽）；浓缩饲料（畜禽、幼畜禽、种畜禽）
甘饲证（2014）11003	兰州石羊饲料有限公司	配合饲料（畜禽、水产）；浓缩饲料（畜禽、反刍）；精料补充料（反刍）
甘饲证（2014）11004	兰州正大有限公司	配合饲料（畜禽、水产、幼畜禽、种畜禽）；浓缩饲料（畜禽、反刍、幼畜禽、种畜禽）；精料补充料（反刍）
甘饲证（2014）12002	甘肃昊胜资源饲料科技有限公司	浓缩饲料（反刍）；精料补充料（反刍）
甘饲证（2014）12003	甘肃三洋金源农牧股份有限公司	配合饲料（反刍）；浓缩饲料（反刍）；精料补充料（反刍）
甘饲证（2014）13001	甘肃大北农农牧科技有限责任公司白银分公司	配合饲料（畜禽）；浓缩饲料（畜禽）
甘饲证（2014）13003	甘肃白银三旺农牧有限公司	配合饲料（畜禽、水产）；浓缩饲料（畜禽）
甘饲证（2014）13005	景泰天邦饲料有限公司	配合饲料（畜禽、水产）；浓缩饲料（畜禽、反刍）；精料补充料（反刍）
青饲证（2014）01003	青海河湟青牧饲料科技开发有限公司	精料补充料（反刍）
青饲证（2014）01004	青海江河源农牧科技发展有限公司	配合饲料（反刍）；浓缩饲料（反刍）；精料补充料（反刍、其他）
青饲证（2014）21021	乐都润田饲料厂	配合饲料（畜禽、幼畜禽）；浓缩饲料（畜禽、反刍）；精料补充料（反刍）
青饲证（2014）21022	青海乐都恒源饲料有限公司	配合饲料（畜禽）；浓缩饲料（畜禽、反刍）；精料补充料（反刍）
青饲证（2014）21023	青海鲁青饲料科技有限公司	浓缩饲料（反刍）；精料补充料（反刍）

（续）

生产许可证编号	企业名称	产品名称
青饲证（2014）22041	刚察县鲁援生态饲料有限公司	补饲料（反刍）；精料补充料（反刍）
青饲证（2014）22042	门源县永兴生态农牧开发有限公司	配合饲料（反刍）；浓缩饲料（反刍）；精料补充料（反刍、其他）
青饲证（2014）25061	青海黄河畜兴农牧开发有限公司	配合饲料（畜禽）；精料补充料（反刍）
宁饲证（2014）01011	银川正大有限公司	配合饲料（反刍）；浓缩饲料（反刍）；精料补充料（反刍、其他）
宁饲证（2014）01013	银川东方希望动物营养食品有限公司	配合饲料（畜禽、水产）；浓缩饲料（畜禽、反刍）；精料补充料（反刍、其他）
宁饲证（2014）01014	银川康地反刍动物营养科技有限公司	配合饲料（反刍）；浓缩饲料（反刍）；精料补充料（反刍、其他）
宁饲证（2014）01015	宁夏正旺农牧科技有限公司	配合饲料（畜禽、水产）；浓缩饲料（畜禽、反刍）；精料补充料（反刍、其他）
宁饲证（2014）01016	康地饲料（银川）有限公司	配合饲料（畜禽、水产）；浓缩饲料（畜禽、水产）
宁饲证（2014）01017	宁夏大北农科技实业有限公司	配合饲料（畜禽、水产）；浓缩饲料（畜禽、反刍）；精料补充料（反刍、其他）
宁饲证（2014）01020	宁夏莱福饲料有限公司	配合饲料（畜禽、水产）；浓缩饲料（畜禽）
宁饲证（2014）01021	宁夏九盛牧业科技研究院（有限公司）	配合饲料（畜禽、水产）；浓缩饲料（畜禽、反刍）；精料补充料（反刍、其他）
宁饲证（2014）02019	平罗县隆昌饲料有限责任公司	配合饲料（畜禽、水产）；浓缩饲料（畜禽、反刍）；精料补充料（反刍、其他）
宁饲证（2014）02022	宁夏马兰花生态农业开发有限公司	配合饲料（畜禽、水产）；浓缩饲料（畜禽、水产）
宁饲证（2014）03005	宁夏杨哈吉清真农牧产业发展有限公司	配合饲料（反刍）；浓缩饲料（反刍）；精料补充料（反刍、其他）
宁饲证（2014）03023	吴忠市丰农饲料加工有限公司	配合饲料（反刍）；浓缩饲料（反刍）；精料补充料（反刍）
新饲证（2014）01002	新疆新希望饲料有限责任公司	配合饲料（畜禽、水产、幼畜禽、水产育苗）；浓缩饲料（畜禽、幼畜禽）；精料补充料（反刍）
新饲证（2014）01003	新疆天康饲料科技有限公司	配合饲料（畜禽、幼畜禽、种畜禽）；浓缩饲料（畜禽）
新饲证（2014）01004	新疆天康饲料科技有限公司乌鲁木齐分公司	配合饲料（畜禽、水产、幼畜禽、种畜禽、水产育苗）；浓缩饲料（畜禽、水产、幼畜禽、种畜禽、水产育苗）；精料补充料（反刍）
新饲证（2014）01005	新疆天山预混合饲料厂	浓缩饲料（畜禽）
新饲证（2014）01006	乌鲁木齐家瑞乐饲料有限公司	配合饲料（畜禽、水产、幼畜禽、种畜禽、水产育苗、特种动物）；浓缩饲料（畜禽、幼畜禽、种畜禽、特种动物）

（续）

生产许可证编号	企业名称	产品名称
新饲证（2014）01008	乌鲁木齐正大畜牧有限公司	配合饲料（畜禽、水产、幼畜禽、种畜禽）；浓缩饲料（畜禽、水产、幼畜禽、种畜禽）
新饲证（2014）01009	新疆天物生态科技股份有限公司	浓缩饲料（反刍）；精料补充料（反刍）
新饲证（2014）21001	托克逊县大帮农牧开发有限公司	精料补充料（反刍）
新饲证（2014）22001	巴里坤县鑫成饲料有限责任公司	精料补充料（反刍）
新饲证（2014）22002	哈密普升畜牧养殖有限责任公司	配合饲料（畜禽、幼畜禽、种畜禽）；浓缩饲料（畜禽、幼畜禽、种畜禽）
新饲证（2014）23002	昌吉市昌鼎工贸有限公司	配合饲料［畜禽、水产、反刍、幼畜禽、种畜禽、水产育苗、特种动物（鹿、鹌鹑、鸽、鸵鸟等）］；浓缩饲料［畜禽、反刍、幼畜禽、种畜禽、特种动物［鹿、鹌鹑、鸽、鸵鸟等）］；精料补充料（反刍、其他）
新饲证（2014）23003	新疆征泰饲料有限公司	配合饲料（畜禽、幼畜禽、种畜禽）；浓缩饲料（畜禽、幼畜禽、种畜禽）
新饲证（2014）23004	嘉吉饲料（新疆）有限公司	配合饲料（幼畜禽）；浓缩饲料（反刍、幼畜禽）；精料补充料（反刍）
新饲证（2014）23005	新疆昌吉东方希望动物营养有限公司	配合饲料（畜禽、水产、幼畜禽、种畜禽、水产育苗）；浓缩饲料（畜禽、水产、幼畜禽、种畜禽、水产育苗）
新饲证（2014）23006	新疆三旺饲料有限公司	配合饲料［畜禽、水产、反刍、幼畜禽、种畜禽、水产育苗、特种动物（肉兔）］；浓缩饲料［畜禽、水产、反刍、幼畜禽、种畜禽、水产育苗、特种动物（肉兔）］；精料补充料（反刍、其他）
新饲证（2014）23007	新疆海威渔业有限责任公司	配合饲料（畜禽、水产、幼畜禽）；浓缩饲料（畜禽）
新饲证（2014）23008	新疆呼图壁种牛场有限公司西域春饲料分公司	精料补充料（反刍）
新饲证（2014）23009	新疆泰昆集团昌吉饲料有限责任公司	配合饲料（畜禽、水产、反刍、幼畜禽、种畜禽、水产育苗、特种动物）；浓缩饲料（畜禽、水产、反刍、幼畜禽、种畜禽、水产育苗、特种动物）；精料补充料（反刍、其他）
新饲证（2014）27002	新疆天泽饲料有限公司	配合饲料（畜禽、幼畜禽、种畜禽）；浓缩饲料（畜禽、幼畜禽、种畜禽）
新饲证（2014）28001	库尔勒泰昆饲料有限责任公司	配合饲料（畜禽、水产、幼畜禽、种畜禽、水产育苗）；浓缩饲料（畜禽、幼畜禽、种畜禽）
新饲证（2014）28002	库尔勒天康饲料科技有限公司	配合饲料（畜禽、水产、幼畜禽、特种动物）；浓缩饲料（畜禽）
新饲证（2014）28003	新疆骄龙饲料有限责任公司库尔勒分公司	配合饲料（畜禽、水产、幼畜禽、种畜禽、水产育苗）；浓缩饲料（畜禽、幼畜禽、种畜禽）
新饲证（2014）29001	阿克苏泰昆饲料有限责任公司	配合饲料（畜禽、水产、幼畜禽、种畜禽、水产育苗）；浓缩饲料（畜禽、水产、幼畜禽、种畜禽、水产育苗）

（续）

生产许可证编号	企业名称	产品名称
新饲证（2014）29002	乌鲁木齐正大畜牧有限公司阿克苏分公司	配合饲料（畜禽、水产、幼畜禽、种畜禽）；浓缩饲料（畜禽、幼畜禽）
新饲证（2014）29003	阿克苏三旺饲料有限公司	配合饲料（畜禽、水产、幼畜禽、种畜禽、水产育苗）；浓缩饲料（畜禽、幼畜禽、种畜禽）；精料补充料（反刍、其他）
新饲证（2014）29004	阿克苏柏通柏饲料有限责任公司	配合饲料（畜禽、幼畜禽）；浓缩饲料（畜禽、幼畜禽）
新饲证（2014）29005	阿克苏天康畜牧有限责任公司	配合饲料［畜禽、水产、幼畜禽、种畜禽、水产育苗、特种动物（兔子、鹌鹑）］；浓缩饲料（畜禽、水产、幼畜禽、种畜禽、特种动物）
新饲证（2014）29006	拜城县兴农工贸有限责任公司	配合饲料（畜禽、水产、幼畜禽、种畜禽、水产育苗）；浓缩饲料（畜禽、水产、幼畜禽、种畜禽）
新饲证（2014）31002	喀什天康饲料科技有限公司	配合饲料（畜禽、幼畜禽、种畜禽）；浓缩饲料（畜禽、水产、幼畜禽、种畜禽、水产育苗）
新饲证（2014）31003	喀什昌鼎工贸有限责任公司	配合饲料（畜禽、水产、幼畜禽、种畜禽、水产育苗）；浓缩饲料（畜禽、幼畜禽、种畜禽）
新饲证（2014）40001	新疆浩祥饲料有限公司	浓缩饲料（反刍）；精料补充料（反刍）
新饲证（2014）40002	伊宁县泰昆饲料有限责任公司	配合饲料（畜禽、水产、幼畜禽、种畜禽、水产育苗、特种动物）；浓缩饲料（畜禽、水产、幼畜禽、种畜禽、特种动物）；精料补充料（反刍、其他）
新饲证（2014）40003	伊宁向新禽业有限责任公司	浓缩饲料（反刍）；精料补充料（反刍）
新饲证（2014）40004	伊犁伊环饲料有限责任公司	精料补充料（反刍）
新饲证（2014）40005	伊宁县哈羊饲料有限责任公司	配合饲料（畜禽、水产）；浓缩饲料（畜禽）
新饲证（2014）40007	伊犁天康畜牧科技有限公司	配合饲料（畜禽、水产、幼畜禽、种畜禽、水产育苗）；浓缩饲料（畜禽、幼畜禽、种畜禽）；精料补充料（反刍）
新饲证（2014）40008	伊犁飞伟饲料有限公司	配合饲料（畜禽、幼畜禽、种畜禽）；浓缩饲料（畜禽、幼畜禽、种畜禽）
新饲证（2014）40009	昭苏县力牌专用饲料有限公司	精料补充料（反刍、其他）
新饲证（2014）42002	乌苏市泉盛饲料有限责任公司	配合饲料（畜禽、幼畜禽、种畜禽）；浓缩饲料（畜禽、幼畜禽、种畜禽）
新饲证（2014）43001	新疆力嘉饲料有限公司	配合饲料（反刍）；浓缩饲料（反刍）；精料补充料（反刍）
新饲证（2014）43002	北屯市额河牧业有限责任公司	浓缩饲料（反刍）；精料补充料（反刍）
新饲证（2014）90001	新疆森谱饲料有限责任公司	配合饲料（畜禽、幼畜禽、种畜禽）；浓缩饲料（畜禽、幼畜禽）
新饲证（2014）90002	石河子市新天龙饲料有限责任公司	浓缩饲料（反刍）；精料补充料（反刍）

（续）

生产许可证编号	企业名称	产品名称
新饲证（2014）90003	新疆天康饲料科技有限公司石河子分公司	配合饲料（畜禽、水产）；浓缩饲料（畜禽、水产）
新饲证（2014）90004	新疆泉牲牧业有限责任公司	浓缩饲料（反刍）；精料补充料（反刍）
新饲证（2014）90005	新疆北泉天康饲料科技有限公司	配合饲料（畜禽、水产）；浓缩饲料（畜禽）；精料补充料（反刍）
新饲证（2014）90006	石河子泰昆饲料有限责任公司	配合饲料（畜禽、反刍、幼畜禽、特种动物）；浓缩饲料（畜禽、反刍、幼畜禽、特种动物）；精料补充料（反刍、其他）

表 2－35　混合型饲料添加剂生产许可证名单

生产许可证编号	企业名称	变更内容
京饲添（2014）H00007	北京博锦元生物科技有限公司	嗜酸乳杆菌＋干酪乳杆菌＋植物乳杆菌＋酿酒酵母＋枯草芽孢杆菌；嗜酸乳杆菌＋动物双歧杆菌＋产朊假丝酵母＋干酪乳杆菌＋枯草芽孢杆菌；动物双歧杆菌；嗜酸乳杆菌；嗜酸乳杆菌＋干酪乳杆菌；嗜酸乳杆菌＋干酪乳杆菌＋枯草芽孢杆菌；嗜酸乳杆菌＋干酪乳杆菌＋枯草芽孢杆菌＋产朊假丝酵母
京饲添（2014）H06009	思科福（北京）生物科技有限公司	地衣芽孢杆菌；枯草芽孢杆菌；粪肠球菌；粪肠球菌＋枯草芽孢杆菌＋地衣芽孢杆菌＋酿酒酵母；粪肠球菌＋枯草芽孢杆菌＋酿酒酵母；粪肠球菌＋枯草芽孢杆菌＋地衣芽孢杆菌＋丁酸钠；粪肠球菌＋枯草芽孢杆菌＋地衣芽孢杆菌＋甜菜碱；粪肠球菌＋枯草芽孢杆菌＋地衣芽孢杆菌＋酸性蛋白酶＋植酸酶；粪肠球菌＋枯草芽孢杆菌＋木聚糖酶＋植酸酶；粪肠球菌＋枯草芽孢杆菌＋地衣芽孢杆菌＋木聚糖酶；粪肠球菌＋枯草芽孢杆菌＋木聚糖酶；枯草芽孢杆菌＋木聚糖酶＋植酸酶；粪肠球菌＋枯草芽孢杆菌＋地衣芽孢杆菌＋木聚糖酶＋植酸酶；粪肠球菌＋枯草芽孢杆菌＋地衣芽孢杆菌＋纤维素酶＋植酸酶；粪肠球菌＋枯草芽孢杆菌＋地衣芽孢杆菌＋木聚糖酶＋植酸酶＋酸性蛋白酶＋纤维素酶；甜菜碱
京饲添（2014）H06016	北京中农劲腾生物技术有限公司	维生素 A 乙酸酯；天然维生素 E；盐酸硫胺（维生素 B_1）；盐酸吡哆醇（维生素 B_6）；氰钴胺（维生素 B_{12}）；L-抗坏血酸（维生素 C）；维生素 D_3
京饲添（2014）H07008	北京华美源生物科技有限公司	复合酶制剂（木聚糖酶＋甘露聚糖酶＋葡聚糖酶＋纤维素酶＋淀粉酶＋酸性蛋白酶＋中性蛋白酶＋载体）
京饲添（2014）H07010	北京爱绿生物科技有限公司	苜蓿提取物（有效成分为苜蓿多糖、苜蓿黄酮、苜蓿皂甙）苜蓿提取物（有效成分为苜蓿多糖、苜蓿黄酮、苜蓿皂甙）吡啶甲酸铬＋天然维生素 E＋杜仲叶提取物（有效成分为绿原酸、杜仲多糖、杜仲黄酮）＋L-抗坏血酸（维生素 C）；

（续）

生产许可证编号	企业名称	产品名称
京饲添（2014）H07014	北京爱绿生物科技有限公司	甘草提取物（粉）＋蒲公英流浸膏＋芦荟提取物＋苍术脂（苍术硬脂，苍术油）＋苜（蓿提取物＋姜黄浸膏＋迷迭香油）；（柠檬酸＋富马酸）；中国肉桂皮酊（提取物）＋姜黄浸膏＋苦木提取物＋蒲公英流浸膏＋芦荟提取物＋肉豆蔻衣油树脂/提取物＋甘草提取物（粉）；中国肉桂皮酊（提取物）＋姜黄浸膏＋苦木提取物＋蒲公英流浸膏＋芦荟提取物＋甘草提取物（粉）＋苍术脂（苍术硬脂，苍术油）；蒲公英流浸膏＋芦荟提取物＋甘草提取物（粉）＋姜黄浸膏＋迷迭香油＋苜蓿提取物；肉豆蔻衣油树脂/提取物＋苍术脂（苍术硬脂，苍术油）＋苜蓿提取物＋姜黄浸膏＋迷迭香油＋甘草提取物（粉）；蒲公英流浸膏＋芦荟提取物＋甘草提取物（粉）＋苜蓿提取物＋肉豆蔻衣油树脂/提取物＋迷迭香油
京饲添（2014）H08012	北京生泰尔生物科技有限公司	枯草芽孢杆菌；酿酒酵母；天然类固醇萨洒皂角苷（源自丝兰）；糖萜素（源自山茶籽饼）；杜仲叶提取物（有效成分为绿原酸、杜仲多糖、杜仲黄酮）；淫羊藿提取物（有效成分为淫羊藿苷）；柠檬酸＋苹果酸＋富马酸
京饲添（2014）H08013	北京百林康源生物技术有限责任公司	嗜酸乳杆菌＋粪肠球菌
京饲添（2014）H08017	北京康华远景科技股份有限公司	蒲公英流浸膏＋甘草流浸膏；蒲公英流浸膏＋红三叶草提取物（固体）；蒲公英流浸膏＋苦木提取物；苦木提取物＋甘草流浸膏
京饲添（2014）H09001	北京益农博创生物科技有限公司	复合酶制剂（纤维素酶＋木聚糖酶＋麦饭石）；复合微生态制剂（枯草芽孢杆菌＋麦饭石）
京饲添（2014）H10002	北京市星火元科技有限公司	牛磺酸＋甘氨酸＋L-丙氨酸＋γ-氨基丁酸＋柠檬酸；L-丙氨酸＋甘氨酸＋牛磺酸＋维生素 B_2＋γ-氨基丁酸；谷氨酸钠＋γ-氨基丁酸＋乙基麦芽酚＋L-丙氨酸；丁酸钠＋γ-氨基丁酸＋糖精钠；L-肉碱盐酸盐＋γ-氨基丁酸；L-肉碱盐酸盐＋吡啶甲酸铬；L-赖氨酸盐酸盐＋DL-蛋氨酸；L-赖氨酸盐酸盐＋DL蛋氨酸＋L-苏氨酸；L-苏氨酸；DL-蛋氨酸；L-赖氨酸盐酸盐；丁酸钠；L-肉碱盐酸盐；甜菜碱；吡啶甲酸咯；γ-氨基丁酸
京饲添（2014）H10015	北京市金闰牧丰生物营养科技有限公司	碘酸钙＋二氧化硅；碘化钾＋二氧化硅；二氧化硅＋亚硒酸钠；二氧化硅＋硫酸钴；二氧化硅＋氯化钴；硫酸铜；碱式氯化铜；硫酸锌；硫酸锰；氧化锌；氯化钾
京饲添（2014）H12009	北京南海汇川饲料有限公司	氯化钴＋硫酸钴；碘化钾＋碘酸钙；亚硒酸钠
津饲添（2014）H04001	天津威隆动物药品有限公司	L-赖氨酸；DL-蛋氨酸；β-葡聚糖酶（产自枯草芽孢杆菌）；（三氧化二铝＋二氧化硅＋氧化镁）
津饲添（2014）H05002	华邦（天津）生物科技有限公司	（枯草芽孢杆菌＋植物乳杆菌）
津饲添（2014）H08001	鼎正生物药业（天津）有限公司	氰钴胺（维生素 B_{12}）；液态（磷酸＋液态乳酸＋酒石酸）
冀饲添（2014）H12001	辛集市富希饲料添加剂有限公司	亚硒酸钠碘酸钙氯化钴

（续）

生产许可证编号	企业名称	产品名称
冀饲添（2014）H01002	无极县兴牧农产品科技有限公司	饲料添加剂尿素氯化钠
冀饲添（2014）H01003	新奥兰生物科技（石家庄）有限公司	液态牛磺酸＋L-抗坏血酸（维生素C）；液态蛋白酶；嗜酸乳杆菌；枯草芽孢杆菌；β-葡聚糖酶；纤维素酶；蛋白酶；糖萜素（源自山茶籽饼）；甜菜碱盐酸盐
冀饲添（2014）H02001	保定阳光本草药业有限公司	枯草芽孢杆菌、屎肠球菌液、态杜仲叶提取物（有效成分为绿原酸、杜仲多糖、杜仲黄酮）、淫羊藿提取物（有效成分为淫羊藿苷）
冀饲添（2014）H02002	河北万泰动物药业有限公司	粪肠球菌＋产朊假丝酵母＋枯草芽孢杆菌
冀饲添（2014）H03001	怀安县科泰生物科技有限公司	枯草芽孢杆菌＋嗜酸乳杆菌＋产朊假丝酵母＋沼泽红假单胞菌；枯草芽孢杆菌＋产朊假丝酵母；枯草芽孢杆菌＋沼泽红假单胞菌；嗜酸乳杆菌＋产朊假丝酵母；枯草芽孢杆菌＋嗜酸乳杆菌；产朊假丝酵母＋沼泽红假单胞菌
冀饲添（2014）H09001	河北正合生物制药有限公司	液态乳酸＋柠檬酸
晋饲添（2014）H11001	山西凯舜生物科技有限公司	枯草芽孢杆菌＋嗜酸乳杆菌；酿酒酵母＋嗜酸乳杆菌；枯草芽孢杆菌＋地衣芽孢杆菌；枯草芽孢杆菌＋酿酒酵母＋植物乳杆菌
蒙饲添（2014）H01002	内蒙古和美科盛生物技术有限公司	干酪乳杆菌＋植物乳杆菌；嗜酸乳杆菌＋干酪乳杆菌＋植物乳杆菌＋动物双歧杆菌；地衣芽孢杆菌＋干酪乳杆菌＋植物乳杆菌＋酿酒酵母；地衣芽孢杆菌＋干酪乳杆菌＋植物乳杆菌＋枯草芽孢杆菌；干酪乳杆菌＋植物乳杆菌＋凝结芽孢杆菌；屎肠球菌＋干酪乳杆菌＋植物乳杆菌；植物乳杆菌；布氏乳杆菌＋植物乳杆菌
蒙饲添（2014）H01003	内蒙古溢多利生物科技有限公司	植酸酶；脂肪酶；葡萄糖氧化酶；木聚糖酶；甘露聚糖酶；蛋白酶；纤维素酶；淀粉酶；β-葡聚糖酶；α-半乳糖苷酶；果胶酶；木聚糖酶＋淀粉酶＋蛋白酶＋甘露聚糖酶＋纤维素酶＋β-葡聚糖酶；木聚糖酶＋甘露聚糖酶＋纤维素酶＋β-葡聚糖酶；木聚糖酶＋淀粉酶＋甘露聚糖酶＋纤维素酶＋β-葡聚糖酶；木聚糖酶＋淀粉酶＋纤维素酶＋β-葡聚糖酶；木聚糖酶＋蛋白酶＋甘露聚糖酶＋纤维素酶＋β-葡聚糖酶；木聚糖酶＋淀粉酶＋蛋白酶＋甘露聚糖酶＋纤维素酶＋β-葡聚糖酶；木聚糖酶＋脂肪酶＋葡萄糖氧化酶＋甘露聚糖酶＋纤维素酶＋α-半乳糖苷酶；（液态）木聚糖酶＋纤维素酶＋β-葡聚糖酶；（液态）木聚糖酶＋纤维素酶＋β-葡聚糖酶＋甘露聚糖酶＋植酸酶；（液态）木聚糖酶＋纤维素酶＋β-葡聚糖酶＋甘露聚糖酶；液态植酸酶；液态脂肪酶；液态葡萄糖氧化酶；液态木聚糖酶；液态甘露聚糖酶；液态蛋白酶；液态纤维素酶；液态淀粉酶；液态β-葡聚糖酶；液态α-半乳糖苷酶；液态果胶酶
蒙饲添（2014）H01006	内蒙古久羊牧业科技有限公司	尿素
蒙饲添（2014）H01007	内蒙古粮食科学研究设计院有限责任公司	尿素

（续）

生产许可证编号	企业名称	产品名称
蒙饲添（2014）H01009	呼和浩特市玉泉区友信生物科技饲料厂	尿素
蒙饲添（2014）H02001	内蒙古瑞普大地生物药业有限责任公司	（地衣芽孢杆菌＋枯草芽孢杆菌）
蒙饲添（2014）H05004	通辽梅花生物科技有限公司	谷氨酸＋谷氨酰胺
蒙饲添（2014）H06005	内蒙古华天制药有限公司	氰钴胺（维生素 B_{12}）
蒙饲添（2014）H06008	内蒙古伊品生物科技有限公司	L-赖氨酸盐酸盐
辽饲添（2014）H01001	沈阳新牧康动物药品厂	L-抗坏血酸（维生素 C）、天然维生素 E、维生素 A＋维生素 D_3、核黄素（维生素 B_2）、葡萄糖酸钙、乳酸钙、嗜酸乳杆菌、地衣芽孢杆菌、硝酸硫胺（维生素 B_1）
辽饲添（2014）H02001	大连中科格莱克生物科技有限公司	果寡糖；壳寡糖［寡聚 β-（1-4）-2-氨基-2-脱氧-D-葡萄糖］（n＝2～10）；褐藻酸寡糖
辽饲添（2014）H08001	辽宁佰佳生物科技有限公司	纤维素酶；β-葡聚糖酶；木聚糖酶；α-半乳糖苷酶；β-甘露聚糖酶
辽饲添（2014）H12001	开原亨泰化工有限公司	L-肉碱
辽饲添（2014）H12002	辽宁中信生物科技有限公司	氯化胆碱
辽饲添（2014）H14001	辽宁三色微谷科技有限公司	液态（地衣芽孢杆菌＋嗜酸乳杆菌＋植物乳杆菌）
吉饲添（2014）H01001	吉林省华牧动物保健品有限公司	乳酸钙；低聚木糖（木寡糖）；低聚壳聚糖
吉饲添（2014）H01002	吉林省康达动物药业有限责任公司	轻质碳酸钙
吉饲添（2014）H03001	吉林科麦生物饲料有限公司	枯草芽孢杆菌
吉饲添（2014）H05001	吉林九丰生物科技开发有限公司	枯草芽孢杆菌＋产朊假丝酵母＋植物乳杆菌＋沼泽红假单胞菌；液态（枯草芽孢杆菌＋产朊假丝酵母＋植物乳杆菌＋沼泽红假单胞菌）
吉饲添（2014）H05002	通化万赢生物科技有限公司	干酪乳杆菌
黑饲添（2014）H01001	英联生物技术（哈尔滨）有限公司	枯草芽孢杆菌；酿酒酵母；酿酒酵母＋枯草芽孢杆菌；甘露寡糖
黑饲添（2014）H01003	哈尔滨农垦牧王生物科技有限公司	L-抗坏血酸（维生素 C）；DL-α-生育酚；（产朊假丝酵母＋枯草芽孢杆菌＋嗜酸乳杆菌）；（液态产朊假丝酵母＋液态枯草芽孢杆菌＋液态嗜酸乳杆菌）
黑饲添（2014）H01006	哈尔滨久久华康科技有限公司	糖精钠；牛至香酚＋食品用香料：肉桂醛；食品用香料：三丁酸甘油酯；特丁基对苯二酚（TBHQ）；丙酸钙；磷酸＋乳酸；半胱胺盐酸盐；吡啶甲酸铬；甘油脂肪酸酯；地衣芽孢杆菌＋枯草芽孢杆菌
黑饲添（2014）H01008	哈尔滨德邦鼎立生物科技有限公司	酵母硒

（续）

生产许可证编号	企业名称	产品名称
沪饲添（2014）H02001	百奥明饲料添加剂（上海）有限公司	甲酸＋丙酸＋甲酸铵＋丙酸铵；甲酸＋丙酸＋乳酸＋甲酸铵＋丙酸铵＋柠檬酸＋山梨酸；磷酸；液态甲酸＋丙酸＋甲酸铵＋丙酸铵＋乳酸；甲酸＋乙酸＋丙酸＋甲酸铵＋丙酸铵＋苹果酸＋食品用香料：琥珀酸＋食品用香料；肉桂醛＋二丁基羟基甲苯（BHT）；甲酸＋乙酸＋丙酸＋甲酸铵＋丙酸铵＋食品用香料：琥珀酸＋食品用香料：肉桂醛＋二丁基羟基甲苯（BHT）；甲酸钙＋食品用香料：琥珀酸＋食品用香料：肉桂醛＋苹果酸＋二丁基羟基甲苯（BHT）；甲酸钙＋食品用香料：琥珀酸＋食品用香料：肉桂醛＋二丁基羟基甲苯（BHT）；丙酸＋丙酸铵；液态（丙酸＋苯甲酸钠＋丙酸钠）；液态（丙酸＋丙酸铵＋苯甲酸钠）；液态（丙酸＋丙酸铵＋乳酸）；液态（甲酸＋丙酸＋甲酸铵＋丙酸铵）
沪饲添（2014）H02002	诺伟司饲料添加剂（上海）有限公司	［乙氧基喹啉＋二丁基羟基甲苯（BHT）＋柠檬酸］；乙氧基喹啉＋没食子酸丙酯；富马酸＋苯甲酸＋蛋氨酸羟基类似物钙盐；富马酸＋苯甲酸＋甲酸钙＋蛋氨酸羟基类似物钙盐；甲酸＋丙酸；木聚糖酶＋β-葡聚糖酶＋β-甘露聚糖酶；蛋白酶；植酸酶；食品用香料：香芹酚＋食品用香料：百里香酚；液态（丙酸＋丙酸铵＋乳酸）；液态（甲酸＋甲酸铵＋丙酸＋丙酸铵）；液态（乳酸＋磷酸＋蛋氨酸羟基类似物）
沪饲添（2014）H02003	上海艾英莱饲料科技有限公司	硫酸铜；硫酸亚铁；硫酸锌；氧化锌；硫酸锰；碘化钾；碘酸钙；氯化钴；硫酸镁；氧化镁；氯化钾
沪饲添（2014）H02004	上海天昌饲料科技有限公司	乙氧基喹啉；乙氧基喹啉＋二丁基羟基甲苯（BHT）；二丁基羟基甲苯（BHT）＋特丁基对苯二酚（TBHQ）；乙氧基喹啉＋二丁基羟基甲苯（BHT）＋没食子酸丙酯；丙酸＋丙酸铵；丙酸＋甘露寡糖；磷酸＋乳酸＋柠檬酸＋富马酸；乳酸＋柠檬酸＋富马酸；糖精钠＋柠檬酸
沪饲添（2014）H02005	上海云昕化工有限公司	乙氧基喹啉；乙氧基喹啉＋二丁基羟基甲苯（BHT）＋丁基羟基茴香醚（BHA）
沪饲添（2014）H02006	上海美农生物科技股份有限公司	饲用香味物质；液态饲用香味物质；磷酸＋乳酸；乳酸＋富马酸＋甲酸钙＋丙酸钙；磷酸＋乳酸＋富马酸＋柠檬酸；乳酸＋柠檬酸＋甲酸＋苹果酸＋酒石酸；磷酸＋乳酸＋富马酸＋苹果酸；乳酸＋富马酸＋柠檬酸；富马酸＋甲酸＋丙酸钙；磷酸＋富马酸＋柠檬酸＋甲酸；富马酸＋甲酸钙＋丙酸钙＋山梨酸钾；丁酸钠；糖精钠；L-赖氨酸盐酸盐；DL-蛋氨酸；氯化胆碱；尿素
沪饲添（2014）H04002	上海新牧动物保健品有限公司	乳酸＋柠檬酸＋富马酸
沪饲添（2014）H04003	上海艾魁英生物科技有限公司	溶菌酶

（续）

生产许可证编号	企业名称	产品名称
沪饲添（2014）H04004	上海高龙生物科技有限公司	植酸酶；木聚糖酶＋β-甘露聚糖酶＋β-葡聚糖酶＋纤维素酶；液态（木聚糖酶＋β-甘露聚糖酶＋β-葡聚糖酶＋纤维素酶）；液态（木聚糖酶＋β-甘露聚糖酶＋β-葡聚糖酶＋纤维素酶＋植酸酶）；嗜酸乳杆菌＋枯草芽孢杆菌＋地衣芽孢杆菌；木聚糖酶＋β-葡聚糖酶＋纤维素酶＋酿酒酵母；嗜酸乳杆菌＋枯草芽孢杆菌＋地衣芽孢杆菌＋乳酸＋柠檬酸
沪饲添（2014）H06001	渥瑞生物科技（上海）有限公司	枯草芽孢杆菌＋植物乳杆菌＋酿酒酵母；木聚糖酶
沪饲添（2014）H06002	上海久牧生物技术有限公司	甜菜碱；植酸酶；液态植酸酶；液态淀粉酶；液态木聚糖酶；液态蛋白酶；液态纤维素酶；液态 β-葡聚糖酶
沪饲添（2014）H08001	上海迪发酿造生物制品有限公司	蛋白酶＋淀粉酶
沪饲添（2014）H09001	帝斯曼维生素（上海）有限公司	25-羟基胆钙化醇（25-羟基维生素 D_3）；淀粉酶＋β-葡聚糖酶＋木聚糖酶；淀粉酶＋β-葡聚糖酶＋木聚糖酶＋植酸酶
苏饲添（2014）H01001	江苏奥迈生物科技有限公司	富马酸亚铁＋酵母硒；甘露寡糖＋硅铝酸钠；糖精钠；乙氧基喹啉＋没食子酸丙酯＋丁基羟基茴香醚＋二丁基羟基甲苯；丙酸＋丙酸钙；柠檬酸＋富马酸＋乳酸钙；硅铝酸钠＋碘酸钾
苏饲添（2014）H01002	南京润沃生物科技有限公司	蛋白酶＋木聚糖酶＋β-葡聚糖酶＋纤维素酶；枯草芽孢杆菌＋嗜酸乳杆菌＋酿酒酵母；氯化钾＋碳酸钠；枯草芽孢杆菌＋酿酒酵母＋嗜酸乳杆菌＋果寡糖
苏饲添（2014）H01003	南京日升昌生物技术有限公司	地衣芽孢杆菌＋维生素 E
苏饲添（2014）H01004	南京诺齐生物科技有限公司	植物甾醇（源于大豆油/菜籽油，有效成分为 β-谷甾醇、菜油甾醇、豆甾醇）＋吡啶甲酸铬；甘露寡糖＋β-1，3-D-葡聚糖（源自酿酒酵母）
苏饲添（2014）H02001	无锡天竞高科生物技术有限公司	半胱胺盐酸盐＋4，7-二羟基异黄酮（大豆黄酮）；半胱胺盐酸盐；半胱胺盐酸盐＋植物甾醇（源于大豆油/菜籽油，有效成分为 β-谷甾醇、菜油甾醇、豆甾醇）；柠檬酸＋富马酸＋磷酸＋乳酸；糖精钠＋肉桂醛＋4-氨基丁酸（γ-氨基丁酸）
苏饲添（2014）H03001	江苏三仪生物工程有限公司	枯草芽孢杆菌＋粪肠球菌＋嗜酸乳杆菌；枯草芽孢杆菌＋粪肠球菌；枯草芽孢杆菌＋嗜酸乳杆菌；枯草芽孢杆菌＋地顶孢霉培养物
苏饲添（2014）H05001	江苏晶标生物科技有限公司	乳酸＋柠檬酸＋富马酸
苏饲添（2014）H06001	南通科创香精香料有限公司	食品用香料：乙酸异戊酯＋丁酸异戊酯＋γ-壬内酯＋桃醛（γ-十一烷内酯）＋乙基麦芽酚＋乙基香兰素；糖精钠；丙酸＋丙酸钙；磷酸＋乳酸＋柠檬酸；乙氧基喹啉＋二丁基羟基甲苯（BHT）
苏饲添（2014）H06002	江苏利田科技股份有限公司	乙氧基喹啉；乙氧基喹啉＋二丁基羟基甲苯（BHT）＋柠檬酸

（续）

生产许可证编号	企业名称	产品名称
苏饲添（2014）H06003	南通中牧生物科技有限公司	淀粉酶；纤维素酶；β-甘露聚糖酶；植酸酶；蛋白酶；木聚糖酶；（淀粉酶+纤维素酶+β-甘露聚糖酶+植酸酶+蛋白酶+木聚糖酶）；（丙酸+丙酸铵）
苏饲添（2014）H06004	江苏优泰生物科技有限公司	乳酸；甲酸+甲酸钙+乳酸+乳酸钙+柠檬酸；乳酸+磷酸；甲酸+甲酸钙+柠檬酸
苏饲添（2014）H07001	江苏金桥盐化集团古淮制盐有限公司	氯化钠
苏饲添（2014）H08001	江苏敖众生物科技有限公司	磷酸+乳酸+柠檬酸；磷酸+乳酸+柠檬酸+富马酸；乳酸+柠檬酸+富马酸；磷酸+柠檬酸；甲酸+丙酸；甲酸+丙酸+硫酸铜；蛋白酶+木聚糖酶+纤维素酶；蛋白酶+木聚糖酶+β-葡聚糖酶+纤维素酶；蛋白酶+纤维素酶
苏饲添（2014）H09001	大丰海嘉诺药业有限公司	D-生物素
苏饲添（2014）H12001	泰兴市祥林饲料添加剂有限公司	糖精钠；大蒜素；乙氧基喹啉；乙氧基喹啉+二丁基羟基甲苯（BHT）；（乳酸+富马酸+甲酸+丙酸）；（丙酸钙+富马酸+双乙酸钠）；
苏饲添（2014）H12002	泰州市盛泰饲料添加剂有限公司	谷氨酸钠；牛磺酸；大蒜素；乙氧基喹啉+丁基羟基茴香醚（BHA）+二丁基羟基甲苯（BHT）+特丁基对苯二酚（TBHQ）；双乙酸钠+丙酸+丙酸钙+苯甲酸钠+富马酸；乳酸+富马酸+柠檬酸
苏饲添（2014）H12003	江苏雅博动物保健品有限责任公司	硫酸镁+氯化钠+磷酸氢钙+氯化钾
苏饲添（2014）H13001	江苏奕农生物工程有限公司	淀粉酶+纤维素酶+β-葡聚糖酶+蛋白酶+木聚糖酶+β-甘露聚糖酶
浙饲添（2014）H01001	杭州富佳饲料有限公司	碘酸钙；氯化钴
浙饲添（2014）H01002	杭州保安康生物技术有限公司	枯草芽孢杆菌+蛋白酶+木聚糖酶；枯草芽孢杆菌+粪肠球菌；粪肠球菌；木聚糖酶+纤维素酶；木聚糖酶+蛋白酶；蛋白酶+淀粉酶；枯草芽孢杆菌+木聚糖酶
浙饲添（2014）H01003	桐庐新天地生物科技有限公司	吡啶甲酸铬
浙饲添（2014）H01004	杭州康力生物科技有限公司	维生素C；L-肉碱；L-肉碱盐酸盐；4，7-二羟基异黄酮
浙饲添（2014）H01005	杭州唐天科技有限公司	糖萜素（源自山茶籽饼）
浙饲添（2014）H02001	宁波市镇海佳诚化工有限公司	乳酸钙+甲酸钙+柠檬酸
浙饲添（2014）H04001	浙江新维普添加剂有限公司	液态（维生素A棕榈酸酯+维生素D_3+DL-α-生育酚乙酸酯）
浙饲添（2014）H05001	杭州康源饲料科技有限公司	[甘氨酸+天（门）冬氨酸+溶菌酶]
浙饲添（2014）H05002	浙江东立绿源饲料有限公司	DL-α-生育酚乙酸酯+硫酸镁+酵母硒+吡啶甲酸铬；乳酸+富马酸+柠檬酸+磷酸；氯化钾+糖精钠+谷氨酸钠
浙饲添（2014）H05003	浙江民生生物科技有限公司	枯草芽孢杆菌+酿酒酵母

（续）

生产许可证编号	企业名称	产品名称
浙饲添（2014）H05004	浙江惠嘉生物科技有限公司	丁酸梭菌＋地衣芽孢杆菌＋枯草芽孢杆菌；地衣芽孢杆菌＋枯草芽孢杆菌；地衣芽孢杆菌＋枯草芽孢杆菌＋丁酸梭菌＋酶制剂
浙饲添（2014）H05005	浙江万方生物科技有限公司	糖精钠；百里香酚＋肉桂醛；苹果酸＋富马酸＋柠檬酸＋山梨酸＋丁酸钠；糖精钠＋新甲基橙皮苷二氢查耳酮
皖饲添（2014）H01001	合肥市爱博生物技术有限公司	L-色氨酸；酿酒酵母
皖饲添（2014）H01002	合肥迈可罗生物工程有限公司	地顶孢霉培养物＋饲用香味物质；地顶孢霉培养物＋L-肉碱盐酸盐＋维生素 B_{12}；地顶孢霉培养物＋大蒜素＋维生素 C；地顶孢霉培养物＋大蒜素＋甘露寡｝生素 B_1；地顶孢霉培养物＋维生素 C＋谷氨酸钠＋甘氨酸＋5'-肌苷酸二钠＋柠檬酸
皖饲添（2014）H01003	上海衡威生物技术安徽有限公司	淀粉酶＋纤维素酶＋脂肪酶＋麦芽糖酶；低聚木糖＋甘露寡糖＋低聚半乳糖
皖饲添（2014）H01004	合肥市科茂隆生物工程有限公司	甘氨酸铁络合物＋淫羊藿提取物；地顶孢霉培养物＋甘氨酸铁络合物；酵母铁＋蛋白铁＋烟酸；杜仲叶提取物＋淫羊藿提取物；缬氨酸＋L-苏氨酸＋L-色氨酸；杜仲叶提取物＋地衣芽孢杆菌＋枯草芽孢杆菌＋植物乳杆菌；地衣芽孢杆菌＋枯草芽孢杆菌＋粪肠球菌＋植物乳杆菌；酵母铁＋酵母锰＋维生素 D_2＋维生素 D_3；甘氨酸＋天（门）冬氨酸；杜仲叶提取物＋L-苏氨酸＋L-色氨酸
皖饲添（2014）H03905	安徽中粮生化格拉特乳酸有限公司	乳酸＋二氧化硅；乳酸＋乳酸钙；乳酸＋磷酸＋柠檬酸＋二氧化硅；乳酸＋磷酸＋柠檬酸＋乳酸钙＋二氧化硅；乳酸＋甲酸＋丙酸＋二氧化硅；乳酸＋甲酸＋丙酸＋乳酸钙＋二氧化硅；乳酸＋柠檬酸＋富马酸＋二氧化硅；乳酸＋柠檬酸＋富马酸＋乳酸钙；乳酸＋磷酸＋二氧化硅；乳酸＋甲酸＋二氧化硅；乳酸＋甲酸＋乳酸钙＋二氧化硅；液态（乳酸＋磷酸）；液态（乳酸＋甲酸＋磷酸）；液态（乳酸＋甲酸＋丙酸）
皖饲添（2014）H11901	安徽锦乔生物科技有限公司	粪肠球菌；植物乳杆菌
皖饲添（2014）H12001	乐斯福（明光）有限公司	酿酒酵母
皖饲添（2014）H16903	亳州中宝生物科技有限公司	柠檬酸钠＋碳酸氢钠＋硫酸钙；柠檬酸钠＋氯化钾＋硫酸钙；柠檬酸钠＋氯化钾；碳酸氢钠＋氯化钾
闽饲添（2014）H02038	厦门惠盈动物科技有限公司	DL-蛋氨酸＋L-赖氨酸；L-抗坏血酸（维生素 C）；枯草芽孢杆菌＋果寡糖；低聚木糖＋甘露寡糖；果寡糖＋甘露寡糖；卵磷脂＋牛磺酸；枯草芽孢杆菌；三氧化二铝＋碳酸氢钠；三氧化二铝＋氧化镁；低聚木糖＋果寡糖＋甘露寡糖
闽饲添（2014）H02163	厦门美尔吉生物科技有限公司	枯草芽孢杆菌；磷脂

（续）

生产许可证编号	企业名称	产品名称
闽饲添（2014）H02279	厦门法莱维特动物药业有限公司	L-抗坏血酸-2-磷酸酯；糖精钠；丙酸钙；（乙氧基喹啉+茶多酚）
闽饲添（2014）H06168	麦仑（漳州）生物科技有限公司	乳酸+磷酸；糖精钠；乙基香兰素+γ-壬内酯+乙酸异戊酯
闽饲添（2014）H07220	龙岩新奥生物科技有限公司	丁酸钠；丁酸钠+地衣芽孢杆菌
赣饲添（2014）H00002	江西六合生物科技有限公司	枯草芽孢杆菌；嗜酸乳杆菌；酿酒酵母；枯草芽孢杆菌+嗜酸乳杆菌；枯草芽孢杆菌+酿酒酵母；嗜酸乳杆菌+酿酒酵母
赣饲添（2014）H00003	南昌市唐明实业有限公司	淀粉酶（产自枯草芽孢杆菌）+蛋白酶（产自枯草芽孢杆菌）+酿酒酵母
赣饲添（2014）H02001	樟树市狮王生物科技有限公司	盐酸硫胺（维生素 B_1）+DL-α-生育酚
赣饲添（2014）H05001	江西科诺生物科技有限公司	淀粉酶+β-葡聚糖酶+纤维素酶+脂肪酶+β-甘露聚糖酶+植酸酶+蛋白酶+木聚糖酶；富马酸+柠檬酸+苹果酸+磷酸；枯草芽孢杆菌+酿酒酵母+粪肠球菌；卵磷脂+聚乙二醇甘油蓖麻酸酯
赣饲添（2014）H05002	抚州市赣东弘科生物技术有限公司	枯草芽孢杆菌+嗜酸乳杆菌+酿酒酵母+植物乳杆菌；枯草芽孢杆菌+酿酒酵母+植物乳杆菌；枯草芽孢杆菌+酿酒酵母
赣饲添（2014）H06001	江西省元昌工业有限公司	丙酸+丙酸铵；乳酸；富马酸+柠檬酸；糖精钠+谷氨酸钠；果寡糖；半胱胺盐酸盐；吡啶甲酸铬；甘氨酸铁络（螯）合物
鲁饲添（2014）H01004	山东隆信饲料有限公司	碘酸钙；亚硒酸钠；氯化钴；硫酸铜；硫酸锰；吡啶甲酸铬；硫酸亚铁；硫酸镁；硫酸锌；氯化钾；氧化镁；氧化锌
鲁饲添（2014）H01005	济南深蓝动物保健品有限公司	甲酸钙；柠檬酸；氯化钾；低聚壳聚糖；杜仲叶提取物；牛磺酸；[牛磺酸+L-抗坏血酸（维生素 C）]；[牛磺酸+α-生育酚（维生素 E）]；D-生物素；双乙酸钠；（乳酸+富马酸+柠檬酸）；碳酸氢钠；（枯草芽孢杆菌+嗜酸乳杆菌）；硝酸硫胺（维生素 B_1）；核黄素（维生素 B_2）；盐酸吡哆醇（维生素 B_6）；氰钴胺（维生素 B_{12}）；L-抗坏血酸（维生素 C）；α-生育酚（维生素 E）；[α-生育酚（维生素 E）+亚硒酸钠]；亚硫酸氢钠甲萘醌（维生素 K_3）
鲁饲添（2014）H01008	山东亿安生物工程有限公司	嗜酸乳杆菌+产朊假丝酵母；液态（嗜酸乳杆菌+产朊假丝酵母）
鲁饲添（2014）H01013	济南大华广济工贸有限公司	大蒜素；甘氨酸铁络（螯）合物
鲁饲添（2014）H01014	山东宝益泽生物工程有限公司	柠檬酸+富马酸；植酸酶；杜仲叶提取物；淫羊藿提取物；纤维素酶+β-葡聚糖酶+果胶酶+木聚糖酶+蛋白酶；枯草芽孢杆菌；硝酸硫胺（维生素 B_1）；核黄素（维生素 B_2）；亚硫酸氢钠甲萘醌（维生素 K_3）；氰钴胺（维生素 B_{12}）；L-抗坏血酸（维生素 C）

（续）

生产许可证编号	企业名称	产品名称
鲁饲添（2014）H02002	青岛中仁动物药品有限公司	液态（丙酸+乳酸+柠檬酸）
鲁饲添（2014）H02006	青岛中人智业生物科技有限公司	天然叶黄素（源自万寿菊）；辣椒红
鲁饲添（2014）H02008	欧维力生（山东）动物营养品有限公司	亚硒酸钠+DL-α-生育酚；丁基羟基茴香醚（BHA）；L-抗坏血酸-2-磷酸酯+甜菜碱盐酸盐；DL-α-生育酚+叶酸+亚硒酸钠；[D-生物素+甘氨酸铜络（螯）合物+蛋氨酸锰络（螯）合物+赖氨酸锌络（螯）合物]；酵母硒+DL-α-生育酚+乳酸；氧化镁+碳酸氢钠；亚硒酸钠+DL-α-生育酚+β-胡萝卜素；赖氨酸锌络（螯）合物+硫酸锌+D-生物素；硫酸锌+美国栗树叶提取物
鲁饲添（2014）H02009	青岛博智汇力生物科技有限公司	低聚壳聚糖
鲁饲添（2014）H02010	青岛星星协力生物工程有限公司	枯草芽孢杆菌+地衣芽孢杆菌+沼泽红假单胞菌+酿酒酵母+干酪乳杆菌；液态（枯草芽孢杆菌+沼泽红假单胞菌+酿酒酵母+干酪乳杆菌）；（草芽孢杆菌+纤维素酶+木聚糖酶+蛋白酶；L-抗坏血酸（维生素 C）；DL-α-生育酚乙酸酯；盐酸硫胺（维生素 B_1）
鲁饲添（2014）H02011	青岛百慧智业生物科技有限公司	单硬脂酸甘油酯；杜仲叶提取物；甘露寡糖；（枯草芽孢杆菌+嗜酸乳杆菌）；氧化锌；牛至香酚；葡萄糖氧化酶；（富马酸+乳酸+柠檬酸）；维生素 E；乙氧基喹啉；丙酸钙；脂肪酶；蛋白酶；低聚壳聚糖；（纤维素酶+木聚糖酶+淀粉酶+果胶酶+蛋白酶）；淫羊藿提取物；糖精钠；谷氨酸钠；（茶树油+酒花浸膏）
鲁饲添（2014）H04001	枣庄市杰诺生物酶有限公司	木聚糖酶+纤维素酶+淀粉酶
鲁饲添（2014）H06002	龙口市海盛农牧有限公司	[α-生育酚（维生素 E）+氯化钾]；枯草芽孢杆菌；甘露寡糖；（甘露寡糖+枯草芽孢杆菌）
鲁饲添（2014）H06004	山东巴斯德生物科技有限公司	干酪乳杆菌+酿酒酵母
鲁饲添（2014）H06006	烟台绿叶动物保健品有限公司	液态低聚壳聚糖；液态[甲酸铵+乙酸+蛋氨酸铜络（螯）合物]；枯草芽孢杆菌+酿酒酵母+植物乳杆菌；枯草芽孢杆菌；蛋白酶；β-甘露聚糖酶；低聚壳聚糖
鲁饲添（2014）H06007	硕腾（烟台）动物保健品有限公司	双乙酸钠+丙酸钙+山梨酸钾+苯甲酸钠+甘露寡糖
鲁饲添（2014）H07008	潍坊华英生物科技有限公司	液态（嗜酸乳杆菌+酿酒酵母+枯草芽孢杆菌）；液态嗜酸乳杆菌；液态（嗜酸乳杆菌+酿酒酵母）；（嗜酸乳杆菌+酿酒酵母）；嗜酸乳杆菌+酿酒酵母+枯草芽孢杆菌；嗜酸乳杆菌+枯草芽孢杆菌
鲁饲添（2014）H07011	山东中科嘉亿生物工程有限公司	枯草芽孢杆菌+粪肠球菌+嗜酸乳杆菌+酿酒酵母；木聚糖酶+纤维素酶+β-葡聚糖酶+蛋白酶
鲁饲添（2014）H07012	山东祥维斯生物科技有限公司	甜菜碱；甜菜碱盐酸盐
鲁饲添（2014）H07018	潍坊鹤来饲料有限公司	枯草芽孢杆菌+粪肠球菌+酿酒酵母；液态（枯草芽孢杆菌+粪肠球菌+酿酒酵母
鲁饲添（2014）H07019	诸城益佳生物科技有限公司	枯草芽孢杆菌+嗜酸乳杆菌+产朊假丝酵母

（续）

生产许可证编号	企业名称	产品名称
鲁饲添（2014）H07022	潍坊康地恩生物科技有限公司	木聚糖酶＋纤维素酶＋β-甘露聚糖酶；淀粉酶；液态淀粉酶；蛋白酶；木聚糖酶＋纤维素酶＋β-甘露聚糖酶＋β-葡聚糖酶＋蛋白酶＋淀粉酶；液态（木聚糖酶＋纤维素酶＋β-甘露聚糖酶＋β-葡聚糖酶＋淀粉酶）；木聚糖酶＋纤维素酶＋β-甘露聚糖酶＋β-葡聚糖酶＋蛋白酶＋淀粉酶＋果胶酶＋枯草芽孢杆菌；木聚糖酶＋纤维素酶＋β-甘露聚糖酶＋β-葡聚糖酶＋α-半乳糖苷酶＋蛋白酶＋淀粉酶＋果胶酶；木聚糖酶＋纤维素酶＋β-甘露聚糖酶＋β-葡聚糖酶；木聚糖酶＋纤维素酶＋β-葡聚糖酶；木聚糖酶＋β-甘露聚糖酶＋蛋白酶＋脂肪酶＋枯草芽孢杆菌；木聚糖酶＋纤维素酶＋β-甘露聚糖酶＋β-葡聚糖酶＋淀粉酶＋蛋白酶；木聚糖酶＋纤维素酶＋淀粉酶＋蛋白酶；木聚糖酶＋纤维素酶＋β-甘露聚糖酶＋β-葡聚糖酶＋脂肪酶＋淀粉酶＋蛋白酶＋果胶酶；木聚糖酶＋纤维素酶＋β-甘露聚糖酶＋β-葡聚糖酶＋淀粉酶＋蛋白酶＋果胶酶；木聚糖酶＋β-甘露聚糖酶＋β-葡聚糖酶＋蛋白酶＋淀粉酶＋果胶酶＋枯草芽孢杆菌；木聚糖酶＋纤维素酶＋β-葡聚糖酶＋蛋白酶＋果胶酶；木聚糖酶＋纤维素酶＋β-葡聚糖酶＋枯草芽孢杆菌；木聚糖酶＋纤维素酶＋β-甘露聚糖酶＋β-葡聚糖酶＋脂肪酶＋蛋白酶＋淀粉酶；植酸酶＋木聚糖酶＋纤维素酶＋β-葡聚糖酶＋枯草芽孢杆菌；植酸酶＋木聚糖酶＋纤维素酶＋β-甘露聚糖酶＋β-葡聚糖酶＋淀粉酶＋枯草芽孢杆菌；液态（木聚糖酶＋纤维素酶＋β-甘露聚糖酶＋β-葡聚糖酶）；液态（木聚糖酶＋纤维素酶＋β-甘露聚糖酶＋β-葡聚糖酶＋α-半乳糖苷酶＋果胶酶）；木聚糖酶＋纤维素酶；木聚糖酶＋纤维素酶＋β-甘露聚糖酶＋β-葡聚糖酶＋淀粉酶；木聚糖酶＋纤维素酶＋β-甘露聚糖酶＋β-葡聚糖酶＋淀粉酶＋蛋白酶＋脂肪酶＋枯草芽孢杆菌；液态（植酸酶＋木聚糖酶＋纤维素酶＋β-葡聚糖酶＋β-甘露聚糖酶）；植酸酶＋脂肪酶＋蛋白酶＋淀粉酶；酿酒酵母；木聚糖酶＋β-甘露聚糖酶；木聚糖酶＋纤维素酶＋枯草芽孢杆菌；植酸酶＋木聚糖酶＋纤维素酶＋枯草芽孢杆菌；木聚糖酶＋纤维素酶＋植酸酶；液态（木聚糖酶＋纤维素酶）；液态（木聚糖酶＋纤维素酶＋β-甘露聚糖酶）；木聚糖酶＋β-甘露聚糖酶＋淀粉酶＋蛋白酶＋枯草芽孢杆菌；木聚糖酶＋植酸酶＋枯草芽孢杆菌；液态（木聚糖酶＋纤维素酶＋β-甘露聚糖酶＋植酸酶）；木聚糖酶＋纤维素酶＋β-甘露聚糖酶＋淀粉酶＋β-葡聚糖酶＋蛋白酶＋枯草芽孢杆菌；木聚糖酶＋淀粉酶＋蛋白酶＋脂肪酶＋β-甘露聚糖酶；木聚糖酶＋β-甘露聚糖酶＋淀粉酶＋蛋白酶＋枯草芽孢杆菌＋粪肠球菌；木聚糖酶＋纤维素酶＋蛋白酶＋枯草芽孢杆菌＋粪肠球菌；木聚糖酶＋β-甘露聚糖酶＋纤维素酶＋淀粉酶＋蛋白酶＋粪肠球菌；屎肠球菌；地衣芽孢杆菌
鲁饲添（2014）H07024	山东智领生物科技股份有限公司	辣椒红；天然叶黄素（源自万寿菊）；（辣椒红＋天然叶黄素（源自万寿菊））

（续）

生产许可证编号	企业名称	产品名称
鲁饲添（2014）H07028	山东信得科技股份有限公司	核黄素（维生素 B_2）；低聚壳聚糖；甘露寡糖；（柠檬酸＋富马酸）；半胱胺盐酸盐；天然叶黄素（源自万寿菊）；乳酸肠球菌；（单硬脂酸甘油酯＋蔗糖脂肪酸酯）；（枯草芽孢杆菌＋嗜酸乳杆菌＋产朊假丝酵母）
鲁饲添（2014）H07029	潍坊中天饲料科技有限公司	丙酸钙；甜菜碱；大蒜素；（乳酸＋柠檬酸＋磷酸）
鲁饲添（2014）H07038	潍坊市德邦生物饲料有限公司	枯草芽孢杆菌＋酿酒酵母＋嗜酸乳杆菌
鲁饲添（2014）H07047	潍坊雷曼生物科技有限公司	地衣芽孢杆菌＋嗜酸乳杆菌＋酿酒酵母；酿酒酵母＋嗜酸乳杆菌＋枯草芽孢杆菌＋木聚糖酶；酿酒酵母＋低聚壳聚糖；酿酒酵母；L-抗坏血酸（维生素 C）；硝酸硫胺（维生素 B_1）；核黄素（维生素 B_2）；DL-α-生育酚乙酸酯；甜菜碱；乙氧基喹啉；单硬脂酸甘油酯；谷氨酸钠＋食品用香料＋食品用香料
鲁饲添（2014）H08003	山东圣旺药业股份有限公司	盐酸硫胺（维生素 B_1）；核黄素（维生素 B_2）；氰钴胺（维生素 B_{12}）；L-抗坏血酸（维生素 C）；DL-α-生育酚乙酸酯；亚硫酸氢钠甲萘醌（维生素 K_3）
鲁饲添（2014）H09002	山东泽生生物科技有限公司	淀粉酶＋纤维素酶＋蛋白酶＋木聚糖酶；液态（纤维素酶＋木聚糖酶）
鲁饲添（2014）H09005	山东健源生物科技有限公司	枯草芽孢杆菌＋粪肠球菌＋酿酒酵母；枯草芽孢杆菌＋植物乳杆菌；地衣芽孢杆菌＋粪肠球菌＋木聚糖酶；纤维素酶＋淀粉酶＋蛋白酶
鲁饲添（2014）H11001	日照和诺生物工程有限公司	葡萄糖氧化酶；α-生育酚乙酸酯；硝酸硫胺（维生素 B_1）；核黄素（维生素 B_2）；嗜酸乳杆菌；枯草芽孢杆菌；纤维素酶＋木聚糖酶＋脂肪酶＋α-淀粉酶＋蛋白酶；富马酸＋柠檬酸
鲁饲添（2014）H13002	山东绿都安特动物药业有限公司	L-抗坏血酸（维生素 C）；双乙酸钠；丙酸钠
鲁饲添（2014）H13005	山东思诺拜特生物科技有限公司	α-半乳糖苷酶；液态 α-半乳糖苷酶；纤维素酶；液态纤维素酶；β-甘露聚糖酶；液态 β-甘露聚糖酶；植酸酶；液态植酸酶；木聚糖酶；液态木聚糖酶；木聚糖酶＋β-甘露聚糖酶＋蛋白酶＋α-淀粉酶＋纤维素酶；木聚糖酶＋β-甘露聚糖＋蛋白酶＋纤维素酶；木聚糖酶＋蛋白酶＋α-淀粉酶＋纤维素酶；液态（木聚糖酶＋β-甘露聚糖＋纤维素酶）
鲁饲添（2014）H14001	山东华森生物科技有限公司	L-抗坏血酸（维生素 C）；枯草芽孢杆菌＋酿酒酵母
鲁饲添（2014）H14003	山东大禹动物药业有限公司	L-抗坏血酸（维生素 C）；嗜酸乳杆菌；枯草芽孢杆菌＋酿酒酵母；淀粉酶＋纤维素酶
鲁饲添（2014）H15003	山东奥克特化工有限公司	甜菜碱盐酸盐

（续）

生产许可证编号	企业名称	产品名称
鲁饲添（2014）H16003	山东龙海生物科技有限公司	枯草芽孢杆菌
鲁饲添（2014）H16007	山东隆科特酶制剂有限公司	液态（木聚糖酶＋β-甘露聚糖酶＋纤维素酶＋β-葡聚糖酶＋淀粉酶＋果胶酶）；木聚糖酶＋蛋白酶＋β-甘露聚糖酶＋纤维素酶＋果胶酶＋β-葡聚糖酶＋淀粉酶；淀粉酶＋β-葡聚糖酶＋蛋白酶；木聚糖酶＋果胶酶＋β-甘露聚糖酶＋β-葡聚糖酶＋纤维素酶；淀粉酶＋β-葡聚糖酶＋葡萄糖氧化酶＋脂肪酶
鲁饲添（2014）H16010	山东康地恩生物科技有限公司	枯草芽孢杆菌；嗜酸乳杆菌；液态嗜酸乳杆菌；枯草芽孢杆菌＋粪肠球菌；枯草芽孢杆菌＋酿酒酵母＋植物乳杆菌；木聚糖酶＋枯草芽孢杆菌；地衣芽孢杆菌；枯草芽孢杆菌＋地衣芽孢杆菌＋嗜酸乳杆菌；木聚糖酶＋β-葡聚糖酶＋纤维素酶＋果胶酶＋淀粉酶＋β-甘露聚糖酶＋蛋白酶；枯草芽孢杆菌＋嗜酸乳杆菌；木聚糖酶；植酸酶
豫饲添（2014）H01008	郑州市荥阳娜尔生物饲料厂	磷酸氢二钾＋磷酸氢二钠
豫饲添（2014）H03007	洛阳瑞莱生物工程有限公司	β-甘露聚糖酶＋木聚糖酶；酿酒酵母＋枯草芽孢杆菌；液态（枯草芽孢杆菌＋酿酒酵母）
豫饲添（2014）H05006	中农颖泰林州生物科园有限公司	枯草芽孢杆＋屎肠球菌＋酿酒酵母；植物乳杆菌＋粪肠球菌＋酿酒酵母＋枯草芽孢杆菌
豫饲添（2014）H07004	河南大华生物技术有限公司	液态（L-赖氨酸＋DL-蛋氨酸）；DL-蛋氨酸＋L-赖氨酸；维生素 A；维生素 A（液态）；维生素 C；L-半胱氨酸；丁酸钠；蛋白酶＋纤维素酶＋木聚糖酶＋枯草芽孢杆菌＋酿酒酵母
豫饲添（2014）H07009	河南君安生物科技有限公司	木聚糖酶＋纤维素酶；枯草芽孢杆菌＋植物乳杆菌；植物乳杆菌；酿酒酵母；枯草芽孢杆菌
豫饲添（2014）H11002	河南希望生物技术有限公司	枯草芽孢杆菌＋嗜酸乳杆菌＋酿酒酵母
豫饲添（2014）H16005	河南金丹乳酸科技股份有限公司	乳酸
鄂饲添（2014）H01001	武汉科诺生物科技股份有限公司	地衣芽孢杆菌；枯草芽孢杆菌；（枯草芽孢杆菌＋地衣芽孢杆菌＋凝结芽孢杆菌）
鄂饲添（2014）H01002	武汉鑫旺饲料科技有限公司	枯草芽孢杆菌
鄂饲添（2014）H01003	武汉索尔生物科技有限公司	木聚糖酶＋β-葡聚糖酶＋纤维素酶＋β-甘露聚糖酶＋果胶酶＋蛋白酶＋淀粉酶；木聚糖酶＋β-甘露聚糖酶＋蛋白酶＋淀粉酶；木聚糖酶＋β-葡聚糖酶＋蛋白酶＋淀粉酶；木聚糖酶＋β-葡聚糖酶＋纤维素酶＋果胶酶＋淀粉酶＋蛋白酶；木聚糖酶＋β-葡聚糖酶＋纤维素酶＋β-甘露聚糖酶＋果胶酶＋蛋白酶＋淀粉酶＋脂肪酶；木聚糖酶＋β-葡聚糖酶；淀粉酶＋植酸酶；木聚糖酶＋植酸酶；脂肪酶；植酸酶；丙酸铵＋苯甲酸；丙酸钙＋苯甲酸钠；丙酸＋苯甲酸＋富马酸；苯甲酸＋苯甲酸钠；丙酸＋苯甲酸；山梨酸＋山梨酸钾；柠檬酸｜乳酸＋磷酸；柠檬酸＋乳酸；乳酸＋磷酸；柠檬酸；

（续）

生产许可证编号	企业名称	产品名称
		5'-肌苷酸二钠＋5'-鸟苷酸二钠＋糖精钠＋β-甘露聚糖酶＋牛磺酸；5'-肌苷酸二钠＋5'-鸟苷酸二钠＋牛磺酸＋β-甘露聚糖酶；丁香酚＋；＋百里香酚；百里香酚＋；香芹酚＋肉桂醛＋百里香酚＋丁香酚＋桉叶油（蓝桉油）＋亚洲薄荷油；亚洲薄荷油＋桉叶油（蓝桉油）；香芹酚＋丁香酚＋百里香酚＋肉桂醛；糖精钠＋谷氨酸钠；谷氨酸钠＋5'-肌苷酸二钠＋5'-鸟苷酸二钠；5'-肌苷酸二钠＋5'-鸟苷酸二钠
鄂饲添（2014）H03001	湖北海宜生物科技有限公司	枯草芽孢杆菌；产朊假丝酵母；酿酒酵母；（枯草芽孢杆菌＋粪肠球菌＋植物乳杆菌）；（枯草芽孢杆菌＋粪肠球菌＋嗜酸乳杆菌）
鄂饲添（2014）H04001	黄冈华阳药业有限公司	L-肉碱
鄂饲添（2014）H07001	湖北泱盛生物科技有限公司	酿酒酵母；丙酸钙；山梨酸钾
鄂饲添（2014）H09001	湖北华扬科技发展有限公司	半胱胺盐酸盐；糖精钠；氧化锌；蔗糖脂肪酸酯；枯草芽孢杆菌；L-抗坏血酸（维生素 C）；磷酸＋乳酸＋柠檬酸＋富马酸；乳酸＋柠檬酸＋富马酸；枯草芽孢杆菌＋植物乳杆菌＋粪肠球菌；枯草芽孢杆菌＋酿酒酵母＋植物乳杆菌＋粪肠球菌；枯草芽孢杆菌＋酿酒酵母＋植物乳杆菌；枯草芽孢杆菌＋植物乳杆菌；木聚糖酶＋β-葡聚糖酶＋甘露聚糖酶＋植酸酶＋纤维素酶；木聚糖酶＋β-葡聚糖酶＋甘露聚糖酶＋纤维素酶；木聚糖酶＋β-葡聚糖酶＋甘露聚糖酶＋淀粉酶＋蛋白酶＋纤维素酶；富马酸亚铁＋赖氨酸锌络（螯）合物
鄂饲添（2014）H09002	武汉惠宝生物技术有限公司	枯草芽孢杆菌＋粪肠球菌＋酿酒酵母；枯草芽孢杆菌＋粪肠球菌；枯草芽孢杆菌＋酿酒酵母
鄂饲添（2014）H09003	武汉市万达生物工程有限公司	氧化锌；氯化钴；木聚糖酶＋β-葡聚糖酶＋β-甘露聚糖酶＋纤维素酶＋淀粉酶＋蛋白酶；木聚糖酶＋β-葡聚糖酶＋β-甘露聚糖酶＋淀粉酶＋蛋白酶；甘氨酸铁络合物＋甘氨酸锌＋亚硒酸钠＋叶酸＋烟酸＋维生素 K_3；甘露氨酸铁络合物＋甘氨酸锌＋亚硒酸钠＋叶酸；乳酸＋柠檬酸＋磷酸
湘饲添（2014）H01001	英杰（长沙）生物科技有限公司	嗜酸乳杆菌＋粪肠球菌＋木聚糖酶
湘饲添（2014）H01003	长沙兴嘉生物工程股份有限公司	碱式氯化铜；氧化锌；碘酸钙；亚硒酸钠；硫酸镁；硫酸亚铁；硫酸铜；硫酸锌；硫酸锰；富马酸＋乳酸＋磷酸；碱式氯化锌＋八角茴香油
湘饲添（2014）H01004	长沙市粒丰饲料有限公司	液态（植物乳杆菌＋酿酒酵母）；液态（乳酸片球菌＋酿酒酵母）；液态（干酪乳杆菌＋酿酒酵母）
湘饲添（2014）H01005	长沙美日生物科技有限公司	地衣芽孢杆菌＋枯草芽孢杆菌＋凝结芽孢杆菌；蛋白酶＋木聚糖酶＋β-葡聚糖酶＋纤维素酶
湘饲添（2014）H01006	湖南山河美生物环保科技股份有限公司	枯草芽孢杆菌＋嗜酸乳杆菌＋酿酒酵母；β-葡聚糖酶＋纤维素酶＋蛋白酶＋木聚糖酶
湘饲添（2014）H06001	汨罗市塑奇生物科技有限公司	液态（枯草芽孢杆菌＋乳酸肠球菌＋酿酒酵母）

（续）

生产许可证编号	企业名称	产品名称
湘饲添（2014）H06002	湖南诺维信生物科技有限公司	酵母硒
湘饲添（2014）H06003	湖南利尔康生物股份有限公司	纤维素酶＋β-葡聚糖酶＋木聚糖酶＋果胶酶＋β-甘露聚糖酶＋蛋白酶＋淀粉酶＋植酸酶＋α-半乳糖苷酶＋脂肪酶；纤维素酶＋β-葡聚糖酶＋木聚糖酶＋果胶酶＋β-甘露聚糖酶；纤维素酶＋β-葡聚糖酶＋木聚糖酶＋果胶酶＋β-甘露聚糖酶＋蛋白酶＋淀粉酶；液态（纤维素酶＋β-葡聚糖酶＋木聚糖酶＋果胶酶＋β-甘露聚糖酶）；纤维素酶＋木聚糖酶＋枯草芽孢杆菌＋酿酒酵母
湘饲添（2014）H07001	湖南新鸿鹰生物工程有限公司	木聚糖酶＋β-葡聚糖酶；液态（木聚糖酶＋β-葡聚糖酶）；木聚糖酶＋β-葡聚糖酶＋β-甘露聚糖酶；液态（木聚糖酶＋β-葡聚糖酶＋β-甘露聚糖酶）；木聚糖酶＋β-葡聚糖酶＋纤维素酶；液态（木聚糖酶＋β-葡聚糖酶＋纤维素酶）；木聚糖酶＋β-葡聚糖酶＋β-甘露聚糖酶＋纤维素酶；液态（木聚糖酶＋β-葡聚糖酶＋β-甘露聚糖酶＋纤维素酶）；木聚糖酶＋β-葡聚糖酶＋纤维素酶＋蛋白酶；液态（木聚糖酶＋β-葡聚糖酶＋纤维素酶＋蛋白酶）；木聚糖酶＋β-甘露聚糖酶＋纤维素酶；液态（木聚糖酶＋β-甘露聚糖酶＋纤维素酶）；木聚糖酶＋β-甘露聚糖酶＋蛋白酶；液态（木聚糖酶＋β-甘露聚糖酶＋蛋白酶）；木聚糖酶＋纤维素酶＋蛋白酶；液态（木聚糖酶＋纤维素酶＋蛋白酶）；木聚糖酶＋β-甘露聚糖酶＋纤维素酶＋蛋白酶；液态（木聚糖酶＋β-甘露聚糖酶＋纤维素酶＋蛋白酶）；木聚糖酶＋纤维素酶；液态（木聚糖酶＋纤维素酶）；木聚糖酶＋蛋白酶＋淀粉酶；液态（木聚糖酶＋蛋白酶＋淀粉酶）
粤饲添（2014）H01001	广州市威司特生物科技有限公司萝岗分公司	纤维素酶；木聚糖酶；甘露聚糖酶；α-半乳糖苷酶；脂肪酶；酿酒酵母；嗜酸乳杆菌；枯草芽孢杆菌；木聚糖酶＋甘露聚糖酶＋蛋白酶＋淀粉酶；木聚糖酶＋纤维素酶＋蛋白酶；枯草芽孢杆菌＋酿酒酵母；枯草芽孢杆菌＋嗜酸乳杆菌＋酿酒酵母
粤饲添（2014）H01002	广州理想实业有限公司	糖精钠；乙氧基喹啉；丙酸；磷酸；嗜酸乳杆菌＋枯草芽孢杆菌；甜菜碱盐酸盐；5'-肌苷酸二钠＋食品用香料；乙基麦芽酚＋异戊酸；食品用香料；异戊酸；乳酸乙酯；乙基香兰素＋乙基麦芽酚
粤饲添（2014）H01003	广州市致善生物科技有限公司	糖精钠；吡啶甲酸铬；丙酸；食品用香料；橙皮素；欧当归提取物（圆叶当归提取物）；罗勒提取物；苦木提取物；蒲公英根固体提取物
粤饲添（2014）H01004	广州维特生化有限公司	糖精钠
粤饲添（2014）H01006	广东新南都饲料科技有限公司	葡萄糖氧化酶；糖精钠；大蒜素；吡啶甲酸铬；烟酸铬；4，7-二羟基异黄酮（大豆黄酮）；蛋白酶＋淀粉酶＋纤维素酶＋木聚糖酶；蛋白酶＋纤维素酶＋木聚糖酶；蛋白酶＋木聚糖酶；乳酸＋柠檬酸＋磷酸＋富马酸；谷氨酸钠＋5'-肌苷酸二钠＋5'-鸟苷酸二钠；糖精钠＋食品用香料；苯甲酸乙酯；丁酸＋食品用香料；香兰素
粤饲添（2014）H01008	广州飞禧特水产科技有限公司	DL-蛋氨酸；L-赖氨酸盐酸盐

（续）

生产许可证编号	企业名称	产品名称
粤饲添（2014）H01009	广州隆达饲料有限公司	硫酸锌；硫酸锰；硫酸铜；氧化锌；硫酸亚铁
粤饲添（2014）H01010	广州市富泉生物科技有限公司	糖精钠；富马酸亚铁；酿酒酵母；天然叶黄素（源自万寿菊）
粤饲添（2014）H01011	广州智特奇生物科技股份有限公司花都分公司	磷酸＋柠檬酸；乳酸＋甲酸＋柠檬酸；乳酸＋柠檬酸＋富马酸；甲酸钙＋乙酸＋丙酸＋丁酸＋苯甲酸＋山梨酸＋苹果酸；乳酸＋富马酸＋柠檬酸＋磷酸
粤饲添（2014）H01012	广州庞顺饲料有限公司	亚硒酸钠；碘酸钙；碘化钾；硫酸钴；氯化钴；氯化钾；硫酸镁；氧化锌；硫酸亚铁；硫酸锰；硫酸锌；硫酸铜
粤饲添（2014）H01013	广州白云山宝神动物保健品有限公司	柠檬酸；酿酒酵母；枯草芽孢杆菌；二氧化硅；（酿酒酵母＋枯草芽孢杆菌）
粤饲添（2014）H01014	广州远旺饲料科技有限公司	甘露寡糖；淀粉酶＋蛋白酶＋木聚糖酶；富马酸亚铁＋吡啶甲酸铬；食品用香料：香芹酚＋百里香酚
粤饲添（2014）H01015	广州市科汇饲料有限公司	5'-肌苷酸二钠＋5'-鸟苷酸二钠＋饲用香味物质；糖精钠＋饲用香味物质；
粤饲添（2014）H01016	广州市佰沃生物科技有限公司	乳酸＋柠檬酸＋富马酸；乳酸＋磷酸＋柠檬酸富马酸
粤饲添（2014）H01017	广州市江丰生物科技有限公司	乳酸＋柠檬酸＋苹果酸＋酒石酸＋磷酸
粤饲添（2014）H01018	广州金水动物保健品有限公司	L-抗坏血酸（维生素C）；L-肉碱；甜菜碱；乳酸钙；枯草芽孢杆菌；粪肠球菌；甘露寡糖
粤饲添（2014）H02001	深圳市海王英特龙生物技术股份有限公司	液态果寡糖
粤饲添（2014）H02003	深圳市格兰姆生物科技有限公司	枯草芽孢杆菌＋植物乳杆菌
粤饲添（2014）H02004	深圳市圣西马生物技术有限公司光明工厂	枯草芽孢杆菌＋酿酒酵母
粤饲添（2014）H03002	珠海天凯生物科技有限公司	植酸酶；蛋白酶＋木聚糖酶＋纤维素酶＋β-葡聚糖酶
粤饲添（2014）H03003	珠海市天贝生物科技有限公司	糖精钠；丙酸钠；蛋氨酸锌络（螯）合物；蛋氨酸铁络（螯）合物；枯草芽孢杆菌；天然叶黄素（源自万寿菊）；乳酸＋富马酸；蛋白酶＋淀粉酶
粤饲添（2014）H03004	广州太普乐生物技术有限公司珠海分公司	海藻酸钠
粤饲添（2014）H05001	佛山市南海区维德生物技术有限公司	牛至香酚；饲用香味物质；糖精钠；牛至香酚＋饲用香味物质；糖精钠＋谷氨酸钠＋柠檬酸＋饲用香味物质；丁基羟基茴香醚（BHA）＋没食子酸丙酯；二丁基羟基甲苯（BHT）＋特丁基对苯二酚（TBHQ）＋乙氧基喹啉）；液态天然叶黄素（源自万寿菊）；液态（丙酸＋丙酸铵）；液态（乳酸＋柠檬酸＋丙酸＋磷酸）；液态二丁基羟基甲苯（BHT）＋乙氧基喹啉；液态［二丁基羟基甲苯（BHT）＋特

（续）

生产许可证编号	企业名称	产品名称
		丁基对苯二酚（TBHQ）＋乙氧基喹啉]；天然叶黄素（源自万寿菊）；[β，β-胡萝卜素-4＋4-二酮（斑蝥黄）]；β-阿朴-8'-胡萝卜素酸乙酯；[乙氧基喹啉＋丁基羟基茴香醚（BHA）＋二丁基羟基甲苯(BHT)＋没食子酸丙酯]；[乙氧基喹啉＋二丁基羟基甲苯（BHT)]；（丙酸＋丙酸铵＋双乙酸钠＋苯甲酸）；（丙酸＋丙酸铵）；（乳酸＋富马酸＋柠檬酸＋磷酸）；（乳酸＋柠檬酸＋丙酸＋磷酸）；（糖精纳＋谷氨酸钠＋柠檬酸＋食品用香料：香兰素＋姜黄浸膏＋松油醇）；（三氧化二铝＋二氧化硅＋大豆磷脂＋甘露寡糖）；（木聚糖酶＋β-葡聚糖酶＋纤维素酶）；枯草芽孢杆菌；半胱胺盐酸盐
粤饲添（2014）H05002	广东海纳川药业股份有限公司	枯草芽孢杆菌；糖精钠；L-赖氨酸盐酸盐；DL-蛋氨酸；L-苏氨酸；L-色氨酸；甜菜碱；富马酸亚铁；磷酸；乳酸；L-抗坏血酸（维生素C）；丙酸钙；富马酸＋柠檬酸＋苹果酸；富马酸＋柠檬酸＋磷酸；富马酸＋柠檬酸＋乳酸；枯草芽孢杆菌＋酿酒酵母；枯草芽孢杆菌＋粪肠球菌＋嗜酸乳杆菌；枯草芽孢杆菌＋植物乳杆菌；枯草芽孢杆菌＋粪肠球菌＋植物乳杆菌；枯草芽孢杆菌＋酿酒酵母＋粪肠球菌；β-甘露聚糖酶＋木聚糖酶＋β-葡聚糖酶＋蛋白酶；β-甘露聚糖酶＋木聚糖酶＋β-葡聚糖酶；β-甘露聚糖酶＋木聚糖酶＋β-葡聚糖酶＋蛋白酶＋纤维素酶；液态（β-甘露聚糖酶＋木聚糖酶＋β-葡聚糖酶）；液态（木聚糖酶＋β-葡聚糖酶＋纤维素酶）；酿酒酵母；丁酸钠
粤饲添（2014）H09002	惠州市三宝生物化学科技有限公司	L-抗坏血酸-2-磷酸酯
粤饲添（2014）H11001	东莞泛亚太生物科技有限公司	植酸酶；木聚糖酶；β-甘露聚糖酶；β-葡聚糖酶；木聚糖酶＋蛋白酶；木聚糖酶＋β-葡聚糖酶；木聚糖酶＋β-甘露聚糖酶＋β-葡聚糖酶；木聚糖酶＋β-葡聚糖酶＋淀粉酶＋纤维素酶；木聚糖酶＋β-甘露聚糖酶＋β-葡聚糖酶＋淀粉酶；木聚糖酶＋蛋白酶＋β-甘露聚糖酶＋淀粉酶；木聚糖酶＋蛋白酶＋β-甘露聚糖酶＋β-葡聚糖酶＋纤维素酶；木聚糖酶＋蛋白酶＋β-甘露聚糖酶＋β-葡聚糖酶＋淀粉酶；木聚糖酶＋蛋白酶＋β-甘露聚糖酶＋β-葡聚糖酶＋淀粉酶＋纤维素酶；木聚糖酶＋蛋白酶＋β-甘露聚糖酶＋β-葡聚糖酶＋纤维素酶＋植酸酶；木聚糖酶＋蛋白酶＋β-甘露聚糖酶＋β-葡聚糖酶＋纤维素酶＋淀粉酶＋植酸酶；液态植酸酶
粤饲添（2014）H12002	广东腾骏动物药业股份有限公司	丙酸钙
粤饲添（2014）H13001	江门市金远洋生物科技有限公司	枯草芽孢杆菌；植物乳杆菌；粪肠球菌；枯草芽孢杆菌＋植物乳杆菌；枯草芽孢杆菌＋粪肠球菌＋酿酒酵母
粤饲添（2014）H19001	广东海富药业有限公司	L-抗坏血酸（维生素C）
桂饲添（2014）H01001	南宁微瑞生物科技有限公司	纤维素酶＋β-葡聚糖酶＋木聚糖酶；葡萄糖氧化酶＋蛋白酶；产朊假丝酵母＋枯草芽孢杆菌＋乳酸片球菌；沼泽红假单胞菌＋枯草芽孢杆菌＋乳酸片球菌

（续）

生产许可证编号	企业名称	产品名称
桂饲添（2014）H01002	广西南宁益维饲料科技有限公司	碘酸钙；亚硒酸钠；硫酸钴：硫酸铜；硫酸镁
琼饲添（2014）H01002	海南卓越生物有限公司	复合微生物溶液（枯草芽孢杆菌＋产朊假丝酵母菌＋嗜酸乳杆菌）；枯草芽孢杆菌溶液；复合有机酸溶液（柠檬酸＋苹果酸）；枯草芽孢杆菌；产朊假丝酵母；甜菜碱盐酸盐；维生素 C；复合维生素 A、维生素 D_3、泛酸钙（维生素 A＋维生素 D_3＋泛酸钙）
琼饲添（2014）H01003	海南正强超越生化技术开发有限公司	复合嗜酸乳杆菌溶液（枯草芽孢杆菌＋产朊假丝酵母＋嗜酸乳杆菌）；嗜酸乳杆菌粉；活性酵母粉；维生素 C 粉；盐酸甜菜碱粉
渝饲添（2014）H09001	重庆西南合成制药有限公司	维生素 E
川饲添（2014）H01001	成都朴瑞威饲料科技有限公司	食品用香料（乳酸乙酯＋乙酸异戊酯）；食品用香料乳酸乙酯＋香兰素；食品用香料（乙酸异戊酯＋香兰素）；食品用香料（异戊酯＋香兰素）；食品用香料（异戊酸＋二烯丙基三硫醚）；糖精钠
川饲添（2014）H01002	四川高福记生物科技有限公司	（屎肠球菌＋植物乳杆菌）
川饲添（2014）H01003	拜耳（四川）动物保健有限公司	复合酸化剂（甲酸钙＋柠檬酸）；二丁基羟基甲苯（BHT）；复合酶制剂（木聚糖酶＋β-葡聚糖酶＋甘露聚糖酶＋纤维素酶＋淀粉酶＋蛋白酶）；复合酶制剂（木聚糖酶＋β-葡聚糖酶＋纤维素酶）；复合酶制剂（木聚糖酶＋β-葡聚糖酶＋甘露糖酶＋纤维素酶）；甘露寡糖
川饲添（2014）H01004	四川爱丽美科技有限公司	乳酸亚铁；丙酸钙；糖精钠；二丁基羟基甲苯＋没食子酸丙酯；磷酸＋乳酸；木聚糖酶＋脂肪酶；木聚糖酶＋葡萄糖氧化酶；脂肪酶＋葡萄糖氧化酶；5'-肌苷酸二钠＋谷氨酸钠；5'-肌苷酸二钠＋5'-鸟苷酸二钠
川饲添（2014）H01005	成都蜀星饲料有限公司	硫酸铜；硫酸镁；硫酸锌；硫酸亚铁；硫酸锰；亚硒酸钠；氯化钴；碘化钾；碘酸钾；碘酸钙；磷酸二氢钾；磷酸二氢钠；氯化钾；氧化镁；氧化锌
川饲添（2014）H01006	成都大帝汉克生物科技有限公司	低聚木糖（木寡糖）＋低聚半乳糖；大蒜素；乳酸＋柠檬酸；糖精钠；饲用香味物质
川饲添（2014）H05001	四川爱客信生物科技有限公司	液态（乳酸＋液态蛋氨酸羟基类似物＋磷酸）；液态防霉剂（丙酸＋丙酸铵）；防霉剂（丙酸＋丙酸铵）；复合酸化剂（乳酸＋富马酸＋柠檬酸）；复合酸化剂（乳酸＋柠檬酸＋磷酸）；复合酸化剂（乳酸＋柠檬酸）
川饲添（2014）H05002	广汉隆达饲料有限公司	氧化锌；硫酸锌；硫酸锰；碘化钾；碘酸钾；碘酸钙；氯化钴；硫酸钴；亚硒酸钠；甲酸钙；氯化钾；富马酸亚铁；蛋氨酸铜络（螯）合物；蛋氨酸锌络（螯）合物；甘氨酸铜络（螯）合物；甘氨酸铁络（螯）合物；甘氨酸锌；吡啶甲酸铬；磷酸二氢钠；磷酸二氢钾；硫酸镁；氧化镁；硫酸亚铁；硫酸铜；碱式氯化铜
川饲添（2014）H07001	青川县青云上锰业有限公司	碘酸钙；氯化钴；亚硒酸钠

（续）

生产许可证编号	企业名称	产品名称
陕饲添（2014）H00006	陕西杨凌益多宝生物科技有限公司	枯草芽孢杆菌＋酿酒酵母；酿酒酵母＋植物乳杆菌；枯草芽孢杆菌＋植物乳杆菌；枯草芽孢杆菌＋沼泽红假单胞菌；酿酒酵母；枯草芽孢杆菌＋酿酒酵母＋植物乳杆菌；植物乳杆菌；枯草芽孢杆菌；酿酒酵母＋沼泽红假单胞菌；沼泽红假单胞菌；枯草芽孢杆菌＋酿酒酵母＋沼泽红假单胞菌
陕饲添（2014）H04001	咸阳汉诺威生物科技有限公司	亚硒酸钠＋DL-α-生育酚；维生素 B_1＋维生素 B_2＋维生素 B_6＋烟酰胺＋DL-泛酸钙；维生素 A＋维生素D_3＋DL-α-生育酚；D-生物素；DL-蛋氨酸＋L-苏氨酸＋L-色氨酸；维生素 C；维生素 K_3
宁饲添（2014）H01692	宁夏智弘生物科技有限公司	肌醇；氯化胆碱；液态（L-亮氨酸＋异亮氨酸＋甘氨酸＋L-脯氨酸＋缬氨酸）；氯化钠＋碘化钾＋碳酸锌＋低聚壳聚糖；氯化钠＋碘化钾＋碳酸锌＋果寡糖；纤维素酶（产自长柄木霉）＋脂肪酶（产自黑曲霉）＋植酸酶（产自黑曲霉）；L-赖氨酸＋氯化胆碱＋DL-蛋氨酸＋烟酸＋叶酸＋氰钴胺（维生素 B_{12}）＋蛋氨酸锌络（螯）合物＋蛋氨酸铁络（螯）合物＋蛋氨酸铜络（螯）合物＋蛋氨酸锰络（螯）合物＋脂肪酶（产自黑曲霉）；尿素＋磷酸脲；β-胡萝卜素＋L-抗坏血酸（维生素 C）＋低聚半乳糖＋磷酸脲＋硫酸锌；淫羊藿提取物（有效成分为淫羊藿苷）＋磷酸脲＋硫酸锌＋果寡糖

表 2－36　单一饲料生产许可证名单

生产许可证编号	企业名称	产品名称
京饲证（2014）07032	爱不停（北京）蛋白质饲料有限公司	喷雾干燥猪血浆蛋白粉；喷雾干燥猪血球蛋白粉
京饲证（2014）10040	北京名顺通肉食品有限公司动物源性饲料加工厂	鸡油；猪油；鸡油饼；猪油饼；蛋粉
京饲证（2014）11114	北京中科昊盈生物技术有限公司	鸡肉粉；猪肉粉
京饲证（2014）12039	北京鸿顺养源生物科技有限公司	喷雾干燥猪血浆蛋白粉；喷雾干燥猪血球蛋白粉；水解猪血球蛋白粉
京饲证（2014）12085	北京燕京啤酒股份有限公司	干啤酒糟
京饲证（2014）12086	北京燕京啤酒股份有限公司分公司	干啤酒糟
京饲证（2014）12087	北京奇耀天成工贸有限公司	鸡油渣；猪油渣；鸡肉粉；猪肉粉
京饲证（2014）13001	北京市维尔普顿工贸有限责任公司	鸡油；鸭油；猪油；鸡油渣；鸭油渣；猪油渣；鸡肉粉；鸭肉粉；鸡肉肉骨粉；鸭肉骨粉
津饲证（2014）D02004	天津领岳油脂有限公司	饲料级猪油；饲料级鸡油；饲料级鸭油；猪肉粉；猪肉骨粉

（续）

生产许可证编号	企业名称	产品名称
津饲证（2014）D08001	天津市圣伟泰科技有限公司	猪油、鸡油、鸭油；猪油渣、鸡油渣、鸭油渣
冀饲证（2014）01810	鹿泉市昌盛饲料有限公司	鸡肉粉；猪肉粉；鸡肉骨粉；猪肉骨粉
冀饲证（2014）01811	无极县双源蛋白饲料有限公司	鸡肉粉；猪肉粉；鸡肉骨粉；猪肉骨粉
冀饲证（2014）01812	无极县辉盛美饲料有限公司	鸡肉粉；猪肉粉；鸡肉骨粉；猪肉骨粉
冀饲证（2014）01813	石家庄三维蛋白饲料有限公司	鸡肉粉；猪肉粉；鸡肉骨粉；猪肉骨粉
冀饲证（2014）01814	石家庄旭晨明胶有限公司	骨源磷酸氢钙
冀饲证（2014）01908	石家庄华辰淀粉糖生产有限公司	玉米蛋白粉
冀饲证（2014）01923	无极县广润生物科技有限公司	猪血粉
冀饲证（2014）01924	石家庄市伊诺宠物蛋白饲料有限公司	鸡肉粉；鸭肉粉；猪肉粉
冀饲证（2014）01925	石家庄力源生物蛋白有限公司	含可溶物的玉米干全酒精糟（DDGS）
冀饲证（2014）01926	石家庄农道众联饲料有限公司	发酵苹果渣；酿酒酵母培养物
冀饲证（2014）01929	河北金麦维饲料科技有限公司	发酵枣渣；发酵棉籽蛋白
冀饲证（2014）01930	河北赵州利民糖业集团有限公司	玉米蛋白粉
冀饲证（2014）01931	河北兴柏生物科技有限公司	玉米蛋白粉
冀饲证（2014）01932	河北辉强油脂有限公司	花生粕；菜籽粕
冀饲证（2014）01933	益海（石家庄）粮油工业有限公司	花生粕
冀饲证（2014）01934	河北广源饲料有限公司	喷浆玉米皮
冀饲证（2014）01935	石家庄菲迪饲料科技有限公司	发酵枣渣
冀饲证（2014）01936	石家庄昌茂生物科技有限公司	猪肉粉；鸡肉粉；猪肉骨粉；鸡肉骨粉
冀饲证（2014）02904	蠡县华鑫生物饲料科技开发有限公司	啤酒酵母粉；干啤酒糟
冀饲证（2014）02906	河北托瑞生物科技有限公司	水解羽毛粉；喷雾干燥鸡血浆蛋白粉；喷雾干燥猪血浆蛋白粉；喷雾干燥鸡血球蛋白粉；喷雾干燥猪血球蛋白粉
冀饲证（2014）02907	博野县曹庄饲料油脂有限公司	棉籽粕
冀饲证（2014）02908	河北冀花油脂有限公司	棉籽粕
冀饲证（2014）02909	保定蒲润生物技术有限公司	肠膜蛋白粉
冀饲证（2014）03801	张北县张北镇福利骨粉厂	牛骨粉（粒）、猪骨粉（粒）
冀饲证（2014）03902	张家口恒飞生物科技有限公司	猪骨粉（粒）；牛骨粉（粒）；猪肉骨粉
冀饲证（2014）03903	河北马利食品有限公司	甜菜糖蜜酵母发酵浓缩液；食品酵母粉
冀饲证（2014）05902	中储粮油脂（唐山）有限公司	膨化豆粕
冀饲证（2014）05903	唐山市冀东溶剂有限公司	干酒精糟（DDGS）
冀饲证（2014）05904	唐山拓普生物科技有限公司	啤酒酵母粉；酿酒酵母水解物；酿酒酵母提取物；酿酒酵母细胞壁
冀饲证（2014）05906	唐山市丰南区新宏盛农产品加工有限公司	棉粕；花生粕
冀饲证（2014）05907	滦县鑫盛源农产品加工有限公司	棉粕；花生粕

（续）

生产许可证编号	企业名称	产品名称
冀饲证（2014）05908	玉田县玉泰饲料有限公司	猪骨粉；鸡骨粉；猪肉骨粉；鸡肉骨粉；猪肉粉；鸡肉粉；猪油；鸡油
冀饲证（2014）05909	玉田县动源饲料有限公司	高温高压水解羽毛粉；猪肉粉；猪骨粉；猪肉骨粉
冀饲证（2014）05910	滦南县润丰饲料有限公司	花生粕
冀饲证（2014）06802	大厂回族自治县森勃骨制品有限公司	牛骨粉
冀饲证（2014）06903	永清县海帝威农产品发展有限公司	棉籽粕
冀饲证（2014）06904	廊坊宏信饲料科技有限公司	菜籽粕
冀饲证（2014）06905	路易达孚（霸州）饲料蛋白有限公司	大豆粕
冀饲证（2014）06906	三河汇福粮油集团饲料蛋白有限公司	豆粕；膨化豆粕
冀饲证（2014）06907	霸州市新碧望饲料有限公司	产朊假丝酵母蛋白
冀饲证（2014）06908	廊坊东信生物科技有限公司	产朊假丝酵母蛋白
冀饲证（2014）06909	三河新双祥畜农有限公司	牛肉粉；羊肉粉；猪肉粉
冀饲证（2014）06910	固安县鑫鹰蛋白饲料有限公司	猪肉粉；鸡肉粉
冀饲证（2014）07903	河北世翔生物技术有限公司	发酵梨渣；发酵枣渣；发酵棉籽蛋白；啤酒酵母粉；酿酒酵母培养物
冀饲证（2014）07904	东光县金福达油脂有限公司	棉籽粕
冀饲证（2014）07905	沧州旺发生物技术研究所有限公司	发酵棉籽蛋白；发酵苹果渣；酿酒酵母发酵白酒糟；酿酒酵母培养物
冀饲证（2014）07906	沧州市天宇牧业有限公司	发酵苹果渣；发酵棉籽蛋白；酿酒酵母发酵白酒糟；酿酒酵母培养物
冀饲证（2014）07907	河北祥龙实业有限公司	玉米蛋白粉
冀饲证（2014）07908	沧州市一德生物新技术研究所	酿酒酵母培养物；发酵棉籽蛋白；酿酒酵母发酵白酒糟；发酵苹果渣
冀饲证（2014）07909	沧州市东方兽药有限公司	发酵梨渣；发酵枣渣；酿酒酵母发酵白酒糟；酿酒酵母培养物
冀饲证（2014）07910	黄骅市渤海兽药有限公司	发酵豆粕；发酵苹果渣；发酵棉籽蛋白；酿酒酵母培养物
冀饲证（2014）07911	沧州市康壮生物发酵制品有限公司	发酵棉籽蛋白；酿酒酵母培养物；发酵梨渣；发酵枣渣
冀饲证（2014）07912	沧州市中信生物科技有限公司	发酵棉籽蛋白；发酵白酒糟；发酵苹果渣；酿酒酵母培养物
冀饲证（2014）07913	沧州市方元生物工程有限公司	发酵苹果渣；发酵棉籽蛋白；酿酒酵母发酵白酒糟；酿酒酵母培养物
冀饲证（2014）07914	海兴县昌源饲料有限公司	鱼排粉
冀饲证（2014）07915	海兴县瑞昌饲料专业合作社	鱼粉；鱼排粉

（续）

生产许可证编号	企业名称	产品名称
冀饲证（2014）07916	海兴优艾特生物制品有限公司	鱼排粉
冀饲证（2014）07917	黄骅市通海鱼粉有限公司	鱼粉
冀饲证（2014）07919	沧州誉华动物蛋白饲料有限公司	牛肉骨粉；高温高压水解羽毛粉
冀饲证（2014）07920	黄骅市远洋鱼粉有限公司	鱼粉
冀饲证（2014）07921	海兴县鑫馨饲料专业合作社	鱼排粉
冀饲证（2014）07922	海兴县盛裕饲料有限公司	鱼排粉
冀饲证（2014）07923	海兴县海发饲料专业合作社	鱼排粉
冀饲证（2014）07924	海兴县大韩水源饲料有限公司	鱼排粉
冀饲证（2014）07925	海兴县盛昌饲料有限公司	鱼排粉
冀饲证（2014）07926	大成食品（河北）有限公司	水解羽毛粉；鸡内脏粉；鸡肉粉
冀饲证（2014）07927	沧县宏达饲料油脂有限公司	鸡油；鸭油；猪油；鸡油渣；鸭油渣；猪油渣
冀饲证（2014）08802	衡水鸿源生物科技有限公司	喷雾干燥猪血浆蛋白粉；喷雾干燥猪血球蛋白粉
冀饲证（2014）08905	衡水金博农饲料有限公司	高温高压水解羽毛粉
冀饲证（2014）08906	深州市宏基饲料科技有限公司	花生粕；豆粕；棉粕；菜籽粕
冀饲证（2014）09016	玉锋实业集团有限公司	喷浆玉米皮；玉米蛋白粉
冀饲证（2014）09911	邢台中棉紫光生物科技有限公司	脱酚棉籽蛋白
冀饲证（2014）09912	冀中能源邢台矿业集团有限责任公司油脂分公司	花生粕（花生仁粕）
冀饲证（2014）09913	河北宇燕饲料有限公司	喷浆玉米皮
冀饲证（2014）09914	隆尧大东玉米生物科技有限公司	喷浆玉米皮；玉米蛋白粉
冀饲证（2014）09915	邢台正龙牧业有限公司	喷浆玉米皮；含可溶物的玉米干酒精糟（DDGS）；玉米蛋白粉
冀饲证（2014）09917	河北健民淀粉糖业有限公司	喷浆玉米皮；玉米蛋白粉
冀饲证（2014）09918	河北广玉饲料有限公司	喷浆玉米皮；玉米蛋白粉
冀饲证（2014）09919	河北兴达饲料集团有限公司	发酵豆粕
冀饲证（2014）09920	邢台市高升植物油有限公司	棉籽粕
冀饲证（2014）09921	河北燕南食品集团有限公司	玉米蛋白粉
冀饲证（2014）10908	邯郸中棉紫光棉花产业化科技有限公司	脱酚棉籽蛋白
冀饲证（2014）10909	邱县银雪棉业有限责任公司	脱酚棉籽蛋白
冀饲证（2014）10910	邯郸市名福植物油有限责任公司	花生粕
冀饲证（2014）10911	邯郸市创大油脂有限公司	菜籽粕；棉籽粕
冀饲证（2014）10912	馆陶县金翔饲料进出口有限公司饲料蛋白分公司	喷浆玉米皮
冀饲证（2014）10913	河北仓盛兴粮油工贸有限公司	棉籽粕；菜籽粕
冀饲证（2014）10914	成安县兴凯油脂有限公司	棉籽粕
冀饲证（2014）10915	成安县成源油脂有限公司	棉籽粕；菜籽粕

（续）

生产许可证编号	企业名称	产品名称
冀饲证（2014）12903	辛集市冠丰油脂饲料有限公司	棉籽粕；菜籽粕
冀饲证（2014）12904	辛集市盛新饲料有限公司	棉粕；菜籽粕
冀饲证（2014）12905	辛集市天晟油脂饲料有限公司	棉粕
冀饲证（2014）35803	昌黎县博成饲料有限公司	猪油；鸡油；鸭油；猪油渣；鸡油渣；鸭油渣
冀饲证（2014）35804	秦皇岛耘垦牧业有限公司	高温高压水解羽毛粉
冀饲证（2014）35910	秦皇岛天马酒业有限公司	含可溶物的玉米干酒精糟（DDGS）
冀饲证（2014）35911	秦皇岛市裕祥饲料有限公司	喷浆玉米皮
冀饲证（2014）35913	秦皇岛市超远海洋生物科技有限公司	鱼粉
冀饲证（2014）35914	秦皇岛昌泰鱼粉有限公司	鱼粉
冀饲证（2014）35915	秦皇岛龙之源鱼粉厂	鱼粉
冀饲证（2014）35916	昌黎县众鑫饲料制造有限公司	鱼粉
冀饲证（2014）35917	秦皇岛牧盛饲料有限公司	膨化豆粕
晋饲证（2014）05011	山西森源饲料有限公司	含可溶物的干酒精糟玉米干全酒精糟（DDGS）
晋饲证（2014）06017	山西丰联农业有限公司	腐殖酸钠
晋饲证（2014）08004	长治市金泽生物工程有限公司	喷浆玉米皮；玉米蛋白粉
晋饲证（2014）08008	长子县福源淀粉有限公司	喷浆玉米皮；玉米蛋白粉
晋饲证（2014）08009	屯留牧绿源生物科技有限公司	发酵豆粕；发酵苹果渣；发酵棉籽蛋白
晋饲证（2014）09002	山西杰隆源生物制品有限公司	喷雾干燥猪、鸡血浆蛋白粉；喷雾干燥猪血球蛋白粉；水解猪、鸡血球蛋白粉；水解珠蛋白粉；血红素蛋白粉
晋饲证（2014）09006	晋城市鸿生生物科技有限公司	喷浆玉米皮；玉米蛋白粉
晋饲证（2014）10002	襄汾县永泰胶业有限公司	骨源磷酸氢钙
晋饲证（2014）10005	翼城县江源生物工程有限公司	含可溶物的干酒精糟——干全酒精糟（DDGS）
晋饲证（2014）11007	山西忠民集团有限公司	菜籽粕（菜粕）；豆粕（大豆粕）；棉籽粕（棉粕）
晋饲证（2014）11009	山西晋美油脂集团有限公司	菜籽粕（菜粕）；豆粕（大豆粕）；棉籽粕（棉粕）
晋饲证（2014）11011	永济市康裕油脂有限公司	菜籽粕（菜粕）；棉籽粕（棉粕）
晋饲证（2014）11020	山西粟海集团有限公司	水解羽毛粉；鸡肉骨粉
蒙饲证（2014）00059	呼伦贝尔市淳江油脂有限责任公司	豆粕
蒙饲证（2014）00062	呼伦贝尔蒙佳粮油工业有限公司	菜籽粕（菜粕）
蒙饲证（2014）00063	呼伦贝尔合适佳食品有限公司	菜籽粕（菜粕）
蒙饲证（2014）00064	阿荣旗淳江油脂有限责任公司	豆粕（大豆粕）
蒙饲证（2014）00069	呼伦贝尔金杨油脂有限公司	菜籽粕（菜粕）
蒙饲证（2014）00070	鄂伦春自治旗鹏展油脂有限责任公司	豆粕（大豆粕）
蒙饲证（2014）00089	内蒙古百业成酒精制造有限责任公司	含可溶物的干酒精糟玉米干全酒精糟（DDGS）

（续）

生产许可证编号	企业名称	产品名称
蒙饲证（2014）00122	呼伦贝尔市金谷有机饲料蛋白有限公司	大豆浓缩蛋白
蒙饲证（2014）01055	内蒙古神元生物工程股份有限公司	动物水解物
蒙饲证（2014）01073	内蒙古开盛生物科技有限公司	玉米蛋白粉
蒙饲证（2014）01093	内蒙古斯隆生物技术有限责任公司	发酵豆粕
蒙饲证（2014）01119	内蒙古永业富民生物科技有限责任公司	腐殖酸钠
蒙饲证（2014）01130	内蒙古金河淀粉有限责任公司	喷浆玉米皮；玉米蛋白粉
蒙饲证（2014）01143	内蒙古新蒙油脂股份有限公司	菜籽粕（菜粕）
蒙饲证（2014）01178	内蒙古常荣糖业有限公司	玉米蛋白粉
蒙饲证（2014）02074	包头市京禾饲料有限公司	干啤酒糟
蒙饲证（2014）04154	乌兰察布市杰隆生物制品有限公司	喷雾干燥鸡血浆蛋白粉；喷雾干燥猪血浆蛋白粉；喷雾干燥血球蛋白粉
蒙饲证（2014）05066	通辽梅花生物科技有限公司一分公司	玉米蛋白粉；谷氨酸渣
蒙饲证（2014）05083	内蒙古顺通生物技术有限责任公司	含可溶物的干酒精糟玉米干全酒精糟（DDGS）；玉米蛋白粉
蒙饲证（2014）06058	内蒙古伊品生物科技有限公司	喷浆玉米皮；玉米蛋白粉
蒙饲证（2014）06087	赤峰瑞阳化工有限公司	玉米干酒精糟（DDGS）
蒙饲证（2014）06139	喀喇沁旗东剑动物蛋白饲料有限公司	猪骨粉、牛骨粉
蒙饲证（2014）06140	赤峰蒙兴动物蛋白饲料有限公司	猪骨粉、牛骨粉
蒙饲证（2014）06146	巴林左旗腾达骨饲料有限公司	猪骨粉（粒）、牛骨粉（粒）；猪肉骨粉、牛肉骨粉
蒙饲证（2014）06160	赤峰市牧太科技发展有限公司	水解羽毛粉；水解鸡血粉；水解鸭血粉；水解牛血粉；水解羊血粉
蒙饲证（2014）06161	赤峰环能能源科技有限公司	水解羽毛粉；猪肉骨粉；喷雾干燥牛血浆蛋白粉；喷雾干燥牛血球蛋白粉；鸭血粉
蒙饲证（2014）06176	宁城兴旺骨粉有限公司	猪骨粉（粒）；牛骨粉（粒）；猪肉骨粉；牛肉骨粉
蒙饲证（2014）06177	喀喇沁旗强大动物蛋白饲料有限公司	猪骨粉（粒）
蒙饲证（2014）06186	阿鲁科尔沁旗世纪饲料有限责任公司	牛骨粉（粒）；猪骨粉（粒）；牛肉粉；猪肉粉
蒙饲证（2014）08084	内蒙古巴山淀粉有限公司	玉米蛋白粉
蒙饲证（2014）11114	内蒙古蒙佳粮油工业集团有限公司	菜籽粕（菜粕）；豆粕（大豆粕）
蒙饲证（2014）11115	内蒙古蒙润粮油购销有限公司	菜籽粕（菜粕）；豆粕（大豆粕）
辽饲证（2014）01901	中纺粮油（沈阳）有限公司	豆粕
辽饲证（2014）01902	沈阳市鑫源饲料厂	猪油；猪油渣饼

（续）

生产许可证编号	企业名称	产品名称
辽饲证（2014）01903	沈阳金海隆兴农牧科技有限公司	DDGS；喷浆玉米皮
辽饲证（2014）01904	沈阳市鑫利德饲料加工厂	猪肉粉、猪肉骨粉、鸡肉粉、鸡肉骨粉、猪油、鸡油
辽饲证（2014）01905	沈阳市牧丰源饲料有限公司	鸡油；水解羽毛粉；鸡肉粉
辽饲证（2014）01906	希杰（沈阳）生物科技有限公司	喷浆玉米皮；玉米蛋白粉；核苷酸渣；赖氨酸渣
辽饲证（2014）01907	沈阳鑫峰农牧科技发展有限公司	膨化豆粕
辽饲证（2014）01908	沈阳博善英胜生物技术有限公司	大豆酶解蛋白；啤酒酵母粉
辽饲证（2014）02909	大连金泰鱼粉有限公司	鱼粉；鱼油
辽饲证（2014）02910	大连市鑫源饲料有限公司	鱼粉；鱼油
辽饲证（2014）02911	大连市鑫大饲料鱼粉有限公司	鱼粉
辽饲证（2014）02912	大连市英剑饲料有限公司	鱼粉
辽饲证（2014）02913	大连禾丰鱼粉有限公司	鱼粉
辽饲证（2014）02914	大连龙海饲料有限公司	鱼粉
辽饲证（2014）02915	大连铭川食品有限公司	水解羽毛粉
辽饲证（2014）02916	大连渤海饲料有限公司	鱼粉；鱼油
辽饲证（2014）02917	瓦房店龙城肉食品加工有限公司	鸡油；水解羽毛粉
辽饲证（2014）02918	庄河市长盛鱼粉加工厂	鱼粉
辽饲证（2014）02919	普兰店市兴新鱼粉饲料有限公司	虾粉；鱼粉
辽饲证（2014）02920	大连鑫誉鱼粉有限公司	鱼粉
辽饲证（2014）02921	大连市金州区广盛鱼粉厂	鱼粉
辽饲证（2014）02922	庄河市环海鱼粉厂	鱼粉
辽饲证（2014）02923	大连兴隆信和鱼粉有限公司	鱼粉
辽饲证（2014）02924	中纺粮油连王（大连）工业有限公司	豆粕
辽饲证（2014）02925	大连隆兴鱼粉加工有限公司	鱼粉
辽饲证（2014）02926	大连连王油脂有限公司	豆粕
辽饲证（2014）02927	大连同达鱼粉制造有限责任公司	鱼粉
辽饲证（2014）02928	庄河栗子房镇大谭饲料鱼粉厂	鱼粉
辽饲证（2014）02929	大连市金州吉兴鱼粉厂	鱼粉
辽饲证（2014）02930	普兰店市福洋饲料加工厂	鱼粉
辽饲证（2014）02931	大连市甘井子区方圆饲料加工厂	鱼油
辽饲证（2014）02932	普兰店市华昌鱼粉厂	鱼粉
辽饲证（2014）02933	庄河市海阔富康鱼粉有限公司	鱼粉
辽饲证（2014）02934	大连六洲油脂有限公司	猪油；鸡油；猪油渣；鸡油渣
辽饲证（2014）03901	台安县丰源肉骨粉厂	牛骨粉；鸡肉粉；鸡肉骨粉
辽饲证（2014）03902	台安县英达禽羽有限公司	水解羽毛粉
辽饲证（2014）03903	鞍山市九股河食品有限责任公司	水解羽毛粉
辽饲证（2014）04902	抚顺市三和油脂有限公司	猪油、鸡油

（续）

生产许可证编号	企业名称	产品名称
辽饲证（2014）05901	本溪市隆达饲料油加工厂	猪油
辽饲证（2014）06904	丹东四海水产有限公司	虾粉；鱼粉；鱼溶浆；鱼溶浆粉；鱼油
辽饲证（2014）06905	丹东耘垦牧业有限公司	水解羽毛粉
辽饲证（2014）06906	丹东市海洋水产鱼粉厂	鱼粉；鱼油
辽饲证（2014）07904	北镇市沟帮子勇膨羽毛粉厂	膨化羽毛粉
辽饲证（2014）07905	锦州万嘉鑫生物有限公司	DDGS
辽饲证（2014）07906	锦州市琨鹏生物科技有限公司	鸡（猪）油；鸡（猪）骨粉；鸡（猪）肉粉；鸡（猪）肉骨粉
辽饲证（2014）07907	锦州市麟达饲料有限公司	鸡（猪）油；鸡（猪）肉粉；鸡（猪）肉骨粉
辽饲证（2014）07908	锦州经济技术开发区华洋鱼粉加工厂	鱼粉
辽饲证（2014）07909	锦州经济技术开发区笔海鱼粉厂	鱼粉
辽饲证（2014）07910	锦州经济技术开发区忠海鱼贝粉加工厂	鱼粉
辽饲证（2014）07911	锦州经济技术开发区城隆鱼粉厂	鱼粉
辽饲证（2014）07912	北宁宏伟集团有限公司	水解羽毛粉
辽饲证（2014）07913	锦州市太和区三合饲料加工厂	水解羽毛粉
辽饲证（2014）07914	锦州晟元生物科技有限公司	DDGS；喷浆玉米皮；玉米蛋白粉
辽饲证（2014）07915	锦州市玉松生物科技有限公司	DDGS；玉米浆干粉
辽饲证（2014）08904	辽宁龙江福粮油有限公司	豆粕
辽饲证（2014）08905	大石桥市先锋骨粉厂	猪油；鸡油；猪骨粉；猪肉粉；鸡肉粉；猪肉骨粉；鸡肉骨粉
辽饲证（2014）09902	阜新市绿野生物发酵制品厂	发酵苹果渣
辽饲证（2014）09903	阜新市宏源蛋白饲料有限公司	喷雾干燥（猪、鸡）血浆蛋白粉；喷雾干燥（猪、鸡）血球蛋白粉；（猪、鸡）血粉
辽饲证（2014）10901	灯塔市恒昌生物工程有限公司	猪油、鸡油、猪油渣（饼）、鸡油渣（饼）
辽饲证（2014）10902	辽阳县泰德福饲料油加工厂	猪油、猪油渣、鸡油、鸡油渣
辽饲证（2014）10903	灯塔市金丰动物油脂厂	猪油、猪油渣、鸡油、鸡油渣
辽饲证（2014）11904	盘锦意丰饲料有限公司	水解羽毛粉
辽饲证（2014）11905	盘锦丰源饲料有限公司	喷浆玉米皮
辽饲证（2014）11906	盘山县沙岭镇鑫宇玉米浆加工厂	喷浆玉米皮
辽饲证（2014）12902	辽宁邦成曙光生物科技有限公司	发酵豆粕；发酵棉籽蛋白
辽饲证（2014）12903	辽宁唐人神曙光农牧集团有限公司	鸡油；鸡油渣；水解羽毛粉；骨粉
辽饲证（2014）12904	辽宁益海嘉里地尔乐斯淀粉科技有限公司	喷浆玉米皮；玉米蛋白粉
辽饲证（2014）12905	西丰县旭东饲料加工厂	水解羽毛粉
辽饲证（2014）12906	辽宁博恩生物制品有限公司	牛油；牛骨粉

（续）

生产许可证编号	企业名称	产品名称
辽饲证（2014）12907	昌图生化科技有限公司	喷浆玉米皮；玉米蛋白粉
辽饲证（2014）13901	北票市宏发食品有限公司	鸡油；水解羽毛粉
辽饲证（2014）13902	北票市哈尔脑金山饲料厂	水解羽毛粉
辽饲证（2014）14904	辽宁东戴河新区恩希饲料有限公司	花生蛋白、棉籽蛋白、大豆组织蛋白、膨化豆粕
辽饲证（2014）14905	绥中县鑫达鱼粉有限公司	鱼粉
辽饲证（2014）14906	绥中县贺港渔粉有限公司	鱼粉
辽饲证（2014）14907	绥中县人和渔业有限公司	鱼粉
辽饲证（2014）14908	绥中县恒达渔业加工有限公司	鱼粉
辽饲证（2014）14909	绥中县渤海渔粉有限责任公司	鱼粉
辽饲证（2014）14910	绥中县利鑫鱼粉有限责任公司	鱼粉
辽饲证（2014）14911	绥中县三合水产饲料有限公司	鱼粉
辽饲证（2014）14912	绥中宏伟禽业有限公司	水解羽毛粉
辽饲证（2014）14913	葫芦岛市南票区东发饲料厂	水解羽毛粉；猪骨粉；牛骨粉；猪肉骨粉；牛肉骨粉
吉饲证（2014）01051	吉林德大有限公司蛋白饲料厂	水解羽毛粉；鸡肉骨粉
吉饲证（2014）01061	中粮生化能源（榆树）有限公司	喷浆玉米皮；玉米蛋白粉
吉饲证（2014）01063	长春索纳克生物科技有限公司	喷雾干燥猪血浆蛋白粉；喷雾干燥猪血球蛋白粉
吉饲证（2014）01064	德惠市康利农牧科技有限公司	含可溶物的干酒精糟（玉米干全酒精糟）（DDGS）；喷浆玉米皮；谷氨酸渣；核苷酸渣
吉饲证（2014）01067	辽宁唐人神曙光农牧集团农安牧业有限公司	水解羽毛粉
吉饲证（2014）01072	黑龙江金泉粮油贸易集团长春金隆豆业股份有限公司	豆粕（大豆粕）
吉饲证（2014）01086	长春一汽实业食品有限公司	猪油；猪油渣（饼）
吉饲证（2014）01087	吉林省丰润能源开发有限公司	发酵棉籽蛋白；酿酒酵母发酵白酒糟；产朊假丝酵母蛋白
吉饲证（2014）01095	长春市溢龙饲料有限责任公司	发酵苹果渣
吉饲证（2014）01110	农安县南源米糠加工有限公司	喷浆玉米皮
吉饲证（2014）02011	吉林沱牌农产品开发有限公司	含可溶物的干酒精糟玉米干全酒精糟（DDGS）
吉饲证（2014）02012	吉林凯赛生物技术有限公司	喷浆玉米皮；玉米蛋白粉
吉饲证（2014）02013	吉林省博大生化有限公司	含可溶物的干酒精糟玉米干全酒精糟（DDGS）
吉饲证（2014）02027	吉林市龙潭区大口钦镇鑫源腐殖酸厂	腐殖酸钠
吉饲证（2014）03011	天成玉米开发有限公司	喷浆玉米皮；玉米蛋白粉
吉饲证（2014）03012	吉林嘉宝饲料有限公司	喷浆玉米皮
吉饲证（2014）03014	四平精华生物饲料厂	发酵苹果渣；发酵梨渣；发酵山楂渣
吉饲证（2014）03020	中粮生化能源（公主岭）有限公司	喷浆玉米皮；玉米蛋白粉
吉饲证（2014）03021	黄龙食品工业有限公司	喷浆玉米皮；玉米蛋白粉

（续）

生产许可证编号	企业名称	产品名称
吉饲证（2014）03022	四平索纳克生物科技有限公司	喷雾干燥猪血浆蛋白粉；喷雾干燥猪血球蛋白粉
吉饲证（2014）03024	吉林省中茂饲料有限公司	喷浆玉米皮
吉饲证（2014）03030	双辽市惠丰油业有限公司	豆粕（大豆粕）
吉饲证（2014）03031	吉林帝达淀粉生化有限公司	喷浆玉米皮；玉米蛋白粉
吉饲证（2014）03041	吉粮（四平）红嘴油脂有限公司	豆粕（大豆粕）
吉饲证（2014）04007	东丰县华粮生化有限公司	含可溶物的干酒精糟玉米干全酒精糟（DDGS）
吉饲证（2014）04009	辽源吉粮油脂有限公司	豆粕（大豆粕）
吉饲证（2014）05004	梅河口市阜康饲料有限责任公司	含可溶物的干酒精糟玉米干全酒精糟（DDGS）
吉饲证（2014）05005	梅河口东亚金泰得生物科技有限公司	发酵豆粕
吉饲证（2014）05007	梅河口市民发饲料油加工厂	猪油、狐貉油、鸡油、鸭油；猪油渣、狐貉油渣、鸡油渣、鸭油渣
吉饲证（2014）05018	梅河口市禾龙饲料有限公司	水解羽毛粉
吉饲证（2014）07004	松原市吉盛中粮进出口有限公司	玉米干酒精糟［DDGS］；喷浆玉米皮；玉米蛋白粉
吉饲证（2014）07008	吉林吉源丰油脂有限公司	猪、鸡油；猪、鸡肉粉；猪、鸡肉骨粉
吉饲证（2014）07011	长岭吉隆玉米开发有限公司	喷浆玉米皮；玉米蛋白粉
吉饲证（2014）08002	益海嘉里（白城）粮油食品工业有限公司	菜籽粕（菜粕）
吉饲证（2014）09008	和龙市西城镇牧阳饲料加工厂	鱼粉；鱼油
吉饲证（2014）09009	延边韩亚水产有限公司	鱼油
吉饲证（2014）09011	吉林慧玉生态农业发展有限公司	含可溶物的干酒精糟玉米干全酒精糟［DDGS］
黑饲证（2014）01803	哈尔滨天通饲料科技有限公司	含可溶物的干酒精糟——干全酒精糟［DDGS］；喷浆玉米皮；豆粕（大豆粕）
黑饲证（2014）01804	哈尔滨市松北区宏誉源蛋白饲料厂	油；肉粉；肉骨粉
黑饲证（2014）01805	哈尔滨育顺动物蛋白饲料有限公司	水解羽毛粉；鸡肉粉；鸡肉骨粉
黑饲证（2014）01806	黑龙江吉庆大豆蛋白油脂有限公司	豆粕（大豆粕）
黑饲证（2014）01807	益海嘉里（哈尔滨）粮油食品工业有限公司	豆粕（大豆粕）
黑饲证（2014）01808	黑龙江省盛龙酒精有限公司	含可溶物的干酒精糟玉米干全酒精糟（DDGS）
黑饲证（2014）01809	哈尔滨博善联合生物饲料有限公司	大米酶解蛋白；小麦水解蛋白；玉米酶解蛋白；大豆酶解蛋白；发酵豆粕；产朊假丝酵母蛋白；啤酒酵母粉
黑饲证（2014）01810	九三集团哈尔滨大豆制品有限公司	豆粕（大豆粕）
黑饲证（2014）01811	英联（哈尔滨）食品添加剂有限公司	甜菜糖蜜酵母发酵浓缩液
黑饲证（2014）01815	哈尔滨丰瑞生物科技有限公司	发酵豆粕；发酵苹果渣；发酵棉籽蛋白；酿酒酵母发酵白酒糟
黑饲证（2014）01816	双城市丹露香饲料厂	含可溶物的干酒精糟玉米干全酒精糟（DDGS）

（续）

生产许可证编号	企业名称	产品名称
黑饲证（2014）01817	哈尔滨金润牧业有限公司	干啤酒糟；啤酒酵母粉
黑饲证（2014）01818	哈尔滨龙晶动植物蛋白制品有限公司	猪血粉、鸡血粉
黑饲证（2014）01819	黑龙江华森畜牧科技有限责任公司	发酵豆粕；发酵山楂渣；发酵棉籽蛋白；酿酒酵母发酵白酒糟；产朊假丝酵母蛋白
黑饲证（2014）01820	哈尔滨市宏伟饲料有限公司	水解羽毛粉
黑饲证（2014）01821	哈尔滨大成生物科技有限公司	喷浆玉米皮；玉米蛋白粉
黑饲证（2014）01822	黑龙江明达粮油集团有限公司	豆粕（大豆粕）
黑饲证（2014）01823	黑龙江明达油脂开发有限责任公司	豆粕（大豆粕）
黑饲证（2014）02802	中粮生化能源（龙江）有限公司	喷浆玉米皮；玉米蛋白粉；谷氨酸渣
黑饲证（2014）02803	黑龙江鹏程生化有限公司	喷浆玉米皮；玉米蛋白粉
黑饲证（2014）03801	牡丹江白酒（厂）有限公司	含可溶物的干酒精糟（玉米干全酒精糟）（DDGS）
黑饲证（2014）03802	宁安昕荣农业开发有限公司	含可溶物的干酒精糟玉米干全酒精糟（DDGS）
黑饲证（2014）03803	牡丹江万龙粮油有限公司	豆粕（大豆粕）
黑饲证（2014）03804	百威英博（牡丹江）啤酒有限公司	干啤酒糟；啤酒酵母粉
黑饲证（2014）03807	牡丹江市太和鱼粉饲料有限公司	鱼粉
黑饲证（2014）04802	佳木斯市吉庆豆业有限公司	豆粕（大豆粕）
黑饲证（2014）04803	佳木斯阳光生化有限公司	含可溶物的干酒精糟玉米干全酒精糟（DDGS）
黑饲证（2014）05801	大庆博润生物科技有限公司	含可溶物的干酒精糟（玉米干全酒精糟）（DDGS）
黑饲证（2014）05802	大庆展华生化科技有限公司	喷浆玉米皮；玉米蛋白粉
黑饲证（2014）05803	大庆市龙凤区庆萨澳龙饲料厂	含可溶物的干酒精糟玉米干全酒精糟（DDGS）；大豆浓缩蛋白
黑饲证（2014）05804	黑龙江双河松嫩大豆生物工程有限责任公司	大豆浓缩蛋白；大豆糖蜜
黑饲证（2014）10801	九三集团宝泉岭大豆制品有限公司	豆粕（大豆粕）
黑饲证（2014）11801	九三集团北安大豆制品有限公司	豆粕（大豆粕）
黑饲证（2014）11802	黑龙江省九三油脂化工厂	豆粕（大豆粕）
黑饲证（2014）12801	黑龙江宝迪肉类食品有限公司	喷雾干燥猪血浆蛋白粉；喷雾干燥猪血球蛋白粉
黑饲证（2014）12802	黑龙江杰隆生物制品有限公司	喷雾干燥——血浆蛋白粉；喷雾干燥——血球蛋白粉
黑饲证（2014）12804	黑龙江龙凤玉米开发有限公司	喷浆玉米皮；玉米蛋白粉
黑饲证（2014）12805	黑龙江昊天玉米开发有限公司	喷浆玉米皮；玉米蛋白粉
黑饲证（2014）12807	黑龙江成福食品集团有限公司	喷浆玉米皮；玉米蛋白粉；谷氨酸渣；核苷酸渣；赖氨酸渣
黑饲证（2014）12809	环宇格林粮食开发有限公司	喷浆玉米皮；玉米蛋白粉；谷氨酸渣
沪饲证（2014）07005	上海杰隆生物制品股份有限公司	喷雾干燥猪血浆蛋白粉；喷雾干燥猪血球蛋白粉；水解猪血球蛋白粉
沪饲证（2014）10002	上海东辰粮油有限公司油脂厂	豆粕（大豆粕）

（续）

生产许可证编号	企业名称	产品名称
苏饲证（2014）01011	邦基（南京）粮油有限公司	豆粕（大豆粕）
苏饲证（2014）02027	无锡星海生物科技有限公司	小麦水解蛋白；大豆酶解蛋白
苏饲证（2014）02028	无锡灏泰生物科技有限公司	喷雾干燥猪血浆蛋白粉；喷雾干燥猪血球蛋白粉
苏饲证（2014）03017	徐州德源生物科技有限公司	鸭油；鸭油渣（饼）
苏饲证（2014）03077	新沂鲁花浓香花生油有限公司	菜籽粕（菜粕）；花生粕（花生仁粕）
苏饲证（2014）03099	徐州市宏翔蛋白饲料有限公司	鸡肉粉；猪肉骨粉；鸡肉骨粉；牛肉骨粉；鸭肉骨粉
苏饲证（2014）04037	溧阳杰康诺酵母科技有限公司	啤酒酵母粉
苏饲证（2014）04052	溧阳市溧福肉粉有限公司	鸡油；鸭油；猪油；鸡油渣（饼）；鸭油渣（饼）；猪油渣（饼）
苏饲证（2014）04053	溧阳市全盛生物科技有限公司	猪油；鸡油；猪油渣（饼）；鸡油渣（饼）
苏饲证（2014）05016	路易达孚（霸州）饲料蛋白有限公司张家港分公司	豆粕（大豆粕）
苏饲证（2014）05026	常熟市金成油脂有限公司	菜籽粕（菜粕）；豆粕（大豆粕）
苏饲证（2014）05048	苏州健飞肠衣有限公司	猪油；猪油渣（饼）
苏饲证（2014）06014	南通来宝谷物蛋白有限公司	菜籽粕（菜粕）；豆粕（大豆粕）
苏饲证（2014）06017	嘉吉粮油（南通）有限公司	豆粕（大豆粕）
苏饲证（2014）06047	海安县太洋油脂有限公司	菜籽粕（菜粕）；棉籽粕（棉粕）
苏饲证（2014）06057	南通家惠油脂发展有限公司	菜籽粕（菜粕）；豆粕（大豆粕）
苏饲证（2014）06069	南通一德实业有限公司	菜籽粕（菜粕）；豆粕（大豆粕）
苏饲证（2014）06074	南通海辰蛋白科技有限公司	菜籽粕（菜粕）；棉籽粕（棉粕）；脱酚棉籽蛋白（脱毒棉籽蛋白）
苏饲证（2014）06075	海油碧路（南通）生物能源蛋白饲料有限公司	菜籽粕（菜粕）；豆粕（大豆粕）；棉籽粕（棉粕）
苏饲证（2014）06094	江苏金太阳油脂有限责任公司	菜籽粕（菜粕）；豆粕（大豆粕）；棉籽粕（棉粕）
苏饲证（2014）06108	南通来宝宏通生物饲料有限公司	发酵豆粕
苏饲证（2014）06115	江苏新多福生物科技有限公司	猪肠膜蛋白粉
苏饲证（2014）06117	南通巴大宝鼎生物饲料有限公司	发酵豆粕
苏饲证（2014）06118	南通源正油脂有限公司	猪油；猪油渣（饼）
苏饲证（2014）06119	南通上上蛋白饲料有限公司	喷雾干燥猪血浆蛋白粉；喷雾干燥猪血球蛋白粉
苏饲证（2014）06121	如皋市裕旺旺饲料有限公司	鸡油；鸡油渣（饼）
苏饲证（2014）06122	江苏桂陵饲料有限公司	猪油；猪油渣（饼）
苏饲证（2014）06124	南通宝乐饲料有限公司	猪油；鸡油；猪油渣（饼）；鸡油渣（饼）
苏饲证（2014）06125	如东天盛粮油有限公司	猪油；猪油渣（饼）
苏饲证（2014）06127	如皋市润鸿油脂有限公司	猪油；猪油渣（饼）
苏饲证（2014）07014	益海（连云港）粮油工业有限公司	豆粕（大豆粕）

（续）

生产许可证编号	企业名称	产品名称
苏饲证（2014）07050	雨润生物科技（东海）有限公司	喷雾干燥猪血浆蛋白粉；喷雾干燥猪血球蛋白粉
苏饲证（2014）07052	连云港万事兴饲料有限公司	猪油；鸡油；鸭油；猪油渣（饼）；鸡油渣（饼）；鸭油渣（饼）；猪肉粉；鸡肉粉；鸭肉粉；猪肉骨粉
苏饲证（2014）07053	东海县海达饲料有限公司	猪油；鸡油；鸭油；猪油渣（饼）；鸡油渣（饼）；鸭油渣（饼）
苏饲证（2014）07054	连云港盛大饲料有限公司	猪油；鸡油；鸭油；猪油渣（饼）；鸡油渣（饼）；鸭油渣（饼）
苏饲证（2014）07055	东海县丰润饲料有限公司	猪油；猪肉粉
苏饲证（2014）07056	东海县福泰饲料有限公司	猪油；鸡油；鸭油；猪油渣（饼）；鸡油渣（饼）；鸭油渣（饼）；鸡骨粉（粒）
苏饲证（2014）07057	东海县永兴生物蛋白饲料有限公司	猪油；鸡油；鸭油；猪油渣（饼）；鸡油渣（饼）；鸭油渣（饼）
苏饲证（2014）07058	连云港大成饲料有限公司	猪油；鸡油；鸭油；猪油渣（饼）；鸡油渣（饼）；鸭油渣（饼）
苏饲证（2014）07059	东海县晶陇饲料有限公司	猪油；鸡油；鸭油；牛油；猪油渣（饼）；鸡油渣（饼）；鸭油渣（饼）；猪肉粉；鸡肉粉；鸭肉粉；猪肉骨粉
苏饲证（2014）07062	连云港普道工贸有限公司	猪油；鸡油；鸭油；猪油渣（饼）；鸡油渣（饼）；鸭油渣（饼）；猪肉粉；鸡肉粉；鸭肉粉；猪肉骨粉；鸡肉骨粉；鸭肉骨粉
苏饲证（2014）08021	江苏省三河粮棉油加工有限公司	菜籽粕（菜粕）；棉籽粕（棉粕）
苏饲证（2014）08035	江苏广原油脂有限公司	菜籽粕（菜粕）；棉籽粕（棉粕]
苏饲证（2014）08038	江苏民康油脂有限公司	豆粕（大豆粕）
苏饲证（2014）08058	淮安市天运达羽毛粉有限公司	高温高压水解羽毛粉
苏饲证（2014）08060	淮安杰隆蛋白质科技有限公司	喷雾干燥猪血浆蛋白粉；喷雾干燥猪血球蛋白粉
苏饲证（2014）08061	江苏鼎润饲料有限公司	猪油；鸭油；猪油渣（饼）；鸭油渣（饼）
苏饲证（2014）09025	江苏金阳光粮油工业有限公司	菜籽粕（菜粕）；棉籽粕（棉粕）
苏饲证（2014）09045	益海（盐城）粮油工业有限公司	菜籽粕（菜粕）；豆粕（大豆粕）；棉籽粕（棉粕）
苏饲证（2014）09081	江苏盐城源耀生物科技有限公司	发酵豆粕
苏饲证（2014）12016	益海（泰州）粮油工业有限公司	菜籽粕（菜粕）；大豆浓缩蛋白；豆粕（大豆粕）
苏饲证（2014）12019	兴化市千岛菜花油脂有限公司	菜籽粕（菜粕）
苏饲证（2014）12033	泰州麦凯乐生物科技有限公司	小麦水解蛋白
苏饲证（2014）13012	江苏高生生物饲料有限公司	酿酒酵母发酵白酒糟
苏饲证（2014）13029	江苏谷硅新材料股份有限公司	干白酒糟；酿酒酵母发酵白酒糟
浙饲证（2014）01001	杭州银飞饲料有限公司	水解羽毛粉

（续）

生产许可证编号	企业名称	产品名称
浙饲证（2014）01012	杭州紫香糖业有限公司	大米蛋白粉
浙饲证（2014）01014	杭州旺禽羽毛粉有限公司	水解羽毛粉
浙饲证（2014）02004	金光食品（宁波）有限公司	豆粕（大豆粕）
浙饲证（2014）02010	宁波今日食品有限公司	鱼粉
浙饲证（2014）02011	宁波远大海洋生物科技有限公司	鱼粉
浙饲证（2014）02013	宁波裕祥海洋生物科技有限公司	鱼粉
浙饲证（2014）02014	奉化市兴旺脱脂鱼粉有限公司	鱼粉
浙饲证（2014）03004	洞头县海洋资源加工厂	鱼粉
浙饲证（2014）05019	德清亚泰肠衣有限公司乾元分公司	猪油
浙饲证（2014）05032	浙江索纳克生物科技有限公司	喷雾干燥猪血浆蛋白粉；喷雾干燥猪血球蛋白粉
浙饲证（2014）05033	湖州恒太生物饲料有限公司	啤酒酵母粉
浙饲证（2014）05036	湖州德清明康生物有限公司	啤酒酵母粉
浙饲证（2014）05037	德清县新市富旺酵母蛋白厂	干黄酒糟；啤酒酵母粉
浙饲证（2014）05038	德清县新市镇亚天亚饲料酵母厂	干啤酒糟
浙饲证（2014）05053	浙江东成药业有限公司	啤酒酵母粉；酵母水解物；酿酒酵母提取物；酿酒酵母细胞壁
浙饲证（2014）05055	浙江博仕佳生物科技有限公司	发酵豆粕
浙饲证（2014）06303	嘉兴砚童生物科技有限公司	发酵豆粕；发酵棉籽蛋白；酿酒酵母发酵白酒糟
浙饲证（2014）06603	浙江科峰生物技术有限公司	发酵豆粕
浙饲证（2014）07006	东阳市翰羽饲料有限公司	膨化羽毛粉
浙饲证（2014）09002	台州市海渔饲料有限公司	鱼粉
浙饲证（2014）09003	玉环县五丰蒸干脱脂鱼粉厂	鱼粉
浙饲证（2014）09004	温岭市盛龙鱼粉厂	鱼粉
浙饲证（2014）09005	温岭市海友鱼粉有限公司	鱼粉
浙饲证（2014）09006	温岭市海博鱼粉有限公司	鱼粉
浙饲证（2014）09007	温岭市海浪鱼粉有限公司	鱼粉
浙饲证（2014）09008	玉环县顺昌脱脂蒸干鱼粉厂	鱼粉
浙饲证（2014）09010	浙江联大鱼粉有限公司	鱼粉
浙饲证（2014）09011	温岭市永连水产鱼粉厂	鱼粉
浙饲证（2014）09012	温岭市东海鱼粉饲料厂（普通合伙）	鱼粉
浙饲证（2014）11001	舟山中海粮油工业有限公司	菜籽粕（菜粕）；豆粕（大豆粕）
浙饲证（2014）11002	舟山市普陀大北农水产制品有限公司	鱼粉；鱼油
浙饲证（2014）11003	舟山市普陀新鲁水产制品有限公司	鱼粉；鱼油

（续）

生产许可证编号	企业名称	产品名称
浙饲证（2014）11005	浙江丰宇海洋生物制品有限公司	鱼粉；鱼油
浙饲证（2014）11006	舟山市虾峙乐舟鱼品有限公司	鱼粉
浙饲证（2014）11007	舟山市岱山县天益海洋鱼品有限公司	鱼粉
浙饲证（2014）11008	舟山市普陀区登步滨海鱼粉厂	鱼粉
浙饲证（2014）11009	浙江黄龙鱼品有限公司	鱼粉；鱼油
浙饲证（2014）12002	义乌市华太饲料有限公司	大米蛋白粉；干黄酒糟；马铃薯蛋白粉；肠膜蛋白粉；谷氨酸渣；核苷酸渣；赖氨酸渣
皖饲证（2014）01902	合肥雅莱生物工程有限公司	蛋黄粉
皖饲证（2014）01903	合肥贵朋饲料厂	膨化羽毛粉；鸡血粉
皖饲证（2014）01905	合肥锦泰糖业有限公司	大米蛋白粉
皖饲证（2014）02902	益海嘉里（安徽）粮油工业有限公司	菜籽粕（菜粕）；豆粕（大豆粕）；棉籽粕（棉粕）
皖饲证（2014）02903	安徽金丰粮油股份有限公司	菜籽粕（菜粕）；棉籽粕（棉粕）
皖饲证（2014）03905	安徽丰原集团有限公司	骨源磷酸氢钙
皖饲证（2014）03906	固镇县金鹏科技有限公司	水解羽毛粉
皖饲证（2014）05902	安徽天邦生物技术有限公司	发酵豆粕
皖饲证（2014）05903	马鞍山好利来生物科技有限公司	喷浆玉米皮；玉米浆干粉；玉米酶解蛋白；酿酒酵母发酵白酒糟；酿酒酵母培养物
皖饲证（2014）05904	和县绿源油脂有限公司	菜籽粕（菜粕）；豆粕（大豆粕）；棉籽粕（棉粕）
皖饲证（2014）05905	安徽大平油脂有限公司	菜籽粕（菜粕）；棉籽粕（棉粕）
皖饲证（2014）06902	淮北恩彼饲料有限公司	喷雾干燥猪血浆蛋白粉；喷雾干燥猪血球蛋白粉
皖饲证（2014）06903	安徽天贝食品有限公司	猪油；猪肉骨粉
皖饲证（2014）08902	桐城市雨润生物科技有限公司	喷雾干燥猪血浆蛋白粉；喷雾干燥猪血球蛋白粉
皖饲证（2014）10905	阜阳市创亿油脂有限公司	猪油；鸡油；鸭油；肉粉
皖饲证（2014）10906	安徽富隆油脂有限公司	猪油；鸡油；鸭油；肉粉
皖饲证（2014）10907	阜阳市亿佳饲料有限公司	猪油；鸡油；鸭油；肉粉
皖饲证（2014）11905	安徽虹光企业投资集团有限公司	喷浆玉米皮；玉米蛋白粉
皖饲证（2014）12903	安徽韩世饲料油脂科技有限公司	鸡油；猪油；鸭油
皖饲证（2014）12904	安徽希普生物科技有限公司	干白酒糟；干啤酒糟；发酵棉籽蛋白
皖饲证（2014）12905	天长市德聚源饲料有限公司	猪油；猪油渣（饼）
皖饲证（2014）12906	安徽天泽饲料有限责任公司	猪油；猪油渣
皖饲证（2014）13906	安徽舒城新素宝粮油收储有限公司	菜籽粕（菜粕）
皖饲证（2014）13907	安徽省寿县远翔油脂有限公司	菜籽粕（菜粕）
皖饲证（2014）13908	安徽天成油脂有限公司	菜籽粕（菜粕）
皖饲证（2014）13909	安徽天赐粮油有限公司	菜籽粕（菜粕）
皖饲证（2014）13910	安徽汇佳生物科技有限公司	大米蛋白粉

（续）

生产许可证编号	企业名称	产品名称
皖饲证（2014）13911	安徽省华银茶油有限公司	菜籽粕（菜粕）
皖饲证（2014）14901	安徽皓越生物科技有限公司	水解羽毛粉
皖饲证（2014）14902	宣城市峰润油脂有限公司	菜籽粕（菜粕）；棉籽粕（棉粕）
闽饲证（2014）01911	福州宇昌实业有限公司	发酵豆粕
闽饲证（2014）01915	福州海汇生物科技实业有限公司	鱼粉；鱼油
闽饲证（2014）01925	福清源发饲料有限公司	鱼粉；鱼油
闽饲证（2014）01935	福州集佳油脂有限公司	双低菜籽粕（双低菜粕）
闽饲证（2014）02913	厦门银祥油脂有限公司	双低菜籽粕（双低菜粕）；豆粕（大豆粕）
闽饲证（2014）02920	厦门汇盛生物有限公司	裂壶藻粉；微藻粕
闽饲证（2014）02927	厦门中禾实业有限公司	豆粕（大豆粕）
闽饲证（2014）02930	厦门中盛粮油集团有限公司	菜籽粕（菜粕）；豆粕（大豆粕）
闽饲证（2014）04918	莆田市华港制油有限公司	豆粕（大豆粕）
闽饲证（2014）04929	福建省莆田市三丰饲料有限公司	猪油；猪肉粉
闽饲证（2014）05933	泉州市泉港科山海藻有限公司	海带渣、麒麟藻渣、江蓠渣
闽饲证（2014）06914	中纺粮油（福建）有限公司	菜籽粕（菜粕）；豆粕（大豆粕）
闽饲证（2014）06917	鸿一粮油资源股份有限公司	豆粕（大豆粕）
闽饲证（2014）06921	东山县福顺来鱼粉加工有限公司	鱼粉
闽饲证（2014）06926	东山县宏祥饲料有限公司	鱼粉
闽饲证（2014）06934	漳州百佳实业有限公司	豆粕（大豆粕）
闽饲证（2014）06936	漳州恒铭饲料有限公司	鱼粉
闽饲证（2014）06938	漳州立加得农业科技有限公司	发酵豆粕
闽饲证（2014）07932	福建龙岩闽雄生物科技有限公司	发酵豆粕
闽饲证（2014）07937	福建容和盛食品集团有限公司	水解羽毛粉；喷雾干燥猪血浆蛋白粉；喷雾干燥猪血球蛋白粉
闽饲证（2014）09919	海富特（福建）生物科技有限公司	鱼油
闽饲证（2014）09923	福建省建阳武夷味精有限公司	大米蛋白粉；谷氨酸渣
闽饲证（2014）09924	光泽县金叶生物科技有限公司	喷雾干燥鸡血浆蛋白粉；喷雾干燥鸡血球蛋白粉
赣饲证（2014）13001	江西成隆羽绒制品有限公司	水解羽毛粉
赣饲证（2014）13002	江西恒天实业有限公司	大米蛋白粉
鲁饲证（2013）02003	平度根源生物技术有限公司	发酵豆粕；发酵棉籽蛋白
鲁饲证（2013）07003	潍坊市丰成生物科技有限公司	鸡油；鸭油；猪油；鸡肉粉；鸭肉粉；猪肉粉
鲁饲证（2013）07041	昌邑和慧饲料有限公司	鸡油；鸭油；猪油；鸡油渣；鸭油渣；猪油渣
鲁饲证（2013）11001	日照东维饲料有限公司	发酵豆粕
鲁饲证（2013）14005	爱不停（山东）蛋白质饲料有限公司	喷雾干燥猪血浆蛋白粉；喷雾干燥猪血球蛋白粉
鲁饲证（2013）14015	中纺汇泽生物科技（德州）有限公司	发酵豆粕；发酵棉籽蛋白

（续）

生产许可证编号	企业名称	产品名称
鲁饲证（2014）01012	商河县昌源油脂有限公司	棉籽粕
鲁饲证（2014）01022	济南隆源饲料有限公司	鸡油；鸭油；猪油；鸡肉粉；鸭肉粉；猪肉粉肉粉
鲁饲证（2014）01029	济南金昌饲料有限公司	猪骨粉
鲁饲证（2014）01038	济南鑫海康饲料有限公司	高温高压水解羽毛粉
鲁饲证（2014）02041	青岛天祥食品集团喜燕植物油有限公司	花生粕
鲁饲证（2014）02047	青岛奥丰源饲料有限公司	鱼粉；鱼油
鲁饲证（2014）02049	青岛品品好粮油有限公司	花生粕
鲁饲证（2014）02054	青岛隆安生物科技有限公司	巨藻渣；海带渣
鲁饲证（2014）02058	青岛福洋饲料有限公司	花生粕
鲁饲证（2014）02060	青岛大良饲料有限公司	花生粕
鲁饲证（2014）02061	青岛源涛饲料有限公司	花生粕
鲁饲证（2014）02063	青岛基恒饲料有限公司	花生粕（花生仁粕）
鲁饲证（2014）02064	青岛合家圆食品有限公司	花生粕（花生仁粕）
鲁饲证（2014）02066	青岛飞宇食品有限公司	鱼粉；鱼油
鲁饲证（2014）02072	青岛源慧生物饲料有限公司	喷雾干燥猪血浆蛋白粉；喷雾干燥猪血球蛋白粉
鲁饲证（2014）02073	即墨市海洋恒昌饲料厂	鸡骨粉；鸡肉粉；猪骨粉；猪肉粉；鸡肉骨粉；猪肉骨粉
鲁饲证（2014）02074	青岛正大有限公司	鸡油；高温高压水解羽毛粉
鲁饲证（2014）02075	青岛科奈尔饲料有限公司	干啤酒糟；啤酒酵母粉
鲁饲证（2014）02076	青岛诺信生物科技有限公司	干啤酒糟
鲁饲证（2014）02077	青岛恒集源油脂有限公司	鸡油；鸭油；猪油；鸡油渣（饼）；鸭油渣（饼）；猪油渣（饼）
鲁饲证（2014）02078	青岛昌盛饲料有限公司	白鱼粉；鱼粉；鱼溶浆；鱼溶浆粉；鱼油
鲁饲证（2014）02080	太平洋恩利食品有限公司	鱼粉
鲁饲证（2014）02084	青岛祥龙饲料有限公司	发酵豆粕
鲁饲证（2014）02085	中海海洋科技有限公司	低脂肪鱼粉（低脂鱼粉）
鲁饲证（2014）03019	淄博杰乐宝恩生物科技有限公司	骨源磷酸氢钙
鲁饲证（2014）03020	山东富欣生物科技股份有限公司	玉米蛋白粉
鲁饲证（2014）03022	高青鲁之源饲料有限公司	鸡油；鸭油；鸡油渣；鸭油渣
鲁饲证（2014）03023	山东金城生物药业有限公司	酿酒酵母细胞壁
鲁饲证（2014）04002	山东恒仁工贸有限公司	喷浆玉米皮；玉米蛋白粉
鲁饲证（2014）04007	山东栢俪源生物工程科技有限公司	含可溶物的干谷物酒精糟（DDGS）
鲁饲证（2014）04008	枣庄市宝威油脂有限公司	鸭油；猪油；鸭油饼；猪油饼
鲁饲证（2014）04010	山东大宗生物开发股份有限公司	喷浆玉米皮；玉米蛋白粉
鲁饲证（2014）04015	滕州同业饲料科技有限公司	鸡油；鸭油；猪油；鸡油饼；鸭油饼；猪油饼
鲁饲证（2014）05007	广饶县华杰植物蛋白有限公司	棉粕

（续）

生产许可证编号	企业名称	产品名称
鲁饲证（2014）05008	东营市康瑞科技开发有限责任公司	螺旋藻粉
鲁饲证（2014）05012	山东华津植物蛋白有限公司	棉粕
鲁饲证（2014）05014	东营市海辰伟业工贸有限公司	棉粕
鲁饲证（2014）05016	利津旭升生物科技有限公司	棉粕
鲁饲证（2014）05017	利津华欣工贸有限责任公司	棉粕
鲁饲证（2014）05018	山东乐悠悠花生油科技有限公司	花生粕
鲁饲证（2014）06044	烟台金莱食品有限公司	鸡油；鸡油渣；鸭油；鸭油渣
鲁饲证（2014）06051	龙口市振华油脂加工厂	鸭油；猪油；鸭油渣（饼）；猪油渣（饼）
鲁饲证（2014）06052	烟台海融生物技术有限公司	拟微绿球藻粉；小球藻粉
鲁饲证（2014）06067	莱阳禾嘉生物饲料有限公司	高温高压水解羽毛粉；酶解羽毛粉
鲁饲证（2014）06069	龙口市龙金花植物油有限公司	花生粕
鲁饲证（2014）06070	烟台金润达动物营养有限公司	鸡油；猪油；鸡骨粉；鸡肉粉
鲁饲证（2014）06071	烟台商都料理食品有限公司	豌豆粉浆蛋白粉
鲁饲证（2014）06072	莱阳丰获牧业有限公司	高温高压水解羽毛粉
鲁饲证（2014）06075	莱州市海福饲料有限公司	鱼粉
鲁饲证（2014）07028	山东寿光巨能金玉米开发有限公司	喷浆玉米皮；玉米蛋白粉
鲁饲证（2014）07065	山东博润实业有限公司	玉米干全酒精糟
鲁饲证（2014）07069	昌邑恩彼饲料有限公司	喷雾干燥猪血浆蛋白粉；喷雾干燥猪血球蛋白粉
鲁饲证（2014）07076	诸城市正航饲料有限公司	鸡油；鸭油；猪油；鸡油渣；鸭油渣；猪油渣
鲁饲证（2014）07081	青州市永康油脂有限公司	鸡油；鸭油；鸡油渣；鸭油渣
鲁饲证（2014）07102	寿光市和实中润饲料有限公司	鸡油；鸭油；鸡油渣（饼）；鸭油渣（饼）
鲁饲证（2014）07109	山东得利斯农业科技股份有限公司	豆粕（大豆粕）
鲁饲证（2014）07119	寿光市安丰油脂有限公司	鸡油；鸭油；猪油；鸡油渣；鸭油渣；猪油渣
鲁饲证（2014）07124	昌邑欣荣科技有限公司	鸡油；鸭油；猪油；鸡油渣（饼）；鸭油渣（饼）；猪油渣（饼）
鲁饲证（2014）07132	诸城市圣基生物科技有限公司	鸡油；鸭油；猪油；鸡油饼；鸭油饼；猪油饼
鲁饲证（2014）07133	潍坊市永佳饲料有限公司	鸡油；鸭油；猪油；猪骨粉（粒）；鸡肉粉；鸭肉粉；猪肉粉；猪肉骨粉；鸡肉骨粉；高温高压水解羽毛粉
鲁饲证（2014）07136	潍坊市富沃达饲料有限公司	鸡油；鸭油；猪油；鸡油渣；鸭油渣；猪油渣；鸡骨粉；猪骨粉
鲁饲证（2014）07138	寿光中慧生物饲料有限公司	喷雾干燥猪血浆蛋白粉；喷雾干燥猪血球蛋白粉
鲁饲证（2014）07139	青州市锦江油脂有限公司	鸡油；鸭油；鸡油渣；鸭油渣
鲁饲证（2014）07141	山东吉瑞特明胶有限公司	骨源磷酸氢钙
鲁饲证（2014）07146	寿光海慧饲料有限公司	高温高压水解羽毛粉
鲁饲证（2014）07149	青州市昌泰油脂有限公司	鸡油；鸭油；鸡油渣；鸭油渣
鲁饲证（2014）07150	青州市伟业油脂厂	鸡油；鸭油；猪油；鸡油渣；鸭油渣；猪油渣
鲁饲证（2014）07151	青州泰来油脂厂	鸭油；猪油；鸭油渣；猪油渣

（续）

生产许可证编号	企业名称	产品名称
鲁饲证（2014）07154	昌邑市裕华油脂有限公司	鸡油；鸭油；鸡油渣（饼）；鸭油渣（饼）
鲁饲证（2014）07155	诸城市恒林饲料厂	猪骨粉
鲁饲证（2014）07156	潍坊鑫盛源饲料有限公司	高温高压水解羽毛粉
鲁饲证（2014）07162	潍坊美宝来动物蛋白有限公司	鸡油；猪油；猪骨粉；鸡肉粉；猪肉粉
鲁饲证（2014）07164	诸城市富昌饲料有限公司	鸡油；鸭油；猪油；猪骨粉；鸡肉粉；鸭肉粉；猪肉粉
鲁饲证（2014）07165	临朐县冶源镇永秀油脂厂	鸭油；鸭油饼
鲁饲证（2014）07166	昌邑市康绿森油脂有限公司	鸭油；猪油；鸭油渣（饼）；猪油渣（饼）
鲁饲证（2014）07167	昌邑宏达绒业有限公司	高温高压水解羽毛粉
鲁饲证（2014）07175	山东渠风食品科技有限公司	谷朊粉（活性小麦面筋粉）（小麦蛋白粉）
鲁饲证（2014）07177	昌邑市夏店阳光饲料厂	高温高压水解羽毛粉
鲁饲证（2014）07185	潍坊市峡山生态经济发展区润和油脂有限公司	鸡油；鸭油；猪油；鸡油渣；鸭油渣；猪油渣
鲁饲证（2014）07187	潍坊市云鹏油脂有限公司	鸡油；鸭油；猪油；鸡油渣；鸭油渣；猪油渣
鲁饲证（2014）07190	潍坊盛泰药业有限公司	喷浆玉米皮；玉米蛋白粉
鲁饲证（2014）07193	昌邑市茂林油脂有限公司	鸭油；猪油；鸭油饼；猪油饼
鲁饲证（2014）07195	潍坊秦丰生物饲料有限公司	高温高压水解羽毛粉
鲁饲证（2014）07196	诸城源发生物科技有限公司	喷浆玉米皮；玉米蛋白粉
鲁饲证（2014）07198	寿光美伦纸业有限责任公司	喷浆玉米皮；玉米蛋白粉
鲁饲证（2014）07200	寿光市优慧油脂有限公司	鸭油；鸭油渣（饼）
鲁饲证（2014）08022	济宁鲁鑫油脂有限公司	豆粕
鲁饲证（2014）08024	山东百盛生物科技有限公司	喷浆玉米皮；玉米蛋白粉
鲁饲证（2014）08026	益海嘉里（兖州）粮油工业有限公司	豆粕；花生粕
鲁饲证（2014）08029	山东嘉冠粮油工业集团有限公司	豆粕（大豆粕）
鲁饲证（2014）08033	梁山鲁亿植物油厂	花生粕（花生仁粕）；棉籽粕（棉粕）
鲁饲证（2014）08041	嘉祥县金源植物油有限公司	棉粕
鲁饲证（2014）08043	山东圣琪生物有限公司	啤酒酵母粉；食品酵母粉；酵母水解物；酿酒酵母提取物；酿酒酵母细胞壁
鲁饲证（2014）08048	泗水县鸿远油脂有限公司	花生粕
鲁饲证（2014）09029	泰安市正大油脂有限公司	花生粕
鲁饲证（2014）09040	新泰市四得利肉类加工厂	鸭油；鸭油渣
鲁饲证（2014）09043	宁阳县磁窑天立油脂有限公司	棉籽粕（棉粕）
鲁饲证（2014）09046	山东银宝食品有限公司	鸡油；猪油；鸡油渣（饼）；猪油渣（饼）；喷雾干燥猪血球蛋白粉；喷雾干燥猪血浆蛋白粉
鲁饲证（2014）09047	山东宝来利来生物工程股份有限公司宁阳分公司	发酵棉籽蛋白
鲁饲证（2014）09050	山东国龙生物工程有限公司	发酵豆粕；发酵棉籽蛋白

（续）

生产许可证编号	企业名称	产品名称
鲁饲证（2014）09052	山东鸥唛食品科技有限公司	棉粕
鲁饲证（2014）09053	山东光大日月油脂股份有限公司	豆粕
鲁饲证（2014）09058	山东福宽生物工程有限公司	玉米蛋白粉
鲁饲证（2014）09059	泰安市岱岳区惠佳兴牧饲料有限公司	高温高压水解羽毛粉
鲁饲证（2014）09062	新泰市佳禾生物科技有限公司	谷氨酸渣
鲁饲证（2014）10009	荣成市裕新水产饲料有限公司	鱼溶浆
鲁饲证（2014）10011	荣成市容川生物科技有限公司	鱼油
鲁饲证（2014）10021	中海海洋科技荣成有限公司	低脂肪鱼粉（低脂鱼粉）
鲁饲证（2014）10024	威海荣光植物油有限公司	花生粕
鲁饲证（2014）10025	荣成市人和路邦鱼粉有限公司	鱼粉；鱼虾粉
鲁饲证（2014）10026	荣成市海圣饲料有限公司	鱼粉；鱼溶浆；鱼虾粉；鱼油
鲁饲证（2014）10027	荣成市明进海洋生物制品有限公司	虾粉；鱼粉
鲁饲证（2014）10028	赤山集团有限公司鱼粉厂	虾粉；鱼粉；鱼油
鲁饲证（2014）10029	荣成海达鱼粉有限公司	虾粉；鱼粉；鱼油
鲁饲证（2014）11021	莒县博大植物油有限公司	豆粕
鲁饲证（2014）11028	中纺粮油（日照）有限公司	豆粕
鲁饲证（2014）11030	日照市凌云海糖业集团有限公司	豆粕
鲁饲证（2014）11038	日照市岚山区德发畜牧养殖有限公司	猪油；猪油渣（饼）
鲁饲证（2014）13012	滨州市辉大蛋白饲料有限公司	高温高压水解羽毛粉；酶解羽毛粉
鲁饲证（2014）13016	山东口福粮油有限公司	豆粕；棉籽粕
鲁饲证（2014）13018	山东省阳信兴业饲料有限公司	鸡油；猪油
鲁饲证（2014）13023	山东瑞德农业发展有限公司	棉籽粕
鲁饲证（2014）13026	山东香驰粮油有限公司	豆粕（大豆粕）
鲁饲证（2014）13027	滨州金汇玉米开发有限公司	喷浆玉米皮；玉米蛋白粉
鲁饲证（2014）13033	山东惠民明达油棉有限公司	棉粕
鲁饲证（2014）13036	山东浩展农牧科技有限公司	鸡油；猪油；鸡肉粉；猪肉粉
鲁饲证（2014）13037	滨州申酉辰饲料有限公司	鸡油；鸭油；猪油；鸡肉粉；鸭肉粉；猪肉粉
鲁饲证（2014）13039	山东花园鱼油科技有限公司	鸡油；鸭油；猪油；鱼油；鸡肉粉；鸭肉粉；猪肉粉
鲁饲证（2014）13040	山东金泉粮油有限公司	棉粕
鲁饲证（2014）13042	山东富泰粮油有限公司	棉籽粕（棉粕）
鲁饲证（2014）13046	山东悦翔生物有限公司	裂壶藻粉
鲁饲证（2014）13047	无棣渤海蛋白饲料科技有限公司	高温高压水解羽毛粉；酶解羽毛粉
鲁饲证（2014）13049	山东省博兴县乾丰饲料有限公司	高温高压水解羽毛粉
鲁饲证（2014）13050	山东鑫宏饲料科技有限公司	鸡油；鸭油；猪油；鸡肉粉；鸭肉粉；猪肉粉；鱼油
鲁饲证（2014）13055	山东润生生物科技有限公司	玉米干全酒精糟

（续）

生产许可证编号	企业名称	产品名称
鲁饲证（2014）13056	滨州市格润饲料有限责任公司	高温高压水解羽毛粉；喷雾干燥鸡血浆蛋白粉；喷雾干燥鸡血球蛋白粉
鲁饲证（2014）13061	山东惠民春晖福利工贸有限公司	玉米蛋白粉
鲁饲证（2014）13062	西王淀粉有限公司	喷浆玉米皮；玉米蛋白粉
鲁饲证（2014）13066	山东惠民鑫马东和油脂有限责任公司	鸡油；鸭油；猪油；鸡油渣；鸭油渣；猪油渣
鲁饲证（2014）13067	山东香驰健源生物科技有限公司	喷浆玉米皮；玉米蛋白粉
鲁饲证（2014）13069	山东阳信清阳生物培养基技术有限公司	棉籽蛋白
鲁饲证（2014）14036	德州李业鑫雨生物科技有限公司	发酵苹果渣
鲁饲证（2014）14044	武城县茂泰油棉有限公司	棉籽粕（棉粕）
鲁饲证（2014）14050	夏津县润超油脂有限公司	棉籽粕
鲁饲证（2014）14051	山东龙力生物科技股份有限公司	谷朊粉；玉米蛋白粉
鲁饲证（2014）14053	夏津县瑞生棉业有限公司	棉籽粕
鲁饲证（2014）14055	禹城保立康生物饲料有限公司	喷浆玉米皮；玉米蛋白粉
鲁饲证（2014）14057	德州金源饲料有限公司	高温高压水解羽毛粉
鲁饲证（2014）14060	禹城市绿洁油脂饲料有限公司	鸡油；鸭油；猪油；鸡油渣（饼）；鸭油渣（饼）；猪油渣（饼）
鲁饲证（2014）14062	陵县银海工贸有限公司	棉粕
鲁饲证（2014）14063	山东省恒兴油脂有限公司	棉粕
鲁饲证（2014）14075	山东中谷淀粉糖有限公司	喷浆玉米皮；玉米蛋白粉
鲁饲证（2014）14077	夏津县夏新植物油有限公司	棉籽粕（棉粕）
鲁饲证（2014）14078	临邑鑫棵油脂化工有限公司	花生粕（花生仁粕）
鲁饲证（2014）14079	夏津县新银北植物蛋白油脂有限公司	棉籽粕
鲁饲证（2014）14081	山东华肽生物科技有限公司	发酵豆粕；发酵棉籽蛋白
鲁饲证（2014）15047	聊城大用生物饲料有限公司	高温高压水解羽毛粉
鲁饲证（2014）15048	临清德能金玉米生物有限公司	喷浆玉米皮；玉米蛋白粉
鲁饲证（2014）15052	临清市沃科丰饲用蛋白有限责任公司	脱酚棉籽蛋白
鲁饲证（2014）15056	山东荣达油脂有限公司	鸡油；鸭油；鸡油渣；鸭油渣
鲁饲证（2014）15060	阳谷县闫楼亿鑫油脂加工厂	鸭油；鸭油渣（饼）
鲁饲证（2014）15061	山东康特尔食品有限公司	喷浆玉米皮；玉米蛋白粉；谷氨酸渣
鲁饲证（2014）15062	山东同创生物技术有限公司	玉米蛋白粉
鲁饲证（2014）15069	莘县鸿翔油脂有限公司	鸭油；鸭油渣
鲁饲证（2014）15070	山东阳谷顺风油脂有限公司	鸭油；鸭油渣
鲁饲证（2014）15071	聊城市恒昌油脂有限公司	花生粕

（续）

生产许可证编号	企业名称	产品名称
鲁饲证（2014）15079	阳谷县张秋镇四通油脂加工厂	鸭油；猪油；鸭油渣（饼）；猪油渣（饼）
鲁饲证（2014）15081	莘县马北油棉有限公司	花生粕；棉籽粕
鲁饲证（2014）15088	聊城市金福油脂有限公司	鸭油；猪油；鸭油渣（饼）；猪油渣（饼）
鲁饲证（2014）15092	山东凯立丰生物科技有限公司	花生粕
鲁饲证（2014）15093	山东创新腐殖酸科技股份有限公司	腐殖酸钠
鲁饲证（2014）16050	山东玉皇粮油食品有限公司	花生粕
鲁饲证（2014）16051	山东玉林油脂有限公司	豆粕
鲁饲证（2014）16054	临沂盛泉油脂化工有限公司	豆粕
鲁饲证（2014）16061	山东龙海生物科技有限公司	发酵豆粕
鲁饲证（2014）16065	临沂市良军动物油脂加工厂	鸡油；鸭油；鸡油渣；鸭油渣
鲁饲证（2014）16066	临沂宜源生物有限公司	高温高压水解羽毛粉；水解鸭血粉
鲁饲证（2014）16069	山东三维油脂集团股份有限公司	豆粕；膨化豆粕
鲁饲证（2014）16070	山东白龙粮油有限公司	花生粕
鲁饲证（2014）16074	莒南县金胜粮油实业有限公司	花生粕
鲁饲证（2014）16080	沂水大地玉米开发有限公司	喷浆玉米皮；玉米蛋白粉
鲁饲证（2014）16083	费县中粮油脂工业有限公司	豆粕；花生粕
鲁饲证（2014）16096	山东泓达生物科技有限公司	薯类干酒精糟
鲁饲证（2014）16103	临沂市河东区大通饲料有限公司	鸡油；猪油；鸡肉粉；猪肉粉
鲁饲证（2014）16107	平邑县沛源油脂有限公司	鸡油；鸭油；鸡油渣；鸭油渣
鲁饲证（2014）16118	临沂市河东区众维饲料有限公司	鸡油；鸭油；猪油；鸡油渣；猪油渣；猪骨粉；鸡肉粉；猪肉粉；鸡肉骨粉；猪肉骨粉
鲁饲证（2014）16119	临沂市鑫盛油脂加工有限公司	鸡油；鸭油；猪油；鸡油渣；鸭油渣；猪油渣
鲁饲证（2014）16120	沂南县坤鹏饲料助剂有限公司	鸭油；鸭油渣
鲁饲证（2014）16121	山东金日植物油有限公司	花生粕（花生仁粕）
鲁饲证（2014）16123	山东长润生物有限公司	大豆浓缩蛋白
鲁饲证（2014）16129	沂南县鑫城饲料加工厂	鸭油；鸭油渣
鲁饲证（2014）16130	青援食品有限公司	喷浆玉米皮；玉米蛋白粉
鲁饲证（2014）16143	临沂杰隆生物制品有限公司	喷雾干燥鸡血浆蛋白粉；喷雾干燥鸡血球蛋白粉；喷雾干燥猪血浆蛋白粉；喷雾干燥猪血球蛋白粉
鲁饲证（2014）16144	平邑正宇油脂有限公司	鸡油；鸭油；鸡油渣；鸭油渣
鲁饲证（2014）16146	沂南县鑫盛饲料原料加工厂	鸭油；鸭油渣（饼）
鲁饲证（2014）16149	鲁洲生物科技（山东）有限公司	喷浆玉米皮；玉米蛋白粉
鲁饲证（2014）16150	鲁洲生物科技（山东）有限公司沂水分公司	喷浆玉米皮；玉米蛋白粉
鲁饲证（2014）16154	沂南县国灏饲料有限公司	鸭油；猪油；鸭油渣（饼）；猪油渣（饼）
鲁饲证（2014）16155	临沂福祥饲料有限公司	鸭油；猪油；鸭油渣；猪油渣
鲁饲证（2014）16159	山东兴泉油脂有限公司	花生粕

（续）

生产许可证编号	企业名称	产品名称
鲁饲证（2014）16160	莒南县华连油脂厂	鸭油；鸭油渣
鲁饲证（2014）16165	临沂市万通饲料有限公司	鸡骨粉；猪骨粉；鸡肉粉；猪肉粉
鲁饲证（2014）16169	临沂市金牛陶瓷原料有限公司	猪骨粉
鲁饲证（2014）16170	沂南县鑫利饲料有限公司	鸭油；猪油；鸭油渣；猪油渣
鲁饲证（2014）16177	平邑泰瑞油脂有限公司	鸭油；鸭油饼
鲁饲证（2014）16181	山东绿地食品有限公司	花生粕
鲁饲证（2014）16183	沂南县鸿泰生物制品有限公司	牛骨粒；猪骨粉
鲁饲证（2014）16187	山东中阳生物科技有限公司	豆粕
鲁饲证（2014）17026	郓城县龙泉油脂有限公司	棉粕
鲁饲证（2014）17036	鄄城县燕泽饲料有限公司	鸡油；鸭油；猪油；鸡油饼；鸭油饼；猪油饼
鲁饲证（2014）17047	成武县亚森饲料有限公司	鸡油；鸭油；猪油；鸡油饼；鸭油饼；猪油饼；鸡肉粉；猪肉粉
豫饲证（2014）01040	河南新知英华饲料有限公司	水解羽毛粉
豫饲证（2014）01050	郑州新威营养技术有限公司	小麦水解蛋白
豫饲证（2014）01053	河南微博生物科技有限公司	发酵豆粕；发酵棉籽蛋白
豫饲证（2014）02006	阳光油脂集团开封植物蛋白有限公司	膨化豆粕
豫饲证（2014）02008	开封龙大植物油有限公司	花生粕（花生仁粕）
豫饲证（2014）05010	河南省兆元生物工程有限责任公司	发酵豆粕
豫饲证（2014）05013	河南阳光油脂集团安阳植物蛋白有限公司	豆粕（大豆粕）
豫饲证（2014）05014	河南省星河油脂有限公司	菜籽粕；豆粕；花生粕
豫饲证（2014）05016	河南新高峰饲料有限公司	猪油；鸡油；鸭油；猪油渣；鸡油渣；鸭油渣；猪骨粉；鸡肉骨粉
豫饲证（2014）06004	鹤壁弘润饲料油脂有限公司	猪油；鸡油；猪油渣（饼）；鸡油渣（饼）
豫饲证（2014）06012	河南普乐泰生物科技有限公司	水解羽毛粉；鸡肉骨粉；喷雾干燥鸡血浆蛋白粉；喷雾干燥鸡血球蛋白粉
豫饲证（2014）06015	浚县善堂镇卓越油脂加工厂	花生粕
豫饲证（2014）06016	鹤壁市新鑫达饲料有限公司	鸡油；鸡油渣（饼）；猪油；猪油渣（饼）；猪肉粉
豫饲证（2014）06021	河南淇雪淀粉有限公司	喷浆玉米皮；玉米蛋白粉
豫饲证（2014）06023	河南飞天农业开发股份有限公司	谷朊粉；喷浆玉米皮；玉米蛋白粉
豫饲证（2014）06026	淇县瑞科农饲料有限公司	喷浆玉米皮
豫饲证（2014）06027	鹤壁市华丰饲料有限公司	猪油；猪油渣；水解羽毛粉
豫饲证（2014）06030	浚县绿迪饲料油脂加工厂	鸡油；鸭油；猪油；鸡油饼；鸭油饼；猪油饼
豫饲证（2014）06031	浚县宏达饲料厂	猪血粉
豫饲证（2014）06032	浚县善堂镇牧金玉米加工厂	喷浆玉米皮
豫饲证（2014）06033	鹤壁市海川饲料有限公司	猪油；猪油渣（饼）；猪骨粉

（续）

生产许可证编号	企业名称	产品名称
豫饲证（2014）07015	天冠集团新乡乙醇有限公司	玉米干全酒精糟（DDGS）
豫饲证（2014）07019	河南华瑞粮油有限公司	菜籽粕；豆粕；花生粕；棉籽粕
豫饲证（2014）07022	河南智龙生物科技有限公司	发酵豆粕；发酵苹果渣；发酵棉籽蛋白
豫饲证（2014）07030	辉县市鸿泰饲料有限公司	玉米干全酒精糟（DDGS）
豫饲证（2014）07032	卫辉市庞寨油厂	菜籽粕；花生粕
豫饲证（2014）07035	辉县市太行鸿昌酒精有限责任公司	含可溶物的玉米干酒精糟（DDGS）
豫饲证（2014）07036	辉县市华豫油脂有限公司	菜籽粕；豆粕；花生粕；棉籽粕
豫饲证（2014）07042	新乡市先丰医药新材料有限公司	玉米干全酒精糟（DDGS）
豫饲证（2014）07045	辉县市新兴生化饲料有限公司	玉米干全酒精糟（DDGS）
豫饲证（2014）08014	孟州市金玉米有限责任公司	喷浆玉米皮；玉米蛋白粉
豫饲证（2014）08016	孟州市润丰生物蛋白饲料有限公司	含可溶物的玉米干全酒精糟（DDGS）
豫饲证（2014）08018	沁阳市孚豪饲料有限公司	鸡油；鸭油；鸡油渣（饼）；鸭油渣（饼）
豫饲证（2014）08020	焦作市众喜油脂有限公司	猪油；猪油渣（饼）
豫饲证（2014）08025	孟州海纳川生物科技有限公司	玉米干全酒精糟（DDGS）
豫饲证（2014）08027	北京天赐来国际农牧科技有限公司武陟分厂	喷雾干燥猪血浆蛋白粉；喷雾干燥猪血球蛋白粉
豫饲证（2014）08028	焦作市鸿海饲料有限公司	猪油；猪油渣（饼）
豫饲证（2014）08029	孟州新东方饲料有限公司	猪油；鸡油；猪油渣（饼）；鸡油渣（饼）；猪肉粉；鸡肉粉
豫饲证（2014）08031	河南省焦作金箭明胶有限责任公司	骨源磷酸氢钙
豫饲证（2014）08032	孟州市金宝隆饲料加工厂	喷浆玉米皮
豫饲证（2014）08033	孟州市绿生饲料有限公司	水解畜毛粉
豫饲证（2014）08034	广济药业（孟州）有限公司	产朊假丝酵母蛋白
豫饲证（2014）08035	温县菲摩尔生物蛋白有限公司	玉米浆干粉
豫饲证（2014）09006	清丰县星源饲料加工厂	菜籽粕；花生粕
豫饲证（2014）09007	濮阳市凯瑞饲料有限公司	花生粕
豫饲证（2014）09008	南乐县华盛植物蛋白有限公司	菜籽粕；花生粕；棉籽粕
豫饲证（2014）10005	长葛市金鑫源饲料厂	猪油；猪油渣（饼）；鸡油；鸡油渣（饼）
豫饲证（2014）10008	长葛市亿万中祥饲料厂	猪油；鸡油；猪油渣；鸡油饼
豫饲证（2014）10011	长葛市绿迪饲料有限公司	猪油；猪油渣（饼）；鸡油；鸡油渣（饼）
豫饲证（2014）11003	漯河市汇利油脂有限公司	猪油；猪油渣（饼）
豫饲证（2014）11012	索纳克（漯河）生物科技有限公司	喷雾干燥猪血浆蛋白粉；喷雾干燥猪血球蛋白粉
豫饲证（2014）11013	漯河汇秭油脂有限责任公司	猪油；猪油渣（饼）；鸡油；鸡油渣（饼）
豫饲证（2014）11019	漯河天冠生物化工有限公司	玉米干全酒精糟（DDGS）
豫饲证（2014）11023	漯河越大油脂有限责任公司	猪油

（续）

生产许可证编号	企业名称	产品名称
豫饲证（2014）13006	方城县金馥植物油有限公司	菜籽粕（菜粕）；豆粕（大豆粕）
豫饲证（2014）13009	河南天冠燃料乙醇有限公司	含可溶物的谷物干酒精糟（DDGS）；含可溶物的玉米干酒精糟（DDGS）；含可溶物的薯类干酒精糟（DDGS）
豫饲证（2014）14006	商丘市应天饲料科技有限公司	猪油；鸡油；鸭油；猪油渣；鸡油渣；猪骨粉；猪肉骨粉
豫饲证（2014）14013	商丘市金源饲料有限公司	猪油；鸡油；鸭油；鸭油渣（饼）；猪骨粉；猪肉粉；鸡肉粉；猪肉骨粉
豫饲证（2014）14014	商丘杰隆生物科技有限公司	喷雾干燥猪血浆蛋白粉；喷雾干燥鸭血浆蛋白粉；喷雾干燥猪血球蛋白粉；水解鸭血球蛋白粉；水解猪血球蛋白粉
豫饲证（2014）14015	河南丰太生态农业发展有限公司	含可溶物的玉米干酒精糟（DDGS）
豫饲证（2014）16018	太康县鸿润饲料油脂有限公司	猪油
豫饲证（2014）17023	泌阳白云山鸭业有限公司	鸡油；鸡油渣
豫饲证（2014）17031	鲁洲生物科技（河南）有限公司	喷浆玉米皮；玉米蛋白粉
豫饲证（2014）17035	确山县盛丰粮油加工有限公司	花生粕
豫饲证（2014）17046	河南懿丰油脂有限公司	菜籽粕；花生粕
豫饲证（2014）21002	河南宏翔生物科技有限公司	发酵豆粕；发酵棉籽蛋白；酿酒酵母培养物
豫饲证（2014）22016	永城市金鹏饲料有限公司	猪油；鸡油；猪油渣；鸡油渣；猪肉粉；猪肉骨粉
豫饲证（2014）25005	滑县永达动物蛋白有限公司	水解羽毛粉
豫饲证（2014）25007	安阳正标油脂有限责任公司	棉籽粕
鄂饲证（2013）08002	中粮祥瑞粮油工业（荆门）有限公司	菜籽粕（菜粕）；豆粕；棉籽粕（棉粕）
鄂饲证（2014）01901	武汉高龙水产食品有限公司	鱼粉；鱼油
鄂饲证（2014）01902	武汉市金德戈糖业有限公司	大米蛋白粉
鄂饲证（2014）01903	武汉中海粮油工业有限公司	豆粕（大豆粕）
鄂饲证（2014）02901	湖北邦之德牧业科技有限公司	发酵豆粕
鄂饲证（2014）03901	襄阳市元吉油脂有限公司	菜籽粕（菜粕）；豆粕；花生粕（花生仁粕）；棉籽粕（棉粕）
鄂饲证（2014）03902	老河口回天油脂有限公司	菜籽粕（菜粕）
鄂饲证（2014）03903	襄阳鲁花浓香花生油有限公司	菜籽粕（菜粕）；花生粕（花生仁粕）
鄂饲证（2014）03904	湖北奥星粮油工业有限公司	菜籽粕（菜粕）
鄂饲证（2014）03905	老河口奥星双低菜籽油有限公司	菜籽粕（菜粕）
鄂饲证（2014）03906	湖北正全农业科技开发有限公司	菜籽粕（菜粕）
鄂饲证（2014）03907	湖北常香油脂股份有限公司	菜籽粕（菜粕）；棉籽粕（棉粕）
鄂饲证（2014）04901	麻城市康华植物油脂有限责任公司	菜籽粕（菜粕）；棉籽粕（棉粕）

（续）

生产许可证编号	企业名称	产品名称
鄂饲证（2014）04902	黄梅县诚信粮油有限责任公司	菜籽粕（菜粕）；棉籽粕（棉粕）
鄂饲证（2014）04903	武穴市珍珠油脂股份有限公司	菜籽粕（菜粕）；棉籽粕（棉粕）
鄂饲证（2014）05901	安琪酵母股份有限公司	食品酵母粉；酵母水解物；酿酒酵母提取物；酿酒酵母细胞壁
鄂饲证（2014）07901	孝感凯风生物工程有限责任公司	啤酒酵母粉
鄂饲证（2014）08901	沙洋县巨龙油脂有限责任公司	菜籽粕（菜粕）；棉籽粕（棉粕）
鄂饲证（2014）08902	湖北日月油脂股份有限公司	菜籽粕（菜粕）
鄂饲证（2014）08904	湖北神地农业科贸有限公司	蛋粉
鄂饲证（2014）08905	荆门环星油脂有限公司	菜籽粕（菜粕）；棉籽粕（棉粕）
鄂饲证（2014）08906	红蜻蜓粮油工业荆门有限责任公司	菜籽粕（菜粕）；豆粕（大豆粕）；棉籽粕（棉粕）
鄂饲证（2014）08907	湖北洪森天利油脂生物科技有限公司	菜籽粕（菜粕）；棉籽粕（棉粕）
鄂饲证（2014）08908	钟祥市鑫欣粮油有限责任公司	菜籽粕（菜粕）；棉籽粕（棉粕）
鄂饲证（2014）08909	荆门民峰油脂有限责任公司	菜籽粕（菜粕）；棉籽粕（棉粕）
鄂饲证（2014）09901	鄂州嘉禾食用油有限公司	菜籽粕（菜粕）；棉籽粕（棉粕）
鄂饲证（2014）10901	湖北奥特奥生物科技有限责任公司	酸解羽毛粉
鄂饲证（2014）10902	中粮粮油工业（荆州）有限公司	菜籽粕（菜粕）；豆粕；棉籽粕（棉粕）
鄂饲证（2014）10903	中纺农业湖北有限公司	菜籽粕（菜粕）；豆粕（大豆粕）；发酵豆粕；发酵棉籽蛋白
鄂饲证（2014）10904	洪湖市洪湖浪米业有限责任公司	菜籽粕（菜粕）；棉籽粕（棉粕）
鄂饲证（2014）10905	湖北家意粮油科技有限公司	菜籽粕（菜粕）；棉籽粕（棉粕）
鄂饲证（2014）10906	湖北大明生物科技有限公司	鱼排粉
鄂饲证（2014）10907	湖北宏凯工贸发展有限公司	菜籽粕（菜粕）；棉籽粕（棉粕）
鄂饲证（2014）10908	荆州市天骄生物工程发展有限公司	菜籽粕（菜粕）；棉籽粕（棉粕）
鄂饲证（2014）10909	荆州市荆鼎农牧有限公司	鱼排粉；鱼油
鄂饲证（2014）10910	石首市鑫飞达油业有限公司	菜籽粕（菜粕）；棉籽粕（棉粕）
鄂饲证（2014）10911	湖北三才堂农业发展有限公司	菜籽粕（菜粕）；棉籽粕（棉粕）
鄂饲证（2014）10912	江陵县鑫顺农工贸有限公司	菜籽粕（菜粕）；棉籽粕（棉粕）
鄂饲证（2014）10913	荆州市祥瑞粮油工业有限公司	菜籽粕（菜粕）；棉籽粕（棉粕）
鄂饲证（2014）10914	公安县金阳油脂有限公司	菜籽粕（菜粕）；棉籽粕（棉粕）
鄂饲证（2014）10915	湖北新裕农业发展有限公司	菜籽粕（菜粕）；豆粕（大豆粕）；棉籽粕（棉粕）
鄂饲证（2014）10916	荆州市永康生物科技有限公司	菜籽粕（菜粕）；豆粕（大豆粕）；棉籽粕（棉粕）
鄂饲证（2014）10917	荆州市康利油脂化工有限公司	菜籽粕（菜粕）；棉籽粕（棉粕）
鄂饲证（2014）10918	松滋市恒生油脂化工有限公司	菜籽粕（菜粕）；棉籽粕（棉粕）
鄂饲证（2014）10919	松滋市金松油脂化工有限公司	菜籽粕（菜粕）；棉籽粕（棉粕）
鄂饲证（2014）10920	松滋市永盛粮油有限公司	菜籽粕（菜粕）；棉籽粕（棉粕）
鄂饲证（2014）10921	松滋天颐油脂有限责任公司	菜籽粕（菜粕）；棉籽粕（棉粕）

（续）

生产许可证编号	企业名称	产品名称
鄂饲证（2014）15901	湖北巨源油业有限公司	菜籽粕（菜粕）；棉籽粕（棉粕）
鄂饲证（2014）15902	湖北立菲得生物科技有限公司	发酵棉籽蛋白
鄂饲证（2014）15903	湖北潜江华垦粮油有限公司	菜籽粕（菜粕）；棉籽粕（棉粕）
鄂饲证（2014）16901	湖北永康粮油股份有限公司	菜籽粕（菜粕）；棉籽粕（棉粕）
鄂饲证（2014）16902	湖北杰隆生物制品有限公司	喷雾干燥鸡血浆蛋白粉；喷雾干燥猪血浆蛋白粉；喷雾干燥鸡血球蛋白粉；喷雾干燥猪血球蛋白粉；水解猪血球蛋白粉；水解珠蛋白粉；血红素蛋白粉
鄂饲证（2014）16903	湖北大中生物科技有限公司	发酵豆粕
鄂饲证（2014）16904	天门市合福油脂有限公司	菜籽粕（菜粕）；棉籽粕（棉粕）
湘饲证（2014）01130	长沙市越大油脂有限责任公司	猪油；猪肉粉
湘饲证（2014）01140	长沙正利生物科技有限公司	腐殖酸钠
湘饲证（2014）03007	湘潭市天宝饲料酵母有限公司	啤酒酵母粉
湘饲证（2014）03025	湘乡杰隆生物制品有限公司	喷雾干燥猪血浆蛋白粉；喷雾干燥猪血球蛋白粉
湘饲证（2014）04052	衡阳昌和蛋白饲料有限公司	猪骨粉；猪肉粉；猪肉骨粉
湘饲证（2014）05027	邵阳市三水渔业科技有限公司	干白酒糟
湘饲证（2014）05033	邵阳市众牧蛋白饲料有限公司	猪骨粉；猪肉粉；猪肉骨粉
湘饲证（2014）05034	隆回县恒鑫动物蛋白饲料有限公司	水解羽毛粉
湘饲证（2014）06085	益海嘉里（岳阳）粮油工业有限公司	菜籽粕（菜粕）；豆粕（大豆粕）；棉籽粕（棉粕）
湘饲证（2014）06086	道道全粮油股份有限公司	菜籽粕（菜粕）；棉籽粕（棉粕）
湘饲证（2014）06089	湖南溢华油脂有限公司	菜籽粕（菜粕）；棉籽粕（棉粕）
湘饲证（2014）06114	岳阳长康福海油脂有限公司	菜籽粕（菜粕）
湘饲证（2014）06131	湖南昕祺生物科技有限责任公司	大米蛋白粉
湘饲证（2014）06138	湖南祥柏工业油脂有限公司	猪油；猪油渣（饼）
湘饲证（2014）06140	华容众海渔粉有限公司	鱼粉
湘饲证（2014）07025	湖南广益粮油棉有限公司	菜籽粕（菜粕）；棉籽粕（棉粕）
湘饲证（2014）07029	澧县小渡口油脂有限责任公司	菜籽粕（菜粕）；棉籽粕（棉粕）
湘饲证（2014）07032	桃源县科宏油脂有限责任公司	菜籽粕（菜粕）；棉籽粕（棉粕）
湘饲证（2014）07041	桃源县万福生科粮油加工经营有限公司	大米蛋白粉
湘饲证（2014）09013	湖南鑫农油脂有限公司鑫欣饲料厂	菜籽粕（菜粕）；棉籽粕（棉粕）
湘饲证（2014）09087	益阳市资阳区华鑫动物蛋白饲料有限公司	猪肉粉；猪肉骨粉
粤饲证（2014）01038	广州市奥佳生物科技有限公司	发酵豆粕
粤饲证（2014）01043	广东金肽阳生物科技有限公司	发酵豆粕；发酵棉籽蛋白
粤饲证（2014）01064	广东希普生物科技股份有限公司	发酵豆粕；发酵棉籽蛋白
粤饲证（2014）01069	广州金纳生物科技有限公司	干啤酒糟；啤酒酵母粉

（续）

生产许可证编号	企业名称	产品名称
粤饲证（2014）01076	广东雅琪生物科技有限公司	啤酒酵母粉
粤饲证（2014）01078	广州市硕丰蛋白饲料有限公司	水解羽毛粉；猪肉粉；鸡肉粉；牛肉粉；猪肉骨粉；鸡肉骨粉；牛肉骨粉
粤饲证（2014）01085	广东海大集团股份有限公司啤酒糟干燥分厂	干啤酒糟
粤饲证（2014）01086	广州奥鑫饲料有限公司	花生粕（花生仁粕）
粤饲证（2014）01087	广州金水动物保健品有限公司	螺旋藻粉；啤酒酵母粉
粤饲证（2014）02010	深圳市杰隆源科技有限公司	喷雾干燥猪血浆蛋白粉；喷雾干燥猪血球蛋白粉
粤饲证（2014）02011	深圳市圣西马生物技术有限公司光明工厂	产朊假丝酵母蛋白
粤饲证（2014）02015	荣华联合生物科技（深圳）有限公司	干啤酒糟；发酵棉籽蛋白；产朊假丝酵母蛋白
粤饲证（2014）02016	瑞鑫百奥生物科技（深圳）有限公司宝安分公司	谷物干酒精糟（DDG）
粤饲证（2014）03012	珠海万福康生物科技有限公司	酵母水解物；酿酒酵母提取物；酿酒酵母细胞壁
粤饲证（2014）05024	佛山市高明区华南蛋白饲料有限公司	水解羽毛粉
粤饲证（2014）05025	佛山市大茂饲料有限公司	鱼油
粤饲证（2014）09021	惠州市智农生物科技有限公司	发酵豆粕
粤饲证（2014）10002	陆丰市德泰丰饲料原料有限公司	鱼油；鱼粉
粤饲证（2014）11014	东莞嘉吉粮油有限公司	豆粕（大豆粕）
粤饲证（2014）11018	路易达孚（霸州）饲料蛋白有限公司东莞分公司	豆粕（大豆粕）
粤饲证（2014）11019	东莞嘉吉饲料蛋白科技有限公司	豆粕（大豆粕）
粤饲证（2014）11022	东莞金泰得生物科技有限公司	发酵豆粕
粤饲证（2014）11027	中纺粮油（东莞）有限公司	豆粕（大豆粕）
粤饲证（2014）12009	中山茂辉饲料科技有限公司	酿酒酵母提取物
粤饲证（2014）13033	罗赛洛（广东）明胶有限公司	牛油；牛肉骨粉（粒）；骨源磷酸氢钙
粤饲证（2014）13046	台山市正南翔饲料实业有限公司	鱼粉；鱼油
粤饲证（2014）13062	江门市江海区南强油脂有限公司	猪油；猪油渣（饼）
粤饲证（2014）14011	阳西县粤富水产养殖鱼粉有限公司	鱼油；鱼粉
粤饲证（2014）14013	广东顺欣海洋渔业集团有限公司生物技术工程分公司	鱼油；鱼粉
粤饲证（2014）15037	广东恒兴集团有限公司	鱼粉；鱼油
粤饲证（2014）16035	茂名市利马饲料原料有限公司	猪油；鱼油；猪肉粉；鱼油
粤饲证（2014）16047	茂名市宏鹏商贸有限公司	骨源磷酸氢钙
粤饲证（2014）16049	茂名金冠油脂实业有限公司	猪油、鱼油

（续）

生产许可证编号	企业名称	产品名称
粤饲证（2014）16055	茂名市新港鱼粉有限公司	鱼粉
粤饲证（2014）16060	茂名市中宏饲料有限公司	鱼粉
粤饲证（2014）16061	茂名市恒裕生物科技有限公司	鱼油；鱼粉
粤饲证（2014）16063	茂名市富隆饲料有限公司	鱼粉
粤饲证（2014）16065	茂名市天丰饲料有限公司	猪油渣
粤饲证（2014）16066	茂名市兴大饲料有限公司	猪肉粉；鱼粉
粤饲证（2014）17008	高要市新桥镇卫容油脂有限公司	猪油；猪油渣（饼）
粤饲证（2014）17013	高要市华饲鱼粉有限公司	鱼油；鱼粉
粤饲证（2014）17018	肇庆市金海源生物科技有限公司	喷雾干燥猪血浆蛋白粉；喷雾干燥猪血球蛋白粉
粤饲证（2014）18012	连南瑶族自治县奇乡生物科技有限公司	啤酒酵母粉；酿酒酵母提取物；酿酒酵母细胞壁
粤饲证（2014）18016	清远市恒生饲料有限责任公司	鱼粉；鱼油
粤饲证（2014）19008	饶平县荷花饲料油脂有限公司	猪油；牛油；鱼油；猪油渣（饼）；牛油渣（饼）
粤饲证（2014）20013	揭阳市揭东区华海油脂有限公司	豆粕（大豆粕）
桂饲证（2014）01027	南宁杰隆生物制品有限公司	喷雾干燥猪血浆蛋白粉；喷雾干燥猪血球蛋白粉
桂饲证（2014）01062	南宁市皇品生物科技有限公司	猪油；猪油渣
桂饲证（2014）03011	燕京啤酒（桂林漓泉）股份有限公司	干啤酒糟
桂饲证（2014）05004	广西渤海农业发展有限公司	豆粕（大豆粕）
桂饲证（2014）05008	北海市华海鱼粉有限公司	鱼粉
桂饲证（2014）05010	广西北海海源鱼粉饲料有限公司	鱼粉；鱼排粉；鱼油
桂饲证（2014）06001	大海粮油工业（防城港）有限公司	双低菜籽粕（双低菜粕）；豆粕（大豆粕）
桂饲证（2014）06004	防城港枫叶粮油工业有限公司	菜籽粕（菜粕）
桂饲证（2014）06005	益海（防城港）大豆工业有限公司	大豆浓缩蛋白
桂饲证（2014）06007	防城港澳加粮油工业有限公司	菜籽粕（菜粕）
桂饲证（2014）07005	钦州大洋粮油有限公司	豆粕（大豆粕）
桂饲证（2014）12002	广西一品鲜生物科技有限公司	酿酒酵母提取物；酿酒酵母细胞壁
琼饲证（2014）05022	儋州排浦兴海鱼粉厂	鱼粉
琼饲证（2014）06025	海南百事特生物科技有限公司	发酵豆粕
琼饲证（2014）12017	保亭富源饲料有限公司	鱼粉
渝饲证（2014）02004	重庆新涪食品有限公司	豆粕
渝饲证（2014）06003	重庆顺乔饲料有限公司	猪油；猪肉粉；牛肉粉；猪肉骨粉
渝饲证（2014）06005	重庆大田饲料有限公司	猪油；猪肉骨粉；猪肉粉；牛肉粉
渝饲证（2014）06006	重庆茂瑞骨制品有限公司	猪骨粉（粒）
渝饲证（2014）07003	重庆小可食品有限公司	大米蛋白粉
渝饲证（2014）12002	重庆杰隆华牧蛋白质饲料有限公司	喷雾干燥猪血浆蛋白粉；喷雾干燥猪血球蛋白粉
渝饲证（2014）18005	重庆汇东生物科技有限公司	大米蛋白粉

（续）

生产许可证编号	企业名称	产品名称
川饲证（2013）01902	成都天屹生物科技有限公司	喷雾干燥猪血浆蛋白粉；喷雾干燥猪血球蛋白粉；水解猪血球蛋白粉；血红素蛋白粉；啤酒酵母粉
川饲证（2013）09901	四川正园生物有限公司	牛油；猪油；牛骨粉（粒）；猪骨粉（粒）；牛肉粉；猪肉粉；牛肉骨粉；猪肉骨粉
川饲证（2013）10901	四川佳美粮油工贸有限公司	菜籽粕（菜粕）
川饲证（2013）12901	高县华贵饲料有限公司	干白酒糟
川饲证（2013）18901	四川省简阳市国发植物油有限公司	菜籽粕（菜粕）；棉籽粕（棉粕）
川饲证（2014）01906	四川省忠立生物饲料有限公司	干啤酒糟
川饲证（2014）01907	成都金意油脂有限公司	猪油
川饲证（2014）01909	成都昌源饲料油脂有限公司	干白酒糟；干啤酒糟；含可溶物的干酒精糟（玉米干全酒精糟）（DDGS）；菜籽粕（菜粕）；棉籽粕（棉粕）；啤酒酵母粉
川饲证（2014）01910	成都市新津迎先粮油有限公司	菜籽粕（菜粕）
川饲证（2014）01911	新津县迎新粮油有限公司	菜籽粕（菜粕）
川饲证（2014）01912	成都宏安生物科技有限公司	喷雾干燥猪血浆蛋白粉；喷雾干燥猪血球蛋白粉
川饲证（2014）01913	四川省彭州市绿源实业有限公司	菜籽粕（菜粕）
川饲证（2014）01914	成都养元动物科技有限公司	喷雾干燥猪血浆蛋白粉；喷雾干燥猪血球蛋白粉
川饲证（2014）01915	成都市新兴粮油有限公司	菜籽粕（菜粕）
川饲证（2014）01917	四川纽克泰德生物科技有限公司	啤酒酵母粉
川饲证（2014）01918	成都市新津中兴粮油有限公司	菜籽粕（菜粕）
川饲证（2014）01919	成都禹晓粮油有限公司	菜籽粕（菜粕）
川饲证（2014）01920	成都华星粮油有限公司	菜籽粕（菜粕）；棉籽粕（棉粕）
川饲证（2014）01921	邛崃索纳克生物科技有限公司	喷雾干燥猪血浆蛋白粉；喷雾干燥猪血球蛋白粉
川饲证（2014）02901	四川安益生物科技有限公司	发酵豆粕；发酵棉籽蛋白
川饲证（2014）04902	古蔺瑞丰饲料有限公司	干白酒糟
川饲证（2014）04903	古蔺县郎鑫饲料有限公司	干白酒糟
川饲证（2014）04904	古蔺国传农业发展有限公司	干白酒糟
川饲证（2014）05905	益海（广汉）粮油饲料有限公司	菜籽粕（菜粕）；豆粕（大豆粕）
川饲证（2014）05906	德阳天元酒业有限公司	干白酒糟
川饲证（2014）05907	四川德阳市年丰食品有限公司	菜籽粕（菜粕）
川饲证（2014）05909	四川盛禾农业科技有限责任公司	酿酒酵母发酵白酒糟
川饲证（2014）05910	什邡市长宏饲料科技有限公司	猪肉粉；猪肉骨粉
川饲证（2014）05911	广汉市正旺蛋白粉厂（普通合伙）	高温高压水解羽毛粉
川饲证（2014）05912	什邡市南洋饲料有限责任公司	猪肉粉；猪肉骨粉
川饲证（2014）06908	江油市彰明金谷植物油有限责任公司	菜籽粕（菜粕）；豆粕（大豆粕）；棉籽粕（棉粕）
川饲证（2014）06909	安县辉达油脂化工有限责任公司	菜籽粕（菜粕）

（续）

生产许可证编号	企业名称	产品名称
川饲证（2014）06910	成都市双流欣欣饲料有限公司绵阳啤酒糟厂	干啤酒糟
川饲证（2014）06911	绵阳高新区家发饲料原料厂	干白酒糟
川饲证（2014）06912	绵阳市泰谷饲料有限责任公司	猪肉粉；猪肉骨粉
川饲证（2014）07902	四川西原油脂化工有限公司	菜籽粕（菜粕）
川饲证（2014）07903	苍溪县亚泰油脂有限责任公司	菜籽粕（菜粕）
川饲证（2014）09904	威远县全顺猪副产品加工厂	猪肉骨粉
川饲证（2014）09905	内江市中区薪运饲料加工厂	干啤酒糟
川饲证（2014）09906	威远县钟源粮油有限公司威远分公司	菜籽粕（菜粕）
川饲证（2014）10902	乐山市金塔饲料有限公司	猪肉粉；猪肉骨粉；猪血粉
川饲证（2014）10903	井研县华力蛋白饲料有限责任公司	膨化羽毛粉；水解羽毛粉；猪肉粉；猪肉骨粉；猪血粉
川饲证（2014）10904	井研县金象蛋白饲料厂	水解畜毛粉；水解羽毛粉；猪肉粉；猪血粉
川饲证（2014）10905	乐山恒峰华邦生物科技有限公司	发酵豆粕；发酵棉籽蛋白
川饲证（2014）11901	四川省阆中市锡刚油脂有限公司	菜籽粕（菜粕）
川饲证（2014）11902	南充市嘉瑞特饲料有限公司	猪油；猪肉粉；猪肉骨粉
川饲证（2014）12902	四川省五粮饲料有限公司	干白酒糟
川饲证（2014）12903	宜宾市飞燕饲料有限责任公司	干白酒糟
川饲证（2014）12905	宜宾市翠屏区壮壮饲料厂	干白酒糟
川饲证（2014）12906	宜宾众好饲料有限责任公司	干白酒糟
川饲证（2014）12907	宜宾市翠屏区顺宇饲料厂	干白酒糟
川饲证（2014）12908	宜宾市壮壮饲料有限公司	干啤酒糟
川饲证（2014）12909	宜宾市翠屏区幸福饲料厂	干白酒糟
川饲证（2014）14903	大竹县玲龙骨粉有限公司	牛骨粉（粒）；猪骨粉（粒）
川饲证（2014）17904	眉山市森源生物科技有限公司	水解羽毛粉
川饲证（2014）17905	四川志信生物科技有限公司	膨化羽毛粉；猪血粉
川饲证（2014）17906	仁寿县四鑫饲料厂	膨化羽毛粉；猪血粉
川饲证（2014）17907	中纺粮油（四川）有限公司	豆粕（大豆粕）
川饲证（2014）17908	眉山市康志农牧有限公司	猪肉粉；牛肉粉；鸡肉粉；猪肉骨粉
川饲证（2014）17909	眉山市东坡区人禾沅农牧科技有限责任公司	菜籽粕（菜粕）
川饲证（2014）17910	东坡区搏盛动物蛋白粉厂	猪肉粉；猪肉骨粉
川饲证（2014）17911	眉山市东坡区松江镇吴氏骨粉加工厂	猪肉粉；猪肉骨粉
川饲证（2014）18902	四川运达粮油食品有限公司	菜籽粕（菜粕）
川饲证（2014）18903	资阳市力源粮油有限公司	菜籽粕（菜粕）
川饲证（2014）18904	资阳市连发商贸有限公司	干啤酒糟

（续）

生产许可证编号	企业名称	产品名称
川饲证（2014）18905	简阳市棉丰榨油厂有限公司	菜籽粕（菜粕）；棉籽粕（棉粕）
黔饲证（2014）01038	贵州金杨油脂有限公司	菜籽粕（菜粕）
黔饲证（2014）01052	贵阳高新荣耀饲料有限公司	猪肉粉
黔饲证（2014）01059	贵阳白云骨粒化工厂	猪油；高温高压水解羽毛粉；猪骨粉（粒）；猪肉骨粉
黔饲证（2014）01061	贵阳市乌当区东风饲料厂	猪肉粉
黔饲证（2014）01062	贵阳乌当五羊精炼油脂厂	猪油
黔饲证（2014）02022	贵州金凯禾科技综合开发有限公司	干白酒糟
黔饲证（2014）02045	仁怀市德清糟粉厂	干白酒糟
黔饲证（2014）03040	贵州万通祥和农产品科技开发有限公司	菜籽粕（菜粕）
黔饲证（2014）03053	贵州西原油脂有限公司	菜籽粕（菜粕）
黔饲证（2014）03060	贵州安顺油脂（集团）股份有限公司	菜籽粕（菜粕）
滇饲证（2014）01129	昆明庆佳骨制品有限公司	猪肉粉；牛肉粉；猪肉骨粉；牛肉骨粉；猪骨粉（粒）；牛骨粉（粒）；
滇饲证（2014）01163	云南牧声农牧科技有限公司	猪骨粉、牛骨粉、鸡骨粉；猪肉粉、牛肉粉、鸡肉粉；猪肉骨粉、牛肉骨粉、鸡肉骨粉
滇饲证（2014）08125	云南中浙东成生物科技有限公司	酵母水解物；酿酒酵母提取物；酿酒酵母细胞壁
滇饲证（2014）10057	弥勒市正美饲料生产有限责任公司	干白酒糟
滇饲证（2014）13175	大理市洋泽饲料骨粉有限公司	猪骨粉；牛骨粉；猪肉粉；牛肉粉；猪肉骨粉；牛肉骨粉；膨化羽毛粉
滇饲证（2014）14059	芒市明宏骨业有限责任公司	牛油；牛骨粉（粒）；牛肉粉；牛肉骨粉
陕饲证（2013）00003	宝鸡阜丰生物科技有限公司	喷浆玉米皮；玉米蛋白粉；谷氨酸渣
陕饲证（2014）00001	西安下店玉米开发实业有限公司	喷浆玉米皮；玉米蛋白粉
陕饲证（2014）00002	育才玻璃集团宝鸡市育才酒精有限公司	玉米干全酒精糟（DDGS）
陕饲证（2014）00003	鲁洲生物科技（陕西）有限公司	玉米蛋白粉
陕饲证（2014）00004	宝鸡陕丰淀粉有限公司	喷浆玉米皮；玉米蛋白粉
陕饲证（2014）00005	西安若翰生物饲料有限公司	含可溶物的干酒精糟（谷物干全酒精糟）（DDGS）；喷浆玉米皮
陕饲证（2014）00006	宝鸡市瑞西饲料有限公司	含可溶物的干酒精糟（玉米干全酒精糟）（DDGS）；喷浆玉米皮
陕饲证（2014）00007	西安牧阳实业有限公司	玉米干全酒精糟（DDGS）；喷浆玉米皮；柠檬酸糟
陕饲证（2014）00008	兴平市金泰生物饲料有限公司	玉米干全酒精糟（DDGS）；喷浆玉米皮
陕饲证（2014）01901	西安市阎良区新跃饲料有限公司	菜籽粕（菜粕）
陕饲证（2014）04001	益海嘉里（兴平）食品工业有限公司	菜籽粕（菜粕）；豆粕

（续）

生产许可证编号	企业名称	产品名称
陕饲证（2014）04902	陕西天康油脂有限责任公司	菜籽粕（菜粕）；豆粕（大豆粕）；棉籽粕（棉粕）
陕饲证（2014）04903	陕西泾阳科源农业发展有限公司	菜籽粕（菜粕）
陕饲证（2014）04904	武功县代甲油粮加工有限公司	菜籽粕（菜粕）
陕饲证（2014）05901	陕西龙首油脂有限公司	豆粕（大豆粕）；棉籽粕（棉粕）
陕饲证（2014）05902	渭南天达油脂有限公司	菜籽粕（菜粕）；豆粕（大豆粕）；棉籽粕（棉粕）
陕饲证（2014）06901	陕西春光油脂有限公司	菜籽粕（菜粕）
陕饲证（2014）06902	陕西建兴农业科技有限公司	菜籽粕（菜粕）
陕饲证（2014）06903	汉中市江南油脂有限公司	菜籽粕（菜粕）
陕饲证（2014）06904	南郑县金鑫油脂有限公司	菜籽粕（菜粕）
陕饲证（2014）06905	勉县金花油脂有限责任公司	菜籽粕（菜粕）
陕饲证（2014）06906	陕西永康农业发展有限公司	菜籽粕（菜粕）
陕饲证（2014）06907	汉中天天粮油有限责任公司	菜籽粕（菜粕）
陕饲证（2014）06908	陕西华丰农林科技有限公司	菜籽粕（菜粕）
陕饲证（2014）10901	陕西三丰粮油有限公司	豆粕（大豆粕）
陕饲证（2014）12001	宁强恩彼饲料有限公司	喷雾干燥猪血浆蛋白粉；喷雾干燥猪血球蛋白粉
陕饲证（2014）12002	西安瑞通饲料有限公司	猪油；猪肉粉
陕饲证（2014）12003	兴平市科盛生物科技有限责任公司	喷雾干燥猪血浆蛋白粉；喷雾干燥猪血球蛋白粉
陕饲证（2014）12004	三原嘉润饲料油脂有限公司	猪油；鸡油；鱼油；猪肉粉；鸡肉粉
陕饲证（2014）12005	陕西荣强饲料有限公司	猪肉骨粉
陕饲证（2014）12006	城固县西郊饲料厂	猪肉粉；猪血粉
陕饲证（2014）12007	西安京鸿工业原料有限责任公司	猪油；猪油渣（饼）
甘饲证（2014）01001	甘肃敦煌种业油脂有限公司	菜籽粕（菜粕）；棉籽粕（棉粕）
甘饲证（2014）02002	甘肃昆仑生化有限责任公司	喷浆玉米皮；玉米蛋白粉
甘饲证（2014）02006	临泽县鑫玉饲料有限公司	含可溶物的干酒精糟 玉米干全酒精糟（DDGS）
甘饲证（2014）03017	武威新天地农业科技有限公司	啤酒酵母粉
甘饲证（2014）04001	通渭县裕丰饲料有限公司	豌豆粉浆蛋白粉
甘饲证（2014）13002	白银嘉泰源油脂科技有限公司	猪油
青饲证（2014）01001	青海江河源农牧科技发展有限公司	菜籽粕（菜粕）
青饲证（2014）01002	青海明胶有限责任公司	骨源磷酸氢钙
宁饲证（2014）01024	银川伊美达生物科技有限公司	含可溶物的干酒精糟玉米干全酒精糟（DDGS）；喷浆玉米皮；玉米蛋白粉；玉米浆干粉；谷氨酸渣；赖氨酸渣
宁饲证（2014）01025	银川冠圣生物饲料有限公司	玉米蛋白粉；谷氨酸渣
宁饲证（2014）03012	宁夏益生源生物有限公司	玉米酶解蛋白
宁饲证（2014）03018	吴忠市王国旗生物科技有限公司	牛、羊、猪骨粉（粒）；牛、羊、猪肉骨粉
新饲证（2014）01901	新疆大润海油脂科技有限公司	菜籽粕（菜粕）；豆粕（大豆粕）；棉籽粕（棉粕）
新饲证（2014）01902	新疆金新海油脂有限公司	菜籽粕（菜粕）
新饲证（2014）01903	新疆阜丰生物科技有限公司	喷浆玉米皮；玉米蛋白粉

（续）

生产许可证编号	企业名称	产品名称
新饲证（2014）01904	新疆天康饲料科技有限公司生物添加剂分公司	棉籽酶解蛋白；发酵豆粕；发酵棉籽蛋白
新饲证（2014）01905	乌鲁木齐昌盛源博饲料有限公司	猪油；猪油渣（饼）
新饲证（2014）01906	新疆双龙腐殖酸有限公司	腐殖酸钠
新饲证（2014）02901	克拉玛依九禾工贸有限公司	棉籽粕（棉粕）
新饲证（2014）22901	哈密市龙泉油脂有限责任公司	棉籽粕（棉粕）
新饲证（2014）23905	玛纳斯银天棉业有限公司乐土驿花厂	棉籽粕（棉粕）
新饲证（2014）23906	益海（昌吉）粮油工业有限公司	菜籽粕（菜粕）；豆粕（大豆粕）；棉籽粕（棉粕）
新饲证（2014）23909	新疆大禾油脂有限公司	菜籽粕（菜粕）；豆粕（大豆粕）；棉籽粕（棉粕）
新饲证（2014）23910	昌吉市昌鼎工贸有限公司昌吉市生物蛋白分公司	菜籽粕（菜粕）；豆粕（大豆粕）；棉籽粕（棉粕）
新饲证（2014）23911	新疆敦煌种业玛纳斯油脂有限公司	菜籽粕（菜粕）；豆粕（大豆粕）；棉籽粕（棉粕）
新饲证（2014）23912	新疆动力源生物科技有限公司	含可溶物的干酒精糟玉米干全酒精糟（DDGS）
新饲证（2014）23913	昌吉州泰昆生物蛋白科技有限公司	棉籽粕（棉粕）
新饲证（2014）23914	新疆新光油脂有限公司芳草湖分公司	棉籽粕（棉粕）
新饲证（2014）23915	新疆云龙油脂有限公司	菜籽粕（菜粕）；棉籽粕（棉粕）
新饲证（2014）23916	新疆盛海油脂有限公司	棉籽粕（棉粕）
新饲证（2014）27901	新疆博乐新赛油脂有限公司	菜籽粕（菜粕）；豆粕（大豆粕）；棉籽粕（棉粕）
新饲证（2014）27902	精河县鑫源油脂有限责任公司	棉籽粕（棉粕）；脱酚棉籽蛋白（脱毒棉籽蛋白）
新饲证（2014）27903	精河县托里棉花加工厂金穗油脂厂	棉籽粕（棉粕）
新饲证（2014）27904	博乐市家乐油脂有限责任公司	棉籽粕（棉粕）
新饲证（2014）27905	博乐市裕鑫油脂加工有限责任公司	棉籽粕（棉粕）
新饲证（2014）27906	新疆博圣酒业酿造有限责任公司	含可溶物的干酒精糟玉米干全酒精糟（DDGS）
新饲证（2014）27907	博尔塔拉蒙古自治州禾力生物科技开发有限公司	豆粕（大豆粕）；脱酚棉籽蛋白（脱毒棉籽蛋白）
新饲证（2014）27908	新疆绿洲国信植物蛋白有限公司	棉籽粕（棉粕）；脱酚棉籽蛋白（脱毒棉籽蛋白）
新饲证（2014）28910	巴州友邦生物科技有限公司	棉籽蛋白
新饲证（2014）28911	新疆利华棉业股份有限公司第一棉花加工厂	棉籽粕（棉粕）
新饲证（2014）28912	新疆昊龙油脂有限责任公司	棉籽粕（棉粕）
新饲证（2014）28913	库尔勒润祥油脂有限责任公司	棉籽粕（棉粕）
新饲证（2014）28914	巴州中星油脂有限公司	棉籽粕（棉粕）
新饲证（2014）29902	库车县金隆油脂有限责任公司	棉籽粕（棉粕）
新饲证（2014）29903	阿克苏地区金谷油脂限责任公司	棉籽粕（棉粕）
新饲证（2014）29904	阿克苏地区康民油脂有限责任公司	棉籽粕（棉粕）

（续）

生产许可证编号	企业名称	产品名称
新饲证（2014）29905	柯坪县立民油脂有限责任公司	棉籽粕（棉粕）
新饲证（2014）29906	益海（阿克苏）粮油工业有限公司	棉籽粕（棉粕）
新饲证（2014）29907	阿克苏新粮油脂有限公司	棉籽粕（棉粕）
新饲证（2014）29908	阿克苏惠鑫油脂有限公司	棉籽粕（棉粕）
新饲证（2014）29909	阿克苏市启迪彩钢油脂有限责任公司	棉籽粕（棉粕）
新饲证（2014）29910	沙雅益友油脂工业有限责任公司	棉籽粕（棉粕）
新饲证（2014）29911	沙雅鸿兴油脂有限责任公司	棉籽粕（棉粕）
新饲证（2014）29912	温宿县金鑫油脂有限责任公司	棉籽粕（棉粕）
新饲证（2014）29913	阿克苏富源油脂有限公司	棉籽粕（棉粕）
新饲证（2014）29914	沙雅益丰油脂有限公司	菜籽粕（菜粕）；棉籽粕（棉粕）
新饲证（2014）29915	新和益康油脂有限公司	棉籽粕（棉粕）
新饲证（2014）29916	阿克苏海业工贸有限责任公司	棉籽粕（棉粕）
新饲证（2014）29917	阿克苏天泽油脂有限责任公司	棉籽粕（棉粕）
新饲证（2014）29918	新疆阿克苏天康植物蛋白有限公司	棉籽粕（棉粕）
新饲证（2014）29919	库车中棉油脂有限公司	棉籽粕（棉粕）
新饲证（2014）29920	新和县永红油脂有限公司	棉籽粕（棉粕）
新饲证（2014）29921	阿克苏市林泉油脂有限责任公司	棉籽粕（棉粕）
新饲证（2014）29922	库车中天油脂有限责任公司	棉籽粕（棉粕）
新饲证（2014）29923	阿拉尔金象油脂有限公司	棉籽粕（棉粕）
新饲证（2014）31904	巴楚县金谷油脂有限公司	棉籽粕（棉粕）
新饲证（2014）31905	巴楚县正和油脂有限公司	棉籽粕（棉粕）
新饲证（2014）31906	麦盖提前进光大油脂有限公司	棉籽粕（棉粕）
新饲证（2014）31907	新疆光大绿源生物科技有限公司	棉籽粕（棉粕）
新饲证（2014）31908	新疆西昆仑骨明胶有限公司	骨源磷酸氢钙
新饲证（2014）31909	莎车县叶尔羌生物科技有限公司	棉籽粕（棉粕）
新饲证（2014）31910	晨光生物科技集团喀什有限公司	脱酚棉籽蛋白（脱毒棉籽蛋白）
新饲证（2014）40901	新疆五合农业科技有限公司	菜籽粕（菜粕）
新饲证（2014）40902	新疆康尤美粮油集团有限公司	豆粕（大豆粕）
新饲证（2014）40903	新疆奎屯天康植物蛋白有限公司	菜籽粕（菜粕）；豆粕（大豆粕）；棉籽粕（棉粕）
新饲证（2014）40904	奎屯泰昆油脂有限公司	棉籽粕（棉粕）
新饲证（2014）40905	昭苏县草原粮油实业有限责任公司	菜籽粕（菜粕）
新饲证（2014）40906	伊犁万顺油脂有限公司	菜籽粕（菜粕）
新饲证（2014）40907	察布查尔锡伯自治县沁源油脂有限责任公司	菜籽粕（菜粕）；豆粕（大豆粕）；棉籽粕（棉粕）
新饲证（2014）40909	巩留县泰昆油脂有限公司	豆粕（大豆粕）
新饲证（2014）40910	奎屯天利元植物油脂有限公司	棉籽粕（棉粕）

（续）

生产许可证编号	企业名称	产品名称
新饲证（2014）40911	伊犁哈萨克自治州伊欣棉业有限责任公司奎屯油脂加工厂	脱酚棉籽蛋白（脱毒棉籽蛋白）
新饲证（2014）40912	新疆康尤美昭苏油脂有限公司	菜籽粕（菜粕）
新饲证（2014）40913	伊犁德康粮贸有限责任公司	菜籽粕（菜粕）；豆粕（大豆粕）；棉籽粕（棉粕）
新饲证（2014）40914	新疆一和生物有限责任公司	喷浆玉米皮；玉米蛋白粉
新饲证（2014）40915	伊犁恒辉淀粉有限公司	喷浆玉米皮；玉米蛋白粉
新饲证（2014）40916	伊犁五谷粮油加工有限公司	菜籽粕（菜粕）；豆粕（大豆粕）
新饲证（2014）40917	伊犁恒信油脂有限责任公司	棉籽粕（棉粕）
新饲证（2014）42902	中粮天海粮油（沙湾）有限公司	菜籽粕（菜粕）；棉籽粕（棉粕）
新饲证（2014）42903	新疆天玉生物科技有限公司	喷浆玉米皮；玉米蛋白粉
新饲证（2014）42904	新疆天鹰生物科技有限公司	花生粕（花生仁粕）；棉籽粕（棉粕）
新饲证（2014）42905	沙湾县盘龙油脂有限责任公司	棉籽粕（棉粕）
新饲证（2014）42906	新疆乌苏市新赛油脂有限公司	棉籽粕（棉粕）
新饲证（2014）42907	新疆伊欣中天实业有限公司	棉籽粕（棉粕）
新饲证（2014）42908	新疆龙首油脂有限公司	棉籽粕（棉粕）
新饲证（2014）42909	乌苏市万康油脂有限责任公司	棉籽粕（棉粕）
新饲证（2014）42910	乌苏市银星棉蛋白加工有限责任公司	菜籽粕（菜粕）；棉籽粕（棉粕）
新饲证（2014）42911	沙湾县华泰油脂有限责任公司	棉籽粕（棉粕）
新饲证（2014）90902	新疆金兰植物蛋白有限公司	脱酚棉籽蛋白（脱毒棉籽蛋白）
新饲证（2014）90903	新疆新光油脂有限公司	棉籽粕（棉粕）
新饲证（2014）90904	石河子市天成油脂有限公司	棉籽粕（棉粕）
新饲证（2014）90905	新疆前海天昆生物科技股份有限公司	棉籽粕（棉粕）
新饲证（2014）90906	石河子开发区新安棉油有限责任公司	棉籽粕（棉粕）
新饲证（2014）90907	石河子开发区金汇油脂有限责任公司	棉籽粕（棉粕）
新饲证（2014）90908	石河子利华油脂有限责任公司	棉籽粕（棉粕）
新饲证（2014）90909	石河子市汇康油脂有限责任公司	棉籽粕（棉粕）
新饲证（2014）90910	石河子汇昌豆业有限责任公司	豆粕（大豆粕）；花生粕（花生仁粕）；棉籽粕（棉粕）
新饲证（2014）90911	石河子北野农场加工厂	棉籽粕（棉粕）
新饲证（2014）90912	新疆石大德润生物科技有限责任公司	发酵豆粕

表 2-37 注销饲料生产许可证名单

生产许可证编号	企业名称	产品名称
冀饲证（2014）01015	河北六和兴达饲料有限公司	河北省
冀饲证（2014）02905	蠡县香地生物科技有限公司	河北省
浙饲证（2014）06004	嘉兴正邦饲料有限公司	浙江省
浙饲证（2014）06035	嘉兴市三门港饲料有限公司	浙江省
鲁饲证（2013）07020	诸城市润生淀粉有限公司	山东省
鲁饲证（2013）07049	潍坊市金河食品有限公司饲料加工厂	山东省
鲁饲证（2013）07050	潍坊市金河食品有限公司第二饲料加工厂	山东省
鲁饲证（2013）07051	青州市和顺六丰农牧有限公司	山东省
鲁饲证（2014）02051	青岛大海跃水产饲料有限公司	山东省
鲁饲证（2014）03013	沂源大行六和饲料有限公司	山东省
鲁饲证（2014）04014	枣庄市牧昌饲料有限公司	山东省
鲁饲证（2014）06032	栖霞瑞禾源饲料有限公司	山东省
鲁饲证（2014）07112	山东万泉食品有限公司	山东省
鲁饲证（2014）12005	莱芜市正大饲料有限公司	山东省
鲁饲证（2014）13022	山东西王糖业有限公司	山东省
鄂饲证（2014）14002	仙桃市航盛饲料有限责任公司	湖北省
湘饲证（2014）05022	邵阳普爱饲料有限公司	湖南省
粤饲添（2014）H00000	广东正大康地动物保健有限公司	广东省
粤饲证（2014）20009	揭阳市普侨区贝莎宠物饲料有限公司	广东省
川饲添（2014）T06002	绵阳川银化工有限公司	四川省
川饲证（2014）01018	通威股份有限公司特种饲料分公司	四川省
川饲证（2014）06007	四川国仁饲料科技有限公司	四川省
川饲证（2014）17006	彭山县丰美饲料有限公司	四川省
川饲证（2014）17013	眉山市彭山县兴旺饲料厂	四川省
新饲证（2014）01007	新疆牧标农业科技有限公司	新疆维吾尔自治区
新饲证（2014）40006	新疆天康饲料科技有限公司伊犁分公司	新疆维吾尔自治区
饲添（2013）H00040	菏泽君达生物科技有限公司	山东省
饲添（2013）T00026	山东天力药业有限公司维生素分公司	山东省

进口饲料和饲料添加剂管理

根据《进口饲料和饲料添加剂登记管理办法》有关规定，批准韩国希杰第一制糖株式会社等236家公司生产的369种饲料和饲料添加剂产品在我国登记或续展登记，并发给进口登记证（见附件1和附件2）。批准丹麦TripleNine鱼蛋白质有限公司等17家企业变更生产厂家或申请单位名称，部分产品变更其商品名称，并换发进口登记证（见附件3）。所登记产品的监督检验按中华人民共和国国家标准或农业部发布的质量标准执行。

附件 1：

进口饲料和饲料添加剂产品登记证目录(2014)

登记证号	通用名称	商品名称	产品类别	使用范围	生产厂家	有效期限	备注
(2014)外饲准字001号	L-蛋氨酸 L-Methionine	BestAmino L-蛋氨酸 BestAmino L-Methionine	饲料级氨基酸 Amino Acid Feed Grade	猪 Swine 鸡 Chicken	韩国希杰第一制糖株式会社 CJ CheilJedang Corporation, Korea	2014.01—2019.01	评审产品
(2014)外饲准字002号	大蒜素和香芹酚 Garlicin and Carvacrol	艾可特肠康 Alquernat Zycox	饲料添加剂 Feed Additive	猪 Swine 家禽 Poultry	西班牙 Biovet, SA, 有限公司 Biovet, SA, Spain	2014.01—2019.01	
(2014)外饲准字003号	多种复合有机酸 Mutli-organic Acids	舒思达 SUIACID	饲料酸化剂 Feed Acidifier	猪 Swine	意大利 SILA(股份)责任有限公司 SILA Srl, Italy	2014.01—2019.01	
(2014)外饲准字004号	多种复合有机酸 Mutli-organic Acids	拜思得 BIRDACID	饲料酸化剂 Feed Acidifier	家禽 Poultry	意大利 SILA(股份)责任有限公司 SILA Srl, Italy	2014.01—2019.01	
(2014)外饲准字005号	植酸酶(源自长柄木霉) Phytase (by *Trichderma longibrachiatum*)	量子酶 5L Quantum Blue 5L	饲料级酶制剂 Enzyme Feed Grade	畜禽 Livestock Poultry	芬兰罗尔公司 Roal Oy, Finland	2014.01—2019.01	
(2014)外饲准字006号	植酸酶(源自长柄木霉) Phytase (by *Trichderma longibrachiatum*)	量子酶 40P Quantum Blue 40P	饲料级酶制剂 Enzyme Feed Grade	畜禽 Livestock Poultry	芬兰罗尔公司 Roal Oy, Finland	2014.01—2019.01	
(2014)外饲准字007号	蛋白酶(源自米曲霉) Potease (by *Aspergillus oryzae*)	菇勃士 Easy-immune	饲料级酶制剂 Enzyme Feed Grade	畜禽 Livestock Poultry	台湾生百兴业有限公司 Life Rainbow Biotech Co., Ltd, Taiwan	2014.01—2019.01	

（续）

登记证号	通用名称	商品名称	产品类别	使用范围	生产厂家	有效期限	备注
(2014)外饲准字008号	裂壶藻粉 DHA-Rich Algal Powder	裂壶藻粉 DHA-Rich Algal Powder	饲料原料 Feed Material	畜禽 Livestock，Poultry 水产动物 Aquaculture	台湾味丹生物科技股份有限公司埤头工厂 Vedan Biotechnology Corporation，Plant Pitou	2014.01—2019.01	
(2014)外饲准字009号	含可溶物干玉米酒糟 Corn Distillers Dried Grains with Soluble (DDGS)	冰湖DDGS Glacial Lakes DDGS	饲料原料 Feed Material	猪 Swine 家禽 Poultry 牛 Cow	美国冰湖能源公司 Glacial Lakes Energy，USA	2014.01—2019.01	
(2014)外饲准字010号	含可溶物干玉米酒糟 Corn Distillers Dried Grains with Soluble (DDGS)	AL玉米清洁燃料DDGS AL-Corn Clean Fuel D-DGS	饲料原料 Feed Material	猪 Swine 家禽 Poultry 牛 Cow	美国AL-玉米清洁燃料公司 AL-Corn Clean Fuel，USA	2014.01—2019.01	
(2014)外饲准字011号	猪肉骨粉 Porcine Meat and Bone Meal	猪肉骨粉 Porcine Meat and Bone Meal	饲料原料 Feed Material	猪 Swine 家禽 Poultry 水产动物 Aquaculture	美国Farmland食品公司 Farmland Foods，Inc，USA	2014.01—2019.01	
(2014)外饲准字012号	猪肉骨粉 Porcine Meat and Bone Meal	猪肉骨粉 Porcine Meat and Bone Meal	饲料原料 Feed Material	猪 Swine 家禽 Poultry 水产动物 Aquaculture	美国史密斯费尔德公司 Smithfield Packing Company，Inc.，USA	2014.01—2019.01	
(2014)外饲准字013号	猪血球粉 Porcine Blood Cell Meal	猪血球粉 Porcine Blood Cell Meal	饲料原料 Feed Material	猪 Swine 家禽 Poultry 水产动物 Aquaculture	美国JBS有限公司明尼苏达州沃辛顿工厂 JBS USA，LLC，Plant Minnesota	2014.01—2019.01	
(2014)外饲准字014号	猪肉骨粉 Meat and Bone Meal	猪肉骨粉 Porcine Meat and Bone Meal	饲料原料 Feed Material	猪 Swine 家禽 Poultry 水产动物 Aquaculture	美国JBS有限公司明尼苏达州沃辛顿工厂 JBS USA，LLC，Plant Worthington	2014.01—2019.01	

（续）

登记证号	通用名称	商品名称	产品类别	使用范围	生产厂家	有效期限	备注
（2014）外饲准字 015 号	鸡肉粉 Poultry By-product Meal	宠粮级鸡肉粉 Pet Food Grade Poultry By-product Meal	饲料原料 Feed Material	猪 Swine 鸡 Chicken 水产动物 Aquaculture 宠物 Pet	美国皮尔格林公司南卡莱罗纳州萨姆特工厂 Pilgrim's Pride Corporation, Plant Sumter, USA	2014.01—2019.01	
（2014）外饲准字 016 号	鸡肉粉 Poultry By-product Meal	宠粮级鸡肉粉 Pet Food Grade Poultry By-product Meal	饲料原料 Feed Material	猪 Swine 鸡 Chicken 水产动物 Aquaculture 宠物 Pet	美国皮尔格林公司西弗吉尼亚州穆尔菲尔德工厂 Pilgrims Pride Corporation, Plant Moorefield, USA	2014.01—2019.01	
（2014）外饲准字 017 号	鸡油 Poultry Fat	鸡油 Poultry Fat	饲料原料 Feed Material	猪 Swine 鸡 Chicken 水产动物 Aquaculture 宠物 Pet	美国泰森食品公司 Tyson Foods, Inc., USA	2014.01—2019.01	
（2014）外饲准字 018 号	鸡肉粉 Chicken By-Product Meal	鸡肉粉 Chicken By-Product Meal	饲料原料 Feed Material	鸡 Chicken 猪 Swine 鱼 Fish 宠物 Pet	美国泰森食品公司 Tyson Foods, Inc., USA	2014.01—2019.01	
（2014）外饲准字 019 号	羽毛粉 Feather Meal	羽毛粉 Feather Meal	饲料原料 Feed Material	鸡 Chicken 猪 Swine 鱼 Fish	美国泰森食品公司 Tyson Foods, Inc., USA	2014.01—2019.01	
（2014）外饲准字 020 号	鱼粉 Fishmeal	红鱼粉（三级） Red Fishmeal (Ⅲ)	饲料原料 Feed Material	猪 Swine 家禽 Poultry 水产动物 Aquaculture	缅甸海产阿擦日益产品有限公司 Marine Acary Production Co., Ltd, Myanmar	2014.01—2019.01	

（续）

登记证号	通用名称	商品名称	产品类别	使用范围	生产厂家	有效期限	备注
（2014）外饲准字 021 号	鱼粉 Fishmeal	红鱼粉(三级) Red Fishmeal (Ⅲ)	饲料原料 Feed Material	猪 Swine 家禽 Poultry 水产动物 Aquaculture	丹麦 FF Skagen 有限公司 FF Skagen A/S,Denmark	2014.01—2019.01	
（2014）外饲准字 022 号	鱼粉 Fishmeal	红鱼粉(三级) Red Fishmeal (Ⅲ)	饲料原料 Feed Material	猪 Swine 家禽 Poultry 水产动物 Aquaculture	墨西哥 Industrias Barda S. A. De C. V. 公司 Industrias Barda S. A. De C. V., Mexico	2014.01—2019.01	
（2014）外饲准字 023 号	鱼粉 Fishmeal	红鱼粉(三级) Red Fishmeal (Ⅲ)	饲料原料 Feed Material	猪 Swine 家禽 Poultry 水产动物 Aquaculture	秘鲁 Pesquera Conservas De Chimbote -La Chimbotana S. A. C. 公司 Pesquera Conservas De Chimbote,Peru	2014.01—2019.01	
（2014）外饲准字 024 号	鱼粉 Fishmeal	红鱼粉(三级) Red Fishmeal (Ⅲ)	饲料原料 Feed Material	猪 Swine 家禽 Poultry 水产动物 Aquaculture	巴基斯坦 A-ONE 鱼粉公司 M/S. A-ONE FISH MEAL, Pakistan	2014.01—2019.01	
（2014）外饲准字 025 号	鱼粉 Fishmeal	红鱼粉(二级) Red Fishmeal (Ⅱ)	饲料原料 Feed Material	猪 Swine 家禽 Poultry 水产动物 Aquaculture	越南西南进出口有限公司 Southwest Import Export Limited Company, Vietnam	2014.01—2019.01	
（2014）外饲准字 026 号	鱼油 Fish oil	鱼油(饲料级) Fish oil(Feed Grade)	饲料原料 Feed Material	猪 Swine 家禽 Poultry 水产动物 Aquaculture	越南西南进出口有限公司 Southwest Import Export Limited Company, Vietnam	2014.01—2019.01	

(续)

登记证号	通用名称	商品名称	产品类别	使用范围	生产厂家	有效期限	备注
(2014)外饲准字 027 号	磷虾粉 Krill Meal	磷虾粉 Krill Meal	饲料原料 Feed Material	猪 Swine 家禽 Poultry 水产动物 Aquaculture	挪威 Aker 生物海产南极公司(工船加工,工船名 Antarctic Sea,工船号 N-75-VV) Aker BioMarine Antarctic AS.(Produced on Board at Vessel Antarctic Sea,Official No. N-75-VV),Norway	2014.01—2019.01	
(2014)外饲准字 028 号	鱼饲料 Fish Feed	日清鱼饲料(EP2) OTOHIME (EP2)	配合饲料 Compound Feed	海鱼 Marine Fish	日清丸红饲料株式会社知多工厂 Marubeni Nisshin Feed Co.,Ltd.,Chita Feed Mill,Japan	2014.01—2019.01	
(2014)外饲准字 029 号	鱼饲料 Fish Feed	日清鱼饲料(EP3) OTOHIME (EP3)	配合饲料 Compound Feed	海鱼 Marine Fish	日清丸红饲料株式会社知多工厂 Marubeni Nisshin Feed Co.,Ltd.,Chita Feed Mill,Japan	2014.01—2019.01	
(2014)外饲准字 030 号	鱼饲料 Fish Feed	日清鱼饲料(EP4,EP5,EP6) OTOHIME(EP4,EP5,EP6)	配合饲料 Compound Feed	海鱼 Marine Fish	日清丸红饲料株式会社知多工厂 Marubeni Nisshin Feed Co.,Ltd.,Chita Feed Mill,Japan	2014.01—2019.01	
(2014)外饲准字 031 号	鱼饲料 Fish Feed	日清鱼饲料(EP8,EP10) OTOHIME (EP8,EP10)	配合饲料 Compound Feed	海鱼 Marine Fish	日清丸红饲料株式会社知多工厂 Marubeni Nisshin Feed Co.,Ltd.,Chita Feed Mill,Japan	2014.01—2019.01	
(2014)外饲准字 040 号	酵母硒 Selenium Enriched Yeast	拉曼硒 Alkosel	矿物质饲料添加剂 Mineral Feed Additive	畜禽 Livestock and Poultry	加拿大拉曼公司 Lallemand Inc.,Canada	2014.02—2019.02	
(2014)外饲准字 041 号	木质素磺酸钙 Ligno Bond DD	木质素磺酸钙 Ligno Bond DD	饲料粘结剂 Feed Binder	家畜 Livestock	挪威 Borregaard AS 公司 Borregaard AS,Norway	2014.02—2019.02	

（续）

登记证号	通用名称	商品名称	产品类别	使用范围	生产厂家	有效期限	备注
（2014）外饲准字 042 号	木聚糖酶、β-葡聚糖酶、甘露聚糖酶（源自长柄木霉） Xylanase, Beta-glucanase, Mannanase (Trichderma Longibrachiatum)	艾克拿斯 MP 1000 Ecnase MP 1000	饲料级酶制剂 Enzyme Feed Grade	家禽 Poultry 猪 Swine	芬兰罗尔公司 Roal Oy, Finland	2014. 02—2019. 02	
（2014）外饲准字 043 号	枯草芽孢杆菌和地衣芽孢杆菌 *Bacillus subtilis* and *Bacillus licheniformis*	百奥美-强力宝 BioPlus® YC	微生物饲料添加剂 Microbial Feed Additive	猪 Swine 犊牛 Calves 火鸡 Turkey	科·汉森捷克共和国有限公司（CH 分公司） Chr. Hansen Czech Republic. S. R. O., Czech Republic	2014. 02—2019. 02	
（2014）外饲准字 044 号	布氏乳杆菌 Lactobacillus buchneri	康富青乳酸菌青贮剂 KOFASIL® S	微生物饲料添加剂 Microbial Feed Additive	反刍动物 Ruminant	爱德康欧洲有限公司 Addcon Europe GmbH, Germany	2014. 02—2019. 02	
（2014）外饲准字 045 号	多种有机酸 Multiple Organic Acids	维特沙 VITA-SAL	饲料酸化剂 Feed Acidifier	养殖动物 All Species or Categories of Animals	比利时 Vitafor N. V. 公司 Vitafor N. V., Belgium	2014. 02—2019. 02	
（2014）外饲准字 046 号	多种有机酸 Multiple Organic Acids	维特姆得 VITA-MOULD	饲料酸化剂 Feed Acidifier	养殖动物 All Species or Categories of Animals	比利时 Vitafor N. V. 公司 Vitafor N. V., Belgium	2014. 02—2019. 02	
（2014）外饲准字 047 号	大蒜素、蛋白酶和菊粉 Garlicin, Protease and Inulin	艾可特肠佳 Alquernal Nebsui	饲料添加剂 Feed Additive	家禽 Poultry 猪 Swine	西班牙 Biovet, SA, 有限公司 Biovet, SA, Spain	2014. 02—2019. 02	
（2014）外饲准字 048 号	丁酸甘油酯、甘油 Butyric Acid Glycerides, Glycerol	斯福（液体） Lacto-Butyrin Liquid	饲料添加剂 Feed Additive	养殖动物 All Species or Categories of Animals	意大利 SILO 公司 SILO Spa, Italy	2014. 02—2019. 02	
（2014）外饲准字 049 号	吡啶甲酸铬 Chromium Tri-picolinate	铬精 0.2% Chromium Picolean	饲料添加剂 Feed Additive	生长育肥猪 Finishing Pig	意大利阿卡公司 Prodotti Arca S. r. l., Italy	2014. 02—2019. 02	

（续）

登记证号	通用名称	商品名称	产品类别	使用范围	生产厂家	有效期限	备注
（2014）外饲准字 050 号	多种维生素和氨基酸 Multi-Vitamins and Amino acids	安诺福 AMINOFARM	添加剂预混料 Additive Premix	养殖动物 All Species or Categories of Animals	意大利 FARMER 股份有限公司 FARMER S. P. A. , Italy	2014.02—2019.02	
（2014）外饲准字 051 号	维生素、矿物质和菊粉 Vitamins, Minerals and Inulin	艾可肥蛋佳 Alquefreed Layers	添加剂预混料 Additive Premix	家禽 Poultry	西班牙 Biovet, SA, 有限公司 Biovet, SA, Spain	2014.02—2019.02	
（2014）外饲准字 052 号	硫酸锰、硫酸锌和维生素 D_3 Manganese Sulfate, Zinc Sulfate, Vitamin D_3	威力宝 POWERBONE	添加剂预混料 Additive Premix	蛋鸡 Layer 猪 Swine	台湾汇轩股份有限公司 Kancergen Inc. , Taiwan	2014.02—2019.02	
（2014）外饲准字 053 号	啤酒酵母粉 Brewers Dried Yeast	普乐微 DEMP	单一饲料 Single Feed	奶牛 Dairy 肉牛 Beef	美国奥特奇公司 Alltech Inc. , USA	2014.02—2019.02	
（2014）外饲准字 054 号	啤酒酵母粉 Brewers Dried Yeast	普乐微 DEMP	单一饲料 Single Feed	奶牛 Dairy 肉牛 Beef	巴西奥特奇公司（São Pedro do Ivaí 工厂） Alltech do Brasil Agroindustrial Ltda. , Brazil	2014.02—2019.02	
（2014）外饲准字 055 号	菜籽粕 （加拿大双低菜粕） Canadian Double Low Rapeseed Meal	双低菜粕 Double Low Rapeseed Meal	单一饲料 Single Feed	牛 Cattle 家禽 Poultry	阿拉伯联合酋长国古赖尔集团-油蛋白资源有限责任公司 AL Ghurair Resources -Oil & Proteins LLC. , The United Arab Emirates	2014.02—2019.02	
（2014）外饲准字 056 号	菜籽粕 Canola Meal	JRI 双低菜籽粕（粉末） JRI Canola Meal (Mash)	单一饲料 Single Feed	猪 Swine 牛 Cattle 家禽 Poultry 水产动物 Aquaculture	加拿大理查森油籽有限公司 Lethbridge 工厂 Richardson Oilseed Ltd, Lethbridge Plant, Canada	2014.02—2019.02	

（续）

登记证号	通用名称	商品名称	产品类别	使用范围	生产厂家	有效期限	备注
(2014)外饲准字 057 号	菜籽粕 Canola Meal	JRI 双低菜籽粕(颗粒) JRI Canola Meal (Pellets)	单一饲料 Single Feed	猪 Swine 牛 Cattle 家禽 Poultry 水产动物 Aquaculture	加拿大理查森油籽有限公司 Lethbridge 工厂 Richardson Oilseed Ltd, Lethbridge Plant,Canada	2014.02—2019.02	
(2014)外饲准字 058 号	菜籽粕 Canola Meal	JRI 双低菜籽粕(颗粒) JRI Canola Meal (Pellets)	单一饲料 Single Feed	猪 Swine 牛 Cattle 家禽 Poultry 水产动物 Aquaculture	加拿大理查森油籽有限公司 Yorkton 工厂 Richardson Oilseed Ltd, Yorkton Plant,Canada	2014.02—2019.02	
(2014)外饲准字 059 号	菜籽粕 Canola Meal	JRI 双低菜籽粕(粉末) JRI Canola Meal(Mash)	单一饲料 Single Feed	猪 Swine 牛 Cattle 家禽 Poultry 水产动物 Aquaculture	加拿大理查森油籽有限公司 Yorkton 工厂 Richardson Oilseed Ltd, Yorkton Plant,Canada	2014.02—2019.02	
(2014)外饲准字 060 号	血粉 Blood Meal	牛羊血粉 Bovine Ovine Blood Meal	单一饲料 Single Feed	猪 Swine 家禽 Poultry 水产动物 Aquaculture 宠物 Pet	澳大利亚 Derby Industries Pty Ltd(贸易名称 Talloman) Derby Industries Pty Ltd, Trading as Talloman,Australia	2014.02—2019.02	
(2014)外饲准字 061 号	骨粉 Meat and Bone Meal	牛及绵羊肉骨粉 Bovine and Ovine Meat and Bone Meal	单一饲料 Single Feed	猪 Swine 家禽 Poultry 水产动物 Aquaculture 宠物 Pet	澳大利亚 Midfield Co-Products Pty Ltd 公司 Midfield Co-Products Pty Ltd, Australia	2014.02—2019.02	

（续）

登记证号	通用名称	商品名称	产品类别	使用范围	生产厂家	有效期限	备注
（2014）外饲准字 062 号	含可溶物玉米酒糟粕 DDGS	卫士立马 DDGS Guardian Lima DDGS	单一饲料 Single Feed	猪 Swine 牛 Cattle 家禽 Poultry 水产动物 Aquaculture	美国卫士立马有限公司 Guardian Lima, LLC, USA	2014.02—2019.02	
（2014）外饲准字 063 号	含可溶物玉米酒糟粕 DDGS	亚伯丁 DDGS Aberdeen DDGS	单一饲料 Single Feed	猪 Swine 牛 Cattle 家禽 Poultry 水产动物 Aquaculture	美国亚伯丁能源公司 Aberdeen Energy, USA	2014.02—2019.02	
（2014）外饲准字 064 号	含可溶物玉米酒糟粕 DDGS	王牌 DDGS Ace DDGS	单一饲料 Single Feed	猪 Swine 牛 Cattle 家禽 Poultry 水产动物 Aquaculture	美国王牌乙醇公司–斯坦利 Ace Ethanol-Stanley, USA	2014.02—2019.02	
（2014）外饲准字 065 号	含可溶物玉米酒糟粕 DDGS	POET 米切尔 DDGS POET Mitchell DDGS	单一饲料 Single Feed	猪 Swine 牛 Cattle 家禽 Poultry 水产动物 Aquaculture	美国 POET 生物提炼公司-米切尔 POET Biorefining-Mitchell, USA	2014.02—2019.02	
（2014）外饲准字 066 号	含可溶物玉米酒糟粕 DDGS	POET 杰威尔 DDGS POET Jewell DDGS	单一饲料 Single Feed	猪 Swine 牛 Cattle 家禽 Poultry 水产动物 Aquaculture	美国 POET 生物提炼公司-杰威尔 POET Biorefining-Jewell, USA	2014.02—2019.02	

（续）

登记证号	通用名称	商品名称	产品类别	使用范围	生产厂家	有效期限	备注
（2014）外饲准字 067 号	含可溶物玉米酒糟粕 DDGS	POET 艾什顿 DDGS POET Ashton DDGS	单一饲料 Single Feed	猪 Swine 牛 Cattle 家禽 Poultry 水产动物 Aquaculture	美国 POET 生物提炼公司-艾什顿 POET Biorefining-Ashton, USA	2014.02—2019.02	
（2014）外饲准字 068 号	含可溶物玉米酒糟粕 DDGS	POET 康宁 DDGS POET Corning DDGS	单一饲料 Single Feed	猪 Swine 牛 Cattle 家禽 Poultry 水产动物 Aquaculture	美国 POET 生物提炼公司-康宁 POET Biorefining-Corning, USA	2014.02—2019.02	
（2014）外饲准字 069 号	含可溶物玉米酒糟粕 DDGS	POET 艾伦丹 DDGS POET Hanlontown DDGS	单一饲料 Single Feed	猪 Swine 牛 Cattle 家禽 Poultry 水产动物 Aquaculture	美国 POET 生物提炼公司-艾伦丹 POET Biorefining-Hanlontown, USA	2014.02—2019.02	
（2014）外饲准字 070 号	含可溶物玉米酒糟粕 DDGS	POET 高瑞 DDGS POET Gowrie DDGS	单一饲料 Single Feed	猪 Swine 牛 Cattle 家禽 Poultry 水产动物 Aquaculture	美国 POET 生物提炼公司-高瑞 POET Biorefining-Gowrie, USA	2014.02—2019.02	
（2014）外饲准字 071 号	含可溶物玉米酒糟粕 DDGS	POET 格罗顿 DDGS POET Groton DDGS	单一饲料 Single Feed	猪 Swine 牛 Cattle 家禽 Poultry 水产动物 Aquaculture	美国 POET 生物提炼公司-格罗顿 POET Biorefining-Groton, USA	2014.02—2019.02	

（续）

登记证号	通用名称	商品名称	产品类别	使用范围	生产厂家	有效期限	备注
（2014）外饲准字072号	含可溶物玉米酒糟粕 DDGS	POET哈德森DDGS POET Hudson DDGS	单一饲料 Single Feed	猪 Swine 牛 Cattle 家禽 Poultry 水产动物 Aquaculture	美国POET生物提炼公司-哈德森 POET Biorefining-Hudson,USA	2014.02—2019.02	
（2014）外饲准字073号	含可溶物玉米酒糟粕 DDGS	POET查斯勒DDGS POET Chancellor DDGS	单一饲料 Single Feed	猪 Swine 牛 Cattle 家禽 Poultry 水产动物 Aquaculture	美国POET生物提炼公司-查斯勒 POET Biorefining-Chancellor,USA	2014.02—2019.02	
（2014）外饲准字074号	含可溶物玉米酒糟粕 DDGS	POET比格斯通DDGS POET Big Stone DDGS	单一饲料 Single Feed	猪 Swine 牛 Cattle 家禽 Poultry 水产动物 Aquaculture	美国POET生物提炼公司-比格斯通 POET Biorefining-Big Stone,USA	2014.02—2019.02	
（2014）外饲准字075号	含可溶物玉米酒糟粕 DDGS	POET埃米茨堡DDGS POET Emmertsburg DDGS	单一饲料 Single Feed	猪 Swine 牛 Cattle 家禽 Poultry 水产动物 Aquaculture	美国POET生物提炼公司-埃米茨堡 POET Emmertsburg DDGS,USA	2014.02—2019.02	
（2014）外饲准字076号	犬干粮 Dry Dog Food	纽顿幼犬粮 Nutram Puppy	配合饲料 Compound Feed	犬 Dog	加拿大纽顿宠物产品（Elmira宠物产品有限公司） Nutram Pet Products（Division of Elmira Pet Products Ltd.）,Canada	2014.02—2019.02	

（续）

登记证号	通用名称	商品名称	产品类别	使用范围	生产厂家	有效期限	备注
(2014)外饲准字077号	犬干粮 Dry Dog Food	纽顿成年狗粮 Nutram Adult Dog Food	配合饲料 Compound Feed	犬 Dog	加拿大纽顿宠物产品(Elmira宠物产品有限公司) Nutram Pet Products (Division of Elmira Pet Products Ltd.), Canada	2014.02—2019.02	
(2014)外饲准字078号	犬干粮 Dry Dog Food	纽顿无粮三文鱼和鳟鱼小型犬粮 Nutram Grain Free Mini Salmon & Trout Dog Food	配合饲料 Compound Feed	犬 Dog	加拿大纽顿宠物产品(Elmira宠物产品有限公司) Nutram Pet Products (Division of Elmira Pet Products Ltd.), Canada	2014.02—2019.02	
(2014)外饲准字079号	猫干粮 Dry Cat Food	纽顿成年猫粮 Nutram Adult Cat Food	配合饲料 Compound Feed	猫 Cat	加拿大纽顿宠物产品(Elmira宠物产品有限公司) Nutram Pet Products (Division of Elmira Pet Products Ltd.), Canada	2014.02—2019.02	
(2014)外饲准字080号	猫干粮 Dry Cat Food	纽顿幼猫粮 Nutram Kitten	配合饲料 Compound Feed	猫 Cat	加拿大纽顿宠物产品(Elmira宠物产品有限公司) Nutram Pet Products (Division of Elmira Pet Products Ltd.), Canada	2014.02—2019.02	
(2014)外饲准字081号	犬干粮 Dry Dog Food	派斯宝体重控制犬粮 Legacy Valuing Tradition (Mature Lite)	配合饲料 Compound Feed	犬 Dog	加拿大派斯特饲料有限公司 Spectrum Feed Services Ltd., Canada	2014.02—2019.02	

（续）

登记证号	通用名称	商品名称	产品类别	使用范围	生产厂家	有效期限	备注
（2014）外饲准字 082 号	犬干粮 Dry Dog Food	派斯宝幼犬粮（大型犬） Legacy Valuing Tradition（Large Breed Puppy）	配合饲料 Compound Feed	犬 Dog	加拿大派斯特饲料有限公司 Spectrum Feed Services Ltd.，Canada	2014.02—2019.02	
（2014）外饲准字 083 号	犬干粮 Dry Dog Food	派斯宝幼犬粮（小型/中型犬）Legacy Valuing Tradition（Small/Medium Breed Puppy）	配合饲料 Compound Feed	犬 Dog	加拿大派斯特饲料有限公司 Spectrum Feed Services Ltd.，Canada	2014.02—2019.02	
（2014）外饲准字 084 号	犬干粮 Dry Dog Food	派斯宝成犬粮（大型犬） Legacy Valuing Tradition（Large Breed Adult）	配合饲料 Compound Feed	犬 Dog	加拿大派斯特饲料有限公司 Spectrum Feed Services Ltd.，Canada	2014.02—2019.02	
（2014）外饲准字 085 号	马饲料 Horse Food	10%温和性 颗粒性马饲料 10% Cool Feed Cubes	配合饲料 Compound Feed	马 Horse	爱尔兰康诺利红磨坊动物饲料有限公司 Connolly's Red Mills，Ireland	2014.02—2019.02	
（2014）外饲准字 091 号	布氏乳杆菌 *Lactobacillus buchneri*	福来适 LALSIL® Fresh	微生物饲料添加剂 Microbial Feed Additive	青贮饲料 Green Forage	法国拉曼股份公司 Lallemand S. A. S.，France	2014.04—2019.04	
（2014）外饲准字 092 号	枯草芽孢杆菌 *Bacillus subtilis*	佳利保 GalliPro®	微生物饲料添加剂 Microbial Feed Additive	生长育肥鸡 Fattening Chicken	科·汉森捷克共和国有限公司（CH 分公司） Chr. Hansen Czech Republic，S. R. O.，Czech Republic	2014.04—2019.04	
（2014）外饲准字 093 号	植物乳杆菌、啤酒酵母、枯草芽孢杆菌 *Lactobacillus*，*Saccharomyces cerevisiae*，*Bacillus subtilils*	肥利宝 FAT-LI-POWER	微生物饲料添加剂 Microbial Feed Additive	畜禽 Livestock and Poultry 水产动物 Aquaculture	台湾博尧生物科技股份有限公司 Bioyo Biotech Co.，Ltd，Taiwan	2014.04—2019.04	

（续）

登记证号	通用名称	商品名称	产品类别	使用范围	生产厂家	有效期限	备注
（2014）外饲准字094号	植物乳杆菌 *Lactobacillus plantarum*	康富青LAC乳酸菌青贮剂 KOFASIL LAC	微生物饲料添加剂 Microbial Feed Additive	青贮饲料 Green Forage	爱德康欧洲有限公司 ADDCON GmbH，Germany	2014.04—2019.04	
（2014）外饲准字095号	植酸酶（源自黑曲霉）、β-葡聚糖酶（源自黑曲霉）和木聚糖酶（源自米曲霉） Phytase（by *Aspergillus oryzae*），β-Glucanase（by *Aspergillus oryzae*），and Xylanase（by *Aspergillus oryzae*）	海金酶 ENDO-POWER β	饲料级酶制剂 Enzyme Feed Grade	猪 Swine 家禽 Poultry 鱼虾 Fish and Shrimp	韩国EASY BIO公司 EASY BIO，Korea	2014.04—2019.04	
（2014）外饲准字096号	乙氧基喹啉、丁基羟基茴香醚、二丁基羟基甲苯 Ethoxyquin，BHA and BHT	氧立清 Oxigard	饲料抗氧化剂 Feed Antioxidant	畜禽 Livestock and Poultry	英国Optivite International公司 Optivite International，UK	2014.04—2019.04	
（2014）外饲准字097号	桉叶油 Eucalyptus Essential	美福露 Menflu	饲料调味剂 Feed Flavor Enhancement	家禽 Poultry 猪 Swine	台湾信逢股份有限公司 New Well Power Co.，Ltd	2014.04—2019.04	
（2014）外饲准字098号	肉碱盐酸盐、山梨糖醇、维生素B_{12} Carnitine Hydrochloride，Sorbitol，Vtamin B_{12}	可瑞通 Carnitonic Oral	饲料添加剂 Feed Additive	牛 Cattle 马 Horse 羊 Sheep 家禽 Poultry 猪 Swine	荷兰 Interchemie Werken "De Adelaar"B. V. 公司 Interchemie Werken"De Adelaar" B. V.，the Netherlands	2014.04—2019.04	
（2014）外饲准字099号	多种维生素和氨基酸 Mutli-Vitamins and Amino Acids	英乐维WS粉剂 Introvit WS	饲料添加剂 Feed Additive	牛 Cattle 羊 Sheep 家禽 Poultry 猪 Swine	荷兰 Interchemie Werken "De Adelaar" B. V. 公司 Interchemie Werken "De Adelaar"B. V.，the Netherlands	2014.04—2019.04	

（续）

登记证号	通用名称	商品名称	产品类别	使用范围	生产厂家	有效期限	备注
(2014)外饲准字100号	多种维生素和氨基酸 Mutli-Vitamins and Amino Acids	英乐维A+口服液 Introvit A+Oral	饲料添加剂 Feed Additive	牛 Cattle 羊 Sheep 家禽 Poultry 猪 Swine	荷兰 Interchemie Werken "De Adelaar" B. V. 公司 Interchemie Werken "De Adelaar"B. V., the Netherlands	2014.04—2019.04	
(2014)外饲准字101号	多种维生素 Multi-Vitamins	维乐多80口服液 Vitol-80 C Oral	饲料添加剂 Feed Additive	牛 Cattle 羊 Sheep 家禽 Poultry 猪 Swine	荷兰 Interchemie Werken "De Adelaar" B. V. 公司 Interchemie Werken "De Adelaar"B. V., the Netherlands	2014.04—2019.04	
(2014)外饲准字102号	鸡肝非活性酿酒酵母焦磷酸钠 Chicken Liver Inactive Yeast Sodium Pyrophosphate	爱美高级猫粮口味增强剂 ACPF2	饲料添加剂 Feed Additive	宠物 Pet	美国SPF北美股份有限公司 SPF North America, Inc., USA	2014.04—2019.04	
(2014)外饲准字103号	鸡肝非活性酿酒酵母多种维生素 Chicken Liver Inactive Yeast Multi-Vitamins	得美高级狗粮口味增强剂 D'Tech 8P ref. 61072	饲料添加剂 Feed Additive	宠物 Pet	美国SPF北美股份有限公司 SPF North America, Inc., USA	2014.04—2019.04	
(2014)外饲准字104号	鸡肝非活性酿酒酵母焦磷酸钠 Chicken Liver Inactive Yeast Sodium Pyrophosphate	思美高级猫粮口味增强剂 C'SENS 9P ref. 6446	饲料添加剂 Feed Additive	宠物 Pet	美国SPF北美股份有限公司 SPF North America, Inc., USA	2014.04—2019.04	
(2014)外饲准字105号	鸡肝非活性酿酒酵母多种维生素 Chicken Liver Inactive Yeast Multi-Vitamins	迪美高级狗粮口味增强剂 ADPFZ	饲料添加剂 Feed Additive	宠物 Pet	美国SPF北美股份有限公司 SPF North America, Inc., USA	2014.04—2019.04	
(2014)外饲准字106号	仔猪补充剂 Piglet Complementary Feed	新可丽 Denkapig Nucleo PW	配合饲料 Compound Feed	仔猪 Piglet	荷兰登卡维特公司 Denkavit Nederland B. V., the Netherlands	2014.04—2019.04	

（续）

登记证号	通用名称	商品名称	产品类别	使用范围	生产厂家	有效期限	备注
（2014）外饲准字 107 号	啤酒酵母细胞壁 Cell Wall of *Saccharomyces cerevisiae*	爱特蒙 Active MOS	单一饲料 Single Feed	养殖动物 All Species or Categories of Animals	巴西库塔糖业公司（USJ 工厂） Acuareira Quata，S. A.，Brazil	2014.04—2019.04	
（2014）外饲准字 108 号	饲料级鸡蛋粉 Inedible Egg Powder	兰博 80 Inedible Spray Dried Egg（RSD 80）	单一饲料 Single Feed	宠物 Pet 猪 Swine 家禽 Poultry 水产动物 Aquaculture	美国 Rembrandt Enterprises，Inc.公司 Rembrandt Enterprises，Inc.，USA	2014.04—2019.04	
（2014）外饲准字 109 号	饲料用菜籽粕 Canola Meal	菜籽粕（菜籽来源加拿大） Canola Meal	单一饲料 Single Feed	猪 Swine 家禽 Poultry 鱼 Fish	巴基斯坦 Wall Oil Mills（私人）有限公司 Wall Oil Mills（Private）Limited，Pakistan	2014.04—2019.04	
（2014）外饲准字 110 号	含可溶物干玉米酒糟 DDGS	POET 波兰特 DDGS POET Portland DDGS	单一饲料 Single Feed	猪 Swine 牛 Cattle 家禽 Poultry	美国 POET 生物提炼公司-波兰特 POET Biorefining-Portland	2014.04—2019.04	
（2014）外饲准字 111 号	含可溶物干玉米酒糟 DDGS	POET 诺曼昆 DDGS POET North Manchester DDGS	单一饲料 Single Feed	猪 Swine 牛 Cattle 家禽 Poultry	美国 POET 生物提炼公司-诺曼昆 POET Biorefining-North Manchester	2014.04—2019.04	
（2014）外饲准字 112 号	含可溶物干玉米酒糟 DDGS	POET 克罗德 DDGS POET Cloverdale DDGS	单一饲料 Single Feed	猪 Swine 牛 Cattle 家禽 Poultry	美国 POET 生物提炼公司-克罗德 POET Biorefining-Cloverdale	2014.04—2019.04	
（2014）外饲准字 113 号	含可溶物干玉米酒糟 DDGS	POET 美昆 DDGS POET Macon DDGS	单一饲料 Single Feed	猪 Swine 牛 Cattle 家禽 Poultry	美国 POET 生物提炼公司-美昆 POET Biorefining-Macon	2014.04—2019.04	

（续）

登记证号	通用名称	商品名称	产品类别	使用范围	生产厂家	有效期限	备注
(2014)外饲准字114号	含可溶物干玉米酒糟 DDGS	哈特兰德谷物产品DDGS Heartland Corn Products DDGS	单一饲料 Single Feed	猪 Swine 牛 Cattle 家禽 Poultry	美国哈特兰德谷物产品公司 Heartland Corn Products, USA	2014.04—2019.04	
(2014)外饲准字115号	鱼油 Fish Oil	鱼油(饲料级) Fish Oil (Feed Grade)	单一饲料 Single Feed	畜禽 Livestock and Poultry 水产动物 Aquaculture	越南光明水产有限公司 Quang Minh Seafood Limited Company, Vietnam	2014.04—2019.04	
(2014)外饲准字116号	鱼油 Fish Oil	双马鱼油(二级) Double Horse Fish Oil (Ⅱ)	单一饲料 Single Feed	畜禽 Livestock and Poultry 水产动物 Aquaculture	越南禾瑞康水产物料加工有限公司 Honoroad Vietnam Aquatic Feed Ingredient Processing Co., Ltd., Vietnam	2014.04—2019.04	
(2014)外饲准字117号	红鱼粉 Red Fishmeal	秘鲁红鱼粉(三级) Peruvian Red Fishmeal (Ⅲ)	单一饲料 Single Feed	畜禽 Livestock and Poultry 水产动物 Aquaculture	秘鲁 Negocios Rafmar S. A. C. 公司 Pacocha 工厂 Negocios Rafmar S. A. C. Plant Pacocha, Peru	2014.04—2019.04	
(2014)外饲准字118号	红鱼粉 Red Fishmeal	红鱼粉(三级) Red Fishmeal (Ⅲ)	单一饲料 Single Feed	畜禽 Livestock and Poultry 水产动物 Aquaculture	墨西哥 Sardinas de Sonora S. A. de C. V. 公司 Sardinas de Sonora S. A. de C. V., Mexico	2014.04—2019.04	
(2014)外饲准字119号	红鱼粉 Red Fishmeal	红鱼粉(三级) Red Fishmeal (Ⅲ)	单一饲料 Single Feed	畜禽 Livestock and Poultry 水产动物 Aquaculture	巴基斯坦 FIDATIQA 公司 M/S. FIDATIQA International, Pakistan	2014.04—2019.04	

（续）

登记证号	通用名称	商品名称	产品类别	使用范围	生产厂家	有效期限	备注
（2014）外饲准字 120 号	猪血球粉 Porcine Blood Cell Meat	猪血球粉 Porcine Blood Cell Meat	单一饲料 Single Feed	猪禽 Swine and Poultry 水产动物 Aquaculture	美国 JBS 有限公司（艾奥瓦州马歇尔敦工厂） JBS USA，LLC，Plant Marshalltown，USA	2014.04—2019.04	
（2014）外饲准字 121 号	猪肉骨粉 Porcine Meat and Bone Meal	猪肉骨粉 Porcine Meat and Bone Meal	单一饲料 Single Feed	猪禽 Swine and Poultry 水产动物 Aquaculture	美国 JBS 有限公司（艾奥瓦州马歇尔敦工厂） JBS USA，LLC，Plant Marshalltown，USA	2014.04—2019.04	
（2014）外饲准字 122 号	鸡肉粉 Poultry By-Product Meal	宠粮级鸡肉粉 Pet Food Grade Poultry By-Product Meal	单一饲料 Single Feed	猪禽 Swine and Poultry 水产动物 Aquaculture	美国皮尔格林公司 Pilgrim's Pride Corporation，USA	2014.04—2019.04	
（2014）外饲准字 127 号	角蛋白酶（源自地衣芽孢杆菌） Keratinase（by *Bacillus licheniformis*）	赛和素 DP100 Cibenza™ DP 100	饲料级酶制剂 Enzyme Feed Grade	猪 Swine 家禽 Poultry	诺伟司国际公司 Novus International，Inc.，USA	2014.05—2019.05	
（2014）外饲准字 128 号	聚氧乙烯 20 山梨醇酐单油酸酯和单硬脂酸甘油酯 Polyoxyethylene（20）Sorbitan Monooleate and Glyceryl Monosterate	艾多乳 Aldosperse O-20 KFG	饲料稳定剂 Feed Stabilizing Agent	宠物 Pet 猪 Swine 鸡 Chicken 水产动物 Aquaculture	美国龙沙有限公司 Lonza Inc.，USA	2014.05—2019.05	
（2014）外饲准字 129 号	丁酸 Butyric acid 甘油 Glycerol	福乐酸 SR130 ProPhorce™ SR 130	饲料添加剂 Feed Additive	仔猪 Piglet 鸡 Chicken 犊牛 Calf	荷兰 Perstorp Waspik B. V. 公司 Perstorp Waspik B. V.，the Netherlands	2014.05—2019.05	
（2014）外饲准字 130 号	尿素 Urea	奥优金Ⅱ OPTIGEN Ⅱ	饲料添加剂 Feed Additive	牛 Cattle	美国奥特奇公司 Alltech，Inc.，USA	2014.05—2019.05	

（续）

登记证号	通用名称	商品名称	产品类别	使用范围	生产厂家	有效期限	备注
（2014）外饲准字 131 号	多种酸化剂 Acidifiers	康富青苜蓿青贮剂 KOFASIL ALFA	饲料添加剂 Feed Additive	青贮饲料 Green Forage	德国爱德康欧洲有限公司 ADDCON EUROPE GmbH, Germany	2014.05—2019.05	
（2014）外饲准字 132 号	多种酸化剂 Acidifiers	抑霉宝 Moldgard	饲料酸化剂 Feed Acidifier	猪 Swine 家禽 Poultry	英国 Optivite International 公司 Optivite International, UK	2014.05—2019.05	
（2014）外饲准字 133 号	氧化锌 Zinc Oxide	保锌旺 Shield Zinc 80%	矿物质饲料添加剂 Mineral Feed Additive	猪 Swine 鸡 Chicken	韩国西梯茜公司 CTCBIO INC., Korea	2014.05—2019.05	
（2014）外饲准字 134 号	枯草芽孢杆菌 Bacillus subtilis	宝育生-3 Medispore-3	微生物饲料添加剂 Microbial Feed Additive	猪 Swine	台湾慕德生物科技股份有限公司 Merit Biotech INC.	2014.05—2019.05	
（2014）外饲准字 135 号	枯草芽孢杆菌 Bacillus subtilis	宝育生-1 Medispore-1	微生物饲料添加剂 Microbial Feed Additive	猪 Swine	台湾慕德生物科技股份有限公司 Merit Biotech INC.	2014.05—2019.05	
（2014）外饲准字 136 号	酿酒酵母 Saccharomyces cerevisiae	瘤胃康® Levucell® SC 20	微生物饲料添加剂 Microbial Feed Additive	牛 Cattle 羊 Sheep 马 Horse 水产动物 Aquaculture	丹麦 De Danske Gaerfabrikker A/S 公司 De Danske Gaerfabrikker A/S, Denmark	2014.05—2019.05	
（2014）外饲准字 137 号	酿酒酵母 Saccharomyces cerevisiae	布拉迪® Levucell® SB 20	微生物饲料添加剂 Microbial Feed Additive	猪 Swine 家禽 Poultry	丹麦 De Danske Gaerfabrikker A/S 公司 De Danske Gaerfabrikker A/S, Denmark	2014.05—2019.05	
（2014）外饲准字 138 号	丁基羟基茴香醚、二丁基羟基甲苯、没食子酸丙酯、柠檬酸 BHA, BHT, Propyl Gallate, Citric Acid	纽埃特 PG 抗氧化剂 OXY-NIL PG Dry	饲料抗氧化剂 Feed Antioxidant	养殖动物 All Species or Categories of Animals	比利时纽埃特国际营养公司 Nutri-AD International NV, Belgium	2014.05—2019.05	

（续）

登记证号	通用名称	商品名称	产品类别	使用范围	生产厂家	有效期限	备注
(2014)外饲准字139号	百里香油和迷迭香油 Thyme Oil and Rosemary Oil	爱洛美 Aromex® ME	饲料调味剂 Feed Flavor Enhancement	育肥猪、肉牛、奶牛 Growing-finishing Swine, Beef Cattle, Dairy Cow	地绿康(奥地利)有限公司 Delacon Biotechnik GmbH, Austria	2014.05—2019.05	
(2014)外饲准字140号	复合多维和矿物质 Multi Vitamins and Minerals	潘多水貂专用添加剂 Goodluck Compound PANTO® Mink	添加剂预混合饲料 Premix	水貂 Mink	德国 HL Hamberger Leistungsfutter 股份有限公司 HL Hamberger Leistungsfutter GmbH Germany	2014.05—2019.05	
(2014)外饲准字141号	狗干粮 Dry Dog Food	结石犬用配方犬粮 Vet Life Dog Struvite	配合饲料 Compound Feed	犬 Dog	塞尔维亚 Farmina Pet Food d. o. o. 公司 FARMINA Pet Food d. o. o., Serbia	2014.05—2019.05	
(2014)外饲准字142号	狗干粮 Dry Dog Food	鸡肉味成年犬粮 N&D Dog Adult Chicken & Pomegranate	配合饲料 Compound Feed	犬 Dog	赛尔维亚 Farmina Pet Foods d. o. o. 公司 Farmina Pet Foods d. o. o., Serbia	2014.05—2019.05	
(2014)外饲准字143号	狗干粮 Dry Dog Food	天然成年犬粮 Ecopet Natural	配合饲料 Compound Feed	犬 Dog	赛尔维亚 Farmina Pet Foods d. o. o. 公司 Farmina Pet Foods d. o. o., Serbia	2014.05—2019.05	
(2014)外饲准字144号	啤酒酵母粉 Inactivated Dry Yeast Powder	优科酵母 Nutricell Yeast	单一饲料 Single Feed	养殖动物 All Species or Categories of Animals	巴西库塔糖业公司(UBG 工厂) Acucareira Quata, S. A., Plant UBG, Brazil	2014.05—2019.05	
(2014)外饲准字145号	啤酒酵母粉 Inactivated Dry Yeast Powder	博赛 Brewcell	单一饲料 Single Feed	养殖动物 All Species or Categories of Animals	巴西库塔糖业公司(UBG 工厂) Acucareira Quata, S. A., Plant UBG, Brazil	2014.05—2019.05	

（续）

登记证号	通用名称	商品名称	产品类别	使用范围	生产厂家	有效期限	备注
(2014)外饲准字146号	酿酒酵母提取物 Saccharomyces cerevisiae Yeast Extract	家禽用纽肽富 Nucleoforce Poultry	单一饲料 Single Feed	家禽 Poultry	西班牙 Bioiberica 公司 Bioiberica，Spain	2014.05—2019.05	
(2014)外饲准字147号	酿酒酵母提取物 Saccharomyces cerevisiae Yeast Extract	猪用纽肽富 Nucleoforce Piglets	单一饲料 Single Feed	猪 Pig	西班牙 Bioiberica 公司 Bioiberica，Spain	2014.05—2019.05	
(2014)外饲准字148号	酿酒酵母提取物 Saccharomyces cerevisiae Yeast Extract	鱼用纽肽富 Nucleoforce Fish	单一饲料 Single Feed	鱼 Fish	西班牙 Bioiberica 公司 Bioiberica，Spain	2014.05—2019.05	
(2014)外饲准字149号	酿酒酵母提取物 Saccharomyces cerevisiae Yeast Extract	虾用纽肽富 Nucleoforce Shrimps	单一饲料 Single Feed	虾 Shrimp	西班牙 Bioiberica 公司 Bioiberica，Spain	2014.05—2019.05	
(2014)外饲准字150号	含可溶物干玉米酒糟 DDGS	POET 宾汉湖 DDGS POET Bingham Lake DDGS	单一饲料 Single Feed	猪 Swine 牛 Cattle 家禽 Poultry	POET 生物提炼公司-宾汉湖 POET Biorefining-Bingham Lake，USA	2014.05—2019.05	
(2014)外饲准字151号	含可溶物干玉米酒糟 DDGS	POET 莱斯顿 DDGS POET Preston DDGS	单一饲料 Single Feed	猪 Swine 牛 Cattle 家禽 Poultry	POET 生物提炼公司-宾汉湖 POET Biorefining-Bingham Lake，USA	2014.05—2019.05	
(2014)外饲准字152号	玉米蛋白粉 Corn Gluten Meal	玉米蛋白粉 BIO-GP 60	单一饲料 Single Feed	猪 Swine 牛 Cattle 家禽 Poultry 水产动物 Aquaculture	美国国际生物营养有限公司 Bio-Nutrition International，Inc，USA	2014.05—2019.05	
(2014)外饲准字153号	菜籽粕 Canola meal	菜籽粕(饲料级-菜籽来源加拿大) Canola Meal (Canadia Canola Seed)	单一饲料 Single Feed	猪 Swine 家禽 Poultry 鱼 Fish	巴基斯坦 Ahmed Oil Industries (私人)有限公司 Ahmed Oil Industries (private) Limited，Pakistan	2014.05—2019.05	

（续）

登记证号	通用名称	商品名称	产品类别	使用范围	生产厂家	有效期限	备注
(2014)外饲准字154号	鸡肉骨粉 Poultry Meal	格兰姆劳鸡肉骨粉 Graeme Lowe Poultry Meal	单一饲料 Single Feed	猪 Swine 家禽 Poultry 水产动物 Aquaculture 宠物 Pet	新西兰格兰姆劳蛋白有限公司（贸易名称：Waikato by Products） Graeme Lowe Protein Limited (Trading As Waikato by Products), New Zealand	2014.05—2019.05	
(2014)外饲准字155号	鸡肉粉 Poultry By-product Meat	宠粮级鸡肉粉 Pet Food Grade Poultry By-product Meat	单一饲料 Single Feed	猪 Swine 家禽 Poultry 水产动物 Aquaculture 宠物 Pet	美国皮尔格林公司（德克萨斯州芒特普莱森特工厂） Pilgrim's Pride Corporation, USA	2014.05—2019.05	
(2014)外饲准字156号	猪油 Lard	饲富 SF60 SF60	单一饲料 Single Feed	畜禽 Livestock and Poultry 宠物 Pet	荷兰天卡特公司 Ten Kate Vetten BV, the Netherlands	2014.05—2019.05	
(2014)外饲准字157号	猪油 Lard	饲富 SF80 SF80	单一饲料 Single Feed	畜禽 Livestock and Poultry 宠物 Pet	荷兰天卡特公司 Ten Kate Vetten BV, the Netherlands	2014.05—2019.05	
(2014)外饲准字158号	红鱼粉 Red Fishmeal	红鱼粉（三级） Red Fishmeal (Ⅲ)	单一饲料 Single Feed	猪 Swine 家禽 Poultry 水产动物 Aquaculture	泰国 Anusorn Mahachai Surimi 有限公司 Anusorn Mahachai Surimi Company Limited, Thailand	2014.05—2019.05	
(2014)外饲准字159号	红鱼粉 Red Fishmeal	红鱼粉（二级） Red Fishmeal (Ⅱ)	单一饲料 Single Feed	猪 Swine 家禽 Poultry 水产动物 Aquaculture	毛里塔尼亚非墨尔有限公司 Fimol Sarl Co., Ltd, Mauritania	2014.05—2019.05	
(2014)外饲准字162号	果寡糖 Fructooligosaccharides	倍明 NF Bedsomin® NF	饲料添加剂 Feed Additive	猪 Swine 家禽 Poultry	阿根廷贝德森公司 Bedson S. A., Argentina	2014.06—2019.06	

（续）

登记证号	通用名称	商品名称	产品类别	使用范围	生产厂家	有效期限	备注
(2014)外饲准字163号	果寡糖 Fructooligosaccharides	贝德森1882 Bedson® 1882	饲料添加剂 Feed Additive	猪 Swine 家禽 Poultry	阿根廷贝德森公司 Bedson S. A.，Argentina	2014.06—2019.06	
(2014)外饲准字164号	牛肝 Beef Liver 磷酸 Phosphoric Acid	益澳高级狗粮口味增强剂 EDL3 0310800	饲料添加剂 Feed Additive	狗 Dog	澳大利亚SPF DIANA有限公司 SPF DIANA Australia Pty Ltd	2014.06—2019.06	
(2014)外饲准字165号	硫酸铜、蒙脱石、斜发沸石、藻类 Copper Sulphate Montmorillonite，Clinoptilolite and Algae	莫非得 MFeed	饲料添加剂 Feed Additive	家禽 Poultry 猪 Swine 犊牛 Calf 水产动物 Aquaculture	法国欧密斯股份有限公司 OLMIX SA，France	2014.06—2019.06	
(2014)外饲准字166号	DL-蛋氨酸 DL-Methionine L-赖氨酸盐酸盐 L-Lysine Monohydrochloride	乳倍佳 Metiolis 10 30	饲料添加剂 Feed Additive	奶牛 Dairy Cow 公牛 Buffaloe	意大利优赐大药厂 Industria Italiana Integratori Trei S. P. A.，Italy	2014.06—2019.06	
(2014)外饲准字167号	多种酸化剂 Multi-Acidifiers	司润保 Flyax® Flow	饲料防霉剂 Feed Preservative	养殖动物 All Species or Categories of Animals	荷兰赛尔可公司 Selko BV，the Netherlands	2014.06—2019.06	
(2014)外饲准字168号	多种酸化剂 Multi-Acidifiers	加强非乐斯 Fylax® Forte-HC Liquid	饲料防霉剂 Feed Preservative	养殖动物 All Species or Categories of Animals	荷兰赛尔可公司 Selko BV，the Netherlands	2014.06—2019.06	
(2014)外饲准字169号	植物乳杆菌、屎肠球菌 *Lactobacillus plantarum Enterococcus faecium*	好利得-RU畜禽、水产养殖添加物 ADHEALTH-RU	微生物饲料添加剂 Microbial Feed Additive	畜禽 Livestock and Poultry 水产动物 Aquaculture	台湾合台生化股份有限公司 Union Formosa Biochemistry Co.，Ltd	2014.06—2019.06	

（续）

登记证号	通用名称	商品名称	产品类别	使用范围	生产厂家	有效期限	备注
(2014)外饲准字170号	枯草芽孢杆菌 *Bacillus subtilis*	班克-P普乐素 Probion	微生物饲料添加剂 Microbial Feed Additive	猪 Swine 鸡 Chicken	韩国Woogene株式会社 Woogene B&G Co.,Ltd,Korea	2014.06—2019.06	
(2014)外饲准字171号	枯草芽孢杆菌 *Bacillus subtilis*	博菲奇 eXolution	微生物饲料添加剂 Microbial Feed Additive	家禽 Poultry 猪 Swine	韩国西梯茜公司 CTCBIO INC.,Korea	2014.06—2019.06	
(2014)外饲准字172号	枯草芽孢杆菌、植物乳杆菌和酿酒酵母 *Bacillus subtilis*, *Lactobacillus plantarum and Saccharomyces cerevisiae*	乐人广供素 LACTOHIROX	微生物饲料添加剂 Microbial Feed Additive	猪 Swine 鸡 Chicken 牛 Cattle	日本HIROSHO株式会社 HIROSHO Co.,Ltd,Japan	2014.06—2019.06	
(2014)外饲准字173号	酿酒酵母、植物乳杆菌 *Saccharomyces cerevisiae*, *Lactobacillus plantarum*	58朋友 Super PNP	微生物饲料添加剂 Microbial Feed Additive	家禽 Poultry 猪 Swine	韩国ProBionic公司 ProBionic Corp.,Korea	2014.06—2019.06	
(2014)外饲准字174号	布氏乳杆菌 *Lactobacillus buchneri*	先锋先牧® 1166青贮接种剂 Pioneer® 1166Silage Inoculant	微生物饲料添加剂 Microbial Feed Additive	青贮饲料 Green Forage	美国科汉森有限公司威斯康辛州工厂 Chr. Hansen Inc., Plant WI, USA	2014.06—2019.06	
(2014)外饲准字175号	含可溶物玉米干酒糟 DDGS	POET福斯瑞DDGS POET Fostoria DDGS	单一饲料 Single Feed	养殖动物 All Species or Categories of Animals	美国POET生物提炼公司-福斯瑞 POET Biorefining-Fostoria,USA	2014.06—2019.06	
(2014)外饲准字176号	含可溶物玉米干酒糟 DDGS	SIRE玉米DDGS SIRE Corn DDGS	单一饲料 Single Feed	养殖动物 All Species or Categories of Animals	美国西南爱荷华可再生能源有限公司 Southwest Iowa Renewable Energy,LLC,USA	2014.06—2019.06	
(2014)外饲准字177号	鱼油 Fish Oil	鱼油(饲料级) Fish Oil(Feed Grade)	单一饲料 Single Feed	鱼 Fish 虾 Shrimp 猪 Swine	南非先锋渔业(西海岸)有限公司 Pioneer Fishing (West Coast) (Pty) Ltd,South Africa	2014.06—2019.06	

（续）

登记证号	通用名称	商品名称	产品类别	使用范围	生产厂家	有效期限	备注
(2014)外饲准字178号	鱼粉 Fishmeal	蒸汽烘干红鱼粉(三级) Steam Dried Sterilized Fishmeal(Ⅲ)	单一饲料 Single Feed	畜禽 Livestock and Poultry 水产动物 Aquaculture	毛里塔尼亚 ATYFEN 公司 ATYFEN SARL, Mauritania	2014.06—2019.06	
(2014)外饲准字179号	鱼粉 Fishmeal	蒸汽烘干红鱼粉(三级) Steam Dried Sterilized Fishmeal(Ⅲ)	单一饲料 Single Feed	畜禽 Livestock and Poultry 水产动物 Aquaculture	毛里塔尼亚 LEMSEAFOOD 公司 LEMSEAFOOD, Mauritania	2014.06—2019.06	
(2014)外饲准字180号	干狗粮 Dry Dog Food	耐吉斯火鸡肉米成犬干粮 Holistic Recipe Solution Turkey and Rice Adult Dry Dog Food	配合饲料 Compound Feed	狗 Dog	加拿大艾尔麦乐宠物食品公司 Elmira Pet Products Ltd., Canada	2014.06—2019.06	
(2014)外饲准字181号	干狗粮 Dry Dog Food	耐吉斯火鸡肉米幼犬干粮 Holistic Recipe Solution Turkey and Rice Puppy Dry Dog Food	配合饲料 Compound Feed	狗 Dog	加拿大艾尔麦乐宠物食品公司 Elmira Pet Products Ltd., Canada	2014.06—2019.06	
(2014)外饲准字182号	海洋亲虾饲料 Marine Shrimp Broodstock	普瑞德 Breed-S	配合饲料 Compound Feed	虾 Shrimp	英伟(泰国)饲料有限公司 INVE(Thailand)Ltd.	2014.06—2019.06	
(2014)外饲准字183号	多种维生素 Multi-Vitamins	阿尔艾迪 Alphaad3E Powder	添加剂预混合饲料 Premix	养殖动物 All Species or Categories of Animals	法国 Alphatech 有限公司 Alphatech S. A. R. L., France	2014.06—2019.06	

（续）

登记证号	通用名称	商品名称	产品类别	使用范围	生产厂家	有效期限	备注
（2014）外饲准字 184 号	多种维生素和矿物质 Multi-Vitamins and Minerals	富维 Alphalivit Powder	添加剂预混合饲料 Premix	猪 Swine 家禽 Poultry 牛 Cattle	法国 Alphatech 有限公司 Alphatech S. A. R. L. ,France	2014.06—2019.06	
（2014）外饲准字 185 号	多种维生素和氨基酸 Multi-Vitamins and Amino Acids	拉蒙斯氨基维他 VIT-Amino Premium	添加剂预混合饲料 Premix	养殖动物 All Species or Categories of Animals	西班牙拉蒙斯大药厂 Laboratorios Lamons,Spain	2014.06—2019.06	
（2014）外饲准字 194 号	混合型饲料添加剂香味物质 Feed Additives Mixture Flavouring Substances	百香 Bio Santrix	混合型饲料添加剂 Feed Additives Mixture	猪 Swine	匈牙利八达博士公司 Dr. Bata Hungarian-Canadian Biotechnological Research and Research and Development Ltd. , Hungary	2014.07—2019.07	
（2014）外饲准字 195 号	混合型饲料添加剂 酒石酸　香荚兰油树脂 Feed Additives Mixture Tartaric Vanilla Fragrans	萨沙 SASHAS BLEND	混合型饲料添加剂 Feed Additives Mixture	猫 Cat 狗 Dog	新西兰那瑞晨公司 Nutrizeal Limited,New Zealand	2014.07—2019.07	
（2014）外饲准字 196 号	混合型饲料添加剂 氯化铵　谷氨酸渣 Feed Additives Mixture Ammonium Chloride and Dried Condensed Extracted Glutamic Acid Fermentation Product	安奶宝 Anion Booster	混合型饲料添加剂 Feed Additives Mixture	乳牛 Cow	美国斯图尔企业有限责任公司 Stuhr Enterprises,LLC. ,USA	2014.07—2019.07	
（2014）外饲准字 197 号	混合型饲料添加剂 酸化剂　维生素 Feed Additives Mixture Acidifiers and Vitamins	利多康 Liptocitro Growth Plus	混合型饲料添加剂 Feed Additives Mixture	鱼 Fish 虾 Shrimp	西班牙利多康 Lipidos Toledo,S. A. ,Spain	2014.07—2019.07	

（续）

登记证号	通用名称	商品名称	产品类别	使用范围	生产厂家	有效期限	备注
（2014）外饲准字198号	混合型饲料添加剂 碳酸钙 维生素B族 Feed Additives Mixture Calcium Carbonate Vitamin B Premix	奥奶净 OmniGen-AF™	混合型饲料添加剂 Feed Additives Mixture	猪 Swine 家禽 Poultry 反刍动物 Ruminant	美国王子农产品公司 Prince Agri Products Inc.，USA	2014.07—2019.07	
（2014）外饲准字199号	混合型饲料添加剂 香味物质 Feed Additives Mixture Flavouring Substances	百奥明® 百壮宝 Digestarom® P.E.P. sol	混合型饲料添加剂 Feed Additives Mixture	猪 Swine 家禽 Poultry 反刍动物 Ruminant	德国Biomin Phytogenics GmbH公司 Biomin Phytogenics GmbH，Germany	2014.07—2019.07	
（2014）外饲准字200号	混合型饲料添加剂 香味物质 Feed Additives Mixture Flavouring Substances	百奥明® 百肥宝 Digestarom® Finish	混合型饲料添加剂 Feed Additives Mixture	生长育肥猪 Growing-finishing Swine	德国Biomin Phytogenics GmbH公司 Biomin Phytogenics GmbH，Germany	2014.07—2019.07	
（2014）外饲准字201号	混合型饲料添加剂 香味物质 Feed Additives Mixture Flavouring Substances	百奥明® 百育宝 Digestarom® Grow	混合型饲料添加剂 Feed Additives Mixture	仔猪 Piglet	德国Biomin Phytogenics GmbH公司 Biomin Phytogenics GmbH，Germany	2014.07—2019.07	
（2014）外饲准字202号	混合型饲料添加剂 香味物质 Feed Additives Mixture Flavouring Substances	百奥明® 百禽宝 Digestarom® Poultry	混合型饲料添加剂 Feed Additives Mixture	家禽 Poultry	德国Biomin Phytogenics GmbH公司 Biomin Phytogenics GmbH，Germany	2014.07—2019.07	
（2014）外饲准字203号	饲料添加剂 丙酸 Feed Additive Propionic Acid	露保细 Luprosil	饲料添加剂 Feed Additive	养殖动物 All Species or Categories of Animals	巴斯夫欧洲公司 BASF SE，Germany	2014.07—2019.07	

（续）

登记证号	通用名称	商品名称	产品类别	使用范围	生产厂家	有效期限	备注
(2014)外饲准字 204 号	饲料添加剂 蛋白锌 Feed Additive Zinc Proteinate	企利蛋白锌 Keylated Zinc Proteinate	饲料添加剂 Feed Additive	畜禽 Livestock and Poultry	美国企利矿物质公司 Chelated Minerals Corp. USA	2014.07—2019.07	
(2014)外饲准字 205 号	饲料添加剂 蛋白铁 Feed Additive Iron Proteinate	企利蛋白铁 Keylated Iron Proteinate	饲料添加剂 Feed Additive	畜禽 Livestock and Poultry	美国企利矿物质公司 Chelated Minerals Corp. USA	2014.07—2019.07	
(2014)外饲准字 206 号	饲料添加剂 蛋白铜 Feed Additive Copper Proteinate	企利蛋白铜 Keylated Copper Proteinate	饲料添加剂 Feed Additive	畜禽 Livestock and Poultry	美国企利矿物质公司 Chelated Minerals Corp. USA	2014.07—2019.07	
(2014)外饲准字 207 号	饲料添加剂 蛋氨酸 Feed Additive Methionine	信东 母猪宝 Nutripak Sow	饲料添加剂 Feed Additive	母猪 Sow	台湾信东动物药品股份有限公司 Sintong Animal Pharmaceutical Co.,Ltd	2014.07—2019.07	
(2014)外饲准字 208 号	喷雾干燥猪血浆蛋白粉 Spray-dried Porcine Plasma Protein	西方魔肽牌喷雾干燥猪血浆蛋白粉 Hemotech Spray -Dried Porcine Plasma Protein	单一饲料 Single Feed	猪 Swine 鱼 Fishmeal 宠物 Pet 毛皮动物 Fur-bearing Animal	美国艾奥瓦脱水处理及深加工公司 Iowa Drying and Processing LLP, USA	2014.07—2019.07	
(2014)外饲准字 209 号	猪肠膜蛋白粉 Dried Procine Soluble	喷雾干燥猪水解蛋白胨(72%蛋白) Spray-Dried Porcine Peptone 72	单一饲料 Single Feed	鸡 Chicken 猪 Swine 鱼 Fish 宠物 Pet	美国艾奥瓦脱水处理及深加工公司 Iowa Drying and Processing LLP, USA	2014.07—2019.07	
(2014)外饲准字 210 号	喷雾干燥猪血浆蛋白粉 Spray-Dried Porcine Plasma Protein	喷雾干燥猪血浆蛋白粉 Spray-Dried Porcine Plasma Protein	单一饲料 Single Feed	猪 Swine 鱼 Fish 宠物 Pet	美国内布拉斯加美力可饲有限责任公司 Merrick's of Nebraska, LLC., USA	2014.07—2019.07	

(续)

登记证号	通用名称	商品名称	产品类别	使用范围	生产厂家	有效期限	备注
(2014)外饲准字211号	含可溶物玉米干酒糟 DDGS	AE新一代金质DDGS AE New Gen Gold DDGS	单一饲料 Single Feed	养殖动物 All Species or Categories of Animals	纯净能源公司 Absolute Energy, LLC., USA	2014.07—2019.07	
(2014)外饲准字212号	水解鱼蛋白粉 Fish Protein Hydrolysate	优奇蛋白90 CPSP 90 ANOREL	单一饲料 Single Feed	猪 Swine 家禽 Poultry 宠物 Pet 水产动物 Aquaculture	法国Copalis-C. T. P. P. 公司 Copalis-C. T. P. P., France	2014.07—2019.07	
(2014)外饲准字213号	水解鱼蛋白粉 Fish Protein Hydrolysate	优奇蛋白G CPSP SPECIAL G	单一饲料 Single Feed	猪 Swine 家禽 Poultry 宠物 Pet 水产动物 Aquaculture	法国Copalis-C. T. P. P. 公司 Copalis-C. T. P. P., France	2014.07—2019.07	
(2014)外饲准字214号	酶解大豆蛋白 Enzyme Treated Soya Protein	哈姆雷特蛋白HP AviStart Hamlet Protein HP AviStart	单一饲料 Single Feed	猪 Swine	美国Hamlet Protein Inc. 有限公司 Hamlet Protein Inc., USA	2014.07—2019.07	
(2014)外饲准字215号	酶解大豆蛋白 Enzyme Treated Soya Protein	哈姆雷特蛋白HP300 Hamlet Protein HP 300	单一饲料 Single Feed	家禽 Poultry	美国Hamlet Protein Inc. 有限公司 Hamlet Protein Inc., USA	2014.07—2019.07	
(2014)外饲准字216号	鱼粉 Fishmeal	墨西哥红鱼粉(三级) Mexican Red Fishmeal (Ⅲ)	单一饲料 Single Feed	畜禽 Livestock and Poultry 水产动物 Aquaculture	墨西哥Pacifico Industrial S. A. de C. V. 公司 Pacifico Industrial S. A. de C. V., Mexico	2014.07—2019.07	

（续）

登记证号	通用名称	商品名称	产品类别	使用范围	生产厂家	有效期限	备注
(2014)外饲准字217号	鱼粉 Fishmeal	红鱼粉(三级) Red Fishmeal (Ⅲ)	单一饲料 Single Feed	畜禽 Livestock and Poultry 水产动物 Aquaculture	泰国 Choke Udom Pattana Fishmeal Limited Partnership公司 Choke Udom Pattana Fishmeal Limited Partnershi, Thailand	2014.07—2019.07	
(2014)外饲准字218号	鱼粉 Fishmeal	鱼粉(二级) Fishmeal (Ⅱ)	单一饲料 Single Feed	畜禽 Livestock and Poultry 水产动物 Aquaculture	越南大成责任有限公司 Dai Thanh Seafoods, Vietnam	2014.07—2019.07	
(2014)外饲准字219号	鱼油 Fish Oil	鱼油(饲料级) Fish Oil(Feed Grade)	单一饲料 Single Feed	畜禽 Livestock and Poultry 水产动物 Aquaculture	越南大成责任有限公司 Dai Thanh Seafoods, Vietnam	2014.07—2019.07	
(2014)外饲准字220号	菜籽粕 Rapeseed Meal	菜籽粕(菜籽来源加拿大) Rapeseed Meal	单一饲料 Single Feed	猪 Swine 家禽 Poultry 鱼 Fish	巴基斯坦 M/S Sharif Oil Industries(私人)有限公司 M/S Sharif Oil Industries, Pakistan	2014.07—2019.07	
(2014)外饲准字221号	菜籽粕 Rapeseed Meal	菜籽粕 Rapeseed Meal	单一饲料 Single Feed	猪 Swine 家禽 Poultry 鱼 Fish	巴基斯坦 M/S Sharif Solvent Plant(私人)有限公司 M/S Sharif Solvent Plant, Pakistan	2014.07—2019.07	
(2014)外饲准字222号	仔猪配合饲料 Piglet Compound Feed	启能-仔猪专用 Early Start	配合饲料 Compound Feed	仔猪 Piglet	法国 Nutri Service公司 Nutri Service, France	2014.07—2019.07	
(2014)外饲准字223号	猫配合饲料 Cat Compound Feed	贵族猫干粮 Natures Gift Feline Dry Cat Food	配合饲料 Compound Feed	猫 Cat	澳大利亚 Pet Brands Pty Ltd. 公司 Pet Brands Pty Ltd., Australia	2014.07—2019.07	

（续）

登记证号	通用名称	商品名称	产品类别	使用范围	生产厂家	有效期限	备注
（2014）外饲准字224号	犬配合饲料 Dog Compound Feed	贵族中大型犬干狗粮 Natures Gift Premium Middle Adult Dry Dog Food	配合饲料 Compound Feed	狗 Dog	澳大利亚 Pet Brands Pty Ltd. 公司 Pet Brands Pty Ltd.，Australia	2014.07—2019.07	
（2014）外饲准字225号	犬配合饲料 Dog Compound Feed	贵族小型犬干狗粮 Natures Gift Lamb and RiceAdultDry Dog Food	配合饲料 Compound Feed	狗 Dog	澳大利亚 Pet Brands Pty Ltd. 公司 Pet Brands Pty Ltd.，Australia	2014.07—2019.07	
（2014）外饲准字240号	饲料添加剂 尿素 Feed Additive Urea	奥迈乐 OPTIMASE	饲料添加剂 Feed Additive	牛 Cattle	美国奥特奇公司 Alltech Inc.，USA	2014.09—2019.09	
（2014）外饲准字241号	饲料添加剂 酵母硒 Feed Additive Selenium Enriched Yeast	拉曼硒® 3000 Alkosel® 3000	饲料添加剂 Feed Additive	畜禽 Livestock and Poultry	加拿大拉曼公司 Lallemand Inc.，Canada	2014.09—2019.09	
（2014）外饲准字242号	饲料添加剂 布氏乳杆菌 Feed Additive Lactobacillus buchneri	拉曼优贮® Fresh HC LALSIL® Fresh HC	饲料添加剂 Feed Additive	反刍动物 Ruminant	美国拉曼特种益生菌公司 Lallemand Specialties，Inc.，USA	2014.09—2019.09	
（2014）外饲准字243号	饲料添加剂 DL-α-生育酚乙酸酯 Feed Additive DL-alpha-Tocopherol Acetate	维生素E醋酸酯油剂 Vitamin E Acetate Oily Feed	饲料添加剂 Feed Additive	养殖动物 All Species or Categories of Animals	巴斯夫欧洲公司 BASF SE，Germany	2014.09—2019.09	
（2014）外饲准字244号	混合型饲料添加剂 酸度调节剂 Feed Additives Mixture Acidity Regulators	赛可利 Salkil Liquid	混合型饲料添加剂 Feed Additives Mixture	猪 Swine 家禽 Poultry	英国 KIOTECHAGIL 公司 KIOTECHAGIL，UK	2014.09—2019.09	

（续）

登记证号	通用名称	商品名称	产品类别	使用范围	生产厂家	有效期限	备注
(2014)外饲准字245号	混合型饲料添加剂 天然类固醇萨洒皂角苷(源自丝兰) 丙二醇 苯甲酸钠 Feed Additives Mixture YUCCA (by Yucca Schidigera Exact) Propylene Glycol Sodium Benzoate	丝兰宝(液体) BIOLIQUID 3000	混合型饲料添加剂 Feed Additives Mixture	鸡 Chicken 猪 Swine 牛 Cattle 宠物 Pet	墨西哥 Baja Agro International, S. A. de C. V. 公司 Baja Agro International, S. A. de C. V. , Mexico	2014.09—2019.09	
(2014)外饲准字246号	混合型饲料添加剂 酸度调节剂 酿酒酵母 Feed Additives Mixture Acidity Regulators *saccharomyces cerevisiae*	"信东"活力强 Bio-Toxisol	混合型饲料添加剂 Feed Additives Mixture	畜禽 Livestock and Poultry	台湾信东动物药品股份有限公司 Sintong Animal Pharmaceutical Co. , Ltd. , Taiwan	2014.09—2019.09	
(2014)外饲准字247号	混合型饲料添加剂 蛋氨酸 氯化胆碱 甜菜碱 Feed Additives Mixture Methionine Choline Chloride Betaine	维乳宝 Mecovit	混合型饲料添加剂 Feed Additives Mixture	家禽 Poultry 反刍动物 Ruminant	意大利 Vetagro S. P. A. 股份公司 Vetagro S. P. A. , Italy	2014.09—2019.09	
(2014)外饲准字248号	混合型饲料添加剂 矿物质 酸度调节剂 氨基酸 着色剂 Feed Additives Mixture Mineral Acidity Regulators Amino Acids Coloring Agents	百潘加® VAC-PAC	混合型饲料添加剂 Feed Additives Mixture	猪 Swine 家禽 Poultry	美国动物科学产品公司 Animal Science Product, Inc. , USA	2014.09—2019.09	
(2014)外饲准字249号	混合型饲料添加剂 矿物质 酸度调节剂 Feed Additives Mixture Minerals Acidity Regulators	百喷® Spray-Vac	混合型饲料添加剂 Feed Additives Mixture	猪 Swine 家禽 Poultry	美国动物科学产品公司 Animal Science Product, Inc. , USA	2014.09—2019.09	

（续）

登记证号	通用名称	商品名称	产品类别	使用范围	生产厂家	有效期限	备注
（2014）外饲准字 250 号	混合型饲料添加剂微生物 Feed Additives Mixture Live Micro-organisms	安畜-NP ANCHU-NP	混合型饲料添加剂 Feed Additives Mixture	猪 Swine	台湾必高畅生物科技股份有限公司 Bigau Chahng Biotechnologies Co.，Ltd.，Taiwan	2014.09—2019.09	
（2014）外饲准字 251 号	混合型饲料添加剂调味剂 Feed Additives Mixture Flavoring Agents	潘食乐 XTRACT® Instant，code X60-6936	混合型饲料添加剂 Feed Additives Mixture	单胃动物 Monogastric Livestock 反刍动物 Ruminant	瑞士潘可士玛公司 Pancosma S. A.，Switzerland	2014.09—2019.09	
（2014）外饲准字 252 号	混合型饲料添加剂调味剂 Feed Additives Mixture Flavoring Agents	克纳禽加 CRINA® Poultry Plus	混合型饲料添加剂 Feed Additives Mixture	家禽 Poultry	荷兰佩蒂公司 Peti BV，the Netherlands	2014.09—2019.09	
（2014）外饲准字 253 号	犬配合饲料 Dog Compound Feed	艾尔特 羊肉 Alert Lamb	配合饲料 Compound Feed	狗 Dog	澳大利亚 GRAINFEEDS 公司 GRAINFEEDS PTY. LTD.，Australia	2014.09—2019.09	
（2014）外饲准字 254 号	犬配合饲料 Dog Compound Feed	艾尔特 鸡肉 Alert Chicken	配合饲料 Compound Feed	狗 Dog	澳大利亚 GRAINFEEDS 公司 GRAINFEEDS PTY. LTD.，Australia	2014.09—2019.09	
（2014）外饲准字 255 号	猫配合饲料 Cat Compound Feed	艾尔特 猫食（鱼味） Alert Cat （Fish Flavor）	配合饲料 Compound Feed	猫 Cat	澳大利亚 GRAINFEEDS 公司 GRAINFEEDS PTY. LTD.，Australia	2014.09—2019.09	
（2014）外饲准字 256 号	虾苗配合饲料 Shrimp Larvae Compound Feed	福瑞派 FRESH＃1 CAR FRIPPAK FRESH ＃ 1 CAR	配合饲料 Compound Feed	虾 Shrimp	英伟（泰国）饲料有限公司 INVE（Thailand）Ltd.，Thailand	2014.09—2019.09	

（续）

登记证号	通用名称	商品名称	产品类别	使用范围	生产厂家	有效期限	备注
(2014)外饲准字257号	虾苗配合饲料 Shrimp Larvae Compound Feed	福瑞派 FRESH ＃2 CD/3 CD FRIPPAK FRESH ＃2 CD/ 3CD	配合饲料 Compound Feed	虾 Shrimp	英伟(泰国)饲料有限公司 INVE (Thailand) Ltd., Thailand	2014.09—2019.09	
(2014)外饲准字258号	虾苗配合饲料 Shrimp Larvae Compound Feed	兰西-MPL LANSY-Shrimp MPL	配合饲料 Compound Feed	虾 Shrimp	英伟(泰国)饲料有限公司 INVE (Thailand) Ltd., Thailand	2014.09—2019.09	
(2014)外饲准字259号	仔虾配合饲料 Shrimp Post Larvae Compound Feed	福瑞派 PL＋150/300 ULTRA FRIPPAK PL ＋ 150/300ULTRA	配合饲料 Compound Feed	虾 Shrimp	英伟(泰国)饲料有限公司 INVE (Thailand) Ltd., Thailand	2014.09—2019.09	
(2014)外饲准字260号	仔虾配合饲料 Shrimp Post Larvae Compound Feed	福瑞派 RACEWAY RW ＋ 400/500/700 FRIPPAK RACEWAY RW ＋400/500/700	配合饲料 Compound Feed	虾 Shrimp	英伟(泰国)饲料有限公司 INVE (Thailand) Ltd., Thailand	2014.09—2019.09	
(2014)外饲准字261号	海水鱼配合饲料 Marine Fish Compound Feed	奥润之 START-S/L O. range START-S/L	配合饲料 Compound Feed	仔稚鱼 Fish Larvae	英伟(泰国)饲料有限公司 INVE (Thailand) Ltd., Thailand	2014.09—2019.09	
(2014)外饲准字262号	海水鱼配合饲料 Marine Fish Compound Feed	奥润之 GROW-S/L O. range GROW-S/L	配合饲料 Compound Feed	仔稚鱼 Fish Larvae	英伟(泰国)饲料有限公司 INVE (Thailand) Ltd., Thailand	2014.09—2019.09	
(2014)外饲准字263号	海水鱼配合饲料 Marine Fish Compound Feed	奥润之 WEAN-SL O. range WEAN-S/L	配合饲料 Compound Feed	仔稚鱼 Fish Larvae	英伟(泰国)饲料有限公司 INVE (Thailand) Ltd., Thailand	2014.09—2019.09	
(2014)外饲准字264号	鸡肉骨粉 Poultry By-Product Meal	鸡肉骨粉 Poultry By-Product Meal	单一饲料 Single Feed	鸡 Chicken 猪 Swine 鱼 Fish 宠物 Pet	美国福祉农庄公司 Foster Farms, USA	2014.09—2019.09	

（续）

登记证号	通用名称	商品名称	产品类别	使用范围	生产厂家	有效期限	备注
（2014）外饲准字 265 号	鱼粉 Fishmeal	红鱼粉（三级）Red Fishmeal（Ⅲ）	单一饲料 Single Feed	畜禽 Livestock and Poultry 水产动物 Aquaculture	印度 BAWA 鱼粉鱼油公司 BAWA FISHMEAL & OIL CO.，India	2014.09—2019.09	
（2014）外饲准字 266 号	鱼粉 Fishmeal	红鱼粉（二级）Red Fishmeal（Ⅱ）	单一饲料 Single Feed	畜禽 Livestock and Poultry 水产动物 Aquaculture	越南安乐水产加工合资股份有限公司 An Lac Corporation，Vietnam	2014.09—2019.09	
（2014）外饲准字 267 号	鱼粉 Fishmeal	红鱼粉（三级）Red Fishmeal（Ⅲ）	单一饲料 Single Feed	畜禽 Livestock and Poultry 水产动物 Aquaculture	巴基斯坦 M/S PARADISE 鱼粉公司 M/S PARADISE FISH MEAL，Pakistan	2014.09—2019.09	
（2014）外饲准字 268 号	鱼粉 Fishmeal	秘鲁红鱼粉（三级）Peruvian Red Fishmeal（Ⅲ）	单一饲料 Single Feed	畜禽 Livestock and Poultry 水产动物 Aquaculture	秘鲁 Pesquera Centinela S. A. C. 公司 Chimbote 工厂 Pesquera Centinela S. A. C.，Plant Chimbote，Peru	2014.09—2019.09	
（2014）外饲准字 269 号	鱼粉 Fishmeal	红鱼粉（三级）Red Fishmeal（Ⅲ）	单一饲料 Single Feed	畜禽 Livestock and Poultry 水产动物 Aquaculture	秘鲁 Procesadora del Campo S. A. C. 公司 Procesadora del Campo S. A. C.，Peru	2014.09—2019.09	
（2014）外饲准字 270 号	鱼粉 Fishmeal	直火烘干红鱼粉（三级至二级）Flamedried Red Fishmeal（Ⅲ to Ⅱ）	单一饲料 Single Feed	畜禽 Livestock and Poultry 水产动物 Aquaculture	纳米比亚联合渔业捕捞有限公司 United Fishing Enterprises（Pty）Ltd.，Namibia	2014.09—2019.09	

（续）

登记证号	通用名称	商品名称	产品类别	使用范围	生产厂家	有效期限	备注
(2014)外饲准字271号	鱼粉 Fishmeal	红鱼粉(三级) Red Fishmeal(Ⅲ)	单一饲料 Single Feed	畜禽 Livestock and Poultry 水产动物 Aquaculture	厄瓜多尔 Pesquera Centromar S. A. 公司 Pesquera Centromar S. A., Ecuador	2014.09—2019.09	
(2014)外饲准字272号	白鱼粉 White Fishmeal	丹麦白鱼粉(三级) Danish White Fishmeal (Ⅲ)	单一饲料 Single Feed	畜禽 Livestock and Poultry 水产动物 Aquaculture	丹麦三九鱼蛋白有限公司 Esbjerg 工厂 TripleNine Fish Protein A/S, Esbjerg Plant, Denmark	2014.09—2019.09	
(2014)外饲准字273号	白鱼粉 White Fishmeal	丹麦白鱼粉(三级) Danish White Fishmeal (Ⅲ)	单一饲料 Single Feed	畜禽 Livestock and Poultry 水产动物 Aquaculture	丹麦三九鱼蛋白有限公司 Thyborφn 工厂 TripleNine Fish Protein A/S, Thyborφn Plant, Denmark	2014.09—2019.09	
(2014)外饲准字274号	鱼油 Fish Oil	鱼油 Fish Oil	单一饲料 Single Feed	畜禽 Livestock and Poultry 水产动物 Aquaculture	越南旅游投资和水产发展股份公司 Travel Investment and Seafood Development Corporation, Vietnam	2014.09—2019.09	
(2014)外饲准字275号	鱼油 Fish Oil	鱼油(饲料级) Fish Oil (Feed Grade)	单一饲料 Single Feed	畜禽 Livestock and Poultry 水产动物 Aquaculture	墨西哥 Sardinas de Sonora S. A. de C. V. 公司 Sardinas de Sonora S. A. de C. V., Mexico	2014.09—2019.09	
(2014)外饲准字276号	鱼油 Fish Oil	鱼油(饲料级) Fish Oil (Feed Grade)	单一饲料 Single Feed	畜禽 Livestock and Poultry 水产动物 Aquaculture	厄瓜多尔 Productos Pesqueros S. A. 公司 Productos Pesqueros S. A., Ecuador	2014.09—2019.09	

(续)

登记证号	通用名称	商品名称	产品类别	使用范围	生产厂家	有效期限	备注
(2014)外饲准字 277 号	鱼油 Fish Oil	鱼油 Fish Oil	单一饲料 Single Feed	畜禽 Livestock and Poultry 水产动物 Aquaculture	越南安乐水产加工合资股份有限公司 An Lac Corporation, Vietnam	2014.09—2019.09	
(2014)外饲准字 278 号	牛血粉 Bovine Blood Meal	牛血粉 Bovine Blood Meal	单一饲料 Single Feed	猪 Swine 水产动物 Aquaculture	澳大利亚 A. J. Bush & Sons (生产者)有限公司 A. J. Bush & Sons (Manufactures) Pty. Ltd., Australia	2014.09—2019.09	
(2014)外饲准字 279 号	含可溶物玉米干酒糟 DDGS	凯迪诺乙醇 DDGS Cardinal Ethanol DDGS	单一饲料 Single Feed	猪 Swine 家禽 Poultry 牛 Cattle	美国凯迪诺乙醇有限公司 Cardinal Ethanol, LLC., USA	2014.09—2019.09	
(2014)外饲准字 280 号	含可溶物玉米干酒糟 DDGS	裕欣 DDGS NuGen DDGS	单一饲料 Single Feed	猪 Swine 家禽 Poultry 牛 Cattle 水产动物 Aquaculture	美国裕欣能源有限公司 NuGen Energy LLC., USA	2014.09—2019.09	
(2014)外饲准字 281 号	菜籽粕 Canola Meal	菜籽粕(菜籽来源加拿大) Canola Meal	单一饲料 Single Feed	猪 Swine 家禽 Poultry 鱼 Fish	巴基斯坦 ALI DANYAL INDUSTRIES (私人)有限公司 ALI DANYAL INDUSTRIES (PRIVATE) LIMITED, Pakistan	2014.09—2019.09	
(2014)外饲准字 294 号	混合型饲料添加剂 微生物 Feed Additives Mixture Live Microorganisms	芯来旺 Ⅲ-H 高活益生菌 SYN LAC Ⅲ-H Probiotic	混合型饲料添加剂 Feed Additives Mixture	畜禽 Livestock and Poultry	台湾生合生物科技股份有限公司 Synbio Tech Inc.	2014.10—2019.10	

（续）

登记证号	通用名称	商品名称	产品类别	使用范围	生产厂家	有效期限	备注
（2014）外饲准字 295 号	混合型饲料添加剂 微生物 Feed Additives Mixture Live Microorganisms	芯来旺Ⅰ-HL 高活乳杆菌 SynLac Ⅰ-HL Lactic Acid Bacteria	混合型饲料添加剂 Feed Additives Mixture	青贮饲料 Silage	台湾生合生物科技股份有限公司 Synbio Tech Inc.	2014.10—2019.10	
（2014）外饲准字 296 号	混合型饲料添加剂 酸度调节剂 Feed Additives Mixture Acidity Regulators	贝斯特 Baler's Choice	混合型饲料添加剂 Feed Additives Mixture	青贮饲料 Silage	汉威斯特股份公司 Harvest Tec，Inc.，USA	2014.10—2019.10	
（2014）外饲准字 297 号	混合型饲料添加剂 酸度调节剂 Feed Additives Mixture Acidity Regulators	防霉赞液 MI 501 ProSid™ MI 501	混合型饲料添加剂 Feed Additives Mixture	养殖动物 All Species or Categories of Animals	荷兰博硕公司 Erstorp Waspik，the Netherlands	2014.10—2019.10	
（2014）外饲准字 298 号	饲料添加剂 蛋白酶（源自米曲霉） Feed Additive Protease(by *Aspergillusniger*)	六福宝 5A®（粉末） Lira-zyme 5A®（Powder）	饲料添加剂 Feed Additive	畜禽 Livestock and Poultry	台湾生百兴业有限公司 Life Rainbow Biotech Co.，Ltd	2014.10—2019.10	
（2014）外饲准字 299 号	饲料添加剂 氯化胆碱 Feed Additive Choline Chloride	科百瑞 CholiPEARL	饲料添加剂 Feed Additive	奶牛 Dairy Cow	意大利 Kemin Cavriago S. R. L. 公司 Kemin Cavriago S. R. L.，Italy	2014.10—2019.10	
（2014）外饲准字 300 号	饲料添加剂 五水硫酸铜 Feed Additive Copper Sulfate Pentahydrate	得利净 B-SAFE HC	饲料添加剂 Feed Additive	猪 Swine 家禽 Poultry 水产动物 Aquaculture	法国 SFPS 公司（Invivo Nsa 子公司） SFPS (Subsidiary of Invivo Nsa)，France	2014.10—2019.10	

（续）

登记证号	通用名称	商品名称	产品类别	使用范围	生产厂家	有效期限	备注
(2014)外饲准字 301 号	牛马微量元素预混合饲料 Trace Mineral Premix for Cattle and Horse	特龙® 标准舔砖 Tromp® Standard	添加剂预混合饲料 Additive Premix	牛 Cattle 马 Horse	荷兰特龙有限公司 Tromp B. V. , the Netherlands	2014. 10—2019. 10	
(2014)外饲准字 302 号	鱼配合饲料 Fish Compound Feed	新大海鱼耀（鱼饲料） New Marine Yu Yao	配合饲料 Compound Feed	成鱼 Adult Fish	日本林兼产业株式会社饲料事业部长府工厂 Hayashikane Sangyo Co. , Ltd. , Japan	2014. 10—2019. 10	
(2014)外饲准字 303 号	菜籽粕 Rapeseed Meal	菜籽粕 Rapeseed Meal	单一饲料 Single Feed	猪 Swine 家禽 Poultry 鱼 Fish	巴基斯坦 SHARIF OIL INDUSTRIES(私人)有限公司 Sharif Oil Industries (Private) Ltd, Pakistan	2014. 10—2019. 10	
(2014)外饲准字 304 号	白鱼粉 White Fishmeal	白鱼粉(一级) White Fishmeal (Ⅰ)	单一饲料 Single Feed	畜禽 Livestock and Poultry 水产动物 Aquaculture	俄罗斯麦哲伦有限公司(工船加工,工船名:“银河系”超式冷冻拖网渔船,工船号:CH-171) Magellan Co. , Ltd (Produced on Board at Vessel “Freezing Trawler Mlechny Put”, Official No. CH-171), Russia	2014. 10—2019. 10	
(2014)外饲准字 305 号	鱼粉 Fishmeal	红鱼粉(二级) Red Fishmeal (Ⅱ)	单一饲料 Single Feed	畜禽 Livestock and Poultry 水产动物 Aquaculture	越南鸿德旺有限责任公司 Hong Duc Vuong Co. , Ltd. , Vietnam	2014. 10—2019. 10	
(2014)外饲准字 306 号	鱼粉 Fishmeal	红鱼粉(二级) Red Fishmeal (Ⅱ)	单一饲料 Single Feed	畜禽 Livestock and Poultry 水产动物 Aquaculture	越南庆煌出口海产品加工责任有限公司 Khanh Hoang Seaprexco. Ltd. , Vietnam	2014. 10—2019. 10	

（续）

登记证号	通用名称	商品名称	产品类别	使用范围	生产厂家	有效期限	备注
(2014)外饲准字307号	鱼粉 Fishmeal	红鱼粉(二级) Red Fishmeal (Ⅱ)	单一饲料 Single Feed	畜禽 Livestock and Poultry 水产动物 Aquaculture	越南玉容生产商贸责任有限公司 Ngoc Dung Trading and Manufacturing Co., Ltd., VietNam	2014.10—2019.10	
(2014)外饲准字308号	鱼粉 Fishmeal	红鱼粉(三级) Red Fishmeal (Ⅲ)	单一饲料 Single Feed	畜禽 Livestock and Poultry 水产动物 Aquaculture	毛里塔尼亚 Faro Farine 公司 Faro Farine, Mauritania	2014.10—2019.10	
(2014)外饲准字309号	鱼油 Fish Oil	鱼油 Fish Oil	单一饲料 Single Feed	畜禽 Livestock and Poultry 水产动物 Aquaculture	越南玉容生产商贸责任有限公司 Ngoc Dung Trading and Manufacturing Co., Ltd., VietNam	2014.10—2019.10	
(2014)外饲准字310号	鱼油 Fish Oil	鱼油 Fish Oil	单一饲料 Single Feed	畜禽 Livestock and Poultry 水产动物 Aquaculture	越南越中煦日水产物料加工责任有限公司 XURI Viet Trung Aquatic Products Processing Limited Company, Vietnam	2014.10—2019.10	
(2014)外饲准字311号	鸡肉粉 Chicken By-Product Meal	鸡肉粉 Chicken By-Product Meal	单一饲料 Single Feed	猪 Swine 家禽 Poultry 水产动物 Aquaculture	美国泰森食品公司斯克兰顿工厂 Tyson Foods, Inc., Plant Scranton, USA	2014.10—2019.10	
(2014)外饲准字312号	鸡肉粉 Chicken By-Product Meal	鸡肉粉 Chicken By-Product Meal	单一饲料 Single Feed	猪 Swine 家禽 Poultry 水产动物 Aquaculture	美国泰森食品公司德克萨肯纳工厂 Tyson Foods, Inc., Plant Texarkana, USA	2014.10—2019.10	

（续）

登记证号	通用名称	商品名称	产品类别	使用范围	生产厂家	有效期限	备注
（2014）外饲准字 313 号	鸡油 Poultry Fat	鸡油 Poultry Fat	单一饲料 Single Feed	猪 Swine 家禽 Poultry 水产动物 Aquaculture	美国泰森食品公司斯克兰顿工厂 Tyson Foods, Inc., Plant Scranton, USA	2014.10—2019.10	
（2014）外饲准字 314 号	鸡油 Poultry Fat	鸡油 Poultry Fat	单一饲料 Single Feed	猪 Swine 家禽 Poultry 水产动物 Aquaculture	美国泰森食品公司德克萨肯纳工厂 Tyson Foods, Inc., Plant Texarkana, USA	2014.10—2019.10	
（2014）外饲准字 315 号	羽毛粉 Feather Meal	羽毛粉 Feather Meal	单一饲料 Single Feed	猪 Swine 家禽 Poultry 水产动物 Aquaculture	美国泰森食品公司斯克兰顿工厂 Tyson Foods, Inc., Plant Scranton, USA	2014.10—2019.10	
（2014）外饲准字 316 号	羽毛粉 Feather Meal	羽毛粉 Feather Meal	单一饲料 Single Feed	猪 Swine 家禽 Poultry 水产动物 Aquaculture	美国泰森食品公司德克萨肯纳工厂 Tyson Foods, Inc., Plant Texarkana, USA	2014.10—2019.10	
（2014）外饲准字 317 号	饲料添加剂 酵母硒 Feed Additive Selenium Yeast (from *Saccharomyces cerevisiae*)	赛福硒 3000 Selyeast 3000	饲料添加剂 Feed Additive	反刍动物 Ruminant 猪 Swine 家禽 Poultry 水产动物 Aquaculture	美国乐斯福酵母公司乐斯福饲料添加剂 Lesaffre Feed Additives, a division of Lesaffre Yeast Corporation, USA	2014.10—2019.10	
（2014）外饲准字 318 号	混合型饲料添加剂 微生物 Feed Additives Mixture Live Microorganisms	三利宝 Live Three	混合型饲料添加剂 Feed Additives Mixture	畜禽 Livestock and Poultry	日本新水株式会社 Sinsui Inc., Japan	2014.10—2019.10	

（续）

登记证号	通用名称	商品名称	产品类别	使用范围	生产厂家	有效期限	备注
(2014)外饲准字324号	饲料添加剂 L-蛋氨酸 Feed Additive L-Methionine	BestAmino L-蛋氨酸 BestAmino L-Methionine	饲料添加剂 Feed Additive	猪 Swine 家禽 Poultry	希杰生化马来西亚有限公司 CJ Bio Malaysia Sdn. Bhd.,Malaysia	2014.12—2019.12	
(2014)外饲准字325号	饲料添加剂 β-葡聚糖酶(产自棘孢曲霉) Feed Additive β-Glucanase (Source *Aspergillus aculeatus*)	乐多仙® VP(包被颗粒) Ronozyme® VP(CT)	饲料添加剂 Feed Additive	仔猪 Piglet 育肥鸡 Chicken for Fattening	丹麦诺维信公司 Novozymes A/S,Denmark	2014.12—2019.12	
(2014)外饲准字326号	饲料添加剂 β-1,3-D-葡聚糖 Feed Additive β-1,3-D-Glucan	迈得佳 Macorgard®	饲料添加剂 Feed Additive	水产动物 Aquaculture	巴西库塔糖业公司(Quata 工厂) Acucareira Quata, S. A. (Quata Plant),Brazil	2014.12—2019.12	
(2014)外饲准字327号	饲料添加剂 壳寡糖 Feed Additive Chitosan Oligosaccharide	泰和素 THCOS	饲料添加剂 Feed Additive	猪 Swine 鸡 Chicken 鸭 Duck 虹鳟鱼 Rainbow Trout	韩国 Amicogen 株式会社 Amicogen,Inc.,Korea	2014.12—2019.12	
(2014)外饲准字328号	饲料添加剂 植物乳杆菌 Feed Additive *Lactobacillus plantarum*	易可食 Ecosyl	饲料添加剂 Feed Additive	青贮饲料 Silage	英国弗莱克国际有限公司 Volac International Ltd.,UK	2014.12—2019.12	
(2014)外饲准字329号	饲料添加剂 嗜酸乳杆菌 Feed Additive *Lactobacillus acidophilus*	祖莱克益生菌 Zoolac Feedgrade Premix	饲料添加剂 Feed Additive	养殖动物 All species or categories of animals	丹麦 ChemVet dk A/S 公司 ChemVet dk A/S,Denmark	2014.12—2019.12	
(2014)外饲准字330号	混合型饲料添加剂 香味物质 Feed Additives Mixture Flavouring Substances	普乐葡萄 Grape PP Concentrate	混合型饲料添加剂 Feed Additives Mixture	养殖动物 All species or categories of animals	荷兰普乐维美公司 Provimi B. V.,the Netherlands	2014.12—2019.12	

（续）

登记证号	通用名称	商品名称	产品类别	使用范围	生产厂家	有效期限	备注
(2014)外饲准字331号	混合型饲料添加剂 香味物质 Feed Additives Mixture Flavouring Substances	新吉吉 Biacid Nucleus	混合型饲料添加剂 Feed Additives Mixture	家禽 Poultry	法国普乐维美公司 PROVIMI France, France	2014.12—2019.12	
(2014)外饲准字332号	混合型饲料添加剂 磷酸氢钙 维生素 D_3 嗜酸乳杆菌 Feed Additives Mixture Dibasic Calcium Phosphate Vitamin D_3 *Lactobacillus acidophilus*	钙胃能(小、中型犬用) SINGENCare Calcium Supplement (for Small & Medium Dog)	混合型饲料添加剂 Feed Additives Mixture	狗 Dog	台湾信元制药股份有限公司(中科厂) Singen Animal Health Industry Co., Ltd.	2014.12—2019.12	
(2014)外饲准字333号	混合型饲料添加剂 磷酸氢钙 维生素 D_3 嗜酸乳杆菌 Feed Additives Mixture Dibasic Calcium Phosphate Vitamin D_3 *Lactobacillus acidophilus*	钙胃能(大、巨型犬用) SINGENCare Calcium Supplement (for Large & Giant Dog)	混合型饲料添加剂 Feed Additives Mixture	狗 Dog	台湾信元制药股份有限公司(中科厂) Singen Animal Health Industry Co., Ltd.	2014.12—2019.12	
(2014)外饲准字334号	混合型饲料添加剂 磷酸氢钙 维生素 D_3 嗜酸乳杆菌 Feed Additives Mixture Dibasic Calcium Phosphate Vitamin D_3 *Lactobacillus acidophilus*	钙胃能(猫用) SINGENCare Calcium Supplement (for Cat)	混合型饲料添加剂 Feed Additives Mixture	猫 Cat	台湾信元制药股份有限公司(中科厂) Singen Animal Health Industry Co., Ltd.	2014.12—2019.12	
(2014)外饲准字335号	混合型饲料添加剂 维生素 嗜酸乳杆菌 Feed Additives Mixture Vitamins *Lactobacillus acidophilus*	发育宝-S整肠配方(离乳犬用) SINGENCare Gastrointestinal Formula (for Weanling Puppy)	混合型饲料添加剂 Feed Additives Mixture	狗 Dog	台湾信元制药股份有限公司(中科厂) Singen Animal Health Industry Co., Ltd.	2014.12—2019.12	

（续）

登记证号	通用名称	商品名称	产品类别	使用范围	生产厂家	有效期限	备注
(2014)外饲准字336号	混合型饲料添加剂 维生素 嗜酸乳杆菌 Feed Additives Mixture Vitamins *Lactobacillus acidophilus*	发育宝-S整肠配方(小、中型犬用) SINGENCare Gastrointestinal Formula (for Small & Medium Dog)	混合型饲料添加剂 Feed Additives Mixture	狗 Dog	台湾信元制药股份有限公司(中科厂) Singen Animal Health Industry Co., Ltd.	2014.12—2019.12	
(2014)外饲准字337号	混合型饲料添加剂 维生素 嗜酸乳杆菌 Feed Additives Mixture Vitamins *Lactobacillus acidophilus*	发育宝-S整肠配方(大、巨型犬用) SINGENCare Gastrointestinal Formula (for Large & Giant Dog)	混合型饲料添加剂 Feed Additives Mixture	狗 Dog	台湾信元制药股份有限公司(中科厂) Singen Animal Health Industry Co., Ltd.	2014.12—2019.12	
(2014)外饲准字338号	混合型饲料添加剂 维生素 嗜酸乳杆菌 Feed Additives Mixture Vitamins *Lactobacillus acidophilus*	发育宝-S整肠配方(猫用) SINGENCare Gastrointestinal Formula (for Cat)	混合型饲料添加剂 Feed Additives Mixture	猫 Cat	台湾信元制药股份有限公司(中科厂) Singen Animal Health Industry Co., Ltd.	2014.12—2019.12	
(2014)外饲准字339号	混合型饲料添加剂 抗氧化剂 抗结块剂 柠檬酸 Feed Additives Mixture Antioxidants Anticaking Citric Acid	纽埃特AQ抗氧化剂 OXY-NIL® AQ Dry	混合型饲料添加剂 Feed Additives Mixture	养殖动物 All species or categories of animals	比利时纽埃特国际营养公司Beveren-Waas工厂 NUTRI-AD International N. V., Plant in Beveren-Waas, Belgium	2014.12—2019.12	
(2014)外饲准字340号	猫配合饲料 Cat Compound Feed	宠物健康幼猫猫粮健育配方 Wellness Kitten Health Recipe	配合饲料 Compound Feed	猫 Cat	比利时联合宠物食品公司 United Petfood Producers NV, Belgium	2014.12—2019.12	

（续）

登记证号	通用名称	商品名称	产品类别	使用范围	生产厂家	有效期限	备注
（2014）外饲准字341号	猫配合饲料 Cat Compound Feed	宠物健康猫粮室内健体配方 Wellness Indoor Health Recipe	配合饲料 Compound Feed	猫 Cat	比利时联合宠物食品公司 United Petfood Producers NV, Belgium	2014.12—2019.12	
（2014）外饲准字342号	猫配合饲料 Cat Compound Feed	宠物健康猫粮控制毛球配方 Wellness Hairball Control Recipe	配合饲料 Compound Feed	猫 Cat	比利时联合宠物食品公司 United Petfood Producers NV, Belgium	2014.12—2019.12	
（2014）外饲准字343号	犬配合饲料 Dog Compound Feed	宠物健康大型犬幼犬犬粮（鸡肉配方） Wellness Large Breed Puppy Health with Chicken Meal	配合饲料 Compound Feed	狗 Dog	比利时联合宠物食品公司 United Petfood Producers NV, Belgium	2014.12—2019.12	
（2014）外饲准字344号	犬配合饲料 Dog Compound Feed	宠物健康大型犬成犬犬粮（鸡肉配方） Wellness Large Breed Adult Health with Chicken Meal	配合饲料 Compound Feed	狗 Dog	比利时联合宠物食品公司 United Petfood Producers NV, Belgium	2014.12—2019.12	
（2014）外饲准字345号	犬配合饲料 Dog Compound Feed	宠物健康小型犬幼犬犬粮（鸡肉配方） Wellness Small Breed Puppy Health with Chicken Meal	配合饲料 Compound Feed	狗 Dog	比利时联合宠物食品公司 United Petfood Producers NV, Belgium	2014.12—2019.12	

（续）

登记证号	通用名称	商品名称	产品类别	使用范围	生产厂家	有效期限	备注
(2014)外饲准字346号	犬配合饲料 Dog Compound Feed	宠物健康小型犬成犬犬粮(鸡肉配方) Wellness Small Breed Adult Health with Chicken Meal	配合饲料 Compound Feed	狗 Dog	比利时联合宠物食品公司 United Petfood Producers NV, Belgium	2014.12—2019.12	
(2014)外饲准字347号	水产苗液体配合饲料 Aquaculture Larval Liquid Compound Feed	艾比科-PL EPILITE-PL	配合饲料 Compound Feed	虾 Shrimp	美国 Epicore Networks (USA), Inc. 公司 Epicore Networks (USA), Inc., USA	2014.12—2019.12	
(2014)外饲准字348号	水产苗液体配合饲料 Aquaculture Larval Liquid Compound Feed	艾比科-M EPILITE-M	配合饲料 Compound Feed	虾 Shrimp	美国 Epicore Networks (USA), Inc. 公司 Epicore Networks (USA), Inc., USA	2014.12—2019.12	
(2014)外饲准字349号	水产苗液体配合饲料 Aquaculture Larval Liquid Compound Feed	艾比科-Z EPILITE-Z	配合饲料 Compound Feed	虾 Shrimp	美国 Epicore Networks (USA), Inc. 公司 Epicore Networks (USA), Inc., USA	2014.12—2019.12	
(2014)外饲准字350号	含可溶物干玉米酒糟 DDGS	POET 马里昂 DDGS POET Marion DDGS	单一饲料 Single Feed	猪 Swine 牛 Cattle 家禽 Poultry	美国 POET 生物提炼公司-马里昂 POTE Biorefining-Marion, USA	2014.12—2019.12	
(2014)外饲准字351号	含可溶物干玉米酒糟 DDGS	POET 莱比锡 DDGS POET Leipsic DDGS	单一饲料 Single Feed	猪 Swine 牛 Cattle 家禽 Poultry	美国 POET 生物提炼公司-莱比锡 POET Biorefining-Leipsic, USA	2014.12—2019.12	

（续）

登记证号	通用名称	商品名称	产品类别	使用范围	生产厂家	有效期限	备注
(2014)外饲准字352号	含可溶物干玉米酒糟 DDGS	POET雷克托DDGS POET Lake Crystal DDGS	单一饲料 Single Feed	猪 Swine 牛 Cattle 家禽 Poultry	美国POET生物提炼公司-雷克托 POET Biorefining -Lake Crystal, USA	2014.12—2019.12	
(2014)外饲准字353号	菜籽粕 Rapeseed Meal	菜籽粕 Rapeseed Meal	单一饲料 Single Feed	鱼 Fish 猪 Swine 家禽 Poultry	巴基斯坦R&R Agro Industries (Private) Ltd.公司 R&R Agro Industries (Private) Ltd., Pakistan	2014.12—2019.12	
(2014)外饲准字354号	菜籽粕 Canola Meal	菜籽粕(菜籽来源加拿大) Canola Meal (Canadian Seeds)	单一饲料 Single Feed	鱼 Fish 猪 Swine 家禽 Poultry	巴基斯坦Sharif Solvent Plant(私人)有限公司 Sharif Solvent Plant (Private) Limited, Pakistan	2014.12—2019.12	
(2014)外饲准字355号	牛肉骨粉 Bovine Meat and Bone Meal	牛肉骨粉 Bovine Meat and Bone Meal	单一饲料 Single Feed	猪 Swine 家禽 Poultry 鱼 Fish	阿根廷LOGROS公司 LOGROS S. A., Argentina	2014.12—2019.12	
(2014)外饲准字356号	鱼粉 Fishmeal	丹麦红鱼粉(三级) Danish Red Fishmeal (Ⅲ)	单一饲料 Single Feed	畜禽 Livestock and Poultry 水产动物 Aquaculture	丹麦三九鱼蛋白有限公司Esbjerg工厂 TripleNine Fish Protein A/S, Esbjerg Plant, Denmark	2014.12—2019.12	
(2014)外饲准字357号	鱼油 Fish Oil	智利鱼油(饲料级) Chilean Fish Oil-Feed Grade	单一饲料 Single Feed	水产动物 Aquaculture 猪 Swine	智利Camanchaca Pesca Sur S. A.渔业公司Talcahuano工厂(No. 08130) Camanchaca Pesca Sur S. A., Talcahuano Plant (No. 08130), Chile	2014.12—2019.12	

附件 2：

进口饲料和饲料添加剂产品续展登记证目录(2014)

登记证号	通用名称	商品名称	产品类别	使用范围	生产厂家	有效期限	备注
(2014)外饲准字 032 号	鱼饲料 Fish Feed	大海鱼耀 Marine Yu Yao	配合饲料 Compound Feed	海鱼 Marine Fish	日本林兼产业株式会社饲料事业部长府工厂 Hayashikane Sangyo Co., Ltd., Feed Business Division, Chofu Plant, Japan	2014.01—2019.01	续展登记
(2014)外饲准字 033 号	鱼饲料 Fish Feed	新海鱼仔 鱼宝 New Love Larva Yu Bao	配合饲料 Compound Feed	海鱼鱼苗 Marine Fish Krill	日本林兼产业株式会社饲料事业部长府工厂 Hayashikane Sangyo Co., Ltd., Feed Business Division, Chofu Plant, Japan	2014.01—2019.01	续展登记
(2014)外饲准字 034 号	多种维生素 Mutli-vitamins	鱼用维生素 Vitamin Premix for Fish Feeds	添加剂预混合饲料 Additive Premix	淡水鱼 Fresh Water Fish	台湾全兴国际水产股份有限公司桃园厂 Ye Cherng Industrial Products Co. Ltd., Ta-Yuan Factory	2014.01—2019.01	续展登记
(2014)外饲准字 035 号	多种维生素 Mutli-vitamins	虾用矿物精 Mineral Premix for Shrimp Feeds	添加剂预混合饲料 Additive Premix	虾 Shrimp	台湾全兴国际水产股份有限公司桃园厂 Ye Cherng Industrial Products Co. Ltd., Ta-Yuan Factory	2014.01—2019.01	续展登记
(2014)外饲准字 036 号	二甲酸钾 Potassium Diformate	爱康美 FORMI®	饲料添加剂 Feed Additive	猪 Swine	爱德康挪威公司 ADDCON Nordic AS, Norway	2014.01—2019.01	续展登记
(2014)外饲准字 037 号	β,β-胡萝卜素-4,4,-二酮(斑蝥黄) β, β-Carotene-4, 4-Diketone (Canthaxanthin)	加丽素® 红 10% CAROPHYLL® Red 10%	饲料着色剂 Feed Coloring Agent	家禽 Poultry	帝斯曼营养产品法国有限公司 DSM Nutritional Products France SAS, France	2014.01—2019.01	续展登记

（续）

登记证号	通用名称	商品名称	产品类别	使用范围	生产厂家	有效期限	备注
(2014)外饲准字 038 号	β胡萝卜素 β-carotene	罗维素® β胡萝卜素 10% ROVIMIX® β-carote-ne 10%	饲料级维生素 Vitamin Feed Grade	猪 Swine 马 Horse 反刍动物 Ruminant 宠物 Pet	帝斯曼营养产品法国有限公司 DSM Nutritional Products France SAS, France	2014.01—2019.01	续展登记
(2014)外饲准字 039 号	烟酸 Niacin	烟酸 Niacin	饲料级维生素 Vitamin Feed Grade	养殖动物 All Species or Catego-ries of Animals	瑞士龙沙有限公司 Lonza Ltd, Switzerland	2014.01—2019.01	续展登记
(2014)外饲准字 086 号	喷雾干燥猪血浆蛋白粉 Spray Dried Animal Blood Plasma Pork	喷雾干燥猪血浆蛋白粉 AP920™	单一饲料 Single Feed	猪 Swine 家禽 Poultry 水产动物 Aquaculture	加拿大 APC 营养公司 APC Nutrition Ltd., Canada	2014.02—2019.02	续展登记
(2014)外饲准字 087 号	喷雾干燥猪血浆蛋白粉 Spray Dried Animal Blood Plasma Pork	喷雾干燥猪血浆蛋白粉 AP820	单一饲料 Single Feed	猪 Swine 家禽 Poultry 水产动物 Aquaculture	美国蛋白质公司 APC, Inc., USA	2014.02—2019.02	续展登记
(2014)外饲准字 088 号	膨化豆粕 Extruded Soybean Meal	优力蛋白 Diamond-P	单一饲料 Single Feed	畜禽 Livestock and Poultry	台湾达邦蛋白股份有限公司 DaBomb Protein Corp., Taiwan	2014.02—2019.02	续展登记
(2014)外饲准字 089 号	硫酸钙 Calcium Sulphate 氯化钙 Calcium Chloride	博威钙 Bovikalc	矿物质饲料添加剂 Mineral Feed Additive	母牛 Cow	勃林格殷格翰(丹麦)公司 Boehringer Ingelheim Danmark A/S, Danmark	2014.02—2019.02	续展登记

(续)

登记证号	通用名称	商品名称	产品类别	使用范围	生产厂家	有效期限	备注
(2014)外饲准字090号	葡萄糖 Glucose 脱水柑橘果肉 Citrus Pulp Dehydrated 大豆磷脂 Soy Lecithin 酿酒酵母 *Saccharomyces cerevisiae* 电解质 Electrolyte	达可 Diakur® Plus	添加剂预混料 Additive Premix	仔猪 Piglet 犊牛 Calf 羔羊 Lamb 马驹 Foal	勃林格殷格翰(丹麦)公司 Boehringer Ingelheim Danmark A/S, Danmark	2014.02—2019.02	续展登记
(2014)外饲准字123号	枯草芽孢杆菌 *Bacillus subtilis*	优福康 BIOWELL	单一饲料 Single Feed	猪 Swine 家禽 Poultry	韩国韩动株式会社 Handong Co., Ltd, Korea	2014.04—2019.04	续展登记
(2014)外饲准字124号	α-生育酚乙酸酯 α-Tocopheryl Acetate	生育酚乙酸酯 Tocopheryl Acetate Technical Grade	饲料级维生素 Vitamin Feed Grade	养殖动物 All Species or Categories of Animals	瑞士帝斯曼营养产品有限公司 DSM Nutritional Products Ltd., Switzerland	2014.04—2019.04	续展登记
(2014)外饲准字125号	猪肠黏膜蛋白 Porcine Protein	SDP80 猪肠黏膜蛋白 SDP80 Porcine Protein	单一饲料 Single Feed	猪 Swine 鸡 Chicken 水产动物 Aquaculture	美国蛋白资源有限公司 Protein Resources, Inc., USA	2014.04—2019.04	续展登记
(2014)外饲准字126号	白鱼粉 White Fishmeal	Agustiner 牌白鱼粉(三级) Agustiner White Fishmeal (Ⅲ)	单一饲料 Single Feed	猪 Swine 家禽 Poultry 水产动物 Aquaculture	阿根廷 Agustiner 公司 Agustiner S. A., Argentina	2014.04—2019.04	续展登记
(2014)外饲准字160号	红鱼粉 Red Fishmeal	红鱼粉(三级) Red Fishmeal (Ⅲ)	单一饲料 Single Feed	猪 Swine 家禽 Poultry 水产动物 Aquaculture	马来西亚祥丰鱼粉厂有限公司 Tangawria SDN. BHD., Malaysia	2014.05—2019.05	续展登记

（续）

登记证号	通用名称	商品名称	产品类别	使用范围	生产厂家	有效期限	备注
（2014）外饲准字 161 号	虾青素 Astaxanthin	加丽素® 粉红 10%-CWS Carophyll® Pink 10%-CWS	饲料着色剂 Feed Coloring Agent	水产动物 Aquaculture	帝斯曼营养产品法国有限公司 DSM Nutritional Products France SAS, France	2014.05—2019.05	续展登记
（2014）外饲准字 186 号	L-苏氨酸 L-Threonine	L-苏氨酸 98.5%（饲料级） L-Threonine 98.5% Feed Grade	饲料级氨基酸 Amino Acid Feed Grade	猪 Swine 家禽 Poultry 鱼 Fish	美国 ADM 公司 Archer Daniels Midland Company, USA	2014.06—2019.06	续展登记
（2014）外饲准字 187 号	L-赖氨酸盐酸盐 L-Lysine Monohydrochloride	L-赖氨酸盐酸盐 98.5%（饲料级） L-Lysine Monohydrochloride 98.5% Feed Grade	饲料级氨基酸 Amino Acid Feed Grade	猪 Swine 家禽 Poultry 鱼 Fish	美国 ADM 公司 Archer Daniels Midland Company, USA	2014.06—2019.06	续展登记
（2014）外饲准字 188 号	丙酸钙 Calcium Propionate	凯米拉防霉剂 Kemira Mould Control Spl	饲料防霉剂 Feed Preservative	养殖动物 All Species or Categories of Animals	荷兰耐赛特有限公司 Niacet B. V. , the Netherlands	2014.06—2019.06	续展登记
（2014）外饲准字 189 号	啤酒酵母粉 Yeast 氯化钠 Salt 葡萄糖 Dextrose 葵花油 Sunflower Oil	欧迪美 素贝斯 603 Optimizor Veggie Base 603	饲料添加剂 Feed Additive	猫 Cat 狗 Dog	美国 AFB International 公司 AFB International, USA	2014.06—2019.06	续展登记
（2014）外饲准字 190 号	蛋白酶（源解淀粉芽孢杆菌） Protease (by Bacillus *amyloliquefaciens*)	杰富宝 125 Protease Enzyme PT125	饲料级酶制剂 Feed Enzyme	猪 Swine 家禽 Poultry 鱼 Fish	加拿大集富动物营养公司 Jefo Nutrition Inc. , Canada	2014.06—2019.06	续展登记

（续）

登记证号	通用名称	商品名称	产品类别	使用范围	生产厂家	有效期限	备注
（2014）外饲准字 191 号	多种有机酸 Multi-Organic Acids	猪宝 500 Tetracid 500™	饲料级酸化剂 Feed Acidifier	猪 Swine	加拿大集富动物营养公司 Jefo Nutrition Inc.，Canada	2014.06—2019.06	续展登记
（2014）外饲准字 192 号	大茴香油 Star Anise Oil 百里香油 Thyme Oil	百奥壮 510 Biostrong® 510	饲料添加剂 Feed Additive	家禽 Poultry	奥地利 DELACON 生物技术公司 DELACON Biotechnik GmbH，Austria	2014.06—2019.06	续展登记
（2014）外饲准字 193 号	香芹油 Caraway Oil 柠檬油 Lemon Oil	肥速达 FRESTA® F	饲料添加剂 Feed Additive	猪 Swine 牛 Cattle 羊 Sheep 兔 Rabbit 马 Horse	奥地利 DELACON 生物技术公司 DELACON Biotechnik GmbH，Austria	2014.06—2019.06	续展登记
（2014）外饲准字 226 号	白鱼粉 White Fishmeal	EMDEPES 牌白鱼粉（三级） EMDEPES White Fishmeal（Ⅲ）	单一饲料 Single Feed	畜禽 Livestock and Poultry 水产动物 Aquaculture	智利渔业发展有限公司（工船加工，工船名 UNZEN，工船号 2019） Empresa de desarrollo Pesquero de Chile S. A.，Vessel Name Unzen，No. 2019，Chile	2014.07—2019.07	续展登记
（2014）外饲准字 227 号	白鱼粉 White Fishmeal	EMDEPES 牌白鱼粉（三级） EMDEPES White Fishmeal（Ⅲ）	单一饲料 Single Feed	畜禽 Livestock and Poultry 水产动物 Aquaculture	智利渔业发展有限公司（工船加工，工船名 UNIONSUR，工船号 2509） Empresa de desarrollo Pesquero de Chile S. A.，Vessel Name Unionsur，No. 2509，Chile	2014.07—2019.07	续展登记

（续）

登记证号	通用名称	商品名称	产品类别	使用范围	生产厂家	有效期限	备注
（2014）外饲准字 228 号	白鱼粉 White Fishmeal	白鱼粉（三级） White Fishmeal（Ⅲ）	单一饲料 Single Feed	畜禽 Livestock and Poultry 水产动物 Aquaculture	阿根廷 San Arawa 有限公司（工船加工，工船名“泰安”，工船号3748） San Arawa S. A.，Vessel Name Tai An，No. 3748，Argentina	2014.07—2019.07	续展登记
（2014）外饲准字 229 号	鱼粉 Fishmeal	秘鲁红鱼粉（三级） Peruvian Red Fishmeal（Ⅲ）	单一饲料 Single Feed	畜禽 Livestock and Poultry 水产动物 Aquaculture	秘鲁 Tecnologica De Alimentos S. A. 公司 Pisco 工厂 Tecnologica De Alimentos S. A.，Plant Pisco，Peru	2014.07—2019.07	续展登记
（2014）外饲准字 230 号	鱼粉 Fishmeal	秘鲁红鱼粉（三级） Peruvian Red Fishmeal（Ⅲ）	单一饲料 Single Feed	畜禽 Livestock and Poultry 水产动物 Aquaculture	秘鲁 Tecnologica De Alimentos S. A. 公司 Supe 工厂 Tecnologica De Alimentos S. A.，Plant Supe，Peru	2014.07—2019.07	续展登记
（2014）外饲准字 231 号	鱼粉 Fishmeal	秘鲁红鱼粉（三级） Peruvian Red Fishmeal（Ⅲ）	单一饲料 Single Feed	畜禽 Livestock and Poultry 水产动物 Aquaculture	秘鲁 Tecnologica De Alimentos S. A. 公司 Razuri 工厂 Tecnologica De Alimentos S. A.，Plant Razuri，Peru	2014.07—2019.07	续展登记
（2014）外饲准字 232 号	鱼粉 Fishmeal	秘鲁红鱼粉（三级） Peruvian Red Fishmeal（Ⅲ）	单一饲料 Single Feed	畜禽 Livestock and Poultry 水产动物 Aquaculture	秘鲁 Tecnologica De Alimentos S. A. 公司 Paracas 工厂 Tecnologica De Alimentos S. A.，Plant Paracas，Peru	2014.07—2019.07	续展登记
（2014）外饲准字 233 号	鱼粉 Fishmeal	秘鲁红鱼粉（三级） Peruvian Red Fishmeal（Ⅲ）	单一饲料 Single Feed	畜禽 Livestock and Poultry 水产动物 Aquaculture	秘鲁 Tecnologica De Alimentos S. A. 公司 ILO 工厂 Tecnologica De Alimentos S. A.，Plant Paracas，Peru	2014.07—2019.07	续展登记

（续）

登记证号	通用名称	商品名称	产品类别	使用范围	生产厂家	有效期限	备注
(2014)外饲准字234号	鱼粉 Fishmeal	秘鲁红鱼粉(三级) Peruvian Red Fishmeal (Ⅲ)	单一饲料 Single Feed	畜禽 Livestock and Poultry 水产动物 Aquaculture	秘鲁 Tecnologica De Alimentos S. A. 公司 Callao 工厂 Tecnologica De Alimentos S. A. , Plant Callao, Peru	2014. 07—2019. 07	续展登记
(2014)外饲准字235号	鱼粉 Fishmeal	秘鲁红鱼粉(三级) Peruvian Red Fishmeal (Ⅲ)	单一饲料 Single Feed	畜禽 Livestock and Poultry 水产动物 Aquaculture	秘鲁 Tecnologica De Alimentos S. A. 公司 Samanco 工厂 Tecnologica De Alimentos S. A. , Plant Callao, Peru	2014. 07—2019. 07	续展登记
(2014)外饲准字236号	鱼油 Fish Oil	鱼油(饲料级) Fish Oil(Feed Grade)	单一饲料 Single Feed	养殖动物 All Species or Categories of Animals	美国 Westward Seafoods, Inc. 公司 Dutch Harbor 工厂 Westward Seafoods, Inc. Plant Dutch Harbor, USA	2014. 07—2019. 07	续展登记
(2014)外饲准字237号	DL-蛋氨酸 DL-Methionine	饲料级 DL-蛋氨酸 DL-Methionine Feed Grade	单一饲料 Single Feed	养殖动物 All Species or Categories of Animals	德国赢创德固赛有限公司韦塞林格工厂 Evonik Degussa GmbH, Germany	2014. 07—2019. 07	续展登记
(2014)外饲准字238号	混合型饲料添加剂 香味物质 Feed Additives Mixture Flavouring Substances	奥利欧 LX189 P2 Oleobiotec® LX189 P2	混合型饲料添加剂 Feed Additives Mixture	养殖动物 All Species or Categories of Animals	法国馥蒂公司 Labotatoires Phode S. A. S. , France	2014. 07—2019. 07	续展登记
(2014)外饲准字239号	混合型饲料添加剂 枯草芽孢杆菌 酿酒酵母 Feed Additives Mixture Bacillus subtilis Saccharomyces cervisiae	牧哥益佰 Digesta-10	混合型饲料添加剂 Feed Additives Mixture	猪 Swine 家禽 Poultry 牛 Cattle 鱼 Fish	韩国 Eunjin 国际生物技术株式会社 Eunjin International Biotechnology Co. , Ltd, Korea	2014. 06—2019. 06	续展登记

（续）

登记证号	通用名称	商品名称	产品类别	使用范围	生产厂家	有效期限	备注
（2014）外饲准字 282 号	饲料添加剂 β,β-胡萝卜素-4,4 二酮（斑蝥黄） Feed Additive beta, beta-Carotene-4,4-Diketone(Canthaxanthin)	露康定红 Lucantin® Red	饲料添加剂 Feed Additive	家禽 Poultry	巴斯夫欧洲公司 BASF SE,Germany	2014.09—2019.09	续展登记
（2014）外饲准字 283 号	饲料添加剂 β-阿朴-8'-胡萝卜素酸乙酯 Feed Additive beta-Apo-8'-Carotenoic Acid Ethyl Ester	露康定黄 Lucantin® Yellow	饲料添加剂 Feed Additive	家禽 Poultry	巴斯夫欧洲公司 BASF SE,Germany	2014.09—2019.09	续展登记
（2014）外饲准字 284 号	饲料添加剂 盐酸硫胺素 Feed AdditiveThiamine Hydrochloride	盐酸硫胺素 Thiamine Hydrochloride	饲料添加剂 Feed Additive	养殖动物 All Species or Categories of Animals	德国帝斯曼营养产品有限公司 DSM Nutritional Products GmbH,Germany	2014.09—2019.09	续展登记
（2014）外饲准字 285 号	饲料添加剂 硝酸硫胺 Feed Additive Thiamin Mononitrate	罗维素® B1 ROVIMIX® B1	饲料添加剂 Feed Additive	养殖动物 All Species or Categories of Animals	德国帝斯曼营养产品有限公司 DSM Nutritional Products GmbH,Germany	2014.09—2019.09	续展登记
（2014）外饲准字 286 号	饲料添加剂 泛酸钙 Feed Additive Calpan	罗维素® 泛酸钙 Rovimix® Calpan	饲料添加剂 Feed Additive	养殖动物 All Species or Categories of Animals	帝斯曼营养产品（英国）有限公司 DSM Nutritional Products（UK）Ltd.,UK	2014.09—2019.09	续展登记
（2014）外饲准字 287 号	复合预混合饲料 Compound Premix	荣都 ST-10 Produmix ST-10	添加剂预混合饲料 Additive Premix	仔猪 Piglet	西班牙 Produmix S. A. 公司 Produmix S. A.,Spain	2014.09—2019.09	续展登记
（2014）外饲准字 288 号	复合预混合饲料 Compound Premix	荣都 MEGA40 Produmix MEGA40	添加剂预混合饲料 Additive Premix	仔猪 Piglet	西班牙 Produmix S. A. 公司 Produmix S. A.,Spain	2014.09—2019.09	续展登记

（续）

登记证号	通用名称	商品名称	产品类别	使用范围	生产厂家	有效期限	备注
(2014)外饲准字289号	鱼配合饲料 Fish Compound Feed	海丰世纪红观赏鱼饲料（小粒、中粒） Hai Feng Shi Ji Hong Ornamental Fish Food (small pellet, medium pellet)	配合饲料 Compound Feed	鱼 Fish	台湾海丰饲料股份有限公司 Hai Feng Feeds Co., Ltd., Taiwan	2014.09—2019.09	续展登记
(2014)外饲准字290号	鱼粉 Fishmeal	蒸汽烘干红鱼粉（三级至一级） Steam Dried Red Fishmeal (Ⅲ to Ⅰ)	单一饲料 Single Feed	畜禽 Livestock and Poultry 水产动物 Aquaculture	纳米比亚纳姆索夫渔业（私营）有限公司 Namsov Fishing Enterprises (Pty) Ltd., Namibia	2014.09—2019.09	续展登记
(2014)外饲准字291号	鱼粉 Fishmeal	红鱼粉（三级） Red Fishmeal (Ⅲ)	单一饲料 Single Feed	畜禽 Livestock and Poultry 水产动物 Aquaculture	巴基斯坦 M. A. 蛋白质公司 M. A. Proteins, Pakistan	2014.09—2019.09	续展登记
(2014)外饲准字292号	鱼粉 Fishmeal	红鱼粉（三级） Red Fishmeal (Ⅲ)	单一饲料 Single Feed	畜禽 Livestock and Poultry 水产动物 Aquaculture	巴基斯坦 Abideen and Company 公司 Abideen and Company, Pakistan	2014.09—2019.09	续展登记
(2014)外饲准字293号	马铃薯蛋白粉 Potato Protein	利安诺S Lianol Solapro	单一饲料 Single Feed	猪 Swine 家禽 Poultry	荷兰阿德乐国际动物营养有限公司 Ardol B. V., the Netherlands	2014.09—2019.09	续展登记
(2014)外饲准字319号	复合预混合饲料 Trace Mineral Premix	比尔佳电解液 Belgasol	添加剂预混合饲料 Additive Premix	赛鸽 Racing Pigeons	荷兰比尔佳迪威德公司 Belgica de Weerd B. V., the Netherlands	2014.10—2019.10	续展登记

(续)

登记证号	通用名称	商品名称	产品类别	使用范围	生产厂家	有效期限	备注
(2014)外饲准字320号	饲料添加剂 DL-蛋氨酸 Feed Additive DL-Methionine	饲料级 DL-蛋氨酸 DL-Methionine Feed Grade	饲料添加剂 Feed Additive	养殖动物 Monogastric Livestock	美国赢创股份公司 Evonik Corporation, USA	2014.10—2019.10	续展登记
(2014)外饲准字321号	饲料添加剂 维生素 A 乙酸酯 Feed Additive Vitamin A Acetate	维生素 A 醋酸酯 2.1M. I. U./g(EMQ) Vitamin A Acetate 2.1M. I. U./g(EMQ)	饲料添加剂 Feed Additive	养殖动物 All Species or Categories of Animals	瑞士帝斯曼营养产品有限公司 DSM Nutritional Products Ltd., Switzerland	2014.10—2019.10	续展登记
(2014)外饲准字322号	饲料添加剂 L-抗坏血酸(维生素 C) Feed Additive L-Ascorbic Acid (Vitamin C)	罗维素® C-EC Rovimix® C-EC	饲料添加剂 Feed Additive	养殖动物 All Species or Categories of Animals	帝斯曼营养产品(英国)有限公司 DSM Nutritional Products (UK) Ltd., United Kingdom	2014.10—2019.10	续展登记
(2014)外饲准字323号	鱼粉 Fishmeal	红鱼粉(三级) Red Fishmeal (Ⅲ)	饲料添加剂 Feed Additive	畜禽 Livestock and Poultry 水产动物 Aquaculture	智利 Orizon S. A. 公司 Coquimbo 工厂 Orizon S. A., Plant Coquimbo, Chile	2014.10—2019.10	续展登记
(2014)外饲准字358号	饲料添加剂 维生素 B_2 Feed Additive Vitamin B_2	罗维素® B_2 80-SD Rovimix® B_2 80-SD	饲料添加剂 Feed Additive	养殖动物 All Species or Categories of Animals	帝斯曼营养产品德国有限公司 DSM Nutritional Products GmbH, Germany	2014.12—2019.12	续展登记
(2014)外饲准字359号	饲料添加剂 维生素 A 乙酸酯 Feed Additive Vitamin A Acetate	罗维素® A 500 WS Rovimix® A 500 WS	饲料添加剂 Feed Additive	养殖动物 All species or categories of animals	帝斯曼营养产品法国有限公司 DSM Nutritional Products France SAS, France	2014.12—2019.12	续展登记
(2014)外饲准字360号	饲料添加剂 dl-α-生育酚乙酸酯 Feed Additive dl-alpha-Tocopherol Acetate	罗维素® E 50 SD Rovimix® E 50 SD	饲料添加剂 Feed Additive	养殖动物 All species or categories of animals	帝斯曼营养产品法国有限公司 DSM Nutritional Products France SAS, France	2014.12—2019.12	续展登记

（续）

登记证号	通用名称	商品名称	产品类别	使用范围	生产厂家	有效期限	备注
（2014）外饲准字361号	饲料添加剂 L-抗坏血酸-2-磷酸酯 Feed Additive L-Ascorbyl-2-Phosphate	罗维素 安定-C 35 Rovimix® Stay-C35	饲料添加剂 Feed Additive	养殖动物 All species or categories of animals	帝斯曼营养产品法国有限公司 DSM Nutritional Products France SAS，France	2014.12—2019.12	续展登记
（2014）外饲准字362号	饲料添加剂 核黄素(维生素 B_2) Feed Additive Riboflavin (Vitamin B_2)	露他维 B_2 80 Lutavit B_2 SG80	饲料添加剂 Feed Additive	养殖动物 All Species or Categories of Animals	韩国巴斯夫公司 BASF Company Ltd.，Korea	2014.12—2019.12	续展登记
（2014）外饲准字363号	饲料添加剂 蛋白酶(源自枯草芽孢杆菌) Feed Additive Protease (by *Bacillus subtilis*)	康畜宝70 One-Q® kangxubao	饲料添加剂 Feed Additive	猪 Swine 牛 Cattle 家禽 Poultry 水产动物 Aquaculture	韩国英赛特生物技术公司 Insect Biotech Co.，Ltd.，Korea	2014.12—2019.12	续展登记
（2014）外饲准字364号	饲料添加剂 枯草芽孢杆菌 Feed Additive *Bacillus subtilis*	班克 Sporezyme	饲料添加剂 Feed Additive	猪 Swine	韩国 Woogene 株式会社 Woogene B&G Co.，Ltd.，Korea	2014.12—2019.12	续展登记
（2014）外饲准字365号	混合型饲料添加剂 甜味剂 Feed Additives Mixture Sweeteners	甜味素 Sugarcap	混合型饲料添加剂 Feed Additives Mixture	仔猪 Piglet	西班牙埃特亚公司 Industrial Tecnica Pecuaria，Spain	2014.12—2019.12	续展登记
（2014）外饲准字366号	混合型饲料添加剂 甜味剂 Feed Additives Mixture Sweeteners	特佳甜 Optisweet® T	混合型饲料添加剂 Feed Additives Mixture	仔猪 Piglet	英国纽埃特有限公司 Nutriad Ltd.，UK	2014.12—2019.12	续展登记
（2014）外饲准字367号	混合型饲料添加剂 低聚壳聚糖 Feed Additives Mixture Low-Molecular-Weight Chitosan	福德安 Bestfude	混合型饲料添加剂 Feed Additives Mixture	猪 Swine 家禽 Poultry 水产动物 Aquaculture	中国派斯德股份有限公司 China Bestar Laboratories Ltd.	2014.12—2019.12	续展登记

（续）

登记证号	通用名称	商品名称	产品类别	使用范围	生产厂家	有效期限	备注
（2014）外饲准字368号	复合预混合饲料 Premix	产得乐 Rindavital Energietrunk	添加剂预混合饲料 Additive	奶牛 Dairy Cow	德国威廉绍曼爱尔斯雷本有限责任公司 H. W. Schaumann Eilsleben GmbH, Germany	2014.12—2019.12	续展登记
（2014）外饲准字369号	鱼粉 Fishmeal	秘鲁红鱼粉（三级） Peruvian Red Fishmeal（Ⅲ）	单一饲料 Single Feed	畜禽 Livestock and Poultry 水产动物 Aquaculture	秘鲁 Tecnologica De Alimentos S. A. 公司 Parachique 工厂 Tecnologica De Alimentos S. A., Parachique Plant, Peru	2014.12—2019.12	续展登记

附件 3：

饲料和饲料添加剂新产品目录（2014）

证书编号	通用名称	主要成分	产品类别	使用范围	申请单位
新饲证字（2014）01 号	N-氨甲酰谷氨酸 N-Carbamylglutamate	N-氨甲酰谷氨酸	饲料添加剂	妊娠母猪	亚太兴牧（北京）科技有限公司
新饲证字（2014）02 号	姜黄素 Curcumin	姜黄素、去甲氧基姜黄素和双去甲氧基姜黄素	抗氧化剂	淡水鱼类	广州市科虎生物技术研究开发中心
新饲证字（2014）03 号	胆汁酸 Bile acids	猪胆酸、猪去氧胆酸和鹅去氧胆酸	其他	肉仔鸡	山东龙昌动物保健品有限公司
新饲证字（2014）04 号	胍基乙酸 Guanidinoacetic acid	胍基乙酸	氨基酸、氨基酸盐及其类似物	肉仔鸡	北京君德同创农牧科技股份有限公司

新饲料和新饲料添加剂评审工作内容

2014年，全国饲料评审委员会（以下简称“评审委”）紧密围绕农业部中心任务和饲料行业重点工作，继续以“保饲料安全、促行业发展”为宗旨，在新饲料和新饲料添加剂评审、饲料安全评价规范及标准建立、行业法规宣贯培训等方面开展了一系列工作，为饲料安全监管提供了有力的技术支撑。

一、科学开展新饲料评审工作

继续秉承“科学、公平、公正”的原则，严把新饲料和新饲料添加剂评审技术关。2014年，共对35余个次新饲料和新饲料添加剂产品的申报材料进行形式审查；组织召开5次专家评审会，对12个次产品进行评审，5个产品通过评审，颁发饲料和饲料添加剂新产品证书4张。此外，通过召开专家咨询讨论会、调查研讨等多种形式，及时给申报企业提出合理化意见和建议，不仅为企业提供了有针对性的技术指导，也提高了新饲料评审工作的效率。

二、修订《饲料添加剂品种目录》

《饲料添加剂品种目录》是饲料行业品种准入的基础性文件，为保证目录的时效性和适用性，在2013版《饲料添加剂品种目录》实施后，及时收集企业和相关机构的修订意见和建议，对目录进行了补充修订，作为农业部第2134号公告正式发布。此次修订将行业亟须的辛烯基琥珀酸淀粉钠、索马甜等两个饲料添加剂品种增补进目录，同时将目录中二氧化硅的名称进行了进一步明确，修订为二氧化硅（沉淀并经干燥的硅酸），并将低聚异麦芽糖的适用范围扩大至断奶仔猪。

三、完善《饲料原料目录》

通过行业实地调研等多种方式及时收集整理了《饲料原料目录》的相关修订意见和建议，并于6月和7月组织召开两次专家评审会对目录修订意见进行审定，之后分别以农业部第2133号公告和2249公号正式发布修订结果。增补鱼浆、低脂肪鱼粉（低脂鱼粉）、硅藻土等3种原料进入原料目录，将低脂肪鱼粉（低脂鱼粉）列入单一饲料品种目录；扩大牛初乳适用范围至所有养殖动物。修订维护工作使目录中饲料原料品种不断得到完善。

四、开展饲料添加剂安全再评价

为充分了解和确认准用饲料和饲料添加剂产品的安全性，组织行业专家开展了氯化铵、N-羟甲基蛋氨酸钙等饲料添加剂在家禽、猪、奶牛、羊、水产等靶动物上的14个安全性评价试验，为制定《饲料添加剂安全使用规范》、修订《饲料原料目录》和《饲料添加剂品种目录》提供科学依据。

五、编制饲料评价技术规范

为指导饲料评审和评价工作的科学开展，继续组织制定饲料评价技术规范。2014年，组织专家起草了《饲料添加剂对人体健康影响的风险评估技术指南》《微生物生物质在饲料中应用的评价技术指南》和两项国家标准化技术性指导文件《饲料原料和饲料添加剂畜禽靶动物有效性评价试验技术指南》《饲料原料和饲料添加剂水产靶动物有效性评价试验技术指南》，饲料评价技术体系日趋完善。

六、加强法规宣贯培训

为加强行业法规宣贯力度，提高行业从业人员的法规水平，2014年4月和12月分别在沈阳和北京举办饲料法规宣贯培训班，围绕新颁布的《进口饲料和饲料添加剂登记管理办法》《新饲料和新饲料添加剂管理办法》申报材料要求以及《饲料标签》标准等，对饲料行业管理、执法、检测机构相关人员，新饲料和新饲料添加剂以及进口饲料和饲料添加剂申报企业负责人员进行了培训，培训人数达300人次。

此外，为提高我国饲料评价工作和评价技术指南的编制质量和水平，2014年8月，特邀美国食品药品管理局（FDA）兽药评审中心专家来华，就中美两国饲料评价技术法规和评价实践进行了交流与研讨，为饲料评价结果的国际互认打下基础。

（王黎文）

饲料安全监管

2014 年，农业部以深入贯彻实施新的饲料法规制度为主线，全面加强饲料质量安全监管，着力完善事前、事中、事后有效衔接的饲料质量安全管理体系，确保饲料质量安全状况持续向好。

一、制定发布配套规章，形成完善的饲料法规体系

在前 2 年工作的基础上，制定发布《饲料质量安全管理规范》《进口饲料和饲料添加剂登记管理办法》2 个部门规章以及《进口饲料和饲料添加剂登记申报材料要求》等 4 个技术规范，并对《饲料添加剂品种目录》和《饲料原料目录》进行了增补。与《饲料和饲料添加剂管理条例》配套的部门规章制定工作全部完成，汇编出版新版《饲料法规文件》。

二、严把行政许可审核关，淘汰不符合条件的企业

督促指导各地严格执行新的准入标准，加快工作进度，在 7 月 1 日前完成所有老的饲料生产企业换证审核，未通过审核的全部退出。截至 2014 年 12 月，全国获得饲料生产许可证的企业数量为 7 061 家，较 2013 年底减少 3 000 家。

三、部署实施《饲料质量安全管理规范》，创建一批示范企业

《规范》年初以部令形式公布后，及时制作出版《规范》培训教学片，在山东威海召开《规范》实施现场会。组织专家对山东、上海、四川、湖北、黑龙江、福建等 6 省市 29 个部级示范企业进行现场验收，为《规范》全面实施树立典型样板。组织专家对全国 1 100 家获证饲料和饲料添加剂生产企业进行现场检查，督促企业加强生产过程管理。

四、加强饲料质量安全监测，提高风险管控能力

组织实施饲料产品质量卫生状况监测、饲料中禁用物质监测和反刍动物饲料中牛羊源性成分监测，对各类风险保持持续跟踪。建立不合格样品信息快速通报机制，提高检打联动效率。组织开展饲料中霉菌毒素污染状况摸底调查，指导饲料企业加强风险防控。全年共抽检各类饲料产品 5 760 个，质量卫生指标合格率 96.2%，同比提高 0.2 个百分点；从养殖环节抽检饲料样品 6 570 个，“瘦肉精”等禁用物质检测合格率 100%。

五、继续组织开展“瘦肉精”专项整治，巩固近 3 年的工作成效

召开各省（区、市）行政管理、监督执法和质检机构负责人联席会议，要求各地进一步健全工作机制，强化工作措施，打好“瘦肉精”歼灭战。在全国组织开展养殖环节“瘦肉精”监督抽查，河北、山东等 12 个重点省份开展跨省拉网监测，对禁止使用的“瘦肉精”类物质进行全面排查。湖北和福建两省在活畜尿液中抽检发现“瘦肉精”后，及时溯源到养殖户使用的兽药含有“瘦肉精”类物质，并会同公安机关追查到制售源头。经过持续推动，在全国多数省份，“瘦肉精”监管纳入了政府绩效考核，跨省案件通报协查、“瘦肉精”违法问题有案必移、活畜出栏检疫与抽检同步、屠宰环节自检与监督抽检结合等工作机制和措施实现了常态化，防止问题反弹、巩固工作成效的长效机制逐步形成。据不完全统计，2014 年各级畜牧兽医部门共抽检各类样品 1 214 万批次，立案查处违法问题 273 个，向公安机关移送“瘦肉精”违法案件 48 件。

（李大鹏）

“瘦肉精”专项整治

2014年农业部继续组织开展“瘦肉精”专项整治，各地畜牧部门进一步深化落实《农业部关于深入推进“瘦肉精”专项整治工作的意见》，在机构建设、日常监管措施等方面取得新的突破，推进专项整治工作由“运动式监管”向“常态化监管”转变，取得新的成效。

一是宣传教育不放松。4月，农业部在威海召开各省（区、市）行政管理、监督执法和质检机构负责人会议，于康震副部长要求各地进一步贯彻落实《农业部关于深入推进“瘦肉精”专项整治工作的意见》，思想不能懈怠，打好“瘦肉精”歼灭战。各地也保持宣传力度不放松，特别是对“瘦肉精”违法案件查处进行高调宣传，进一步强化“添加瘦肉精就是违法犯罪”的社会认知。2014年全国共发放宣传材料460余万份，通过媒体宣传16 000次，培训相关人员50万人次。

二是监督抽检更加科学有序。继续组织在全国实施养殖场户“瘦肉精”专项监测计划，在河北、山东等10个重点省份开展跨省拉网监测，对禁止使用的“瘦肉精”类物质进行全面排查。各省在结合国家抽检计划的基础上，科学制定本省的抽检计划，做到“各个环节全覆盖、大中小户不遗漏”。各级畜牧兽医部门争取经费3亿元，抽检各类样品960万批次。

三是部门间沟通协调更加顺畅。目前省际、部门之间协调配合渠道基本畅通，跨省案件通报协查、涉嫌犯罪移送等工作机制有效运转。据不完全统计，2014年各级畜牧兽医部门在专项整治中共立案查处违法案件250起，向公安机关移送34起。湖北和福建两省在活畜尿液中抽检不合格后，各级畜牧部门迅速行动，及时溯源到养殖户使用的兽药含有“瘦肉精”类物质，并会同公安机关追查到制售源头。

四是长效监管机制探索有新进展。各省在专项整治过程中积极理顺并优化部门监管职能，绝大部分地方将具体监管职能落实到机构体系健全的动物卫生监督机构。在全国多数省份，“瘦肉精”监管纳入了政府绩效考核。

据不完全统计，2014年各级畜牧兽医部门共抽检各类样品1 214万批次，立案查处违法问题273个，向公安机关移送“瘦肉精”违法案件48件。据我部例行监测，2014年畜产品“瘦肉精”监测合格率99.8%，形势稳定向好。

（李大鹏）

饲料质量监督与检测

为加强饲料产品质量安全监督管理，提高饲料和养殖产品质量安全水平，根据《农业部办公厅关于下达2014年饲料质量安全监测计划的通知》（农办牧［2014］5号）和《2014年养殖环节"瘦肉精"专项监测计划》（农办牧［2014］6号）的要求，国家饲料质量监督检验中心（北京）等35个饲料质检机构根据农业部统一安排，在畜牧业司的指导下，在各省（区、市）畜牧饲料主管部门的支持下，2014年共对全国30个省（区、市）、新疆生产建设兵团的饲料生产、经营和使用环节的饲料产品质量、瘦肉精、三聚氰胺等违禁添加物、养殖环节"瘦肉精"等进行了监测，并对饲料标签进行了检查。

一、监测计划完成情况

2014年，全年计划监测59 475批次，实际完成了72 876批次，超额完成任务（占全年计划的122.5%）。其中，全国饲料产品质量安全监测完成5 760批次，占计划5 310批次的108.47%；养殖环节饲料中违禁添加物监测完成6 570批次，占计划6 225批次的105.5%；养殖环节"瘦肉精"专项监测中监督抽检18 272个养殖场（户）的50 227批次动物尿液，占计划37 500批次动物尿液的133.9%；重点省养殖场（户）β-兴奋剂类违禁物质排查监测完成3 037批次，占计划3 300批次的92.0%；饲料中苯乙醇胺A、可乐定、赛庚啶专项监测完成1 108批次，占计划1 080批次的102.6%；奶牛养殖集中区域奶牛饲料中三聚氰胺监测完成643批次，占计划630批次的102.1%；蛋白饲料中三聚氰胺监测完成1 566批次，占计划1 500批次的104.4%；等等。

二、监测结果总体情况

（一）饲料产品质量监测

各级饲料质检机构对全国30个省（区、市）、新疆生产建设兵团的3 146个饲料生产、经营企业的饲料产品进行了抽检，抽查检测5 760批次，合格5 541批次，合格率96.2%。与2013年（96.0%）相比上升0.2个百分点。其中：

1. 配合饲料合格率为96.2%，与2013年（96.2%）持平；浓缩饲料合格率为95.9%，与2013年（96.5%）相比下降0.6个百分点。

2. 三类预混合饲料产品的监测结果

（1）复合预混合饲料的合格率为93.6%，与2013年（93.1%）相比上升0.5个百分点；

（2）微量元素预混合饲料的合格率为87.5%，与2013年（89.4%）相比下降1.9个百分点；

（3）维生素预混合饲料的合格率为84.3%，与2013年（93.6%）相比下降9.3个百分点。

3. 饲料添加剂产品的监测结果

（1）国产饲料添加剂的合格率为100%，与2013年（97.1%）相比上升2.9个百分点；

（2）针对进口饲料产品开展的监测结果表明，进口饲料及饲料添加剂的合格率为96.1%，与2013年（91.0%）相比上升5.1个百分点。

4. 饲料原料的监测结果表明

（1）动物源性饲料的合格率为95.2%，与2013年（96.5%）相比下降1.3个百分点；

（2）植物性饲料的合格率为99.8%，与2013年（98.2%）相比上升1.6个百分点。

5. 针对宠物饲料开展的监测结果表明

（1）国产宠物饲料合格率为99.5%，与2013年（97.7%）相比上升1.8个百分点；

（2）进口宠物饲料合格率为100%，与2013年（98.4%）相比上升1.6个百分点（图2-90）。

（二）饲料安全专项监测

1. 饲料使用环节违禁添加物专项监测 2014年，对全国30个省（区、市）、新疆生产建设兵团5 744

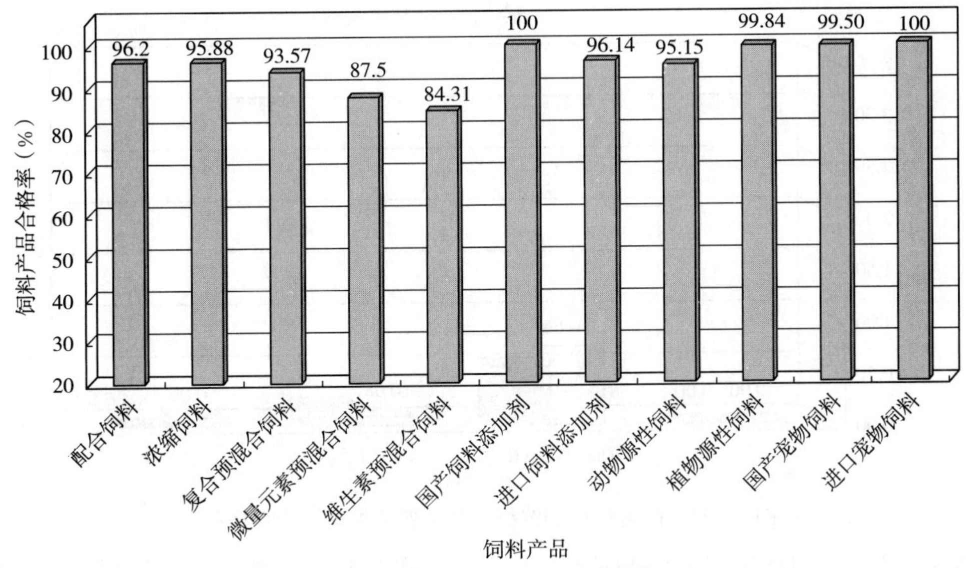

图 2-90　不同饲料产品合格率

个养殖场（户）的商品饲料和自配饲料中的盐酸克仑特罗、苏丹红等违禁添加物进行了抽检，抽查检测 6 570批次样品，其中：猪用饲料 2 921 批次，家禽饲料 1 548 批次，水产饲料 512 批次，鱼粉 289 批次，肉牛料 917 批，肉羊料 383 批。所有样品中全部未检出违禁添加物，好于 2013 年（0.04%）的结果。

2. 饲料中苯乙醇胺 A、可乐定、赛庚啶专项监测　2014 年，对河北、上海、浙江、安徽、福建、江西、山东、河南、湖北、湖南、广东、四川等 12 省的 893 个饲料生产和使用企业的育肥猪添加剂预混合饲料、浓缩饲料和配合饲料进行了苯乙醇胺 A、可乐定、赛庚啶等违禁添加物的专项监测，抽查检测苯乙醇胺 A 等违禁添加物 1 108 批次，全部未检出上述违禁添加物，与 2013 年的结果（0%）相同。

3. 饲料中三聚氰胺专项监测

（1）奶牛养殖集中区域奶牛饲料中三聚氰胺监测。对北京、河北、内蒙古、黑龙江、山东、河南、陕西、甘肃、新疆等 9 省（市）442 个奶牛养殖场（户）的奶牛饲料中三聚氰胺进行专项监测，抽查检测 643 批次奶牛精料补充料、全混合日粮和自配饲料，均未检出三聚氰胺，继 2012 年和 2013 年再次保持 0 检出率。

（2）蛋白饲料中三聚氰胺监测。对全国范围内 1 135个蛋白饲料生产、经营和使用者的蛋白饲料原料中三聚氰胺进行监测，抽查检测 1 566 批次样品，检出率为 0，与 2013 年的结果（0）相比持平。

（三）养殖环节“瘦肉精”专项监测

1. 养殖场（户）“瘦肉精”监督抽检　对全国 30 个省（区、市）18 272 个养殖场（户）育肥后期的生猪、肉牛和肉羊尿液中克仑特罗、莱克多巴胺和沙丁胺醇进行了抽检，抽查检测 50 227 批次，其中有 6 批次牛尿中检出克伦特罗，检出率为 0.01%，进行了相关处理。

2. 重点省养殖场（户）β-兴奋剂类违禁物质排查监测　2014 年对河北、辽宁、江苏、浙江、江西、山东、河南、湖北、湖南、四川等 10 省 18 县市 1 013个养殖场（户）进行监测，抽检生猪、肉牛和肉羊尿液样品 3 037 批次，所有样品中均未检出克仑特罗、莱克多巴胺、沙丁胺醇、齐帕特罗、氯丙那林、特布他林、西马特罗、西布特罗、马布特罗、溴布特罗、班布特罗等 11 种 β-兴奋剂类违禁物质，检出率为 0。

三、监测结果分析

（一）饲料产品质量安全监测结果分析

1. 不同饲料产品质量状况比较　对 2014 年全国饲料产品质量监测的结果进行分类统计和分析如下：

（1）配合饲料和浓缩饲料。共监测 3 542 批次配合饲料和浓缩饲料产品，不合格产品 138 批次，不合格率为 3.9%。其中，不合格产品中有 80 批次饲料粗蛋白不合格，占不合格配合饲料和浓缩饲料产品的 58.0%，与 2013 年（69.7%）相比下降 11.7 个百分点。粗蛋白质不合格仍然是配合饲料和浓缩饲料产品不合格的主要因素，应引起各级管理部门的重视，避免类似情况的重复发生。

从配合饲料和浓缩饲料的卫生指标检测结果看，主要是黄曲霉毒素 B_1、沙门氏菌和镉超标。配合饲料和浓缩饲料的主要不合格卫生指标的情况（图 2-91）。

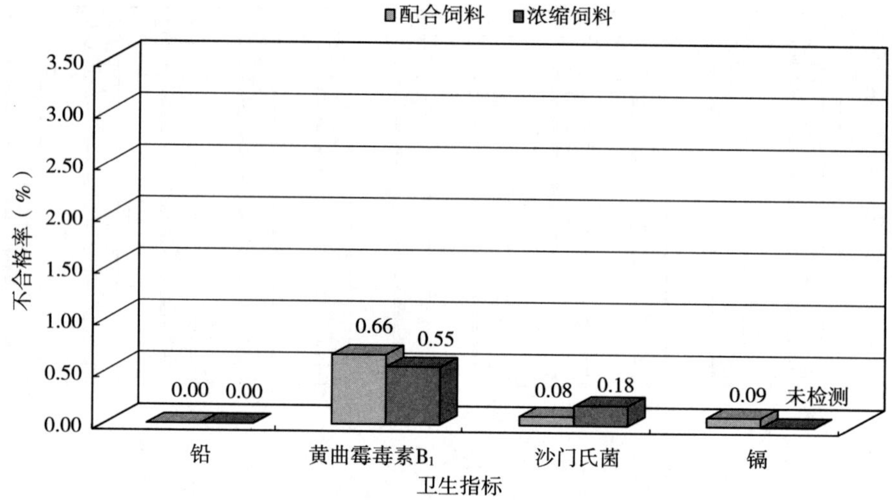

图 2-91 配合饲料和浓缩饲料主要卫生指标不合格率

黄曲霉毒素 B_1 是 2014 年度饲料产品质量最主要的不合格指标，与 2013 年的结果（配合饲料 0.04%）相比，不合格率也出现了大幅度的增加，应引起关注；沙门氏菌的不合格率也上升了，配合饲料的不合格率从原先的未检出上升到 0.08%，浓缩饲料的不合格率从原先的 0.10%上升到 0.18%；在重金属方面，与 2013 年相比有所变化，原先出现超标情况的铅（配合饲料 0.09%，浓缩饲料 0.10%），2014 年全部检测合格，但镉却出现了超标的现象，配合饲料中有 0.09%产品不合格。

（2）动物源性饲料。共抽查 370 个生产、经营企业的动物源性饲料产品 392 批次，373 批次合格，合格率为 95.2%，与 2013 年（96.5%）相比下降 1.3 个百分点。

在 19 批次不合格的动物源性饲料产品中，其中有 14 批次是鱼粉（合格率 95.3%，2013 年合格率 94.7%）；2 批次是肉粉（合格率 87.5%，2013 年合格率 96.5%）；1 批次是肉骨粉（合格率 92.9%，2013 年合格率 75.0%）；1 批次是羽毛粉（合格率 96.7%，2013 年合格率 100%）；1 批次是血粉（合格率 96.7%，2013 年合格率 96.5%）。

从鱼粉的质量指标检测结果看，砂分超标是主要问题，不合格率 3.4%；其次是粗蛋白，不合格率为 1.7%。上述 2 个不合格的指标均为质量指标，这有别于 2013 年有沙门氏菌不合格（不合格率均为 1.4%）以及 2012 年铬超标（不合格率 1.41%）和沙门氏菌不合格（不合格率为 0.3%）的情形，表现出卫生指标向好的趋势（图 2-92）。

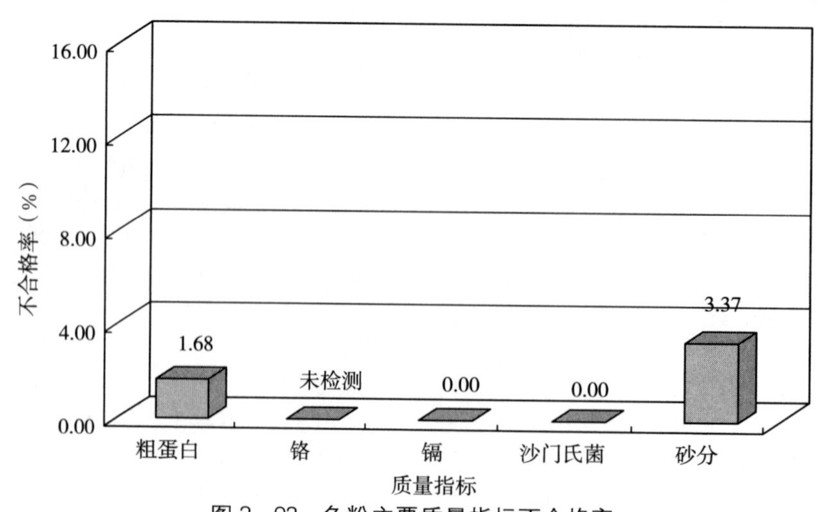

图 2-92 鱼粉主要质量指标不合格率

（3）添加剂预混合饲料。共抽检添加剂预混合饲料 660 批次，合格 608 批次，合格率为 92.1%。其中，复合预混合饲料合格率为 93.6%，微量元素预混合饲料合格率为 87.5%，维生素预混合饲料合格率为 84.3%。其中，经营环节的复合预混合饲料、微量元素预混合饲料和维生素预混合饲料合格率分别为 92.1%、66.7%和 16.7%，复合预混合饲料合格率比 2013 年（87.4%）上升 4.7 个百分点，微量元素预混合饲料合格率比 2013 年（68.2%）下降了 1.5 个百分点，维生素预混合饲料合格率比 2013 年（84.6%）下降 67.9 个百分点。经营环节的维生素预混合饲料存在严重问题，需要引起重视。

（4）国产饲料添加剂。抽检国产的饲料添加剂 150 批次，全部合格。其中，抽检维生素添加剂 48 批次（含 37 批次氯化胆碱），全部合格，与 2013 年的氯化胆碱合格率（97.2%）相比上升 2.8%个百分点。

（5）进口饲料添加剂。共抽查来自 25 个国家的进口饲料和饲料添加剂 207 批次，合格 199 批次，合格率为 96.1%，其中：抽查氨基酸类产品 66 批次，合格 64 批次，合格率为 97.0%；维生素类产品 22 批次，合格率为 100%；其他添加剂产品 70 批次，合格率为 94.3%；蛋白饲料产品 32 批次，合格率为 96.9%；能量饲料产品 17 批次，合格率为 94.1%。检查 207 个产品标签，标签合格 172 批次，合格率 83.1%。产品合格率高出 2013 年（91.0%）5.1 个百分点；标签合格率低于 2013 年（90.6%），这可能与新的《饲料标签》标准于 2014 年 7 月 1 日正式实施前后，对新旧标准的理解不到位有关。

（6）进口宠物饲料。共抽查北京、上海、天津、重庆 4 个直辖市的 41 家宠物饲料经销单位的宠物饲料产品 201 批次。其中狗、猫干粮 152 批次、罐头 49 批次。共检测了宠物饲料样品中的粗蛋白、粗脂肪、沙门氏菌等指标，200 批次产品合格，合格率为 99.5%。

2. 主要卫生指标监测结果比较 2014 年，主要对配合饲料、浓缩饲料、添加剂预混合饲料、饲料添加剂和鱼粉等 5 类饲料产品中的主要卫生指标：砷、铅、镉、黄曲霉毒素 B_1 和沙门氏菌等指标进行了监测。监测结果如下：

（1）砷：砷超标情况较为严重。708 批次样品中有 5 批次不合格，不合格率为 0.7%，其中：607 批次添加剂预混合饲料样品中有 1 批次不合格，超标率为 0.16%；101 批次饲料添加剂样品中有 4 批次不合格，超标率为 4.0%。

（2）黄曲霉毒素 B_1：对 2 256 批次配合饲料和 1 085批次浓缩饲料中的黄曲霉毒素 B_1 进行了监测，从 15 批次配合饲料中检出黄曲霉毒素 B_1 超标，超标率为 0.7%；从 6 批次配合饲料中检出黄曲霉毒素 B_1 超标，超标率为 0.5%；3 341 批次样品的总体不合格率为 0.6%。

（3）沙门氏菌：在部分样品中也检出了沙门氏菌，3 839 批次样品中有 4 批检出沙门氏菌，检出率为 0.1%。从 2 449 批次配合饲料和 1 093 批次浓缩饲料中分别有 2 批次分别检出沙门氏菌，不合格率分别为 0.08%和 0.2%，297 批次鱼粉中未检出沙门氏菌。

（4）镉：对 2 211 批次配合饲料和 297 批次鱼粉中的镉进行了监测，有 2 批次配合饲料样品中的镉超标，检出率为 0.09%，总体检出率为 0.08%。

（5）铅：对 2 284 批次配合饲料、1 092 批次浓缩饲料、527 批次添加剂预混合饲料和 101 批次饲料添加剂等 4 004 批次样品中的铅进行了监测，结果均符合饲料卫生标准的要求，合格率为 100%。

3. 配合饲料中铜、锌监测结果 为进一步了解农业部 1224 号公告的执行情况，2014 年继续对猪、禽和水产配合饲料样品进行铜和锌两项指标的检测。两项指标依据 1224 号公告的限量规定作单项判定，且计入产品综合判定。

共检测 2 406 批配合饲料中铜和锌含量，其中，猪配合饲料 1 297 批，禽配合饲料 847 批，水产配合饲料 262 批。从检测结果看，铜合格率为 99.2%，与 2013 年的结果（99.2%）基本持平；锌合格率 99.2%，略高于 2013 年的合格率（99.1%）。

按配合饲料的种类统计，铜合格率最高的是水产配合饲料，为 99.62%（2013 年为 99.60%）；其次是禽配合饲料为 99.29%（2013 年为 99.3%）；猪配合饲料最低，为 99.00%（2013 年为 98.98%）。锌合格率最高的是水产配合饲料为 100%（2013 年也为 100%）；其次是禽配合料也为 99.88%（2013 年为 99.77%）；猪配合饲料最低，为 98.61%（2013 年为 98.46%）。

按省份统计，铜、锌合格率在 90%以上的省都是 30 个，与 2013 年情形相同。其中：铜合格率为 100%的 19 个省，锌 19 个省；铜和锌两项合格率均在 95%以上有 30 个省，所有省的铜或锌合格率都高于 90%。

4. 生产环节和经营环节的饲料产品质量对比 2014 年共抽查生产环节的配合饲料、浓缩饲料、饲料添加剂、添加剂预混合饲料和动物源性饲料 2 680 批次，2 591 批次合格，合格率 96.7%，与 2013 年（96.9%）相比下降 0.2 个百分点。抽查经营环节的配合饲料、浓缩饲料、饲料添加剂、添加剂预混合饲料和动物源性饲料 1 636 批次，1 545 批次合格，合格率 94.4%，与 2013 年（93.9%）相比上升 0.5 个百分点。生产企业产品合格率比经营企业高 2.3 个百分点（图 2-93）。

5. 各省饲料产品质量对比 从各省饲料产品（不包括进口饲料和饲料添加剂）质量监测结果看：

96.68
94.44
100
90
80
70
60
饲料产品合格率（%）
生产环节
经营环节
不同环节

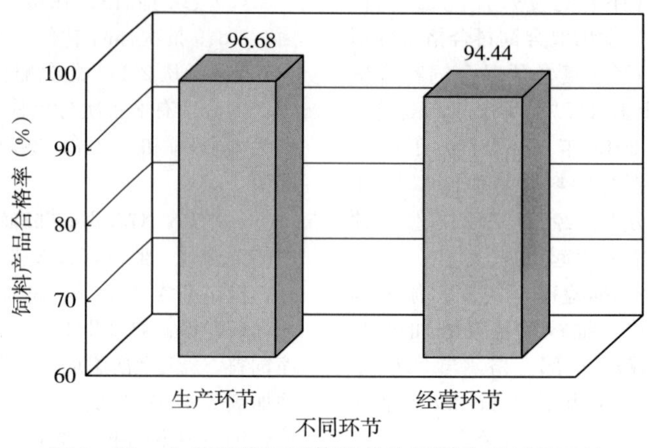

图 2-93 生产环节和经营环节的饲料产品质量对比

北京、天津、河北、山西、辽宁、吉林、黑龙江、上海、安徽、福建、湖北、湖南、广东、广西、海南、重庆、四川、陕西、青海、宁夏、新疆和新疆兵团等22省区的合格率高于95%。内蒙古自治区和贵州等2个省区的饲料产品合格率低于90%，合格率分别为89.5%和88.1%（图2-94）。

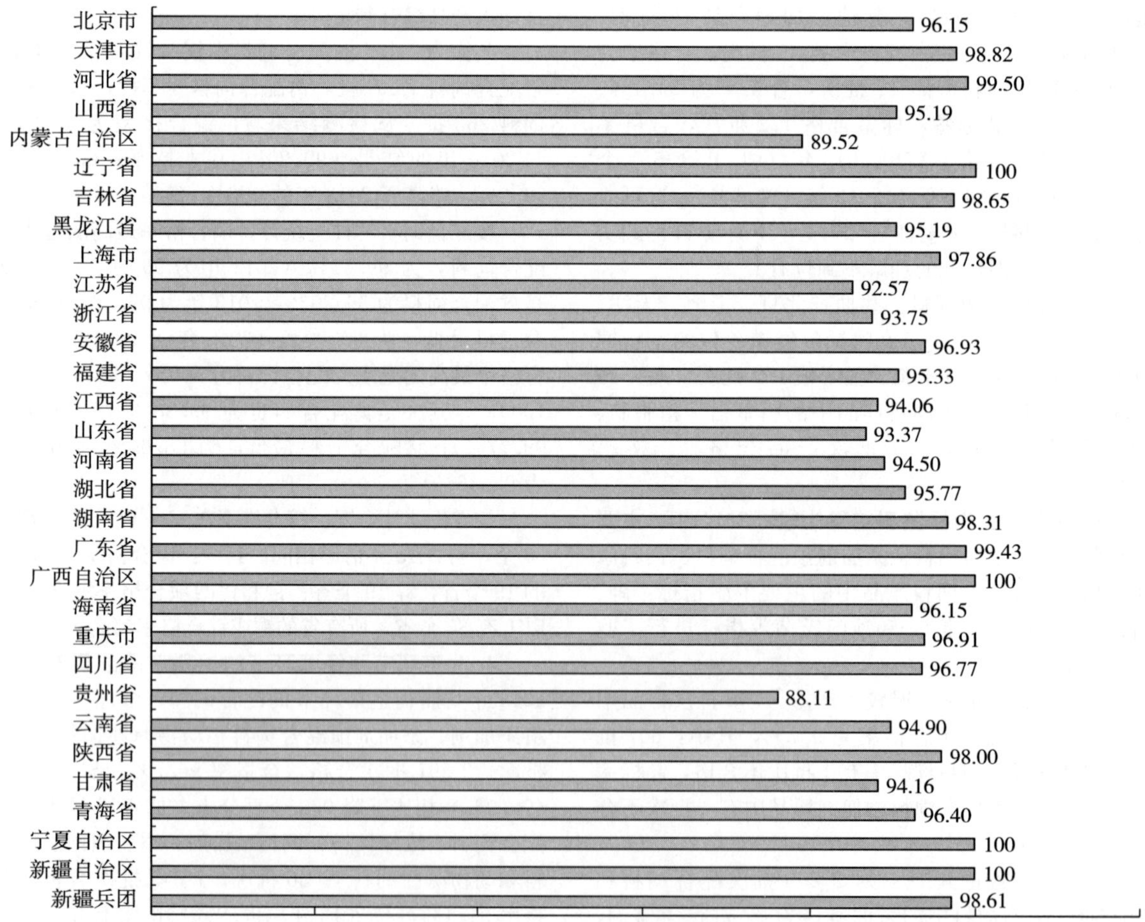

北京市 96.15
天津市 98.82
河北省 99.50
山西省 95.19
内蒙古自治区 89.52
辽宁省 100
吉林省 98.65
黑龙江省 95.19
上海市 97.86
江苏省 92.57
浙江省 93.75
安徽省 96.93
福建省 95.33
江西省 94.06
山东省 93.37
河南省 94.50
湖北省 95.77
湖南省 98.31
广东省 99.43
广西自治区 100
海南省 96.15
重庆市 96.91
四川省 96.77
贵州省 88.11
云南省 94.90
陕西省 98.00
甘肃省 94.16
青海省 96.40
宁夏自治区 100
新疆自治区 100
新疆兵团 98.61

图 2-94 各省饲料产品合格率（%）

（二）饲料安全专项监测结果分析

1. 饲料使用环节违禁添加物监测结果分析 育肥猪饲料、肉牛饲料、肉羊饲料：抽检育肥猪饲料2 921批次、肉牛饲料917批次、肉羊饲料383批次，均未检出克仑特罗、莱克多巴胺、沙丁胺醇等违禁药物。

禽饲料：抽检肉禽和蛋禽饲料 1 548 批次，未检出呋喃唑酮、氯霉素和苏丹红。

水产饲料：抽检 50 批次大菱鲆、鳗鱼、甲鱼等特种水产饲料，未检出呋喃唑酮；抽检 277 批次草鱼、鲤鱼、河蟹和罗氏召虾等水产饲料，未检出氯霉素、己烯雌酚；抽检 185 批次其他水产饲料，均合格。

鱼粉：抽检 289 批次鱼粉，未检出隐性孔雀石绿和孔雀石绿等违禁添加物质。

2. 饲料中苯乙醇胺 A、可乐定、赛庚啶专项监测 2014 年对河北、上海、浙江、安徽、福建、江西、山东、河南、湖北、湖南、广东、四川等 12 省的 893 个饲料生产和使用企业的育肥猪添加剂预混合饲料、浓缩饲料和配合饲料进行苯乙醇胺 A、可乐定、赛庚啶等违禁添加物的专项监测，抽查检测苯乙醇胺 A 等违禁添加物 1 108 批次，全部合格。

3. 饲料中三聚氰胺专项监测

（1）奶牛养殖集中区域奶牛饲料中三聚氰胺监测。对北京、河北、内蒙古、黑龙江、山东、河南、陕西、甘肃、新疆等 9 省（市）442 个奶牛养殖场（户）的奶牛饲料中三聚氰胺进行专项监测，抽查检测 643 批次奶牛精料补充料、全混合日粮和自配饲料，未检出三聚氰胺。

（2）蛋白饲料中三聚氰胺监测。对全国范围内 1 135个蛋白饲料生产、经营和使用者的蛋白饲料原料中三聚氰胺进行监测，抽查检测 1 566 批次，检出率 0%，结果与 2013 年相同。

4. 饲料中不同违禁添加物检出情况对比 对 4 222批次饲料中克仑特罗、莱克多巴胺和沙丁胺醇，978 批次饲料中的苏丹红，1 597 批次饲料中的呋喃唑酮，2 059 批次饲料中的氯霉素，273 批次饲料中的已烯雌酚，289 批次样品中的隐性孔雀石绿和孔雀石绿分别进行了检测，全部未检出。由此可见，饲料中克仑特罗、莱克多巴胺、苏丹红、呋喃唑酮、已烯雌酚、氯霉素等违禁物质的违规使用已经基本得到了抑制。饲料中不同违禁添加物检出率对比（图 2-95）。

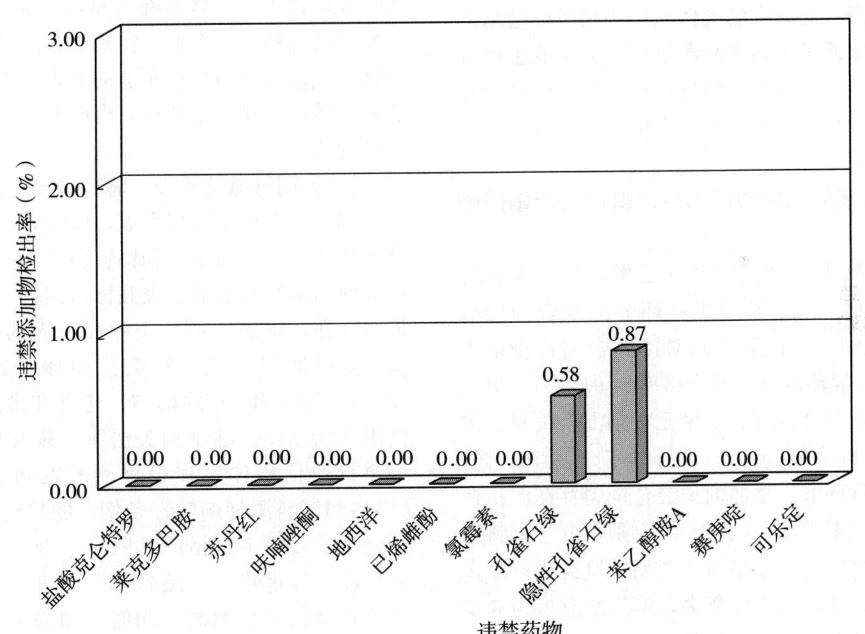

图 2-95 饲料中不同违禁添加物检出率（%）

（三）养殖环节“瘦肉精”专项监测

1. 养殖场（户）“瘦肉精”监督抽检 对全国 30 个省（区、市）18 272 个养殖场（户）育肥后期的生猪、肉牛和肉羊尿液中克仑特罗、莱克多巴胺和沙丁胺醇进行了抽检，抽查检测 50 227 批次，在 6 批次牛尿中检出克伦特罗，检出率为 0.01%。

2. 重点省养殖场（户）β-兴奋剂类违禁物质排查监测 对河北、辽宁、江苏、浙江、江西、山东、河南、湖北、湖南、四川等 10 省 18 县市 1 013 个生猪、肉牛和肉羊养殖场（户）进行监测，现场筛查克仑特罗、莱克多巴胺和沙丁胺醇 3 种 β-兴奋剂类违禁物质。除现场筛查呈阳性的样品外，每个养殖场（户）选 1 份样品，实验室检测克仑特罗、莱克多巴胺、沙丁胺醇、齐帕特罗、氯丙那林、特布他林、西马特罗、西布特罗、马布特罗、溴布特罗、班布特罗等 11 种 β-兴奋剂类违禁物质。共抽检生猪、肉牛和肉羊尿液样品 3 037 批次，检出率为 0，好于 2013 年的结果（检出率为 0.09%）。

（四）饲料标签专项检查结果分析

鉴于2014年新的《饲料标签》正式实施，对于饲料标签采取了专项检查的方式进行，除进口饲料添加剂外，由每省抽取不同饲料生产企业的20个标签，统一由饲料质量安全监测小组组织相关人员进行标签的判定，结果合格率不到30%，需引起各级部门和饲料企业的重视。

四、存在的问题

（一）粗蛋白质等质量指标依然是制约提高饲料合格率的掣肘

随着近年来饲料监测和处罚力度的加大，质量指标的合格率逐年提高，但合格率平均值仍低于卫生指标合格率。全年共抽检3 542批次配合饲料和浓缩饲料产品，不合格产品138批次，不合格率为3.9%。不合格产品中有80批次饲料粗蛋白不合格，占不合格配合饲料和浓缩饲料产品的58.0%。造成饲料粗蛋白质不达标的原因主要还是人为因素，比如：少数中小企业人为调低配方中的蛋白原料的用量或选用低质原料，从而降低了饲料产品质量；部分企业生产过程控制能力较差，没有对原料进厂和产品出厂进行有效控制；也存在标签上标示质量指标虚高的现象，特别是鱼粉。

（二）经营环节添加剂预混合饲料存在严重造假问题

抽检添加剂预混合饲料660批次，合格608批次，合格率为92.1%。其中生产环节的复合预混合饲料合格率为94.2%；微量元素预混合饲料合格率为100%；维生素预混合饲料合格率为91.7%。但经营环节的复合预混合饲料、微量元素预混合饲料、维生素预混合饲料分别为92.1%、66.7%和16.7%。由此可见：经营环节，添加剂预混合饲料存在严重造假现象。微量元素预混合饲料、维生素预混合饲料通过经营环节销售的主要是小包装产品。这类成产品多为小公司生产，加之销售环节多，销售地点多为老少边穷地区，监管难度大，质量难以保证。

（三）进口饲料和饲料添加剂质量安全水平有待提高

抽查来自25个国家的进口饲料和饲料添加剂207批次，合格199批次，合格率为96.1%，其中氨基酸类产品合格率为97.0%；维生素类产品合格率为100%；其他添加剂产品合格率为94.3%；蛋白饲料产品合格率为96.9%；能量饲料产品17批次，合格率为94.1%。检查207个产品标签，标签合格172批次，合格率83.1%。可见，部分进口饲料和饲料添加剂质量安全问题需要给予关注。

（四）部分省养殖环节“瘦肉精”问题依然存在

对全国30个省（区、市）18 272个养殖场（户）育肥后期的生猪、肉牛和肉羊尿液中克仑特罗、莱克多巴胺和沙丁胺醇进行了抽检，抽查检测50 227批次，有6批次牛尿检出克伦特罗，检出率为0.01%。表明连续多年开展的β-兴奋剂类违禁物质排查监测取得了明显的成效，非法使用“瘦肉精”的势头已基本遏制，但非法添加违禁添加物的问题依然存在，且针对的养殖动物品种也有扩大的苗头。

五、对策措施和建议

（一）严格准入和日常监管结合，提升饲料企业质量安全管理水平

近年来，随着监测工作的进一步加强，饲料产品的质量安全水平有了很大的提高，但由于饲料行业整体水平不高，受生产条件、管理水平、人员素质、市场因素等方面的影响，部分饲料产品质量不稳定，合格率波动较大。一些潜在安全隐患依然存在。因此，需要严格饲料生产企业，特别是添加剂预混合饲料和动物源性饲料原料生产企业的准入条件，并加强日常监管。通过创建示范企业，全面实施《饲料质量安全管理规范》。

（二）倡导诚信建设，惩戒饲料行业失信行为

饲料行业越是向前发展，诚实守信的价值和地位就越是凸显。当前生产和销售假冒伪劣饲料产品、不规范使用饲料添加剂、虚假标示饲料产品成分的问题依然存在，体现了部分企业和个人的信用的严重缺失。要根据国务院《社会信用体系建设规划纲要（2014—2020年）》的精神，建立和推进饲料行业的信用体系建设，健全相关法律法规和标准体系，使饲料行业信用体系建设做到有法可依。严格按照《饲料和饲料添加剂管理条例》的规定，利用现代信息化手段，对不合格产品的企业及时实施处罚并曝光。逐步通过建立“黑名单”制度，增加对列入黑名单企业的检查频次。同时，加强从业人员的诚信意识教育。

（三）利用现代技术手段，完善对饲料原料和饲料添加剂的监管

利用现有的《进口饲料和饲料添加剂许可证信息管理系统》，面向企业和公众公开进口饲料和饲料添加剂的登记信息。借鉴欧盟的“SAMPLE BANK”，以进口饲料和饲料添加剂为突破口，逐步建立适合我国饲料行业的“样品库”。在近红外快速检测技术逐渐被行业接受的背景下，为了更好地发挥近红外技术的长处，建立国家级饲料原料和饲料添加剂近红外及其他指纹图谱库。

（四）转变工作思路，提高养殖环节“瘦肉精”监管成效

以提升养殖环节“瘦肉精”监管效能为目标，优化绩效考核和奖惩方式，鼓励发现问题和解决问题。同时，推进适度规模化养殖，完善各种补贴制度，提高养殖效益。加强养殖环节从业人员的法规培训。加强处理“瘦肉精”案件的透明度和宣传力度，使所有人都不敢碰这道高压线。

（樊霞　李俊）

科技与推广

2014年饲料科技创新取得了丰硕成果，2项成果获得了国家科技进步二等奖，1项成果获得了国家发明二等奖。

由中国农业科学院饲料研究所姚斌研究员主持，青岛蔚蓝生物集团有限公司、广东溢多利生物科技股份有限公司、武汉新华扬生物股份有限公司、北京挑战生物技术有限公司、新希望集团有限公司等单位参与完成的“饲料用酶技术体系创新及重点产品创制”项目获得国家科技进步二等奖。项目从酶的分子生物学基础性科学问题入手，以解决我国饲料用酶性能、成本、知识产权和可持续研发等产业化应用的瓶颈问题为目标，潜心研究20余年，获得了具有自主知识产权和应用价值的新型饲料用酶基因百余个，创新了酶蛋白分子改良技术体系，创建了表达量达到10～50g/L级的高效表达技术体系，突破了发达国家在饲料用酶资源方面的专利壁垒，使我国在饲料用酶基因资源的争夺上处于国际制高点。同时该团队还构建并完善了饲料用酶制剂高效生产和综合配套应用技术，实现了饲料用酶制剂的低成本产业化生产与推广应用，打破了国际大公司的垄断，并使我国饲料用酶迅速发展成为具有国际竞争力及社会、经济和生态效益显著的新兴产业。该项目技术成果得到了很好的推广应用。近3年已累计生产销售单酶及复合酶产品20余万t，在全国31省区上千家饲料及养殖企业推广应用，并出口欧美等20余个国家。产品已应用于全国80%以上的猪、鸡、水产等动物饲料，并节约饲料粮5 000万t、磷资源1 000万t，减少养殖业磷氮等有机物排放1 300万t。

由中国农业大学动物科技学院李胜利教授主持，山东农业大学、河北农业大学、东北农业大学、北京首农畜牧发展有限公司、现代牧业（集团）有限公司、北京中地种畜股份有限公司等单位参与完成的“奶牛饲料高效利用及精准饲养技术创建与应用”项目获得国家科技进步二等奖。项目针对制约我国奶业发展的饲料与营养方面的重大技术问题，围绕奶牛主要营养素代谢基础理论、饲料营养价值评定和精准饲养技术体系，开展了系统的理论和技术创新及应用。一是创建了中国奶牛营养需要和饲养标准。建立了我国首套大型呼吸测热室，首次将SF6示踪技术用于奶牛呼吸测热，解决了我国奶牛能量代谢研究的设施瓶颈问题，提出了奶牛能量单位（NND）。建立了我国奶牛小肠可消化蛋白质体系和赖氨酸、蛋氨酸平衡模型，使我国成为世界上9个建立新蛋白质营养体系的先进国家之一。开展了13类485种20 000多个饲料样品的营养价值评定工作，建立了中国奶牛饲料营养价值数据库；出版了《奶牛营养需要和饲料成分》（1987版、2000版和2007版），是国内奶牛场实现科学饲料配方的技术基础。二是揭示了关键营养素对奶牛营养代谢调控作用及其机理，建立了中国奶牛精准饲养技术体系。提出了能蛋平衡理论，揭示了小肽吸收机理，建立了乳腺氨基酸需要量和代谢模式，构建了提高奶牛饲料转化效率和乳蛋白率的关键技术。研制推广了我国首套具有自主知识产权的奶牛数字化精细养殖系统和日粮配方软件平台；制定了以全混合日粮评定、生产性能测定与日粮调控等56项关键指标为核心的奶牛精准饲养评价体系。开发了11种奶牛饲料添加剂及过瘤胃饲料新产品，提高了我国奶牛饲料专业化生产能力。三是建立了奶牛甲烷排放估测模型，提出了氮、磷及甲烷减排的技术方案。创建了我国奶牛甲烷排放量估测模型，研究推广了降低甲烷排放技术方案4套，可实现降低甲烷排放量26.7%～31.1%。在奶牛磷需要量研究上取得重大理论创新，提出了新的奶牛磷需要量参数，较原参数下降35%，实现磷减排4.9万t。建立的技术方案可提高日粮氮泌乳转化效率50%以上，氮减排13.1万t。近3年核心技术作为农业部主推技术广泛应用，累计培训

1.7万人次，示范奶牛507万头次；新增产值45.4亿元，新增利润7.0亿元，部分成果获得省部级一等奖4项。

由中国科学院南海海洋研究所张偲院士主持，广东海大集团股份有限公司等单位参与完成的“热带海洋微生物新型生物酶高效转化软体动物功能肽的关键技术”项目获得了国家发明二等奖。项目针对海洋软体动物的高效利用，从海洋发掘产酶微生物新属种；创制新型生物酶；发明功能肽的定向酶解新技术；发明营养免疫新型功能肽和珍珠角蛋白的定向制备及改造技术；创建功能肽评价模型，发掘肽的新功能，实现了海洋功能肽定向制备技术的工程化应用。新技术解决了相关领域的世界级难题，获国内外同行高度评价，达到国际领先水平，推进了行业技术进步，新技术海洋精细加工珍珠产品市场份额国内领先，推动企业的渔用饲料年销售量达世界第一。

2014年国家科技部启动了科技基础性工作专项重点项目“我国主要畜禽饲料资源及其矿物元素含量与分布调查”。项目由中国农业科学院北京畜牧兽医研究所牵头，联合中国农业科学院饲料研究所、中国农业大学和四川农业大学等17家全国饲料与矿物元素营养研究领域的优势单位共同承担。项目拟针对约占整个畜禽饲料98%以上的我国主要畜禽猪、鸡、牛、羊和鸭的饲料资源及其矿物元素含量与分布进行调查、分析，建立相应的基础数据库和信息共享平台。项目设置6个课题，将全国31个省市区划分为四个片区，对应设置四个饲料资源调查课题；常量、微量矿物元素含量与分布调查各设一个课题。该项目的实施，将为制定我国不同区域主要畜禽饲料资源高效利用和矿物元素调盈补缺的最优方案提供科学依据，有利于降低饲料成本，减少矿物元素过度排放对环境的污染，同时将培养一批从事饲料资源调查、高效利用与矿物元素营养研究的优秀人才。

2014年开始，中国农业科学院全面启动的农业科技创新工程全面开始了试点工作。农业科技创新工程提出了“服务产业重大科技需求，跃居世界农业科技高端”的使命，通过探索建立以学科体系为核心的科研创新模式，以绩效管理为核心的人才团队，以稳定支持为核心的科研组织方式，以“开放、竞争、流动”为核心的用人机制，推进研究所组织结构、决策体制、管理机制、评价体系等制度创新，全面提升科技创新能力。中国农业科学院北京畜牧兽医研究所的家畜营养与调控、鸡营养评定代谢与调控、鸭营养与饲料等3个与饲料相关的团队进入创新工程试点；中国农业科学院饲料研究所的饲用酶工程、抗菌肽及抗生素替代品、单胃动物饲料、反刍动物饲料、水产动物饲料、饲料质量安全控制、新型饲料资源研究与利用、饲料加工等8个团队进入创新工程试点。这些创新团队将围绕饲料营养价值评定、营养需要量、营养代谢调控机理、饲用酶和抗菌肽等新型饲料添加剂、畜禽功能型饲料、鸡猪关键生理期饲料、反刍动物幼畜营养素调控理论、粗饲料利用技术、水产动物营养代谢机理、饲料中有毒有害物质的检测与风险评估、饲料中药物安全性、新型饲料资源的挖掘评价与增值利用、优质饲料加工工艺、饲料加工过程质量控制等方面开展科技创新，力争解决一批饲料和养殖行业需要的公益性重大关键技术难题。

2014年国家科技型中小企业技术创新基金支持了18项与饲料相关的项目，其中科技型中小企业科技服务项目1项，科技型中小企业技术创新项目17项（表2-38，表2-39）。

表2-38 科技型中小企业科技服务项目

序号	项目名称	承担单位
1	生物饲料及饲料添加剂关键技术研发与检测服务平台	北京龙科方舟生物工程技术有限公司

表2-39 科技型中小企业技术创新项目

序号	项目名称	承担单位
1	反刍动物双效复合微生态制剂的研发与中试	内蒙古斯隆生物技术有限责任公司
2	粪肠球菌多糖肽生物制剂的研制及应用	上海久肽生物科技有限公司
3	发酵型无抗乳猪饲料开发	杭州驼王科技有限公司
4	发酵中药微生态饲料添加剂	安徽惠尔普生物科技发展有限责任公司
5	安全高效的新型天然饲料添加剂	鑫会海生物技术（厦门）有限公司

（续）

序号	项目名称	承担单位
6	安全高效的天然中草药（钩吻）饲料添加剂	厦门市锐泰中生物科技有限公司
7	固态发酵法生产高含量乳酸粪肠球菌中试	宜春强微生物科技有限公司
8	饲料粉碎搅拌机	五峰檀木农业机械有限公司
9	抗生素替代品益生乳酸菌产品的研究与开发	湖北华大瑞尔科技有限公司
10	基于微藻油脂菌发酵技术的高效安全饲料添加剂	武汉常辉天添生物科技有限公司
11	白酒糟酵母培养物生物饲料开发与应用	湖北高生生物饲料有限公司
12	新型绿色抗菌饲料添加剂（兽药用辅料）	湖南裕翔生物科技有限公司
13	生态健康型发酵功能性微生物饲料	广东利生源生物饲料有限公司
14	新饲料添加剂——六氢β-酸酯	广州英赛特生物技术有限公司
15	抗对虾白斑病毒助长免疫调节剂的研究与应用推广	广西众达生物工程有限公司
16	仔猪颗粒饲料新工艺生产线的研究与应用	大理东道农业产业有限公司
17	反刍动物壳寡糖营养舔砖	乌鲁木齐格莱克工程技术有限公司

2014 年国家星火计划立项推广的饲料项目 34 项，国家火炬计划立项的饲料产业化示范项目 5 项（表 2-40，表 2-41）。

表 2-40　2014 年度国家星火计划立项的饲料项目清单

序号	项目名称	承担单位
1	一种新型绿色高效饲料添加剂的产业化示范推广	北京资源亚太动物药品有限公司
2	食用菌菌糠高蛋白饲料的开发	天津市天寿食用菌科技有限公司
3	基于饲料品质需求的高效环模制粒机设计及示范	天津农学院
4	牛羊生物饲料产业化示范	内蒙古优牧特农牧科技股份有限公司
5	半干微贮菌体蛋白质饲料生产技术示范应用	苏尼特右旗荣宇现代生态畜牧业有限公司
6	饲用替代抗生素微生态制剂应用技术集成及产业化	辽宁禾丰牧业股份有限公司
7	微生态菌液（乳酸菌＋芽孢杆菌＋灵芝）推广与示范	辽宁爱普罗斯饲料有限公司
8	农作物秸秆饲料转化与高效利用关键技术及产业化	徐州工程学院
9	双齿围沙蚕高效环保型配合饲料的研制及示范推广	盐城工学院
10	无公害微生态猪用饲料关键技术研究与开发	连云港市金陵饲料有限公司
11	高效环保型三黄鸡饲料系列产品的示范推广	浙江群大饲料有限公司
12	新型无抗猪饲料的推广应用	浙江华腾牧业有限公司
13	无抗生素高活菌畜禽用发酵饲料的研发与推广	浙江德清博诚生物科技有限公司
14	高产优质饲用型马棘新品种的推广应用	金华杰农生物科技有限公司
15	鱼腥草畜禽饲料添加剂的产业化及无公害生猪饲养与推广	浙江欣宏源养殖有限公司
16	高效棉酚降解菌发酵棉粕的技术集成与示范	安徽农业大学
17	高效大豆肽蛋白饲料生产与应用示范推广	福建龙岩闽雄生物科技有限公司
18	闽南地区罗非鱼专用饲料研发与配套养殖技术推广	福建海大饲料有限公司
19	氮减排放型仔猪低蛋白质日粮预混料示范与推广	山东众成饲料科技有限公司
20	兽用中药发酵微生态制剂研制与推广	山东科技职业学院

（续）

序号	项目名称	承担单位
21	作物秸秆饲料的生产推广与应用研究	南阳兴农生物技术开发有限公司
22	畜禽免疫增强剂茯苓多糖散的研究与开发	武汉回盛生物科技有限公司
23	饲用凝结芽孢杆菌的生产及其在肉鸭养殖中的应用推广	武汉轻工大学
24	益生菌饲料添加剂的研发与产业化应用	广州格拉姆生物科技有限公司
25	酵母蛋白饲料的研发与产业化应用	广州格拉姆生物科技有限公司
26	抗菌肽牛乳铁蛋白肽的研发与产业化	广州格拉姆生物科技有限公司
27	香蕉茎叶青贮饲料加工利用技术的示范与推广	广西壮族自治区农业科学院农产品加工研究所
28	柑橘皮渣发酵青贮饲料生产技术产业化	重庆工商大学
29	马铃薯淀粉渣发酵饲料牛羊养殖技术应用示范	陇西永顺养殖农民专业合作社
30	液、固态发酵复合酶生物菌剂的推广应用	兰州联邦饲料有限公司
31	岱衢洋大黄鱼专用饲料集成应用研究与示范	宁波市海洋与渔业研究院
32	新型发酵植物源蛋白饲料关键技术中试及示范应用	浙江诚元生物技术有限公司
33	三疣梭子蟹配合饲料产业化关键技术集成与示范	宁波大学
34	中华鳖专用饲料产业化关键技术集成与推广	宁波大学

表 2－41　2014 年度国家火炬计划立项的饲料产业化示范项目清单

序号	项目名称	承担单位
1	年产 240t 饲用益生元颗粒	杭州诚信生物科技有限公司
2	年产 1 000tβ-甘露聚糖酶产业化	山东隆科特酶制剂有限公司
3	新型酶制剂制备成套技术及产业化	湖南鸿鹰祥生物工程股份有限公司
4	脱毒发酵棉籽蛋白产业化示范	新疆希普生物科技股份有限公司
5	动物益生菌-植物提取物复合制剂产业化示范	中国爱地集团公司

（吴子林）

饲料行业职业技能鉴定

我们在全国31个省直辖市设立了30个饲料职业技能鉴定站，确保了职业技能鉴定工作稳步开展。2014年鉴定人数达到12 772人次，取得资格证书人数为11 501人次，合格率为90%。

一、做好基础建设工作，不断夯实职业技能开发技术基础

新的《饲料和饲料添加剂管理条例》以及配套的法规、技术文件的发布实施，对饲料检验化验员的职业技能水平都有了较高的要求。2014年，对《饲料检验化验员》标准、教材及试题库进行修订。并且为满足饲料企业和培训机构开展培训的需要，使操作技能培训教学更为直观、科学、有效，筹备拍摄饲料检验化验员职业技能考核培训教学专题片。

二、加强人才队伍建设，为职业技能鉴定工作提供技术保障

加快行业职业技能人才队伍建设，对于推动职业技能开发工作具有重要意义。一是职业技能鉴定管理人员队伍建设。2014年召开行业职业技能鉴定管理人员培训班，提高管理人员的综合素质；二是职业技能开发专家队伍建设。建立了一支由鉴定管理部门、职业院校、科研院所专家组成的具备丰富专业知识，一定的鉴定经验并且掌握新法规政策的专家队伍，是我们做好职业技能开发工作的保证。三是职业技能鉴定考评员、督导员队伍建设。两支队伍建设一直是重点工作，2014年举办3期职业技能鉴定考评人员培训班，基本满足行业职业技能鉴定工作的需求。

三、不断加强鉴定质量管理，做好指导和服务

加强对行业鉴定站指导管理，做好有关政策的执行和技术操作上指导和服务，严格把好发证审核关。努力做好鉴定考务系统、鉴定试题库的管理；鉴定数据材料的审核、证书发放、教材发放等工作；积极保持与各地鉴定站联系和沟通。

1. 加强鉴定站管理 签订安全保密责任书和质量管理责任书。与各饲料行业鉴定站签订安全保密责任书和质量管理责任书。把加强质量管理和做好鉴定试卷安全保密工作当作鉴定工作的头等大事来抓。组织了各鉴定站的许可证换证工作。对各地上报的材料进行了审核汇总，确保了职业技能鉴定工作有序开展。加强质量调研工作。2014年对5家饲料鉴定站进行了实地调研，指导开展鉴定工作。

2. 加强职业技能鉴定质量督导工作 行业内首次开展现场督考工作。加强职业技能鉴定质量管理，提高职业技能鉴定质量是我们核心工作，重中之重。职业技能鉴定质量督导是职业技能鉴定质量管理的重要组成部分，是提高职业技能鉴定质量的重要保证。2014年我们首次在行业开展现场督考工作，对农业056站、农业066站、农业025站等3个饲料行业鉴定站7个鉴定工种开展了现场督考工作。规范行业职业技能鉴定工作，提高职业技能鉴定质量。

（田　莉）

饲料工业标准化

2014年，紧紧围绕农业部“保供给、保安全、保生态”的目标任务，重点推进饲料质量安全、养殖过程标准化和无公害产品认证工作，全年推动立项标准136项、报批67项、发布37项，审核通过无公害畜产品2 820个，完成饲料添加剂标准研究，质量标准与认证水平得到了进一步提升，为加快转变畜牧业发展方式、提高畜产品质量安全水平提供了支撑。

一、围绕农业投入品质量安全，重点推进饲料工业标准制修订工作。2014年提出饲料标准立项建议94项，推动立项85项（其中行标项目38项，国标项目47项），审查标准31项（其中国标13项，行标18项），报批45项（其中国标35项，行标10项），其中强制性国家标准30项，推动发布饲料工业标准21项（其中国标9项，行标12项）。详见附件1。饲料卫生标准修订进展顺利，计划2015年报批。

二、围绕加强养殖过程管控，加快推进畜牧标准制修订工作。2014年提出标准立项建议57项，推动立项51项（其中行标项目33项、国标项目18项），审查标准53项（其中国标12项、行标41项），报批22项（其中国标3项，行标19项），推动发布《标准化养殖场 奶牛》等畜牧标准16项（其中国标2项，行标11项）。

三、围绕畜产品质量安全，稳健推进无公害认证工作。继续推进认证工作重点转移，稳定数量规模，提高质量效益。2014年受理无公害畜产品认证申请4 200余份，审核通过2 820项，合格率约67%，新获证企业2 668家，新认证产品420.4万t，发挥了无公害产品认证的示范带动作用。

四、完成《饲料添加剂重要产品标准研究项目》，提出45项国家标准草案，制定20项饲料添加剂产品质量标准，加快饲料添加剂标准体系建设步伐。完成家畜、奶牛、肉禽、禽蛋、蜂蜜等5项无公害农产品生产质量安全控制技术规范，修订了无公害畜产品认证检查员和内检员培训教材，制定了现场检查规范。

五、加强技术培训与指导，不断提高标准化与认证水平。分别举办饲料工业标准、畜牧业标准和无公害认证培训班，培训约人次300。赴江苏、青海等15省（区、市）指导开展标准化与认证工作。通过培训与指导，加大了标准宣贯力度，提高了从业人员的业务素质，营造了重视标准、推广标准和使用标准的良好氛围。

六、加强标委会建设。根据有关规定，提出畜牧标委会换届申请及组成方案，2014年8月得到国标委批复（标委办综合函［2014］147号）。第二届畜牧标委会由80位委员组成，其中王宗礼任主任委员，沙玉圣任副主任委员兼秘书处，黄路生、南志标、李德发任副主任委员，罗健、于福清任委员兼副秘书长，秘书处设在全国畜牧总站。协助完成了韩国《畜产品标签》等畜牧标准官方评议。协助国标委加快推进《饲料中脂肪酸含量的测定》等中英标准互认工作。

（武玉波）

饲料行业质量认证

一、认证行业工作概述

2014年是中国认证认可行业完善中国特色认证认可工作体系，深化改革之年。认证审批制度改革方面，认证机构审批事项将9个事项缩减为5项，事前备案事项由5个缩减为1项；将近百个产品认证审批项目归并为22个类别。同时简化审批程序，审批时间减少30天。2014年上海自贸区外商投资负面清单中，取消了“外资认证机构设立”事项。强制性产品认证改革方面，建立强制性认证产品目录和指定机构动态调整机制，向外资和民营机构开放指定认证检测业务。新增指定机构18家，其中外资机构3家；取消指定检测机构的地域限制，满足企业“一站式”检测认证需求；简化认证单元和认证规则，认证单元数量压缩约两成。企业负担显著降低，从业机构创新活力明显增强。检验检测机构资质管理改革方面，研究建立统一的检验检测机构资质认定制度，预计减少重复颁发资质证书约6 000张。放宽检验检测机构主体准入条件，允许民办非企业法人和特殊普通合伙人企业申请资质认定证书。食品农产品认证及进出口食品注册备案改革方面，积极推行注册备案采信第三方认证的工作模式。

认证认可行业持续发展，认证认可证书总量连续多年位居世界第一。2014年，我国累计颁发各类有效认证证书130.2万张、认可证书83.0万张、检验检测机构资质认定证书3.7万张，批准国家质检中心597家，累计注册进口食品境外生产企业14 465家、出口食品生产企业13 541家。认证认可工作较好发挥了质量基础作用，促进了经济提质增效升级和对外贸易稳定发展。

二、饲料行业质量安全管理工作概述

产品结构仍处于深度调整期。2014年全国饲料总产量为1.97亿t，同比增长2.0%。其中，配合饲料产量还在持续增长，浓缩饲料还在持续下滑。

行业深度整合。根据新修订的《饲料和饲料添加剂管理条例》《饲料和饲料添加剂生产许可管理办法》等要求，从2014年7月起，饲料生产企业统一使用新的生产许可证，原有的审查合格证作废。饲料生产企业准入“门槛”提高，在工艺设备、质量检验等方面提出了更高要求，导致2014年饲料企业数量大幅减少。截至2014年12月，全国获得饲料生产许可证的企业数量为7 061家，较2013年底减少3 000家。随着2015年7月1日《饲料质量安全管理规范》正式实施，预计饲料企业数量仍将继续减少。

为贯彻落实《饲料和饲料添加剂管理条例》，推进《饲料质量安全管理规范》，树立饲料企业质量安全管理标杆，农业部组织开展了《饲料质量安全管理规范》示范企业验收工作。经专家组现场审核，山东等8个省、直辖市的21家饲料生产企业通过部级验收，为饲料行业建立有效的质量和安全管理体系树立了学习标杆。

饲料和饲料添加剂的生产许可管理抬高了行业门槛，行业集中度提高，促进了企业集团的发展。《饲料质量安全管理规范》的推广落地，全面提升行业建立饲料质量安全管理体系的意识，提高质量安全管理水平，为开展第三方认证打下了良好基础。

三、北京华思联认证中心开展的主要工作

1. 持续开展饲料行业质量及安全管理体系认证及培训工作　2014年，北京华思联认证中心（以下简称中心）在饲料企业集中地、产量占全国总产量80%以上的东部地区（北京、天津、河北、上海、江苏、浙江、福建、山东、广东、海南、辽宁）、中部地区（山西、安徽、江西、河南、湖北、湖南、黑龙江、吉林）以大型企业集团旗下企业、大中型饲料单

厂为主，开展了 GB/T19001、GB/T22000 认证工作。从企业需求出发，中心以 GB/T19001、GB/T22000 为管理工具，结合农业部将于 2015 年 7 月 1 日实施的《饲料质量安全管理规范》及其他相关的部门规章，对企业集团、大中型饲料企业开展个性化培训，帮助企业管理人员理解和应用国家法律法规、部门规章、国家强制性标准，促进 GB/T19001、GB/T22000 与企业经营的有机融合。在巩固传统区域的同时，中心扩大了甘肃、湖南、福建等省份的企业客户，新增了企业集团所属的企业，开展了培训及管理体系认证工作。

2. 参与《饲料质量安全管理规范》试点企业的现场检查及指南的编写工作 2014 年，中心多名审核专家作为农业部专家组成员，参加了《饲料质量安全管理规范》试点企业的现场检查及指导工作。此项工作体现出中心在饲料行业开展质量和安全管理体系认证工作的专业性和权威性，加强了企业对管理体系认证的认识。

3. 加强审核人员培训工作，提升第三方审核质量 2014 年，中心为提升认证质量，多次组织审核人员进行专业基础知识、审核业务知识的培训，内容涉及饲料原料、饲料加工工艺、饲料生产设备、饲料检化验设备及检测等专业知识，食品安全管理体系认证机构要求、食品安全管理体系认证实施规则、GB/T19001 及 GB/T2200 专业条款如何审核等审核要求及实践；《饲料质量安全管理规范》等法律法规和部门规章的学习。通过培训，审核员专业素质、专业能力得到提升，具有了一定的“执法”能力，确保了认证质量。

4. 开展国际合作，引入发达国家成熟的质量安全管理体系 2014 年，中心继续推进欧盟 FAMI-QS 认证，满足饲料添加剂和添加剂预混合饲料生产企业出口欧盟的需要。为促进行业质量和安全管理能力的不断提升，中心持续关注 FAMI-QS 体系的更新并及时应用，对荷兰 GMP+、英国 FEMAS 等饲料认证标准进行了跟踪研究，拟吸收其成熟有效的管控经验，为中国饲料行业质量和安全管理提供借鉴。

2014 年中心扩大了国际合作范围，先后与新西兰 Asure Quality、新西兰银行、日本宠物行业进行了合作探讨。

四、饲料行业质量及安全管理体系认证工作中存在的问题

当前，饲料行业对质量及安全管理体系认证工作已有基本认识，特别是大型企业集团、非集团的大中型企业主动按照 GB/T19001、GB/T22000 标准的要求建立、运行质量和安全管理体系，并通过第三方认证。通过建立规范的质量和安全管理体系，实现了从原料采购到产品销售的全程质量控制。但质量及安全管理体系认证在饲料行业仍存在一定的问题，特别是在中小型企业，主要有：认识上存在误区，部分企业片面地认为质量安全管理体系只是文件化的体系，按标准要求编好文件，取得证书就完成了全部工作，未按照体系的要求动态的管理日常的经营；部分企业请不熟悉行业的咨询公司建立体系，编写文件，造成管理体系与企业原有管理体系的脱节；中小型企业在经营中更多的考虑经济效益，产品质量和安全的风险控制意识和投入不足。因此造成质量和安全管理体系第三方认证工作在饲料行业的中小型企业进展相对较慢。

五、建议

执行《饲料质量安全管理规范》工作与第三方认证工作有机结合，提升饲料行业管理水平，实现从原料采购到产品销售的全程质量安全控制。

《饲料质量安全管理规范》是行政管理部门实施的强制性行业准则，是行业企业从事生产所必须遵从的要求。而第三方认证借助专业性服务机构的技术能力帮助企业建立系统、规范的管理体系，提升管理能力，确保产品质量满足客户要求，是企业自愿性行为。《饲料质量安全管理规范》规定了企业在生产经营中所应注意的关键事项，GB/T19001、GB/T22000 认证则以强化过程管控，控制产品安全危害为最终目标，其基于系统的管理理念，覆盖了企业生产经营的各个环节。《饲料质量安全管理规范》工作与第三方质量认证有机结合，可促进企业改变经营思路，摒弃价格竞争，规范日常生产经营，提高产品质量，保障畜产品及饲料产品安全。

附表：

2014 年北京华思联认证中心获证企业名单

序号	企业名称	序号	企业名称
1	爱阁瑞奇（开封）饲料有限公司	4	北京安格斯生物科技有限公司
2	北海恒兴特种饲料有限公司	5	北京福乐维生物科技股份有限公司
3	北京艾微佳生物技术有限公司	6	北京富士饲料有限公司

（续）

序号	企业名称	序号	企业名称
7	北京华裕食品有限公司	44	郴州湘大骆驼饲料有限公司
8	北京佳佳美饲料科技有限公司	45	成都枫澜科技有限公司
9	北京劲能生物科技股份公司	46	成都海大生物科技有限公司
10	北京京牧安合生物技术有限公司	47	诚达药业股份有限公司
11	北京九州大地生物技术集团股份有限公司	48	大成生化科技（松原）有限公司
12	北京康特奇饲料有限公司	49	大成万达（天津）有限公司
13	北京科兴大地饲料有限公司	50	大成永康营养技术（天津）有限公司
14	北京蜜蜂堂科技发展有限公司	51	大连成三畜牧业有限公司
15	北京强大浓缩饲料有限责任公司	52	德州康惠饲料有限公司
16	北京三元禾丰牧业有限公司	53	德州六和金珊食品有限公司
17	北京三元种业科技股份有限公司滦平饲料分公司	54	德州六和天恩饲料有限公司
18	北京三元种业科技股份有限公司饲料分公司	55	德州六和致康食品有限公司
19	北京桑普生物化学技术有限公司	56	东方希望包头生物工程有限公司上海分公司
20	北京市爱德利都饲料科技开发有限公司	57	恩贝集团有限公司
21	北京市恒慧通肉类食品有限公司	58	费县六和化海食品有限公司
22	北京市华都峪口禽业有限责任公司	59	佛山立达尔生物科技有限公司
23	北京四方红饲料科技有限公司	60	佛山市华洋动物营养品有限公司
24	北京挑战牧业科技股份有限公司	61	佛山市顺德区全兴水产饲料有限公司
25	北京挑战生物技术有限公司	62	佛山市信豚生物科技有限公司
26	北京同力兴科农业科技有限公司	63	福建恒兴饲料有限公司
27	北京万物合生物科技有限公司	64	福建省海欣药业股份有限公司
28	北京伟嘉人生物技术有限公司	65	福建省三明同晟化工有限公司
29	北京昕大洋怀安科技发展有限公司	66	阜新六和农牧有限公司食品分公司
30	北京昕大洋科技发展有限公司	67	富阳科兴生物化工有限公司
31	北京昕地美饲料科技有限公司	68	公主岭禾丰反刍饲料有限责任公司
32	北京新希望农牧科技有限公司	69	谷实农牧集团股份有限公司
33	北京益农饲料中心	70	广东海大集团股份有限公司
34	北京英惠尔生物技术有限公司	71	广东恒兴饲料实业股份有限公司
35	北京中农博特生物工程技术有限公司	72	广东华红饲料科技有限公司
36	滨州六和饲料有限公司	73	广东康达尔农牧科技有限公司
37	博尚生化饲料（湛江）有限公司	74	广东科邦饲料科技有限公司
38	沧州奇宝农化有限公司	75	广东南海中宏饲料厂
39	沧州市圣源生物科技有限公司	76	广东泰峰膨化饲料有限公司
40	沧州市天宇牧业有限公司	77	广东天邦饲料科技有限公司
41	曹县六和食品有限公司	78	广东希普生物科技股份有限公司
42	昌邑六和欣荣饲料有限公司	79	广东新南都饲料科技有限公司
43	朝阳华星生物工程有限公司	80	广东兴腾科生物科技有限公司

（续）

序号	企业名称	序号	企业名称
81	广东雅琪生物科技有限公司	118	河北新希望饲料有限公司
82	广汉正大饲料科技有限公司	119	河北兴达集团邢台食品有限公司
83	广西旺大饲料有限公司	120	河间市红日硅酸铝保温材料有限公司
84	广州爱保农饲料有限公司	121	河间市蓝星化工有限公司
85	广州保大饲料有限公司	122	河南大陆农牧技术有限公司
86	广州大台农饲料有限公司	123	河南广安生物科技股份有限公司
87	广州海因特生物技术有限公司	124	河南聚丰饲料科技有限公司
88	广州矿威饲料有限公司	125	河南普爱饲料股份有限公司
89	广州绿安康饲料科技有限公司	126	河南通威饲料有限公司
90	广州南宝饲料有限公司	127	河南雄峰科技有限公司新郑分公司
91	广州市博仕奥生化技术研究有限公司	128	菏泽天普阳光食品有限公司
92	广州市诚一水产科技有限公司	129	鹤壁六和至真食品有限公司
93	广州市番禺区大川饲料有限公司	130	黑龙江华藤粮油制品有限公司
94	广州市海维饲料有限公司	131	黑龙江省荣耀牧业有限公司
95	广州市骏宝饲料有限公司	132	湖北华扬科技发展有限公司
96	广州市正百饲料科技有限公司	133	湖北老鬼鱼饵有限责任公司
97	广州市众望饲料有限公司	134	湖北振华化学股份有限公司
98	广州天科生物科技有限公司	135	湖南大成科技饲料有限公司
99	广州旺大饲料科技有限公司	136	湖南海大生物饲料有限公司
100	广州兆华金丰农牧实业有限公司	137	湖南汉清生物技术有限公司
101	广州中琦硅业有限公司	138	湖南洪江棓雅生物科技有限公司
102	贵阳单宁科技有限公司	139	湖南天泰食品有限公司
103	贵州川恒化工有限责任公司	140	湖南旺大生物科技有限公司
104	哈尔滨爱特杰牧业有限公司	141	湖南盈成油脂工业有限公司
105	哈尔滨德邦鼎立生物科技有限公司	142	湖南永州湘大骆驼饲料有限公司
106	哈尔滨东大牧业有限公司	143	湖南正虹科技发展股份有限公司
107	哈尔滨市联丰饲料有限公司	144	湖州诚缘生物科技有限公司
108	海南海壹水产饲料有限公司	145	淮安通威饲料有限公司
109	海南恒兴饲料实业有限公司	146	淮北六和勤强食品有限公司
110	海南星光活性炭有限公司	147	黄冈华阳药业有限公司
111	杭州海尔希畜牧科技有限公司	148	吉林北沙制药有限公司
112	杭州亿万饲料科技有限公司	149	济南安池饲料有限公司
113	合肥亚龙化工有限责任公司	150	济南海华生物科技有限公司
114	河北大正饲料科技有限公司	151	济南六和双利食品有限公司
115	河北冀丰动物营养科技有限责任公司	152	济南诺能生物工程有限公司
116	河北天寅生物技术有限公司	153	济南天天香有限公司
117	河北威尔化工有限公司	154	嘉吉动物营养（郑州）有限公司

（续）

序号	企业名称	序号	企业名称
155	嘉吉饲料（新疆）有限公司	192	茂名市茂南星宝饲料厂
156	江门迪高涂料有限公司	193	南昌比利美英伟营养饲料有限公司
157	江门海大饲料有限公司	194	南京彩虹饲料有限公司
158	江门珊瑚饲料有限公司	195	内蒙古草原天邦饲料有限公司
159	江苏安佑科技饲料有限公司	196	内蒙古恒兴饲料科技有限公司
160	江苏奥迈生物科技有限公司	197	内蒙古通辽岳泰股份有限公司
161	江苏比利美英伟营养饲料有限公司	198	宁波王龙科技股份有限公司
162	江苏天成科技集团有限公司	199	宁夏雄牛酒业有限公司
163	江苏万瑞达生物科技股份有限公司	200	盘锦六和农牧有限公司
164	江苏兄弟维生素有限公司	201	平邑县六和发达食品有限公司
165	江苏奕农生物工程有限公司	202	蒲城兴盛饲料有限公司
166	江西森泰药业有限公司	203	齐齐哈尔谷实农牧科技有限公司
167	江西旺大动物科技有限公司	204	青岛彩虹饲料有限公司
168	揭阳通威饲料有限公司	205	青岛根源生物技术集团有限公司
169	金朝生物科技（上海）有限公司	206	青岛和美饲料有限公司
170	金钱（湛江）有限公司	207	青岛赛特香料有限公司
171	金泰得恒业（天津）生物科技有限公司	208	青岛田润食品有限公司
172	莒南新希望六和食品有限公司	209	青州市北联化工有限公司（H）
173	康地饲料（银川）有限公司	210	清远海贝生物技术有限公司
174	康地饲料（中国）有限公司	211	庆云六和饲料有限公司
175	科菲特饲料（齐齐哈尔）有限公司	212	邱县六和康远食品有限公司
176	科菲特饲料（天津）有限公司	213	全能生物科技（天津）有限公司
177	科菲特饲料（长春）有限公司	214	确成硅化学股份有限公司
178	莱阳六和饲料有限公司	215	三明市丰润化工有限公司
179	莱阳田业食品有限公司	216	厦门汇盛生物有限公司
180	兰陵新希望六和虹郡食品有限公司	217	厦门正大农牧有限公司
181	廊坊通威饲料有限公司	218	山东海能生物工程有限公司
182	连云港通威饲料有限公司	219	山东联科卡尔迪克白炭黑有限公司
183	联英饲料（天津）有限公司	220	山东龙氏食品有限公司
184	辽宁波尔莱特农牧实业有限公司	221	山东鲁维素饲料有限公司
185	辽宁华达牧业有限公司	222	山东诺邦特生物工程有限公司
186	聊城六和荣达农牧有限公司	223	山东升索渔用饲料研究中心
187	聊城煤杉新材料科技有限公司	224	山东思诺拜特生物科技有限公司
188	临汾石羊饲料有限公司	225	山东通威饲料有限公司
189	临沂六和鲁盛食品有限公司	226	山东仙坛股份有限公司
190	临沂先锋科技有限公司	227	山东新希望六和集团有限公司临沂分公司
191	柳州亿万饲料科技有限公司	228	山东新希望六和集团有限公司平邑冷藏厂

（续）

序号	企业名称	序号	企业名称
229	山东雪花生物化工股份有限公司	266	上海新农饲料股份有限公司
230	山东一飞药业有限公司	267	上海新农饲料股份有限公司青浦饲料厂
231	山东邹平亚太中慧食品有限公司	268	上海新杨饲料工业有限公司
232	山西汇福科技发展有限公司	269	上海延华饲料有限公司
233	陕西金冠牧业有限公司	270	上海优仕饲料科技有限公司
234	陕西农标普瑞纳饲料有限公司	271	上海征泰饲料有限公司
235	陕西蒲城石羊食品有限公司	272	上虞新和成生物化工有限公司（H）
236	陕西岐山石羊饲料有限公司	273	莘县新希望六和清思斋食品有限公司
237	陕西石羊（集团）农牧有限公司杨凌分公司	274	深圳比利美英伟营养饲料有限公司
238	陕西石羊集团饲料发展有限公司蒲城分公司	275	深圳康达尔（安徽）饲料有限公司
239	陕西石羊农业科技有限公司蒲城猪饲料分公司	276	深圳康达尔（邵阳）饲料有限公司
240	陕西石羊食品有限公司	277	深圳康达尔高陵饲料有限公司
241	上海艾格菲饲料有限公司	278	深圳市裕农科技有限公司
242	上海澳斯菲德牧业科技有限公司	279	沈阳爱特杰牧业有限公司
243	上海百立生物科技有限公司	280	沈阳波音饲料有限公司
244	上海比瑞吉宠物用品有限公司	281	沈阳谷实饲料有限公司
245	上海创博生态工程有限公司	282	沈阳禾丰反刍动物饲料有限公司
246	上海飞帆饲料有限公司	283	沈阳普爱生物饲料有限公司
247	上海福达精细材料有限公司	284	沈阳亿万饲料科技有限公司
248	上海福尔福特种材料科技发展有限公司	285	沈阳正大畜牧有限公司
249	上海富朗特动物保健有限公司	286	石家庄博瑞正诚饲料有限公司
250	上海光明荷斯坦牧业有限公司	287	石家庄飞龙饲料有限公司
251	上海光明荷斯坦牧业有限公司富裕分公司	288	石家庄广威农牧有限公司
252	上海禾丰饲料有限公司	289	石家庄市谷实鸿发农牧科技有限公司
253	上海黑马饲料有限公司	290	寿光慧众金谷饲料有限公司
254	上海红马饲料有限公司	291	寿光天成饲料有限公司
255	上海华扩达生化科技有限公司	292	寿光中慧生物饲料有限公司
256	上海华亭化工厂有限公司	293	四川普爱饲料有限公司
257	上海杰隆生物制品股份有限公司	294	泰安汉威化工有限公司
258	上海美农生物科技股份有限公司	295	泰安泰山六和食品有限公司
259	上海牧迪饲料有限公司	296	泰州海大生物饲料有限公司
260	上海农好饲料有限公司	297	唐人神集团股份有限公司
261	上海三维同力生物科技有限公司	298	唐人神集团邵阳湘大骆驼饲料有限公司
262	上海香川饲料有限公司	299	唐山禾丰反刍动物饲料有限公司
263	上海湘大新杨兽药有限公司	300	唐山天康饲料有限公司
264	上海新邦生物科技有限公司	301	天津爱特杰饲料有限公司
265	上海新牧动物保健品有限公司	302	天津奥特奇生物制品有限公司

（续）

序号	企业名称	序号	企业名称
303	天津北英伟生物技术饲料有限公司	340	新郑市金利饲料厂
304	天津彩虹饲料有限公司	341	信杰（北京）饲料调味剂有限公司
305	天津金康宝动物医药保健品有限公司	342	兴安盟九州大地饲料有限公司
306	天津全药动物保健品有限公司	343	徐州汉威饲料有限公司
307	天津瑞孚饲料有限公司	344	烟台大韩饲料有限公司
308	天津市爱都饲料有限公司	345	烟台大乐饲料有限公司
309	天津市大洋饲料有限公司	346	烟台枫林食品股份有限公司
310	天津市圆鼎饲料有限公司	347	烟台市晟成食品有限公司
311	天津通威饲料有限公司	348	扬州通威饲料有限公司
312	天津正大饲料科技有限公司	349	沂水六和凯立达食品有限公司
313	通威（大丰）饲料有限公司	350	宜兴市天石饲料有限公司
314	通威股份有限公司海南分公司	351	英联饲料（辽宁）有限公司
315	通威股份有限公司茂名分公司	352	英联饲料（辽宁）有限公司哈尔滨分公司
316	通威股份有限公司沈阳分公司	353	英联饲料（上海）有限公司
317	通威股份有限公司四川分公司	354	英联饲料（上海）有限公司新乡工厂
318	通威股份有限公司无锡分公司	355	英联饲料（上海）有限公司驻马店厂
319	潍坊和盛园食品有限公司	356	宇星饲料（德州）有限公司
320	潍坊六和惠邦食品有限公司	357	雨润慕德生物科技（连云港）有限公司
321	潍坊六和饲料有限公司昌邑分公司	358	雨润慕德生物科技（连云港）有限公司
322	潍坊六和饲料有限公司临朐分公司	359	岳阳市展翔生物科技有限公司
323	潍坊六和饲料有限公司寿光分公司	360	云南神农农业产业集团股份有限公司
324	潍坊田汇食品有限公司	361	云南省陆良和平科技有限公司
325	文昌琼文歌颂饲料厂	362	云南省陆良化工实业有限公司
326	武汉天龙饲料有限公司	363	云南新龙矿物质饲料有限公司
327	武汉天元饲料有限公司	364	郓城六和食品有限公司
328	武汉新华扬生物股份有限公司	365	湛江东腾饲料有限公司
329	西安通威饲料有限公司	366	湛江国大饲料有限公司
330	希杰（成都）饲料有限公司	367	湛江恒兴珊瑚饲料有限公司
331	希杰（哈尔滨）饲料有限公司	368	湛江恒兴特种饲料有限公司
332	希杰（聊城）饲料有限公司	369	湛江腾飞实业有限公司
333	希杰（南京）饲料有限公司	370	湛江粤华水产饲料有限公司
334	希杰（青岛）饲料有限公司（扩项）	371	张家界久瑞生物科技有限公司
335	希杰（沈阳）饲料有限公司	372	长春爱特杰饲料有限公司
336	希杰（天津）饲料有限公司	373	长春博瑞饲料集团有限公司
337	希杰（长春）饲料有限公司	374	长春谷实饲料有限公司
338	希杰（郑州）饲料有限公司	375	长沙唐人神湘大骆驼饲料有限公司
339	仙源（涿鹿）食品有限公司	376	长沙伟嘉饲料有限公司

（续）

序号	企业名称	序号	企业名称
377	长沙兴嘉生物工程股份有限公司	395	中粮（北京）饲料科技有限公司
378	长沙兴嘉生物工程股份有限公司浏阳分公司	396	中粮（成都）粮油工业有限公司
379	柘城六和食品有限公司	397	中粮粮油工业（黄冈）有限公司
380	浙江大北农农牧科技有限公司	398	中粮粮油工业（荆州）有限公司
381	浙江国光生化股份有限公司	399	中粮饲料（东台）有限公司
382	浙江恒兴饲料有限公司	400	中粮饲料（茂名）有限公司
383	浙江兰博生物科技有限公司	401	中粮饲料（茂名）有限公司呼和浩特分公司
384	浙江新和成药业有限公司	402	中粮饲料（沛县）有限公司
385	正大康地（澄海）有限公司	403	中粮饲料（新沂）有限公司
386	正大康地（广州番禺）有限公司	404	中粮天科生物工程（天津）有限公司
387	正大康地（蛇口）有限公司	405	中山市大海饲料有限公司
388	正大康地-汕头有限公司	406	中山市得福肉食制品有限公司
389	正大康地珠海有限公司	407	中山市黄圃镇今荣肉类制品厂
390	郑州华佳生物科技有限公司	408	中山市利成化工有限公司
391	郑州新威营养技术有限公司	409	中山市穗浩园米业有限公司
392	中纺农业蚌埠有限公司	410	中山市泰山饲料有限公司
393	中化云龙有限公司	411	重庆民丰化工有限责任公司
394	中慧农牧股份有限公司昌乐分公司	412	珠海恒兴饲料实业有限公司

（王　峰）

国际交流与合作

2014年2月10日至3月1日，体系建设与推广处杨军香副处长率团赴英国参加畜牧与饲料安全监管体系培训。培训班成员由来自全国畜牧技术推广、饲料质量检测和部分大专院校的14名人员组成。此次培训的主要目的是了解英国畜牧业发展和饲料安全监管体系现状，从政策法规、畜牧、饲料和教学研究四个方面，有针对性地进行了系统、全面学习。

饲料法规建设与饲料安全监管方面，培训团先后听取了英国国家议会前司法特别委员会委员、英国政府食品标准总局（Food Standards Agency，FSA）等专家关于英国、欧盟饲料安全法律法规体系建设历史、内容组成、实践执行程序及典型案例介绍，系统了解了英国及欧盟饲料及食品安全保证原则及执行原则。

畜牧养殖方面，培训团先后听取了英国前农业部畜牧技术推广官员、畜牧技术顾问公司负责人、利物浦大学兽医学院、英国皇家动物健康基金会（Animal Health Trust）、华威大学华威郡学院的专题介绍，了解了英国畜禽养殖存栏现状、生产目标、管理水平、饲养体系概况，同时参观了英国奶牛、肉牛饲养场及不同规模绵羊饲养场等多家养殖场，系统了解了英国养殖企业管理水平，特别是深入体会到了英国畜禽养殖产业在养殖效益与环境控制二者的协调统一。

饲料生产及安全保证方面，培训团先后听取了英国政府食品标准总局（FSA）官员、华威郡学院动物营养与饲料科学专业教授、英国奥特奇生物饲料公司全球产品市场部和产品注册部负责人的培训。从生产现状、技术水平、质量保证、安全监管四个方面较为全面系统了解了英国及欧盟饲料生产现状及安全监管组织架构及操作流程。

畜牧与饲料科学与研究教育方面，通过与利物浦大学兽医学院、华威郡学院、农业技术顾问公司、罗斯林生物技术（Roslin Biocetre）中心相关人员交流，全面了解了英国畜牧、兽医领域科学研究前沿进展、人才培养模式及职业教育特点。

2014年6月15～23日，饲料行业指导处胡广东处长参加了农业部畜牧业司组团赴比利时、英国和荷兰进行饲料质量安全监管交流活动。学习考察内容包括欧盟饲料法规体系、饲料安全风险评估、欧盟及其成员国对饲料企业的许可和监管情况等。交流团与欧盟委员会健康与消费者保护总司（DG SANCO）、英国食品标准局（FSA）、英国环境食品和农村事务部（DEFRA）下属的英国动物健康与兽医试验所（AHVLA）、FAMIQS认证机构、丹麦ARLA乳品公司英国分公司、英国AB农业有限公司下属的反刍动物饲料及畜禽饲料加工厂、荷兰泰高集团（NUTRECO）等有关管理部门、饲料企业进行了学习访问。

2014年10月1～3日，国际合作处刘晓辉处长赴意大利罗马联合国粮农组织总部参加国际饲料联合会（英文全称 International Feed Industry Federation，以下简称“国饲联”）和联合国粮农组织（FAO，以下简称粮农组织）联合召开一年一度的会员代表大会。美国饲料工业协会、欧盟饲料工业协会、加拿大饲料工业协会、巴西饲料工业协会、印度饲料工业协会、日本饲料工业协会、澳大利亚饲料工业协会、南非饲料工业协会、土耳其饲料生产协会、欧洲饲料原料及混合料协会以及国际肉类协会代表参加了此次大会。参加大会的还有全球饲料行业的知名企业，如奥特奇、巴斯夫、佳吉、杜邦、诺伟司、孟山都欧洲公司、布勒等数十家公司的董事长或企业高管。

大会首先回顾并总结了全球饲料业发展情况和国际饲料联合会的工作。2013年世界饲料产量达到了10亿t，不仅显示世界饲料行业的快速发展，也显现出今后全球饲料业面临的机遇与挑战。预计到2050年，世界人口将增加至90亿元，对动物蛋白的需求或呈持续增长趋势。饲料行业乃至相关农业产业链要以可持续发展的方式和安全的方式迎接这一挑战。国饲联在应对这一挑战方面已经或继续起到领导作用，其目的是引导世界各国的饲料行业继续努力，源源不断的提供安全、健康饲料，最终提供安全、健康的食品。

国饲联在2014年，加强了与粮农组织、国际兽医局、国际奶业联合会、国际禽蛋业委员会、国家肉类秘书处以及国际家禽理事会等之间的合作。

国饲联在2013年召开了一系列的重要会议，比如，第七届世界饲料业监管大会、亚洲饲料生产高峰会、在加拿大召开的美国、欧盟和加拿大进一步加强三方合作会议等。

国饲联主持并开展了多项畜牧饲料项目的研究工作，比如：专用饲料添加剂可持续研究项目，全球促进畜牧业可持续发展行动计划目标及调整项目。国际食品价格及粮农组织的工作范围及效果项目，2015年粮食及谷物价格走向与趋势项目，动物蛋白生产预测及展望项目等。

国饲联努力发展新的会员，以色列、土耳其为新的国家会员，企业会员新增加了巴西菜籽油协会、杜邦先锋良种、德国赢创集团、巴西艾母卡萨比公司等。

会员代表大会期间，审议并批准通过了2014年费用使用情况。2014年国饲联总收入为431 785美元，实际支出为425 900美元，

会议还制定了下一年度国饲联工作计划并讨论了主要饲料生产国之间合作等事宜；讨论并通过第五届全球饲料及食品大会和第八届国际饲料监管者大会内容、日程及活动安排等项日程。

2014年11月19～23日，饲料评审处王黎文处长参加了在比利时布鲁塞尔举办的国际宠物食品联盟成立大会。来自欧盟、美国、加拿大、日本、澳大利亚、新西兰、南非、墨西哥、波兰、巴西和泰国等国家和地区宠物食品协会的代表参加了会议。中国饲料工业协会宠物饲料专业委员会以观察员身份列席了会议。

全球宠物食品联盟主要由国家和地区性宠物食品协会以及部分大型宠物食品生产企业组成，发起国包括欧洲、美国、加拿大、日本、澳大利亚、新西兰、南非、墨西哥、巴西和泰国等世界上主要宠物食品生产国以及希尔斯、雀巢普瑞纳和玛氏等宠物食品生产国际集团企业。其宗旨是通过建立全球一致的宠物食品标准，提高宠物食品产品质量，促进宠物的健康与福利水平，从而使人类社会更多获益，最终实现宠物食品行业的持续稳定发展。设定并已开展的工作领域包括宠物营养、食品安全和反贸易壁垒。

全球宠物食品联盟成立大会首先讨论并通过了联盟章程，并选举了联盟主要负责人。各专业工作组汇报了工作进展以及下一步工作计划，相关国际组织到会并发言。并讨论通过今后各专业工作组在食品安全、贸易壁垒、动物营养方面的主要任务。

（刘晓辉　毕颖慧）

2015 中国饲料工业年鉴

地方篇

北京市饲料工业

【发展概况】

2014年，北京市饲料总产量为246.4万t，同比下降8.5%；饲料工业总产值110.2亿元，同比下降5.8%；饲料生产企业226家。饲料工业的稳定发展为促进养殖业发展、增加农民收入、节约粮食资源、提高畜产品质量安全和效益作出了重要贡献。

【主要工作】

1. 完善许可程序，严把企业准入门槛 一是贯彻落实新修订的《饲料和饲料添加剂管理条例》（2012年5月1日实施）和相关配套规定，修订饲料行政审批项目、核定许可程序，制定审核标准；二是实行专家现场审核制度，依据审核条件逐项对生产企业进行审核，2014年共组织专家651人次对252家饲料企业进行现场验收；三是成立北京市饲料评审专家委员会，在专家现场审核基础上，负责开展饲料和饲料添加剂生产许可证审核工作。2014年共召开10次专家评审委员会会议，审核企业材料1 038次；四是积极开展饲料企业换证工作。按照农业部相关规定，已取得“饲料生产审查合格证”的生产企业，2014年7月1日前必须重新进行生产许可。2014年对102家换证饲料企业进行审核，其中88家取得饲料生产许可证；五是企业整体水平大幅提高，“小、散、乱、差”企业逐步淘汰。

2. 加强质量安全检测，确保产品安全 一是制定饲料产品质量安全年度监测计划，监测范围包括饲料生产、经营和养殖环节，检测项目以违禁添加物、重金属和卫生指标为主；二是2014年上半年共检测饲料生产企业180家、经营环节18家、使用环节517家，合计样本1 340个，产品监测合格率98.57%，养殖环节“瘦肉精”监测合格率为100%，生猪盐酸克伦特罗农业部抽检样品阳性检出率连续保持“0”指标，未出现“瘦肉精”公共安全事件；三是监测结果与执法监督相结合，作为行政执法的依据。

3. 强化日常执法监督，严惩违法行为 一是按照属地管理的原则，加强源头监管，对饲料生产企业执法检查率达到100%，案件处理率达到100%；二是开展“检打联动”，对饲料监测中不合格产品所涉及的单位和人员进行立案调查，封存相关产品，责令厂家召回所涉及产品并销毁，尽最大可能消除不良影响，2014年全市饲料立案查处31起，罚没300余万元。

4. 推广《饲料质量安全管理规范》 一是抓典型，培育一批《饲料质量安全管理规范》示范企业典型；二是宣传培训，通过通告、媒体、会议等途径，加大对《饲料质量安全管理规范》认证企业的宣传，采取现场观摩、典型交流、专家讲解等形式，对全市饲料生产企业进行《饲料质量安全管理规范》培训；三是开展《饲料质量安全管理规范》验收认证工作，组建《饲料质量安全管理规范》指导认定工作组，制定工作任务和程序，及时开展工作。

5. 做好技术支撑，提高产品科技含量 一是帮助企业做好对新饲料、新饲料添加剂饲喂效果、残留消解动态以及毒理安全性科学评价工作；二是结合行业发展动态，由市级相关部门组织申报新饲料、新饲料添加剂研发相关科技项目，研发出符合市场要求、饲喂效果良好、安全性高的新型产品，并进行推广应用；三是针对新条例要求，对需要进行生产设备、生产工艺改造的饲料企业进行科学指导，帮助企业完成升级；四是针对养殖场，开展《自行配制饲料使用规范》的推广和指导工作。

6. 加强源头监管，确保饲料市场秩序 一是按照“四个坚决”“五不放过”原则，加强源头监管，严肃查处饲料生产、经营和使用中的违法行为，净化饲料行业不良行为、促进畜牧业健康可持续发展，确保饲料市场秩序。

7. 加强抽检，确保产品安全 一是根据农业部相关文件的规定及饲料产品质量安全监测任务要求，加大经营环节监测力度。每季度至少对 3 个区县辖区内的饲料经营企业进行抽检，检测项目以重金属、违禁添加物为主；二是增加饲料使用环节抽检频次。每季度至少对 3 个区县辖区内的养殖场进行抽检，重点对自配饲料、食槽饲料、动物饮水和动物尿液进行检测，项目以“瘦肉精”等违禁添加物为主。

（北京市农业局）

天津市饲料工业

【发展概况】

2014 年天津现有各类饲料企业 183 家。受国内养殖业持续低迷和饲料企业许可证换证等多重因素影响，2014 年天津市饲料产量 228.0 万 t，同比下降 12.5%；总产值 105.1 亿元，同比增长 5.8%。其中，配合饲料 149.2 万 t，同比下降 11.5%；浓缩饲料 51.1 万 t，同比下降 20.7%；添加剂预混合饲料 27.7 万 t，同比持平。饲料添加剂产量 3.7 万 t，同比增长 270%。单一饲料 380 万 t，与 2013 年持平。

【组织机构】

天津市畜牧兽医局是天津市的饲料行政管理部门。

【主要工作】

2014 年天津市饲料质量安全监管工作继续按照农业部“提高门槛，减少数量；转变方式，增加效益；加强监管，保证安全”的基本原则，推动饲料工业加速转型提升，着力开展以“规范管理，提升产业”为主题的饲料质量安全整治行动，深入贯彻落实新饲料条例，全面完成饲料企业生产许可证的换发工作，淘汰不合格饲料企业，继续推进饲料生产质量安全管理规范的实施。

1. 严格监督饲料企业持证生产 全市共 158 家饲料生产企业取得了新的《饲料生产许可证》。严格按照农业部新的饲料企业生产条件要求进行检查审核，支持和鼓励饲料企业进行设备工艺改造和联合重组，不断提升全市饲料行业整体素质。7 月，天津市畜牧兽医局将未取得生产许可证的企业通报给了市工商行政管理部门，并且制定印发《关于加强天津市饲料生产行为监管的通知》，在月巡查的基础上，要求区县重点对未获证原饲料企业进行检查，防止其转为“黑作坊”非法生产。蓟县、宝坻、静海、宁河等区县管理部门协调联合乡镇政府和工商等部门，采取断电、没收包装和标签、查封原料、没收销毁成品料的措施，共查处 11 家无证企业非法生产行为，监督转卖饲料原料 130 余 t。

2. 强化日常监管巡查 采取市和区县二级饲料监管部门日常巡查与专项检查相结合的工作机制，通过强化对生产企业和经营门店日常监管，指导养殖场户依法科学使用饲料产品，有效落实月巡查制度和经营门店登记备案制度，全市各级饲料管理部门共出动执法人员 8 000 余人次，检查饲料生产经营企业 3 000余个，排除安全隐患 480 余处，保障了全市饲料产品质量安全。10 月，组织区县开展了一次交叉互查活动，重点针对无证生产、违规使用非目录原料和不按规定对饲料及原料进行检验、饲料标签不规范等行为，对照《饲料和饲料添加剂管理条例》和 3 个《饲料原料目录》《饲料标签》等强制标准、进行检查，发现违规行为和问题隐患下达责令改正通知书，由所在区县进行查处并监督企业落实整改，确保企业依规依标生产。

3. 加大饲料质量安全监测和执法处罚力度 2014 年安排饲料监督抽检计划任务 3 600 批次，完成饲料样品检测 3 913 批次，监测合格率达到 99%以上。其中检测出天津彩虹饲料有限公司 1 批次原料中三聚氰胺不合格，销毁原料 22.7t，价值 16 万元，并及时通报农业部、山东省和北京市。检出 16 批次喹乙醇含量超标饲料或自配饲料产品，涉及 6 家饲料企业和 3 家养殖场；2 批次砷不合格添加剂预混合饲料（均为西青区昕牧川公司产品），已由各区县对上述企业和养殖场户进行了查处，案件的查处率达到 100%，处罚金额约 4.2 万元。

4. 积极推动《饲料质量安全管理规范》施行 按照农业部安排部署，全市组织召开了饲料质量安全管理规范宣贯推动会，要求各区县饲料管理部门督促饲料企业学习规范要求，提前开展落实和整改。从10月中旬开始，农业部对全市33家饲料企业按照《规范》要求，进行监督检查，从人员配备、仪器设备、健全各项制度等方面对企业进行规范审核，对不符合要求的提出具体整改意见。推荐天津正大饲料科技有限公司、大北农等4家企业参加农业部《饲料质量安全管理规范》示范企业创建认证活动，推动全市企业加快落实《规范》管理要求，确保到2015年7月规范实施前全市企业基本达标。

5. 认真组织年度备案 在完成企业符合性检查的基础上，按照《关于开展2014年饲料和饲料添加剂生产企业年度备案工作的通知》要求，组织开展年度备案工作，对16家备案不合格企业进行整改。

6. 加强饲料法规宣传和职业技能培训 各级饲料主管部门依照《条例》及其配套规章，重点对《规范》《原料目录》和《饲料标签》国家标准等规章规范开展宣传培训，累计培训15场次，人数300余人次，发放法规文件汇编160本、光盘200张。12月还举办了饲料检化验员（初级、中级、高级）、中央控制工（初级）、设备维修工（初级）等饲料行业相关从业人员职业技能培训和鉴定工作。

【存在问题】

1. 经营门店监管难度较大 虽然采取向工商查询执照、利用乡镇、村级防疫员巡查等措施对经营门店进行了摸底，但受人员、业务和经营者素质不高等原因，真正监管存在较大困难。

2. 各项统计信息上报不及时，准确性有待提高 部分饲料企业对材料报表管理体制不健全，对上报数据审查不严，数据准确性无法保证。

3. 执法队伍有待健全 目前，部分区县的畜牧兽医综合执法工作还没有整体推进，缺乏饲料执法队伍，监管和执法工作很难落到实处。一些区县虽然指定了专门的监督执法机构，但人员还需进一步充实、业务素质还需进一步提高、工作条件还需进一步改善。

（天津市饲料工业办公室）

河北省饲料工业

【发展概况】

2014年，全省共有饲料及饲料添加剂生产企业557家，比2013年减少357家，同比减少39.2%，其中浓缩饲料、配合饲料、精料补充料生产企业460家，比2013年减少408家，单一饲料企业158家，比2013年减少31家，饲料添加剂、添加剂预混合饲料生产企业与2013年持平。2014年，饲料产量1 258.7万t，比2013年增加113.4万t，同比增长9.9%，其中配合饲料1 037.9万t，比2013年增加105.6万t，同比增长11.3%；浓缩饲料199.7万t，比2013年增加1.5万t，同比增长0.8%；添加剂预混合饲料21.2万t，比2013年增加6.4万t，同比增长43.4%。饲料工业总产值达386.4亿元，比2013年增加10.3亿元，同比增长2.7%。饲料添加剂总产量46.4万t，其中维生素类（包括氯化胆碱）37.1万t、矿物元素及其络合物6.5万t、酶制剂0.3万t、微生物0.9万t、其他类0.9万t。全省共有饲料机械制造专业和兼业厂家19家，共生产饲料机械650台(套)，其中时产10t以上成套饲料加工机组100套。

【主要工作】

1. 稳步推进行政许可工作　为依法稳妥推进行政许可工作，进一步规范行政许可资料报送、现场审核等程序，编写《河北省饲料生产企业换发生产许可证告知书》，将换证时限、许可条件等告知饲料生产企业。组织饲料行政许可专家成员学习讨论《饲料生产许可条件》，统一标准推进许可证换发工作，并于每月初对上一个月行政许可事项进行公示，实现行政许可工作的公开、公平、公正。2014年7月1日前符合饲料生产许可条件的企业全部换发饲料生产许可证。对农业部下发到全省的添加剂和添加剂预混合饲料生产许可审批事项，编制并公开了行政许可审批表和审批流程图，明确审批条件及管理工作，及时衔接到位。

2. 强力推进《饲料质量安全管理规范》实施　为贯彻落实好全国《规范》现场会议精神，推进《规范》的实施，河北省多措并举，强力推进。一是制订推进《饲料质量安全管理规范》实施方案，召开饲料质量安全管理规范推进会议，明确《规范》的指导思想、任务目标及实施步骤，坚定实施好《规范》的信心。二是筛选30家企业进行培训与现场指导，组织专家制订《规范》审核细则，按照要求对示范申报企业进行现场审核，树立高标准示范标杆企业。三是召开饲料质量安全管理规范现场会，参观学习廊坊九鼎牧业有限公司、廊坊瑞康饲料有限公司、固安君德同创生物工程有限公司3家生产企业的规范化管理模式，交流推进《规范》实施的典型经验。

3. 举办饲料工业发展峰会暨饲料法规培训班　3月，在石家庄召开了一年一度的饲料工业发展峰会暨饲料法规培训班。农业部畜牧业司饲料处、河北省工业经济联合会、广东、北京饲料工业协会等单位的领导以及各市县饲料办主任、科研院所、饲料企业代表等1 000余人出席了峰会。整个峰会由主题报告、管理专题、技术专题、法规专题、展示对接六个版块组成，而且活动内容丰富、针对性强，收效大，得到了与会人员的一致好评。

4. 优化宠物饲料和氯化胆碱两大特色优势产品发展　为提升全省宠物饲料产业整体素质，巩固宠物饲料大省地位，以饲料生产许可证换发为契机，对所有宠物饲料生产企业进行升级改造，生产线全部实现计算机控制，为全面提升产品质量奠定了基础。2014年4月和9月对氯化胆碱重点生产企业进行调研指导，引导企业整合资源，强强联合；引进设备，转型升级；带领企业赴山东省交流学习。

5. 进一步加强新形势下行业监管工作　印发《关于进一步加强饲料监管工作的通知》，进一步明确新形势下饲料生产经营使用单位以及监管部门主体责任。加大饲料执法力度，连续开展清查取缔无证饲料和饲料添加剂生产企业、饲料质量安全月、监督检查等系列活动，同时查处日常监管中发现的违法、违规行为，2014 年共处理案件 120 起，涉案金额 81.2 万元，对违法行为加大了警示力度，起到了震慑作用，进一步规范了饲料生产经营行为。

6. 开展年度备案工作 为确保饲料和饲料添加剂生产企业年度备案工作圆满完成，制定检验实施方案，确定监测单位和检测项目，规定样品采集办法和时间安排，对获证企业产品进行检验，共抽检饲料和饲料添加剂样品 1 059 批次，合格 1 055 批次，合格率 99.6%。通过开展备案工作，宣传饲料法规，有效推进了许可证换发工作，对规范和促进企业发展起到了积极作用。

【存在问题】

1.《饲料质量安全管理规范》推行难度较大 基层监管人员、中小饲料生产企业普遍存在畏难情绪，且对不执行规范的企业没有强制措施，对认真执行规范企业不公平。

2. 饲料安全生产形势严峻 全省饲料生产安全由河北省畜牧兽医局负责，实行“一岗双责”，按照“谁监管、谁负责”的原则。部分企业线路老化、人员安全意识薄弱，使安全生产存在诸多隐患。

3. 基层监管能力不足 全省 176 个县（市区），多数没有独立的饲料管理部门和专职饲料监管人员，且人员流动频繁，导致监管人员专业水平低，无法满足新形势下饲料监管工作。

4. 质量安全监管难度较大 2014 年 7 月 1 日换证工作结束后，部分未换证企业采取组建合作社形式，继续从事饲料生产，个别企业无证非法生产等，均加大了监管难度。

（河北省饲料工作办公室）

山西省饲料工业

【发展概况】

2014年，在饲料产业政策的宏观调控下，调整结构，转型升级的步伐明显加快。在生猪价格低迷，主要原料价格上涨等市场因素的影响下，饲料产量、产品结构发生了明显变化。

1. 企业数量减少，生产规模扩大 截至2014年底，全省共有各类饲料生产企业146家。其中，配合饲料、浓缩饲料、精料补充料生产企业117家，单一饲料生产企业17家，添加剂预混合饲料生产企业12家，饲料添加剂生产企业12家。企业总数与2013年度相比减少100家，减幅38.8%。企业数量减少的主要原因是新的《饲料和饲料添加剂管理条例》及其配套规章对饲料生产许可条件提出更新、更高的要求，达不到新要求的企业主动或被动地退出了饲料行业。现有的饲料生产企业中，除种畜禽、幼畜禽饲料生产企业外，其生产能力均为10t/h或以上的成套加工机组，并具有完整的除尘系统和计算机控制系统。维生素预混合饲料的生产能力为1t/h以上，微量元素预混合饲料和复合预混合饲料的生产能力为2.5t/h以上，均配备成套加工机组，拥有完整的除尘和电控系统。

2. 饲料品种增加，结构趋于优化 以“猪禽饲料为主，牛羊饲料为辅”的格局一直是山西省饲料工业的发展特色。随着畜禽养殖结构改变，饲料生产企业的创新意识也在逐步增强。2014年鱼虾饲料、蜂饲料和单一饲料的生产规模有所扩大，新增了科技含量较高的微生物饲料添加剂，酶制剂、螯合物添加剂和源自万寿菊的天然叶黄素。新品种的增加既满足了市场需求，优化了产品结构，也提高了企业差异化的核心竞争力。

3. 饲料产量下降，但效益略有增加 2014年，全省共生产各类工业饲料257万t，同比下降10%。其中配合饲料224万t，同比增加14%；浓缩饲料31万t，同比下降64%；添加剂预混合饲料2万t，同比下降58%。饲料工业总产值97.8亿元，同比增加4.7%；营业收入为97.7亿元，同比增加4.7%。

4. 产品质量稳定，整体合格率有所提高 2014年在全省范围内继续进行饲料质量安全检测、饲料安全专项监测、反刍动物饲料中牛羊源性成分例行监测及省、市、县、饲料管理部门日常监管时的抽样检测，共检测样品2 000余份，检测结果表明，合格率达到98.5%，同比增加1个百分点，“瘦肉精”“三聚氰胺”等违禁添加物的检测合格率达到100%。

【组织结构】

2010年11月以前，山西省饲料工业办公室与山西省畜牧兽医局为一套人员两块牌子，共同履行饲料行业管理工作。之后成立了山西省农业厅饲料奶站管理办公室，为农业厅的内设机构，负责全省饲料生产经营企业的监督管理；负责奶畜饲养以及生鲜乳生产环节、收购环节的监督管理工作。山西省饲料兽药监察所是兽医药品、饲料产品、畜禽产品质量的监督检验机构。各市、县均有饲料行业管理机构，只是其名称各不相同。2014年，经省编办批准，山西农业科学院成立了饲料兽药研究所，专门从事饲料、饲料添加剂、兽药的研究及新技术的开发工作。

【主要工作】

1. 通过备案审查，规范企业行为 对获证的饲料和饲料添加剂生产企业进行年度备案审查，是行业管理中一项常态化工作，按照相关法规要求，继续坚持提高门槛，减少数量的原则，在企业自查的基础上，经县、市、省三级饲料管理部门对全省258家企业的生产要素和遵纪守法情况进行严格审查，并将审查结果向社会公布。

2. 签订监管责任状，把主体责任落到实处 为全面贯彻落实各负其责的安全责任制度，2014 年 3 月，山西省农业厅饲料奶站管理办公室继续与各市级饲料管理部门签订《饲料安全监管责任书》，市级与县（区）级饲料管理部门，县级饲料管理部门与辖区内饲料企业也相继签订《饲料安全管理责任状》。逐级签订的责任状作为年终考核的一项重要内容接受上级、同级乃至社会各界的监督检查。

3. 增加检测数量，强化质量意识 为准确掌握饲料质量状况，提高从业人员抓质量，保安全的自觉性和主动性，根据农业部的统一部署，开展《饲料产品质量安全监测》《饲料安全专项监测》《反刍动物饲料中牛羊源性成分专项监测》。根据扩大监测范围，增加监测频率的要求，在农业部监测计划的基础上，增加 20%的监测量，加上各级管理部日常监管过程中的抽样检测，2014 年检测饲料、饲料添加剂及单一饲料样品达到 2 000 余份。

4. 打破区域界线，在全省开展交叉督查，为提高常态化监督检查的质量，防止属地检查可能发生的某种弊端 2014 年 9 月下旬～10 月下旬继续开展饲料和饲料添加剂生产企业监督检查工作，由省、市行业主管和专家组成 10 个检查组，采取随机抽样，异地检查的方式对 50 个饲料和饲料添加剂生产企业的生产条件和质量控制 2 个部分共 68 个项目进行现场检查，同时对受查企业所在市、县饲料管理部门履行行业管理情况进行了督查。

5. 以换证工作为重点，全面落实新的许可制度

为全面贯彻落实新的饲料生产许可制度，各级饲料管理部门将换发饲料生产许可证作为工作重点，通过宣传督导提高企业的积极性。通过专业培训帮助企业解决技术问题，通过增补评审专家，提高换证工作的质量和效率。在具体工作中严格按照《饲料生产许可条件、混合型饲料添加剂生产许可条件》（农业部公告第 1849 号）《生产许可申报材料要求》（农业部公告第 1867 号）及《农业部办公厅关于印发饲料和饲料添加剂生产许可现场审核表的通知》（农办牧［2012］45 号）的规定严格进行材料审查和现场审核，客观公正的对企业作出评价，顺利地完成换证工作。

【存在问题】

1. 虽然省、市、县（区）都设立了饲料管理机构，但存在人员少和经费不足的问题，面对点多、面广的饲料生产企业和经营门店确实有些力不从心。

2. 质量检测体系不健全的问题仍存。

3. 中小企业受技术和经费制约，科技创新能力不足，生产的产品市场竞争力不强。

（山西省农业厅饲料奶站管理办公室）

内蒙古自治区饲料工业

2014年内蒙古自治区饲料工作紧紧围绕促进饲料工业发展，保障饲料质量安全的主题，扎实做好饲料行政管理和饲料质量安全监管各项工作取得了明显成效，没有出现饲料质量安全重大责任事故。

【发展概况】

2014年内蒙古自治区有饲料生产企业234家，获得生产许可证255个，其中双证企业17家，三证企业5家。所获生产许可证中饲料添加剂生产许可证20个，混合型饲料添加剂生产许可证7个，添加剂预混合饲料生产许可证27个，单一饲料生产许可证41个，配合饲料、浓缩饲料、精料补充料生产许可证118个。

2014年全区饲料总产量为275.5万t，同比下降6.7%；总产值90.6亿元，同比增长2.1%；营业收入86.5亿元，同比下降1.9%。

2014年饲料总产量下降的原因，一是受全国猪禽产品市场和肉羊行情波动的影响，饲料需求量减少，猪禽饲料产量下降较为明显；二是饲料生产企业实行生产许可制度，淘汰了270多家达不到饲料生产许可条件的企业，对总产量下降有所影响。

【主要工作】

2014年，紧紧围绕发展饲料工业、保障饲料质量安全、为发展现代畜牧业和保障畜产品质量安全服务为中心，认真贯彻实施《饲料和饲料添加剂管理条例》及其配套规章，切实加强饲料生产行政许可管理，加大饲料质量安全监管检测和专项整治力度，加强监管检测能力建设，规范饲料生产、经营和使用行为，取得了明显成效，主要体现在以下五个方面：

1. 饲料生产许可证审批发放达到预期效果 2014年共收到企业办理饲料和饲料添加剂生产许可证申请材料200多份，核发生产许可证160多个。共核发普通饲料、添加剂预混合饲料、饲料添加剂生产企业生产许可证254个，通过这次核发饲料生产许可证，起到提高饲料企业素质、规范企业生产行为的作用。全区饲料工业发生了明显变化：一是饲料企业硬件设施明显改善，饲料质量安全保障能力进一步提升；二是全区饲料行业发展集中度得到了进一步提升，专业化、规模化、产业化趋势明显，饲料产业区域带分布特点突出；三是饲料行业准入门槛提高，企业规模、经营管理、质量把控普遍有了较大提高和明显改善；四是彻底改变了全区饲料行业实行许可制度之前小企业偏多、生产规模偏小、生产经营管理水平偏低的状况，饲料企业实现了由作坊式生产到现代企业转变的历史性跨越。在全区上下的共同努力下，基本上实现了饲料生产许可的平稳过渡，对全区畜牧生产没有产生不利影响，更没有引发影响稳定的社会事件。

2. 饲料质量安全监督检测合格率逐年提高 各级饲料管理部门以严厉打击违禁添加物为重点，持续开展饲料质量安全专项整治，着力强化监督检测和日常监管，推动饲料产品质量稳步提高，安全状况不断改善。按照2014年全区饲料质量安全监督检验计划及专项监测抽检方案，计划抽检各类饲料样品和牛羊尿样5 110批次，实际抽取5 472批次，完成任务的107.1%，合格5 337批次，比2013年任务量增加1 365批次，增长26.7%，其中内蒙古自治区饲料站增加了988批次，兴安盟、乌兰察布市、赤峰市分别增加了175批次、161批次、100批次。在监测指标不断增加的情况下，总体合格率达到97.5%，较2013年提高2.4个百分点。饲料中违禁添加物检出率持续下降，其中饲料样品检验合格率95.8%，牛羊尿样检验合格率100%；饲料质量安全专项监测抽检合格率100%［饲料使用环节违禁添加物监测、蛋白饲料原料中三聚氰胺、养殖场（户）“瘦肉精”、反刍动物饲料牛羊源性成分监测］。全年共抽查饲料生产、经销企业和养殖场（户）1 661 家，合格 1 638 家，合格率为 98.6%。其中饲料质量监测合格率 97.4%；养殖环节“瘦肉精”监测合格率 100%。2014 年，在开展各项业务工作的同时，各级饲料质检机构检测能力有了明显提高，更新检测仪器设备，加强技术力量，检验工作量和抽检覆盖面有了大幅度提高。在自治区质检站的技术指导和统一协调下，各盟市质检站都能够独立开展业务工作，全区饲料质检体系建设得到明显加强，为全区饲料质量安全提供了技术支撑和保障。

3. 强化饲料质量安全监管，饲料质量安全水平明显提升 按照《关于进一步加强饲料质量安全监管工作的通知》（内农牧饲发［2014］30 号）文件要求，组织开展了全区饲料质量安全专项检查行动。共查处饲料生产、经营环节不合格产品、违规生产销售等案件 99 起，共计处罚金额 18.8 万元；对不按要求完善管理制度、记录等生产经营企业责令整改 78 起；通过检查、培训、落实制度等措施，规范了全区饲料生产企业、强化了饲料质量安全监管、提升了饲料质量安全水平。

4. “瘦肉精”专项整治成效显著 根据农业部关于《2014 年农产品质量安全专项整治方案》（农质发［2014］8 号）的要求，继续组织开展“瘦肉精”等违禁添加物专项整治工作，累计出动监督执法人员 41 259 人次，检查饲料生产经营企业和养殖场户 8 014个，监督抽检企业或场户数 5 746 个，抽检样品 47 118 个，全部为阴性。并在重大节日对重点地区进行专项督查，违禁添加物专项整治始终保持了高压态势。呼和浩特、赤峰、巴彦淖尔、乌兰察布等盟市饲料监管检测部门，在完成自治区下达任务的前提下，还自行增加监测抽检任务，提高检测频率、扩大抽检覆盖面，有效地排除畜产品质量安全风险隐患，对非法添加起到了打击和震慑作用。

5. 秸秆养畜示范项目进展顺利 积极组织申报农业部秸秆养畜示范项目。2014 年农业部批复全区秸秆养畜项目 6 个，总投资 1 825 万元，其中财政投资 840 万元。充分发挥项目申报过程中技术专家评审把关的作用，根据年度项目申报指南，从项目储备库的 27 个项目中，严格按照项目申报、实地考察、专家评审等程序，组织上报农业部 2015 年秸秆养畜项目 8 个，项目投资总计 4 496.6 万元，其中申请财政投资 2 240 万元。对 2012～2014 年批准立项的 18 个项目进行检查，并接受了农业部项目专家组抽查，加强了已建和在建项目的管理。通过检查，项目资金、建设管理落实到位，项目成效显著，对于项目建设中存在的共性和个性问题提出了限期整改意见。对 2013 年立项的 4 个项目依据国家有关规定和行业标准，按照自治区批复的实施方案，采取听取建设情况汇报、现场实地查验、批复与实施比对、限期整改等方式，分别对项目的计划完成、工程质量、工程管理以及资金使用情况核查验收，项目资金使用较为合理，建设达到了预期效果，功能得以发挥，起到了示范带动作用。

各级饲料管理部门按照 2014 年年初制定的工作安排部署，大力推进饲料工业发展，加强饲料质量安全管理，采取了一系列措施。

1. 严格规范饲料和饲料添加剂生产许可审批 为了积极稳妥地推进换发许可证工作，内蒙古饲料管理部门在全区范围内进行了一年半的准备工作，举办了新《饲料和饲料添加剂管理条例》和相关法规的宣贯、培训，并对饲料生产企业逐一告知。同时，成立饲料专家审核委员会，制定出台《自治区饲料生产许可证行政审批工作程序》，简化办事程序，规范审批行为。把加强饲料生产行政许可作为贯彻《条例》要求的重要手段，采取有效措施提高审核工作质量。充分发挥技术专家把关作用，增强审核科学性、规范性。各级饲料管理部门积极行动，做了大量宣传、培训工作，将换证时限、要求和后果书面告知了每家生产企业，并深入企业进行现场指导，督促企业按要求开展换证工作。对提出申请饲料生产许可证的企业，按程序进行审核，及时告知审核结果，对审核合格的企业发放生产许可证，由于精心组织、措施得当，实现饲料生产实行行政许可证管理的平稳过渡。

2. 全面推进饲料生产全过程质量安全管理制度 以于 2015 年 7 月 1 日起施行的《饲料质量安全管理规范》为契机，积极推进饲料生产全过程质量安全管理制度，指导基层监管人员加强对获证企业的日常监管，及时排查安全隐患。2014 年 6 月初启动《饲料质量安全管理规范》示范企业验收挂牌工作，充分发挥示范引领作用。8 月对 12 个盟市饲料管理部门和获证饲料生产企业以及正在申请办证饲料生产企业负责人等 300 余人进行《饲料质量安全管理规范》培训，明确要求饲料生产企业对饲料生产实施全程管控，建立可追溯体系，确保饲料质量安全。10～12 月根据《农业部办公厅关于开展饲料和饲料添加剂生产企业监督检查工作的通知》（农牧办［2014］30 号），对 40 家饲料生产企业分 4 个检查组进行专项检查。并根据检查总体情况，将检查中发现的问题、整改意见措施等通报受检企业和盟市旗县饲料管理部门，责成属地饲料管理部门督促进行限期整改。

3. 不断加强饲料质量安全监管制度建设 按照《关于进一步加强饲料质量安全监管工作的通知》（内农牧饲发［2014］30 号），认真落实饲料质量安全“212”督查巡查制度，盟市、旗县饲料监管部门开展饲料质量安全重点检查和普遍巡查工作，重点对饲料生产经营不规范、制度落实不到位、记录填写不及时，饲料标签不规范、产品标准超期使用，违规使用饲料添加剂和添加剂预混合饲料产品批准文号，检化验室开展工作不到位，饲料经营门店拆包分装、经营“三无”产品、过期产品、不按规定建立和完善购销台账等问题进行了巡查。自治区农牧业厅对全区12个盟市饲料质量安全工作进行了全面督查和巡查，实行重点监控、网上公示制度，强化了饲料巡查和督查工作。一是规范监管工作，落实“痕迹管理”制度。各地进一步完善饲料监管档案，逐步落实监督记录制度，对日常巡查、监督检查工作实施“痕迹管理”。二是强化饲料巡查和督查工作。各地通过对生产经营企业开展一系列巡查和专项督查行动，进一步规范企业的生产经营行为，并能严格按照规范组织生产经营。三是落实重点监控和网上公示制度。对经监督检测不合格的饲料产品及其生产、经营单位，在“内蒙古农牧业厅信息网”上进行公示，实行重点监控，督促企业不断提高质量安全意识和管理水平。四是充分发挥检打联动监管制度作用，检测、执法、管理部门三位一体，对监督抽检中发现的不合格产品和假劣产品一律予以了查处。

4. 加大监督执法力度，进行重点地区重点整治 各级饲料管理部门对饲料生产、经营和使用企业，依法履行饲料安全责任，形成常态化管理，督促企业严格执行质量安全控制制度，认真落实《饲料质量安全管理规范》，杜绝使用非法添加物，明确生产企业为饲料质量安全第一责任人的法制意识。依据《条例》的要求，对监督监测和统计队伍进行强化和专题培训，提高实战能力。依据相关的法律法规，建立长效机制，统一行动步调，加强普法宣传和社会监督，集中专项整治与日常监管相结合，建立投诉举报机制，鼓励舆论监督，及时进行线索排查、追根溯源，加大监督执法力度。

【存在问题】

近几年内蒙古自治区饲料工业总体上保持了平稳较快的发展，为现代畜牧业的发展提供了物质基础，饲料生产企业素质逐年提高，饲料质量安全监管力度不断加大，总体上看饲料工业发展和饲料质量安全形势趋好，但也存在着不容忽视的问题。

1. 产业素质仍然较低 通过落实行政许可和获证企业监管，全区饲料生产企业数量与2013年相比减少了270多家，但从总体上看，中等规模以下企业仍然居多，年产2万t以上企业32家，产量184万t，占总产量的62.3%。其中，年产10万t以上企业6家，产量90万t，占总产量的30.6%。企业竞争能力和市场占有率不高等问题突出。饲料销售门店3 700多家，部分经营门店法律法规意识淡薄，不规范，进货无索证索票、无购销台账，经销“三无”饲料等现象也时有发生。

2. 进入微利时代，产业链脆弱 饲料大宗原料、能源、运输和劳动力等价格大幅上升，行业整体盈利水平下滑，大部分企业已经到了微利经营的时代。加之饲料产业是农牧业产业链条中极其重要的一个关键环节，直接受到上、下游产业的影响。大宗饲料原料供求矛盾的进一步加剧，饲料原料价格明显波动将成常态，给饲料企业造成明显影响，饲料产业链抗风险的能力较为脆弱。

3. 质量安全形势复杂 从目前全国形势来看，非法使用违禁添加物、制售假冒伪劣饲料等问题虽然有所遏制，但还没有从根本上解决，而且花样翻新。全区形势也不容乐观，饲料生产过程操作不当、饲料原料污染等非人为因素导致的质量安全问题也时有发生。主管部门监管在明处，非法添加在暗处，手段更加隐蔽，尽管采取标本兼治的打击方针，但还是难以奏效。与复杂的质量安全形势相比，无论是管理部门的监管能力、监测覆盖面，还是饲料、养殖企业的自我控制能力，仍有一定差距。

4. 饲料监管检测装备水平低，技术力量薄弱 监管经费投入严重不足，制约监管效率和力度，检测机构检测设备老化，检测能力不足，检测队伍业务能力参差不齐。特别是旗县级监管队伍装备没有落实，基础条件差，监管手段落后，严重影响到监督管理工作的开展。

5. 日常检查巡查力度弱化 饲料产品质量安全既是企业生产出来的，也是“管出来”的。经过多年实践，建立了以行政许可审批为核心的事前管理制度，以饲料产品抽检和违法行为查处为核心的事后监管制度，但事中监管一直是薄弱环节，导致很多问题不能根除。2013年建立了“212”巡查制度，实行“痕迹管理”，但部分基层饲料管理部门日常监管档案不完善、制度不健全，对督查、检查、巡查不留记录或记录不全，对检查中发现的问题，缺乏有效跟踪。基层监管队伍虽然经过多次的培训，但部分监管人员的监管能力和素质还是不能得到有效提升，对于日常监督检查中应该看什么、查什么，思路不清、方法不当。与复杂的质量安全形势相比，仍有很大的差距。

（内蒙古自治区饲料工作办公室）

辽宁省饲料工业

2014年，辽宁省饲料工业受猪价波动影响，猪饲料产量增速放缓；受养禽业亏损持续及养殖户补栏意愿下降等因素影响，家禽饲料产量下降明显。

【发展概况】

1. 饲料工业产量、产值略有回落 据统计，2014年饲料产量1 239.4万t，同比下降3.6%。其中，配合饲料917.4万t，同比增长0.4%；浓缩饲料306.2万t，同比下降12.6%；添加剂预混合饲料15.8万t，同比下降26.5%。2014年饲料工业总产值437.6亿元，同比下降8.1%。

2. 饲料原料工业稳步发展 据统计，2014年单一饲料生产企业95家。单一饲料总产量477.2万t，同比增长13.8%。其中，豆粕产量386.6万t，同比增长8.4%；鱼粉产量11.4万t，同比增长7.5%。实现产值185.0亿元，同比增长21.5%。

3. 饲料添加剂产量增长幅度较大 据统计，2014年饲料添加剂总产量为16.8万t，同比增长10.5%。其中，氨基酸12.0万t，同比增长13.2%；维生素2.6万t，同比下降3.7%；矿物元素及络合物2.0t，同比增长5.3%。实现产值20.8亿元，同比增长4.5%。

4. 饲料机械成套设备产量下降 据统计，2014年饲料机械企业生产饲料加工成套设备为77套，同比下降28.0%。其中，时产10t以上成套机组49套，同比增长8.9%；生产单机台数为184台，同比下降20.0%。其中，粉碎机68台，同比下降30.6%；混合机51台，同比下降44.0%；制粒机29台，同比下降29.3%。实现产值5 472.0万元，同比下降13.5%。

【发展特点】

1. 饲料行业竞争愈加激烈，兼并重组成为发展趋势 在市场竞争加剧和国家提高准入门槛双重压力下，中小型饲料企业生产设备、技术、人才劣势明显，举步维艰，主动退出市场增多。通过2014年上半年的饲料换证工作，饲料生产企业数量大幅减少，但是规模和管理水平有了提高，企业数量由2013年的908家减少至472家。

2. 饲料行业集中度进一步提高 10万t以上企业16家，产量合计255.3万t，占总产量比重19.9%；5万～10万t企业43家，产量合计291.5万t，占总产量比重22.7%；1万～5万t企业231家，产量合计505.3万t，占总产量比重39.3%；1万t以下企业478家，产量合计145.9万t，占总产量比重11.3%。

3. 专业化、规模化成为行业发展主题 随着竞争加剧，饲料企业更加注重在专业化、规模化上下功夫，以降低管理成本，发挥专业优势。如双良貂貉饲料、大成鸡饲料、双胞胎猪饲料、水产饲料、反刍饲料。

4. 饲料行业产业化发展将成为发展方向 饲料企业将充分发挥资金、技术、人才和专业优势，向下游养殖、加工领域延伸，实现产业化发展。新希望六和重新布局东北，调整辽宁片区，成立阜新特区；猪饲料生产企业试水生猪保价收购，如沈阳富士生猪保价16元/kg。单一饲料企业无法控制终端的弊端逐渐显现，如本地的沈阳众友饲料有限公司、沈阳天地饲料有限公司等。

5. 安全、高效、环保的生物饲料异军突起 酶制剂、微生态制剂得到饲料企业认可，并在饲料产品中广泛应用。沈阳金科丰微生态制剂、辽宁三色微谷酶制剂产品逐受欢迎。

6. 新技术、新设备得到广泛应用，生产方式发生转变 一是饲料散装运输、厂场对接渐成趋势，将改变饲料行业传统营销模式，如辽宁大成农牧实业有限公司、铁岭曙光农业发展集团、沈阳华美畜禽有限公司、新希望六和等饲料企业已成功实现饲料散装运输。码垛机器人代替人工在饲料企业广泛应用。二是互联网技术在饲料工业运用崭露头角。从国内看新希望六和与京东合作，试水饲料产品网上销售，从省内看，沈阳科丰牧业科技有限公司利用互联网技术实现远程疫病诊断、售后服务。

【主要工作】

1. 创新工作手段，开展宣传培训 一是建立辽宁省饲料监管人员QQ群和辽宁省饲料生产企业QQ群，实现政策咨询、答疑解惑、信息发布、在线培训等多个功能。二是上门服务，为了让中小饲料生产企业及时掌握国家政策法规，在企业改造升级过程中不走弯路、不花冤枉钱，2014年派出近50个（次）专家组深入企业进行技术指导。同时，在中小企业较为集中的辽中、新民、锦州、昌图召开饲料换证工作座谈会，现场办公，现场解答企业难题。举办《饲料标签》标准培训班6次，共培训全省执法人员260余人。

2. 强化监督监测和执法工作 按照2014年初饲料监测计划，全省累计监测饲料产品5 318批次，合格5 238批次，合格率为98.4%。充分发挥检打联动监管制度作用，检测、执法、管理部门三位一体对监督抽检中发现的不合格产品和假劣产品一律予以查处。根据监督检测结果，发布假劣饲料7批次，全省共查处饲料案件63起，罚款41.5万元。

3. 建设饲料检打联动监管网络平台 从2013年7月开始建设的兽药饲料监管网络平台，经过立项、招标、开发、征求意见和试运行等环节，于2014年5月20日上线运行，并于7月1日起开始正式受理所有饲料行政审批事项。网络监管平台的开通，完善行政审批办理流程，实现所有兽药饲料行政许可事项网上申报、网上审核，简化企业申报手续，优化审批办公流程，方便群众办事，减少廉政安全隐患。截至2014年底，已有215个饲料审批事项通过网络平台上报并通过审批。

4. 保质保量地完成换证工作 2014年6月底，全省饲料生产企业换证工作截止。大部分中小型饲料企业申报材料都集中在4～5月上报，集中度高、数量大，部分市上报材料完整度低、一次通过率低，给省级审核增加难度和工作量。在这种情况下，辽宁省饲料工作办公室对审核材料、告知修改、组织验收、召开专家评审会、申请材料归档等每个步骤都认真对待，几乎没有出现大的差错。2014年上半年共受理饲料换证申请156家，排出现场检查组26组（次），召开3次饲料专家评审会，共108个企业通过，12家没有通过。下半年，共受理饲料换证申请106家，排出现场检查组22组（次），召开3次饲料专家评审会，共76个企业通过，12家没有通过。饲料换证工作，提高准入门槛，减少企业数量，实现饲料工业产业升级，向规模化发展、规范化发展迈进。

5. 开展饲料企业大检查活动 为加强饲料行业监督管理，规范饲料和饲料添加剂生产经营行为，保障饲料质量安全，2014年11月17日～12月10日组织开展饲料和饲料添加剂生产企业监督检查工作。共派出6个检查组检查全省60家不同类型饲料生产企业，对饲料和饲料添加剂生产企业设备设施、人员素质、日常管理、质量控制等方面进行全面检查，发现问题均给企业留下整改意见，并由市级管理部门监督整改。

6. 启动饲料生产质量管理规范示范创建工作 9月25日，召开饲料生产质量管理规范示范创建暨宣贯工作视频会议。辽宁省、市、县三级饲料主管部门和18家饲料质量安全管理规范示范创建企业共计220人参加了会议，标志着辽宁省饲料生产质量管理规范实施工作全面开展。

（辽宁省饲料工作办公室）

吉林省饲料工业

2014年，吉林省饲料工业在吉林省畜牧业管理局的领导下，以确保饲料产品质量安全为前提，超前谋划，全面部署，深化改革，重点推进，取得了稳步发展的显著成效。

【发展概况】

2014年，吉林省共有180家饲料生产企业，通过整合、重组后取得了饲料生产许可证。其中，配合饲料、浓缩饲料和精料补充料生产企业124家；单一饲料生产企业37家；添加剂预混合饲料生产企业14家；饲料添加剂生产企业5家。全省饲料工业产品总产量478.5万t，同比增加2.8%，实现工业总产值148.8亿元，同比减少2.6%。

【组织机构】

吉林省饲料工作办公室隶属于吉林省畜牧业管理局，与草原饲料处合署办公。在全省各市（州）、县（市、区）政府畜牧业管理部门中，都设立了饲料工业行政管理部门。在质量检验上，有3个具有资质的省级饲料质量检验机构，分别隶属于省畜牧业管理部门，省质量监督管理部门和省商检管理部门。全省有12个市级饲料质量检验机构，其中3个隶属于畜牧业管理部门，9个隶属于质量监督管理部门。县级还未设立饲料质量监督检验机构。

【主要工作】

1. 开展职业技能培训工作 为深入贯彻落实新修订的《饲料和饲料添加剂管理条例》，进一步提升全省饲料产品质量安全水平，2014年共举办各类培训鉴定班3期，培训从业人员150人；举办《条例》培训班3次，培训企业主要负责人400人次。同时还印发《条例》及相关配套法规1 000册，有效地提升了饲料企业产品质量安全水平。

2. 开展全省饲料质量和安全大检查活动 为贯彻农业部和吉林省委、省政府有关规定，确保饲料产品质量安全，吉林省畜牧业管理局下发了《关于开展全省饲料产品质量安全大检查活动的通知》，从9月中旬到10月下旬，在全省范围内开展饲料生产企业进行安全大检查活动，对于一些无证生产或超范围生产的企业进行整改和处罚，从而确保饲料安全生产。

3. 开展饲料产品抽样检测工作 2014年，根据吉林省畜牧业管理局《关于下达2014年饲料质量安全监测计划的通知》，吉林省饲料工作办公室组织力量对饲料产品进行抽样检测，共完成检测任务2 500批次。安全性指数达到100%，常规性指标合格率达到95%以上。

4. 开展饲料生产许可证的年度备案工作 在全面完成391家饲料生产企业审查合格证备案的基础上，吉林省饲料工作办公室严格按照农业部相关法规，组织专家到饲料生产企业进行现场审核，并为227家企业颁发生产许可证，严格执行行业准入制度，严格把住饲料生产企业申报关口。

【存在问题】

1. 全省饲料市场出现萎缩，畜产品价格持续低迷，养殖业亏损严重，致使全省养殖行业发展不景气，从而导致饲料市场萎缩，市场容量越来越少。

2. 饲料行业竞争更加激烈 在全省饲料市场萎缩的形势下，尤其是随着外省大型饲料企业及产品的进入，进一步加剧市场竞争。因此，吉林省一大批中小型企业发展举步维艰。

3. 饲料原料价格长期居高不下 致使企业经营利润下滑，甚至有些企业出现严重亏损。即使有一定产品销量做支撑的规模企业，也同样面临着利润下滑，甚至倒闭的风险。

（吉林省饲料工作办公室）

黑龙江省饲料工业

【发展概况】

2014 黑龙江省畜牧兽医局以实施新饲料许可制度和加强企业规范化管理为抓手，以饲料质量安全监管为重点，通过“抓换证、严执法、打禁物、促规范”，进一步提升了饲料产业素质及质量安全水平，为质量效益型现代畜牧产业建设提供了强有力的支撑。

2014 年全省饲料行业运行特点可概括为“两降两升一凸显”。“两降”：一是饲料总产量同比略有下降。全省饲料总产量 650.4 万 t，同比下降 1.8%。其中，配合（精补）饲料 318.5 万 t，同比下降 4.8%；浓缩饲料 304.3 万 t，同比下降 3.7%；添加剂预混合饲料 27.6 万 t，同比增长 1.8%。实现饲料工业产值 210.0 亿元，同比基本持平。主要原因是流感疫情后续影响；猪群结构调整压缩；养殖场户增加自配料，以降低成本等。二是饲料行业整体效益水平同比下降。行业整体效益水平同比下降 10%以上。主要原因是玉米、豆粕、进口鱼粉、蛋氨酸等原料高价运行；劳动力成本、物流运输成本上升等。“两升”：一是饲企规模化、标准化、现代化水平明显提升。通过实施新的许可制度，新获证企业的年产能均在 2.5 万 t 以上，总生产能力达到 1 400 万 t 以上，相当于过去 650 多家企业的产能，饲料企业规模化、标准化、现代化生产水平有了大幅提高。二是饲料产业化、专业化、集团化水平明显提升。具体表现为企业自主延伸产业链、扩张建厂、专业化生产（反刍、狐貉、鱼）饲料企业明显增多。如大北农在巴彦、宾县新建 3 个种猪场；哈尔滨新胜在延寿投资上亿元新建饲料生产、肉鸡养殖和屠宰加工一条龙产业链项目，现已开始屠宰加工；绥化大北农、湖南岳泰、正邦集团、四川特驱、辽宁双良、北京华农等饲料企业纷纷在黑龙江省投资建厂等。饲料集团的扩张和产业链的延伸，进一步构建了企业竞争新优势，极大增强了牵动养殖业发展的能力，已经成为全省饲料企业发展的新趋势、新亮点。“一凸显”：大型企业较中小型企业竞争优势更加凸显。大型企业依托自身的资金、技术、品牌、人力和服务等方面的优势，实现产量和效益同步增长。如富康集团、正大集团同比增产 30%以上，谷实集团产量和效益同比增长 15%以上。中小型企业产销、效益下滑明显，多数小型企业处于以销定产或半停产状况，优胜劣汰格局凸显。

【主要工作】

在推进饲料行业发展及饲料质量安全监管方面，主要做了以下 5 项工作：

1. 认真组织开展《饲料和饲料添加剂管理条例》规章宣传培训工作 一是利用媒体广泛宣传。利用《黑龙江畜牧兽医政务网》《东北饲料信息网》《东北饲料信息杂志》等有关媒体及时刊载新修订的《饲料和饲料添加剂管理条例》等法规，并通过龙广新闻（行风热线）节目解答饲料政策法规，全省共发放有关宣传资料 1 万余份，进行媒体宣传 20 余次。二是通过活动宣传。组织开展“放心饲料下乡进村暨饲料质量安全宣传周活动”，6 月 13 日，与药政处在肇东昌五镇开展“放心饲料兽药下乡进村暨产品质量安全宣传周肇东正昌五现场活动”，现场开展宣传咨询、培训讲座、优质饲料兽药产品展示推介、入户服务指导等，发放资料 1 000 余份，现场参与人员 150 多人，培训养殖场户 100 余个，使饲料从业者了解新的法规规章内容，为确保饲料质量安全和质量效益型现代饲料产业发展营造了良好的法制环境和社会舆论氛围。

2. 依法健全完善和强力推行新的饲料许可审批制度 为进一步着力推进新许可制度的实施和企业整合提升、创新发展，黑龙江省畜牧兽医局继续将

2014年确定为“饲料许可换证及整合提升年”。一是做好行政审批清理和农业部下放审批事项承接。按照农业部和省政府的统一部署，黑龙江省饲料办按要求对承担的行政审批事项认真进行了清理，并依法承接农业部下放的饲料添加剂、添加剂预混合饲料行政许可审批事项。二是健全完善行政许可审批制度。按照省政府“多取消、审一次、真备案”要求，黑龙江省畜牧兽医局重新制定饲料和饲料添加剂许可审批（程序）制度和权力运行制度，并在省政府政务服务中心管理平台和畜牧兽医政务网公开。三是部署推动和严把审核审批关。为了更好地贯彻落实农业部饲料行业准入及许可管理新规，黑龙江省畜牧兽医局制定下发《2014年全省饲料工作要点》和《黑龙江省畜牧兽医局通告》（［2014］第4号），依法对原来获得《饲料生产企业审查合格证》《动物源性饲料生产企业安全卫生合格证》的饲料企业进行注销，规定从2014年7月1日起，未提出申请或提出申请但未获得新饲料生产许可证的，原证一律废止失效，企业不得继续从事饲料生产经营活动。截至12月31日，共受理申换证企业241个，审核发放饲料生产许可证237个（其中，配合饲料、浓缩饲料182个，单一饲料49个，添加剂预混合饲料6个），核发《饲料添加剂生产许可证》6个，受理并核发饲料添加剂和添加剂预混合饲料产品批准文号27个。浓缩（配合）饲料企业数量减少470余家，淘汰率达70%。四是组织开展饲料和饲料添加剂获证企业后续现场检查验收。按照《农业部办公厅关于开展饲料和饲料添加剂生产企业监督检查工作的通知》（农办牧［2014］30号）《饲料和饲料添加剂生产企业现场检查表》等有关要求，对40家已获证企业依法进行跟踪检查验收，对发现问题的企业提出了整改意见，有力保证了获证企业符合法定许可条件和《饲料质量安全管理规范》的要求。

3. 全面深入开展饲料质量安全专项整治行动 一是部署并组织开展饲料打假、质量安全专项治理和执法检查行动。按照农业部农资打假的有关要求，黑龙江省饲料办起草制定了《饲料质量安全专项治理行动实施方案》《关于组织开展饲料质量安全专项整治自查和执法监督检查工作的通知》（黑牧饲［2014］149号），要求各级畜牧兽医部门以非法生产经营和添加使用“瘦肉精”、三聚氰胺、非饲料原料等为重点，强化饲料生产企业源头和经营使用环节治理，依法严惩非法添加使用和经营门店拆包分装、再加工、“前店后厂”等违法行为。据统计，全省共出动饲料执法人员1 500多人，检查饲料生产经营使用企业（单位）2万多家，查处问题500多个，立案查处16起，罚款5万余元。二是部署并组织开展了饲料质量安全监测行动。农业部任务实际抽样839批次，合格829批次，总体抽检合格率98.8%，盐酸克仑特罗、莱克多巴胺、沙丁胺醇、呋喃唑酮、孔雀石绿、三聚氰胺等违禁物检验合格率均为100%。

4. 组织开展《饲料质量安全管理规范》示范创建工作 9月3日在哈尔滨召开新“饲料法规培训暨质量安全管理规范示范创建现场会”，组织各市、农垦和有关县（市）畜牧兽医局分管副局长、饲料办主任以及示范创建企业的主要负责人、具体工作人员等120余人学习观看《规范》教学光碟，并请专家进行详细讲解。现场还参观农业部示范创建企业—谷实农牧集团哈尔滨群力开发区饲料加工厂，听取该企业实施《规范》的具体做法、经验和体会，通过观看示范创建企业，进一步了解饲料企业从原料采购、检化验、生产加工、出厂销售全过程的饲料产品质量安全控制和可追溯制度，为2015年7月1日实施《规范》奠定了基础。

5. 开展饲料行业预测预警和指导服务 一是认真落实农业部新的饲料统计报表制度。按要求将各类饲料企业纳入统计范围，确定管理部门和企业的饲料统计报表人员，认真完成月报、季报的上报工作。对饲料市场和行业形势进行研判、预警，及时有效指导行业和企业发展，提高饲料管理部门指导行业发展的前瞻性和科学性。二是积极协调解决饲料行业用盐问题。经与省盐务局多次协调，联合下发了“关于加强饲料添加剂氯化钠监管工作的通知”（黑牧饲［2014］189号），明确了畜牧兽医部门是饲料添加剂氯化钠的监管主体，饲料企业购买使用饲料添加剂氯化钠是合法行为，避免了监管权和利益之争。本政策的协调解决，既从根本上解决了长期以来畜牧饲料和盐务管理部门之间的职责不清和矛盾问题，又减轻了饲料企业负担，降低了用盐成本。此项工作得到了农业部的肯定和表扬。

（黑龙江省饲料工业办公室）

上海市饲料工业

2014年，上海市各级畜牧兽医部门、监督、检测机构和行业协会围绕投入食品安全监管和畜产品质量安全，以保障饲料质量安全为目标，推进《饲料质量安全管理规范》实施为抓手，严格准入，强化监管，努力规范饲料生产、经营和使用行为，促进行业向规模化、标准化、集约化方向发展。

【发展概况】

通过全面贯彻落实《饲料和饲料添加剂管理条例》及其配套规章，上海市饲料行业结构调整幅度加大。2014年关停饲料生产企业48家，共有141家企业正常生产经营，其中，配合饲料、浓缩饲料、精料补充料和单一饲料生产企业64家，不到原来的2/3；添加剂预混合饲料生产企业89家，清退超过两成；饲料添加剂生产企业42家，基本保持稳定。而2014年饲料行业生产保持了稳定态势，饲料产量155.3万t，同比增加0.1%，其中，配合饲料116.2万t，同比减少0.8%；浓缩饲料15.04万t，同比增长2.6%；添加剂预混合饲料24.1万t，同比增长2.9%。饲料添加剂6.5万t，同比增长1.0%。饲料工业总产值78.8亿元，同比增长2.9%。

【主要工作】

1. 以生产许可证换证审核为抓手，成立“饲料和饲料添加剂生产许可专家委员会”，组建“饲料和饲料添加剂生产许可审核专家库”，实行专家评审制度，有序开展生产许可审批工作，严把行业准入门槛，促使企业在软硬件等方面大幅提高 2014年核发饲料生产许可证82张，饲料添加剂生产许可证20张，注销饲料和饲料添加剂生产许可证17张，按期完成了单一饲料、配合饲料、浓缩饲料、精料补充料生产企业的换证审核，并保障了农业部许可审核权限下放后行政审核工作的平稳承接。同时，加强后续跟踪监督力度，未发现无证生产情况。

2014年继续实行饲料和饲料添加剂生产企业年度备案审核，强化属地管理职能，将集中审核评定、现场督察与日常监管相结合，通过率达98%；建立完善批准文号监管档案，核发产品批准文号1 303个。

2. 推进《规范》示范，提升行业水平 按农业部要求开展《规范》示范创建工作，以此为契机，不断督促企业建立健全各项制度，完善管理体系，加快升级，提高企业标准化程度，并配合农业部验收5家示范创建企业，受检企业均通过审核，其中上海富朗特动物保健有限公司和帝斯曼维生素（上海）有限公司荣获首批农业部“饲料质量安全管理规范示范企业”称号，上海市的示范创建工作得到专家组肯定。

围绕《规范》加强新政宣贯，分别培训专家、管理人员及生产企业负责人在内的300余人次，提高对《规范》的认知；开办18期各类专题培训班，发放汇编资料800余份，培训1 000余人次；针对负责人、统计管理人员、特有工种人员、质检人员等饲料从业人员分别开展培训，2014年培训500余人次。通过各级各类培训，综合提高行业整体素质。

3. 提高监测力度，保障产品质量 根据农业部和上海市饲料质量安全监测任务，制定并下发2014年度饲料质量安全监测计划和产地生猪出栏前“瘦肉精”及其替代品监测计划，不断加强技术创新和标准制订。全年完成农业部和上海市饲料产品质量安全监测任务3 396批次，饲料安全状况总体可控。累计完成对生猪出栏前“瘦肉精”等违禁药物监测71 377批次，飞行监测49 319批次，结果均未检出。

4. 强化执法力度，维护市场秩序 依托行政审批、质量安全监测、案件查处三方联动机制，继续加强监督检查，推行告知承诺制度，严肃查处违法违规饲料企业，坚决查扣、销毁无生产许可证、无产品批准文号、无产品标签的“三无”产品，严格规范饲料安全用药。全年出动监督执法人员8 890人次，检查饲料生产企业 798 家，检查饲料经营企业 90 家，检查养殖场（户）3 085 场次，查处案件 19 起，不断净化本市饲料生产经营秩序。

5. 加强跟踪督查，引导企业发展 为确保饲料企业的有效监管，规范和督导企业的生产经营行为，上海市不断加强对获证企业的跟踪督查。建立并完善从业人员信息、设备、标准、标签和监管等相关档案；加强过期证号监管，杜绝企业违法违规生产行为；建立企业诚信监管档案，跟踪调查质量安全、生产运行、违规情况等项目，实施诚信评级，开展企业分级监督管理制度，2014 年评出 A 级企业 23 家，B 级企业 101 家，C 级企业 10 家；配合农业部检查组进行饲料行政许可管理工作现场督查，受检的 5 家企业均符合饲料生产许可条件相关要求，上海市饲料许可管理工作得到检查组的充分肯定；根据农业部关于开展饲料和饲料添加剂生产企业监督检查工作的有关要求，采取企业自查、区县督查和专家组检查的方式，对本市 33 家饲料和饲料添加剂生产企业组织开展监督检查，指导企业按照《规范》要求完善管理制度，增强品控能力，提升管理水平。在新的许可条件和要求下，上海市饲料行业结构进一步优化，逐步进入自律、规范的良好状态。

（上海市饲料工作办公室）

江苏省饲料工业

【发展概况】

2014 年，江苏省饲料行业克服生猪价格低迷和 H7N9 流感疫情影响，饲料工业产量仍呈平稳上涨态势，但增幅放缓，饲料行业从高速增长进入平稳增长。全省工业饲料总产量 1 000.2 万 t，同比增加 23 万 t，增长 2.3%；饲料工业总产值 485.0 亿元（不含饲料原料产值），同比增长 3.5%。2014 年，全省共有各类企业 590 家。其中，饲料原料生产企业 72 家，机械企业 5 家，饲料产品生产企业 329 家，饲料添加剂企业 102 家，添加剂预混合饲料企业 228 家，其中兼产企业 77 家。

【发展特点】

1. 产品结构优化，适应规模养殖发展 2014 年，全省配合饲料 935.4 万 t，同比增长 2.4%，占饲料总产量的 93.5%；浓缩饲料 33.5 万 t，同比下降 5.0%；添加剂预混合饲料 31.3 万 t，同比增长 12.6%。按畜禽品种分，猪饲料 299.6 万 t，同比增长 6.4%；蛋禽饲料 125.4 万 t，同比下降 5.5%；肉禽饲料 264.6 万 t，同比增长 8.1%；水产饲料 287.3 万 t，同比下降 2.0%。猪饲料、蛋禽饲料、肉禽饲料、水产饲料分别占饲料总量的 30%、13%、26%、29%。

2. 行业整合升级，大中型企业份额提高 截至 2014 年底，全省共有各类饲料生产企业 654 家，比 2013 年减少 97 家，同比减少 12.8%。大中型饲料企业延伸产业链，集中加大产能，份额继续提高。年产 5 万 t 以上的企业 63 家，占全省总产量的 58%。近 2 年大型企业市场继续扩大，江苏天参有限公司、久和集团、立华集团、温氏集团、益客集团等企业产量稳定增长，保持良好的发展势头。

3. 添加剂产量增长，产业体系更加健全 2014 年，饲料添加剂总产量 28.8 万 t，同比增长 22.3%，其中，原饲料添加剂Ⅰ型 26.7 万 t，Ⅱ型 0.6 万 t，混合型饲料添加剂 1.5 万 t。饲料添加剂总产值 31.8 亿元，同比增长 30.2%。蓝星安迪苏南京有限公司液体蛋氨酸全面投产，改变了我国同类产品依赖进口的局面。

4. 加强安全监管，饲料质量安全稳步提高 加强饲料质量安全监督管理，持证企业产品质量监管和未获证企业清理，积极推动《饲料质量安全管理规范》试点示范工作，5 家企业开展试点工作，深化“瘦肉精”专项整治行动，饲料质量安全水平稳步提高。2014 年，饲料产品质量监测合格率 92.6%，主要监测项目为粗蛋白、铅、镉、黄曲霉毒素 B_1、铜、锌、维生素等；饲料中违禁添加物监测和反刍动物饲料中牛羊源性成分监测合格率均为 100%。

5. 注重科技创新，饲料机械工业稳步发展 2014 年，全省饲料机械设备成套机组 1 188 台套，同比增长 12.7%；单机 21 890 台套，同比增长 5.0%；饲料机械设备总产值 60.6 亿元，同比增长 5.9%。饲料机械出口额为 15.1 亿元，同比增长 6.6%。全省牧羊、正昌、布勒等饲料机械企业注重科技创新，带动饲料机械智能化，饲料厂的自动控制水平大幅提升。

【主要工作】

1. 严把饲料生产企业准入关 2014 年 6 月 10 日，在南京召开全省饲料生产企业现场审核检查员会议，30 多名现场审核检查员参加了会议，对各地饲料生产企业申请生产许可证的情况、现场检查过程中存在的问题等进行了交流，并就饲料生产企业现场审核关键问题、《饲料生产企业质量安全管理规范》对检查员进行了培训。建立完善了现场审核评审专家组组长负责制和评审专家例会交流制，现场检查要对企业相关负责人进行饲料法规和业务知识考核，对化验员进行盲样检验操作考核，保证现场审核工作质量，把好企业准入关。

2. 开展饲料生产企业监督检查 一是加强基层日常巡查。根据农业部畜牧业司的要求和《江苏省兽药、饲料执法监督巡查制度》，全省要求各县（区）畜牧兽医部门加强对辖区内生产企业的巡查工作，每半年要对辖区内所有饲料生产企业至少巡查一次。二是组织开展饲料生产企业清查。2014 年 7 月，组织各地饲料管理部门开展未获得饲料生产许可证企业的清理工作。10 月底，组织全省范围的未获得饲料生产许可证企业市级互查，重点检查各地饲料管理部门依法告知和巡查落实情况，未获证企业停产情况及违法行为的查处情况，确保将未获证企业的清理工作落到实处。

3. 做好《饲料质量安全管理规范》（以下简称《规范》）**实施试点** 全省各级饲料管理部门和相关饲料生产企业积极推动《规范》试点示范工作，并取得良好成效，2014 年有 5 家企业开展了试点工作。2014 年 6～7 月，将农业部制作的《规范》培训光盘发至企业，为《规范》的实施提前做好宣传培训工作。江苏南通、连云港等市举办饲料培训班，组织辖区内企业对《规范》进行学习和培训。

4. 深化"瘦肉精"专项整治行动 江苏省农业委员会制定 2014 年"瘦肉精"专项整治工作方案，开展畜产品质量安全例行监测 8 000 余批次，配合农业部开展生猪养殖环节拉网监测 300 批次、屠宰环节 1 500 批次；全省抽检样品数达 135.64 万份，合格率达 99.99%。加大"瘦肉精"检测力度，加强屠宰环节和运输环节省际交通站牛、羊及其产品"瘦肉精"抽检工作，新增牛、羊"瘦肉精"抽检经费 325 万元，各级财政落实的"瘦肉精"工作经费达3 048.6 万元，立案查处 6 起，移交司法机关 6 起。

5. 开展江苏饲料企业 30 强评选 为进一步鼓励和引导饲料企业做大做强，提高产业核心竞争力，实施饲料行业名牌战略和可持续发展战略，在全省饲料、饲料添加剂、饲料机械生产企业范围内组织开展"江苏省 30 强饲料企业评选活动"。制定产量、产值，质量管理体系，资质与技术力量等评选条件和考核要求，评选标准在江苏动物卫生监督网公布。本着"公平、公正、公开"的原则，在企业自愿、各市协会推荐、专家评审的基础上，综合考虑企业发展规模、质量管理水平、市场品牌信誉等情况，授予江苏牧羊集团有限公司等企业为"江苏省 2013—2014 年度饲料行业 30 强企业"荣誉称号。

【存在问题】

随着 2012 年 7 月 1 日《饲料和饲料添加剂生产许可管理办法》全面实施，淘汰了一批小型企业，饲料行业总体水平和规模都有一定程度的提高，但仍有部分企业管理水平较差，企业人员素质有待进一步提高。抗生素和药物的超量超范围使用现象依然存在。养殖业特别是养猪业持续低迷，畜产品需求总量减少，对产业发展造成一定影响。

（江苏省饲料工作办公室）

浙江省饲料工业

【发展概况】

2014年浙江省饲料工业以“加快转型升级、保障产品质量安全”为发展目标，主动适应浙江省委省政府“三改一拆”三年行动、“五水共治”、畜牧业转型升级等重大决策和工作部署，认真应对畜禽饲养量大幅下降和生猪价格长期处于低迷状态、家禽业受人感染H7N9流感疫情对饲料行业的冲击和影响，坚持严格准入、强化监管、从严执法，推进饲料工业向规模化、规范化、专业化方向发展，确保饲料和饲料添加剂产品的质量安全和有效供给。

据统计，截至2014年底，全省有饲料和饲料添加剂生产企业411家（按发证口径统计），比2013年的515家减少了104家。按生产品种统计，配合饲料、浓缩饲料、精料补充料生产企业198家，单一饲料生产企业48家，饲料添加剂和添加剂预混合饲料企业165家。饲料总产量501.5万t（不包括单一饲料产量，下同），比2013年的555万t下降9.6%。饲料及饲料添加剂产品工业总产值289.1亿元，同比下降12.9%。单一饲料总产量314.1万t，总产值76亿元。

【主要工作】

根据饲料行政许可管理工作和饲料工业“加快转型升级、保障产品质量安全”的要求，2014年着重开展了以下工作。

1. 抓饲料行政许可管理工作 全面承接农业部下放的饲料添加剂、添加剂预混合饲料生产许可的审批工作，制订公布饲料添加剂、添加剂预混合饲料生产许可审批程序和流程图，将许可审批事项列入办证专窗统一受理，及时调整设立省级饲料和饲料添加剂生产许可专家审核委员会和现场审核检查员库名单，承担省级审批的饲料添加剂和添加剂预混合饲料生产许可的现场审核等工作。针对全省除饲料添加剂、添加剂预混合饲料外的其他饲料生产企业委托市级饲料管理部门审批发证的情况，加强事前培训、事中指导和事后监管。一是全面培训。先后举办了饲料生产许可工作和实施饲料质量安全管理规范等培训班，对全省各级饲料管理人员和企业代表进行系统培训；二是加强许可事中指导。在督促指导各地中小企业开展兼并重组、改造，达到许可要求的同时，要求各地饲料管理部门坚持许可条件，严把企业准入关，并及时指导和帮助解决许可工作中碰到的问题；三是开展对获证企业的监督检查。组织开展全省获证企业监督检查，对检查不合格项要求企业限期整改到位，并将检查结果在全省系统进行通报，以规范许可工作。

2. 组织开展饲料生产企业清理整顿 为维护经营秩序，保障饲料行业正常发展，7～8月组织开展了全省无证饲料生产企业清理整顿工作，共注销饲料生产企业审查合格证、动物源性饲料产品生产企业安全卫生合格证企业170家。

3. 组织开展了质量安全管理监督检查 按照农业部要求组织或配合农业部检查组完成36家饲料生产企业质量安全管理检查，督促指导不符合《饲料质量安全管理规范》的饲料企业进行整改，提升饲料生产企业的规范化管理水平和产品质量。

4. 引导饲料企业融入畜牧全产业链发展 根据浙江省畜牧业转型升级要求，积极引导饲料企业参与全省200家畜牧全产业链融合的合作主体培育工作，大中型饲料生产企业通过向饲料原料、畜禽养殖、畜产品加工等领域延伸产业链或融入畜牧产业链，推行主要原料专业化集团采购和商品饲料“厂场对接”销售与专业化服务，既推动了全省畜牧全产业链建设，又增强了企业抗风险和可持续发展能力。

【存在问题】

1. 企业生产规范化水平亟待提高 配合饲料、

浓缩饲料和添加剂预混合饲料生产企业中，中小规模企业居多，根据检查，大部分企业的质量安全规范化管理水平还达不到《饲料质量安全管理规范》的要求。

2. 以农民专业合作社名义加工饲料的合法性亟须明确 根据《饲料和饲料添加剂管理条例》的有关规定，除养殖者使用自行配制的饲料外，其他经工业化加工、制作供动物食用的产品应办理生产许可证。在饲料生产企业清理整顿中，因不符合相关生产许可条件的要求而被注销生产许可证明的部分企业，与农民专业合作社挂钩或联系几个养殖场组成合作社继续生产饲料，销售给养殖场社员或代其加工饲料，此生产行为是否合法需统一明确。

3. 养殖场自配料管理需加强 根据《饲料和饲料添加剂管理条例》，养殖者使用自行配制饲料，应当遵守国务院农业行政主管部门制定的自行配制饲料使用规范，并不得对外提供自行配制饲料，但目前农业部尚未出台养殖者自配料使用规范或相关规定。

（浙江省饲料工作办公室）

安徽省饲料工业

【发展概况】

2014年安徽省饲料产品总产量515.0万t，与2013年的495.0万t相比增长4.1%，其中，配合饲料484.0万t，同比增长5.2%；浓缩饲料18.0万t，同比下降20.2%；添加剂预混合饲料13.0万t，同比增长8.8%；各类单一饲料产量37.0万t。全省饲料工业总产值126亿元，与2013年的119.0亿元相比增长4.8%。2014年全省饲料产量较大的企业为安徽省正大源集团有限公司、合肥华仁农牧集团、滁州温氏畜牧有限公司、萧县强英饲料有限公司、宣城东方希望动物营养食品有限公司，上述企业合计产量为138.0万t，占全省饲料总产量的26.9%。

2014年共颁发生产许可证（包括到期换证）183个，其中饲料添加剂生产许可证发证8个，混合型饲料添加剂生产许可证发证10个，添加剂预混合饲料生产许可证发证21个，单一饲料生产许可证发证36个，配合饲料、浓缩饲料、精料补充料生产许可证发证108个。

【组织机构】

在安徽省畜牧兽医局领导下，安徽省饲料工作办公室负责行政审批工作；兽药饲料监察所负责饲料质量监测工作；饲料工业协会配合畜牧兽医局，拾遗补缺辅助行业管理，负责企业行为规范、发展引导工作。

【主要工作】

1. 饲料监管主要工作

（1）强化对获证企业的监管。获证企业年度备案现场检查为100%，经审查和现场检查，同意备案企业258家，年度备案达92.1%。各级饲料监管部门加强对获证企业的监督检查，省级抽查饲料生产企业66家，限期整改企业37家，注销企业15家，进一步树立了饲料生产企业的质量安全意识，强化了企业规范化管理。

（2）加强流通环节监管，严厉打击“三无”饲料产品，2014年各级饲料监管部门共出动执法人员约1.2万人，检查饲料生产、经营和使用企业5 400余家，查处问题30起，涉案金额21万元。坚决打击无生产许可证、无产品批准文号、无产品质量标准的“三无”饲料产品，并追根溯源，规范和净化饲料市场经营行为。

（3）落实监管责任，推行饲料质量安全管理规范。在安徽省畜牧兽医局统一部署和领导下，依托安徽省饲料工作办、兽药饲料监察所、饲料工业协会为省级责任单位，分工负责，逐步建立饲料安全监管责任体系、饲料安全监管工作体系、饲料安全预警防范体系、饲料产品质量安全信用体系。规范程序，制定标准，明确责任，建立制度。

（4）逐步推行实施《饲料质量安全管理规范》。已申请上报农业部示范验收企业6家。

2. 行业协会主要工作

（1）履行职业鉴定站职能工作。举办2期职业技能培训鉴定会，共计222人参加培训鉴定，其中中控工87人，化验员82人，维修工53人。

（2）做好企业标准审查工作。共召开标准审查会19次，其中会审4次，累计完成141家企业266本标准备案工作，其中特殊标准50本。

（3）做好信息服务工作。编辑出版《饲料与饲养》杂志3期，向会员单位累计发送技术和市场信息短信483条、18.8万条次，新改版的《饲料与饲养网》目前已投入正常运行。

（4）完成饲料行业统计工作。全年共向农业部和安徽省畜牧局报送饲料工业统计季报4次，年报1次。

（5）组织召开了预混合饲料产品批准文号检测项

目政企对话会。

（6）与期货公司签订安徽省饲料企业服务合作协议，帮助企业实现豆粕等大宗原料期转现、仓单串换等。

（7）由安徽省饲料工业协会牵头，联合安徽省内多家行业协会举办 2014 华东地区暨第三届中国安徽（合肥）畜牧业展览会。

（8）举办了“困局下企业经管暨协会成立十五周年研讨会”和 2014 年度饲料质量安全管理规范培训班。

（9）健康养殖工作稳步推进。召开“健康养殖及其产品技术标准”制订和示范研讨会，初步形成了健康畜禽养殖技术标准（草案）。

【存在问题】

1. 部分原料供应波动性大，企业应对比较被动 2014 年以蛋氨酸和鱼粉等原料的价格变化最大，主要是受国内外市场影响，价格突变与跳升致企业一时措手不及。

2. 微量营养成分指标企业自检频次少，检测设备利用率不高。

3. 企业之间契约意识仍有待进一步提高 软性违约现象时有发生，客观上使中间交易成本偏高。

（安徽省饲料工作办公室）

福建省饲料工业

【发展概况】

2014年，全省共有饲料和饲料添加剂企业379家。其中，添加剂预混料生产企业129家；饲料添加剂企业30家；配合饲料、浓缩饲料（含精料补充料）182家；单一饲料38家。

2014年饲料总产量814.8万t，同比增长5.4%；产值251.2亿元，同比增长5.7%。其中，配合饲料766.2万t，同比增长6.6%；浓缩饲料21.1万t，同比减少15.6%；添加剂预混料27.5万t，同比减少6.5%；猪饲料439.6万t，蛋禽饲料66.7万t，肉禽饲料189.4万t，水产饲料115.9万t；反刍饲料0.03万t，其他饲料3.1万t。

饲料添加剂产量5.9万t，产值6.2亿元，出口1.5亿元，主要饲料添加剂产品有α-淀粉、二氧化硅、维生素A、维生素D_3、酶制剂、微生物制剂等，其中维生素A产量2 203t。

单一饲料313.6万t，其中鱼粉6 092t，鱼油1 139t，豆粕192.2万t，菜籽粕19.8万t，发酵豆粕20 725t，双低菜籽粕37.8万t。

【组织机构】

福建省农业厅和各市、县、区农业局为饲料主管部门，省农业厅内设饲料兽药管理处，负责全省饲料行政管理的日常工作，福建省动物卫生监督所承担饲料行政执法职能；福建省农产品质量安全检验检测中心（福建省兽药饲料监察所）负责饲料质量检测工作。

【主要工作】

1. 饲料和饲料添加剂企业许可工作 2014年，福建省农业厅颁发饲料生产许可证202家，其中配合饲料、浓缩饲料、精料补充料企业150家，添加剂预混合饲料企业24家，单一饲料28家。颁发饲料添加剂生产许可证13家，其中饲料添加剂企业7家，混合型饲料添加剂企业6家。

2. 饲料和饲料添加剂产品批准文号核发 2014年，福建省农业厅向54家企业共核发饲料添加剂及添加剂预混合饲料产品批准文号517个，其中57个饲料添加剂产品批准文号，460个添加剂预混合饲料产品批准文号。

3. 饲料质量安全监测及饲料违法案件查处 2014年在饲料生产、经营和使用环节共组织抽检了662批次饲料样品，其中农业部下达任务435批次，合格426批次，省动物卫生监督所抽检227批次，合格204批次。抽检的品种涵盖生猪和禽类不同生长阶段所需的饲料样品，鱼粉生产企业100%抽检。检测项目为铜、锌、铁、锰、铅、砷和违禁添加物三聚氰胺、莱克多巴胺、苯乙醇胺A等。查处饲料违法案件31个，罚没款33.8万元，没收销毁不合格饲料7 840kg。

4. 饲料和饲料添加剂日常监管

（1）饲料和饲料添加剂生产企业年度备案。2014年，根据《饲料和饲料添加剂生产许可管理办法》等有关规定，组织全省各地农业（畜牧兽医）局对饲料生产企业备案进行初审，开展企业实地核实工作。经审查，全省150家饲料添加剂和添加剂预混合饲料生产企业持有156份农业部颁发的饲料添加剂生产许可证或添加剂预混合饲料生产许可证，福建省新兴达饲料开发有限公司等124家企业共128份饲料添加剂或添加剂预混合饲料生产许可证通过年度备案；福建省中兴实业有限公司等13家企业饲料添加剂或添加剂预混合饲料生产许可证未通过年度备案。福建三华东物淀粉食品有限公司等15家企业饲料添加剂或添加剂预混合饲料生产许可证予以注销或收回。

（2）饲料企业专项检查工作。根据《2014年全省治理“餐桌污染”实施“食品放心工程”工作方案》要求，9～11月，组织开展大中型饲料企业专项检查工作，由4个检查组对福州、漳州、龙岩、厦门、莆田、三明、南平等饲料生产重点地区35家大中型饲料生产企业开展了专项监督检查，对饲料企业生产、质量管理人员、生产车间、设备、生产安全防护、检验化验仪器等硬件重点开展监督检查，对检查中发现的问题，要求企业限期整改。

（3）集中开展饲料和饲料添加剂安全生产专项整治工作。根据福建省人民政府安委会《关于印发集中开展“六打六治”打非治违专项行动实施方案的通知》（闽安委［2014］10号）和《关于印发福建省粉尘防爆安全生产专项整治工作方案的通知》（闽安委［2014］11号）要求，8月在集中开展饲料和饲料添加剂生产企业粉尘防爆安全生产专项整治工作，专项整治范围包括配合饲料、浓缩饲料、精料补充料、单一饲料、添加剂预混合饲料、饲料添加剂和混合型饲料添加剂等存在粉尘爆炸危险的生产企业，特别是α-淀粉、血粉、鱼骨粉生产企业。全省饲料管理部门深入企业开展执法检查，填写《福建省饲料和饲料添加剂安全生产专项整治执法检查记录表》，对查出的隐患，督促整改。

5. 实施《饲料质量安全管理规范》工作　《饲料质量安全管理规范》（农业部令2014年第1号）公布后，省农业厅高度重视，多次召集专题研究，成立领导小组，印发活动方案，积极参加全国示范创建工作，开展省级示范创建活动。通过培训、部署、辅导、检查，推动饲料质量管理规范创建企业的验收。2014年11月27日～12月2日，农业部专家组现场验收，漳州大北农农牧科技有限公司、漳州华龙饲料有限公司、福州海马饲料有限公司和福建天马科技集团股份有限公司4家企业获农业部首批饲料质量安全管理规范示范企业。积极推进省级示范创建活动，于年底验收，主要做法是：

（1）加强领导，制订实施方案。为了贯彻实施《规范》，省农业厅领导多次召集专题研究，印发了福建省《饲料质量安全管理活动方案》（闽农厅办［2014］104号），成立领导小组和专家组，确定从2014年6月开始到2015年上半年开展饲料质量安全管理活动，为《规范》的顺利实施做好准备。

（2）成立专家组，开展宣传培训。为了在监管部门和企业两个层面培养一批懂《规范》的队伍，使大家了解实施规范的意义、作用、要点，举办了饲料质量安全管理规范培训班，福建省、市、县饲料管理人员、专家和饲料生产企业共750多人参加了培训。要求各级饲料管理部门和饲料生产企业，建立考核验收时间倒逼机制，全面开展《规范》实施工作，落实企业的实施主体责任与基层管理部门的监管主体责任。结合中小企业较多的情况，组织有关专家，参考有关企业的制度、记录表单，对照《规范》内容逐条制订通用型记录表单，发放至企业作为参考。

（3）开展示范创建活动。为进一步营造全行业齐抓共管饲料质量安全的良好氛围，在4家部级示范创建企业的基础上，筛选确定了34家省级示范创建企业，开展示范创建活动，加快推进现代饲料生产体系建设，树立饲料质量安全管理的“样板”和“标杆”，由点及面、逐步放大，充分发挥示范带动作用。

（4）督促市县齐抓共管，共同推进规范实施。要求饲料生产企业的市县，成立组织领导机构，制订工作方案。做好宣传培训，指导服务到位。充分发挥各位专家的作用，引导企业自行请专家进行考核验收前的辅导。

（5）加强辅导检查，推进验收。2014年10～12月，福建省农业厅组织熟悉饲料管理法规、饲料加工工艺、饲料质量检验等专业知识的专家，分成4个专家指导组，对示范创建企业进行督促、检查，要求辖区饲料管理部门对企业整改情况进行复核。

6. 饲料工业职业技能培训鉴定工作　2014年举办了3期特有工种鉴定班，其中1期饲料厂中央控制室操作工，2期饲料检验化验员鉴定班，分别鉴定中控工88人，合格84人；鉴定高级检验化验员48人，合格48人；鉴定中级检验化验员39人，合格39人；鉴定初级检验化验员54人，合格42人。

（福建省农业厅饲料兽药管理处）

江西省饲料工业

【发展概况】

2014年是江西省饲料工业上台阶、提水平的一年。全省紧紧围绕“提高门槛、扩大规模；转变方式、增加效益；加强监管、保障安全”工作中心，加快推进行业发展方式转变，开展饲料质量安全专项整治行动，加强对饲料生产和经营企业的监督、管理，切实做好指导、协调和服务工作，圆满实现全省饲料工业目标任务。

【发展特点】

1. 产量产值增长速度加快 2014年饲料工业总产量722.2万t，同比增长8.5%。其中配合饲料650.1万t，同比增长11.2%；浓缩饲料25.3万t，同比增长7.2%；添加剂预混合饲料46.8万t，同比下降18.5%。实现饲料工业总产值268.6亿元，同比增长7.2%。

2. 产品结构调整速度加快 江西省畜牧业标准化、规模化的养殖已全面推进，生猪、家禽两大产业水平不断提升，畜禽良繁体系建设的不断完善、科学养殖模式的推广力度不断加大，配合饲料产销量明显提高，产品结构进一步优化。配合饲料占饲料总产量的88.9%，浓缩饲料占饲料总产量3.7%，添加剂预混合饲料占饲料总产量6.9%。

3. 经营方式转变速度加快 双赢、多赢的经营理念在全省饲料行业已成为共识，具有企业特色的经营方式正在形成。随着规模化养殖的深入推进，大型饲料生产企业直销规模养殖场的经营模式逐渐成为主流。以品牌、产品质量和技术服务为主要竞争手段的经营方式在规模企业中已成气候，靠赊账拓展市场的经营规则逐步退出。全省大中型饲料企业依靠优质稳定的产品质量开拓市场，在巩固和发展本省市场的同时，积极拓展国内、国际两大市场，正邦集团、双胞胎集团分别在省外建饲料厂72家、60多家；江西宝海锌业有限公司、江西天佳生物科技股份公司积极拓展国外市场，每年销往欧洲和东南亚部分国家和地区的饲料添加剂产品达5 000t以上。

4. 产品质量安全水平稳步提高 随着饲料产品质量安全专项整治活动的深入开展和监管力度的不断加强，饲料生产者和经营者、使用者的饲料质量意识、安全意识不断提高，有效地防止了饲料质量安全事故的发生，促进了饲料工业和养殖业的健康发展。全省饲料产品抽检合格率平均在95.0%以上，“瘦肉精”等违禁品检出率为零。

5. 行业品牌名牌意识稳步提高 江西省除双胞胎集团、正邦集团评为中国制造业500强、中国畜牧行业百强优秀企业外，江西赣达饲料有限公司、江西华达集团等5家企业被认定为农业产业化国家重点龙头企业，20家企业被认定为农业产业化省级重点龙头企业，34家企业被认定为农业产业化市级重点龙头企业。全省58家企业通过ISO9001产品质量管理体系认证，11家企业通过了HACCP安全管理体系认证。“双胞胎牌”猪饲料，“正邦牌”猪、禽饲料荣获中国名牌称号。“赣达牌”“华达牌”“海联牌”“加大牌”和“朱师傅牌”饲料产品获得省政府名牌产品称号。正邦集团、南昌正大有限公司、赣州裕丰大成有限公司、江西赣达集团等企业以饲料产业为龙头，充分挖掘潜力，发挥优势，向产前、产中、产后延伸，形成了现代农业经营产业链，提高了产品附加值，取得了产量、产值和效益的同步增长，增强了企业的竞争水平，呈现出较强的抗风险能力。

6. 产业集中度进一步提升 全省各级饲料管理部门充分利用市场优势和现有饲料生产基地，抓住各地工业园、经济开发区招商引资的大好机遇，积极引导饲料企业进区入园，逐步形成了以正邦、正大、格力特为代表的南昌市经济技术开发区饲料产业集群，以南昌柯恩生物技术有限公司、比利美英伟营养饲料

（南昌）有限公司为代表的南昌县小蓝工业园饲料产业集群，以加大、八维、赣州朱师傅、宝宝仔集团为代表的赣州市经济技术开发区饲料产业集群，以傲农、华农恒青为代表的高安市八景工业项目区饲料产业集群，以正邦、联和、凯日、鑫达为代表的新干县城南（北）工业园饲料产业集群，以双胞胎、吉星、天邦为代表的新余市高新开发区饲料产业集群，以正邦、九鼎、饲料原料物流中心为代表的东乡工业园饲料产业集群等7大饲料产业集群。

【主要工作】

1. 注重饲料质量安全监管 民以食为天，食以安为先，饲料质量关系到养殖产品质量，关系到人民群众身体健康，各级管理部门时刻绷紧质量安全这根弦。据统计，全省出动监督执法人员16 847人次，取缔无证企业1个。首先加强日常巡查，2014年20多次赴南昌、吉安、赣州、抚州、新余、萍乡、景德镇等区市巡查饲料生产经营企业（户）和规模养殖场（户）；其次加强饲料质量安全监督抽查。全省共抽查饲料生产、经营企业1 546家，抽检饲料产品样品3 006批次，合格率为97.8%，收缴假劣饲料1.5t，其中省级抽查饲料生产经营企业（户）167家，抽检产品220批次，合格率94.1%。

2. 加大“瘦肉精”等违禁物查处力度 全省高度重视，加大力度查处“瘦肉精”等违禁品，各级财政落实工作经费970万元，比2013年增加11.6%，严格生产、经营、使用环节的监督管理，重点查处“三种行为”，即在饲料生产、经营过程中添加“瘦肉精”等违禁药品的行为；严厉查处经营含有“瘦肉精”等违禁药品的饲料和饲料添加剂的行为；严厉查处养殖场户在自配饲料或使用饲料过程中，以及动物饮用水中添加“瘦肉精”“莱克多巴胺”“沙丁胺醇”等违禁物的行为。截至11月13日，全省共抽查猪尿样56 738批次，未检出阳性尿样批次，阳性率为0，其中省级抽检猪尿样720批次，阳性率均为0。

3. 积极推行《饲料质量安全管理规范》试点工作，加强对饲料生产企业的培训和现场指导 自《规范》试行以来，全省选取了4家企业作为示范创建试点，试点企业派人参加农业部举办的培训班，两年时间，农业部两次派专家对4家企业进行了现场督导，提出整改方案，企业也按照方案积极进行了整改。

4. 行政审批严格把关 根据新《饲料和饲料添加剂生产许可管理办法》规定，成立了省级饲料生产许可证专家审核委员会，组织了审核专家培训班，明确了审核要点、审核程序和审核纪律等；在具体操作上，做到管理部门书面审查、专家组技术审核，规避了由行政部门单独操作风险，提高了行政审批总体水平。

5. 生产企业年度审查要求高 为贯彻落实新《饲料和饲料添加剂管理条例》及其配套法规，按照《饲料生产企业许可条件》要求，提高了饲料生产企业2014年度备案门槛，强化了饲料质量安全管理。各级饲料管理部门认真负责，做到认识到位、工作程序到位、组织措施到位，确保全省饲料生产企业审查工作顺利开展。另外，各设区市对11家不符合条件的配合饲料、浓缩饲料和单一饲料生产企业提出了整改意见。

（江西省饲料工作办公室）

山东省饲料工业

【发展概况】

2014年，受外部环境改变、产业发展周期、消费结构调整、突发事件冲击等因素影响，山东省畜牧业发展呈现调转加快、转机延缓的基本态势，各产业涨跌互现，总体运行保持在合理空间。2014年山东省饲料生产总量达到2 159万t，同比上涨4.4%，其中配合饲料1 923.6万t，浓缩饲料136.5万t，添加剂预混合饲料98.5万t，同比分别增长3.1%、7.7%、33.8%，全省共有饲料生产企业1 350余家。

【组织机构】

根据中共中央、国务院批准的《山东省人民政府机构改革方案》（厅字［2009］22号）和《中共山东省委山东省人民政府关于山东省人民政府机构改革的实施意见》（鲁发［2009］214号），设立山东省畜牧兽医局，由省农业厅管理。内设7个职能处室。

饲料处负责拟定饲料、饲料添加剂管理及草原（场）保护、建设的政策并组织实施；负责饲料、饲料添加剂、草原（场）和草种监督管理工作；负责饲料、饲料添加剂生产企业设立条件审查和动物源性饲料生产企业安全卫生审查；负责饲草资源的保护及开发利用；负责草种生产经营、草原（场）征占用审核审批；按规定负责有关饲料及饲料添加剂、牧草项目的筛选、实施和管理；承担省草场防火办公室的具体工作。对上可使用“山东省饲料工作办公室”的名义。

【发展特点】

1. 自配饲料市场进一步缩小，得益于畜禽产品价格好于预期和原料价格低于同期，使得使用工业饲料养殖的效益较高，因此配合饲料的销售出现了明显上升。

2. 企业总体素质进一步提升，20%左右的小旧企业被淘汰，行业总体素质大幅度提升。

3. 大型企业借低势扩张势头不减。

4. 受原料价格低，养殖形势普遍恢复的利好带动，2014年中小企业效益普遍向好。

【主要工作】

2014年，山东省畜牧兽医局认真贯彻国家省市有关精神，以“转调并举、保障安全”为方针，以行政审批、安全抽检、监督检查、专项行动、案件查处、规范实施为抓手，扎实开展饲料监督管理工作。

1. 做好行政审批工作 国务院将有关行政审批下放后，全省进一步理顺行政许可工作程序，实行专家审核会商制度，申请受理实现大厅化，向社会公开办事流程和工作时限，行政许可效率进一步提升。尤其是在2014年上半年，山东省畜牧兽医局饲料处克服人手少、任务重的困难，积极与饲检所和各级畜牧主管部门配合，集中完成企业生产许可换发证工作。全年共发放生产许可证（新）1 014个，其中饲料添加剂62个，混合性饲料添加剂46个，添加剂预混合饲料70个，单一饲料233个，浓缩配合精料603个，注销各类饲料生产许可证1 029个。核换发草种生产、经营许可证2个；审批草种进出口2件。组织起草膨化羽毛粉、鱼溶浆2个产品生产企业许可条件。

2. 开展全省范围内饲料质量安全抽检 经过缜密调研，有针对性的选取6大类，30多种产品，设置检测参数40余个，检测各类产品达到980批次，检测合格率达到95.2%。组织养殖环节尿液“瘦肉精”抽检，共抽检全省2 600个生猪、肉牛、肉羊养殖场户，其中8家检出“瘦肉精”，均已移送公安机关处理。

3. 开展饲料生产企业动态监管 为解决多年来“重许可、轻监管”的问题，从2014年开始，省畜牧局将生产企业的日常到场监管列为重要工作的组成部分，在审核验收企业的同时，随机选取部分生产企业进行现场检查，及时发现企业生产经营过程中存在的问题和市、县畜牧部门日常监管过程中存在的问题。集中换证工作结束后，对全省180家生产企业进行检查，检查内容涉及生产资质、产品标签和产品采购使用等方面。

4. 开展专项整治、加强案件查处力度 8～9月组织开展了饲料生产资质专项检查行动、12月组织开展了饲料原料专项检查活动，对发现的各类违法添加、产品质量等案件依法严查。2014年共查处各类案件23起，处理相关企业（责任人）27个（人）。

5. 加快推进《饲料质量安全管理规范》的实施 2014年4月、10月协助农业部在威海举办《饲料质量安全管理规范》现场会和《规范》验收专家培训班；文登六和、文登环山成为全国首批获得《规范》示范企业奖牌企业。从9月开始组织开展《饲料质量安全管理规范》7期，培训人员2 000余人次。

6. 创新开展草业和秸秆饲料化利用工作 8月在枣庄市组织开展秸秆饲料化利用现场会和机械展示会，邀请秸秆加工机械生产厂家、饲料青贮厂家、养殖场（户）300余人参加，采取现场演示观摩、专家培训等形式，实现了秸秆加工全链条各环节的对接，取得了良好的效果。组织开展了山东省"绿风杯"草原法规知识竞赛和"草种执法年"活动，有效宣传了草原法规知识，维护了草种生产经营正常秩序。认真组织开展草场防火工作，及时上报防火月报；共调查核实5起农业部防火办反馈的卫星热点。组织草品种审定会1次，审定品种16个。

7. 进一步推进饲料监管的信息化工作 完善山东省饲料生产及经营企业管理系统，实现许可信息网上对外公开查询，为各级执法监管工作的开展提供了依据，为行业信息化水平提高和饲料企业供应商评价等奠定了基础。认真做好中国饲料工业统计信息系统的管理工作，狠抓上报率，并作为典型在11月农业部全国饲料统计培训班上发言。

（山东省饲料工作办公室）

河南省饲料工业

【发展概况】

2014 年河南省饲料工业生产经营情况总体不容乐观，呈现先降后升的发展态势。2014 年上半年，受养殖行情低迷的影响，全省商品饲料除反刍饲料产量稳中有升外，猪、禽商品饲料产量总体下降，特别是第一季度降幅较大。进入 5 月，随着养殖行情的逐渐恢复，特别是生猪价格的迅速上涨，商品饲料产量开始快速反弹，下半年基本保持了持续小幅增长的态势。全年商品饲料总产量达 1 251.6 万 t，同比下降 2.8%。其中配合饲料 1 052.8 万 t，同比下降 1.0%；浓缩饲料 175.1 万 t，同比下降 10.3%；添加剂预混合饲料 23.7 万 t，同比下降 21.3%。从饲料产品品种看，猪饲料 723 万 t，同比下降 2.0%；蛋禽饲料 150 万 t，同比下降 19.1%，降幅较大；肉禽饲料 311 万 t，同比增长 5.4%；水产饲料 42.5 万 t，同比下降 9.1%；反刍饲料 17.7 万 t，同比增长 9.7%；其他饲料 6.8 万 t，同比增长 0.8%。

【组织机构】

2014 年 6 月 10 日，河南省政府办公厅下发《河南省畜牧局主要职责内设机构和人员编制规定》（豫政办［2014］74 号），省畜牧局设 12 个内设机构，其中，省畜牧局饲料处为省级饲料管理部门，取消了原有的河南省饲料工业管理办公室。省畜牧局饲料处为正处级行政处室，现有行政编制 4 人，组织制定饲料工业发展和草原保护建设政策、规划并组织实施；监督执行饲料产品质量标准和行业技术规范；负责饲料行业质量监督管理工作、饲草饲料资源保护和开发利用工作；组织饲料行业新技术、新产品推广应用；负责草场建设、保护和监理工作；负责设立饲料添加剂、添加剂预混合饲料生产企业草种进出口审批，草种质量检验机构及检验员资格认证等工作并承担相应责任。全省 18 个省辖市畜牧局有 10 个设立正科级饲料科，其他省辖市饲料管理合并到其他科室。

【发展特点】

1. 饲料生产企业数量大幅度减少 由于生产许可门槛的提高，一些条件差的中小饲料生产企业被淘汰出局，或被大企业收购兼并，饲料生产企业数量大幅减少。截至 2014 年底，获得新的生产许可证的饲料生产企业共计 578 家，比 2013 年底的 989 家减少了 411 家，减少将近一半。

2. 大型企业扩张势头不减 2014 年全省饲料行业虽然整体形势不景气，但并未影响到企业扩张势头。反而给大中型饲料企业更多发展机会，有实力的大型饲料企业产业化运作趋势更加明显。如正大、六和、禾丰、大北农等在河南发展势头强劲，2014 年正大集团在周口新建了年产 40 万 t 的饲料厂、六和在郑州中牟建设了年产 36 万 t 的饲料厂、山西晋龙在安阳内黄新建了年产 40 万 t 的禽饲料生产厂、禾丰集团在河南建设了 4 家饲料生产企业等。

3. 专业化程度越来越高 以往的饲料生产企业生产品种较多，但没有一个品种能够成为拳头产品，现在很多生产企业改变生产经营方式，只专注一个品种或者少量品种生产，对产品研究更细致，定位更精准，标准化、精细化、专业化生产日趋明显。

4. 集聚发展崭露头角 随着市场的竞争加剧和政策的调整，饲料生产企业出现了集聚发展的势头，饲料生产企业充分利用资源、交通、市场优势，采用集约化经营战略。如在郑州荥阳建立饲料工业园，有 12 家饲料生产企业在方圆 300 亩地上聚集，产能 238 万 t；在安阳汤阴建立饲料工业园，包括牧鹤集团、六和集团、大北农集团等大型饲料企业，使安阳饲料产能达到 300 万 t。同时，周口、驻马店等地也都有了企业集聚的雏形，企业集聚发展，既规避了产品同质化竞争，又达到了集聚的效应，是一个新的发展动态。

5. 上下游对接越来越紧密 饲料生产企业与养殖企业的关系越来越紧密，出现了相互参股、投资担保等新的模式，如正大免费为养殖企业投资建散装料设施、联合英伟与养殖企业相互参股、广安集团为养殖企业提供担保等，形成了利益均沾、风险共担的利益共同体。

6. 存在有生产商品饲料转为生产自配饲料的现象 一方面，由于饲料生产企业与养殖企业对接紧密，相互参股入股，原来的商品饲料转为了自用料。另一方面，由于门槛提高，一部分中小企业达不到许可条件而加入了附近的养殖合作社，成为养殖合作社中的一员，原来生产的商品饲料也转成了自用料。因此，单纯统计一个地方的商品饲料产品不能如实地反映当地饲料工业发展情况。

【主要工作】

1. 在“瘦肉精”监管方面

（1）认真安排部署。先后参与印发《畜产品质量安全监管工作要点及责任分工的通知》《畜产品质量安全专项整治方案》《2014 年畜产品及饲料质量安全监测计划》《屠宰环节“瘦肉精”监测计划》等，下达“瘦肉精”监督监测计划 10 000 批次、风险监测计划 860 批次、跟踪监测计划 1 200 个养殖场（户）。同时，参与筹备召开全省畜产品质量安全监管工作会议和“瘦肉精”专项整治视频会议，对持续深化“瘦肉精”专项整治工作进行再部署。

（2）加强宣传教育。在持续深化“五个一”宣教活动的基础上，充分利用多种形式，向社会和监管对象开展以案例警示教育、法律法规和相关政策、科普知识的宣传教育为重点的“瘦肉精”宣传教育活动。先后开展“落实企业主体责任宣传月”和“食品安全宣传周”活动，积极参加省政府食安办举办的“食品安全媒体与监管部门面对面活动”，并以“尚德守法、提高饲料产品质量安全”为题进行发言，印发宣传教育材料 1 000 册。同时，进一步完善举报制度，公布举报电话，设立网上举报信箱，畅通投诉渠道，积极营造社会共治的浓厚氛围。

（3）深入开展隐患排查。组织开展以“瘦肉精”监管为重点的元旦、春节期间畜产品质量安全集中治理行动，重点对畜禽养殖、饲料兽药生产经营和屠宰厂等监管对象进行现场排查，对中小型生猪、肉牛、肉羊养殖场（户）实施拉网式排查，并采取强化监测、明察暗访等形式深挖问题和隐患。2014 年，全省共检查养殖企业 10.5 万个，检查屠宰企业 1.2 万个，检测样品 324.4 万批次，对违法违规行为及时立案查处，对存在的问题及时下发整改通知书。同时，积极督促生猪、肉牛、肉羊养殖及屠宰企业严格落实“瘦肉精”自检制度，严防未经动物疫病检疫、和“瘦肉精”监测的畜禽及其产品流入市场。

（4）认真组织开展监测。每季度组织开展一次屠宰环节和市场环节风险监测，重点对全省 18 个省辖市城市和 10 个省直管县（市）城市的超市及农贸市场的肉品开展监测，屠宰环节共监测样品 649 批次，其中猪肝 324 批次、猪尿 325 批次，监测合格率 100%；市场环节共检测样品 1 372 批次，其中猪肉 429 批次、牛肉 148 批次、羊肉 131 批次、禽蛋 274 批次、生鲜乳 15 批次，总体合格率达 99.5%。对于不合格样品，及时通报属地政府和畜牧部门，依法查办整改。组织开展例行监测，重点对开封等 9 个省辖市和兰考等 5 个省直管县进行监测，共抽检猪肝、猪肉、牛肉、羊肉等样品 230 批次，检测合格率均为 100%。组织开展了专项监测，抽调人员组成 10 个工作组，先后对漯河市舞阳县、临颍县和许昌市襄城县、长葛市、三门峡市的灵宝和陕县等地的 652 个生猪养殖场（户）开展了“瘦肉精”专项监测检测。共抽检尿样 1 951 批次，合格率 100%，完成全年计划数的 108%。

（5）积极探索完善监管整治长效机制。为了建立“瘦肉精”监管整治常态化机制，积极抽调三个调研小组分赴商丘市、鹤壁市、安阳市、濮阳市、焦作市、永城市等深入开展“瘦肉精”监管整治常态化机制调查研究。通过听取汇报、查看资料、实地走访、召开座谈会和现场询问等方法，充分了解基层“瘦肉精”监管整治工作成绩、经验典型、不足和问题。共梳理调研报告 28 篇，征得意见建议 7 方面。根据调研情况研究起草了《关于建立瘦肉精监管整治常态化机制的意见（试行）》，并积极组织召开“瘦肉精”监管部门联席会议征求意见，同时特邀省政府法制办领导指导修改，使《意见》更加完善和规范，对指导全省“瘦肉精”监管整治具有深远意义。

2. 在饲料管理方面

（1）严格行政许可。2014 年上半年换证企业比较集中，一方面，为了不影响企业生产，加班加点，提高审批效率；另一方面，切实按照地市预审核、专家现场审核、省级主管部门综合评定的审核（批）程序，严格行政许可。为进一步确保现场审核工作公正、严肃、保密、廉洁，积极开展饲料行政许可调研，根据全省饲料行政许可现场审核工作开展情况和调研情况，又研究制定出台《河南省饲料生产许可证专家审核委员会现场审核管理制度（试行）》，在落实原有专家管理办法的同时，对专家现场审核工作又提出明确要求。现场审核实行“三不提前告诉”“三不让企业管”和省畜牧局饲料处人员陪同调研的方式，保证了现场审核的严肃性、公正性和廉洁性。并定期组织人员对专家审核结果进行抽查和复核，发现问题及时纠正，对违反管理办法的专家及时通报所在单位并解除聘任手续。2014 年全省共现场审核饲料生产企业 586 家，通过审核获取新证的饲料生产企业共计 550 家。

（2）积极推进《饲料质量安全管理规范》试点和饲料生产企业“首席质量官”试点工作。按照农业部要求，在做好 6 个省级《饲料质量安全管理规范》试点饲料生产企业的示范创建工作的同时，要求 18 个省辖市和 10 个直管县分别培养选拔 1～2 个饲料生产企业作为《规范》示范创建试点，开展示范创建，各地共创建试点企业 46 个。并及时成立了专家指导小组，指导试点企业从原料采购、生产过程和产品检验、贮存、运输、追溯及召回等方面，按照《规范》进行规范管理。6 月在洛阳偃师召开全省《饲料质量安全管理规范》现场观摩会，各省辖市和省直管县（市）分管副局长、饲料科长，省饲料工业协会副会长和 30 多家《饲料质量安全管理规范》试点企业法人、质量技术管理人员等 150 多人参加了会议。部分试点企业作了典型发言，集中观看《规范》培训教学片，实地参观了偃师六和，发放宣传培训教材 2 000 余册。11 月，按照农业部要求，抽调部分省辖市和直管县饲料科长、部分大专院校专家组成 5 个检查指导组对南阳、信阳等 9 个省辖市的 50 个饲料生产企业开展了监督检查和指导，为深入推进《饲料质量安全管理规范》的实施打下了坚实基础。同时，为了切实落实企业主体责任，严把产品质量关，探索试行饲料生产企业“首席质量官”制度，要求饲料生产企业法人授权 1 名具有良好的职业道德和敬业精神，诚实守信、敢于负责，且熟悉国家有关质量法律法规和质量政策的人员作为本企业“首席质量官”，直接负责企业质量管理工作，对本企业质量安全负责。全省共选取“首席质量官”制度试点饲料生产企 53 家。

（3）深入开展饲料产品监测和案件查处。根据农业部的安排要求，2014 年共下达了 3 345 批次省级和市级的饲料产品质量检测计划，对饲料原料、饲料添加剂、添加剂预混合饲料等不同的饲料品种设置了不同的检测项目，主要检测维生素、微量元素等质量指标、重金属、霉菌毒素等安全卫生指标及抗生素等违禁物质。省级重点围绕饲料原料、龙头企业自配饲料以及大猪饲料、小猪饲料内添加违禁物和超量使用饲料添加剂、饲料中添加抗菌药物等，深入开展饲料产品风险检测。省级饲料质量安全检测 651 批次，合格率 95.5%；饲料中致病微生物预警检测 225 批次，合格率 95.6%；饲料中霉菌毒素状况摸底检测 290 批次，合格率 72.8%；饲料中药物预警检测 219 批次，合格率 75.3%。同时，发挥检打联动机制，加强案件的查处力度，在检测和监督抽查中发现的问题及时整改，对违法违规行为给予及时查处。全省共办理饲料案件 248 起，结案 221 起，移送公安机关 2 起，取缔非法生产黑窝点 3 个，处罚金额 121.7 万元，没收或销毁不合格饲料 134.5t。

（4）积极推进饲料产品二维码质量追溯系统和饲料原料评价制度。切实按照局党组的统一部署，先后召开协会副会长扩大会议和企业座谈会，积极宣传推进饲料产品二维码质量追溯管理系统，同时，把落实二维码情况作为饲料交叉互查的一项内容，督促检查，有效地推动了饲料企业对二维码制度的落实。全省饲料企业，开始加标二维码的有 500 余家。积极开展饲料原料评价，从源头上严把质量关。在 2013 年饲料原料评价的基础上，又以协会和商会名义下发了《关于饲料原料供应商评价申请和合格供应商确认的函》，深入推进饲料原料评价，2014 年向协会申请确认和评价的饲料原料企业已有 200 余家。

（5）深入开展监督检查和专项整治。4 月，为促进各项工作的有效落实，抽调部分省辖市饲料管理人员分 5 个组对 18 个市辖市和 10 个省直管县各项工作落实情况进行了交叉互查。重点检查了各地饲料政策法规宣传培训、“首席质量官”试点、《饲料质量安全管理规范》试点、二维码等信息化建设、饲料市场违法行为查处情况和饲料企业基本信息调查情况、未获得生产许可证的饲料生产企业情况等。9 月，先后开展了获证饲料企业专项检查、饲料原料质量安全专项检查和监测、无生产许可证饲料企业专项清理。获证企业专项检查，重点对获证饲料企业生产条件、原料采购情况、检化验情况等进行了抽查。饲料原料质量安全专项检查和监测，重点对全省 74 家饲料原料企业产品进行了检查和抽检，重点监测饼粕类等大宗饲料原料霉菌毒素含量和动物源性饲料原料沙门氏菌污染情况等，对检查中发现的问题及向相关省辖市（直管县）和企业及时进行了反馈，并责令其整改。开展为期 3 个月的无生产许可证饲料企业专项清理活动，重点检查生产、经营和使用环节的相关情况，在生产环节，认真检查企业资质，对没有取得生产许可证的 659 家原饲料企业逐一检查，建立档案，分类统计，依法查处无证生产行为；在经营环节，认真核查其经营产品有无生产许可证、产品批准文号和饲料标签，依法严厉打击经营“三无”饲料产品的违法行为；在使用环节，认真检查养殖企业饲料产品使用记录，查处使用“五无”饲料产品的违法行为。

（6）积极开展饲料生产企业行政许可专题调研。为使行政许可既严格认真，又确保平稳顺利，针对换发许可证进度慢、中小型企业升级存在的困难、问题和个别小企业的不稳定情绪，积极开展宣传引导。抽调省辖市饲料科长，分别由饲料处副处长以上带队分5个组赴全省开展宣传引导，一方面，对没有获得生产许可证的饲料生产企业进行逐一摸排，彻底摸清基本情况和升级改造存在的困难和问题，做到心中有数；另一方面，积极召开未获新证饲料生产企业座谈会，面对面听取企业情况、存在困难问题、发展的思路和出路，积极为企业发展想办法，找出路。全省18个省辖市和10个直管县共现场查看饲料生产企业257家，召开座谈会28次，参加座谈会企业336家，取得显著成效。特别是通过座谈会的成功召开，中小型饲料生产企业的思想压力得到了缓解，拓宽了发展思路和出路，得到了饲料生产企业的热烈欢迎，全省饲料生产行政许可进展顺利，没有发生因提高门槛、减少数量、严格许可而造成的不稳定信访事件。

（7）积极协调协会和商会工作。以协会为载体加强行业宣传，为行业发展服务，积极征订了河南日报农村版200份免费发放饲料生产企业；及时更新河南饲料工业信息网信息253条、印发《中原饲料》杂志5期；积极组织大型饲料生产企业参加国家粮食局霉菌毒素超标小麦的处理竞标，华英、亿万中元2家饲料生产企业通过审核，获得竞标资格；积极开展银企对接和行业交流、行业形势分析等，协调光大银行为企业设立了“互助金池”贷款项目，利用副会长单位优势召开1次形势分析会；为促进饲料添加剂健康发展，邀请河南省发改委、工信厅、人大代表、企业等不同层面召开了饲料添加剂发展座谈会；为了准确掌握全省饲料发展情况，积极开展饲料行业基本情况调查，对全省所有饲料、饲料添加剂生产企业和经营门店、养殖场自配饲料加工企业的从业人员、用地情况、生产经营情况、生产能力等数据进行了全面摸底调查，科学指导全省饲料业健康发展。在家禽交易会期间，成功举办全省饲料行业发展高层论坛，以严把饲料质量，促进行业发展为重点，交流了经验，进一步完善了协会分支机构建设，筹备成立动物源性饲料专业委员会、添加剂类饲料专业委员会、饼粕类饲料专业委员会等。同时，积极指导省饲料商会成立了商汇实业公司，为下一步发展壮大、增强为行业服务的能力打下坚实基础。此外，还开展了饲料生产企业年度备案工作、饲料行业职业技能鉴定工作、饲料行业统计工作和局党组交办其他工作等，共完成618家饲料生产企业年度备案检查工作；完成2013年度饲料行业年鉴、综合年报、基层年报、基层季报和2014年前三季度综合季报、基层季报工作；共开展3批饲料行业执业技能鉴定，共鉴定饲料企业化验员、中控工、维修工共291人；完成农业部交办的单一饲料DDGS许可条件的制定工作等。

【存在问题】

1. 在饲料管理方面

（1）饲料行业从业人员政策法规水平有待提高。

（2）饲料生产企业购进使用无证、无号、无产品质量标准饲料原料的情况时有发生。

（3）饲料生产过程中超量、超范围添加使用药物饲料添加剂的现象依然存在。

（4）个别中小饲料生产企业在行业转型中难以适应，存在着不稳定因素。

2. 在行业发展方面

（1）政策调整中有个别没有能力升级改造的中小饲料企业情绪不稳定，存在信访隐患，是不稳定的隐患因素。

（2）药物饲料添加剂使用安全问题不容忽视。存在着超量添加和超范围添加的现象，但由于药物饲料添加剂的监测手段还不完善，且检测成本较高，药物饲料添加剂使用安全问题仍比较突出。

（3）饲料行业研发创新力量薄弱。饲料企业科技投入不足，高新技术人才缺乏，自主研发能力弱，产品升级换代较慢。

（4）融资难、用地难、扶持政策少。融资难、用地难等问题始终困扰着饲料工业的发展。一些地方政府没有把饲料业作为重要产业，缺少政策扶持，投入资金不够，企业发展环境亟待优化。

（河南省饲料工业办公室）

湖北省饲料工业

【发展概况】

2014年，湖北省饲料行业以技术创新、产业升级和管理变革为重点，全面推进现代饲料工业体系建设。全省工业饲料总产量（配合饲料、浓缩饲料、添加剂预混合饲料）680万t、产值251.8亿元，同比分别增加7.7%、8.3%；各类饲料添加剂42.9万t、产值30.3亿元，同比分别增加12.6.%、14.0%。按类型分，配合饲料639万t，同比增加8.2%；浓缩饲料27.4万t，同比减少1.4%；添加剂预混合饲料13.6万t，同比增加7.1%。按品种分，猪饲料251万t，同比增加5.2%；蛋禽饲料138.2万t，同比增加25.0%；肉禽饲料95.2万t，同比增加3.7%；水产饲料195.4万t，同比增加2.8%。2014年饲料增长速度高于全国平均水平。

【发展特点】

1. 饲料生产向优势企业集中 2014年，全省持许可证饲料企业331家，其中国有6家、私营221家、股份有限公司67家、股份责任公司27家、联营1家、其他9家。企业数量同比减少55家，减幅14.2%。全省饲料企业数量虽然减少，但饲料生产集中度大幅提高，进一步向集团、大企业集中。从产量上看，年产过百万吨企业1家，年产20万吨企业3家，年产15万吨企业8家，年产10万吨企业16家；前16家饲料企业总产量356.1万t，占全省总产量52.4%，同比提高3个百分点。从减少的企业类型看，减少的企业大部分是小企业，配合饲料产能低于年产2万t。从新增产能上看，主要是大型企业正大、新希望六和、海大集团等在鄂州、荆州、襄阳设立新厂，湖北省的优势企业襄大、晨科也在松滋、黄石设立新厂，新建饲料企业技术装备先进，进一步巩固了饲料生产主力军地位。

2. 养殖业发展对饲料生产拉动明显 2014年，全省新建万头以上规模化养殖场53个，生猪规模化养殖比例达76%；建成10万只蛋鸡场107个、百万只肉禽场55个，家禽规模化养殖比例达85%；水产养殖面积1 032万亩，同比增加7万亩。全省通过政策支持，规模化养殖大步前进，也给饲料生产提供了较大的市场空间和增长潜力。

3. 饲料产品结构调整加快 2014年全省饲料产品结构发生了明显变化，猪饲料稳定增长，水产饲料增幅收窄；而禽饲料保持高速增长，生产总量也连续2年超越水产饲料，位居全省饲料产品第二位。猪饲料、禽饲料、水产饲料占比分别达37%、34%、29%，较2012年猪饲料、禽饲料、水产饲料占比分别是42%、25%、33%，有了明显的变化。禽饲料是近两年发展比较快的饲料品种，主要原因是蛋禽、肉禽规模化养殖在政策导向下，异军突起，获突破性增长，直接拉动了饲料生产；鸡蛋、肉禽价格走高，也加速了饲料生产的结构性调整。据全省20个定点价格监测县集贸市场全年平均价格情况来看，活鸡和鸡蛋价格分别为23.45元/kg、10.48元/kg，同比分别上涨12.7%、9.1%。饲料产品适应市场变化适时调整的能力进一步增强。

4. 饲料产品质量安全进一步提高 湖北省连续2年在饲料企业中开展“饲料质量安全管理规范示范企业”创建活动，参与试点的24家企业因创建活动，获得了较高的市场认知，取得了一定的经济效益，也促进了饲料产品质量安全的提高。据农业部和省监测显示全省饲料产品合格率98.38%，工业饲料中违禁物质零检出，未出现重大质量安全问题。

【主要工作】

2014年，饲料行业面对预混合饲料、饲料添加剂审批权由农业部下放到省级，6月30日企业换证截止日期、7月1日《饲料标签》新国标正式实施三个关键节点，饲料管理工作任务十分繁重，也对饲料监管提出了更高的要求。为统筹落实好各项工作，突出工作重点，创新工作方法，依法依规加强监管。

1. 注重人员素质提高 采取“两手抓”“两促进”措施加强队伍建设。一手抓饲料监管队伍建设。5月18日在武汉召开了全省饲料工作会议，通过研判饲料生产形势、分析企业换证情况、交流开展饲料企业监督检查和质量安全管理规范建设、新饲料标签讲座等方式以会代训，提高市州饲料监管人员整体素质，强化监管手段，促进队伍建设。一手抓企业管理层面的“饲料质量安全管理规范示范企业”创建交流、新饲料标签等法规培训，解惑答疑，让企业知道进入门槛、管理上的“红线”，促进企业内控管理升级和全省饲料企业合理布局，依法依规组织生产；8月14日，组织部分企业高管到江西南昌、赣州实地交流，11月7日组织企业相关人员到扬州牧羊集团学习考察。

2. 全力抓好生产许可证换发工作 按照农业部统一布置，饲料生产企业必须在2014年6月30日之前按照国家新的许可条件换发新证，未能如期换证的，7月1日之后必须停止生产。此项工作时间紧、任务重、标准高、要求严，丝毫不能马虎。制定科学的换证方案，充分发挥专家组和地市级饲料办的作用，要求他们在饲料企业技术改造前、建设中、许可材料申报前及时介入、进行现场指导，督促企业按照国家规定的许可条件进行技改，成熟一家申报一家，避免企业走弯路。专家组不分节假日加班加点，分期分批对企业进行现场审核。共核发饲料生产许可证220个；其中，配合饲料、浓缩饲料、精料补充料124个，添加剂预混合饲料6个，混合型饲料添加剂9个，饲料添加剂27个，单一饲料54个。

3. 着力开展饲料监测 2014年初，制定印发了《省农业厅办公室关于开展2014年饲料质量安全监测计划的通知》（鄂农办发［2014］7号）文件。全年共抽查17个市（州、林区）生产、经营企业和使用环节的饲料产品680批次，合格669批次，产品合格率98.4%。饲料中违禁药物、蛋白饲料原料中三聚氰胺等违禁添加物专项监测，检出率为0。在全年抽检680批次中，普遍抽检260批次，蛋白饲料原料中三聚氰胺专项抽检61批次，反刍饲料中牛、羊源性成分检测157批次，饲喂环节违禁物抽检202批次。监测发现的主要问题。一是配合饲料和浓缩饲料产品粗蛋白不合格现象依然存在，在215批次粗蛋白检验中，有2批不合格，不合格率为0.9%。二是抽检添加剂预混合饲料45批次，合格41批，合格率91.11%。其中铜含量不合格2批，维生素A含量不合格1批，锌含量不合格1批。三是畜、禽、水产配合饲料中铜、锌不合格现象依然存在，124批配合饲料中，锌不合格4批次，铜不合格1批。四是饲料标签存在较多问题，如配合饲料标签的原料组分说明不清楚，微量元素没有具体说明添加的铜、锌形式。

4. 开展饲料监督检查 2014年10～12月，全省组织开展了饲料和饲料添加剂生产企业监督检查。一是制定检查方案。印发《省农业厅办公室关于印发2014年度饲料和饲料添加剂生产企业监督检查工作方案的通知》（鄂农办发［2014］55号）。全省成立5个检查小组，每组由3个市（州）饲料办主任组成；随机选择了33家受检企业（其中浓缩饲料、配合饲料、精料补充料20家，单一饲料5家，添加剂预混合饲料5家，饲料添加剂3家）。二是集中培训。由省饲料办组织检查组全体成员到武汉进行一天的专题培训，重点对照《饲料和饲料添加剂生产企业现场检查情况记录》的159条具体检查内容逐条进行了讲解。三是开展检查。从这次检查情况来看，受检企业都能够认真贯彻落实《饲料和饲料添加剂管理条例》及其配套法规要求，日常管理规范，生产经营运转有序，规范化管理水平大幅提升。对检查中发现的问题如管理制度内容不全、人员变动后没有及时备案等要求企业进行整改。

5. 积极推进饲料质量安全管理规范建设 2012年，农业部在确定了湖北省4家生产企业进行前期试点。2013年，确定了20家企业进行规范建设试点。2014年，继续加强这24家企业的质量安全规范化建设，主要措施是将“饲料质量安全管理规范标准化建设”作为工作创新项目，组织省内专家制订了《饲料质量安全管理规范操作规程》，开发了规范管理软件操作系统，推动省试点建设取得实质性进展。4家试点建设企业在农业部组织的现场检查评估中，有3家顺利通过专家组验收，达到部级示范企业标准。

6. 持续抓好饲料质量安全监管 在监管措施上重点把好五关。严把行政审批关，对不符合许可条件的企业坚决拒之门外，从源头上消除安全隐患。严把年度备案关，有92家持饲料添加剂和添加剂预混合饲料生产许可证企业，254家持配合饲料、浓缩饲料及单一饲料生产许可证企业通过备案；有7家持饲料生产许可证的企业未通过年度备案；有3家持饲料生产许可证的企业被注销。严把监督抽检关，全年抽检做到了不省程序、不走过场、不漏品种、不留盲区、不徇私情；对检测发现的11起不合格产品的生产企业和经营门店，及时通知市州监管部门跟进查处。严把市场检查关，组织全省交叉检查和执法打假排查，发现问题及时纠正。严把行政执法关，重拳打击违法添加、假冒伪劣等违法行为，发现一起查处一起，起到了较大的震慑作用。

7. 打通企业发展原料供应瓶颈 湖北省饲料办积极协调，建立了饲料企业与国家粮食武汉交易中心信息共享平台，确定了17家饲料企业入围饲料加工小麦竞标企业；建立了以饲料协会为依托的企业抱团外采大宗原料平台。6月中旬以来，针对油菜籽收储政策调整带来的饲料加工企业菜粕购买难、一些企业面临停产的问题，湖北省饲料办立即组织了专题调研，及时将调研情况报告省政府，并多次与中储粮湖北分公司进行了沟通，就增加菜粕市场供应达成一致意见，中储粮湖北分公司作出了加工企业菜粕即产即销，油脂加工企业及时发货，不增加任何费用的政策调整，暂时化解了菜粕供应短缺问题。

8. 指导职业技能培训鉴定 依托高校良好的师资、硬件条件（标准化教室、标准化实验室及充足的实验仪器）和学习氛围的优势，积极开展职业技能培训鉴定工作。检化验员委托华中农业大学动物科技学院，中控工和维修工委托武汉轻工大学培训。2014年共培训鉴定269人，其中6月、12月分别举办了第21期、22期检化验员培训，培训人员172人；9月举办了第21期维修、中控工培训，培训人员97人。考生鉴定考核一次通过率达到90%以上。

【存在问题】

一是中小企业普遍缺少资金、技术和人才，生产规模小，管理水平低，市场竞争力不强。二是原料资源短缺。全省大宗饲料原料80%依靠外采，玉米主要靠进口和从东北购买，小麦主要从华北购买，蛋白质原料主要靠进口。三是安全隐患不容忽视。一些监管的薄弱环节，如自配自用料、门店经营和物流配送等环节的监管困难，容易出现质量安全问题，饲料质量安全管理必须时刻保持高压态势。

（湖北省饲料工作办公室）

湖南省饲料工业

【发展概况】

1. 产量产值先抑后扬稳定增长 2014年上半年，湖南省饲料行业遭遇了饲料原料价格上涨，生猪等畜产品价持续走低，养殖亏损严重等不利因素的影响，1～6月，全省各类商品饲料总产量456.4万t，同比减少2%，饲料总产值148.2亿元，减少0.2%。下半年生猪价格开始反弹，饲料产品销价亦因原料上涨而提升，全年来看，全省饲料产量产值呈现“U”字形走势。2014年，湖南省各类商品饲料总产量1 082万t，饲料工业总产值406亿元，与2013年同期相比分别增长0.5%、1.3%。

2. 产品结构趋于合理 从产品结构来看，浓缩饲料产量同比继续呈递减趋势，鱼用配合饲料与添加剂预混合饲料较去年同期均有较大幅度增长，反映出散养户退出的合理调整。

3. 原料价格有涨有落 从原料价格走势来看，大宗饲料原料价格有所下降，玉米、豆粕、麦麸、鱼粉平均价格分别为2.4元/kg、3.9元/kg、1.9元/kg、10.2元/kg，同比分别下降0.4%、5.6%、1.0%、9.9%；棉粕、菜粕平均价格分别为3.2元/kg、2.7元/kg，同比分别增长8.6%和3.8%，氨基酸中蛋氨酸增长28.9%、赖氨酸下降22.6%。

4. 企业数量明显减少 2014年底各类饲料持证企业数为506家，比2013年777家减少35%，与实施饲料新政前的2012年底持证总数855家相比，减少41%。

5. 规模企业强劲扩张，小微企业难以为继 2014年新增娄底湘大骆驼饲料有限公司、常德九鼎农牧有限公司等大型企业近10家，新增产能160万t。全省几家代表性企业，产量、产值大多实现稳连增。其中，湖南大北农2014年全年饲料产量21万t，同比增长10.0%；九鼎集团175万t，同比增长3.5%；百宜饲料公司19万t，同比增长46.0%；唐人神集团329万t，同比增长约为42.0%。而一般小微企业的生产基本持平，维持运转；小微企业的生产难以为继。

【主要工作】

1. 制定监管工作方案和监测计划 在湖南省畜牧兽医局制定了《2014年“瘦肉精”专项整治方案》，饲料办制定饲料环节专项整治的六项措施和饲料产品合格率为98%的工作目标；制定《湖南省2014年饲料质量安全监测方案》。为确保饲料产品质量安全，采取日常监管与抽样检测，质量监测与安全预警相结合的方式，加大抽样监测的力度，扩大抽检范围。根据农业部2014年饲料质量安全监测计划任务安排，湖南省承担监测任务605批次，检测结果合格率达到98%以上。

2. 强化饲料行政执法检查工作 2014年，全省饲料管理部门共出动饲料执法人员2.5万人次，检查饲料生产企业2 587个次，检查饲料经营门店7 446个次，查处违法违规案件83起，查获违法违规饲料150余t，涉案金额91万元。印制《饲料行政执法案例汇编》，每个典型案例都有案情介绍、处理结果、法律依据、办案体会四个方面的内容。《案例汇编》对基层执法人员查案办案具有一定的指导和学习参考作用。

3. 开展饲料质量安全抽样检测工作 湖南省饲料办于10月下旬，对全省18个饲料生产企业的35个饲料产品进行了抽检，其中12个产品不合格，并于12月5日召开不合格饲料产品生产企业约谈会，通报了抽查产品不合格情况，要求企业认真查找了饲料产品不合格原因，并提出了具体整改方案，作出了产品质量安全承诺。

4. 严格规范饲料生产许可行政审批工作 成立

湖南省饲料生产许可证专家审核委员会及技术评审专家库，负责全省饲料和饲料添加剂生产许可的技术评审工作。按照农业部制定的饲料生产许可条件和现场审核表进行规范、统一的现场审核，形成全省严把准入门槛的统一标准。同时，湖南省饲料办按照要求进一步规范饲料企业产品批准文号的检验项目与时间要求，并就农业部下放到省级审批的饲料添加剂和预混料生产许可证项目进行衔接。

5. 开展年度备案与备案前检查工作 根据《饲料和饲料添加剂管理条例》的有关规定，湖南省饲料办于2月中下旬，对40余家持证企业进行年度备案前综合执法检查，下达30多份整改通知书和饲料行政执法检查记录表。3月，湖南省饲料办对饲料和饲料添加剂企业进行年度备案审查工作。有527家通过年度备案审查，108家未通过审查予以注销。年度备案结果在《湖南饲料》刊物上进行公布。

6. 开展对部分中小饲料企业换证的前期调研 湖南省饲料办于2月24～26日，对常德市、益阳市的部分中小饲料生产企业进行深入调研，重点考察了弘洋、万生隆、锦绣农牧、东旭、朝阳、正发富民、康地尔、益阳叁松、德美、国强、光大、顺旺、大旺等中小饲料企业，对其机构人员、厂区布局与设施、工艺与设备、质量检验和质量管理制度进行全方位了解，并在实地考察后，与中小饲料企业的代表进行了座谈，就落实饲料新证，中小企业如何应对进行深入交流和探讨，并对与会代表有关问题进行现场解答。

7. 切实加强饲用油脂的重点监管工作 湖南经视4月24日对湖南省某油脂生产企业涉嫌以“潲水油”加工生产饲用油脂销售给饲料企业的报道。湖南省饲料办对此高度重视，立即组织省市县三级饲料管理执法人员到现场立案查处，收缴饲用猪油生产许可证，对其产品进行了抽样检测，查封了库存的油脂产品。为规范饲用油脂的生产、经营和使用行为，湖南省饲料办就此事下发了《关于进一步强化饲用油脂安全监管工作的通知》，要求高度重视、严把原料关、完善记录、清晰标识、规范使用、全面排查。

8. 切实加强饲料培训执法工作 9月18日，湖南省饲料办举办了“全省饲料质量安全管理规范暨饲料行政执法培训班”。参加培训的有各市、县饲料办负责人共200多人，培训班分别就《饲料质量安全管理规范》，基层饲料执法人员反映突出的饲料标签执法问题等进行了解析与培训。

9. 切实开展饲料职业技能培训与鉴定工作 根据饲料企业要求，1月上旬和4月下旬，湖南省饲料办和湖南农业大学联合举办了两期饲料特有工种职业技能培训与鉴定，共有338名从业人员通过了理论考试和实际操作考核。

此外，湖南省饲料办还组团参加了中国饲料工业展览会，唐人神、兴嘉等10余家企业参展；答复了湖南省政协十一届二次会议第0486号提案；落实饲料统计报表制度，开展了与企业签订饲料统计承诺书；建立了饲料行业地方标准制（修）订选题项目库等工作。

【存在问题】

1. 清查无证生产企业任重道远 全省有近1/3的饲料企业，因为条件提高而不能够获得生产许可。这些企业可能出现无证生产。因此，市、县饲料监管部门必须加大执法监管力度，严厉查处无证生产的违法行为。

2. 获证企业监管有待加强 新的获证企业在获证审批时将重点放在硬件达标上，实际的软件方面较差。饲料质量安全管理规范标准应严格按照21个制度、12个操作规程、42个各种记录表格、25个附录文件和台帐执行。这些要求有待于落实，在实践中充分认识，提高监管能力，加强跟踪检查。

3. 轻视许可证监管现象有待扭转 饲料管理部门重许可、重服务、轻监管的问题仍然比较突出，须采取有效措施加以改变。

4. 监管能力有待进一步提高 随着新《条例》、新《规章》《质量安全管理规范》《饲料添加剂目录》《饲料原料目录》以及相关的标准、审核办法等一系列文件政策的出台，部分人员学习不够、了解不透、掌握不全，在企业申报材料的审查、企业现场的审核验收过程中，对把握生产条件和发现生产过程中存在问题能力不足。有的工作人员对饲料执法、查处案件过程中适用的部分法律法规内容不熟悉，导致查办饲料案件时畏首畏尾。

5. 部分饲料企业还未意识到实施《规范》的重要性 大部分企业还没有把实施《规范》提上日程，更没有按照《规范》建章立制、组织生产。基层监管人员没有充分认识和理解《规范》的要求，甚至个别饲料监管人员还不了解《规范》实施范围。部分企业照抄照搬，制定的制度不符合企业实际情况。而有的企业按照《规范》建立制度，制定规程和标准，编制记录、报告格式，但不按《规范》要求实施。

（湖南省饲料工业办公室）

广东省饲料工业

【发展概况】

2014年，广东省各级饲料管理部门认真贯彻落实中央农村工作会议、全国农业工作会议和全省农业农村工作会议精神，坚持“提高门槛、减少数量，加强监管、保证安全，转变方式、增加效益”的工作思路，以加快转变发展方式为主线。按照“严审批、强监管、保安全、促发展”为原则，认真贯彻实施饲料行业管理新规，依法行政，强化监管，扎实开展“瘦肉精”专项整治，严厉打击违规生产经营行为，积极推进技术创新、管理创新和产业升级，克服了饲料主要原料价格高位运行和H7N9流感疫情等不利因素的影响，饲料工业保持健康发展态势，促进了农业农村经济的持续健康发展。

2014年，全省有饲料和饲料添加剂企业1 035家（持证数），同比减少72家。其中，配合饲料、浓缩饲料、精料补充料企业493家，单一饲料企业53家，饲料添加剂企业185家，添加剂预混合饲料企业304家；全省饲料总产量2 398.8万t，同比增长6.6%；总产值863.4亿元，同比增长13.0%。其中，配合饲料、浓缩饲料、添加剂预混合饲料产量分别为2 287.4万t、45.0万t和66.5万t，同比分别增长6.0%、26.8%和16.7%；在配合饲料中，猪饲料、蛋禽饲料、肉禽饲料、水产饲料产量分别为1 027.9万t、129.1万t、702.0万t、417.4万t，同比分别增长5.9%、5.8%、5.7%、8.6%，反刍饲料、其他饲料产量为0.1万t、10.8万t，同比分别下降95.2%、25.5%；饲料添加剂10.2万t，同比增长4.2%。

【发展特点】

1. 综合生产能力不断上新台阶 全省饲料产业发展速度快、规模大，饲料总产量再创新高、连续12年位居全国前列，全国八强。

2. 生产成本增加效益下滑 主要原料玉米因国家收储量增加、市场流通量下降以及部分主产区遭遇严重干旱，致使4月起玉米价格迅速攀升，最高达2 820元/t，为历史新高，每吨配合饲料生产成本约增加100元以上，挤压饲料、畜牧生产利润空间，直至第四季度，玉米价格回落至2 450元/t左右。

3. 转型升级步伐日益加快 饲料企业做大做强规范发展，转型升级加速。行业联合、兼并重组进程明显加快，延长产业链、厂场对接供料模式不断涌现，行业发展主体力量不断壮大，规模化现代化水平进一步提高，强者愈强、稳占市场份额、竞争力强。2014年全省饲料产量达10万t以上的企业80个、产量占全省饲料总量的63%，行业集中度进一步提高。

4. 产品质量安全水平稳步提升 广东省畜牧兽医局以严厉打击违禁添加物为重点，持续开展饲料质量安全专项整治，着力强化监督检测和日常监管，饲料产品质量安全水平稳步提高，2014年饲料产品质量抽检合格率99.7%，位居全省7大类农资产品首位，饲料中“瘦肉精”保持零检出。

5. 产业技术创新行业品牌显佳绩 饲料企业积极进行设备改造、更新和产品升级，科技投入稳步增加，技术和经营模式创新能力明显增强，努力打造终端产品品牌。2014年饲料产品名牌产品达123个，占农业类名牌产品的15.0%。

【组织结构】

广东省畜牧兽医局为广东省农业厅内设副厅级行政管理机构，负责全省畜牧、兽医防疫、饲料、兽药管理工作。内设3个处室：综合处、畜牧处（加挂省饲料工作办公室牌子）、兽医处。广东省饲料工作办公室具体负责饲料管理工作。

【主要工作】

1. 进一步强化宣传饲料管理新规范，推动饲料

管理规范化 先后举办多期培训班、完善省级配套管理制度，修订《饲料和饲料添加剂生产许可办事指南》、再次印发《饲料行业管理法规文件汇编》，完善广东省网上办事大厅饲料和饲料添加剂行政许可审批项目网上办事平台建设等，推动饲料管理规范化。

2. 严把饲料生产许可准入关，规范生产促发展 一是严格按照《饲料和饲料添加剂管理条例》及配套法规，对饲料和饲料添加剂申证、换证企业，严格按照许可条件，把好准入关，对不符合规定条件的坚决不予许可。二是利用年度备案的有利时机，督促原获证企业对照饲料管理新规，认真自查自纠，改造升级，完善管理制度。三是顺利承接了饲料添加剂和添加剂预混合饲料行政许可审批管理工作。截至 2014 年 6 月底，全面完成了原取得《饲料生产企业审查合格证》《动物源性饲料产品生产企业安全卫生合格证》的配合饲料、浓缩饲料、单一饲料生产企业许可证的换证工作。2014 年，新核（换）发饲料和饲料添加剂生产许可证 505 家、核准饲料添加剂和添加剂预混合饲料产品批准文号 2 996 个。

3. 强化监管，确保饲料和畜产品质量安全 一是制订方案，全面部署。制订印发了《广东省 2014 年饲料和饲料添加剂产品打假专项治理行动实施方案》《2014 年广东省饲料产品质量安全监测方案》《促进饲料和饲料添加剂市场公平竞争维护市场正常秩序工作方案》等，要求各地区结合实际情况制定具体检查监测方案，细化整治目标，落实监管责任。二是强化日常监督检查。督导企业完善和落实各项管理制度，强化企业责任意识和提高管理水平，规范饲料生产经营和使用行为。以辖区监管为主体，加强企业管理，督促企业自觉贯彻落实新修订的《饲料标签标准》《饲料质量安全管理规范》。三是强化监督检测。认真组织实施饲料质量安全专项整治监测计划，抓好落实监测任务，加大对饲料生产、经营和使用环节的监测，不定期对重点地区、企业、产品进行跟踪抽检，杜绝问题饲料和畜产品流入市场。四是强化执法监督。加大对违法案件的查处力度，着力抓好“瘦肉精”、三聚氰胺、重金属超标及制售假劣饲料和饲料添加剂产品案件的查处，重点加大对举报案件及抽查检测中出现问题产品生产经营企业的查处力度，确保查处工作落到实处。据统计，2014 年全省出动执法检查人员 24 031 人次，检查饲料生产企业 1 470 个次、饲料经营店 5 435 个次、养殖场（户）14 484 个次，例行抽检饲料和饲料添加剂样品 2 049 批次，合格率为 99.7%。全省累计查处案件 55 起，涉案金额 304.5 万元。其中，“瘦肉精”案件 11 起，移送司法机关 10 起。

4. 突出重点，狠抓“瘦肉精”专项整治工作 按照广东省“瘦肉精”监管工作联席制度明确的工作职责，精心组织，狠抓落实。一是制订方案、落实责任。制订印发了《2014 年广东省“瘦肉精”等违禁添加物整治工作方案》《2014 年广东省养殖场（户）“瘦肉精”专项监测工作实施方案》，明确整治目标和任务，突出重点区域和环节，落实监管主体责任。二是落实经费，加大投入。各级政府高度重视“瘦肉精”监管工作，加大投入监管经费，用于改善农业部门基层“瘦肉精”监管执法条件。2014 年共投入监管经费 1 496 万元，其中，广东省财政厅安排 500 万元用于各地“瘦肉精”专项监管监测，各市县共安排专项整治工作经费 996 万元、新增检测设备 625 台，为进一步强化“瘦肉精”监管工作提供了有力保障。三是精心整治、保障安全。认真开展饲料生产经营、生猪养殖、收购贩运、屠宰环节“瘦肉精”专项整治，重点强化生猪养殖、屠宰环节的“瘦肉精”监测。认真组织实施 2014 年饲料质量安全监测计划、养殖场（户）“瘦肉精”专项监测、屠宰环节“瘦肉精”监督抽查检测等。同时，各级管理部门不定期派出检查组对部分畜牧生产大市开展“瘦肉精”等违禁添加物飞行检查，强化监督检查。四是强化宣传，提高认识。进一步强化《最高人民法院最高人民检察院关于办理危害食品品安全刑事案件适用法律若干问题的解释》宣贯工作，印发了《广东省严禁使用“瘦肉精”等违禁物质告知书》《无“瘦肉精”等禁用物质承诺书》，提高饲料生产、经营及养殖者的守法意识。

全省累计召开“瘦肉精”整治会议及培训 223 次、培训 1.8 万余人次，印发宣传资料 11.7 万余份，新闻宣传 105 次，出动监督执法人员 81 093 人（次），检查饲料经营企业 2 678 个、养殖场 35 753 户、活畜收购贩运企业 4 342 个、屠宰企业（场、点）3 786 个次，抽检生猪尿道样品数 201 万余份、合格率 99.99%以上，饲料中“瘦肉精”保持零检出。其中，现场对 615 个生猪养殖场进行尿样检测 1 232批次，无检出阳性，对饲料中“瘦肉精”等违禁药物监测共 97 批次，全部合格。

5. 强化服务，推进饲料产业转型升级 督导企业按饲料管理新规范，实现技术、管理创新和转型升级，壮大行业发展主体力量，推进行业健康可持续发展；加强饲料特有工种从业人员培训，2014 年开展 14 期饲料检验化验员、中控工、维修工培训，通过鉴定考核 416 人、通过继续教育复核 229 人；在全国率先理顺了饲料添加剂氯化钠监管法律适用问题。8 月 20 日，广东省政府决定，由农业部门承担饲料添加剂氯化钠的市场监管职责，解决了饲料企业购买使用饲料添加剂氯化钠的合法权益多年来得不到法律保护的大难题，为全省饲料企业节支采购使用氯化钠成本近 5 000 余万元/a。

【存在问题】

1. 饲料原料资源制约日益凸现，大宗饲料原料的供求矛盾进一步加剧，饲料生产成本上涨、供求不稳、效益下滑.

2. 饲料管理新规范提高了生产准入门槛，部分饲料企业对时限要求未引起重视，未按规定进行改造升级，造成申证、换证不及时，甚至出现无证违规生产情况。

3. 部分生产经营企业质量安全意识淡薄，存在饲料质量安全隐患。

4. 缺乏专门的执法队伍，执法力度欠缺。

（广东省饲料工作办公室）

广西壮族自治区饲料工业

【发展概况】

2014年，广西壮族自治区饲料工业受养殖行情持续低迷、H7N9流感疫情等因素影响，饲料需求平缓，饲料总产量增幅减缓。全年饲料和饲料添加剂生产企业224家，同比减少31.5%；饲料产品产量达1 074.1万t，产值335.1亿元，同比分别增长5.7%、8.7%。全区饲料产品抽检合格率为99.6%，同比提高0.6个百分点，商品饲料已连续10年未检出违禁药物，生猪尿样中“瘦肉精”等违禁药物检出率为0。

【发展特点】

1. 饲料产量增幅减缓，呈现浓缩饲料下降、配合饲料及添加剂预混合饲料小幅增长的产品结构模式 2014年受养殖行情持续低迷、饲料生产准入门槛提高的双重压力，饲料生产企业竞争激烈，饲料产量需求平缓，除第一、第四季度增长外，其余两个季度均首次呈现减幅。全年饲料产品产量1 074.1万t，同比增长5.7%；其中配合饲料1 037.1万t，同比增长6.1%；浓缩饲料24.6万t，同比下降8.6%；添加剂预混合饲料12.4万t，同比增长9.2%。在产品结构上，猪、禽、水产饲料均增长，由于生产反刍饲料的生产企业要求单独生产线，导致广西只有一家企业拥有生产反刍饲料的资格，同时皇氏乳业等本地乳企倾向于使用自配料，故反刍饲料为0；由于原来生产蚕饲料、兔饲料等其他饲料的企业大多未能按许可条件获新的饲料生产许可证，故其他饲料减幅较大，其中猪饲料606.7万t、蛋禽饲料37.5万t、肉禽饲料374.3万t、水产饲料55.6万t，同比分别增长6.1%、2.3%、4.5%、13.4%，其他饲料272.2t，同比减少84.1%。

2. 饲料生产集中度提高，集团企业扩张步伐加快 2014年，广西饲料和饲料添加剂生产企业有224家（其中获饲料添加剂生产许可证企业43家，获添加剂预混合饲料生产许可证企业53家，获单一饲料生产许可证企业19家，获配合饲料、浓缩饲料、精料补充料生产许可证企业135家，交叉获证企业26家），同比减少31.5%；全区年产量10万t以上的企业有40家，同比增加4家，占同类企业数135家的29.6%，产量781.4万t，同比增长6.2%，占全区饲料总产量的72.8%，同比提高0.4个百分点，大型企业、集团企业所占份额越来越大。全区年产量50万t以上的集团企业有4个，产量604.8万t，占全区饲料总产量的56.3%。

3. 大型企业充分运用信息化、智能化技术，提高生产效能和产品质量 漓源、扬翔、双胞胎、华港、大北农等大型企业均采取机器人码垛机来替代人工码垛形式，减少生产成本、节约劳动力、提升效能、获取新竞争优势。全区有25家配合、浓缩饲料生产企业采用55台机器人码垛机。同时，桂林力源粮油食品公司在辖区内所有饲料企业建立监控预警系统，对各生产环节实时监控，及时发现质量安全隐患，留存监控录像便于备查和追溯；广西扬翔采用wincoos条码控制系统、CRPP系统建立核心料及配合饲料可追溯性体系；广西普乐唯美采用法国ACPEMIUM条码控制系统建立预混合饲料可追溯性体系，确保产品质量安全。

4. 利用区位优势，豆粕、菜粕等植物蛋白原料聚集发展 全区年进口粮食达800余万t，约占全国进口总量的10%，其中进口大豆、油菜籽分别占全国的一成和四成，已成为我国进口粮油加工重要产业基地，部分大型粮油加工企业看好广西沿海港口的区域优势和海运成本低廉，相继落户钦州、北海和防城港，全区豆粕、菜粕生产企业达8家，比2013年增加1家。广西壮族自治区植物蛋白饲料原料生产再创新高，豆粕、菜粕、大豆浓缩蛋白产量达612万t，同比增长8.7%。

【主要工作】

1. 积极争取支持，落实监管资金 2014年已落实饲料质量安全监管经费397.3万元（其中自治区财政321万元、农业部76.3万元），用于全区饲料质量监测体系建设，饲料和饲料添加剂生产许可评审，饲料质量安全管理规范示范创建，饲料生产、经营、使用环节的质量监督抽查，饲料执法、法规宣贯培训等工作，有效确保了饲料监管等各项任务顺利完成。

2. 加强《饲料质量安全管理规范》宣传培训及指导，推进饲料质量安全管理规范示范创建工作开展 召开全区水产畜牧业助农增收暨饲料质量安全管理现场会和全区饲料质量安全管理规范培训班，传达全国饲料质量安全管理规范现场会精神，培训各市饲料管理人员、审核专家、企业代表相关饲料法规，各市也对县区相关人员开展了法规培训和教育。开展广西扬翔、南宁漓源、广西华港、广西商大4家国家级（现调整为广西商大、广西普乐唯美、钦州漓源）和22家省级饲料生产企业质量安全管理规范的示范创建工作，目前国家级企业处于省级专家初审、省级企业处于自查阶段。一方面通过开展国家级、省级示范企业创建活动，以培训、咨询、现场指导等多种形式协助企业按照要求实施《规范》并运行各项管理制度，为《规范》全面施行建立标杆、积累经验；另一方面要求相关饲料企业成立《规范》实施工作组，对照规范要求理顺、修订、执行内部管理制度，按规范要求组织生产，实现从原料采购到产品销售的全程质量控制。

3. 抓住关键环节，突出监管重点，确保饲料质量安全 一是严格资格审核，对不符合条件的一律不予许可，2014年共受理149家饲料和饲料添加剂生产企业许可申请，不予许可4家；核发17家企业的201个产品批准文号。二是加大对获证企业日常监管，结合年度备案工作，各市对辖区内饲料生产企业实行全覆盖检查，对存在问题的企业及时查处溯源，共注销144家企业的饲料或饲料添加剂生产许可证（审查合格证），并抄送工商局，由工商部门负责督促企业注销饲料或饲料添加剂生产的营业范围，建立饲料和饲料添加剂生产退出机制的协同监管。三是加大对饲料生产、经营、使用环节的执法监督力度。2014年共出动执法人员7 544人次，检查饲料生产企业、经营单位和养殖场（户）17 344家次，查处违法饲料产品9.9t，查处无证、无号、无标签产品9个，立案查处19起，罚没金额18.2万元。10～11月开展全区饲料执法监督检查工作，对全区39家饲料生产企业进行了监督执法检查，对检查结果予以通报，落实问题企业的查处。四是强化检打联动，落实对不合格产品及企业的追踪溯源。全年共抽检饲料和饲料添加剂生产企业、经营单位和养殖场（户）2 075家次的饲料和饲料添加剂样品1 791批次、生猪尿样4 230份，合格率分别为99.6%、100%。加强对不合格产品的追踪溯源，及时消除质量安全隐患。五是将监测不合格及被投诉、被举报企业作为重点监控对象进行认真排查，重点突击检查原料库房和记录，督促企业质量安全制度的落实。

4. 组织开展饲料加工粉尘防爆专项整治，消除安全隐患 8月底至12月底在全区深入开展饲料和饲料添加剂生产企业安全生产专项整治（以下简称“专项整治”）工作，努力防范和遏制重特大生产安全事故发生。截至10月，全区共组织执法检查组82次，参加执法检查人员411人次，检查生产企业116家次，采取“四不两直”方式实施暗查暗访65次，未发现有违反《严防企业粉尘爆炸五条规定》的安全隐患。除19家单一饲料生产企业采用离心或脉冲除尘外，135家配合、浓缩饲料生产企业均在原料卸料口、投料口、成品打包口、粉碎机处等粉尘外溢环节采用脉冲除尘，生产区人工照明灯具采用防爆灯具和防爆开关，避免粉尘聚集、消除隐患。

5. 抓好饲料行业的基础性及服务工作 一是抓行业统计工作，督促企业及各市统计人员及时上报核实统计数据，分析饲料行业发展形势；二是继续配合南宁等市质量监督局，做好饲料标准技术指标的审核，全年组织审核企业标准169个，修改单32份，从产品标准入手引导企业生产优质高效的产品；三是积极主动与国税、粮食、质检部门沟通、联系，做好协调工作，确保饲料企业能公平享受优惠政策；四是加大饲料特有工种培训鉴定力度，共开展3期467人进行培训鉴定，其中，309人新获职业资格证书，提高了饲料行业从业者的素质。

【存在问题】

1. 企业主体责任仍然难以落实到位 养殖户、饲料和饲料添加剂经营企业档案仍不规范、不健全，自我管理能力不足，发生产品质量问题后难以追溯，养殖环节未按规定使用药物，流通环节制售假冒伪劣饲料、无证生产饲料等问题依然无法杜绝。

2. 畜牧兽医综合执法工作还没有整体推进，执法人员依法监管的能力和水平有待提高 饲料执法仅靠几个行政管理人员，监管工作难以落到实处。部分地区虽然将饲料执法委托给动物卫生监督所，但对委托执法情况未加强指导和监管。特别是随着2015年

7月1日起实施的《饲料质量安全管理规范》，对企业执行规范的监管主要由县级执法人员承担，而基层监管人员的监管能力和业务水平需要迫切提升。

3. 自配饲料监管难度大 目前相关条例对自配饲料侧重于对违禁品和限制性物质的使用管理，没有出台自配饲料使用规范，自配饲料仍是监管难点和薄弱环节。

（广西壮族自治区饲料工业办公室）

海南省饲料工业

【发展概况】

2014 年海南饲料行业深入贯彻落实《饲料和饲料添加剂管理条例》及配套饲料法规，积极推进《饲料质量安全管理规范》示范创建工作，较好完成了饲料企业换证衔接工作任务，克服强台风“威马逊”“海鸥”的袭击以及 H7N9 流感疫情等事件影响，全省饲料行业经济运行平稳、产量产值保持增长，饲料质量安全保持稳定。2014 年全省商品饲料总产量 214.7 万 t，总产值 69.8 亿元，同比均增长 5.1%。其中配合饲料 211.7 万 t，同比增长 5.3%；浓缩饲料 0.3 万 t，同比下降 10.7%；，添加剂预混合饲料 2.7 万 t，同比下降 7.0%。从不同品种看，猪饲料 85.5 万 t，同比增长 7.3%；蛋禽饲料 17.9 万 t，同比增长 5.3%；肉禽饲料 70.7 万 t，同比增长 4.4%；水产饲料 40.6 万 t，同比增长 3.0%。

【组织机构】

2006 年海南省农业厅内设海南省畜牧兽医局，畜牧兽医局内设兽医处、畜牧处，海南省饲料工作办公室附属于畜牧处，2009 年 7 月经海南省编委批准，海南省农业厅增设饲料兽药管理处（加挂“海南省饲料工作办公室”牌子），现定编人员 5 人，主要承担全省饲料兽药、畜产品质量及饲料兽药行业监督管理职能。

海南省兽药饲料监察所主要承担农业部和海南省农业厅下达的各类产品抽样监测计划和全省兽药饲料产品质量安全监督、检验、委托检验、技术仲裁及提供监管技术支撑等工作职能。

全省 18 个市县畜牧兽医局分别负责辖区内的违禁药物查处、兽药饲料生产、经营和使用环节的监督执法管理和配合省饲料检测机构做好各类产品抽样送样等工作。

【主要工作】

1. 加强饲料生产企业监督管理 按照农业部和海南省农业厅有关要求，严格执行《饲料和饲料添加剂管理条例》规定和行政许可审批程序，认真组织有关专家对企业申报材料审核和实施企业生产现场核查工作，严格行业准入条件，确保全行业的整体素质。按照《海南省农业厅办公室关于做好饲料企业生产许可证换证工作的通知》（琼农办［2013］189 号）要求，连续认真做好换证工作，2014 年完成 33 家饲料企业许可换证，淘汰 11 家不符合要求的饲料企业，基本完成了全省饲料生产企业升级换证工作，保证全省饲料生产企业持证率 100%，进一步促进饲料生产企业整体素质的提高。同时加强饲料生产企业获证的后续管理，采取飞行、备案、监督检查等方式，实时监督管理饲料生产企业。在 10～12 月，组织 2 个检查组对 34 家饲料和饲料添加剂生产企业进行了监督检查，督促企业严格落实饲料生产各项制度，初步形成企业依法规范生产的良好氛围，确保饲料产品质量。

2. 开展《饲料质量安全管理规范》示范先行活动 按照农业部统一部署，结合全省实际情况，印发了《海南省农业厅关于印发贯彻饲料质量安全管理规范实施意见的通知》（琼农字［2014］37 号），推行海口、澄迈、文昌、琼海等市县 10 家饲料企业为省级先行示范企业，7 月组织有关市县饲料管理部门人员以及 10 家企业管理人员，累计 35 人进行培训，使其进一步认清实施《饲料质量安全管理规范》的重要性、必要性，熟悉掌握《饲料质量安全管理规范》内容标准及要求，有力推进《饲料质量安全管理规范》实施工作。

3. 组织饲料工业职业技能鉴定工作 10 月 23～25 日组织开展了海南省第一次饲料工业职业技能鉴

定工作，为全省 18 家饲料企业培训鉴定了 32 名初级检化验员，合格率 100%，进一步强化饲料生产企业特有工种持证上岗，提高饲料检测整体能力水平。

4. 开展饲料品牌建设工作 按照《海南省农业厅关于印发推进饲料生产企业品牌建设方案的通知》（琼农字〔2013〕）要求，进一步制定完善《海南省品牌产品评选办法》，收集初审 7 家饲料企业申报材料，促进饲料企业产业并组转型升级、技术创新驱动、产品绿色安全品牌化发展。

5. 做好饲料质量安全监测工作 制定下发《海南省农业厅关于下达 2014 年饲料、兽药及畜产品质量安全监测计划的通知》（琼农字〔2014〕27 号），督促省市县有关部门组织开展饲料产品质量安全监测与饲料安全（违禁药物）专项抽样监测工作，在饲料生产、经营和养殖环节共抽检了 291 家企业（其中饲料生产企业 31 家，经营企业 134 家，养殖企业 126 家），抽检各类饲料产品 514 批次，检测合格 507 批次，不合格 7 批次，总合格率为 98.6%。"瘦肉精"等违禁药物监测合格率 100%。

6. 加强饲料监督执法工作 6 月之前对全省 80%饲料生产企业进行安全生产大检查，突出检查原料进厂、产品出厂检验、各品种登记统计、饲料标签、问题产品召回及报告等方面，发现问题限期整改。7～9 月组织 4 个督查组重点对海口、三亚、琼海、万宁、屯昌、定安、澄迈等 8 个市县饲料批发市场、生产经营店及养殖场进行监督执法检查，严厉查处无证生产、违规生产和在饲料中非法添加违禁药物行为，进一步规范饲料生产经营市场秩序及质量安全。全省各市县按省农业厅部署，相继开展监督执法检查，截至 10 月 31 日，共出动饲料执法人员 983 人次，车辆 380 余台次，检查饲料生产企业 42 家，经营店 1 695 家，养殖场（户）138 家，立案 11 起，查处假劣饲料 30 余 t，罚款 6 万元。现场对生猪尿样快速检测"瘦肉精"等违禁药物 1 万余头次，合格率 100%。

同时，针对 9 月海南连续遭到"威马逊"和"海鸥"两台风袭击，饲料生产企业受到重创，直接经济损失 1.3 余亿元，受损饲料原料及成品 4 000 余 t。为保证饲料产品质量安全，省农业厅派出 3 个工作组加强饲料市场监控，协助企业及时处理受浸饲料及产品，对淋湿程度较轻的成品料作回炉加工，受水浸泡时间长的饲料作无害化处理，杜绝发霉变质饲料流入市场，确保饲料的供应和质量安全。

在饲料管理中存在的问题，由省外进入海南市场小包装微量元素预混合饲料质量问题突出。从 2014 年饲料监督监测情况看，小包装微量元素预混合饲料的铜、锌含量超标，共抽检 38 批次复合微量元素预混合饲料，其中 6 批次铜、锌含量不合格，产地均来自省外饲料企业。

【存在问题】

1. 饲料原料短缺，市场风险因素增多，行业竞争加剧，企业提高效益压力增大。

2. 饲料监管体制不完善，市县没有饲料检测机构，省级检测能力不强，难以适应日益繁重的监管形势要求。

（海南省饲料工作办公室）

重庆市饲料工业

【发展概况】

2014年，按照“以抓《饲料质量安全管理规范》促企业建章立制，落实监管措施，保饲料产品质量安全”的总体思路，全市各级饲料管理部门进一步加大监管力度，严格行政审批、强化监督检查，同时积极引导饲料生产企业转变生产和经营方式，努力提高饲料工业综合生产能力，大力推广优质工业饲料，全市饲料工业得到健康有序发展，保证了饲料产品质量安全。

2014年饲料工业总产量235.5万t，总产值达103.1亿元，同比增长16.9%、28.2%。其中配合饲料203.7万t；浓缩饲料29.9万t；添加剂预混合饲料1.8万t。

【组织机构】

重庆市饲料工业办公室于1986年正式成立，挂靠重庆市农业办公室。1996年转到市农业局后改为市农业局内设机构。2000年机构改革时改为挂靠重庆市农业局畜牧兽医处。2005年重庆畜牧兽医体制改革，畜牧兽医处分为畜牧处和兽医处，重庆市饲料工业办公室挂靠在畜牧处。2008年成立市农业委员会后，又挂靠在重庆市农业委员会畜牧业发展处。

【主要工作】

1. 严审核、严把关，确保许可质量 根据新修订的《饲料和饲料添加剂管理条例》(以下简称条例)及其配套规章的相关要求，对申请设立饲料生产企业的，组织饲料生产许可专家委员会成员，对饲料企业的申报材料及生产办公场地、人员配备、设备条件、检化验设施等，逐条逐项严格审查和审核，对不符合许可条件的，按要求企业进行整改，整改不到位的一律不予发放许可证。2014年，对89家饲料生产企业核发了饲料生产许可证，其中配合饲料、浓缩饲料生产企业72家；单一饲料生产企业9家；饲料添加剂生产企业3家；添加剂预混合饲料生产企业3家。在农业部检查组对重庆饲料生产企业许可工作检查中，得到了检查组的一致好评，认为重庆市对饲料生产企业许可条件严格把关，申报材料质量高，符合国家相关规定。

2. 强化全程监管，确保饲料质量安全 2014年，重庆市饲料工业办公室开展了以查处在饲料中添加“瘦肉精”等违禁添加物品的专项整治行动，重点检查饲料生产企业采购的饲料原料、饲料添加剂、药物饲料添加剂等，是否按照国务院农业行政主管部门有关规定组织生产。同时严厉查处使用饲料原料目录、饲料添加剂品种目录和药物饲料添加剂品种目录以外物质生产的不法行为，从而实现对饲料生产企业从原材料采购到生产、销售过程的全程监管，确保上市销售的饲料产品质量安全。2014年，抽检饲料生产和经营单位854个，抽检饲料样品1 984个，监测合格率达100%，未检出“瘦肉精”等违禁添加物。

3. 严厉打击各种违法行为，维护生产销售秩序 为维护良好的生产销售环境，规范饲料企业生产经营行为。各级饲料管理部门加大检查频率和打击违法行为的力度，对超出许可范围生产饲料、饲料添加剂的；对生产许可证有效期满未换证但依旧生产的企业，严格按照《饲料和饲料添加剂管理条例》的相关规定从严、从重处罚。2014年，立案查处5起违法行为，其中4起在饲料中添加其他物质，1起超许可范围违法生产饲料添加剂，同时注销不合格饲料生产企业2家。通过监督执法工作的有力开展，有效打击了各种违法行为，全市饲料生产销售行为得到进一步规范。

4. 加强法律法规宣贯，增强守法意识 为提高饲料企业的遵纪守法意识，2014年全市各级饲料监管部门通过发放宣传资料，现场咨询、答疑，播放影像资料等多种形式，大力宣传《农产品质量安全法》《饲料和饲料添加剂管理条例》等法律法规；宣传饲料质量安全的重要性、饲料及畜产品安全知识、饲料及畜产品质量安全生产技术。全市共印发《农产品质量安全法》《饲料和饲料添加剂管理条例》《饲料药物添加剂使用规范》《标签标准》《饲料识假辨假常识》《饲料安全使用须知》以及其他相关方面的宣传资料17 580份（册）。媒体宣传报道456次，开展现场咨询答疑活动131场次，参加人数4.6万人次。通过开展上述工作，有效提高了饲料生产、经营和使用企业的法律法规和产品质量意识。

5. 切实加强饲料数据统计分析使用 2014年，重庆市饲料办公室进一步加强对饲料数据的统计工作，对所有区县饲料管理人员及饲料企业相关人员进行培训，同时要求饲料生产企业普及统计信息系统的应用，实行专人负责上报，实现数据报送及时化、网络化。通过网络上报生产数据的饲料企业占总企业数的87%，其中包括农业部重点跟踪的企业6家。通过多方收集整理与行业密切相关的信息，为饲料行政管理部门和企业提供了科学决策的依据。

【存在问题】

1. 监督执法工作有待进一步强化 执法机构设置不健全，缺人、经费，造成部分地方、环节管理“真空”，监督、服务不到位，造成工作人员主动积极性不高，管理连续性脱节。

2. 工作经费投入不足，饲料质量安全监管举步维艰 对饲料生产、经营、使用环节的产品进行检测，需要相应的工作经费，特别是三聚氰胺、“瘦肉精”等化学物质的检测费用特别高。而从目前的情况看，各级财政特别是区县一级对饲料检测的经费投入不足，从而影响饲料质量安全监管工作的效果。

（重庆市饲料工业办公室）

四川省饲料工业

【发展概况】

2014年全省饲料工业稳定发展，饲料总产量1 038.3万t，同比减少29.6万t，减幅2.8%。从饲料种类来看，配合饲料产量936.7万t，同比下降0.6%，配合饲料产量占总产量的90.2%，比2013年上升2个百分点；浓缩饲料产量73.2万t，同比下降22.9%；添加剂预混合饲料产量28.4万t，同比下降7.5%。从品种看，猪饲料634.1万t，同比下降3.4%；蛋禽饲料111.2万t，同比下降2.7%；肉禽饲料190.9万t，同比增长4.3%；水产饲料73.9万t，同比下降7.2%；反刍饲料14.1万t，同比增长19.5%。

2014年，全省共有饲料和饲料添加剂生产企业496家，其中饲料加工企业347家，分别较2013年底减少30.7%和36.0%。全省饲料加工能力达到4 799t/h，较2013年增加2.0%。饲料工业总产值达434.3亿元。

全省饲料质量安全形势良好。2014年共抽检饲料样品2 953批，产品合格率98.4%，较2013年提高0.3个百分点，未检出“瘦肉精”等违禁添加物。

【主要工作】

1. 严格许可准入，着力产前源头把关 调整充实了饲料生产许可省级专家审核委员会，修订印发了《饲料和饲料添加剂生产许可技术评审规程》，对生产许可技术评审的程序、内容、时效等作了明确规定和具体要求。认真贯彻国家规定的许可条件，严把行业准入关，从源头入手加强饲料质量安全监管。2014年，组织许可专家审核委员会受理技术评审申请523个（次），其中，饲料企业生产许可申请430个（次），产品批准文号申请93个（次）。生产许可申请书面评审合格362个（次），合格率84.2%；现场技术评审423个（次），合格339个（次），现场审核合格率80.0%。通过严格许可准入，淘汰不具备生产条件的企业，饲料质量安全保障能力和行业整体素质得到全面提升。

2. 开展《饲料质量安全管理规范》（以下简称《规范》）创建，强化过程控制监管 为贯彻落实《规范》，加快推进《规范》的实施，一是组织部级示范创建企业申请国家验收。2014年，经农业部专家组考核，广汉正大饲料科技有限公司、通威股份有限公司德阳分公司、成都正大有限公司3家企业顺利通过考核，并获得农业部颁牌表彰。二是启动《规范》省级示范企业创建工作。在企业自愿申请的基础上，按照市（州）遴选推荐、省农业厅确定、学习培训、专家咨询、现场指导、企业整改、检查验收、授牌公告、示范带动的程序，指导一批基础较好的企业创建省级示范企业。另外，专门召开《规范》动员会、培训会，推动示范创建工作顺利开展。11～12月中旬，全省还成立了8个专家指导组，对《规范》创建企业开展检查指导，帮助饲料生产企业和饲料管理人员熟悉、理解、贯彻《规范》。

3. 强化检打联动，严惩违法违规行为 检打联动，加大查处力度，是保障饲料质量安全的重要手段。继续开展“全覆盖”饲料质量安全监测行动。先后4次发文对在全省饲料“全覆盖”监测中检测出的不合格饲料产品和生产经营单位进行通报，要求对其依法予以查处。据统计，2014年省级饲料管理部门直接组织、安排、指导查处的案件49件（其中农业部通报交办6件，省级监督检查监测36件，举报投诉监督7件），销毁不合格产品7.3t，罚款46.7万元。

4. 加强监督检查，规范饲料市场秩序 一是开展无证生产专项检查。为杜绝无证生产，印发《关于开展查处无证生产饲料和饲料添加剂行为专项检查的通知》，要求各地饲料管理部门全面拉网排查，建立健全主体档案；加大宣传力度，杜绝未取得许可资质的饲料原料入厂和经营无许可资质饲料产品的行为；做好月巡查工作，从严查处违法行为，确保全省饲料和饲料添加剂企业100%持证生产。二是开展持证企业监督检查。按照农业部办公厅《关于开展饲料和饲料添加剂生产企业监督检查工作的通知》要求，组织8个检查组，在全省抽取50家生产企业进行监督检查，对不符合要求的企业责令限期整改，情节严重的依法予以处罚。通过加大检查力度，创造规范健康有序的市场秩序。三是严格备案审查。2014年完成570家饲料企业（656个许可证）的年度备案审查，139家企业（150个许可证）未上报备案材料。经审查，89家企业（90个许可证）不符合备案要求，未予备案；47家企业（51个许可证）符合法定注销情形，予以注销。对未上报备案材料和未予备案的企业，及时进行通报，并开展跟踪检查，分类处理。

5. 抓好项目建设，推动秸秆开发利用 一是按照农业部要求，组织对2012～2014年立项的国家级秸秆养畜项目开展专项自查工作。二是组织对2013年及以前立项项目的省级验收工作。按照省农业厅下发的《关于加强和规范农业综合开发农业部项目竣工验收工作的通知》和《四川省农业综合开发农业部项目竣工验收工作方案》规定，要求各秸秆养畜项目县（区）抓紧完成项目建设任务，完成项目总结、审计和自查自验工作，及时提交项目验收申请，做好接受省级验收的准备工作。三是开展“秸秆换肉奶”工程实施情况专题调研。积极争取将“秸秆换肉奶”工程列入省人大农委2014年的调研项目，配合省人大农委分赴凉山、达州市开展“秸秆换肉奶工程”专题调研，推动该项目的省级立项工作，促进全省秸秆饲料化利用和牛羊生产发展。同时深入绵阳三台县开展秸秆饲料生产配送等秸秆养畜新模式调研，并及时将调研情况报农业部全国饲料工作办公室。

6. 着力整治监测，切实加强“瘦肉精”监管 一是突出整治重点。按照农业部《农产品质量安全专项整治方案》和2014年全省动物“瘦肉精”监测计划的要求，进一步加强对饲料、兽药、养殖、流通和屠宰等重点环节的“瘦肉精”整治，将督查整治与专项监测有机结合，始终对非法添加和使用“瘦肉精”行为保持高压严打态势。全省累计开展“瘦肉精”检测246万余头份，结果均无实验室确认阳性。二是强化养殖环节监管，加强日常监测。按照2014年全省养殖环节“瘦肉精”专项监测计划要求，确保监测范围内生猪、肉牛、肉羊批批被检，监测内容主要为盐酸克伦特罗、沙丁胺醇、莱克多巴胺等3种“瘦肉精”。开展拉网监测。9月对监测范围内的生猪、肉牛、肉羊养殖场（户）集中开展“瘦肉精”全覆盖拉网式排查，组织专项检查。省农业厅组织饲料处、饲料总站等单位有关人员和检测专家深入养殖场（户），开展“瘦肉精”监管督查，并现场抽检，检测结果均为阴性。共开展养殖环节“瘦肉精”快速检测76万余头份，结果均无实验室确认阳性。三是开展饲料中“瘦肉精”等违禁物质监测。全年抽取468批饲料样品，进行“瘦肉精”等违禁添加物监测，结果均未检出。

7. 发挥协会作用，服务行业健康发展 一是开办学习饲料行业管理新要求、新规定专题讲座，大力宣传贯彻饲料行业法规规章。二是协助主管部门开展《规范》示范推广。开展《规范》宣传培训，免费发放《规范》教学培训光盘750份。召开饲料质量安全管理规范座谈会，传达中国饲料工业协会《规范》培训班的相关内容；汇总分析《规范》省级示范创建现场指导的相关情况；座谈交流推进《规范》省级示范创建工作的有关问题。三是成功举办“2014四川畜牧暨饲料·动物保健品展览会”。本次展览会有来自全国123家畜牧、饲料、动保生产经营企业和科研单位参加，共251个展位，为行业交流展示搭建了平台。

【存在问题】

2014年，全省饲料行业发展虽然取得了一定成绩，但仍存在一些问题，主要表现在，一是饲料企业饲料原料进厂把关不严，查验或检验不到位的情况；二是管理制度执行不到位，记录记载不规范的现象；三是部分饲料企业标签不规范。

（四川省饲料工业办公室）

贵州省饲料工业

2014 年，贵州省饲料工业克服原料价格上涨、生猪价格下滑等冲击影响，大力开展饲料质量安全专项整治，积极宣贯新修订的《饲料和饲料添加剂管理条例》及配套法规，促进贵州省饲料工业持续、健康发展。2014 年，全省工业饲料产销量稳中有升，行业整体生产技术水平持续提升，为贵州省饲料工业进一步发展提供良好的保障。

【发展概况】

全省原有配合（浓缩）饲料生产企业 100 余家，新修订的《饲料和饲料添加剂管理条例》及配套法规施行后，截至 2014 年底，全省共有 63 家企业换发了《饲料生产许可证》，其中：配合、浓缩饲料企业 51 家（兼产反刍动物饲料 5 家），单一饲料企业 12 家。另有饲料添加剂生产企业 14 家。

2014 年生产工业饲料 95.6 万 t，同比增加 13.0%。其中配合饲料产量 64.1 万 t，同比增加 22.0%；浓缩饲料产量 31.5 万 t，同比减少 2.0%。生产饲料级磷酸氢钙、磷酸二氢钙 32.3 万 t，同比增加 47.0%。

全省饲料生产企业总数减少，但整体生产技术水平持续提升，为饲料工业进一步发展提供良好的保障。特别是经过市场重新洗牌，大型集团化企业生存环境得到改善，产量和市场份额持续加大，呈现“强者恒强”的“二八定律”。

【组织机构】

贵州省饲料工作办公室设在贵州省农业委员会，与草业饲料处合署办公，正处级行政单位。编制 5 人，现有 2 人。

贵州省饲料工业协会挂靠贵州省饲料监察所，经省编委批准、省民政厅注册登记，有 3 个事业编制和 3 个社团编制。贵州省饲料行业职业技能鉴定站挂靠贵州省饲料工业协会，与协会合署办公。

【主要工作】

1. 加强饲料行政和质量安全监管 为严格执行“提高门槛、减少数量”的要求，贵州省饲料办严格按照新修订的《饲料和饲料添加剂管理条例》及各项管理规定，加强饲料行业行政管理。

（1）提高政务服务水平。新修订的《饲料和饲料添加剂管理条例》及配套法规施行后，饲料添加剂和添加剂预混合饲料生产企业的设立，于 2013 年 12 月底下放到省级核发，贵州省饲料办立即修订审批事项指南、申报材料清单、审批流程图等，优化审批程序，提高服务质量。同时，为强化时限要求，主动缩减审批时限 50%。

（2）把好企业准入关。为把住饲料生产企业准入门槛，在企业设立时，全部由省级饲料管理部门组织专家进行现场审核，保证了全省饲料生产企业准入门槛和企业管理、技术水平的一致。而饲料生产企业日常监管则主要以市、县饲料监管为主。2014 年，贵州省严格按照行政审批程序，按时完成了黔西南傲农生物科技有限公司等 45 家企业的饲料生产许可证核发；核发贵州兴牧高新技术科技有限公司等 3 家企业的饲料添加剂生产许可证；核发贵州大龙汇成新材料有限公司等 3 家企业 4 个产品批准文号；审核瓮福（集团）有限责任公司等 2 家企业增加生产线并换发生产许可证；办理清镇温氏畜牧有限公司等 4 家企业变更企业法定代表人；办理贵州贵联饲料有限公司等 5 家企业委托生产备案手续；注销晋普饲料有限责任公司等 2 家企业。

（3）把好年度备案关。2014 年年初备案中，各市（州）对每个备案企业进行现场检查，把有关换证规定宣传到每一个企业。认真调查现有获得饲料生产企业审查合格证、动物源性饲料产品生产企业安全卫生合格证企业。要求换证企业尽早筹备、按期换证；

对于期满不再从事饲料生产的企业，给予宣传、引导。7 月 1 日后所有未换证的企业顺利关停，未出现群体性事件，未造成社会不安定因素。

（4）积极开展饲料质量安全监测和“瘦肉精”专项整治。为加强监管，严厉打击在饲料生产及养殖过程中非法添加、使用违禁药品违法行为，2014 年安排 85 万元专项经费下达省级饲料质量安全监测任务 1 100 批次，安排 110 万元经费开展饲料中“瘦肉精”等违禁药品专项整治。通过专项整治，在贵州省未发现“瘦肉精”和含“瘦肉精”饲料，确保了畜产品质量安全。

（5）印制饲料法规文件汇编。为方便全省饲料行政管理机关及企业管理人员更好的学习《条例》精神，将有关饲料行政管理的法规、文件汇编成册，发给全省饲料行政管理部门和相关企业。

2. 抓好换证过渡期工作 2014 年 7 月 1 日，是新《条例》规定换证截止日，又是新标签标准施行日，为确保顺利过渡，贵州省饲料办事前充分宣传，事后加强监管。

（1）事前周密安排。2014 年 6 月 10 日，下发《关于召开全省饲料行业行政管理工作会议的通知》（黔农办发［2014］173 号），召集各市、州饲料工作办公室负责人，饲料生产企业主要负责人进行培训、宣贯，安排部署对饲料生产企业的监管工作。

（2）开展全省饲料行业检查。2014 年 7 月 9 日，下发《关于开展全省饲料、兽药行业专项检查的通知》（黔农办发［2014］210 号），清查取缔辖区内未换证企业，如正在整改准备换证的企业，在获得饲料生产许可证前不得对外生产、销售。在经营和使用环节重点检查生产日期为 7 月 1 日后的饲料产品是否由已换证企业生产。重点检查标签是否符合新标准要求。清查未按程序进行备案或不具备条件的“委托加工”行为。

（3）开展饲料和饲料添加剂生产企业监督检查。根据农业部要求，全省受检企业严格按照要求进行自查整改并做好迎检准备。聘请专家组成 3 个检查组，分赴贵阳、遵义等 5 个市州，对 31 家企业进行监督检查。争取省农委从经费、人员、车辆上给予支持，对检查工作中发现的企业培训不到位、管理制度不完善、执行不规范、现场管理混乱、生产质检记录不健全、关键人员不在岗等问题，责令企业限期整改。

3. 组织协调省饲料工业协会开展工作

（1）开展职业技能培训及鉴定。贵州省饲料工业协会 2014 年 4 月开展初级和中级“饲料检验化验员”和初级“饲料厂中央控制室操作工”“饲料调和维修工”等 3 个职业的职业技能培训及鉴定工作。严格规范鉴定程序，确保考核鉴定质量。

（2）做好饲料新法规的行业信息宣传。通过省饲料工业协会网站（贵州省饲料行业信息网）和“贵州饲料工业群”及时发布新修订的《饲料和饲料添加剂管理条例》和饲料生产企业设立条件、质量管理规范等配套法规、规定，使全省饲料生产、经营、使用者能及时了解饲料行业的最新政策。

4. 认真抓好饲料工业统计工作

为做好饲料工业生产情况统计工作，一是要求 9 个市州饲料办明确专人负责，并由贵州省饲料办进行专门培训，对在中国饲料工业统计信息系统注册的企业及时审核。二是新注册企业在获得饲料生产许可证时明确要求企业安排专人按时上报。三是贵州省饲料统计工作实行“企业—县—市—省”逐级负责制，逐级上报、逐级负责。既便于各级管理部门对企业的日常监管，又提高了管理部门的工作积极性。四是年度备案检查及日常监管检查中明确在中国饲料工业统计信息系统上报报表情况，并将其作为考核检查的重要内容之一。

（贵州省饲料工作办公室）

云南省饲料工业

【发展概况】

2014年全省饲料工业产品产量372万t，同比下降0.9%；产值达230亿元，同比增长4.4%。其中配合饲料总产量276.9万t，同比增长1.4%；浓缩饲料总产量89.7万t，同比下降7.3%；添加剂预混合饲料总产量5.1万t，同比增长2%。饲料添加剂优势产品饲料级磷酸氢钙和二氢钙的总产量达到179万t，同比增长3.1%。

【组织机构】

云南省饲料工作办公室，为云南省农业厅内设机关处室，与省农业厅畜牧局草山饲料处合署办公。主要负责全省拟订草原、草山保护建设和饲料业发展的政策、规划、计划并组织实施；饲料和草原监督管理工作；牧草种子经营和生产许可证、饲料和饲料添加剂生产许可证审核发放及草原征用或者使用的审核审批工作；饲料资源和草原资源的保护工作；草原保护建设和饲料工业的重大技术推广项目；草原病虫鼠害防治和防火工作；饲料产品质量安全监督检测和生鲜乳质量安全检测体系建设。

【主要工作】

1. 全力推进饲料工业又好又快发展 以贯彻国务院新修订的《饲料和饲料添加剂管理条例》和国务院行政审批制度改革为契机，全面提升饲料工业发展水平。一是严把行业准入关。全省统一思想、认识、标准，严格按照“提高门槛、减少数量，转变方式、增加效益，加强监管、保证安全”的总体要求，严把企业准入关。2014年共组织审查发证156家。二是严把标准标签审查关。2014年共组织审查标准250份，标签2 500个。三是严把饲料产品质量关。组织开展饲料产品质量卫生状况监测、饲料中禁用物质监测和反刍动物饲料中牛羊源性成分监测，对各类已知风险和突出问题保持持续跟踪。以全面管控风险、有效预防非法添加为重点，研究完善饲料质量安全监测工作的思路。2014年共组织抽检饲料产品800批次，产品合格率为95%。四是推进品牌饲料生产企业向园区集中。2014年，建成了宜良饲料工业园区，占地1 720亩，入驻企业24家，已建成投产13家。五是加大执法力度。全省共出动饲料执法检查15 000人（次），检查饲料生产经营企业10 500户，规模养殖场6 570个，查处违法饲料产品320t，立案调查违法企业及养殖户72个，涉案金额525万元。

2. 饲料和饲料添加剂生产经营企业监督检查工作 云南省2014年10月20日至11月20日，组织开展饲料和饲料添加剂生产经营企业督导检查。检查采取分级负责的方式进行。省农业厅负责组织对重点州（市）和重点县（市、区）的饲料和饲料添加剂生产企业进行检查；各州（市）农业（畜牧兽医）局负责组织所辖县（市、区）的检查工作；各县（市、区）负责组织所辖饲料和饲料添加剂生产企业和经营门店的检查工作。全省共抽调7个检查组前往昆明、滇中新区、曲靖、红河、大理、文山、玉溪检查指导饲料专项检查工作。全省16个地州自查后进行一次大规模摸底检查，对饲料生产企业、经营门店、养殖户等进行了一次全面的梳理，规范了饲料生产经营活动，取得了阶段性成果。一是依据《饲料和饲料添加剂管理条例》及其配套规章制度，对饲料和饲料添加剂生产企业的设备设施、人员素质、日常管理、质量控制等方面进行全面检查。二是对饲料和饲料添加剂经营门店进行全面检查。三是重点对原获得《饲料生产企业审查合格证》和《动物源性饲料安全卫生合格证》但至今尚未按照国务院新修订的《饲料和饲料添加剂管理条例》要求，获得饲料生产企业许可证仍然继续生产饲料产品的饲料生产企业或无证企业进行查处。

3. 坚持做好饲料行业职业技能培训和鉴定工作 饲料企业检化验员、中控工及设备维修工能否持证上岗的问题已涉及企业能否生存的问题，因这3个工种已列入饲料和饲料添加剂生产许可必备条例。为满足饲料和饲料添加剂生产企业对这3个工种实行持证上岗的需求。2014年，云南省饲料工业协会仍坚持把职业技能培训和鉴定作为重点，协会职业技能鉴定站在云南农业大学动科院、省动物营养与饲料重点实验室及省兽药饲料检测所的大力支持下，举办了1期饲料检验化验员职业技能培训鉴定、2期饲料厂中央控制室操作工职业技能培训鉴定、1期饲料加工设备维修工职业技能培训鉴定。在鉴定站工作人员、培训教师、考评员、督导员及参加培训和鉴定的学员的共同努力下，顺利完成了培训和技能鉴定工作任务。参加饲料检验化验员培训和鉴定人员共63人，其中申报中级14人，初级49人。经理论和实际操作考试和考核，合格总人数达到58人，合格率为92.1%。参加饲料厂中央控制室操作工培训和鉴定人员共99人，其中申报中级21人，初级78人。经理论和实际操作考试和考核，合格总人数达到75人，合格率为75.8%。参加饲料加工设备维修工培训和鉴定人员共47人，其中申报中级7人，初级40人。经理论和实际操作考试和考核，合格总人数达到40人，合格率为85.1%，取得了较好的成绩，深受企业和参训人员的好评。

4. 指导云南省饲料工业协会积极参加社会组织评估活动，做好各项准备工作，配合省民政厅顺利完成了对协会评估工作 通过以评促建，提升协会自身能力和公信力建设、加强协会规范化管理。

云南省民政厅根据民政部民发［2007］127号《关于推进民间组织评估工作的指导意见》和《云南省社会组织评估管理办法》，下发《云南省民政厅关于开展省级民办非企业单位行业协会商会评估工作的通知》（云民民［2014］94号），根据通知要求，协会积极申报，主动参加评估。此评估结果分为5个等级，由高至低依次为5A级、4A级、3A级、2A级、1A级。其中5A等级的评估结论需要报民政部备案。评估等级有效期为5年，获得3A以上评估等级的社会组织，可以按照规定申请公益性捐赠税前扣除资格，列入《云南省承接政府职能转移和购买服务社会组织目录》，同等条件下优先享受购买服务，并根据《云南省社会组织年度检查暂行办法》的规定，享受免予年检的优惠政策。利于协会今后的发展和工作的开展，为使此项工作能够顺利完成，并取得较高的等级，协会抽调3名同志参加了省民政厅组织的相关培训班，投入了大量的人力和物力，严格按照评估指标的要求准备相关资料，对照评估指标要求进行完善和整改，组织人员对协会现有档案材料进行了分类整理，对协会现有规章制度进行了修改完善，按时将评估资料上报省民政厅，并接受省民政厅组织的相关评估专家的实地评估。在协会单位会员及理事的支持和配合下，通过协会全体工作人员的共同努力，顺利完成了此项工作。目前正等待省民政厅确定评估等级和公告。通过此评估，进一步建立健全了协会的规章制度，提升了协会自身能力和公信力建设、加强了协会规范化管理。

【存在问题】

1. 部分企业对新《饲料和饲料添加剂管理条例》及其配套法规的实施，还持有观望态度，没有及时更新设备技术，甚至还未到饲料管理部门申办饲料生产许可证。另外，还有部分饲料企业存在无证生产、超范围生产等现象。

2. 饲料行业整体资金流动性差，赊欠问题严重，金额巨大，欠款时间长 由于以前饲料企业无序经营、恶意竞争，造成养殖户认为，欠款购买饲料是理所当然的事情，给饲料企业的正常运作带来一定的难度。

3. 饲料企业人员稳定性较差 饲企人员流动性高，特别是需要持证上岗的岗位，人员经常变动，给企业带来的就是重新反复培训，花费时间、精力招聘新人重新培养，周而复始地进行着人员招聘、培训、流失，为企业的正常运作带来相当大的损失。

（云南省饲料工作办公室）

陕西省饲料工业

【发展概况】

2014年陕西饲料工业总产量456.8万t，同比增长1.2%；总产值159.9亿元，同比增长1.2%。其中配合饲料产量284.2万t，同比增长5.5%；浓缩饲料产量155.4万t，同比下降5.5%；添加剂预混合饲料产量17.3万t，同比下降2.4%。主要饲料品种中，猪饲料200.8万t，同比增长1.2%；蛋禽饲料125.0万t，同比增长1.4%；肉禽饲料42.7万t，同比下降2.4%；水产饲料27.4万t，同比下降7.7%；反刍饲料53.5万t，同比增长8.6%；其他饲料7.4万t，同比增长5.9%。在饲料类别中，配合饲料、浓缩饲料、添加剂预混合饲料比重分别为62.2%、34.0%、3.8%，浓缩饲料比重持续下降。在饲料品种中，猪饲料、蛋禽饲料、肉禽饲料、水产饲料、反刍饲料、其他饲料比重分别为44.0%、27.4%、9.4%、6.0%、11.7%、1.6%。

2014年，全省积极筹措专项资金，加强产品抽检力度，不断强化监管，创新工作方式，使饲料生产企业和经营者、使用者的饲料安全意识、质量意识不断提高，有效地防止了饲料安全事故的发生，促进了饲料工业和养殖业的健康发展。全省共完成部、省级饲料样品抽检2 749批次，合格2 736批次，合格率99.53%。饲料抽检合格率连续4年保持在99%以上，饲料生产企业的原料和成品双检意识不断增强，饲料中“瘦肉精”等违禁物品连续15年未检出。

通过实施新的饲料行业行政许可制度，企业准入门槛和标准大幅提高，小型饲料企业、管理不规范、发展无后劲的饲料企业加速退出。截至2014年底，全省饲料生产企业总数由497家减少到227家，淘汰率达54.3%。其中，生产配合饲料、浓缩饲料、精料补充料的加工企业数量剧减至197家，淘汰率达56.41%。但是通过新准入条件要求的企业，生产能力增加，生产效率提高。根据全省重点企业跟踪调查统计，全省前40位的企业年产销量均突破1万t，总量达220.8万t，占全省总产量的48.3%；前15位的企业年产销量均突破4万t，总量达167.3万t，占全省总产量的36.6%。这部分生产规模大的领军企业，依托资金、技术和人才支撑，市场份额不断扩大，饲料销量不断增加，在全省饲料企业数减少的情况下，取得了饲料总产量小幅上涨的喜人成绩，为带动产业发展发挥积极作用。

【主要工作】

1. 扎实推进《饲料和饲料添加剂管理条例》实施 以贯彻实施好新的行业法规为重点，组织召开全省饲料工业工作暨法律法规宣贯会、全省上半年饲料工业生产形势分析暨行业监管工作推进会等会议和培训，强化对《条例》及配套法规组织宣传、培训、学习，细化对《饲料质量安全管理规范》《饲料标签》标准和申报生产许可证具体要求的针对性培训，全年共培训1 500余人次。省饲料办筹措资金，组织编撰印刷《饲料法规汇编》1 500本，《饲料法规知识100问》15 000本，免费发放给各级饲料管理部门和饲料生产企业。与此同时，结合日常监督检查、调研和现场审核等时机，及时对全省饲料企业开展现场宣贯，2月对汉中、渭南2市企业换证工作进行专项指导，使饲料从业人员对新的法律法规有清晰认识。

2. 扎实推进日常监管工作。始终保持高压态势，继续强化行政执法检查工作 一是创新监管方式，组织开展首次交互检查。11个市区行业监管部门主管领导、业务骨干和省饲料办部分同志为组成2个交叉检查组，分别对西安、宝鸡、咸阳、渭南和杨凌示范区5个市区的监管工作任务落实情况和30家获证饲料企业进行了检查。二是多层次开展巡查监管。先后组织各级饲料管理部门对辖区内的饲料生产经营企业进行两次拉网式巡查。认真落实农业部专项检查，组成两个工作组，对西安、渭南、咸阳、宝鸡和杨凌区的33家饲料和饲料添加剂生产企业的设施设备、人员素质、日常管理和质量控制等方面开展了全面检查。三是持续开展专项整治活动。制定了《2014年饲料质量安全专项整治行动实施方案》。继续加强对饲料原料、违禁添加品、企业检化验室、产品标签、执行标准和经营企业等六个专项整治工作。四是强化违规违法案件查处。严格依照法规，对大小企业一视同仁，严格依法进行处罚，发挥案件查处警示监督作用。五是明确监管责任。与11个市（区）行业管理部门签订《饲料质量安全监管责任书》，与157家饲料生产企业签订《饲料生产质量安全责任书》，夯实了属地管理责任和企业法人是产品质量第一责任人的责任。六是组织开展了行业诚信执行和法规宣传教育活动。向全省行业管理部门和生产经营企业印发了《致全省饲料生产经营企业的一封信》，严格要求全行业自觉提高知法、懂法、守法意识。七是组织开展了全省2013年生产企业年度备案工作，强化监管饲料企业，依法履行法定义务。八是继续组织开展诚信监督工作。组织在全省开展“诚信监督员”的推荐，聘请100名行业诚信监督员。截至2014年底，全省饲料产品质量安全监管工作共出动执法人员6 622人次，出动督查人员3 037人次，检查饲料企业1 873个次，检查经营企业3 953个次，检查养殖场（户）7 179个次，培训科学养殖和饲料科技方面人员11 000余人次，印发宣传单（图册）22万余份，查处违法产品近50t，处罚金额16万元，为不断净化饲料产品市场奠定了基础。筹集专项资金开展饲料产品抽检工作，共安排监测各类饲料1 000批次。

3. 扎实推进行业准入工作 以实施新的许可条件为契机，严把饲料生产企业准入关。一是强化生产许可审核。根据人员变动，调整陕西省饲料和饲料添加剂生产许可证专家审核委员会成员。对申报饲料生产许可证的企业，严格按照规定进行现场审核，对获证企业和因生产资质到期被注销的企业进行公告。二是强化产品批准文号和标签管理。注销21家企业的饲料添加剂和添加剂预混合饲料生产许可证和产品批准文号。对2013年核发的产品批准文号和标签认可号进行公告。三是进行监测机构资质复审，对西安饲料检测所资格进行复审工作。

4. 扎实推进行业创评工作 制定《陕西省饲料行业2014年精神文明建设工作要点》，确保行业精神文明建设工作的顺利开展。一是开展了诚信宣誓。制定关于继续开展饲料行业诚信建设年活动，发布“饲料行业诚信宣誓”誓词的通知，在全省饲料工业工作会议上，由陕西石羊集团农牧有限公司等100家企业代表全省饲料行业在国旗下向全社会进行了庄严宣誓。二是确定了创建示范企业。选择陕西正大有限公司等30家企业，作为2014年全省饲料工业行业文明示范企业。三是开展丰富文体活动，树立行业形象。10月下旬，在杨凌组织开展了陕西省饲料行业首届“石羊杯”羽毛球比赛，进一步活跃了行业业余文化生活。

5. 扎实推进《饲料质量安全管理规范》试点工作 提早动手，推进《规范》实施，结合陕西省实际情况，制定下发《关于开展〈饲料质量安全管理规范〉示范企业创建工作的通知》，明确了20家示范创建企业。下发《关于开展〈饲料质量安全管理规范〉示范企业验收工作的通知》，明确验收工作的具体要求。召开《饲料质量安全管理规范》现场观摩会，发放教学资料。参加了全国饲料质量安全管理规范培训班，为《规范》在陕西省饲料行业有效施行奠定基础。

6. 扎实推进行业宣传和信息工作 一是以《陕西饲料报》为载体，积极宣传饲料行业前沿动态，为促进饲料工业稳定健康发展创造了良好的舆论环境。二是加强饲料宣传信息平台建设，组织对56名通信员开展了业务培训，并颁发聘任证书。制定了《陕西饲料信息网管理办法》。三是开展饲料产品价格监测预警预报。组织50家饲料生产企业开展了饲料原料及饲料产品价格调查月报工作。对60家饲料企业进行跟踪信息调查，每季度均形成饲料生产情况调查报告，并对相关数据进行分析，及时掌握了行业发展动态。四是组织质量管理培训。开展饲料添加剂和添加剂预混合饲料企业质量控制专题培训。重点组织对饲料产品不合格企业进行整改培训。五是开展行业交流。组织8家企业参加了第六届西部（杨凌）农资交流会暨信息交流会等活动，向社会充分展示了陕西省饲料工业发展成就。

（陕西省饲料工业办公室）

甘肃省饲料工业

【发展概况】

1. 行业发展保持平稳 2014 年全省有饲料生产企业 72 家，其中配合饲料、浓缩饲料生产企业 40 家，饲料添加剂和添加剂预混合饲料企业 23 家，单一饲料生产企业 9 家。全省饲料总产量 105 万 t，同比减少 30 万 t。其中配合饲料 74 万 t，同比减少 11 万 t；浓缩饲料 30 万 t，同比减少 19 万 t；添加剂预混合饲料 0.6 万 t，同比减少 0.1 万 t。饲料生产能力 300 万 t/a，饲料总产值达 42.0 亿元。

2. 产品质量进一步提高 2014 年全年饲料质量安全监测合格率 94%，同比上升 0.5 个百分点；反刍动物饲料中牛羊源性成分例行监测合格率 100%；"瘦肉精""三聚氰胺"等违禁药物专项监测合格率 100%，养殖环节"瘦肉精"专项监测合格率 100%。全省饲料产品质量明显提高，未发生畜产品质量安全事故。

3. 行政许可进一步规范 新《饲料和饲料添加剂管理条例》颁布实施后，饲料生产企业准入门槛提高，部分设备简陋的企业被淘汰出局。2014 年核发生产许可证 47 家，注销全省各地饲料生产企业 160 家，取消行政许可 29 家。全省有各类饲料生产企业 75 家，同比减少 98 家，减少了 57%。饲料企业加速向大型化、集中化方向发展，产品结构逐步向名品化、系列化方向发展。

4. 企业整体素质得到提高 一是生产设备先进。获证企业全部到达新的饲料生产许可条件要求，部分企业拥有两条畜禽和反刍饲料生产线。生产设备全部为电脑控制、自动配料的成套设备，生产能力达 10t/h 以上。二是管理制度规范。企业按照《饲料质量安全管理规范》要求，制定完善的管理制度、操作规范和各生产全过程记录，并在生产过程中组织实施。三是人员法律素质提高。经过强化饲料行政执法和业务培训，把企业相关部门负责人饲料法规测试纳入企业生产许可审核的条件，饲料企业的技术、生产、质量、销售等部门负责人的饲料法规知识测试合格率达 100%。

5. 生产区域发展不平衡 全省饲料生产企业发展不均衡，有一半企业集中在河西地区。武威、金昌、张掖市拥有饲料生产企业 33 家，占全省企业的 2/3。白银 3 家、兰州 3 家、定西市 2 家，天水、庆阳、临夏每地仅 1 家，酒泉市只有一家单一饲料，陇南、甘南、嘉峪关 3 市州空白。兰州、白银、金昌、张掖、平凉 5 市的企业发展相对均衡。

【主要工作】

1. 加大饲料法规宣传，提高从业人员法律素质 一是编制印刷《饲料政策法规汇编》（2014 续编）300 册，把最新发布的饲料行业法律法规文件全部编入，为行业内人员学法、懂法、守法创造了条件。二是制定印发《甘肃省饲料和饲料添加剂生产从业人员法规考核补充试题》，把法律法规知识纳入饲料检验化验员职业技能鉴定的培训内容，把企业相关部门负责人知晓饲料法规程度纳入企业生产许可审核的条件之一。饲料企业的技术、生产、质量、销售等部门负责人的饲料法规知识测试合格率达 100%。三是开展行政执法和业务培训。举办 1 期饲料行政执法培训班，培训市（州）、县（区）饲料行政执法工作人员 80 人，全省建有饲料厂的 40 个县（区）达到 2 名以上饲料执法人员；举办了 1 期饲料检验化验员培训班，对 117 名饲料企业化验员，进行了业务知识和饲料法律法规知识测试，测试合格率为 100%。

2. 完善行政规章制度，规范行政许可行为 一是制定农业部下放的饲料添加剂、混合型饲料添加剂、添加剂预混合饲料三项行政审批的办事指南和审核流程，在网上进行公告，进一步规范饲料生产行政许可审批。二是根据《饲料和饲料添加剂管理条例》及其配套法规，按照“抬高门槛、严格准入”的要求，完成44家饲料和饲料添加剂生产企业现场审核，占申请企业总数的100%。其中核发饲料生产许可证43家，饲料添加剂生产许可证1家。三是下达饲料和饲料添加剂生产许可现场审核经费10万元，要求各地按照《饲料和饲料添加剂管理条例》及其配套法规规定，严格把关，积极开展饲料生产行政许可工作。

3. 加强饲料企业监督管理，规范企业生产行为 一是开展饲料生产企业日常监督检查。对已取得饲料生产许可证的52家企业进行摸底检查，填写《甘肃省饲料工业办公室检查饲料企业记录单》，现场指出存在的问题和隐患，要求企业限期整改；二是下发关于查处2013年全国饲料质量安全监测不合格企业的通知，对不合格饲料的10家生产经营企业依法进行查处。三是对全省154家饲料生产企业进行年度备案现场检查，对11家许可证过期和29家行政许可取消的企业进行注销，对136家《饲料生产企业审查合格证》和《动物源性饲料产品生产企业安全卫生合格证》的有效期在网上进行公告，对逾期未获得饲料生产许可证继续生产的，按照《饲料和饲料添加剂管理条例》相关规定处理。四是开展全省饲料质量安全专项监督检查工作。对兰州、白银、张掖、金昌、武威等5市的33家饲料生产企业进行专项检查。填写农业部《饲料和饲料添加剂生产企业现场检查表》，对发现的不合格项提出整改建议，对发现的违法问题，责成市、县饲料管理部门依法进行处罚。五是推行饲料生产企业饲料质量安全承诺制。与全省饲料生产企业签订《饲料质量安全承诺书》，与部分规模养殖场签订《饲料使用安全承诺书》。

4. 组织开展饲料监督监测，提高饲料产品质量 一是制定下发《甘肃省2014年饲料质量安全监测及监督检查实施方案》，完成农业部监测任务599批次，其中饲料质量安全样品154批次，合格率为94%，提升0.5个百分点；牛羊源性成分例行监测151批次，合格率100%；违禁药物监测任务303批次，合格率100%。二是制定下发《2014年养殖环节“瘦肉精”专项监测计划》，完成农业部抽检养殖场（户）“瘦肉精”专项监测任务400个，样品1 200批次，合格率100%。三是在抽样过程中紧密结合现场实际，有效开展饲料监督抽检与行政执法联动。对抽检中的不合格产品现场查封，对企业的安全隐患督促整改。全省查处饲料生产、经营企业8家，不合格饲料产品30余t。

5. 推行饲料质量安全管理规范，提升企业管理水平 一是从农业部定制《饲料质量安全管理规范》教学光碟200个，分发到各市、县饲料管理部门和饲料生产企业，并组织企业观看学习。二是在武威举办全省饲料质量安全管理规范培训班，培训市、县饲料管理部门和饲料生产企业60人，学习掌握《规范》各项要求。三是组织有关专家，按照农业部饲料质量安全管理规范示范企业现场验收表，对武威铁骑力士饲料有限公司和兰州正大有限公司饲料质量安全管理规范示范企业进行省级现场验收，企业总体评价符合《饲料质量安全管理规范》，并已报请农业部畜牧业司验收。四是组织张掖、武威、金昌、白银四市7家饲料生产企业作为省级示范企业，开展规范创建工作，为全面推行《饲料质量安全管理规范》奠定工作基础。

6. 饲料统计工作 （1）开展饲料统计。安排专人负责统计报表的汇总、审核及上报工作，并层层分解任务，把信息统计工作深入到市（州）、县两级。各市、县饲料管理部门确定信息统计员，专门负责统计工作，直接接触企业。严把各类报表质量关，确保统计数据的时效性和准确性，保质保量完成2014年饲料统计月报、季报和年报的上报工作。并结合饲料行业和养殖业形势，作出统计分析报告，形成饲料业、畜牧养殖业会商分析机制，指导饲料和养殖生产。（2）强化分析交流。召开2014年全省饲料生产形势分析会，组织各地饲料管理和生产企业统计人员参加会议，交流饲料统计和质量监管控制工作经验，分析全省饲料生产、经营情况，研究落实饲料行业新法规、新要求。（3）积极参加培训。积极参加农业部组织的饲料和饲料添加剂生产许可信息管理和查询系统培训班，提高许可信息录入效率和质量；参加农业部举办的饲料统计培训班，学习新修订的《全国饲料工业统计报表制度》和中国饲料工业统计信息系统，进一步提高统计工作质量。

【存在问题】

1. 饲料生产企业规模小，行业整体发展水平低 全省饲料生产企业普遍规模小，设备落后，从业人员观念落后、专业素质较低，产品科技含量不高，产品质量不能保证。大部分企业资金不足，无力进行现代化加工工艺和生产设备技术改造。新颁布的《条例》及其配套法规实施后，饲料生产准入条件大幅提升，按照新的饲料生产条件要求，全省70%的中小企业被迫停产。

2. 获证生产企业产量低，生产能力过剩 甘肃省地域偏远，养殖水平低，家家户户的散养模式普遍存在，猪禽养殖量相对少，加之反刍饲料需独立的生产线，致使饲料产能严重过剩。目前，全省获得配合饲料、浓缩饲料和精料补充料生产许可证企业45家，生产能力达到 300 万 t/a，而全省饲料总产量只有 105 万 t，除兰州正大公司能够满负荷生产，其余企业产能使用不足 1/3。

3. 饲料经营门店众多，监管难度很大 由于饲料经营企业不实行行政许可，经营户缺乏饲料安全知识，对不合格产品识别能力差，销售假劣饲料。部分经营户存在拆包、分装等现象，致使假劣饲料流入养殖场（户），成为食品安全隐患。现全省有饲料经营门店 3 000 余家，数量多，规模小，人员素质低，监管难度大。

4. 养殖水平较低，自配饲料存在安全隐患 甘肃省养殖水平相对落后，部分养殖户为了降低饲养成本，利用浓缩饲料和添加剂预混合饲料自行配料，饲料营养成分不足，品质低下，不但影响养殖业的整体水平，同时也存在饲料质量安全隐患。

（甘肃省饲料工业办公室）

青海省饲料工业

【发展概况】

2014年，青海省采取项目补贴和饲料企业自筹的方式，扩建或新建4家年加工能力2万t以上的饲料加工企业，随着新修订的《饲料和饲料添加剂管理条例》的颁布，饲料行业准入门槛提高，饲料行业因此正在进行着市场结构和产品结构的转型。按照《饲料和饲料添加剂生产许可管理办法》（农业部令2012年第3号）规定，全省配合饲料获证生产企业8家，年单班加工能力达到30万t。全省年实际生产各类饲料产品达到6.7万t，同比减少6.2万t，减幅48.1%。其中，配合饲料6.6万t，单一饲料（菜子饼2.2万t，肉骨粉620t），饲料添加剂0.79万t，其他0.63万t，工业产值近2.0万元。

【组织机构】

青海省饲料工作办公室隶属于青海省农牧厅，与厅草原处合署办公，草原处处长兼任饲料办主任。

【主要工作】

1. 强化饲料企业监管，建立日常巡查制度 根据全国饲料工作会议精神。2014年年初召开了全省饲料监管及饲料检测工作会议，对全省的饲料监管和监测工作进行安排布置。各级农牧（饲料）管理部门加强组织领导，建立和完善获证饲料企业日常监督检查工作机制，定期或不定期地开展巡查，重点检查饲料企业原料采购、生产过程记录、企业内部各项管理制度执行情况及产品的销售去向，对企业存在的质量安全隐患及时提出整改建议，限期整改。

2. 重视备案工作，提高饲料监管水平 在各级农牧（饲料）管理部门的配合下，完成了11家饲料生产企业年度审查备案工作，备案合格率为91.8%，通过备案工作，进一步加强饲料企业的监管力度，规范企业的生产经营行为。

3. 加大“瘦肉精”专项整治力度，确保饲料产品质量安全 按照农业部的安排布置，全省加强“瘦肉精”的整治工作，及时举办了6个州（市）17个县的“瘦肉精”专项整治及样品采集培训班，安排落实“瘦肉精”监管经费6.6万元，抽查养殖场（户）322个，尿样检测600批次。同时组织各级农牧（饲料）管理部门开展“瘦肉精”整治行动。截至2014年11月底，全省共出动“瘦肉精”专项整治执法人员1 920（人次），执法车辆130车次，检查饲料生产经营企业（户）202余家，取缔无证、执照饲料企业21（个）、养殖企业（户）322个、检查屠宰场（点）54个、收购贩运户127户，现场指导培训82场次，培训人员1.5万人次。通过开展整治工作，青海省饲料生产、经营和养殖场（户）进一步提高了遵纪守法的意识，自觉遵守饲料添加剂和饲料药物添加剂使用规范。

4. 强化饲料质量监测，保证饲料质量安全 在全面完成农业部下达抽检任务的基础上，配套下达饲料产品营养常规监测任务100批次，制定下发《关于开展2014年青海省饲料产品质量及养殖环节“瘦肉精”专项监测工作的通知》，组织有关部门对省内饲料生产、经营和养殖场（户）开展抽样检测。共完成对7个州（市）18个县、区的饲料生产企业、经营企业、饲料加工点和养殖企业（户）的配合饲料、浓缩饲料、动物源性饲料、预混合饲料、反刍动物饲料和蛋白饲料原料抽样检测任务。共监督抽检318家，454批次，饲料产品合格率97.4%，同比增长7.92%。均未检出“瘦肉精”和“三聚氰胺”等违禁添加物。完成青南牧区牲畜越冬饲料监督抽检95批次，产品合格率100%。完成饲料委托性检验153批次。

【存在问题】

1. 检测体系不完善 各市、州及县均未设立饲料质量检测机构，省、市（州）、县三级饲草料监测体系尚未建立。

2. 饲料监管经费无保障 由于各市、州及县农牧部门的饲料监管经费未能列入地方预算，工作经费缺乏。

（青海省饲料工作办公室）

宁夏回族自治区饲料工业

【发展概况】

2014年，在农牧厅党组和市、县（区）农牧部门的高度重视下，全区饲料质量安全监管工作扎实、稳步推进，市场运行秩序平稳、良好，没有发生质量安全事件和哄抬物价的情况。全年共检验监测饲料产品1 025批次，检测质量合格率100%，连续7年稳居全国前列。对835个养殖场户进行了监测，检测牛羊尿液1 880批次，未发现阳性尿液。饲料生产经受了动物疫病、市场低迷和重新办证的考验，按照农业部新的行政许可口径预计，全区各类饲料总产量132.7万t。其中，配合饲料、浓缩饲料、精料补充料53万t，添加剂37万t，添加剂预混合饲料3.0万t，单一饲料39.7万t。总产值93.45亿元。

【组织机构】

宁夏回族自治区饲料工业办公室，最早成立于1986年1月，成立之初隶属于自治区经济委员会，1996年3月划归自治区畜牧局，2000年合并到农牧厅。为正处级事业单位，经费为全额拨款，人员编制5人。2002年，依照国家公务员制度进行管理。

【主要工作】

1. 明确监管责任，强化属地监管 按照国务院新《饲料和饲料添加剂管理条例》的有关规定，继续实行饲料质量安全属地监管责任制，采取强化督导检查与目标责任制考核等措施，最大限度地调动市县参与执法监管的积极性、主动性和创造性。通过检查和调研，及时引导、总结、提升基层监管单位在日常监管的机制创新与方法创新，不断充实和完善全区饲料质量安全执法监管机制。

2. 加强制度建设，进一步规范生产许可证现场审核 按照农业部令2012年第3号的规定，各个饲料生产企业原来取得的“饲料生产审查合格证、动物源性饲料产品安全卫生合格证”，到2014年7月1日全部废止，届时全部更换为“生产许可证”。因此，从2014年起，特别是到6～8月，一大批生产企业集中进行了生产许可证的申报。为了进一步规范审核工作，确保审核质量并及时完成现场审核，我们采取了以下行之有效的措施，及时完成了生产企业的现场审核。

（1）建立审核制度。2014年初，本着既要坚持国家标准、严把生产准入关，又促进地方经济、确保养殖业平稳健康发展的原则，在2013年成立饲料生产许可证专家审核委员会的基础上，邀请审核委员会的全体专家和农牧厅法规处反复讨论，并参考兄弟省区的相关规定，制定《宁夏饲料生产许可证和产品批准文号专家审核工作方案》，并以农牧厅的文件印发全区。该方案主要是规定了审核专家委员会的职责，审核内容、方法和要求，以及审核材料的受理程序、审核时限、行政许可公示等内容，规定了工作责任追究办法，使公平、公正、公开、及时的许可原则变成了可操作的工作措施。

（2）聘请国家级审核专家进行“传、帮、带”。2014年底，农业部下放了饲料添加剂和添加剂预混合饲料的行政审批权。为了履行好新的职责，也为了培训审核专家，一方面积极组织区级审核专家全面学习、深刻领会农业部新规章的精神实质，研讨、交流现场审核中常见技术问题的处理方法。另一方面，申请农业部推荐全国著名的添加剂和添加剂预混合饲料审核专家多次来宁担任现场审核专家组长，对全区的添加剂和添加剂预混合饲料进行了现场审核，并安排国家级专家结合现场审核解读农业部的新规章、标准、要求，区级专家与国家级专家进行充分的互动与交流，在培训、交流的现场审核实践之中，既完成了企业现场审核任务，又使区级专家进一步掌握了新规章、标准、要求的内涵与现场审核的要点，以及相关技术问题的处理方法等，达到了“传、帮、带”的目的。

（3）培训企业申报人员。农业部新的规章对生产企业许可条件和申报材料提出了严格具体的要求，各生产企业一时间不能适应，申报材料问题百出。一方面企业急需拿到新的许可证安排生产与销售。另一方面，企业的申报材料不符合农业部规章要求。面对这种情况，饲料办立即举办了一期生产许可证申报材料编写培训班，安排区级审核专家详细讲解了申报材料编写的内容、格式和要求，以及一些技术术语的定义、理解等，有效地提升了企业申报材料编写的速度与质量，为加快许可证审核奠定了基础。

（4）组织专家审查企业的申报材料。考虑到申报企业数量多、申报时间相对集中的现实，动员多名审核专家参与企业申报材料的技术审查，一方面提高申报材料的审查速度。另一方面让审核专家提前熟悉申报企业的情况，进而提升现场审查质量，加快审核进度。截至 2014 年底，已接到政务大厅移送的生产企业申报材料 40 余份，全部在规定的时限内完成材料审查和现场审核，现场一次审核通过率达 70%。

（5）及时与农业部衔接审批权下放事宜，启动获证企业信息管理系统，开启饲料生产许可远程自动证打证系统。2014 年初，按照农业部的要求，及时与农业部就行政审批权下放事宜进行全面衔接，购置了专用设备，培训专职人员、聘请技术专家对安装、调试设备，适时启动了省级饲料添加剂和添加剂预混合饲料审批工作。截至 2014 年底，新获证企业的基本信息已全部上传到农业部行政许可信息管理系统之内，实现了全国各省市信息互通互联，新的生产许可证均通过该系统自动审核、远程自动打印。

3. 加大力度抓好质量安全监测工作 为了维护饲料行业和养殖业的平稳、持续、健康发展，进一步强化饲料产品质量安全监测工作。一是在厅领导和有关处室的重视下，积极争取了自治区财政的资金支持，将饲料质量安全追溯检测和养殖场户“瘦肉精”监测列入了自治区财政支农资金项目之中，与农业部的饲料产品例行监测项目与养殖场户“瘦肉精”监测项目形成了配套、互补局面，为全面开展饲料生产、流通和养殖环节的质量安全监测提供资金保障。二是认真部署饲料产品质量安全与养殖环节“瘦肉精”监测工作。2014 年初，以农牧厅的文件下达了饲料产品质量安全和养殖场户“瘦肉精”监测计划。截至 10 月 30 日，共检验监测饲料产品 1 025 批次，检测质量合格率 100%（其中，国家饲料统检 598 批次，完成年度计划任务的 106.8%；区本级饲料产品质量安全追溯检测 311 批次，完成年度计划任务的 103.7%）；监测养殖场户 835 个，检测牛、羊、猪尿液 1 880 份，监测数量分别比 2013 年增长了 13%、100%和 100%。

4. 狠抓规范化管理示范企业的创建工作 全面推行饲料生产企业规范化管理，是 2014 年农业部第一号令的核心内容，提前做好适应性准备工作非常必要。在 2013 年规范化管理示范创建试点的基础上，为进一步推动试点企业深化示范创建工作，组织各市县监管人员观摩检查了示范创建企业，组织专家对示范创建企业进行了专项检查，进行省级验收，为农业部验收、挂牌提前做好准备。

5. 健全生产统计体系，创建生产形势分析机制 按照农业部《饲料生产统计办法》，及时完成月度、季度、年度生产信息的报送工作。并在此基础上，通过定期公布饲料生产统计数据，组织专家撰写生产形势分析文章，召开生产形势分析会议，邀请全国著名专家分析饲料生产数据、解读行业发展信息，在宁夏农业信息网饲料子网页和《宁夏饲料通讯》上以灵活多样、简单易行、成效显著的形式发布文章等，引导企业及早安排生产计划、提前做好原料储备工作，避免出现因原料涨价或断档而导致的哄抬物价，以次充好，甚至出现违法添加等扰乱市场的行为。

6. 开展人员培训，加强能力建设 一是选送人员参加全国业务培训。先后派出 6 人参加农业部的各类培训。二是组织基层执法监管人员培训。先后组织了养殖环节“瘦肉精”检测取样技术、基层执法监管方法、统计办法等培训班，参加人员达 150 人次。培训内容包括职业道德、饲料法律法规、执法监管技能，以及饲料基础知识与日常监管方法等，培训方法采取集中授课、参与企业审核与年度检查、参加示范创建企业观摩检查、行政处罚案例分析等多种多样的培训方式。授课教师有基层和区市执法监管人员、区内著名专家、国内知名专家，全面提升了执法监管人员的综合素质。三是培训企业管理人员，举办了 3 期饲料生产企业管理人员培训班，参加人员达 120 人次。四是开展饲料行业特有工种职业技能培训，有 40 余人参加了 3 个岗位、3 个层次的培训。五是开展饲料经营和养殖场户的法规培训，据不完全统计，全区共举办培训班 40 场次，参加人员约 1 200 人次。六是养殖技术培训，主要是各大型生产企业举办的技术讲座、现场观摩，培训养殖场户与经销人员近 10 000人次。

7. 大力宣传新《条例》新规章，营造良好的学习、舆论环境 为使国务院新修订的《条例》和农业部的新规章深入人心，形成良好的执法环境，一是通过饲料办自主办理的《宁夏饲料通讯》和饲料网页两个信息宣传平台开展广泛宣传，将饲料法律法规全部上网、刊印；二是组织全区各饲料生产企业、科研院所和各市县饲料监管部门人员认真学习新《条例》新规章，将学习成效列入年度考核内容；三是结合生产许可证审核，现场讲解饲料法律法规，并对企业管理、技术人员进行现场考试，将考试结果纳入企业审核之中，考试不及格的不予通过企业审核，以此强力推动饲料法律法规的宣传、学习。初步统计，2014年上网信息50余条，网络报送工作信息28条，刊发饲料宣传文章25篇，其中自主知识产权的文章19篇。

8. 加大市场监管，推行质量安全监测与行政处罚联动机制，始终保持严打高压态势 初步统计，各市县在元旦、春节、五一等重大节假日之前，普遍组织了市场专项检查，及时查扣了“三无”产品，消除安全隐患，维护社会安定。组织有关市县就2个不合格产品、5起群众投诉举报案件进行了调查处理，及时将查处情况上报农业部、答复投诉举报人。

9. 积极参与“下基层”“三农大讲堂”等活动 根据农牧厅“下基层”活动的安排，赴同心县菊花台村等联系点，开展宣传党的惠民政策，了解乡情民意，慰问老党员，与村支部开展党支部共建，与村民开展体育联谊，向村民赠送体育器材活动等。

【存在问题】

1. 基层饲料监管人员严重不足、监管队伍不稳定，各市县区行政执法监管工作发展不平衡；

2. 市县监管部门缺少必需的执法监管装备和经费，执法监管能力难以提升，执法监管工作难以进一步深入开展；

3. 生产许可证现场审核企业数量多、申报时间集中、办理时限短，交通工具常常成为专家赴现场审核的最大障碍，难以在规定的时限内完成现场审核。

（宁夏回族自治区饲料工业办公室）

新疆维吾尔自治区饲料工业

【发展概况】

2014年，新疆有各类饲料生产企业193家。其中，饲料添加剂和添加剂预混合饲料生产企业33家（12家企业有重复取证）；配合饲料、浓缩饲料、精料补充料企业53家；单一饲料生产企业119家。2014年对154家饲料生产企业核发了饲料生产许可证，对4家添加剂生产企业核发了饲料添加剂生产许可证，对12家饲料和饲料添加剂生产企业变更了企业名称、法人代表等信息。

2014年全区饲料总产量176.3万t，同比增长13.2%。其中，配合饲料154.9万t，同比增长14.0%；浓缩饲料17.2万t，同比增长6.3%；添加剂预混合饲料4.2万t，同比增长13.9%。各类饲料中配合饲料、浓缩饲料、添加剂预混合饲料占饲料总量的87.9%、9.8%、2.4%，饲料工业总产值57.7亿元。

1. 从产品结构看

（1）配合饲料：猪饲料占14.0%，蛋禽饲料占28.6%，肉禽饲料占24.2%，水产饲料占9.4%，反刍饲料占22.8%，其他饲料占1.0%。

（2）浓缩饲料：猪饲料占48.4%，蛋禽饲料占31.2%，肉禽饲料占7.0%，水产饲料占比例0.04%，反刍饲料占13.3%，其他饲料占0.01%。

（3）添加剂预混合饲料：猪饲料占32.9%，蛋禽饲料占15.9%，肉禽饲料占5.9%，水产饲料占4.0%，反刍饲料占37.4%，其他饲料占3.8%。

2. 从畜禽品种看

（1）猪饲料：猪饲料产量31.4万t，同比增长6.8%。其中，配合饲料21.7万t、浓缩饲料8.3万t、添加剂预混合饲料1.4万t，同比分别增长8.0%、2.8%和12.2%。

（2）蛋禽饲料：蛋禽饲料产量50.3万t，同比增长26.6%。其中，配合饲料44.3万t，浓缩饲料5.4万t，添加剂预混合饲料0.7万t，同比分别增长31.1%、0.1%和10.4%。

（3）肉禽饲料：肉禽饲料产量38.9万t，同比下降1.9%。其中，配合饲料37.4万t，同比下降1.4%；浓缩饲料1.2万t，同比下降18.3%；添加剂预混合饲料0.3万t，同比增长20.5%。

（4）水产饲料：水产饲料产量14.7万t，同比增长14.5%。其中，配合饲料14.5t，同比增长14.6%；浓缩饲料产量71.3t，同比下降32.4%；添加剂预混合饲料0.2万t，同比增长10.7%。因水产饲料基数较小，产量稍有变化增减幅度明显。

（5）反刍饲料：受自治区产业政策影响，反刍饲料增长幅度比较明显，总产量39.3万t，同比增长20.1%。其中，配合饲料35.4万t、浓缩饲料2.3万t、添加剂预混合饲料1.6万t，同比分别增长17.6%、87.9%和16.2%。

【组织机构】

2014年3月，根据新疆维吾尔自治区分类推进事业单位改革工作领导小组办公室《关于印发〈新疆维吾尔自治区畜牧厅所属事业单位分类改革方案〉的通知》（新事改办［2014］19号）精神，撤销自治区饲料工业领导小组办公室（自治区饲料行业管理办公室），职能归畜牧厅。

目前，全区15个地州（市）均设有饲料管理机构，并能开展正常工作。自治区兽药饲料监察所（加挂新疆饲料质量监督监测站）为国家级监测机构，负责全区饲料质量的监督监测工作。石河子市、阿克苏地区、喀什地区3个地州设有自治区级饲料监（检）测站（所）。全区3所农业院校（新疆农业大学、石河子大学、塔里木大学）均设有动物营养及饲料专业。新疆畜牧科学院设有饲料研究所。

【主要工作】

1. 深入开展饲料行业法律法规宣贯工作 2014年按照农业部和畜牧厅的总体部署，结合实际，积极采取参加上级培训和各地州自行培训的方法，先后组织饲料管理部门、企业等30多人次参加了法规培训。各地州饲料管理部门结合自身实际，分别采取集中培训、网上解答、现场指导、以会代训等形式开展行业饲料法规培训，全年共培训2 000余人次。

2. 积极开展饲料质量安全监测和专项监测工作 2014年完成饲料监测任务5 840批次。一是饲料产品质量安全监测工作。对饲料生产、经营企业饲料产品安全监测，抽取检测样品384批次（农业部250批次），合格率为100%。二是饲料安全专项监测工作。对养殖场（户）进行违禁药物的专项监督抽查，抽取饲料专项监测样品1 023批次。其中饲料中违禁添加物监测752批次，蛋白饲料中三聚氰胺监测191批次，奶牛养殖场户饲料中三聚氰胺异地监测80批次（农业部250批次，蛋白饲料中三聚氰胺监测任务50批次），合格率为100%。三是反刍动物饲料中牛羊源性成分例行监测工作。抽取反刍动物饲料监测样品655批次（农业部220批次）。监测样品包括反刍动物精料补充料、复合预混合饲料、养殖户自配饲料等，合格率100%。四是完成报批复核检验样品44批次，免税检验44批次，其他委托检验587批次。五是对全疆饲料生产、经营、养殖等环节抽取三聚氰胺专项监测样品690批次，盐酸克伦特罗专项监测样品690批次，莱克多巴胺专项监测样品690批次，合格率100%。六是养殖场（户）动物尿液中“瘦肉精”专项监测工作。完成生猪、肉牛（羊）尿液733头，涉及养殖场（户）558家，监测结果全部合格。七是完成饲料中霉菌毒素摸底调查工作。在新疆、宁夏、甘肃等地抽取样品300批次，进行了黄曲霉毒素B1、玉米赤霉烯酮和呕吐毒素的检测，从每类产品中取20批次样品检测伏马毒素，结果全部为未检出。

3. 严格程序，严格标准，努力提高行政水平 依据国务院《饲料和饲料添加剂管理条例》及相关规定，按照“提高门槛、减少数量、转变方式、增加效益、加强监管、保证安全”的总要求，严格程序和标准，有效地提高了饲料生产企业品质。2014年对154家企业审核发放了生产许可证。其中，饲料添加剂生产企业4家，添加剂预混合饲料生产企业2家，浓缩饲料、配合饲料和精料补充料生产企业48家、单一饲料生产企业100家。核发8家饲料生产企业产品批准文号112个，审查备案75家饲料生产企业标准141个，对12家已获证饲料生产企业的名称、法人代表等信息进行了变更，注销2家饲料生产企业的饲料生产许可证。

4. 依法行政，强化监督检查，规范饲料生产企业管理 根据《农业部办公厅关于开展饲料和饲料添加剂生产企业监督检查的通知》（农办牧［2014］30号），11月5日～12月25日，自治区畜牧厅组成2个督导检查组对南北疆40家已获证饲料生产企业进行了督导检查。2014年共检查饲料生产企业300余家，检查饲料经营门店600余家。

5. 加强秸秆养畜项目管理 一是完成2014年度秸秆养畜示范项目统计报表上报工作；二是会同自治区农业综合开发办公室、厅计财处、纪检监察对2个承担秸秆养畜示范项目的示范县（呼图壁县、阿克苏市）进行了省级竣工检查验收；三是组织编制并上报了2014年度自治区8个秸秆养畜示范县项目的实施计划及编制说明书；四是根据《农业部国家农业综合开发办公室关于编报2015年度农业综合开发农业部项目滚动计划的通知》（农办计［2014］17号）要求，组织有关专家对申报的项目进行评审并最终确定上报了10个项目县的可行性研究报告；五是2014年对秸秆养畜示范项目进行了两次大检查。首先，根据《农业部关于开展2014年农业建设项目专项检查工作的通知》（农计发［2014］73号）文件要求，新疆维吾尔自治区畜牧厅（计财处、纪检监察室）联合自治区农发办对承担2013年项目的5个项目县从项目管理、资金落实及项目功能发挥情况等方面进行了专项检查。其次，根据畜牧厅《关于开展畜牧业建设项目监督检查工作的通知》（牧计字［2014］81号）和《关于开展畜牧业建设项目重点抽查工作的通知》（牧计字［2014］104号），畜牧厅组成3个项目检查组，抽取了4个项目县进行抽查检查，检查情况良好。

6. 做好饲料行业职业技能鉴定，提升饲料行业特有工种人员业务素质 2014年3月11～22日在乌鲁木齐市对饲料检验化验员（初、中级）、饲料厂中央控制室操作工（初、中级）、饲料加工设备维修工（初、中级）等3个工种两个等级的技能培训考核与鉴定，参加考核鉴定221人，其中184人通过考核鉴定取得了职业资格证书，合格率达83.03%。

7. 加大研发，积极推进非常规饲料研发利用 2014年1月、6月、11月先后3次组织人员赴南北疆进行秸秆养畜示范项目、秸秆颗粒配合饲料生产利用、畜牧业机械补贴、南疆非常规饲料研发等工作进行调研；8月协调畜牧科学院饲料研究所在阿克苏地区举办南疆五地州非常规饲料利用培训班，为自治区开发新饲料，提升农作物秸秆利用率，落实自治区秸秆配合饲料补贴、畜牧业机械再补贴等奠定了基础。

8. 完成了2014年度饲料统计报表季报、年报的统计上报和2014年度财务决算。

【存在问题】

1. 饲料管理机构不够健全，缺乏专业的执法队伍。

2. 饲料质量安全监测体系建设不够完善，饲料产品质量安全监测机构还不能完全满足饲料行业新形势下发展的需求。

3. 饲料生产企业、经营者、养殖（场）户等相关人员饲料法规意识有待于加强。

4. 饲料科技创新少，新饲料研发少，农作物副产品加工利用率还比较低。

（新疆维吾尔自治区饲料行业管理办公室）

大连市饲料工业

2014年，大连市继续深入贯彻实施《饲料和饲料添加剂管理条例》，依据《饲料和饲料添加剂管理条例》、《饲料和饲料添加剂生产许可管理办法》，按照“提高门槛、减少数量，转变方式、增加效益，加强监管、保证安全”的要求，推进饲料行业行政许可和行业监督管理工作。在全行业人员的共同努力下，全市饲料工业进一步发展，行业秩序更加规范，产品质量进一步提高。

【发展概况】

以新修订的《饲料和饲料添加剂管理条例》贯彻实施为契机，大连市饲料工业继续不断深化企业改革，推进技术进步，调整产业和产品结构，构建了公平有序的市场环境，促进了饲料行业向规模化、标准化、集约化方向发展，全面推进了大连市饲料工业产业升级。初步形成了以饲料加工业为主体，饲料原料工业、添加剂预混合饲料工业、饲料质量监督检测协调发展的饲料工业体系，饲料工业整体素质全面提高，总体势力显著增强，在国民经济发展中，特别是在促进畜牧业发展、增加农民收入等方面的作用日益突出。2014年，通过清理整顿和升级改造，企业数量为104家，其中饲料添加剂生产企业7家，添加剂预混合饲料生产企业14家，单一饲料生产企业34家，浓缩饲料、配合饲料和精料补充料生产企业49家，2014年饲料产量172.1万t，产值53.1亿元。

【组织机构】

大连市政府对饲料工业发展十分重视，设立了大连市饲料工作办公室，主管全市的饲料工业工作，7个涉农区市县也设立了相应的饲料工作办公室。大连市兽药饲料监察所，编制35人。其中，中、高级以上专业技术人员26人，配有大型检测仪器设备130多台套，其检测资质通过省级认定，承担着全市饲料生产、流通、使用环节的监督检测工作。大连市饲料工业协会为独立的法人社团组织，是联系政府与企业的桥梁与纽带。企业职工总数1 546人，其中博士13人、硕士31人、大学学历253人、大专学历310人，分别从事着企业管理、产品开发、产品生产、产品检验、产品销售及售后技术指导等工作，在饲料行业发展、产品质量提高等方面发挥了重要作用。

【主要工作】

1. 加快推进饲料企业升级改造 为确保饲料企业在2014年6月底前按规定完成换证工作，按照《饲料和饲料添加剂生产许可管理办法》指导饲料生产企业加快进行升级改造，完善加工设备和设施，配齐专业人员。为解决企业改造资金不足，组织饲料企业与银行进行对接，共有32家企业得到银行贷款，解决企业改造不足问题。截至6月末，又有64家饲料企业取得了饲料生产许可证，饲料企业换证工作圆满结束，全市共有83家企业通过了换证。

2. 积极发挥行业协会作用 结合饲料质量安全规范年活动，高度重视饲料质量安全监管工作，提高饲料产品质量安全意识，全面履行行业协会服务职能。市饲料工业协会组织饲料生产企业认真学习《饲料和饲料添加剂管理条例》等法规规章，加强政策宣传；举办饲料生产企业法人和技术质量负责人培训班，全面贯彻《饲料和饲料添加剂安全使用规范》；积极开展《饲料标签》宣贯工作，对全市获证饲料企业人员进行新的国家饲料标签标准培训；动态掌握会员单位产品质量安全情况，完善饲料生产企业管理制度和表单记录；积极组织企业参加职业技能培训，2014年共有23人取得化验员、中控工、维修工等特有工种资格证书，企业普遍达到了特有工种持证上岗的要求。通过服务、引导、行业自律，提高企业依法生产经营意识，规范了生产经营行为，杜绝生产企业在饲料中非法添加违禁物质。

3. 加强监督管理 2014年初制定了《2014年大连市饲料专项整治方案》，下发了《2014年大连市饲料产品质量安全监测方案》，在全市范围内组织开展了《饲料质量安全监督执法规范年》活动。一是按照省畜牧局的统一部署，完成饲料生产企业年度登记备案工作，对21家未达标企业限期整改，不予备案，全市共有104家企业通过年度备案。二是加大对饲料生产企业产品质量控制监管，要求所有企业按《条例》要求，设立质量控制部门，建立和完善化验室。全市所有饲料生产企业均建立了化验室，分设有操作室、天平室、精密仪器室和产品留样室及必要的微生物检测室并配齐应有的化验仪器设备，能够满足企业自检的需要。要求企业对所购进的原料和成品进行批批检测，绝大多数企业能够按要求对原料和成品的营养等八大常规指标进行批批检测。三是为进一步规范饲料企业生产行为，积极开展《饲料质量安全管理规范》的宣传和示范创建工作，在4家饲料生产企业进行试点，强化饲料企业负责人的规范化管理意识，促进了饲料产品质量安全。四是结合饲料质量安全专项整治暨执法年活动，采取专项整治与日常监管相结合，组织各区市县饲料办按照属地化管理原则，对饲料生产、经营企业进行了全面检查，重点加大对“三聚氰胺”、“瘦肉精”等违禁物质及饲料原料的清理检查力度，坚决取缔无生产许可证、无产品批准文号、无产品标签的“三无”饲料生产企业。2014年共派出执法人员854人次，检查饲料生产企业324个次、饲料经营企业448个次、畜禽养殖场385个次。结合《2014年大连市饲料产品质量安全监测方案》，组织开展了饲料产品质量安全监测，全年共检测饲料产品512批次，合格率比2013年提高了0.7%。五是加强饲料生产企业粉尘隐患排查治理工作。印发《大连市粉尘作业企业隐患排查治理工作整治方案》，举办并召开饲料生产企业粉尘防爆及安全生产知识培训和再动员会议，进一步明确和强化了区市县属地监管、企业监管和行业监管责任。组成检查组对饲料企业粉尘作业隐患进行了排查和专项整治，指导企业及时整改存在的问题，全年未发生饲料企业生产安全事故。

【存在问题】

1. 投入不足、技术落后。部分饲料生产企业因资金不足，设备、工艺、配方一成不变，没有自己品牌，产品市场占有率低，人才流失，经济效益低下，甚至亏损。

2. 职工素质不高、管理不到位。饲料企业职工尤其是生产工人文化及技术水平低，整体素质差，人员不足，管理机构不健全，至使企业管理出现漏洞，产品质量难以保证。

（大连市饲料工作办公室）

青岛市饲料工业

【发展概况】

2014年，青岛市饲料行业保持稳定发展势头，规模化企业逐渐上马，小部分竞争力弱势企业主动退出市场，全年新建饲料生产企业12家，注销生产资质21家。截至12月31日，全市共有饲料生产企业121家，同比减少9家。2014年饲料总产量突破200万t，同比增长35.3%；总产值达97.4亿元，同比增加49%。

【发展特点】

1. 饲料产量创新高 2014年，全市饲料工业发展势头良好，饲料总产量再创历史新高，在养殖业不景气、饲料需求量减少的情况下依然保持了较高的产能，总产量达到260余万t，同比增长35.3%。

2. 产业规模化程度不断提高 2014年，受市场规律的调节，一批小型企业自动退出市场，较大规模企业陆续在青岛市设立。先后有青岛玖瑞海明汇饲料有限公司等12家投资规模大、研发能力强、设计产能高的饲料生产企业相继设立，表现出了规模大、起点高的新特点；有青岛海基饲料有限公司等21家规模小、抗市场风险能力弱的生产企业主动申请注销生产资质，退出市场。

3. 产品质量稳步提高 通过持续深入开展饲料专项整治，强化日常监管和监督检测，全市饲料产品质量稳步提高。全年监督检测饲料产品365批次，合格率为98.9%，飞行抽检150批次，合格率100%；抽检合格率较往年均有所提高。

4. 企业发展参差不齐 全市大型饲料企业较少，小型企业仍然偏多，产业发展不平衡。低水平经营、低产品质量、低层次竞争等问题仍然突出。年产量超过1万t的企业由2013年的33家增加至38家，超过10万t的企业由2013年的7家增加至8家，但年产量不足1 000t的企业达到了21家。

5. 饲料产品结构的变化 一是产品结构变化明显，在配合饲料保持稳定、浓缩饲料急剧萎缩的同时，添加剂预混合饲料和混合型添加剂企业相对增长较快；二是不同规模或综合经营的添加剂预混合饲料企业产量呈现上升趋势。

6. 安全生产意识空前加强 2014年，根据“管行业要安全，管业务要管安全，管生产经营要管安全”的总要求，各级管理部门强化了安全生产意识，要求所有新设立的饲料生产企业安全生产资质（消防和压力容器等）必须符合要求。

【主要工作】

2014年以来，全市饲料行业管理工作按照“抓规范、保安全、上水平”的工作思路，狠抓“三项”制度的落实；按照“管行业要安全，管业务要管安全，管生产经营要管安全”的总要求，严格安全生产资质审查；以行政许可、专项整治和案件查处等为抓手，强化属地化监管责任，加强源头治理和市场秩序整治，监管工作扎实有效，饲料产品质量稳步提升，市场秩序得到规范和净化。

1. 建立健全饲料监管长效机制 建立实施饲料行业管理“三项”制度，即检打联动制度、“黑名单”制度和有奖举报制度，为行业监管提供了有力保障。

2. 加强饲料生产企业资质清查清理 以企业备案和生产许可审查为契机，对全市所有饲料生产企业生产资质进行了清查，关停了有效期届满未延续或未通过省畜牧局审核验收的生产企业21家，注销不符合生产条件的生产许可证、审查合格证、动物卫生合格证41个，有效规范了行业秩序。

3. 监督执法和案件查办能力不断加强 按照“全过程、全环节、全覆盖”的要求，扎实开展饲料打假、饲料用动物油脂等专项整治活动，对饲料生产、经营及使用环节进行拉网式检查。整治活动期间，建议注销饲料生产许可证10个；通过案件举报、督办等形式，严厉查处饲料违法行为。

4. 集中销毁假劣饲料产品 2014年6月26日，对2013年以来清缴的6.6t部分不合格饲料产品及假劣兽用生物制品、化药制剂、原料药等进行了集中销毁，有力打击了制售假劣饲料产品违法违规行为，规范了全市饲料市场秩序。

5. 教育宣传到位，饲料行业遵纪守法意识得到加强 全市各级畜牧兽医局主管部门通过举办培训班、张贴公告、发放明白纸等媒介宣传、咨询活动，强化对饲料生产、经营和养殖环节的指导，使生产企业、经销商、养殖户都能了解、熟悉、掌握饲料行业有关政策、法律法规。监管部门与生产、经营企业、养殖场（户）逐个签订责任书、承诺书，签订率达到100%。企业自律意识不断提高，饲料生产、经营和养殖环节能够合法生产、守法经营、规范使用。

6. 依法做好饲料生产行政许可工作 全市紧紧围绕“四个一批”（关闭一批、提升一批、整合一批、新建一批）的指导思想，严把行业准入门槛，加大对新建企业和续展企业的初审力度，完成12家新建饲料生产企业的审查和协助验收，验收通过率达100%。

7. 严格年度备案 备案工作中，结合实际，统筹安排，采取备案工作与换证工作、与日常监管检查、与饲料工业信息统计工作相结合，及时清理了以往备案不通过、因换证不及时被农业部、省畜牧局注销的企业以及被列入诚信监管“黑名单”的企业，坚决淘汰生产、检验达不到条件的企业。

8. 严格安全生产资质审查 为从源头上把好安全生产关，减少和杜绝饲料生产企业安全生产责任事故的发生，2014年11月27日下发《关于进一步加强畜牧业安全生产工作的通知》，严格安全生产资质审核管理。要求在受理饲料企业申请设立或其他许可事项时，应严格企业安全生产资质审核，对未通过消防验收、备案抽查和压力容器无《特种设备使用登记证》的，则视为安全生产不符合要求，在受理其行政许可申请事项初审时不予通过。同时，对未通过消防验收、备案抽查的80家生产企业和压力容器不符合安全生产要求的12家企业分别通报青岛市消防局和质监局，形成部门间合力，共同杜绝安全生产责任事故的发生。

【存在问题】

1. 企业规模化程度仍然较低。规模化企业偏少，部分企业素质偏低，“大而强、小而精”的企业较少，无序竞争的现象仍然存在。

2. 质量安全形势更加复杂。个别饲料生产企业非法使用“三个《目录》”外物质、超范围生产行为仍然存在；制假售假和无证生产等违法行为没有完全遏止。

3. 执法监督体系不够健全。执法人员数量少、装备落后限制了检测能力的提高和检测范围的全覆盖。

4. 安全生产资质不符合要求。部分企业建厂时间久，厂房简陋、设施简单，线路老化、消防设施、压力容器不符合要求的现象不同程度存在，大部分企业厂房等设施没有通过公安消防机关消防验收或备案抽查。

（青岛市饲料工作办公室）

宁波市饲料工业

【发展概况】

2014年全市各类饲料加工产品产量82.2万t，累计工业产值32.6亿元。其中，配合饲料产量20.8万t，同比下降13.5%；浓缩饲料产量4 693t，同比增长85.6%；添加剂预混合饲料产量2 070t，同比下降6.9%；鱼粉产量7.1万t，豆粕产量53.6万t。全市共有饲料和饲料添加剂持证生产企业26家。其中，配合饲料生产加工企业11家，鱼粉等单一饲料生产企业6家，添加剂和添加剂预混合饲料生产企业9家，产品遍及畜禽、水产系列，饲料种类较为齐全。

【组织机构】

2006年年初，在宁波市畜牧兽医总站的基础上，组建宁波市畜牧兽医局，挂宁波市饲料工作办公室牌子，具体负责全市的饲料和饲料添加剂管理工作。

【发展特点】

1. 猪饲料产量大幅回落 2014年全市猪饲料生产下滑明显，产量8万t，同比下降23.1%。其中，配合饲料7.4万t，同比下降26.2%；浓缩饲料4 693 t，同比增长85.6%；添加剂预混合饲料1 840t，同比下6.1%。主要原因，一是生猪饲养量明显下降。2014年全市生猪饲养总量为241.1万头，同比减少20多万头。其中生猪存栏100.2万头，同比减少8万多头，下降7.7%；能繁母猪存栏9.6万头，同比下降了10.4%。生猪出栏140.9万头，同比减少12万头，下降7.9%。二是生猪价格可谓“一波三折”。2014年生猪价格涨跌跳跃频繁，先后经历了“触底—反弹—稳定—再下滑—再稳定”的跳跃式波动，猪价可谓是“一波三折”。第一季度猪肉平均价格21.3元/kg，同比下降10.1%。4月毛猪价格持续下跌，一度跌至近年来的最低点11元/kg，猪粮比仅为4.3∶1，跌破盈亏平衡点，处于红色预警区域。5月以来，随着国家启动冻猪肉收储政策，生猪价格短暂快速反弹，6月全市生猪价格维持在14.0元/kg左右。7月初生猪价格开始上涨，在14.6元/kg左右，此后持续上涨至15.6元/kg左右。8～9月保持稳定在16.0元/kg左右。10月生猪价格又开始下滑，回落至14.0～15.0元/kg，11～12月稳定在14.7元/kg左右。

2. 禽饲料产量小幅下降 2014年，全市禽饲料总产量5.6万t，同比下降9.6%。其中，蛋禽饲料1.4万t，同比增长18.3%；肉禽饲料4.2万t，同比下降16.0%。主要原因分析，一是家禽饲养量明显下降。受H7N9流感疫情和“五水共治”禁限养区内畜禽养殖关闭搬迁等诸多因素的影响，全市家禽业生产水平明显下降。据统计，2014年全市家禽饲养总量为2 548.9万只，同比下降17.8%。其中，家禽存栏953.7万只，同比下降16.1%；家禽出栏1 595.2万只，同比下降18.9%。其中，鸡存栏408.4万只，鸭存栏451.3万只，鹅存栏94.5万只，同比分别下降22.6%、11.5%、4.1%。鸡出栏707.9万只，鸭出栏614.4万只，鹅出栏267.8万只，同比分别下降22.8%、15.0%、17.8%。二是肉禽、禽蛋价格波动较大。2014年全市禽业生产历经了“低迷—复苏—上升—回落”四个阶段，因此肉禽、禽蛋价格也起伏不定。第一季度，快长型肉鸡平均销售价格在9.0元/kg左右，优质三黄鸡价格11.0元/kg左右。鸡蛋平均价格在7.6元/kg左右，鸭蛋平均价格在10.4元/kg左右，养殖效益严重下滑。第二季度，随着扶持政策出台，实施保护价收购后，肉禽、禽蛋行情开始复苏，禽蛋产品开始走俏，鸭蛋平均销售价格达到11.4元/kg，鸡蛋平均销售价格为11元/kg，快长型肉鸡平均销售价格上涨为15.6元/kg，优质三黄鸡销售价格也回升至22元/kg。第三季度，快长型肉鸡销售价格又回落至 12 元/kg 左右，优质三黄鸡价格仍稳定在 22 元/kg 左右。鸡蛋平均销售价格在 12.4 元/kg 左右，鸭蛋价格在 12.2 元/kg 左右。第四季度，再次受到江苏人感染 H7N9 流感疫情影响，快大型肉鸡和优质三黄鸡价格都有所下降，平均销售价格在 10 元/kg 和 25 元/kg 左右；浙东白鹅 20 元/kg，番鸭 23 元/kg。鸡蛋平均销售价格在 11 元/kg 左右，鸭蛋价格在 14 元/kg 左右。

【主要工作】

1. 深化畜产品质量安全长效监管机制 按照“市县联动，以县为主”的方针，对全市存栏生猪 500 头、肉牛年出栏 20 头以上养殖场，深入开展准出制度规范提升工作，进一步落实生产主体责任意识，规范准出自检操作、提升自查水平，确保上市畜产品质量安全。一是组织培训，2014 年 6 月，宁波市畜牧兽医局组织召开全市规模养殖场质检员培训班，共计 260 余名质检员参加培训。进一步提高了全市规模养殖场质检员综合素质、自查自检水平和对兽药等投入品的甄别能力。二是巡查督查，明确并督促质检员严格履行工作职责，完善各项记录，做到以规范促提升，以提升保安全。督促县、乡畜牧兽医主管部门加强对存栏生猪 500 头、肉牛年出栏 20 头以下养殖场的监管，重点强化对生产过程的监控和产品准出的把关。2014 年全市共自检“瘦肉精”约 3.6 万批次，累计约 120 万头生猪通过生产过程自查和“瘦肉精”自检合格后出栏，占全市同期生猪出栏总量的 75%以上。

2. 严把饲料生产企业审查关 市饲料办严格按照《饲料和饲料添加剂管理条例》等法律法规的有关规定，对申请饲料生产许可证的企业进行认真审查、分类指导，严格把好准入审查关。全市共有 26 家配合饲料、浓缩饲料、单一饲料生产企业，截至 2014 年底，已有 14 家企业通过审核获得了生产许可证。

3. 做好饲料和饲料添加剂生产企业年度备案工作 按照浙江省饲料办开展饲料和饲料添加剂生产企业年度备案工作的要求，市饲料办督促生产企业如实、规范填写备案表，并要求企业认真开展自查自纠，对发现的问题要及时进行整改，全市饲料生产企业备案工作有序推进。

【存在问题】

1. 监督监测体系不够完善。目前，只有宁波市本级设有饲料工作办公室，县（市）、区一级没有专门的饲料管理机构，而且管理人员大多数是兼职的，使得饲料安全监管工作处于心有余而力不足的尴尬局面。同时市、县两级畜牧兽医局（站）尚未建立起专门的饲料化验和检测实验室，严重制约了饲料和饲料添加剂监管工作的开展。

2. 饲料产品质量安全风险因素依然存在。由于部分饲料生产企业存在经济实力不足、创新能力不强、经营规模较小、技术水平相对落后、管理方式粗放等原因，使得产品质量仍然有许多不可控因素，在饲料安全上存在不少隐患。

（宁波市饲料工作办公室）

深圳市饲料工业

2014年，深圳市饲料管理工作以“打造深圳标准、铸造深圳品牌、树立深圳信誉、提升深圳质量”为指导，狠抓饲料产品质量安全，使得饲料行业健康发展。

【生产概况】

2014年，深圳市共有饲料生产企业28家，全市饲料总产量35.6万t，产值13.6亿元。年产量5万t以上或产值超过亿元的大型饲料生产企业7家，年产量1万～5万t或产值3 000万～1亿元的中型饲料生产企业有5家，年产量1万t以下或产值3 000万元以下的饲料生产企业有16家。

【发展特点】

深圳市饲料企业具有如下特点：一是名牌产品多。深圳饲料企业生产的产品在业内得到认可，产品质量具有良好口碑。比利美伟公司的PS-2-125乳猪浓缩饲料、PS-0-100B乳猪配合饲料和BS-0-100B乳猪律动源，金新农公司的4%猪用复合预混合饲料、仔猪浓缩饲料40811、代乳王310以及代乳王311，正大康地的4325怀孕猪复合预混合饲料、4326哺乳母猪复合预混合饲料、4318强化大猪复合预混合饲料及4118蛋鸡复合预混合饲料等分别获得广东省名牌产品（农业类）；二是科技含量高。全市大力推广现代农业生物产业，积极推动产业升级换代，饲料企业从配合饲料的生产逐步转向科技含量高的饲料添加剂和添加剂预混合饲料的生产。2014年，饲料添加剂产量和相关企业成立均呈增长趋势，新增5家饲料生产企业，其中4家饲料添加剂和添加剂预混合饲料生产企业。有2家企业被评为“国家级高新技术企业”。三是高学历人才聚集。据统计全市28家饲料企业共有32名博士学历人员，比2013年增加5名。

【主要工作】

做好饲料生产企业年度备案工作。印发《深圳市经贸信息委关于做好2014年饲料和饲料添加剂生产企业年度备案工作的通知》，启动2014年饲料企业年度备案工作，截至2014年年底，全市28家企业完成年度备案工作。全面完成监督抽样工作，根据省农业厅《2014年广东省饲料产品质量安全监测方案》精神，制定《2014年深圳市饲料产品质量安全监测方案》，组织开展全年饲料抽样送检工作，经检测，全市饲料质量全部合格。举办了饲料标签培训班1次，邀请省饲料办有关专家讲解饲料法规。市饲料办会同广东省农业厅组织专家对5家饲料企业设立、换证等现场审核，对一批企业申办批准文号、委托加工生产备案进行初审并呈报省农业厅审定。组织开展农资打假工作，深入饲料企业监督检查。

（深圳市饲料工作办公室）

厦门市饲料工业

【发展概况】

2014年，全市共有饲料和饲料添加剂企业56家，其中生产配合饲料、浓缩饲料、单一饲料生产企业33家，添加剂预混合饲料企业29家，饲料添加剂企业9家。全市2014年饲料和饲料添加剂年总产量达160.3万t，同比增长45.3%。其中，配合饲料62.3万t，同比下降16.0%；浓缩饲料3.93万t，同比下降36.6%；添加剂预混合饲料4.56万t，同比下降7.9%；添加剂1.31万t，同比下降54.8%；混合型饲料添加剂0.2万t，同比增长46.7；饲料添加剂Ⅱ型0.01万t，同比下降67.6%；单一饲料88.0万t，同比增长303.4%。累计营业收入63.1亿元，同比增长25.5%；工业总产值62.5亿元，同比增长24.7%。

【组织机构】

厦门市饲料行业归口厦门市农业局管理，工作职能由畜牧兽医处承担，日常监管工作由市农产品质量安全检验测试中心及各区动物卫生监督机构具体负责，行业执法工作由市、区农业行政执法部门具体负责。

【发展特点】

一是大型饲料生产企业继续保持优势，全市总产值上亿元的企业有13家，占全市饲料企业的23.2%，2014年工业总产值为54.7亿元，占全市饲料工业总产值的87.5%，说明企业正朝着规模化、集约化发展。在激烈的市场竞争中，强者愈强，企业越规范，发展势头就越猛。二是厦门市饲料行业已经进入加速整合期，大企业凭借规模和资金等优势进入正规化生产状态。与此同时，小企业工艺设备技改艰难，多数出现淘汰的局面。

【主要工作】

1. 明确工作职责，规范监管工作行为 为扎实推进饲料监督管理工作，切实保障全市饲料产品质量安全，进一步明确市、区两级相关部门的饲料监管职责，厦门市农业局制定下发了《厦门市农业局关于进一步明确饲料行业监管工作的通知》（厦农［2014］46号），对行政许可审核、日常巡查、年度备案、饲料抽检、案件查处五大工作逐一明确职责分工与工作要求，同时引进工作评价机制，对各区农业部门的饲料监管工作进行评价，统一规范各种记录、检查等表格。

2. 严把审核关，做好集中换证工作 根据《农业部办公厅关于贯彻落实饲料行业管理新规推进饲料生产许可工作的通知》（农办牧［2012］46号）要求，为有序推进全市饲料企业换证，确保符合新生产许可条件的企业于2014年6月30日前完成换证，市农业局制定了《厦门市饲料生产经营企业专项清理整顿行动实施方案》（厦农［2013］113号），对换证工作进行全部部署，分阶段实施换证工作。为严格把好换证审核条件，市农业局聘任了行业专家组成审核验收小组，现场对申报企业的生产条件和生产状况逐个进行审查，及时将符合生产条件的企业材料报送省饲料办审核，对不符合生产条件的企业下达责令限期整改通知书，督促整改，截至2014年底，共审核通过33家饲料生产企业，淘汰9家不符合新生产许可条件的饲料生产企业，淘汰率为21%。

3. 细致审核材料，做好年度备案工作 以饲料生产企业年度备案工作为契机，严格审查企业的各项条件，对企业的生产设备、检化验设备、制度执行情况、产品情况、特有工种人员等内容进行审查，对不符合备案要求的企业予以警告，要求限期整改，逾期不改的，上报省农业厅予以注销。2014年通过市级上报备案企业50家，因企业停产、迁址等原因，建议省农业厅对10家饲料生产企业不予备案。

4. 强化监测力度，严格生产监控 为加强饲料质量安全监管，提高全市动物产品质量安全水平，制定了《厦门市2014年饲料监管工作方案》（厦农［2014］29号），积极开展饲料质量安全专项整治工作，以严厉打击“瘦肉精”、三聚氰胺等违禁添加物为重点，全面强化饲料和畜产品质量安全监管。2014年累计监督检查饲料企业52家，监督抽检各类饲料样品140批次。

5. 开展示范创建，推动饲料质量安全管理规范实施 为认真贯彻实施《饲料质量安全管理规范》，规范饲料企业生产行为，市农业局制定了《厦门市饲料质量安全管理活动方案》（厦农［2014］97号），对市、区农业部门任务进行分工，对企业实施饲料质量安全管理规范限定了时间表，同时推荐了6家饲料生产企业参与省级示范企业创建活动。

6. 开展专项整治工作 一是制定《厦门市农业局关于进一步推进饲料生产许可和清理整顿非法生产经营饲料行为的通知》（厦农［2014］63号），要求各区组织相关部门全面打击查处无证饲料生产企业（含配拌料店）和养殖户使用非法饲料（含购买的自配饲料），确保《饲料和饲料添加剂管理条例》得到全面贯彻实施；二是以粉尘防爆为重点，在全市集中开展饲料和饲料添加剂生产企业安全生产专项整治工作。江苏省昆山市“8.2”特大事故后，市农业局根据省、市领导重要批示，迅速行动，制定下发了《厦门市农业局关于印发集中开展饲料和饲料添加剂企业安全生产专项整治工作方案的通知》（厦农［2014］118号），明确整治任务、整治内容、整治步骤及工作要求，并召集各区农业行政主管部门及全市饲料生产企业负责人进行安全生产大检查动员部署会议，传达各级会议精神，学习《严防企业粉尘爆炸五条规定》等安全知识。通过企业自查及市区两级农业部门的培训宣传、现场检查指导，全市虽未发现饲料生产企业存在重大安全生产隐患，但有力地提升了企业安全生产意识。

7. 强化服务意识，简化免税手续 为支持全市饲料生产企业的发展，减轻企业的负担，简化纳税人办理免税手续，经市农业局与市国家税务局共同商议后出台了《厦门市国家税务局关于简化饲料增值税免税备案管理的通知》（厦国税函［2014］211号），规定除新办饲料生产企业生产的饲料产品和旧饲料生产企业新开发的饲料产品需凭饲料产品检测合格证明办理免征增值税外，其余饲料生产企业的产品如饲料行业主管部门或相关检测机构在监测过程中未发现检测不合格即可享受免征增值税优惠政策。

8. 加强宣传培训 一是针对新饲料和饲料添加剂管理条例实施后大量企业面临换发新版许可证的情况，有针对性地举办了一期全市饲料生产企业换发新证辅导培训班，对饲料企业生产、技术、质量负责人及各区饲料监管人员进行系统培训。二是为规范饲料市场，确保饲料产品质量安全，增强饲料从业人员的法律责任与质量安全意识，从源头把好产品质量关，举办了一期全市饲料从业人员培训班，对饲料生产经营所涉相关法律法规进行解读；三是为推动新《饲料标签》标准及《饲料质量安全管理规范》的顺利实施，促进全市饲料生产企业规范生产、守法经营，举办了一期专题培训；四是配合粉尘防爆安全生产专项整治工作，举办了一期饲料生产企业粉尘防爆安全规程培训班。除集中培训外，厦门市还通过各种现场宣传咨询活动，发放各类宣传材料、播放案件警示片，多层次、多样化宣传饲料法律法规，使饲料企业依法生产经营的意识不断增强，质量控制水平不断提高。

（厦门市农产品质量安全检验测试中心）

企业篇

重点企业经验介绍

坚持创新　服务社会

——北京九州大地生物技术集团股份有限公司

北京九州大地生物技术集团股份有限公司（以下简称大地股份）成立于1995年，是以马红刚先生为首的创业者，胸怀兴农富农之志，顺应当时畜牧行业发展形势投资创建的。经过近20年的发展，已经成为一家以饲料、动保、养殖、食品等产业为主体的农业高科技上市公司。

“九州”一词，出自《尚书·禹贡》，原是古代典籍中所记载的夏、商、周时代的地域区划，后成为“中国”的代称。而大地则给予人厚重、博大、宽广之意。《道德经》中记载：“上善若水，水利万物而不争。”《易传》中记载“厚德载物”，“厚德载物”是中华民族的优良传统，广袤大地，滋润万物，九州大地的精神由此孕育而生。为了食品安全，为了人类健康，为了富国兴农，大地股份研发安全、优质、高效的产品，用全方位的服务来履行自己的使命和职责，与客户共同分享科技带来的价值与快乐！

2008年，大地股份在深圳证券交易所新三板挂牌上市，成功登陆资本市场，一举成为中国农牧业最具发展潜力的企业之一。大地股份作为国家级高新技术企业、中关村重点扶持的“核心区瞪羚企业”、北京市重点扶持的涉农上市企业、“十大最具价值新三板公司”入选企业，中国饲料行业履行社会责任先进企业等。如今，大地股份正发展成为一个运用现代生物工程技术支持，致力于绿色无抗饲料的研发与推广，同时进行产业化运作的农牧高科技企业，快速行驶在科技发展的既定航线上。

一、共享文化，铸就企业品牌

企业文化作为企业核心竞争力，对企业品牌的成长壮大起着十分重要的推动作用。大地股份亦是如此，企业独有的共享文化理念对于品牌的提升起到了不可替代的作用，让大地深深“根植”于广大农牧朋友的心中。

大地股份自成立之日起，就确定了“根植大地，共享成长，加盟大地，共享财富”的经营理念和“帮客户创造效益，让个人体现价值，使公司得到发展，为社会积累财富”的价值观，同时还制定了“备、诚、信、勤、变、情、理、法、利、技”等十字行为准则。公司通过“主动学习”为主题的企业文化，成立了大地商学院，践行“给员工最好的福利就是培训”的人才理念，搭建平台，让员工参与各类的专业技能培训，让真正能够根植大地，共享成长。

另外，公司还通过相关会议，邀请行业专家为新老用户做专题培训，同时，还创办了内部刊物《大地视界》、微信平台、网络论坛供大家交流学习。并定期组织员工进行体检、出外旅游、体育比赛、技术送温暖等活动，使之成为员工展示自我和服务客户，凝聚大地人的良好平台。

为践行公司“共享成长、共享成果、共享品牌、共享模式、共享财富、共享成功”的六个共享文化，2013年4月，大地股份倡议发起的北京同心惠农养殖专业合作社，通过一年多的运作，共有近1 000名养殖户或经销商加入了惠农合作社，一跃成为北京地区规模最大的农民专业合作社。同时，通过大地通宝，不仅完善了共同发展机制，也共享了文化引领公司发展，为社会创造了财富。大地股份在帮助客户创造效益的同时，也让员工体现了自身价值。

二、科技创新，实现企业发展

自成立以来，大地股份力求打造科技创新型企业，面向市场需求，促进成果转化，重视技术创新软硬件环境建设和新产品的研发，并将技术创新作为集团发展的第一动力。同时，集团还积极开展产学研的合作研发活动，与中国农业大学、中国农业科学院、内蒙古农业大学等知名科研院所合作，进行联合产品开发、人才培养及技术推广。2014 年大地股份承担了多项国家研究课题，并获得了多项国家发明专利，所生产的饲料等产品各项技术指标均处于国内和国际领先水平。

对于饲料行业的发展趋势，董事长马红刚有着清晰的认识，那就是绿色无抗、安全环保的新型饲料将成为行业趋势。2014 年，无论是大型饲料集团还是新生饲料企业，都面临着机遇与挑战。为适应新形势，应时代之变，乘科技之先，大地股份历经数百次试验，成功研发出适应市场、绿色环保、安全健康的功能性系列饲料，将科技成果普及到千家万户，从而成为行业无抗饲料的真正践行者。

功能性饲料是根据动物各阶段的生理特性，在充分满足动物营养需要的基础上，通过动物营养调控技术及合理利用功能性原料和添加剂，如天然植物提取物、有机微量元素、酶制剂，微生态制剂，中草药制剂等来增加特定功能的一类保健饲料。在食品安全越来越备受关注的今天，无抗饲料受到了广大饲料企业和养殖户的青睐，功能性无抗饲料一经推出，就获得了广大客户的认可，因为其切合市场需求，加上显著的饲喂效果，引领了行业发展趋势。

作为无抗饲料的践行者，大地人永远对自己的产品负责，始终把质量安全放在第一位，对动物的健康生长，对生态环境的可持续发展，对人类健康生活负起责任。为了保证产品质量，大地股份在北京、内蒙古、黑龙江、河北、河南、山东、陕西、福建等省市拥有 10 多个现代化的产业基地，拥有一流的生产设备，专业的技术人员和完善的检测手段，从原料、贮藏、加工、运输、成品质量等方面严格把关，尤其是从管理制度上，引入 ISO9001、HACCP 等质量管理体系，从各个环节保证产品的安全。同时，大地股份还成为中国饲料行业首家通过欧盟 GMP+认证的企业，被评为“中国饲料行业信得过产品”。可以说，九州大地自成立之初，就把科技创新、质量兴企落到了实处，这也为大地股份更好更快地向前发展提供了有力保障。

三、全面服务，创造更大价值

“根植大地，共享成长，加盟大地，共享财富”这句话不仅是一个口号，而是切切实实融入了大地人的血液里。除科技创新外，大地人永远把品质和服务当成实现大地梦的根本途径。顾客满意，社会满意，是所有大地人奋斗的目标。打造优良品质，真诚服务客户，创造社会价值，是大地人永远的追求。在全体员工的共同努力下，2014 年集团的竞争优势不断提升，市场竞争力和影响力也进一步增强，服务能力也得到了广大客户的认可。2014 年，在行业整体面临严峻挑战的形势下，公司的整体销量取得了较高增长，盈利能力、利润水平也得到了显著提升。同时，凭借业内良好的口碑，大地股份销售网络遍及全国大部分地区，为实现反刍饲料第一品牌迈出了坚实而关键的一步。

大地股份把服务作为企业健康发展的重中之重的工作。为了给客户提供安全、优质的产品和细致、贴心的服务，大地股份组建了一支高素质的营销队伍，这个团队不仅具有较强的服务意识和能力，还有丰富的营销和技术知识，更有“实在、实干、实效”的优良品质。用其一言一行、智慧和勤奋来实践公司的经营理念和企业价值。同时，大地股份还通过同心惠农合作社，建立起了全方位的服务网络，以互联网（网站、微信、微博）为工具，产品、内刊、文宣为载体，培训、会议、服务为手段，以客户、合作伙伴为中心，全力打造 360 度的全新知识型的服务网络，将其建成与合作伙伴共同发展的重要载体，以全新的姿态，为中国农牧业的发展，为食品的安全贡献着自己的力量。大地股份坚信，与客户互利共赢，是大地快速成长的根本保证。大地股份不仅强调外部服务，在日常经营和管理方面也践行着内部服务的理念。各子公司之间，各部门之间及公司上下级之间，均为互相服务的关系，为同一个目标一起努力。对于公司未来的发展，马红刚董事长称：企业发展要靠团队，上下同心，无坚不摧。希望每位员工要有团队精神，懂得相互协作，具有服务意识，这样公司才能稳步发展，“大地”品牌才能在中国饲料行业内立足并茁壮成长。

面对新的发展形势，大地股份将在现有的基础上，继续坚持精耕细作，决胜终端的营销战略，加大全国及重点区域市场开发力度，实现公司转板的近期目标。

开启“大地通宝”这一全新的销售模式、打造草原和牛产业化项目，开创新的产业链模式、创建天地牛业股份有限公司，全面启动奶牛、肉牛联合体项目，大地股份正是以实际行动，向创新型的全产业链企业转型，致力于打造中国反刍饲料第一品牌，实现“南猪北牛”战略大发展，并最终发展成为世界一流的中国农牧企业。

创建全球最大养猪综合服务企业

——北京大北农科技集团股份有限公司

在日新月异的中国硅谷——中关村，走出了这样一个农业高科技企业——大北农。它在瞬息万变的时代中坚守自己的信念，走出了一条坚实的“报国兴农”之路。

从“两个人、两间房、两万元”到一家已发展成为以饲料、动物保健、疫苗、生物饲料、种猪等几大产业为主体、拥有近 3 万名员工、1 200 多人的核心研发团队、100 多家生产基地和近 200 家子公司和 2 000多家养猪服务中心的农业高科技综合服务企业集团，大北农用自身的成长见证了中国现代农业的变迁。

在“报国兴农”伟大使命的指引下，大北农致力于以高科技发展中国的现代农业，努力为农民朋友提供高档、高端、高效的产品，全力推进科技成果转化速度，不断优化产业结构，为推动行业发展做出了重要贡献。

在我国农业发展的新形势下，在大北农事业转型的关键时期，大北农以强烈的使命感和责任感，勇挑行业发展重担，加快优秀科研成果的推广和转化，利用技术、资金、服务的强大优势，团结和鼓舞更多农民朋友，共同促进行业快速稳定发展。大北农凭借实力领跑中国农牧业，惠泽千万养殖户。

一、企业文化 立人之本

人类因梦想而伟大，企业因文化而繁荣。在大北农的成长历程中，企业文化起到了至关重要的作用，鼓舞了一批又一批大北农人为“报国兴农”的事业奉献自己的青春和热情。大北农是一个将企业文化渗透到每个员工骨髓里的企业，一个将大北农和中国农业崛起紧密相连并变成员工集体意识的企业。正是由于企业文化的正确指引，才换来了大北农今天的辉煌成就。

大北农创始人邵根伙博士率先垂范，成为企业文化最强力的推进者。以“报国兴农”为使命，形成了全体员工的使命共同体；以“创建世界级农业科技企业”为目标，搭建充分信任、充分授权的创业平台，形成事业共同体；以“共同发展”为道路，通过股权激励凝聚核心人才，形成利益共同体。在企业文化的感召下，大北农决策层和高管队伍稳定、领导有力，各子公司和总部各职能部门的负责人，均是大北农自己培养起来的年轻干部，大北农员工高度敬业，充满激情与朝气，形成了大北农强大的凝聚力和战斗力。

二、科技创新 立身之本

大北农自创立以来始终坚持以“科技创新”作为立身之本，通过自主研发、技术引进、科技成果转化及产学研合作等途径，形成了国内一流的企业技术创新体系与核心竞争力；通过培养研发人才、加大研发投人、装备科研设备，形成了坚实的研发实力。

大北农拥有 4 家农业产业化国家重点龙头企业，12 家国家高新技术企业，是国家认定企业技术中心、国家创新型企业、中关村“十百千”企业，也是行业内拥有专利最多的企业。2006 年 10 月设立“中关村科技园区海淀园博士后工作站分站”，2010 年获批筹建“饲用微生物工程国家重点实验室”，同年建立北京市第一家民营企业院士专家工作站，还建有“饲料安全生物调控北京市工程技术研究中心”及“饲料安全技术北京市工程研究中心”。

在全体科研人员的努力下，大北农以“贝贝乳”、“宝宝壮”等产品为代表的猪早期营养技术荣获国家科技进步大奖、以“诸欢泰”为代表的“大北农猪圆环病毒疫苗技术”再获国家科技进步一等奖。国家科技进步奖的获得进一步提升了大北农科技创新的活力。

三、推广服务 立足之本

经过多年的积累，大北农组建了一支由大学生员工、著名农业专家和科技工作者，以及千千万万参与、帮助、支持大北农事业的社会各界人士组成的一支面向广大农村的推广服务队伍。这支队伍广泛地活跃在一线，为广大养殖户提供了包括推广产品、技术支持、信息资讯、养猪服务中心建设、经营管理等全方位的服务，搭建了一个服务无处不到、关心无处不在的立体网络。2014 年，大北农市场推广服务团队已经扩展为近 2 万人。

2014 年，大北农已经进入了跨越式发展时期，随着业务的不断扩张，会出现越来越多的职位空缺，对人才的质量也有了更高的要求。

根据大北农的发展战略，对于高层管理方面的人员主要是招聘和培养一批关于集团化运作、具有国际化视野的人才；对于中层管理岗位，大北农倾向于招聘选拔专家型人才；在基层岗位方面，大北农继续践行组建大队伍的方针，打造全国最大的科普服务网络。

对于推广服务体系方面，大北农需要一大批具有相关专业技术背景、学农爱农并且愿意深入科教兴农第一线的有激情、有梦想的年轻人；对于技术研发体系方面，大北农将大力引进专业研发方面的硕士、博士及博士后等高技术人才；在生产营运方面，未来几年大北农将在全国范围内大规模投资建厂，急需具有一线生产工作经验、熟悉生产流程的生产营运人才的加盟；而在综合管理方面，人力资源、行政管理、财务管理等专业人士也是大北农需要的人才。

四、产品品质 立企之本

饲料行业关乎国计民生。因此，严格把控饲料产品品质，确保安全生产，始终是各饲料企业的核心工作。大北农作为动物源性食品产业链中的一员，追求产品质量，不仅为稳固企业自身发展，更多的是确保人民群众的切身利益和生命安全，承担一份社会责任。

大北农经过多年的不断探索，已经形成一套比较完善的《质量管理方案》，并且建立了以“产前预防、产中控制、产后追踪”为主导思想的产品质量跟踪服务体系。从原料进厂到饲料进入动物口中的整体流程中的每一个步骤都有详实的原始记录，层层把关、人人负责，确保产品质量控制在每一个生产的源头。质量跟踪服务体系是由生产车间、品管、保管、销管、服务推广部等部门共同完成的系统工程。

原料质量决定成品品质，因此，大北农的原料供应商都是通过全球范围内招标，经过严格筛选。原料从进厂到投产之前要经过几轮严格筛查，原料投产之后对产品质量控制实行全程动态管理，遵循生产工艺标准通过化学、物理等检测方法，确保成品的营养成分及颗粒度无偏差。成品出厂以后，配有专业人员进行质量追踪。

在市场经济日益发达的今天，质量对于一个企业的重要性越来越强，产品质量的高低是企业有无核心竞争力的体现之一。提高产品质量是保证企业占有市场，从而能够持续经营的重要手段。一个企业想做大做强，要在增强创新能力的基础上，努力提高产品和服务的质量水平。成功的企业无一例外的重视产品和服务的质量。质量改进是当今关系企业生存的重要因素，产品质量的重要性愈加突出。因此，注重产品质量，也是当今企业发展必须考虑的问题。

大北农的企业文化中明确提出，要树立“品质第一、第一品质”的质量观。因此，每个大北农人都自觉树立起主人翁意识，控制生产成本、改进生产工艺、提高产品质量已成为每位员工习惯性思考的问题及不断努力的方向。

打造著名品牌、奉献精品是大北农生产质量的永恒追求。安全高效的饲料、动保产品是保障养殖户利益、营造健康养殖环境、保证畜产品安全的首要前提。从这一点上可以看出，大北农集团是一个有责任感、有实力的农业科技企业。

五、屡获殊荣　备受资本市场青睐

自2010年大北农在深圳证券交易所挂牌上市以来，从上市首日市值位列中小版前十名，到市值突破200亿元，大北农的上市之路一直备受资本市场青睐，成为中国农业企业中融资数额最大、市值最高、发展最快的农牧企业之一。

大北农先后被认定为“沪深300指数”和“央视财经50指数”成分股，是农业行业中唯一兼具上述两项殊荣的上市公司；获得“2012年度中国上市公司市值管理百佳”、“2012年度中国上市公司十大创富创新奖”、“中国中小板上市公司价值五十强前十强”和“中国中小板上市公司十佳管理团队”众多荣誉。

随着大北农各产业竞相发展，一个具有强大科研创新能力、高档高端产品、全面优质服务、良好社会责任、先进发展模式、稳定业绩增长的现代化农业高科技企业形象已经深入人心，广受资本市场的认可。大北农正在向提高资产规模，优化资本结构，增强主营业务竞争力，巩固公司在农业行业内的龙头地位，实现公司从一个饲料、兽药、疫苗、种子、农化产品的提供商向高科技、互联网化的现代农业综合服务商的战略转型。农业互联网与金融生态圈是公司以智农网及智农通（移动终端应用程序）为核心，以智农云服务（农业管理与大数据平台）、智农商城网（涉农产品交易平台）、农信网（农业金融平台）为内容，覆盖线上线下的农业互联网与金融生态圈，实现从饲料、种子农资采购，到生产管理、产品销售、金融服务的全链条综合服务。

六、布局未来　引领农民共同发展

随着大北农各项事业的发展壮大，大北农的发展思路愈发清晰：以养猪产业为核心，以高档、高端产品为重点、以科技创新为基础、以提升服务水平为手段，立志创建成全球最大的养猪综合服务企业。

面向未来，大北农将继续强化公司独有的核心竞争能力，建立更加适应未来的企业文化体系，进一步完善共同发展的激励机制，努力锻造国际领先的企业研发能力。在现有覆盖全国的推广服务网路基础上，进一步提升推广服务体系的信息化应用水平，加大对推广服务队伍的全面培训，推行养猪服务中心建设，建立更加高效完善的推广服务网络。加大对技术资源、人才资源、生产资源、市场资源的整合力度，引领行业发展，致力于为中国养殖业健康发展提供全面的解决方案。以全球化的视野，积极探索国际化发展的道路。

雄关漫道真如铁，而今迈步从头越。展望未来，站在新的创业起点上，全体大北农人将融入时代潮流、融入全球竞争、融入国家崛起，继续肩负报国兴农伟大使命，抓住行业发展机遇，全身心投入到极富前景的农业科技产业，大北农“创建全球最大的养猪综合服务企业”的目标一定能够实现！

服务领先　价值制胜

——北京伟嘉集团

2014 年 12 月 28 日，北京伟嘉集团在北京园博园主展馆隆重举办“伟嘉创业二十周年庆祝大会”。铿锵步履 20 载，20 载风雨砥砺，20 载春华秋实。20 年来，伟嘉凭借着对“创伟嘉品牌，圆百年梦想”的执着追求，在畜牧行业大浪淘沙中成长并不断超越。20 年来，伟嘉实现了从饲料企业到集生物饲料、生物兽药、微生态制剂、健康养殖服务、高端品牌鸡蛋、农业移动电子商务于一体的农牧业科技企业集团的飞跃。

伟嘉是一家科技制造和服务型的企业，一直践行着“把服务当成产业去做”的服务理念。服务是伟嘉促进产业升级和提高占用率的重要手段，为客户创造价值和服务是伟嘉的一个核心价值观，客户和市场的需求是伟嘉产品创新的永恒动力。进入到现代畜牧业以后，现代农民所面临的并不是饲料或者兽药等生产资料的短缺，而是需要一个能够带动自身经营模式和持续成长的指引者，需要一个服务平台。

为给广大养殖企业和养殖户做出专业的防疫流程和解决方案，综合性地做好防疫的全面监控。伟嘉为客户建立起了由北京总中心、15 家健康检测与评价云中心及几百个畜禽健康养殖服务中心构成的三级疫病监测与评价体系。

伟嘉所有的“健康检测与评价云中心”都配备专业化实验室及检测队伍，拥有农业科研院所资深教授的强大技术支持，配置国内外先进、精准的检测设备，运用先进的实验室检测方法检测，以帮助客户精准的判断病原，并提供解决方案。检测项目包括：猪病、禽病的抗体，抗原检测；药敏检测；饲料和饲料原料检测；水源、空气、猪场设备表面等环境检测。从养殖的各个环节找出问题所在，帮助用户出具检测报告和解决方案。

秉承“规避养殖风险，呵护动物健康”的服务理念，伟嘉已为全国 3 000 多家养殖企业或养殖场服务，共接受 25 795 份样品，完成 100 多项疾病检测，其中 80 多项禽病检测，50 多项猪病检测，样品检测累计达 88 562 份次。不仅降低了疫病风险，还为国内主要养殖密集区的动物疫病发生发展规律研究提供了重要依据，为区域畜牧业发展提供了强有力的技术保障，赢得到了行业和社会的广泛认可和好评。

伟嘉还为客户提供一系列培训服务。通过嘉华合作社和伟嘉商学院两个学习平台，协助解决客户一系列管理和经营的问题。伟嘉秉承以客户为中心的企业文化，做客户的伙伴和朋友，商业的合作伙伴，战略的咨询师，帮助客户进行产品、价格、渠道和促销管理，协助做客户的人员培训、提供技术指导。集团不仅重视帮助客户分析战略、定位、发展，还深入细节指导，包括产品知识、疾病防疫、现场管理、科学规范等实际操作辅导，并定期组织经销商共同学习。“授之以鱼不如授之以渔”。是伟嘉对于“服务领先、价值制胜”的最好诠释。

伟嘉在廖峰董事长的带领下，走出了一条属于伟嘉的、与众不同的“志在兴农、科技兴企”的道路。站在伟嘉创业 20 年的节点上，廖峰董事长表示，科技创新是伟嘉的核心驱动力，也将是伟嘉继续坚持的理念。无论到何时，无论企业做到多大，科技创新永远是伟嘉的魂！创新是伟嘉发展的根，创新是伟嘉发展的魂，创新是伟嘉持续发展的原动力。伟嘉能有今天的壮大和强盛，能有今天的激情和活力，离不开创新带来的能量和力量。多年来，伟嘉形成了以科技创新为先导，以服务创新为支撑的创新理论体系，经过激浊扬清、大浪淘沙，逐步积淀形成伟嘉的核心竞争力，成为伟嘉的魂，深深地注入伟嘉人的血液里。

多年来，伟嘉以科技创新为先导，汇集了以博士、专家为群体的科研力量，形成了伟嘉创新研究院、国家企业技术中心、国家级博士后科研工作站“三位一体”的研发组织格局。在科技创新理念驱动下，伟嘉研发硕果累累。先后承担国家“九五”、“十五”“十一五”科技攻关课题、参与 50 多项重点推广项目，取得专利发明 31 项，转化近 100 项的科技成果，多项研发成果荣获“国家重点新产品”“国家新产品证书”。“仔猪肠道健康调控关键技术及其在饲料产业化中的应用”项目获得了国家科学技术进步奖二等奖；研制的饲料用甘露聚糖酶入围国家重点新产品，新饲料添加剂“藤茶黄酮”获得了“国家新产品”称号；国家农业科技成果转化资金项目“含氢化蓖麻油/治疗药物固体分散体微粒的缓释注射剂”达到国际先进水平，该技术的转化产品“速倍治”成为目前国际最长效的头孢噻呋注射液，该产品为国内首创，并替代了进口产品；研制的沃尼妙林获得国家二类新兽药证书；“宫炎净”及相关技术在全球第一次实现母猪无痛分娩、彻底清宫。黑金刚保健型蛋鸡饲料获国内唯一的安全型饲料专利产品，目前全国市场占有率第一，母猪料获得国内“种猪料口碑五强”，并做了大量的科技推广工作，伟嘉依靠科技进步，激活了多家国有和乡镇饲料企业，使之焕发勃勃生机，为客户提供了几百亿的价值和服务，实现了伟嘉“志在兴农”的诺言。

伟嘉从最初的单一科技饲料生产商到如今成长为拥有 3 000 多名员工，在全国各地设有 35 家分支机构，已发展成为一家集生物饲料、生物兽药、微生态制剂、健康养殖服务、高端品牌鸡蛋、农业移动电子商务于一体的农牧业科技企业集团。目前，伟嘉正在打造的全球畜禽健康养殖服务产业高地，在中国保健型蛋鸡添加剂预混合饲料和中国预防兽药制剂第一品牌的基础上，致力于打造“中国保健添加剂预混合饲料第一品牌”“中国生物兽药第一品牌”和“全球畜禽健康养殖服务及交易第一平台”三大宏伟事业发展平台。这一步步走来，伟嘉之所以能做到又快又稳，都源于企业多年来坚持不懈的科技创新。

历经 20 年的奋斗，20 年的磨砺和征程，20 年的创新和发展，伟嘉宛如苍鹰，翱翔天空。2014 年，为塑造百年创造持续成长的动力，伟嘉利用自身在蛋鸡和生猪产业的资源和技术优势，有效整合产业链上下游资源，提出建设蛋鸡和生猪两个协同产业价值链，蛋鸡协同产业价值链将联合规模化蛋鸡场、种禽企业、禽蛋深加工企业、养禽设备企业、农业院校、饲料、疫苗和动保企业进行联盟推广，并将融合检测与评价中心、蛋鸡手机报、蛋鸡管家软件、蛋鸡动力网等资源进行平台构建。生猪协同产业价值链，将整合规模猪场健康管理方案、母猪健康管理方案、母子一体化营养套餐，猪场管理软件、动物营养师培训班、护娩师培训班、PSY 专员生产线等各方资源，持续为广大客户提供价值和服务，通过产业链布局建设伟嘉未来发展的特色之路。

2014 年是不平凡的一年，既是伟嘉启动“大伟嘉人财富倍增计划”和打造“全球畜禽健康养殖服务及交易第一平台”的开局之年，也是伟嘉创立 20 周年的特殊之年。“创伟嘉品牌，圆百年梦想”已成为每一个伟嘉人心中的最强音。为使中国农民活得有尊严，能为中国农民打造创业平台，伟嘉联合战略合作伙伴成为共同甲方，共同创业，共同体验，共创平台，共同发展，共同创富。打造“创业平台＋合作平台＋学习平台”三位一体的大伟嘉事业发展平台，共同推动我国现代畜牧业的发展。这便是伟嘉提出的“大伟嘉、大事业、大平台、大发展”战略。伟嘉将集合行业价值产业链上的优势资源，发挥“1＋1＞2”的效果，为中国农牧行业创造一个新的奇迹。

强化质量体系
打造高质量产品

——天津海大饲料有限公司

天津海大饲料有限公司（以下简称天津海大）在整个养殖行业持续低迷的大环境下，逆势而上，从内部管理和工作绩效考评着手，健全和规范各项制度。天津海大紧紧围绕着“内务更高效，产品更有力”来展开工作，合理调整组织架构和工作部署，将安全生产放在首位来抓，实行定期对机械设备的检查与维护，及时消除隐患。2014 年，天津海大沉着应战，抓住关键，灵活掌握，提高全员战斗力，杜绝事故的发生。同时，利用业余时间强化培训工作，营造学习氛围，全员素质不断提高。加强内务与市场的沟通，解决了以往实际生产中存在的困难，促进了管理水平和产品质量的提升。

天津海大本着“科技兴农，改变中国农村现状”的宗旨，员工以积极的心态努力工作，辛勤劳动，基本上完成了 2014 年初预定的各项年度指标。其中饲料销量（含鱼料和猪料）约 10 万 t，同比增长了 30%，一次性成品合格率 99.5%，员工流失率 5%以下，使用效果得到京津冀地区的新老用户高度认可，品牌知名度较高。

2014 年，天津海大所有工作均围绕着保证质量来展开，主要表现在强化公司质量体系的建立，明确产品原料标准和加工标准，建立各岗位标准操作流程，建立数据平台，定期进行会议总结和提炼。不断地进行分析和总结，找出存在的问题，及时消除不利因素。同时加强数据管理，提高数据分析能力，采用图表形式对生产数据进行对标和分析，及时了解和掌握生产动态。同时，抓好源头产品的质量，针对公司所用的饲料原料，公司品管部门严格按照原料标准执行，从入厂前抽样化验、卸货过程的全程跟踪、仓储原料的定期检查、使用过程中巡检，严格把控产品原料质量观，同时定期前往原料生产基地及产区进行考察和评估。

天津海大加强成本管理，提高运营效率。公司将成本意识贯彻到每个员工，在保证质量的前提下厉行节约，让每一分钱都落到实处。每月以图表的形式进行对比、分析、找出突破口。例如针对生产环节，天津海大重点跟踪原料的损耗管理，成品一次性投入产出比的跟踪，同时，重点关注生产环节的电耗、气耗。2014 年通过优化锅炉水质、蒸汽管道改造，将颗粒饲料的单吨气耗由原来的 7L/t 降低到现在的 5L/t，每吨饲料节约成本 0.08 元/t，2014 年节省约

80万元。同时，每周召开相关会议，对关键性指标进行分析，对标横向比较，针对内勤部门，重点强调水、电的合理使用以及降低食堂饭菜的浪费。

天津海大坚持以人为本的管理方针，苦练内功，不断提升内部管理水平。公司行政部根据集团的绩效考核制度，利用优势，充分发挥各岗位特长，最大限度地挖掘员工的潜能。同时，在此基础上，建立各种操作标准和考评办法。在2014年上半年先后制定了操作管理办法和指导书，使员工在操作中有标准、有目标。为提高员工积极性，公司采取工资浮动制，结合奖罚激励方案，在各环节操作违规扣分为主、评分为辅的方式，制定合理的考评办法，有效地提高了员工积极性和主观能动性。同时，根据公司的淡旺季合理的调整工作计划。为了避免操作失误，车间生产基本转为白班操作，在淡季则加强人员岗位培训，设备技术改造保养等基础工作。

天津海大将安全生产是首位，实行早做预案，杜绝安全事故发生。公司不断加强对机械的检测与保养，实行专人负责制，每半月检修、保养一次。提高班组团队的凝聚集力和责任心，做到有故障灵活处理和及时报告，将事故隐患排除在萌芽状态。在夏季高温季节，提前做好各项预案工作，制定防暑降温和奖罚办法，完善硬件配套，确保高温时期的生产安全。

以科技为核心　服务为价值
全力推动企业腾飞

——河北大午农牧集团有限公司

河北大午农牧集团有限公司（以下简称大午集团）位于河北省保定市徐水县大午科技园区。大午集团始建于1984年，从养1 000只鸡、50头猪创业，经过30多年的自我积累，滚动发展，逐步形成了“以农牧为主，以工业、服务业为辅”的产业模式，发展成为集养殖、种植、农产品加工、农业观光旅游、民办教育等行业多维一体的省级农业产业化经营重点龙头企业。

作为中国第一批民营企业，大午集团支柱产业一大午饲料经历了从成长到成熟的30年。大午饲料根植于保定，服务于冀中百姓。2014年生产、销售饲料30万t以上，其中，肉鸡饲料占冀中区域总销售量的60%以上，全年产销量居于河北省饲料行业前列。

一、文化是企业生存的基础

1. 指导思想服务于人　“不以盈利为目的，而以发展为目标，以共同富裕为归宿”是大午集团的指导思想，大午做到的是不追求暴利，不以眼前利益为重，而是把发展作为企业的重点，只有这样，才能让更多的养殖户受益，才能提供货真价实的产品，才能润泽上下游企业。

2. 先进思想凝聚人　以传统儒家思想，当代法制思想，社会主义共同富裕思想三者结合作为企业治厂思想。1992年，大午集团提出私营作为一种生产经营形式，是私的积累，公的发展，创造的是社会财富。公司中层要求干部树立正确的价值取向，不做致富型、生活型的人，要做事业型的人。提倡领导干部敢担责任，谁负责谁就是老板。教育全体员工，体现人生价值的是劳动、是知识、是奉献。通过观念、制度、共同愿景三个层面凝聚了忠诚于企业、服务于企业、建设于企业的员工，截至2014年，全公司年人才流失率不足2%。

3. 授权制度激励人　大午首创“私企立宪制”，实现了企业所有权与经营管理权、决策权的分离，形成了监事会监督权、董事会决策权、理事会执行权三权分立的管理体制，“谁是一把手谁是老板”的文化在企业管理过程中发挥得淋漓尽致。这不仅保证了企业经营决策的正确性，也是使更多的职业经理人扎根于大午集团的制度保证。

二、管理是发展企业的推动力

1. 以人为本的大人才策略　“坚持以人为本，提倡先学做人，后学做事，勤勤恳恳做事，实实在在做人”。大午创立之初就把人才招募定为企业发展的第一战略。2010年，又提出了“大人才战略”，也就是要招到高端人才、使用好高端人才、留得住高端人才、让高端人才再成长。把“大人才战略”纳入一把手业绩考核体系，保证人才招聘日常化、制度化、质量量化。

2. 建立高效学习型组织　公司自2010年起成立了“青年骨干培训班”，学习内容涵盖企业文化、企业管理、工作技能、时事新闻等，每半个月一次。这对于员工能力的提升提供学习和交流的平台，得到了广大员工的认可。

3. 全员绩效的薪酬管理工具　公司一直推行着“目标自己定、标准自己说、待遇自己拿”的薪酬管理体系，对于不同岗位、不同工种、不同责任，自己出考核方案，要求工作有目标、检查有方法、奖惩有依据。实现了人人有管理、人人有考核、事事有人管、时时有检查的绩效薪酬体系，将原来的销售绩效发展到工厂绩效、科室绩效是企业管理的巨大进步。

4. 企业发展的目标管理　未来3～5年实现100万t是大午饲料的发展目标，也是大午人的发展目标。大午集团并不是把目标停留在口头上或脑海里，而是把目标落实到每个岗位、每个员工的肩上，为了实现这一目标，每个单位都承担着任务，每个岗位上都有分解后的小目标，并纳入到每个员工的工作和绩效当中的。细节决定成败，只有落实、完成好每个小目标，大午饲料的目标就会达成。

5. 严格的产品质量安全管理 自《饲料质量安全管理规范》实行以来，大午集团严格执行《规范》要求，把饲料各项法律法规落到实处。2014 年 12 月，河北省畜牧兽医局的领导带领专家一行对大午饲料公司执行《饲料质量安全管理规范》情况进行现场审核，大午饲料顺利通过现场审核，成为河北省第一批《饲料质量安全管理规范》示范企业。

三、科技是企业的核心竞争力

1. 从科技支撑型企业向科技驱动型企业的转变 2013 年大午集团提出实现“从科技支撑型企业向科技驱动型企业的转变”的目标。也就是说从传统的科学技术应用型的企业向真正依靠于科技进步推动企业发展的企业转变，只有优异于同行的配方技术、生产工艺才能在竞争中获取领袖的地位，才能保障企业有可持续发展的动力。

2. 科技投入 为了推动科技驱动型企业的建设，公司拿出年经营利润的 15%作为科技发展资金，用于技术研发的软、硬件的投入。近几年，大午集团先后建设了国内先进的饲料化验中心、动物病理检测中心、畜禽养殖实（试）验基地，并聘请了一批科研院校（所）的专家作为技术研发团队的顾问。在 2012 年组建了以肉鸡营养、蛋鸡营养、猪营养、反刍营养为核心的 4 个技术研发课题组，每个课题组由 1 名院校（所）顾问专家、2 名博士、4 名硕士的技术人员构成，主要负责新原料使用、新技术应用、添加剂测评等技术研发工作。

3. 科技孵化与转化平台 公司为饲料工业联盟成员，并与中国农业大学、河北农业大学、河北农业科学院等科研院所有着深厚的合作，一直承担着这些科研院所的技术孵化及转化任务，现已有一批科研机构通过大午集团实现了从技术到生产力的转化，这为国内的研发机构提供了转化平台，也提升了大午饲料在行业内竞争力。

四、服务是企业发展的双翼

1. 以终端利益最大化的产品定位 大午集团是以养殖为创业起点，深知饲料在养殖过程中所起到的作用，公司一直以终端利益最大化为基点设计产品，并深信只有养殖场获取最大的利益，才能稳健的发展，才能拉动企业的发展。终端客户需要的产品就是使用性价比最高的产品，不是最便宜的，但也不是最贵的，而是品质最好的，这也是大午集团能够走过 30 年的基础。

2. 以推动家庭农场发展的服务体系 随着散养户的退出，家族农场的崛起，养殖农场对饲料企业的技术服务要求越来越高，对技术的服务内容也越来越宽泛，大午集团顺应时代发展，把原来简单的兽医服务升级为集畜牧养殖、疫病防控、病理诊断、品种改良等一体化服务体系，能为家庭农场提供全面解决方案。

3. 以养殖生产为核心的客户成长计划 针对目前养殖过程中不可控的生产要素，大午饲料为客户提供品种、饲料原料、添加剂、动物药品等全面产品支撑，全力保障养殖生产安全，以安全实现效益，以价值推动客户成长。

“科技塑造产品品质、价值推动客户发展”是大午集团一直努力的目标，并坚信终端客户的忠诚度是来自于优秀的产品品质，客户能与企业共发展，是因为企业能给客户带去更多的价值。大午集团始终认为勤勤恳恳做事，实实在在做人才是企业发展的根本，这是一种朴素的情怀，也是服务于三农的基本准则。

2014 年，大午集团除总部的添加剂预混合饲料事业部、猪饲料事业部、反刍饲料事业部、蛋鸡饲料事业部、肉鸡饲料事业部外，已在定兴、石家庄、海南建立了分公司。未来，大午集团计划在高碑店、涞水、易县等地建设年产 20 万 t 以上的饲料厂。大午人满怀激情为百万吨饲料企业的目标而奋斗。

凝聚智慧　打造全产业链发展模式

——河北凯特集团有限公司

一、凯特发展历程

1. 初创阶段（1985—1989 年） 80 年代随着改革开放政策深入农村，在杨海增带领下，抓住机遇，针对养殖业投资少、见效快、适合农村发展的特点，率先办起了养鸡场。在此期间，颇爱钻研的杨海增通过不断学习研究饲料营养和养鸡知识，帮助周边养殖户解决养殖问题，带动了周边养殖业的发展。随着养殖数量的不断增加，1987 年适时创办了沙河市桥东饲料厂（小作坊式工厂），并聘请动物营养专家做技术顾问，采用科学配方，保证了产品的质量，提高了企业在市场的美誉度。

2. 成长阶段（1990—1997 年） 产品质量是企业生存的根本，杨海增创业起初就深知其中的道理，加上自身做人诚信厚道的性格，产品销量得到不断提升，产量和效益也不断提高。随着饲料用量的加大，1989年公司再次扩大生产规模，达到了年产万吨的生产能力。1995年筹资500万元，新建一座年产10万t微机监控的饲料厂。为广大养殖户提供了综合性、全方位的服务，公司先后建立了年存栏10万套种鸡，供应雏鸡500万只的种禽公司。公司拥有员工120名，日销量达200t，并建章立制，定人定岗，聘请专业管理和技术人才，使企业从技术、营销、生产质量等管理方面迈向了新的台阶，“凯特”品牌走进了千家万户。

3. 集团化经营阶段（1998年至今） 为进一步满足日益扩大的市场需求，提高竞争力，1998年注册凯特集团，并先后成立河北金凯牧业有限责任公司，河北天凯食品有限责任公司。在此期间，公司投资2 000万元筹建年产50万t饲料生产线，一举成为华北大型饲料加工企业之一，年产饲料达到50万t，产值14亿元。公司也逐渐发展成为以饲料为主、集牧业、食品、科研开发为一体的高科技民营企业，形成了“饲料加工—标准化养殖—食品加工—专业化销售”一条龙的蛋鸡产业链模式。

二、企业发展经验

1. 强化食品质量安全责任，完善管理机制

（1）明确责任，提高员工质量安全意识。“产品质量是凯特人的生命”是凯特的质量宣言，是企业发展壮大的根本所在。为此，公司成立了由总经理任组长，品管、生产、销售、采购等部门相关人员为组员的产品质量安全管理小组。建立并完善了产品质量安全管理小组工作责任制，加强了公司相关部门之间的沟通和监督，确保及时发现问题、及时处理解决，通过完善机制，落实责任，确保产品的品质。

为提高公司员工的饲料安全质量意识，公司定期组织集中培训，组织员工系统学习《饲料和饲料添加剂管理条例》《动物源性饲料产品安全卫生管理办法》《饲料生产企业生产办法》《农业部禁用药物及其化合物品种目录》等相关的饲料生产法律、法规，并取得了良好的效果，通过学习提高了凯特员工饲料安全质量意识。

（2）建立全面的质量标准及完善的检验规范。根据质量管理体系持续改进的要求，公司依据国家有关法律法规及相关标准文件，制定了《凯特集团原料质量标准》《产品质量标准》《饲料生产工艺标准》《标准操作规范》《化验检验标准》等标准文件，使原料采购、产品生产、质量检验等全过程“有法可依”，按标准采购生产。公司在生产管理上提出了“质量就是生命，降耗就是增效，现场就是市场，安全就是保障”的24字方针，并出台一系列的激励措施，让每位凯特员工清晰地认识到生产的主要目标和方向，对规范化、标准化管理起到了很大的促进作用。

（3）严把“三关”，确保产品质量。严把原料入厂关，饲料产品质量很大程度上取决于使用原料的品质。为此，公司一方面严格按照《动物源性饲料产品安全卫生管理办法》的要求，坚决杜绝饲料中添加违禁药品和违禁添加物，并且严格按照公司制定的《饲料产品生产经营质量控制程序》要求，坚决杜绝“三无”饲料原料产品的采购和使用。按照原料抽样及检验标准，严把原料进入关，对不合格的原料坚决不准入库和使用。

严把生产质量控制关，实施标准化生产，建立产品追溯制。为提高产品质量及安全，加强生产过程的可控性，严格执行生产工艺。对原料投入、药品添加、制粒、中控等关键质量控制点，进行经常性的检查及跟踪，发现问题及时处理，确保生产的各个环节严格按照工艺要求进行生产。

严把产品检验关。化验检测是保障产品质量的根本措施，为保障生产产品的质量，公司不断加大产品质量采样检测力度，严格按照产品抽样及检验标准，对生产成品进行抽样化验，对于不合格产品建立了严格的控制程序，从而确保了出厂产品的质量。同时，公司与沙河市饲料办建立了长期的合作关系，对原料和产品各批次进行抽样并送交化验、检测，确保产品质量安全。

2. 明确企业发展战略目标，打造蛋鸡产业链发展模式

随着经济全球化，任何在市场经济中运行的商品均受到市场经济环境的影响，饲料行业也不例外，产业结构和经营方式都在悄然地发生着变化。为了确保企业趋利避害，正常运营，稳定发展，依据公司自身现状制定了今后的战略发展方向及目标，使企业在瞬息万变的竞争环境中认清方向，明确目标，明确优势，找准自己的发展方向和目标，并明确了凯特集团发展的大政方针及中长期发展战略目标基本原则和保障战略目标实施的措施。使员工能够找到自己存在的价值和工作的意义。

2013年，金凯牧业完成部分鸡舍改造、扩建，同时还完成了别墅鸡散养区的建设，并投入使用。河北天凯食品有限责任公司投资1 500多万元筹建了全自动鸡蛋清洗分拣线及车间，为鸡蛋加工提供保障。2014年蛋鸡产业机构设置基本完成，这为凯特集团发展奠定了坚实基础。

3. 树立品牌的意识，促进企业发展

（1）提高对品牌理解认知程度。品牌知名度来源于市场需求的综合标志，是企业管理水平、营销水平、技术水平、服务水平、竞争能力的全面体现，是进入市场的先决条件，也决定着公司产品的市场占有率和市场竞争力。多年来，公司对员工进行品牌知识、理念、行为方式的传播，并通过宣传、教育、管理、深化和强化了员工品牌意识。

（2）增强品牌的市场认知度。品牌是企业最有价值的资产，虽然竞争对手可以复制产品、品质、技术、管理手段、渠道、服务以及流程，但是无法复制公司品牌效应，因此，品牌是企业质量信誉的保证，代表着产品的品质，代表着企业的信誉，凯特集团通过网络、报刊、墙体、广告、饲料产品交易博览会等多种传播方式，提高了客户对企业品牌的认知度。

4. 加强营销服务建设 在市场竞争日趋激烈，产品同质化的时代，凯特集团始终坚持“以超出客户期望为目标”的服务理念，及时为顾客提供售前、售中、售后全程周到细致的服务。凯特集团把营销服务放在企业发展关键位置，主要包括技术服务、养殖服务、疾病预防、管理咨询和企业诊断，这不仅解决了客户的后顾之忧，对公司及产品充满了信心，更有效地带动了市场并取得了喜人的成绩。

5. 企业文化 在企业竞争力的诸要素中，企业文化代表了企业的核心竞争力的最高层次，对公司未来发展起着决定性的作用。重视企业文化建设，重视集体精神因素的作用和尊重人的地位作用。经过多年的理论提炼和实践的检验，集团形成了独具特色的企业文化，主要内容包含了企业的愿景、使命和价值观。

“强牧兴农，造福大众，做中国最具放心的农牧产品”是凯特集团的使命和愿景，为实现这一宏伟目标，公司根据自身现状制定了今后的战略发展方向及战略目标，使企业在瞬息万变的竞争环境中能够认清方向，明确目标，明确优势，找准自己的发展方向和目标，使员工们找到自己存在的价值和工作的意义。从而使企业具有顽强的生命力和市场竞争力，确保凯特集团的稳定、健康、快速发展。

凯特集团也将会一如既往地坚持“诚新善和”（诚实做人、勇于创新、以善为本、和谐共赢）的价值观，为畜牧业发展献出一份力量，并以良好的社会形象，回报社会，造福一方。

质量前行　形成产业集群

——河北兴达饲料集团有限公司

河北兴达饲料集团有限公司坐落于河北省邢台市北姐工业区，是华北地区的以饲料加工为主，涉及绿色养殖、食品加工、原料贸易、兽药制造等领域的大型现代化农牧企业集团。企业创建于1990年，旗下共有19个分公司，员工1 700余名，占地333.3hm²。企业总资产2.6亿元，年饲料产销量100万t；年产销面粉15万t；动物药业年销售收入2 000万元；饲料原料贸易20万t；年养殖加工肉鸭3 600万只。

多年来，公司以振兴民族饲料工业为己任，努力把握市场脉搏，科技创新、拼搏进取，实现了一次又一次跨越，也赢得了社会的广泛赞誉，先后被评为“中国饲料行业前30强”“中国饲料工业百强第十八名”，2012年荣获“农业产业化国家级重点龙头企业”，“兴达”商标被评为“中国驰名商标”。

公司作为河北省蛋鸡料第一品牌，始终坚持“质量在前，品牌在后”，秉承“兴农报国，成就自我”的理念。企业始终坚信只有高品质的产品，才能打造出行业品牌。公司产品已成为广大养殖基地信赖的名牌，依赖于优异稳定的产品品质和科学的管理体系。公司坚持以先进的管理理念，积极同国际管理标准接轨，先后通过了ISO9001质量管理体系、ISO14001环境管理体系和ISO22000食品安全管理体系认证。

公司在24年的发展历程中，始终坚持以全优的质量取信于民，以良好的售后服务取悦于民，以完善的科学技术指导取胜于民。在不断自我提升的基础上，铸就“兴达”这一品牌，全面塑造农牧企业的品牌影响力。

为适应市场形势变化，经过不断地调整战略发展规划，公司正逐渐由单一饲料加工企业向产业链模式转变，并已形成了三大产业（饲料产业、一体化产业和非饲料产业）齐头并进的发展格局。公司在发展饲料产业的基础上，另辟产业链发展模式。产业链涵盖了肉鸭养殖、屠宰加工等业务范围，肉鸭产业作为产业链发展龙头，已为集团业务增长起到了带动作用。如果说公司的第一次创业是靠蛋鸡料起家，那么第二次腾飞便是发展肉鸭全产业链；这是公司未来几年的发展方向，更是对“兴达”这一强势品牌维护有效地支撑。

2014年，公司已投资1.5亿元，建成2个孵化基地、3个种鸭基地和2个屠宰厂，另在开发区建设投产了日屠宰量达5万只的生产线2条，集屠宰、冷冻、加工于一体的现代化肉食加工园区。

2014年，饲料企业经历了原料市场价格的波动起伏，养殖业环保压力增大，养殖成本增加，市场竞争激烈的局面，尽管河北省饲料企业已逐渐步入整合转型期，基于饲料产业增速放缓，利润下降的大趋势，公司已不再单纯依托饲料市场开发与拓展，而开始树立“顺势而为，乘势而上”的理念，进入产品结构调整的攻坚阶段，有意识地增加高附加值产品比例，完善饲料品种结构，稳定高品质产品质量，提升产品竞争力。依托饲料技术研发优势，提高技术服务覆盖面，从而提高企业产品认可度。

鉴于养殖业由大规模小群体向规模化养殖转型发展的现状，一方面，公司饲料不断修炼内功，开始调整饲料品种结构，重点发展蛋鸡、肉鸭饲料和高附加值浓缩饲料、高比例添加剂预混合饲料、教槽饲料和保育饲料，减少因生猪市场低迷，流感疫情侵袭带来的肉禽饲料销量下降的冲击；另一方面，公司通过不断完善产品品种系列，增加兔饲料等新品种填补企业产品空白。

2014 年公司实现了饲料总销量 100.2 万 t，其中蛋鸡饲料销量占到 60%，鸭饲料占 30%，猪饲料、牛羊及水产等其他品种饲料占 10%。这也是通过企业不断建厂、收购扩张而实现的，经过市场综合考察论证，通过在湖北省建立饲料厂，加速实现了辐射长江地区的市场有效布局。24 年来公司蛋鸡饲料的稳定品质在行业内可谓家喻户晓，这无疑为公司蛋禽饲料的突破性发展奠定了高水平基础和平台。专注所以专业，正是这强大的品牌影响力，使得央企华润集团主动与公司建立战略发展伙伴关系。但是，公司的发展不能仅停留于此，客户认可度的提升，更需要企业把产品做好，把服务做好，把疾控做好，把技术指导做好。

2014 年公司不断加大人才队伍招聘建设力度，广纳贤才，先后聘请中国农业大学、河北农业大学的专家进行专项工作指导，并不断完善人员晋升机制，提高员工福利待遇。兴达不断加大科技项目资金的投入力度，因此，只有强化企业整合能力，将采购、研发、生产、销售等环节充分有机整合，才能全面有效提升竞争力，谋求长足战略发展。

公司借助拓展肉鸭饲料市场，满足自身肉鸭产业链条平稳发展，并全力延伸肉鸭产业链条，改善产品结构，真正成为河北省饲料业界肉鸭链条的领航者。未来公司还将继续推广兴达肉鸭品牌，选育孵化优质品种鸭苗，生产稳定肉鸭饲料，建立专业技术饲养及疾病防疫指导团队，提供无偿养殖培训指导等。2014 年处于下游的肉制品增幅较大，很大程度上拉动了公司新一轮的增长，公司集团肉鸭产业链已经带动了众多养殖户走上致富路。

2014 年，公司集团分公司遍布邢台、邯郸、石家庄、湖北等地，作为综合型农牧企业，已与新希望六和、湖北中禾等企业通过合资合作等形式建立了战略伙伴关系，雄厚的资金注入、先进的技术经验管理、已开始全面提升公司的企业竞争力，公司计划在原有饲料产业基础之上，发展多元化产业类型，布局品牌终端，未来的公司将进入崭新的发展阶段。

创新生产工艺 推行 6S 管理体系

——孝义市大象农牧食品有限公司饲料分公司

孝义市大象农牧食品有限公司饲料分公司是一家以科学化、集约化、商品化和市场化为导向的高科技农牧企业，是孝义市实施“转型项目大攻坚”以来引进的农业产业化重点项目之一，也是其打造全省畜禽养殖强市的骨干项目之一。

孝义市大象农牧食品有限公司饲料分公司隶属于山西大象农牧集团有限公司，其前身为山西省文水县大象禽业有限公司，创建于 1998 年，现有员工 7 000 余人，是农业产业化国家级重点龙头企业，入选山西省“513”工程省级梯次重点龙头企业。2007 年，公司与山东六和集团股权合作，加入四川新希望农牧体系。近年来先后荣获全国农产品加工业示范企业、国家级守合同重信用企业、全国新农村建设百强示范企业等荣誉称号，并获得 ISO22000：2005 食品安全质量管理体系认证。

孝义市大象农牧食品有限公司饲料分公司位于山西孝义现代农业园区，总投资 3 382.5 万元，始建于 2010 年 8 月，2012 年 8 月投产，总建筑面积 1.4 万 m^2，包括生产车间、原料库、成品库、化验室等，拥有员工 60 名，其中大中专毕业生 24 名，技术人员占职工人数的 30%。公司引进国内先进的牧羊系列饲料加工成套设备，年可生产加工种鸡、蛋鸡、肉鸡、猪 4 大系列 100 余个品种的浓缩饲料和配合饲料 18 万 t，公司聚集了业内最精干的管理团队、高素质的技术队伍和熟练的操作人员，生产过程全部由微机控制，实现了生产自动化、程序化和规范化，从配方设计、原料采购、生产品控、成品检验、售后服务都严格按照 HACCP 管理程序进行控制，产品目前销售山西省各地区及河北、河南、陕西等地。在传统的动物营养知识的基础上，打破传统的低成本配方理念，实行了满足畜禽营养需求前提下的单位畜禽产品效益最大化的设计理念，使饲料配方更科学、更合理，提出了以“动态标准、精准营养、阶段饲养”为核心的蛋鸡最佳性价比饲料配制技术，经实践证明成效显著。同时，不断加大对功能性饲料添加剂的开发与应用，实现了优质、高效、环保、绿色的可持续发展之路。公司以优良的品质，良好的信誉深受广大用户欢迎和厚爱。

2014 年，公司实现饲料销售 14.9 万 t，总产值 4.6 亿元，为国家上交税费 28.1 万元。公司主要生产猪、鸡、鸭等配合饲料、浓缩饲料。公司与山西农业大学、山西省农科院建立长期技术合作关系，应用国内外科研最新成果，依靠以动物营养学博士为核心的高新技术人才，将动物的营养需求和饲料技术有机结合。以发展优质、专业、高效的产品为市场定位，创立“一流企业，一流品质”的企业品牌形象，针对山西养殖品种、养殖习惯和养殖特点，采用最新的国内外动物营养技术而精心研制成的象丰饲料。

公司自创建之初就确定“高起点，高投入”的战略定位，致力于以创建山西饲料行业知名品牌为核心、产业化可持续发展之路。在创业初期，就引进了国内先进的高级饲料生产线，配备完善的生产控制程序和工艺参数，并不断创新生产工艺，确保饲料加工质量得提高，配置精密的检测检验仪器和设备，健全完备的检验检测手段和科学的品质控制程序，实现质量管理的精细化、科学化、规范化，以确保进厂原料的优质及投放市场产品的品质。

公司结合本公司的实际，创新了严格的质量控制体系，内部推行“整理、整顿、清扫、清洁、素养、安全”6S的先进管理体系，引入“预防重于检验”的理念，有效提高现场管理水平，推行全员质量安全管理，创造整洁的工作环境。公司不断地提升员工素质，提高工作效率和经济效益，保障安全生产，促进节约，对每个员工岗位严格把关，保证了产品质量的优良性和稳定性，实现企业与员工的双赢，严禁生产不合格产品。

公司深知“饲料是决定养殖效益的关键生产资料，只有公司产品的价值最大化，才能赢得客户，赢得市场”，市场营销网络不断扩展，贴近市场、贴近终端客户，以科技含量高、品质稳定的产品和完善的服务体系赢得了广大消费者的信赖和尊重。2014 年，公司已在山西省各大养殖密集地区分别设有 40 余个驻外销售网点，共有近 100 名优秀的营销人员日夜奋战在养殖一线，形成了一个集产品销售、技术服务、咨询互动为一体的功能综合、覆盖域广的营销网络。

“正道创业，致富思源”。公司在自身发展的同时也不忘积极回馈社会。多年来公司给学校、环保、道路和其他各种社会赞助的资金很多，近几年来，还在山西农业大学设立了“大象助学金”，长期奖励品学兼优的学生。

公司经过短短几年的奋斗，顺应了广大养猪户的要求，陆续开发出两种乳猪教槽料；7 种猪用系列全价配合饲料；5 种猪用系列浓缩饲料。饲料上市以来，大量销售到山西省及周边省市。公司与新希望六和强强联合开展“福达”计划，组成了以著名猪病学教授为首的养猪技术服务队伍，为客户提供及时、专业、贴心的服务。

公司计划在两年内选育出繁育率高，生长速度快，瘦肉率高和适宜当地自然条件的 PIC 生猪生产群体。采用统一品种、统一营养、统一防疫、统一管理、统一销售“五统一”的方式发展养殖小区，养殖经济合作社的方式带动周边 1 000 户农户发家致富。同时，公司靠科技闯市场、靠规模争市场、靠环保占市场、靠效益赢市场、靠和谐稳市场的经营办法，实现企业集约化生产、规模化发展、清洁化运营、市场化管理、拉长产业链、拓宽产品面，优势互补、资源共享、和谐稳定的滚动发展，成为山西省畜牧业龙头企业骨干和发展亮点。

公司将紧紧抓住山西省掀起的新一轮跨越式发展，转型发展的历史极好机遇期，充分利用山西省丰富的农业资源，以规模化、集约化和组织化程度的提升为手段，以加强基地建设、撬动金融投资、强化自主创新、完善营销服务、建立信息网络为途径，以带动农业发展、吸纳农民就业、促进农民增收为目标，大力发展产业集群，加大资源整合和战略重组，继续在现有基础上完善五大板块产业链。

打造“科技大象、创新大象、信用大象”是公司发展的基石、源泉。公司将进一步规范管理、提高效率、融合资源、稳健发展，继续坚持阳光、正能量的公司精神，创造更多的社会经济效益回报社会、造福乡邻。

专注产品　诚信服务

——山西北正农生物工程有限公司

山西北正农生物工程有限公司成立于 2008 年，主要从事蛋白质工程和矿物质改造工程两大生物领域的技术创新和产品研发。公司主要产品有：蛋鸡专用、肉鸡专用、生长猪专用、母猪专用、乳仔猪专用等“百肽微奇”全有机微量添加剂预混合饲料系列，以及百肽铜、百肽铁、百肽锌、百肽锰等蛋白盐单项有机微量元素系列。

公司拥有一个现代化的生产基地和两个专业化研究机构，配备各专业技术人员 30 余名，其中生物、化工、动物营养博士 5 名，硕士 12 名，顾问专家 6 名，山西北正农是国内新型有机微量元素规模化生产企业，也是国内唯一一家蛋白盐生产企业。

2013 年，公司投资 1.2 亿元，对原有的生产厂房、设备等进行全面技术改造升级，建设完成包括原料库，原料预处理车间，酶解车间，精制车间，螯合车间，喷雾干燥车间，动力车间，热能车间，技术研发中心，实验室，综合办公楼等全套设施。其中，新建的蛋白盐生产线，均按照医药级 GMP 规范设计，全线设备、管路选用316L不锈钢材质，美观、卫生，彻底杜绝了普通金属材料对产品品质的影响。生产工艺采用自主研发的智能化“EIMOC循环工艺流程”，突破了传统工艺间歇式生产的技术难关。物料采用全封闭管线输送，无残留、无死角，既防止物料的二次污染，又大大提高工作效率。整条生产线具备自动在线清洗功能，根本上规避了交叉污染的隐患；生产过程中的质控点采用数字化精准控制，最大程度保证了产品质量的稳定、可控，该生产线还具备生产数据的同步采集和自动在线监测地。国内规模最大、自动化程度最高、技术水平最先进的蛋白盐小肽螯合物生产线。山西北正农成为国内生产、研发、推广新型有机微量元素规模最大、实力最雄厚的高科技企业，年生产各类有机微量元素及添加剂预混合饲料1万余t。

2014年4月，经过充分准备和不懈努力，依靠完备的生产装备和完整、严谨的生产工艺，公司通过了各级专家严格的审核认定，获得了国内首张“蛋白盐”生产许可证，山西北正农也成为2014年以来国内唯一获得该生产许可证的企业，不仅填补了一项国内空白，而且也为绿色、环保、高效的养殖理念提供了切实、可靠的产品和技术保证，也开启了国内新型有机微量元素研发和应用的崭新局面，也为公司参与更广阔前沿的市场竞争奠定了坚实的基础。同时，公司还拥有一套现代化的添加剂预混合饲料机组，根据蛋白盐的物料特性，在设计施工过程中，该机组采用了多项专业而独特的设计，解决了传统添加剂预混合饲料设备在粉尘、吸潮等方面的技术缺陷。

公司始终坚持科技创造生产力的产品研发理念，深入研究行业发展趋势及未来需求，积极学习并借鉴国内外最新基础理论和实用技术，致力于研发经济和社会效益双重并举的绿色产品，蛋白盐是公司多年潜心研究最富竞争力的产品，也凝聚了所有员工心血的技术结晶。作为一种新型的有机微量元素，蛋白盐不仅具备高吸收、低排放的优点，而且具有特殊的分子结构及成分组成，符合动物最佳吸收和转运模式，使微量元素在动物体内发挥更加丰富的生物学多样性效能，通过抑制动物体内非必需氨基酸的代谢和刺激氨基酸的生成，诱生新的蛋白生产，提高日粮中蛋白质的利用率，从而显著降低的日粮成本。这一成果，彻底解决了传统有机微量元素的高成本压力，让客户零成本享受高品质有机微量元素带来的丰厚利润。因此，蛋白盐可以显著改善动物的生长和生产性能，大大提高了养殖综合效益，每年即可为国家节约矿物元素6万余t，优质蛋白质15万余t，真正实现了“可持续、集约化”发展，体现了“科技北正农”巨大的社会价值。

作为一家以技术为导向的高科技企业，公司始终将技术创新作为公司的核心竞争力，公司技术中心，作为技术创新的实施机构，拥有最专业的科研队伍和专家团队，标准化的行业配置以及完备的专业设施。技术中心负责公司新产品开发、技术分析、工艺标准制定、信息采集等工作，为打造“科技北正农”提供可靠的技术保障。同时，公司始终坚持理论研究和生产实践相结合的发展理念，与国内众多科研院校建立了长期稳定的技术合作关系，充分利用专业科研机构的设备、技术、人才优势，进行深入、广泛的课题研究。这些研究不仅涉及前沿的基础理论研究，而且有更为具体的生产实践提供工艺、质控指导。同时，公司常年与全国不同地域、不同养殖规模的终端用户进行生产实践合作，免费提供产品，进行常年的用户使用跟踪调查，积累了丰富的生产实践资料，为进一步完善产品提供了宝贵的技术数据。

优质的产品就要参与更广阔的市场竞争，随着“百肽”系列产品不断被客户认同，公司开始积极打造品牌建设。从2013年开始，公司先后参与了“中国配方师研讨会”“中国家禽博览会”“中国饲料工业展览会暨畜牧业科技成果推介会”“中国畜牧博览会”等众多国内大型专业展会，努力扩大市场影响力和知名度，让更多的人认识“百肽”系列产品，也让更多的客户从“百肽”系列产品中获得丰厚的收益，为中国节能的绿色、养殖作出应有的贡献。

经过多年的发展，“百肽”系列产品日臻成熟，客户遍布全国，并与国内众多集团企业建立了长期合作关系，公司为近2 000家养殖企业和300余家饲料企业提供优质产品和技术服务。

公司始终不忘自身肩负的社会责任，从公司建设初期，对周边的养殖企业，始终坚持以成本价供货及进行免费的长期技术服务，不仅大大降低了当地养殖户的养殖成本，增加了养殖收益，而且为公司提供大量真实、宝贵的来自生产一线的实践数据，为公司产品的不断完善和升级提供了不可多得的实践依据，真正实现了“智者双赢”。

2014年，公司作为一家专业生产、研发、推广新型有机微量元素的高科技企业，在业界已经赢得了良好的市场影响和口碑，未来公司将继续努力，以市场为导向，以科技手段，不断开发出低消耗、低排放、环保养殖的崭新未来。

提升服务质量　打造绿色养殖

——山西广源饲料科技有限公司

山西广源饲料科技有限公司是一家以添加剂预混

合饲料、饲料添加剂为主要发展方向，集研发、生产、服务以及贸易为一体的高科技民营企业。公司先后荣获“山西饲料工业协会常务理事”“山西省民营创新企业”“太原市安全生产先进单位”等荣誉称号。公司于2004年12月成立，注册资金100万元，现有员工50余人（其中中高级以上职称5人，本科学历20人、硕士研究生2人），公司现年产添加剂预混合饲料5 000余t。公司立足饲料、稳步发展，业已形成以饲料产业为主、多元化经营的产业格局。

公司原址位于太原市小店区龙堡工业园区，为了搭建企业平台，拓展发展空间，在广源成立10周年之际，公司于2014年5月在太原市阳曲县万亩草场投资1 000万元，建设了一条以年产3万t的全自动添加剂预混合饲料生产线和一条反刍动物添加剂预混合饲料生产线的标准化新厂，并配套建设一个试验羊场。公司占地面积1hm^2，生产车间1 500m^2。

公司自成立以来，坚持以人为本，倡导绿色养殖，以用户利益最大化为发展思路。通过与山西农业大学、山西省农业科学院、山西省中医学院等机构建立了长期的技术合作关系，不断引进国内外最新的科研成果，研制出符合市场需求的新型产品，开发出适合我国北方地区鸡、猪、牛、羊等畜禽添加剂预混合饲料、复合维生素、复合微量元素、功能性饲料添加剂等9大系列100余个添加剂预混合饲料品种。产品畅销山西、河南、河北、陕西、内蒙古等省区。公司先后与临汾市曲沃绿杰农牧发展有限公司、临汾金象隆畜禽养殖有限公司、长治县威杰禽业有限公司、闻喜县登峰饲料厂、榆次博瑞乳业等大型养殖企业和饲料厂建立长期合作关系，积极地开发标杆用户。为了更好更快地发展壮大，公司倡导“科技为先”的理念，为养殖户的增收创收起了积极的引导作用，为山西省养殖业的发展起了推动作用，并帮助广大养殖企业创造出了良好的经济效益。

自“广源”成立以来，公司始终把加强产品和食品安全控制放在工作的重中之重的位置，将全力以赴继续做好以下几方面的工作：

一、加强企业科研力度，及时更新产品

众所周知，科技是第一生产力，研发部门在饲料企业中的重要性不言而喻，是整个企业的核心，研发部始终把科技创新视为推动企业发展的动力，专心研究动物营养、新原料、新技术，精准调整配方，提升产品质量和产品性能，将产品及时更新。公司研发部应对风云变幻的市场行情，各种原料价格起伏，果断采取应对措施，为企业在降低成本的同时，也能提高产品的质量，使企业能在激烈的市场竞争中长久生存。另外，公司拥有一个大型实验室，购置了先进的检验化验设备，配备专业的优秀品管人员，严把原料、产品质量关，对原料和产品及时检验，做到“原料不合格不进厂，产品不合格不出厂”，为广大客户提供配方科学、工艺先进、质量上乘的产品与服务。公司已经建立从原材料采购到售后服务的全套质量管理和绩效考评管理体系。

二、加强企业制度化管理，各部门协调配合

广源各项制度不断完善。公司建立了岗位责任制度，使所有岗位职责明确到个人，责任落实到个人，强化员工的“责任意识”。生产管理制度保证生产车间合理安排生产，过程严格控制，从源头上保证了产品的质量。产品检验化验制度及质量保证制度保证化验标准化、数据准确。安全卫生制度，加强了员工的安全意识，使员工意识到“质量在我手中，安全在我心中”。产品留样观察制度保证了产品质量的稳定。计量管理制保证度计量器具专人保管，保存。公司下设采购部、销售部、综合办、财务部、生产部、技术部、安全部、设备部等多个部门，制定了各项规章制度和岗位职责，明确了各自的权利和责任，各部门之间相互配合、相互制约、查漏补缺，采用科学合理的合作方式，实现共赢。公司采用先进的LRT系统（采购—收货—配方—生产—开票—财务联网及时登记系统），强化内部管理，提高了各个部门的工作效率，及时顺畅地为客户提供服务。

三、公司致力于打造出一支优秀的专业营销团队

营销团队是公司的核心竞争力。公司针对各个销售人员的特点，对其进行区域化管理，和谐共处，共同发展。营销团队不仅给养殖户提供优质的饲料产品，同时还给养殖户、养殖企业及饲料企业提供技术支持、饲料管理、经营管理、疫病预防、养殖培训等等服务，为客户降低养殖成本“想客户所想，急客户所急”。公司倡导价值服务理念，即客户从建厂房到种禽苗的选购、饲料的搭配使用及最终的销售，各个环节业务人员均参与其中，为客户提供科学的管理思路和有价值的市场信息等。真正地为客户服务，为企业树立了良好的形象。另外，各业务人员之间也紧密配合，相互到进行经验交流与探讨，及时解决问题。公司致力于打造出一支优秀的专业营销团队，使得企业在市场竞争中做到游刃有余，团结凝聚成一股力量，真正能够在市场中立于不败之地。

四、加大员工培训力度，全面提升人员素质

公司的发展，品牌的推广与建设，离不开专业的

高素质人员。公司十分注重人才的培养和选用。公司聘请了经验丰富的生产技术和管理人员对新职工及老员工进行了三级安全教育，了解企业的生产，工作特点，自觉遵守公司各项规章制度并融入企业文化。通过加强对员工的培训工作，提高了员工的综合素质，提升了企业管理水平，进而增强企业的竞争力。广源以追求“卓越品质、全面服务”为经营目标，打造出一支优秀的专业营销团队、技术团队以及企业管理型人才。

公司深信“质量是企业生存之本”，始终把质量安全放在生产工作的第一要务，本着对广大养殖户负责，对动物的健康成长负责，对人类可持续发展的负责的态度，公司不仅拥有国内一流的生产设备、工艺，还有专业的生产队伍、高科技的检验设备，从源头原料采购、中间生产加工、最后产品检验等每个细节做到严格审核，使产品质量得到保证。广源将立足山西，面向全国，努力将“广源”品牌打造成华北和西北区域内的第一品牌，不断开发出新产品，为广大养殖企业和养殖户提供优质、安全的产品和完善的技术服务，为社会提供优质、安全的畜禽产品作出更大的贡献。

科技领先　合作共赢

——赤峰市大中高科技饲料有限公司

赤峰市大中高科技饲料有限公司始建于 2002 年，是一家集饲料研发、生产的现代化饲料企业。公司位于赤峰市红山区农畜产品产业园。拥有复合添加剂预混合饲料、猪、鸡、牛、羊浓缩饲料、颗粒配合饲料二条全自动生产线，设计年生产能力 20 万 t。多年来，公司以科技为先导，以产业为支撑，在饲料科技发展领域不断探索，与国内外专家学者紧密合作，以“科技强企，靠高科技保质量”，以科技创新为指导，以微生态、绿色、环保、安全、无污染、无公害饲料产品研发生产形成了公司的核心特色。

大中高科技的“大中”商标被自治区工商局认定为内蒙古著名商标，是内蒙古自治区农牧业产业化重点龙头企业，已通过 ISO9001 国际质量体系认证；并通过国家农业部《饲料质量安全管理》规范示范企业初审。

公司申报国家专利项目 12 项，已经有 10 项已获得国家专利证书，这些专利技术已完全利用到生产中，其中“微生物平衡蛋白饲料”被赤峰市政府授予科技进步奖。

公司总投资 2 800 万元，其中固定资产 1 450 万元，现有员工 68 名，大专以上学历占 59 名，知识型员工占员工总人数的 85%以上。2014 年销售产品 38 400t，实现销售收入 13 736 万元，实现利税 800 多万元。

一、重视饲料产品质量

公司始终把饲料质量作为公司发展的第一要素，从饲料原料的采购到生产销售的各个环节都建立了健全严格的质量安全管理制度，形成了一整套的质量控制体系。特别是国家农业部下发《饲料质量管理规范》以来，公司组织各部门进行了深入的学习和讨论，根据《规范》要求并结合企业实际，制定出各部门的可操作性强的管理制度和操作规程，并指派供应、生产、品控等专业人员参加国家农业部组织的培训，按照《规范》要求，查找企业已有质量控制过程中的问题和不足，并认真进行整改和人员培训，做到了从公司领导到每一位企业员工人人心中有《规范》，在工作中始终以《规范》作为工作指南，严格按《规范》要求完成本职工作的良好氛围。通过查找各环节的记录，根据产品的生产日期和批号，能够迅速找到产品使用的原料，各环节操作人员，本批次产品流向，完全达到可追溯，为产品出现问题的召回打下基础。

二、龙头企业带动作用

作为自治区农牧业产业化重点龙头企业，公司使终明确自身应肩负的拉动产业发展和带动农牧民增收的责任。在养殖方面，2014 年公司新建养殖基地 3 个，养殖基地总数达到了 8 个，基地养殖户 115 个。养殖基地的建设不但解决了养殖户一家一户养殖模式在畜产品的质量和数量上无法适应市场等问题，而且还在畜禽品种选择，饲料统一配送，养殖技术服务，疫病防治，畜禽产品的质量安全等方面提供了保障。基地的发展也为周边养殖户提供了示范和指导作用，促进了养殖业的发展，增加了养殖户的收益。另外公司进行了大力科普宣传，改变传统的养殖观念，走村串户传授科学养殖、印刷科学宣传养殖手册 5.8 万余册、宣传单 30 余万份、举行养殖技术科普讲座 28 期。

三、经营模式

作为饲料生产企业，公司为做好基地及基地外养殖户最后一公里的质量保证，采用“1－2S 经营模式”，即大中科技民生工程 1－2S 养殖创富联合体（倍效养殖模式），大中为配合国家科技富民政策，根据规模化养殖的实际需要，开展 1－2S 全国养殖创富联合体大行动，特推出“倍效养殖”模式和“倍效高科技饲料”配套产品，开辟新形势下养殖新模式，使用户效益倍增。“加盟 1－2S 全国养殖创富联合体的 6 大优势：

1. 高科技＝“倍效养殖”模式，提供全方位的技术支持。

2. 高效益＝公司直接送货到家，取消中间环节，降低因运输造成的产品质量问题。

3. 高质量＝科技含量一流，生产工艺一流，产品质量一流，物超所值。

4. 高回报＝杜绝层层加价，养殖效益提高30%。

5. 低风险＝合理规模、收益更高，养殖风险降低40%。

四、人才培养

公司2014年累计招收大中专毕业生21人，并派出专业技术人员15人次进行质量和技能培训，其中包括企业管理人员、质检化验人员、配方师、车间生产人员、品控员、原料采购人员等，为公司发展储备了大量的人才，也提高了公司的管理意识和质量意识。同时，公司还增加了企业内部的人员培训，新员工入厂要进行质量安全和操作规程的培训，合格后方可进入工作岗位；对于各岗位人员，每年都要进行两次以上产品质量安全控制培训，使企业员工在质量意识和职业技能方面都有很大的提升。

五、科技活动

公司历来注重科技创新能力的提升，2014年共投入科研经费45万元，先后申报12项专利技术，其中9项通过国家专利申请，3项通过科技成果鉴定，8项专利技术应用到实际生产中。

六、新产品研发

公司与清华生物工程技术研究所合作，共同研发出了微生物平衡蛋白饲料，此产品在现代生物工程技术理论指导下，将农作物副产品米糠、统糠、花生壳、稻壳、杂粕、秸秆等粗纤维较高的，不易被动物消化吸收的非常规饲料原料，通过接菌发酵将粗纤维降解，转化为大量有益菌、活性菌、菌体蛋白、寡糖和多糖类物质，再经过冷却干燥处理，使利用率提高60%。根据不同动物的营养需要和生理特点，添加蛋白质原料不同，从而达到蛋白平衡的目的。该项目是利用农业废弃物，可以减少因焚烧产生的环境污染，回收农作物秸秆可以使农民增加。“微生物平衡蛋白饲料的研发与应用”项目已被国家科技部列为“国家星火计划项目”。

发展高效产品　打造区域品牌

——内蒙古蒙泰大地生物技术发展有限责任公司

内蒙古蒙泰大地生物技术发展有限责任公司是由北京九州大地生物技术集团股份有限公司与内蒙古农牧业科学院共同投资兴建的以专业化生产和经营反刍动物复合添加剂预混合饲料、畜禽、水产复合添加剂预混合饲料及反刍动物精料补充料、浓缩饲料的现代化高科技企业。于1997年1月8日在呼和浩特注册成立，2009年公司迁址至和林格尔县盛乐经济园区，并建成6万t级反刍动物精料补充料、浓缩饲料专业化生产线及1万t级反刍动物复合添加剂预混合饲料、1万t级畜禽复合添加剂预混合饲料生产线各一条，为公司下一步快速发展奠定了坚实的基础。

16年来，公司始终秉持“根植大地、共享成长”的企业理念，认真履行“振兴民族饲料工业，服务广大农牧民”的基本职能，努力实现“帮客户创造效益，让员工体现价值，使公司得到发展，为社会积累财富”的价值观，大力弘扬“滋育生命、厚德载物”的企业精神。按照集团发展的总体战略规划，探索和构建具有自身特色的经营管理模式，走出了一条独特的发展道路，为蒙泰大地进一步做强做大蓄积了强大的发展后劲。

立足当代国内外动物营养科学最新成果，针对目前国内养殖业现状，公司不断致力于开发、生产及推广更适合畜牧业发展需要、更具时效性的系列产品，以确保畜禽最佳的健康状况和生产性能。

公司拥有专业化的管理、产品研发、生产、营销、技术服务人才团队、完善的管理流程及完备的饲料检测设备及手段，所生产的产品涉及反刍动物精料补充料、浓缩饲料，反刍动物、猪、鸡复合添加剂预混合饲料五大系列近100个品种，畅销河北、山西、内蒙古、宁夏、陕西、甘肃、青海等省区。

追踪当前国内外最新养殖技术、吸纳动物营养最新研究成果，公司建立了自有原料数据库和不同畜种、不同生理阶段的企业内控产品技术参数，推出了反刍动物、畜禽、水产添加剂预混合饲料，反刍动物精料补充料、蛋白浓缩饲料等系列产品。公司投入大量的研发费用，主要用于产品升级换代的基础研发，开展物理、化学、生物学评价以及承担政府部门的专项科研项目等。研发中心跟踪探索前沿技术的发展，为新产品提供核心的技术支持，并致力于攻克技术难点，实现了公司的核心技术储备，为公司挖掘新的利润增长点。

内蒙古蒙泰大地生物技术发展有限责任公司是中国饲料工业协会团体会员（理事单位）、内蒙古自治区饲料工业协会副会长单位、内蒙古自治区农牧业产业化重点龙头企业，被内蒙古自治区产品质量监督检验局授予“饲料质量跟踪服务产品”的企业。公司全心全意为广大养殖户提供性价比最优的饲料产品、便捷服务及饲养整体方案，为内蒙古饲料工业的发展及畜牧业的繁荣继续做出努力。

一、发展历程

1997年1月，内蒙古蒙泰大地生物技术发展有限责任公司成立。公司成立之初，考虑到合作双方北京九州大地生物技术集团股份有限公司在企业管理、市场营销方面及内蒙古农牧业科学院在科研、技术力量方面的优势，并结合当时养殖业发展的市场需求，制定了定位于研发、生产、销售，高端反刍动物、畜禽、水产添加剂预混合饲料产品，再根据市场需求及公司发展状况适当调整产品结构的战略发展规划。公司依靠优质的产品、稳定的性能，产品除在内蒙古自治区成功开拓市场外还远销河北、山西、宁夏、陕西、甘肃、青海等省区，并于当年实现了盈利。

2000年后，迎来了我国奶牛养殖业的高速发展阶段。公司决策层预期西北地区的区域市场奶牛精料补充料及浓缩饲料产品的需求将是今后发展主要趋势，并且蕴含着巨大的市场前景。公司于2000年果断地做出了战略性决策，重点研发和生产、销售反刍动物精料补充料及浓缩饲料产品。公司集中投资双方科研、技术、生产、市场开发的优势力量在最短的时间内研发出了奶牛精料补充料及浓缩饲料系列产品并成功推向市场，开创了内蒙古自治区奶牛精料补充料及浓缩饲料产品成系列专业化研发、生产、销售及售后技术服务“一条龙”的产业化模式。在成功地进行了前期市场开发和产品推广后，根据精料补充料及浓缩饲料生产、运输辐射半径的规律，最大程度降低广大养殖用户的饲料成本，公司于2001年分别在包头市和乌兰察布市集宁区成立了蒙泰大地包头分公司和宏泰大地饲料科技有限公司两家分公司。随着市场的拓展和销量的增长及集团整体战略发展规划的需求，两家分公司于2003年和2004年成功地成为集团的子公司。

2009年，公司迎来了新的发展契机。通过多年的不断努力奋斗和积累，内蒙古蒙泰大地生物技术发展有限责任公司在和林格尔县盛乐经济园区斥资兴建了6万t级反刍动物精料补充料浓缩饲料、1万t级反刍动物复合添加剂预混合饲料、1万t级畜禽复合添加剂预混合饲料专业化生产线各一条。现代化的先进生产线，专业化的管理、生产运行模式，集市场调研开发、产品售前、售中、售后全方位多功能技术服务于一体的营销模式，加之秉承“帮客户创造效益，让员工体现价值，使公司得到发展，为社会积累财富”的价值观，内蒙古蒙泰大地生物技术发展有限责任公司将会迎来一个更美好的明天。

二、加快技术研发，提升产品竞争力

公司非常注重引进技术，在实用技术开发、自主技术创新方面坚持自主研发、创新为主、引进为辅的产品发展战略，不断加快企业技术进步，提升企业的核心竞争力。2014年公司承担着内蒙古自治区呼和浩特市重大科技专项《犊牛早期断奶关键技术-膨化代乳产品的研制与产业化生产》《反刍动物功能性饲料—奶牛围产期功能性产品的研制与产业化生产》的研发项目。该项目是根据我国著名反刍动物营养专家内蒙古农牧业科学院卢德勋博士提出的“反刍动物系统整体营养调控理论和技术”作为研发的技术依托，并结合公司在饲料生产研发方面所积累的技术参数加以熟化，针对我国奶牛业发展趋势和犊牛早期断奶及奶牛围产期饲养管理的实际情况，经过大量实证的基础上开发而成。这种开发的产品性能稳定，营养涵盖广，互补性强，对犊牛早期发育、围产期的营养护理及保健、培养高产奶牛等效果显著，必将对奶牛业健康发展起到积极的促进作用，是奶牛养殖企业的理想的产品。

公司自成立以来一直贯彻在强有力的执行力推动下科学化、规范化、精细化的开展各项管理工作方针。执行“方案营销”使得整个公司的销售模式得到统一，并在销售的各个环节有据可依。

公司坚持“根植大地，共享成长”的理念，逐步形成了优秀的企业文化。在蒙泰大地公司，所有员工都认可而且高度赞同“只有从基层做起，踏踏实实做事，实实在在做人，这样才能把事情做成功，才能使自身得到提高”。2014年公司核心员工的平均在职年限不断增长，为企业长远、稳定、持续发展奠定了良好的基础。

未来，公司将秉承夯实基础、突出主业、实业扩张、做强做大的原则，致力于将公司发展成为科技含量高、产品附加值高、市场占有率高、具有强大竞争力的一流饲料企业。以“滋育生命、厚德载物”的大地精神，实践“根植大地、共享成长”的理念。

严把质量关　加大服务体系

——内蒙古正大有限公司五原分公司

内蒙古正大有限公司五原分公司位于巴彦淖尔市五原县工业园区，是世界500强跨国企业正大集团旗下分公司，公司经营业务范围为饲料生产及销售，为专业化牛羊料生产企业，整个生产线专为生产牛羊饲料而打造，年生产能力20万t，占地7.1hm^2。一期总投资 9 200 万元，固定资产投资 8 000 万元，建筑面积 1.5 万 m^2，项目总建设工期 270 天。2014 年累计销售饲料 4.7 万 t。

一、严抓产品质量关不放松

内蒙古正大有限公司五原分公司依靠国际领先技术、生产设备和现代化的经营管理模式和专业化精英团队的持久打造，不断重视质量管理，完善售后服务，保证并不断提高产品质量，以此赢得了广大客户的信任与支持。

公司采用世界先进生产工艺和设备，生产设备高度自动化、智能化。饲料配方由正大集团的国际顶尖科学家联合研制，使用最为先进的美国进口 WEM—4000 全自动配料系统，达到了饲料行业配料精准度。糖蜜混合机为专业生产牛羊饲料而特别研制，不仅更高效，而且在添加量和均匀度方面都更加出色。CPM 美国进口技术的制粒机、配以全自动触摸屏控制界面，使得调制和产能均达到了最佳效果。先进的包装系统和智能化的码垛机器人，确保了成品入库、出库更加整洁高效。同时，公司还拥有全球最先进的品质检测仪器，不仅对进厂原料进行 100%抽样化验，而且对整个生产过程实施全过程监控，保证了每一个批次饲料的高品质。公司主要产品有牛饲料、羊饲料两大系列 20 余个品种。

公司实施全面质量管理，顺利通过 HACCP 及 ISO9001 管理体系认证和评审工作，提升了公司品牌影响力。

二、大力加强产业化服务体系建设

农牧民渴望富裕，但传统落后的生产经营思想和粗放的饲养方式束缚了家畜生产能力正常发挥，养殖业效益低下，农牧民养殖积极性不高，产业化发展速度缓慢。公司针对当时现状，坚持“利国、利民、利企业”的宗旨，提出了“网络先行、服务制胜”的经营理念，推出服务营销、顾问式营销方式，实施客户满意工程。公司充分利用正大的人才、技术、资金优势，投入大量的人力、物力、财力，营销人员不辞辛苦地深入田间和地头，为农牧民无偿办养殖技术讲座、发放配套的产品养殖技术指南，传授科学饲养技术、进行现场疫病诊断防治，针对疾病及时给予手术、输液、开置处方等治疗。公司首先在有条件的地区选择有一定规模和影响力的养殖户进行对比饲养实验，以实际饲养效果影响和调动农牧民积极性，增加其收入，并把重点养殖户作为传授实用饲养技术和疫病防治技术服务体系的网点，推广规模化、标准化养殖示范。公司在有条件的乡村建立疾病防治服务点，进行全方位的售后服务和技术培训，开通客户服务咨询热线，强化和完善售后服务。公司的专家、科技人员和营销人员发扬团队精神，团结一致，经过几年艰苦细致的努力，以点带面，不断推广，社会化服务体系逐步成网。

三、创辉煌，做发展最快、最强、最持久的公司

公司通过抓行情、抓质量，降低饲料成本；严把关、抓品质，提升产品档次；严管理、扩产能，提高生产效率；抓素质、重执行，拓展重点市场；抓节能，抓降耗，严格控制费用；价值营销，网络（专营）先行，服务制胜等一系列具体措施的实施，实现公司发展最快、最强、最持久的目标。

公司作为行业规范和标准化作业的先锋企业，将继续把做最具竞争力、最具创新力、管理水平最佳、持续增长最快最久的公司作为自己的经营目标，始终不忘利国、利民、利企业的经营准则，并继续以追求“顾客、企业、社会”的三满意为自己的崇高目标。

做一个有信仰的企业

——辽宁波尔莱特农牧实业有限公司

辽宁波尔莱特农牧实业有限公司是一个以传统文化为思想根基，应用中华传统文化来运营企业，企业的一言一行完全遵从中华传统文化，是真正有文化、有信仰的集团化企业。公司位于沈阳市农业产业开发区沈北新区，是辽宁省农业产业化重点龙头企业，农产品加工重点龙头企业，是集饲料研发、生产、销售为一体的大型饲料生产企业。

公司是与中国饲料工业发展同时起步的，成立于 1993 年，集团董事长邬加会投身到饲料行业中，立志创建本民族品牌饲料，在新城子区成立了第一家民营饲料企业。公司本着永远以质量为第一、永远重视技术创新、永远以人为本的经营理念，坚持生产高品质“波尔莱特”饲料。经过 20 年的发展，企业才算摸出了一套自己的经营之路，即走高品质的质量之路，集团化之路。公司从 2003 年提出“为弘扬中华传统文化、促进民族文明进步作出杰出贡献的质量优秀、文化优秀的集团化企业”这一目标，并将“振兴中华传统文化，提升民族文明素养为己任，传播仁爱思想，为社会提供好产品，向社会传播好思想，报恩社会，文化报国”作为企业发展的使命。公司已走过原始积累阶段，正全面进入高速发展阶段，完成了从转移发展战略到快速发展战略，进入品牌发展战略。

公司一直提倡“我爱人人”的《仁爱之道》思想

管理企业。用“做善良人、做好产品”为信念，以激情、智慧、坚持的企业精神经营企业，坚持走高品质质量路线。“波尔莱特”牌产品获得国家五项专利。其系列产品组成的高效养猪法具有高效益、高效率，提高免疫力、安全营养、防疫病的特点。其中“波尔莱特”4210产品早在2000年获得沈阳市科学技术委员会颁发的科研成果奖。公司深得国内广大养殖户信赖，评为“辽宁城乡市场知名品牌、放心产品”。

公司现主要产品有添加剂预混合饲料系列、猪饲料系列、反刍动物饲料系列、禽饲料等4大系列80余个品种。现在公司产品已经在黑龙江、吉林、辽宁、北京、天津、山东、河南、河北、内蒙古、四川等16个省市地区进行销售。公司研发团队高度重视技术创新和质量管理。公司在学习国内外高科技术的同时，建立现代的研发机构，产品自主研发能力业内领先，公司通过质量管理体系ISO9001和食品安全管理体系ISO22000双认证，为公司的持续发展提供了重要保障。公司的产品质量国内领先、技术力量雄厚及丰富的人力资源成就了波尔莱特20年的经营，现公司的资产过亿，已发展成10余家集团化企业。

公司法人邬加会董事长不但将质量作为生存的基础，还将《弟子规》作为企业员工培训内部教材进行推广，常年做一些公益事业，免费向经销商、养殖户进行“仁爱之道”教育。“道德的血液”用波尔莱特人的话就是“做善良人，做好产品”。产品质量做不好，做再多的慈善捐款、慈善活动也无法弥补。“以义取利、利他利己、不舍不得，相信因果”。公司常年与种植户签订收购合同，收购玉米等饲料原料，带动农民增收致富。并且为大学毕业生提供实习、就业岗位，资助残疾人弱势群体，积极参加慈善活动。2010年公司出资100万成立贫困学子助学基金。

作为一家民营企业，公司无论从管理经验、技术研发、文化组建，人才选育等多方面都在不断发展壮大，积累了深厚的基础和经验，得出了一个结论：没有历史的企业不会有经验，没有经验的企业质量很难稳定。公司的发展历史证明了持续的平凡和永恒创造了发展的神奇，这神奇化掉人性的腐朽，回归本来的人性真、善、美，显现出智慧的霞光，智慧之光就是“Power light”波尔莱特的直译。

对于“波尔莱特”能够获得中国驰名商标，和近20年发展历史的民营企业而言，“仁爱”首先意味着对待用户的态度，要讲诚信，要把质量做好，诚信是一家企业的立足之本。作为饲料企业，饲料产品是否安全，关系到老百姓的健康问题，公司要保证用户用好产品，改善畜产品的品质，让老百姓吃上放心的猪肉！所以新产品的研发也是企业义不容辞的使命。波尔莱特带给用户的不仅是优秀的产品，更是一种产品带来的“仁爱”的理念。

导入精细管理　专注蛋禽饲料

——海城市盛利饲料有限公司

海城市盛利饲料有限公司始建于1995年，“盛利”寓意企业核心价值观“盛德互利”、企业愿景“盛装启航，无往不利”。公司位于辽宁省海城国家级农高区（耿庄），占地5万m^2、建筑面积3万m^2，综合产能85万t/a，拥有东北单线产能第一（时产120t）全自动化复合生产线一条，是集饲料加工销售、蛋禽合作养殖、蛋品加工销售为一体的蛋禽产业化企业，是辽宁省农业产业化重点龙头企业，是专注禽饲料研发、生产、销售的技术创新型企业。2013年，公司面临国家为保证食品安全实施新的《饲料和饲料添加剂管理理条例》，整顿市场秩序、规范企业行为，提高饲料企业准入门槛、淘汰落后产能之大势。公司董事长兼总经理董德芬在对企业技术和经营能力综合研判后毅然决定进行二次创业，对企业软硬件进行全面升级，立志将公司打造成省级禽类饲料企业标杆。

一、专注蛋禽饲料20年

起步阶段　董德芬女士1995年筹资30万元成立海城市盛利饲料有限公司，专注于为鞍海地区蛋鸡养殖户提供价平质优的蛋鸡饲料。

1995—2004年，公司提出“正直经营、良心生意”的理念，公司当时还处于技术模仿、家庭式管理、半机械化生产阶段，董董事长就凭借个人胆识和顽强拼搏，使企业2004年月均销量突破3 000t，让公司在辽南禽饲料市场占据一席之地。

2004—2007年，公司提出“质量竞争、诚信经营”理念，凭借敏锐的市场嗅觉判断中国加入WTO将对饲料行业产生深远影响。公司果断决定打破当时饲料行业流行的原料成品“双赊销”的经营模式，实行原料成品“双现款”经营模式；用组织式制度管理代替家长式随机管理；用自动化生产代替机械生产；用现金规模采购降低采购成本；组建自有技术研发团队，强化饲料性价比，特别是家禽营养专家的加入，让企业产品质量可靠性和稳定性产生质的飞跃，2007年月均销量突破1万t，公司正式进入辽宁禽料企业前十强。

2007—2013年，公司提出“价值竞争、正气经营”的理念，开始组建专业服务营销团队，以服务增值代替单纯的价格竞争，按行业先进管理模式构建企业组织结构，形成了一套以“自身挖潜还客户实惠”，以“养殖技术增值服务”的营销体系，公司经营管理开始从粗框的制度管理向细线的规范管理转变，整体竞争力进入省内前列，年销量突破20万t，进入辽宁禽料企业前五强。

2013—2014年，公司提出二次创业，向规模化、产业化、集团化的方向发展，向禽蛋食品和禽蛋精深加工业延伸。公司拥有四套独立生产机组，产能25万t基础上，投资5 000万元引进世界上最先进时产120t全自动生产线投产，2014年底企业单厂年产能达85万t，单厂产能稳居东北第一。

盛利过去20年与时俱进，公司形成以饲料生产为主、合作养殖为辅、肉蛋深加工为支撑的产业链、集约经营方向发展，实现“盛装启航，无往不利”企业愿景。

盛利过去20年获得的主要业绩、荣誉包括2009年辽宁省农业产业化“带动农户”先进单位；2012年辽宁三十强饲料企业荣誉称号；2009年、2011年辽宁省农业产业化重点龙头企业；海城市农村信用合作社AAA级客户；辽宁省饲料工业协会第五届理事会（2010—2014年）常务理事单位。

二、适势导入精益管理

2013年，公司按优秀制造型企业管理核心思想“流程优化、节点管控”、“过程规范、结果标准”，对公司组织结构和经营管理模式进行全面升级改造，建立规范的企业营运管理体系和完备的质量控制追踪体系，对内强调现场5S、行为规范、作业标准，对外强化产品综合优势、实施技术增值服务以更好兑现企业对客户“用盛利、最赢利”的承诺。

三、领先的技术优势

公司对蛋鸡饲料采用“四季精准配方系统”，推广“39310”蛋鸡标准用料模式，确保蛋鸡在不同季节对营养的需求，确保蛋鸡生产性能的稳定和潜能的发挥，不仅为蛋鸡养殖户提供具有“海城盛利”特色“质做优价廉”的蛋鸡全周期、全系列饲料。同时，为客户提供专家式的技术服务，提高养殖户的饲养管理水平、经营能力和盈利能力，追求蛋鸡养殖效益最大化，实现“用盛利最赢利”的目标。

公司对肉鸡料采用“百米冲刺配方系统”，推广“14016”肉鸡标准用料模式，确保肉鸡快吃快长快出栏，最大限度降低养殖户的风险，提高养殖户的饲养管理水平、经营能力和盈利能力，特别是在体现白羽快大肉鸡规模养殖场综合效率指标“欧值”上做到省内一流，全国领先（盛利430、国内平均380），在追求肉鸡养殖效益最大化选择上盛利，真正实现“用盛利最赢利”的目标。

四、自动规模生产线

2013年公司在全国饲料行业不景气，上市公司业绩普遍下滑的大背景下，公司决定逆势升级设备、扩建新厂、增加产能储备，为公司后续发展打好基础。

经过近一年的发展，对国内外一线成套饲料机械供应商的实地考察，最终选用国产具有国际领先水平的“牧羊智能科技”新型全智能化成套设备，并在新生产线设计、设备造型、现场安装全流程中融入公司独特的蛋鸡饲料加工工艺，完成从“自动生产”到“智能制造”的升级。

2014年12月20日，随着主车间、小料车间、玉米筒仓群、豆粕筒仓群和自动码垛系统逐步完成空机调试、联机调试、带料试产，标志东北单车间产能第一（时产120t）年产60万t全自动化复合生产线设备的联产调试成功，现场测试其四大生产效率指标（人均工时效率、吨均电耗、复合配料精度、产品均匀度）均达到设计要求，处于国内同行领先水平。

五、完善的产品管理体系

公司拥有专业的技术研发团队，独立的蛋鸡、肉鸡养殖试验基地，完善的产品质量控制体系，公司所有拟投放市场的新品饲料都要经过试验场的两次平行（一次是升级前的公司产品、一次是取用于市场的优势产品）对比试喂，确保养殖户用料的安全、高效、可靠。

公司拥有保姆式的专家服务队伍，服务人员全天候在养殖场跟踪服务，现场示范、引导养殖户采用“蛋鸡39310”和“肉鸡14016”标准用料模式，加上程序化和精准化养殖技术管理，提高养殖户比较效益。

公司拥有先进快速的饲料理化指标检测设备，一台德国BRUKER公司生产近红外扫描仪（NIR）和一台美国BioTekInstruments. Inc. 公司生产ELX800全自动酶标仪（用饲料原料和成品的霉菌毒素检测），确保公司原料和产品的营养理化、霉菌毒素指标符合家禽各生长、生产阶段营养需要和健康保证，同时也间接保证了食品安全。

公司建立起以技术研发和科技创新为龙头，以销售服务为桥梁，以采购、生产和品控为保障的，有盛利特色扁平组织体系和精益高效的管理体系。公司采用金蝶财务管理为中心的一卡通系统，实现物流管理智能化，提高物流管控水平，提高资金使用效率，有效降低成本让利用户。

公司始终坚持“质量是管理核心”，严格按照国家饲料生产标准执行，每年饲料质量标准年检都率先通过，所有产品均通过国家 ISO9001 质量体系认证。随着盛利饲料新工厂和鞍海蛋品公司的投产，“盛利”将更有条件、更有能力实现“盛德互利”企业核心价值观！实现“盛装启航，无往不利”企业的愿景！

精于特种养殖 打造现代化经营模式

——沈阳双良饲料有限公司

1956 年以来，随着毛皮动物由野生的饲养状态转变成现在的家庭养殖，这必然带动着毛皮动物饲料行业的迅猛发展，以王国良为发起人之一的民营企业，学习和引进芬兰、丹麦、美国先进的理念和管理经验，在我国成立了沈阳双良饲料有限公司，先后创建了以干粉配合饲料为主的沈阳双良饲料有限公司、沈阳博阳饲料有限公司等企业，专业致力于特种毛皮动物饲料的研制、开发、生产及销售。

进入 21 世纪，随着毛皮动物产业飞速发展，饲养存栏量迅速增加。1999 年 1 月成立沈阳双良饲料有限公司，并迅速组织专人对市场进行考察，公司决定进行战略调整，把触角伸向了毛皮动物饲料领域，投入大量人力物力开发貂、狐、貉饲料。以赶超国际发达国家的毛皮质量为目标，“专注于毛皮动物营养，做精、做强毛皮动物饲料产业，赶超国际先进水平，创建一流企业”为战略定位，并采用了先进的饲料制造技术，制定了高水平的饲料标准，严格的质量标准，并很快将产品投放市场。

虽然双良饲料以高于市场上其他品牌 500 元/t 价格在市场上销售。但养殖户的毛皮动物养殖水平及效益发生了极大的变化。高质量毛皮动物饲料受到了广大养殖者的欢迎，订单纷至沓来，饲料产量以每年几倍的速度提升，市场知名度迅速提高，公司一跃成为中国毛皮动物饲料最具影响力的专业生产企业之一。

公司不断开拓创新，挖掘商机。2009 年国内水貂的饲养量总数约 4 000 万只，其中有 3 000 万只分布在山东，每年约 180 万 t 的饲料需求量，由于饲料技术原因（一直在做干粉饲料），养殖户还在用传统的方式自己购买原料、储存、搅拌，存在人工成本高、饲料品质差、产仔率低、皮毛的质量差等诸多问题。公司曾两次派出技术团队到毛皮动物饲养先进的地方丹麦、芬兰等北欧国家进行考察学习。

公司凭借敏锐的商业洞察力，采购芬兰的 Fimland Oy Petsmon Products Ab 自动化的全不锈钢鲜配合饲料进口设备。公司成功研制、生产出产仔性能高，皮张质量好，养殖周期短的现代化营养配方和高浓度营养健康的水貂鲜饲料产品。水貂鲜饲料的出现，填补了国内饲料行业在这一领域的空白，提高了饲养者的劳动效率，提升了毛皮的质量，引领了毛皮饲料行业的发展和变革，缔造了水貂行业的新标准。

截至 2014 年，公司在毛皮动物饲料领域已达 16 年之久，拥有一支精良的技术队伍，从事专业毛皮动物营养及配方研究，从产品技术、品牌、知名度、市场占有率，网络建设等方面处于中国领先水平。自动化饲料生产线的生产车间：CBS4000 型计算机控制配料系统和强大的电子控制识别系统，配料准确、精度极高；25 个配料仓，可选择 25 种原料进行自动配料，彻底杜绝人工配料造成的质量事故；国内首创添加剂预混合饲料投入采用电子条码识别技术，确保饲料产品质量万无一失。公司汇集了高素质技术人才，与国内外高等科研院所及专家进行广泛的交流合作，并多次赴美国、丹麦、芬兰等毛皮动物养殖技术先进的国家进行考察。从营养、保健、饲养管理等方面着手，凭借多年的饲料生产经验和雄厚的技术力量，研制出更适合毛皮动物快速生长、高产的现代化营养配方和高浓度营养健康饲料产品，在毛皮动物饲料科技研发方面居国内领先水平。

质量是根本，品质是保障。公司从采购—品控—生产—销售都遵循严格的管理制度：采购部与专业经销商签订协议，以稳定货源，切实保证原料的品质；品控部本着严格的原料检化验制度和产成品检化验制度，严格做到不合格原料不入库，过期原料不使用；产成品检化验制度中也严格规定检验程序及标准，做到不合格产品不出库。为了提高品控水平，双良饲料在化验设备上加大了投入成本，在原有的化验基本仪器的基础上，又引进了近红外等高科技检测设备。生产部拥有亚洲最大的膨化玉米生产线：毛皮动物是单胃肉食动物，咀嚼少，吞咽食物，肠道短，食物在胃中停留时间短，膨化玉米作为毛皮动物重要的饲料原料，具有较高的能量，在膨化过程中灭活有害细菌，减少消化系统疾病的发生。膨化玉米还具有适口性好、消化率高，饲料转化率提高，在毛皮动物饲料添加量中占 1/3 以上。为确保产品质量稳定，公司致力于自制膨化玉米，2014 年集团引进 22 台大型膨化机组，每月产膨化玉米万吨以上。公司以产品的品牌开拓市场，靠产品的质量稳定市场，用完善的技术服务扩大市场。公司培养了一批专业从事毛皮动物技术服务的人员，并开展各种技术讲座，现场解决饲养者在饲养过程中遇到的实际问题。2014 年公司销售网络不断扩大，产品销售到辽宁、吉林、黑龙江、内蒙古、河北、山东、山西等省。

公司经过辛勤耕耘，先后荣获“辽宁三十强饲料企业”“诚信单位”“金牌销售企业”“领军企业”

"2013 中国非公经济创新人物-王国良董事长"等殊荣。公司愿以"品质一流、服务至上、创新发展、和谐共赢"为宗旨，凭借高素质的人才，完善的管理，先进的设备，科学的配方，优良的饲料产品，为中国特种养殖业的发展作出更大的贡献，争取做中国毛皮行业领航人。引领毛皮动物饲料技术新革命，缔造毛皮动物营养需求新标准。

为养殖户提供有机安全的动物食品

——和农牧业集团

和农牧业集团结合国内外最新的科研成果，精心加工高效、高科技、高营养水平的饲料产品，以提高产品的品牌地位，竭尽全力帮助农民实现养殖效益最大化。公司先后通过了 ISO9001：2008 国际质量管理体系认证和 HACCP 食品安全管理体系认证。"和农牧"品牌荣获吉林名牌称号。

公司肩负着"以客户为核心，为养殖户提供有机安全的动物食品"的使命，在瞬息万变的时代中，坚守自己的信念，走出了一条坚实的畜牧兴农之路。和农牧业集团成为东北三省及内蒙古自治区具有现代化管理和综合实力较强的畜牧集团企业之一，吉林省农业产业化重点龙头企业。

一、创新管理方式，提高管理效率

首先，公司以"安全、经营、资金"三大风险控制为抓手，通过制度与流程的梳理和完善，逐步建立起以组织结构科学、流程管理顺畅、制度设置规范、控制程序精细为特征的全面风险管理体系。在安全管理上，实施安全总监负责制安全生产标准化，充分利用现代化、信息化管理手段，加强安全、质量等方面的实时监管，使之始终处于受控状态，确保安全无重大事故发生，在经营上，着重规避源头风险，实行合同评审和集中管理制度，注重经营品质的有效提升。在资金管理上，强化资金、财务主管双集控管理，加强资金全面预算管理和财务电算化管理，扩大网上银行的覆盖面，实现资统一调度和有效监控。其次，规范、优化组织结构。在公司上一层领导为下一层员工服务，上一道工序为下一道工序服务，二线为一线服务，全员服务于市场、服务于客户，这有效提升了企业运行效率和效益。同时，公司还加快企业信息化建设，建立起以网络与通信系统、OA 系统、人力资源系统并实现了异地监控。增强了对工作进度、产品质量、生产安全的控制力，提升了品牌和利润空间。

二、创新模式，提高竞争能力

在面对农产品原料价格不稳，为保证养殖户利益，公司利用期货市场锁定原料成本，原料价格涨时，产品迟涨价甚至是不涨价。公司实行供应厂商由集团统一确定、统一采购的办法，降低成本，把所得的空间利润返给经销商和养殖户，让养殖户有足够备货时间。在营销上，公司采取"数据营销，实证说话，会议推广，跟踪回访，近距离市场密集性开发"的营销策略，与经销商和养殖户建立了良好的沟通平台。近年来，由于我国劳动力成本越来越高，散养户快速退出养殖市场，规模养殖场正在逐步进入市场，规模养殖场为了降低人工成本，降低原料占用资金的利用率，也在逐步向全价料过渡。公司为了满足市场占有率的不断扩大，2014 年增建了美国 CPM 全自动生产线，年产能力达 55 万 t。并建立"858"营销新模式。走乡村屯包围县城，在销售渠道上，把网点建在乡镇和村屯，决战最基层。渠道模式针对性抄底，采用厂家—经销商—养殖户，核心市场设在距离公司 100km 以内。利用猪场产品推介会及猪场 CEO 沙龙会议开发规模猪场。多年来和农的产品质量深得养殖户的信赖。四平市大洋禽业是一家拥有 12 万只蛋鸡的养殖场，并拥有丰富的养殖技术及管理经验，与和农成为最佳的合作伙伴，饲料使用量达 5 300t/a。

在技术研发上，公司产品研发部拥有 2 位国内专业配方师对产品不断地更新，同时，公司还与国内饲料行业高端技术人才实施外挂式技术合作，以确保公司产品不断优化升级。2014 年，公司品牌中 2 款特色饲料堪称行业的领头产品。猪饲料中的"乐得吃"可以实现小猪出生后乳汁不足的营养供给，可以替代母猪的奶水，并且实现哺乳期最佳生长优势，为后期育肥打下基础。鸡饲料中的"蛋王"可以实现产蛋鸡长达 11 个月产蛋率均在 90%以上生产指标，远远地超过其他厂家仅能达到 7 个月的产蛋高峰期标准。

三、建立、完善的饲料企业标准化体系

1. 贯彻国家有关法律、法规，及时建立新法规，新规范的执行体系，并列入标准化管理体系。

2. 在饲料工业国家标准、行业标准和地方标准的基础上，建立以企业产品标准为主要内容的技术标准体系。

3. 建立健全以全面质量管理为主要内容的管理标准体系，如各种管理方法的运用。包括 5S 管理体系，全员质量管理体系，CPQA 质量管理体系等有效的运用，使质量得到了有效的保证。

4. 建立健全以操作标准为主要内容的工作标准体系。主要包括各个工作岗位的操作规范及技术要

求。还包括相关流程的要求，最终以图表加文字的形式体现。

公司通过不断地学习完善标准化管理，以此规范化生产、销售、售后来服务于广大养殖户。

四、用感恩的心做人，用爱心做事业

市场竞争的实质是人才的竞争。要使企业在竞争中立于不败之地，必须重用人才和培养人才。和农人永恒的奋斗主题—“在学习中发展，在发展中学习”。董事长方彦明十分重视学习，并先后就读于美国威斯康星大学 EMBA、清华大学两届总裁班。同时还把高管人员送到中国人民大学或清华大学学习就读 MBA 或总监班。每年聘请国内知名培训老师，定期对全体员工进行培训。公司拥有博士生 3 个，硕士研究生 10 个，大专以上学历占总员工的 50%以上，企业员工平均年龄仅 32 岁，团队年轻化，形成一个个年富力强，战斗力强，执行力强的团队。

公司确立了完善的企业文化，伴随着企业的发展，公司的文化日臻深厚。公司采用 PDCA 循环，有计划有组织地工作和战略规划。公司领导以身作则，用人品吸引着员工、客户、合作伙伴。公司的企业精神是“积极、主动、自信、热情、简单、快乐”这也是每一位和农人的心态取向。公司遵循“把大事做稳，把小事做好”的管理理念。为保护知识产权，和农现已注册商标达 13 款，获国家外观设计专利 2 款。

五、献爱心送温暖，尽显社会责任

2008 年 5 月 12 日，汶川地震公司捐款 2 万余元；2010 年 4 月 14 日，青海省玉树 7.1 级地震，捐款 7 万余元。

寒来暑往，雄心勃勃的和农人坚定信念、勇往直前。公司以其非凡的创造力和对梦想的坚持，肩负着振兴饲料业的使命，必将成为中国东北畜牧产业的一面旗帜。

节资源、降成本
让用户得实惠

——吉林大龙饲料有限公司

吉林大龙饲料有限公司创建于 1993 年，位于素有“北国江城”之称的吉林市，公司成立之初是由吉林省饲料公司、吉林市饲料公司与泰国正大集团三方合作的中外合资企业，是专业生产猪、鸡、牛等畜禽配合饲料、浓缩饲料、复合添加剂预混合饲料的大型加工企业。

2004 年公司实现由中外合资向民营股份制的改变，自筹资金 2 680 万元，新建一座占地面积近 3 万 m^2，年生产能力达 18 万 t 的现代化厂区。2005 年 10 月 18 日正式投产运营，拥有量身定制的国内一流的配合饲料、浓缩饲料及添加剂预混合饲料的生产线，完全实现生产控制自动化，技术、品控、仓储、营运、后勤保障网格化。

2005 年 4 月公司通过 ISO9001：2000 国际质量管理体系认证。公司还先后被吉林省市授予“防伪保真企业”“质量信得过企业”“吉林省名牌饲料”“吉林省行业 20 强”等荣誉称号，被吉林省政府批准为“省级农业产业化重点龙头企业”，是中国饲料工业协会理事单位。

2014 年，公司员工 160 人，拥有一支 20 余名高素质人才的科研队伍。公司始终坚持诚信创新、和谐共赢。全力提升饲料品质，为民生谋利造福。在新厂区成立后短短的几年里，迅速发展成具有竞争力和发展潜力的民营企业。产品远销辽宁、黑龙江、河北、内蒙古等省、自治区，产销量连续五年位列全省前茅。

2014 年以来，在全国经济下滑，市场一蹶不振的背景下，公司全体员工，上下一心，攻坚克难，在不流失原有客户的情况下，一点一滴地拓展开发新的市场，在原有先进生产工艺的基础上，不断加深和完善自己，力求最大限度的节约能源，降低生产成本。同时，公司举办各项培训和技能大赛，使员工能力得到进一步的提升，在市场竞争日益白热化的条件下，大龙公司秉持着全员亮剑、质量第一、服务至上的宗旨，以大龙饲料的优良品质，加上科学的养殖技术，为农户带来了实惠。

一、科学养殖惠农，5 万份《养猪宝典》免费发放

公司特聘请吉林省养猪协会常务理事、吉林市重大疫病防控专家、吉林市农业科学院董万福教授作为技术指导，解决养殖过程中出现的一些技术难题并就一些优良的养殖方法与农户相互交流，力求以最小的投入，创造最大的价值。面对养猪行业的风云变幻，中小猪场只有提高自身的管理水平和养猪技能才能在竞争中站稳脚跟，因此，公司编制并印刷了 5 万份《养猪宝典》免费发放给养殖户，使农户以科学养殖为根本，提高了生长猪成活率和肉料比，为农户带来更大的收益。

二、百万让利，亲情回馈

在养殖市场出现危机，大部分农户亏损经营的情况下，公司领导情系农户，开展了百万让利，亲情回

馈活动。5月大幅降低饲料价格，并采取一系列优惠政策，用实际行动，为农户减轻负担，与农户一起共渡难关，累计让利回馈达百万元，让农户得到最直接的实惠。

三、私人订制，代加工模式

据市场资料反馈，吉林周边部分规模猪场自主采购原料和添加剂预混合饲料，在厂内加以搅拌混合直接使用，由于采购的原料质量无法保证，人工混合工作强度高，部分参数指标不能及时有效的检测等一系列问题，公司通过上门走访，利用大龙饲料的优质采购资源和技术资源，提供代加工服务，这样不仅保障采购的原料质量，还能及时监控生产过程，先进的生产设备也有效降低了劳动力，节约了劳动成本，饲料的品质很大程度地提高猪生长的速度。这种私人订制的代加工模式，给农户带来了很大的效益，半年多时间新增猪场销量不断刷新纪录。

四、技术创新

公司科研部联合吉林农业科技学院、吉林市饲料研究院、北京和利美生物科技有限公司多位博士努力下开展一系列技术创新研讨活动，经过反复的论证与试验，利用技术手段，研制出针对仔猪的保育乐饲料，乳猪的高能料等，在市场中赢得了非常好的口碑，有效地保证了乳猪的生长周期，农户中流传着健康来自保育乐、效益出自高能料的佳话。经过多年研发生产的大龙料，能给农户带来最大的实惠，在他们心中，大龙料是实惠料、放心料、管用料！

坚持做养殖业贴心的专业饲料服务商

——吉林新方圆牧业科技有限公司

吉林新方圆牧业科技有限公司以“与饲料行业发展同行”为目标，经过多年的发展，现已成为吉林省大型饲料企业之一。公司为中国饲料工业协会常务理事单位，吉林省饲料工业协会副会长单位。

公司拥有一支高素质的员工队伍和实力较强的科研队伍。公司大中专以上学历员工占30%以上，具有中、高级技术职称的科技人员30余人。其中，多名科研人员在省内及国内相关领域内拥有较高影响和知名度。其中5位专业技术人员是吉林省12316新农村服务热线的专家和12582农信通专家。同时，公司还常年聘请多名国内外知名专家、教授担任技术顾问，提升公司的开发创新能力。

公司拥有“精气神”“欣方圆”“吉方圆”等多个品牌，主要生产和销售猪浓缩饲料、猪配合饲料、鸡浓缩饲料、鸡配合饲料、牛浓缩饲料、牛配合饲料、鱼饲料、添加剂预混合饲料等，产品主要销往黑龙江、吉林、辽宁、内蒙古等省区。随着公司销售网络的不断扩展，公司生产的高性价比饲料获得越来越多用户的认同和称道。

公司从创立至今，从一个仅有几十人的小型企业，逐年发展壮大，现已成长为吉林省饲料工业的引领型企业—吉林省农业产业化重点龙头企业。在公司发展的历程中，留下了一串串闪光的足迹，公司和产品多年来获得荣誉主要有：吉林省农业产业化重点龙头企业、吉林省质量诚信企业、吉林省守合同重信用（AAA）企业、2011—2012年度吉林省诚信示范企业、吉林省农产品加工业百强企业、2008年抗震救灾先进单位、吉林省名牌饲料、中国饲料行业信得过产品等。

公司的健康成长离不开国家改革开放的大环境，而从内部则得益于一套日臻完善和别具特色的企业文化。

公司的宗旨核心是“生命—自然—和谐，传递健康养殖，保护生态环境”。在当今发展重视建立人与自然间的共生共存意识，重视环境保护，这样才共同构建一个美好和谐的家园。新方圆牧业作为养殖产业链的一环，一定会为保护生态环境，保障畜禽水产品的安全而尽心尽责。

多年来，公司不断提高产品质量和服务质量，顺利通过ISO9001：2008质量管理体系认证。在生产和在原料采购中严格把关，专门制定了一系列饲料安全保证措施，加大管理力度，强化检测手段，从国外进口了液相色谱仪等先进的检测仪器，实现了从原料进厂到成品出厂的全程监控。由于公司注重饲料安全环保，注重产品质量，在各地的多次例行饲料抽查中均顺利通过，在各省、区开展的“三聚氰胺”和“瘦肉精”等专项大检查中，新方圆牧业的产品无一例检出。

公司在努力提高市场营销能力的过程中，始终秉承做“养殖业贴心的专业饲料服务商”的经营宗旨，在东北地区常年举办免费的养殖技术讲座，免费上门为养殖户解惑答疑，不断提高养殖户的养殖水平和经济效益，深受广大农户的欢迎。

“与饲料行业发展同行”的目标体现了公司与时俱进，与行业共生共存，与同行业兄弟单位团结互助、互惠双赢的理念。在国内，公司与众多同行业的大中型企业保持交流合作，互通有无；在国际上，公司与美国、澳大利亚、德国等国的世界级企业和专家保持着良好的技术往来和互访。

“会当凌绝顶，一览众山小”“欲穷千里目，更上一层楼”。公司将一如既往，真诚与国内外同行及各界朋友携手共进，全心全意为养殖朋友服务，为中国农牧业的进步和发展，为建设社会主义新农村作出新的更大的贡献。

严把质量关　打造好饲料

——公主岭禾丰牧业有限责任公司

公主岭禾丰牧业有限责任公司是禾丰集团下属的第一家公司，1996 年 8 月成立，公司坐落于公主岭市郊区，经过十年的努力，2007 年开始，公主岭禾丰在吉林大地上崭露头角，销量快速增长，社会效益不断增大，同年被评为吉林省农业产业化重点龙头企业。并建设了规模壮观，气势磅礴的现代化工业园，集玉米收储、饲料加工为主的购产销一条龙模式，占地 13 万 m^2，仓储能力 20 万 t，全部为现代化恒温仓，严格的收购指标、现代的仓储设施及细致的内部管理，玉米的霉变粒控制在 0.1%以内，霉变率远远低于国家标准，确保了饲料原料质量的第一关。2014 年，公主岭禾丰饲料加工年产能 25 万 t，两条现代化生产线，吉林省内最先进的化验室设施及集团提供高难检测协助，严格的配方导入和电脑操作规程，品控及化验的有力监督，现场严谨操作，确保了库存产品合格率 100%，库存成品抽样合格率 100%，承诺服务项目顾客满意率 100%。

多元化市场管理。以服务客户为营销核心，公司聚集了一批优秀的技术服务专家及农产品经营师，亲自上门为经销商及养殖户提供技术支持及经营服务，以双赢为理念，以服务为宗旨，将技术、经营理念送给客户，赢得了广大经销商及养殖户的好评。2014 年召开养殖培训会约 800 场次，接受培训人员约上万人，很大程度地提高了当地的养殖水平。同时，公司推广实证大赛，从数据上让养殖户找到最适合自己的产品。在市场发育日趋完善的今天，公司更加注重品牌效应，在拥有了“禾丰”这一全国驰名商标的同时，公司多年经营的“威好普”商标也被吉林省评为省级著名商标。2014 年公司正在积极申报吉林省猪料名牌产品，并已通过初审。品牌的树立让企业管理更加自律在变幻莫测的市场环境下，公司坚持宗旨不变、动态管理、目标达成为标准，现年产量达 10 万 t 左右，产值约 3.5 亿元，近几年来，公司销量及产值一直保持吉林省内排名前列。2014 年 8 月 8 日，禾丰集团在上海证券交易所成功上市，更加彰显了禾丰的综合实力。

严把质量关，为了加强产品质量管理，重视过程操作，公司将品控工作下放到生产，生产上每一名员工同时也是品控员，对原料有异议，均可立即叫停的权力，找相关部门协调沟通。成品在打包时出现特殊状态的同样也是。生产上每一环节都要按照职位说明书那样去严格操作。公司的质量方针：六个永远不，“永远不采用不合格原料；永远不使用不正常设备；永远不允许不规范操作；永远不生产不达标产品；永远不忽视不满意顾客；永远不容忍不完善服务”。

人才培养方面，公司与多家高校建立了紧密的联系，不但在一些农学院成立了“禾丰班”，而且还成为一些高校的实习基地，为学生提供社会实践的机会，吸引大量毕业生就业。在企业内部，各部门都有自己的培训计划，并有相应考试，禾丰集团还开设了 ELN 学习平台，使所有员工在这里都有所提高。每名员工不仅仅是付出能量为公司创造价值，也会在这里积蓄更多的能量，得到更快地提高与发展。

信息化系统的使用，也在日臻完善，原料、产成品数据、发货清单均直接进入 EAS 系统，原料和成品的检测数据也都直接进入，财务系统对单品种的边际贡献分析清楚可见，结账效率大大提高，所有成本及费用流程完全在系统中完成。开发的网上订货、付款等方式，减少误差，避免携带现金的风险，节省大量的时间。这一信息管理系统的完善，具有成本控制、人员优化、管理及时、减少漏洞等优势。同时，带动了合作伙伴的信息化应用。管理者能够不受时间和地点对本公司进行动态的管理，信息化的推动，使管理又上了一个新台阶。

与国际标准化的接轨，公司的各项制度，人事制度、财务管理制度、生产管理制度、后勤管理制度等也在不断日臻完善，使工作章法有序，达到了同行业领先水平。2014 年公司又引进了卓越绩效管理模式，实行全方位立体网状式管理，总体协调股东、顾客、员工、合作伙伴及社会价值，完善系统管理，从而实现企业的长久的持续发展。

企业文化深入人心。如果说这些制度是硬性管理，那么公司还有一个软的管理，即“企业文化”，这个企业的灵魂已深深地根植于每名禾丰人的心里，共同的理想，认同的人生观，共同的企业价值观，让禾丰集团 20 年间在业内不断地创造了奇迹。作为公司中一员，一样的感知、感悟、诠释和演绎着这一切。

公司的宗旨是以先进的技术，完善的服务，优秀的产品促进中国畜牧业的发展，节省资源，保护生态环境，实现食品安全，造福人类社会。公司立志成为中国饲料行业最优秀的企业，以先进的技术、科学的管理、完善的人才配置和为社会服务的决心，永远从客户的需要出发，不断开发新产品，诚实经营，以服务社会为宗旨，靠科学技术和创造性劳动不断发展壮大。

科学、严谨、制度与文化相结合的企业管理；适应时代而又刚柔并济的企业，才能更加充满生机和活力；良性创造财富而又勇于承担社会责任的企业，才能向卓越迈进，基业长青。公司所有的收获应归功于合作伙伴、全体员工、还有业界朋友及所有关注公主岭禾丰的人。

禾丰廿载，正值壮年，携手未来，迈向卓越，以此回报同行的所有的员工及伙伴们，回报行业，回报社会！

务实　共享　创新与技术并驾齐驱

——谷实农牧集团股份有限公司

2014 年谷实农牧集团可谓硕果累累，这与集团领导高瞻远瞩的发展策略，与集团销售团队正确营销方针制定，与全体谷实人的勤勤恳恳任劳任怨的努力工作是密不可分的。16 载的努力前行，谷实农牧集团股份有限公司现有近 10 余家子公司，分布在黑龙江、吉林、辽宁、河北等省区，产品覆盖黑龙江、吉林、辽宁、内蒙古、河北、北京、天津等省、市、自治区。

2014 年是饲料行业接受严峻考验的一年，谷实农牧集团本着诚信守法的企业经营方针，以为广大用户谋福利的企业思想，以热情饱满的工作态度得到了广大用户的高度认可。2014 年谷实农牧集团饲料年销售额继续突破 2013 年预算目标，以年利润增长 14.6%，资产增长 0.7%稳步前行。公司为高新开发区重点纳税企业，先后被评为纳税先进企业。谷实农牧集团自成立以来，先后被评为国家高新技术企业，中国饲料工业协会理事单位，中国饲料工业协会大型企业联谊会会员单位，省级、市级企业研发中心，并获得专利 10 余项，待授权专利 20 项。集团已通过 ISO22000 食品安全管理体系认证，ISO9001 质量管理体系认证，谷实饲料品牌是东北地区著名品牌，黑龙江省著名商标，已深受社会各界的信赖和好评。

2014 年是促进饲料企业质量长远发展的一年。《饲料质量安全管理规范》的颁布与实施，为饲料行业建立了一个良好健全的饲料质量安全管理控制体系。同时，2014 年黑龙江省饲料企业的评审，谷实农牧集团是被评审企业之一。2014 年 11 月谷实农牧集团迎来了农业部专家的莅临指导，审查期间谷实农牧集团得到了农业专家的一致好评。谷实人的努力也得到了回报，谷实农牧集团通过了国家饲料质量安全管理示范的审核，成为全国 22 家国家标准化示范企业之一。

2014 年是谷实农牧集团不会忘记的一年。集团坚持以员工为本，让员工分享与企业一起成长的快乐。集团开展了“小建议，大智慧”活动，广泛征集员工意见，让员工提出技术改进意见。“小建议，大智慧”得到广大员工的一致认可，员工都积极踊跃地提出对公司及对岗位的改进意见 20 余项，不仅大大提高了工作效率，也为企业节约资金达到几十万余元。集团对员工的文化生活也从未放松，在工作之余，公司也为员工举办了各种文体活动，集体旅游、趣味运动会、辩论比赛等技能、还有质量、管理培训、法律法规的学习等。企业的发展离不开领导的支持，离不开每一个员工的付出，更离不开一个好的发展策略。谷实以“工厂—经销商—养殖户”模式，“工厂—规模农场”模式，“工厂—肉联加工企业”模式，“繁育基地—规模猪场”模式，把“谷实与您共同分享”作为企业的发展理念。在采购上，利用期货这一种现代金融手段，采取套期保值的方式，实行规模采购，把成本降到最低，从而让利给养殖户。在营销上，根据战略目标聚焦市场开发，做好性价比最优的数据营销和增值服务，不断实现营销创新。在研发上，根据市场需求制定研发战略，完善研发的基础管理工作，提高未来研发系统规划能力，实现研发创新。在基础管理上，加强战略管理，建立完善的人力资源管理、财务管理，建立健全职能部门管理制度与流程，专业化的团队使谷实农牧集团实现管理的创新。

2014 年是谷实农牧集团值得纪念的一年。总裁殷学中荣获黑龙江省劳动模范。其凭借高级的管理能力，敏锐的市场洞察能力及稳扎稳打的经营思路，历经 16 年，带领谷实人以坚忍不拔、勤劳奋进的精神，使谷实农牧集团由一个小的公司不断发展壮大，打造成黑龙江省龙头企业，黑龙江省饲料的标杆企业。谷实农牧集团发展到今天也不忘回报社会，不仅是先进纳税企业，还是各个高校的实习基地，为即将毕业的大学生搭建一个施展自我的平台。同时，公司领导还带头扶贫帮困，为贫困区的孩子捐钱捐衣。

2014 年是质量与技术竞争的一年。公司依然重视产品质量，保证产品的质量仍是企业的第一要务，并不遗余力地打造产品质量，把食品安全管理体系及质量管理体系规范实施到企业日常生产工作中，产品全程质量可追溯。公司在保证产品质量的同时也重视产品研发，为用户提供最优的产品始终是谷实农牧集团的经营宗旨，其技术研发中心为黑龙江省级研发中心，拥有多位对猪、反刍、禽等进行深入研究的技术专家、营养专家、兽医专家，并投入资金建设了养殖试验基地，配备了先进的科研设施、设备及一支优秀的科研队伍。公司建立了各动物品种，不同阶段的动物营养模型，结合动物饲养环境，饲养技术及生物技术，深入研究蛋白、能量饲料在动物体内消化吸收的最大潜能，不断推出适合养殖需求的饲料产品，使科技成为企业真正的生产力。谷实农牧集团采用了优质的产品，配合优良的动物品种、饲养环境及科学的饲料管理。同时，公司营销及服务团队借助企业的技术研发优势，举办各种技术学习活动，由养殖专家授课，与养殖经营者一起探讨动物品种知识、环境改善技术、饲喂程序，保健措施等，搭建了企业与用户，用户之间的相互交流学习的平台，使养殖技术得以逐步改进，再配合企业一系列的售后服务，逐步推进黑龙江省的养殖技术稳步发展，并被评为黑龙江省农村建设著名支农品牌。同时，集团先后与东北农业大学、黑龙江八一农垦大学、黑龙江生物科技技术学院等高校和科研机构建立了长期稳定的合作关系，并经常与国内外先进的养殖、动物营销方面专家交流，采取走出去请进来的方式，引进世界一流水平的动物营养理念指导谷实农牧集团科技的创新，每年投入大量的人力、物力、财力开展科研项目。

公司本着沟通、务实、学习、创新的精神及“谷实与您共同分享”的核心理念，使企业文化健康向上，管理体系严谨高效，体现了公司的朝气和活力。经过多年的发展，谷实农牧集团已跃居行业前列，成为推动饲料行业发展，养殖技术进步的积极参与者。相信凭借优秀的人才，完备的管理体系及适合市场的营销战略，谷实农牧集团将会不断发展壮大，继续扩建生产基地，扩大市场覆盖率，为用户提供更优质的产品和更完善的服务。让谷实人与您共同昂首阔步，一起谱写下一首饲料行业的新华章。

技术驱动销售　服务指导市场

——哈尔滨华隆农牧集团

哈尔滨华隆农牧集团暨哈尔滨华隆饲料开发有限公司创建于1997年，专业从事特种毛皮经济动物饲料的研发、生产、销售和服务，是国内的特种毛皮经济动物（狐、貉、水貂）饲料的创始者和奠基人。

华隆集团创始人—现任董事长苗兴元经过近30年的专业研究特种饲料，积累了丰富的理论基础和实践经验，是国内知名的特种经济动物营养学家，毕业于东北农业大学，曾就职于哈尔滨饲料研究所，现任于东北林业大学野生动物资源学院客座教授和华隆集团首席技术专家，1987年苗兴元董事长率先在国内进行毛皮经济动物狐、貉、水貂饲料营养和生产技术的研究，先后完成省部级《蓝狐饲养技术研究》《乌苏里貉饲料生产技术研究》和所立项目《水貂配合饲料生产技术研究》等，并先后获得部级科技进步二等奖等多个奖项。公司始终致力于我国毛皮经济动物的配合、浓缩和添加剂预混合饲料成果的推广工作，彻底改变了我国毛皮动物原始、落后、混乱的养殖技术和营养水平，对我国毛皮动物养殖业的发展作出了突出贡献。

“哈华隆”作为毛皮动物饲料的一面旗帜，在推动行业进步的同时更注重自身的发展壮大，2014年集体固定资产投资达到4.2亿元，拥有用户1.5万余家，累计创造社会效益100亿元以上。公司的蓬勃发展吸引了许多优秀的人才，集团现拥有员工300余人，其中硕士学历5名，大专以上学历的占40%以上。

2007年，华隆集团在哈尔滨机场路投资8 000万元新建具有国内先进水平的现代化饲料加工厂—哈尔滨华隆饲料开发有限公司，公司占地面积4万余 m^2。车间安装有国内最先进的生产设备，投产后2条生产线年产量可达到70万t。原料库总面积6 000m^2，可容纳近2万t的原料仓储，有囤积原粮达3 000t的钢板仓装置6套，成品库面积达5 000余 m^2。综合楼总建筑面积近3 000m^2，公司拥有先进的检化验设备，已实现办公自动化、员工住宿公寓化管理。

一、两次转变，助推华隆华丽转身

从1987年苗兴元董事长开始研发毛皮动物配合饲料，1997年哈尔滨华隆饲料开发有限公司成立，2000年黑龙江地区部分养殖户逐渐认可并使用配合饲料。与自配料相比，配合饲料不仅可节省饲料成本、降低发病率，还能提高生长速度和毛皮质量。华隆由于配合饲料的使用，掀起了我国毛皮动物养殖业由自配饲料向配合饲料的第一次转变。

2001年以后，“哈华隆”逐渐将狐、貉、水貂配合饲料和添加剂预混合饲料产品等推广到黑龙江、辽宁、吉林、内蒙古、山东、河北、宁夏、新疆、河南等省、自治区。哈华隆公司于2012年2月成功召开以“超越激情梦想”为主题的经销商年会，全国各地的经销商共计300余人出席，此次盛会拉近了生产厂家和养殖户的距离，快速将配合饲料有低档饲料向高档饲料完美转变，凸显华隆集团技术优的势，也极大地推动了毛皮动物养殖业健康有序的发展。

2009年华隆在山东海阳市建成国内第一条水貂鲜料生产厂—海阳华隆饲料有限公司。总投资3 000万元，年生产能力达10万t。用水貂鲜配合饲料人均可饲养600～1 000只水貂，人工效率可提高4倍以上，有效地解决了用工难的问题，从而掀起了我国毛皮动物水貂配合饲料的第二次转变。

为推动行业发展，更好地服务市场，2012 年 11 月毛皮动物养殖新技术高峰论坛暨山东省特种经济动物专业委员会年会在山东诸城召开，“哈华隆”作为协办单位在大会上作了专题报告，进一步增强了“哈华隆”作为毛皮动物饲料品牌的影响力。

两次转变，对华隆的发展影响巨大，在技术研发方面的优势使其确立了我国毛皮动物饲料的开拓者和奠基人的地位。2014 年，华隆已相继成立了哈尔滨华隆成业饲料有限公司、山东海阳华隆饲料有限公司、山东潍坊恒德祥饲料有限公司、山东威海恒德祥饲料有限公司、山东巨野华隆饲料有限公司，哈尔滨华隆成业饲料有限公司，年生产能力达到 150 万 t。由此，华隆进入了集团化发展的新阶段。

二、技术驱动销售，服务指导市场

要想在激烈的市场竞争中站稳脚跟，实现较快发展，技术、销售、服务是三个不可或缺的关键环节，对于华隆来说，这三个环节浑然一体，是企业发展的重中之重。

从成立之初，公司就十分重视技术研发和人才队伍建设，先后和东北农业大学、东北林业大学等省内外高校建立了产、学、研的对接共建关系，聘请专家、学者来企业讲课、指导。不仅如此，公司还积极引入人才，并广泛开展各种培训，进行传帮带，人才梯队建设初具规模。

随着企业不断地壮大和管理制度不断地完善，以新型发展技术为企业核心竞争力，以铸造高质量，高品质产品为企业发展依托，以一流的团队开辟新型发展模式为企业发展动力，以服务至上的理念作为企业发展的重要途径，成为树立华隆品牌的重要规划蓝图。

对于毛皮动物，尤其是水貂来说，饲养方法十分重要，公司经过多年探索和技术研发，对传统的饲养方法进行了根本性的改革。将动物内脏及下脚料绞为黏糊状后，再加草酸酸化，然后速冻成板状饲料储存。配料时将鱼、肉骨粉板状饲料、膨化的碳水化合物、添加剂等混合细绞。再加小苏打中和，pH 值达到 6.5，饲料温度保持在 4℃以上。这种经过冷加工的生食饲料与传统的熟食饲料相比，具有适口性好、维生素不被破坏、加工简便成本低的特点。

公司技术研发团队先后对水貂饲料、笼舍、防疫进行改革，收效显著，使用华隆饲料饲喂的水貂，毛色鲜亮、浓密、皮板厚。

一直以来，公司在饲料研发方面不断进行技术的提升和创新，对传统饲料品系不断优化，包括 88 系列与 99 系列在内的同品系饲料，质量更加稳定。公司在原材料采购与成品质量方面严格把关，从而降低了养殖场的劳动强度，养殖量不断扩大，水貂保鲜饲料、狐貂貉基础料等在经过生产加工后，在很短的时间内可配送至养殖户，直接贴笼饲喂，使养殖场用工少、养殖量加大、养殖技术变得简单而有效。不仅如此，公司还会给每一个有需求的养殖场做配套的饲料配比、数据采集储存，进行全天候、全年跟踪。

三、技术先导，产业延伸，开启新航程

朴实无华，才望兼隆。这是华隆人所追求的企业精神和境界，也是“华隆”二字应有之义。作为国内毛皮动物饲料行业发展的一面旗帜，在新的发展阶段，公司坚持“以客户为中心，以技术创新为先导，以艰苦奋斗不断拼搏进取为动力”的核心竞争力。不断研发用户需要的新产品和通过为用户服务，提高产品价值，为用户创造利益最大化的理念始终是华隆人须臾不敢忘怀的追求。

“华隆”未来将建立饲料生产、特种养殖、毛皮深加工一体化发展体系，以饲料为主，并进行产业链延伸，未来 3 年内将建成拥有一流设备的现代化毛皮动物育种基地，推动国内特种养殖种源质的飞跃。

华隆集团注重长期与各界建立合作战略伙伴关系，进行技术交流与学习，与东北林业大学、东北农业大学、青岛农业大学等高校紧密合作。华隆集团不仅是各高校的学生研究基地、就业指导基地，还共同完成许多国家级的重点项目，产、学、研的完美结合为公司注入更多动力。

2014 年集团投资 1 亿元，对山东海阳华隆饲料有限公司、山东潍坊恒德祥饲料有限公司、山东威海恒德祥饲料有限公司进行改造，新建生产车间、更新全部生产设备、完善生产的同时，新建办公楼与宿舍楼，提高和改善了员工的工作环境；更在山东潍坊恒德祥饲料有限公司修建了万吨冷库作为鲜配合饲料的原料储备基地；在哈尔滨市公正乡新建华隆集团产业园区收购玉米，是华隆配合饲料主要的原料储备基地，原料上的严格控制保证了配合饲料质量稳定和精益求精。

“集思广益，海纳百川”，哈尔滨华隆农牧集团秉承“持之以恒、同心同德、和气致祥”的发展理念，本着“产品就是人品、质量就是生命”的经营理念，将长期致力于中国毛皮动物饲料和毛皮动物产业发展。

“诚信为本，以义取利”。诚者，信也，诚信犹如树之干；义者，产品即人品、质量即是生命，义乃树之枝、叶。“华隆”将在特种养殖产业的浩瀚大海中，拔起锚、扬起帆、开启特养事业的新航程！

开拓进取　打造绿色食品

——金富康农牧集团

金富康农牧集团是一家集饲料、动保、养殖、肉业、连锁运营等产业于一体的大型现代化民营股份制高新技术企业集团，公司成立于1996年，是由集团董事长贺山为首的东北农业大学的五位学子所创立。

集团总部位于素有“东方小巴黎”的哈尔滨，坐落于高新技术开发区，现有员工近800人，其中博士5人，硕士35人，大专及本科以上学历占65%；下属分（子）公司5家，分别是哈尔滨富康牧业有限公司、哈尔滨亿阳饲料有限公司、哈尔滨福康肉业有限公司、黑龙江康源牧场养殖有限公司、沈阳福康农牧科技有限公司。整个集团产业范围覆盖东北、华北等地区。公司是率先通过ISO9001国际质量体系和HACCP食品安全国际管理体系双认证的企业。

公司连续被国家权威机构评为“省、市级十强企业”“中国饲料工业协会会员单位”“黑龙江省饲料协会常务副会长级单位”，获得“商业信用合格单位”“哈尔滨市名牌产品”等多项荣誉称号。

公司以科技创新引领未来，以专业服务赢得信赖，始终以推动中国农业产业化的发展为已任，立志成为行业的领跑者和服务者，致力于中国农牧产业的规范化和专业化，坚定不移走“专业经营，聚焦发展”的基本路线，全力打造全产业链运营模式。公司在行业主管部门的支持关怀下，在董事长贺山先生的带领下，持续学习不断创新，现已成为中国饲料行业百强企业，东北三省农牧行业龙头企业之一。

公司自1996年创建以来，始终秉承“善根福果，德正业兴”的理念，将满足客户需求作为金富康人工作的准则。公司通过“资质股份化，生产基地化、营销公司化、管理精细化”管理机制的创新，充分整合资源，致力于发展高科技的中国现代农牧产业，为优秀员工提供了施展抱负和实现梦想的舞台。2014年，金富康集团产业涵盖饲料、动保、养殖、肉业等多个领域，形成多元化发展的新格局。

公司饲料板块进行整合提速，从行业的跟跑者向行业的并行者、领跑者转型，5年内聚焦农牧产业，打造5个核心生产基地，实现生产自动化和专业化；10年内实现饲料销量260万t，立足主业夯实基础，在5个核心基地的基础上，建立数个卫星场完成全国性战略布局；目前已经在哈尔滨平房经济开发区和沈阳沈北新区建立了两大生产基地，每个基地占地3万余m^2，总投资近2亿元，建立了猪、牛、禽、狐貉4大体系独立的生产线，实现了生产专业化和管理精细化对于打造差异化产品，对提升集团饲料产业核心竞争力具有战略性意义。

打造绿色食品，为人类储蓄健康是金富康人伟大的历史使命，2012年集团组建的哈尔滨福康肉业有限公司，并肩负着起打造中国源头猪肉第一品牌的历史重任，全面推进连锁加盟和前店后场两大运营模式，重点从养殖源头上控制肉品质量，通过养殖、屠宰、配送、门店的过程管控。组建了金富康肉品研究所，从生猪品种、营养添加、饲养程序3个方面确保肉品的高营养和独特风味。哈尔滨福康肉业有限公司高度重视“哼哼笨”—高品质猪肉门店的运营与管理，对加盟者和合作伙伴从选址、装修、运营进行系统的培训，提升产品价值，实现与合作者的共赢。

持续的学习与创新是金富康企业文化的灵魂，多年以来金富康集团重点在产品、营销模式和产业化运营3个方面进行创新，通过3项创新提升企业核心竞争力。通过绩效管理提升企业战略运营能力。

一、生产研发创新驱动企业核心竞争力

市场竞争最终回归到产品本身，因此，公司始终高度重视产品创新，内部研发创新驱动技术突破，实现产业升级，外部快速布局寻求飞速发展。为了生产出一流的差异化的产品，金富康集团整合高等院校与企业的研发资源，组建了超强的技术研发团队，打造技术联合体，使技术创新成果最大化。公司打造采购共同体实现的采购一体化，有效地降低成本，实现了采购渠道创新成果最大化。同时，公司强调产品研发与试验实证相结合，突破技术薄弱环节打造竞争优势，提高生产效率实现品质管理成果最大化，公司也高度重视科研成果的转化，以技术研发创新驱动企业核心竞争力。

二、营销模式创新引爆市场

公司倡导赢在团队、赢在模式、赢在学习、赢在管理、赢在执行力的“五赢文化”。并持续进行营销模式的创新。公司建点布局，推动上量是集团营销工作的两大主线。整合优秀资源建点布局，重点市场集中开发，落实有效做法活动下沉，严格执行营销活动12项管理措施，以严格的检查评估做到管理下沉。以大活动、大策划和精品会议推动销售数量增长，实现了饲料销量年增长率连续多年快速增长的好成绩。

为了提升营销服务管理水平，公司从3个方面打造服务流程，一是强化经销商的管理与培训；二是强化养殖场的服务与培训；三是推行技术营销，强化营销人员的技术培训，并且每个营销人员轮流到试验场进行实战训练以提高业务人员的技术服务水平。

公司始终高度重视“客户”与“员工”两大资源

的管理与服务，并推行"客户之声"与"员工之声"两大管理模式。为了及时准确了解客户的需求，集团组建了"客户之声"服务部，强化对客户的服务意识和服务能力，解决了客户实际困难，改善了公司与客户的关系，提升了工作效率。集团同样高度重视员工的需求，集团人力资源部定时进行"员工之声"的调查回访，将员工按照客户的标准予以培训与关怀，及时解决员工生活与工作上的困境，增强了员工的归属感，提高了企业的凝聚力。

三、产业化运营提升终端服务能力

公司为了提升产业化运营能力，重点打造"哼哼笨"高品质源头猪肉连锁运营模式和五统一运营模式。五统一运营模式是以对客户高度负责的态度为客户解决种猪引进和生猪回收的难题，此模式既解决了养殖场终端销售的困境和资金缺乏的问题，同时又为集团肉业公司提供了优质的生猪资源。为了更好服务于客户，集团与大型屠宰和食品企业形成战略联盟，招贤纳士吸引优秀人才，对客户进行饲养管理、防疫保健及信息管理的培训与服务，从种猪、饲料、饲养模式、防疫保健、生猪回收等方面强化对规模化猪场的服务能力。

"哼哼笨"高品质源头猪肉连锁运营模式运用现代化的双轨连锁运营管理理念，将传统的门店销售转化为连锁加盟、线上线下并轨运营的立体式营销模式。集团建立了连锁运营的标准，建立了连锁运营管理平台，打破了固有的思维模式，将电子商务、移动营销与传统营销有机地结合起来。连锁运营模式从组织建设、标准建立、复制推广和培训加盟四个方面对现有管理系统进行了升级，对于"哼哼笨"高品质源头猪肉的品牌建设具有巨大的推动作用。

四、绩效管理提升集团战略管理运营能力

公司是农牧行业率先实施绩效管理的企业，通过绩效管理实现了企业绩效倍增。通过绩效管理实现了人员的自我管理，降低了企业的管理成本。通过绩效管理将员工的个人目标与企业目标有机地结合，规范了员工的日常行为，增强了市场的凝聚力。绩效管理的实施提升了员工的系统思维能力，建立了员工内向思维、系统思维、成果思维三大思维体系，员工通过学习掌握了系统的管理工具，大大提升了工作能力。为了使员工学以致用，集团进行了全面系统的培训与演练，确保每个员工都能够熟练掌握绩效管理的方法。绩效管理体系的运用解决了企业管理的诸多难题，对于集团的规范化、精细化管理具有历史性意义。

五、展望未来

金富康集团的十八年的发展历程，创造了一个又一个奇迹，铸就了一个又一个辉煌。展望未来，金富康人将勇往直前，开拓进取，肩负打造绿色食品、为人类储蓄健康的历史使命。公司将以更高远的历史责任感打造全产业链运营模式，推行精细化管理，在中华民族的伟大复兴的历史时刻，实现金富康人的百年富康、百亿企业、千亿市值的国际一流的农牧企业集团的梦想，为中华民族的伟大复兴，实现伟大的中国梦作出历史性的贡献。

精于营养　让动物更健康

——上海富朗特动物保健有限公司

上海富朗特动物保健有限公司总部位于上海，2004 年由中澳合资创建，是一家专业从事动物营养与动物保健产品研发、制造与经营的现代型企业。公司位于上海市金山枫泾工业园区，占地近 2 万 m^2，拥有总建筑面积 1.1 万 m^2 的生产车间、质检研发与办公大楼，总投资 6 000 多万元。

一、工厂运营生产流程

公司动物营养产品线拥有一条现代化全自动的复合维生素生产线，全套工艺设备由瑞士布勒公司设计、制造和安装，采用全球领先的自动配合饲料、混合以及中央控制系统。主车间层高 34m，生产流程采取从上至下垂直递进、全程从原料筒仓开始直到制成品出流水线为止，采取封闭的自动化生产管路，由中控室进行自动化操作，仅有原料进入筒仓和成品出流水线为人工介入操作点。所有维生素均进入独立料仓，工艺流程设计上充分消除了任何交叉污染风险。该线年设计产能高达 1.5 万 t 复合维生素。动物保健产品线是兽药车间，拥有十万级洁净车间、二级反渗透纯水制造和分配系统，以及温控搅拌反应罐和全自动罐装系统，每条生产线配置中央空调送风系统进行温度与湿度控制，另有饲料添加剂生产线独立车间。

二、SCT 可追溯软件管理系统

公司自主研发的 SCT 系统率先采用先进的无线射频识别技术（RFID）作为数据采集的手段，将生产过程中的员工识别、原料识别、设备控制以及 ERP 管理系统相结合，为产品的过程追溯性提供可靠的技术保证。

三、FAP富朗特应用平台

2014年，公司研发的FAP系统依托互联网，将ERP（企业资源计划软件）、CRM（客户资源管理）、OA（自动化办公软件）、BI（商务信息管理）和原有的SCT进行整合，形成一个智能化的应用平台。同时，FAP软件将配套手机APP的开发与应用，充分利用移动互联网的实时与高效，确保业务的高效协同，为保证食品安全、提高生产效率开辟了新的解决方案。

通过FAP包含的移动APP应用，通过移动互联网的信息采集，移动端的配方实时调整，获取订单，ERP自动生成加工单并传入加工中心的富朗特SCT系统，由SCT自动运算出物料需求并通知仓库配货。同时，SCT将得到的订单分配给PLC来控制各设备自动生产，如果有人员参与的岗位，系统将会通过无线射频识别技术（RFID）作为采集数据的手段，将生产过程中的人员识别、原料识别与现场设备的运行指令相结合，防止可能的人为失误，并在产品包装前由计算机实时打印产品标签。完成生产由FAP通知质量部检验并激活产品留样管理。产品的出入库与仓储管理系统使用了GPS实时跟踪，可以实时反映出物流的走向。移动APP应用与ERP系统实现对接，实现了业务自动化及在市场流通过程中产品的真伪验证与物流窜货信息查询。

公司FAP系统基于以互联网为基础，建立一个全面、精确、可靠的平台，来对公司的客户资源管理、物料、生产、供应链等各类业务信息进行搜集、处理、运用，进行及时有效地监控管理，规范保护现有的市场体系，实现对产品生命周期以及基于移动互联网等技术手段的营销方案和内部工作（系统）的高效率协同。

四、质量管理

公司拥有独立的质检研发大楼，微生物检测实验室，配备了Waters（沃特世）高效液相色谱仪、岛津高压液相色谱仪、原子吸收分光光度计、紫外—可见分光光度计等先进的检测设备。在维生素检测方面，采用液相色谱仪不仅可以检测单体维生素，同时，Waters高效液相色谱仪配备二极管整列检测器，采用全波段扫描，精确检测多维中的不同维生素含量，从而保证富朗特复合维生素产品的质量稳定与精确性。原子吸收分光光度计与氢化物发生器的组合，既保证矿物微量元素的检测，同时能兼顾卫生指标的监控。在兽药检测方面，不仅可以进行常规的理化检测，更能进行微生物检测及中药的检测。

五、产销连创新高

公司的核心产品是复合维生素（标准配方包括通用、畜、禽、水产和宠物等五大系列）。多种维生素是公司动物营养专家充分考虑当今国内外养殖业的发展现状，根据动物的不同品种和生长阶段对维生素营养水平的需要而精心设计的不同系列配方，产品畅销全国，深受广大用户的信赖与好评。2014年销售额1.9亿元。

公司拥有以美国MBA为后盾的现代管理人才，包括动物营养、畜牧兽医等专业背景的博士、硕士等高素质创新型人才，是一支富有团结协作和开拓创新精神的优秀团队。公司与国内外大中院校及研究机构建立起了技术合作渠道，在中国维生素产业发展高层论坛、中国畜牧业展览会、泰国VIV展会上，富朗特代表作了专题演讲，介绍公司科技新成果，深得专家好评。近年来，公司积极组织准备进出口业务，并与国外同行企业建立产品合作关系。预计在未来的几年内，公司将投资建立独立的技术研发中心。

六、建立合理的人员管理体制

1. 完善员工的绩效考核机制 绩效考核制度对提高员工工作积极性和主动性有着重要的作用。公司一直在探索科学合理的量化考核体系和360评价方法，把员工的绩效考核与奖惩制度相结合，真正做到依据员工的工作业绩来奖励员工，给予员工合适的岗位、工资，有效地激励员工，提高工作效率。

2. 大力推进人才工作机制的创新 公司除了正常的人才招聘和考核机制外，对公司研发、技术、管理层人才，采用引进“绿色通道”，针对紧缺、高端的人才，大力推进专业技术人才的评定，建立《知识产权激励办法》，加大对科技成果的奖励政策和收入分配的倾斜力度，以更好的福利政策和工作环境，吸引和留住最需要的人才。

七、加强对员工的培训，推进企业人员素质的有效提升

1. 建立合理的培训机制 围绕公司的发展规划，公司人事管理部门每年年初制定好全员通用的培训计划，再由各部门制定好相应岗位操作技能培训计划，两者相结合进行培训工作的开展，既能提高全员通用知识水平，又能提高岗位操作技能。

2. 重视培养和储备研发人才 在激烈的市场竞争中，公司特别重视培养和储备技术研发人员，切实把员工的潜能优势转化为现实生产力，培育一批拥有科研能力和技术研发能力的高素质人才，对此，采取针对性的培训方式，给员工提供各类机会进行进深造

或再学习。

3. 企业文化潜移默化的影响 公司通过企业文化潜移默化的影响，将积极、正能量，由高层向管理层向操作层传递，把员工紧密地团结在一起，增强员工的凝聚力，加速富朗特健康的发展。

八、获得的荣誉

公司已获得多项自有商标，及10余项实用新型专利。2005年率先在动物保健行业通过了HACCP国际安全质量体系认证；2008年通过了ISO22000：2005食品安全体系认证；2012年底通过了兽药GMP的认证；2013年获得《高新技术企业证书》评定为“2013年度金山区企业技术中心”。

九、富朗特合作和未来发展方向

与各行业中的一流企业合作，是富朗特的采购理念，并与供应商建立战略同盟，加强信息资源的交流；富朗特有健全完善的财务管理制度和专业的ERP财务软件。

经过不断地创新拓展，富朗特已在全国范围内建立了完善的销售和服务网络。以上海为中心，通过现代化的物流途径，快速准确地为客户提供优质新鲜的富朗特产品和服务。

富朗特以“精于营养，让动物更健康”为经营理念，秉承“尊重、积极、奉献”的企业精神，坚定“诚信、守法、安全”的价值观，为股东创造利润、为员工创造利益，更为社会创造价值，专业执着，勇于创新的精神，并致力于成为全球化发展的动物营养与保健公司。

完善服务　严格管理

——帝斯曼维生素（上海）有限公司

帝斯曼维生素（上海）有限公司，位于上海奉贤区星火开发区，总投资8 000余万美元，是按照国际标准兴建的生产维生素单体、复合维生素和添加剂预混合饲料的工厂。拥有现代化的生产设备，世界领先的生产工艺和操作系统，实行科学高效的管理，确保一流的产品质量。公司还先后获得“海关信任企业”“上海市高新技术企业”“上海市工业技改项目先进企业”“ISO证书”“GMP证书”等荣誉称号和认证证书，并在中国饲料行业率先通过国际著名认证机构SGS的HACCP认证。2014年11月公司顺利通过了农业部的饲料质量安全管理规范的检查验收，成为全国饲料行业第一批通过该规范的20多家企业之一。

添加剂预混合饲料是公司业务的重要组成部分，也是世界最大的畜禽添加剂和添加剂预混合饲料供应商之一，在全球五大洲拥有38家添加剂预混合饲料厂，销售网络遍及世界各地。

帝斯曼在中国生产和销售各种规格，以罗维素为品牌的饲料添加剂维生素E50和维生素A500以及家禽、家畜，水产动物及宠物添加剂预混合饲料。

罗维素® 添加剂预混合饲料生产的原则是：卓越的产品＝高效安全的配方＋优质稳定的原料＋先进的设备＋科学合理的工艺流程＋严格的质量管理＋完善的服务。

一、高效安全的配方

帝斯曼在设计配方时，不仅参考国际知名的育种公司的营养推荐标准－NRC标准以及帝斯曼公司的OVN－优选维生素营养标准，并遵照中国国家标准。同时，汇集全球最新的动物营养及保健科研成果，结合中国不同地区的饲料及养殖的状况，设计和生产出符合中国养殖情况的系列产品。

二、优质稳定的原料

帝斯曼营养产品部生产添加剂预混合饲料所用的各种维生素由帝斯曼生产或由帝斯曼审核通过的合格供应商供应，从根本上保证了产品卓越的稳定性、出色的生物利用率、杰出的可操作性和优良的混合均匀度。当原料到仓库时，需经包装、物理外观的检查合格后，放置于待验区，并将收货信息输入SAP系统。质量保证部取样、检验合格后，打印出条形码，使物料处于待发状态。

三、先进的设备

先进的设备是生产优质产品的硬件保证，帝斯曼公司使用的是成套的一流设备。混合机采用全球专业生产商布勒提供的双桨卧式搅拌机，维生素等营养物质通过载体在混合机内柔和而均匀地混合分散。

四、科学合理的工艺流程

生产订单由总部的SAP系统自动传送到生产厂的PCS－工艺控制系统。PCS系统会根据配方的不同，安排生产顺序，以防止不同批次之间的交叉污染。

PCS系统将订单自动分成两部分，大宗料和小宗料。大宗料直接由计算机控制自动称量，经条形码检验后统一投入料仓。小宗料、维生素和其他添加量少的原料则由手工通过PCS和条形码配料，以确保精确度。手工称量所用的电子秤在称量后会把称量的结果打印出来，并附有条形码，每批配好的料放在同一块铲板上。投料时，操作人员根据屏幕上提示选择对应批次，并扫描正确后，投料锁才会打开允许投料。产品的混合时间均经过科学的验证，并在生产时严格控制，确保混合均匀度。

包装前，每批产品都会由系统打印出不同的标签，操作员扫描标签条形码，系统确认无误后才会打开料仓进行包装操作。添加剂预混合饲料使用自动定量称量。电子秤用于定量复核，如果重量有差异，则可以通过触摸式屏幕随时进行修正。产品装入纸塑料袋通过缝纫封口，贴上标签。包装时，工作人员会按SOP（标准操作流程）取样，样品送到品控部，用来检验和留样，以备将来回溯。成品运入成品仓库的待验区，检验合格后置于木质托盘上，用缠绕膜包裹后置于货架上。由帝斯曼指定的物流运输商装箱，及时发送到客户手中。

五、严格的质量管理

帝斯曼营养产品部的生产技术及管理模式符合ISO9001、ISO14000以及HACCP的要求，在安全、健康、环保方面严格遵守中国相关标准和帝斯曼集团的要求。公司在企业管理上采用SAP系统，实现了从配方、订单输入、原料采购、计划、生产、包装、发货和产品放行的全过程控制，使公司的运作流程和管理科学合理。在生产过程中整合PCS系统，实现所有配方和订单的自动转换，全方位监控生产的每一个步骤，确保配料、投料、混合、包装的正确性和准确性，杜绝人为操作误差。其独有的防交叉污染功能，有效防止不同批次之间的交叉污染，保证了产品的安全。

条形码系统，强化了PCS系统的功能，使每一个人工操作点得到更为严格地控制，也使产品及其生产过程具有可追溯性，符合现代农业发展需要和食品安全的要求。

帝斯曼营养产品部的质量检验部门配备全球领先的检验仪器（安捷伦、Waters自动进样高效液相色谱仪，安捷伦的气相色谱仪，PE公司的电感耦合等离子发射光谱仪，紫外分光光度仪和红外分光光度仪等）。通过科学、合理、验证的分析方法，以及经验丰富、严谨认真的检验人员，确保每批成品和原料都能符合生产要求、达到国家相关标准。

六、完善的服务

帝斯曼营养产品部的市场推广人员将其专业知识、全球领先的饲养概念传授给客户，建立一种合作的伙伴关系。推广人员经常深入现场，为客户提供跟踪服务，集中各种问题或建议进行讨论、分析，为客户提供及时、有效的解决方案。

七、饲料标准化工作的开展

帝斯曼维生素（上海）有限公司为保障从农场到餐桌的食品安全，提高饲料产品质量，严格遵照相关法律法规要求，积极组织和开展标准化工作。同时，公司还配合中国饲料工业协会开展各种活动一宣传和推广表标准化工作，2006年7月在北京和国家饲料质检中心共同举办维生素的检测技术研讨会。为了促进测试工作与国际接轨，公司在相关测试中心制订测试标准时，积极配合，提供样品，标准品，文献等。

帝斯曼秉承客户至上、优质产品和完善技术服务的宗旨，不断地为中国畜牧业和饲料工业的发展作出贡献！

创新成就未来

——上海杰隆生物制品股份有限公司

上海杰隆生物制品股份有限公司成立于2005年7月，2010年2月完成股份制改制，注册资本为8 500万元。公司作为高端动物源性蛋白质与活性肽行业的领航者，是国内最大的动物血液深加工企业。公司以自主发明专利技术为核心，将纳滤、酶解、吸附等现代生物技术集成应用于传统蛋白质饲料生产领域，生产具有免疫调节功能的蛋白和活性肽等功能性饲料蛋白质原料。公司的产品有普通血浆蛋白粉、低灰分血浆蛋白粉、高免低灰分血浆蛋白粉、血球蛋白粉、珠蛋白、珠蛋白肽、血红素铁等，在国内同行业中排名前列。

公司愿景是做生物资源永续利用最专业的公司，创造更安全、更健康的生活，重点关注生物资源的现实价值和潜在价值，以创新成就健康未来的经营理念为指导，持久和可持续地实现生物资源价值最大化，在特定的细分行业内成为具有领先地位的公司，为创造人类更安全、更健康的生活作出应有贡献。公司经营理念是创新成就健康未来。创新是企业的灵魂，创新不仅是技术创新，而是在企业管理、营销、营运等各个环节都需要创新，其实质是找出解决问题的更好方法。通过创新，建立长久稳健的企业，为社会和公众提供健康的产品和服务，构建健康的未来。

公司生产基地分布广泛且具有强大的管理模式复制能力。充足、稳定的动物血液资源供应是本行业企业快速发展的关键因素之一。受动物血液保鲜要求和运输成本限制，本行业企业通常在集中屠宰量较大的地区建立生产基地，以保证原材料充足、稳定供应。公司自成立以来，持续加大饲用动物血液制品制品投入，积极扩大和优化原材料供应网络。公司利用标准化的管理模式复制能力，在全国各地设立子公司，实行“母公司统一形象、工艺、标准、管理、属地加工，子公司连锁复制、独立核算、独立考核”的管理模式，快速实现规模扩张和产能提升，降低生产运营管理成本。2014 年公司已在上海、江苏、浙江、福建、湖南、湖北、云南、四川、重庆、山东、黑龙江、广东、广西、河南、内蒙古、山西等省市区设立 20 多家生产基地，初步形成了全国性布局，是国内领先的高端饲用动物血液制品生产企业，处于国内第一，全球第三的行业地位，在行业内具有较高声誉。分布广泛的生产基地有利于公司充分利用相邻基地的生产能力，控制动物血液资源，降低采购成本，增强公司核心竞争力和盈利能力。此外，由于屠宰企业通常倾向于与规模大、信誉高的企业合作，公司具有较大的规模优势使得公司更易获取动物血液资源。从公司多年的经营情况来看，供应商较为稳定，公司在业内良好的品牌为与供应商建立长期合作奠定了良好的基础。

公司拥有行业领先的核心技术和强大的研发能力。公司采用自主研发的核心技术，在行业内处于领先地位，在本行业领域拥有发明专利 7 项，独占许可专利 2 项，另有专利申请权 5 项，并拥有大量的关键技术，包括复合抗凝剂配方、血浆续凝阻断技术、动物性蛋白酶解用复合酶制剂配方与应用技术、纳滤浓缩技术、高压并流喷雾干燥技术、酶解法血红素提取与精制技术等，有些是行业首创或者唯一掌握。公司是国内同行业中首先利用动物血深加工生产低灰分血浆蛋白粉、高免低灰分血浆蛋白粉、珠蛋白、珠蛋白肽和生物法生产血红素的企业。

公司拥有自己的技术研发中心，拥有近 20 人的专业研发团队，其中硕士以上 10 人，涵盖了生物技术、食品工程、畜牧、兽医、动物营养、电气自动化等多学科专业人才，并在上海投资建有新产品开发与中试基地，保证公司源源不断的新增长点和持续的发展后劲。

公司拥有一支年轻、充满活力、专业结构合理的技术型管理团队，团队成员均有良好的专业背景和管理素养。公司创始人成国祥博士是国内知名的生物技术专家，“新世纪百千万人才工程”国家级人选，享受国务院特殊津贴。团队核心成员经过长期的合作和市场考验，凝聚力较强，具有丰富的运营管理经验。公司坚持“独特工艺、专利产品、生物技术、个性服务”的差异化发展策略，在行业内较早建立免疫球蛋白、生物活性肽等功能性成分检测技术体系，先后为下游客户深圳金新农饲料股份有限公司、双胞胎（集团）股份有限公司、广西扬翔股份有限公司等知名企业提供技术支持，辅助其建立完善的检测控制体系，推动了下游企业的发展。

公司拥有优质稳定的供货源和销售渠道。公司产品的主要原料是新鲜动物血液，该资源是有限的可再生资源。为了确保对血资源的控制，公司同生产基地附近的区域龙头屠宰企业建立了战略合作关系并签订长期供应合同，同时，和五丰上食、华牧牧业、浙江青莲、圣农发展、大用集团等大型屠宰集团下属企业也建立了稳定的供货关系，进而从源头上控制血源，确保了公司的行业竞争地位。2014 年公司在下游市场占有较大的竞争优势，与正大集团、嘉吉集团、康地集团、普乐维美集团、英伟集团、安佑集团等外资企业以及六合集团、新希望、金新农、大北农、双胞胎、扬翔集团、通威股份、海大股份、宁波天邦、恒兴集团等知名国内企业均建立了长期供货关系，是上述客户战略合作伙伴。2014 年销售收入近 4 亿元，市场占有率约 38%。

公司有丰富的产品种类优势。公司拥有丰富的产品种类，其中血浆深加工系列包括普通血浆蛋白粉、低灰分血浆蛋白粉和高免低灰分血浆蛋白粉，血球深加工系列包括破膜血球蛋白粉、蛋白营养粉、肽营养、血红素肽铁，其中低灰分血浆蛋白粉、高免低灰分血浆蛋白粉、蛋白营养粉、肽营养、血红素肽铁具有较高附加值，而国内其他企业产品主要集中在普通血浆蛋白粉和普通血球蛋白粉。

丰富的产品种类代表了更高的动物血液加工水平，拓展了公司产品的应用领域，增强了公司的抗风险能力和盈利能力，同时也为公司进一步增强核心竞争力奠定了良好基础。

公司产品质量优势明显且市场占有率稳居国内第一。公司一贯高度重视产品的质量，始终坚持将产品质量作为公司核心竞争力之一。为确保产品质量，公司从原料的采购、入库、检测和领用，到生产加工过程中各关键控制点的全程跟踪，至产品的包装、入库、验证和出库，每个环节公司都制订了严格的控制程序，并能始终如一地贯彻执行，在业内树立起了良好的声誉，并已通过 HACCP 安全管理体系认证。质量管理体系的建立和完善，为公司的产品质量提供了强有力的保障，从而使公司产品在品质、稳定性等方面都具有明显的优势，产品和服务得到下游客户的普遍认可，自 2009 年开始，产品市场占有率稳居国内第一。

公司秉持“创新成就健康未来”的核心理念，以“做生物资源永续利用最专业的公司，创造更安全、更健康的生活”为愿景，以“高端动物源性蛋白与活性肽行业的领航者”为战略发展目标，坚持“独特工艺、专利产品、生物技术、个性服务”的差异化发展思路。集成现代生物技术开发利用动物副产品，做强做大产业规模，做深行业细分市场，在实现生物资源价值最大化、创造经济效益的同时，提升食品产业链安全性，保护生态环境，承担社会责任。

公司努力为饲料行业的发展献策献力，参与血浆蛋白与血球蛋白生产许可条件的编制，对远离污染源、生产体系的隔离及消毒、微生物检测室配置、产品核心成分的监测提出了明确要求，以提升动物血制品加工企业工艺水平。公司参与或主持制定国家或行业标准，主要参与制定血球蛋白粉国家标准，参与评审血浆蛋白粉国家标准，参与制定进口血制品检验检疫行业标准，主持喷雾干燥鸡血浆蛋白粉及血粉的农业行业标准的制定，以提升动物血制品的技术水平。

公司未来发展思路：从纵向上来看，以动物血原料开发为核心，不断挖掘利用价值，实现动物血价值最大化；从横向上来看，以开发动物血建立的技术体系为中心，并集成新技术，辐射应用到羽毛、肺、肠等动物性副产原料，实现资源的再生循环利用。纵横联合，做大动物源性蛋白产业规模，建立行业领导地位。杰隆愿与饲料行业的各位同仁共同努力，为行业的发展贡献一点力量。

产量化管理　打造综合服务

——淮安天参农牧水产有限公司

淮安天参农牧水产有限公司坐落在淮安市大运河畔，创立于2000年，经过10余年的发展，已成为一家以水产膨化饲料研发和制造为主业、苗种繁育和水产养殖为一体的大型农牧企业，是全国农产品加工创业基地、国家级农业产业化重点龙头企业、农业部首批《饲料质量安全管理规范》试点示范单位。

公司占地面积25.3hm^2，下设江苏天参有限公司、淮安天参有限公司2个子公司，拥有15条制粒、膨化饲料生产线，其中膨化生产线主要设备以丹麦安德里茨5条时产15t/条膨化生产线和瑞士布勒时产10t/条膨化机组为主，化验室配有多台丹麦FS近红外检测仪和德国ZM200超粉碎研磨仪等先进检测设备。产品以淡水、海水水产养殖膨化饲料为主，主营产品为鲫鱼、鳊鱼、鲤鱼、泥鳅、黄颡鱼、鮰鱼、螃蟹、南美白对虾、罗氏沼虾、小龙虾、青虾等品种系列饲料。产品有“天参”和“淮大江”两个品牌，“天参”水产饲料是江苏省名牌产品，天参商标是江苏省著名商标。从2008年起，产品销量呈大幅增长趋势，水产饲料单厂销量连续6年江苏同行前列，2014年产品年销售量30万t，销售收入总额12亿元，年平均增长率达到30%。

作为华东地区水产饲料行业中的佼佼者，淮安天参正是通过及时调整战略，创新经营体制和机制，以精细管理和极致服务，走出了一条具有自身特色的现代农业发展之路。

一、战略调整及时，以优质产品制胜市场

随着水产养殖业规模化、现代化和专业化的发展，天参及时进行战略升级，公司制定了技术领先的战略定位，强化采购、技术、生产、服务等互联融合能力，并于2011年引进瑞士著名品牌“布勒”饲料加工生产线，生产出的具有风味好、诱食性强、发病率低、消化利用率高、水体污染小等显著领先优势的膨化饲料，2014年实现膨化饲料销售同比增长142%，受到养殖者的一致好评。同时，在加强产品优势的基础上全面为养殖户提供解决方案，提供整个养殖流程的服务支持，打破过去以经销商为主的销售理念，实行终端用户为主的全新服务模式，使市场运作扁平化，实现养殖户与企业共赢的局面。2014年，膨化料服务的养殖户已覆盖江苏、山东、安徽、河南、上海、浙江、江西等省市区。由于膨化饲料在市场上拥有绝对的优势，摆脱了行业同质化竞争的泥潭。

由于天参水产膨化饲料产销量快速增长，公司再次新建饲料生产基地，新厂占地面积13.3hm^2，该项目计划总投资5亿元，用5年时间建成，全部建成后年产能将超50万t，年销售额超30亿元，利税超亿元，是工艺装备国际一流、国内最大的水产膨化饲料制造基地之一。首期8条生产线工程已于2014年9月19日开工建设。

二、产学研紧密集合，以人才优势驱动创新

公司积极开展产品研制，与中国科学院水生物研究所、中国水产科学院南海水产研究所、南京农业大学和苏州大学等各科研院校开展多种形式的合同制战略合作，引进最新科技并将其产业化。公司建有江苏省级企业技术中心、淮安市水产饲料工程技术研究中心；与中国科学院合作，在公司建立曹文宣院士工作站。公司承担了江苏省科技成果转化项目异育银鲫中科3号的研发与产业化，以及科技部支撑计划、江苏省科技厅重大项目支撑计划、苏北专用计划、富民强县计划和农业部及江苏省农委系统的农业产业化项目实施。公司重视人才的培养，将人才视为最珍贵的资源，现有各类专业技术人才136人，具有高级、中级职称的技术人员21人，博士硕士6人。有计划地请进中国人民大学、苏州大学等教授来公司做专题培训，全面提升员工的综合素质。天参人拥有着共同的

理想和奋斗目标，也拥有强烈的归属感和成就感，因人才的集聚而使公司得到快速稳健的发展。

三、内部管理科学化，以整体联动打牢根基

公司秉持“和诚干学”的企业精神，推行精细化、科学化运作，以规范化管理推行议事，规范经营行为，狠抓细节管理，强调部门之间的协调配合，对不合理的流程进行流程再造，持续改进、完善，让流程更优化，让制度更科学，使公司管理标准化逐步加深，整体联动性稳步提升。同时，为迅速适应公司快速发展的需要，天参聘请国内知名的管理咨询公司开展咨询项目合作，建立了完善的管控模式，健全公司治理结构。公司也聘请高级网络工程师为公司搭建电子办公平台，实现业务协同，优化管理流程，提升管理效率，为企业持续健康发展打下了坚实的基础。

四、推行极致服务，以天参模式改造传统农业

公司以“做良心产品、服务零距离”为经营理念，通过“天参模式”为客户创造价值，并为实现客户价值最大化，提供了放养布局模式、现代程序式管理模式、资本金优化模式以及商品信息化模式。公司将ISO9001质量管理体系和ISO22000食品安全管理体系与推行TOC和PDCA管理法则进行有机结合并有效延伸，把传统的商业模式与新兴的商业模式有机融合，创造了以科技创新、客户需求、客户价值体现为主要内容的零距离服务模式。公司深度开发微信平台和公司官网，搭建水产品大中城市信息网，发布大中城市水产品信息，给养殖户提供实时交易信息，与客户共享资源，实现价值互换。成立淮安天参水产农民专业合作社，引导农户创品牌、建基地、促销售，以适应市场经济发展的需要。通过与多家银行合作，天参公司担保，2014年为养殖户提供无偿融资担保贷款2.3亿元。

近年来，公司在洪泽西顺河、涟水、盱眙、响水等地建立了水产养殖试验示范基地，完全流转的核心区养殖面积达1 800hm^2，对水产养殖全过程进行联合技术攻关，研究成果无偿推广给养殖户，提升养殖户科学养殖的能力，带动养殖户增收，为水产养殖业的可持续发展尽绵薄之力。

天参人正秉持“以客户为中心，为员工谋幸福”的发展理念，坚持全心全意经营水产饲料，做大做优膨化饲料，探索“饲料—养殖”一体化的经营模式，努力做长做宽产业链，以促进农民增收为根本，引导农户由分散养殖向规模化、集团化、智能化养殖转型，为现代农业发展、中国饲料工业繁荣、农民持续增收致富不断贡献新力量。

以食品安全为宗旨 打造一流的产品供应链

——江苏立华牧业有限公司

江苏立华牧业有限公司成立于1997年6月，是一家集科研、生产、贸易于一体、以优质草鸡养殖为主导产业的一体化农业企业，是江苏省农业产业化经营重点龙头企业、江苏省农业科技型企业、国家级农业标准化示范区。公司总注册资本1亿元，总资产近23亿元，下设16家公司，其中一体化养鸡公司12家、养猪公司1家，分别位于江苏、安徽、浙江、山东、广东、河南等省份。公司现有合作农户4 000余户，员工3 300余人，大专文化以上技术人员800余人，其中博士4名、硕士50余名，中高级职称者40余人，长期从事研发的科技人员逾百人。

公司围绕养殖业这条主线，以食品安全为准则，逐步向上下游领域延伸，拓展产业链，发展成为一个涵盖家禽育种、孵化、生态养殖、饲料加工、肉食品加工、禽病技术研究、生猪养殖等多业并举的国家级农业产业化龙头企业。

公司自主培育的当代草鸡优良品种“雪山鸡”，2004年通过江苏省级畜禽新品种审定，是农业部认证的“无公害农产品”“江苏名牌产品”，“雪山”商标是江苏省著名商标，产品畅销全国各地，2009年8月，通过了国家畜禽遗传资源委员会的品种审定，成为国家畜禽新品种。

公司与多家科研院所、高校合作，2004年合作建立江苏省优质禽工程技术研究中心，2007年成立江苏省农科院立华家禽研究所；2010年先后设立（扬州大学）研究生工作站和（吴常信）院士工作站；2012年江苏省博士后创新实践基地获得授牌。2011年与君联资本（原名“联想投资”）合作，引进外资3 000万美元，开创公司发展新纪元。2011年，公司新增养猪产业板块，并于2013年1月实现首批商品猪的顺利上市。2014年公司与江苏省家禽科学研究所强强联合，签署品种转让协议和产学研战略合作协议，同年，公司投资建设食品加工项目，逐步形成从“种禽繁育、饲料生产、商品鸡饲养、屠宰、深加工、销售”的完整产业化生产体系。

一、精诚合作，共同富裕

公司坚持“诚信、合作、创新、规范”的经营理念，倡导“精诚合作，共同富裕”的企业精神。2000年实行“公司＋农户”的运行模式，2002年组建合作社，并异地新办子公司，大力推行“龙头企业＋合

作社＋农户”的发展模式，从而实现了企业的跨越式发展，带动广大农民致富，现有合作农场约4 000个。

2014年公司上市优质肉鸡约1.8亿只，销售收入40多亿元，为合作农户创收约4亿元。

二、安全优质的饲料生产体系

公司现有规模化饲料厂11家，2014年饲料总产量达90余万t，饲料产品主要以鸡饲料、猪饲料、鹅饲料为主，2015年公司计划投资建设潍坊、洛阳、安庆等地饲料厂。公司与牧羊集团、正昌集团强强联手，形成战略合作伙伴关系，引入最先进饲料生产工艺流程、制粒机智能化控制等技术。2014年，公司码垛机器人装配到位，饲料生产迈入码垛机器人时代，全面提升公司的综合竞争力。

为保证原料及成品料的质量，公司先后引入近红外检测、原子吸收、毒素检测等设备及检测项目，各项常规检测设备配套齐全。公司与国内外大型粮食生产企业建立联盟伙伴关系，长期合作，确保了饲料原料的优质优价。以技术研发作为推动产业发展的核心力量，建有先进的技术研发基地，持续研究高效、优质的饲料产品配方。公司参加国外合作交流与自主研发相结合，引入国外优秀的生产管理模式和生产设备，建立完善的检测机制和检测能力，建立科学、标准的生产体系。

公司配备完善的投入品可追溯管理体系。从原料采购、饲料生产、种禽（猪）生产、孵化生产、商品禽（猪）养殖、运输及配送，在每个环节实施标准化质量管理，全程确保产品质量与食品安全。药品、添加剂等投入品使用符合国家规定，产品不含危害或者威胁人体健康的有毒有害物质。公司产品质量稳定，可追溯性强，从源头到餐桌，各环节都经得起市场的检验。

三、技术创新，争做一流的优质、安全食品供应商

公司坚持应用现代农业、高科技农业的标准，保持技术与管理的不断更新进步。为营造良好的创新环境，提高核心竞争力，通过与科研院所合作及自主研发，在优质肉鸡选育、营养调控、生物安全控制、实用高效鸡舍建造、商品鸡的半放牧圈养、种鹅的反季节繁殖、种鹅的小水池集约化饲养、种蛋的全程机器孵化、商品鹅的旱养等技术领域均取得了可喜的技术突破。

经过20多年的发展，公司已经发展成为国内黄羽肉鸡行业的第二大公司，积累了丰富的实践经验，形成一个富有竞争力的企业人才团队，“雪山牌”系列优质鸡已经获得市场的充分认可，“公司＋合作社＋农户”的一体化发展模式也已在多个省份进行了成功实践，这一切都将使立华在未来的发展中占有全面的优势。

公司在食品生产领域不断满足消费者对于食品安全、优质的需求，公司将通过不懈的努力，争取成为一流的优质、安全食品供应商。

2014年10月11日，公司与江苏省家禽科学研究所战略合作签约仪式暨2014立华科技大会隆重举行。本次签约实现了企业与科研院所的强强联合，科技大会的顺利举行有效提升了公司技术人员的科研热情，形成充满活力与激情的科研氛围，有利于公司科研水平的进一步提升和科研体系的完善，增强了自主创新能力。

2014年10月18日，江苏立华食品有限公司加工项目建设正式启动。新的契机带来新的希望，公司已逐步形成从种禽繁育到饲料生产、商品鸡饲养、屠宰、深加工、熟食的完整产业化生产体系，将“优质、安全”作为打造食品企业的生命线，加快企业的转型升级。

科技创新升级　振兴民族品牌

——江苏牧羊集团有限公司

一、牧羊发展情况简介

江苏牧羊集团有限公司创建于1967年，现已发展成为围绕饲料机械主业的多元化企业，产品和服务涵盖饲料机械及工程、养殖设备及工程、油脂设备及工程、食品机械及工程、仓储工程等。牧羊经过47年的发展，在饲料机械领域，位列中国第一、全球第二。其中粮油饲料机械销量占中国市场的50%以上，出口连续6年占据全国粮油饲料机械出口总量的60%以上。

公司已在美国、丹麦建立研发机构，引进国外先进技术和人才，形成亚洲、欧洲、美洲三位一体的研发模式，为公司发展战略目标的实现提供技术保障。

二、牧羊在技术创新方面所取得的业绩

公司每一次的壮大都体现着创新，每一次的跨越都得益于创新。截至2014年，牧羊累计已申请各类专利780余项，其中发明专利58项，国外专利10项，公司有12项成果处于国际领先地位。公司于2007年、2009年、2011年3次获得“国家科学技术进步奖二等奖”。2008年，全国粮油饲料机械标准化技术委员会落户牧羊，牧羊事实成为国内粮油饲料机械标准的制定者和国际粮油饲料机械标准制度的参与

者，现已组织和承担制定国家、行业标准28项。公司还先后被评为国家重点高新技术企业、全国专利工作先进集体、全国粮油饲料行业科技进步先进集体、江苏省知识产权重点保护单位。2013年，获批建设国家粮油饲料加工装备工程技术研究中心，国家博士后科研工作站。2014年，公司获批成立国家级企业技术中心，成为中国饲料机械行业技术研发的领军者。同年12月，公司获ISO国际标准管理局批准组建国际饲料机械标准化技术委员会。

三、牧羊在科技创新方面的举措

1. 技术领先 公司的愿景是成为技术领先的世界级机械制造和工程服务企业。围绕这一伟大梦想，公司每年组织一次战略规划，回顾上年度目标达成情况，制定下一年度目标，以及未来3～5年战略规划，公司坚定不移地将技术领先战略作为公司核心战略来打造。

2014年，国内粮油饲料加工装备中主机设备如烘干机、筒仓、碾米机、制粒机、挤压机、混合机、粉碎机的大型化基本达到了国际先进水平。但是在粮油饲料加工装备中配套设备的大型化与国外差距较大，生产线中的智能化水平与国外也存在较大差距。我国现有粮油饲料加工装备对自动化、信息化、智能化、集成化等高新技术的应用偏少，利用信息与电子技术提高系统集成度水平还比较低，尚未实现智能化控制。

（1）工艺研究方面。公司近几年先后引进国外专业人才50余人，先后建立了美国、欧洲研究院，形成了美国、欧洲、亚洲三位一体的研发格局。其中，欧洲研究院已聘用负责粮油饲料研究生产工艺的外籍专家7名，不断将国外先进的工艺技术引进国内，带动国内粮油饲料加工工艺水平的整体上升。

（2）智能化生产方面。公司2011年与美国WEM自动化公司合作，引进其国际领先的“粮油饲料加工装备控制技术”，项目实施后，有效提高公司在粮油饲料加工控制技术领域的竞争优势。这不仅为企业带来巨大的经济效益，也为中国的粮油饲料工业带来新型智能化控制技术，为我国粮油饲料工业参与国际竞争作出了巨大的贡献。

（3）主机设备研发方面。公司与意大利La Meccanica公司进行了高精度大型颗粒机项目合作，通过引进该技术，在消化吸收再创新的基础上，研制适合我国的技术水平达国际先进水平的大型高精度颗粒机。该产品由于其较高的性价比大大增强该项目在国际市场的竞争能力。项目投产为企业年新增产值9 000万元。

（4）产学研合作突破关键技术。公司与中国农业科学院、江南大学、中国农业大学、华中农业大学、江苏大学、南京理工大学、河南工业大学、扬州大学、武汉轻工大学、国家粮食储备局、无锡粮科院等多家科研院校开展多种形式的合作，如共同研发项目、共建省级工程中心、共建国家工程实验室、举办工程硕士研究生班等。

近年来，每年与上述科研院所合作完成或正在实施的国家级或省级项目有3～4项。这些科研院所给企业技术创新提供了技术支持，为公司始终保持国际先进技术水平奠定了坚实的理论基础。如公司与江南大学合作成功的挤压膨化技术已经为公司每年实现销售4 000多万元。公司先后被评为国家科技进步二等奖2项、国家重点新产品2项、国家火炬计划3项、粮油学会科学技术进步奖2项、省级科技进步奖1项、江苏省高新技术产品3项。

2. 制度保障 公司一直提倡全员创新，并于2006年成立了“创新办公室”并制定了较为完善的创新评估、推进、反馈和奖励流程。从总裁到普通员工，每人都可以提出自己的创新思路，创新办公室按照一整套工作流程，通过CWP内部网络，使创新建议在第一时间得到处理，并保证有价值的创新提案付诸实施，根据公司增效多少而得到相应的奖励。2013年又成立了创新升级工作领导小组，由董事长任组长，总裁任副组长，以强化对创新的重视和坚持。公司致力于实现产品创新向系统创新的转变。创新观念经历了从小改小革到创新大激励，再到鼓励每一点小进步的过程。公司对创新失败也给予了极大的包容，使得创新氛围越来越浓。目前，共采纳来自员工的“创新”建议2万余条，为企业增值了4 000余万元。为了使知识能够更好地固化、沉淀，公司正在积极推进知识管理工程。

3. 打造学习型组织 创新还必须依赖于员工的不断学习、不断提升。公司成立了企业商学院，统一负责管理公司员工的培训工作，培养了200多位企业内部讲师，开发课程380多门，其中研发设计类的课程就有数十门。商学院自成立以来，培训、培养员工近7万人次。

公司网络平台专门建立了“E - learning系统”，通过网络实现培训和管理，节省了员工的差旅费和办公成本费，同时也大大减少企业和用户的时间成本；通过学习管理系统帮助企业员工实现在任何时间，任何地点学习任何课程的个性化培训，最大限度地提高员工学习的自主灵活性，有效帮助了企业完成学习型组织的建设。

公司通过一系列举措让每一位员工认识到，学习是提升绩效的需要、是适应工作的需要、也是员工晋升的需要。通过领导的表率作用，带领员工把学习变成自发的需要。牧羊还规定每一位干部要想获得晋升的前提之一，就是培养出可以替代自己的下属，此举意在督促每位想要有所发展的干部下大力气不断地去培养员工。为了吸引人才，增加对行业高端人才和通用人才的吸引力，牧羊从文化、发展理念入手，结合薪资、成长平台、股权激励等，提升牧羊的综合吸引力。牧羊通过快速发展，每年新设 3～5 个分（子）公司以拓展产业链，为成长起来的人才提供更多可以一展身手的舞台，让其在为企业、为社会创造价值的同时也能成就个人梦想。同时，牧羊将朝着真正实现“把牧羊建设成为全体牧羊人的牧羊和全社会的牧羊”的梦想而不断前行和实践。

多年来，公司始终高举振兴民族工业的旗帜，致力于改变中国粮食安全装备制造业落后的国际形象，奋力践行打造粮油机械全球第一品牌的“牧羊梦”。牧羊将围绕“低碳、环保、节能、智能”，以全球 70 亿人的食品安全为己任，加快科技创新、推动转型发展，实现由产品创新向系统创新的转变，推动民族品牌走向世界。

创新驱动发展
科教振兴农业

——漳州大北农农牧科技有限公司

漳州大北农农牧科技有限公司是大北农在漳州的独资企业，公司位于漳州芗城区金峰开发区漳州西高速引路，占地 7.7hm²，专门生产、销售猪配合饲料、浓缩饲料、添加剂预混合饲料，固定资产投资 2 亿元，设计年产能达 100 万 t。

漳州大北农始终把饲料质量安全放在首位，坚决践行《饲料和饲料添加剂管理条例》《饲料质量安全管理规范》，积极配合行业管理部门工作，2013 年成为农业部添加剂预混合饲料实施《饲料质量安全管理规范》示范企业，是漳州市首批获得配合饲料、浓缩饲料生产许可证的企业，企业在 2012—2014 年的监督抽查中无不合格报告，在饲料质量安全管理方面得到了各级领导的肯定。企业经济效益良好，得到了长足发展。

一、弘扬企业文化，创新开拓市场

“报国兴农 争创第一 共同发展”是大北农文化的核心理念。身为大北农人时刻提醒自己要做一名合格的大北农人，积极践行企业文化，将企业文化应用于市场开拓，创新服务中。

质量是企业的生命。大北农高质高端的产品，为客户创造了更大价值。尤其是在是市场上备受关注的“宝贝料”，贝贝乳和宝宝壮，实现了教槽料阶段的革命性进步，大大提升了乳仔猪的成活率，提高了养猪效益，为养猪户带来了更多的利益。

公司产品不仅质量有保障，产品模式也积极创新。技术部门的每位员工急养殖户之所急，亲自深入猪场调研，研发了诸多简单可行的饲养模式：如“624”模式即一头乳猪从 7 日龄开始采食 6kg 教槽料（2kg 贝贝乳＋4kg 乳猪宝），20kg 保育前期料（S5011），40kg 保育后期料（S3011），到 90 日龄时即可达 50kg 的模式。其他如 3640 母猪饲养，633 乳仔猪饲养等，产品的模式简单，能够快速被养猪户所接受和掌握。这种高效的养猪模式明显提升了养猪水平，提高了养猪效益。

公司还积极举办“科技下乡、文化下乡”的活动。技术推广人员深入乡村，扎根猪场，与养殖户同吃同住同劳动，将养殖新技术普及到生产一线。同时，公司组织开展了丰富多彩的文化活动，宣讲大北农文化，将大北农文化与猪场文化结合，形成了一套特有的感恩文化—爱场如家、爱猪如子，为服务的猪场、养猪户插上了精神文明的翅膀。

公司积极实施“智慧大北农”战略，在猪场全面推行猪管网，将猪场的日常生产数据信息纳入互联网管理中，通过专业生产管理，实时生产提示，规范养猪管理流程，大大提升了猪场的管理水平。

二、科技创新，带动企业发展

漳州大北农重视科技创新，是漳州市及芗城区政府农业产业化龙头企业，农业产业化省级重点龙头企业，并于 2010 年获得福建省高新技术企业称号，被认定为漳州市企业技术创新技术中心、福建省创新型试点企业、福建省饲用微生物开发企业工程技术中心、漳州市企业技术中心、漳州市知识产权试点单位等，2014 年获得福建省知识产权优势企业授牌，并取得福建省名牌产品、福建省绿色饲料产品认证，HACCP 食品安全质量体系和 ISO9001，ISO22000 国际质量管理体系认证。

硬件方面，公司加大投入力度。漳州大北农科技园建有一栋四层科研大楼，内设企业技术中心，配备的研发设备价值超过 2 000 万元。公司还拥有超过 2 000个不同规模客户的试验场作为产品实证基地。同时，公司每年将超过 3%的销售收入持续投入到研发活动中。2013 年的研发经费已经超过 6 000 万元，有力地保证了对公司产品的升级改造和新产品研发活动的持续进行。

公司拥有一支年轻、富有激情、专业素质高的员工队伍，现有职工中研发人员占企业职工总数的

31%。其中博士及高级职称人员2名，硕士及中级职称人员19名，本科73名，大专150名，均具有良好的畜牧兽医、水产、医学、生物学等相关教育背景和工作经验。

公司还拥有“乳仔猪肠道健康的营养和免疫调控技术研究与应用”和“新型微生态制剂研究及其在猪日粮中的应用”两项成果，经专家鉴定分别达到了国际先进水平和国内先进水平。“乳仔猪肠道健康的营养和免疫调控技术研究与应用”成果还荣获2013年度福建省技术发明奖一等奖。

科技创新，产品升级，为公司插上了腾飞的翅膀。技术中心成立至今，通过自主研发和合作开发，由公司作为独立或第一发明单位的有11项发明专利和13项实用新型专利获得了国家知识产权局的授权，由公司作为第二或第三发明单位的发明专利有3项。

三、率先实施《规范》，实现精细化管理

2012年，新《饲料和饲料添加剂管理条例》发布，《饲料质量安全规范》（试行稿）出台。大北农集团领导高度重视，认为《规范》是提升集团内部精细化管理的一个契机，立即整合专家组为集团质量安全管理体系服务。漳州大北农成立了饲料质量安全管理委员会，建立了质量安全管理体系，形成了包括质量安全管理制度、操作规程、标准和表单的一整套体系文件，并培训和运行质量安全管理体系，率先实施《饲料质量安全管理规范》。

公司积极执行《饲料质量安全管理规范》。2011年一次性投资100万元，引进澳大利亚GBC原子吸收分光光度计、美国waters高压液相分析仪，建立了行业一流的添加剂预混合饲料化验室。漳州大北农的生产设备，全部采用行业一流的布勒成套饲料生产设备，保证精细化生产，全面保障产品的质量稳定。

2013年6月，福建省饲料办领导召集福建各地市饲料办主任齐聚漳州大北农，以公司为模板，举行了饲料生产许可证现场模拟审核。

2013年，公司作为全国《饲料质量安全管理规范》示范企业，2次通过农业部专家的现场审核验收；2014年1月13日，《饲料质量安全管理规范》正式发布，漳州大北农积极宣贯实施，于2014年11月28日顺利通过农业部专家组现场审核，成为首批“饲料质量安全信得过企业”，专家组对漳州大北农的现场管理，质量安全体系运行给予了高度评价。

公司率先实施《饲料质量安全管理规范》，得到了各部门相关领导及专家的高度认可，公司员工将继续保持高度严谨、一丝不苟的工作态度，从配方、原料、生产等各个环节保证饲料的质量。公司对员工不断进行质量安全培训，形成了人人重质量，个个讲安全的良好氛围。

在饲料质量安全管理、企业综合发展方面，公司付出了努力，也取得了一点成绩。作为负责任的企业，公司有责任，有义务维护饲料质量安全，保障食品安全，承担社会责任。

未来，公司将会紧紧抓住新一轮科技革命和产业变革的机遇，坚定不移的实施创新驱动，勇于肩负民族使命，进军全球领先的农业高科技企业，为实现我国的农业科技创新贡献力量！

前期营养领先者
专业养猪服务商

——漳州傲农牧业科技有限公司

漳州傲农牧业科技有限公司，是福建傲农生物科技集团有限公司旗下一家集添加剂预混合饲料、配合饲料、动物保健品、微生态制剂及相关原料生产、研发为一体的高科技农牧企业。公司成立于2011年4月，注册资金2 500万元，占地4.67余hm^2，先后建成4期厂房，总占地面积约3.5万m^2。

自成立以来，公司坚持“顶天立地”做饲料，以“前期营养领先者，专业养猪服务商”为品牌定位，根据傲农集团“前期营养三阶段”“母猪营养三阶段”等推广模式，开发生产、推广应用了乳猪浓缩饲料-AN50、小猪配合饲料-W2、小猪用复合添加剂预混合饲料SS412、哺乳母猪配合饲料-K6、教槽饲料-B等多个系列上百个品种的产品，且公司所有产品都坚持“依托科技创新，品质安全高效，提升客户价值”的理念，通过先进的技术，严格的质量把控、实际的测试来提升产品品质和市场的满意度。

凭借科学的养殖理念、优质的产品、高效饲喂模式、专业精细的服务，公司产品得到市场和广大合作伙伴的高度认可，产品销往全国20多个省市自治区，在福建省内市场中的占有率位居同行的前列。在最近三年行业整体下行的新常态下，更是实现销售收入“三连增”的好成绩。

公司在“激发无限活力，关爱点滴成长”的人才理念指导下，积极响应集团“五化”人才战略，坚持引进优秀人才，大力培养优秀创业人才，积极储备后备发展人才。公司人才队伍迅速成长壮大，现有员工553人，其中专业技术人员119人，成立了一支包括动物营养、畜牧兽医、饲料加工、机械工程、农业经济管理等多种专业人才在内的专业技术队伍，大专及以上学历占职工总数的40%以上。

公司采用国内先进的全自动饲料生产线，电脑控制工艺流程，年生产能力可达40万t以上。拥有5

套先进的饲料生产设备和完善的检验化验品控设施，其中，公司的膨化生产线，其自动化控制程度和精确度达到国内先进水平。

公司设立技术部、生产部、品管部、行政部、市场部、财务部等机构，且成立了技术中心，下设有办公室、留样室、品控室、化学分析室、微生物实验室等，2014年共有49位技术开发人员。技术中心相继联合国内外知名专家教授成立“专家委员会”，与中国工程院院士印遇龙团队合作，成立“院士工作站”；与四川农业大学动物营养学研究所合作，成立“博士工作站”；并于与江西农业大学动物科技学院、福建农林职业技术学院等多所高等院校及科研机构建立了长期战略合作关系。公司还成立企业技术中心、福建省猪前期营养生物饲料企业工程技术研究中心等机构进行产品研发。技术中心拥有饲料行业专业研究、开发所应具备的硬件平台，新产品开发和技术改进的操作环境、先进的生产技术装备条件。

2014年公司拥有14项国家专利，其中授权发明专利2项，受理发明专利8项，受理实用新型专利4项。

公司大力实施“生产规模化，管理精细化，行业龙头化，营销品牌化，效益最大化”的战略，按照“龙头企业＋畜牧小区＋养殖户”的农业产业化发展模式，加大产品研发，饲料生产基础建设，通过规模化布局，标准化生产，品牌化营销，逐步形成了微生态制剂及其原料生产加工与销售，养殖贸易与销售，饲料的加工与营销，动保产品生产与销售四大支柱产业，有效地为公司增效，为农户创收。

公司成立以来，先后荣获“福建省品牌服务单位”“2012年度纳税大户”“守合同重信用单位”“福建省科技型企业”“2012年中国生猪业风云榜年度最佳新锐企业”“中国十大最受欢迎乳猪料品牌”“饲料技术创新品牌全国30强”“中国乳猪料口碑五强”等荣誉称号。

服务“三农” 提供全程解决方案

——双胞胎（集团）股份有限公司

双胞胎（集团）股份有限公司（以下简称双胞胎集团）是一家全国性大型农牧企业集团，是国家级农业产业化龙头企业，国家高新技术企业。产业涵盖动物营养、生物技术、饲料研发、生产、销售、技术咨询、肉食品加工。饲料总销量达850万t，占中国猪配合饲料总销量的11.6%，饲料总量全球第八，连续5年位居中国猪饲料销量第一，猪饲料亚洲第一。

2014年，双胞胎集团被中国企业联合会评选为中国500强企业排名第310名，中国制造业500强企业排名第151名；被中国工商联合会评选为中国民营企业500强排名第71名，位居江西省民营企业第一名。

一、科技研发

集团拥有发明专利100多项，成立院士工作站，建立健全省级、国家级养猪技术中心，原料检测中心，凭借积累的行业实战经验，深厚的科技研发技术背景，既了解客户、养猪户的需求，利用专业知识，为客户、养猪户提供性价比最优的产品模式，一流的养猪管理技术、养猪防疫知识。双胞胎集团聚焦中国养猪行业的同时也不断拓展全球化视野，为整个产业链上的客户、养猪户提供养猪全程解决方案。

二、服务“三农”

1. 金融服务 双胞胎集团结合市场上资金短缺，与金融机构合作，向经销商或养户提供的资金支持达到16亿元。通过移动互联网运行建立客户网，进销财网，猪管网，降低内部管理成本，提升综合服务能力，为更多的经销商、养殖户提供快捷、方便的优质服务。

2. 让利服务 双胞胎集团拿出通过采购优势获得的利润2余亿元，无偿让利给养殖户，以降低其在猪价低迷的情况下少亏损。

3. 培训服务 在全国各地开展家庭猪场培训班100余期，培训家庭猪场业主1万余人，通过打造家庭标杆猪，带领猪场老板现场学习观摩，帮助其提高养猪效益，促进传统养猪服务模式改造升级，使大部分猪场在行情较差的背景下实现盈利。

4. 产品服务 产品升级由小保育升级为大保育，以乳猪奶粉、乳猪饲料、仔猪饲料、母猪饲料前端产品为钻头，集中精力重点推广猪饲料技术含量中高的功能性产品。推出更高档次的优系列、86系列、微生态系列等新产品，让养殖户养殖效益最大化，提高双胞胎市场占有率的同时，形成双胞胎前端功能性产品绝对优势的市场占有率地位。

5. 改造栏舍条件 双胞胎集团通过旗下80余子公司，在全国各地建立养猪技术服务中心，致力于全面推广家庭猪场服务模式，利用优质产品、养殖模式的优势，在硬件上帮助家庭猪改善养猪环境，在饮水、采食、保温、降温等方面优化养猪条件，提高养猪成绩，减少环境污染。

未来双胞胎集团的发展，面对当前饲料行业的快速整合、升级期，双胞胎集团获得更大发展的战略时期，并将形成“科学研究与市场应用相结合、经销商与养殖户共发展、建立家庭养猪服务平台为重心”的建设体系。

创新领先　一切为了健康养殖

——山东海能生物工程有限公司

山东海能生物工程有限公司是集饲料添加剂 25-羟基维生素 D_3、饲料添加剂液态维生素 A、D、E 原料、液态维生素预混合饲料、液态复合添加剂预混合饲料研发、生产、推广于一体的科技型企业。公司坐落于美丽的“东方夏威夷”—日照。

公司自主研制出“纳米维生素自微乳低能耗制备关键技术”，并获得两项国家发明专利。该技术彻底解决了脂溶性维生素的水溶、分散和透析的重大难题，可使脂溶性维生素的吸收率达到 100%，生物利用率达到 98%。2014 年，此项技术被列为“山东省科技发展计划项目”“山东省星火计划项目”“山东省火炬计划项目”“纳米微乳维生素制剂关键技术研究及应用”“畜禽用纳米微乳复合维生素制剂研究及应用”分别通过山东省科学技术成果鉴定为国内领先、国际先进。

公司自行设计建造的十万级净化车间、年产 1 000t“液态维生素添加剂预混合饲料”全自动生产线和“饲料添加剂液态维生素 A”“饲料添加剂液态维生素 D3”“饲料添加剂液态维生素 E”“25-羟基胆钙化醇（25-羟基维生素 D_3）”原料生产线，分别于 2008 年、2013 年与 2014 年通过农业部专家组验收，并获农业部颁发的《液态维生素添加剂预混合饲料生产许可证》《液态饲料添加剂生产许可证》，产品已投放市场。

公司汇集多方优势资源，走“产学研”发展模式，与青岛农业大学、山东省农业科学院家禽研究所紧密合作。青岛农业大学的“专家工作站”及“校外教学科研基地”设在海能公司，山东省农业科学院家禽研究所在海能公司筹建“博士后工作站”。为提高科技研发能力，引进了国际先进的生产设备，配置了日本岛津带自动进样器高效液相色谱仪（2 台）和美国沃特世高效液相色谱仪（1 台）、原子吸收仪等先进的精密仪器。2014 年，海能公司正在筹建“山东省液态维生素研究院”及实验室国际认可，使公司真正成为名副其实的“液态维生素领导者”。

公司运用独特的纳米微乳制备技术，根据集约化养殖的动物生理生长特点，开发出了种禽、白羽肉鸡、三黄鸡、蛋禽、种猪、毛皮动物、水产、观赏动物等动物专用系列纳米微乳复合液态维生素，产品经过多处大型养殖场与同类国外知名产品长期对照使用证明在提高畜禽的成活率，增强免疫力，减少应激，提高种畜、种禽繁育性能，促进饲料转化，提高生产效益等方面均优于进口产品。

公司凭着超前的市场意识和品质管理，将产品销售覆盖到全国各地，现与广东温氏集团、北京德青源种禽有限公司、北京峪口禽业公司、山东新希望六和集团、山东亚太中慧集团、山东民和集团、山东仙坛集团、山东春雪集团、山东和康源集团、江苏益客集团、新疆天康集团、新疆泰昆集团、河北华裕种禽公司、烟台鼎力种禽有限公司、法国维克公司大中华市场等 100 多家国内外大型集团建立了长期稳定的合作伙伴关系及合作意向，赢得客户良好的口碑！

公司将秉承“一切为了健康养殖”的核心理念和“创新、领先”的发展理念，坚持不断创新，引领维生素的技术革命，努力打造最专业的纳米微乳复合维生素及液态维生素原料生产基地，为养殖场提供优质液态维生素，并为液态维生素生产企业提供液态维生素原料，也为饲料生产企业提供 25-羟基胆钙化醇（25-羟基维生素 D_3）原料，使我国饲料生产企业也能使用 25-羟基胆钙化醇（25-羟基维生素 D_3），并积极为动物福利、为养殖的健康可持续发展作出贡献！

发展优质农牧科技

——山东菁华农牧发展有限公司

山东菁华农牧发展有限公司创建于 1994 年 2 月，是一家科技型股份合作制企业，总资产 8 000 万元，年销售收入 2 亿元。公司总部设在山东诸城，现已拥有菁华饲料、菁华药业、菁华生物、菁华禽蛋四大主导产业。公司秉承“以市场为导向，以科技求发展，以质量求生存”的经营宗旨；遵循“诚信、团结、创新、共赢”的核心价值观；以“致力于优质农牧”为最高目标。公司以高品质、高科技含量的产品和完善的售后服务，先后荣获“潍坊市农业产业化重点龙头企业”“山东畜牧业十大知名品牌”“山东省青年文明号”“山东省著名商标”“中国名牌农产品”等诸多殊荣，并于 2000 年在同行业中率先通过了 ISO9001 国际质量体系认证。公司在 20 多年的发展历程中广泛精选行业有能之士，联合各科研机构，不断提高技术水平。2014 年，公司投资 500 余万元倾力打造集研发中心、品管中心、检测中心为一体的专家工作站，用于产品的品质监测、售后检测服务以及参与各高校的专家教授先进课题的研究。公司通过严格的培训，不断加强员工的质量管理意识，为满足客户的需求，不遗余力的提高本公司产品的可靠性和品质，使产品在本行业内创造一流品牌。公司将以更加优质的产品、更加成熟的生产和监测技术以及更加完备的售后服务来最终实现企业目标。

菁华饲料创建于1994年2月，1996年6月再投资600万元兴建了年产添加剂预混合饲料、浓缩饲料达4万t的全自动生产流水线。2000年投产10万t高档猪全价料生产线，2014年公司又投资新建年产量达10万t的全自动牛羊料生产线，该生产线采用现代化设计理念，运用智能化管理系统和网络传输系统实现全自动投料，配料精度高，饲料混合均匀，契合了菁华公司精益求精的生产理念，为给客户提供了高品质牛羊饲料提供了强有力的保障。公司的饲料产品已经深受全国养殖户的认可，其中菁华壮系列猪（添加剂预混合饲料、浓缩饲料、配合饲料）、安康系列蛋鸡（添加剂预混合饲料、配合饲料）已成为享誉大江南北的名牌产品。2000年9月山东菁华农牧是山东省饲料行业种首家通过ISO9001国际质量体系认证的企业，2007年7月“菁华·爱格瑞”饲料被评为“山东省著名商标”。

菁华药业2002年底投资近1 000万元引进全套生产设备，在莱芜市经济开发区建成了占地面积2万余m^2的莱芜菁华药业有限公司，主要生产粉散剂、片剂、中药制剂、水针剂、口服液共5大类60多个品种。经国家相关质检部门数次抽检，合格率达100%。2005年1月顺利通过国家质检总局高标准兽药GMP验收，成为国内领先的大型专业动物药品生产企业之一。并于2010年7月顺利通过了GMP复验。2014年，公司再投资1 000余万元，引进口服液、颗粒剂等生产线。莱芜菁华药业不仅是一家兽药生产企业，公司秉承“为毛皮动物养殖业保驾护航”的宗旨，13年来联合各高校皮毛动物养殖专家在全国各地举行的技术研讨会达1 000余场，受益养殖户达5.5万余人，公司以忠诚的服务越来越受到全国各地养殖户的关注。

2000年2月，菁华禽蛋投资500万元在泰沂山区兴建菁华禽蛋养殖基地，产品自投放市场以来，以其纯天然、纯绿色而倍受广大消费者的青睐；2000年12月，菁华山鸡蛋系列被国家绿色食品发展中心首家认定为绿色食品；2003年8月菁华生态蛋通过绿色食品认证，同年9月菁华鸡蛋被农业部农产品质量安全认证中心认定为无公害农产品；2005年5月被山东绿色食品发展中心公示为十大知名品牌；2005年9月被评为“山东省著名商标”；2006年10月被评为“中国名牌农产品”。

2003年6月，菁华生物投资1 000万元，建成年产生产能力达到2万多t的现代化生物工程生产线，主要生产血浆小肽、大豆多肽、生物蛋白质等，该项目技术已达到国际国内同类产品的先进水平。2004年11月，经国家绿色食品发展中心认定，符合绿色食品生产要求及相关标准，为绿色食品生产原料。该成果填补了山东无绿色饲料产品的空白，为饲料工业养殖业作出了巨大贡献。

专注产品　提升品牌

——潍坊康地恩生物科技有限公司

潍坊康地恩生物科技有限公司位于山东省高密市城北工业园，周边交通便利，距市中心6km，距济青高速公路5km，距青岛流亭国际机场30km，距青岛港35km。厂区绿化面积达到45%。

公司是由青岛蔚蓝集团于2008年8月投资建设的一个专业化酶制剂研究、开发和生产的高新技术企业。生产以植酸酶、纤维素酶、木聚糖酶、甘露聚糖酶、果胶酶、蛋白酶、复合酶等酶制剂为主的制造企业。

公司总投资1.5亿元，占地面积8hm^2，现有员工180余人，其中国家“千人计划”专家，泰山学者1位，硕士8位，大学以上文化程度占50%以上。公司分两期工程建设，其中一期投资9 000万元，二期投资6 000万元。一期于2008年8月动工，到2009年6月完工，主要建设发酵车间、提取车间、精包装三个主体车间及为生产配套服务的辅助生产车间和办公生活设施，建筑面积1.5万m^2，具有年加工固体酶制剂3 000t，液体酶制剂4 000t的生产能力。主要生产植酸酶、纤维素酶、木聚糖酶、蛋白酶、复合酶等饲料用酶。二期于2010年6月动工，主要建设工业酶车间，食品酶车间、制粒车间等，建筑面积1.1万m^2，具有年生产能2万t的规模，主要生产碱性果胶酶、酸性果胶酶，甘露聚糖酶等产品。

公司不断加大研发力度，积极主动融合先进技术资源，与中国科学院、中国农业科学院、南开大学、江南大学、天津科技大学、山东大学、中国海洋大学、山东轻工业学院、青岛科技大学等科研机构和大学合作，搭建研发平台。同时，公司吸纳海内外专业博士、硕士、高级工程师等人才加盟，并借助先进的研发设备和持续的研发投入，实现了技术创新和新产品的不断优化升级。公司参与研发的“高效农业微生物制品及产业化开发”获山东省科技进步二等奖；碱性果胶酶制剂研制与产业开发获国家纺织工业协会科学技术二等奖；作为协作单位承担国家科技攻关项目“酵母细胞壁多糖研究与产业化开发”；作为产业化协作单位合作承担863课题重要鲜活水产品绿色供应链技术创新与集成；作为子课题（复合酶的体外评价研究与木聚糖酶产业化）依托单位承担863课题饲料用酶的分子改良与产品研制；山东省农业科技成果转化资金项目“高效微生物饲料添加剂规模化生产与示范”；先后获得国家苎麻脱胶用复合酶制剂及其制备方法和应用；甲壳素—棉混纺织物生物酶前处理工艺及其所用酶制剂；蜡状芽孢杆菌菌株、筛选方法及其碱性果胶酶制剂；一种饲用固体复合酶制备方法等多项技术发明专利等。

公司发展过程中先后获得“潍坊市民营科技企业”“重点龙头产业”“十强工业企业”“高新技术企业”“全国酶制剂行业重点生产企业”“战略新兴产业标兵企业”“中国发酵工业协会副理事长单位”“科技创新先进企业”“四星级单位”等多项荣誉及称号。2014年11月，公司成为山东省院士工作站。

公司在增加硬件设施投资的同时更加注重管理水平的提升，通过几年来的不懈努力，各项管理工作已逐步走向科学化、规范化、精细化。2014年，公司已通过ISO9001和ISO22000质量体系认证，并且在公司范围内推行“5S”现场管理。

扬帆启航正当时

——河南亿万中元生物技术有限公司

2014年，河南亿万中元生物技术有限公司再次站在启程的节点，面对养殖业发展的新常态，公司上下精诚团结，才能促成上下联动的榜样，才能激起千帆竞发的热潮，才能最大限度地凝聚加快公司跨越发展的“正能量”。

公司成立于1996年，总部位于河南郑州新郑龙湖开发区，现有郑州、商丘、荥阳3个生产基地，总占地面积20hm^2，员工300余人，是一家集饲料、生物发酵、兽药生产销售于一体的现代化民营企业。公司拥有畜禽及反刍动物饲料生产线8条、膨化饲料生产线1条和添加剂预混合饲料生产线2条，年产能96万t。拥有生物发酵车间1座，用于新型霉菌毒素降解剂“霉立解”产品的生产，年产能3 000t。兽药生产线有粉散剂、预混剂、消毒剂，小容量、大容量注射剂、中药提取等，均已一次性通过农业部GMP认证。

作为饲料生产企业，公司生产的教保料采用国际通行的二次粉碎、高温膨化、低温制粒的生产工艺，既提高了原料的熟化度和吸收利用率，又避免了氨基酸、维生素、益生菌、酶制剂等营养成分被高温破坏，使产品具有适口性好、生长速度快、抗拉稀强等优点。公司建立了从原料进厂到成品出厂的完整的质量保证体系，关键质量控制点有专人监督，原料成品每批次都检验，确保了产品质量的稳定。

根据全年用量在原料方面公司提前做好战略采购计划。氨基酸、维生素等添加剂通过与河南省饲料商会合作，直接和上游厂家走定制路线来降低成本。对于大宗原料，像能量饲料、蛋白质饲料，按照全球的标准来权衡玉米、小麦、大麦、高粱等的性价比以及全球大豆价的变化导致的豆粕与棉粕和花生粕之间比价关系的变化等，寻找原料采购的最佳时机，将原料在价格低谷时做好战略储备，并利用大连期货商品交易所的套期保值将蛋白质饲料成本锁定，从而在保证质量的前提下，大大降低饲料成本。为了使采购更加简单、高效地进行，公司又为采购专门建立了一个微信平台。公司广纳质量过硬，有一定实力的供应商加入平台，有采购需求时在采购微信平台上公布采购标，供应商在满足公司质量要求的前提下以竞标的方式建立合作关系，最大的限度的降低采购成本。

在产品的销售上公司采取“公司+农户”的销售模式，即省去经销商环节，公司与养殖场建立厂家对厂家的直接合作关系。这样既有利于公司更好地服务于养殖场，又能省去中间环节的费用，达到互惠双赢。针对2014年的养殖行情，公司将合作对象主要放在具有很强生命力的50～500头母猪的中小型养殖场。

2010年，公司独家获得由中国农业大学经过10年的不懈努力和潜心研发的具有国际领先性的国家专利生物降解霉菌毒素，其能够高效降解黄曲霉毒素、玉米赤霉烯酮、呕吐毒素等多种霉菌毒素，特异性强（一株菌发酵产生一种酶、降解一种毒素；只降解相应的霉菌毒素，不影响饲料的营养价值）、降解率高（用高效液相色谱仪对样品体外模拟试验，检测降解前后的霉菌毒素含量，可直观地看到毒素的降解率在85%以上）、并具有益生作用（对大肠杆菌、沙门氏菌、金黄色葡萄球菌等有害菌具有抑制作用），可增强动物免疫力、降解产物不污染环境，诸多的特有性能相比传统的物理吸附机理的脱霉剂具有无与伦比的优点。公司“霉立解”的问世对解决长期困扰行业的饲料霉变的问题，无疑是一场革命性的历史突破，具有划时代的意义。

一直以来，粮食、饲料和食品受霉菌毒素的污染都是世界性的难题，每年给饲料工业、食品工业和畜牧业带来巨大的经济损失。传统的物理和化学方法去除霉菌毒素存在效果不稳定、营养成分损失大、饲料适口性差，难以规模化生产等缺点，较难广泛应用于生产实践。近些年霉菌毒素吸附剂存在许多缺点：大部分吸附剂只针对黄曲霉毒素有吸附效果，对玉米赤霉烯酮、呕吐毒素、T-2毒素等没有吸附能力；吸附剂还存在吸附维生素、微量元素等营养物质，降低饲料营养价值；吸附效果不稳定，在动物肠道内会出现解吸附；矿物类吸附剂在动物咀嚼过程中损害牙齿，影响动物采食。

2014年，公司与山东环山集团有限公司、中粮饲料有限公司、辽宁禾丰牧业股份有限公司、深圳市金新农饲料股份有限公司、河南华英禽业集团等多家国内知名企业均有合作关系，客户普遍反映霉立解产品效果明显，蛋鸡使用后延长了蛋鸡的产蛋高峰期，提高了产蛋率，并使蛋壳色泽一致，减少了沙壳蛋，提高了蛋壳品质。肉鸡使用后能显著降低雏鸡白痢的发生、改善料肉比。母猪使用一个周期后，能显著提高母猪的受精率、产仔率和仔猪的出生重均匀度，降低仔猪的腹泻率和淘汰率；对防治对虾等水产品白便疗效显著，内服可解毒护肝，健胃促长，外用可调水稳水，抑菌防病；奶牛食用后明显提高了奶牛的产奶量，延长了产奶的高峰期，提高乳脂率和乳蛋白，改善奶品质，同时对调控奶牛瘤胃PH值，预防和缓解瘤酸胃中毒，对改善奶牛健康状况具有很好的效果。霉立解提高了饲料产品质量，显著提高了动物生产性能和饲料转化效率，霉菌毒素引起的免疫抑制得到明显缓解，获得广大新老客户的一致好评。

公司的定位是把饲料做专、做精、做强，聚焦猪饲料，做出民族饲料的典范，成为河南本土饲料企业的一面旗帜。突出质优价廉，为用户创造价值，成为猪场的专业厨房，用做食品的标准做饲料，进而和广大用户形成紧密联合体。公司以料场牵头、养猪场、屠宰场加盟，自负盈亏又理想一致，为社会提供无药物残留，安全放心的肉产品。霉立解定位是服务于饲料和养殖，并做成高、精、尖的产品，做出纯化的降解黄曲霉毒素、玉米赤霉烯酮、呕吐毒素的酶制剂，开创一个新纪元，为全球的饲料、养殖行业作出划时代的贡献，创造巨大的社会效益。

在公司的内部管理上实行全员竞聘制，能者上，庸者下，三个公司人员综合调配，进一步精简，实行一人多职，并虚心地向管理先进的企业学习，提高工作效率的同时，也将提高这些人员的工资收入。公司生产高度自动化，使用机械手装卸车，使用筒仓，建立小筒仓放粕类品种自动投料，大大节约了人力成本。公司每年都会投票评选出各岗位的优秀员工，组织免费旅游，以激励员工的工作积极性。另外，公司与中国农业大学、河南农业大学、河南工业大学、河南牧业经济学院等多所高校的专家、教授保持长期的合作关系，引进更先进的技术，并定期将公司员工送出去培训学习，公司实行“引进来、走出去的”理念为公司的创新发展不断积蓄力量。

公司始终秉承“质量是生命，用户是上帝，科学技术是第一生产力，人才是企业原动力”的企业警训，坚持诚实、守信、开放、创新的发展思路，以优质的产品、优惠的政策、优良的服务为基础；以先进的生产及化验设备、强健精干的销售队伍、专业技术人员的指导与完善服务为依托，构建起了以中原为中心辐射全国的销售网络。以优厚的待遇、优美的环境、人性化的管理、良好的培训机制为基础，广纳贤才，博采国内外先进的配方与生产技术，使产品不断推陈出新，有效满足了广大客户的不同需求，推动了公司连年的快速发展。优质高效的产品给广大用户带来的是高额的投入产出回报，在用户心目中塑造的是中国饲料兽药与酶制剂行业名牌——“亿万中元”。

公司先后获得河南省饲料行业“综合实力十强企业”，河南省饲料工业协会副会长单位，河南省饲料商会副会长单位，河南省动物保健品协会常务理事单位，中国好饲料之“乐斯福”杯“十大最佳新锐乳猪料品牌”，公司商标“亿万中元”被评为“河南省著名商标”等。公司董事长郑文革兼任饲料商会发展有限公司总经理，中原饲料联盟理事长。

未来，公司将抢抓行业机遇，以开放创新的精神，务实敬业的作风和舍我其谁的气概为亿万中元的美好明天披荆斩棘、开疆拓土。这是一个变革的时代，时代呼唤英雄，时代造就英雄，相信亿万中元一定能顺应时代发展，从一个胜利走向更加辉煌的胜利！

打造中原饲料第一品牌
创建综合养猪服务平台

——新乡市大北农农牧有限公司

新乡市大北农农牧有限公司于1984年创建，从一个国有小型饲料厂开始，历经30年的艰苦奋斗，2014年发展为全国食品加工优秀龙头企业、河南省农业产业化重点龙头企业、省新农村建设先进单位、省饲料十强企业、省生猪产业化集群等。产业涉及饲料生产、生态养殖、绿色种植、动保、养殖设备制造、农产品、餐饮、文艺、教育等，现有员工1 300余人。在中原地区有4个饲料生产基地、3个万头以上的生猪繁育基地、1个养牛基地、1个千亩生态示范园区、5 000亩种植基地、1个养猪设备制造厂以及豫剧团、农产品连锁超市等。30年来，公司秉承“报国兴农、争创第一、共同发展”的企业理念，扎根“三农”、服务“三农”，走农业产业化道路，发展生态农业循环经济，带动数十万农民致富，为振兴中原地区畜牧产业做出了巨大贡献。

一、30年艰苦创业，在自我突破中转型重生

1984年，我国饲料工业刚刚起步，国家饲料工业正处于萌芽期，企业从一个小型国有饲料厂起步。

20世纪90年代初期，公司大胆改革分配机制，率先突破政企不分、体制僵化的国企弊病，1990年成为河南省第一家实现电脑配方的饲料企业，1991年引进最先进的颗粒饲料生产线投产。1995年8月，企业与北京大北农合作，更名为新乡市大北农饲料厂，企业实现了又一次飞跃。1998年，成功进行了股份制改造，标志着其向产权清晰，权责明确的现代企业制度迈进了一步。2002年，企业第二次改制，成立新乡市大北农农牧有限责任公司。

进入21世纪，公司做大做强饲料产业的同时，也实行规模化多元化并举，2002年在郑州建立饲料基地；2005年在驻马店建立豫南地区最大的饲料生产基地，同年在清丰县建立基地；2007年在新乡建成豫北地区最大的饲料生产厂房；2008年成立畜牧环保设备公司；2011年成立河南伟农饲料有限公司，托佩克育种中心在辉县建成。2013年辉县市大北农白马玉农庄千亩生态园示范基地建成，实现种养结合的农业循环经济。2014年孟州大北农基地正式建设。

二、打造中原饲料第一品牌，创建中原地区最大综合养猪服务平台

公司是伴随着中国饲料行业的诞生迅速成长壮大，30年来，以道德和人格打造大北农产品，并克服了一个又一个难关，取得了一个又一个辉煌，从当年一个员工不到30人，资产只有50万元的小型饲料加工厂，发展成为年生产能力达到100万t，年销售额4亿多元的饲料集团。公司能够越做越大，得益于企业走高端、高档、高科技专业化道路，打造中原地区高档猪饲料第一品牌的战略，更重要的是始终为三农服务的理念，从2000年开始，公司面向河南省广大农村大力开展了“公司+农户”的富民工程，与农民直接联合发展养殖。同时，给农民提供养殖技术、饲料、设备免费防疫、优惠供应农产品等相关产品和服务，扶持农民养殖，使广大农民在短时期内迅速走向致富的道路，每年投入数百万元，举办各类培训班、养殖技术讲座数千次。在河南省30多个县，带动农户10万户，为创建河南省生猪品牌和百万头生猪工程打下了良好的基础。

2012年，公司提出了打造“大北农事业财富共同体”的全新发展理念。建设“以新乡大北农为强大后盾，以事业伙伴为服务主体，以养殖事业伙伴为受益对象，以养猪服务中心为载体”的财富事业共同体联盟。以高端的科技产品和全方位附加服务，包括互联网金融、大北农猪管网导入、猪场全套技术服务、产品销售等，以此带动整个养殖行业的全面升级转型，共同携手把中原的养殖事业做大做强，大力促进“养猪服务中心”的推广与布局，从而创建中原最大的养猪服务平台，为中原的养猪行业吹起改革崛起的嘹亮号角！

三、矢志不渝地践行农业产业化 开创性推动生态环保农业大发展

作为农业龙头企业，公司在以饲料为主导产业带动下，积极扩展产业链条，在生猪繁育、养殖设备、兽药动保、技术服务、生态种植等产业拓展领域，旨在全力推动产业一体化进程。

对养猪领域的探索始于1994年，建成占地6.67hm^{2}的万头养猪场，2014年是国家生猪活体储备基地。2000年开始吸收国际先进的养殖模式，在同行业中率先实现了全进全出的集约化管理。2010年，投资4 000万元，在大北农白马玉农庄建设了年出栏5万头种猪的河南托佩克种猪育种中心。采用荷兰先进技术，全面实现自动化流程控制。2014年，新乡大北农拥有四大养殖基地，年出栏规模10万头。养殖行业在为养殖户提供优良种猪的同时，还为农户提供最先进的养殖模式。同时，与荷兰托佩克合作，在太行山下建设我国第一座托佩克种猪基因改良站，将国际最新种猪基因应用到广大农户，从根本提升农村养殖水平。

为提升养殖户硬件设施建设，1999年成立了畜牧环保设备公司。在国外畜牧设备先进生产技术的基础上研制开发出新型自动化散装饲料车，散装饲料塔，小猪饱智能化液体料槽等养猪设备，及时将世界最先进的养殖技术移植改进提升。公司在智能化液体料槽方向的应用，对大中型养殖场，颠覆了传统乳猪养殖模式。2014年，可以对农村从养殖场的基础建设到养殖设备提供全套技术支持。为了给农户提供全方位服务，已经形成从产品到技术、从硬件到软件、从金融信贷到产品终端服务的全面养猪服务大平台，建立养猪人的快乐生态圈。

勇挑重担、敢为人先开创性地推动“新型生态环保农业”的大发展。为解决养殖污染问题，对每个养殖场都配套建成了大型畜禽粪水沼气环保处理工程，每个养殖场周围都建设有绿色种植基地，养殖粪水经过无公害处理后，返归于种植业，实现沼气发电、照明、生产有机肥等综合利用功能，发展种养结合的环保农业，实现了生产、生活、生态“三生”共赢。结合饲养环保模式的推广，公司还借势发展了核桃油、香油、花生油、石磨面粉等绿色有机农产品，先后建

立数千亩种植基地，进行粮食、蔬菜、油料和花卉绿色种植，让平凡人能够享受到有机食品的高档待遇，体现了企业在生态农业领域的不懈探索。

四、大北农文化是新乡大北农成功的法宝

大北农经过 30 年积淀，形成了独特的文化品牌，企业红色爱国、传统书画、生态养殖、绿色种植、健康饮食、戏曲艺术、安全饲养、孝道文化交相辉映，一直在影响和感召着更多的人。大北农成长学院的建立，将企业学习型组织推进专业化水准，已经能够为更多的企业提供学习成长的平台；借助辉县市全国书法之乡的优势，大北农文安书院正在打造中原地区最具特色的书画交流基地；新乡大北农豫剧团从 2005 年成立，50 多名专业演职人员常年活跃在广大农村，为农民带去豫剧文化盛宴，这都标志着企业非常注重中华优秀传统文化的弘扬和发展；绿色种植基地扩展和农副产品产业兴起，塑造了绿色健康的大北农品牌；郭兴展馆爱国基地建设和抵制日货活动，践行了大北农爱国情怀；定期组织全体员工召开孝道会、父母生日感恩会等，传统孝道文化在企业扎根发扬。时时刻刻向社会展示大北农文化强企、文化强国的发展理念。

公司 30 年的成长历程，企业文化起到了至关重要的作用。企业文化的坚实基础和正确指引换来了大北农今天成就的辉煌。未来一个充满生机、希望的新乡大北农将继续巍然屹立在中原大地！

加强技术管理创新
促公司飞跃发展

——河南广安生物科技
股份有限公司

河南广安生物科技股份有限公司成立于 1996 年 6 月，总部位于郑州市高新技术产业开发区。2001 年 10 月，经河南省政府批准成为河南省畜牧行业第一家民营股份制企业。2005 年 12 月，注册成立集团公司。河南广安集团业务范围涵盖了安全饲料、生种猪养殖、动物保健品、饲料原料贸易、九月香风味猪肉的五大产业，业务遍及河南、山东、湖北、江苏、山西、北京、上海等多个省市。公司先后获得了农业产业化国家重点龙头企业、全国饲料 50 强企业、国家生猪活体储备代储企业，中国驰名商标、河南省高新技术企业、河南省创新性企业、河南农产品加工示范企业、河南省饲料行业综合实力十强企业等 30 余项荣誉和称号。2014 年 12 月 15 日河南广安生物科技股份有限公司在新三板成功挂牌上市（股份代码：831503），完成了从产品运营到资本运营的转变，再次开启发展新篇章。

2014 年，面临饲料原料波动，行情不稳、行业危机等多重困境，河南广安集团积极应对，逆风飞扬，依然取得了令人鼓舞的成绩。其中，添加剂预混合饲料事业稳步发展，配合饲料事业取得新突破，济源、濮阳、信阳、南阳饲料基地相继建成或以合资方式投产，产业布局进一步扩大；养猪事业上大力发展“料猪”联动，自养、放养、合作联盟饲养共同发展，规模猪场合作数量达 50 余个；动保商贸事业稳步上升。食品事业上，2014 年继续探索运营模式，并在原有店面的基础上，于 2014 年 12 月入驻高新区丹尼斯商品超市，客户群体范围进一步扩大，在探索中不断前进。2014 年 8 月公司引进了规范化管理，并创新出岗位老板制，分阶段的在集团和各个分子公司实施。经过 5 个月的实践与改革使员工积极性和工作效率、现场管理水平大幅提高。

一、不断加强技术创新

公司自成立以来，一直注重安全高效饲料产品的研发和生产，2014 年，凭借企业博士后科研工作站和河南畜禽健康养殖院士工作站的人才优势和河南省生物饲料工程研究中心的研发平台优势，以及国家级项目—国家创新基金项目的支持，保证了饲料产品的研发和生产创新。

1. 公司聘请了中国农业科学院研究员，动物营养学博士零汉益担任技术总监，研发生产了“宝宝乳”“黄金”系列添加剂预混合饲料产品，优化了猪场用料。

2. 公司成立了发展研究院，组建了科研专家组，各个版块、各个部门申报了研究课题。公司的科研专家组对课题进行了研究成果鉴定，建立成果转化体系，鼓励员工不断进行技术研发创新。

3. 在电子商务迅猛发展的新时期，2014 年公司利用电商平台，将生猪、食品业务扩展到电子商务领域，通过网上团购，网上交易与线下配送结合的形式，扩展了食品的销售网络。在丹尼斯商超入驻高新区时，借助其知名度，形成了电商、网点、社区的全面销售网络。在产品特色上，通过让员工和社区市民品尝、鉴别、提意见等活动，总结出九月香风味猪肉不同于其他猪肉的特点，凸显了品牌特色。

二、管理创新

1. 人才管理上，2014 年逐步实施“岗位老板制”

通过对所属核算单位的不同岗位实行量化招标，集团公司对所属核算单位给予资金调配，实行岗位责任、权利、利益捆绑，使集团公司向“专业化的小公

司，社会化的大企业”的运营模式转变迈出了一大步。

公司实行岗位即老板的机制再造，让传统的雇佣关系变为伙伴关系、利益的共同体。真正激发广大员工的主人翁意识，自主意识，切实体现企业员工的个人价值在所在岗位的成就感，能者上，庸者下，人人创造价值，人人负起责任的企业员工岗位观在公司发生了前所未有的变化，也使公司一贯倡导的“人人都是人才”的企业用人内涵得到了充分印证。这是新形势下企业和和员工相融合的一个重要手段，它的施行有效解决了公司在发展过程中遇到的问题和困难，促进了企业健康持续快速发展。

2. 引入6S管理 自2014年10月在公司的生产车间、养殖场和办公住宿区域均进行了统一规范化的6S管理，通过进行定期的检查、抽查、监督，公司的生产车间、各养殖场在标示、生产流程等方面均开始向规范化迈进。公司的办公、宿舍、食堂等区域出现了焕然一新的景象，进一步提升了公司形象。

3. 战略方面，在料猪肉联动的基础上，进一步扩展，实施料猪肉资金联动链式发展 采取自养、放养、合作联盟饲养共同发展，实施产业链一体化发展战略。

4. 继续实行饲料“五化模式” 饲料“五化模式”即“数据化的市场开发模式、精细化的内务管理模式、精确化的财务核算模式、激励化的人员管理模式和标准化的质量管理模式”。随后在各版块进行运用，相互“PK”，不断创新发展。2014年公司产业布局进一步加大，济源基地建成投产。濮阳、南阳、信阳也已合作等方式进行了产业布局和业务拓展，饲料版块实现了业务开拓的快速增长。

5. 管理上，2014年对经营单位实行分类管理 通过树立榜样的形式，将一类公司好的产品、好的管理方式及优秀的员工在公司的内部宣传平台上公布展示，实行“一帮一带”和“比学赶帮超”策略，通过一类公司的榜样作用，带动二类公司和三类公司的发展。事事、时时比学赶帮超，通过“比”，找出不足；通过“学”，明确前进方向；通过“赶”，清楚目标距离；通过“帮”，实现自身价值；通过“超”，营造出积极活泼的工作氛围，公司各方面得到了快速的提高。

三、从产品运营到资本运营的转变

2014年是公司发展历程中具有里程碑意义的一年。2014年12月15日，河南广安生物科技股份有限公司股票在全国中小企业股份转让系统（简称“新三板”）开始挂牌交易，广安生物正式进入资本市场。这标志着公司从产品经营迈向了资本运营，为公司今后的大发展、快发展奠定了基础。

公司成立18年来，河南广安集团始终致力于猪上下游产业链的打造，以直接或间接地为消费者提供安全健康的食品及服务为核心价值观。不断创新出新的发展模式去应对变幻的行情和市场的竞争。今后公司也将继续在内部不断在技术研发、管理、文化等各方面探索并实施着新的发展思路，继续在郑州、焦作、漯河、周口、驻马店等地市，全面推进“双百”工程建设，打造“年产饲料100万t，年出栏生猪100万头”的产业链一体化食品安全工程项目，实现企业的健康持续发展。

打造队伍产品服务 提高企业核心竞争力

——湖北晨科农牧集团股份有限公司

湖北晨科农牧集团股份有限公司是以浠水四方饲料有限公司为主体进行股份制改造，于2012年5月成立的以饲料生产研发为主，兼营禽蛋加工、种鸡生产、孵化、蛋鸡养殖为一体的大型集团公司。公司地处浠水县清泉镇工业集中园区，下辖6个饲料公司即浠水县四方饲料有限公司、蕲春四方饲料科技有限公司、湖北鑫成生物饲料有限公司、浠水晨科农牧科技有限公司、团风开源饲料科技有限公司、黄石晨科饲料科技有限公司；4个养殖基地即黄冈四方种禽有限公司浠水壕地养殖基地种鸡场和孵化场、浠水梅河养殖基地育雏场、蕲春八里湖养殖基地种鸡场、湖北禹山畜牧业有限公司散花商品蛋鸡场。公司现有员工810人，其中各类专业技术人员152人，固定资产2.5亿元，自有土地30hm^2，租赁土地23.3hm^2；拥有“白石山”“裕德”“金莲子”三大品牌商标；公司产品均通过国家ISO9001质量管理体系认证。2014年，公司实现总产值16.4亿元（其中已投产生产的浠水四方饲料、蕲春四方饲料、鑫成生物饲料3家饲料公司年产饲料51万t，实现产值16亿元，4个养殖基地实现产值0.4亿元），2014年公司饲料销售收入13亿元，实现利税4 800万元，上缴税收1 427万元。

公司先后被评为“湖北省农业产业化龙头企业”“黄冈市农业产业化优秀龙头企业”“湖北省重合同守信用企业”“第五届武汉农博会金奖”“湖北名牌”“湖北省消费者满意产品”“湖北十佳饲料品牌”“黄冈市知名商标”“黄冈食品饮料工业企业十强（第7）”“浠水县工业企业十强（第7）”“湖北省粮油加工产业先进单位”“湖北省农业产业化重点龙头企业”

“2012黄冈工业企业100强（第43名）”“湖北农行年度信用AA+级”“湖北著名商标”“湖北名牌产品”等。

公司以“质量第一，优质服务”为经营理念，以“争创一流，拼搏进取、团结务实”为企业精神，以“市场为导向、人才为根本、整合为手段、质量求生存、科技求发展，管理求效益”为宗旨，锐意进取，开拓创新。

一、大力发展科技，提高科技创新的能力与水平

1. 创新平台的建设 公司与华中农业大学合作成立了四方饲料股份有限公司工程技术研究中心，充分利用华中农业大学的技术优势、试验室的硬件优势开展产学研合作，已经取得了《环保型蛋鸡配合饲料研究与开发》的科技成果。2014年，开始研究《高效环保型蛋鸡配合饲料关键生产技术研究》的课题，主要创新点在高效（低磷）环保，并获得了6项专利授权，正在申报一项发明专利。

2. 队伍的建设 2014年，公司已经建立起一支技术过硬、经验丰富的技术研发人才队伍、一支技术服务队伍，其中高级科技人员12名，有较高的人员整体素质，形成了以高工为重点，大中专生为主导、熟练技术工人为基础的人才层次。公司坚持科学的人才观为指导，解放思想，转变观念，大力实施人才强企战略。为了引进高层次人才，公司设置了“特聘专家”“技术带头人”岗位。配备人才梯队，大力开展人员培训，制定了人员培训计划，除定期和不定期请国内行业知名专家教授来公司讲课，还分期分批送技术人员到科研院所去学习充电。

3. 创新产品建设 公司加大了创新产品研发经费的投入，制订了详细的研发计划。公司现有69名专业技术团队，分工明确，按照研发计划的安排认真组织实施。针对三个创新产品即蛋鸡配合饲料、混养鱼饲料、乳猪饲料进行跟踪服务，对产品的使用效果进行技术性维护。公司始终将用户的利益放在首位，获得了广大用户的信任和赞誉。销售量快速递增，有力地促进了畜牧业特别是蛋鸡产业和生猪产业健康稳步发展。

4. 管理创新建设 公司管理创新建设的重点放在营销创新和创新文化上。营销创新以“市场第一，消费者至上”的营销理念为指导思想进行营销活动，开拓公司市场营销网络，使广大用户能够从多角度详细地了解公司产品，进而提高公司产品在市场中的占有率，提高公司的利益。通过建立专业化的市场营销创新队伍，建立一套适合公司发展的营销战略体系，完善的管理制度确定每一个营销人员的职责，充分发挥每一个营销人员的聪明才智，努力适应市场营销环境并积极开拓市场，保证公司的市场份额，提高效益。

公司从四个方面开展文化创新。首先，以塑造公司人为出发点，即“塑心”工程，使员工全身心融入到公司成为公司人；其次，将公司文化纳入制度建设进行规划。在管理制度的制定，管理流程的设计上，充分体现公司文化的核心内容，做到公司文化建设与公司管理有机融合，使公司文化“固化于制”；第三，注重公司品牌文化的塑造；第四，重点培养企业的学习能力，即解决“学习力”工程。公司全力打造“学习工作化，工作学习化”的理念，提高全员学习能力是公司不断地追求与动力。

二、坚持质量第一，严格执行饲料质量安全管理规范

公司以质量求生存，以管理求效益，制定了从原料采购与管理、生产过程控制、产品质量控制、产品储存及运输、售后服务等各个层面对管理行为制定了规范，使生产操作和质量检验有据可依。

1. 严把原料入口关 公司制定原料接收标准：所有原料的采购只能从合格原料供应商处采购，所有原料必须按照质量标准进行验收，对各项质量指标进行检测，不合格的原料杜绝入库，保证原料的入库合格。

2. 严格产品质量控制 公司根据不同品种饲料的质量要求，分别制定了各项工艺指标，严格按照工艺标准组织生产，确定了工艺流程中的关键质量控制点，由现场品管对执行情况进行监督检查，对主要的卫生指标进行自检和送检。公司生产的浓缩饲料、配合饲料，化验室对其每批次进行自检，确保出厂产品合格率100%。

3. 实施产品质量可追索 公司建立原料和产品留样观察制度，定期对产品质量进行观察。对公司收购的每个品种原料进行留样登记，对每班使用的主要原料进行留样，并定期观察。对每班生产的产品进行留样登记，在保质期内定期进行观察。SS系统保存有销售产品的详细信息，随时可以追溯。

三、坚持以养殖户需求为中心，建立完善的技术服务体系

公司以养殖户的实际需求为中心，量身定做系列产品以实现养殖户的经济效益最大化，拥有一支过硬的技术服务队伍为广大用户提供专家服务，保障用户的投资安全性，实现用户，公司双赢。

公司自2007年以来，为鄂东地区农民增收、农业增效、农村发展方面作出了非常突出的贡献。主要

体现在以下几个方面：累计安排农村劳动力就业3 200人，为农民增收5 760万元；公司2014年服务带动畜禽养殖户5 200多户（其中浠水县4 000余户），为农民增收2.8亿元（其中浠水县2.2亿元），累计带动农民增收过10亿元（其中浠水县7.2余亿元），浠水县是粮油生产大县，全县粮油加工副产品如油糠、菜粕、棉粕、麸皮等90%以上的农副产品都由公司进行转化生产畜禽饲料，促进了浠水县农产品加工企业的发展，提高了农产品转化率，2014年度通过农产品及副产品转化为浠水县农业增收近1.5亿元。公司不仅自身得到突飞猛进的发展，而且还对鄂东地区的浠水县及相关县市的包装、运输、装卸、餐饮等行业的发展起到非常巨大的带动作用。

公司以科学发展观为指导，以质量安全为宗旨，以服务养殖业为核心，以进入湖北省“四个一批”工程企业为目标，以饲料生产、畜禽养殖和禽产品加工为重点，推动鄂东地区养殖业向现代化方向发展作出更大的贡献。

做全球一流的专业酶制剂服务商

——武汉新华扬生物股份有限公司

武汉新华扬生物股份有限公司是应用现代生物工程技术，研发和生产饲料、纺织、食品等生物酶制剂系列产品的高新技术企业，是全国酶制剂行业重点生产企业，产品市场占有率位居全国前列。自2000年成立以来，公司通过不懈努力和跨越式的发展，2014年已经形成了在生物酶制剂基础上的产品多元化发展的集团。集团旗下拥有武汉新华扬生物股份有限公司、湖北华扬科技发展有限公司、湖北神舟化工有限公司、四川新华扬山野生物有限公司、江西新华扬博兰生物有限公司、广州裕立宝酶制剂有限公司、罗曼新华扬（武汉）应用生物技术有限公司以及新华扬生物（新加坡）私人贸易有限公司。

一、高效质量管理，打造专业团队

公司拥有一批精干的管理团队及研发团队，拥有高级职称5人，博士5人，硕士38人。公司严格依据国家标准和企业质量管理标准，在生产和服务等过程中实施标准化管理和控制，逐步建立了一套较为完善的企业标准和企业制度，使质量管理体系得到持续不断的深化。公司已相继通过了ISO9001《质量管理体系》认证、ISO22000《食品安全管理体系》认证和FAMI－QS《欧洲饲料添加剂与添加剂预混合饲料质量体系》认证。公司生产中心严格执行6S现场管理标准，狠抓质量与安全，提高一线工人的素质，认可基层员工的劳动，为员工创造了良好的工作环境和生活环境。此外，公司产品分线运作，基础产品、品牌产品、高端产品等各线路产品具有良好的互补性。生产中心在现有生产基础上，建立了酶制剂产品安全能力检测系统、产品可追溯系统，从产品生产的源头到成品进行严格把控，确保了产品质量的可跟踪性。

质量保证，渠道取胜。除了生产高品质产品，新华扬还拥有完善的营销体系，形成了大客户、区域市场、终端市场、国际市场四大网络并驾齐驱的发展态势。公司在全国30多个省、市、自治区设立22个办事处，产品已远销东南亚、俄罗斯、乌克兰、墨西哥、南美、韩国等34个国家地区，并成为国内首个获得欧盟进口许可的酶制剂企业。经过多年的努力，无论是产品还是品牌都得到了社会的广泛认可，2014年，新华扬产品市场占有率在国内同行中名列前茅。

二、集成尖端技术，创新成就未来

公司围绕“集成尖端技术、倡导自主创新”的科研观念，积极进行自主研发，成绩斐然。2009年，新华扬被认定为“湖北省生物酶制剂工程技术研究中心”和“湖北省省级企业技术中心”，并承担了湖北省及武汉市重大科技专项项目。除自主创新外，公司还积极进行整合创新，先后与复旦大学、江南大学、华中农业大学、华南理工大学等重点科研院校成立了饲料酶、食品酶、纺织酶、造纸酶等多个研究中心，建立综合创新技术平台，推动了酶制剂产品在应用、生产技术等核心关键技术的快速发展。同时，新华扬还与越南胡志明大学成立了越南首个酶制剂检测中心。2012年，新华扬投资4 000多万元建立了国际一流的“生物酶研究院”，引进了国内外现代化研发设备，打造了以专业博士与硕士组成的研发团队，为新华扬的技术创新提供了一流的环境和平台。

作为湖北省农业产业化重点龙头企业，公司引进了多名海外高端人才，并被认定为“武汉市博士后创新实践基地”和“武汉轻工大学研究生工作站”，为新华扬的进一步发展提供了强大的人才储备。

三、打造联合平台，引领行业发展

公司积极参与创建行业创新联盟平台，以期和行业共同发展。2013年11月，新华扬牵头27家高等院校和企业成立了国家级产业联盟——工业酶产业技术创新战略联盟；牵头6家企业和高校成立了“武汉生物饲料产业技术创新战略联盟”；此外，还参与建设了中国酶制剂产业技术创新战略联盟和国家级产业联盟——生猪产业技术创新战略联盟。公司通过打造联盟平台，不但有助于深入行业交流，整合行业资源，也促进酶制剂在我国的快速发展。公司的努力和成绩，不仅得到了社会的认可，也获得了政府的肯定和支持。公司先后被评为“高新技术企业”“全国酶制剂行业重点生产企业”“全国 50 强饲料企业”“全国最具成长性科技型中小企业 100 强”“湖北省国际合作示范企业”“湖北省农业领域产学研合作优秀企业”“湖北省创新型企业建设试点单位”“武汉市第一批创新型企业建设试点单位”“湖北省农业产业化省级重点龙头企业”“武汉市知识产权优势培育企业”“全国饲料工业标准化工作先进集体”“AAA 信用等级企业”“瞪羚企业”等；公司酶制剂品牌也先后荣获了“湖北省著名商标”“武汉市著名商标”“湖北名牌产品”等称号。2011 年，公司荣登《福布斯》最具潜力企业榜，是中国唯一一家上榜的酶制剂企业。

公司在华中农业大学、江南大学、武汉轻工大学等 10 多所高校设立奖学、奖教金，并成立了“新华扬爱心基金”，积极参与社会公益活动，努力承担社会责任。

未来，公司将深入实施企业战略，不断整合资源，积极拓展国内及国际市场，提高国际竞争力，力争成为全球一流的专业酶制剂服务商。

用先进的经营管理策略
打造一流的饲料企业

——襄阳正大有限公司

襄阳正大有限公司是泰国正大集团独资兴建的以饲料生产服务为主的大型现代化农牧企业。公司成立于 1995 年 4 月 27 日，投资总额 2.2 亿元，公司下辖 1 个年产 18 万 t 的畜禽、水产、反刍动物饲料厂和 1 个年产 36 万吨的猪料专业化饲料厂，主要面对湖北区域从事畜、禽、鱼、牛羊等高品质饲料的加工销售。襄阳正大有限公司 2005 年通过了 ISO9001，2008 年获得了 HACCP 认证。先后被评为“农业部首批《饲料质量安全管理规范》示范企业”“湖北省农业产业化重点龙头企业”“湖北省饲料工业先进单位”“襄阳市先进技术企业”“消费者满意单位”“重合同守信用企业”“襄阳百强企业”和“劳动关系和谐企业”等。

一、率先执行饲料质量安全管理规范

公司以质量求生存，以规范促发展，以管理增效益，制定了原料采购与管理、生产过程控制、产品质量控制、产品储存及运输、售后服务等各个环节管理行为规范，做到质量安全管理的精准化、精细化。

1. 严把原料入口关 严格执行原料接收标准，所有原料的采购只能从合格原料供应商处采购，所有原料必须按照质量标准进行验收，对各项质量指标进行检测，不合格的原料杜绝入库，确保原料的入库合格。集团的原料采购采取网格式管理，建立了三道质量安全控制关口，即集团采购中心指导各公司原料的采购并实施对采购合同的审批；公司拥有“采购控制程序”以及“供应商选择、评价和再评价制度”，对供应商的资质、产品质量、保障能力进行评估；原料供应商必须是集团合格供应商名录企业，供应商评价记录和相关的资质文件必须保存。

2. 严格产品质量控制 根据不同品种饲料的质量要求，分别制定了各项工艺指标，严格按照工艺标准组织生产；确定了工艺流程中的关键质量控制点，由现场品管对执行情况进行监督检查，对主要的卫生指标进行自检和送检。公司生产的浓缩饲料、配合饲料化验室对其成分每批进行自检，确保出厂产品 100%合格。

3. 实施产品质量可追溯 建立原料和产品留样观察制度，定期对产品质量进行观察。对公司收购的原料每个品种进行留样登记，对每班使用的主要原料进行留样，并定期观察。对每班生产的产品进行留样登记，在保质期内进行定期观察。集团建立了饲料 SS 控制系统，利用 SS 平台保存的销售产品的详细信息，随时可以追溯。

二、突出品牌效应，实行产业化经营

谢国民董事长为正大集团的发展提出了宏伟的发展目标，即“做世界的厨房，人类能源的供应者”。民以食为天，食以安为先。随着我国社会的发展及居民生活水平的提升，食品安全蕴含着巨大的商机。公司从农场到餐桌的全产业链经营，从而保证食品的安全，并实现全程可追溯，打造绿色环保安全可靠的品牌新形象。

1. 全产业链经营 正大集团自 1992 年投资襄阳正大以来，先后成立了 1 家种植企业，2 家饲料厂，2 家农牧和食品公司，1 个农业投资有限公司等 6 家公司，涵盖了从种子开发、种植、饲料、养殖、屠宰、食品加工和销售的全产业链项目。2014 年销售饲料 22.5 万 t，年出栏育成猪 20 万头，蛋鸡 60 万羽。

从农场到餐桌的全产业链经营可以最大限度地保证食品的安全性，而在实现全产业链的过程中整合资源能够增加企业的核心竞争力。正大集团农业产业化经营奉行“一条龙”垂直整合的原则，这个垂直整合的连贯作业体系，把各阶段的原料采购、产品生产和成品销售有机地结合起来，做到环环相扣，创造出正

大集团独特的经营模式。

2. 做湖北的厨房，农牧食品业的“航空母舰” 正大集团在湖北地区历经 20 多年的发展，正面临第二轮投资高潮。正大在湖北将陆续建成 3 个产业化一条龙项目和多家饲料厂，如：2014 年开工兴建的襄阳百万头生猪产业化项目，项目涵盖种植、饲料、养殖、食品深加工和熟食加工厂。

3. 不断创新经营，为客户创造价值 价值营销是企业真正成功的关键所在。正大集团湖北区推崇价值为先，提倡卖产品的价值，卖服务的价值和卖公司的价值，其最终目标是为客户带来价值。首先是经营创新。只有不断地创新经营，才能适应客户不断变化的需要，才能够引领行业的发展，集团提出了一个长远的发展规划，实现养殖业与饲料业的垂直整合，实现由农牧饲料企业向农牧绿色食品企业的转型。其次是服务创新。推出了标准化养殖服务、信息网络化服务以及从过去的一条龙垂直整合，到现在公司＋合作社＋政府＋银行的四位一体新农村模式服务等。第三是品牌营销。公司重视产品的开发，并把产品的销售与品牌推广有机地结合起来，建立与客户的深度信任感，从观念上摆脱过去的以成交为目标的销售观念，树立起为客户着想，帮助客户解决实际困难的销售观念。集团各部门各岗位的一切工作都要围绕全心全意为客户服务这个出发点来做，没有客户就没有企业，没有客户的成功就不可能有企业的成功，只有为客户创造新的价值，才能不断实现企业追求的目标。

三、着力培育企业文化

企业都是依靠优秀的企业文化来支撑的。没有文化内涵的产品与品牌，是没有生命、灵魂、气质的，终归昙花一现。品牌是农牧企业的身份，质量是农牧企业的生命，文化是农牧产品的灵魂。正大集团从三个方面着力培养企业文化。一是培养良好的职业道德。正大集团作为近百年的企业，其核心价值理念就是“利国、利民、利企业”，其信念是让每个员工的人格品质决定每个产品的品质。正大集团愿景是“做世界的厨房，人类能源的供应者”，生产的是食品，做的是良心工程。二是健全以人为本的企业制度。员工的职业道德和企业制度是相辅相成的。正大集团湖北区积极在正大集团企业文化的基础上，提出“员工创造价值”，更加关注员工成长与发展，为企业员工施展才华提供公平、公开、公正的舞台。三是做有社会责任的企业。正大集团湖北区各家公司都开展了“温暖工程”，为汶川地震、玉树地震捐款捐物，为贫困地区小学和留守儿童捐赠，为贫困地区村庄打井解决饮水问题，为公司困难员工捐款提供帮助，定期看望孤寡老人和福利院儿童等，这些善举无不处处闪耀公司的社会责任。

公司将本着“利国、利民、利企业”的经营宗旨，“顾客至上、品质第一”的经营理念，扎根农村、经营农业、服务农民，走“从农场到餐桌”安全可追溯的农业产业化发展之路。公司利用在资金、技术、管理和市场上的资源优势，为产业链客户提供品质优良的饲料和系统的综合服务，推动襄阳养殖业向规模化、标准化、现代化方向发展做出更大的贡献。

做生猪全产业链经营的领跑者

——唐人神集团股份有限公司

唐人神集团股份有限公司是一个以品种改良、安全饲料、健康养殖、肉品加工、价值服务五大产业一体化经营的首批农业产业化国家重点龙头企业。2014 年集团销售收入过 100 亿元。现有员工近 7 000 余人，其中具有大专以上文化程度的专业技术人员占员工总数的 35％以上。集团在全国 15 个省市拥有 50 余家子公司，年饲料生产能力已达 800 余万 t，肉制品加工能力也已达到了 10 万 t，年生猪屠宰能力 100 万头。“骆驼”牌饲料、“唐人神”肉品先后荣获中国驰名商标，唐人神品牌价值 23.6 亿元。“美神”种猪通过美国 NSR 认证，达到美国同步育种水平，同时，获得“国家生猪核心育种场”荣誉称号，是继株洲第一台航空发动机、第一台电力机车之后又一个中国第一个世界级原种猪场。集团全面推进生猪物联网生态产业链经模式，利用移动互联网技术、物联网技术、云计算、大数据等技术把大中型猪场、屠宰厂、加工中心与市民消费者直接对接起来，形成消费者直接与猪场实施互动的全新生态圈及商业模式。

2011 年 3 月 25 日，集团首次发行 A 股在深圳证券交易所成功上市，成为我国生猪全产业链经营第一股的上市公司。集团已跨入全国饲料行业前十强企业、全国肉类行业前十强企业。

2014 年生猪养殖全行业亏损，饲料行业出现 30 年以来的首次负增长，市场竞争进一步加剧，公司以“两轮驱动”管理模型为指导，以“一门心思增销量，一门心思创价值，一门心思调结构”为经营方针，树立企业文化，激发员工创业激情；优化产品、技术、服务、模式能力，提升顾客价值创造竞争力；创新种猪育种高铁发展模式，构建种猪产业优势；推行精益生产，规范内部管理，提升成本管控能力；加强资源整合，实现产业链专业化与协同发展，继续推进产业产品结构与顾客结构的改善，加快转型步伐，在全体员工的共同努力下，集团主要在以下几个方面取得了较大进展。

1. 重塑企业文化，激发员工创业激情 从2014年初开展全体员工的“引爆文化正能量大行动”，到年末中高层管理干部“再上井冈山，重温革命精神”活动，企业文化重塑工作贯穿于全年，对企业积淀的优秀文化重新进行了提炼、继承和创新，进一步强化了思想、作风、能力建设。集团重新修订了《唐人神企业文化手册》，建立了思想作风建设巡视制度，开展了批评与自我批评活动，组织了多次全体员工文化学习大会，提出了“让养猪赚钱不再成为难事”“让老百姓吃上安全、美味、实惠的食品不再成为难事”“让美神种猪成为世界级育种品牌”和“做中国生猪全产业链经营领导者”的伟大梦想。集团坚定了信心，提升了执行力，进一步强化了企业人格力量，打造了一支思想好、作风硬、激情高的员工队伍。

2. 优化产品、技术、服务、模式能力，提升顾客价值创造竞争力 集团继续加大对产品研发投入和科研实证力度，首创国内第一条红外线烘焙技术饲料工艺生产线，实现教槽料产品增加采食量、提高消化率和增重10%以上。与美国、英国等国际科研院所机构联合，开展分子营养（程序营养）的研究，使母猪每胎次提高0.7头产仔数；并在原有贷款担保、猪精子与PS母猪、兽药、散装饲料等价值服务的基础上，继续创新贷款模式，满足经销商和养殖户资金需求，推出了养殖赚钱五法宝，通过加强经销商培训、会议价值营销模式的完善和巡回驻场服务等投入保障，确保中小专业户和规模猪场的销量占比提升。美神种猪实现了良好性能表达，是中国繁殖性能最好的美系种猪，实现了大约克、长白初产12头，经产13头以上；是中国生长速度最快的种猪，原种猪149d达100kg体重，商品猪143d达100kg体重；是中国最健康的种猪，猪瘟、伪狂犬、口蹄疫野毒阴性。肉类制品创新德式啤酒肠、马蹄肠、可追溯冷鲜肉、手工香肠等产品的开发与打造，组建电商专业队伍，推进大客户订制模式，实现了新的突破。

3. 创新种猪育种高铁发展模式，构建种猪产业高端优势 公司作为中国生猪全产业链经营第一股，践行“无我、利他、双赢”发展理念，联合正大集团、温氏集团、雏鹰农牧集团与美国华特希尔育种集团等五大农牧企业，成立美神国际（美国）育种中心，并与中国农业科学院、华南农业大学、华中农业大学、华大基因、湖南省畜牧研究所等科研机构共同成立“大企业联合定向专业育种产学研联盟”，借鉴中国高铁发展的成功道路，走技术集成创新和管理集成创新的道路，真正打造具有中国自主知识产权、符合中国养殖消费特点、提升中国养殖效率的中系种猪，对中国种猪业走出“引进—退化—再引进—再退化”的怪圈具有开创性的意义，也奠定了美神种猪在行业高端定位和发展优势。

4. 推行精益生产，规范内部管理，加强成本管控 继续深化推进精益生产管理，在饲料产业全面强化产品质量和生产安全，提升饲料产品品质超群与品控能力。在肉品产业构建了完整的溯源系统，推进了生产价值考核，提升品牌溢价与产品价值创造能力；在种猪产业进一步完善猪场现场巡检等内部营运与管理体系，打造种苗产业育种、营养与养殖关键技术的战略控制点，提升了养猪价值。同时，进一步完善原料统一采购价值创造分配机制，创新区域定点采购模式，加大进口优势原料采购，把握好原料采购行情，加大低价原料备货，降低原料成本；提高玉米DDGS和大麦配方用量，优化配方成本，提高盈利能力。

5. 加强资源整合，提升产业链专业与协同发展能力 集团稳健推进饲料产业规模放大，确保了肇庆湘大、赣州湘大如期投产。探索建立猪场入股发展模式、养猪三法宝服务站、终端价值承诺等放大产业链互动营销优势。同时，通过创新人才引进和运作模式，加大种苗和肉类产业专业性人才的引进，提升产业发展的专业化能力。充分整合集团与和美集团分别在猪饲料与禽饲料上的优势资源，加强了文化、人才、原料采购、产品等全方位的深入合作。另外，集团也有效运用项目并购、非公开发行股票等资本运作手段，确保集团后续持续健康快速发展。

至诚至信　一言九鼎

——湖南九鼎科技（集团）有限公司

湖南九鼎科技（集团）有限公司成立于1994年，注册资本为1.5亿元人民币，是一家集饲料、兽药、生猪养殖和生猪智能化养殖设备研发、产销于一体的大型农牧集团。目前，集团在全国分布40家分子公司，员工总数超4 000人。2014年，饲料销售170万t，完成工业生产总值75亿元。添加剂预混合饲料销量位居全国前3名，猪用配合饲料、浓缩饲料销量位居全国前7名。

2009年，公司被湖南省科技厅等四厅局认定为高新技术企业、被中国饲料工业协会认定为全国饲料工业50强企业、荣获“湖南省农业产业化龙头企业”称号；2010年10月，九鼎饲料商标被国家工商总局认定为中国驰名商标，公司亦被中国饲料工业协会认定为全国饲料行业履行社会责任先进企业、被中国质量万里行认定为质量兴湘魅力企业；2011年被国家农业部等八部委认定为“农业产业化国家重点龙点企业”，并成为了农业发展银行总行级黄金客户；2012年公司通过高新技术企业复审、九鼎牌猪饲料连续五届获得湖南省名牌产品称号、公司技术中心被认定为省级企业技术中心。2013年公司荣获湖南省农业产业化先进龙头称号，并由人力资源社会保障部和全国博士后管理委员会批准成立了企业博士后科研工作站。2014年，公司再添一枚中国驰名商标，“九鼎”文字商标被国家工商总局评为中国驰名商标。

20多年以来，公司十分重视科研投入、科技创新和人才引进。2007年组建集团，成立了集团技术中心，拥有动物营养、生物医药、畜牧兽医、食品工程等专业的技术人员107人。其中博士学历8人，硕士学历41人，高级职称22人，中级职称32人。配置行业内一流的技术检测中心，已被认定为国家CNAS实验室和湖南省企业技术中心。多年来，先后与湖南农业大学、武汉工业学院、长沙学院、广东省农科院畜牧研究所建立了校（院、所）企战略合作联盟，每年投入的研发经费占销售收入的3%以上。2005年，公司自主研发的“大猪超浓缩饲料JD406”和“SB4%系列猪用添加剂预混合饲料”通过省级科技成果鉴定，且鉴定结论为国内领先水平。2007年，公司自主研发的“熟化乳猪配合饲料HOOO”（俗称人工乳）被湖南省科技厅认定为高新技术产品；2012年，九鼎牌“SDB1号仔猪超早断奶饲料”，通过湖南省科技查新和成果鉴定，达到国内领先水平，填补了国内行业技术空白，先后获得岳阳市科技进步一等奖、湖南省科技进步三等奖。2013年9月，公司高新产品“母猪围产宝”通过湖南省科技成果鉴定，并再次斩获岳阳市科技进步一等奖。2014年，“母猪围产宝”又被评为了湖南省百项重点新产品。截至2014年底，公司拥有授权发明专利4项，实用新型专利7项，计算机软著1项，外观设计专利3项，另有被国家知识产权局受理的发明专利2项。

智能化生猪养殖是企业经营的第二大板块。公司一直在探索“未来中国养猪业规模化后的发展方向”，在探索如何让中国养猪业水平赶超欧美国家的先进水平。为此，2007年公司投资4 000万元建立了中国第一个智能化养猪场—新湘农生态科技有限公司。2010年被国家农业部认定为全国“生猪标准化示范场”，成为全国百强养殖示范基地。2014年，公司按照“自动化、标准化、智能化、规模化”的标准，在全国建有12个10万头生猪标准化示范基地。智能化生猪养殖，采用电子饲喂技术和电子发情监测技术、自动配种技术，不仅大力减少了劳动力成本，更有效地提高了母猪繁养能力。其中，母猪产仔能力已接近欧美发达国家24～25头/a的水平（国内为14～15头/a），形成了九鼎独有的养殖技术模式。2012年4月20和21日，中央电视台第7套节目以《为了多生三五头》为题，连续两次对公司智能化生猪养殖进行了专门的报道，在全国引起很大反响。2012年6月，中国农业科学院在长沙召开的“生猪优质健康养殖关键技术国际学术研讨会”上，公司作为“国家生猪产业技术创新联盟”副理事长单位，技术中心总经理赵胜军作了关于《生猪“母子一体化”营养套餐技术及成果》的主题报告。

公司瞄准生猪规模化、智能化养殖发展趋势。2009年，公司组建深圳润农科技有限公司，拥有员工112人，硕士以上各类专业技术人员21人，其中有IT专业的留美博士1人。截至2014年底，产品已进入全国8个省（区）农机产品支持推广目录，并已获得4个省（区）的农机产品购机补贴。自主开发的《电子饲喂系统》《电子发情检测系统》《电子自动分离站》《全自动猪场环控监测与提示系统》《母猪及育肥猪生产管理系统》《猪场财务及库存管理系统》等已获国家授权发明专利1项，实用新型专利13项和计算机软件著作权11项。

公司致力于打造“养猪业主的综合服务商”，以帮助养殖户“挖掘养殖潜能、提高养殖效益”为目标，为此2013年公司组建了“新湘农板块”，加快新型生猪产业化推进工作，将九鼎集团现有的新湘农生态科技公司，深圳市润农科技公司，兽药分公司，养猪服务中心，养猪学校等有机地结合，构建饲料、服务、养猪三线互动模式。九鼎科技致力于饲料业的发展，新湘农科技致力于养猪服务的发展，从饲料与养猪服务两线独立、到两线专业化，比翼双飞、共同促进中国养猪业的发展。

在创新发展的道路上，九鼎人将以更昂扬的斗志奋力拼搏，以“合作联盟、共图大业、至诚至信、一言九鼎”为企业核心价值观，为我国民族饲料工业和中国养殖业的更大发展作出应有的贡献。

追求卓越　湖南帝亿

——湖南帝亿生物科技有限公司

湖南帝亿生物科技有限公司是2009年由归国博士、国内一流学者、农牧行业的资深专家和一群意气风发的青年创业者发起和组建的专业从事生物饲料研发、生产、销售的大型饲料企业、国家高新技术企业，年产饲料规模50万t，坐落在长沙经济开发区安沙工业小区，位于107国道旁，盘踞在京珠高速、京广铁路旁，邻近霞宁港，地理位置优越，交通四通八达。公司拥有一流的厂房、设备、检测手段、技术水平、经营理念、产品品质、人员素质、管理、服务。

公司立志成为客户信赖、社会尊重、最具价值的世界级价值链经营的农业产业化集团公司。

公司崇尚科学和专业，聘请中国工程院院士、中国科学院亚热带农业生态研究所畜牧健康养殖中心主任、博士生导师、国际食品、农业与环境学会常务理事（芬兰）印遇龙为公司首席科学家；聘请南昌大学副校长、德国波恩大学营养学博士、中国农学会微量元素与食物链分会理事长、博士生导师谢明勇教授为公司首席顾问。聘请原正虹饲料创始人、董事长、总工程师，现湖南农业大学教授、享受国务院特殊津贴的高级专家、中国饲料工业协会常务副会长吴明夏为公司总顾问；同时，公司同中国科学院、中国农业大学、华中农业大学、湖南农业大学等高校和科研院所及众多专家、学者开展了广泛的技术交流与合作。

君子务本，本立而道生。客户是公司的衣食父母，公司以高品质的产品和服务增加客户价值，创造客户满意，赢得客户信赖和忠诚，以客户的成功为根本，真诚地服务客户。

公司以人为本，海纳百川。员工是公司之本，认同公司文化，富有责任感，具有合作精神，善于学习，敢于创新的员工是公司的财富。合作伙伴是公司的事业伙伴，君子合而不同，公司包容差异，追求博大的胸怀，从容的气度，在丰富多彩中达成和谐，实现多赢和价值共享。

大象是公司文化的象征，诚信、实力、感恩、敏锐、稳健、团队与和谐共生是公司的文化内涵。公司以“提供健康饲粮，倡导安全养殖，提升健康人生，提高生活品质”为神圣职责，以“服务社会、造福于民”为庄严承诺，以“以人为本，追求卓越，和谐共生，创造伟大”为核心价值，以“价值分享，合作共赢”为经营理念，以“传播养殖科学，创造更高价值”的市场理念，做上品，做珍品，为中国农业产业化而奋斗。

2011年6月公司位于长沙县安沙年产50万t生物饲料生产基地顺利投产，定位专业生产猪用生物饲料，以“产品质量是企业的生命线”为生产理念；2011年12月，获得ISO9001和HACCP认证；2012年8月，通过长沙市安全生产监督管理局现场考核、评审，获得“安全生产标准化三级企业（轻工）”；2012年9月，被认定为“农业产业化市级重点龙头企业”；2012年10月11日，农业部首批“饲料质量安全管理规范”试点企业正式启动，公司成为湖南省第一家“饲料质量安全管理规范”试点企业；2012年10月19日，中国工程院院士张子仪在公司总顾问吴明夏的陪同下莅临考察指导。

2012年12月，公司获评“国家高新技术企业”；2012年12月，“帝亿牌猪用系列饲料”获得湖南省质量技术监督局授予的“湖南名牌产品”称号；“帝亿”商标被评为“湖南著名商标”；2013年5月，项目产品“258仔猪配合饲料”以稳定的质量、以“生物微生态原料替代抗生素”的突出特点、超性能的综合指标，被评为第五届中国湖南畜牧渔业暨饲料工业博览会金奖产品；2014年7月，新建年产15万t“山西帝亿生物科技有限公司”在山西长治县成立并投产；2014年8月，成立的合资企业“岳阳帝亿展翔生物科技有限公司”在岳阳君山区投产。

公司秉着“立足农业，面向农村，服务农民”的经营理念和社会责任感，以优质的产品赢得客户的信赖，提升产品销量；以合作订单的形式与当地农民合作，引导农民合理的调整种植和养殖结构，倡导和推广科学、健康的养殖方式，帮助农民增收，为实现农业产业化和农业现代化而努力奋斗！

质量稳生存　创新求发展

——正大康地集团

正大康地集团是由泰国正大集团（卜蜂集团）和美国大陆谷物有限公司共同投资兴建的大型综合性畜牧企业。集团创办于1979年，是中国改革开放后在广东省深圳经济特区注册成立的第一家外商独资企业，批准证书编号为“深外资证字［1981］0001号”。集团的成立迅速开启了中国现代饲料产业发展的先河，带动了整个行业的崛起，推动了中国养殖业的迅猛发展。集团始终本着“产品安全、品质第一、服务到位、客户满意”的经营宗旨，致力于生产经营高品质的禽畜饲料、水产饲料、添加剂及种苗等，经过30余年的努力，铸就了“正大康地”杰出的品牌，截至2014年，正大康地集团已经发展成为一个拥有9家子公司，集饲料生产、销售和技术服务为一体的大型集团公司。集团以广东为起点，销售网络已覆盖华南、西南、华东和华北等地区。

集团下属企业包括正大康地（蛇口）有限公司添加剂预混合饲料厂，1996年在深圳市蛇口工业区成立，属目前亚洲区域规模最大的专业化添加剂预混合饲料生产厂家；正大康地珠海有限公司成立于1989年，位于珠海经济特区，主要生产猪饲料、禽畜饲料、水产饲料等；正大康地（汕头）有限公司成立于1984年，正大康地（澄海）有限公司成立于1997年，均位于汕头经济特区，并积极为粤东地区的畜牧业发展而努力；广东正大康地有限公司成立于1985年，由正大康地集团与广东省畜牧发展总公司合资兴建；正大康地广州番禺有限公司成立于2004年，主要生产全价配合饲料，可以满足农户的不同需求，给不同生长阶段的猪、鸡、鸭、水产提供充足的营养；广东正大康地动物保健有限公司成立于 2008 年，位于广州市增城，以改善动物和人类健康为使命，以“致力于为中国禽畜饲养者和兽医服务，提供优质动保产品与专业化动保方案”为经营宗旨。

正大康地集团自成立之初，始终本着“产品安全、品质第一、服务到位、客户满意”的经营宗旨，多次获得国家及地方政府授予的荣誉和荣誉称号。经过数十年的稳步发展，正大康地集团由从事经营畜禽饲料业，逐步扩展到关联业务、动物保健等领域。正大康地集团积极与农户合作，建立畜禽关联业务，帮助农户改良封闭式养鸡场、养猪场，改善防疫系统，提供优质的技术服务，指导农户科学养殖，配套动物保健方案，并建立了生产程序回溯追查机制，确保产品完全做到无害、安全、卫生。

正大康地集团制定了明确的从采购原料至生产过程的要求。电脑化、标准化、规范化，从原料的采购至生产过程，产品库存，运输，销售进行了全面地系统管理，从组织机构上设立了客户售前及售后的跟踪服务和技术咨询、培训等，利用先进的化验设备直接为客户提供免费服务。集团现主要产品有添加剂预混合饲料、浓缩饲料和配合饲料，拥有多条自动化生产线，主要生产设备均从美国引进，主要原料直接从国外专业厂商进口，产品配方执行泰国正大集团技术开发数十年丰富经验，产品质量标准均符合或高于国内颁布标准要求，集团具有一般厂家难得的生产技术优势。产品质量稳定、设计合理，在合作客户中有良好的声誉，产品品牌深入人心。公司产品主要销往广东、河南、福建、湖南、广西、江西、四川、安徽、山西、湖北等省区。

正大康地集团以生产高品质添加剂预混合饲料、浓缩饲料、配合饲料为公司长远发展目标，致力于研究和生产配方优良的畜、禽复合添加剂预混合饲料、猪浓缩饲料及配合饲料，力求达到营养均衡。利用平衡氨基酸模式，补充限制性氨基酸，利于氨基酸均衡吸收；维生素采用交联、喷雾干燥、包被等剂型，保证稳定性；引入生物学利用率更高的有极微量元素，高效环保。充分满足本阶段猪只对氨基酸、维生素、矿物质等的营养需求。集团追求品质卓越，拥有完善的品控管理体系，并通过 ISO22000 食品安全管理体系认证。同时严选优质原料，实时监控产品质量，采用进口精密仪器检测，实现质量稳定、品质第一，确保技术领先。集团几十年来积累了丰富的饲料配方技术，结合正大集团和国内外研究的成果，根据动物营养需要，设计最合适本阶段猪只的独特配方，使动物充分发挥生产潜能，达到最佳经济效益。满足各阶段猪只的特殊需求，发挥最大的生产性能。

正大康地集团要求所有工厂内部管理流程科学规范，集团中央化验室配置各种先进的检测设备，包括高级精密仪器如电感耦合等离子发射光谱仪（ICP）、高效液相色谱（HPLC）、近红外分析仪（NIR）等。并拥有高素质化验分析团队，对进厂原料及出厂成品的质量严格把关。化验分析项目可达 80 多项。确保每批次产品质量稳定、安全、可控、可查、可追溯。集团下属动物药业公司拥有兽药 GMP 固体制剂车间、中药提取车间，以及现代化的添加剂和添加剂预混合饲料生产车间。截至 2014 年，集团生产添加剂、中兽药、抗生素、消毒剂等共计 40 余个产品，其中部分产品拥有专利技术和独特的制剂工艺。同时，拥有现代化的分子生物学实验室，常年为客户提供血清检测等服务，并帮助客户监控动物群体健康状况。

正大康地集团不仅引进了先进设备和科学配方，实现了生产全部过程的电脑化，还同时从中国香港、美国、泰国、印尼引进了各类高级管理人员、高学历技术人员，结合中国实际情况达到了科学管理，并有计划有步骤地培养本地人才。集团重视人员专业技能和法律法规制度等培训，整体提高员工素质，每年为员工提供大量国内外培训、参观考察的机会，为更好地服务客户、服务农业培养技术型、管理型专业人才。

正大康地集团始终秉承“以质量求生存，以管理求效益，以创新求发展”的理念，始终遵循“产品安全、品质第一、服务到位、客户满意”的集团经营方针，制定科学有效的营销管理策略和市场开发策略，作为中国饲料业的先行者，正大康地将凭借先进的管理理念、依靠公司专业优秀人才队伍和雄厚的技术力量，集 30 余年守法经营所积累的丰富经验，帮助合作客户持续创造良好经济效益，并以高度的社会责任感和打造百年品牌的决心和毅力，将公司发展成为行业中值得用户信赖并始终为市场提供安全、绿色、环保、高品质产品的优秀品牌企业！

科技兴农　改变中国农村现状

——广东海大集团股份有限公司

广东海大集团股份有限公司（以下简称海大集团）成立于 1998 年，是一家集研发、生产和销售水产饲料、畜禽饲料和水产饲料添加剂预混合饲料以及优质水产苗种、动保产品、健康养殖为主营业务的高科技型上市公司，也是目前全球规模最大的水产饲料企业。

2009 年，海大集团在深圳商品交易所上市（股票代码：002311）。2014 年，在国内 15 个省市以及越南、香港、新加坡等国家和地区设有近 120 家分子公司，员工逾万名。其中博士 50 余名，硕士 350 余名。海大集团先后被农业部、科技部等认定为“农业产业化国家重点农业龙头企业”“国家火炬计划重点高新技术企业”“国家认定企业技术中心”“国家农产品加工技术研发专业分中心”“博士后科研工作站分站”等。连续多年入选“中国企业 500 强”“中国民营企业 500 强”“中国制造业 500 强”且排名前列。“海大”“海龙”等多个品牌产品先后荣获中国名牌、广东省著名商标、广东省名牌产品等，且分别在国内或广东省内不同市场占有率排在第一。

海大集团的发展得到农业部、广东省政府和市区各级政府的关心和扶持。2012 年，被广东省政府列为“2020 年千亿产值企业培养对象”。2014 年，公司营业收入 211 亿元，同比增长 17.6%；归属母公司净利润为 5.4 亿元，同比增长 58.2%；实现饲料销量 554 万 t，同比增长 15.7%。

一、延伸产业链，加快并购整合

1. 重视科研，掌握行业核心技术 经过十多年来的持续研发，海大集团共计完成 2 000 多项研发项目，率先建立了国际领先的《主要水产养殖动物营养需求基础数据库》和《主要水产养殖动物原料消化利用数据库》；添加剂方面开发出一系列自主产权的核心产品；原料方面掌握了鱼粉替代的核心技术，并遥遥领先于行业。以市场为导向，加强在原料应用、产品配方技术研发，有效提升产品品质，得到养殖户高度认可，养殖户的盈利和公司产品的毛利率同步增长。

2. 创新商业模式，整合产业链 基于对养殖业发展现状的深刻理解，养殖成功必将依赖于种苗、养殖技术和饲料技术的全面进步。因此，海大集团对饲料技术、养殖技术、种苗繁育技术和动保技术等全面布局研发，并进行服务领先的商业模式的创新。2014 年，公司拥有超 3 000 人的服务工程师队伍深入养殖一线，及时响应养殖户的需求，帮助 30 万养殖户使用到最先进的养殖技术，养殖户也较同行业实现了年均 30%以上的超额盈利，让行业认可的“服务营销”模式得以真正落地。

3. 注重知识产权保护，参与行业标准制定，引领行业共同成长 海大集团成立专门机构对专利和商标等知识产权事务进行维护管理。2014 年，共注册国内外商标近 450 个，拥有专利超过 100 项（其中发明专利 72 项，实用新型 10 项）。海大集团于 2012 年被国家发改委等认定为第十九批国家认定企业技术中心，强大科研实力支撑海大集团在行业内持续领先地位。2014 年，海大集团牵头制定国家标准《草鱼配合饲料》和行业标准《饲料原料干啤酒糟》；参与制定行业标准三项，针对产品研发、更新，制订了数十项企业标准。

二、企业发展规划及举措

为实现“成为中国领先、具有持续发展能力的高科技农牧业公司，争取成为全球第一的饲料集团”的战略，海大集团正大步迈前，主要从以下方面着手：

1. 放眼全球进行产业布局 海大集团积极响应国家商务部和广东省商务厅“走出去”的发展战略，认真贯彻落实相关政策，在巩固国内行业发展优势的同时，放眼全球进行产业布局。2014 年，在中国香港、美国、越南、马来西亚、印度新加坡国家和我国自治区地设有境内外子公司共 15 家（含筹建中），通过海内外产业布局和市场拓展，一方面充分利用国外资源，搭建境外采购平台，提供更具优质产品，带动我国养殖业健康、持续发展；另一方面进一步扩大海外市场的占有率和影响力，提高国际化水平，并为集团的腾飞注入新的动力和形成新的赢利增长点。

2. 参与地方国有企业混合所有制改革及成立互联网小额贷款公司 2014 年 12 月，海大集团与广东省机场管理集团有限公司、广州金发科技创业投资有限公司、广州立白企业集团有限公司等共同投资组建成立广东空港城投资有限公司。积极参与到地方国有企业混合所有制改革，获取合理的投资收益的同时，也借助国有企业雄厚的资本实力和打造的物流、金融等更多产业平台，进一步完善集团的产业生态。

3. 保持主营业务领先优势，发掘新盈利增长 海大集团坚持紧紧围绕养殖环节，为养殖户提供全面的解决方案，包括饲料、种苗、微生态产品和养殖技术服务，有效提升养殖户的盈利能力，实现海大集团与客户的共赢发展。在坚持以饲料产品为核心业务的同时，积极发展微生态制剂、种苗业务、养殖业务，培养全产业链条上的专业能力，以同时具备盈利及抗风险能力的综合产品线和产业链优势，构建起产业链上综合的核心竞争能力。

4. 加强信息化建设和内部管理提升综合竞争力 信息化建设方面，通过建设“阿佳希农牧信息化系统”“SAP 水产饲料信息化管理系统”实现了采购、生产、销售、售后、财务业务整合管理，对物流、资金流、信息流三流合一，使公司管理水平及管理模式发生质的飞跃。内部管理方面，成立海大学院，加大对核心员工的培训，提高员工的生产、营销、服务等专业技能。海大集团通过建立合理、持续、激励的薪酬和绩效管理制度，留住和吸引更多的优秀人才，在人才层面上具有更强的竞争力。

5. 拥有优秀的经营管理团队和集体学习能力 海大集团的迅速蓬勃发展，离不开公司创始人薛华对行业的深刻理解和前瞻性判断。同时，海大集团所拥有的理念一致、勤奋敬业、专业精湛的经营管理团队。团队中大部分人员均毕业于农业类高等院校，具有较强的专业背景，管理层对饲料行业具有深刻而全面的认识并积累了丰富的实践经验，具有宏伟而统一的愿景目标、较强的行业洞察力、领导力和执行力，从学历背景、知识结构、行业经验和年龄层面都能够适应饲料行业的快速变革和公司越来越高的经营管理要求。

6. 具有强烈社会责任感 海大集团不仅将研发成果产业化，还非常注重将技术向行业内辐射。连续10年，每年分别在武汉、厦门、沈阳、广州、成都等地举行“海因特鱼虾营养与饲料技术研讨会”已经举办过超40场会议，分享200余个报告，参会嘉宾累计逾10万人。研讨会已成为水产饲料行业同行交流的重要平台，会议规模和影响力不断扩大，得到了同行的高度赞誉。支持教育和创造就业。海大集团每年出资数十万元，分别在华中农业大学、华南农业大学、中山大学、中国科学院水生生物研究所等高校设立“海大奖学金”和“教育基金”。2008年起，启动“海之星”应届生培养计划每年投入大量经费培养学员。截至2014年底，已有数千名应届生成为海大业务骨干和走上管理岗位。热心慈善。海大集团积极赞助大型慈善、公益活动，据不完全统计，海大集团每年无偿对各子公司驻地农民进行科技知识培训达500余次，并对较困难的养殖户给予资金及技术上的支持。10余年时间公司无偿支农的物资超千万元。

精诚合作　齐创美满生活

——广东温氏食品集团股份有限公司

广东温氏食品集团股份有限公司（以下简称温氏集团），创立于1983年，由7户农民集资8 000元起步，现已发展成一家以养猪业、养鸡业为主，以养鸭业、养牛业为辅，兼营食品加工、农牧机械的多元化、跨行业、跨地区发展的现代大型畜牧企业集团。2014年，集团已在全国23个省（市、自治区）建成170多家一体化公司。温氏集团现有员工3.8万人，硕士270多人，博士近40人，外聘专家30余人。

2014年，温氏集团上市肉猪1 218万头、肉鸡7亿只、肉鸭1 699万只，实现销售收入380亿元。温氏集团现有合作家庭农场5.3万户，全体家庭农场全年获利39.9亿元，户均获利7.5万元。

温氏集团为农业产业化国家重点龙头企业、国家级创新型企业、中国500强企业、广东大型企业竞争力50强，组建了国家生猪种业工程技术研究中心、国家认定企业技术中心、农业部企业重点实验室等重要科技平台，拥有7个国家级畜禽品种、5个省级农业类名牌产品、100多项专利和计算机版权登记，“温氏”品牌为中国畜牧业最具影响力品牌。

一、温氏集团发展历程

1. 探索发展时期（1983—1993年）　1983年建立起来的农民股份合作制勒竹养鸡场，实行的是以股带劳，自繁自育自养自销的小规模养殖企业。随着生产发展，不断有新的农户入股，1986年底，全场职工有39人，全部持有企业股份。同时，由于企业发展受到场地、资金、劳动力等因素限制，养鸡场开始探索与农户的合作养殖，当年底有5个专业养殖户挂靠企业，这是温氏集团“公司＋农户”模式的萌芽。

1988年起，养鸡场与养殖专业农户的合作越来越多，企业也办起了种鸡场、孵化场、饲料加工厂。1993年，企业职工280人，与企业合作的专业养殖农户达到2 500户，肉鸡饲养量达713万只，总产值达到8 545万元。养鸡场从开始简单帮助养殖农户代销肉鸡，逐渐发展为向合作农户全面提供优质养殖技术、饲料、防疫、销售等产中和产后服务的综合性养殖企业。

此期间，企业创建的“公司＋农户”的生产模式使企业经营规模有较快的发展；企业全员持股使企业的凝聚力得到提升，和谐企业文化逐渐形成；创建的一体化公司改善了企业的管理效率，为今后企业大发展奠定了基础；与华南农业大学的技术合作创新了产学研的合作模式。温氏集团“公司＋农户”模式的运行机制在这一阶段已基本形成。

2. 扩张成熟时期（1994—2004年）　1994年10月，原企业正式更名为广东温氏食品集团有限公司，这也迎来了温氏集团事业扩张和经营模式成熟时期。温氏集团利用自己创造的“公司＋农户”生产组织模式，通过一体化养殖公司跨区域科学布局和发展，对养殖农户全方位系列化优质服务，以保护价收购成鸡保证合作农户获得一定利润水平，在社会赢得广泛信誉，使企业得到迅速扩张。

在这一时期，温氏集团以30%以上的速度迅速扩张。到2004年，肉鸡产量由1993年的713万只发展到3.6亿只；合作养殖专业农户由1993年的2 500户，迅速扩展到了2.5万户；企业产值由1993年的8 545万元，迅速上升到55.3亿元；企业职工和股东数达到1万人，2004年合作农户利润收入达到5.5亿元。

同期，在各级政府的关怀和支持下，温氏集团依靠和谐的企业文化理念形成了强大的企业凝聚力，抗击了一次次重大疫情，温氏集团的“公司＋农户”模式和产业链一体化经营管理制度也日益完善，和谐的企业文化更加成熟。温氏集团已发展成为一个以养鸡为主业，兼营肉猪、饲料和肉品加工，集农工科贸一体化经营，带领农民致富的大型现代农业企业集团。

3. 跨越发展时期（2005—2014 年） 温氏集团经过了近 30 年的探索和快速发展阶段，已形成了具有竞争力的企业经营模式和和谐的企业文化理念，企业进入了一个良性的跨越发展时期。温氏集团在不断拓展国内市场，做大、做强养殖业的同时，也不断拓展农业产业链一体化经营，精心打造产业链上每个经营环节，充分利用国内外市场和资源，实施现代农业产业内的多元化和一体化经营战略，实现企业跨越式发展。

二、温氏集团发展特色

1. 公司＋家庭农场 温氏集团根据畜牧产业化管理中的技术难度、劳动强度以及资金和市场等资源配置情况，于 1986 年开创性地推行紧密型“公司＋农户”的产业分工合作模式，最大限度地组织和调动农民实现本土创业，参与农产品的产业化大生产。2014 年，温氏集团借助农业机械化和信息化，正逐步发展为“公司＋家庭农场”模式。

这种分工合作模式，以公司为农业产业化经营的组织者和管理者，将畜牧产业链中的育种制种、饲料供应、防疫技术、养殖服务、产品销售等环节组合成为有机整体，在产业链内部建立一套完善且相对封闭运行的产业流程管理体系，由公司与农户分工合作，共同完成产业链全过程的管理。其中，公司承担种苗、饲料、动物保健品（药物、疫苗）、养殖技术及产品销售等流程的管理及配套体系的建立，合作农户负责肉鸡（猪）的饲养过程管理，合作农户只要按公司制订的技术规范完成饲养管理，就能稳定获得养殖效益。

温氏集团投资 1 亿余元，建立了集畜牧生产、财务及销售管理为一体的企业信息化数据管理系统，使畜牧产业链全程管理的上下游各环节实现了高效衔接，促进了产业链管理的自我完善和配套，在内部形成有效的自主监督机制，保证了鸡猪农产品生产过程的安全。导入 ISO9000 标准等工业化标准管理传统农业，促进了传统畜牧业的规范化和标准化管理，产业化经营，规模化发展。

温氏集团通过建立合理的利益分配机制，保证合作农户能够分享企业经营和行业发展的成果。2014 年，温氏集团共有合作农户 5.6 万户，“十一五”期间，合作农户累计实现养殖效益 65 亿元。在近 30 年的行业风雨中，温氏始终与全体合作农户同呼吸，共命运，联结成为高度互信、唇齿相依的利益共同体。为提高合作农户收益，温氏集团借助农业机械化和信息化，计划将合作农户升级为家庭农场，以适应时代的发展。

2. 和谐的企业文化 温氏集团企业文化核心理念是精诚合作，齐创美满生活。这种和谐的企业文化，在企业经营战略、经营机制、利益分配、市场竞争等各方面得到充分的体现。首先，“公司＋农户”模式体现了“以农民为本”的理念，企业通过承当主要风险来实现企业和农户双方利益，体现了企业与农户之间的和谐合作。其次，职工全员持股机制体现了企业“以员工为本”的理念，实现企业内部的和谐共事。第三，企业与客户之间的合理利润分配体现了企业“以顾客为本”的理念。第四，企业控制适当的市场份额突破了传统市场利益争夺的竞争模式而实现了同行之间的和谐发展。

温氏集团以和谐的企业文化理念作为统领企业所有经营实践活动的行动指南，与股东、员工、农户、客户等合作成员共同分享行业的成长和企业的经营成果，同时获得全体合作成员的广泛认同和坚定追随。

3. 产学研结合 1992 年，温氏以技术入股的形式，诚邀华南农业大学动物科学系与公司全面技术合作。截至 2014 年，温氏已和国内 20 多所知名的农业院校、科研院所进行全面而紧密的产学研合作，使行业最新的技术成果得到了及时的推广和运用，保证了公司的技术在行业的领先地位。

在这种产学研合作模式中，由农业高校派专家组到温氏来工作，提升温氏的技术和管理水平，同时也吸引了大批农业科技人才加盟温氏。温氏集团现有各类专业人才中，共有博士 40 余名、硕士 300 余名。

另外，温氏先后建立了院士工作站、博士后科研工作站，组建了广东省温氏企业研究院，成立了国家级技术中心及国家级工程中心，现已主持或参与 50 多项省部级以上重大科研项目，其中 3 项为国家 863 计划项目，2 项国家星火计划项目。温氏集团已经掌握了克隆猪的生产技术流程，为基因育种技术的推广运用奠定了坚实的基础。近年来，温氏集团获得了多项国家级及省级科技大奖。

质量第一　顾客至上

——海南恒兴有限饲料实业公司

海南恒兴饲料实业有限公司成立于 1997 年，是广东恒兴饲料股份有限公司旗下的子公司，主要从事畜禽、水产饲料加工、销售等生产经营活动。公司一贯坚持“质量第一，顾客至上”的宗旨，被海南省政府评为海南省质量管理先进单位。

18年来，公司取得了长足的发展，特别是2014年是最不平凡的一年。在市场竞争十分激烈而又遇上自然灾害影响的情况下，公司管理团队带领全体员工，同心协力，取得了优异的成绩。2014年，公司销量突破26.8万t，比2013年增长7.0%，鸡饲料、猪饲料及膨化罗非鱼饲料的增长幅度超过15.0%。

一、正确的经营管理策略

公司自1997年成立以来，在“质量第一，顾客至上”的指引下，在经营理念上以品质稳定、价格合理、优质服务于广大客户。公司坚定不移地执行总部“三个集中”的管理制度，认真做到技术集中、资金集中、原料采购集中，充分发挥大集团资金、技术、采购雄厚的专业优势，在此基础上加强内外部的生产经营管理和服务，从各个方面确保了产品质量的稳定。

虽然，2014年度原料市场价格、质量波动较大，但公司仍然发挥出自己的经营管理优势。在2014年初就主动出击进行摸底，做好市场需求预测和原料采购计划，稳定大宗原材的采购价格和供应量，从而保障了生产原料的正常供应。在生产管理方面，加强员工技术技能培训与积极开展劳动技能竞赛活动，加强各个生产环节的控制，从而保证产品质量的稳定，也保障了广大客户的需求和稳定的销售渠道。“恒兴”品牌饲料得到了广大客户的广泛认可，产品销量保持逐年上升的态势。

二、管理创造效益

公司虽然依托恒兴集团的专业化职能优势，但外因还是要通过内因才能发挥出最大的作用。2014年，公司全体员工不断加强和深化企业内部管理，挖掘企业潜力。公司在海南省饲料办的指导下认真执行农业部颁布的《饲料质量安全管理规范》等法规，除保证产品质量安全稳定外，公司还认真执行国家出台的各项相关政策和法律法规，如积极开展企业安全生产标准化建设；企业健康标准化建设及加强环保建设；强化企业内部“6S”管理；ISO22000质量安全管理体系认证；并关注技术创新、细节管理、挖掘潜力、节能降耗，进一步提高企业的经济效益。公司对外积极开展服务营销，不断开发新客户，并做好技术指导，服务终端，从而获得了广大客户的信赖，扩大了公司产品的销售渠道，在服务三农方面也取得了广泛的社会效益。

三、攻坚克难，共渡难关

经营饲料行业除了受到原料价格波动的因素影响外，还受到自然灾害等外部不确定因素的严峻影响和考验。2014年，海南省接连遭受了“威马逊”“海鸥”两个超强台风的影响，不仅公司内部的生产设备设施受到破坏和损失，而且养殖户也损失严重。面对此突如其来的严重自然灾害，公司管理团队及全体员工，积极行动，同心协力，共渡难关。虽然部分设施在台风中受到破坏，但因为各部门的事先准备和负责的精神，从而使公司财产在遭受台风破坏时的损失降到最低。快速的反应，不但保证了公司原有客户饲料的供给，还供给其他受灾客户，让养殖户对“恒兴”品牌饲料及服务更加认可。同时，公司领导迫不及待的带领销售服务人员，在道路受阻的情况下，尽快地赶赴受灾严重的客户家中进行慰问及了解受灾的损失情况，想方设法帮助客户解决困难，恢复生产。

公司向全体员工发起自愿捐款的倡议，及时把员工的慰问捐款送到相关受灾客户的手中。使农户对公司的服务更加肃然起敬，更加增强了克服困难及恢复生产的信心，更加信赖公司的产品和服务。

2014年，公司虽然从不平凡中走了出来，并且也取得了一定的业绩，不仅受到了上级主管部门和管理总部的认可，也受到同行的尊重，但是在服务三农这条道路上，仍然任重而道远。公司的全体员工必将不懈努力，勤奋工作，服务到位，为海南的养殖业发展和国际旅游岛建设作出积极的贡献。

打造优势品牌
坚持科技兴企

——海南漓源饲料有限公司

海南漓源饲料有限公司是桂林力源集团旗下的大型饲料生产企业之一，公司位于海南省澄迈县老城镇金马现代物流中心，临近马村港，地理位置优越。公司兴建于2012年7月，2013年4月投产，公司传承了桂林力源集团“发展”“专注”“分享”“朝气”“理想主义”的秉性，经过一年多锤炼，已取得了年销量12万t的骄人业绩，得到了海南广大养殖户及同行企业的认可与好评。

一、团队力量

公司拥有一支年轻的队伍，平均年龄30岁左右，公司里大部分人员都是第一次接触饲料行业，经验从零开始，但却充满活力。公司内务团队轮岗学习，一岗多能。销售团队攻坚克难，锐不可当。公司注重个人技能的培养，中控员会操作制粒机，叉车工会做保管员，出纳员会做开票员等。公司员工一人掌握多种技能，是帮助员工提高自身的竞争力，也是提高企业的竞争力。

2014年公司之所以能快速成长，离不开集团的帮助。力源集团与中粮贸易有限公司签订了永久合作伙伴协议，集团统一采购了大量优质原料，在公司保证原料质量的同时，也尽量降低原料成本，以便最大可能地让利给养户。

公司是一支顽强的队伍。2014年，海南省经历了超强台风“威马逊”“海鸥”的无情肆虐，海南漓源厂区在两次台风中均受到了不同程度的破坏。令人庆幸的是，每次灾难后，公司团队都在灾后第一时间组织了自救，转移原料、维护设备、清理现场，集团及兄弟公司也第一时间赶往海南进行支援，保证了公司以最快的速度恢复生产。

二、坚持核心理念，打造质量过硬的优势品牌

产品质量的稳定，是公司品牌口碑的基础，更是公司对广大农户最基本的责任。因此，公司根据国际公认的ISO9001：2008版质量管理体标准，建立和完善了自身的质量体系，逐步实现了产品质量的全过程监控。公司一直注重提高岗位员工的质量意识，岗位操作人员会到一线处理市场投诉，岗位师傅攻坚克难，不断探索能提高产品质量的优良方法，这些都是为了实现公司对养殖户的承诺。

公司用严格标准要求自身，让企业取得了很大的进步。一方面，产品的质量稳定安全，使用效果好，逐步在市场上建立了良好的口碑；另一方面，在公司内部，严格的过程管控也极大地减少了公司原材料的浪费，除了给公司带来了回报，也给养殖户带去了实惠，更是节约了社会资源。

三、坚持“科技兴企”，用创新带动发展

公司依托“科技力量”勾勒发展的宏伟蓝图。从建厂以来，公司不断投入成本进行现代化装备的采购，其中就包括“机械人抓手”“制粒机自动化控制”等。现代化装备的投入使用，大大提高了员工工作环境的安全系数、降低了员工的劳动强度，也减少了人工成本，提高了生产效率；改造工艺、优化流程，公司在不断地探索新方法，来提高企业竞争力，用创新带动发展。

四、海南漓源是一个大家庭

公司是一个大家庭。公司注重与员工家属、经销商家属打成一片，组织家属参观公司、参加集体活动，让家属认识漓源、了解漓源。公司希望每一位员工与经销商们选择漓源都是得到家人支持的、是让家人放心的。

除此之外，公司还紧密关注着广大养殖户的生活。2014年的风灾中，文昌市罗豆农场是重灾区，养殖农户损失惨重。公司得知这一消息后，第一时间赶去现场慰问养殖户，并送去了集团总部生产的大米和油，公司尽的这一份绵薄之力，最终收获的不仅是销量，更是人心！

公司在2014年取得进步，从来都没有捷径可走，公司一直在做且尽力去做好每一件事，关怀每一个人。

以创新谋发展
实现新的腾飞

——南宁漓源粮油饲料有限公司

一、基本情况

南宁漓源粮油饲料有限公司创建于2003年，由荣获农业产业化国家重点龙头企业、全国饲料企业前30强企业的桂林力源粮油食品集团有限公司投资7 468万元兴建而成。公司位于国家级南宁经济技术开发区金凯路25号，占地面积5.9hm^2。设计加工猪、鸡、鸭系列配合饲料及浓缩料68万t，生产的产品有猪、鸡、鸭系列配合饲料及猪、鸡浓缩饲料，2014年，猪饲料占销售市场33%左右，鸡饲料占31%，鸭饲料占36%。

公司拥有健全的企业文化和较好的经营机制，并拥有雄厚的人力资源、先进的生产设备。有数十名企业管理优秀人才和高级技术专业人才，有几十名大、中专以上学历的高素质员工；饲料生产线均为美国CPM公司的成套设备以及江苏牧羊集团的饲料加工设备。公司采用现代化企业管理，建立完善的质量保证体系。不断提升老产品，开发新产品，现有“漓源”“金漓源”“金凯福”“山水”牌猪、鸡、鸭系列等100多个品种。产品品质优良，具有生长快、肉质好、抗病能力强、性价比高等特点，产品畅销广西壮族自治区内外，供不应求，深受广大客户的欢迎和好评。

二、经营状况

2014年再次遭遇的流感疫情，使禽肉及禽饲料总体需求明显下降；而生猪产业经历前几年的产业转型和高利润、高速度成长期后，在2014年随着经济的回落而加速下滑，饲料行业增速也进一步放缓。面

对养殖和渠道的急剧变化，各厂家竞争手段、强度的不断升级，饲料营销团队通过解放思想，多层级、多区域，多目标地推动营销思想和手法进行优化调整，重点挖掘省内有潜力的市场，进一步提高渠道的开发力度和市场占有率，猪饲料总销量逆市上升，填补了鸡饲料的空缺，实现了“上猪饲料，占鸭饲料，保鸡饲料”的基本思路。2014 年全年饲料销售 60.8 万 t，同比减少 1.4%：其中鸡配合饲料 18.8 万 t、鸭配合饲料 20.9 万 t、猪配合 21.1 万 t。2014 年实现销售收入 19.9 亿元，同比下降 1.0%；工业产值 19.6 亿元，同比增长 18%；实现利税 9 054 万元；利润总额 8 839 万元；2014 年平均资本收益率 100.6%；净资产收益率 13.72%，固定资产收益率 119%。

三、加强企业文化教育，发挥股权优势，激活组织内部活力

公司是一家股份合作制企业，在行业结构面临巨大调整的大形势下，公司迎难而上，保持昂扬的斗志，解决了企业的生存问题。通过各种方式进行宣传教育，让员工了解“股份合作，全民持股”这种所有制形式的好处和弊端；获得股权就是获得了企业长期利益的分享权，购买或拥有股权同时也意味着要有和企业生死与共的决心！

公司鼓励员工成为奋斗者，去到省外、到新市场、到最艰苦的地方去建功立业，为企业创造价值；公司集思广益、通过各种办法识别出奋斗者，公司运用好股权激励优势，让激励政策真正让奋斗者分享。公司形成了一个勇于立大志、做大事的氛围，使各级管理干部的视野、胸怀得到提升。同时，不断地引导员工思考工作和生活的关系，如何看待困难、价值，以及人生。建立起工作也是一种快乐的观念，增强员工的幸福感，提高员工的快乐指数。

公司站在企业生存与发展的高度，视人才为企业最大的财富，积极引进高科技人才并加强企业现有职工素质的教育，不断深化和加强企业理念教育，不但使员工牢牢树立“合作、创造、共赢”的经营理念，并和供应商、经销商中宣扬建立上述理念，从而提高整个体系抗风险的能力，减低体系运营成本，增强产品的竞争能力。公司继续保持每年让员工都有参加丰田精益生产管理培训的机会。在不断完善员工福利待遇的基础上，加大劳动分配比重，员工工资水平每年均以 12%比例增长，2014 年增幅达 16%。

2014 年人才招聘工作取得很好的成绩，与全国各高校建立友好合作关系，公司通过自主招聘或学校引荐，引进了 25 名优秀人才，为公司的下一步发展提供了有力的保证。

四、优化组织结构，提高工作效率

通过各部门联动和相互协作，进一步拆解了部门之间的利益藩篱，促进了相关业务的交叉与整合，不断提升效率，确保安全状况平稳，产品质量控制和生产效率适应能力明显增强，基础业务流程的规范工作取得进展，通过岗位流程的梳理及规范，大大提高了劳动效率。

五、以市场为导向，整体服务，增强产品竞争力

公司整体服务市场的能力，决定了产品在市场上的表达能力，是企业最大的竞争力。关注市场，参与市场竞争是所有部门的事，不是销售部门一个部门的事。产品竞争力决定了市场竞争的结果，这不仅取决企业中所有部门（采购、技术、生产、营销等）价值创造总和，更取决于公司是否有把价值传递到顾客手中的能力。首先，公司形成全部门、全员参与市场竞争的整体服务意识，减少分工多协同，要求跨部门业务学习，鼓励跨部门进行业务推进，拉动公司内各部门人员都关注和参与产品市场竞争力的建设。

其次，要求各部门（尤其是非销售部门）要有强烈的市场竞争意识，以满足市场竞争需要为本部门的管理目标。公司将业务开展的重心从关注产品和企业自己内部，过渡到前端市场上，过渡到思考顾客对产品、对技术、对成本和规模的理解上。

最后，为适应市场的发展，营销部门应重新健全营销战略规划，健全以“责任明确、待遇合理、奖惩分明、规范运作、提高效率”为目标的现代企业营销体系。根据日益扩大的市场，在西南各地设地区分支机构。由此建立起一个上下贯通、纵横协调、渗透基层的营销网络。每一位营销员既是销售员、宣传员，又是信息员和售后服务员，培养专业的技术人员，扎根于基层养殖户，随时为用户解决问题。由于注入市场营销网络，以及高素质营销员的培养和使用，注入售后服务的有效性和迫切性，广泛地进行实证对比，沟通促销和基层推广会议，初步统计 2014 年共做实证推广试验近百次，召开 80 多场各类会议。

六、优化产品质量，提高品牌价值

坚持“以质量求生存，以科技为先导”为宗旨，追求品牌就是信誉，质量是信誉的保证。公司狠抓质量管理，执行国家饲料质量安全管理规范，建立健全全面质量管理规章制度和质量保证体系，使企业的全面质量管理纳入了科学而规范的管理轨道。

倾力打造中国饲料行业领军企业

——百洋水产集团股份有限公司

一、发展概况

百洋水产集团股份有限公司创建于2000年，集团总部位于广西南宁市高新区。于2012年9月5日在深圳证券交易所挂牌上市，是一家集饲料生产、水产科技研发、种苗选育、养殖、技术服务，以及水产食品、生物制品的生产、加工、出口和国内贸易为一体的农业产业化国家重点龙头企业。集团具备完整的产业链，旗下拥有近30家分、子公司或控股公司，分布于广西、广东、海南、湖北、山东等省份。

集团创立以来，始终坚持可持续发展经营原则，致力建设循环经济，发展绿色生态产业。百洋集团饲料板块是百洋集团旗下专事从事畜禽及水产饲料等相关产品生产、销售和经营管理的事业机构，拥有国际、国内先进水平的水产和畜禽饲料生产工艺设备。2014年，饲料板块拥有百洋水产集团股份有限公司饲料分公司、广西百跃农牧发展有限公司、海南百洋饲料有限公司、佛山百洋饲料有限公司、湖北荆州百洋饲料有限公司共五家大型饲料生产企业，全部采用美国GMP进口设备与国内领先的专业饲料生产设备，自动化生产线超过30条，年总产能达100万t，技术水平处于国内领先地位。

二、生产经营

1. 充分发挥饲料板块支撑作用 广西沿海岸线曲折，港湾众多，内陆水资源丰富，气候适宜，对水产品产业的发展具有得天独厚的先天优势。随着人们生活水平的提高，营养丰富的水产品越来越受到大众的欢迎，以罗非鱼、对虾为主的优势水产品在国际市场需求巨大。2001年，百洋水产饲料顺应时势进入市场，就迅速填补了广西的饲料工业缺乏高端水产饲料的空白，受到广大经销商、养殖户的欢迎。

经过10多年的市场考验，百洋已经成为华南地区主要的饲料企业和中国水产行业领军企业之一。公司饲料产品市场网络遍布华南、西南、华中各省区，深受客户青睐，在中国饲料市场拥有较高的知名度和影响力，公司先后通过了ISO9001、HACCP、BRC、BAP（ACC）等多层次的质量控制体系的认证，被中国饲料工业协会评为“中国饲料行业信得过产品”，同时也是“广西名牌产品”“广西著名商标”。

2014年，是百洋集团饲料版块加快布局，飞速发展的一年。海南百洋饲料有限公司2014年4月开始全面生产经营，公司总投资5 000万元，设计年生产饲料能力10万t，极大地促进了文昌市罗非鱼周边经济的发展。2014年9月，广西百跃农牧发展有限公司的水产饲料生产线和畜禽饲料生产线也正式投产，年产能超过30万t，是广西最大的饲料和添加剂预混合饲料生产基地之一；此外佛山百洋饲料项目建设也在2014年下半年启动，该项目总投资约1.5亿元，占地3.2hm²，计划建设生产线7条（膨化料生产线5条，颗粒料生产线2条），年各类水产饲料生产能力18万t。

截至2014年底，集团饲料板块从1家工厂发展多家工厂，业务覆盖区域也从南宁周边扩展到了两广和海南地区，业务品种也更加丰富，产能大幅提升，实现了整个板块的快速扩张，进一步强化了饲料板块支撑集团收入、提供利润贡献的重要地位。

三、管理与创新

1. 不断创新经营模式，打造完善产业链 2014年，中国经济进入“新常态”。受大环境影响，我国养殖业发展步伐放缓，饲料行业高速发展的时代宣告结束，行业发展也正从规模速度型粗放增长转向质量效率型集约增长。在严酷的市场竞争环境下，公司饲料板块经受住了风浪，坚持以市场为导向，建立了符合市场需求的经营模式，通过“四个注重”（即注重诚信经营，注重品牌建设，注重客户管理，注重市场预测），增强了公司对市场变化的适应能力，建立了从科研、种苗、养殖、养殖产品回收、加工出口、副产品综合开发利用这样一条贯穿上下游的完善产业链，有效抵御了经营风险，克服了饲料业务的产能瓶颈，产销量继续保持增长，较好地完成了全年的利润指标。

2. 坚持产学研用道路，打造优势创新平台 一直以来，公司始终坚持以“技术创新”推动企业发展，通过不断吸取外部的先进经验与前沿技术，强化科研人才队伍建设，力求市场创新、技术创新和管理创新的齐头并进，确保公司的技术实力、管理和产品保持在行业领先地位，被评为“广西壮族自治区级企业技术中心”。

公司通过打造优势创新平台，在动物营养、饲料工业、水产品加工、生物科技和水产养殖等领域拥有自主发明或引入多项先进专利技术。2014年，公司共获得专利授权12项，其中发明专利7项，实用新型专利4项，外观设计专利1项；同时，公司所拥有的国家级实验室和省级企业技术中心与中国水科院淡水渔业研究中心、中国农业大学、中国海洋大学、广西壮族自治区水利科学研究院等科研院校建立了长期、紧密的合作关系，根据水产、畜禽养殖的特性开展试验和饲料产品的配方设计与研发，确保为客户提供最优质、高效、环保的饲料产品。“百洋”牌、“百跃”牌饲料不仅能够满足养殖的营养需要，还能使养殖户获得产量高、品质好、成本低的生产效益。

3. 强化责任落实，狠抓安全生产 2014 年，公司狠抓安全生产工作，制定了年度安全生产工作方案，将安全指标分解到部门和班组，责任落实到人头。同时，公司结合每月开展的安全生产大检查活动，采取了多种形式和手段，深入细致地开展了安全生产宣传和检查工作。百跃农牧、海南百洋饲料等分公司定期组织员工展开消防安全演练及各类应急预案培训，使安全生产意识深入人心，并严格执行各项安全规程和要求，避免了安全生产管理流于形式，使安全生产落到实处，确保了安全生产形势全年总体平稳。

4. 加强人才队伍建设，提升企业软实力 公司发展到今天，除了业内领先的生产和管理体系外，还依托了一支强大的人才队伍。2014 年，配合新建项目的投产，公司加大了人员招聘的力度，员工队伍不断扩大。公司新增了大批的一线员工，也引进了一批贸易、采购、管理和技术等岗位的优秀人才。此外，饲料板块各分公司内部一批能力优越、责任心强的核心骨干，被晋升到了各个关键岗位和管理岗位，在原有管理资源的基础上增加和强化了技术、管理力量。2014 年，公司饲料板块现有博士 8 名，技术人员 50 余人，高级管理人才 68 人，分管各企业相应的部门，为各公司提供了强有力的技术和管理支持。

5. 持续追求卓越绩效，打造品牌核心价值 公司饲料板块紧紧围绕“精准营养、质量为上”的质量诚信管理方针，建立起了完善的产品可追溯源系统，以严格的质量控制体系和诚信体系作保证，来打造优质产品，提升客户满意度，树立和维护企业诚信形象。同时，公司坚持贯彻卓越绩效管理模式，建立健全科学高效的管理体系，注重从领导、战略、客户及过程管理层面进行对标管理，不断提高公司整体运行质量和运行效率。2014 年，公司再次被认定为“中国饲料行业信得过企业”“广西进出口质量诚信企业”“广西名牌产品”“广西著名商标”等，为企业的可持续发展及打造行业一流品牌奠定了坚实的基础。

6. 行业地位和社会影响力进一步提升 随着集团的快速发展，公司得到了政府和社会更为广泛的关注和认可。2014 年，集团再次被农业部评为“农业产业化国家重点龙头企业”，并荣获“企业信用评价 AAA 级信用企业”“广西守合同重信用公示企业”“重点培育和发展广西出口名牌”等称号。此外，国家相关部委领导、自治区领导及其他各级领导先后到百洋集团总部及下属企业指导工作，美国、德国、墨西哥等国家和地区的客户和行业专家先后来访，公司的罗非鱼产品也被列为第 45 届世界体操锦标赛的指定食品，社会对百洋集团的关注度越来越高。

四、发展方向

作为我国饲料行业中的一员，公司积极抢占行业发展制高点，着力打造行业领军企业。未来，公司将继续秉承“关爱员工、创造价值、服务社会”的企业理念，围绕水产业“横向规模化、纵向一体化、相关多元化及国际化”战略，不断提升“百洋品牌”“广西品牌”在全国乃至国际上的良好形象，为客户创造更多的价值，为广西壮族自治区经济和社会发展作出新的贡献。

抓质量　创品牌　促发展

——重庆市蜀达饲料有限公司

一、基本情况

重庆市蜀达饲料有限公司创建于 1995 年，位于重庆市梁平工业园区 318 国道旁，是渝东地区技术设备先进、管理科学、专业从事饲料生产、经营、研发的民营企业。公司占地约 $4hm^2$，资产逾 5 000 余万元，公司现有 3 条生产线，生产能力 30t/h。年产量近 4 万 t，产值近 2 亿元、销售额近 2 亿元。公司现有职工 120 余人，其中大、中专学历人员占管理、营销人员的 40%，各类中级以上技术人才 30 余人，占职工总数的 25%，从事技术、质量、生产管理工作岗位人员均具备畜牧兽医及相关专业或中高级技术职称。

公司先后荣获“重庆市饲料工业十强企业”“重庆市农业产业化龙头企业”“重庆市农业综合开发重点龙头企业”“重庆市诚信民营企业”“守合同重信用单位”“重庆市用户三满意企业”等荣誉称号。叉尾鮰鱼饲料料获重庆市中小企业局“科技进步三等奖”，蜀达牌饲料荣获“重庆名牌产品”称号，蜀达商标获“重庆市著名商标”称号。公司生产的“蜀达”、“渝珠”等品牌 10 余个系列产品畅销于重庆、四川、湖北、贵州等省市 60 多个区县市。

二、抓质量、创品牌、促进企业生产经营上台阶

1. 制定发展战略、发展规划 当今市场不仅是质量之战，更体现在品牌之战，公司确定了“抓质量、创品牌、做重庆竞争力第一”的发展战略，将名

牌战略作为企业的一个方针战略，通过各项工作的有效开展，使名牌发展战略深入人心，并转化为员工的思想动力。

2. 抓基础管理，夯实发展战略基础

（1）以人为本、强化培训、提高员工素质。员工是企业发展的决定性因素，为此公司确定了“以人为本”的理念。一方面强化员工技能培训，每年除公司内部各项管理培训外，还根据实际需要送外及参加各项工作培训，特别针对营销服务人员，每月定期约一周时间的强化训练，使营销员明确了做市场就要做好服务质量，让顾客满意，从而将质量和服务意识牢固树立在心中，并不断强化“以质取胜，创名牌战略”这一概念。据统计每月培训达 100 人次之多，通过这一有效举措，不仅对顾客需求能很好地予以识别和满足，通过提升员工技能、意识，使服务的有效性、及时性的战略目标的实现。

（2）实施质量管理体系建设，严格按照《饲料质量管理规范》提升产品质量。企业的发展必须以质量管理为基础，否则经营发展就只是空谈，经不起市场的考验。公司先后采取了一系列有效措施，保证了企业的健康发展。首先是在企业内部推行“5S”管理，开展 QC 活动，2003 年开始推行 ISO9001 国际质量管理体系认证，并结合企业生产许可条件和《饲料质量管理规范》要求，确立了“全员参与，确保饲料产品满足要求；持续改进，提高顾客满意度；及时服务，构建良好合作关系”这一质量方针，并在此基础上明确了质量目标，而且层层分解到相应部门、岗位上，通过质量方针，目标的实现，保障了质量管理体系的有效运行，不仅规范了员工的行动，而且让质量这一主题深入人心，使产品经农业部及重庆市饲料监督管理部门抽检年年合格。

（3）提升科技含量，创新求发展。随着科技的飞速发展，新技术的引用已成为提升质量，使企业发展的有效途径。公司经过近 20 年的发展，无论在技术引用，还是质量管理水平上均取得了一些成绩，但公司仍然加大在技术创新的投入，聘请了全国动物营养学会副秘书长、水生动物营养学会副主任委员、四川农大博士生导师周小秋教授为终身技术顾问，并与四川农业大学动物营养研究所建立了博士工作站，及时运用科研成果开发新产品，从而促进了产品品质的提升和主导产品销量的猛增，主导产品增幅均超过 20%。

（4）强化各项基础设施建设，保障生产优质产品。随着市场竞争的加剧，产品结构调整，以及品质和销量的提升，老旧的设备和厂区已不能完全满足要求，为此公司在 2009～2014 年投资 2 000 余万元增加生产设备等基础设施，以解决品质、节能降耗和环境保护为主，坚持以技术改造和设备更新为重点，以市场为导向，以改善品种结构，提高产品质量为中心引进先进的生产线等技改项目。同时，公司参照国内同行业先进的质量指标，以稳定提高产品实物质量，提高产品附加值，增加市场竞争力为目的，改善工艺技术装备和工序结构，完善生产过程工艺控制手段，始终保持质量品牌优势，维护产品质量信誉，提高产品知名度和美誉度，奉献更多的优质产品。

（5）实施用户满意工程，提高顾客满意度。公司以客户服务部为主体，全面负责与客户质量有关的过程，建立健全了质量服务保障体系，做到及时收集客户意见，并处理客户投诉，指导客户饲喂饲料，解决饲养中存在的技术问题等。这样不仅会赢得客户的满意，而且能形成较好的口碑，也利于品牌的形成。公司在为客户服务中应统一方法和理念，将供应客户、行业组织、客户用“一家人”的观念予以对待，同时，针对顾客需求，每年通过走访、调查、反馈等多种形式获取其满意度，并不断改进机制。在企业内部树立了下道工序是上道工序的用户，基层是上级及职能部门的用户，以及部门之间互为客户，同事之间互为客户，形成了“互为客户”的网络体系。在规定时间 24h 内对客户投诉予以解决，并以投诉电话至总经理，质监部负责调查处理，确保了投诉处理的及时性和有效性，使“用户满意”成为全体职工主要工作目标。据公司调查统计，顾客满意度由 2013 年的 90% 达 2014 年的 92%。

（6）落实质量奖惩制，杜绝质量事故发生。公司专门设立了不同形式的质量奖励办法（如生产过程中发现不合格原料采取的按量和单价奖励，全月无质量投诉和质量事故的月质量奖等），既是对日常工作质量的考察，又是对推进名牌建设，质量攻关，产品质量获奖，提高质量管理水平和实物水平等方面有显著成绩的行为进行奖励。在奖惩过程中，严格质量考核，实施“质量否定权”为主的分配方式，倡导“质量是生产出来的，不是检验出来的”的理念。变“被动的质量关心”为“主动的我要做好质量”，在过程控制上收到了较好的效益，质量投诉大大降低，产品质量不断提升，市场口碑、客户数量和忠诚度日益提升。

（7）实施生产过程全程监控，生产有据可查，及时发现和纠正违规行为。在公司的全新厂区和生产的关键点均安装了监控录像，监控点 120 余个，投资 50 余万元，做到了适时监督，确保了过程受控，保障了生产过程的一致性和产品质量的稳定性。

（8）强化进出厂管理，有效扼制不合格原料的流入和不合格产品的流出。公司检验室不仅能对常规指标检测，而且于 2009 年增设了原子吸收分光光度计，对微量元素和重金属也能有效控制。2014 年引进了丹麦福斯公司生产的近红外分析仪，快速准确地检测各项指标，提高了供货及时率和检验及时性，检验室共投资 100 余万元，满足了质量监督的需要。公司不仅从源头上把好进口关，而且生产的每批产品均要经过“三检”（自检、互检、专检）合格后才能出厂，确保出厂产品的质量。

公司通过发展战略的实施，不仅提升了产品品质，而且增强了产品的市场竞争力，形成了较好的品牌优势。随着企业的效益提升，公司以此为契机和动力，将质量、品牌、发展始终放在战略高度，进一步扩大规模和提高产品质量，形成一批具有优势竞争力的自主品牌，为饲料行业的发展作出更大的贡献。

精准高效　打造品牌优势

——四川新一美生物科技有限公司

四川新一美生物科技有限公司是一家致力于动物微营养素生产与应用研究的高新技术企业。公司占地 7 万 m^2，在四川绵阳及成都拥有 4 个生产基地，建有先进的吡啶酸类有机微量元素（铬元素）合成、有机硒合成、氨基酸螯合物（铁、铜、锌、锰）合成、大豆黄酮合成、微营养素预处理及制剂、微量元素添加剂预混合饲料生产（多矿定制）、混合型饲料添加剂生产、载体稀释剂制备等多个标准生产车间。公司拥有多项有机微量元素生产专利及一项国家一类新饲料添加剂生产技术，在微营养素的研发、合成、预处理、制剂及应用方面具有多年的经验积淀。

公司产业涵盖微量营养素（主要是微量元素）的有机合成、预处理、制剂生产及相关配套产品。旗下拥有绵阳新一美化工有限公司、安县工业园区河清化工合成基地、安县工业园区花荄研发中心及制剂生产基地、绵阳载微宝科技有限公司、成都载微宝科技有限公司等多家生产型企业。

绵阳新一美化工有限公司为公司产业旗下专业从事有机铬制剂生产和应用推广的企业。公司于 2004 年成立，成功开发出“铬来美®”“铬康美®”“新标™”三大系列共 10 余种规格的有机铬制剂产品，广泛应用于医药、保健、饲料和畜牧养殖业。公司依托四川银河化学（铬）股份公司在铬化工资源、技术、设备及检化验方面的优势，现已成为国内最主要的饲料级吡啶甲酸铬和烟酸铬生产企业。公司还建有先进和完备的有机合成中试车间，承担了国家级新饲料添加剂（有机硒）的研发、中试及工艺参数确定等重要工作，具有较强的有机化学合成研发能力。

安县工业园区河清化工合成生产基地是公司旗下进行有机微量元素合成生产的专业基地。基地占地 2 万 m^2，建有国内一流的铜、铁、锌、锰等有机微量元素氨基酸螯合物生产线；新型硫酸钾镁复合缓释结晶制剂生产线及国内第一条商品有机硒合成生产线。

安县工业园区花荄研发中心及制剂生产基地是公司产业的中心管理枢纽。基地占地 4 万 m^2，建有 1 000m^2 的品控及研发中心，2 000m^2 办公中心，2 万 m^2 微营养素生产车间。

绵阳载微宝科技有限公司及成都载微宝科技有限公司系新一美产业旗下专业从事载体稀释剂的研究、生产及应用推广的企业。公司生产的无机矿物载体稀释剂“载微宝”以优质的麦饭石矿为原料，产品成分稳定、色泽均匀，重金属、三价铁及酸可溶物含量低，是一种优质廉价的无机载体稀释剂产品。公司的有机载体—“稻壳”精加工项目，所采用的烘干、气流微粉、分级筛分等工艺环节均为国内领先，微粉砻糠水分低、粒度均匀，有效避免了常规粉碎生产工艺所产砻糠过粉碎、过粗、粒度不均、承载性差等缺点。优质的载体稀释剂产品保证了新一美各类微营养素饲料添加剂产品品质的优良与稳定。

公司立志用先进的有机化工合成技术、科学的预处理制剂工艺及细致严谨的工作态度，做有价值的饲料添加剂。帮助合作伙伴更为精准有效地利用微营养素产品，以实现最佳养殖效果，保障畜产品安全，提高资源利用，减少养殖对环境的影响。

依托自身技术和资源
发展新型磷化产品

——贵州川恒化工有限责任公司

贵州川恒化工有限责任公司（以下简称贵州川恒）隶属于四川川恒化工股份有限公司，是一家专业从事磷矿开发和磷资源精深加工的集团化的民营企业，公司位于素有“中国磷都”之称的贵州省黔南州福泉市。

贵州川恒成立于 2002 年，通过多年的不断发展，现已成为“国家火炬计划重点高新技术企业”“贵州省 100 强企业”以及黔南州最大民营企业。2014 年公司注册资本 3.4 亿元，总资产 8.1 亿元，产品以饲料磷酸钙盐、精细磷酸盐和磷酸铵盐为主，年总产能 45 万 t，年产值 10 亿余元。产品饲料级磷酸二氢钙年生产能力 30 万 t，已连续 9 年产销量雄居全国第一，市场占有率 50%左右，并出口东南亚、欧美多个国家和地区，也是中国最早出口饲料级磷酸二氢钙产品到欧盟的企业。产品消防级磷酸一铵年生产能力

10 万 t，产销量排名全国第一，已连续 3 年占全国消防市场 70%以上，公司其他产品也均已成为行业中知名品牌。

公司“小太子”牌饲料级磷酸盐属于基础性产品，包括磷酸二氢钙和磷酸氢钙，产能规模达到 30 万 t/a。生产过程符合 ISO9001：2008 质量管理体系标准，并已通过 FAMI - QS 认证（欧洲饲料添加剂和添加剂预混合饲料质量体系），GMP＋（饲料生产行业产品质量与安全保障体系）认证。产品一次交验合格率在 90%以上，出厂产品合格率 100%。“小太子”牌饲料级磷酸二氢钙、饲料级磷酸氢钙（Ⅲ型）为贵州省名牌产品，“小太子”商标为贵州省著名商标。“小太子”牌饲料级磷酸二氢钙、饲料级磷酸氢钙已成为业界第一品牌，公司致力于做天下最好的磷酸二氢钙，以优良的性价比赢得国内外用户的信赖，顾客满意率在 90%以上。据研究证实，磷酸二氢钙已成为动物饲料最佳的磷源添加剂。

2014 年，公司完成外销产品总产量 35.5 万 t，实现销售收入 10 亿元，产品销售总量增加约 3 万 t，外销产品产量、磷酸二氢钙销售量均创历史新高。经营性利润由负转正，实现了年度利润目标，上缴税金达 4 000 余万元，其中国内磷酸二氢钙销售量完成年计划的 108.0%，较上年度增长 13.1%，占有国内市场约 50%的份额，国内磷酸二氢钙销售量创造了新纪录；国际磷酸二氢钙远销全球 37 个国家和地区，已经成为亚太市场的一线品牌，并在中东和东欧市场具有较强的影响力，国际磷酸二氢钙销售量完成年计划的 123.8%，较 2013 年增长 65.48%，国际磷酸二氢钙市场取得重大突破。消防磷酸一铵市场地位稳固，完成年计划的 101.8%，继续在国内占有约 70%的市场份额。

一、品牌理念

1. 品牌愿景是让磷元素以更高效、更环保的方式服务于人　公司深知促使世界前行的，唯有人的信念。公司以深切关怀他人之心加入创造全新世界的阵营中，以其特有的方式为人类作出贡献。指引公司前行的航向就是让磷元素以更高效、更环保的方式服务于人。

2. 品牌使命是为人们贡献更高性价比、更环保的磷产品　为达成川恒人共同的愿景，公司的每一位伙伴都清楚地知道每一天工作所产生的意义，每一项看似平凡无奇的工作任务所带来的影响，它指向公司肩负的使命，为人们贡献更高性价比、更环保的磷产品。

3. 核心价值观是“磷・关爱・生活”　公司期望以无限热情与能量，积极履行社会责任回馈社会，关照社会，将我们所做的事以更具效率的方式提升人类的生活质量。

4. 品牌精神是创新、专业、贡献　作为公司的灵魂—创新精神，是支持公司走到今天的核心精神，创新能以更优的解决方案化解企业面临的问题，然而创新同样意味着风险，公司也勇于承担这种风险；公司生存的保障—专业精神，是保证公司在重重竞争中聚焦于自身擅长领域的准则，为避免精力被分散，资源被稀释的不利局面；公司永不可抛却的—奉献精神，公司一直把对社会的贡献作为衡量自身成就的唯一标准。

公司坚持以技术创新，以人为本，勇担社会责任，坚持企业与地方共同发展，企业与员工共同发展。公司先后获得“国家火炬计划重点高新技术企业”“全国就业与社会保障先进民营企业”“中国石油和化工行业技术创新示范单位”“中国石油和化工优秀民营企业”“全国五好基层关工委先进集体”“模范职工之家”“全国节能先进典型企业”“外贸进出口先进企业”“贵州省高新技术企事业”“贵州省企业技术中心”“贵州省创新型企业”“2013 年贵州 100 强企业”“贵州省知识产权优势培育企业”“贵州自主创新品牌 100 强”等荣誉称号。

二、科技创新

公司拥有科技研发人员 100 余名，其中硕士研究生 15 名，高级工程师 6 名，并与国内 10 家以上大专院校、科研院所开展了多种形式的产学研合作。2009 年 5 月 12 日，与四川农业大学合作成立中国磷营养研究中心。公司先后承担了科技部科技支撑计划项目，农业部农业科技成果转化示范项目、国家经贸委节能减排项目、贵州及四川省科技支撑计划项目等。通过不断的技术创新，现已形成申报专利 40 余项，已获准 25 项，其中国际专利 2 项。荣获“工商联科技进步一等奖”，并多次获得“贵州省优秀专利奖”“贵州省黔南州科技进步一等奖”“贵州省科技进步二等奖”等奖项。

三、未来川恒

公司将借助新一轮西部大开发和国发 2 号文件《关于进一步促进贵州经济社会又好又快发展的若干意见》的东风，坚持以“磷・关爱・生活”的企业理念，充分依托自身技术和资源，专注于磷资源精深加工，以循环经济为中心，以低碳经济为目标，发展新型磷化工产业，构建最强综合竞争力，实现磷化工产业的绿色、可持续发展。

1. 成为创新型磷化工专家，让磷元素以更环保、更高效的方式服务于客户。

2. 做“天下最好的磷酸二氢钙”，让所有动物都能享用磷酸二氢钙。

3. 成为中国“高性能”矿物质饲料的领军企业，公司将开拓商品磷酸和精细磷酸盐事业的发展，尤其是采用更加节能的技术，生产出更加物美价廉和低碳的产品。

4. 大力发展“新型高效”肥料事业，构建中国水溶性肥料及原料的生产基地，发展包括磷酸一铵、磷酸二氢钾、磷酸脲等多种水溶性肥料及原料，为发展新型农业作贡献。

技术创新 博采众长

——贵阳新希望农业科技有限公司

贵阳新希望农业科技有限公司是新希望六和股份有限公司投资 3 000 多万元，于 2002 年在贵州兴建的饲料生产及农业开发的综合型现代化企业。位于贵阳市观山湖区金华镇三甫村，占地 40 余亩，毗邻 321 国道和贵黄高速公路，距贵阳市城区 17km，交通十分便利，地理位置优越。公司本着“爱岗敬业”的企业精神，坚持“诚信、发展”的经营理念和“以质量求生存，以市场为导向”的经营宗旨，2014 年，公司资产总额接近 1 亿元，年产饲料 12 万 t，销售收入 5 亿元以上，带动当地经济发展。公司现有职工 170 人，其中管理人员和技术人员共 70 人，占总人数的 41%。

公司获得“中国饲料行业信得过产品”称号的企业，是贵州省目前产销量最大的饲料生产企业之一，公司采用国际最先进的生产工艺设备，在配合饲料、添加剂预混合饲料、制粒、包装等整个生产流程均使用计算机自动控制系统，有效地保证了生产高效率和产品高质量。有圆筒仓 11 个，自动机械手 1 套，自动缝包系统 4 套，配置了膨化饲料设备，运用先进的饲料后熟化及后喷工艺，具有年产 30 万 t 优质畜、禽、鱼饲料生产能力。公司拥有先进检测设备，制定严格质量检验程序和品控制度，建立完整质量保证体系，从原料采购到成品出厂，实施全程质量控制，产品出厂合格率要求达到 100%。

公司秉承“技术创新，价值卓越，环保安全，服务真诚”的质量方针，依托严格的 ISO9001 国际质量管理体系，推进 7S 管理，推行全员质量管理，各方面完美结合，保证了产品质量的优良性和稳定性。为广大养殖户提供性价比最优的饲料。

公司产品“希望”“好人”“恒博”“新珠”牌系列饲料是动物营养专家根据国内外饲料行业最新研究成果、结合贵州养殖实际，通过电脑精细配方推出的新品牌，其主要技术指标均达到了国内同行业领先水平，具有适口性好、营养转化率高、迅速提高饲养对象健康水平和免疫功能等特点，使饲养对象生长迅速且肉质细嫩，是广大养殖户致富的好帮手。

公司遵循建设“百年新希望”的目标，奉行“诚信永恒，博采众长”的经营理念，遵循“与客户共享成功、与员工共求发展、与社会共同进步”的发展观，把“为耕者谋利，为食者造福”作为企业经营宗旨，以“忠诚、敬业、廉洁、高效”的工作态度，倡导“宁可自己千辛万苦，不让客户一事为难”的服务理念，坚持质量第一、服务第一，对经销商、合作者和用户以诚相待、讲求信誉，在产品与管理上博采众家之长，努力为客户提供优质的产品和服务。

公司秉承“依靠政策，发展事业，服务人民，回馈社会，报效祖国”的企业宗旨，期盼与各级有关部门、经销商和养殖户建立长期的、可持续发展的真诚合作关系，在企业取得发展的同时为“兴黔富民”作贡献。

立足新起点 再创新辉煌

——云南快大多畜牧科技有限公司

云南快大多畜牧科技有限公司成立于 1994 年，是一家专门从事畜禽、水产动物营养研究以及专业化的饲料生产企业。公司成立 20 年来，始终秉持“专业化、现代化”的企业价值观，肩负“为客户创造价值，为社会贡献效益”的企业使命，围绕“服务三农、发展三农、改变三农、致富三农”的经营思路，大力实施品牌战略和专业化发展战略。公司先后荣获了“国家高新技术企业”“云南省科技型中小企业”“云南省创新型企业”“云南省农产品深加工科技型企业”“农业产业化经营省级重点龙头企业”“云南省成长型中小企业”“玉溪市优强企业”等多项殊荣。公司建立的企业技术中心被玉溪市科技局认定为玉溪市饲料与养殖工程技术研究中心，2014 年被云南省工业和信息化委员会认定为云南省企业技术中心，为云南省规模较大的饲料生产企业。

一、选择良好的企业发展定位，硬件建设走在前列

公司依托玉溪良好的生态环境和政府先进的产业引导政策，公司根据市场发展和自身的定位，于 2012 年入驻红塔工业园区观音山片区，征地 3.7hm^2，投资 1.2 亿元，建成了云南省规模最大的

饲料生产线，年生产能力达 30 万 t，该生产线于 2014 年 9 月正式投入生产，成为观音山片区第一家入驻的企业，这也标志着快大多的发展进入了一个全新的历史时期。新厂区离玉溪城区 4km，2017 年即将通车的晋红高速出口离公司仅 1km，具有良好的区位和交通优势。2014 年公司拥有花园式的现代化工厂、一流的检测中心设施和现代化的生产线，有标准化的仓库 2 万多 m^2，各项条件走在行业前列。

二、以科技创新为突破，促进企业快速发展

公司高度重视科技创新工作，着力实施了一批重大科技项目，并取得了若干自主知识产权，其中发明专利 4 项、实用新型专利 7 项、外观设计专利 4 项。同时，有 20 余项科技成果获得国家、省市级科技进步奖和农业技术推广奖，其中获国家农业部农牧渔业丰收三等奖 1 项，云南省人民政府科学技术进步三等奖 3 项，玉溪市人民政府科学技术进步二等奖 1 项，三等奖 5 项，红塔区人民政府科学技术进步一等奖 8 项、二等奖 2 项、三等奖 1 项、云南省农业技术推广奖二等奖 1 项、三等奖 1 项、玉溪市农业技术推广奖二等奖 2 项、三等奖 2 项。公司的技术研发水平快速提升，部分技术成果已达到国内和省内领先，相关科技成果均实现转化及产业化，不仅为公司带来了显著的经济效益，还有力地推动了玉溪市乃至云南省畜牧业的发展。

三、建立适合区域饲料行业龙头的营销模式

公司注重市场营销队伍建设，多年来培养了一支会经营、懂技术的营销团队，注重做好区域性的产品开发和客户服务，实现产品多样化。公司产品包括畜禽配合饲料、鱼配合饲料、浓缩饲料、畜禽复合添加剂预混合饲料等，生产品种根据市场变化灵活调整，更好地为客户做好服务。20 年的生产和实践，“快大多”品牌已经获得了市场和社会的高度认同，并成为云南省的主要专业化饲料品牌之一，产品销售覆盖云南省各个地区，部分产品销往四川、贵州等省份，另有部分产品通过代理商出口至越南、缅甸、老挝等东南亚国家。

创新产品　滴灌营销渗入市场

——曲靖友美动物食品有限公司

曲靖友美动物食品有限公司是继云南友美在云南市场耕耘 6 年后的品牌沉淀，结合滇东市场对友美饲料的需求，于 2014 年 3 月成立的一家年产 18 万 t 饲料生产线的现代化饲料加工企业，属“友美”旗下 5 家全资子公司之一。

公司自创业以来，友美人凭借“成功者不放弃，放弃者不成功”的个性，始终坚守“浪尖上求生存，浪谷中求发展”的友美人意志，崇尚追求“敢想敢干，敢为人先”的精神，依托“为顾客创造价值，为自己创造机会，为企业创造效益”的服务理念。公司发展已初具规模，现有员工近 300 人，年产值过 2.5 亿元。在经营管理活动中公司一直秉承“为顾客创造优质产品和服务，为员工培训科学发展能力，为股东回报稳定经营业绩，为社会贡献和谐关系”的经营宗旨；以打造“创新、竞争、学习、合作”团队为追求；以“和谐建朋友、科学造美好”为经营核心价值观；以“认真、快、我负责、没借口”的友美人工作作风贯穿于日常的经营管理活动，使友美事业步入了欣欣向荣、蓬勃发展的健康快车道。

公司始终本着“携手畜牧朋友，共创行业美好”的经营使命，自创业以来先后在云南农业大学、云南商务信息工程学校、曲靖农业学校等多所高等院校设立了“友美奖助学金”，并被团中央选定为“青年创业基地”；同时被列为多所大中专院校“毕业生实习就业基地”；荣获“饲料质量安全规范示范企业”“市级农业产业化重点龙头企业”“云南省饲料工业协会副会长单位”等称号，受到云南省市县各级领导和专家多次来公司现场指导。为顺利实现百年友美梦，公司着力“科学管理及人本管理”经营之道，同时着力“文化管理”经营之理；另外也在延伸产业链和扩张市场区域，并相继分批分期投资建厂。

公司面对饲料行业系统趋势化时代，养殖户走向专业化，经销商走向职业化，营销人走向精英化，产品走向技术化，营销走向高端化，管理走向成本化，布局走向密度化，经营走向规模化。“洗牌、整合、优化”已成为未来饲料行业的发展趋势，精深专业的畜牧人快速聚焦发展，用户对服务和品质的要求加速优化，以产品性价比和功能为核心的用户利益最大化成为市场竞争的主体，关注用户利益成为价值链上最为核心的要素。面对新一轮的市场转型和高质、高效益的产品竞争，以及专业、专职的服务和技术的竞争。公司从团队建设、产品创新、营销模式、服务功能等领域狠抓未来市场主流群体。

一、“学校型、军队型、家庭型”团队打造

没有完美的个人，只有完美的团队。团队不是人多，而是心齐，且统一的奋斗目标或价值观，并且需要信赖，需要适度的引导和协调，需要正确而统一的企业文化理念的传递和灌输。公司首先通过“友美文

化”把每个员工的心调到同一个“频道”。加强友美人“五德五才”的修炼。“五德”素质修炼，主要有智（畜牧、营销、管理、文化知识），信（信赖胸怀、言而有信），仁（爱心关切、成就他人、公司目标及团队利益为重），勇（勇于决断、勇于负责、勇于认错和勇于任事），严（严守纪律、严求结果和追根究底）；“五才”能力修炼指的是勤奋，大气，思维，历练，整合。在公司实际工作中强化推动“空谈误人，实干兴业”的友美执行观和“认真做好每件事，真实度过每一天”的习惯。公司树立整个团队的大局意识、协作精神和服务精神。彰显企业的成就就是每个员工共同努力的结果。公司全力打造一支想打仗、会打仗、有秩序打仗的友美团队，为友美的发展提供有力支撑。

二、产品创新、套餐推广

面对养殖格局的急剧变化，专业化、规模化群体不断壮大，散户逐渐退出的市场格局，友美人与时俱进，快速转型。研发对友美犹如造血，是友美活力的重要来源，在抓散户的同时，重点是关注专业化、规模化猪场。公司对友美产品进行了品牌定位。公司不仅是卖优质产品更卖价值方案，友美人是母猪、保育猪的营养师和技术专家。从“母婴”套餐推广、“母婴”产品组合彻底解决“多生、少死、快长”的母猪、仔猪养殖难题。公司以人为本，科学管理，推动“因需求而变，因技术而变”的产品创新；推动“顾客价值提升”方面的服务创新。公司要让每一位友美产品的用户在产品质量、养殖效益上无后顾之忧。

三、滴灌营销做深做透市场

营销是企业的龙头，好的营销模式就是用户对产品和服务的依赖和忠诚，同时能最大限度地满足用户和客户的需求。

公司的营销定位是依据市场的本质，满足用户和客户的真实需求和潜在需求—“效益、安全、服务”，并保证合作伙伴能有合理的利润空间，且保有持续的盈利能力。保证用户养殖成本和养殖风险最低，养殖效益最大化。公司推行的价值营销，是把饲料真正当成“生产资料”来定位营销模式，改变传统的把饲料当成快速消费品的销市场格局，真正实现产品价值回归，让用户利益最大化。公司的营销策略是“滴灌营销”，根据确定的市场，设定相应的运作方案，形成独特的终端营销模式，把有限的资源集中投入到特定的市场，海陆空全方位轰炸冲击市场，形成组合拳出击，并且保证拳拳有力，制造市场势能，让公司的合作伙伴名利双丰收，加强了厂家、经销商、养殖户的紧密合作伙伴关系。

四、质量和服务是友美发展超越的永恒主题

未来，公司将“服务代替营销”“淡化销售，强化服务”作为发展趋势。“开发市场靠营销，维护市场靠品质与服务”，主要从三方面提高客户满意度，即客户的期望值，产品和服务的质量，服务人员的态度与方式。优质的服务是客户满意的保证，也是客户忠诚的重要依托，更是核心竞争力的所在。生产质量上乘的产品让消费者买得放心，用心的售后服务让用户用得放心，售后服务是产品质量的重要组成部分，不断完善售后服务的态度、技能、知识。质量是友美成败的生死线，是友美品牌竞争之本。友美的质量管理贯穿于财务管理、生产管理、营销管理、成本管理之中，无时不有，无处不在。在友美发展的历程中对竞争的诠释是：友美竞争的主体是自己，友美竞争的核心是价值，不断学习，不断提升，不断改变，做深做透市场，做精做专客户，做强做大自己，才是友美《基业常青》之路！

友美人拥有“成为美好人生的创造者”的友美远景，友美团队坚持修炼“谦、真、勤、学、勇、和”的友美六德，友美团队将竭尽全力构建与养殖户、经销商、供应商、同行、政府、科研院校、社会间和谐合作价值观，将不遗余力去创建与广大朋友的和谐精神家园。

以客户为中心
守护产品品质

——兰州正大有限公司

兰州正大有限公司是泰国正大集团与甘肃省农牧厅合作兴办的大型现代化农牧食品企业。公司成立于1991年7月15日，1993年8月28日正式投产，经过近23年的艰苦奋斗和持续发展，已建成年产66万t的优质畜禽水产饲料的饲料厂4座，分别位于皋兰、泾川、银川、张掖。2014年10月，兰州正大反刍饲料生产线建成投产。2011年1月，应集团从饲料事业向农场养殖业转型的战略要求，成立兰州正大食品有限公司，经营范围涉及畜禽水产品的养殖与加工销售、养殖技术服务、畜禽及蛋品的销售等方面。公司现已建成年存栏近1万头优质种猪的种猪繁育场4座，分别位于皋兰、张掖、嘉峪关、景泰，其中景泰项目、嘉峪关项目是国内建设工艺、标准、生产技术、管理理念最为先进、规模最大的种猪繁育基地。这4座种猪繁育场未来每年可为甘肃省提供近100万头生猪，在兰州新区和平凉建成年生产150万羽优质

产蛋育成鸡的标准化青年鸡场2座，建成存栏12万羽蛋鸡的标准化蛋鸡示范场1座；在兰州市建立连锁经营点1 084家，年销售优质猪肉1 100多t，建立正大品牌肉蛋食品超市经营店19家，直销点704个，年销售正大蛋品近7 600t；铸就了值得消费者信赖的“正大肉品”和“正大蛋品”城市品牌，初步完成了生猪产业、蛋鸡业在甘肃的战略布局。与此同时，兰州正大大力培植市场，在甘、宁、青省区建立农村养殖技术服务和饲料专销网络2 000余个，发展骨干客户3.1万个，饲料市场占有率在40%以上。先后被评为兰州市、甘肃省和国家级“农业产业化重点龙头企业”“全国饲料行业百强企业”“甘肃省外商投资先进企业”“甘肃省质量管理先进单位”“甘肃省诚信纳税A级单位”，中国工商银行、招商银行、中国农业发展银行等银行“AAA级信用等级企业”甘肃省消协“甘肃省诚信企业”中国工业企业合作协、中国工合企业信用评价机构“中国最佳诚信企业”等荣誉称号，2003年公司通过了ISO9001国际质量管理体系认证，2010年通过HACCP食品安全管理体系认证，2011年通过ISO14001环境管理体系认证和GB/T28001职业、健康、安全管理体系认证，2005年获国家质量技术监督局颁发的“饲料质量免检”称号，2007年正大饲料荣获“中国名牌产品”称号。兰州正大品质管理工作本着“品质至上，精益求精，以客户为中心，持续改善”的宗旨，像爱护自己生命一样守护着产品的品质。按照正大集团的要求建立完善了品质保证体系，严格按照集团标准和国家标准进行原料和产品的品质控制，高品质的产品赢得了甘肃、宁夏、青海地区广大客户的信赖。

2014年，公司销售各种饲料25万t，销售优良种猪、良种商品仔猪近3万头，销售优质青年蛋鸡128万只，向社会提供安全优质猪肉2 100t，鲜鸡蛋7 600t，全年实现主营产品销售收入达到15亿元，同比增长28%，税后利润、上缴税额均比2013年有较大幅度增长。

现在食品安全问题不仅仅是产品质量和行业经济问题，已经是社会问题和政治问题，是影响到改革开放以来中国社会经济发展的形象问题。当前肉食品安全问题还大量存在，肉食品产业市场诚信危机不断。诚信不足，道德缺失才是今天看到的所有现象的根本根源。要彻底解决这个问题，单纯的靠国家相关机构的监管是不可能实现的，还要靠企业家的社会责任感，是要靠行业的自律和职业人的自我约束，畜牧业发展正处在转型、升级的关键时期，新的养殖模式需要全新的服务模式及经营能力与之相匹配，畜产品的安全决定着企业的命运与人类的健康，安全的动物食品首先是养出来的，不是加工出来的，要生产出符合双绿色标准的动物食品，不仅要靠先进的养殖设备和优良的管理体系，还要靠职业人士良好的职业素质，为此，公司提出了“用道德与科技打造正大精英团队”，同时也要“用道德与科技创建现代农业新的商业文明”，是正大农业商业模式的灵魂。经营事业必先要经营人才，公司在发展过程中，不断吸纳社会优秀人才，通过各种形式培训，打造了一支品德优秀，同时具有较强工作能力、学习能力、创新能力的团队。

公司将在国家产业政策的指导下，紧紧围绕三农问题，以甘肃为重点，立足兰州，辐射邻近省区，充分发挥国家级农业产业化重点龙头企业在产品、技术和服务上的优势，扩大综合服务能力，大力推动农村标准化养殖模式和园区建设，积极参与社会主义新农村建设，为甘肃农牧产业的转型升级、为当地的社会主义新农村建设、为促进农民增收作出更大的贡献。

加速进入“互联网+”的快车道

——宁夏大北农科技实业有限公司

宁夏大北农科技实业有限公司是中国饲料工业协会理事级会员单位，是大北农集团在西北地区规模最大、实力雄厚、管理规范、设备先进、技术一流的现代化农业高科技企业。占地11.3余hm^2，拥有宁夏大北农科技园和清真牛羊肉奶专用饲料科研生产基地的生产厂区，具有国际一流水平的中外合资瑞士常州布勒生产线工艺设备。公司秉承“健康养殖、养殖健康”的企业发展理念，年产60万t清真牛羊肉奶专用饲料生产线、年产12万t高档水产料生产线、年产15万t高档猪料生产线实行专业化生产运营，全力助推西北地区畜牧养殖业向科学化、规模化、产业化、高效化方向发展。

公司历来注重人才的培养，现有干部员工400人，其中大中专学历以上的专业人员占全体干部员工61%，兽医学博士3名、营养学硕士3名、管理学硕士1名，中级及以上职称技术人员30余名。公司严格按照ISO9001国际质量管理体系和ISO14001环境管理体系，坚持自主创新为主，以制度创新带动技术创新，以高技术、高附加值产品开发为重点，提高行业主导产品的开发水平，并逐步形成了独具特色的高科技产品—系列的猪饲料、水产饲料、牛羊饲料、鸡饲料，包括全价饲料、浓缩饲料、添加剂预混合饲料三大类80余种优质品种。

截至2014年底，公司资产总额达到2.6亿元，固定资产 1.8 亿元，实现销售收入 5.3 亿元，利润总额 3 099 万元，净利润 2 634 万元，缴纳各种税费 638 万元。公司在经营管理过程中严格遵守国家及自治区相关法律法规及政策，未发生欠税、欠薪等不良记录，公司还贷能力良好，银行信用等级为 A+级。

公司生产的“大北农”牌猪饲料和“泽光”品牌的牛羊、水产和禽饲料产品畅销宁夏、甘肃、陕西、内蒙古、青海等省区，具有较高的市场认可度和美誉度。公司先后获得国家级农业产业化重点龙头企业、国家高新技术企业、中国驰名商标企业、全国农产品加工业示范企业、中国商业名牌企业、全国饲料科技进步先进集体、全国民贸民品定点生产企业、自治区百强企业、自治区 30 家重点非公有制骨干企业、自治区“专精特新”示范企业、自治区企业技术中心、宁夏（银川）饲料技术创新中心、宁夏名牌产品、宁夏著名商标、自治区守合同重信用企业、银川市首批小巨人企业等荣誉。公司先后承担过国家、自治区、银川市科技项目 20 多项，与中国农业大学、宁夏大学农学院、宁夏农林科学院畜牧兽医研究所、宁夏回族自治区水产研究所、甘肃农业大学等建立了长期的产、学、研合作关系。

一、养殖服务中心建设推动养殖业转型升级

公司作为宁夏回族自治区饲料行业唯一的国家级农业产业化龙头企业，本着“健康养殖、养殖健康”的责任感，立足于现代畜牧业发展的深度思考，结合西北地区畜牧业发展的现状，提出“充分发挥国家农业产业化龙头企业的核心作用，构建从源头到餐桌的食品安全新模式”。2013 年，宁夏大北农全面贯彻响应大北农集团事业财富共同体新商业模式的发展战略，在邢泽光董事长、田鹏总经理等高层领导决策部署下，在广大优秀事业伙伴的鼎力支持配合下，在全体干部员工的积极努力下，以“养殖服务中心建设”为主要内容的事业财富共同体建设在西北地区快速推进，以公司化运作、产业化运营、专业化服务、信息化管理的全新经营管理手段，以科学服务畜牧养殖业的全新理念，公司逐步迈上更高更广阔的发展征程。

二、整合产业链，助推西北养殖业健康大发展

公司以事业财富共同体为发展载体，对全产业链进行不断整合。一是公司把饲料经销商整合成为能提供饲料、技术、信息、资金等 8 项功能的养殖服务中心；二是公司把宁夏及周边养殖集中区的养殖专业合作社、专业家庭农场，整合为宁夏大北农的养殖标杆联营场、养殖标杆示范场、养殖标杆示范户；三是公司整合宁夏及周边著名的商场或农超，建立运营中心及专营店，随着具有“大北农模式”的事业财富共同体的范围不断扩大、内容不断丰富，效果不断突出，联合打造泽光品牌，构建从源头到餐桌的食品安全新模式。宁夏大北农积极统一协调，实现有效运营，最终实现“养殖管理统一、中间投入品统一、养殖标准统一、经营渠道统一”的模式，最终提升销售终端的品牌价值，让好产品卖个好价钱。这样，从产业链上来看，无论是养殖户、运销中心、专营店、饲料企业等环节均大受其益；从产业发展上讲，这种由龙头企业牵头，实现养殖管理、中间投入品、养殖标准、经营渠道“四统一”的全新模式，实现了养殖户“只管养、不愁卖”的较好效果。从品牌影响力来看，西北独特农产品品牌价值因此得到大大提升，区域优势更加突出。

三、科技创新硕果累累

2014 年宁夏大北农科技创新工作快速推进，并取得丰硕成果，在科技合作、科技荣誉和科技成果方面成绩突出，取得授权专利技术 31 项；取得自治区及市级科技成果 18 项；在国家核心期刊发表专业论文 8 篇；承担国家、自治区和银川市科技项目 30 余项。

四、智慧大北农让养殖业进入“互联网+”的快车道

2014 年公司响应集团号召和部署，深化和扩大服务范畴，开始逐步快速推进服务中心信息网络化建设。公司组织精干力量成立了智慧大北农服务部，传播先进的互联网管理思维、大力推广集团信息化产品，一对一辅导事业伙伴操作和使用智慧大北农四网四通等智能化的管理软件，赢得了事业伙伴的赞许和好评。公司以实际行动引导帮助事业伙伴将先进的互联网思维和智能化管理手段引进服务中心的日常运营管理，全力帮扶事业伙伴抓住机遇紧跟时代发展，快速运用现代企业管理思想和手段提升服务中心经营管理水平。

五、提供担保贷款，让农户资金无忧

公司与 85 家农户签订担保贷款合同，向农户担保贷款 2 802 万元。通过担保贷款形式，解决了养殖户在市场上最为迫切的发展资金问题，确保了农户的经济利益；通过整合终端销售渠道，减少了流通环节，降低了流通费用，增强市场议价能力，保证农户持续、稳定的养殖收益。

公司通过提供饲料产品技术和养殖技术，为养殖场户提供的科学养殖方面的支持；通过提供行业信

息、动保产品和种畜种苗等，为养殖场户提供全产业链方面的支持。公司始终“科教兴农、争创一流、共同发展”，立足三农、服务三农、奉献三农，倡导科学养殖观念，带领广大农民走致富之路。

未来，公司将进一步打造“泽光”品牌，提升产品竞争力，建立统一的饲料供应体系，确保饲料安全；整合统一良种繁育体系，确保品种优良；建立统一防疫体系，确保防疫安全；建立统一饲养标准体系，实现标准化生产；建立统一饲养管理体系，实现规范化管理；建立统一的屠宰生产标准，实现标准化屠宰管理；建立统一产品运销体系，确保产品的可追溯。

服务生态养殖
造福人类健康

——宁夏正旺农牧科技有限公司

宁夏正旺农牧科技有限公司成立于1998年，是集饲料产品的生产、研发、生物技术开发的科技型农牧企业，主导产品有畜、禽、水产复合添加剂预混合饲料、浓缩饲料、高档配合饲料、高活性饲用复合酶及生物蛋白饲料等五大系列100余个品种，注册有“正旺”“隆丰”等18个商标，产品畅销宁夏、陕西、甘肃、内蒙古、青海五省区。

经过16年的不断发展，现已拥有3个生产厂区，占地面积8hm^2，建筑面积2万m^2，初步形成了集生产、销售、研制和开发为一体的集团化经营格局和管理模式，拥有添加剂预混合饲料生产线2条、畜禽饲料生产线1条、反刍饲料生产线1条。公司具备年产各类饲料20万t的生产能力，是自治区认定的农业产业化重点龙头企业，自治区饲料行业重点骨干企业；也是宁夏中小企业协会常务理事单位。

一、不断发展壮大，爱心回馈社会，争做行业典范

发展是硬道理，公司16年的历史就是不断发展的过程，从创建之初租赁几间门面房销售饲料、养殖家禽，到现在拥有占地8hm^{2}的现代化饲料生产企业，公司经营规模实现了质的飞跃，生产能力达到年产20万t，特别是2010年在中卫工业园区建设的无抗饲料项目，极大地改善了企业的生产条件，提高了企业的整体形象和竞争力，年生产能力也从2万t提高到了20万t，资产规模由几百万元提高到了现在的7 000万元，公司配置了国内先进的饲料生产设备和检测检验设备，吸纳了100余名包括大中专学生在内的城乡劳动力就业，累计上缴税金485万元，先后为中卫市迎水桥镇夹道小学捐助电脑30台，为郭滩小学捐助办公桌椅40余套，为汶川、玉树、舟曲和黄河善谷、残疾人等慈善事业捐款达50万元，每年还为考入大学的员工子女发放助学金。公司被宁夏回族自治区人民政府授予“自治区农业产业化重点龙头企业”称号；被宁夏回族自治区农牧厅等15家单位联合授予“宁夏乡镇企业及农产品加工业自治区级诚信企业”；被宁夏回族自治区农牧厅授予“饲料生产先进企业”称号。

二、组建研发机构，走创新之路，推动企业进步

公司始终秉承“服务生态养殖、造福人类健康”的企业宗旨，汇集了一批动物营养、畜牧兽医、生物技术等方面的专业技术人才，并外聘行业内知名的专家和教授，组建了专业的科研机构—宁夏正旺特色农业发展研究院，打造成一支技术雄厚的研发队伍，长期与中国农业大学、宁夏大学等国内著名科研院校合作和交流，以技术合作、技术创新提升企业核心竞争力，先后承担实施了“动物保健添加剂预混合饲料、浓缩饲料、颗粒饲料”国家星火计划项目、“高活性饲用复合酶生产技术”和“高活性生物蛋白”国家创新基金项目、“高活性饲用复合酶产业化生产”国家火炬计划项目、“无抗饲料技术改造”国家中小企业技术改造项目等国家级项目5项，承担自治区、中卫市各类科技攻关计划项目6项，申请获得国家专利10项，公司起草实施的《猪、鸡浓缩饲料》（Q/WZW002—2007）和《牛、羊精料补充料》（Q/NZW009—2010）两项产品标准荣获“宁夏标准创新贡献奖”三等奖。公司还先后被中国民营科技促进会授予“民营科技发展贡献奖”，被自治区科技厅授予“科技创新先进单位”荣誉称号。

三、规范管理体系，狠抓质量管理，创名牌产品

公司推行全面质量管理，建立实施并通过了ISO9001国际质量管理体系、ISO22000国际食品安全管理体系和ISO14001环境管理体系认证。建立了标准化体系，顺利通过国家标准化“AAA”级确认。公司严格按照《饲料质量安全管理规范》等有关法规的要求，建立了饲料质量安全管理规范体系，并将各体系融会贯通，形成了公司独有的、完善的、标准化、规范化管理体系。建立健全了各类技术标准、管理标准、工作标准，完善了从原料采购、生产过程、产品销售及售后服务等一系列操作规程和管理制度，并建立了严谨的监督检查和考核制度，确保各项工作严格按照规定执行。公司将质量管理理念渗透人心，贯穿于整个生产过程中，加强对每道工序的控制，确

保不合格产品在市场“零”投放。对产品质量的严格控制和不懈追求，使得“正旺”“隆丰”牌系列饲料得到了行业和社会的一致广泛认可，被中国饲料工业协会评为“中国饲料行业信得过产品”，被宁夏名牌战略推进委员会评为“宁夏名牌产品”，多次被区、市消费者协会评为“消费者信得过产品”，“隆丰”牌注册商标被评为“宁夏著名商标”。

四、注重教育培训，提升团队竞争力

公司在发展中十分注重团队建设，与国内知名农牧科研院校和北京东方管理咨询中心、北京海蓝蓝管理咨询中心、华煊文化传播公司等机构合作，引进先进的管理理念和科学的管理模式，把学习工作化，把工作学习化，努力创建学习型企业，建一流团队。一是加强中高层管理人员的组织领导水平的培训，增强思维能力和综合协调处理问题的能力，提升管理绩效和部门工作绩效；二是加强生产一线员工的操作技能、专业知识、安全知识及执行力的培训，提高了员工的业务技能和操作水平，强化执行力打造；三是加强对营销一线员工的实战培训，使营销团队由单纯销售型向技术服务型转变，倡导客户至上的服务理念，把销售的重点放在服务上，立足点放在养殖户上，倾力打造企业与经销商、养殖户三位一体的利益共赢平台，形成了覆盖产品销售领域的售后服务网络。公司通过不断地培训形成了具有公司特色的核心班底和一流的专业化团队。

五、提高政治素质，抓党政建设

公司在2007年正式成立党支部，党员队伍不断壮大，现已有党员15名，党支部积极组织广大党员和员工认真学习、深刻领会党的十八大精神和科学发展观，提高党员的政治理论水平和党性修养，充分发挥党员的先锋模范作用，增强奉献精神，强化大局意识和发展意识。按照非公企业党建的要求，进一步发挥党组织在职工群众中的政治核心作用和企业发展中的政治引领作用，加强党支部建设，积极开展党建工作，先后多次荣获市级“五个好企业党支部”、“先进党支部”等光荣称号，2013年6月又被宁夏回族自治区党委组织部和非公企业党工委命名为“双强六好党组织”，受到表彰奖励；在全体员工中开展比学习、比工作、比奉献，树典型、树正气、树形象的“三比”“三树”活动和“创先争优”活动，发挥党支部的战斗堡垒作用，增强党支部的战斗力。

六、优化组织结构，完善信息管理，提高企业核心竞争力

2014年下半年，公司以“完善体系夯实基础打造行业标杆企业、转型升级创新驱动构建创富联盟平台”为两大战略目标，进一步优化组织机构，构建企业体系。引入微信营销模式，充分利用互联网进行服务平台建设，提高信息沟通的时效性和及时性。

公司启动了ERP数据管理系统，将原料入库、生产领料、产品入库、出库，销售、财务、货款等纳入管理系统，从供应链范围去优化企业的资源，合理调配资源，最大化地创造社会财富，有效地改善和规范公司业务流程，为公司决策层提供决策运行手段，从根本上增强企业的活力和核心竞争力。

30年栉风沐雨，革故鼎新，正旺人坚持情系农牧，服务养殖，凭借勤勤恳恳做人、踏踏实实做事的正旺精神，使正旺公司从复合添加剂预混合饲料起家，发展成为了省级饲料行业农业产业化重点龙头企业。正旺人为践行“服务生态养殖，造福人类健康”的使命，致力于构建一流的专业化科技型农牧企业，步入了新的征程。

公司将牢牢把握国家产业结构调整升级的历史机遇，利用3～5年的时间，借助已形成的品牌、人才和技术优势，与广大养殖场、经销商一起，进行多种形式的合作。以优质的产品、心连心的服务，不断创新，加快发展，努力把产品做优，把企业做强，带动经销商、养殖户和核心经营团队共同富裕，实现多赢，一起分享发展的成果。未来5～10年，公司将通过产业链和资本纽带，建成集饲料生产、原料加工、生物技术、原料贸易、畜牧养殖、融资服务于一体的综合性农牧产业集团。

全程监控　推动清真畜禽标准化养殖

——宁夏杨哈吉清真农牧产业发展有限公司

宁夏杨哈吉清真农牧产业发展有限公司成立于2006年，公司位于宁夏回族自治区同心县羊绒工业园区，占地面积2.4万 m^2，项目总投资7 000万元。产区布局合理，环境优美，设备精良，是一家集研发、生产、销售为一体的大型清真牛羊肉奶专用饲料生产企业。公司严格按照清真食品生产规范，在原料采购、组织生产、质量管理、现场管理等方面完全符合清真产品的要求，从饲料源头上确保了清真牛羊肉奶的纯正特色，既尊重广大穆斯林群众的饮食习惯，又有利于做大做强宁夏清真食品产业链，推动饲料产业、奶牛、肉牛、肉羊养殖业、清真肉奶加工业等上下游产业的协调发展，形成独特的清真产业链，大大提升清真牛羊肉产业和奶制品在国内、国际市场上的

知名度和美誉度。

公司现有人员60人，其中回族48人，汉族12人。员工结构合理，外聘博士2名，教授1名，专职工作人员硕士研究生2名，本科生18名，大专生21名。公司自成立以来凭借“追求卓越、永不停息”的企业精神和“朝气蓬勃、求实创新”的企业文化，本着“谋求长远合作、携手共同发展”的经营理念，在日趋激烈的市场中打下了坚实的基础。公司引入ISO9001：2008及HACCP管理理念并按其标准建立了相应的质量安全体系。

公司设有三条生产线：一条微机自动控制40型成套流水生产线，设备生产能力为单机时产10吨清真肉食专用饲料；一条添加剂预混合饲料生产线，设备单机时产5t复合添加剂预混合饲料，公司所用添加剂预混合饲料全部自主研发配制并使用；一条膨化生产线，膨化制品有膨化大豆与膨化玉米，除供给公司正常使用外，还做贸易销售。生产工艺均采用国内先进的生产流程，公司生产清真牛羊肉奶专用浓缩饲料和全价配合颗粒饲料系列产品，饲料配方采用国内先进的技术，由国内动物营养学专家组成的研发团队根据动物各生产阶段的生理特点，经电脑筛选后确定最优方案。公司一如既往坚持质量取胜的原则，并进一步依托科技、立足未来，争创省名牌产品。

在清真品质保证方面，公司聘请百余座清真寺教长和清真寺寺管人员组成的监督团队，实时对公司所采购原材料及生产工艺进行抽查和监督，确保所有出厂的产品绝对不含穆斯林禁忌成分。公司对所采购原料逐一审核，确保不含有穆斯林禁忌成分后才下单采购，所采购原料品质优良，生产所用原料包括国家一级食用大豆油、面粉等。通过清真牛羊标准化养殖模式的推广从源头上确保清真肉食从繁育到饲养、屠宰、加工各个环节达到真正意义上的清真。

针对非公经济人士反映的非公有制经济组织单家独户、分散经营的发展现状，同心县委统战部、工商联以及杨哈吉清真农牧产业发展有限公司董事长杨坚牵头成立同心清真产业商会和同心清真产业发展基金会。商会为会员提供养殖培训、融资担保等服务，并利用同心清真产业发展基金会撬动该县清真产业规模化、标准化发展。公司依托同心清真产业商会成立的同心清真产业发展基金会，由公司董事长杨坚捐赠原始母基金200万元成立，重点为创业户和企业提供融资担保，为清真畜禽养殖户和清真肉食品加工企业提供科学养殖、加工技能培训，对困难养殖户和企业进行无偿救助。产业商会与基金会的建立，对规范化清真肉食专用养殖起到了监督与扶持作用，作为清真肉食的源头，杨哈吉清真肉食专用饲料对改善清真肉食的品质起到举足轻重的作用。

公司委托长春市吉成科技有限公司根据公司的业务流程、管理特点、使用习惯、功能需求等，量身开发设计服务，所开发设计的ERP管理系统完全满足公司的信息化管理需要。Carpo饲料行业ERP系统以进销存管理系统为主线，以库存管理为中心，连接采购管理、生产管理、销售管理，将整体控制与环节管理融为一体。系统实现了采购单、销售制单、生产日报表、财务报表等全面导出、打印，并可自主选择文本形式，极大地减少了手动开单的出错率。同时也提高了开单速度，提高了相应的工作效率，提升了企业形象。系统高效满足企业对物流、信息流、资金流、办公自动化等系列信息化管理需求，真正协助企业洞察管理漏洞，推动企业良性发展及风险控制，规范企业流程及操作准则，建立术业有专攻的核心竞争优势，打造与时俱进的信息化管理平台。在公司的ERP系统中，仓库管理员根据生产计划单的数量，手动添加并且生成唯一身份识别的条形码，采取一包一码制，将生成的条形码打印并且粘贴到饲料标签上面，条形码直观标明生产日期、批次等信息。在生产结束时，生产成品入库直接按照条码数据入库，销售出库时同样使用条码数据实时出库。在ERP系统中，可以根据条码扫码数据或手动输入条码数据两种方式对公司生产的每一包产品进行追踪，条码的唯一性可以直观地显示对应产品销往何处、生产批次、生产日期、检验信息、生产配方等信息，从而实现每一包产品的可追溯性，确保了饲料产品质量安全。

公司于2014年9月被评为宁夏中小企业50强，并获得“金牛奖”；2014年10月被自治区经济和信息化委员会、自治区非公有制经济服务局认定为宁夏回族自治区“专精特新中小企业”；同时在中国（宁夏）国际清真食品穆斯林用品交易会中获得“畅销品牌奖”；2014年被中共同心县委，同心县人民政府授予“诚信好商家”；2014年在全县发展“一乡一业、一村一品”中，被命名为特色优势产业优秀企业；2014年被宁夏回族自治区企业协会授予“宁夏最具影响力行业品牌企业”。公司致力于“推动清真畜禽标准化养殖及清真食品深加工”，通过改善畜禽饲料的品质，达到阿拉伯国家对清真肉食的认证标准，以此扩大畜禽产品出口，有利于促进种植业三元结构的建立，促进养殖业向规模化、集约化和现代化方向转变，带动化工、医药、机械等相关二、三产业的发展。项目实施后，年可实现利税2 000余万元，同时拉动生产、销售、原材料种植、畜禽养殖、清真肉食加工等多个行业3万余人的就业。为打造中国清真饲料产业第一品牌作出贡献。

讲诚信　重质量　将饲料产业做大做强

——新疆阜丰生物科技有限公司

新疆阜丰生物科技有限公司坐落在新疆乌鲁木齐经济技术开发区（头屯河区）甘泉堡工业园。厂区占地面积 $120hm^2$，总投资 40 亿元，2012 年 4 月开工建设，2012 年 10 月部分项目开始投产运营，截至 2014 年底，项目建设顺利完成，实现全线运营，公司已成为国内生产规模、技术水平领先的氨基酸生产企业之一，年实现销售收入 65 亿元，利税 20 亿元。

公司紧紧围绕着生物发酵生产为主线，通过强化企业管理、实施可持续发展战略，形成了以氨基酸、黄原胶等高科技生物发酵制品为主，以淀粉、热电、肥料为辅助，谋主业突出、多业并举的多元化发展格局，正走向一条科学发展和循环经济的发展道路。主要产品及年产量为小品种氨基酸 7 000t、黄原胶 3.5 万 t、复混肥 1 万 t。主导产品氨基酸、黄原胶销往全国 20 余个省市，并出口世界 40 余个国家和地区。饲料产品主要有喷浆玉米皮、玉米蛋白粉、亮氨酸、异亮氨酸、缬氨酸、谷氨酰胺等系列氨基酸。年产饲料用喷浆玉米皮 5 000t、饲料用玉米蛋白粉 6 000t，饲料添加剂亮氨酸 400t、异亮氨酸 350t、缬氨酸1 000 t、谷氨酰胺 850t。

“今天的饲料就是明天的食品”，饲料作为动物性食品生产链中的源头环节，质量安全越来越得到人们的重视和关注。公司秉承“质量第一、责任第一、安全第一、服务第一”的原则，从细微着手，抓管理，促生产，保安全，重质量，不断提高企业规范化管理水平，有效地保障了生产安全和产品质量安全，带动了当地农牧增收致富，为新疆现代畜牧业的发展发挥了积极作用。

一、强化质量意识，严守法律法规

为了保证饲料产品质量，生产健康安全的产品，公司总经理代表公司与饲料主管责任部门签订了质量责任状，并又与公司主管生产的副总经理签订质量责任状，然后层层签订。通过这责任状的形式，使得保证产品质量责任到人，真抓实干。从原辅料采购到生产合格高质量产品，注重整个过程的质量控制。公司精心选择并严格考核供应商，对所购的原料由检测中心检验合格后准许入库使用，从源头控制质量。同时，公司加强生产过程管理，高标准严要求，以严格的规范操作保证产品的高质量。公司安排专人识别和查找国家新的法律法规以及国外出口国相关的法律法规。如有新法规新标准颁布，均在第一时间内进行学习研究并组织相关人员共同学习研讨。

二、施行成熟工艺，配置高端设备

公司采用行业内成熟的工艺路线，以玉米为主的生产原料。公司饲料添加剂氨基酸的生产使用发酵法生产，生产设备配置先进，后处理烘干粉碎包装工序所用设备皆为不锈钢设备，厂房设计参照 GMP 要求进行设计。为了进一步提高产品质量，保证食品安全，公司还花费巨额资金购置了陶瓷膜、超滤膜、不锈钢全自动双锥烘干机等先进设备投入使用。公司各个生产车间配备了完善的监视和测量设备，如在线温度监控仪、压力检测仪、流量计、风量计等，可以实时监控流水线的产品指标。同时，各生产车间都建设有质量跟踪化验室，随时检测过程物料的各项指标。车间化验室及时将检测的结果反馈到生产工序班组，各生产工序班组根据检测数据来及时调控生产控制，比如开大或减少蒸汽用量、提高或降低搅拌频率等。

三、重视人员培训，注重能力提高

公司拥有从事生产研发的专业技术人员 100 余名，并与国内多家科研院校合作，技术力量雄厚。公司所有管理及检验人员经过相关专业培训，考核合格后持证上岗。各部门会根据生产及管理的需要制定年度培训计划，并严格落实，由公司人力资源部监督实施情况且定期考核。对重点岗位的人员，比如对化验员和 CCP 点监控人员，公司每年进行一次 CCP 点培训和岗位资格确认，培训并考核合格者才能担任化验职责及 CCP 点的监控职责。对所有的与食品接触的员工，每年安排进行健康体检，以确定是否有传染性疾病或者其他食品生产加工禁忌的问题，体检合格后方可上岗。

四、专设检测中心，确保检测准确

为进一步加强产品质量的控制，公司设置检测技术中心，专门进行质量管控工作。整个检测中心占地 1 000 余 m^2，设有理化分析室、成品检验室、精密仪器室、称量室、标准溶液室、样品室等。中心配有近红外分析仪、电位滴定仪、旋光仪、分光光度计等基本检验设备，还配备气相色谱、液相色谱、氨基酸分析仪、原子吸收光谱仪等高精尖设备，保证了出厂产品合格率达到 100%，为生产的产品质量稳定性提供了可靠保障。公司通过周密的准备和努力，检测技术中心已经顺利通过了 CNAS 国家实验室认可。认可的领域包含饲料检测相关的微生物检测、重金属检测等项目。

五、样品留存标识，有效实现追溯

公司建立有《样品留存规定》，规定中要求对每批产品样品都要留样，以备复验，并详实做好产品留样、观察、处置记录。分析检测中心每季度对所留存的样品随机抽取进行复检，观察其质量有无变化。同时，公司制定《产品批次管理规定》，要求所生产的产品每袋都必须附有产品合格证，标明产品的批次号和生产日期。库房内对所有产品都进行挂牌标识，标明产品的检验状态，是待检还是已检。对检验完毕的产品，标明是否合格，并要求根据产品状态分区存放于待检区、合格品区和不合格品区。经检验合格的产品入库时，车间库管员做好《产品出/入库记录》，详细的记录每批产品的数量和入库时间；销售部人员根据客户需求通知车间库管员备货，备好货物发货时，车间库管员详细记录每批货物的销售方向和出库时间，销售员做好销售台帐，以便查阅。通过这些文件和记录，有效地保证了公司产品在销售到客户和市场上时，也能对产品进行有效的追溯。

六、加强危机管理，强化撤回演练

为有效应对产品一旦出现严重质量后所产生的不良影响和后果，公司从应急、防患于未然的角度考虑，结合国家相关法律法规的要求，建立了《产品撤回控制程序》。如果出现客户对公司产品质量提出异议，并且公司品控部门发现产品确实存在重大安全隐患，或者顾客、消费者有充足的证据证明本公司的产品存在质量缺陷，会对消费者的身体造成严重的损害或有产生损害的可能，以及不符合相关法律规定时，公司将立即对产品进行召回。为保证产品撤回控制程序的可操作性和可执行性，公司每年都会进行一次撤回演练，找出现存的缺陷和不足，从而不断完善和改进产品质量。

通过以上各项措施的不断实施，公司确保了生产的单一饲料产品和饲料添加剂产品切实符合国家质量标准及相关法律法规要求，切实有效杜绝了不合格产品的出厂。自产品下线生产以来，公司未收到一起客户投诉，公司产品的质量赢得了客户的认可，赢得了客户的尊重。

2014年，公司已获得饲料添加剂色氨酸、苏氨酸、亮氨酸、异亮氨酸、谷氨酰胺、缬氨酸生产许可证、喷浆玉米皮、玉米蛋白粉生产许可证，出口饲料生产、加工企业检验检疫注册登记证等证书，以上证书的获得，在符合法律法规生产许可要求的层面肯定了公司的正规化生产。

同时，公司已经通过ISO9001质量管理体系、ISO22000食品安全管理体系、HALAL清真认证、KOSHER犹太认证、FAMI-QS欧洲饲料和饲料添加剂质量管理体系认证、BRC食品安全全球标准等管理体系。通过对于国际先进管理体系的运行，提高公司的管理能力和管理水平，保证产品的质量达到标准要求。

公司在保证产品质量的同时，研发新工艺，开发新产品，在提高产品质量的同时不断提高产能，以不断满足新疆畜牧业发展的需求，为乌鲁木齐市、为新疆维吾尔自治区畜牧业的快速发展、贡献力量。

做好饲料　把好食品安全源头

——嘉吉饲料（新疆）有限公司

嘉吉饲料（新疆）有限公司隶属于美国嘉吉集团，嘉吉公司的动物营养部成立于1884年，百年来，嘉吉动物营养部以追求卓越的产品品质和推行科学的饲养程序，已经发展成为世界一流的动物营养公司，为全球畜牧养殖业的发展作出了许多突出的贡献。随着我国饲料市场的迅速发展，为了降低养殖的成本，促进新疆及周边地区的养殖业的发展。公司美国总部于2006年3月和2013年10月先后分别投资了300万美元和350万美元在新疆昌吉市建厂和扩建，并按照饲料法规要求将反刍料生产线和单胃料生产线分开，两条线生产能力合计达到11万t，2014年销售额达到1.5亿元。公司地址位于新疆昌吉市榆树沟工业开发区，具有方便的交通地理位置，主要为客户提供奶牛、肉牛、羊、禽等畜禽饲料，嘉吉新疆公司利用一流的技术和服务，为新疆及西北地区的养殖户提供完善的养殖技术服务。公司收购天博饲料厂，并对其进行了改造，使得嘉吉饲料从最初的几十吨发展到现在的5 000余t，从一个市场发展到新疆各个市区。

公司从管理上提升，队伍上稳定，循序渐进，业绩在上升，利润在下降；队伍在扩张，成本在规范，强调“食品安全”是立国之本，也是企业的立业之本。在当今社会中，食品安全问题牵系着每个人，公司为了保证生产和销售产品的安全性，并将这一承诺贯穿业务运营的每一个环节，推动企业不断地创新、进步，并与公司合作伙伴合作，改善食品安全。公司员工必须遵守七项指导原则，即遵守法律、诚信经营；准确、诚实的记录；履行商业承诺；以尊严和尊重待人；保护嘉吉信息、资产和利益；致力于成为负责任的全球公民。

成为负责任的供应商是正直、负责任地开展业务，尊重他人和保护环境承诺中的重要组成部分，通过与客户、政府、非政府机构和社区紧密合作，在整个供应链范围内促进经济可持续发展以及开展负责任的商业行为。怀揣着促进中国农业的可持续发展和食品安全供应的信念，公司自 2006 年开始应用食品行业的标准 HACCP 验证体系，坚持“今天的饲料就是明天的食品”的理念。公司在注重食品安全的同时，也一样重视公司员工、客户、服务人员的安全，公司的安全理念是“让每一位员工每天都能回到亲爱的人身边”。为此，公司为每一位人员配备了安全防护用品，进行安全培训，提供安全的生产环境。使员工能够安心工作。

一、专业过硬，设备先进

嘉吉饲料（新疆）公司拥有一流得人才队伍，包括众多的博士、硕士等高级专业人才，公司人员每年被指派到嘉吉动物营养中国培训中心或其他兄弟工厂进行学习各种全方位技能。同时，公司每年根据需要，选送优秀的员工去美国、韩国、菲律宾等国家进行培训学习。公司采用韩国韩太公司和美国 Repeat 公司提供的生产加工工艺，主要选用国内、外先进饲料生产设备，进行先进的工艺设计，并采用 Repeat 操作控制系统，实现了全部工艺设备自动化控制以及整个生产过程的全自动平衡调节，保证达到现代化程度高，工艺设备先进，劳动生产率高，工人工作环境优良，产品质量稳定。

二、产品安全，质量可靠

公司先后取得新疆维吾尔自治区畜牧厅批准的《饲料生产许可证》，国家质量检疫检验总局认证的出口企业《卫生注册证书》。为了确保对各个生产过程做到有效的控制、彻底消除生产中的卫生质量隐患，公司先后通过了 HACCP 食品安全体系认证、ISO9001：2008 质量管理体系，提升了公司的质量管理水平。

品质作为企业的命脉，产品的品质不好，就会失去市场，没有市场，企业就失去生命。所以，从公司领导层到每一位员工具有很强的质量意识。为保证产品质量，公司从国外引进了 NIR 近红外检测仪、毒素检测仪、纯水仪等先进的检测设备，并对所有设备定期在质量检验所进行仪器检定及校准，确保检测数据的准确性。检验人员均具备大中专以上学历、检验员资格证书，能对原料、生产工艺、成品、销售和售后服务系列等流程进行及时有效的检测、控制。所有的检验记录和质量记录进行严格的审核，并定期进行存档，以便溯源。生产至今，在国家、省、市等各级质量监督部门的历次监督检测中，公司生产的产品出厂检验合格率达 100%。品质改善是一个持续的、不断完善的过程，嘉吉饲料（新疆）有限公司的全体员工始终遵循持续改进，不断发展。

三、客户第一，服务周到

嘉吉饲料（新疆）公司完善的售后服务体系，利用普瑞纳饲料农场管理的全球经验和资源，根据养殖场实际情况提供嘉吉定制化产品及高端综合解决方案，包括养殖场的设计与建设，养殖场经营与管理，财务风险管理等，嘉吉饲料（新疆）公司致力于成为新疆畜牧行业综合解决方案的领头羊。

四、珍惜当下，放眼明天

作为一家经验丰富的农业、食品和风险管理产品及服务的供应商，嘉吉能够运用其全球业务经验，为中国新疆正在实施的农民增收和农村发展战略作出贡献。嘉吉通过提高农产品生产、加工、分销和贸易环节的效率和附加值，促进中国农民增收，农业可持续发展和食品安全供应。嘉吉新疆公司的可持续发展将继续维护名牌，巩固名牌和提高名牌的指导思想。秉承“确保安全、持续发展、客户满意；提供优质、稳定的饲料，成为新疆畜牧业首选合作伙伴”的质量方针，继续坚持嘉吉的战略意图“在农业、食品和风险管理领域，嘉吉将成为业界首选的合作伙伴，以拥有最优秀的人才和提供最有创意的解决方案而闻名于世”的发展策略，充分利用资金、人才、技术及集团网络的优势，用心经营，向着既定的战略目标努力奋进！

潜心专营　领跑行业

——青岛宝博集团

青岛宝博集团源于代理销售动物营养添加剂的贸易公司，2014 年集团总资本额超过 2 亿元，业务范围涵盖动物营养品贸易，饲料及饲料添加剂生产、销售，机器人自动化集成设备设计、制造及饲料行业专用设备生产、制造。2014 年集团实现销售收入超过 20 亿元，经过近 10 年的发展，青岛宝博集团已发展成为集国际贸易、生物科技、机械制造、质量检测四大板块的集团型企业。

一、青岛宝博国际贸易有限公司

宝博国际贸易是宝博集团的创始企业，成立于 2006 年，在董事长高明作的经营下，现已成为动物营养品添加剂行业的佼佼者。主营产品为蛋氨酸、苏氨酸、赖氨酸，其中蛋氨酸销量占据国内市场 1/3 以上份额。宝博国际贸易与国内诸多饲料企业建立了长期、紧密的合作关系，产品畅销六和、温氏、双胞胎、海大、加大、环山、大北农、中基、天普阳光、漓源等国内知名上市公司和集团企业。

二、青岛宝佳自动化设备有限公司

青岛宝佳自动化设备有限公司成立于2009年3月，是宝博集团的核心成员企业，位于青岛国家级高新技术产业开发区，注册资金4 000万元，现有员工180人，2014年实现销售收入超过1.5亿元。公司拥有国家授权的发明专利2项，实用新型专利11项；受理发明专利10项，实用新型专利5项。主营产品为拥有完全自主知识产权的固体、液体蛋氨酸（饲料添加剂）添加设备和机器人自动化生产集成设备。宝佳公司始终秉承以市场需求为导向、以技术创新为驱动、以提升效率为核心的发展思路，提升综合服务能力，赢得了客户，也赢得了国际著名机器人生产企业的支持。

1. 潜心专营，领跑行业 公司与日本不二越建立紧密的战略合作关系，拥有不二越机器人饲料行业独家销售权。宝佳借助集团在饲料行业的平台优势已成为国内一流的饲料行业生产设备整体解决方案提供商及智能成套设备生产商，与山东新希望六和集团、中慧集团、广东海大集团、温氏集团、双胞胎集团、桂林漓源等上市公司和知名的饲料生产企业建立良好的合作关系，凭借优质的产品质量、完善的售后服务，已快速成长为中国码垛机器人集成系统设备的领军企业，在饲料行业码垛机器人应用占有超过60%的市场份额。

2. 面向市场，多领域扩展 2013年投资1.26亿元建设机器人生产基地，引进不二越智能码垛机器人组装线，2014年10月建成投产，形成年组装300台套码垛机器人的能力。公司本着创新和发展的经营理念、不断开拓机器人应用的新领域和行业，2014年成功地进入化工、粮油、啤酒等行业，为烟台万华、爱菊集团、青岛双桃、红星化工、丛林水泥、鲁信面粉、崂特啤酒等知名集团和企业设计安装智能码垛机器人集成系统生产线。

3. 引进智力，提升竞争力 公司在政府引导鼓励智能制造发展的战略指导和产业政策支持下，2014年，获得青岛市科技局自主创新重大专项支持，联合清华大学、北京邮电大学机器人领域的专家团队，进行机器人控制系统的自主开发，培养技术团队。

三、青岛宝恒机械技术有限公司

青岛宝恒机械技术有限公司位于青岛国家级高新技术产业开发区新悦路77号，注册资金1 000万元，隶属于宝博集团。青岛宝恒机械技术有限公司技术力量雄厚，90%以上员工拥有本科及以上学历，拥有高级工程师多名。公司秉承“敬业、诚信、创新、共赢”的经营理念，坚持走“技术引导发展”的管理思路，建立健全管理体系并不断改进和提高。

公司主要经营范围为工业自动化控制系统及零配件的制造、销售，货物进出口、技术进出口等。公司主要制造销售HPY-450（400）液体添加成套设备、自动糖蜜添加设备、微量秤、制粒机自动控制等。青岛宝恒机械技术有限公司作为宝博集团旗下企业，借助集团在饲料行业的平台优势已成为国内一流的饲料行业专用设备生产商，与新希望、六和、海大、温氏、扬翔、九鼎、万事兴农牧、海鼎、天普阳光、和美等知名的饲料生产企业建立了良好的合作关系。

四、青岛宝博生物科技有限公司

青岛宝博生物科技有限公司成立于2010年6月，坐落在青岛市城阳区上马街道前程社区，注册资金7 740万元，占地面积4万m^2，是一家以生产、加工、经营畜禽配合饲料、浓缩饲料和添加剂预混合饲料为主，集研发、设计、推广饲料新产品和养殖新技术于一体的农业高新技术企业。2013年，通过山东省畜牧兽医局专家的现场验收并顺利取得饲料生产许可证。公司现有员工200余人，拥有博士学历3人、硕士学历10人，专业技术研发人员占到46%。

公司始终坚持以“客户需要是我们的责任、客户满意是我们的目标”为宗旨，采用国际先进技术，精心设计、研发了数十种饲料产品，其主要技术指标均达到了国内同行业领先水平．公司将集团2011年9月获得发明专利“一种羟基蛋氨酸盐的制备方法”成功应用于饲料生产中；2014年8月，一项实用性专利“肉种鸭产蛋前期饲料配方及制备方法的研究”通过实质性审查，并成功应用于生产实践中。

公司采用国内最先进的生产工艺设备，年生产能力为畜禽饲料15万t、添加剂预混合饲料5万t；公司拥有先进检测设备，制定严格质量检测程序和品控制度，产品出厂合格率和抽检合格率始终达到100%；多次被评为山东饲料协会模范企业、区优秀饲料企业。产品畅销山东、江苏等省数十个省份，市场占有率逐年递增。

1. 恪守法规、履行责任 公司追求的不仅仅是一时的经济效益，而是可持续发展和永续经营。要做到这一点，必须认真履行社会职责，为企业自身创造一个良好的社会环境。因此，公司以积极、务实的姿态应对激烈的竞争市场，努力提高为社会带来正面影响的能力，控制或消除给社会带来的负面影响及风险，将履行社会责任视为实施企业战略的最基本内容，并积极推行企业各个领域的法律法规和道德规范，如通过建立并实施质量管理体系、环境管理体系、职业安全健康管理体系，分别收集了各类相关的法律法规，开展相应的培训并对各相关方施加影响和沟通，在整个公司营造遵守法律法规的环境。

2. 产品质量追溯体系 公司认识到作为食品生产上游企业所肩负的重要的食品安全社会责任，组织员工认真学习并贯彻执行《饲料和饲料添加剂管理条例》及《饲料质量安全管理规范》，建立严格质量管理体系，实现从原料采购到产品销售的全程质量安全控制。公司从原料源头抓起，加强对饲料原料的采购管理，实施原料供应商评价制度，建立原料供应商评价记录和合格供应商清单，与供应商签订原料采购合同，对原料的质量、安全卫生指标及验收方法作出明确的规定，实现了生产过程控制，避免劣质产品流入市场；对生产过程的配料、投料、成品发送等关键工序加以控制，防止人为因素的发生，确保产品质量的可靠性，由过去产后检测，改变为产前、产中控制和产后溯源，保证饲料全程优质、安全、高效生产。在产品生产、供应的整个过程中对产品的各种相关信息进行记录，并存储至质量保障系统，以保障在出现产品质量问题时，能够快速有效地查询到出问题的原料或加工环节，实现质量安全追溯，提高了产品质量水平。

3. 现代化信息管理 公司实施 ERP 信息管理系统，将现代化管理信息工具及现代成本管理理念与企业的实际情况相结合，实现公司的事务处理由相对封闭走向开放、信息处理由事后控制走向适时控制、管理方式由传统向现代转化，减少了库存，加快了资金周转、提高了生产效率、达到了降低成本、提高客户服务水平的效果；同时为经营决策提供了科学的依据，有效提升盈利水平。公司以新的成本管理模式适应了新形势的要求，提高了市场竞争能力。

4. 差异化营销 借助集团的臂膀，公司运用产业链发展战略，涉足到饲料原料贸易、饲料加工、技术服务等多个领域，运用专业化、商品化、现代化的模式，以规模经济性、灵活适度性、节约环节性、风险分散性为指导思想，首尾兼顾、长远发展。

公司采用精细化市场服务模式，通过市场调研，将用户类型、选择意愿等信息数字化，统计分析营养数据、管理数据，帮助归纳生产效果差异原因，给客户量身打造产品，使产品功效得到最大的发挥；用技术指导实践，在实践中产生技术。

公司顺应养殖业的发展，打造专业营销团队，招聘有猪场管理经验的队伍，不断培训营销团队，提高服务能力，把工作重点用在为养殖户服务上，勤做养殖户的技术服务、管理服务、信息服务等工作，并成立养殖合作社，加强与终端用户交流，培养养殖户的忠诚深度和忠诚广度。公司拥有众多的忠诚终端客户，形成了强大而持久的市场购买力，将养殖户形成有序化组织，推动标准化养殖。

公司通过客观、细致剖析市场，运用差别化的综合立体营销模式，对不同的区域市场建设不同的营销网络、不同的产品特点建设不同的营销网络、不同的客户和营销精英建设不同的营销网络。这些不同的营销网络都有不同的运行机制，共同构成企业差别化的综合立体的独特营销网络。

公司自成立以来，一直秉承“敬业、诚信、创新、共赢”的企业精神。公司能永续经营，除了全体员工自身拼搏、长期坚持不懈努力外，依赖于社会各界的大力支持。农业部畜牧业司、国家农业部饲料工业处、山东省畜牧兽医局、省局饲料处、青岛市畜牧业局和高新区工委等机关领导对公司的发展提出了很多宝贵意见，并提出对公司进一步做大做强的展望和愿景。此外，与中粮饲料、新希望六和、广东海大、双胞胎集团、山东中慧等国内著名饲料企业人士进行技术交流。同时，政府及社会各界给予公司大力支持与帮助，鞭策着公司不断努力前行。

在以后的工作中，公司将继续依托集团优势，秉承“诚信立业、品质取胜”的经营理念和“为客户创造效益、为社会创造价值”的企业精神，从全局出发，进一步做好自身经营管理，依靠科技创新，不断寻求突破，稳健发展、逐步壮大。

企业简介

北京市

北京科为博·生物集团

北京科为博·生物集团是一家立足生物科技，致力规模发酵，专业研发生产酶制剂、微生物制剂、生物原料等产品的高新技术企业。

集团总部位于中关村和大兴生物医药产业基地。在多个省市投资下属企业，目前已有4个公司，分别是北京科为博生物科技有限公司、内蒙古科为博生物科技有限公司、齐齐哈尔市科为博生物科技有限公司、科为博（香港）有限公司。内蒙古科为博预计三期总投资3.5亿元，在内蒙古赤峰打造一个规模与成本领先的酶制剂生产企业。

集团重视研发，倡导“实验室比办公室大，技术人员比管理人员多”；成立科为博生物技术研究院，聘请高校多名学术界权威为特约教授。公司的多项产品技术在行业内处于领先地位，并将持续推进打造“技术领先一步”能力。

集团致力于为科为博人打造“成长、创业、梦想”的平台，倡导事业之家文化，以“成就他人，实现自我”为核心理念、“是否创造价值”为工作准则，立志成为技术领先、产品一流的酶制剂和微生物供应商，国际知名的动物营养品与保健品服务商。

公司先后获得诸多殊荣，在致力于推动畜牧业高效快速发展的同时，减少碳排放和环境污染，做一个有良心、创造价值的企业。

北京昕大洋科技发展有限公司

北京昕大洋科技发展有限公司是由中国农业科学院饲料、生物等方面的专家联手创建的高新技术企业，注册于中关村国家级高科技园。公司集产品研发、生产经营于一体，拥有1支以国内外著名专家、学者为核心，由研究员、硕士、博士等具有丰富实践经验的科技人员组成的技术研发与服务队伍，与中国农科院生物技术研究所、中国科学院微生物所等知名专家、学者建立了紧密的技术合作、技术交流与产品合作关系。现已通过ISO9001质量体系、HACCP食品安全体系和FAMI－QS质量体系认证并参与植酸酶国标修订，获得数项专利技术。昕大洋在人才、技术、科研上的优势，为产品创新奠定了基础，为学科间的专业互联创造了条件，为研发、生产出高科技产品提供了保证。

公司现有生物发酵、化工合成、饲料和动保4大业务板块，产品包含饲料添加剂、动物保健品、生物饲料三大系列。拥有年生产3万t高规格单酶、单菌和10万t生物饲料产品能力的生产基地各一个。拥有国内先进的发酵菌种研究开发实验室、酶工程技术研究实验室、应用技术研究实验室。实行需求导向、市场驱动的研发模式，努力保持公司研发能力处在饲料酶、微生态产品及生物饲料方面的创新、领先地位。实现了生产与销售的协调运行，事业部与子公司协调发展，各板块业务网络已遍布全国和世界的发展目标。建立了完善的研发、生产、销售、服务、物流管理体系。

公司致力于植酸酶、木聚糖酶、纤维素酶、甘露聚糖酶、复合酶、微生态等绿色、安全、环保型的生物饲料添加剂、动物保健产品和生物饲料的专业化生产。坚持把生物发酵等相关饲料添加剂产品和动保产品做精、做专、做大、做强；坚持高起点、高科技、高素质、高标准、高志向；坚持“浓缩科技精华，与您共分享”的企业经营理念；坚持“稳定、恒远、达天下”的产品理念，注重与国内外大型饲料企业、养殖企业、规模代理商和全球跨国公司的战略联盟与共同发展。

昕大洋品牌被评为中国饲料市场“十佳畅销品牌”，国内“影响力品牌”，并获得四部委联合颁发的“国家重点新产品”称号，在国际国内形成了良好的市场形象。公司被饲料行业授予“优秀企业”，并连续两届被评为北京市饲料行业“标杆企业”，得到了社会与客户的广泛认可和好评。在全体员工的努力下，公司已成为中国大型的专业酶制剂、微生态制剂制造商之一，中国饲料工业协会优秀会员单位，中国生物发酵产业协会会员单位。

天 津 市

天津名门动物食品有限公司

天津名门动物食品有限公司于1999年建成投产，隶属于东方希望集团。公司是以研制、生产、经营优质动物饲料为主的民营高新技术企业，总投资5 000万元人民币，占地3万余m^2，年生产能力20万t，时产能30t。公司拥有2条自动化生产线，2吨混合机、1吨混合机、250kg不锈钢混合机（小料）各1台，2个生产班组，4台600及1台420制粒机组等国内先进的设备，电脑自动化配料，自动打包码盘堆码等成套生产设备。公司位于天津武清国家级高新技术产业园区，京、津、冀三省市相邻处，环境优雅，交通便利。

公司生产猪、鸡、鸭、鱼、鹌鹑、牛、羊等7大饲料系列产品，2014年总销量为9.8万t，营业收入31 110.2万元，总产值31 760万元。产品结构：猪料37.46%、蛋禽料（蛋鸡、蛋鹌鹑）14.14%，肉禽料（肉鸡、北肉鸭）36.3%，水产料（淡水）2.5%，反刍料9.6%，主要销往天津、北京、河北、山东、辽宁等地，为养殖户提供可靠、安全的产品。

公司2002年被天津市饲料工业协会办公室首批认定为“天津市无公害饲料企业”，2002—2008年被天津市人民政府授予“重合同、守信用单位”，2005年被天津市科委授予“高新技术企业”，2008年被天津市人民政府确定为“农业产业化经营市级重点龙头企业”，2012年被天津饲料处增选为天津饲料工业协会第四届副会长单位。公司生产的“名门”牌系列饲料产品被天津市经委、商委、市政府农业办联合评为“农村市场畅销产品”、“农村市场信得过产品”。

公司坚持以“科技为先导，质量为生命，市场为导向，服务求发展”为经营宗旨，持之以恒，立足京津沃土，以造福华北人民为使命。

天津天世农农牧科技有限公司

天津天世农农牧科技有限公司成立于2011年2月，位于天津市宝坻区八门城镇产业功能区，主要从事饲料生产、销售及技术研发服务。公司占地面积60亩，现有员工90余人，注册资本金5 000万元人民币，固定资产投资7 500万元人民币。

公司生产“天世农”牌系列饲料，共有9条颗粒及膨化饲料生产线，主要生产品种有淡水鱼饲料、南美白对虾饲料、畜禽饲料三大系列百余品种，年总产量9万t左右。营销覆盖了华北华东等地区。公司在预混合饲料、配合饲料和原料等方面拥有多项核心技术。为深入关注养殖户稀缺养殖技术的问题，潜心研究养殖技术和养殖模式并组建了动物营养与饲料病害防治、养殖技术等全面的研发团队服务体系。

公司十分注重产品研发，进行了大量研究实验，包括鱼类对各种维生素和矿物质元素的需求及在饲料中的添加工艺研究，相同配方成本条件下草鱼饲料中蛋白和能量的最适比例研究，不同养殖模式下罗非鱼不同蛋白能量比的饲料养殖效果比较，鲤鱼类、罗非鱼和对虾氨基酸平衡模式的研究与完善，南美白对虾营养需求的最优实用配方筛选，南美白对虾养殖技术综合解决方案研究与示范以及不同培育阶段饵料生物的培养技术与应用示范。另外在不同培育阶段水质管理综合技术研究与标准化，仔猪保育猪饲料配方的筛选，不同饲料与不同饲料配方对断奶仔猪适口影响等方面也进行了研究。

公司推行标准化管理，在专注于市场开发和服务体系建设同时，在技术、采购、生产、销售等各个环节建立了标准化流程和统一的制度。通过制度化营造一个公平的环境。公司注重对人才的培养，拥有行业突出的专业队伍，技术化优势逐步体现，越来越有力地支撑企业的快速发展。

公司的经营理念：以服务为宗旨，为用户创造价值；以人为本，为员工创造机会；以市场为导向，为社会创造利益。天世农将继续秉承“质量铸就市场、诚信铸就品牌”的企业宗旨，以“科技创新，服务三农”为己任，敬业奉献，为共创美好明天而努力奋斗。

天津瑞孚饲料有限公司

天津瑞孚饲料有限公司成立于2003年，经过12年的发展，公司逐步明确了专业化、品质化、精细化的饲料发展方向。公司主要生产猪配合饲料、浓缩饲料和预混合饲料。

在全国浓缩饲料逐年较大比例下降的背景下，公司的猪浓缩饲料的销售每年仍然以20%以上的速度在增长，在华北地区独树一帜。公司猪饲料的产品结构好，教保料和母猪料的比例占公司销量的近50%，这也是公司产品专业技术水平和品质水平高的表现。

公司的保育猪浓缩料更是国内首个开发的30%乳猪浓缩饲料，质量好，性价比高，有着同阶段其他公司产品不可比拟的优势。

公司的品管、品控能力在同行中有着极高的口碑，经常有同行到公司进行技术交流。瑞孚从不按每个原料的国标接收原料，而是给每个原料找出了品控关键点，开放思维，创新方法，认真负责去做。公司的产品质量稳定，获得了用户的极大认可，为公司销量的稳步增长和公司做强的目标提供了保障。

瑞孚现有颗粒料生产线2条，浓缩饲料生产线1条，年产配合饲料和浓缩饲料生产能力12万t。2012年公司重新投建的预混合饲料生产车间，实现了预混料自动配料，不锈钢仓40个，配料秤4台，最小配料秤可以精确到10g。年生产预混合饲料可以满足120万t配合饲料的核心预混合饲料需求。天津汇银科技有限公司是瑞孚饲料2014年新建项目，与饲料设备商常州（布勒）签订了2条教保料生产线合同。是专业的教保料生产线，年生产能力12万t。拥有顶级的产品超微粉的教槽料，年产可达4万t以上。

截至2014年底，天津瑞孚饲料有限公司建成投产或正在建设的饲料公司有4家，分别是江苏瑞孚饲料有限公司、济宁瑞孚饲料有限公司、潍坊瑞孚饲料有限公司和天津汇银科技有限公司。完全建成投产后，和天津总公司一起年饲料生产能力可以达到50万t。

瑞孚人会秉持着“瑞孚营养，与时俱进”的经营理念不动摇，在“团结、诚实、开放、共赢”的文化指引下，以跑马拉松的心态，努力前行。

天津嘉立荷饲料有限公司

天津嘉立荷饲料有限公司是天津嘉立荷牧业集团的子公司，占地面积5.3万m^2，包括办公区、生产区和生活区。天津嘉立荷牧业集团除本公司外，另外还有3家子公司，分别是天津嘉立荷畜牧有限公司（13个奶牛场，3万头奶牛）、海河乳业有限公司、天津市奶牛发展中心。公司于2008年12月18日正式成立，注册资本500万元人民币，坐落于天津市宝坻区八门城镇工业园区，经营范围为配合饲料、浓缩饲料、精料补充料的生产、销售，以及粮食收购等。

公司是专业化生产奶牛饲料的公司，主要供应内部13个奶牛场及少量周边用户。公司于2009年9月完成了ISO9001质量管理体系认证，2010年被评为农业产业化经营市级重点龙头企业，2011年被评为天津市科技型中小企业、天津市饲料工业协会第四届常务理事单位。

公司具有先进的成套生产和化验设备，年生产能力6万t，有12个品种的产品，包括601犊牛颗粒饲料、602犊牛后期配合饲料、603后备奶牛精料补充料、604泌乳前期奶牛精料补充料、605泌乳中后期奶牛精料补充料、607围产期精料补充料、803后备牛浓缩饲料、804泌乳前期奶牛浓缩饲料、805泌乳中后期奶牛浓缩饲料、806干奶牛浓缩饲料、奶牛产后灌服料和奶牛舔砖。

公司坚持抓好安全生产，定期开会、学习、组织培训，查找生产问题、安全隐患，同时举办季度评优学先进，员工亮点演讲会等活动，调动员工生产积极性。

公司始终把诚信、技术和质量视为企业生命理念，根据ISO9001质量管理体系，严格质量控制，坚持以天津嘉立荷畜牧公司、天津市畜牧兽医研究所、天津农学院为技术依托，坚持诚信、服务、创新、奉献之精神，树嘉立荷饲料品牌，引领天津乃至全国奶牛业之发展。

河 北 省

河北康达畜禽养殖有限公司

河北康达畜禽养殖有限公司坐落于廊坊市安次区东沽港镇112国道边，属国家级重点龙头企业，是一家集饲料生产、种畜禽养殖、放养、屠宰加工为一体的大型农牧企业。

公司拥有放养农户560户，年出栏肉鸡2 800万只；标准化肉鸡养殖场5个，年出栏肉鸡360万只；饲料加工厂2个，年产饲料40万t；父母代肉种鸡场3个，存栏罗斯308父母代肉种鸡15万套；年出栏2万头商品猪养殖场2个。公司2014年在保定阜平和衡水饶阳建放养基地，放养肉鸡300万只。

公司饲料一厂于2009年建成，总占地面积15亩，全部采用江苏正昌集团设备，其整体生产加工能力可达到20t/h，年产饲料15万t。饲料二厂于2012年投产，总占地面积23.58亩，从江苏省牧羊集团引进国内先进水平的双线660饲料生产加工设备，主要生产配合饲料、浓缩饲料其整体生产加工能力可达到30t/h，年产饲料25万t。

为了保证饲料原料质量，进行食品安全有效监管，公司聘用了专业化的饲料配方、品控、生产管理人才，配备了最先进的饲料检测设备，建立了完善的原料品质管理体系和生产现场工艺控制体系，以确保饲料产品的完美、优质和稳定。

“尊重生命、健康至上”是康达人的核心价值观，带领广大农民通过养殖业脱贫致富，发展绿色养殖、为社会提供健康畜产品是每一个康达人的使命。

河北旺族饲料集团有限公司

河北旺族饲料集团有限公司组建于2005年5月，地处河北省邢台市开发区，是集良种猪繁育、饲料加工、畜禽设备生产、科研开发为一体的现代化民营企业，总占地1350余亩，职工460人，其中专业技术人员150人。公司先后被评为河北省饲料行业三十强企业，河北省农业产业化重点龙头企业、河北省著名商标企业、河北省重合同守信用企业，并通过ISO9001国际质量管理体系认证。2014年7月，挂牌院士工作站。

公司以饲料生产为基础，现有饲料厂2座，年饲料生产能力40万t。公司坚持以“质量求优、科技为先、信誉为上”的经营理念，竭心致力于为用户创造价值。与农业高等院校和科研机构建立技术合作，开发生产的“邢禽”“旺族”“唯强”牌系列饲料产品畅销河北、山西、山东、河南、江苏、京津等地，提高了企业的知名度和美誉度，饲料产品荣获河北省名牌产品。

公司实行“公司＋基地＋规模养殖农户＋合作社＋屠宰加工＋市场”的一条龙产业模式。实施20·100·400猪产业链工程建设，即：筹建年出栏种猪20万头良种猪繁育基地、饲料厂年产100万t饲料、建设400万头的屠宰加工生产线。现已建设核心原种猪场1座、祖代种猪场2座，2012年从美国引进1 022头优良原种猪。公司种猪繁育基地年可提供优质、健康的新美系杜洛克、长白、大白纯种猪6万头和二元母猪8万头。

公司坚信通过企业文化引领，打造高绩效团队，以“致富农村，服务城市，共同富裕”为使命。坚持“诚信铸就品牌，创新开创未来”的经营理念，以市场为前领、需求为导向、科技为依托、创新为灵魂、顾客为纽带、效益为先导、品质为保障、农字为根基，将公司做强做大。

山 西 省

稷山县天和饲料有限公司

稷山县天和饲料有限公司创立于1999年3月，位于山西省稷山县翟店镇西小宁，交通十分便利。2014年公司投资400多万元扩建了1条时产20t的全自动饲料生产线，可年产鸡、猪系列饲料10万t。

10多年来，公司主要从事蛋鸡饲料的生产和销售，产品销往运城地区各市县，深受广大养殖户的好评。2007年公司获得CHTC食品安全管理体系证书，2010年被评为运城地区优秀饲料生产企业，2014年年销售额突破8 000万元。

公司现有员工30人，其中畜牧兽医相关专业人员5名。公司技术人员通过精选原料，优化配方，不断提高产品性价比；定期举办养殖技术培训，引导养殖户科学管理，健康养殖；经常深入田间地头为养殖户排忧解难。公司始终认为，“没有成功的用户，就没有成功的企业”。

公司自建设备齐全的化验室，配备专业化验员，严格遵守饲料检化验制度，对进厂的原料和出厂的产品严格检验，确保不合格的原料不进厂，不合格的产品不出厂。同时，公司通过压缩财务、销售等各项费用，确保产品质优价廉。

公司始终坚持诚信务实的做事原则，秉承绿色环保的经营理念，自觉遵守《饲料和饲料添加剂管理条例》，坚决同有损行业和企业形象的违法行为做斗争，努力学习，不断提高，为区域经济的发展做出更大的贡献。

洪洞金地饲料有限公司

洪洞金地饲料有限公司成立于1999年，是山西省饲料工业协会常务理事单位，是一家集饲料加工、动物养殖、技术推广为一体的综合性饲料企业，位于山西省洪洞县辛村乡辛南村，属汾渭谷地传统的农牧经济区。公司交通便利，南同蒲铁路、中南铁路、大运高速、108国道、309国道都从这里经过，发达的农牧业生产和便利的交通为公司采购、销售创造了得天独厚的条件。

公司现有员工100余人，其中大专以上专业技术人员23人，设有办公室、技术部、质检部、采供部、生产部、销售部、财务部、服务部及试验猪场等九个部门，拥有一套较为科学、完整、行之有效的管理机制。

多年来，公司始终坚持走自主创新，可持续发展道路，始终坚持“以科技求生存，以服务求发展，向管理要效益”的原则，坚持走适合自己发展的路子。凭借公司多年技术服务和技术推广的经验，在技术部的领导下，利用试验猪场便利的条件，大胆创新，汲取中医中药学与现代营养学的精华，从提高动物非特异性免疫力角度入手，在养殖场基本实现了无抗养殖，为我国在饲料中全面禁止抗生素的使用做了大量有益的探索。

经过多年的发展，凭借良好的产品质量和优质高效的技术服务，金地饲料已经奠定了临汾乃至山西饲料市场的领跑地位。“依靠科技求生存，立足创新求发展”，不断为用户创造价值，提供优质高效的产品始终是金地人不变的追求。

山西同发饲料有限公司

山西同发饲料有限公司成立于2003年，是一家集饲料加工、蛋鸡养殖为一体的有限责任公司，注册资金1500万元。经营范围包括畜禽配合饲料、浓缩饲料、蛋鸡养殖及销售等。

公司自成立以来，从最初的饲料加工小作坊发展到现在的大型规模化饲料生产企业，饲料产品包括鸡、猪配合饲料、浓缩饲料等，年产量超过5万t。为实现多元化经营，公司积极开拓新领域，充分利用公司饲料生产的优势，延伸产业链，建成了规模化的蛋鸡养殖场，年存栏蛋鸡5万只。

公司现有饲料厂1个，年生产各类饲料5万t。年存栏5万只蛋鸡的规模化养殖场1个，年产鸡蛋1 000余t，实现销售收入900余万元。养殖场现建有3栋标准化鸡舍。每栋鸡舍长100m，宽12m。面积1 200m²，每栋鸡舍配有鸡笼4层，每列设备配有1条自动喂料线、自动饮水线和自动清粪设备。

在养殖方面，公司通过"公司＋基地＋农户"的产业化经营模式，直接带动50余户养殖户，开展规模化的养殖，公司通过为农户供给专用的饲料，培训养殖技术，统一收购销售鸡蛋等服务，提升养殖户的抗风险能力，带动当地养殖业的发展。

未来，公司将向着集团化、产业化、全球化方向稳步迈进，不断凝聚行业的尖端人才，引进先进的生产技术，提升企业的文化内涵及核心竞争力，整合优势资源，全力打造一流农牧品牌。

山西鑫农饲料科技有限公司

山西鑫农饲料科技有限公司位于山西省清徐县南宜武村西，大运路旁，交通十分便利，是一家集饲料研发、生产销售为一体的现代化民营企业。现有员工30余名，占地面积25亩，建筑面积8 000m²。公司成立于2004年12月22日，总投资800余万元。公司基础设施完善，环境优雅，拥有规划得体的生产区、办公区，以及时产10t颗粒饲料的现代化饲料生产线。另外，公司常年聘请了多名山西省著名高级营养师、畜牧兽医研究员，经过多年的潜心研究和大量的饲养对比试验，推出了高品质的系列产蛋鸡饲料、系列商品猪饲料。如产蛋鸡高峰期饲料323X、仔猪保育料851。公司注重饲料品质管理，建有60m²的标准化验室，对每批饲料原料、成品进行检化验，原料化验合格方能生产使用，产品化验合格方能出厂。

由于公司坚持不懈地抓饲料质量管理以及售后服务等工作，广大养殖户对公司生产的饲料产品非常认可。产品畅销交城、文水、寿阳、阳曲、娄烦、古交、岚县等地。年销售鸡、猪配合饲料、浓缩饲料2万t以上。公司今后要继续努力，生产出更多、更好的绿色饲料。

内蒙古自治区

嘉吉饲料（内蒙古）有限公司

嘉吉饲料（内蒙古）有限公司〔2014年8月份前名为"农标普瑞纳（内蒙古）饲料有限公司"〕成立于2007年7月，系美国独资公司，属世界五百强企业美国嘉吉公司的子公司。公司位于包头市稀土高新技术产业开发区劳动路101号，占地面积约40亩。公司建有2条独立分开的饲料生产线（畜禽料生产线和反刍料生产线），机器设备均系布勒设备，中控室自动化控制系统均系美国Repet系统。公司共有员工120人，专科、本科、研究生（硕士或博士）专业技术人才共60余人，各类专业技术人员40余人。

公司主要生产和销售猪、牛、羊等家畜的配合饲料、浓缩饲料及精料补充料，年生产量可达10万t，月销售量在6 000t左右，2013年公司总产值达1.64亿元，公司年营业收入达1.6亿元；2014年公司总产值达3.0亿元，公司年营业收入达2.4亿元。公司产品主要销往内蒙古的巴盟、伊盟、包头、呼市、乌盟、锡林郭勒盟及陕北、宁夏等地，奶牛料主要销往蒙牛、伊利、圣牧等牧场，并与蒙牛集团、伊利集团及圣牧是很好的合作伙伴关系。

公司2010年荣获"包头市质量信用优秀企业"荣誉称号；2011年度荣获"包头市龙头企业"荣誉称号；2013年4月，公司乳猪料（乳宝贝2003）、羔羊料（3112H）、奶牛精补料（831800）荣获"包头市名牌产品"称号；2013年9月，公司荣获包头市稀土高新区"质量工作先进单位"；2013年12月，公司乳猪料（乳宝贝2003）、羔羊料（3112H）荣获"内蒙古自治区名牌产品"称号；2013年12月14日，农业部专家组到公司进行《饲料质量安全管理规范》创建示范检查，公司被评为"A级"示范企业。

嘉吉公司一贯坚持"今天的饲料就是明天的食品"的方针，并且要求所有饲料工厂都必须通过食品安全体系认证。包头普瑞纳于2010年5月26～27日正式通过SGS公司的HACCP审计，并获得SGS公司颁发的"HACCP食品安全体系认证"证书；并于2013年5月29～30日，正式通过SGS公司HACCP体系验证审核。

公司拥有高素质的人才队伍，先进的饲料生产技术，严格的质量控制体系，独特的经营管理方法和完善的服务体系，将为内蒙古及周边地区的养殖户带来前所未有的经济效益，同时也将真正做到让广大养殖户喂上放心料，让全国人民喝上放心奶！

公司会秉承“正直诚信，尊重他人，全心服务，渴望成功”的企业文化，践行和实现公司成为内蒙古业界首选的合作伙伴的愿景。

内蒙古华富饲料有限责任公司

内蒙古华富饲料有限责任公司创建于 1999 年，是一家专业生产和销售反刍动物、畜禽、水产等配合饲料、浓缩饲料为主的高科技民营饲料企业。公司现有员工 90 人，其中具有高、中级职称的 30 人。公司注册资本 1 500 万元，占地面积 70 亩，年设计饲料产能 30 万 t，下设生产线 3 条。其中反刍动物饲料生产线年设计产能 18 万 t；单位、水产动物饲料生产线年设计产能 6 万 t；玉米压片饲料生产线年设计产能 6 万 t，均采用全自动微机配料。公司还设有饲料质检中心、产品研发中心，拥有“华富”牌反刍动物、畜禽、水产系列饲料，品种达 100 多个。

公司秉承“科技先导、博采众长、诚信守实”的务实经营理念，坚持“质量第一、用户至上、服务养殖”的经营原则，企业发展势头强劲，年销售增长率达 40%以上，销售额突破 2 亿元，产品销售网络覆盖内蒙古中西部、山西雁北、张家口等地区。

公司自成立以来，取得了良好的经济效益和社会效益，2010 年通过了 HACCP - EC - 01：2005 食品安全管理、有机产品的认证；2011 年被内蒙古自治区饲料工业协会评为“常务理事单位”；商标 2012 年被内蒙古自治区工商局评为“内蒙古自治区著名商标”；2014 年，被呼和浩特市人民政府授予“呼和浩特市农牧业产业化重点龙头企业”称号，被内蒙古自治区科技厅授予“民营科技企业”称号，被呼和浩特市科学技术局认定为“2014 年度呼和浩特市企业研究开发中心”。

面对日益竞争的市场环境，内蒙古华富饲料有限责任公司将始终贯彻“科技先导、博采众长、诚信守实”的务实经营战略，倡导“绿色、安全、放心”的产品理念，全心全意为养殖企业提供营养、安全、高效、稳定的饲料产品，为振兴畜牧业经济发展做出我们不懈的努力。

通辽市天康饲料有限公司

通辽市天康饲料有限公司是新疆天康生物控股集团有限公司（股票代码 002100）在通辽市经济技术开发区投资兴建的，是集科研开发、生产经营、技术服务于一体，以生产畜禽饲料为主的高科技企业。公司占地 2 万 m^2，总投资 3 000 万元，与沈阳、北京、吉林、河北等四家子公司共同构架新疆天康集团东北区饲料版块。

公司注重科技创新。为保证生产出具有优良品质、健康安全的产品，公司坚持以人为本的管理理念，注重人才培养，凝聚一支高素质的管理、营销和服务团队；建立了完善的现代化运营机制、品控体系，从原料的采购、存储、生产到成品的检验、包装、出售等建立了完整的质量管理体系。同时，依托天康集团强大的品牌营销优势和先进的企业管理机制，将继续做强做大饲料业务，并向绿色、无公害方向发展，促进企业持续健康发展。

公司生产的饲料是根据北方气候及养殖特点而专门设计，尤其是牛羊料。所生产的牛羊料中育肥料使动物在育肥期增重快、肉质好，出肉率高；产奶料可大幅提高产奶量及奶质，是东北地区反刍动物饲料专业生产商及品质典范。深受用户好评与信赖，行销吉林、辽宁、内蒙古、河北、天津、北京等省市，成为 2012 年饲料质量安全管理规范试点企业，

公司将秉承“天康品质，深得信赖”的企业理念，本着共赢互利的营销原则，以诚信为本、质量为根，创新为魂，高起点地服务于畜牧业经济的发展。

辽 宁 省

辽宁爱普罗斯饲料有限公司

辽宁爱普罗斯饲料有限公司成立于 2004 年，是集饲料生产销售、食品、生物、养殖、经贸于一体的全产业链的集团化公司。创始人金承范，韩国汉城大学博士毕业，其组建的爱普罗斯研究所，拥有科研成果 6 项，在研国家级课题 1 项，省级课题 3 项，市级课题 1 项。

日益凸显的食品安全问题，让食品的上游企业不断思考，如何从源头解决食品安全问题。针对畜牧行业，饲料无疑成为畜产品安全的源头，公司借鉴国外发展经验，促进企业产品转型，通过生物技术和产品的大量使用，旨在终结养殖业的抗生素、化学添加剂时代，解决人畜争粮、饲料利用率低、畜禽抗病能力差、药物滥用、药残严重等问题。爱普罗斯饲料 100%大比例添加公司自主生产研发的生物产品，并首次提出生物制剂是饲料原料而不是添加剂的概念。目前，国内外广泛应用的生物饲料以益生菌饲料为代表，益生菌分为米曲霉、乳酸菌、芽孢杆菌、酵母菌等。相关研究大部分为单一或个别组合进行发酵生产微生态饲料，由于菌群单一，使微生态饲料的效果得不到充分发挥。公司在筛选优异米曲霉等益生菌的基础上，将米曲霉、乳酸菌、芽孢杆菌和酵母菌混合配比，发酵豆粕获得高分比植物肽添加剂，添加到饲料中全面替代饲料中抗生素的使用，同时在饲料中添加

本公司自主研发的特效灵芝菌液，协同提升动物免疫力和抗病能力，改善猪肉品质。

据饲喂公司生物饲料的大型农场数据显示，全群饲喂爱普罗斯生物饲料后，农场平均年用药成本从原来的 90 万元/a 降至 50 万元/a，农场环境污染得到显著改善，猪舍有害气体浓度降低约 70%。

沈阳富士大通科技有限公司

沈阳富士大通科技有限公司创立于 2003 年 6 月，是一家专业从事畜禽饲料及预混合饲料研发生产，致力于健康动物营养与现代养殖技术研究推广的饲料企业。公司总部位于沈阳市沈北新区，2006 年被沈阳市人民政府认定为沈阳市农产品加工重点龙头企业，2007 年被辽宁省政府认定为省级农业产业化重点龙头企业。2005 年在东北饲料行业率先通过 ISO 质量管理体系认证和 HACCP 食品安全管理体系认证，2006 年被评为辽宁省饲料行业综合实力三十强，2009 年被评为共青团中央青年创业基地，2010 年被评为辽宁饲料行业领军企业，2011 年成为辽宁省饲料工业协会副会长单位。

公司在高速发展的进程中，不断完善拓展产业化布局，拥有沈阳富士大通科技有限公司、哈尔滨富士牧业有限公司、北京富士饲料有限公司、长春富士饲料有限公司等，初步构建形成以饲料加工、生态养殖、原料加工等为核心产业的现代农牧业集团。

公司将坚持“富四方之士，追求共赢；乐四方之士，追求共享”的发展理念，以绿色饲料产业为核心，始终为客户提供品质卓越的产品和更加完善的服务，致力打造中国饲料行业的优秀品牌！

锦州晟元生物科技有限公司

锦州晟元生物科技有限公司成立于 2013 年 9 月，坐落于渤海湾畔的省级经济技术开发区锦州大有经济区，距环渤海修建的滨海公路仅 3km，距锦州港 35km，距盘锦港 45km，距营口港 90km，交通便利，地理位置十分优越。

锦州晟元生物科技有限公司是由锦州民营企业家韩伟和深圳惠丰隆贸易有限公司董事长李文辉共同投资创办的民营企业，占地 120 亩，共计 8 万 m^2，其中生产车间面积 1.6 万 m^2，库房面积 2.6 万 m^2，办公区面积 2 080m^2，生活区面积 2 400m^2。

创建之初，公司的产品主要有经玉米副产品加工而成的喷浆玉米皮、DDGS、玉米蛋白粉等。为了适应市场需求、拓展客户，公司新增一套反刍动物饲料设备，采用生物技术生产发酵玉米优质高蛋白饲料，可广泛用于肉牛、奶牛、肉羊等各种反刍动物。饲料中不含任何化学性物质，不添加任何抗生素类药物，同时经过发酵技术处理后，在充分保持了玉米原有蛋白、各种氨基酸成分外，还增加了大量的有益菌，改善了适口性，提高了营养成分的实际消化率，是当之无愧的绿色环保生物饲料。

公司采用的是技术先进的规模化生产方式，生产设备大部分采用自动化控制，工艺技术先进、管理严格，各种技术检测手段完备严密。在管理理念上始终坚持把饲料安全和产品质量放在各项管理工作的首位，产品安全可靠，质量稳定，经各级饲料和质量监督部门多次检验评审，各项技术指标均符合监管要求。

公司总投资 1.6 亿元，年产量可达 50 万 t，其中一部分用于出口外销，主要出口国家为日本和韩国，内销主要针对福建、广东、海南等省的沿海经济发达城市，全部达产后，预计年销售收入可达 10 亿元。

公司自投产以来，产品一直供不应求。随着我国农业和养殖业的发展，饲料行业也必将进入一个属于自己的春天，为了在竞争激烈的市场中站稳脚跟，公司在不断地完善与提高自己，生产技术与企业管理都在日趋成熟，终将凭着过硬的质量和良好的信誉成为同行业中佼佼者。

辽宁唐人神曙光农牧集团大农友饲料有限公司

辽宁唐人神曙光农牧集团大农友饲料有限公司成立于 1998 年，位于沈铁工业走廊八面城工业园区，占地面积 4 万 m^2，建筑面积 2 万 m^2，拥有预混合饲料生产许可证、浓缩饲料、配合饲料生产许可证，并拥有预混合饲料、生猪浓缩饲料、肉鸡浓缩饲料、配合饲料生产车间，加工机组采用国际领先瑞士布勒公司的生产设备，每套机组配备浓缩饲料和全价颗粒饲料两条生产线，全价颗粒饲料采用双制粒系统，适合生产高档乳猪饲料和肉鸡颗粒饲料，公司具有年产饲料 50 万 t 的生产能力。公司拥有质检化验分析中心，化验设备齐全，技术先进，能进行饲料原料和成品的质量安全检测。

2008 年公司通过 ISO9001：2000 质量管理体系认证，被评为“国家重点饲料企业”“辽宁省省级农业产业化龙头企业”“辽宁省饲料行业综合实力 30 强企业”“辽宁省高新技术企业”，“曙光大农友”商标被认证为辽宁省著名商标，饲料产品荣获辽宁省名牌产品、大连农业博览会金奖等美誉。公司高薪聘请管理专家和教授，结合公司的实际，完善了质量控制体系，引进 6S 管理理念，推行全员质量管理，各方面完美结合，保证了产品质量的优良性和稳定性。

2012—2013 年，公司分别投资建设预混合饲料车间和猪饲料生产车间。国内知名动物营养专家负责配方技术，带领专业研发团队；先进的瑞士布勒生产设备和工艺水平；严格的质量检测制度，经验丰富的品质管理团队；加上一流的生产经营管理模式，雄厚的资金技术力量，打造东北猪料第一品牌。

公司致力于追求“服务三农，共同发展”的核心价值观，倡导客户、员工、公司三位一体的利益最大化，并承诺严把质量关，从原料采购、技术标准到生产工艺实行高标准的检测及管控手段，确保产品质量安全。公司以“立足农业、致富农民”为企业宗旨，努力实践“让农民朋友富起来”的理想，公司将以一流的养殖模式、产品质量、技术服务、快速盈利方法为辽宁省畜牧产业化发展做出自己的贡献。

辽宁众博饲料科技有限公司

辽宁众博饲料科技有限公司成立于 1999 年，位于辽宁省锦州市凌海双羊镇，是一家专业生产饲料添加剂和添加剂预混合饲料的科技型股份制公司。公司占地 1.1 万 m^2，总投资 2 000 万元人民币，可年产预混合饲料 3 万 t。

公司以“先进、质量、年轻”作为企业发展的标准，拥有国内先进的添加剂预混合饲料全自动生产线，优良的生产设备、齐全的检验仪器及完善的质量管理体系为公司产品质量提供了有力的保障。

公司成立 16 年来，专注于饲料添加剂和预混合饲料的生产与研发，产品销往河北、内蒙古及东三省等地区，其规模位居全省预混合饲料生产企业前茅。公司积极开展技术研发工作，开发了多种科技含量高、受客户欢迎的预混合饲料产品，积极参与国家相关产品国家标准的制定工作，成为多项酶制剂产品国家标准的起草单位之一。公司是中国饲料工业协会团体会员单位和辽宁医学院畜牧兽医学院教学实习基地，2010 年被辽宁省饲料工业协会评为辽宁省饲料行业领军企业，已成为全省知名的专业添加剂预混合饲料生产企业。

公司建立了完善的质量保证体系，参照 HACCP《危害分析和关键控制点》原理进行全过程质量控制，定期对全体员工进行质量培训，提高全体员的质量意识，保证了出厂的所有产品均是优质的合格产品。

公司拥有一支高素质的人才队伍，在现有各类管理、技术和业务工作人员中，90%以上人员具有大专学历，其中本科以上学历人员 70%以上。公司倡导求同、敬业、协作、务实、创新的团队精神，提倡让员工与公司共成长。

公司将继续以良好的信誉为基础，秉承“爱心、敬业、诚信、创新”的企业理念，以“认真做事，厚道做人”为准则，为客户提供更优质的产品和更好的服务。

吉 林 省

吉林华展生物工程有限责任公司

吉林华展生物工程有限责任公司是由吉林大学生命科学学院组建的股份制企业。公司以生物高新技术为依托，以雄厚的专业人才为基础，以国内外市场为导向，以开发生物饲料、生物饲料原料、生物添加剂为目标；集产、学、研一体化；科、工、贸一条龙，具有自主研发、生产、销售等较强综合实力的高新技术企业。

公司坐落于长春市朝阳经济技术开发区，占地面积 2.7 万 m^2，固定资产 2 200 万元人民币，拥有国内先进的生产设备和严格的品控管理。先后承担国家级火炬项目 2 项，吉林省科技厅攻关项目 3 项，2001 年成为吉林省饲料工业协会常务理事单位，2002 年吉林省饲料高新技术企业认证，2003 年国家质量万里行质量信誉跟踪产品，2004 年吉林省饲料工业协会防伪保真企业，2006 年顺利通过预混合饲料企业国检。2006 年获得吉林省饲料协会、吉林省名牌产品称号。

公司现有 27 位高中级专家、教授和技术人员，专业层面涵盖生化、制药、动物营养和兽医兽药等学科，具有强大的技术研发，新产品试制和售后服务的综合实力。

造就高品质的生物活性饲料服务于社会，是吉林华展永恒的经营理念；创建中国最大的生物活性添加剂产销基地是吉林华展不懈的奋斗目标。公司坚信客户的迅速发展壮大，才是公司业务快速拓展的最佳保证。

吉林爱普罗斯饲料有限公司

吉林爱普罗斯饲料有限公司，是由著名动物营养专家金承范博士创建，是一家集饲料、养殖、生物、食品、经贸为一体的集团公司。主要致力于猪配合饲料和浓缩饲料的研发、生产、销售与服务。

公司位于吉林省长春市绿园区合心镇，占地面积 2 万 m^2，拥有猪、鸡配合饲料和浓缩饲料生产线 1 条，引进牧羊等品牌生产机组，年产能 10 万 t。公司现有存栏 180 头基础母猪的试验猪场 1 个，年出栏 3 500头商品猪。公司拥有员工 80 余名，其中销售人员 90%以上拥有本科学历。公司自成立以来，一直专注于猪用高档饲料的研发、生产与销售。

公司倡导以客户为中心的经营理念，在供给优质饲料产品的同时，还为广大养殖户提供妊娠诊断、背膘测定、疾病防控、养殖管理、市场信息等各项服务。公司不定期开展养殖户培训会议，对当前养殖形势、毛猪行情、饲养管理等核心问题进行讲解分析，帮助广大养猪人创造最高效益。产品畅销吉林省各县市，优质稳定的产品，专业的技术服务和准确的市场信息，为用户带来极大效益，并得到了广大用户的一致好评。

公司拥有“领先技术、一流咨询”的愿景，以“正直、热忱、爱心、创新”为价值观，拥有“丰富的营养、幸福的人生”的企业使命，倡导“以客户为中心”的经营理念，为合作伙伴创造最高效益。在良好的企业文化中，爱普罗斯人拥有明确的目标，相信在不久的将来，定会成为行业内璀璨的明星。

四平市慧良牧业有限公司

四平市慧良牧业有限公司成立于2003年9月，注册资金2 000万元，是集饲料生产、销售、粮食收储、畜禽饲养、鲜蛋购销为一体的大型农牧企业。现拥有2套现代化的饲料生产线，年饲料加工能力50万t，粮食仓储能力10万t，鲜蛋购销量5万t。先后获得“农业产业化省级重点龙头企业”“吉林省AAA级守合同重信用企业”“四平市名牌产品”“优秀民营企业”“吉林省纳税信用A级企业”等荣誉称号，通过ISO9001：2008国际质量管理体系认证，银行信用等级为AA级。

公司地处具有“黄金玉米带”之称的松辽平原腹地，种植、养殖基础雄厚，上联种植业下联养殖业，利用地域、资源优势，本着“至诚至信，双效双赢”的经营宗旨，倡导“事业无涯，创新无限”的文化理念，发展“齐心协力，奋勇争先”的企业精神。通过“公司+农户”及“粮食银行”的形式，让更多的农户、养殖户享受到科技带来的高效益，进而带动一方经济发展。

黑龙江省

哈尔滨市联丰饲料有限公司

哈尔滨市联丰饲料有限公司创立于1996年，是专业化生产经营畜、禽复合预混合饲料、浓缩饲料、配合饲料和反刍动物精料补充料的省内知名企业，黑龙江省十强饲料企业，黑龙江省饲料工业协会副会长单位。

公司拥有国内先进的2条自动生产线和1条预混料生产线，形成3线并存、专业团队、专线生产的一流工艺布局，年产能达15万t以上。率先通过ISO9001质量管理体系认证和ISO22000食品安全体系认证，确保了各种产品以其卓越的品质赢得市场上良好的口碑。产品被黑龙江省技术监督局评为“用户信得过产品”，多次荣获“中国畜牧业首批放心品牌”等殊荣。现公司销售网络已遍及东北三省、内蒙古等地，品牌形象深入人心。

公司自成立以来，始终坚持“诚信为本”的企业理念来提升产品内涵，提高服务水平，生产优质饲料并强化全面的动物饲养解决方案，精心打造成联丰强势品牌，为客户创造价值。坚持“办好企业、成就自我、服务社会”的企业宗旨，在生产经营过程中不断引进优秀的管理人才，完善各项管理职能，通过管理水平的提升和经营模式的持续创新，不断在成长中超越。

未来，联丰公司将集中力量继续在饲料加工领域不断探索和创新，为更好地服务于养殖业而努力。

哈尔滨远大牧业有限公司

哈尔滨远大牧业有限公司是以饲料研发与推广、种猪繁育、养殖新技术推广为主的专业化公司，创立于1996年9月，现已发展成中国畜牧行业知名企业。远大牧业现为深圳市金新农饲料股份有限公司（股票代码002548）的核心企业之一。现为中国饲料工业协会常务理事单位，农业产业化市级重点龙头企业。

公司自创立以来，注重实效，不断创新，追求卓越，连续三年产品质量监督检查合格。基于公司多年的发展及在饲料行业所做的突出贡献，公司荣获“黑龙江省饲料行业十强企业”。

2005年公司在哈尔滨开发区哈平路集中区渤海东路投资3 000万元建设了工艺先进、设备一流的厂区，厂区占地面积34 260m^2，公司生产的系列饲料产品畅销东北三省及内蒙古地区，在广大用户中享有很高的声誉。为进一步满足市场的需求，2012年公司新建年产6万t猪饲料项目，于2014年9月正式投产，投产后公司生产规模进一步扩大，为黑龙江的畜牧养殖户带来更大的养殖效益。

公司将秉承“伙伴天下，共同成长”的核心价值观、“科技为本，行业典范”的企业使命，为农民富裕和幸福、推动农牧企业产业化进程做出自己的贡献。

黑龙江成福食品集团有限公司

黑龙江成福食品集团有限公司成立于2003年7月，公司性质为有限责任公司，是以玉米深加工为主的农业产业化国家级重点龙头企业，坐落在哈大齐工业走廊肇东市境内。企业注册资金1.5亿元，集团资产总额5.3亿元，其中固定资产3.4亿元，现有员工650人，其中，专业技术人员130多人，集团厂区占地面积30万m^2，建筑面积10万m^2。公司主要生产赖氨酸、苏氨酸、喷浆玉米皮、玉米蛋白粉等产品，公司年深加工玉米 30 万 t，其中赖氨酸年产量达 10 万 t，苏氨酸 8 000t，深加工过程中产生大量的副产，喷浆玉米皮 15 000t，玉米蛋白粉 8 000t。

公司 2005 年与黑龙江大学生命科学学院达成校企合作，强强联手，成立了黑大成福生物技术中心，双方资源和技术共享，几年来为公司提供技术支持和培训大批人才，雄厚的技术基础，为公司的产品开发和技术创新打下坚实的基础，使公司技术水平达到国内领先水平。

公司制订的计量、质量管理制度均符合饲料生产要求。计量仪器、化验仪器定期校检，建立设备台帐；化验室设有精密仪器室、天平室、理化室、留样观察室。化验设备齐全，有氨基酸分析仪、多功能培菌机、电子分析天平、可见分光光度计、电热鼓风干燥箱、定氮仪、微型植物粉碎机、箱式电阻炉、数显恒温水浴锅、真空泵及抽滤装置等设备仪器。以保证公司原料、成品符合检验及企业备案标准。

公司于 2003 年被认定为高新技术企业，并通过 ISO9001：2008 版国际质量体系认证，于 2012 年通过欧洲饲料环境认证以及欧盟饲料安全认证。

黑龙江大牧人牧业有限公司

黑龙江大牧人牧业有限公司位于哈尔滨牛家工业园区，是集饲料研发、生产、销售于一体的大型民营股份制企业，公司占地面积 42 700m²，子公司 1 家，现有员工 294 人，实验猪场 2 家，年销售额 2.3 亿元。公司创立于 2005 年 1 月，历经十载，已成为东三省专业饲料制造商。

公司自创立以来，一直致力于幼龄动物的技术研发与推广工作，于 2007 年推出幼龄反刍动物饲料，并成功进军内蒙古市场。2009 年成功研发创新型饲养模式“乳猪 840”，并在黑龙江市场落地开花，成为行业的典范。同年，通过 ISO9001 及 HACCP 质量管理体系认证。2011 年，高科技的现代化生产基地落成，该基地生产设备、检验设备、办公软件全部采用业内一级水准配备，同年公司实施 6S 管理。该基地的建成，标志着大牧人已跻身于行业内领先水平。

“为终端养殖提供最优性价比的产品”一直是公司的经营方针，良性循环、共同发展、让利于终端养殖，企业才能够稳步、健康、长久的发展。多年以来，大牧人全体员工一直为此坚持和奋斗，今后，也必将为之加倍努力！

历经 10 余年的经营与发展，公司已成为东三省高档教保料龙头供应商，销售网络遍及东三省及内蒙古地区，销售增长率连年递增，成为黑龙江省内发展最快的饲料明星企业。未来，大牧人牧业将逐步发展成为集饲料加工、技术输出、贸易合作、生猪养殖于一体的大型农牧服务性企业。

哈尔滨普凡饲料有限公司

哈尔滨普凡饲料有限公司成立于 2010 年 3 月，前身是 2001 年成立的哈尔滨兴达饲料有限公司。公司一直致力于通过膨化、熟化等加工手段，不断改进饲料原料的利用效率，为合作伙伴提供质量稳定、易消化吸收、优质恒定的膨化、熟化饲料原料。公司是以生产饲料及饲料原料为主的生产型企业，主营东北优质大豆、玉米等原料，专业化生产膨化大豆、膨化玉米、玉米氨化秸秆等猪、牛、禽用饲料及饲料原料，年产值 5 亿多元，是国内专业生产膨化饲料原料的龙头企业。

公司始终秉持质量第一的经营理念，为确保产品质量公司制定并严格执行各部门的管理制度、工作流程及岗位职责制度，严控采购原料质量，一年 1 500 次以上的脲酶检测无一例高于 0.1，保证出厂产品全部为合格品，得到了广大用户的认可。在技术上紧跟动物营养研究最新进展，并与国内外科研机构、协会合作交流。公司年生产能力 30 万 t，2011 年产量 7.3 万 t，产值 2.3 亿元，2012 年产量 15 万 t，产值 5 亿元，2013 年产量 20 万 t，产值 7.8 亿元。

公司的产品在全国范围内被广泛使用。产品在黑龙江、沈阳、吉林、天津、山东、河南、河北等省份的饲料市场上得到了用户的认可，销量平稳上升，多年来取得了很好的销售业绩。

公司在服务客户的同时，也在不断地发展壮大，先后在山东、哈尔滨成立了分公司。今后公司会更加严控各项生产流通环节，从实践中完善各项流程制度，同时要求员工严格遵守，并由公司管理层监管执行情况。公司一直注重品质，致力于成膨化、熟化类饲料原料加工质量最稳定、最优秀的制造者。

上 海 市

上海新农饲料股份有限公司

上海新农饲料股份有限公司成立于 1994 年，地处上海市松江工业区，是一家针对规模化猪场研究、开发、生产、销售特色教槽料、乳猪料、大猪料、浓缩料、预混料、高档饲料原料、优质种猪、商品猪等全方位服务的高新技术企业。现有员工 1 008 人，其中 33 人为博硕士，187 人为本科。公司遵循踏实、专业、忠诚、创新的经营理念，努力为客户创造价值，走共同发展之路。

公司聚焦三层业务链战略（饲料板块、养猪板块、饲料原料板块），布局未来发展。在上海、湖北、河南、江苏、新疆共拥有4家配合饲料厂，5条高档膨化生产线，1家预混料厂，2家高档饲料原料厂，1家进口原料贸易公司，11个标准化养猪场。公司采用一流的生产设备，严格遵循ISO9001和HACCP管理体系，年销售饲料、原料30万t，出栏商品猪30万头、种猪6万头，年实现产值10亿元。

公司始终将技术创新作为企业核心竞争力，建设持续创新型技术研发团队，聚焦市场，持续创新，加大研发投入。公司在饲料产品高端原料国产化、原料预处理和组合应用、配方技术、加工工艺、饲喂模式、成套服务、节约饲粮、降低排放和饲料安全等核心技术方面已经取得了丰硕的成果。公司独立自主研发核心技术先后获得饲料配方、生产加工工艺、优质原料精加工、规模化猪场成套饲喂模式方面授权技术发明专利6项，申请技术发明专利20项，技术研发实力在国内同行业内处于领先水平。

通过16年的努力拼搏，公司率先在行业内通过ISO9000体系、HACCP体系认证，被上海市政府认定为“上海市高新技术企业”“出口猪场饲料供应企业”和“上海市农业产业化重点龙头企业”等，多次被评为“全国青年文明号单位”“中国饲料行业百强企业”“中国饲料工业科技进步先进企业”“上海市著名商标”“上海市名牌产品”“上海市私营企业百强”“上海市文明单位”等。2010年12月，公司董事长杨瑞生被农业部中国饲料协会评为“2010年中国饲料行业优秀创新人才”。公司以“聚焦教槽料，做专业化的集团公司”为发展战略，通过对各公司的股份制改造，整合和优化内部资源，发挥科技创新的作用，努力拓展产业链和供应链，正在向“规模化猪场第一品牌”目标前进。

上海大冠饲料科技有限公司

上海大冠饲料科技有限公司成立于1995年，是一家专业从事高档猪系列饲料研发、生产、销售和技术服务于一体的现代化饲料生产企业。公司现有员工50人，拥有动物营养、畜牧兽医、饲料加工等多种专业人才。

2006年公司在全国饲料行业内率先通过质量管理体系和食品安全管理体系认证。2011年5月与光明食品集团上海牛奶集团有限公司成功进行战略合作。

2014年9月，公司投资新厂并通过验收，其中有布勒成套预混合和浓缩配合饲料2条独立生产线，采用计算机自动化配料系统，年产量约12万t。公司配备有进口液相色谱仪、原子吸收分光光度计等各种精密检化验仪器，硬件在上海地区处于领先地位。公司一贯遵守国家法律法规，并按照《饲料质量安全管理规范》严格执行，尤其是对小料配料、投料、产品包装等关键控制点进行视频和现场品控双监控。“严格把控原料质量，狠抓产品质量安全”始终是公司的核心工作。

公司坚持以“真诚合作，共创伟业”为经营理念，以“质量是生命，服务创第一；遵守法规，提供安全高效的产品”为公司质量管理的总方针，并通过与客户沟通及同行业对标不断提高企业竞争力。公司自2006年起已连续多年获得“上海市守合同重信用AAA级”“上海市名优产品”等多项荣誉证书。

上海成农饲料有限公司

上海成农饲料有限公司成立于2004年8月，是深圳市金新农饲料股份有限公司根据产业发展战略要求在华东地区投资运营的，集猪用配合饲料、浓缩饲料、复合预混合饲料研发、生产、销售和服务为一体的饲料企业，年产能设计为15万t。公司凭借其“适口性好，消化率高，生长速度快，性价比高”的产品优势，在华东区域占有了一定市场率。公司在2008—2013年连续6年荣获宣桥镇镇政府规模企业纳税先进单位称号，2009年通过了ISO体系认证，2010年荣获“浦东新区农业产业化龙头企业称号”“上海市重点饲料工业企业”，2011年荣获“上海市优秀饲料工业企业”，2010年和2014年荣获“高新技术企业”，同时获得了2项发明专利，1项外观设计专利。

2012—2014年公司作为《饲料质量安全管理规范》的试点和创建企业，在内部管理方面做了很大的改进，特别是生产和质检方面。生产方面自动化程度不断加强，既提高工作效率，保证工作质量，又节省了大量的劳动力；质检方面先后使用了近红外、酶标仪、高效液相、原子吸收等高档检测仪器，为产品的“质优安全”做了有力保障。

未来公司仍专注于猪饲料的研发、生产和销售，以《饲料质量安全管理规范》为依据，认真做好内部管理事宜，为销售做坚强的后盾，使公司能持续长远的发展下去，力争成为本行业的标杆企业。

东方希望包头生物工程有限公司上海分公司

东方希望包头生物工程有限公司上海分公司是东方希望集团旗下农业板块饲料分公司之一，主要生产经营添加剂预混合饲料和配合饲料产品。公司占地面积30亩，位于上海浦东张江高科技工业园东区。

公司秉承东方希望集团“诚信、正气、正义”的企业文化，竭尽全力创造企业的相对优势，始终坚持“为消费者付出多一点，贡献多一点，践行精益求精”的质量管理和综合运营理念。

公司坚信饲料安全即食品安全，始终把产品质量安全作为企业生产经营的重中之重，严格遵守国家相关条例法规和农业部有关规定进行硬件软件配置和日常管理。公司拥有先进的检测、化验分析设备及一批专业的、高度敬业的检化验、生产、技术及管理优秀人才。公司从原料采购与管理、生产过程控制、产品质量控制、产品贮存与运输、质量追溯等诸方面严格按标准操作、管控，从而保障了产品质量稳定、安全。

公司通过了ISO9001质量管理体系认证和ISO22000食品安全管理体系认证，同时作为2012年农业部首批饲料质量安全管理规范示范创建单位之一，于2014年11月通过了农业部专家组现场验收。

公司通过不断的内修内功、外塑形象、标准管理、开拓创新，在劳动效率、精益求精、节能减排等方面走在行业前列。同时也为当地政府税收和经济发展做出了一定的贡献，连年多次被合庆镇人民政府评为明星企业。

公司将继续秉承东方希望集团“诚信、正气、正义”的企业文化，本着“让农民富裕、让市民满意、让政府放心”的三让经营理念，顽强拼搏、努力进取，为农业和饲料工业的发展贡献应有的力量！

上海禾丰饲料有限公司

上海禾丰饲料有限公司成立于2003年初，由辽宁禾丰牧业股份有限公司（简称禾丰牧业）和上海美农科技有限公司合作兴建。

公司2004年1月经上海出入境检验检疫局登记备案，成为上海市备案登记的三家出口食用动物（猪）饲用饲料生产企业之一。2010年荣获上海市高新技术企业，2011年被评为“年度上海城市公众满意企业”“2011年度上海市名优产品”“2014年上海市饲料兽药行业协会先进企业”，公司本着“专业、专注、安全、环保”的企业定位，专注于高档猪用复合预混合饲料、浓缩饲料和配合饲料的生产和销售，服务于华东地区规模化猪场和养殖户，着力打造华东地区规模化猪场顶级饲料服务商。

公司2012年着手新工厂建设，2013年9月竣工。新工厂配备了2条全新的生产线，1条专门生产预混合饲料，1条专门生产配合和浓缩饲料，年生产能力超过4万t。公司秉承禾丰集团一贯的高品质与专业精神，遵照ISO9001国际质量管理体系，执行HACCP食品安全体系进行生产，增强服务客户的能力，产品质量进一步改善和提升。新装备的检验化验室装备了新的检验设备，高效液相色谱仪、原子吸收分光光度计的使用，大大提高了原料及成品的检测能力，严格把关原料和成品质量，保证产品质量始终如一。

在集团技术研发部门的带领与支持下，公司的产品也在不断升级换代，以满足不断发展的市场需求。集团统一生产的优质“教槽料奶黄金”，满足乳猪教槽阶段的营养需求，在适口性方面效果极佳，投入市场后反响强烈，受到新老客户的一致好评。“溢奶宝”作为能显著改善哺乳母猪采食量的保鲜饲料产品，一直受到规模猪场的青睐，2013年初申请了国家发明专利。

随着新厂落成，产能的扩大，公司人才队伍也发展壮大，现拥有1名高级畜牧师、1名博士、6名硕士，大专学历以上的员工占全部员工70%，研发和技术实力不断增强。

未来，公司将不断研发新产品，时刻倾听客户心声，努力为客户提供持续、有效、有利的动物营养和技术服务，积极提升客户价值，实现客户共赢，共同谱写新时代的经典乐章！

江 苏 省

江苏华威农牧发展有限公司

江苏华威农牧发展有限公司总部位于江苏省淮安经济技术开发区，是从事畜禽水产饲料生产、生猪、水产养殖为一体的国家高新技术、农业产业化省级重点龙头企业。公司拥有年生产能力30万t的大型饲料生产厂、2个万头猪场和近万亩高效水产养殖基地。2014年生产饲料7.5万t，出栏生猪2.6万头，上市水产品900kg，总产值4.4亿元，利税2 000多万元。先后获得“江苏省名牌产品”“江苏省饲料行业30强”等十多项荣誉称号。

公司十分注重人才和科技创新工作，先后引进行业内水产、畜牧、遗传育种博士、学士等，本科学历以上人才近30名，并与中国农业科学院、南京农业大学等科研院校建立了长期合作关系，建有中国农科院淮安健康养殖与饲料研究中心和江苏省生物饲料工程技术研究中心等研发技术平台和企业研究生工作站。拥有发明专利12项（授权9项），先后承担国家、省市科技计划项目20多项，自主研发的乳猪生物教槽饲料被江苏省科技厅授予“高新技术产品”称号。

公司建立了完善的企业管理制度和产品质量控制体系，保证了饲料产品品质和市场竞争力。依靠质量、诚信、服务来打造自己的品牌和核心竞争力，使得华威猪料及水产料品牌深入人心，获得了良好的美誉度和知名度，成为江苏饲料行业内一颗耀眼的新星。公司建立了完善的生猪、水产养殖配套体系，引进优良品种，进行科学管理、健康养殖，获得良好的经济和社会效益，充分发挥了农业龙头企业的示范带动作用，带动了地方农民发家致富。

淮安正昌饲料有限公司

淮安正昌饲料有限公司建成于 2007 年 7 月 1 日，占地面积 4.5 万 m^2，总投资 1.26 亿元，致力于饲料产品的研发与推广，包括畜禽鱼各类配合饲料、猪浓缩饲料、预混合饲料等 100 多个品种，产品销售覆盖苏、豫、鲁、皖等地，现已越居江苏省同行业的领先水平。2012 年公司推出“八宝”系列猪场专用配合饲料，关注养猪全程，包括乳猪三宝、肥猪二宝、母猪三宝，是规模化猪场首选产品。2014 年 8 月建成浮性水产膨化料生产线，共投资 5 000 多万元，引进最先进的配方技术和膨化工艺，推出高端的“快健”系列淡水鱼及青鱼膨化配合饲料，使用该系列饲料将成为各种水产养殖的成功法宝。目前，公司年产销量 20 万 t，销售额 10 亿元。

公司成立以来先后荣获“国家级重合同守信用企业”“产品质量国家免检”“国家级高新技术企业”“江苏省农业产业化重点龙头企业”等荣誉称号。并先后被新华日报，淮安电视报等多家媒体报道。

公司奉行“利他”文化，要做一个“利客户、利员工、利社会、利政府、利股东”的企业。“生产高标准活性饲料、引领健康高效养殖”视为公司的使命，将饲料生产做大做强。

江苏奥迈生物科技有限公司

江苏奥迈生物科技有限公司是江苏禾嘉牧业集团旗下专业生产饲料添加剂生产企业，坐落于国家级生态示范区，南京白马现代农业高新技术产业园区内。一期工程建有 7 000 多 m^2 的饲料添加剂生产车间、1 000多 m^2 的研究及检测中心。主要生产霉菌毒素脱毒剂、酸度调节剂、添加剂预混合饲料等产品，产品行销全国和亚洲多个国家。目前公司产能到达 2 万 t/a，2014 年销售额达到近 5 000 万元。

公司为客户提供全面的霉菌毒素解决方案，包括饲料原料及成品中霉菌毒素含量的评估、生产过程的预防、合理的霉菌毒素处理剂产品用量等。益康产品系列产品为国家创新基金项目产品，获得国家发明专利，产品对黄曲霉毒素、玉米赤霉烯酮、呕吐毒素、伏马毒素等饲料霉菌毒素有优秀的解决能力，促进动物健康养殖，保障食品安全，同时为客户带来最佳的养殖效益。

公司通过了 ISO22000 食品安全管理体系认证和欧盟 FAMI－QS，以及欧洲饲料添加剂和添加剂预混合饲料质量体系认证。产品采用生产过程全程控制及产品质量追溯系统，从原料进厂、中间产品唯一条形码到生产过程、成品发运条形码控制，最大限度降低了人为、设备因素造成产品不合格的风险，确保产品质量稳定、安全、可靠。

江苏利田科技股份有限公司

江苏利田科技股份有限公司创办于 1976 年，是一家民营股份制科技型企业。主营饲料添加剂、UV 光固化单体、树脂及延伸配套产品，是集生产、研发、销售及进出口贸易于一体的专业化公司，主要生产三大系列 30 多个品种产品，是中国科技大学、北京清华紫光英力化工技术有限公司、江南大学、四川大学等科研院校的合作伙伴和研发基地。年销售额人民币 6 亿元。

公司是国内最早的乙氧基喹啉生产企业之一，并成功导入了 ISO9001/ISO14000 国际质量标准化管理体系和 FAMI－QS 欧盟认证，是国家重点高新技术企业。2013 年公司迁入新址后，采用先进的生产工艺，DCS 全自动化控制，建成了国内一流的乙氧基喹啉生产车间，年产能达到 1 万 t 原油。产品有效含量高，对氨基苯乙醚等残留低，质量在同行业中处于领先水平，也得到了国内外客户的好评和信赖。

公司秉承“诚信为本、服务至上”的原则，坚持“科技、质量、管理、服务”的立业之本，进一步将科技与环保融为一体，共同打造市场，取得双赢。

宜兴市天石饲料有限公司

宜兴市天石饲料有限公司创建于 1998 年，是一家集研发和生产饲料添加剂于一体的高新技术企业，占地 11hm^2，年产值约 4 亿元。公司下辖单位有江苏天石生物科技有限公司、越南天石生物技术有限公司、天石国际墨西哥有限公司、海洋贸易有限公司、宜兴天石添加剂研究所，其中江苏天石生物科技有限公司下辖上海中鱼研究所、无锡市中渔健宝生物有限公司、无锡市中科活力生物技术有限公司。公司产品有甜菜碱、乙氧基喹啉、复合抗氧宝、防霉宝等，其中甜菜碱年生产能力 6 万 t，品种系列齐全，是全球领先的甜菜碱生产商。

公司设立工程技术研发中心，包括江苏省天石生物饲料添加剂研究中心，甜菜碱、复合抗氧化剂、防霉剂专业研究室，承担和完成了多项国家科技项目，拥有 23 项专利。

公司取得了 ISO9001、ISO22000、FAMI－QS、ISO14001、OHSAS18001、HALAL、KOSHER、清

洁生产认证，产品畅销亚洲、欧洲、南美洲、北美洲、非洲等60多个国家和地区，成为饲料行业全球排名前十的饲料集团公司的全球供应商。

公司以“为全球提供优质饲料添加剂”为方针，继续依靠科技创新，不断研发高科技产品，努力达到养殖中无抗生素的添加应用，加快饲料添加剂行业与国际接轨的步伐，提高产品出口能力与国际竞争力。

福 建 省

福建省华港农牧集团

福建省华港农牧集团成立于1989年，注册资金8 000万元，是一家以生产饲料为主业，集塑料包装、贸易和房地产为一体的大型现代化集团企业。在福建、广西、云南、湖南、贵州、四川等地设有分公司29家，其中饲料企业有19家，在福建省内的企业有7家。2014年在全国的销量达163万t，产值66亿元，其中在福建省内的销量达68万t，产值28亿元。

公司始终把产品质量作为企业的第一生命力，把先进的科学管理和技术运用于实际生产实践中，建立了以质量控制为核心的企业管理体系，在2007年通过了HACCP安全质量管理体系认证，2008年通过ISO9000质量体系认证。2011年通过ISO9001：2008质量管理体系。公司认真按照体系建立的质量控制文件进行运行，使生产的猪、鸡、鸭、鱼系列饲料质量优越，长期保持稳定，一直受到广大养殖户的青睐。产品辐射江西、湖南、广东、浙江等地，先后荣获“福建省优质产品”“福建省绿色产品”等荣誉称号，为福建省消委会推荐产品。企业被评为“福建省私营企业100强”“福建省农业产业化龙头企业”。

集团本着“以质量求生存，以信誉求发展”的宗旨，充分利用集团饲料配方先进技术、集团化采购以及“产业链”的优势，坚持以市场为导向，竭诚服务社会，为养殖业的发展贡献力量，共创美好的明天。

福建省新闽科生物科技开发有限公司

福建省新闽科生物科技开发有限公司创建于1993年，是福建省的大型饲料生产企业，具备年产12万t添加剂预混合饲料和10万t高档配合饲料的生产能力，添加剂预混合饲料和高档配合饲料产销量居省内同行业前茅。

公司2003年成为福建省同行业首家通过省无公害农产品认证的饲料企业；2005年被福建省科技厅认定为福建省高新技术企业，并获得国家出入境检验检疫局出口食用动物饲用饲料生产企业登记备案证；2006年经国家人事部批准设立博士后科研工作站；2007年被评为福建省首批创新型试点企业和福州市现代农业技术创新基地，获得福建省科技进步二等奖；2009年被评为国家高新技术企业、福建省首批创新型企业和福州市农业产业化龙头企业；2011年被评为福建省农业产业化龙头企业。

公司重视产学研项目开发，与四川农业大学、厦门大学、华中农业大学以及福建省农科院等科研院校密切合作，形成了能加速科技成果转化和开展技术创新的开放型研发平台，先后承担了国家发改委、科技部、省科技厅、省发改委重点科研项目数项。

公司坚持“社会、企业、用户和谐发展，三方共赢”经营理念，致力于不断向市场提供安全、优质、高效、环保的高品质产品，通过技术创新促进企业跨越式发展，为创建业内一流的农牧企业而奋斗。

福州海马饲料有限公司

福州海马饲料有限公司系中国最早的中外合资水产饲料企业，成立于1985年，控股外方为台湾著名的全兴集团。海马公司秉承卓越、和谐、责任、奉献的事业理念，30年来，致力于高档水产配合饲料的研发与生产销售，以优质、环保、高效的产品及卓越、优秀的企业经营管理，饲料产品先后荣获福建名牌产品等称号，“海马牌”注册商标持续被评为福建省著名商标，被授予农业部饲料质量安全管理规范示范企业、福建省海洋产业龙头企业、福建高新技术企业、福建先进技术型企业等荣誉称号，顺利通过ISO9001、ISO14001、HACCP、中国饲料产品认证。

公司现有10条粉料、颗粒料、膨化料等先进生产线，年产能达10万t，产品销往全国各地及东南亚、非洲地区，产值突破6亿元人民币。公司积极致力于产业链的建设及科技服务，涉足苗种、生物制剂、水产养殖、水产品加工出口及功能性饲料等高科技产品的研发生产，为中国的水产品养殖做出了卓越的贡献，名列福建省工业企业行业榜首，位列福建百家重点企业，造就了令业界刮目相看的佳绩，成为业界的骄傲。

江 西 省

南昌傲农生物科技有限公司

南昌傲农生物科技有限公司，是福建傲农生物科技集团有限公司（以下简称“傲农集团”或“集团”）独资的集配合饲料、浓缩饲料、添加剂预混合饲料生产、研发为一体的现代农业科技型企业，公司成立于2011年5月，注册资金2 000万元，占地30余亩，于2014年4月被江西省科技厅认定省高新技术企业，同年的12月获得“江西省农业产业化省级龙头企业”，被南昌市科技局认定“南昌市仔猪前期营养饲料工程技术中心”，被南昌市工信委认定“南昌市市级企业技术中心”。

公司主要产品以“前期营养三阶段”为核心理念，采用现代化生产工艺，自主研发了哺乳母猪料、仔猪教槽料、仔猪保育料等主打产品。此外，公司还研发生产了妊娠母猪料、小猪料、中猪料、大猪料等配套系列产品。上述产品均以公司自主研发或吸收国内一流科研院校先进理念基础上再创新，经过相关部门的认定，技术均达到国内先进水平。

傲农公司始终坚持以“为客户创造价值、为员工提供发展、为社会做出贡献”为核心价值观，以“诚信、激情、分享、创新”为精神导向，鼓励全体员工发扬“自强不息、勤劳朴实、永争第一、止于至善”的优良作风，坚定信念、强化执行，为把傲农创建为世界领先的农牧企业而努力奋斗。

江西森泰药业有限公司

江西森泰药业有限公司是鹰潭市政府从浙江招商引资，落户鹰潭市工业园区的民营股份合作制企业。公司于2005年10月成立，注册资本1 700万元，占地面积77.45亩。公司于2006年初投资6 000余万元建设1 000t/a维生素B_6项目，2007年9月建成并投入生产。公司建有生产厂房、库房、办公楼（检、试验室）等建筑物约1.8万m^2，产品生产线装有生产工艺设备182台，装备各类检、试验仪器设备24台。

为满足生产经营管理要求，公司设置了办公室、技术部、生产部、质管部、营销部、采购部和财务部。公司现劳动定员57人，其中大专以上文聘的专业技术人员20人，占全员的35%。已获高级职称的2人，中级职称的3人，已获职称人数占全员9%。

公司是国内专业生产饲料添加剂和维生素类产品的厂家，技术水平和工艺装备处同行业领先地位。公司自成立以来，坚持走安全生产和环境保护并重的可持续发展之路，不断完善产品生产工艺、强化质量管理，先后通过了ISO9001：2008、欧洲饲料添加剂和预混合饲料（FAMIQS）及GB/22000—2006等多种质量管理体系的认证。公司依靠科技的动力，凭借坚实的经济实力、创新的工艺技术、稳定的产品质量、诚挚的服务，产品享获赞誉，出口到欧洲、北美和东南亚地区等30多个国家。

江西绿环饲料科技有限公司

江西绿环饲料科技有限公司成立于2013年10月，位于江西樟树市，是江西绿环集团下属的一家集研发、生产、销售高端猪全价配合饲料为一体的现代化农牧企业。公司引进美国先进的CPM生产线，年生产配合饲料36万t。

公司秉承“以领先科技创造用户价值”的企业经营理念。从创立之初就树立以动物营养高端生物科技为起点的战略思想，着力整合猪各阶段营养的最新科研成果，只专注于研发和设计猪各生长阶段的高档全价料的系列产品，以顺应养殖业不断变化和发展的用户需求趋势，围绕“创造用户价值”的核心价值来打造公司的核心竞争力，依托集团在种猪养殖1.2万头的强力优势，并结合集团产业链的延伸和发展，在产品研发、种畜配套、养殖户整体营销解决方案方面，勇于探索和创新，使公司力争成为江西饲料行业具有核心竞争力的现代化农牧企业。

山 东 省

青岛宝佳自动化设备有限公司

青岛宝佳自动化设备有限公司是智能码垛机器人生产线的专业生产厂家，是宝博集团下属具有独立法人资格的全资子公司，是专业设计制作自动套袋机、自动封包机及智能码垛机器人集成系统的公司。目前已有500多套各类自动码垛生产线业绩。公司创建于2009年3月，位于青岛红岛高新技术产业开发区，注册资金4 000万元，现有员工220人，是青岛市高新技术企业，及青岛市机器人产业商会和山东省饲料协会副会长单位。

公司依托国际一流的技术平台、稳固的产品质量、优秀的售后服务，所生产的智能码垛输送线经过了3年多的市场验证，用户对公司的产品及服务给予了很高的评价。目前公司的智能码垛生产线已成为饲料行业的龙头企业。

公司以“打造智能工业机器人行业领先企业，成为中国领先的智能化设备生产商”作为公司的发展目标，以“产、学、研相结合”的发展模式，联合日本那智不二越、上海交通大学、北京邮电大学等著名企业、院校开发智能包装码垛机械装备集成系统，目前产品已被广泛应用于饲料、面粉、粮油、肥料、化工、食品、饮料、建材、煤炭、家电等行业。

公司作为高新技术企业，拥有企业技术中心和工程技术研究中心各1所，现有专业技术人员40余人，其中博士、硕士研究生5人，高级工程师4名，工程师24名。公司先后获得发明专利5项、实用新型专利10多项。

山东龙昌动物保健品有限公司

山东龙昌动物保健品有限公司始创于2004年，

总部位于山东省济南市鲁商广场A座609室，生产基地位于齐河县经济技术开发区，是国内专业从事动植物提取的饲料添加剂企业。公司拥有齐河龙昌生物科技有限公司、齐河龙昌药业有限公司和济南泽齐国际贸易有限公司等子公司，业务遍及全国各地及海外多个国家和地区。

公司十分注重人才的引进和培养，不断吸引优秀的人才加盟或合作，现拥有以博士、硕士为核心的专业化优秀运营管理团队，包括具有丰富饲料企业实战经验的专家2人。同时积极加强与农业部饲料工业中心、中国农业大学、南京农业大学、山东农业大学等国内知名高校和科研院所的合作，这些都为新产品的开发和应用、提取工艺的优化、产品质量控制以及为广大客户提供优质服务方面提供了强有力的技术支持。公司把“研制绿色、安全、高效的添加剂，为全球饲料行业服务”作为使命和追求，赢得了客户的信任，市场销量的稳步提升。

公司是专业化提取饲料级胆汁酸的企业，2014年7月申报成功的新饲料添加剂胆汁酸新饲证字[2014]（3）成为提高脂肪消化吸收的代表，得到了国内外客户的高度认可，同时拥有胆汁酸生产设备、工艺、产品有效性和检测方法等多项发明专利。目前已与国内诸多大型饲料企业集团和动保企业如新希望六和集团、禾丰集团、大北农集团、亚太中慧集团、中粮集团、海大、通威、凤祥集团、仙坛集团、华英集团、南宝集团、拜耳中国等建立了良好的战略合作关系。同时，产品已经出口菲律宾、马来西亚、叙利亚、巴基斯坦、厄瓜多尔、中国台湾、泰国、越南等12个国家（地区），并正在积极开拓埃及、墨西哥、巴西和阿根廷等国家的市场。

2011年公司投资4 000万元，建立新的动植物提取基地，进一步扩大胆汁酸的生产规模，胆汁酸原粉产能达到1 500t/a，可服务3 000万t饲料，为饲料企业节约成本上亿元。并成功推出可以替代部分抗生素、抗病毒、提高机体抗氧化能力的杜仲叶提取物—幸福100，在推动健康养殖环节起到重要作用，已在中粮、金锣等养殖企业中得到很好的印证。公司在“成为世界领先的添加剂企业”的愿景指引下，坚持“绝不涉足与绿色、安全和环保添加剂无关的行业”的企业宗旨，加大现有产业的科技投入，加快企业的发展步伐，与海内外广大客户携手向前，合作共赢，为畜牧业的安全、健康发展贡献力量！

恩贝集团有限公司

恩贝集团有限公司始建于1995年10月，公司位于山东省邹平县恩贝工业园，是一家集饲料添加剂生产、生物技术研发和国际进出口贸易于一体的高科技企业。公司占地面积约50万m^2，拥有6家控股子公司，员工1 100余人。公司主导产品饲料级氯化胆碱、苏氨酸、维生素B_2、缬氨酸等饲料添加剂。

集团公司先后通过ISO9001质量管理体系认证，ISO14001环境管理体系认证，HACCP食品安全管理体系认证，FAMI-QS欧洲饲料添加剂生产商操作规范体系认证。荣获“中国饲料工业企业50强企业”“全国饲料添加剂科技创新优秀企业”“山东省高新技术企业”“山东省农业产业化重点龙头企业”“山东省诚信企业”等荣誉称号，被推选为中国饲料工业协会副会长单位。“恩贝”商标被评为“山东省著名商标”，产品被评为“山东名牌”产品。

公司以“为畜牧业提供安全、质优、价廉的饲料添加剂，做一个可信赖的供应商”为使命。所谓可信赖，不仅是确保质量和服务，而且确保质优价廉，成为最值得信赖的战略合作伙伴。公司立足于发展饲料添加剂行业，巩固氯化胆碱经营，发展维生素、氨基酸产品，致力于把“恩贝”打造成全球饲料添加剂的行业的著名品牌。

河南省

开封正大有限公司

开封正大有限公司是泰国正大集团第一家进入河南省的外商投资企业，成立于1985年4月，注册资本1 000万美元，总投资2 500万美元，年饲料加工能力36万t。专业生产畜禽饲料和水产饲料，是正大集团在河南省水产饲料专业化生产基地。

企业引进当今世界先进的美国豪孚公司全套饲料加工设备和工艺，所用配方均是正大集团技术总部按国际标准设计，封闭式自动化控制，进口监测仪器，对所有原料和产品实行100%检验，严把原料进厂关和成品出厂关，饲料产品每年都获得了ISO9001：2008质量管理体系认证。

公司秉承正大集团“利国、利民、利企业”的经营理念，一贯坚持“质量第一、用户至上”的宗旨。企业先后获得“全国饲料工业行业百强企业”“河南省外商投资先进企业”“河南省食品工业五十强企业”“河南省饲料行业科技创新先进企业”“开封市农业产业化优秀龙头企业”“农业产业化省重点龙头企业”“河南省饲料行业综合实力十强企业”等荣誉称号。

河南雄峰科技有限公司

河南雄峰科技有限公司成立于1998年，中国饲料行业第一家专业从事猪用预混合饲料生产的企业，历经17载的磨砺与成长，开创了以“猪场管家”系统为核心的“雄峰模式”，成为中部地区猪用预混合饲料第一品牌，志做“猪产业链专业服务商”。荣获“国家高新技术企业”“河南省省级技术中心”“中国规模化猪场服务示范企业”“农牧行业最佳人才成长平台”等荣誉。

作为“猪场管家”概念的缔造者与实践的先行者，雄峰公司突破了以往饲料企业单纯的饲料交易的经营模式，构建了国内最庞大的由国内外专家、流动服务人员与驻厂技术人员所组成的专业化服务团队以及与其相配套的服务资源，成为业内首屈一指的能提供猪场管理全面解决方案并有效付诸实施的企业。在全国，公司的猪场管家体系与无数个养殖计划相伴，重视每一个养殖场的每一笔投资，并以优质的服务帮助他们建立乐观的未来。

“雄鹰展翅，志在高峰”，雄峰坚持“激情成长，和谐伙伴”的文化核心理念，以“品格财富，智慧英雄”为企业精神。公司是良好企业文化与品牌建设的受益者，也是不遗余力的传播者，更是行业内为数不多的在创业初期就全面导入品牌建设并进行系统企业文化建设。公司以优良的思想和文化为基础，聚集了一支综合能力强的团队。

公司秉承“成长是成功的伙伴”核心价值观，始终将合作伙伴的利益与需求作为关注焦点，伴随客户的成长进行系统化的服务。在不断帮助合作伙伴成长成功的过程中，也逐步推动公司成为行业内少有的能够运用品牌影响力与企业文化感召力赢得客户的企业。

河南仰韶生化工程有限公司

河南仰韶生化工程有限公司是一家拥有 15 年历史的专业酶制剂生产企业，是世界 500 强的卓越供应商，供应杜邦产品品质 13 年如一，无一例产品质量问题。年产液体酶制剂 7 000t，固体酶制剂 2 000t，是全国五大酶制剂生产企业之一，拥有 20 余个产品的饲料添加剂生产资质，是河南省最大的饲料添加剂生产企业。

公司拥有“河南省酶工程技术研究中心”和“河南省酶制剂研发与应用院士工作站”等研发平台，承担有“国家 863 计划”“河南省重大专项”等项目，获得过国家科技进步二等奖并拥有相关授权发明专利。

公司产品有饲料酶制剂和微生态两大类型，涵盖固体、液体 2 种剂型，10 余个产品系列。研发了蛋白酶、康肽宝、益生菌等一系列高效复合产品，被广泛应用于饲料行业。

公司致力于从根本上减少人类食物链中抗生素使用，改善食品安全状况，增加饲料价值和养殖回报。历经数年研发的纯生物动保产品康肽宝，具有强效广谱抗菌、提高动物自体免疫激活能力的作用。“Kingtide® 康肽宝®”是 2013 年发布的全新生态化动物营养保健产品品牌。在调节动物机体平衡、增强免疫力、促进消化等方面作用显著，不仅可改善动物生长性能而且提高了饲料利用率。

河南德邻生物制品有限公司

河南德邻生物制品有限公司成立于 2012 年，注册资金为人民币 1 001 万元，坐落于黄河北岸的平原经济开发区，占地 4 万 m^2，是一家集研究、生产、销售、服务于一体的高科技生物制品企业。公司与中国农业大学、河南农业大学、河南省畜牧局等建立了长期稳定的合作关系，公司拥有强大的科研团队，其中博士 5 人，硕士 13 人；在职员工 196 人，具有大专及以上学历的占 90%。

公司引进国外先进的微生物消毒、发酵、培养、烘干等系列成套设备用于研发“益生宝”系列产品，该产品把多功能益生菌和复合酶制剂、益生元、动物生长因子巧妙镶嵌，并采用多重微囊化包被等缓释技术，创造性地解决了益生菌稳定性差、生物学效价低的缺陷，开创了益生菌生产、运用的新纪元。公司拥有德邻、德仁、信德邦、和赢四大品牌，可提供猪、禽、牛、羊、兔、水产等系列益生菌和饲料产品。

公司始终贯彻“诚信创新永恒，人品精品同在”的经营理念，以“生产高端产品、缔造一流企业、服务健康生活”为宗旨，以向社会和广大客户提供安全、可靠、稳定的高质量产品为己任，通过与社会各界的真诚合作，为我国的动保事业做出新的贡献。

郑州七佩和科技饲料有限公司

郑州七佩和科技饲料有限公司成立于 1996 年，是一家具有多元文化的技术主导型企业，专业致力于预混合饲料及饲料添加剂技术研究、产品的生产与推广，以及常规饲料配制加工技术的输出与合作。公司具有广泛的国际合作关系及国内市场网络，并拥有知识结构合理的高素质人才组合，确保公司的研发水平及中长期战略目标的实现。公司以市场为动力，以技术为基础，向全国的用户提供具有国际领先水平的新型饲料添加剂、预混合饲料、饲料生产技术及企业管理技术系统服务与合作。1995 年，公司与瑞士阿克苏贝尔集团合作成立北京七佩和投资咨询有限公司。1996 年，在河南省郑州成立郑州七佩和科技饲料有限公司，是河南省最早的专业预混合饲料公司之一。1998 年，在河北石家庄成立石家庄康恩佩科技饲料有限公司。1998 年，在湖北武汉成立武汉七因和饲料技术系统有限公司。2002 年，在宁夏银川成立银川鼎极饲料科技有限公司。

公司始终把社会效益、客户利益及员工回报放在首位，不断追求技术及管理创新，研发生产兼有经济和环境效益的新产品。公司将通过引进国外先进的研究方法、生产及管理技术，总结学习，使公司在相关领域取得并保持领先地位，促进中国饲料工业的发展。

湖南省

长沙兴嘉生物工程股份有限公司

长沙兴嘉生物工程股份有限公司坐落在长沙国家生物产业基地，依托湖南发达的冶金工业资源、技术及人才优势，充分挖掘微量元素产业的自身规律和价值，通过金属化工、精细化工、检测技术及应用技术体系的搭建，研发了氨基酸螯合物、新型无机微量元素、复合微量元素3大产品体系。公司参与制定多个国家标准，拥有60多项国家发明专利，成为产品线最齐、销售网络最完善、销售规模最大的专业化微量元素领军企业。

公司首创全球羟基蛋氨酸螯合物，并参与制订氨基酸螯合物新型无机微量元素—碱式盐系列产品国家标准。相继推出碱式氯化铜、碱式氯化锌，新型碱式盐和氨基酸螯合物黄金配比，是唯一获得两个“国家新产品证书”的高新技术企业。公司推出高效、低排的复合微量元素产品，为行业提供微量元素整体营养解决方案。公司为首家中国创建“微量元素应用研究中心”“中国饲料原料微量元素数据库”，通过欧盟FAMI-QS质量体系认证、首家获得“CNAS国家认可检测实验室”认证以及首家按饲料添加剂出口的微量元素生产企业。

率先在售前、售中、售后过程中与客户全方位互动，推出以技术服务为核心的“1＋1”服务营销模式。拥有全球首创自动化和智能化程度最高的复合微量元素生产线。

10多年来，公司举办了多届“微量元素与饲料安全”国际论坛、“微言大义，防微杜渐”中国行活动及“微量元素质量控制”研讨班，引领行业对微量元素的使用习惯和观念的改变，带动行业共同进步，获得行业的高度认可。

湖南昌业生物科技有限公司

CBG湖南昌业生物科技有限公司有20多年行业经验，是行业资深、成长速度快，服务及时，极具影响力，全球唯一一家提出SAP养殖理念的农牧公司。是专心、专注、专业生产畜禽系列预混合饲料、高端乳猪教槽、保育料，核心种猪料、保健肽、母猪宝、免疫王等功能性添加剂的高新技术企业。CBG昌业科技致力于中国饲料工业的可持续健康发展，引领行业健康养殖。公司技术研发团队由动物营养3位博士、6位硕士及7位畜牧兽医学博士、畜牧兽医临床专家组成，并解决问题。

公司自2006年8月28日创业成立以来，以稳定的产品质量和不断创新研发的新产品为顾客创造价值。公司占地2万m^2，引进国外最先进的检化验仪器及全套布勒生产设备，拥有现代化厂房、办公大楼及强大的事业性优秀卓越团队。

公司重点聚焦种猪、乳仔、育肥三阶段营养模式，结合3个万头规模猪场实验基地以“科技、健康、新生态”深入市场调研，整合行业十几位博士科研成果，结合世界最先进养殖水平开发出核心产品，始终坚持营养健康、消化吸收、最佳潜能、安全稳定作为产品特色。公司持续通过13年从理论研究到实验实践，推出全国独一无二的低蛋白DDB、UDB日粮，引领健康养殖业，真正体现了公司“营养第一，健康养殖”的养殖理念。公司的核心产品钻石宝、乳猪宝、仔仔宝、泌乳宝、昌业神，给客户真正创造了良好的经济效益，是所有养殖用户的致富法宝。

衡阳市新发展饲料有限公司

衡阳市新发展饲料有限公司成立于2000年，注册资金500万元，位于衡阳市蒸湘区工业园168号，下辖湖南新发展农牧科技有限公司、衡阳市新发展生猪专业合作社。公司投资6 000余万元新建的现代化生产基地，于2012年正式投产，具备复合预混合饲料5万t、配合饲料30万t的年生产能力。

公司拥有雄厚的自主创新能力及一流的研发体系，技术中心现有固定人员15人，其中博士2人，硕士6人，是全国第一家从事低氮饲料研发、生产、销售的高科技饲料企业，2013年成功申请衡阳市重点科技项目“低氮饲料工程技术研究中心”。研发中心在业内率先拥有高效液相色谱仪和原子吸收分光光度计等高端精密科研设备，具备自主检测霉菌毒素、重金属、氨基酸等生化指标的分析能力。公司有60多项专利已被受理，其中30多项发明专利已进入最后审查阶段。

公司是国家饲料工程技术研究中心认定的新技术推广基地，于2009年成立了博士工作站。企业通过了ISO9001质量体系认证，先后被评为“湖南省饲料工业协会常务理事单位”“湖南省农业产业化龙头企业”“湖南省著名商标”“易奶宝仔猪配合饲料”等产品在第五届湖南畜牧渔业暨饲料工业博览会上荣获金奖。公司荣获“饲料技术创新品牌全国30强”，博士易学武荣获“十大最具创新力动物营养师”，董事长陈海涛获得“农村致富带头人”荣誉称号。

公司本着“开拓创新、安全环保”的企业精神，以科技为导向，以服务三农为本源，以质量为最高竞争核心，以环保健康为约束，以生产放心安全饲料为目标。

岳阳市展翔生物科技有限公司

岳阳市展翔生物科技有限公司坐落于湖南省岳阳市君山区，是一家以无公害水产膨化颗粒饲料的研发、生产、销售和技术服务为基础，集成饲料原料开发、水产养殖药物的生产、水生动物预防保健和苗种孵化、养殖基地等规模化养殖于一体的综合性产业化企业。

公司建有数条国内外最先进的膨化熟化成套生产线和水产用药物生产车间。技术力量雄厚，积累了丰富的生产经验和雄厚的技术力量，“鑫富翔”“百业成”“湘渔”“裕翔”等品牌河蟹、黄颡鱼、黄鳝、叉尾鮰、青鱼、乌龟、长吻鮠、鲟鱼、鲶鱼、翘嘴红鲌、牛蛙、龙虾、甲鱼等系列特种水产膨化颗粒饲料享誉全国。水产药物主要有西药粉剂、中药散剂、水针剂、消毒剂、片剂、颗粒剂，产品主要覆盖湖南、湖北、广西、广东等省。公司特种水产饲料在品种、产能和销量上跃居同业华中市场前列，主要产品销售网络遍布全国各地。

公司辖有湖南大正食品有限责任公司、湖南大正生物科技有限公司、岳阳市翔昇堂生物科技有限公司和山东展翔生物科技有限公司、荆州展翔帝亿饲料有限公司等全资分、子公司，以及数个名优特全天候工厂化苗种孵化场和数个无公害特种水产高效养殖示范基地。

公司始终坚持“以市场定产品、以客户为中心，以产能降成本，以质量求发展”为宗旨、秉承“和谐、稳健、创新、服务”的企业精神，以“实施人才兴企，致力于业界服务，超越引领市场，提升整体实力”为策略，为广大养殖户架起致富的桥梁，提供更好更优的无公害系列膨化颗粒饲料，让广大养殖户能从中得到真正的实惠。

湖南伟业动物营养集团

湖南伟业动物营养集团成立于2002年，注册资本5 080万元，总部坐落在湖南长沙国家高新技术开发区，主要从事畜牧产业产品开发与技术推广。营销网络遍布华中、华南、华东、西南15省市，员工总人数1 000余人，年销售额过2亿元。

公司拥有1支以归国动物营养专家为首的高素质研发队伍，始终立足动物营养与生物科技前沿，自主研发的350G粒粒乳教槽料系列产品、发酵苎麻产品获准国家专利称号，并先后荣获“重质量、守信誉单位”“无公害农产品认定企业”“高新技术企业”“ISO9001国际质量管理体系认证企业”“最畅销产品奖”“湖南省自主品牌奖”“湖南省著名商标”“湖南省名牌产品”称号等多项殊荣，得到了养殖用户的广泛认可与信赖。

公司自成立以来，先后投资近亿元打造无公害生物饲料加工生产基地3个，分别拥有布勒全套自动化控制生产线、牧羊全套自动化控制生产线（含计量、打包、装卸等），达到年生产全价饲料、浓缩饲料80万t、预混合饲料18万t。2012—2014年，分别与安徽长丰、岳阳长江、潮州银龙、高州三和等合作建成安徽伟业、湖南中农联成、潮州银龙联成、高州联成等生物饲料生产基地。

公司以“务实高效、追求卓越”为核心价值观，以“同心同德、共创伟业”为使命，以“事业常青、生活美好”为远景目标，秉承“诚信、敬业、团队、创新”的企业精神，以高度的社会责任心为我国畜牧养殖事业的可持续、健康发展做出更大的贡献！

广 东 省

广东南宝集团有限公司

广东南宝集团有限公司成立于1994年，位于佛山市顺德区大良广珠公路大门路段，注册资本15 825万元，主要生产经营畜禽、水产配合饲料，2014年销售各类饲料、面粉共270万t，销售收入75亿元，其中面粉17万t，销售收入5亿元，获得广东省名牌产品28个。

广东南宝集团有15间下属企业，分布于广东省的佛山市、广州市、江门市、惠州市、肇庆市等地，分别为广东顺德广顺饲料有限公司、佛山市顺德区利宝饲料有限公司、佛山市顺德区喜德宝企业有限公司、佛山市三水君威饲料厂有限公司、广州南宝饲料有限公司、广州市骏宝饲料有限公司、鹤山市广顺饲料有限公司、江门市鸿宝饲料有限公司、江门市领宝饲料有限公司、惠州市会宝饲料有限公司、肇庆金顺饲料有限公司、广东新粮实业有限公司新粮饲料厂、广东新粮实业有限公司睦州饲料厂、广东新粮实业有限公司新粮面粉厂、漯河市喜德宝饲料有限公司。

澳华集团

澳华集团是由国内外畜牧、水产及饲料行业资深人士组建的股份制科技型农牧企业。自1998年创办以来，集团不断发展壮大，目前已拥有生产基地10

多个，年饲料生产能力200余万t。子公司遍及广东、湖北、河南、浙江、天津、福建、湖南、四川等省市，主要产品有畜禽饲料、水产饲料、预混合饲料、饲料添加剂及畜禽、水产种苗等。另外，集团之关联企业还涉足动物保健和生物工程等高科技产业。

集团总部和多个子公司目前已获得了国家级高新技术企业、《出口食用动物（猪、虾、鸡）饲用饲料生产企业登记备案证》和ISO9001质量管理体系认证等称号和资格，拥有技术专利10多项，拥有具备教授、研究员、高级工程师等高级技术职称以及博士、硕士等高学位的技术和管理人员数十人。集团的技术团队在乳猪饲料的营养、种鸡的营养与免疫、猪传染病的防治以及虾的营养与免疫等的研究方面具备多项科研成果和较深的造诣。

澳华成立11年之际，澳华股东再次做出重大调整，明确5+2产品战略和澳华新的使命“绿色动物产品，健康人类生活”。自此将人类健康和环境友好、资源节约作为澳华人的使命，并提出“做最有价值的企业”的企业定位和“做养殖业有良心的买手”的经营理念。

做养殖业有良心的买手，不是简单地迎合客户的表面需求，而是挖掘客户的深层次需求。首先客户购买的不是饲料，而是养殖成功、获得高收益的解决方案；其次澳华不是卖饲料，而是给动物提供满足其健康生长所需的营养和保证其健康的环境，率先改变了饲料产品的边界；未来澳华还会进一步挖掘养殖业需求，从源头控制，确保生产绿色健康、天然风味的优质农产品，满足高端人群的需求，引领行业发展。

广东粤海饲料集团有限公司

广东粤海饲料集团是一家集饲料研发、生产、销售于一体，以水产动物饲料、水产种苗、添加剂预混料、水产生物制剂、水产养殖和水产品加工为主营业务的“国家火炬计划”重点高新技术企业，是我国大型的集团化优质水产饲料生产基地。集团下属子公司分布于广东、广西、浙江、福建、海南、山东、江苏、辽宁等沿海地区。

公司坚持技术制胜战略，精心打造产品的核心竞争力，自主开发核心技术的能力在国内外处于领先水平，建立了完善的市场营销网络系统，不断强化服务能力建设，与客户建立了紧密的合作关系，旗下的“粤海牌”“粤佳牌”“海佳牌”“海荣牌”“海轩牌”系列水产饲料可满足不同客户、不同养殖品种的需求，“选择粤海，选择成功”成为广大客户的共识。

公司以促进我国水产养殖事业可持续发展为己任，以赶超世界先进水平为目标，构建种苗、饲料、养殖、加工一体化的完整产业链，欲打造中国最强、世界一流的水产饲料企业集团。

广州市江丰实业股份有限公司

广州市江丰实业股份有限公司是一家从事家禽繁育、饲养，饲料、饲料添加剂和兽药添加剂生产，家禽屠宰深加工和家禽批发市场经营的综合性企业，是农业产业化国家重点龙头企业，广州市鲜活农产品主要生产出口基地。

公司始建于1975年，公司资产总值4亿多元，现有员工800多人，其中大中专以上专业技术人员占30%以上。年销售收入达12亿元，实现工农业生产总值约8亿元，纳税1 000多万元。

公司是闻名全国的“江高体系”的龙头单位，秉承“为农民增收致富服务，为民众提供健康食品”的宗旨，生产经营以家禽繁育为龙头、肉鸡食品精深加工研发和终端建设为重心，饲料和饲料添加剂业并重发展，建立了从农场到餐桌的完善生产经营体系。家禽繁育板块坚持以带动更多农户发展养鸡业为主，通过产品回收、技术指导等形式带动更多的农户养殖致富，进行产业化经营。目前，公司共带动农户4 500多户，年饲养肉鸡达2 000万只，产值约4.5亿元，每户年均增加收入超万元。公司带动农户走上了脱贫致富的道路，亦使公司的规模不断发展壮大，取得了双赢互补的社会效益和经济效益。

多年来，公司一直坚持标准化生产和管理，以生产安全、放心、营养的农产品为己任，大力推行ISO9001、HACCP等先进的质量管理体系，属下的各生产企业均通过ISO9001：2000和HACCP质量管理体系认证。公司自主生产的江村黄鸡、“粤江丰”牌饲料、“粤江丰”牌复合维生素等产品屡次获得“中国名牌农产品”“广东省名牌产品”“国家无公害农产品”等荣誉称号。

金钱饲料（东莞）有限公司

金钱饲料（东莞）有限公司是源自瑞士的金钱香港控股有限公司投资1亿多元人民币兴建，于2011年1月创建于广东省东莞市麻涌镇沙港工业园区，公司占地面积4.7万m^2，建筑面积106 000m^2。厂区毗邻中国华南大港—广州港，地理位置优越，水陆交通便捷。工厂采用全套装配布勒（BUHLER）畜禽料生产设备和安德里茨（ANDRITZ）水产膨化生产设备，年生产能力达70万t，生产饲料品种多达100多种。

“金钱”作为国际知名饲料制造企业，自1983年进入中国以来，一直以“质量稳定、信誉第一”著称。由于20余年的潜心经营与成功管理，金钱饲料广获社会各界认可，获得多项殊荣：多次荣获广东省饲料工业质量信得过产品称号，被中国饲料工业协会授予“全国饲料行业百强企业”和“重承诺信用企业”称号。此外，还多次获得“全国先进外资企业”“全国外商投资双优企业”等光荣称号。

在中国经济腾飞的今天，“金钱”将秉承在中国大陆20余年的成功管理经验和经营理念，一如既往竭诚服务于农民，服务于社会，为中国农业现代化的发展贡献力量。

海 南 省

海南远生渔业有限公司

海南远生渔业有限公司于2007年8月在海南省工商行政管理局注册成立，坐落于海南老城经济开发区玉堂路6号，注册资金10 300万元，是海南翔泰渔业股份有限公司的全资子公司，法定代表人刘荣杰，经营范围为水产品、禽畜的收购及销售，速冻食品、饲料的生产及销售。

公司总占地62 000m^2，加工车间总面积20 000m^2，冷藏库面积1 440m^2，容量3 000t。公司发展至今已形成以罗非鱼产品为主，养殖、捕捞、加工、运输、销售一体化的经营运作流程。公司拥有职工800多人，设有行政部、业务部、原料管理部、生产部、品管部、财务部六大部门及HACCP领导小组，形成完善的企业运作体系和质量管理体系。公司按照出口食品生产企业、卫生注册登记管理规定及SSOP、HACCP法规有关规定建立行之有效的卫生质量管理体系。在生产全过程中严格按照各体系规定及国际通行的卫生质量标准实施品质控制，先后通过国家检验检疫局出口食品卫生注册、输美水产品HACCP认证，是农业产业化省级重点龙头企业。

公司拥有罗非鱼生产线9条，双螺旋冻结设备3台，平板机4台，金属探测仪2台；配置有800m^{2}的化验室，化验室除常用检验仪器、设备外，还配备了目前业内领先的水产品检测设施-液相色谱仪、液质联仪，借助先进的仪器设备分析检测与CIQ、USFDA及EU规定的微生物和氯霉素、呋喃代谢物、孔雀石绿、三聚氰胺、四环素等抗生素，实现了从原料到成品的微生物及各类抗生素的自检自控，为客户提供质量稳定的高品质产品。

公司每天能加工冻罗非鱼片60t，罗非鱼10t，年产量20 000t。产品以出口为主，主要销往美国、欧盟、俄罗斯、墨西哥等国家。

为了完善产业链，提高市场的竞争力，公司于2012年下半年进入饲料行业，建年产20万t以上的饲料生产线，共有5条水产饲料生产线，2条沉料罗非鱼生产线，2条浮性罗非鱼饲料生产线和1条虾料生产线。

生产设备使用先进原装配套生产线，该生产线工艺居国内领先水平，采用全自动监控系统，保障了产品过程的可控性、稳定性、安全性。产品通过海南省技术检验主管部门多次质量抽检中均符合国标、省级质量标准要求，同时，在2013年11月7日通过海南出入境检验检疫局《出口食用动物饲用饲料生产企业登记备案证》的审批。

目前，主要产品有罗非鱼沉性配合饲料、罗非鱼膨化配合饲料、海水鱼膨化配合饲料、金鲳鱼配合饲料等。2014年总销量达到11万t以上，生产总产值4.48亿元左右，市场占有率达到38%以上。短短2年时间，翔泰饲料在行业的销售就占据前列。从投产以来，本公司基地的实验效果及养殖户的使用效果、养殖的产生的效益，都赢得客户对公司产品的认可。公司要求饲料产品的严格控制原料的品质，保证产品的质量；生产过程全程监控，确保产品的稳定性；技术指导客户、科学管理、生态养殖；确保为农户提供安全、健康、放心、无公害的优质饲料。

公司充分发挥农业产业化国家重点龙头企业的示范带动效应，联结上游养殖户，大力推广无公害养殖标准，深化海南罗非鱼精养模式，为消费者提供优质的水产食品。高效利用海南岛优质的水土资源，在大力发展养殖业的同时，加强对生态环境的保护。秉承“以品质为生命，以真诚为桥梁，竭诚为客户提供最优质的产品”的经营宗旨，以国家产业政策为导向，依托海南岛优质淡水和海水资源，打造具有海南岛地理标识的水产精品，以不断满足国内和国际市场旺盛的市场需求，保持业绩的持续增长。在为自身创造价值的同时，公司不忘自身承担的社会责任和生态责任，力图达到经济效益、社会效益、生态效益三者的和谐统一。

海南海壹水产饲料有限公司

海南海壹水产饲料有限公司（原海南大海水产饲料有限公司）是上市公司通威股份（股票代码：600438）旗下的全资子公司，位于澄迈县老城工业开发区内，占地面积25 000m^2，拥有集生产、办公于一体的花园式厂区，距离海口市区约30km，环境优雅，交通便利。

公司从事虾料和海水鱼料等高端饲料的生产和销售，是海南岛规模最大的专业海水饲料生产企业，是海南省饲料企业中集种苗、生物制品、饲料加工、水产品深加工为一体的最完整产业链企业。自2001年组建以来，相继获得“海南省高新技术企业”“海南省核心竞争力50强企业”“海南省诚信纳税企业”

"海南省十大农业龙头企业""海南省农业龙头企业""农业产业化国家重点龙头企业"等多项殊荣；公司注册商标于2008年被评为省著名商标，公司已通过质量管理体系认证和食品安全管理体系认证，拥有良好的社会声誉和行业影响力。

以客户为中心，在这全面竞争的时代，海壹人将更加投入，更加专注，不断探索，不断超越，不断地为客户创造价值，为水产行业奉献海壹的真诚与力量。十几年在本行业的发展与积累，公司经营的"海一牌"饲料已成为中国对虾行业的知名品牌。公司衷心希望与广大水产界的同仁结为伙伴，携起手来，共同开创水产行业的美好未来！

海口双胞胎饲料有限公司

海口双胞胎饲料有限公司坐落于海南省海口市秀英区海榆中线8km处，占地面积约70亩，注册资本100万元，是一家现代化的大型饲料生产企业，所有权性质为有限责任公司。公司专业生产双胞胎系列品牌猪饲料和其他禽畜饲料等，设计年生产能力24万t，年产值10亿元。

海口双胞胎饲料有限公司隶属于双胞胎（集团）股份有限公司，是集团于2007年拍卖获得原琼州饲料厂厂地，并经持续改造后重组的一家饲料加工企业。公司不断引进先进设备流程，提高管理水平，按高质量、高标准的要求进行生产和设备安装工作，固定资产2 000余万元。借助集团成功的子公司管理组织和质量管理体系进行科学管理，确保公司运作高效、产品高质。针对海南养殖情况生产"双胞胎""金苹果"系列品牌的猪、禽用配合饲料，集团借助高科技人才优势，采用国际领先技术设计科学合理的配方，利用先进的生产和检测设备进行规模化生产。主要工艺装备有除杂除尘系统、自动化配料系统、混合系统、膨化系统、制粒冷却系统和自动打包系统。公司充分发挥双胞胎的品牌、人才和服务优势，全力开拓市场，服务于海南畜牧养殖业，为海南饲料工业发展和经济发展做出应有的贡献。

为了确保产品质量，公司严格按照国家标准或高于国家标准要求，制定了原料、标签、包装和生产工艺的企业验收标准，配置了化验室检测设备，引进价值40余万元的丹麦进口近红外扫描仪，同时配有可见分光光度计、半微量定氮仪、分析天平、箱式电阻炉、电热鼓风恒温干燥箱、真空泵、低速台式离心机、索氏脂肪提取器、磁力加热搅拌器、调速多用振荡器、电热蒸馏水器、中药粉碎机等。公司对原料和生产成品有自主检验能力，对生产过程建立了规范的质量操作流程和关键控制点，设立现场品管岗位负责监督执行情况，建立健全了各种质量责任管理制度和质量控制体系，将质量视为双胞胎人的品格和自尊。

公司引进和培训了一批高素质的管理、技术、品管和生产人才，技术管理人员均在饲料行业工作过多年，有丰富的饲料管理经验，能按《饲料和饲料添加剂管理条例》要求组织管理生产。

广西壮族自治区

广西普乐维美动物营养有限公司

广西普乐维美动物营养有限公司是美国嘉吉公司旗下专业化生产畜禽水产添加剂预混合饲料、浓缩饲料、配合饲料的企业，前身为广西彼得汉预混合饲料有限公司。随着公司业务不断扩大，客户越来越多，原来的生产场地、生产能力已不能满足需要，因此，公司投资了5 700万元兴建了新的现代化厂房，新厂房生产面积达7 000多m^2，占地2万m^2。新厂房具有年单班生产6万t预混合饲料、2万t配合饲料和浓缩饲料的能力。公司现有员工118人，其中高级工程师10人，研究生5人，大学生45人，专业技术人员73人（含技工）。生产设备等从法国等引进，采用世界上最先进的工艺，整个生产过程均由电脑自动化操作，最大限度降低了人为错误操作率。新建化验室面积达320m^2，化验设备共投资了120多万元，从美国等购置原子吸收分光光度计、高效液相色谱仪、近红外分析仪等大型检测仪器。

2014年，公司产销的"普乐维美"牌畜禽、水产预混饲料、浓缩饲料、配合饲料因技术含量高、使用效果好而深受客户信赖。产品销往国内18个省和东南亚国家。所生产的产品经有关部门的抽检全部合格，销售额为5 683万元，销售量为8 074t，取得了显著业绩。

公司将利用先进的设备、优化的生产条件生产出更多优质产品为更多的客户服务，为饲料工业和畜牧业的发展作出更大的贡献。

广西商大科技有限公司

广西商大科技有限公司是一家专注于畜禽营养研究、产品开发、生产、销售和服务的创新型科技企业，以"健康从营养开始"的理念，精心服务于中国集约化养殖企业。

2014年公司研发成果《后备母猪营养关键技术与应用》荣获南宁市科技进步二等奖，申请国家发明专利9项，其中《南方高温高湿环境下规模化猪场母猪系统营养技术集成与应用示范》荣获广西壮族自治区科技进步二等奖。同时，公司通过国家高新技术企业认定，"广西种猪营养工程技术研究中心"大楼和

“10万t高端种猪专用预混合饲料生产线”主生产车间大楼成功封顶。

公司创办以来一直致力于种猪系统营养的研究与应用，致力打造“中国种猪营养第一品牌”。公司注重科技研发与投入，与国内外多所高校合作，探索了一套理论，形成了一个模式，建立了两套方案，开发了32个种猪专用新产品，推广到了全国15个省市自治区。

未来，公司将坚持以客户为中心，本着“以人为本、以客为尊”的经营理念，不断创新，为我国养猪业的发展提供更加有力的支持与帮助，推动我国从一个养猪大国升级为世界养猪强国。

广西南宁骏威饲料有限公司

广西南宁骏威饲料有限公司成立于1993年，是一家专业生产各种优质饲料级单项微量元素和复合微量元素的预混合饲料企业，是中国同行业中最早拥有自主进出口权的企业之一。公司生产设备精良，工艺技术先进，质量控制严格，管理体系完善，于2005年通过ISO9001质量管理体系认证和IQnet认证，旗下全资子公司广西南宁益维饲料科技有限公司于2012年通过欧盟FAMI-QS认证。2004年公司荣获中国饲料工业协会授予“饲料行业信得过产品”称号企业，2008年“骏威”商标被评为广西壮族自治区著名商标。

公司占地面积19 000多m^2，厂房面积8 000多m^2，工艺先进，设施精良。现有员工150人，其中大学本科以上的专业技术人员有24人。公司拥有4条化工生产线，4条烘干生产线，1条超微粉碎生产线，7条混合工艺生产线和1条反渗透生产用纯净水生产线，每年可生产各种单项的无机微量元素添加剂5万t以上及微量元素预混料5 000t以上。公司的产品不仅畅销全国各地，并与国内外许多大型饲料企业建立了稳定的合作关系，如正大集团、AgFeed、金钱饲料、正邦集团、沈阳农牧、广西漓源及帝凯维等。公司的产品出口到美国、比利时、丹麦、智利、英国、日本、韩国、越南、巴基斯坦、中国台湾等二十多个国家和地区，产品质量和服务均得到了国内外用户的认可。

南宁市泽威尔饲料有限责任公司

南宁市泽威尔饲料有限责任公司坐落在广西壮族自治区首府南宁市良庆经济开发区，是以螯合营养为核心技术的专业化生产厂家。

公司自2002年成立以来，专注、专长、专心于螯合物的研发。近几年，公司正式研发并投入市场的高纯产品达到十多个，如富马酸亚铁、复合有机铁、柠檬酸钙、甘氨酸铁、蛋氨酸螯合微量元素等，产品畅销全国各地以及日本、韩国、美国、巴西等国家。新希望、温氏、通威、华港等公司已成为泽威尔长期合作伙伴。

公司是中国饲料工业协会理事单位，2010年通过ISO9001体系认证，2012年被评定为高新技术企业，2014年被评为广西创新型试点企业、产学研用一体化企业，拥有自主知识产权的国家发明专利5项。

公司现有员工人数86人，专门从事产品研发人员13人，承担多个省市级科技项目，参与并制定了国家标准《饲料添加剂富马酸亚铁》《饲料添加剂柠檬酸钙》，在制定的这两个标准中，创造性地把主有效成分分别作为指标要求并进行检测，引领国标制定更严谨。参与修制国家标准《饲料添加剂蛋氨酸锰》《饲料添加剂蛋氨酸锌》。

公司首次提出纯度是有机微量元素品质的唯一标准理念，倡议产品要螯合纯化生产工艺进行生产，用螯合纯度作为评判生产工艺水平的指标值。

公司站在饲料添加剂行业发展前沿，加大先进的生产设备投入，建立了有机微量元素检测实验室，坚持产品的螯合纯化生产工艺，严格按ISO9001质量体系生产，确保产品质量。

公司将全面创领螯合物高纯时代的到来，努力打造成全国乃至全球高纯度、高螯合率的有机微量元素专业生产厂家和研发基地。

桂林精成生物科技有限公司

桂林精成生物科技有限公司成立于2007年，由桂林市力源粮油食品有限公司和桂林市漓源粮油饲料有限责任公司等出资注册，注册资金为300万元，企业员工50人。2014年产饲料酶制剂500t，销售额1 131万元。

公司注重技术创新，与湖北大学、广西大学、桂林电子科技大学、广西畜牧研究所等多家高校、研究院进行长期合作和技术交流。公司共有14人参与研发工作，其中有高级工程师1人，工程师3人，助理工程师10人；拥有研发中心1个、分析室1个，无菌室2个；承担多项国家、自治区创新基金、科技项目、于2012年被评为国家高新技术企业，是广西目前唯一一家集酶制剂研发、生产和销售一体化的高新技术企业。

公司的生产技术在行业中处于领先水平，拥有广泛、稳定的客户。公司拥有一套先进的发酵和后处理设备，建造了现代化的研发室、菌种培养室等，通过不断引进国内外先进技术并进行改良，拥有自己独特、先进的生产工艺。公司的主要产品有饲用植酸酶、木聚糖酶、甘露聚糖酶、具有酶活性高、热稳定性好等优点。产品在广西、广东、湖南、湖北、江西等地拥有广阔的市场。

重庆市

重庆希望饲料有限公司

重庆希望饲料有限公司是新希望集团董事长刘永好于1992年在重庆投资的大型现代化饲料生产企业，位于重庆市北部新区人和镇，占地40余亩，总投资1.2亿元，固定资产6 000万元，现有员工200余人，其中，中、高级科技人员100名，拥有国内先进的全电脑自动控制生产线，具有年产销饲料30万t、年产值4亿元的生产能力。主要产品有“希望”等品牌的猪、鸡、鸭、鱼及兔、鹌鹑配合饲料、畜禽浓缩饲料等。产品配套性和适用性极强，能满足多层次用户需求。

根据政府要求企业搬迁和重庆片区的发展规划，将重庆希望饲料有限公司搬迁到重庆周边，以靠近销售市场和部分原料市场，降低物流成本，增强产品核心竞争力。公司将在重庆麻柳沿江开发区进行投资，项目总投资约2亿元，分三期投入。其中，第一期投资1亿元，第二期投资6 000万元，第三期计划投资4 000万元。

重庆新希望的生产设备全部由瑞士布勒公司提供，将建设由10个筒仓组成的原料储存环境，安装玉米和小麦的分级除杂设备，从源头上把握产品质量关。新建公司工艺先进，从根本上提升产品价值。

重庆希望经过20多年的发展，注重产品品质，认为只有品质制胜才能基业长青。公司将在新动力的推进下，迈开发展脚步，紧跟时代脉络，再创辉煌。

重庆威士化工有限公司

重庆威士化工有限公司成立于1997年，是一家专业从事饲料添加剂研究、生产的公司。公司下设总经理办公室、饲料添加剂厂、技术研发部、质检部、物流部、市场营销部、技术服务部、财务部等，倡导“诚信、创新、勤奋、协作”的经营理念，坚持走“差异化、个性化”的技术服务型营销模式。中、高层都进入清华大学、中国人民大学、重庆大学、重庆师范大学等MBA的再学习，是一个朝气蓬勃的学习型团队。

公司技术研发部由2名博士、2名高级工程师带领，长期与国内多家高等院校（如四川农业大学、西南大学、重庆大学）、研究院（如重庆市畜牧科学研究院）进行技术合作，取得了一系列成绩。在国内最早进行无刺激、无腐蚀、对饲料适口性无影响的新型饲料防霉保鲜技术的研究和运用，对非离子表面活性剂在饲料工业中乳化、保水、降低颗粒硬度等方面进行了系统、全面的研究和探索，取得了多项国家专利。公司生产的产品率先得到了国内多家大型饲料集团的认可和使用，为我国饲料工业的发展作出了应有的贡献。

公司建有较为完善的分析检测及工艺实验室，除了可以进行常规的理化分析检测外，还能采用气、液相色谱进行微量、定性分析检测。公司对生产的每批次产品及原辅料，严格坚持按执行相应标准，检测合格后方能入库、生产、发运的原则，确保了产品质量，从而为企业的可持续发展奠定了坚实的基础。另外，公司还建有6套独立的预混合生产线，严格按照ISO质量管理体系进行生产管理，为产品质量的稳定性提供了保障。

近几年，公司与国内多家大型饲料集团合作，如正大集团、新希望六和集团、特驱集团、安佑集团、金钱（瑞士）集团、中国台湾大成集团、禾丰集团、湖南正虹集团、中粮集团、四川巨星集团、四川铁骑力士集团等公司，得到了客户的高度赞扬和认可。

重庆市优胜科技发展有限公司

重庆市优胜科技发展有限公司成立于2000年6月14日，注册资金1 020万元，注册类型为有限责任公司。生产、办公地址位于北碚区同兴工业园区，占地2万 m^2。主要从事饲料、饲料添加剂产品及植物生长调节剂、植物营养剂、植物基因活化剂等农资产品的开发、研制、生产和销售等。公司现有员工65人，其中中高级科研人员13人，均具有大专以上文化程度。

公司建立了严格的质量管理体系和服务体系，制定了完善的管理制度和岗位责任制度，企业组织结构紧密，各部门间协作配合充分，监督管理，保证了产品质量的可靠性和稳定性。公司具备完善的检验化验设备，主要有1260高效液相色谱仪、7820A气相色谱仪、FA1004A分析天平、SZ－93自动双重纯水蒸馏器、R－1001N旋转蒸发仪、WB－2000水浴锅、TU－1901双光束紫外可见分光光度计、TAS－990原子吸收分光光度计、DHG－9030A电热恒温鼓风干燥箱、SX2－4－10箱式电阻炉等。

公司拥有多项专利及专有技术产品，新饲料添加剂紫苏籽提取物粉剂（新饲料添加剂证书号：新饲证字［2007］03号），能加快动物生长，降低料肉比，提高瘦肉率并改善产品的风味。

重庆市卢山饲料有限公司

重庆市卢山饲料有限公司是一家专门从事饲料及

添加剂研发、生产、销售为一体的民营企业。创立于1992年，坐落于云阳县人和街道莲花社区六组，是ISO9001国际质量体系认证企业、环境保护主体责任标准化达标企业、安全生产标准化三级企业。公司占地1万m^2，主体企业注册资本450万元，固定资产4 500万元、现有职工80余人，其中，中高级技术人员17名，年创产值6 000万元。

公司主要生产浓缩饲料和配合饲料，产品山鹿“开门红”系列乳猪浓缩饲料连续三届获得重庆市名牌产品称号，“山鹿”商标，连续三届获得“重庆市著名商标”称号，“奥渝”牌系列饲料产品，是2014年市级名牌产品培育品牌。此外，公司还利用自身专业优势，为广大养殖专业户免费培训，召开养殖技术专业研讨会，为重庆地区养殖业发展作出了贡献。同时，公司还下设有兽用医药、医疗器械、生物制品以及饲料原料专营部，年销售额达4 000万元，经济效益卓著。

公司自2004年以来，多次获得“市级守合同重信用企业”“重庆市最具发展潜力企业”“重庆市知名品牌企业”“云阳县优秀民营企业”“云阳县慈善协会理事单位”等荣誉称号，其饲料产品被评为消费者满意商品。

公司将继续秉承“务实高效，雷厉风行”的经营理念，发扬“团结、专注、创新、超越”的精神，坚持“兴农报国、造福人类”的使命，以致力打造为“世界农牧企业第一品牌”为目标。

重庆得亿农生物科技有限公司

重庆得亿农生物科技有限公司成立于2004年5月，位于重庆市九龙坡区陶家都市工业园，是一家集生物科技研发、饲料生产技术，猪浓缩饲料、配合饲料的生产和销售，饲料原料贸易为主的高科技农牧企业，隶属于福建傲农生物科技集团。

公司始终坚持傲农集团“为客户创造价值、为员工提供发展、为社会做出贡献”的核心价值观，发扬“诚信、激情、分享、创新”的精神，发挥“自强不息、勤劳朴实、永争第一、止于至善”的优良作风，坚定“得亿农专做好猪料”的产品理念。

为更好地服务于猪场，践行“母猪是源头、断奶是关键、保育是基础”的理念，公司特推出“母猪营养三阶段产品”，提供PSY26头解决方案，以及“仔猪前期营养三阶段（奶水阶段、教槽阶段、保育阶段）”产品和理念。初生重1.5kg乳猪，用30kg教乳料，70天可达到30kg以上。同时，公司成立了专家技术服务团队，提供养殖管理、疫病防治，并借助集团猪OK网和金融公司，为猪场提供精细化经营管理等服务。

在傲农集团优秀的技术和管理模式、全体员工的共同奋斗下，公司将会为畜牧业的发展作出突出贡献。

重庆川牧饲料有限公司

重庆川牧饲料有限公司是西南大学直属的国有科技型企业，创建于1988年2月。占地5.3万m^2，建筑面积1.8万m^2，资产总值3 000余万元。公司为中国重庆畜牧科技城（荣昌县）重点饲料企业，西南大学教学、科研、实习基地，农业部《饲料质量安全管理规范》示范企业。“川牧”商标连续五届被评为重庆市著名商标。

公司拥有国内先进的配合饲料自动化生产线、饲料及饲料原料膨化机组、添加剂预混合饲料成套生产设备，并建有专门的牛羊料生产线，年生产各种饲料能力可达10万t以上。生产的产品种类有畜、禽、鱼及珍稀动物配合饲料、浓缩饲料及添加剂预混合饲料。

公司依托高校人才优势，持续开展饲料产品的技术研发和创新工作，产品科技含量达行业先进水平，坚持“以师之德，行商之道”的企业理念，遵循“为绿色健康养殖制造好饲料”的宗旨，严格按照《饲料质量安全管理规范》要求进行管理和生产。产品安全可靠，质量稳定，性能优良。

公司以科技富民、服务社会为己任，常年派出专家和科技人员下乡，大力开展畜禽养殖技术咨询、培训、服务等工作，为促进地方养殖科技的普及和提高，推动地方畜牧业的发展，作出了积极贡献。

四 川 省

四川隆源机械有限公司

四川隆源机械有限公司创建于2010年7月，注册资金800万元，是一家集科学研究、生产销售、安装调试和售后服务为一体的高科技企业。公司主要以单班年产30万t饲料成套生产线设备的研发与生产为主，产品涵盖了饲料生产线原料接收、清理、除尘、输送、粉碎、配料、混合、调质、压粒、膨化、筛选、包装及自动控制等各个工段。

公司产品从设计、原材料采购、生产过程的监管、质量检测和售后服务完全按照ISO9001：2008标准的规定执行。完善的加工手段，精细的制作，齐全先进的生产检测手段，使得公司产品一直能以高品质的内涵交付用户放心使用。长期以来，公司坚持以用户满意为宗旨，竭诚为新老用户提供优质服务。用户已遍及全国20多个省市、自治区，并与国内多家集团公司建立了良好的合作关系。

公司秉承“专业服务、快捷诚信、领先科技、专注细节”的经营理念，专业服务于饲料生产企业。四川隆源机械有限公司愿与各界朋友一道携手共创美好明天。

贵 州 省

贵阳双胞胎饲料有限公司

贵阳双胞胎饲料有限公司是双胞胎集团下属子公司之一。位于贵州省贵阳市白云区粑粑坳，成立于2008年，厂房总建筑面积13 260m^2，职工100余人，各类科技人员18人，是一家集饲料研发、生产、销售、技术咨询服务为一体的大型饲料制造企业，公司拥有先进的检测设备，雄厚的人才储备。2014年投资5 000万元扩建了新生产线，现年产能40万t。长期以来，公司与贵阳市高等院校等有着稳定的合作关系，共同开发的新产品，为企业的发展注入了新活力，走出了一条产学研结合的成功之路。2014年营业收入突破3.7亿元，是贵阳市最大的饲料企业生产基地之一，猪饲料产销量位居贵州第一。

公司秉承“为养殖户创造价值，为社会创造财富，为员工创造机会，为股东创造利益”核心价值观，专业打造的乳猪奶粉、乳猪饲料、仔猪饲料、浓缩饲料等产品主要销往贵州地区。公司秉承“质量是双胞胎人的品格和自尊”的理念，建立了各项严格的质量责任管理制度和质量控制体系，全力打造中国猪饲料第一品牌，已成为深受广大养殖户青睐的名牌产品。

公司积极履行社会责任，2014年积极向政府交企业所得税400多万元，积极对养殖户进行科学养殖培训，力争改变传统、落后的养殖方式，为养殖户带去真正的实惠；积极吸纳应届毕业生，为其提供广阔的就业平台；积极帮助贫困、困难的公司员工，先后已帮助困难员工30人，提供爱心救助款20万余元。

公司始终牢记“服务养殖，共赢未来”的使命，树立“做中国饲料行业典范”的目标，崇尚“创新为上善，诚信若厚德”的经营之道，致力于打造学习型双胞胎、创新型双胞胎和诚信型双胞胎，恪揣着“打造中国猪饲料第一品牌”“打造世界著名农牧企业”的美好愿景，致力于为广大养殖户创造最大价值。

贵阳特驱希望农业科技有限公司

贵阳特驱希望农业科技有限公司是华西希望·四川特驱投资集团有限公司于2007年投资5 000万元在贵州兴建的一家现代化饲料生产企业。公司位于贵阳市观山湖区金华镇三甫村，占地面积约3.3hm^2，南紧邻321国道和贵黄高速公路，距贵阳市区15km，距林东铁路货运站仅2km，交通十分便利，地理位置优越。特驱集团是希望事业创始人、华西希望集团董事长陈育新为推动企业更快更好地发展而建立的一个“管理特区”，是以王德根先生为代表的职业经理人团队搭建的一个创业平台。特驱集团专业从事饲料生产加工、畜禽养殖、食品加工等业务，发展战略是从饲料到养殖到食品，进行产业链经营，立志成为世界级优秀的农牧企业和食品企业。

公司现有配合饲料和浓缩饲料生产线各一条，生产线拥有计算机自动化控制配料系统、批混合量1 500kg、1 000kg的双轴桨叶高效混合机各1台，年设计生产能力10万t，每月生产5 000t左右。生产的特驱、万千、华奥等系列饲料，应用饲料行业最新研究成果，结合贵州养殖环境。公司的产品具有适口性好，生长速度快，饲料转化率高，肉质细嫩，绿色环保安全等特点。

公司依托特驱集团技术质管体系实施平台，结合公司机构设置、生产工艺流程、产品的实际情况，配备先进的检化验设备，除开展常规成分分析，对氨基酸、霉菌毒素、三聚氰胺等指标也能独立开展检测，为品质控制提供最强有力的保障。公司按照饲料法规相关要求建立了原料采购、生产过程控制、产品质量控制等方面的质量管理制度，按ISO9001质量管理体系要求建立了本企业的质量控制体系，并通过ISO9001质量管理体系认证，确保影响产品质量的人、机、料、法、环、测六大因素处于受控状态，生产出符合产品标准要求的安全卫生、优质高效的饲料产品。在质量管理中实施“质量一票否决权”。

公司以“推动畜牧业发展，建设贵州新农村”为目标；奉行“质量第一、信誉第一、服务第一”的企业宗旨，实行“创新、高效、速度、规范、廉洁、活力”的经营理念，为广大养殖户和经销商朋友营造一个发展的共赢平台。

贵阳正大有限公司

贵阳正大有限公司是泰国正大集团下属正大（中国）投资有限公司设立的外商独资企业，于2012年7月在贵阳市息烽县养龙生态工业园投资8 000余万元新建一座年产18万t的饲料加工厂，该项目占地4.2万m^2。公司从瑞士引进了国际上先进的布勒成套饲料生产加工设备。

公司于2014年2月12日正式投产后，主要生产和销售“贵阳正大牌”猪、鸡两大系列配合饲料及浓缩饲料。产品配方来自拥有90余年历史的泰国总部饲料配方中心，符合国际、国内最新营养标准。公司对饲料原料的品质严格把关，保证产品在品质上遥遥领先。

公司在贵州地区的发展将始终坚持正大集团“利国、利民、利企业”的三利原则，面对激烈竞争的市场环境，将一如既往地发扬“爱是正大无私的奉献”的精神，不断提高产品质量和服务质量，为促进贵州农业产业化和地区经济的发展作出自己的贡献。

清镇温氏畜牧有限公司

清镇温氏畜牧有限公司隶属于广东温氏集团云贵分公司直管，2007 年 3 月应贵州省政府招商引资落户清镇市，总部位于清镇市红枫湖镇陈亮村，占地面积 2.5 万 m^2，种鸡场总投资 6 000 万元，占地 13.7 万 m^2，已配套建成年上市肉鸡 1 500 万只的及年产鸡苗 2 000 万羽的种鸡场与孵化厂及配套饲料厂，公司实行温氏“公司＋农户”的农业产业化模式，通过“四提供、一回收、一确保”利益联结机制（提供鸡苗、提供药品、提供饲料、提供技术、统一回收上市肉鸡，确保每只鸡平均利润），坚持“利益共享、风险共担”的原则，养殖户承担养殖风险，公司承担市场风险。2014 年公司已将清镇市肉鸡产业做到了贵州省存出栏量第一，获得了“贵州省农业产业化龙头企业”“贵州省扶贫龙头企业”“清镇市 AA 级诚信龙头企业”的荣誉称号。

经过 8 年发展，公司先后在站街镇、卫城镇等 8 个乡镇发展养殖户 700 余户。2013 年，投放鸡苗 1 612万羽，上市肉鸡 1 462 万只，总产值达 3.1 亿元，带动农户获利 3 218 万元，户均获利约 4.5 万元，尽管受 H7N9 流感疫情影响，公司共亏损 2 289 万元，但仍然保证了养殖户利润，确保养户队伍稳定。2014 年，带动合作农户 494 户，投放鸡苗 1 028 万羽，上市肉鸡 1 091 万只，总产值达 3.07 亿元，养殖户获利 2 501 万，户均获利 5 万元。

公司一直视食品安全为企业生命线，坚持“温氏食品，自然好品质”的品牌理念，建立了从原料采购、供应、养殖到销售等每一个环节都有严格监控的完整食品安全管理体系，投入大量资金坚持对每一批次产品进行质量检测，合格方可上市。在生产中有严格的防疫体系，历年来未出现重大疫情。解决了贵阳市民肉鸡菜篮子工程，达到了“保供给、促增收、稳物价”的目的。

云 南 省

云南大北农饲料科技有限公司

2013 年大北农集团出资 1 亿元，在云南省昆明市宜良县饲料工业园建立饲料生产基地，引进国外先进设备建立生产线 4 条，设计年生产能力 18 万吨，是大北农集团在西南地区的示范厂。

创新驱动发展，是大北农坚持的发展战略。云南大北农拥有完善的企业创新机制，引进高学历专业人才，与全省各院校及研发机构建立长期合作关系，形成强大的自主创新能力，成果转化能力和持续发展能力。以国家农业产业化政策为指导，以研发和生产高档猪浓乳料为龙头，以市场为导向，以增效为目的，以质量为支撑，在满足和保障云南适度规模养殖场的生产需要的同时，积极推动云南饲料工业的进步和云南畜牧产业的健康发展。

人才融入崛起，大北农坚信：人是企业发展的唯一资源。在组建大队伍目标的号召下，公司进一步加紧人才部署战略，以“报国兴农”的伟大使命感召人才；以全面开阔的综合培训激发人才，以极具前景的发展空间吸引人才。通过组织召开各种熔炼营、职能部门体系培训、中国人民大学和厦门大学 MBA 班等，对各岗位开展全方位培训，有效地提高了员工队伍整体素质和集团经营管理水平。在全球进入互联网的历史新时期，互联网凭借其改变一切的力量彻底改变了公司的本质，以知识与智力为基础的合伙人制度应运而生，企业的命运与更多员工的价值息息相关，大北农积极融入时代发展潮流，首推伙伴式创业理念，营造一个充分信任、充分授权的创业氛围。通过期权激励、共同发展奖励、持股创业等措施，力争做到人人都是创业家，成就更多的大北农人荣光绽放。

协力共同发展，事业财富共同体，是大北农践行与事业伙伴共同发展理念的又一创举。以大北农为中心，以经销服务事业伙伴为核心，以养殖事业伙伴为重心，形成一个创业财富联盟。大北农提供文化、品牌、技术、产品、人才、管理、金融、信息等资源的全方位支持，引领事业伙伴打造形象标准化、运营公司化、用户组织化、信息网络化、服务综合化的五星级服务中心。通过扶持创业、股权奖励等措施，助推事业伙伴大发展，让越来越多的事业伙伴更大、更强，携手事业伙伴共攀高峰。

在信息科技日新月异的当今，大北农着眼未来，全面部署“智慧大北农”战略，开创农业互联网新格局，引领行业实施业务转型，演绎一场大变革、大转型时代的绝妙乐章。智慧大北农，利用互联网、物联网等先进技术，通过智能化、网络化、终端化的手段，颠覆传统管理、运营及商业模式，将公司、员工、事业伙伴、用户、同行紧密结合在一起，倾力打造一个高科技、互联网化和类金融化的现代农业综合服务平台。通过以养殖动物为主线，构建养殖管理、养殖交易、养殖金融的养殖生态圈。随着生态圈的不断完善、扩大，囊括这些功能的“智农网”也必将成为中国最大、最强的高科技互联网化和类金融化的现代农业综合服务平台。

大北农在创造财富的同时，积极担当社会责任，大北农励志助学金，圆贫困学子求学梦；大北农金榜题名奖励，圆大北农子女升学梦；大北农爱心基金，圆大北农困难员工安家梦；大北农班，圆农业学子节能梦；财富有形，大爱无疆。大北农筑起广阔的公益桥梁，践行一个民族企业应有的社会责任。

陕 西 省

西安易发饲料科技有限公司

西安易发饲料科技有限公司是研制、生产微量元素预混料、饲料级微量元素的专业厂家，年生产各种微量元素 3 000 多 t 和微量元素预混合饲料近 2 000t。公司下设总部、销售部、生产部、技术部、质量部及驻外办事处（石家庄、太原），产品覆盖陕西、山西、河北、内蒙古、河南、湖北、北京、沈阳、甘肃等地，深受广大用户的欢迎。

公司拥有微量元素预混合饲料、混合型饲料添加剂 2 条生产线，共生产 36 个品种的产品。公司固定资产原值 280 万元，现有员工 26 名，其中精细化工专家 1 人，动物营养学博士研究生 1 人，全国知名微量元素专家 1 名，化工分析专家 1 人，专职化验检验员 3 人，设备维修工 1 人，大专以上学历的员工 10 人。

公司各项规章制度健全，执行彻底。多次获得“陕西省十佳饲料企业“全省饲料安全工程先进企业”和西安市消费者协会“诚信单位”等各种荣誉称号，产品数次获得杨凌农高会“后稷金像奖”。

甘 肃 省

武威铁骑力士饲料有限公司

武威铁骑力士饲料有限公司是铁骑力士集团于 2007 年在甘肃独资兴建的一家分公司，属武威市重点招商引资企业。公司占地近百亩，投资近 4 000 万元，是集科研、生产、销售、服务为一体的现代化大型饲料企业。公司采用国内最先进的生产设备和电脑全自动配料系统，2014 年投资 800 万元新建一条生产线，目前有两条专业化生产线，年设计生产能力 20 万 t。

公司配备一流的质量检测设备并严格按照 ISO：9001—2008 国际质量认证标准生产，严格按农业部《饲料质量安全管理规范》要求，积极组织开展《饲料质量安全管理规范》创建工作，同时以集团冯光德实验室为技术依托，专门针对西北地域的养殖环境，研制出完全适合甘肃省的猪、鸡、鸭、牛羊系列饲料。“铁骑力士”牌饲料已被评为“甘肃名牌产品”，公司获得“市级认定企业技术中心”“纳税先进企业”等荣誉称号。产品已覆盖甘肃、新疆、宁夏、青海、内蒙古等省、自治区，省内行业排名前 5 位，市场占有率占 10%，2014 年工业销售产值达 1.3 亿元，总销量达 3.88 万 t。

武威铁骑力士饲料有限公司将秉承集团“用科技造福大众、把真情还给人民”的经营理念，坚持以“产品就是人品”的质量方针，用优质的产品和完善的技术服务帮助广大用户提高养殖水平和经济收入。

武威希望饲料有限公司

武威希望饲料有限公司是新希望集团与武威新天马制药有限责任公司于 1998 年 12 月合资兴建的武威第一家大型环保饲料企业，引进国内最先进的饲料生产设备，工艺先进，采用全封闭电脑自动配料，是具有国内先进水平的绿色环保型农牧饲料企业。公司注册资本 2 700 万元，占地面积 40 亩，年设计生产能力 15 万 t，年产值 4.5 亿元。现有员工 107 人。

公司秉承新希望集团的经营管理模式，以“绿色、安全、优质、环保”为总体目标，以“为耕者谋利，为食者造福”“与客户共享成功，与员工共求发展，与社会共同进步”为经营理念，始终坚持“高品质、长期稳定”的产品路线。生产的“希望”牌系列饲料，赢得了广大养殖户的认可和信赖。公司 2005 年通过 ISO9001 国际质量体系认证，“希望”牌系列饲料产品被核定为“全国质量检验稳定合格产品”“2005—2008 年产品质量国家免检”产品。公司先后被国家、省、市各级政府、部门授予“全国光彩事业重点项目”“甘肃省劳动关系和谐企业”“质量信誉双保障实施单位”“重合同守信用企业”“农业银行 AAA 级信用企业”“武威市农业产业化重点龙头企业”“武威市劳动关系和谐企业”“纳税先进单位”“非公有制先进单位”“工业强区先进企业”“武威市猪产业协会副会长单位”等荣誉称号。于 2009 年 3 月，获得了甘肃省质量技术监督局颁发的《标准化良好行为证书》，并在国家农业部、省、市质检、动监等部门在原辅材料、产成品抽检中，连续多年质量抽检合格，“希望”牌饲料获全国名牌产品，在社会上树立了良好的企业形象。

公司正乘着建设社会主义新农村的春风，以新希望集团“打造世界级农牧企业”目标为己任，踏着西部大开发的步伐，在激烈市场竞争中抓住商机、勇于拼搏，在西北这片热土上，与广大的养殖、种植户朋友携手一道，为甘肃的农业产业化进程起到积极推动作用，给当地民营经济的发展注入新的活力，为武威乃至甘肃的畜牧养殖、种植业的发展作出应有的贡献。

张掖市奥林贝尔生物科技有限公司

张掖市奥林贝尔生物科技有限公司是一家专业致力于动保产品、畜禽饲料、复合预混饲料、饲料添加剂等饲料前端产品研发、生产、营销的高科技企业。公司成立于2007年，注册资金2 000万元，占地面积3万m^2，企业通过农业部严格审查，是甘肃省饲料行业第一家拥有进出口贸易许可证的生产企业。通过了国际质量管理体系ISO9001：2008及食品安全管理体系ISO22000：2005认证，被甘肃省消协评为“诚信单位”及省工业合作协会评为“质量信誉服务保障AAA级单位”，被张掖市科学技术局评为“张掖市民营科技企业”。2014年2月，“奥林贝尔”商标被甘肃省工商局认定为甘肃省著名商标。

公司引进国内最先进的成套自动化设备、全自动电脑配料系统4套（包括1万t预混合饲料生产线一套、8万t畜禽线一套、12万t反刍生产线一套及2 000t微生态制剂生产线一套），年生产能力达到21.2万t，有效地保障了产品的质量，提升了企业的竞争实力。现销售网络覆盖甘青宁、新疆、中亚国家等地，且成立了海外销售部。

公司现有职工45人，大专以上学历占70%，其中博士后1名、博士生2名、硕士6人。通过开展多种形式的院校合作，增加了专业技术人才的技术培训、交流机会、拓宽了知识信息，提高了整个员工队伍以及高技能人才的文化和专业水平。

宁夏回族自治区

康地饲料（银川）有限公司

康地饲料（银川）有限公司是美国康地谷物公司在华独资建立的大型饲料生产企业，隶属于康地饲料（中国）集团，被誉称为“中国饲料行业的黄埔军校”。

公司位于宁夏回族自治区银川市金凤工业园，成立于2005年12月，引进全套具有国际先进水平的加工设备，采用康地多年来自主创新的生产工艺和管理模式，向西北地区的广大养殖户提供高品质的配合饲料、浓缩饲料、复合预混合饲料等系列产品。

康地饲料（银川）有限公司生产经营的产品，主要包括畜、禽、水产复合预混合饲料、浓缩饲料、配合饲料等。公司的产品有100多个品种，可以满足不同用户的需要。为保证产品品质，所有产品均采用高品质的原料生产，对原料采购、生产控制、成品采取科学和严格的管理，公司以雄厚的技术做后盾，以精益求精的工作态度为基础，生产出高品质的产品，以满足客户不断增长的需求，确立“技术之所在”的企业形象。同时，公司设有专业的技术服务队伍，可根据各地区的饲料资源特点，为客户提供个性化的服务。

康地饲料（银川）有限公司秉承美国康地谷物公司200余年的优质服务传统，竭诚为中国用户提供安全可靠、环保、高品质的产品，广泛发展区域合作卫星企业，与中国饲料工业的全体同仁一道，面对新形势，迎接新挑战，再创新的辉煌。

平罗县隆昌饲料有限责任公司

平罗县隆昌饲料有限责任公司成立于1999年5月5日，并在平罗县工商行政管理局登记注册，注册号为640221200001041，是平罗县政府1999年引进的一家东西部合作企业。公司占地面积34 229m^2，现有员工50人，80%以上为大中专毕业生。公司拥有2条全自动化饲料生产线，年生产能力达到15万t。产品覆盖猪、鸡、鸭、牛、羊等一系列的40多个品种，销售网络遍布宁夏全区及内蒙古等周边省市。凭借多年优质的产品质量，公道的价格，及周到的售后服务受到广大养殖户的高度评价，树立了良好的品牌形象。公司先后荣获自治区农牧厅授予的“饲料行业先进企业”，平罗县农牧局授予的“诚信守法企业”等荣誉。并通过了ISO9001：2000国际质量管理体系认证和ISO22000：2005国际食品安全管理体系认证。2014年被评为“石嘴山市农业产业化龙头企业”。

公司新投资3 000多万元，占地2万m^2，全套引进具有世界第一粮机品牌之称的布勒品牌饲料生产设备，配套引进山东迎春钢板仓制造有限公司3×1 000吨钢板仓清理、存储、输送等一整套设备，建设了银北地区最大的一条畜禽无抗饲料生产线，产品达到国内先进水平。

宁夏伊品生物科技股份有限公司

宁夏伊品生物科技股份有限公司是宁夏伊品投资集团有限公司控股的民营股份制公司。公司拥有3家全资子公司包括内蒙古伊品生物科技有限公司、北京中科伊品生物科技有限公司和伊品生物科技（香港）有限公司。

公司是国家级高新技术企业、农业产业化国家级重点龙头企业、农业部农产品深加工业示范企业、全国少数民族用品定点生产企业、全国发酵行业循环经济示范企业、“资源节约型、环境友好型”企业、中国轻工业发酵行业十强企业，被国务院授予“全国就业先进集体”称号；公司拥有国家认定的企业技术中心，获得了中国生物发酵产业协会的“科技创新奖”，还是宁夏回族自治区人民政府确定的“50户工业龙头企业”。企业社会责任居宁夏民营企业第一、全区第二位。

公司是集赖氨酸、苏氨酸、色氨酸、味精、玉米淀粉、复混肥生产和销售于一体的大型农副产品深加工和食品制造企业。产品销售网络遍及国内30多个省市，并出口多个国家和地区。“伊品”牌味精、赖氨酸被自治区名牌战略推进委员会认定为“宁夏名牌产品”。

2014年，公司实现产值36.31亿元，销售收入39.45亿元。伊品拥有年产40万t赖氨酸产能，实际产能居全国行业第一位；年产5.5万t苏氨酸产能，居行业第二位；色氨酸1 500t产能，居行业第二位；味精产能22万t，居行业第三位。综合实力居中国生物发酵行业第三位。

面对未来，“伊品”将进一步整合资源，将企业打造成为“中国领先的氨基酸专业生产商”，未来五年内跨入“百亿企业”行列。

青铜峡国雄饲料有限公司

青铜峡国雄饲料有限公司是新希望集团于1998年为开发大西北投资1 500万元兴建的第一家“光彩事业”企业，坐落于享有“塞上江南”美誉的宁夏回族自治区青铜峡市。

公司西距青铜峡火车站15公里，北离银川机场25公里，同时紧邻109国道、石中高速，交通十分便利。公司占地面积2.7万m^2，是一家集设计、研发、生产、销售于一体的现代化饲料工业企业。拥有各类动物营养专家和科研人员，在集团科研所指导下，以多年的成功经验，根据西北地区气候、土壤、水质和原料营养成分特点、结合当地养殖习惯，研制开发出具有生长速度快、抗病能力强的“国雄”和“希望”两大中国名牌的“猪、鸡、鱼、牛、羊”等系列数十个品种的高、中档饲料百余种规格，年生产能力达10万吨。

公司承接先进的希望管理模式，建立了完善的ISO质量管理体系。从原料进厂到产品成形，均经严格的质量验收、监控，实行“一票否决”，保证将优质产品推向市场。多年来经多级技术监督部门抽检，产品合格率达100%。产品销往宁、蒙、陕、甘、青等省和自治区各片区市场，深受广大养殖户好评，连续四年总销量，奶牛料销量，猪料销量居宁夏同行业第一。先后被国家、自治区、市等各级政府部门授予“全国饲料工业科技进步先进集体”“东西部合作工程优秀项目”“AAA级信用企业”“科技企业证书”“非公有制经济发展奖”“优秀民营企业”“质量信得过产品”“产品质量成绩突出企业”“重合同守信用企业”“青年岗位能手兴质量先进集体”“非公有制经济先进集体”等多项荣誉称号。

公司依据新希望集团“创百年名店、树百年老店”的经营理念，强化管理，内抓质量、外树形象，不断开拓进取，始终坚持“科技先导、质量第一、信誉至上、优质服务”的经营方针，致力于打造世界级农牧企业。

新疆维吾尔自治区

新疆新希望饲料有限责任公司

新疆新希望饲料有限责任公司是新希望集团在新疆投资建立的全资子公司，成立于1997年，位于新疆维吾尔自治区乌鲁木齐市米东区希望大道，占地面积36 727m^2，建筑面积9 339m^2，其中原料仓储面积4 914m^2，成品库面积2 403m^2，主车间面积1 214m^2。

现有职工51人，质量管理人员有5人，大专以上学历25人，负责配方设计1人。设立有技术部、生产部、品管部、采购部、营销服务部、财务部、行管部等管理机构，总部定期对子公司进行专业技术指导，有效地提高了公司人员的技术能力水平。

公司现有两套生产线：配合饲料和浓缩饲料生产线（生产线一），精料补充料生产线（生产线二）。主要设备有双轴桨叶式高效混合机、电脑称重自动配料系统、逆流式冷却器、调质器、粉碎机、环模制粒机、包装秤、除尘系统和液体添加系统等。年生产能力10万t，饲料产品涉及畜禽、水产、反刍等三大系列，46个品种，每年可实现销售收入1亿元，并可带动周边3 000个养殖户走上致富的道路。

建有独立化验室，分精密仪器室、天平室、理化室、样品室四个功能区，并配备分光光度计、电子分析天平、电热鼓风干燥箱、箱式电阻炉、数显恒温水浴锅、自动定氮仪、微型植物粉碎机、真空泵及抽滤装置、酶标仪、显微镜等检测仪器，完全满足原料、产品等常规项目的检测要求。

新疆北泉天康饲料科技有限公司

新疆北泉天康饲料科技有限公司成立于2013年3月25日，是新疆天康畜牧生物技术股份有限公司在石河子市北泉镇国家级农业科技园区建立的一所畜牧业高科技独资企业。拥有一条年产6万t动物微生态剂生产线，年产20万t高档育肥猪配合饲料生产线，年产 10 万 t 反刍料专业独立生产线。

公司设有技术部、质量部、生产部、销售部、采购部、财务部及行政部等部门，员工 79 人，其中动物营养、动物科学、水产养殖、饲料加工工艺、电气自动化、市场营销等各类专业技术人员 55 人，具有较强的市场开发与服务、产品研发与制造、项目管理与生产能力。

公司拥有先进的成套设备和加工工艺，如美国 CPM3020 制粒机、广州天地高精度自动化配料系统、专用叶轮式冷却器等，投料口与打包口实行单点除尘。先进的生产设备和生产工艺，严格的管理制度，为产品质量提供了安全保障。公司有独立的化验室，配备电子分析天平、分光光度计、恒稳干燥箱、高温炉等检测仪器，具备生产产品质量检测能力。

公司本着“质量第一、客户第一、服务第一”的宗旨，组建了专业团队，合理布局网络渠道，用扎实的专业技能、周到的服务赢得了客户的认可，产品销往全疆各地。公司将恪守“服务养殖、共赢未来”的发展理念，向广大饲料、畜牧同仁交流学习，力争将天康打造成行业中一流的农牧企业。

新疆大北农牧业科技有限责任公司

新疆大北农牧业科技有限责任公司位于乌鲁木齐市经济技术开发区（头屯河区）兴庆湖路，隶属于北京大北农科技集团股份有限公司（股票代码 002385），2012 年初开始施工，2012 年 11 月正式投产，占地总面积约 1.7 万 m^2，总投资 5 800 万元，是一家集配合饲料、浓缩饲料研发、生产、销售于一体的综合型企业。

公司现有职工 100 多人，其中，大中专以上学历人员占 70%以上，技术部博士一名，硕士两名。公司设行政企划部、人力资源部、生产部、技术部、品管部、销售部、采购部、财务部等。

公司拥有国内先进的“牧羊牌”生产线，年产量 6 万 t。生产设备有牧业第三代“超越”细粉碎机、牧羊高效挤压膨化机、单轴双层“混合王”、颗粒机、脉冲除尘器等先进设备。

设有独立化验室，并配备有 721 分光光度计、定氮仪、粗脂肪测定仪、粗纤维测定仪等检验设备。品管部现有高级化验员一名，中级化验员一名，完全满足生产产品质量检测能力。

2012 年以来，公司秉承集团“报国兴农，争创第一，共同发展”的核心理念，发扬“谦虚、协作、勤俭、创新”的企业精神，以“志创新疆饲料第一品牌”为发展目标，将饲料产品销售到全疆各地，得到了客气及同行的认可，取得了良好的社会效益和经济效益。

哈羊饲料有限责任公司

伊宁县哈羊饲料有限责任公司始建于 2013 年 7 月，位于伊宁县胡地亚于孜乡喀尕勒克村，占地面积 33 350m^2，截至 2014 年，公司资产总额 7 901 万元，其中固定资产 3 860 万元。公司主要从事鸡饲料、鱼饲料和猪饲料生产加工与销售。

公司现有职工 45 人，中专以上学历 23 人，其中专业技术人员 8 人，另有通威与四川安佑的两名博士作技术顾问。公司内部设有技术部、生产部、品控部、销售部、采购部、财务部、人力行政部等部门。

公司拥有先进的生产线和完善的生产工艺，主要采用江苏正昌、溧阳三久集团的工艺设备，拥有 1 条 420 型颗粒生产线，主要设备有电脑称重自动配料系统、水滴王粉碎机、双轴桨叶式高效混合机、环模制粒机、式逆流冷却器、包装秤、筒仓 1 套、完整的除尘系统和称式液体添加系统等。

公司设有独立化验室，分为精密仪器室、理化室、留样观察室和天平室等功能区，并配有电子分析天平、可见分光光度计、电热鼓风干燥箱、自动定氮仪、高速粉碎机、箱式电阻炉、粗脂肪测定仪等检测仪器，有专职化验员 2 名，有效地满足了饲料原料、产品项目检测的要求。

公司正向规范化、标准化、规模化发展，生产产品已销售到全疆各地，并受到了广大客户的认可。公司将遵循“以技术为引导，以质量为企业命脉”的经营理念，引导企业向健康稳定的方向发展。

新疆三旺饲料公司

新疆三旺饲料有限公司成立于 1999 年 9 月，总投资 2 400 万元。位于昌吉高新技术产业开发区 312 国道 52 公里处，占地 2.7 万 m^2，公司拥有先进的电脑控制生产设备和检测手段，完善的质量控制体系，年生产力达 10 万 t。2007 年 9 月，公司又投资 800 万元，建成了年生产能力达 14 万 t 的第二条生产线。

公司产品有鱼、牛、羊、猪、鸡、兔等六大系列，150 多个品种，主要生产高、中档配合饲料、浓缩饲料，精料补充料，是西北地区高档畜禽饲料的主要生产商之一。生产产品品质稳定，客户反应效果好。多年来，公司始终坚持“和、诚、勤、进三旺人”的企业精神，遵从“客户满意，才算合格”的经营宗旨，以出众的产品、过硬的质量、高度的信誉，为当地畜牧业的发展做出了积极的贡献。

2006 年荣获中国农业发展银行“AA”级企业称号，2008 年被授予中国农业发展银行“农发行新疆分行黄金客户”，2012 年荣获中国农业发展银行“AA+”级企业称号、自治区农业产业化重点龙头企业、自治区级守合同重信用单位、自治区级服务三农最佳乡镇企业、昌吉州“先进企业”、昌吉州人力资源协会“先进单位”、昌吉回族自治州粮食局“先进单位”、昌吉州“守合同重信用单位”、昌吉市榆树沟镇人民政府“重点保护企业”、昌吉市榆树沟镇人民政府“先进单位”、昌吉高新技术开发区管理委员会“先进单位 2012 年度完成经济目标任务”“突出贡献奖”、昌吉市人民政府“重合同守信用单位”、昌吉“自治区守合同重信用企业”、昌吉市“优秀非公有制企业，”昌吉州“先进企业”等称号。

青岛市

青岛天普阳光饲料有限公司

青岛天普阳光饲料有限公司成立于 2009 年，是山东天普阳光集团的下属生产经营企业。公司通过“一诊一保六检五提升”为核心的阳光行动服务与“根植用户精耕细作”为内涵的价值营销体系深度结合，为广大用户推出最有价值的产品、服务、信息、用户合作模式，积极致力于养猪业管理水平和经济效益的双提升，全力打造行业内最有价值的猪料专业化企业。

一是产品生产植入新技术。拳头产品天普阳光教槽料做到适口性最好、爱吃快长抗拉稀，功能母猪料做到奶多仔更好，实现了专业专注做猪料。

二是推行产品套餐。“6868”大保育套餐实现仔猪 68 日龄吃 34kg 料长到 34kg，以套餐实现综合性价比优势，解决行业同质化难题。产品套餐性价比处于行业领先，真正实现了质优价廉。

三是实施用户价值营销。通过“市场调研、网络梳理、对比实验、立体推广、用户联盟”各项步骤根植用户，立足核心市场精耕细作，真正实现了用户价值最大化。同时，公司也实现了销量倍增、模式创新与复制、人才分蘖。

四是推行阳光行动服务。以“一诊一保六检五提升”为核心内容，提高公司的服务能力和用户的养殖水平，真正实现了品种提升、营养提升、环境提升、保健提升、管理提升，从而实现了用户价值的提升。

五是整合行业价值链。做产业链的组织者和整合者，通过组建养殖服务公司、合作社，整合种猪场、兽药厂和疫苗厂等上游资源，以及下游的猪经纪、兽医站、食品厂等资源，致力于养猪业管理水平和经济效益的双提升，共同增产增收增值发展。

六是推行 ERP 系统来提升管理水平。搭建一套能够支持企业业务运转的基础管理系统，为互联网转型、O2O 实践打下坚实基础，培养系统化和流程化的思维方式、促进业务合作，从而实现优化企业业务流程、规范内外部管理，增强企业核心竞争力。

青岛和美饲料有限公司

青岛和美饲料有限公司于 1999 年注册成立，1999 年 8 月试运行，担负着新希望六和股份公司年产 1 000 余万 t 饲料所需核心料的生产任务，是畜禽饲料的专业生产企业。公司主要服务于大中小型饲料生产企业，集约化、规模化养殖场，经销商及养殖户，提供饲料生产、销售、售后服务于一体的畜牧养殖专业服务。本着“理念引导、技术创新、服务增值、融合发展”的经营理念，启动全员服务市场的营销战略，与广大用户真诚合作，为用户创造更大的价值。

公司先后被评为“国家星火计划龙头企业”、青岛市“高新技术企业”、“A 级纳税信用等级单位”，2012 年通过 ISO22000 食品安全管理体系认证。

公司现有职工 151 人，其中博士硕士研发人员 2 人，中专学历及中级职称以上的科技人员 83 人。公司主要生产预混合饲料产品，配方设计和工艺水平居国内先进水平。

生产设备全部采用国内一流的生产机械，生产工艺实现了电脑自动化，全部由中控室统一监控和操作。公司中心化验室拥有目前国内外先进的检化验设备：氨基酸分析仪、液相色谱仪、高效气相色谱仪、近红外分析仪、原子吸收分光光度计、粗纤维分析仪、定氮仪、旋光仪、酶标仪、火焰光度计等一大批先进仪器，有效地保证了产品的质量。

公司产品的原料选用国内外优秀供应商提供的优质原料，配方设计选用最先进的 BRILL 饲料配方软件系统，在确保产品质优势的基础上，不断研发出适应社会需求、技术含量高、无污染、无公害绿色环保产品。

统计资料

中国饲料工业统计资料

2014年全国饲料总产量

单位：t

地区	总产量	配合饲料	浓缩饲料	添加剂预混合饲料
全国总计	197 270 276	169 352 701	21 511 789	6 405 786
北　京	2 464 380	1 659 096	313 493	491 790
天　津	2 279 741	1 491 512	511 178	277 051
河　北	12 587 372	10 378 594	1 996 741	212 038
山　西	2 570 537	2 240 515	316 424	13 597
内蒙古	2 755 224	1 915 739	771 648	67 837
辽　宁	12 393 947	9 174 224	3 062 149	157 574
吉　林	4 784 653	3 409 137	1 334 921	40 596
黑龙江	6 503 690	3 185 000	3 043 000	275 690
上　海	1 553 291	1 162 189	150 446	240 656
江　苏	10 001 582	9 353 534	334 663	313 385
浙　江	5 015 133	4 822 081	57 491	135 561
安　徽	5 159 624	4 846 058	180 686	132 880
福　建	8 148 087	7 662 322	210 660	275 105
江　西	7 221 570	6 500 784	252 964	467 822
山　东	21 585 676	19 236 337	1 365 200	984 139
河　南	12 516 518	10 528 405	1 750 782	237 331
湖　北	6 799 368	6 389 981	273 539	135 848
湖　南	10 821 236	9 743 694	526 598	550 943
广　东	23 988 429	22 873 805	449 642	664 981
海　南	2 147 406	2 117 353	3 000	27 053
广　西	10 740 859	10 370 561	246 257	124 040
重　庆	2 354 959	2 037 543	299 094	18 322
四　川	10 383 323	9 366 744	732 674	283 905
贵　州	956 156	641 442	314 614	100
云　南	3 716 625	2 768 647	897 073	50 905
陕　西	4 568 143	2 841 718	1 553 574	172 851
甘　肃	1 050 829	741 957	302 319	6 553
青　海	67 118	65 552	5	1 561
宁　夏	371 409	279 031	88 922	3 456
新　疆	1 763 394	1 549 147	172 030	42 216

2014年全国配合饲料产量

单位：t

地区	小计	猪饲料	蛋禽饲料	肉禽饲料	水产饲料	精料补充料	其他饲料
全国总计	169 352 701	69 446 923	23 595 888	47 755 770	18 701 492	6 407 446	3 445 182
北　京	1 659 096	373 359	184 077	596 465	82 885	301 294	121 016
天　津	1 491 512	412 602	87 336	168 749	409 697	352 717	60 410
河　北	10 378 594	2 217 317	4 026 209	1 709 662	612 285	1 040 152	772 968
山　西	2 240 515	470 181	843 989	829 533	693	77 816	18 303
内蒙古	1 915 739	175 180	201 724	269 379	16 512	1 204 989	47 955
辽　宁	9 174 224	2 273 146	2 574 350	2 776 487	429 173	641 195	479 872
吉　林	3 409 137	800 212	1 294 407	791 841	31 149	203 597	287 932
黑龙江	3 185 000	1 053 000	675 000	445 000	167 000	561 000	284 000
上　海	1 162 189	350 720	376 164	300 912	72 172	56 928	5 293
江　苏	9 353 534	2 511 819	1 132 845	2 621 562	2 864 333	52 129	170 847
浙　江	4 822 081	2 575 663	350 252	776 600	985 247	25 647	108 672
安　徽	4 846 058	1 383 169	788 082	2 280 354	294 892	10 005	89 556
福　建	7 662 322	3 936 040	661 042	1 888 655	1 149 105	223	27 257
江　西	6 500 784	4 497 472	644 559	807 522	526 908	10 338	13 985
山　东	19 236 337	4 849 903	1 554 627	11 224 099	510 520	591 733	505 455
河　南	10 528 405	5 939 114	984 809	2 996 773	406 498	141 354	59 857
湖　北	6 389 981	2 210 514	1 317 083	920 189	1 941 677	284	234
湖　南	9 743 694	6 728 040	818 608	793 737	1 355 546	1 978	45 785
广　东	22 873 805	10 279 477	1 290 907	7 019 892	4 174 405	962	108 162
海　南	2 117 353	850 467	175 261	701 412	390 213	—	—
广　西	10 370 561	5 763 043	366 529	3 686 938	553 886	—	166
重　庆	2 037 543	1 140 684	250 320	443 706	137 095	50 852	14 887
四　川	9 366 744	5 460 695	1 074 721	1 893 239	689 221	113 203	135 666
贵　州	641 442	292 314	127 813	153 785	39 864	27 666	
云　南	2 768 647	886 079	573 281	878 351	402 162	18 083	10 691
陕　西	2 841 718	1 398 417	598 524	284 431	253 847	260 897	45 602
甘　肃	741 957	349 283	152 528	100 212	14 753	112 357	12 824
青　海	65 552	7 771	100	70	—	57 611	—
宁　夏	279 031	44 721	27 833	21 781	44 486	138 551	1 660
新　疆	1 549 147	216 521	442 910	374 434	145 269	353 886	16 126

2014 年全国浓缩饲料产量

单位：t

地区	小计	猪饲料	蛋禽饲料	肉禽饲料	水产饲料	反刍动物饲料	其他饲料
全国总计	21 511 789	13 033 666	3 978 933	2 083 021	41 722	2 080 153	294 295
北　京	313 493	255 468	8 165	275	1 986	42 464	5 135
天　津	511 178	400 304	31 170	449	59	71 108	8 089
河　北	1 996 741	1 071 904	541 510	31 300	2 035	277 557	72 435
山　西	316 424	120 302	157 913	941	—	37 081	188
内蒙古	771 648	268 901	53 062	20 249	93	422 312	7 031
辽　宁	3 062 149	1 301 556	844 366	740 728	3 304	150 078	22 117
吉　林	1 334 921	744 655	197 878	258 052	4 450	129 418	467
黑龙江	3 043 000	1 161 000	724 000	607 000	—	459 000	92 000
上　海	150 446	140 800	60	212	—	4 363	5 011
江　苏	334 663	329 194	2 840	1 073	296	1 152	108
浙　江	57 491	57 337	60	30	45	4	15
安　徽	180 686	172 303	825	871	—	—	6 687
福　建	210 660	209 439	—	—	—	—	1 221
江　西	252 964	203 724	24 620	24 620	—	—	—
山　东	1 365 200	1 196 060	109 757	26 222	18	32 855	288
河　南	1 750 782	1 143 152	447 430	104 773	17 349	34 344	3 734
湖　北	273 539	221 023	25 414	25 052	2 050	—	—
湖　南	526 598	515 960	3 770	3 878	2 000	581	410
广　东	449 642	416 984	2 221	10 675	6 784	—	12 979
海　南	3 000	843	657	1 500	—	—	—
广　西	246 257	224 175	3 239	18 773	—	—	70
重　庆	299 094	213 133	49 572	87	38	8 270	27 994
四　川	732 674	700 934	11 059	761	—	16 692	3 227
贵　州	314 614	302 142	2 605	6 581	—	869	2 417
云　南	897 073	840 500	20 843	31 712	—	3 421	597
陕　西	1 553 574	550 257	593 573	129 269	1 144	258 584	20 747
甘　肃	302 319	161 961	59 702	19 063	—	60 409	1 184
青　海	5	5	—	—	—	—	—
宁　夏	88 922	26 356	8 943	6 734	—	46 757	133
新　疆	172 030	83 294	53 678	12 143	71	22 832	13

2014年全国添加剂预混合饲料产量

单位：t

地 区	小 计	猪饲料	蛋禽饲料	肉禽饲料	水产饲料	反刍动物饲料	其他饲料
全国总计	6 405 786	3 675 760	1 443 200	493 542	284 972	277 331	230 980
北 京	491 790	263 471	148 699	10 534	12 427	43 200	13 459
天 津	277 051	133 502	100 388	7 559	3 728	28 284	3 590
河 北	212 038	74 695	76 657	14 641	2 033	12 629	31 383
山 西	13 597	4 965	7 390	102	—	1 006	134
内蒙古	67 837	7 575	1 437	2 142	1	48 585	8 098
辽 宁	157 574	75 158	50 523	18 125	3 901	4 323	5 545
吉 林	40 596	18 509	4 425	11 486	64	5 171	941
黑龙江	275 690	121 000	63 000	44 000	690	36 000	11 000
上 海	240 656	139 372	41 509	11 791	3 663	19 762	24 560
江 苏	313 385	155 320	118 539	23 125	8 774	3 831	3 797
浙 江	135 561	97 709	14 377	10 998	9 303	29	3 144
安 徽	132 880	84 326	18 483	18 246	1 996	5 469	4 360
福 建	275 105	250 591	6 050	5 317	10 115	43	2 988
江 西	467 822	356 329	45 344	45 903	9 324	1 814	9 109
山 东	984 139	324 788	476 878	117 518	7 000	14 613	43 340
河 南	237 331	149 921	67 843	12 685	865	1 341	4 676
湖 北	135 848	78 126	39 809	6 818	11 095	—	—
湖 南	550 943	508 950	23 713	8 507	2 446	1 042	6 286
广 东	664 981	453 232	21 337	49 940	108 428	58	31 986
海 南	27 053	3 440	3 443	4 518	15 652	—	—
广 西	124 040	80 271	4 838	36 936	1 959	—	36
重 庆	18 322	16 984	225	205	67	841	—
四 川	283 905	179 561	25 815	14 914	49 647	11 302	2 666
贵 州	100	100	—	—	—	—	—
云 南	50 905	20 892	17 006	1 534	619	324	10 530
陕 西	172 851	58 810	57 903	13 272	19 422	15 797	7 647
甘 肃	6 553	3 063	200	39	—	3 147	104
青 海	1 561	150	—	—	—	1 411	—
宁 夏	3 456	1 073	672	138	—	1 573	—
新 疆	42 216	13 875	6 698	2 550	1 754	15 739	1 599

2014 年全国饲料工业总产值和营业收入基本情况

单位：万元

地 区	饲料工业		饲料产品	
	总产值	营业收入	总产值	营业收入
全国总计	76 027 242	73 125 420	69 406 381	66 789 082
北 京	1 101 913	1 185 086	1 067 940	1 140 018
天 津	1 050 921	1 004 722	1 017 203	973 655
河 北	4 105 810	3 891 040	3 864 123	3 680 876
山 西	980 068	978 727	978 227	976 913
内蒙古	1 203 112	1 157 636	905 655	865 061
辽 宁	4 376 080	4 311 132	4 143 376	4 076 575
吉 林	1 488 176	1 488 176	838 576	838 576
黑龙江	2 101 099	1 956 475	2 052 000	1 910 000
上 海	787 537	782 246	609 786	605 759
江 苏	4 845 087	4 485 402	3 922 216	3 571 475
浙 江	2 890 754	2 726 287	1 950 229	1 841 565
安 徽	1 263 624	1 504 981	1 257 042	1 498 804
福 建	2 639 443	2 300 629	2 571 701	2 240 540
江 西	2 729 480	2 572 829	2 685 769	2 528 826
山 东	9 835 662	9 058 056	9 034 040	8 274 370
河 南	3 598 453	3 516 837	3 425 384	3 417 842
湖 北	2 821 403	2 766 059	2 518 052	2 481 420
湖 南	4 205 829	4 100 103	4 063 547	3 966 850
广 东	8 789 578	8 493 986	8 633 703	8 329 021
海 南	700 856	672 844	697 907	669 991
广 西	3 455 561	3 397 787	3 350 585	3 306 925
重 庆	1 030 676	1 017 991	886 275	873 955
四 川	4 343 350	4 290 860	3 934 810	3 897 392
贵 州	489 733	478 159	406 723	395 156
云 南	2 296 702	2 111 462	1 866 111	1 702 372
陕 西	1 643 353	1 611 855	1 599 038	1 568 614
甘 肃	423 265	423 265	422 810	422 810
青 海	20 137	21 853	17 565	19 288
宁 夏	109 269	131 312	109 269	131 312
新 疆	700 313	687 623	576 722	583 122

2014 年全国饲料加工企业基本情况

单位：家

地区	总数	企业经济类型							
		国有	集体	私营	联营	股份	港澳台	外商	其他
全国总计	9 584	189	41	4 915	102	3 780	121	243	193
北　京	226	5	—	100	—	105	1	3	12
天　津	183	8	1	97	1	54	4	18	—
河　北	806	6	1	383	6	399	2	8	1
山　西	146	3	2	12	5	120	—	4	—
内蒙古	234	4	1	150	—	73	—	3	3
辽　宁	585	6	—	260	2	300	8	8	1
吉　林	228	5	—	85	1	125	4	7	1
黑龙江	281	10	3	76	5	171	1	15	—
上　海	141	4	2	68	2	51	3	8	3
江　苏	590	10	3	350	5	178	17	19	8
浙　江	390	7	2	232	2	136	3	4	4
安　徽	146	4	—	81	2	49	2	5	3
福　建	334	4	4	212	2	73	13	18	8
江　西	258	6	1	145	14	83	4	4	1
山　东	1 407	51	4	789	5	489	10	37	22
河　南	597	4	4	258	4	282	5	9	31
湖　北	331	6	—	221	1	95	3	4	1
湖　南	422	6	1	156	3	245	2	6	3
广　东	710	10	6	331	1	283	27	17	35
海　南	54	—	2	18	12	18	—	—	4
广　西	224	4	—	130	—	81	1	7	1
重　庆	126	4	—	75	—	44	—	3	—
四　川	407	—	2	319	—	14	7	27	38
贵　州	73	2	—	19	—	47	1	2	2
云　南	162	1	—	109	—	47	2	2	1
陕　西	227	4	—	11	27	177	1	3	4
甘　肃	72	—	—	71	1	—	—	—	—
青　海	11	2	—	6	—	3	—	—	—
宁　夏	20	2	—	11	—	6	—	—	1
新　疆	193	11	2	140	1	32	—	2	5

2014年全国饲料加工企业职工情况

单位：人

地　区	职工总数	其中职工学历构成					其中技术工种人员构成			
		博士	硕士	大学本科	大学专科	其他	小　计	检化验员	中控工	维修工
全国总计	505 773	1 758	7 906	68 487	111 720	315 902	47 467	21 087	12 326	14 054
北　京	10 002	117	408	1 894	2 550	5 033	813	391	164	258
天　津	6 626	43	189	1 438	1 725	3 231	577	266	148	163
河　北	27 111	43	184	2 291	4 953	19 640	2 978	1 549	573	856
山　西	5 130	9	20	640	2 460	2 001	765	512	145	108
内蒙古	13 420	42	201	2 233	3 947	6 997	1 703	734	344	625
辽　宁	15 199	56	290	2 220	3 129	9 504	2 729	1 365	657	707
吉　林	8 882	44	115	1 370	1 766	5 587	1 129	617	276	236
黑龙江	8 506	23	45	216	327	7 895	1 144	625	202	317
上　海	11 042	22	156	1 434	2 255	7 175	1 510	581	518	411
江　苏	37 453	141	756	6 634	8 548	21 374	2 586	1 218	692	676
浙　江	22 411	86	413	3 108	4 009	14 795	2 634	1 168	623	843
安　徽	12 963	18	141	1 519	2 768	8 517	636	239	211	186
福　建	14 909	49	196	1 921	2 626	10 117	1 458	537	401	520
江　西	13 383	53	179	1 625	2 741	8 785	1 517	521	591	405
山　东	65 515	192	1 334	8 090	16 157	39 742	5 225	2 203	1 321	1 701
河　南	30 253	143	511	4 035	8 061	17 503	2 654	1 010	955	689
湖　北	28 515	63	451	4 014	6 902	17 085	1 824	807	526	491
湖　南	20 010	84	265	2 941	5 319	11 401	2 367	1 218	627	522
广　东	40 707	227	883	5 778	7 244	26 575	4 192	1 663	1 175	1 354
海　南	1 735	—	10	180	489	1 056	204	96	60	48
广　西	13 774	19	105	1 532	2 910	9 208	1 266	458	333	475
重　庆	7 617	23	80	839	1 503	5 172	562	249	148	165
四　川	43 948	138	441	4 102	7 814	31 453	3 235	1 313	726	1 196
贵　州	2 300	6	17	303	627	1 347	252	130	62	60
云　南	11 290	33	79	1 568	2 791	6 819	874	330	275	269
陕　西	19 876	61	311	4 268	5 308	9 928	1 625	869	283	473
甘　肃	4 070	8	32	850	500	2 680	300	140	80	80
青　海	573	—	1	48	81	443	88	28	17	43
宁　夏	942	6	20	178	278	460	105	42	28	35
新　疆	7 611	9	73	1 218	1 932	4 379	515	208	165	142

主要饲料原料进出口情况

2014 年主要饲料原料进出口情况

2014 年	出口数量/万 t	同比/%	进口数量/万 t	同比/%	出口金额/万美元	同比/%	进口金额/万美元	同比/%
玉米	2.0	−74.2	259.9	−20.4	769.1	−76.8	72 966.7	−22.2
大豆	20.7	−0.9	7 139.9	12.7	19 961.8	−1.3	4 027 222.1	6.0
豆粕	209.1	95.4	2.3	35.5	118 131.5	87.3	1 756.5	25.1
饲料用鱼粉	0.1	372.8	103.8	6.4	83.5	209.2	155 882.6	−6.8
蛋氨酸	0.1	−79.5	13.1	8.7	1 454.0	−53.9	47 515.1	23.6
赖氨酸	25.7	34.1	0.2	−64.0	32 702.7	6.5	576.5	−48.5

2014 年各月度玉米进出口情况

玉米	出口数量/t	同比/%	进口数量/t	同比/%	出口金额/万美元	同比/%	进口金额/万美元	同比/%
1 月	14.2	−97.4	650 984.7	64.0	1.6	−93.1	18 050.2	53.6
2 月	0.006	−100.0	479 838.9	21.7	0.002	−100.0	13 020.6	14.2
3 月	1 232.2	−78.1	48 212.0	−79.7	46.8	−77.0	1 598.4	−77.7
4 月	4 430.1	71.0	93 122.8	−77.8	147.8	44.8	2 684.9	−78.2
5 月	0.0	−100.0	79 309.5	19.0	0.0	−100.0	2 193.3	10.3
6 月	161.4	−91.4	27 330.3	248.4	6.9	−90.1	882.3	232.4
7 月	3 900.1	233.8	86 469.9	18.9	117.6	180.4	2 619.0	20.3
8 月	3 033.9	58.8	133 867.6	1 153.6	119.3	60.6	4 193.0	1 008.5
9 月	3 387.5	−93.3	20 512.5	1 168.2	120.2	−94.6	663.6	440.0
10 月	725.0	55.3	114 287.1	192.6	32.7	−37.5	3 618.8	196.1
11 月	1 307.8	−49.8	259 191.2	−67.5	72.3	−42.1	7 087.6	−68.5
12 月	1 843.4	−41.7	607 323.1	−26.0	104.0	−15.5	16 370.6	−27.1

2014年各月度大豆进出口情况

大豆	出口数量/t	同比/%	进口数量/t	同比/%	出口金额/万美元	同比/%	进口金额/万美元	同比/%
1月	12 833.4	−37.3	5 914 435.1	23.7	1 416.0	−31.9	335 976.3	11.2
2月	28 224.9	57.7	4 808 277.9	65.9	2 355.4	34.7	278 283.9	55.4
3月	29 089.9	27.0	4 623 237.7	20.4	2 787.2	31.5	270 075.5	14.2
4月	17 531.2	−30.6	6 502 882.1	63.5	1 854.9	−32.3	393 544.7	62.3
5月	33 250.5	81.6	5 971 117.4	17.1	3 321.3	88.5	362 532.8	20.6
6月	14 712.1	−6.8	6 388 623.2	−7.8	1 426.0	−1.6	383 126.8	−6.1
7月	15 402.9	−16.5	7 474 702.0	3.9	1 339.1	−20.8	441 188.4	1.6
8月	13 069.1	−25.9	6 033 060.7	−5.3	1 111.1	−29.1	348 204.4	−10.2
9月	11 945.8	−12.0	5 027 673.6	7.0	1 009.3	−16.5	280 461.1	−1.1
10月	7 072.6	−50.4	4 101 851.8	−2.0	641.8	−50.6	219 760.2	−14.5
11月	13 083.9	−13.5	6 026 441.4	−0.1	1 515.8	−2.1	300 837.5	−14.0
12月	11 161.9	16.7	8 526 823.6	15.2	1 183.7	17.0	419 004.5	−0.7

2014年各月度豆粕进出口情况

豆粕	出口数量/t	同比/%	进口数量/t	同比/%	出口金额/万美元	同比/%	进口金额/万美元	同比/%
1月	127 831.9	−27.3	2 089.3	58.8	7 488.9	−27.9	168.3	45.7
2月	102 543.4	45.9	2 673.8	2.3	5 804.4	37.7	190.3	−6.3
3月	142 169.8	27.0	3 677.8	7.7	8 252.3	28.5	292.9	16.9
4月	280 303.3	200.2	3 560.8	198.3	15 713.5	185.3	255.9	166.1
5月	410 039.6	325.8	2 258.8	10.3	23 149.2	322.5	150.5	−7.2
6月	301 731.4	128.0	633.0	−7.1	16 842.9	123.5	46.8	−25.5
7月	265 121.5	116.0	200.0	−75.5	14 750.6	107.8	21.8	−69.2
8月	171 679.2	108.5	562.0	−29.8	9 674.1	99.5	61.4	−24.3
9月	77 697.9	9.3	500.0	0.0	4 530.5	8.0	54.3	8.5
10月	43 998.7	15.1	720.3	−10.3	2 661.5	6.9	74.8	−6.8
11月	55 794.2	120.9	1 236.0	0.2	3 255.6	98.7	100.0	−13.3
12月	113 628.3	125.4	4 484.8	255.2	6 094.0	87.7	339.7	191.8

2014 年各月度饲料用鱼粉进出口情况

饲料用鱼粉	出口数量/t	同比/%	进口数量/t	同比/%	出口金额/万美元	同比/%	进口金额/万美元	同比/%
1月	54.1	171.7	68 083.0	−6.8	5.2	85.8	9 324.3	−23.1
2月	3.2	—	134 643.9	186.4	0.4	—	18 625.6	117.0
3月	14.2	−21.4	175 447.6	136.1	1.1	−27.1	24 280.6	80.3
4月	27.7	453.5	134 412.5	78.4	2.8	372.8	19 337.4	33.7
5月	148.7	1 239.4	71 383.4	−25.6	9.2	620.1	10 397.9	−42.6
6月	5.0	—	47 185.3	−35.2	0.6	—	6 735.9	−52.1
7月	118.3	15.0	93 259.7	68.0	12.3	−4.2	14 066.6	44.6
8月	80.0	263.6	104 781.9	−3.8	5.3	63.9	17 180.0	−8.5
9月	22.0	344.4	74 457.7	−51.0	1.2	67.0	12 893.8	−47.2
10月	123.7	518.7	46 359.1	−50.2	10.1	152.9	7 833.1	−47.1
11月	281.7	—	29 737.1	−68.1	29.5	—	4 912.6	−64.6
12月	85.4	—	58 764.8	67.9	5.8	—	10 317.3	116.7

2014 年各月度赖氨酸进出口情况

赖氨酸	出口数量/t	同比/%	进口数量/t	同比/%	出口金额/万美元	同比/%	进口金额/万美元	同比/%
1月	21 066.4	−2.6	372.9	−52.1	2 628.2	−37.5	74.9	−48.2
2月	12 023.6	−15.5	27.8	−94.3	1 497.7	−44.4	20.3	−81.4
3月	17 258.1	−16.0	7.9	−99.2	2 183.8	−43.6	32.2	−82.0
4月	22 148.3	57.5	393.1	−17.9	2 568.0	2.7	109.3	−7.9
5月	27 619.1	150.9	20.1	−96.9	3 042.9	61.1	9.9	−90.4
6月	20 801.4	54.0	0.3	−99.9	2 326.6	10.3	2.0	−96.5
7月	19 991.0	27.2	33.3	−93.8	2 456.2	6.0	8.0	−89.8
8月	21 911.8	62.7	278.3	−59.2	2 831.0	42.5	92.1	−19.8
9月	21 109.2	47.1	352.9	−1.5	2 759.2	36.5	54.5	−26.1
10月	19 425.3	11.3	50.2	−41.3	2 652.8	6.7	31.8	21.0
11月	25 582.2	65.1	335.3	106.4	3 679.6	82.4	67.1	60.9
12月	28 181.8	39.6	278.6	−34.0	4 070.2	57.1	74.4	1.6

2014 年各月度蛋氨酸进出口情况

蛋氨酸	出口数量/t	同比/%	进口数量/t	同比/%	出口金额/万美元	同比/%	进口金额/万美元	同比/%
1月	132.4	−48.1	15 776.6	33.0	134.0	−48.1	4 762.1	22.5
2月	64.3	−74.2	10 685.0	40.2	98.2	−32.1	3 247.2	31.2
3月	108.2	−78.3	12 044.0	14.2	110.2	−65.6	3 820.6	10.0
4月	89.9	−81.6	7 151.0	−30.3	149.0	−54.5	2 260.4	−33.4
5月	94.8	−85.5	9 426.4	−17.1	136.7	−61.2	2 917.5	−22.3
6月	79.6	−90.0	8 328.0	−8.9	104.9	−70.7	2 587.5	−13.3
7月	101.9	−76.0	7 748.2	−23.8	80.6	−66.4	2 556.3	−20.8
8月	111.3	−70.9	12 985.0	7.5	158.4	−12.8	4 413.1	15.6
9月	61.2	−89.0	11 221.1	8.6	76.8	−75.6	4 226.1	32.2
10月	59.1	−87.6	9 591.4	4.8	75.7	−68.2	4 100.1	48.8
11月	100.7	−77.1	11 927.6	−3.0	222.6	−5.3	5 441.3	46.8
12月	91.3	−30.5	14 114.1	140.6	106.8	−42.2	7 114.3	306.0

2015

中国饲料工业年鉴

大事记

农业部畜牧业司

（全国饲料工作办公室）

2014年1月6日　农业部与国务院法制办公室、中华人民共和国环境保护部联合召开《畜禽规模养殖污染防治条例》学习贯彻工作电视电话会议，推动畜禽养殖污染治理的法制化和规范化。

2014年1月13日　农业部公开通报2013年全国饲料质量安全监测结果，安排部署2014年监管重点，要求各地区饲料管理部门进行查处。2013年共抽检各类饲料样品16 462批次，其中商品饲料合格率为96.0%，同比提高0.3个百分点，未发现禁用物质添加情况。同时，还公开了抽检不合格的企业和产品。

2014年1月13日　农业部发布《饲料质量安全管理规范》和《进口饲料和饲料添加剂登记管理办法》两个部门规章，标志着新修订的《饲料和饲料添加剂管理条例》配套规章立法工作全部完成，为新形势下饲料行业管理提供了完备的法律保障。

2014年1月15日　农业部通报2013年全国生鲜乳质量安全监测结果，共抽检生鲜乳样品20 492批次，未检出三聚氰胺、皮革水解蛋白等违禁添加物，黄曲霉毒素M_1、铬、铅、汞等指标抽检合格率100%，生鲜乳质量安全状况总体良好。现场检查奶站标准化达标率99.7%，同比提高0.2个百分点。

2014年4月8日　随着《新饲料和新饲料添加剂管理办法》和《进口饲料和饲料添加剂管理办法》的正式修订发布，农业部畜牧业司组织对新饲料添加剂申报、进口饲料和饲料添加剂的登记、续展和变更申请所需材料要求进行修改，形成新的申报材料要求并公开征求社会各界意见。

2014年4月25日　农业部畜牧业司在山东威海召开饲料质量安全管理规范现场会，总结交流《饲料和饲料添加剂管理条例》施行以来的工作经验，部署《饲料质量安全管理规范》下一步实施计划和2014年饲料质量安全监管工作。

2014年5月29～30日　农业部畜牧业司举办2014年全国畜禽养殖标准化示范创建培训班，重点培训畜禽标准化养殖主推技术，提高畜禽标准化示范创建工作水平。

2014年6月5日　农业部印发进口饲料和饲料添加剂登记申请材料要求、续展登记申请材料要求和变更登记申请材料要求等规范文件，自2014年7月1日起施行。

2014年6月28日　农业部畜牧业司派人员赴丹麦参加第五届中丹养猪企业家圆桌会议。会议围绕养猪生产、动物卫生、疾病防控、饲料加工与设备、粪污处理设备及猪场可持续发展等议题进行交流与探讨。

2014年7月11日　农业部公开通报2014年上半年全国饲料质量安全监测不合格产品和企业名单，要求各地畜牧饲料管理部门及时查处不合格产品和企业，在下半年的监测工作中加强对不合格产品生产企业跟踪监测。

2014年7月11日　农业部畜牧业司召开饲料添加剂氯化钠有关问题座谈会，就各地发生多起饲料生产企业因使用饲料添加剂氯化钠而受到盐业管理部门处罚的案件进行商讨，参会人员包括相关省级饲料管理部门负责人、企业和协会代表共30人。

2014年7月17日　农业部畜牧业司启动2014年监测数据质量集中核查工作，于7月至9月派出13个工作组分赴13个省26个县，进村入户实地核查生产数据和工作补贴落实情况，提高畜牧业生产监测数据质量，了解生产形势变化。

2014年8月16日　农业部畜牧业司在山东泰安举办秸秆青贮饲料综合利用技术培训班，组织专家就秸秆青贮饲料综合利用技术开展培训，来自全国奶牛养殖企业、合作社、家庭牧场和相关单位共100余人参加了培训。

2014年9月4～5日　农业部畜牧业司在新疆组织召开2014年饲料产品中霉菌毒素污染普查启动会，部署具体工作任务，完善饲料中霉菌毒素限量标准，加强霉菌毒素污染防控，保障养殖动物及其产品安全。

2014年9月9日　农业部办公厅印发《关于开展饲料行政许可督导检查工作的通知》，启动饲料行政许可督导检查工作，重点检查全国18个省级饲料管理部门承接行政许可下放后的工作情况和110家饲料和饲料添加剂生产企业运行情况。

2014年9～12月　农业部在全国范围内挑选1 100家饲料和饲料添加剂生产企业，组织对企业设备设施、人员素质、日常管理、质量控制等方面进行全面检查，规范饲料和饲料添加剂生产经营行为，保障饲料质量安全。

2014年10月30日　农业部畜牧业司在山东威海召开饲料质量安全管理规范示范企业验收工作会，安排部署全国规范示范企业验收工作，对来自全国的20多名验收专家进行验收程序与方法的培训。

2014年12月1日　农业部畜牧业司在北京组织召开饲料检测实验室管理及技术人员培训班，对相关法律法规、饲料标准和标签、实验室质量管理和检测技术进行培训。来自省部级饲料质检机构、地市级农产品质检中心和饲料企业相关质量控制人员共96人参加。

2014 年 12 月 2 日　农业部畜牧业司在海南举办全国饲料工业统计员培训班，通报 2014 年饲料工业生产总体情况，解读新版饲料工业统计报表制度。全国省级和市级的饲料统计员共 60 余人参加了培训。

2014 年 12 月 15 日　农业部对《2015—2016 年全国饲料工业统计报表制度》进行修订完善，上报国家统计局，并印发《全国饲料工业统计报表制度》通知。

2014 年 12 月 19 日　在前期进村入户核查基础上，农业部畜牧业司召开监测数据质量核查总结会，听取各核查组数据核查情况介绍，总结各地监测统计工作经验做法，讨论数据上报审核中存在的问题，研究提高数据质量的措施和建议。

2014 年 12 月 22 日　农业部畜牧业司召开全国饲料行业形势分析会暨饲料工业“十三五”规划座谈会，全面了解 2014 年度全国饲料行业生产情况，研判 2015 年饲料行业发展趋势，为饲料工业“十三五”规划制定做好准备工作，来自全国饲料管理部门和企业代表 60 余人参会。

2014 年 12 月 25 日　农业部畜牧业司在河南召开全国饲料质量安全预警监测结果分析会和 2015 年饲料质量安全监测计划讨论会，交流 2014 年预警监测工作开展情况，分析当前饲料质量安全状况，并对 2015 年饲料质量安全监测计划进行讨论修改。

中国饲料工业协会

2014 年 3～8 月　中国饲料工业协会报送并通过了民政部民间组织管理局关于 2013 年度社团年度检查工作。

2014 年 4 月 18 日　中国饲料工业协会在沈阳举办 2014 饲料原料论坛，对玉米、饼粕等大宗饲料原料供需形势进行研判，对饲料和养殖业的运行特点进行分析。国务院发展研究中心农村部部长叶兴庆，全国畜牧总站站长、中国饲料工业协会常务副会长兼秘书长李希荣，大连商品交易所副总经理高小真、国家统计局农村司农业处处长黄加才等领导、专家、企业家和国内外饲料行业近 500 位代表参加论坛。

2014 年 4 月 19～20 日　中国饲料工业协会、全国畜牧总站主办的 2014 中国饲料工业展览会暨畜牧业科技成果推介会在沈阳举行。展会展出面积 5 万 m^2，共设展位 1 900 多个，其中特装展位占 86.4%，有 20 个国家和地区以及国内近 500 家企业参展。

2014 年 4 月 19 日　法国驻华使馆和中国饲料工业协会在沈阳共同举办了中法饲料行业庆祝建交 50 周年活动，法国驻沈阳总领事馆总领事美屿（Miscot），全国畜牧总站站长、中国饲料工业协会常务副会长兼秘书长李希荣，农业部畜牧业司副司长王宗礼，法国饲料工业协会主席鲍熙（Boussit），全国畜牧总站副站长、中国饲料工业协会副秘书长沙玉圣以及中法饲料行业近 200 位嘉宾、代表出席活动。

2014 年 4 月 19 日　中国饲料工业协会、法国驻华使馆和中法肉牛研究与开发中心在沈阳联合举办中法反刍动物营养需要与饲料评价技术交流活动。全国肉牛养殖和饲料行业 200 多人出席活动。

2014 年 4 月 20 日　全国饲料评审委员会办公室在沈阳举办进口饲料和饲料添加剂登记注册培训班，全国饲料评审委员会办公室王黎文处长，农业部畜牧业司李大鹏副处长，以及国内外饲料企业在华产品登记注册负责人员、新饲料和新饲料添加剂申报企业负责人等 130 余人参加了培训班。

2014 年 5 月 4 日　中国饲料工业协会批准通过梅花生物科技有限公司等 5 家单位成为中国饲料工业协会会员单位。

2014 年 9 月 22 日　由中国饲料工业协会承办的第七届国际玉米产业大会在成都举行，大会以“市场结构调整与原料风险管理”为主题，来自玉米深加工、饲料和贸易产业链企业以及相关政府部门、行业协会、金融及信息机构等产业代表参加了会议。大会共设 9 个主题演讲和 2 个专题论坛，涵盖宏观经济、产业政策、玉米供需、贸易和深加工以及饲料养殖等，以风险管理为主线，突出饲料原料采购和管理。

2014 年 11 月 27 日　中国饲料工业协会批准天津市晨辉饲料有限公司等 4 家单位成为中国饲料工业协会会员单位。

2014 年 12 月 11 日　全国饲料标准化技术委员会组织专家对饲料行业强制性标准—饲料卫生标准进行第三次集中审定。本次修订完成后，饲料卫生标准的限量指标将覆盖主要产品类别、原料品种和风险因子。

2014 年 12 月 16 日　中国饲料工业协会在北京举办饲料法规宣贯培训班，饲料行业管理、执法、检测机构相关人员，新饲料和新饲料添加剂申报企业负责人员，国外饲料企业在华产品登记注册负责人员参加了培训班。

天 津 市

2014 年 4 月 9 日　天津市畜牧兽医局召开饲料和畜产品质量安全监管工作会议，会议由天津市畜牧兽医局质监处处长李晓东主持，并对 2014 年饲料和畜产品质量安全监管工作进行部署。副局长莫会松出席会议并发表讲话，充分肯定了 2013 年饲料质量安全监管工作取得的成绩，深刻分析了饲料安全监管工作面临的新形势。

2014 年 5 月 16 日　天津市畜牧兽医局召开推进实施《饲料质量安全管理规范》工作会议，传达贯彻落实农业部关于推进《规范》实施工作会议和农业部副部长于康震讲话精神。会议部署了《规范》贯彻实施的具体要求，集中观看了《规范》培训教学片，并对当前重点开展的饲料企业生产许可证换发工作进展情况进行了通报，对当前仍在继续进行的这项工作提出了严格的要求，强调必须坚持标准，确保新获证企业符合设立条件要求。

2014 年 6 月 26 日　中国饲料工业协会信息中心主任闫奎友一行 4 人到天津市对饲料统计分析工作考察座谈，与重点跟踪饲料企业进行调研。对天津市正大农牧有限公司、天津市通威饲料有限公司、天津昌农科技有限公司等企业生产统计信息上报工作中信息录入系统的使用情况及存在的问题，听取了饲料企业相关生产情况介绍、饲料价格近期走势分析、企业对行业发展建议，进入车间查看了企业生产设施设备运行情况，并对天津市饲料行业数据统计上报工作给予了肯定。

2014 年 7 月 11 日　天津市畜牧兽医对取得《饲料生产许可证》企业名单进行网上通报。根据《饲料和饲料添加剂管理条例》《饲料和饲料添加剂生产许可管理办法》的规定，截至 2014 年 6 月 30 日共办理饲料生产许可证 119 个。其中，配合饲料、浓缩饲料及精料补充料生产许可证 84 个，单一饲料生产许可证 13 个，添加剂预混合饲料生产许可证 15 个，饲料添加剂生产许可证 4 个，混合型饲料添加剂生产许可证 3 个。另仍在有效期内的饲料添加剂生产许可证 11 个、添加剂预混合饲料生产许可证 33 个。

2014 年 12 月 10 日～2015 年 1 月 10 日　天津市畜牧兽医局、天津市特有工种职业技能鉴定站举办了饲料检化验员（初级、中级、高级）、饲料厂中央控制工（初级）、饲料加工设备维修工（初级）共五期饲料职业技能鉴定培训。近 300 名饲料企业的员工和在校生参加了饲料检化验员培训，150 名饲料企业人员参加了中央控制工和设备维修工培训鉴定。培训内容主要包括职业道德、法律法规、饲料检化验、中控、维修等基础知识、饲料厂各生产环节基本操作技能等。

河 北 省

2014 年 2 月　河北旺族饲料集团有限公司与国家饲料工程技术研究中心的李德发院士及其团队签订长期战略合作协议，合作进行科技项目开发工作。2014 年 7 月，河北省科技厅正式授牌该公司成立院士工作站。

2014 年 3 月 17～19 日　河北省饲料工业发展峰会暨饲料法规培训班在石家庄市举办。农业部畜牧业司饲料处、河北省工业经济联合会、北京市饲料协会、广东省饲料协会等单位的领导出席了峰会。全省 11 个市和 89 个重点县饲料办主任、饲料生产企业的经理、技术骨干等 1 000 余人参加了会议和培训。培训班重点讲解了饲料标签标准有关知识。

2014 年 5 月 28 日　河北省饲料生产许可证换发调度暨饲料质量安全管理规范推进会议在石家庄市召开。各市饲料办主任，相关执行《饲料质量安全管理规范》的人员、30 家示范创建企业负责人，省级行政许可、技术评审专家等 70 余人参加会议。会议传达了全国饲料质量安全管理规范现场会议精神，议定了《河北省推进饲料质量安全管理规范实施方案》，观看了《规范》教学片，交流了现场审核常见问题及解决办法，研究部署了加快饲料企业换证及 7 月 1 日后无证生产企业查处工作。

2014 年 7 月 21～22 日　河北省饲料工作现场会议在廊坊召开。河北省畜牧兽医局饲料处、省饲料监察所、省饲料工业协会相关人员、各区市局长、饲料办主任共 50 余人参加了会议，观摩了廊坊九鼎牧业有限公司等 3 家企业，总结了上半年工作，安排部署了下半年主要工作。

2014 年 7 月 28～29 日　河北省饲料工业统计培训班在石家庄举办。培训班邀请了中国饲料工业协会信息中心专家授课，重点讲解了统计报表制度及统计分析与写作等内容。各区市饲料办主任、饲料企业的统计人员共计 45 人参加了培训。

2014 年 8 月 26～28 日，河北省第二十四次大型饲料企业联席会在江苏牧羊有限公司举行。来自河北省的 25 家饲料、畜牧大型企业的负责人参加了会议，江苏省饲料工业协会领导到会祝贺。

内蒙古自治区

2014 年 2 月　为切实做好饲料质量安全监管工作，保障饲料产品质量安全，下发了《关于进一步加强饲料质量安全监管工作的通知》（内农牧饲发［2014］30 号）。

2014 年 8 月　对全区 12 个盟市饲料管理部门和获证饲料生产企业以及正在申请办证饲料生产企业负责人等 300 余人进行《饲料质量安全管理规范》培训，明确要求饲料生产企业对饲料生产实施全过程管控，建立可追溯体系，确保饲料质量安全。

2014 年 12 月　为做好全区饲料工业统计工作，进一步提高统计工作人员能力，部署下一阶段饲料统计工作，在呼和浩特举办了内蒙古自治区饲料统计培训班。

黑龙江省

2014 年 1 月 18 日　黑龙江省饲料工业办公室组织召开了饲料和饲料添加剂生产许可条件学习讲座暨讨论交流会。农业部饲料添加剂和添加剂预混合饲料生产许可证专家审核委员会委员、华中农业大学教授牛智有，省饲料办、省兽药饲料监察所有关人员和东北农业大学、省饲料和饲料添加剂专家审核委员会的部分专家参加了讲座交流会。

2014 年 1 月 24 日　黑龙江省畜牧兽医局为英联生物技术（哈尔滨）有限公司核发了首个混合型饲料添加剂生产许可证。这是农业部自 2013 年精简下放行政审批权后，黑龙江省办理的首个饲料添加剂生产许可证。黑龙江省畜牧兽医局高度重视行政审批工作，从服务于企业和行业发展大局出发，健全完善了审批制度，简化程序。

2014 年 2 月 18 日　由黑龙江省饲料工业办公室、黑龙江省饲料工业协会、黑龙江省国税局货物与劳务处联合组成的调研组在谷实农牧集团召开了专题调研座谈会。黑龙江省饲料工业办公室、黑龙江省饲料工业协会、黑龙江省国税局货物与劳务处主要负责同志出席了会议。

2014 年 4 月 26 日　为促进黑龙江省饲料工业健康持续发展，黑龙江省饲料工业协会在哈尔滨金富康农牧集团举办了黑龙江饲料行业发展战略研讨会，全省 50 多家饲料企业负责人出席了会议。

2014 年 5 月 29 日　为促进黑龙江省饲料企业经营管理水平的提高，进一步做好企业间经验交流工作，黑龙江省饲料工业协会在谷实农牧集团举办了饲料行业经营管理交流会，来自全省 60 多家饲料企业的主要负责人出席了会议。黑龙江省畜牧兽医局就贯彻实施国家新版《饲料标签》标准和强化监管工作作出部署。

2014 年 6 月 4 日　为了进一步规范和强化饲料产品标识化管理，更好地依法贯彻由国家质检总局和国家标准委发布并将于 2014 年 7 月 1 日实施的新版《饲料标签》（GB10648—2013），黑龙江省畜牧兽医局下发了《关于依法贯彻实施国家新版〈饲料标签〉和强化饲料标签监管工作的通知》（黑牧饲［2014］76 号），就贯彻新版国家《饲料标签》标准和强化饲料标签监管工作做出部署。

2014 年 6 月 13 日　黑龙江省畜牧兽医局在肇东市昌五镇举办了主题为“保障饲料兽药安全，推进科学健康养殖”的“黑龙江省放心饲料兽药下乡进村暨畜产品质量安全宣传周活动”。黑龙江省畜牧兽医局副局长、党组成员包艳明，绥化市畜牧兽医局副局长李宝林，肇东市人民政府副市长刘建波，黑龙江省饲料工业协会秘书长张昭良以及黑龙江省畜牧兽医局、绥化市畜牧兽医局、肇东市畜牧兽医局等有关负责饲料兽药和畜产品安全监管部门的负责人，东北农业大学专家以及肇东市昌五镇政府领导和当地养殖场户的代表 140 余人参加了现场活动。

2014 年 6 月 29 日　根据《中华人民共和国行政许可法》第七十条、《饲料和饲料添加剂管理条例》第十五条、《饲料和饲料添加剂生产许可管理办法》第十八条和第二十六条、《农业部办公厅关于贯彻落实饲料行业管理新规推进饲料行政许可工作的通知》（农办牧［2012］46 号）等有关规定，黑龙江省畜牧兽医局发布第 4 号通告，规定并告知省内饲料生产企业自 2014 年 7 月 1 日起，原取得的《饲料生产企业审查合格证》《动物源性饲料产品生产企业安全卫生合格证》一律予以注销并自动失效。自 2014 年 7 月 1 日后未取得《饲料生产许可证》从事饲料生产的，属于无证非法生产行为。同时，黑龙江省畜牧兽医局按照有关规定将该通告抄送全省各级工商行政管理部门。

2014 年 7 月 5 日　黑龙江省饲料工业协会在葫芦岛正大畜牧有限公司哈尔滨分公司举办了黑龙江省饲料工业协会质量安全管理交流会。来自全省 60 多家企业的总经理和质量管理负责人出席了会议。各代表企业相关质量安全负责人分别就企业在原料采购、生产制成、成品检测过程中质量安全管理和质量管理部门如何发挥职能作用，饲料中有毒、有害物质管控措施等进行了交流分享。

2014 年 9 月 3 日　黑龙江省畜牧兽医局在哈尔滨市召开了“新饲料法规培训暨质量安全管理规范示范创建现场会”。黑龙江省农垦总局、各市畜牧兽医局领导和 34 家饲料质量安全管理规范示范创建企业的主要负责人等共计 120 余人参加了培训和现场会议。

2014 年 12 月 18 日　黑龙江省畜牧兽医局、黑龙江省盐务管理局联合下发了“关于加强饲料添加剂氯化钠监管工作的通知”（黑牧饲［2014］189 号）。明确了监管主体职责，要求切实落实监管责任，强化监管措施落实，建立部门信息和执法联动机制。

上 海 市

2014 年 1 月　根据农业部畜牧业司要求开展《饲料质量安全管理规范》示范创建工作，11 月，配合农业部专家组完成对本市 5 家示范创建企业的验收和现场指导工作。

2014年2月　印发《2014年上海市地产生猪出栏前“瘦肉精”及其替代品监测计划》，布置“瘦肉精”等违禁药物出栏前监测36 100批次任务，制订2014年度上海市饲料质量安全监测计划，计划全年完成饲料质量安全监测总数3 125批次。

2014年10月　农业部督导组对诺伟司饲料添加剂（上海）有限公司等5家指定企业进行了现场监督检查，受检企业均符合饲料生产许可条件。

2014年11月　印发《关于开展饲料和饲料添加剂生产企业监督检查工作的通知》，采取企业自查、区县督查和专家组检查的方式，依托饲料专家评审委员会和饲料评审专家库，组织开展对本市33家饲料和饲料添加剂生产企业的专项检查，重点核查设备设施、人员素质、日常管理和质量控制等方面，指导企业按照《饲料质量安全管理规范》要求完善管理制度，增强品控能力，提升管理水平。

2014年12月　举办2014年上海市饲料生产企业管理人员培训班，全市各饲料生产企业负责人、质量负责人200余人参加了培训。

2014年12月　配合农业部完成喷雾干燥血浆蛋白粉和喷雾干燥血球蛋白粉两个动物源性饲料生产许可条件的评审工作。

湖南省

2014年1月　国家工商总局发布文件，认定湖南九鼎科技（集团）有限公司“九鼎”注册商标为“中国驰名商标”。

2014年1月和4月　湖南省畜牧兽医局分别举办2期饲料特有工种职业技能培训与鉴定，共有338名从业人员获证。

2014年3月27日　中共中央政治局委员、国务院副总理马凯到唐人神集团调研，强调在当前养殖业低谷时期须坚定信心，迎难而上，做大做强。集团董事长兼总裁陶一山总结汇报了集团26年来的发展情况并提出了“健康养殖”的建议。

2014年6月10日　正虹“国家生猪核心育种场”迎来了农业部畜牧总站、省畜牧水产局等专家督导组的检查，并顺利通过检查，得到督导组一致好评。

2014年7月17日　“正虹科技院士工作站”获准成立。以中国工程院院士印遇龙为首的研发团队落户正虹。这支“院士＋博导＋博士”团队将成为正虹科技新的发展引擎。

2014年9月18日　举办“全省饲料质量安全管理规范暨饲料行政执法培训班”，各市、县饲料办负责人共200多人参加培训。

2014年12月6日　在南昌举办的第十一届中国畜牧饲料科技与经济高层论坛会上，兴嘉生物荣获“2014年度综合科技创新企业”。

2014年12月18日　第二届湖南省饲料工业标准化技术委员会委员大会召开，确定建立了湖南省饲料行业地方标准制（修）订选题项目库。

广东省

2014年3月12日　美国玉米、高粱和DDGS供求及市场研讨会在广州举办。广东省饲料办、饲料协会，美国谷物协会北京办事处负责人，美国驻广州市机构有关人员，广东省内外饲料生产企业以及美国饲料原料生产企业代表、原料供应商约200多人参加了会议。

2014年3月1日～7月5日　广东省饲料行业协会、大连商品交易所在广州联合举办“豆粕基差采购高级管理人员实战培训班”。全省年产30万t饲料企业及相关部门负责人30余人参加了培训。

2014年4月10～11日　广东省农业厅、饲料行业协会在广州市举办全省饲料产品质量安全管理培训班，来自广东省饲料生产企业质量管理人员150多人参加了培训。

2014年6月23日　广东省饲料行业协会、美国谷物协会北京办事处组织的“饲料谷物贸易交流研讨会”在广州市举办。广东省饲料行业协会会员单位、国内养殖企业、国内外饲料原料生产商、贸易商、中介服务机构代表约150人参加了此次研讨会。

2014年7月4～5日　中国动物疫病预防控制中心书记陈伟生在广东省农业厅副厅长郑惠典等陪同下，考察广东饲料业，并充分肯定了广东饲料业取得的显著成效。

2014年8月20日　广东省政府批复由农业部门承担饲料添加剂氯化钠的市场监管职责，解决了饲料企业购买使用饲料添加剂氯化钠的合法权益多年来得不到法律保护的大难题，并大幅降低了氯化钠的采购成本。

2014年9月14～20日　广东省饲料行业考察团一行赴江苏、浙江考察学习，全省知名饲料企业代表30多人参加。

2014年9月23日　广东省农业厅在广州市举办全省饲料质量安全管理规范培训班，解读《饲料质量安全管理规范》《饲料标签》标准，分析饲料行政许可管理工作应注意的问题。各地级以上市饲料办主要负责人及现场审核专家共100余人参加了培训。

2014年10月14～16日　上海市饲料兽药行业赴粤考察团一行到广东省考察饲料业，与广东饲料企业进行友好交流。

2014 年 12 月 13 日　“2014 年广东省饲料行业年会”在东莞举办。年会以“转型发展进行时”为主题，汇集产学研精英和广大会员代表近 1 300 余人，共商转型期发展，促进广东饲料强省建设。

海 南 省

2014 年 4 月 30 日　为贯彻《饲料质量安全管理规范》奠定坚实基础，海南省农业厅印发了《海南省农业厅关于印发贯彻饲料质量安全管理规范实施意见的通知》（琼农字［2014］37 号），在海口、澄迈、文昌、琼海等市县培育 10 家省级先行示范企业，并在 7 月份组织有关市县及企业管理人员进行培训，共计 35 人。

2014 年 11 月 14 日　海南省饲料兽药行业协会在琼海博鳌组织召开了海南饲料兽药发展研讨会议，50 余家饲料兽药企业负责人及有关单位人员等 70 多人参加会议。农业部畜牧总站副站长沙玉圣、饲料行业指导处处长胡广东出席会议并授课，广东省农业厅党组成员、总畜牧师李万有作重要讲话。

2014 年 11 月 28 日　海南省农业厅召开厅务会议，研究《海南省饲料品牌评审办法》，促进全省饲料企业提高饲料产品质量，提升行业竞争力。

云 南 省

2014 年 2 月 21 日　云南省饲料工业协会 2013 年度理事会在昆明召开。云南省饲料协会会长、副会长、理事、协会专家咨询工作委员会等 60 余人出席了会议。会议对 2013 年的工作进行了总结，并对 2014 年云南省饲料工业协会工作提出了明确要求，要求各生产企业要以贯彻党的十八大精神、十八届二中、三中全会和中央经济工作会议精神为契机，促进全省饲料工业又好又快发展。此次以贯彻新条例和饲料质量安全管理规范等配套规章为契机，全面提升饲料产品质量安全。

科 技 篇

“十二五”期间，国家对动物营养和饲料科学研究的投入大幅增加，在动物营养需要和饲料原料价值动态预测、饲用酶技术体系创新及重点产品创制、微生态制剂高密度发酵等领域取得多项科技成果。

2014 年　由中国科学院南海海洋研究所张偲院士研究团队和广东海大集团股份有限公司共同完成的“热带海洋微生物新型生物酶高效转化软体动物功能肽的关键技术”获得 2014 年国家技术发明奖二等奖。

2014 年　由国家奶牛产业技术体系首席科学家、中国农业大学李胜利教授团队联合山东农业大学、河北农业大学、东北农业大学及北京首农畜牧发展有限公司、现代牧业（集团）有限公司、北京中地种畜股份有限公司共同完成的“奶牛饲料高效利用及精准饲养技术创建与应用”项目获得 2014 年度国家科技进步奖二等奖。

2014 年　安琪酵母股份有限公司联合天津科技大学、湖北工业大学、华中科技大学共同完成的“高耐性酵母关键技术研究与产业化”获得国家科学技术二等奖。

2014 年　由中国农业科学院饲料研究所、青岛蔚蓝生物集团有限公司、广东溢多利生物科技股份有限公司、武汉新华扬生物股份有限公司、北京挑战生物技术有限公司、新希望集团有限公司共同完成的“饲料用酶技术体系创新及重点产品创制”项目，获得 2014 年度国家科学技术进步奖二等奖。

2014 年　由中国农业科学院特产研究所与中国农业科学院饲料研究所等单位共同完成的“水貂、蓝狐精准营养研究与饲料高效利用技术”获得吉林省科学技术进步奖一等奖。

企 业 篇

2014 年 4 月 25 日　农业部副部长于康震、农业部畜牧业司司长王智才一行莅临新希望六和文登饲料公司参观指导，并与威海市副市长徐东升、山东省畜牧兽医局局长冯继康等共同为新希望文登六和“饲料质量安全管理规范示范企业”揭牌。

2014 年 7 月 17 日　湖南省岳阳市政府对正虹集团下发关于成立正虹科技院士工作站的通知，标志着正虹集团“正虹科技院士工作站”正式建立。

2014 年 8 月 8 日　辽宁禾丰牧业股份有限公司董事长金卫东与上海证券交易所副总经理刘世安正式签署《上市协议书》，标志着禾丰集团在上海证券交易所正式挂牌交易。

2014 年 10 月 8 日　辽宁禾丰牧业股份有限公司检测中心正式通过中国合格评定国家认可委员会（CNAS）认可评审，禾丰牧业检测中心、校准结果获得了 41 个国家和 55 个权威机构的认可，还可以作为第三方检测机构为国家相关管理部门以及同行企业、供应商、客户提供相关检测服务。

2014 年 11 月 17 日　国家工业和信息化部、财政部联合公布了 2014 年国家技术创新示范企业名单，大北农集团凭借健全的技术创新体系、突出的技术创新能力和显著的科研投入荣登第四批“国家技术创新示范企业”榜单。

图书在版编目（CIP）数据

2015中国饲料工业年鉴 / 全国饲料工作办公室，中国饲料工业协会编．—北京：中国农业出版社，2017.3
ISBN 978-7-109-22794-1

Ⅰ.①2… Ⅱ.①全… ②中… Ⅲ.①饲料工业—中国—2015—年鉴 Ⅳ.①F326.3-54

中国版本图书馆CIP数据核字（2017）第053067号

中国农业出版社出版
（北京市朝阳区麦子店街18号楼）
（邮政编码 100125）
责任编辑 刘博浩 程 燕

中国农业出版社印刷厂印刷 新华书店北京发行所发行
2017年3月第1版 2017年3月北京第1次印刷

开本：787mm×1092mm 1/16 印张：48.25 插页：16
字数：1168千字
定价：150.00元